자치통감

2

열국지와 초한지, 삼국지의 시대

資治通鑑

자치통감

2

사마광 저
신동준 역주

인간사랑

자치통감2권 차례

– 자치통감 전체 차례 –

제4부 왕망시대

제5부 후한시대

권14-한기漢紀 6: 가의가 상소하다

한문제 전3년(BC 177)

1) 겨울 10월 30일, 일식이 있었다.

2) 11월 30일, 일식이 있었다.

3) 황제가 조서를 내렸다.

"한 해 전에 열후들을 파견해 각자의 봉국으로 가라고 했는데도 아직도 이를 실행하지 않는 자가 있다. 승상은 짐이 소중히 여기는 신하이니 짐을 위해 열후들을 이끌어 각자의 봉국으로 가도록 하라."

12월, 승상인 주발을 면직시키고 그의 봉국으로 파견했다.

12월 6일, 태위인 관영灌嬰을 승상으로 삼은 뒤 태위라는 관직을 없애고 그 업무를 승상에게 귀속시켰다.

4) 여름 4월, 성양경왕聖陽景王 유장劉章이 죽었다.

5) 당초 조왕 장오張敖가 미인을 고조에게 바쳤다. 그 미인은 황제의 총애를 입어 임신했다. 한고제 9년 '관고貫高 사건'이 빚어지자 이 미인 역시 이 사건에 연루돼 하내河內하남성 심양현에 갇혀 있었다. 미인의 외삼촌 조겸趙兼은 피양후辟陽侯인 심이기를 통해 여후에게 도와달라고 했으나 여후가 투기로 인해 유방에게 말해주려 하지 않았다. 그 미인은 아들을 낳고는 분한 마음에 바로 자진했다. 관원이 그 아들을 받들어 황제에게 데려가자 황제가 후회하면서 아이에게 유장劉長이라는 이름을 지어주었

다. 또한 여후에게 모친 역할을 행하게 하고, 그 생모는 진정眞定하북성 정정현에 장사를 지냈다. 훗날 유장은 회남왕淮南王[1]이 됐다.

회남왕은 일찍 모친을 여의고 늘 여후에게 붙어 있었으므로 효혜제와 여후가 살아 있을 때는 아무런 걱정도 없었다. 그러나 늘 마음속으로는 피양후가 여후에게 강력히 건의를 하지 않아 자신의 생모가 한을 품고 죽었다고 원망했다. 한문제가 즉위했을 때 유방의 아들로는 한문제 유항과 자신밖에 남아 있지 않자 스스로 황제와 가장 가깝다고 생각했다. 교만하게 전횡하며 수차례 예법을 받들지 않은 이유다. 그럴 때마다 황제는 늘 관대하게 그를 용서했다.

이 해에 조현하러 들어왔다가 황제를 좇아서 원유苑囿에 들어가 사냥을 했다. 황제와 늘 같은 수레를 타고 황제를 '대형大兄'이라고 불렀다.

회남왕에게는 특별한 재능이 있었다. 힘이 장사라 무쇠 솥을 들 정도였다. 그러다 이내 피양후를 보고 소매에서 철퇴를 꺼내 피양후를 치고 그 수행원인 위경魏敬으로 하여금 피양후의 목을 자르게 했다. 이후 궁궐로 달려가 어깨를 드러내며 사죄했다. 그러나 황제는 그의 마음이 상했던 것은 생모 때문이었다고 생각했던 까닭에 사면하여 법으로 다스리지 않았다. 당시 박태후薄太后와 태자, 그리고 여러 대신들은 모두 회남왕을 꺼렸다.

회남왕은 이 때문에 자기 봉국으로 돌아가서도 더욱 방자해져 출입할 때도 황제의 경필警驆[2]에 버금하게 했고, 자신의 말을 제制라고 하여 천자에 버금할 정도였다. 원앙이 간했다.

---

1 회남왕淮南王 유장은 한고제 11년 영포의 난이 일어났을 때 제후왕에 책봉된 바 있다.

2 경필警驆은 황제의 출입 때 길을 치우는 것을 의미한다. 출경입필出警入驆과 같은 말이다.

"제후가 너무 교만하면 반드시 근심거리가 생깁니다."

그러나 황제는 이를 듣지 않았다.

6) 5월, 하남河南하투河套평원 이남 땅에 들어와 살던 흉노의 우현왕右賢王이 상군上郡섬서성 수덕현에서 보호를 받고 있는 만족 오랑캐를 침략하고 도적질하면서 인민들을 죽이고 약탈했다. 황제가 감천궁甘泉宮섬서성 순화현에 행차했다. 승상인 관영을 파견해 전차와 기병 8만 5천명을 동원해 고노高奴섬서성 부현로 가서 우현왕을 공격케 했다. 이후 중위中尉장안의 방위사령관가 관장하는 군사를 수도방위 사령관인 위장군衛將軍에 소속시키고 장안에 주둔케 했다. 우현왕이 요새가 있는 땅의 밖으로 달아났다.

7) 황제가 감천궁에서 고노까지 갔다가 그 기회에 태원太原으로 가서 옛날의 신하들을 접견하고 이들에게 모두 상을 내려 주었다. 그리고 진양晉陽산서성 태원시과 중도中都산서성 평요현 백성들의 3년 치 조세를 면제해 주었다. 이후 태원에 머물며 10여 일 동안 유람했다.

8) 당초 대신들이 여러 여씨를 죽였을 때 주허후의 공로가 특히 컸으므로 대신들은 조 땅을 모두 주허후에게 주고 왕으로 삼는 것과 양 땅을 주허후의 동생인 동모후에게 주어 왕으로 삼는 것을 허락했다. 그런데 황제가 즉위한 후 주허후와 동모후는 고후 8년(BC 180)에 원래 제나라 왕인 유양을 황제로 세우려 했다는 말을 듣고서는 고의로 그들의 공로를 깎아내렸다. 이어 자신의 여러 아들을 제후왕으로 삼을 때 제나라 땅에 있는 두 개 군을 떼어내 왕 노릇을 하게 했다.

유흥거劉興居는 자신의 직위와 권위를 잃고 공로도 빼앗기게 되자 앙앙불락하고 있었다. 황제가 태원에 갔다는 소식을 듣고는 틀림없이 천자가 직접 흉노를 칠 것이라고 여기고 군사를 동원해 반란을 일으켰다. 이 소식을 들은 황제는 승상과 흉노를 공격하러 가던 군사들에게 행군을 중지시키고 모두 장안으로 돌아오게 했다. 이어 극포후棘蒲侯 시무柴武를 대장군으로 삼은 뒤 4명의 장수와 10만 명의 군사를 이끌고 가 그를 격파하게 했다.

기후祁侯인 증하繒賀가 장군이 돼 형양에 주둔했다.

가을 7월, 황제가 태원에서 장안으로 와 조서를 내렸다.

"제북濟北산동성 장청현의 관원과 백성들 가운데 중앙의 군사가 도착하기 전에 스스로 평정한 사람과 성읍에 주둔한 군사를 가지고 항복한 사람은 모두 사면하고 그 관작을 회복시킬 것이다. 유흥거와 함께 유흥거를 왕으로 세우려 했던 사람일지라도 이를 사면할 것이다."

8월, 제북왕인 유흥거의 군사가 패하자 유흥거가 자진했다.

9) 당초 남양南陽하남성 남양시 출신 장석지張釋之가 문호와 거기車騎 출입을 관장하는 낭중령 소속 관원인 기랑騎郎이 된 뒤 10년 동안 승진을 못해 사직하고 돌아가려고 했다. 원앙은 그의 똑똑함을 알고 추천하여 알자복야謁者僕射[3]가 되게 했다.

장석지가 황제를 수행해 호랑이를 풀어놓은 우리인 호권虎圈에 오르자 황제가 황제 전용 상림원의 총책인 상림위上林尉에게 금수의 숫자를 기록한 장부인 금수부禽獸簿에 대해 묻고 또 10여 가지 사항에 관해 덧붙여 물었다. 상림위는 주위사람들을 둘러보기만 할 뿐 하나도 대답을 못했다. 이때 호권을 관리하는 색부嗇夫가 옆에 있다가 상림위를 대신하여 대답했다. 황제는 금수부에 대해 아주 자세히 물어서 그 색부의 능력을 보고자 했다. 대답하는 것이 끝이 없었다. 그 대답을 다 듣고 난 황제가 말했다.

"관원이란 마땅히 이와 같아야 하지 않겠는가? 상림위는 믿을 수가 없

3 알자복야謁者僕射는 군주의 말을 전달한 관직이 변환된 손님접대 관직을 말한다. '복야'는 70명가량으로 구성된 낭중령 소속 알자들의 총책을 지칭한다.

다."

그러고는 장석지에게 조서를 내려 그 색부를 상림령上林令으로 삼으라고 했다. 장석지가 한참 있다가 황제 앞으로 나아가 물었다.

"폐하는 강후 주발을 어떤 사람으로 보십니까?"

황제가 대답했다.

"어른다운 사람이지."

장석지가 또다시 물었다.

"동양후東陽侯인 장상여張相如는 어떤 사람입니까?"

황제가 다시 대답했다.

"어른다운 사람이다."

장석지가 말했다.

"무릇 강후와 동양후는 어른다운 사람이라고 불리는 사람들인데 이 사람들은 일찍이 시무에 대해 제대로 말하지 못했습니다. 그런데 어찌 입에 발린 말을 재빨리 하는 색부를 본받으라고 하는 것입니까? 또한 진나라는 붓을 잡은 관원들에게 일을 맡겨 재빠르고도 가혹하게 살피기만을 다투어 경쟁했는데 그 폐단으로 헛된 문사文辭만을 갖추고 알맹이는 없었습니다. 그러고는 그 허물을 들으려 하지 않자 점차 흙이 무너지는 것과 같은 상황에 이르렀습니다. 지금 폐하가 색부의 말재주를 가지고 그를 몇 단계 뛰어넘게 승급시키니 신은 천하 사람이 풍문을 좇아 흩어지고 다투어 말재주만 피우며 그 알맹이는 없게 될까 걱정입니다. 무릇 아랫사람이 윗사람을 본받으려는 것은 그림자가 비추는 것처럼 빠르니 천거하는 조치에 신중을 기하지 않으면 안 됩니다."

황제가 말했다.

"훌륭하오."

그러고는 색부를 상림령에 제수하지 않았다. 이후 황제는 수레에 가서 장석지를 불러 함께 타라고 일렀다. 천천히 가면서 장석지에게 진나라의 폐단을 묻자 장석지는 성실하게 답변했다. 궁궐에 이른 황제는 장석지를 공거령公車令에 임명했다.

얼마 후 태자 유계가 친동생인 양왕梁王 유무劉武와 함께 수레를 타고 조회에 들어오는데 황궁의 대문인 사마문司馬門에서 내리지 않았다. 그 것을 본 장석지가 쫓아가서 태자와 양왕이 들어오는 것을 중지시키고 전문殿門으로 들어가지 못하게 한 뒤 탄핵했다.

"공문公門에서 내리지 않는 것은 불경입니다."

그러고는 이를 상주했다. 박태후가 보고를 받자 황제가 죄를 지어 관을 벗고 명을 기다리는 탈관脫冠을 행하고 아들을 잘 가르치지 못했음을 사과했다. 박태후와 사자로 하여금 조詔를 받들어 태자와 양왕의 잘못을 사해준 다음에야 이들은 궁궐에 들어올 수 있었다. 황제는 이 일로 장석지를 특이한 사람으로 여겨 중대부에 임명했다.

그런 장석지가 황제를 수행해 파릉에 이르렀다. 황제가 군신들에게 말했다.

"아, 북산北山의 돌로 곽槨을 만들고, 모시와 솜조각을 써 그 사이를 칠漆로 붙인다면 어찌 움직일 수 있겠는가?"[4]

주변에 있던 사람들이 모두 말했다.

"훌륭하십니다."

장석지가 말했다.

"그 무덤 속에 사람들이 갖고 싶어 하는 보물이 들어 있다면 비록 이

---

4 관곽棺槨은 안쪽의 나무로 만든 관과 바깥쪽의 돌로 만든 곽을 말한다. 군왕은 즉위하면서부터 자신의 묘를 건설했다. 당시 문제의 파릉에 건설하고 있는 자신의 묘를 시찰하러 간 것으로 짐작된다.

남산을 구리로 다 싸서 견고하게 만든다 할지라도 틈새가 있을 것이고, 그 무덤 안에 사람들이 갖고자 욕심 부릴 만한 것이 없다면 비록 돌로 된 곽이 없을지라도 어찌 근심하겠습니까?"

황제가 훌륭하다고 말했다.

이 해에 장석지는 정위가 됐다. 황제가 중위교中渭橋[5]를 지나갈 때 어떤 사람이 다리 아래에서 뛰어갔다. 승여乘輿를 끄는 말이 놀라 뛰었다. 황제는 기병으로 하여금 그를 잡아오게 하여 정위에게 넘겼다. 장석지가 판결을 내려 상주했다.

"이 사람이 황제가 가는 길에서 비켜서야 한다는 경필령警驆令을 어겼으니 마땅히 벌금을 물어야 합니다."

황제가 화를 냈다.

"이 사람은 나의 말을 놀라게 했다. 말이 온순하고 부드러웠기에 망정이지 다른 말이었으면 필시 나를 상하게 하지 않았겠는가? 그런데 정위는 그에게 벌금만 물게 하다니."

장석지가 대답했다.

"법이라는 것은 천하 사람에게 똑같이 적용되어야 합니다. 지금의 법을 보면 그렇게 돼 있는데 그에게만 더 무겁게 처리한다면 법이 백성들에게 믿음을 주지 못합니다. 또는 그때 바로 황제가 사자로 하여금 그를 죽이게 했다면 그뿐입니다. 그러나 이미 정위에게 내려 보냈습니다. 정위란 천하의 공평한 집행자인데 한쪽으로 기울어져 천하에 법을 쓰는 것이 이 때문에 가볍게 혹은 무겁게 집행된다면 백성들이 어떻게 수족을 놀리겠습니까? 오직 폐하가 이를 살펴주십시오."

황제가 한참 가만히 있다가 이내 말했다.

---

5 중위교中渭橋는 장안 소재의 서위교·중위교·동위교 가운데 하나이다.

"정위가 처리한 것이 옳다."

이후 어떤 사람이 고조의 묘 앞에 있는 옥환을 훔쳤다가 붙잡혔다. 황제가 대로해 그를 정위에게 내려보내 그 죄를 다스리게 했다. 장석지는 '종묘의 복식과 어물御物을 훔친 자'에 대한 규정에 따라 사형을 시켜 저자에 내거는 기시棄市의 판결을 내려 상주했다. 이를 보고 황제가 대로했다.

"이 사람은 무도하여 먼저 돌아가신 황제의 그릇을 훔쳤다 내가 정위에게 판결토록 부탁한 것은 그를 멸족시키려 한 것이다. 그런데 그대는 법대로 이를 상주하니 이는 공손하게 종묘를 받들려는 내 뜻과 어긋난다."

장석지가 관冠을 벗고 머리를 조아리며 사과했다.

"법이 이와 같으며 이것으로 충분합니다. 그렇지 않으면 죄가 같은데도 역逆과 순順으로 차등을 두게 됩니다. 만일 종묘의 기물을 훔친 자를 멸족시킨다면 만의 하나 가령 어리석은 백성이 한고제의 능인 장릉長陵에서 한줌의 흙을 가져갔다고 했을 때 폐하는 그에게 어찌 법을 적용하려는 것입니까?"

황제도 이내 태후에게 말해 이를 허락했다.

** 起閼逢困敦, 盡重光協洽, 凡八年.

* 太宗孝文皇帝前三年

冬, 十月, 丁酉晦, 日有食之.

十一月, 丁卯晦, 日有食之.

詔曰, "前遣列侯之國, 或辭未行. 丞相, 朕之所重, 其為朕率列侯之國!"

十二月, 免丞相勃, 遣就國. 乙亥, 以太尉灌嬰為丞相. 罷太尉官, 屬丞相.

夏, 四月, 城陽景王章薨.

初, 趙王敖獻美人於高祖, 得幸, 有娠. 及貫高事發, 美人亦坐系河內. 美人母弟趙兼因辟陽侯審食其言呂后, 呂后妒, 弗肯白. 美人已生子, 恚, 即自殺. 吏奉其子詣上, 上悔, 名之曰長, 令呂后母之, 而葬其母真定. 後封長為淮南王.

淮南王蚤失母, 常附呂后, 故孝惠·呂后時得無患. 而常心怨辟陽侯, 以為不強爭之於呂后, 使其母恨而死也. 及帝即位, 淮南王自以最親, 驕蹇, 數不奉法. 上常寬假之. 是歲, 入朝, 從上入苑囿獵, 與上同車, 常謂上"大兄." 王有材力, 能扛鼎. 乃往見辟陽侯, 自袖鐵椎椎辟陽侯, 令從者魏敬剄之. 馳走闕下, 肉袒謝罪. 帝傷其志為親, 故赦弗治. 當是時, 薄太后及太子·諸大臣皆憚淮南王. 淮南王以此, 歸國益驕恣, 出入稱警蹕, 稱制擬於天子. 袁盎諫曰, "諸侯太驕, 必生患." 上不聽.

五月, 匈奴右賢王入居河南地, 侵盜上郡保塞蠻夷, 殺略人民. 上幸甘泉. 遣丞相灌嬰發車騎八萬五千, 詣高奴擊右賢王. 發中尉材官屬衛將軍, 軍長安. 右賢王走出塞.

上自甘泉之高奴, 因幸太原, 見故群臣, 皆賜之. 復晉陽·中都民三歲租. 留游太原十餘日.

初, 大臣之誅諸呂也, 朱虛侯功尤大. 大臣許盡以趙地王朱虛侯, 盡以梁地王東牟侯. 及帝立, 聞朱虛·東牟之初欲立齊王, 故絀其功, 及王諸子, 乃割齊二郡以王之. 興居自以失職奪功, 頗怏怏. 聞帝幸太原, 以為天子且自擊胡, 遂發兵反. 帝聞之, 罷丞相及行兵皆歸長安, 以棘蒲侯柴武為大將軍, 將四將軍·十萬眾擊之. 祁侯繒賀為將軍, 軍滎陽. 秋, 七月, 上自太原至長安. 詔曰, "濟北吏民, 兵未至先自定及以軍城邑降者, 皆赦之, 復官爵. 與王興居去來者, 赦之." 八月, 濟北王興居兵敗, 自殺.

初, 南陽張釋之為騎郎, 十年不得調, 欲免歸. 袁盎知其賢而薦之, 為謁者僕射.

釋之從行, 登虎圈, 上問上林尉諸禽獸簿. 十餘問, 尉左右視, 盡不能對. 虎圈嗇夫從旁代尉對. 上所問禽獸簿甚悉, 欲以觀其能. 口對響應, 無窮者. 帝曰, "吏不當若是邪! 尉無賴!" 乃詔釋之拜嗇夫為上林令. 釋之久之前, 曰, "陛下以絳侯周勃何如人也?" 上曰, "長者也." 又復問曰, "東陽侯張相如何如人也?" 上復曰, "長者." 釋之曰, "夫絳侯·東陽侯稱為長者, 此兩人言事曾不能出口, 豈效此嗇夫喋喋利口捷給哉! 且秦以任刀筆之吏, 爭以亟疾苛察相高. 其敝, 徒文具而無實, 不聞其過, 陵遲至於土崩. 今陛下以嗇夫口辨而超遷之, 臣恐天下隨風而靡, 爭為口辨而無其實. 夫下之化上, 疾於景響, 舉錯不可不審也." 帝曰, "善!" 乃不拜嗇夫. 上就車, 詔釋之參乘. 徐行, 問釋之秦之敝, 具以質言. 至宮, 上拜釋之為公車令.

頃之, 太子與梁王共車入朝, 不下司馬門. 於是釋之追止太子·梁王, 無得入殿門, 遂劾"不下公門, 不敬", 奏之. 薄太后聞之. 帝免冠, 謝教兒子不謹. 薄太后乃使使承詔赦太子·梁王, 然後得入. 帝由是奇釋之, 拜為中大夫. 頃之, 至中郎將.

從行至霸陵, 上謂群臣曰, "嗟乎! 以北山石為槨, 用紵絮昔斮陳漆其間, 豈可動哉!" 左右皆曰, "善!" 釋之曰, "使其中有可欲者, 雖錮南山猶有隙. 使其中無可欲者, 雖無石槨, 又何戚焉!" 帝稱善. 是歲, 釋之為廷尉. 上行出中渭橋, 有一人從橋下走, 乘輿馬驚. 於是使騎捕之, 屬廷尉. 釋之奏當曰, "此人犯蹕, 當罰金." 上怒曰, "此人親驚吾馬, 馬賴和柔, 令它馬, 固不敗傷我乎! 而廷尉乃當之罰金." 釋之曰, "法者, 天下公共也. 今法如是, 更重之, 是法不信於民也. 且方其時, 上使使誅之則已. 今已下廷尉. 廷尉, 天下之平也, 壹傾, 天下用法皆為之輕重, 民安所錯其手足! 唯陛下察之." 上良久曰, "廷尉當是也."

其後人有盜高廟坐前玉環, 得. 帝怒, 下廷尉治. 釋之按"盜宗廟服御物者" 為奏當棄市. 上大怒曰, "人無道, 乃盜先帝器! 吾屬廷尉者, 欲致之族. 而君以法奏之, 非吾所以共承宗廟意也." 釋之免冠頓首謝曰, "法如是, 足也. 且罪等, 然以逆順為差. 今盜宗廟器而族之, 有如萬分一, 假令愚民取長陵一抔土, 陛下且何以加其法乎?" 帝乃白太后許之.

한문제 전4년(BC 176)

1) 겨울 12월, 영음의후潁陰懿侯 관영이 죽었다.

2) 봄 정월 갑오甲午, 어사대부 양무陽武하남군 양무현 출신 장창張蒼이 승상이 됐다. 장창은 책을 좋아했고, 넓은 견문을 가졌고, 율력律曆에 대한 조예가 깊었다.

3) 황제가 하동河東산서성 하현 군수 계포季布를 불러 어사대부를 삼고자 했다. 어떤 사람이 와서 그는 용기는 있으나 술을 좋아해 접근하기 어렵다고 말했다. 계포가 도착하자 장안에 있는 관사에 1달 동안 묵게 했다. 황제가 그를 불러보고 원래의 생각을 철회했다. 이때 계포가 앞으로 나아가 말했다.

"신은 공로는 없으나 은총을 받아 죄를 짓고 벌 받기를 하동河東에서 기다렸습니다. 이때 폐하가 아무 연고 없이 신을 불렀습니다. 신을 부르도록 한 사람은 틀림없이 신이 무능한데도 불구하고 신을 가지고 폐하를 속였을 것입니다. 오늘 신이 도착했는데 아무런 업무도 주지 않고 그만두고 가라 하시니 그렇게 건의한 사람은 반드시 신을 헐뜯은 사람일 것입니다. 폐하는 한 사람의 칭찬을 듣고 신을 부르고 한 사람의 헐뜯음을 듣고 신을 가라 하니 신은 천하 사람이 이를 듣게 돼 폐하의 생각이 얕고 깊음을 살펴보게 될까 걱정입니다."

황제가 아무 말 없이 있다가 부끄러워하고는 한참 만에 말했다.

"하동은 나의 고굉股肱과 같은 군이오. 특히 그대를 부른 이유요."

4) 황제가 가의를 공경의 자리에 임용하는 문제를 갖고 의논했다. 대다수 대신들이 그를 어리게 보고 말했다.

"그는 낙양 출신으로 나이가 20세로 아직 어려 지금 배워야 할 처지입니다. 권력을 휘두르려고만 한다면 여러 사안에서 분란이 일어날 것입니다."

이 말을 들은 천자는 후에도 그에게 소원해져 그의 건의를 채택하지 않고 장사왕長沙王의 태부太傅로 삼았다.

5) 강후 주발은 자신의 봉국으로 간 뒤 하동의 군수와 군위郡尉가 각 현을 순행하고 강현絳縣으로 돌아올 때마다 혹여 죽게 되지나 않을까 두려워했다. 늘 갑옷을 입고 집안사람들로 하여금 무기를 들고 살피게 한 배경이다.[6] 이를 본 어떤 사람이 서신을 올려 주발이 반란을 일으키려 한다고 고해바쳤다. 황제가 이 사건을 정위에게 내려 보냈다. 정위가 주발을 체포해 이를 다스리자 주발은 두려워해 자기 처지를 세울 말을 찾지 못했다. 옥리가 차츰 그를 모욕했다. 주발은 잘 봐달라고 천금을 옥리에게 주었다. 옥리가 목간 뒤에다 이같은 글을 써 그에게 보여주었다.

'공주로 하여금 보증하게 하시오.'

공주는 황제의 딸로 주발의 장자인 주승지周勝之가 부인으로 맞아들

6 한나라가 건국된 후 한신은 유방, 팽월은 여태후, 주발은 한문제가 자신을 주살할까 걱정했다. 그러나 당시 한문제는 주발이 지나치게 권세를 부릴까 우려했을 뿐이다.

였다.[7] 박태후 역시 주발이 반란을 일으킬 리 없다고 여겼다. 황제가 태후에게 아침 문안을 갔다. 태후가 대로해 머리의 두건을 벗어던지며 말했다.

"강후가 예전에 여러 여씨를 죽일 때 황제의 인새를 품고서 북군北軍에서 군사를 거느렸소. 이때를 이용하지 않고 지금 조그만 현에 살면서 반란을 일으키려 했단 말이오."

황제는 이미 강후가 옥에서 한 말을 읽어본 터라 태후에게 사과했다.

"옥리가 조사해 그를 내보낼 것입니다."

이후 사자에게 명해 지절持節의 자격으로 강후를 사면하고 작위와 식읍을 회복시켜 주도록 했다. 강후가 나와서 말했다.

"나는 일찍이 100만 군사를 거느린 바 있다. 그러나 어찌 옥리가 그렇게 귀하다는 것을 알 수 있겠는가?"

6) 고성묘顧成廟[8]를 지었다.

＊ 太宗孝文皇帝前四年

冬, 十二月, 穎陰懿侯灌嬰薨.

春, 正月, 甲午, 以御史大夫陽武張蒼為丞相. 蒼好書, 博聞, 尤邃律歷.

上召河東守季布, 欲以為御史大夫. 有言其勇·使酒·難近者. 至, 留邸一月, 見罷. 季布因進曰, "臣無功竊寵, 待罪河東, 陛下無故召臣, 此人必有以臣欺陛下者. 今臣至, 無所受事, 罷去, 此人必有毁臣者. 夫陛下以一人之譽而召臣, 以一人之毁而去臣, 臣恐天下有識聞之,

7 '부인으로 맞아들였다'의 원문은 상지尙之이다. 여기의 상尙은 제왕의 딸을 부인으로 맞아들였다는 뜻으로 사용된 것이다.

8 고성묘顧成廟는 낮고 협소하여 돌아보는 사이에 완성된 사당이라는 뜻이다.

有以窺陛下之淺深也!" 上默然, 慚, 良久曰, "河東, 吾股肱郡, 故特召君耳."

上議以賈誼任公卿之位. 大臣多短之曰, "洛陽之人, 年少初學, 專欲擅權, 紛亂諸事." 於是天子後亦疏之, 不用其議, 以為長沙王太傅.

絳侯周勃既就國, 每河東守·尉行縣至絳, 勃自畏恐誅, 常被甲, 令家人持兵以見之. 其後人有上書告勃欲反, 下廷尉. 廷尉逮捕勃, 治之. 勃恐, 不知置辭. 吏稍侵辱之, 勃以千金與獄吏, 獄吏乃書牘背示之曰, "以公主為證." 公主者, 帝女也, 勃太子勝之尚之. 薄太后亦以為勃無反事. 帝朝太后, 太后以冒絮提帝曰, "絳侯始誅諸呂, 綰皇帝璽, 將兵於北軍, 不以此時反, 今居一小縣, 顧欲反邪?" 帝既見絳侯獄辭, 乃謝曰, "吏方驗而出之." 於是使使持節赦絳侯, 復爵邑. 絳侯既出, 曰, "吾嘗將百萬軍, 然安知獄吏之貴乎!"

作顧成廟.

한문제 전5년(BC 175)

1) 봄 2월, 지진이 났다.

2) 당초 진나라 때에는 반량전半兩錢을 사용했다. 고조 때 그것이 무거워 쓰기 어렵다고 하여 다시금 협전莢錢을 주조했다. 물가가 올라 쌀이 한 석에 1만 전이나 했다.

여름 4월, 다시 사수전四銖錢을 주조하고, 개인이 주전鑄錢하는 것을 금하는 법령을 폐지해 민간에서도 주전할 수 있게 했다.[9]

9 진시황은 통일 후 반량半兩 즉 12수銖의 무게로 전국의 화폐를 통일했다. 한나라 초기인 여후 2년(BC 186)에 8수, 문제 5년(BC 175)에 4수로 하는 등 중량이 계속 줄어들

가의가 간했다.

"법으로는 천하 사람으로 하여금 공개적으로 사람을 고용해 구리와 주석을 녹여 전錢을 만드는 것을 허용하고 있습니다. 그리고 감히 여기에 연鉛과 철鐵을 섞어 다른 기교를 부리는 사람은 그 죄를 경형黥刑에 처한다고 했습니다. 그러나 주전하는 사정을 보면 잡된 것을 섞어 기교를 부리지 않으면 이익을 얻을 수 없습니다. 이를 조금만 섞어도 이익은 아주 많이 납니다. 무릇 일에는 화를 부르는 것이 있고, 법에는 간사함을 일으키게 하는 것이 있습니다. 지금 영세한 백성들에게 전폐를 만드는 형세를 만들어주었으니 저마다 숨겨진 곳에서 주조할 것입니다. 조금 간사한 짓을 하여 많은 이익을 얻으려는 것을 금지시키려고 매일 이마에 글을 새기는 경죄黥罪를 범한 사람을 보고한다 할지라도 그 형세는 그치지 않을 것입니다. 근래 백성들 가운데 이 죄에 저촉된 사람이 한 현에서 많게는 수백 명이나 됩니다. 관원이 의심하여 체포하고 태장을 치니 도망치는 사람도 아주 많습니다. 무릇 법을 만들어놓고 백성을 유인해 함정에 들어가게 하는 것이므로 이보다 더 한 것이 어디 있겠습니까? 또한 백성들이 전錢을 사용하는 네 군현에 따라 그 무게가 달라 혹 표준보다 가벼운 전을 쓰면 100개에 몇 개를 더 얹어야 하고, 혹 표준보다 무거워 많은 만큼 거슬러 달라고 해야 하는데 무거운 것을 쓰면 거슬러주지 않으려고 받지 않을 것입니다. 법으로 정한 전폐가 확립되지 않았으니 관원이 이것을 급히 통일시키겠습니까? 그렇게 하려면 크게 번거롭고 복잡해 힘으로 도저히 감당할 수 없을 것입니다.

그렇다고 그대로 내버려 둘 수 있겠습니까? 그리 하면 시장에서 서로

었음에도 여전히 '반량'으로 불렸다. 사주私鑄는 여기서 1수가 더 모자랐다. 너무 가벼워 마치 느릅나무 잎과 같다고 하여 '협전'이라는 이름이 붙게 됐다.

다른 것들이 사용돼 전문錢文이 크게 혼란할 것입니다. 이 두 가지는 어느 것도 적당한 방법이 아니니 어찌하면 좋겠습니까? 지금 농사는 버려지고 구리를 캐는 사람은 날로 늘어날 것이고, 그들은 호미와 쟁기를 놓고 야금冶金하는 용광로에서 탄을 땔 것입니다. 간사하게 만들어진 전은 날로 많아지고 오곡은 줄어들 것입니다. 선량한 사람은 유혹을 받아 간사한 일을 하게 되고, 착한 백성들은 유혹에 빠졌다가 형벌을 받게 될 것입니다. 그리하여 장차 형벌이라는 것이 공평하지 못하게 될 터이니 어찌 소홀할 수 있겠습니까? 나라에서 이것을 걱정하면 관원들은 의논해 '사사로이 주전하는 것을 금지하십시오'라고 할 것입니다.

그런데 이를 금지시킨다 해도 올바른 방법을 찾지 못하면 그 상처가 반드시 클 것입니다. 사사로이 주전을 못하게 하면 전폐는 반드시 중시될 것이고, 전폐가 중시되면 그 이익은 더 커질 터이니 몰래 전폐를 주조하는 일이 구름처럼 일어날 것입니다. 그러면 기시의 죄로 다스린다 해도 금지시킬 수가 없을 것입니다. 간사한 일이 수차례 일어나는 것을 막지 못하면 법으로 금지하는 것도 수차례 무너지게 되는데 구리로 인해 그렇게 될 것입니다. 그렇게 구리가 천하에 퍼져 있고, 그로 인한 피해가 넓고 크기 때문에 지금 그 구리를 거둬들이느니만 못합니다."

가산도 서신을 올려 간했다.

"전폐라는 것은 쓸 데 없는 물건입니다. 그러나 이것으로 부귀를 바꿀 수는 있습니다. 부귀는 군주가 조종하는 것인데 백성들로 하여금 전폐를 만들게 하면 백성들이 군주와 함께 이 부귀를 조종하게 합니다. 그것을 오래 시행해서는 안 됩니다."

황제가 이를 듣지 않았다.

이때 태중대부太中大夫인 등통鄧通이 황제의 총애를 받았다. 황제가 그를 부유하게 해주고자 그에게 촉엄도蜀嚴道사천성 아안현의 구리 광산을 내려주고 주전鑄錢을 하게 했다. 오왕吳王인 유비는 예장豫章강소성 남창현의 구리 광산을 갖고 있었다. 천하의 망명한 사람들을 불러다가 주전을 했다. 동해東海의 바닷물도 끓여서 소금을 만들었다. 덕분에 부세를 안 받고도 나라의 재산이 풍족했다. 오나라와 동통의 전폐가 천하에 두루 퍼졌다.

3) 당초 황제는 대나라를 두 나라로 나눴다. 황제의 아들인 유무劉武를 세워 대왕代王을 만들고 유참劉參을 태원왕太原王산서성 태원시으로 삼았다. 그런데 이 해에 대왕인 유무를 옮겨 회양왕淮陽王하남성 회양현으로 삼고, 태원왕 유참을 대왕으로 삼아 그 원래의 옛 땅을 모두 차지하게 했다.

* 太宗孝文皇帝前五年

春, 二月, 地震.

初, 秦用半兩錢, 高祖嫌其重, 難用, 更鑄莢錢. 於是物價騰踊, 米至石萬錢. 夏, 四月, 更造四銖錢, 除盜鑄錢令, 使民得自鑄.

賈誼諫曰, "法使天下公得雇租鑄銅·錫為錢, 敢雜以鉛·鐵為它巧者, 其罪黥. 然鑄錢之情, 非殽雜為巧, 則不可得贏. 而殽之甚微, 為利其厚. 夫事有召禍而法有起奸. 今令細民人操造幣之勢, 各隱屏而鑄作, 因欲禁其厚利微奸, 雖黥罪日報, 其勢不止. 乃者, 民人抵罪多者一縣百數, 及吏之所疑搒笞奔走者甚眾. 夫縣法以誘民, 使入隱阱, 孰多於此! 又民用錢, 郡縣不同或用輕錢, 百加若干. 或用重錢, 平稱不受. 法錢不立, 吏急而壹之乎? 則大為煩苛而力不能勝. 縱而弗呵乎? 則市肆異用, 錢文大亂. 苟非其術, 何鄉而可哉! 今農事棄捐而采銅者日蕃, 釋其耒耨, 冶熔炊炭. 奸錢日多, 五穀不為多. 善人怵而為奸邪, 願民陷而之刑戮. 刑戮將甚不詳, 奈何而忽! 國知患此，吏議必曰'禁之' 禁之不得其術，其傷必大．令禁鑄錢，則錢必重．重則其利深，盜鑄如雲而起，棄市之罪又不足以禁矣．奸數不勝而法禁數潰，銅使之然也．銅布於天下，其為禍博矣，故不如收之."賈山亦上書諫，以為曰，"錢者，亡用器也，而可以易富貴．富貴者，人主之操柄也．令民為之，是與人主共操柄，不可長也." 上不聽．

是時，太中大夫鄧通方寵幸，上欲其富，賜之蜀嚴道銅山，使鑄錢．吳王濞有豫章銅山，招致天下亡命者以鑄錢．東煮海水為鹽．以故無賦而國用饒足．於是吳·鄧錢布天下．

初，帝分代為二國，立皇子武為代王，參為太原王．是歲，徙代王武為淮陽王．以太原王參為代王，盡得故地．

한문제 전6년(BC 174)

1) 겨울 10월, 복숭아와 자두인 도리桃李의 꽃이 피었다.

2) 회남의 여왕厲王인 유장劉長이 스스로 법을 만들어 자기 나라에서 시행하며 한나라에서 파견한 관원은 쫓아버렸다. 그러고는 스스로 재상과 2천석의 녹질을 받는 관직을 임명하겠다고 요청했다.[10] 황제가 자기 뜻을 굽혀 이를 받아들였다. 그러나 회남왕은 이후에도 죄 없는 사람에게 임의로 형벌을 주어 죽이고, 자기 맘대로 작위를 내렸는데 관내후關內侯까지 주었다. 뿐만 아니라 수차례 서신을 올렸는데 공손하지 못했다. 황제는 그를 직접 나무라지 않고 박소薄昭로 하여금 넌지시 알리는 서신을 보내게 하여 그에게 관숙管叔과 채숙蔡叔의 일, 그리고 대代의 경왕頃王 및

10 재상부터 내사, 중위에 이르는 후국侯國의 관원은 한나라에서 2천석으로 임명하고, 그 이하는 후국에서 자체적으로 임명했다.

제북왕濟北王[11]의 일, 제북왕 유흥거의 일을 인용해 경계하게 했다.

이 서신을 보고 기분이 상한 회남왕은 대부인 단但 및 사오士伍인 개장開章 등 70인으로 하여금 극포후棘蒲侯 시무柴武의 태자인 시기柴奇와 모의해 병기를 실은 수레인 연거輦車 40대를 가지고 곡구谷口섬서성 예천현 서북쪽에서 반란을 일으키게 했다 이어 민월閩越과 흉노로 사자를 보냈다. 그러다 일이 발각돼 유사有司가 죄를 다스렸다. 사자를 보내 회남왕을 장안으로 소환했다. 회남왕이 장안에 도착했을 때 승상인 장창張蒼과 전객典客인 풍경馮敬이 어사대부의 일을 맡고 있었다. 그들이 종정宗正 및 정위와 함께 상주했다.

"유장은 마땅히 기시에 처해야 합니다."

황제가 명했다.

"유장에게 죽을죄는 사하여 주니 그의 왕호를 폐지하고 왕 노릇을 못하게 하라. 그리고 촉군蜀郡에 있는 엄도嚴道의 공우邛郵로 옮겨 살게 하라."

더불어 모의했던 자들은 모두 죽였다.

유장을 휘장을 친 수레인 치거輜車에 실어 여러 현에서 차례로 그를 이송하게 했다. 원앙이 간했다.

"황제가 평소 회남왕의 교만을 그대로 두고, 엄한 스승과 승상을 두지 않았던 까닭에 여기에 이르게 됐습니다. 회남왕은 사람이 강剛한데 지금 별안간 그를 꺾어버리면 신은 갑자기 안개와 이슬을 만나 병들어 죽을까 걱정입니다. 폐하가 동생을 죽였다는 이름을 얻게 되면 어찌합니까?"

황제가 대답했다.

11 제북왕濟北王의 일은 기원전 200년에 유방의 형인 유희가 변경이 위급에 처했을 때 도주해 후작이 깎인 일을 가리킨다.

"나는 다만 그에게 고생을 좀 시키려는 것뿐이다. 곧 그를 회복시켜 줄 것이다."

그러나 분함을 억누르지 못한 회남왕은 스스로 음식을 입에 대지 않다가 끝내 죽었다. 각 현에서 그를 이송해 옹雍섬서성 봉상현 땅에 이르렀을 때 현령이 봉함한 치거를 뜯어보고는 그가 죽어 있는 것을 발견했다. 이를 황제에게 보고하자 황제가 아주 슬프게 곡을 하며 원앙에게 물었다.

"내가 그대의 말을 듣지 않아 끝내 회남왕을 죽였소. 지금 어찌하면 좋겠소?"

원앙이 대답했다.

"승상과 어사의 목을 베어 천하에 사죄하면 됩니다."

황제는 즉시 승상과 어사에게 명을 내려 여러 현에서 회남왕을 이송하면서 수레의 봉함을 열어 음식을 제공하지 않았던 사람을 조사 체포해 모두 기시에 처하도록 했다. 이어 회남왕을 열후의 신분으로 대우해 옹에 장사지낸 뒤 그 무덤을 관리하기 위해 30호를 두었다.

3) 흉노의 선우가 한나라에 서신을 보내왔다.

"전에 보내준 편지는 황제와 화친하기로 한 저의 뜻과 같아 기뻤습니다. 그런데 한나라 변방에 있는 관원이 우리 우현왕右賢王을 침범하고 모욕하자 우현왕이 제게 묻지도 않고 후의로후後義盧侯인 난지難支 등의 계책을 듣고 한나라의 관원과 서로 대치하는 일이 빚어졌습니다. 두 군주의 약속을 끊어버리고 형제 같은 우애를 떨어뜨려 놓았던 까닭에 우현왕을 벌하려고 그로 하여금 서쪽으로 가서 월씨越氏감숙성 장액현 부족을 공격케 했습니다. 그런데 하늘의 복을 받고 이졸吏卒도 훌륭하고 말의 힘이 강했던지 우현왕이 월씨를 멸망시켜 모두 목을 잘라 죽이고 항복시켜 이를 평정했습니다. 누란樓蘭신강성 나포박羅布泊 부근과 오손烏孫신강성 이녕시, 호게虎揭중앙아시아 아라무트시, 그리고 주변의 26개 나라는 이미 모두 흉노 편이 됐고,

여러 활을 쏠 수 있는 백성들은 한 집안이 돼 북쪽은 평정됐습니다. 지금 전쟁을 잠재우고, 사졸을 쉬게 하고, 말을 기르고, 앞에 있었던 일은 없었던 것으로 하고, 옛날의 약속을 회복시켜 변방의 백성들이 편안해지기를 원합니다. 황제가 우리 흉노가 요새에 접근하지 않기를 원한다면 바로 조서를 내려 관원과 백성들이 변방에서 멀리 집을 짓게 하십시오."

황제가 답서를 보냈다.

"선우가 전에 있었던 일을 없었던 것으로 하고, 옛 약속을 회복하려 한다니 짐은 이를 아주 기쁘게 생각하오. 이는 옛 성군의 뜻이오. 한나라와 흉노가 약속해 형제가 됐으니 선우에게 아주 후하게 상을 내려주는 바이오. 그런데 약속을 배반하고 형제 같은 우애를 끊어놓는 사람들이 늘 흉노 안에 있소. 그러나 우현왕의 일은 사면령이 있기 전에 있었던 것이니 선우가 너무 나무라지 마시오. 선우의 뜻이 진정 편지에 쓴 뜻과 같다면 여러 관원에게 분명히 알리고 그들로 하여금 약속을 위반하지 않고 신의를 갖게 하시오. 그러면 선우의 편지에 쓴 것처럼 존중하겠소."

얼마 후 선우 묵돌冒頓이 죽고 그의 아들 계죽稽粥이 선우로 즉위했다. 그는 노상선우老上單于로 불렸다. 노상선우가 처음에 즉위하자 황제는 다시 종실의 딸인 옹주를 보내 선우의 부인인 알지閼氏가 되게 하고, 환자宦者인 연나라 사람 중항열中行說을 옹주의 사부로 보냈다. 중항열은 가려고 하지 않았으나 한나라는 억지로 그를 보냈다. 중항열이 말했다.

"꼭 내가 가야 한다면 한나라의 걱정거리가 될 것이다." 중항열이 흉노 땅에 이르러 선우에게 항복했기 때문에 선우는 그를 아주 친하게 대했다. 당초 흉노는 한나라의 솜과 음식물을 좋아했다. 중항열이 말했다.

"흉노 땅 사람들의 숫자가 많다고 해도 한나라의 군郡 하나도 당할 수 없습니다. 그럼에도 흉노가 강하게 된 까닭은 입는 것과 먹는 것이 달라 한나라를 바라볼 필요가 없었기 때문입니다. 지금 선우가 습관을 바꿔 한나라의 것들을 좋아합니다. 한나라 물건 가운데 10분의 2정도는 가져도 흉노사람들은 모두 한나라에 귀속될 것입니다."

그러고는 한나라의 비단과 솜옷을 입고서 가시덤불 속을 달려 옷과 바지가 다 찢어지고 해지는 모습을 통해 흉노의 가죽 털옷이 훨씬 좋다는 것을 보여주었다. 또 한나라의 음식물을 모두 갖다 버려 우유 제품이 더 편리하고 맛있음을 보여주었다. 한편 선우의 주변에 있던 사람들을 가르쳐 사람 수와 가축 수를 등기하고 계산하게 했다. 또 한나라에 보내는 서간과 인장을 모두 길고 크게 바꾸고 그 말씨를 거만하게 하여 스스로 칭하기를, '천지가 낳고, 일월이 기른 흉노대선우'라고 했다.

한나라 사자 가운데 어떤 이가 흉노의 습속에 예의가 없음을 비웃었다. 중항열은 한나라 사자에게 추궁했다.

"흉노는 약속을 간단히 하고 쉽게 실행합니다. 군신 간의 예절은 간단해도 오래갑니다. 하나의 나라에서 시행되는 정치가 마치 한 몸과 같습니다. 흉노는 비록 혼란하지만 반드시 선우의 자손을 세웁니다. 중국은 예의가 있다고 하지만 친속이라도 조금만 멀어지면 서로 죽이고 빼앗고, 왕조의 성이 바뀌어 새 왕조가 세워져도 모두 이를 좇는 무리입니다. 아, 흙집에 사는 중국 사람들이여, 많은 말을 하여 끊임없이 지껄이지 마시오. 한나라가 흉노에게 보내는 비단 옷과 쌀로 만든 술을 돌아보아 그 수량이 맞고 맛있으면 그뿐이지 어찌하여 이말 저말을 하십니까? 보내준 것이 잘 갖춰지고 좋으면 말겠지만 다 갖추지 못하고 질이 나쁘면 가을 추수 때 기병으로 달려가 당신들의 농사를 유린하겠습니다."

4) 양나라 태부 가의가 상소를 올렸다.

"신이 생각하건대, 오늘날의 사태와 형세를 볼 때 통곡할 만한 것이 1가지, 눈물을 흘려야 할 만한 것이 2가지, 긴 탄식을 해야 할 것이 6가지 있습니다. 그 외에 이치에 어긋나고 도를 상하게 하는 것 같은 것은 전부

소에 적어 올리기가 어려울 정도입니다. 말씀을 올리는 사람들은 모두 '천하는 이미 안정됐고 잘 다스려지고 있다'고 말합니다. 그런데 신만은 아직 아니라고 생각합니다. 안정됐고, 잘 다스려지고 있다고 말하는 사람은 어리석은 사람 아니면 아부하는 사람일 터이니 모두 잘 다스려지는 시대와 혼란한 시대가 어떤 것인지 그 본체를 모르는 사람들입니다. 무릇 장작을 쌓아놓은 밑에 불씨를 놓고 장작더미 위에 자면서 불이 아직은 이르지 못했기 때문에 편안하다고 말하는 것과 같습니다. 지금의 형세가 이와 무엇이 다르겠습니까? 폐하는 어찌하여 신으로 하여금 폐하 앞에서 이런 것들을 헤아리고 그로 인한 치안대책을 진술토록 시험하지 않는 것입니까? 나라를 잘 다스리려면 폐하가 뜻과 염려를 수고롭게 하여야 하고, 신체를 고생스럽게 해야 하고, 종고를 울리는 즐거움을 줄이고 하지 말아야 합니다. 즐김은 오늘날과 같게 해 이를 제후들이 법제로 받아들이게 해야 군대를 동원하지 않아도 흉노를 복종하게 하고, 백성들은 소박해져 살아서는 밝은 황제가 되고 죽어서는 밝은 신령이 됩니다. 또한 빛나는 이름의 아름다움을 끝없이 이어내려가게 하여 폐하가 세운 사당인 고성顧成섬서성 장인현 동쪽을 태종太宗으로 물리게 하고, 위로는 태조太祖를 배향하면서 한나라와 더불어 끝없이 이어질 것입니다.[12] 그리고 원칙과 기강을 세워 만세의 법을 세워야 할 것입니다. 그러면 어리석고 어리며 불초한 후손이라 할지라도 그 업적에 힘입어 편안할 것입니다. 폐하가 밝고 통달함을 갖췄으므로 다스리는 본체를 조금 아는 사람으로 하여금 보좌하게 하여 이런 풍조를 내려 보내면 이런 상황에 이르기는 어려운 일이 아닙

---

12 죽은 황제의 수가 많아지면 신주를 모신 사당인 묘廟의 수도 많아져 묘마다 호號를 붙였다. 묘호廟號는 황제의 업적이 반영돼 창업주는 대개 태조太祖 내지 고조高祖 등으로 불렸다. '조' 밑의 '종宗'에는 고종高宗과 태종太宗이 가장 높았다.

니다.

나라를 세워서 굳어지면 반드시 서로 의심하는 형세가 만들어집니다. 아래 지위에 있는 사람은 수차례 그 재앙을 받게 되고 위에 있는 사람은 근심거리가 일어날까 수차례 의심하게 되니, 이런 일은 윗사람을 편안하지 못하게 하고 아랫사람을 온전하게 하지 못합니다. 어떤 사람이 친동생인 회남왕 유장은 동제東帝가 되기를 꾀했고, 친형의 아들인 제북왕 유흥거가 서쪽을 치려고도 했고, 지금 오왕吳王 유비까지 고발을 당했습니다. 천자는 춘추가 한창 왕성하고, 의를 행하는데 아직 허물이 없고, 은혜를 더하여 주는데도 오히려 이와 같습니다. 하물며 막대한 제후들이 가진 권력은 그들의 열 배나 되니 어떠하겠습니까? 그러나 천하가 조금 안정된 까닭은 무엇 때문이겠습니까? 큰 나라의 왕은 아직 장성하지 못하여 어리고, 한나라에서 제후국에 파견한 태후와 승상이 그 나라의 일을 장악하고 있기 때문입니다. 몇 년 후에는 제후 왕들이 대부분 관례를 치르게 돼 혈기가 왕성해질 것입니다. 한나라에서 파견한 태부와 승상들은 병을 핑계로 파직되고, 저들은 현승縣丞과 현위縣尉 이상의 관원은 전부 자기 사람들을 둘 것입니다. 이리 되면 회남왕과 제북왕이 한 일과 어찌 다르겠습니까? 이런 때에 가서는 아무리 잘 다스리고 편안하게 하려 해도 요순이라 할지라도 잘 다스리지 못할 것입니다.

황제黃帝가 말하기를, '해가 중천에 오르면 반드시 햇볕을 쬐고, 칼을 잡으면 반드시 자르라'[13]고 했습니다. 지금 이 도리를 순조롭게 펼친다면 모두 안정되는 것은 아주 쉬운 일입니다. 그런데 일찍 이런 일을 하려고

---

13 원문은 '일중필혜日中必慧, 조도필할操刀必割'이다. 『육도六韜』「문도文韜, 수토守土」 구절에서 인용한 것이다. 해가 중천에 걸려 있을 때가 사물을 말리는데 가장 좋은 시기時機이고, 칼을 잡았을 때가 사물을 가르는데 가장 좋은 시기라는 취지이다. 혜慧는 햇볕에 말리는 것을 뜻한다.

하지 않으면 이내 골육에 속한 사람들의 목을 베게 될 것이니 어찌 진나라의 말년 사정과 다르겠습니까? 한나라 초기에 책봉된 제후 가운데 성이 다른 사람들은 강한 세력을 짊어지고 움직였습니다. 한나라는 다행히 그들을 이겼지만 그렇게 된 원인은 아직 바꾸지 않았습니다. 같은 성의 제후들도 이런 흔적을 이어받아 그 움직임의 징조가 나타나고 있으니 그 형세를 보면 또다시 그렇게 될 것입니다. 재앙과 화의 변화는 어느 곳으로 옮겨 붙을지 알 수 없는데 밝은 황제가 이를 안정시킬 수 없다면 앞으로 후세에는 어떠하겠습니까? 신이 가만히 예전의 일을 더듬어보니 대개 강한 사람이 먼저 반란을 일으킵니다. 장사왕은 25,000호를 가졌을 뿐이고 공로도 적지만 가장 완전하게 나라를 이어갑니다. 혈연관계는 멀지만 가장 충성스럽습니다. 성품이 다른 사람과 다를 뿐만 아니라 형세 또한 그러합니다. 그러나 번쾌와 역이기, 강후 주발, 관영 같은 경우는 수십 개의 성에 근거를 두고 왕 노릇을 하게 했다고 해도 지금은 모두 망해버렸을 것입니다. 만일 한신과 팽월 같은 이를 철후徹侯로 삼았다면 오늘날까지 살아남아 있었을 것입니다.

천하를 다스릴 커다란 계책을 알 수 있을 것입니다. 여러 왕들을 모두 충성스럽게 귀부하게 만들려면 장사왕처럼 하게 하는 것보다 나은 게 없습니다. 신하들이 죽임을 당해 젓 담금을 당하지 않게 하려면 번쾌와 역이기 등처럼 해서는 안 됩니다. 천하를 잘 다스려서 편안하기를 바란다면 제후들을 많이 세워 그들의 힘을 줄이는 것 만한 것이 없습니다. 힘이 적으면 쉽게 의로워지고 나라가 적으면 간사한 마음이 없어집니다. 해내海內의 세력이란 몸이 어깨를 부리는 것과 같고, 어깨가 손가락을 부리는 것 같아 제한하고 따르게 하지 못할 게 없습니다. 그리하면 제후들은 감히 다른 마음을 품지 못하고 천자에게 돌아와 명을 받들 것입니다.

땅을 나누고 제도를 확립해 제齊와 조趙, 초楚나라를 각기 몇 개의 나라로 만들고 도혜왕悼惠王 유비, 유왕幽王 유우, 원왕元王 유교의 자손들은 차례로 할아버지의 땅을 나눠받게 하여 나눠줄 땅이 없어진 다음에야 그치십시오. 나눠줄 땅은 많으나 자손이 적은 곳은 제후국을 세우고, 제후왕의 자리를 빈 채로 두십시오. 그 자손이 생기기를 기다렸다가 반드시 그에게 왕 노릇을 하게 하십시오. 한 치의 땅이나 한 사람의 백성도 천자가 빼앗아 이익으로 삼지 말고, 실로 정치를 안정시키려고 할 뿐이라는 것을 알게 하십시오. 이같이 하면 어린아이를 천하의 맨 윗자리에 뉘어놓아도 안전할 것이고, 유복자를 세워놓고 조정에서 옷을 입혀놓아도 천하는 혼란하지 않을 것입니다. 살아 있는 당대에는 크게 다스려질 것이고, 후세에는 성스럽다고 칭송받을 것입니다. 그런데 폐하는 무엇을 꺼려 오랫동안 이 일을 하지 않는 것입니까?

천하의 형세는 바야흐로 수종다리 병에 걸린 것 같아 한쪽 정강이는 허리처럼 굵어지고, 한쪽 손가락은 팔뚝처럼 돼 평상시에도 굽혔다 폈다 할 수 없습니다. 한두 개의 손가락만 움직여도 아프니, 몸은 의지할 곳이 없습니다. 지금 기회를 잃고 치료를 하지 않으면 고질병이 돼 훗날 제 아무리 편작과 같이 이름난 의원이 있다 해도 고칠 수가 없을 것입니다. 수종다리뿐만 아니라 곰배팔이인 척려蹠盭[14]로 인해서도 고생을 하고 있습니다. 원왕의 아들은 황제의 사촌동생입니다.

그런데 지금 왕 노릇을 하는 사람은 사촌동생의 아들입니다. 또 혜왕의 아들은 친형의 아들입니다. 그런데 지금 왕 노릇을 하는 사람은 형의 아들의 아들입니다. 황제와 가까운 사람은 땅을 나눠 갖지 못해 천하를 안정시키지 못하고 있는데 황제와 먼 사람이 대권을 장악해 천자를 다그

14 척려蹠盭의 '척'과 '려'는 모두 어긋났다는 뜻이다. '척'은 대척對蹠으로 사용되는 척蹠의 고자古字이다.

치고 있습니다. 그렇기 때문에 신은 수종다리 병을 앓고 있을 뿐만 아니라 곰배팔이 병까지 앓고 있다고 말하는 것입니다. 통곡할 노릇은 바로 이 병입니다.

천하의 형세는 바야흐로 거꾸로 매달려 있습니다. 무릇 천자란 천하의 머리입니다. 왜 그럽니까? 윗사람이기 때문입니다. 만족 오랑캐는 천하의 발입니다. 왜 그럽니까? 아랫사람이기 때문입니다. 그런데 지금은 흉노가 업신여기고 모욕하면서 침략하는 불경스런 지경에 이르렀습니다. 게다가 한나라에서는 매년 금과 비단을 보내 그들을 받들고 있습니다. 발이 오히려 위에 올라와 있고 머리는 숙여서 아래에 있는 형상입니다. 거꾸로 매달린 형세가 이와 같으니 이를 풀지 못하면서 어찌 나라에 인재가 있다고 할 수 있겠습니까? 신이 눈물을 흘리는 것은 바로 이 때문입니다. 지금 사나운 적을 잡지 않고 전원에 사는 돼지를 수렵하고, 반란을 일으킨 도적은 치지 않고 기르는 토끼를 잡고, 자질구레한 오락을 즐기면서 커다란 환란에 대한 대책은 도모하지 않습니다. 덕은 멀리까지 베풀어져 수백 리 밖까지 나가지만 위엄 있는 명령은 통하지 않으니 눈물을 흘리는 것은 이 때문입니다.

지금 서민들의 집에도 황제와 같은 복장을 할 수 있고, 창기와 배우 등 낮고 천한 사람들도 황후와 같은 장식을 할 수 있게 됐습니다. 또한 황제는 몸에 조악한 검은 옷인 백제帛綈를 걸치는데 부유한 사람의 담장과 집은 무늬로 수놓고 있습니다. 천자의 황후는 옷깃에만 꽃 한 송이를 수놓았는데 서인의 첩실은 신발에도 꽃을 수놓고 있습니다. 이것이 신이 언급하는 바와 어긋났다고 하는 것입니다.

무릇 100명의 사람이 만들어 한 사람을 입힐 수 없다면 어떻게 천하 사람에게 모두 추위를 없애줄 수 있겠습니까? 한 사람이 경작하고 열 사람이 모여 이를 먹게 하면서 천하사람을 주리지 않게 한다는 것은 불가능합니다. 배고픔과 추위가 백성들의 피부를 깎는 듯한 상태에서 천하사람 속에 있는 간사한 사람을 없애려 하여도 할 수 없을 것입니다. 긴 탄식을 해야 하는 이유는 바로 이것입니다.

옛날 상앙商鞅은 예의를 버리고 인仁과 은恩을 포기하며 앞으로 나아가는 데 마음을 쓰라고 했습니다. 이것을 2년 시행하더니 진나라의 풍속은 날로 무너지고 파괴됐습니다. 진나라에서는 아들이 장성하면 집안이 부유한 사람들은 분가를 해주었고, 가난한 사람들은 아들이 장성하면 출췌出贅를 했습니다.[15] 농기구를 부친에게 빌려주어 김을 매게 하면서 덕을 베푼다는 기색이 있었고, 모친은 데릴사위로 보낸 아들네 집에 가서 청소를 해주는데 모친이 잘못하면 즉각 나무라는 말을 했습니다. 며느리는 그의 아들에게 젖을 먹이면서 시아버지와 함께 걸터앉아 있고, 며느리와 시어머니가 화목하지 않고, 입을 삐죽거리면서 서로 따졌습니다.[16] 그들은 아들을 사랑하고 이익을 좋아하지만 금수와 다른 사람은 거의 없었습니다.

지금도 그 시절부터 내려온 풍속이 아직 고쳐지지 않아 예의를 버리고 염치를 버리는 일이 날로 심해지고 있으니 달마다 다르고 해마다 다르다고 말할 수 있습니다. 그저 이로움만 좇을 뿐 행하는 일이 선한지 악한지를 돌아보지 않습니다. 그 가운데 심한 사람은 부형을 죽이기도 합니다. 대신들은 서류를 보고하지 않고 자기가 직책에 있을 동안 있었던 일상적

---

15 출췌出贅는 데릴사위로 내보낸다는 뜻으로 사람을 저당 잡는다는 의미이다. 저당 잡힌 기간이 끝나면 청산해 돌아올 수 있다. 돈이 없어 빚을 갚지 못하면 노예가 돼 종사했다. 이때 주인이 그 자와 자신의 딸과 결혼시켜 얻게 된 사위를 췌서贅婿라고 했다. '췌서'는 정식으로 결혼해 얻은 여서女婿와는 차이가 있었다.

16 전래의 예절에 따르면 며느리는 시아버지나 시아주버니와 단독으로 얼굴을 마주할 수 없었다. 부득이한 경우 며느리가 반드시 한쪽에 서 있어야 했다.

인 일을 큰 일로 여기고 있습니다. 좋은 풍속을 잃어버리게 되고 세상이 파괴되고 썩어버려도 편안함으로 인해 이상하다는 것을 알지 못하고, 이목을 움직이지 않고 그것이 적당하다고 생각합니다.

무릇 풍속을 바꾸고 천하 사람의 마음을 도로 돌려놓는 것은 속된 관원들이 할 수 있는 일이 아닙니다. 속된 관원들이 힘써야 하는 것은 글을 써서 서류를 만드는 것이지만 그 큰 줄거리를 모릅니다. 그런데 폐하도 스스로 근심하지 않으니 신은 이것을 애석하게 여깁니다.

지금 어떻게 제도를 확정해야 군주가 군주답고, 신하가 신하답고, 위아래가 차별이 있고, 부자父子와 육친六親부·자·형·제·부·부이 각기 그들이 있어야 할 자리에 마땅히 있게 할 수 있겠습니까? 이 일이 확정되면 세세토록 편안할 것이고, 앞으로도 늘 유지하여 따를 것입니다. 만일 제도를 확정하지 못하면 노와 닻 없이 강과 하천을 건너려는 배와 같아 중간쯤 흘러가다가 풍파를 만나면 반드시 전복되고 말 것입니다. 긴 탄식을 하게 되는 것은 이 때문입니다.

하·은·주는 천자가 모두 수십 세를 이어갔는데 진나라의 경우는 천자가 돼 2세만에 망하고 말았습니다. 사람의 본성이란 그렇게 차이가 심한 것이 아닙니다. 그렇다면 어찌하여 삼대의 군주는 도를 가지고 있어 왕조가 장구하게 이어졌고, 진나라는 도를 갖고 있지 못해 갑자기 망한 것입니까? 그 까닭을 대략 알 수 있습니다. 옛날 왕들의 경우 태자가 탄생하면 예를 거행했는데 유사들이 일제히 정숙하고 단정하게 의관을 갖추고 남쪽에 있는 교외에서 천지에 제사를 지냅니다. 이때 대궐 앞을 지날 때에는 수레에서 내리고, 종묘 앞을 지날 때에는 종종걸음으로 지나갑니다. 이는 갓난아이 때부터 가르쳐 실로 실천토록 하려는 것입니다.

조금 자라 아동이 돼 얼마간 아는 바가 생기면, 태사太師와 태부太傅 및 태보太保 등의 삼공三公과 소사少師와 소부少傅 및 소보少保 등의 삼소三少가 효孝·인仁·의義·예禮를 밝혀 이를 익히도록 이끌었고, 사특한 사람을 내쫓아 악한 행동을 보지 못하게 했습니다. 또 천하에서 단정하고 우아한 선비와 효심이 있고 우애가 있고 공부를 많이 하고 도술이 있는 사람들을 뽑아 그를 호위하여 돕게 하고, 그들로 하여금 태자와 함께 있도록 했습니다. 태자는 나면서부터 옳은 일만 보고 옳은 도를 행하고, 좌우전후 주위에 있는 사람들이 모두 올바른 사람들이었습니다.

무릇 올바른 사람과 더불어 살면 바르지 않을 수가 없습니다. 이는 제나라에서 자라면 제나라 말을 안 할 수가 없는 것과 같습니다. 바르지 않은 사람과 살면 부정하지 않을 수 없으니 마치 초나라 땅에서 자라면 초나라 말을 하지 않을 수 없는 것과 같습니다. 공자가 이르기를, '어려서부터 천성을 이루면 익힌 것이 자연과 같이 된다'고 했습니다. 지혜로운 사람과 함께 자라면 부끄러운 일이 없을 것입니다. 하는 일이 마음과 더불어 이뤄지면 도에 맞게 돼 천성처럼 됩니다. 무릇 삼대가 장구하게 된 까닭은 태자를 이처럼 보도輔導했기 때문입니다. 그런데 진나라의 경우는 그러지 못했습니다. 조고趙高로 하여금 호해胡亥를 가르치게 했습니다. 배운 것은 감옥에 관한 일과 사람을 목 베거나 코를 베는 의형劓刑에 처하고, 아니면 삼족을 멸해 죽이는 일 등이었습니다. 호해가 즉위한 다음 날부터 사람에게 활을 쏘고, 충간을 하는 사람에게 비방한다는 말을 하고, 깊이 계책을 세우는 사람에게 요사스런 말이라고 핀잔을 주고, 사람 죽이기를 마치 잡초 베듯 한 이유입니다. 이것이 어찌 호해의 천성이 다만 악해서였겠습니까? 그리 된 것은 그를 이끌었던 사람이 이치에 맞지 않게 행동했기 때문입니다. 속담에 이르기를, '앞에 가는 수레가 넘어지면 뒤에 가는 수레는 이를 경계로 삼아야 한다'고 했습니다. 진나라가 그렇게 빨리 망한 이유는 여기서 그 흔적을 찾아 볼 수 있습니다. 그런데 피하지 않으면 뒤에 가는 수레 역시 전복될 것입니다. 천하의 운명은 태자에게 달려 있습니다. 태자가 착하게 자라는지 여부는 일찍부터 잘 가르치는 것과 주변 사람을 잘 선발하는 데 있습니다. 마음이 아직 분산되지 않았을 때 잘 가르치면 교화는 쉽게 이뤄집니다. 도술과 지혜를 열어주는 지침은 가르치는 힘에 있습니다. 만일 그가 복종하여 익히고 습관을 들이려 한다면 그것은 주변 사람에게 달려 있습니다.

무릇 북쪽에 사는 호인胡人과 남쪽에 사는 월인粵人들도 갓 태어났을 때에는 같은 소리를 내고, 좋아하고 바라는 것도 다르지 않습니다. 그러나 그들이 자라면서 습관과 풍속을 익혀버리고 나면 중간에서 누차 통역을 해도 말이 통하지 않고, 서로 상대를 못하게 됩니다. 가르치고 익히는 것이 그렇게 만드는 것입니다. 신이 주위에 있을 사람을 잘 선발하고 일찍부터 잘 가르치는 것이 가장 급한 일이라고 말하는 이유입니다. 제대로 가르침을 받고 좌우에 있는 사람들이 올바르다면 태자는 올바르게 성장할 것입니다. 태자가 올바르면 천하는 안정됩니다.『서경』「주서·여형」에 이르기를, '천자 일인一人이 경사스런 일을 갖게 되면 억조億兆의 백성이 그에게 의지한다'고 했습니다. 이것이 해당 시기에 힘쓸 일인 시무時務입니다. 무릇 사람의 지혜는 이미 일어났던 일은 볼 수 있지만 앞으로 일어날 일은 볼 수 없습니다. 예란 장차 그렇게 되기 전에 금지시키는 것이고, 법은 이미 그렇게 된 연후에야 금지시키는 것입니다. 이런 까닭에 법의 쓰임새는 쉽게 나타나지만 예가 만들어내는 것은 알기 어렵습니다. 무릇 경하慶賀하여 상을 주면서 착한 일을 하도록 권고하는 것이나, 형벌을 주면서 악한 일을 징계하는 것과 같은 일들은 선왕이 정치를 했을 때에는 굳기가 쇠나 돌 같았습니다. 이런 명이 시행되면 신의는 4계절이 차례로 오는 것과 같을 것입니다. 이런 공적인 생각에 근거해 사사로움 없이 한 일들은 천지와 같을 것입니다. 어찌 이를 돌아보아 채택하지 않는 것입니까?

그러나 '예에 이르기를' 운운 중복하여 예를 내세우는 것은 악이 아직

싹트기 전에 끊어버리는 것이고, 미세하고 희미할 때 교육을 시작하는 것을 귀하게 여기기 때문입니다. 그리고 이렇게 하여 백성들로 하여금 매일 선을 실천하고 죄를 멀리 하면서도 스스로도 그렇게 되고 있다는 것을 알지 못하게 하는 것을 귀히 생각하기 때문입니다. 공자가 『논어』「안연」에 이르기를, '송사訟事를 담당할 때 나도 다른 사람처럼 처리할 수 있다. 그러나 반드시 송사를 없도록 할 것이다'라고 했습니다. 군주가 돼 계획할 것으로 먼저 어느 것을 버리고 어느 것을 취할 것인가 살피는 것만 한 것이 없습니다. 취하고 버릴 것이 안에서 확실히 정해지면 밖에서는 안위의 싹이 나타날 것입니다. 진나라 왕은 종묘를 존중하고 자손을 탕무湯武처럼 안정시키고 싶었을 것입니다. 그러나 탕무는 그들의 덕행을 넓고 크게 했기 때문에 600–700년이 되어도 왕조를 잃어버리지 않았고, 진나라 왕은 천하를 통치한 지 10여년 만에 크게 실패하고 말았습니다. 여기에는 다른 이유가 없습니다. 탕무는 취하고 버릴 것을 살펴 일을 확정했으나 진나라 왕은 취하고 버릴 것을 살피지 않고 일을 확정했습니다.

무릇 천하는 하나의 커다란 그릇입니다. 지금 사람이 그릇을 놓을 때 편안한 곳에 놓으면 안정되고 위태로운 곳에 놓으면 위태로워집니다. 천하 사람의 인정人情도 그릇과 다를 바가 없는데 천자가 이를 놓는 것입니다. 탕무는 천하를 인의예악仁義禮樂 위에 두어 자손들이 수십 대를 이어가게 했으나, 이를 천하 사람이 다 들었습니다. 진나라 왕은 천하를 법령과 형벌 위에 두어 그 화가 결국 자기 몸에 미쳤고 자손은 주살돼 끊어졌으니 이것도 천하 사람이 다 보았습니다. 옳고 그름은 아주 분명한 결과를 냅니다. 사람들이 말하기를, '다른 사람의 말을 제대로 듣는 도리는 반드시 그 실제의 사실을 가지고 살펴본다면 말하는 사람은 감히 망령된 말을 하지 못한다'고 했습니다. 지금 어떤 이들은 '예란 법령만 못하고 교화는 형벌만 못하다'고 하나 군주는 어찌하여 은·주·진의 일을 인용해 이를 보지 않는 것입니까? 군주는 높기가 마치 마루와 같고, 여러 신하는 계단과 같고, 많은 서민들은 땅바닥과 같습니다. 9계단 위에서 땅바닥까지가 멀기 때문에 마루가 높은 것입니다. 계단에 아무 등급이 없으면 땅바닥이 가깝고 마루도 낮습니다. 높은 곳은 오르기 어렵고 낮은 곳은 쉽게 짓밟는 것이 이치와 형세가 그러합니다.

옛날 성인의 왕제王制를 보면 등급을 두어 늘어놓았으니 안으로는 공公·경卿·대부大夫·사士가 있고, 밖으로는 공公·후侯·백伯·자子·남男이 있고, 그런 연후에 관사官師관청의 수장와 소리小吏가 있고, 또 이어서 서인이 있습니다. 등급은 분명하고 천자는 그 위에 서게 되므로 그 존귀함을 따라갈 수 없습니다. 속담에 이르기를, '쥐를 잡으려고 돌을 던지고 싶지만 항아리가 깨질까 걱정한다'는 말이 있습니다. 이는 훌륭한 비유입니다. 쥐가 그릇 가까이 있으면 쥐를 잡으려고 돌을 던지지 않는 것은 그 그릇이 깨질까 걱정해서입니다. 하물며 귀한 신하가 군주 가까이 있는 경우는 말해 무엇 하겠습니까? 염치와 예절을 갖고 군자를 다스리는 것이므로 죽음을 내릴지언정 치욕은 입히지 말아야 하는 법입니다. 경형黥刑이나 의형劓刑은 대부에게는 적용하지 않는 것이니 그들이 주상에게 멀리 떨어져 있지 않기 때문입니다.

『예기』를 보면 군주를 모시는 말의 치아도 감히 검사하지 못하고 그 꼴을 밟는 사람도 벌을 받게 돼 있는데 이는 주상을 미리 멀리하여 불경한 뜻을 일으키지 않게 하려는 것입니다. 지금 천자는 왕·후·삼공三公처럼 귀한 사람들을 대할 때에는 얼굴을 바꾸고, 그들을 예로 대해야 합니다. 옛날의 천자는 동성제후에 대해서는 백부伯父, 이성 제후에 대해서는 백구伯舅 등의 존칭을 썼습니다. 그런데 지금 그들에게도 서민과 마찬가지로 의형劓刑과 머리를 깎는 곤형髡刑, 발꿈치를 베는 월형刖刑, 매질을 가하는 태형笞刑, 욕을 하는 마형傌刑, 시체를 거리에 내거는 기시棄市의 법을 쓰게 했으니 마루 위에 있다고 한들 계단을 없앤 것이 아니겠습니까? 육체적 곤욕을 당하는 사람이 너무 가까이 있는 게 아닙니까? 겸손함과 부끄러움이 행해지지 않으니 대신들이 무거운 권력과 높은 관직은 장악했으나 노예들처럼 수치심을 잃어버린 것은 아닙니까? 무릇 진나라 2세 황제 3년에 조고가 2세 황제를 살해하려고 망이궁望夷宮으로 사람을 파견한 일은 2세가 법을 중히 여긴 결과를 당장 본 것입니다. 이는 쥐를 잡으려고 돌을 던지면서 그릇이 깨질까 염려하는 습관을 익히지 않았기 때문입니다.

신이 듣건대, '신발이 깨끗하다 해도 베개로 쓸 수는 없고, 관冠이 떨어졌다 해도 신발 아래 둘 수는 없다'고 했습니다. 일찍이 귀하고 총애를 받는 지위에 있던 사람에게 천자가 얼굴을 바꾼다 해도 그들에게 예모禮貌를 갖추면 이민吏民은 그에게 엎드려 존경하고 두려워할 것입니다. 지금 어떤 사람에게 허물이 있다면 황제가 그를 파직할 수 있고, 그를 물리칠 수도 있고, 죽음을 내릴 수도 있고, 그의 집안을 다 죽일 수도 있습니다. 그러나 그를 결박해 법관인 사구司寇사법관에게 보내고 형벌집행관인 도관徒官에게 보내 사구의 낮은 관원들이 욕하고 매질하는 것을 많은 서민들이 보게 해서는 안 됩니다. 비천한 사람이 지금 존귀한 사람이라도 하루는 내가 그에게 욕하고 매질할 수 있음을 알게 된다면 높은 사람을 높이 여기지 않고 귀한 사람을 귀히 여기지 않을 것입니다. 옛날에는 대신들이 청렴하지 않아서 파직시킬 때에도 청렴하지 않다고 말하지 않고 제사지내는 그릇이 깨끗하지 못하다는 취지로 '보궤불식簠簋不飾'이라고 했습니다. 또한 더럽고 음란하고 남녀의 구별이 없는 자에게는 더럽다는 뜻의 '오예汚穢'로 표현하지 않고 여인 거처의 휘장이 얇아 잘 가리지 않았다는 의미의 '유박불수帷薄不修'로 표현했습니다. 일을 맡은 관원이 일을 못하고 나약해 책임을 감당하지 못할 때에도 일을 못하고 나약하다는 취지로

'파연罷軟'이라고 하지 않고 관직을 내려도 제 직책을 다하지 못한다는 의미의 '하관불직下官不職'으로 표현했습니다.

이렇듯 귀한 대신은 죄를 지어서 이를 확정할 때에도 곧바로 그 죄목을 부르지 않고 그 말을 바꿨습니다. 큰 견책을 받은 사람과 큰 질문을 받은 사람은 견책을 듣거나 물음을 받자마자 바로 백관白冠에 잡색 털로 된 끈을 단 관을 써 상복喪服을 상징하고, 물 담은 대야에 칼을 넣고[17], 고위 관원이 공소됐을 때 가두는 감옥인 청실請室을 만들어 놓은 뒤 죄를 청하는 것이지 잡아서 결박을 하여 끌고 가지 않았습니다.

중급 정도의 죄를 지은 자는 죄에 대한 판결인 명령命令이 내리면 스스로 죽게 했지 황제가 사람을 시켜 목에 칼을 대지는 않았습니다. 큰 죄를 지었을 때에는 명령을 내리자마자 북쪽을 향해 두 번 절하고 무릎을 꿇은 채 스스로 형벌을 시행했지 황제가 사람을 시켜 머리를 형틀에 잡아넣지는 않았습니다. 그리고 말하기를, '그대는 허물을 갖고 있으나 나는 예로써 대우한다'고 했습니다. 그들을 대우하는 데 예의를 갖추니 많은 신하들도 좋아했습니다. 이처럼 염치를 더했기 때문에 사람들은 절의 있는 행동을 했습니다. 황제가 염치와 예의를 만들어 그 신하들을 대우하는데 신하가 절의 있는 행동으로 보답하지 않는다면 사람의 종자라고 할 수 없을 것입니다. 교화가 완성되고 풍속을 안정시키면 신하된 사람이 모두 자신의 행동을 돌아보고 사사로운 이익을 잊게 되고 절의를 지키고 대의에 복종하게 됩니다. 그러면 통제할 수 없는 큰 권력을 신하들에게 의탁하는 일도 가능하고 6척尺의 고아孤兒를 옹립해 권력을 맡겨도 염치에 힘쓰며 예의를 행하게 하여 이룩한 것이니 주상이 무엇을 잃겠습니까? 이처

17 물은 위가 평평해지는 성질이 있어 법의 공정한 집행을 상징하고, 칼은 죄에 대한 판결을 상징한다. 물에 칼을 넣는 행위는 곧 자진自盡을 의미한다.

럼 신하에 대한 예우를 시행하지 않고 신하를 살육하는 일이 오랫동안 시행돼 왔습니다. 제가 긴 탄식을 하는 이유가 여기에 있습니다."

가의는 강후 주발이 전에 체포돼 옥에 갇혔으나 끝내 아무 일도 없었으므로 이런 상소를 황제에게 올린 것이다. 황제는 그 말을 깊이 받아들였다. 이후 대신이 죄를 짓게 되면 모두 자진을 하게 됐고, 형벌은 주지 않았다.

* 太宗孝文皇帝前六年

冬, 十月, 桃·李華.

淮南厲王長自作法令行於其國, 逐漢所置吏, 請自置相·二千石. 帝曲意從之. 又擅刑殺不辜及爵人至關內侯. 數上書不遜順. 帝重自切責之, 乃令薄昭與書風諭之, 引管·蔡及代頃王·濟北王興居以為儆戒.

王不說, 令大夫但·士伍開章等七十人與棘蒲侯柴武太子奇謀以輦車四十乘反谷口. 令人使閩越·匈奴. 事覺, 有司治之. 使使召淮南王. 王至長安, 丞相張蒼·典客馮敬行御史大夫事, 與宗正·廷尉奏曰, "長罪當棄市." 制曰, "其赦長死罪, 廢, 勿王. 徙處蜀郡嚴道邛郵." 盡誅所與謀者. 載長以輜車, 令縣以次傳之.

袁盎諫曰, "上素驕淮南王, 弗為置嚴傅·相, 以故至此. 淮南王為人剛, 今暴摧折之, 臣恐卒逢霧露病死, 陛下有殺弟之名, 奈何?" 上曰, "吾特苦之耳, 今復之."

淮南王果憤恚不食死. 縣傳至雍, 雍令發封, 以死聞. 上哭甚悲, 謂袁盎曰"吾不聽公言, 卒亡淮南王! 今為奈何?" 盎曰, "獨斬丞相·御史以謝天下乃可." 上即令丞相·御史逮考諸縣傳送淮南王不發封餽侍者, 皆棄市. 以列侯葬淮南王於雍, 置守塚三十戶.

匈奴單于遣漢書曰, “前時, 皇帝言和親事, 稱書意, 合歡. 漢邊吏侵侮右賢王. 右賢王不請, 聽後義盧侯難支等計, 與漢吏相距. 絕二主之約, 離兄弟之親, 故罰右賢王, 使之西求月氏擊之. 以天之福, 吏卒良, 馬力強, 以夷滅月氏, 盡斬殺·降下, 定之. 樓蘭·烏孫·呼揭及其旁二十六國, 皆已為匈奴, 諸引弓之民並為一家, 北州以定. 願寢兵, 休士卒, 養馬, 除前事, 復故約, 以安邊民. 皇帝即不欲匈奴近塞, 則且詔吏民遠舍.” 帝報書曰, “單于欲除前事, 復故約, 朕甚嘉之. 此古聖王之志也. 漢與匈奴約為兄弟, 所以遺單于甚厚. 倍約·離兄弟之親者, 常在匈奴. 然右賢王事已在赦前, 單于勿深誅! 單于若稱書意, 明告諸吏, 使無負約, 有信, 敬如單于書.”

後頃之, 冒頓死, 子稽粥立, 號曰老上單于. 老上單于初立, 帝復遣宗室女翁主為單于閼氏, 使宦者燕人中行說傅翁主. 說不欲行, 漢強使之. 說曰, “必我也, 為漢患者!” 中行說既至, 因降單于, 單于甚親幸之.

初, 匈奴好漢繒絮·食物. 中行說曰, “匈奴人眾不能當漢之一郡, 然所以強者, 以衣食異, 無仰於漢也. 今單于變俗, 好漢物. 漢物不過什二, 則匈奴盡歸於漢矣.” 其得漢繒絮, 以馳草棘中, 衣袴皆裂敝, 以示不如旃裘之完善也. 得漢食物, 皆去之, 以示不如湩酪之便美也. 於是說教單于左右疏記, 以計課其人眾·畜牧. 其遺漢書牘及印封, 皆令長大, 倨傲其辭, 自稱“天地所生·日月所置匈奴大單于.”

漢使或訾笑匈奴俗無禮義者, 中行說輒窮漢使曰, “匈奴約束徑, 易行. 君臣簡, 可久. 一國之政, 猶一體也. 故匈奴雖亂, 必立宗種. 今中國雖雲有禮義, 及親屬益疏則相殺奪, 以至易姓, 皆從此類也. 嗟! 土室之人, 顧無多辭, 喋喋占占! 顧漢所輸匈奴繒絮·米蘗, 令其量中, 必善美而已矣, 何以言為乎! 且所給, 備·善, 則已. 不備·苦惡,則候秋熟, 以騎馳蹂而稼穡耳!"

梁太傅賈誼上疏曰, "臣竊惟今之事勢, 可為痛哭者一, 可為流涕者二, 可為長太息者六. 若其它背理而傷道者, 難遍以疏擧. 進言者皆曰, '天下已安已治矣,' 臣獨以為未也. 曰安且治者, 非愚則諛, 皆非事實知治亂之體者也. 夫抱火厝之積薪之下而寢其上, 火未及然, 因謂之安. 方今之勢, 何以異此! 陛下何不壹令臣得孰數之於前, 因陳治安之策, 試詳擇焉! 使為治, 勞智慮, 苦身體, 乏鐘·鼓之樂, 勿為可也. 樂與今同, 而加之諸侯軌道, 兵革不動, 匈奴賓服, 百姓素樸, 生為明帝, 沒為明神, 名譽之美垂於無窮, 使顧成之廟稱為太宗, 上配太祖, 與漢亡極, 立經陳紀, 為萬世法. 雖有愚幼·不肖之嗣, 猶得蒙業而安. 以陛下之明達, 因使少知治體者得佐下風, 致此非難也. 夫樹國固必相疑之勢, 下數被其殃, 上數爽其憂, 甚非所以安上而全下也. 今或親弟謀為東帝, 親兄之子西鄉而擊, 今吳又見告矣. 天子春秋鼎盛, 行義未過, 德澤有加焉, 猶尚如是. 況莫大諸侯, 權力且十此者虖! 然而天下少安, 何也? 大國之王幼弱未壯, 漢之所置傅·相方握其事. 數年之後, 諸侯之王大抵皆冠, 血氣方剛. 漢之傅·相稱病而賜罷, 彼自丞·尉以上遍置私人. 如此, 有異淮南·濟北之為邪? 此時而欲為治安, 雖堯·舜不治. 黃帝曰, '日中必□, 操刀必割!' 今令此道順而全安甚易, 不肯蚤為, 已乃墮骨肉之屬而抗剄之, 豈有異秦之季世虖! 其異姓負強而動者, 漢已幸而勝之矣, 又不易其所以然. 同姓襲是跡而動, 既有征矣, 其勢盡又復然. 殃禍之變, 未知所移, 明帝處之尚不能以安, 後世將如之何! 臣竊跡前事, 大抵強者先反. 長沙乃二萬五千戶耳, 功少而最完, 勢疏而最忠, 非獨性異人也, 亦形勢然也. 曩令樊·酈·絳·灌據數十城而王, 今雖以殘亡可也. 令信·越之倫列為徹侯而居, 雖至今存可也. 然則天下之大計可知已欲諸王之皆忠附, 則莫若令如長沙王. 欲臣子勿菹醢, 則莫若令如樊·酈等. 欲天下之治安, 莫若眾建諸侯而少其力. 力少則易使以義, 國小則亡邪心. 令海內之勢, 如身之使臂, 臂之使指, 莫不制從, 諸侯之君不敢有異心, 輻湊並進而歸命天子. 割地定製, 令齊·趙·楚各為若干國, 使悼惠王·幽王·元王之子孫畢以次各受祖之分地, 地盡而止. 其分地眾而子孫少者, 建以為國, 空而置之, 須其子孫生者舉使君之. 一寸之地, 一人之眾, 天子亡所利焉, 誠以定治而已. 如此, 則臥赤子天下之上而安, 植遺腹, 朝委裘而天下不亂. 當時大治, 後世誦聖. 陛下誰憚而久不為此! 天下之勢方病大腫, 一脛之大幾如要, 一指之大幾如股, 平居不可屈伸, 一二指慉, 身慮亡聊. 失今不治, 必為錮疾, 後雖有扁鵲, 不能為已. 病非徒腫也. 又苦盭. 元王之子, 帝之從弟也. 今之王者, 從弟之子也. 惠王之子, 親兄子也, 今之王者, 兄子之子也. 親者或亡分地以安天下, 疏者或制大權以逼天子, 臣故曰非徒病腫也, 又苦盭. 可痛哭者, 此病是也. 天下之勢方倒懸. 凡天子者, 天下之首. 何也? 上也. 蠻夷者, 天下之足. 何也? 下也. 今匈奴嫚侮侵掠, 至不敬也. 而漢歲致金絮采繒以奉之. 足反居上, 首顧居下, 倒縣如此, 莫之能解, 猶為國有人乎? 可為流涕者此也. 今不獵猛敵而獵田彘, 不搏反寇而搏畜菟, 玩細娛而不圖大患, 德可遠加而直數百里外, 威令不伸, 可為流涕者此也. 今庶人屋壁得為帝服, 倡優下賤得為後飾. 且帝之身自衣皁綈, 而富民牆屋被文繡. 天子之後以緣其領, 庶人孽妾以緣其履. 此臣所謂舛也. 夫百人作之不能衣一人, 欲天下亡寒, 胡可得也. 一人耕之, 十人聚而食之, 欲天下亡饑, 不可得也. 饑寒切於民之肌膚, 欲其亡為奸邪, 不可得也. 可為長太息者此也. 商君遺禮義, 棄仁恩, 並心於進取. 行之二歲, 秦俗日敗. 故秦人家富子壯則出分, 家貧子壯則出贅. 借父櫌鉏,慮有德色. 母取箕帚, 立而誶語. 抱哺其子, 與公並居. 婦姑不相說, 則反脣而相稽. 其慈子·耆利, 不同禽獸者亡幾耳. 今其遺風餘俗, 猶尚未改, 棄禮誼, 捐廉恥日甚, 可謂月異而歲不同矣. 逐利不耳, 慮非顧行也. 今其甚者殺父兄矣. 而大臣特以簿書不報·期會之間以為大故, 至於俗流失, 世壞敗, 因恬而不知怪, 慮不動於耳目, 以為是適然耳. 夫移風易俗, 使天下回心而鄉道, 類非俗吏之所能為也. 俗吏之所務, 在於刀筆·筐篋而不知大體. 陛下又不自憂, 竊為陛下惜之! 豈如今定經制, 令君君·臣臣, 上下有差, 父子六親各得其宜. 此業壹定, 世世常安, 而後有所持循矣. 若夫經制不定, 是猶渡江河亡維楫, 中流而遇風波, 船必覆矣. 可為長太息者此也.

"夏·殷·周為天子皆數十世, 秦為天子二世而亡. 人性不甚相遠也, 何三代之君有道之長而秦無道之暴也? 其故可知也. 古之王者, 太子乃生, 固舉以禮, 有司齊肅端冕, 見之南郊, 過闕則下, 過廟則趨, 故自為赤子, 而教固已行矣. 孩提有識, 三公·三少明孝仁禮義以道習之, 逐去邪人, 不使見惡行, 於是皆選天下之端士·孝悌博聞有道術者以衛翼之, 使與太子居處出入. 故太子乃生而見正事, 聞正言, 行正道, 左右前後皆正人也. 夫習與正人居之不能毋正, 猶生長於齊不能不齊言也. 習與不正人居之不能毋不正, 猶生長於楚之地不能不楚言也. 孔子曰, '少成若天性, 習貫如自然' 習與智長, 故切而不愧. 化與心成, 故中道若性. 夫三代之所以長久者, 以其輔翼太子有此具也. 及秦而不然, 使趙高傅胡亥而教之獄, 所習者非斬·劓人, 則夷人之三族也. 胡亥今日即位而明日射人, 忠諫者謂之誹謗, 深計者謂之妖言, 其視殺人若艾草菅然. 豈惟胡亥之性惡哉? 彼其所以道之者非其理故也. 鄙諺曰, '前車覆, 後車誡' 秦世之所以亟絕者, 其轍跡可見也. 然而不避, 是後車又將覆也. 天下之命, 縣於太子, 太子之善, 在於早諭教與選左右. 夫心未濫而先諭都, 則化易成也. 開於道術智誼之指, 則教之力也. 若其服習積貫, 則左右而已. 夫胡·粵之人, 生而同聲, 嗜欲不異. 及其長而成俗, 累數譯而不能相通, 有雖死而不相為者, 則教習然也. 臣故曰選左右·早諭教最急. 夫教得而左右正, 則太子正矣, 太子正而天下定矣. 『書』曰, '一人有慶, 兆民賴之' 此時務也. 凡人之智, 能見已然, 不能見將然. 夫禮者禁於將然之前, 而法者禁於已然之後, 是故法之所為用易見而禮之所為生難知也. 若夫慶賞以勸善, 刑罰以懲惡, 先王執此之政, 堅如金石. 行此之令, 信如四時. 據此之公, 無私如天地, 豈顧不用哉? 然而曰禮雲·禮雲者, 貴絕惡於未萌而起教於微眇, 使民日遷善·遠罪而不自知也. 孔子曰, '聽訟, 吾猶人也. 必也使毋訟乎!' 為人主計者, 莫如先審取捨, 取捨之極定於內而安危之萌應於外矣. 秦王之欲尊宗廟而安子孫, 與湯·武同. 然而湯·武廣大其德行, 六七百歲而弗失, 秦王治天下十餘歲則大敗. 此亡他故矣湯·武之定取捨審而秦王之定取捨不審矣. 夫天下, 大器也. 今人之置器, 置諸安處則安, 置諸危處則危. 天下之情, 與器無以異, 在天子之所置之. 湯·武置天下於仁·義·禮·樂, 累子孫數十世, 此天下所共聞也. 秦工置天下於法令·刑罰, 禍幾及身, 子孫誅絕, 此天下之所共見也. 是非其明效大驗邪! 人之言曰, '聽言之道, 必以其事觀之, 則言者莫敢妄言' 今或言禮誼之不如法令, 教化之不如刑罰, 人主胡不引殷·周·秦事以觀之也! 人主之尊譬如堂, 群臣如陛, 眾庶如地. 故陛九級上, 廉遠地, 則堂高. 陛無級, 廉近地, 則堂卑. 高者難攀, 卑者易陵, 理勢然也. 故古者聖王制為等列, 內有公·卿·大夫·士, 外有公·侯·伯·子·男, 然後有官師·小吏, 延及庶人, 等級分明而天子加焉, 故其尊不可及也. 里諺曰, '欲投鼠而忌器' 此善諭也. 鼠近於器, 尚憚不投, 恐傷其器, 況於貴臣之近主乎! 廉恥節禮以治君子, 故有賜死而亡戮辱. 是以黥·劓之罪不及大夫, 以其離主上不遠也. 禮不敢齒君之路馬, 蹴其芻者有罰, 所以為主上豫遠不敬也. 今自王·侯·三公之貴, 皆天子之所改容而禮之也, 古天子之所謂伯父·伯舅也. 而令與眾庶同黥·劓·髡·刖·笞·傌·棄市之法, 然則堂不無陛虖! 被戮辱者不泰迫虖! 廉恥不行, 大臣無乃握重權·大官而有徒隸無恥之心虖! 夫望夷之事, 二世見當以重法者, 投鼠而不忌器之習也. 臣聞之履雖鮮不加於枕, 冠雖敝不以苴履. 夫嘗已在貴寵之位, 天子改容而禮貌之矣, 吏民嘗俯伏以敬畏之矣. 今而有過, 帝令廢之可也, 退之可也, 賜之死可也, 滅之可也. 若夫束縛之, 系緤之, 輸之司寇, 編之徒官, 司寇小吏詈罵而榜笞之, 殆非所以令眾庶見也. 夫卑賤者習知尊貴者之一旦吾亦乃可以加此也, 非所以尊尊·貴貴之化也. 古者大臣有坐不廉而廢者, 不謂不廉, 曰'簠簋不飾' 坐污穢淫亂·男女無別者, 不曰污穢, 曰'帷薄不修' 坐罷軟不勝任者, 不謂罷軟, 曰'下官不職' 故貴大臣定有其罪矣, 猶未斥然正以呼之也, 尚遷就而為之諱也. 故其在大譴·大何之域者, 聞譴·何則白冠氂纓, 盤水加劍, 造請室而請罪耳, 上不執縛系引而行也. 其有中罪者, 聞命而自弛, 上不使人頸盭而加也. 其有大罪者, 聞命則北面再拜, 跪而自裁, 上不使人捽抑而刑之也. 曰, '子大夫自有過耳, 吾遇子有禮矣' 遇之有禮, 故群臣自憙. 嬰以廉恥, 故人矜節行. 上設廉恥·禮義以遇其臣不以節行報其上者, 則非人類也. 故化成俗定, 則為人臣者皆顧行而忘利, 守節而伏義, 故可以托不御之權, 可以寄六尺之孤, 此厲廉恥·行禮誼之所致也, 主上何喪焉! 此之不為而顧彼之久行, 故曰可為長太息者此也."

誼以絳侯前逮系獄, 卒無事, 故以此譏上. 上深納其言, 養臣下有節, 是後大臣有罪, 皆自殺, 不受刑.

한문제 전7년(BC 173)

1) 겨울 10월, 열후의 모친인 태부인太夫人과 부인夫人, 제후들의 왕자와 2천석 이상의 녹질을 받는 관원이라고 할지라도 임의로 백성들을 체포하거나 징세하지 못토록 명령을 내렸다.

2) 여름 4월, 천하에 사면령을 내렸다.

3) 6월 2일, 미앙궁 동쪽에 있는 건물에 화재가 났다.

4) 민간에 회남왕을 애도하는 노래가 돌아다녔다.

한 자의 포布도 함께 꿰맬 수 있고　일척봉 상가봉一尺布, 尚可縫
한 말의 곡식도 함께 절구질 하는데　일두속 상가용一斗粟, 尚可舂
형제 두 사람은 서로를 용납지 않다　형제이인불상용兄弟二人不相容

황제가 이 노래를 듣고 크게 염려했다.

* 太宗孝文皇帝前七年

冬, 十月, 令列侯太夫人·夫人·諸侯王子及吏二千石無得擅征捕.

夏, 四月, 赦天下.

六月, 癸酉, 未央宮東闕罘罳災.

民有歌淮南王者曰, "一尺布, 尚可縫. 一斗粟, 尚可舂. 兄弟二人不相容!" 帝聞而病之.

한문제 전8년(BC 172)

1) 여름, 회남여왕淮南厲王 유장의 아들인 유안劉安 등 4인을 열후로 책봉했다.[75]

가의는 황제가 이들을 다시 왕으로 삼을 것을 알고 상소하여 간했다.

"회남왕이 패역무도했던 것을 천하사람 가운데 누가 모르겠습니까? 폐하가 너그러이 사면하고 귀양만 보냈는데도 스스로 병이 들어 죽었습니다. 천하사람 가운데 누가 회남왕이 죽은 것을 부당하다고 하겠습니까? 지금 죄인의 아들을 받들어 높이는 것은 천하사람에게 '황제가 그 동생인 회남왕을 죽였다'는 비방을 듣기에 충분한 조치입니다. 이 사람들이 자라면 후일 어찌 그들의 부친을 잊을 수 있겠습니까? 춘추시대에 백공白公 승勝은 부친의 원수를 갚을 사람으로 큰 아버지와 작은 아버지를 지목했습니다.[19] 백공이 난을 일으킨 것은 나라를 빼앗아 군주 노릇을 대신하려고 했던 것이 아니고, 분한 마음을 드러내어 날카로운 칼로 손수 원수의 가슴을 찔러 함께 망해 버리자는 뜻이었을 뿐입니다. 회남국은 비록 작은 곳이지만 경포黥布가 일찍이 고황제 11년에 이곳을 이용했다면 한나라가 아직 존재하는 것만도 다행입니다. 무릇 제임의로 하는 유장의 네 아들인 원수怨讐들은 한나라를 위태롭게 하기에 충분한 자질이 있으니 지금 내린 결정은 옳지 못합니다. 그들에게 많은 재물을 내리시니 이는 오자서伍子胥나 백공처럼 광도廣都에서 보복을 하지 않는다 해도 오왕 요僚를 척살한 전제剸諸와 진시황을 척살코자 한 형가荊軻가 두 개의 기둥 사이에서 저격했던 것과 같은 일이 생기지 않을까 의심스럽습니다. 이는 도적에게 무기를 빌려주는 것이고, 호랑이에게 날개를 달아주는 것입니다. 원컨대 폐하는 계책의 시행을 약간 유보토록 하십시오!"

황제가 듣지 않았다.

---

18 당시 유장의 아들 유안을 부릉후阜陵侯, 유발을 안양후安陽侯, 유사를 양주후陽周侯, 유량을 동성후東城侯로 봉했다.

19 초평왕의 손자이자 태자 건建의 아들로 오자서를 좇아 오나라로 도주했다. 기원전 506년에 초나라로 돌아와 백공에 봉해졌으나 이내 난을 일으켜 숙부인 자서子西와 자기子期를 죽였다가 패퇴하여 자진했다.

2) 장성長星이 동쪽에 나타났다.[20]

* 太宗孝文皇帝前八年

夏, 封淮南厲王子安等四人為列侯. 賈誼知上必將復王之也, 上疏諫曰, "淮南王之悖逆無道, 天下孰不知其罪! 陛下幸而赦遷之, 自疾而死, 天下孰以王死之不當! 今奉尊罪人之子, 適足以負謗於天下耳. 此人少壯, 豈能忘其父哉! 白公勝所為父報仇者, 大父與叔父也. 白公為亂, 非欲取國代主, 發忿快志, 剡手以沖仇人之匈, 固為俱靡而已. 淮南雖小, 黥布嘗用之矣, 漢存, 特幸耳. 夫擅仇人足以危漢之資, 於策不便. 予之眾, 積之財, 此非有子胥·白公報於廣都之中, 即疑有專諸·荊軻起於兩柱之間, 所謂假賊兵, 為虎翼者也. 願陛下少留計!" 上弗聽.

有長星出於東方.

한문제 전9년(BC 171)

1) 봄, 큰 가뭄인 대한大旱이 있었다.

* 太宗孝文皇帝前九年

春, 大旱.

20 당시에는 별을 패성孛星과 혜성彗星, 장성長星 등 3종으로 구별했다. 장성은 긴 꼬리를 가진 별로 길이가 2~3장丈 정도로 일정치 않다. 이 별이 나타나면 전쟁이 일어난다고 믿었다.

한문제 전10년(BC 170)

1) 겨울, 황제가 감천甘泉섬서성 순화현 서북쪽의 궁으로 갔다.

2) 장군인 태후 박씨의 동생이자 문제의 외숙인 박소薄昭가 한나라 조정의 사자를 죽였다. 황제는 차마 그를 죽이지 못하고 공경들로 하여금 그와 함께 술을 마시게 한 뒤 스스로 죽게 하라고 했으나 박소가 그리 하지 않았다. 군신들로 하여금 상복을 입고 그에게 가서 곡을 하게 하자 이내 자진했다.

3) 신 사마광은 평한다.

"당나라 때의 재상 이덕유李德裕는 생각하기를, '한문제가 박소를 죽인 일은 분명 과단성 있는 일이지만 의義의 측면에서는 타당하지 않다. 진강공秦康公이 외숙인 진문공晉文公을 보낼 때는 마치 함께 살아 있는 것 같은 감정을 가졌다.[21] 하물며 태후가 아직 살아 있고, 그의 유일한 동생이 박소인데 이를 과단성 있게 처리한 것은 모친을 위로하는 마음이 없었던 것이다'라고 했다. 신 사마광은 어리석으나 이같이 생각한다. 법이라는 것은 천하의 공기公器이다. 법을 잘 보존하고 지키는 것은 가깝든 멀든 시행되지 못할 게 없고, 사람이 감히 믿는 바가 있다 해도 이를 범할 수는 없다. 비록 박소가 평소 어른이라고 칭해졌으나 문제는 박소를 현명한 사부로 두게 하지 않고, 무력을 총괄하는 일에 썼다. 교만하여 황제를 범하고 한나라의 사자를 죽이기에 이른 배경이다. 믿는 데가 있어 그리 한 것이 아니겠는가? 만일 그를 사면했다면 한성제漢成帝와 한애제漢哀帝 시절과 무엇이 다르겠는가? 위문제魏文帝 조비는 일찍이 한문제의 미덕을 칭송했지만 그가 박소를 죽인 일에 대해 찬동하지 않고 말하기를, '외가의

21 『시경』「진풍, 위양渭陽」을 가리킨다. 진강공秦康公은 외숙인 진문공을 위해 위수의 남쪽까지 배웅하면서 마치 돌아가신 모친을 보는 듯 생각하면서 시를 썼다.

집안인데 마땅히 길러주고 은혜를 갚아야지 그들에게 권력을 빌려준 것은 마땅하지 않았다. 권력을 줌으로써 결국 죄를 지어 법에 저촉되게 만들었으니 해롭게 되지 않을 수가 없었다'고 했다. 이는 박소가 범법하는 것을 한문제가 미연에 방지하지 못한 것을 나무란 것이다. 이 말은 쓸 만한 것이다. 모친의 마음을 위로하고자 했다면 처음부터 신중하게 처리했어야 했다!"

＊太宗孝文皇帝前十年

冬, 上行幸甘泉.

將軍薄昭殺漢使者. 帝不忍加誅, 使公卿從之飲酒. 欲令自引分, 昭不肯. 使群臣喪服往哭之, 乃自殺.

臣光曰, "李德裕以為, '漢文帝誅薄昭, 斷則明矣, 於義則未安也. 秦康送晉文, 興如存之感. 況太后尚存, 唯一弟薄昭, 斷之不疑, 非所以慰母氏之心也' 臣愚以為法者天下之公器, 惟善持法者, 親疏如一, 無所不行, 則人莫敢有所恃而犯之也. 夫薄昭雖素稱長者, 文帝不為置賢師傅而用之典兵. 驕而犯上, 至於殺漢使者, 非有恃而然乎! 若又從而赦之, 則與成·哀之世何異哉! 魏文帝嘗稱漢文帝之美, 而不取其殺薄昭, 曰, '舅後之家, 但當養育以恩而不當假借以權, 既觸罪法, 又不得不害' 譏文帝之始不防閑昭也, 斯言得之矣. 然則欲慰母心者, 將慎之於始乎!"

권15-한기漢紀 7: 흉노가 발호하다

한문제 전11년(BC 169)

1) 겨울 11월, 황제가 대代 땅으로 갔다.

봄 정월, 다시 돌아왔다.

2) 여름 6월, 양회왕 유읍劉揖이 훙거薨去했다. 아들이 없었다.

가의가 다시 상소를 올렸다.

"폐하가 즉시 제도를 확정하지 않으면 오늘날의 형세와 같을 경우 황제의 자리는 한두 번 전해지는 데 불과할 것입니다. 반면 제후들은 방자해져 황제의 통제를 벗어나고, 이렇듯 제후들이 세력을 심어 크고 강해지면 한나라의 법이 시행될 수 없게 됩니다. 폐하가 울타리로 여기고 황태자가 믿을 수 있는 곳은 오직 회양淮陽과 대代 등 두 나라뿐입니다. 대나라는 북쪽으로 흉노와 경계하고 있어 강한 적과 이웃한 까닭에 스스로 완전할 수 있는 것으로 충분합니다. 그러나 회양은 다른 커다란 제후국에 비교하면 겨우 얼굴에 있는 점 정도여서 큰 제후국의 먹이가 될 수 있을 뿐 그들을 통제하고 막아내기에는 어렵습니다. 지금 나라를 통제하는 권한은 폐하에게 있습니다. 나라를 통제하고 있지만 아들들이 제후들의 먹이가 될 수 있으니 어찌 세심하게 조치한 것이라고 말할 수 있겠습니까? 신의 어리석은 계책으로는 회남국의 땅을 전부 회양국에 덧붙여주고, 양왕을 위해 후계자를 세워 회양 북쪽에 있는 2-3개의 성과 동군東郡을 잘라내어 양나라에 덧붙여주십시오. 그렇게 할 수 없다면 대왕을 옮겨 수양睢陽하남성 상구시에 도읍을 정하게 할 수는 있을 것입니다. 양나라는 신처新郪안휘성 태화현에서 시작해 북으로는 황하에까지 닿아 있습니다. 회양국에는 진陳하남성 회양현을 포함시키고 남쪽으로는 장강까지 이르게 하십시오. 그리 하면 큰 제후들 가운데 혹여 다른 마음을 갖고 있는 자가 있을지라도 간담을 떼어내고 감히 반란을 일으키려고 꾀하지 못할 것입니다. 양나라는 제나라와 조나라를 막을 수 있고, 회양국은 오나라와 초나라를 충분히 가둬놓을 수 있을 터이니 폐하는 높은 베개를 베고 계시면서 효산의 동쪽 땅에는 끝까지 근심거리를 없애는 것입니다. 이리 되면 2세대 정도는 편안할 것입니다. 오늘날 마음이 편안한 것은 제후들의 나이가 모두 아직 어리기 때문입니다. 몇 년이 지난 후에는 폐하도 그런 결과들을 친히 보시게 될 것입니다. 무릇 진나라는 밤낮으로 노력하여 6국의 화를 없앴습니다. 지금 폐하도 힘껏 천하를 통제하면 지시만 해도 뜻대로 될 터이지만 높이 팔짱을 끼고 6국의 화를 만든다면 지혜롭다고 말하기 어려울 것입니다. 이대로 아무 일도 하지 않으면 어지러움을 기르고 화를 싹틔우는 것을 익히 보시고도 대책을 세우지 않는 것입니다. 만년후萬年後[22]에 이런 상황을 노모老母와 약손弱孫[23]에게 전해주게 돼 장차 그들로 하여금 편안치 못하게 할 것이니 인仁이라 말할 수 없습니다."

황제는 가의의 계책을 좇아 회양왕 유무를 양나라 왕으로 삼았다. 또한 국토는 북쪽으로는 태산을 경계로 삼고 서쪽으로는 고양高陽산동성 고밀현 서북쪽에 이르게 하여 큰 현 40여 개를 갖게 했다. 그 뒤 1년이 지나 가의

22　만년후萬年後는 제왕의 죽음을 상징하는 아어雅語이다.

23　여기의 노모老母는 박태후, 약손弱孫은 한문제 유항의 아들인 한경제 유계劉啓를 지칭한다.

가 죽었다. 그의 나이 33세였다.

3) 유장의 아들인 성양왕城陽王 유희劉喜를 회남왕으로 삼았다.

4) 흉노가 적도狄道를 침공했다.

당시 흉노가 수차례 변방에서 근심거리가 됐다. 태자궁의 총책안 태자가령太子家令인 조조鼂錯가 군사에 관한 상서를 올렸다.[24]

"병법에 이르기를, '반드시 승리하는 장수는 있어도 반드시 승리하는 백성은 없다'고 했습니다. 이 말로 보면 변경을 편안하게 하고 공명을 세우는 것은 훌륭한 장수에게 달려 있으니 장수를 잘 골라야 한다는 것입니다. 또한 신이 듣건대 군사를 사용해 싸움에 나아가 접전하는 데에는 중요한 것이 3가지 있다고 했습니다. 그 하나는 지형을 잘 선택하는 것이고, 두 번째는 잘 복종하고 훈련된 병졸이 있어야 하고, 세 번째는 예리한 무기가 있어야 한다는 것입니다. 병법에 보면 보병步兵과 전차戰車, 기병騎兵, 궁노弓弩䂬, 긴 창인 장극長戟, 세모진 창인 모矛, 작은 창인 정鋌, 검劍, 방패인 순楯 등이 쓰이는 땅이 다 다른 법인데 접전하는 장소에 따라 가장 적당한 무기를 확보해야 하고, 그렇지 않으면 10명이 1명을 당하기 어렵다고 했습니다. 또한 사관士官이 선택돼 훈련되지 않고, 병졸이 복종하여 연습하지 않으면 움직임이 정확하지 않고, 동정이 한결같지 못하고, 이로움을 좇아도 따라잡지 못하고, 곤란한 상황을 피하는 경우에도 제대로 끝내지 못합니다. 뿐만 아니라 앞에서는 공격하는데 뒤에서는 해산하게 되니 후퇴를 알리는 징과 전진을 알리는 북인 금고金鼓가 지시해도 그 의

24 '조조鼂錯'는 하남성 우현 사람으로 젊어서 신불해申不害와 상앙商鞅 등의 법술法術을 배웠다. 문제 때 태자가령이 돼 지낭智囊이라는 칭송을 들었다. 경제 때 중앙집권을 공고히 하는데 공을 세웠으나 '오초吳楚 7국의 난'이 일어났을 때 연루 혐의로 참수됐다. 저서로 『논귀속소論貴粟疏』가 있다. 호삼성은 '조錯'을 '착'이 아닌 '조朝'와 같은 음으로 읽어야 한다고 주장했다.

미를 잃어버리게 됩니다. 이는 병졸을 엄히 훈련시키지 않은 허물 때문이니 100명이 10명을 당하지 못할 것입니다. 또 병기가 정말로 날카롭지 못하면 빈손으로 싸우는 것과 같고, 갑옷이 단단하고 조밀하게 만들어져 있지 않다면 맨몸으로 싸우는 것과 같습니다. 쇠뇌인 노弩로 화살을 멀리까지 쏠 수 없다면 짧은 병기와 같고, 쏘아도 맞지를 않는다면 화살이 없는 것과 같고, 맞아도 뚫고 들어가지 못하면 화살촉이 없는 것과 같습니다. 이는 장군이 병기를 살피지 않은데서 오는 화이니 5명이 1명을 당하지 못할 것입니다. 병법에 이르기를, '무기가 예리하지 못하면 그 병졸들을 적에게 내어주는 것이나 같다. 병졸을 쓸 수 없다면 그 장수를 적에게 내어주는 것과 같다. 장수가 병법을 모르면 그 군주를 적에게 내어주는 것과 같다. 군주가 장수를 제대로 택하지 못하면 그 나라를 적에게 내어주는 것이나 같다. 이 4가지는 병법 가운데 가장 요긴한 것이다'라고 했습니다. 또한 신이 듣건대, '작은 것과 큰 것에 따라 모습을 달리해야 하고, 강한 것과 약한 것에 따라 형세를 다르게 해야 한다'고 했습니다. 무릇 몸을 낮춰 강한 것을 섬기는 것이 작은 나라의 모습입니다. 작은 것을 합쳐 큰 것을 공격하는 것은 대적對敵하는 나라의 모습입니다. 또한 만족 오랑캐로써 만족 오랑캐를 치게 하는 것은 중국의 모습입니다. 지금 흉노의 지형과 기예는 중국과 다릅니다. 산비탈을 오르내리고 시내와 골짜기를 드나드는 점에서는 중국의 말이 이들 흉노의 말을 상대하지 못합니다. 험한 길과 비탈진 옆길을 달리면서 활을 쏘는 점에서도 중국의 기병이 이들을 당할 수 없습니다. 비바람과 주림이나 목마름에 잘 견디는 점에서도 중국 사람들은 그들을 당할 수 없습니다. 이것이 흉노들의 장기입니다. 만일 평원지대와 평평한 땅, 가벼운 수레, 돌격하는 기병이라면 흉노의 무리가 많을지라도 쉽게 꺾어 혼란시킬 수 있습니다. 강한 활인 경노勁弩와 장극長戟, 그리고 활을 쏘아 멀리까지 이르게 하는 것에서라면 흉노의 궁전弓箭 부대라도 막지 못할 것입니다. 튼튼한 갑옷과 예리한 칼을 가지고 긴 칼과 짧은 칼을 서로 배합해 유격을 하고, 강궁을 번갈아 쓰면서 십오什伍의 대오를 이루어 함께 전진하는 점에서 본다면 흉노의 군대가 감당할 수 없을 것입니다. 또한 말을 타고 활을 쏘는 관원인 재관材官이 좋은 화살을 한 곳으로 집중시킨다면 흉노의 가죽옷과 나무 방패들은 지탱할 수 없을 것입니다. 말에서 내려 땅에서 싸우는데 칼과 창을 가지고 서로 접전하여 육박전을 벌인다면 흉노들도 버틸 수 없을 것입니다. 이것이 중국의 장기입니다. 이런 점을 볼 때 흉노의 장기는 셋이고, 중국의 장기는 다섯입니다. 폐하가 수십 만 명의 무리를 일으켜 수만 명의 흉노를 주륙하려는 것은 많고 적음을 가지고 싸우려는 계책이나 흉노는 하나로 열을 공격할 술책을 쓰고 있습니다. 그렇다고 하나 무기는 흉기이고 전투는 위험한 일입니다. 큰 것이 작은 것이 되고, 강한 것이 약한 것이 되는 것은 고개를 숙였다가 쳐드는 정도로 짧은 순간에 일어납니다. 무릇 사람의 생사를 가지고 승리하고자 싸우는 것인데 한 번 넘어져서 떨쳐 일어나지 못한다면 후회해도 이미 늦습니다. 제왕의 길은 만전을 기하는데서 나옵니다. 지금 항복해온 흉노와 서쪽 이적인 의거義渠, 남쪽 이적인 만족蠻族으로 귀부한 사람의 수가 수천 명인데 그들이 먹고 마시는 것과 잘하는 특기는 흉노와 같습니다. 이들에게 튼튼한 갑옷과 면직 옷, 강한 활과 날카로운 화살을 내려주시고 거기다 변방의 군郡에 있는 훌륭한 전마를 내려주십시오. 그리고 눈 밝은 장수에게 명령하여 그들의 습속과 그 마음을 사로잡을 수 있는 사람을 알아내게 하여 폐하의 밝은 약속으로써 그들을 거느리게 하십시오. 험조險阻한 곳이 있다면 이 사람들에게 담당하게 하십시오. 그리고 평지여서 길이 통하는 곳이라면 가벼운 전차와 재관으로 그들을 제압하게 하십시오. 이들 두 군사가 서로 표리를 이뤄 각기 그들의 장기를 사용하게 하고, 그 위에 많은 수를 더해 주십시오. 이렇게 하는 것이 만전을 기하는 술책입니다."

황제는 이 말에 기뻐하면서 조조에게 서신을 내려 총애한다고 답신했다.

조조가 다시 상소를 올렸다.

"신이 듣건대, 진나라가 군사를 일으켜 호와 월을 공격한 것은 변방 땅을 보위하고 백성들이 죽는 것을 구하려던 것이 아니라 탐욕으로 그 땅을 넓히려는데 있었던 까닭에 공로가 세워지기도 전에 천하는 크게 어지러워졌습니다. 무릇 군사를 일으킬 때 그 형세를 모르고 싸우면 다른 사람에게 잡히고, 진을 쳐도 끝내 죽음만 닥쳐옵니다. 흉노인 호胡와 조선족 등의 북방 이적인 맥貊 사람들은 추위를 잘 참고, 양揚과 월越[25] 땅 사람들은 더위를 잘 참습니다. 진나라의 수戍자리를 섰던 병졸들은 물과 토질을 참지 못하여 변방에서 죽었고, 운송을 담당했던 사람들은 길에서 쓰러졌습니다. 진나라 백성들은 전쟁에 나가는 것을 기시당하는 것처럼 생각했는데 죄를 진 사람들을 징발해 전쟁에 내보내 그 이름을 적수謫戍라고 했습니다. 먼저 관원들 가운데 죄를 진 자와 데릴사위인 췌서贅壻, 그리고 상인을 뽑아 보내고, 다음은 일찍이 장사를 했던 적이 있는 사람을 보내고, 또 다음은 조부모와 부모가 상인이었던 사람을, 그 다음은 골목의 왼쪽에 사는 사람들을 징발했습니다.[26] 그들을 징발하는 일은 순조롭지 못했고, 징발돼 가는 사람들은 화를 내며 원망했습니다. 징발돼 만 번 죽을 정도의 위험을 겪는다고 해도 부세賦稅부역과 세금 감면 등의 보답이 거의 없었고, 설령 전사한다 할지라도 1산算120전錢의 보수도 얻지 못했으니

25 양揚과 월越 모두 지금의 복건성 및 광동 땅에 사는 토착민을 지칭한다.

26 2세 황제 원년인 기원전 209년에 빚어진 일이다. 진나라 때 골목 오른쪽에는 부유한 사람, 왼쪽에는 가난한 사람이 살았다. 진승이 기병하자 진나라는 골목의 오른쪽에 사는 사람들까지 동원했으나 결국 망했다.

천하 사람은 징발되기만 하면 화가 자신에게 이른 것을 분명 알았습니다. 수자리를 설 사람을 데리고 가던 진승陳勝이 대택代澤안휘성 숙현 남쪽에 이르러 천하에서 가장 먼저 반란을 일으키자고 부르짖었고, 천하의 모든 사람들이 그를 따랐는데 그것이 마치 물 흐르는 것과 같았습니다. 이는 진나라가 위협하고 겁을 주면서 강제 징집을 행사한 데 따른 폐단입니다. 호인胡人은 먹을 것과 입을 것을 구하는 생업을 땅에 의지하지 않기 때문에 그 형세를 보면 쉽게 변경을 소란스럽게 할 뿐 아니라 쉽게 왕래하고 이사합니다.[27] 이렇게 변경을 소란스럽게 하는 것이 호인의 생업이기 때문에 중원 땅에 사는 사람들이 남쪽 농경지를 떠나는 것입니다. 지금 호인들은 요새 아래에서 수차례 목축을 하거나 수렵을 하면서 요새를 방비하는 병졸을 엿보고 있다가 병졸의 수가 적으면 침입합니다. 폐하가 구해주지 않는다면 변방의 백성들은 절망하여 적에게 항복할 마음을 가질 것입니다. 그런데 이들을 구원한다고 해도 적은 숫자를 보낸다면 그들을 쫓아내기에 부족할 것이고, 많은 수를 보낸다면 먼 거리에 있는 현에서 원군援軍이 도착했을 때에는 호인들은 이미 철수해버렸을 것입니다. 또한 병졸을 주둔시키고 철수시키지 않는다면 비용이 많이 필요할 것이고, 철수시켜버리면 호인들이 다시 들어올 것입니다. 이런 일이 매해 이어진다면 중국은 빈곤해지고, 백성들은 불안해질 것입니다. 폐하가 다행히 변경을 걱정하고, 장수와 관원을 파견하고, 병졸들을 동원해 요새를 잘 다루니 아주 큰 은혜가 됩니다. 그러나 지금은 먼 곳에 사는 병졸들이 요새를 지키는 데 1년이면 순번을 바꿔주기 때문에 호인의 능력을 잘 모릅니다. 그곳에 늘 살 수 있는 사람을 뽑아 집을 마련해주고 농사를 짓게 하면서 대비케

27 유목민족인 흉노는 땅에서 농사지은 곡식을 먹거나 옷감을 구하지 않고 짐승의 고기를 먹고 그 가죽을 입었으므로 정주민과 같이 땅에 얽매일 필요가 전혀 없었다.

하고, 성을 높이 쌓고 깊게 참호를 파느니만 못합니다. 요새로 쓸 만한 곳과 냇물의 길이 통하는 곳에서는 성읍을 만들어 놓는데 1,000호가 못 되게 해서는 안 됩니다. 먼저 집을 짓게 하고 농기구를 갖춰 백성들을 모집하되 죄를 면제해주고 작위를 주십시오. 또한 그 집안 부역을 면제해주고 겨울옷과 여름옷을 내려주며 먹을 것도 주십시오. 요새 아래에 있는 백성은 녹질과 이익이 많지 않으면 위험하고 어려운 곳에서 오랫동안 살지 않으려고 할 것입니다. 호인이 가축을 훔쳐 가려던 것을 막은 사람에게는 그 반을 내려주고, 현관縣官[28]에서 잃어버린 것을 대신 물어주십시오. 그곳 백성들에게 해주면 읍리邑里에서 서로 도와주면서 호인들과 맞서 죽음을 피하지 않을 것입니다. 그들이 이같이 하는 것은 군주에게 공로를 세우려는 것이 아니고, 친척을 온전하게 보존하고 자신의 이익을 얻으려는 것입니다. 이런 방법은 동방에서 온 수졸들이 땅의 형세를 익히지 못한 채 마음 속으로 호인을 두려워하고 있는 것과 비교한다면 공로와 효과에서 1만 배나 높을 것입니다. 폐하가 다스리는 시기에 백성을 옮겨서 변방을 알차게 하십시오. 먼 곳에 사는 사람들이 변방에 와 둔수屯戍하게 하는 일이 없게 하십시오. 요새 아래에 사는 백성들이 부자가 서로 보호하고 호로胡虜에 관한 근심을 없애도록 해주십시오. 이렇게 하여 이익을 후세에 남기고 성스럽고 밝다고 일컬어지면 이는 백성들의 원망을 받았던 진나라의 정책과는 아주 다를 것입니다."

황제가 그 말을 좇아 백성을 모집해 요새 아래에 살게 했다.

조조가 다시 말했다.

"폐하가 다행히도 백성들을 모집해 이주시키고, 요새 아래에 있는 땅

28 현관縣官은 통상 현縣의 지방관을 뜻하거나 군주와 조정의 별칭으로 사용된다. 여기서는 관부官府의 의미로 사용된 것이다.

을 알차게 했습니다. 둔수의 일을 더욱 줄였고, 수송비용을 훨씬 줄였으니 커다란 은혜입니다. 또한 하급관원들이 실로 두터운 은혜를 능히 칭송할 수 있어서 밝은 법을 받들고, 이주시킨 사람들 가운데 노약자들을 먼저 걱정해주고, 장사들은 잘 대우해줍니다. 그 마음을 화합하며 서로 침탈하지 않게 하고, 먼저 도착한 사람들로 하여금 편안하게 즐기면서 고향을 생각하지 않게 한다면 가난한 백성들은 서로 가기를 권할 것입니다.

신이 듣건대 옛날에 백성을 이주시킬 때에는 그 음양이 고른가를 살펴본 뒤 물이나 샘물의 맛을 보고 나서 읍을 만들고 성을 세우고, 리里를 만들었다고 합니다. 집터를 구획하여 먼저 집을 짓고 기물을 준비해두었다가 백성들이 도착하면 살 곳과 일할 때 사용할 것들을 마련해주었습니다. 이는 백성들이 쉽게 고향을 떠나 새로운 읍으로 가까이 가게 하려는 것이었습니다. 또 의사와 무사巫士를 두어 질병을 구하고, 제사를 지내게 하고, 남녀가 혼인해 생사를 서로 걱정하게 하고, 분묘에는 서로 쫓아가고, 나무를 심고 가축을 기르면 집은 온전하고 편안해집니다. 이는 백성들로 하여금 사는 곳에서 즐기며 오래 거주할 마음을 갖게 하기 위함입니다.

또한 신이 듣건대, 옛날 변방에 현縣을 설치했던 것은 적을 대비하기 위해서였다고 합니다. 5집으로 오伍를 만들어 오에는 장長을 두고, 10명의 오장을 합쳐 1리里라 하고, 리에는 이장里長인 가사假士를 두었습니다. 또 4리를 1연連이라 하고 연에는 연장連長인 가오백假五百을 두었고, 10연을 1읍邑이라고 하여 읍에는 읍장邑長인 가후假候를 두었습니다. 가후로는 그 읍에 사는 사람 가운데 읍을 보호할 수 있고 지형을 익히 알고, 민심을 아는 똑똑한 사람을 선발했습니다.

또한 평시에는 백성들에게 활 쏘는 법을 익히게 하고, 출정해서는 적에게 대응하는 방법을 가르치게 합니다. 졸오卒伍는 안에서 완성되고, 군정軍政은 밖에서 확정됩니다. 잘 연습하고 익힌 뒤에는 이사하지 않게 하여,

어려서는 같이 놀고 자라서는 같이 일하게 합니다. 혹시 밤에 싸움이 날지라도 서로의 소리를 알수 있다면 충분히 서로 구원해줄 수 있고, 또 낮에 싸울 때에는 서로 눈만 봐도 충분히 서로의 생각을 알 수 있기 때문입니다. 이리 되면 아껴주는 마음을 갖게 돼 서로 죽음도 같이하게 됩니다.

이같이 한 후 후하게 상을 내려주면서 권고하고, 중벌을 가지고 위엄을 보이면 앞에 가던 사람이 죽는다 해도 발길을 돌리지 않을 것입니다. 그러나 이사시킨 백성들이 강건하고 재주가 있는 사람이 아니라면 그저 의복과 식량만 소비할 뿐 쓸 수 없을 것입니다. 또한 비록 재주와 힘이 있다고 해도 좋은 관원을 만나지 못하면 공로를 세울 수 없을 것입니다.

폐하는 흉노와의 관계를 끊고 더불어 화친하지 않았습니다. 신이 가만히 생각해보건대 그들은 겨울에 남쪽으로 내려올 것입니다. 이때 한 번만 크게 다스려놓으면 죽을 때까지 징계가 될 것입니다. 위엄을 세우고 싶다면 처음에 꺾어버려야 합니다. 그들이 몰려왔을 때 곤혹스럽게 하지 못하고 기를 얻어 돌아가게 한다면 뒤에 가서도 쉽게 항복하지 않을 것입니다."

조조는 사람됨이 급하고 곧고 엄격했으나 변론을 잘해 태자의 총애를 받았다. 태자의 집안에서는 그를 가리켜 꾀주머니를 뜻하는 '지낭智囊'으로 불렀다.

** 起玄黓涒灘, 盡柔兆閹茂, 凡十五年.

* 太宗孝文皇帝前十一年

冬, 十一月, 上行幸代.

春, 正月, 自代還.

夏, 六月, 梁懷王揖薨, 無子. 賈誼復上疏曰, "陛下即不定製, 如今之勢, 不過一傳·再傳, 諸侯猶且人恣而不制, 豪植而大強, 漢法不得行矣. 陛下所以為藩扞及皇太子之所恃者, 唯淮陽·代二國耳. 代, 北邊匈奴, 與強敵為鄰, 能自完則足矣. 而淮陽之比大諸侯, 廑如黑子之著面, 適足以餌大國, 而不足以有所禁御. 方今制在陛下, 制國而令子適足以為餌, 豈可謂工哉! 臣之愚計, 願舉淮南地以益淮陽, 而為梁王立後, 割淮陽北邊二·三列城與東郡以益梁. 不可者, 可徙代王而都睢陽. 梁起於新郪而北著之河, 淮陽包陳而南揵之江, 則大諸侯之有異心者破膽而不敢謀. 梁足以扞齊·趙, 淮陽足以禁吳·楚, 陛下高枕, 終無山東之憂矣, 此二世之利也. 當今恬然, 適遇諸侯之皆少. 數歲之後, 陛下且見之矣. 夫秦日夜苦心勞力以除六國之禍. 今陛下力制天下, 頤指如意, 高拱以成六國之禍, 難以言智, 苟身無事, 畜亂, 宿禍, 孰視而不定. 萬年之後, 傳之老母·弱子, 將使不寧, 不可謂仁." 帝於是從誼計, 徙淮陽王武為梁王, 北界泰山, 西至高陽, 得大縣四十餘城. 後歲餘, 賈誼亦死, 死時年三十三矣. 徙城陽王喜為淮南王.

匈奴寇狄道.

時匈奴數為邊患, 太子家令穎川晁錯上言兵事曰, "『兵法』曰, '有必勝之將, 無必勝之民' 由此觀之, 安邊境, 立功名, 在於良將, 不可不擇也.

臣又聞, 用兵臨戰合刃之急者三一曰得地形, 二曰卒服習, 三曰器用利. 兵法步兵·車騎·弓弩·長戟·矛鋋·劍楯之地, 各有所宜. 不得其宜者, 或十不當一. 士不選練, 卒不服習, 起居不精, 動靜不集, 趨利弗及, 避難不畢, 前擊後解, 與金鼓 之指相失, 此不習勒卒之過也, 百不當十. 兵不完利, 與空手同. 甲不堅密, 與袒裼同. 弩不可以及遠, 與短兵同. 射不能中, 與無矢同. 中不能入, 與無鏃同. 此將不省兵之禍也, 五不當一. 故『兵法』曰, '器械不利, 以其卒予敵也. 卒不可用, 以其將予敵也. 將不知兵, 以其主予敵也. 君不擇將, 以其國予敵也' 四者, 兵之至要也.

臣又聞小大異形, 強弱異勢, 險易異備. 夫卑身以事強, 小國之形也. 合小以攻大, 敵國之形也. 以蠻夷攻蠻夷, 中國之形也. 今匈奴地形·技藝與中國異, 上下山阪, 出入溪澗, 中國之馬弗與也. 險道傾仄, 且馳且射, 中國之騎弗與也. 風雨罷勞, 饑渴不困, 中國之人弗與也. 此匈奴之長技也. 若夫平原·易地·輕車·突騎, 則匈奴之眾易撓亂也. 勁弩·長戟·射疏·及遠, 則匈奴之弓弗能格也. 堅甲·利刃, 長短相雜, 游弩往來, 什伍俱前, 則匈奴之兵弗能當也. 材官騶發, 矢道同的, 則匈奴之革笥·木薦弗能支也. 下馬地鬥, 劍戟相接, 去就相薄, 則匈奴之足弗能給也. 此中國之長技也. 以此觀之, 匈奴之長技三, 中國之長技五. 陛下又興數十萬之眾以誅數萬之匈奴, 眾寡之計, 以一擊十之術也.

雖然, 兵, 兇器. 戰, 危事也. 故以大為小, 以強為弱, 在俛仰之間耳. 夫以人之死爭勝, 跌而不振, 則悔之無及也. 帝王之道, 出於萬全. 今降胡·義渠·蠻夷之屬來歸誼者, 其眾數千, 飲食·長技與匈奴同. 可賜之堅甲·絮衣·勁弓·利矢, 益以邊郡之良騎, 令明將能知其習俗·和輯其心者, 以陛下之明約將之. 即有險阻, 以此當之. 平地通道, 則以輕車·材官制之. 兩軍相為表裡, 各用其長技, 衡加之以眾, 此萬全之術也."

帝嘉之, 賜錯書, 寵答焉. 錯又上言曰, "臣聞秦起兵而攻胡·粵者, 非以衛邊地而救民死也, 貪戾而欲廣大也, 故功未立而天下亂. 且夫起兵而不知其勢, 戰則為人禽, 屯則卒積死. 夫胡·貉之人, 其性耐寒. 揚·粵之人, 其性耐暑. 秦之戍卒不耐其水土, 戍者死於邊, 輸者僨於道. 秦民見行, 如往棄市, 因以讁發之, 名曰'讁戍' 先發吏有讁及贅婿·賈人, 後以嘗有市籍者, 又後以大父母·父母嘗有市籍者, 後入閭取其左. 發之不順, 行者憤怨, 有萬死之害而亡銖兩之報, 死事之後, 不得一算之復, 天下明知禍烈及己也. 陳勝行戍, 至於大澤, 為天下先倡, 天下從之如流水者, 秦以威劫而行之之敝也.

胡人衣食之業, 不著於地, 其勢易以擾亂邊境, 往來轉徙, 時至時去. 此胡人之生業, 而中國之所以離南畮也. 今胡人數轉牧·行獵於塞下, 以候備塞之卒, 卒少則入. 陛下不救, 則邊民絕望而有降敵之心. 救之, 少發則不足, 多發, 遠縣才至, 則胡又已去. 聚而不罷, 為費甚大. 罷之, 則胡復入. 如此連年, 則中國貧苦而民不安矣. 陛下幸憂邊境, 遣將吏發卒以治塞, 甚大惠也. 然今遠方之卒守塞, 一歲而更, 不知胡人之能. 不如選常居者家室田作, 且以備之, 以便為之高城深塹. 要害之處, 通川之道, 調立城邑, 毋下千家. 先為室屋, 具田器, 乃募民, 免罪, 拜爵, 復其家, 予冬夏衣·稟食, 能自給而止. 塞下之民, 祿利不厚, 不可使久居危難之地. 胡人入驅而能止其所驅者, 以其半予之, 縣官為贖. 其民如是, 則邑里相救助, 赴胡不避死. 非以德上也, 欲全親戚而利其財也. 此與東方之戍卒不習地勢而心畏胡者功相萬也. 以陛下之時, 徙民實邊, 使遠方無屯戍之事. 塞下之民, 父子相保, 無系虜之患. 利施後世, 名稱聖明, 其與秦之行怨民, 相去遠矣."

上從其言, 募民徙塞下.

錯復言曰, "陛下幸募民徙以實塞下, 使屯戍之事益省, 輸將之費益寡, 甚大惠也. 下吏誠能稱厚惠, 奉明法, 存恤所徙之老弱, 善遇其壯士, 和輯其心而勿侵刻, 使先至者安樂而不思故鄉, 則貧民相慕而勸往矣. 臣聞古之徙民者, 相其陰陽之和, 嘗其水泉之味, 然後營邑·立城·制里·割宅, 先為築室家, 置器物焉. 民至有所居, 作有所用.

此民所以輕去故鄕而勸之新邑也. 為置醫·巫以救疾病, 以修祭祀, 男女有昏, 生死相恤, 墳墓相從, 種樹畜長, 室屋完安. 此所以使民樂其處而有長居之心也.

臣又聞古之制邊縣以備敵也, 使五家為伍, 伍有長. 十長一里, 里有假士. 四里一連, 連有假五百. 十連一邑, 邑有假候. 皆擇其邑之賢材有護·習地形·知民心者. 居則習民於射法, 出則教民於應敵. 故卒伍成於內, 則軍政定於外. 服習以成, 勿令遷徙, 幼則同游, 長則共事. 夜戰聲相知, 則足以相救. 晝戰目相見, 則足以相識. 歡愛之心, 足以相死. 如此而勸以厚賞, 威以重罰, 則前死不還踵矣. 所徙之民非壯有材者, 但費衣糧, 不可用也. 雖有材力, 不得良吏, 猶亡功也.

陛下絕匈奴不與和親, 臣竊意其冬來南也. 壹大治, 則終身創矣. 欲立威者, 始於折膠. 來而不能困, 使得氣去, 後未易服也."

錯為人峭直刻深, 以其辯得幸太子, 太子家號曰"智囊."

한문제 전12년(BC 168)

1) 겨울 12월, 호이허가 산조酸棗허난성 옌진현에서 터져서 동쪽으로 금제金隄허난성 활현 동쪽와 동군東郡을 붕괴시켰다. 병졸들을 많이 동원해 이를 막았다.

2) 봄 3월, 관문을 출입할 때 검사하는 제도인 관법關法을 폐지했다. 일종의 신표인 전傳을 쓰지 않게 된 이유다.[29]

3) 조조가 황제에게 상주했다.

29 '전傳'은 비단이나 나무에 두 줄로 글을 써 하나씩 나눠 갖고 있다가 관문을 출입할 때 이를 합쳐 맞으면 지나갈 수 있도록 한 신표를 말한다.

"성스러운 주군이 백성들이 주리거나 추위에 떨지 않게 하는 방법은 군주가 직접 밭을 갈아 먹이고 길쌈도 하여 입히는 것이 아니라, 그들이 자원과 재화를 생산토록 길을 열어주는 것입니다. 요는 9년 동안 홍수 속에서도, 탕은 7년 동안 가뭄 속에서도 병든 사람을 버리지 않았고, 저축하는 것이 많았고, 준비할 것을 먼저 갖췄습니다.

지금 천하가 하나로 통일돼 탕이나 우 때보다 토지와 인민이 적지 않습니다. 게다가 몇 년 동안 계속되는 수재와 한재도 없었습니다. 그런데도 저축해 놓은 것이 그때만큼 되지 못한 것은 무엇 때문입니까? 땅은 나올 이익을 남겨두었고, 백성들은 더 일할 여력을 남겨두었습니다. 곡식을 생산할 수 있는 땅을 아직 다 개간하지 않았고, 산과 연못에 있는 이로운 것들도 다 드러내지 못했고, 놀고먹는 백성들을 다 농사짓는 곳으로 돌아가게 하지 못했기 때문입니다.

추위에 떠는 사람이 가볍고 따뜻한 옷만 찾지는 않습니다. 또한 주린 사람이 달고 기름진 것만 기다리지는 않습니다. 주리고 추우면 염치를 생각지 못합니다. 사람은 보통 하루에 두 번 먹지 않으면 주리고, 1년 내내 옷 한 벌 지어 입지 못하면 추위에 떱니다. 무릇 배가 주리는데도 먹을 것을 얻지 못하고 피부가 찬데도 옷을 얻어 입지 못하면 아무리 자비심 많은 부친일지라도 그 아들을 보호할 수 없는데 어찌 군주가 그 백성을 거느릴 수 있겠습니까?

현명한 군주는 그런 이치를 알기 때문에 백성들을 농상에 힘쓰게 하고 부렴을 적게 거두면서도 저축을 넓히고, 창고를 가득 채워 수재와 한재에 대비합니다. 그래야 백성들을 얻어 거느릴 수 있습니다. 백성은 위에 있는 사람들이 길러 주어야 합니다. 백성들이 이익을 좇는 것은 마치 물이 아래로 흘러가면서 사방으로 흩어져 아무 것도 가리지 않는 것과 같습니다.

무릇 구슬과 옥, 금, 은은 배가 고파도 먹을 수가 없고, 추워도 입을 수가 없습니다. 그러나 많은 사람들이 이를 귀하게 여기는 것은 윗사람들이 이것을 쓰기 때문입니다. 그것들은 가볍고 작아 쉽게 숨길 수 있고, 손바닥에 갖고 있으면 천하를 두루 다녀도 주리거나 추위에 떨 염려가 없습니다. 또한 이것은 신하로 하여금 군주를 쉽게 배반하게 하고, 백성들로 하여금 자신의 고향을 쉽게 떠나게 하고, 도적들의 마음을 끌고, 도망가는 사람의 가벼운 자금이 됩니다.

반면 곡식과 쌀, 포布, 백帛은 땅에서 나고 시절을 따라 자라고, 힘을 들여야 모아지는 것이어서 하루에 이룰 수가 없습니다. 몇 석 정도 되는 곡식의 무게는 보통 사람이 들지를 못하기 때문에 간사한 사람이 이것을 가지고 이로움을 취할 수가 없지만 이것을 하루라도 얻지 못하면 주리고 추위에 떱니다. 이런 까닭에 밝은 군주는 오곡을 귀하게 여기고 금옥을 천하게 여깁니다.

지금 다섯 식구를 가진 농가라면 일할 수 있는 사람이 두 사람은 넘을 것이나 그들이 경작할 수 있는 것은 100무畝를 넘지 못할 것입니다. 100무에서 수확되는 곡식은 100석에 불과할 것입니다. 봄에 밭을 갈고 여름에 김을 매고 가을에 수확하고 겨울에 저장해두는 데 또한 땔감을 베어야 합니다. 게다가 관부官府를 수선해야 하고 요역에도 나가야 하니 봄에도 바람과 먼지를 피할 수 없고, 여름에는 더위를 피할 수 없고, 가을에는 찬 비를 피할 수 없고, 겨울에도 추위에 얼어 터지는 것을 피할 수 없어, 4계절 동안 하루도 편히 쉴 날이 없습니다.

또한 그러는 중에 사사로이 사람을 보내고 맞이하고, 죽은 사람을 조문하고 병든 사람을 위문할 뿐 아니라 어린이를 기르고 돌보아야 합니다. 부지런함과 고생스러움이 이와 같은데 거기에 따로 수재와 한재를 만나고 급한 정치적인 징발이나 갑작스런 부세가 있고, 부렴도 때를 가리지 않고 부과되고, 아침에 명을 내렸다가 저녁에 다시 고칩니다. 그러면 저축한 것이 있던 사람은 물건을 반값에 팔아버리고, 없는 사람은 두 배의 이자를 물고 돈을 빌립니다. 결국 어떤 사람은 밭이나 집을 팔고 심지어 처자를 팔아서 채무를 상환합니다.

그러나 장사하는 사람들의 경우에는 큰 집들은 저축해놓고 이자를 받고, 작은 집에서는 앉아서 물건을 늘어놓고 판매를 합니다. 그들은 매일 도시에서 놀이를 하다가 위에서 급하게 쓸 일이 있으면 편승해 팔 때는 반드시 배를 받습니다. 그 집의 남자들은 밭을 갈거나 김을 매지 않고 여자들은 길쌈을 하지 않는데도 입는 옷은 전부 무늬 있는 것이고 먹는 것은 늘 기름진 고기입니다. 또한 농부들이 하는 고생을 하지 않고도 천백千百 전錢의 수익을 얻습니다.

이렇게 얻은 부유함을 가지고 왕후들과 교류해 힘은 관원의 세력보다 더하고, 이利로써 서로에게 기울어집니다. 1,000리나 되는 곳까지 놀러가는데 그들이 머리에 쓴 관과 마차 위에 얹은 덮개가 서로 마주칠 정도로 많이 왕래합니다. 그들은 튼튼한 수레를 타고, 살찐 말을 채찍질하고, 비단실로 된 신발을 신고, 흰옷을 질질 끌리게 입고 있습니다. 이는 상인이 농민을 겸병兼併하기 때문이고, 농민이 흩어져 도망치는 까닭입니다.

바야흐로 오늘날 힘써야 할 일은 백성들로 하여금 농사에 힘쓰게 하는 것뿐입니다. 백성들이 농사에 힘쓰도록 하려면 곡식 값을 올려주어야 합니다. 곡식 값을 올리려면 백성들에게 곡식을 가지고 상을 주거나 벌을 받게 해야 합니다. 곡식을 바치고 관직을 받을 사람을 모집해 그들에게 작위를 주고 면제해 주어야 합니다.

이같이 하면 부자는 작위를 갖게 되고, 농민은 돈을 갖게 되고, 곡식은 여러 사람에게 골고루 흩어지게 됩니다. 곡식을 바치고 작위를 받으려는 사람은 모두 여유가 있는 사람들입니다. 여유가 있는 것을 가져다가 위에서 써야 할 곳에 공급해준다면 가난한 백성들의 부세는 줄어들 수 있습니다. 이를 가리켜 여유 있는 곳에서 덜어내 부족한 곳을 보충한다고 하는 것이니 이런 정령政令을 내려 보내면 백성들이 이로울 것입니다.

지금은 수레를 끌거나 탈 수 있는 말 한 필을 헌납하며 갑졸 세 사람 몫의 부역으로 계산합니다. 수레와 타는 말은 무력을 갖추는 데 필요한 것이므로 졸역을 면제해주고 있습니다. 신농神農의 가르침에는 '석성石城을 10인仞[30]이나 쌓고, 탕지湯池가 100보나 되고, 갑옷을 입은 사람이 100만 명이라고 해도 곡식이 없으면 성을 지킬 수 없다'고 했습니다. 이것으로 보아도 곡식이라는 것은 군주가 크게 써야 할 물건이고, 정치의 본래 임무입니다.

지금 백성들이 곡식을 바치고 작위를 받는 것은 4천석을 바치고 얻는 9급 작위의 오대부五大夫 이상이라고 해도 부역 한 사람 몫을 면제해주는 것뿐입니다. 이는 기마를 제공하고 받는 것과 비교하면 너무 차이가 납니다. 작위라는 것은 위에서 독점하는 것으로 입으로 임명하면 되는 것이라서 끝없이 나올 수 있지만 곡식이라는 것은 백성들이 심는 것이므로 땅에서 나고, 모자라서는 안 되는 것입니다. 무릇 높은 작위를 얻는 것과 죄를 면제받는 것은 사람들이 몹시 바라는 것입니다. 천하 사람에게 변방에다 곡식을 바치게 하고 작위를 받게 하거나 죄를 면해주면 3년이 안 돼 요새에 곡식이 반드시 많아질 것입니다."

황제가 이 말을 받아들여 변방에다 곡식을 바친 백성들에게 작위를 주었다. 각기 많고 적음에 따라 급수의 차이를 두었다. 조조가 또 말했다.

"폐하가 다행히도 천하 사람으로 하여금 요새 땅에 곡식을 바치게 하여 작위를 주니 아주 커다란 은혜입니다. 그런데 가만히 생각해 보니 요

---

30 1인仞은 주척周尺으로 7~8척尺이다. 주척 1척은 약 23센티미터이다.

새 땅에 있는 병졸들이 그 곡식을 다 쓰지 못해 천하의 곡식이 크게 흩어져버릴까 걱정입니다. 변방에 쌓아둔 곡식은 5년을 지탱할 수 있으면 충분하니 군현에다 곡식을 바치도록 명을 내리는 것이 옳을 듯합니다. 또한 군현에서는 1년 이상 지탱할 수 있는 곡식이면 충분하니 때로 부세를 사해주고 농민들에게서 조租를 걷지 말게 하십시오. 그리하면 덕택德澤이 만백성에게 내려지고 백성들은 더욱 부지런히 농사를 지을 것이고, 큰 부자도 즐길 것입니다."

황제가 그 말에 따라 다시 조서를 내렸다.

"백성들을 이끄는 길은 본업에 힘쓰도록 하는 데 있다. 짐이 친히 천하 사람을 이끌어 농사를 짓게 한 뒤부터 지금까지 10년이 됐으나 들에는 개척되지 않은 곳이 있고, 한 번만 풍년이 들지 않아도 백성들에게 주린 기색이 있다. 이는 농사에 종사하는 사람이 아직도 적고, 관원들이 더욱 힘쓰지 않아서이다. 내가 조서를 누차 내려 해마다 백성들에게 나무를 심으라고 권했으나 그 공로와 업적이 아직 나타나지 않으니 이는 관원이 나의 조서를 받드는 데 부지런하지 않아서거나 백성들에게 분명히 권고하지 않았기 때문이다. 또한 나의 농민들이 많은 고생을 하고 있는데 관원들이 이를 덜어주지 않으니 장차 무엇으로 권고해야 하는가? 금년에 농민들에게 조세의 절반을 탕감해준다."

＊ 太宗孝文皇帝前十二年

冬, 十二月, 河決酸棗, 東潰金堤, 東郡大興卒塞之.

春, 三月, 除關, 無用傳.

晁錯言於上曰, "聖王在上而民不凍饑者, 非能耕而食之, 織而衣之也, 為開其資財之道也. 故堯有九年之水, 湯有七年之旱, 而國亡捐瘠者, 以畜積多而備先具也. 今海內為一, 土地·人民之眾不減湯·

禹, 加以無天災數年之水旱, 而畜積未及者, 何也? 地有遺利, 民有餘力. 生穀之土未盡墾, 山澤之利未盡出, 游食之民未盡歸農也.

夫寒之於衣, 不待輕暖. 饑之於食, 不待甘旨. 饑寒至身, 不顧廉恥. 人情, 一日不再食則饑, 終歲不制衣則寒. 夫腹饑不得食, 膚寒不得衣, 雖慈母不能保其子, 君安能以有其民哉! 明主知其然也, 故務民於農桑, 薄賦斂, 廣畜積, 以實倉廩, 備水旱, 故民可得而有也. 民者, 在上所以牧之. 民之趨利, 如水走下, 四方無擇也.

夫珠·玉·金·銀, 饑不可食, 寒不可衣. 然而眾貴之者, 以上用之故也. 其為物輕微易藏, 在於把握, 可以周海內而無饑寒之患. 此令臣輕背其主, 而民易去其鄉, 盜賊有所勸, 亡逃者得輕資也. 粟·米·布·帛, 生於地, 長於時, 聚於力, 非可一日成也. 數石之重, 中人弗勝, 不為奸邪所利, 一日弗得而饑寒至. 是故明君貴五穀而賤金玉.

今農夫五口之家, 其服役者不下二人, 其能耕者不過百畝, 百畝之收不過百石. 春耕, 夏耘, 秋獲, 冬藏, 伐薪樵, 治官府, 給繇役. 春不得避風塵, 夏不得避暑熱, 秋不得避陰雨, 冬不得避寒凍, 四時之間亡日休息. 又私自送往迎來·弔死問疾·養孤長幼在其中. 勤苦如此, 尚復被水旱之災, 急政暴賦, 賦斂不時, 朝令而暮改. 有者半賈而賣, 無者取倍稱之息, 於是有賣田宅·鬻子孫以償責者矣. 而商賈大者積貯倍息, 小者坐列販賣, 操其奇贏, 日游都市, 乘上之急, 所賣必倍. 故其男不耕耘, 女不蠶織, 衣必文采, 食必粱肉. 無農夫之苦, 有仟伯之得. 因其富厚, 交通王侯, 力過吏勢, 以利相傾. 千里游敖, 冠蓋相望, 乘堅·策肥, 履絲·曳縞. 此商人所以兼併農人, 農人所以流亡者也. 方今之務, 莫若使民務農而已矣. 欲民務農, 在於貴粟. 貴粟之道, 在於使民以粟為賞罰. 今募天下入粟縣官, 得以拜爵, 得以除罪. 如此, 富人有爵, 農民有錢, 粟有所渫. 夫能入粟以受爵, 皆有餘者也. 取於有餘以供上用, 則貧民之賦可損, 所謂損有餘, 補不足, 令出而民利者也. 今令民有車騎馬一匹者, 復卒三人. 車騎者, 天下武備也, 故為復卒. 神農之教曰, '有石城十仞, 湯池百步, 帶甲百萬, 而無粟, 弗能守也' 以是觀之, 粟者, 王者大用, 政之本務. 令民入粟受爵至五大夫以上, 乃復一人耳, 此其與騎馬之功相去遠矣. 爵者, 上之所擅, 出於口而無窮. 粟者, 民之所種, 生於地而不乏. 夫得高爵與免罪, 人之所甚欲也. 使天下人入粟於邊以受爵·免罪, 不過三歲, 塞下之粟必多矣."

帝從之, 令民入粟邊, 拜爵各以多少級數為差.

錯復奏言曰, "陛下幸使天下入粟塞下以拜爵, 甚大惠也. 竊恐塞卒之食不足用, 大渫天下粟. 邊食足以支五歲, 可令入粟郡縣矣. 郡縣足支一歲以上, 可時赦, 勿收農民租. 如此, 德澤加於萬民, 民愈勤農, 大富樂矣."

上復從其言, 詔曰, "道民之路, 在於務本. 朕親率天下農, 十年於今, 而野不加辟, 歲一不登, 民有饑色. 是從事焉尚寡而吏未加務. 吾詔書數下, 歲勸民種樹而功未興, 是吏奉吾詔不勤而勸民不明也. 且吾農民甚苦而吏莫之省, 將何以功焉! 其賜農民今年租稅之半."

한문제 전13년(BC 167)

1) 봄 2월 16일, 조서를 내렸다.

"짐이 친히 천하 사람을 이끌며 농경을 하여 자성粢盛[31]에 필요한 것을 공급할 것이고, 황후는 친히 잠상蠶桑을 하여 제복을 만들 것이니 그 구

31 자성粢盛은 제수용 곡식을 제기에 가득 채운다는 뜻이다. 여기의 '자'는 다 자란 곡물, '성'은 제기에 채우는 것을 말한다.

체적인 예의 절차를 마련하라."

2) 원래 진나라 때 축관祝官은 비축秘祝을 갖고 있다가 재난이 생기면 갑자기 이를 아랫사람들에게 옮겨놓았다.[32] 여름 황제가 조서를 내렸다.

"천도天道에 관한 보고를 들어보니 화라는 것은 원망을 쌓는데서 일어나고, 복은 덕을 베푸는 것과 관련해서 나타난다고 한다. 백관들의 잘못은 마땅히 짐의 잘못에서 말미암은 것이다. 그런데 비축하는 관원이 아랫사람에게 나의 허물을 옮기려고 한다면 이는 나의 부덕함을 드러내는 것과 같다. 짐은 이런 제도를 취하지 않겠다. 그 제도는 폐지하라."

3) 제나라의 태창령太倉令인 순우의淳于意가 죄를 지어 형벌을 받게 됐다. 그를 체포하라는 조서를 내려 장안으로 압송하는데 그의 어린 딸 제영緹縈이 서신을 올렸다.

"저의 부친은 관원으로서 원래 제나라에서는 모두 청렴하고 공평하다고 했는데 지금 법에 저촉돼 형벌을 받게 됐습니다. 제가 마음이 아픈 것은 '무릇 죽은 사람은 다시 살아 날 수 없고, 형벌을 받은 자리는 찢어진 곳이 다시 이어질 수 없다'는 것입니다. 비록 뒤에 가서 허물을 고쳐 스스로 새로워지고자 해도 그런 길이 없어지는 것입니다. 원컨대 저를 적몰籍沒하여 관비官婢로 삼고 부친의 형벌과 죄를 사하여 주십시오. 부디 부친에게 새로워질 수 있는 기회를 주십시오."

천자가 그 뜻을 가련하고 슬프게 생각해 5월에 조서를 내렸다.

"『시경』「대아·형작泂酌」에서 말하기를, '자상한 군자여, 그대는 백성의 부모라네'라고 했다. 오늘날 사람들에게 허물이 있다면 아직 교화를 다

32 '축祝'은 귀신에게 고하는 사람을 말한다. '축관'은 비밀스럽게 만든 저주문인 '비축'을 갖고 있다가 재난이 있을 때 황제의 허물을 신하에게 옮기는 기도를 올려 그 신하가 재앙을 대신하게 했다.

시키지 못하고 형벌을 내린다. 혹 행실을 고쳐 착하게 되고자 하는 사람이 있다 해도 길이 없으니 짐은 이를 심히 가련하게 생각한다. 무릇 형벌이 몸의 지체를 자르거나 피부를 찢어 놓는다면 죽을 때까지 회복될 수 없다. 얼마나 고통스럽고 부덕한 일인가? 이것이 어찌 백성의 부모된 사람의 뜻이겠는가? 육형肉刑을 없애고 이를 다른 형벌로 바꾸도록 하라. 또한 죄인들이 도망가지 않는다면 각기 죄의 경중에 따라 몇 년이 지난 후에는 면제해주도록 하라. 이를 갖춰서 명령으로 만들라."

승상인 장창張蒼과 어사대부 풍경馮敬이 상주하여 율律을 정하도록 청했다.

"머리카락을 자르는 곤형髡刑에 해당하는 죄를 지은 자는 성을 쌓는 일인 성단城旦이나 방아를 찧는 일인 용舂을 시키고, 얼굴에 먹을 뜨고 머리카락을 자르는 경곤黥髡의 형은 목에 사슬을 걸게 하여 성을 쌓거나 방아 찧는 '용'을 하도록 하고, 코를 베는 의형劓刑에 해당하는 죄를 지은 자는 태笞 300대를 맞게 하고, 왼쪽 다리를 자르는 죄에 해당하는 자는 태 500대를 맞게 하고, 오른쪽 다리를 자르는 죄에 해당하는 자와 사람을 죽이고 자수한 자, 관원으로서 물품을 수뢰하거나 법을 왜곡해 해석한 자, 조정의 재물을 지키는 자로서 오히려 이를 훔친 자, 이미 벌을 받았던 자가 다시 태형 이상의 죄를 지은 자는 모두 기시棄市토록 합니다. 성단이나 용을 하게 된 자는 각기 몇 년 복역한 후 이를 면제해 줍니다."

황제가 말했다.

"좋다."

당시 황제는 몸소 수양하면서 조용히 지냈다. 장상들은 모두 옛날의 공신들이어서 문화적 소양이 낮고 질박했다. 그리고 진나라의 망친 정치를 싫어하고 관대하고 후하게 대해주는 정치에 힘쓰며 다른 사람의 과실을 말하는 것을 수치로 여겼다. 이런 교화가 천하에 시행되자 윗사람의 죄를 몰래 고발하는 풍속이 바뀌었다.

관원은 관직에 있으면서 편안했고, 백성들은 그들의 생업을 즐겼고, 저축도 매년 늘어나 호구도 점차 증가했다. 풍속과 유행이 두터워지고 정치적 금기 사항도 적어졌고, 죄를 지었으나 그 내용이 확실치 않아 의문점이 있으면 그 가운데 가장 가벼운 것으로 처리됐다. 이로써 형벌이 크게 줄어들어 범죄자 재판은 400건에 그쳤다. 형벌을 받아야 하나 그냥 내버려두는 풍조가 있었다.

4) 6월, 조서를 내렸다.

"농사는 천하의 근본이니 가장 힘써야 할 것이다. 지금까지는 몸을 부지런히 하여 조세의 부賦를 내는 데에는 농사나 장사나 다름이 없었다. 이런 것은 농사를 권하는 제도가 아직 갖춰지지 않았기 때문이다. 농전農田에 대한 조세를 없애도록 하라."

* 太宗孝文皇帝前十三年

春, 二月, 甲寅, 詔曰. "朕親率天下農耕以供粢盛, 皇后親桑以供祭服. 其具禮儀."

初, 秦時祝官有祕祝, 即有災祥, 輒移過於下. 夏, 詔曰, "蓋聞天道, 禍自怨起而福繇德興, 百官之非, 宜由朕躬. 今祕祝之官移過於下, 以彰吾之不德, 朕甚弗取. 其除之!"

齊太倉令淳于意有罪, 當刑, 詔獄逮系長安. 其少女緹縈上書曰, "妾父為吏, 齊中皆稱其廉平. 今坐法當刑. 妾傷夫死者不可復生, 刑者不可復屬, 雖後欲改過自新, 其道無繇也. 妾願沒入為官婢, 以贖父刑罪, 使得自新."

天子憐悲其意, 五月, 詔曰, "『詩』曰, '愷弟君子, 民之父母' 今人有過, 教未施而刑已加焉, 或欲改行為善而道無繇至, 朕甚憐之! 夫刑至斷支體, 刻肌膚, 終身不息, 何其刑之痛而不德也! 豈為民父母之意哉! 其除肉刑, 有以易之. 及令罪人各以輕重, 不記逃, 有年而免. 具為令!" 丞相張蒼·御史大夫馮敬奏請定律曰, "諸當髡者為城旦·舂. 當黥者髡鉗為城旦·舂. 當劓者笞三百. 當斬左止者笞五百. 當斬右止及殺人先自告及吏坐受賕·枉法·守縣官財物而即盜之·已論而復有笞罪皆棄市. 罪人獄已決為城旦·舂者, 各有歲數以免." 制曰, "可." 是時, 上既躬修玄默, 而將相皆舊功臣, 少文多質. 懲惡亡秦之政, 論議務在寬厚, 恥言人之過失, 化行天下, 告訐之俗易. 吏安其官, 民樂其業, 畜積歲增, 戶口浸息. 風流篤厚, 禁罔疏闊, 罪疑者予民, 是以刑罰大省, 至於斷獄四百, 有刑錯之風焉.

六月, 詔曰, "農, 天下之本, 務莫大焉. 今勤身從事而有租稅之賦, 是為本末者無以異也, 其於勸農之道未備. 其除田之租稅."

한문제 전14년(BC 166)

1) 겨울, 흉노의 노상선우老上單于가 14만 명의 기병을 이끌고 조나朝那감숙성 평량현 서북쪽와 소관蕭關감숙성 고원현 경계에 들어와 북지도위北地都尉감숙성 영현인 손앙孫卬을 죽이고, 인민과 가축을 많이 잡아갔다. 그들은 팽양彭陽감숙성 진원현에 이르렀다가 기습병을 이끌고 쳐들어와 회중궁回中宮섬서성 봉상현에 불을 지르고, 척후기병은 옹현雍縣에 있는 감천궁甘泉宮섬서성 순화현 서북쪽까지 이르렀다.

황제는 중위中尉인 주사周舍와 낭중령郎中令인 장무張武를 장군으로 삼아 전차 1,000대와 기병 10만 명을 내어 장안 주변에 주둔시키고 흉노의 침공에 대비케 했다. 창후昌侯인 노경盧卿[33]을 상군上郡섬서성 수덕현 장

33 노경盧卿은 한고제의 공신인 강여경姜旅卿으로 노盧 땅에 봉해져 성씨를 '노'로

군, 영후寧侯인 위속魏遫을 북지北地 장군, 융려후隆慮侯인 주조周竈를 농서隴西감숙성 임도현 장군으로 삼아 3개 군郡에 주둔시켰다.

황제는 친히 수레를 몰아 군사들을 위로하고 병사들을 챙기며 교령敎令을 밝히고 이졸吏卒들에게 상을 내리면서 스스로 흉노를 정벌하려 했다. 군신들이 말렸으나 듣지 않았다. 이내 황태후가 친정하지 말 것을 굳게 요구하자 황제는 그때서야 그 일을 중지했다.

동양후東陽侯 장상여張相如를 대장군, 성후成侯 동적董赤과 내사內史인 난포欒布를 장군으로 삼아 흉노를 치게 했다. 선우가 1달 이상 요새 안에 머물다가 끝내 돌아갔다. 요새에서 그들이 축출되자 한나라 군사는 바로 돌아왔다. 그들을 한 명도 죽이지 못했다.

2) 황제가 연輦을 타고 낭서郎署금위사령부를 지나다가 낭서장인 풍당馮唐에게 물었다.

"그대 부친의 집은 어디인가?"

그가 대답했다.

"신의 조부는 조나라 사람인데 부친이 대代 땅으로 이사했습니다."

황제가 또 물었다.

"나는 내 땅에 살면서 상식감尙食監[34]인 고기高袪가 수차례 나에게 조나라 장수인 이제李濟가 똑똑해 2세 황제 3년 당시 진秦나라 장군 왕리가 거록鉅鹿을 포위했을 때 매우 잘 싸웠다고 말하는 것을 들었다. 요즈음 나는 밥을 먹을 때마다 매번 거록의 전투를 생각하고 있다. 그대의 부친도 이 사실을 알고 있는가?"

풍당이 대답했다.

바꾼 것이다.

34 상식감尙食監은 황제 식사 담당관을 말한다.

"염파廉頗나 이목李牧이 장군 노릇을 했던 것만은 못합니다."

황제가 무릎을 치며 말했다.

"아, 내가 왜 염파나 이목과 같은 사람을 얻어 장군으로 삼지 못하는 것일까? 만일 그랬다면 내가 어찌 흉노를 근심하겠는가!"

풍당이 말했다.

"폐하가 비록 염파나 이목과 같은 사람을 얻을지라도 채용할 수는 없을 것입니다."

이 말에 황제가 대로해 금중禁中으로 들어가 버렸다. 그러고는 한참 있다가 풍당을 다시 불러 나무랐다.

"공은 어찌하여 많은 사람이 있는 곳에서 나를 모욕했는가? 다른 사람이 없는 틈을 보아 이야기할 수 없었는가?"

풍당이 사죄했다.

"제가 시골 사람이어서 기휘忌諱하는 법을 알지 못했습니다."

황제는 흉노가 쳐들어와 노략하는 것에 대해 가만히 생각하면서 다시 풍당에게 물었다.

"공은 어찌하여 내가 염파나 이목과 같은 사람을 채용하지 못할 것으로 생각하는가?"

풍당이 대답했다.

"신이 듣건대, 상고시대에 군주가 된 사람은 장군을 파견할 때 무릎을 꿇고 수레를 밀면서 '문지방 안쪽은 과인이 다스릴 터이니 문지방 밖의 것들은 장군이 통제하시오'라고 말했다고 합니다. 또 군공軍功에 대해 작위를 주거나 상을 내리는 것도 모두 밖에서 재결했고, 돌아와 보고만 했다고 합니다. 이 말은 헛된 말이 아닙니다. 신의 할아버지가 말하기를, 이목이 조나라 장수가 되고 나서 변방의 군사가 주둔하고 있는 곳의 시장에서 거두는 조세는 모두 병사들을 위해 향응하는 데 썼고, 상을 내리는 것도 밖에서 결정했고, 중앙의 지시를 기다려 좇지 않았다고 합니다. 이처럼 모든 것을 맡기고, 성공을 책임지게 했습니다. 이런 연유로 이목은 이내 그의 지혜와 능력을 모두 발휘할 수 있었던 것입니다. 전차 1,300대와 정예기병 13,000명, 귀중한 전사戰士 10만 명을 가려 뽑은 이유입니다. 이것으로 북쪽으로는 선우를 더 멀리 쫓아버리고 동호東胡를 격파했고, 담림澹林 산서성 소재을 멸망시킬 수 있었습니다. 서쪽으로는 강한 진나라를 누르고, 남쪽으로는 한韓과 위魏를 지원했습니다. 이때 조나라는 패권을 눈앞에 두고 있었습니다. 이후 조나라의 조천趙遷이 보위에 올랐으나 조천은 진시황 18년에 곽개郭開가 참소하는 말을 듣고 끝내 이목을 죽이고 안취顔聚로 하여금 그를 대신하게 했습니다. 이리 되자 군사들은 패배하여 진나라에 사로잡혀 멸망하고 말았습니다. 지금 신이 듣건대, '위상魏尙은 운중雲中 내몽골의 탁극탁 동북쪽의 군수가 된 뒤 그의 군사 주둔지에 있는 시장의 조세는 모두 사졸들을 향응시키는 데 쓰고 사사로이 돈을 마련해 닷새에 한 번씩은 소를 잡아 빈객賓客, 군리軍吏, 사인舍人들에게 향응을 베풀었다고 합니다. 이리 하자 흉노들은 멀리 피해 달아나 운중 땅 요새에는 가까이 오지 않았다고 합니다. 혹 호로胡虜들이 한 차례 들어오면 위상은 전차와 기병을 이끌고 이들을 공격해 죽이는 일이 아주 많았다고 합니다. 무릇 사졸들은 모두 서인 집안 자식들이어서 밭을 갈던 사람들이 종군한 것인데 어떻게 군령인 척적尺籍과 군사의 대오를 서로 보호하게 하는 부호와 신임표인 오부伍符를 알겠습니까? 이들이 종일토록 힘써 싸워 목을 베고 포로를 잡아와 세운 공로를 막부幕府로 올릴 때 만일 한 마디라도 사실과 다른 말을 하게 되면 문적文籍에 있는 관원은 법을 가지고 얽어매며 공로에 대한 상을 시행하지 않았습니다. 관원은 반드시 법을 받들어 적용해야 했던 것입니다. 신은 어리석으나 신이 보기에 폐하는 상을 내리는 것은 아주 가벼운데 벌은 아주 무겁게 내리는 듯 여겨집니다.

운중의 군수인 위상이 적의 목을 자르고 포로를 잡았다고 보고를 올린 것과 실제 사이에 6명의 차이가 있었습니다. 그런데 폐하는 이를 형리에게 내려 보내 그의 작위를 깎고 그에게 1년간의 형벌인 벌작罰作을 했습니다. 이런 이유로 말미암아 폐하는 비록 염파나 이목 같은 사람을 찾아냈다 할지라도 그런 사람을 채용할 수 없을 것이라고 말한 것입니다."

이 말을 듣고 황제가 기뻐했다. 그날로 당장 풍당에게 명을 내려 부절을 갖고 가 위상을 사면하고 다시 운중 군수로 삼게 한 뒤 풍당을 거기도위車騎都尉에 임명했다.

황제는 봄에 여러 제사를 지내는 단장壇場[35]과 신에게 올리는 제물인 규폐珪幣를 확대하고 늘리도록 조서를 내리며 말했다.

"내가 듣건대 사관祠官들이 축복을 할 때 모두 짐 한 사람에게 복이 오도록 하고 백성들을 위하지 않는다고 하니 짐은 심히 부끄럽다. 짐이 덕을 갖고 있지 않아 그 좋은 복을 오로지 혼자만 향응하려고 하고 백성들에게 주지 않으려는 듯하니 이는 나의 덕스럽지 못함을 거듭하게 하는 것이다. 제사를 담당하는 사관은 하늘에 경건하게 기도를 올리면서 나만을 위해 기도하지는 말라."

4) 이 해에 하간문왕河間文王 유벽강劉辟彊이 죽었다.

5) 당초 승상인 장창張蒼이 한나라는 수덕水德을 얻었다고 했다. 노나라 사람 공손신公孫臣이 토덕土德에 해당한다고 주장하면서 그것이 감응해 황룡이 보였다고 했다. 장창은 공손신의 주장이 잘못이라며 파직시켰다.[36]

---

35 단장壇場의 '단'은 흙을 쌓고, '장'은 흙을 제거한다는 의미이다.

36 '오덕론五德論'은 국가나 개인의 운명이 오행의 순서에 따라 움직인다는 이론이다. 여기에는 '상생론相生論'과 '상극론相剋論'이 있다. 왕조의 변천에서 앞의 왕조를 이어받으면 '상생', 이기고 들어가면 '상극'에 해당한다. 장창은 한나라가 수덕水德인 까닭에 황하

＊太宗孝文皇帝前十四年

冬, 匈奴老上單于十四萬騎入朝那·蕭關, 殺北地都尉卬, 虜人民畜產甚多. 遂至彭陽, 使奇兵入燒回中宮, 候騎至雍甘泉. 帝以中尉周捨·郎中令張武為將軍, 發車千乘·騎卒十萬軍長安旁, 以備胡寇. 而拜昌侯盧卿為上郡將軍, 甯侯魏遬為北地將軍, 隆慮侯周灶為隴西將軍, 屯三郡. 上親勞軍, 勒兵, 申教令, 賜吏卒, 自欲征匈奴. 群臣諫, 不聽. 皇太后固要, 上乃止. 於是以東陽侯張相如為大將軍, 成侯董赤·內史欒布皆為將軍, 擊匈奴. 單于留塞內月餘, 乃去. 漢逐出塞即還, 不能有所殺.

上輦過郎署, 問郎署長馮唐曰, "父家安在?" 對曰, "臣大父趙人, 父徙代." 上曰, "吾居代時, 吾尚食監高祛數為我言趙將李齊之賢, 戰於鉅鹿下. 今吾每飯意未嘗不在鉅鹿也. 父知之乎?" 唐對曰, "尚不如廉頗·李牧之為將也." 上搏髀曰, "嗟乎! 吾獨不得廉頗·李牧為將! 吾豈憂匈奴哉!" 唐曰, "陛下雖得廉頗·李牧, 弗能用也." 上怒, 起, 入禁中, 良久, 召唐, 讓曰, "公奈何眾辱我, 獨無間處乎!" 唐謝曰, "鄙人不知忌諱." 上方以胡寇為意, 乃卒復問唐曰, "公何以知吾不能用廉頗·李牧也?" 唐對曰, "臣聞上古王者之遣將也, 跪而推轂, 曰, '閫以內者, 寡人制之. 閫以外者, 將軍制之' 軍功爵賞皆決於外, 歸而奏之, 此非虛言也. 臣大父言李牧為趙將, 居邊, 軍市之租, 皆自用饗士. 賞賜決於外, 不從中覆也. 委任而責成功, 故李牧乃得盡其智能. 選車千三百乘, 彀騎萬三千, 百金之士十萬, 是以北逐單于,

---

가 금제金隄를 붕궤시켰다고 보았다. 그러나 공손신은 수덕인 진나라의 복색이 검은 색이었으니 진을 이기고 건설된 한나라는 의당 토덕土德이 되어야 하고, 복색도 황색을 중시해야 하고, 그 증거로 황룡이 나타났다고 주장한 것이다.

破東胡, 滅澹林, 西抑強秦, 南支韓·魏. 當是之時, 趙幾霸. 其後會趙王遷立, 用郭開讒, 卒誅李牧, 令顔聚代之. 是以兵破士北, 為秦所禽滅. 今臣竊聞魏尚為雲中守, 其軍市租盡以饗士卒, 私養錢五日一椎牛, 自饗賓客·軍吏·捨人, 是以匈奴遠避, 不近雲中之塞. 虜嘗一入, 尚率車騎擊之, 所殺甚眾. 夫士卒盡家人子, 起田中從軍, 安知尺籍·伍符! 終日力戰, 斬首捕虜, 上功幕府, 一言不相應, 文吏以法繩之, 其賞不行, 而吏奉法必用. 臣愚以為陛下賞太輕, 罰太重. 且雲中守魏尚坐上功首虜差六級, 陛下下之吏, 削其爵, 罰作之. 由此言之, 陛下雖得廉頗·李牧, 弗能用也!" 上說. 是日, 令唐持節赦魏尚, 復以為雲中守, 而拜唐為車騎都尉. 春, 詔廣增諸祀壇場·珪幣, 且曰, "吾聞祠官祝釐, 皆歸福於朕躬, 不為百姓, 朕甚愧之. 夫以朕之不德, 而專饗獨美其福, 百姓不與焉, 是重吾不德也. 其令祠官致敬, 無有所祈!"

是歲, 河間文王辟強薨.

初, 丞相張蒼以為漢得水德, 魯人公孫臣以為漢當土德, 其應, 黃龍見. 蒼以為非是, 罷之.

한문제 전15년(BC 165)

1) 봄, 황룡이 성기成紀감숙성 진안현에 나타났다. 황제가 공손신을 불러 박사博士에 임명한 뒤 박사의 제자인 제생諸生들과 더불어 토덕을 밝히게 했다. 역법曆法과 복자의 색깔에 관한 일을 고치게 했다. 장창의 입지가 약화됐다.

2) 여름 4월, 황제가 처음으로 옹雍섬서성 봉상현 땅으로 가서 교외에서 오제五帝에게 제사를 지내고 천하에 대사면령을 내렸다.[94]

3) 9월, 제후왕과 공경, 군수들에게 현량한 사람과 곧은 말을 하고 끝

까지 간언할 수 있는 사람을 천거하라고 조서를 내리고, 황제가 친히 이들의 대책을 시험했다. 그 가운데 태자가령인 조조가 쓴 대책이 훌륭했으므로 그를 발탁해 중대부中大夫로 삼았다. 조조는 제후들의 토지를 삭탈할 것과 법령 가운데 고쳐야 할 부분들에 대해 간했다. 그가 써서 올린 것은 30편이다. 황제가 그것을 다 들어주지는 않았으나 그가 지닌 재주를 높이 평가했다.

4) 이 해에 제나라 문왕文王인 유칙劉則과 하간河間의 애왕哀王인 유복劉福이 죽었다. 이들에게 아들이 없자 봉국을 모두 없앴다.

5) 조나라 사람인 신원평新垣平이 기氣를 보고 황제를 배알했다. 장안의 동북쪽에 신神이 있어 기氣에 5가지 채색이 있다고 말했다. 위수의 북쪽인 위양渭陽에 오제묘五帝廟를 만들었다.

* 太宗孝文皇帝前十五年

春, 黃龍見成紀. 帝召公孫臣, 拜為博士, 與諸生申明土德, 草改歷·服色事. 張蒼由此自絀.

夏, 四月, 上始幸雍, 郊見五帝, 赦天下.

九月, 詔諸侯王·公卿·郡守舉賢良·能直言極諫者, 上親策之. 太子家令晁錯對策高第, 擢為中大夫. 錯又上言宜削諸侯及法令可更定者書凡三十篇. 上雖不盡聽, 然奇其材.

是歲, 齊文王則·河間哀王福皆薨, 無子, 國除.

趙人新垣平以望氣見上, 言長安東北有神氣, 成五采, 於是作渭陽

37 진나라 때 백제치白帝畤, 적제치赤帝畤 · 황제치黃帝畤 · 청제치靑帝畤를 옹 땅에 세웠다. 한고제 유방이 다시 흑제치黑帝畤를 세워 옹 땅에는 모두 오제치五帝畤가 들어서게 됐다.

五帝廟.

한문제 전16년(BC 164)

1) 여름 4월, 황제가 교외에 나아가 위양에 있는 오제묘에 제사를 지냈다. 이 일로 신원평을 귀하게 여기게 돼 상대부에 이르게 하고 여러 차례에 걸쳐 천금을 하사했다. 또한 박사와 제생들로 하여금 6경 가운데 뽑아서 '왕제편王制篇'을 짓게 하고, 황제가 순수巡狩하고 봉선封禪하는 일에 관해 의논케 했다. 또한 장문정長門亭서안의 동남쪽으로 가는 길의 북쪽에 백제·적제·흑제·청제·황제단인 오제단五帝壇을 세웠다.

2) 회남왕인 유희를 옮겨서 다시 성양왕城陽王으로 삼았다. 또한 제나라를 6국으로 나누고, 병인일丙寅日인 4월 17일에 제나라 도혜왕 유비의 아들로 남아 있던 6명을 왕으로 삼았다. 양허후楊虛侯 유장려劉將閭를 제왕齊王, 안도후安都侯 유지劉志를 제북왕濟北王, 무성후武成侯 유현劉賢을 치천왕菑川王, 백석후白石侯 유웅거劉雄渠를 교동왕膠東王, 평창후平昌侯 유앙을 교서왕膠西王, 늑후扐侯 유벽광劉辟光을 제남왕濟南王으로 삼았다.[38]

또한 회남여왕의 현존하는 3명의 아들 가운데 부릉후阜陵侯 유안劉安은 회남왕淮南王안휘성 수현, 안양후安陽侯인 유발劉勃은 형산왕衡山王안휘성 육안현, 양주후陽周侯인 유사劉賜는 여강왕廬江王안휘성 여강현으로 삼았다.

3) 가을 9월, 신원평이 사람을 시켜 옥배를 가지고 궁궐 아래로 가서 황제에게 서신을 올리고 바치게 했다. 신원평이 황제에게 말했다.

"궁궐 아래까지 보옥寶玉의 기운이 와 있습니다."

---

38 6국의 도읍을 보면 제나라는 임치, 제북은 산동성 장청현, 치천은 상동성 능현, 교동은 산동성 평도현, 교서는 산동성 고밀현, 제남은 산동선 역성현에 도읍을 두었다.

말을 마치고 그곳을 보니 과연 궁궐 아래에 옥배를 바치는 자가 있었다. 거기에는 '군주가 오래 사신다'라고 씌어 있었다. 신원평이 또다시 말했다.

"신이 살펴보니 해가 다시 한 번 하늘에 뜨겠습니다."

얼마 후 해가 동쪽으로 물러갔다가 다시 중천에 떴다. 문제 17년을 원년으로 삼고, 천하에 명을 내려 크게 잔치를 열도록 했다.[39]

신원평이 또 말했다.

"주나라 때의 정鼎이 사수泗水 가운데 빠졌습니다.[40] 지금 황하를 터서 사수로 통하게 하십시오. 산이 동북쪽의 분음汾陰산서성 영하현을 바라보니 금보金寶의 기운이 있습니다. 그 뜻은 주나라 때의 정이 그곳에서 나온다는 것입니다. 징조를 보니 영접하지 않으면 오지 않을 것입니다."

이 말을 들은 황제는 사신을 시켜 분음에 사당을 만들라고 하고, 남쪽으로 황하까지 나아가 주나라 시대의 정이 출현하기를 바라면서 제사를 지내려고 했다.

* 太宗孝文皇帝前十六年

夏, 四月, 上郊祀上帝於渭陽五帝廟. 於是貴新垣平至上大夫, 賜累千金. 而使博士·諸生刺『六經』中作『王制』, 謀議巡狩·封禪事. 又於長門道北立五帝壇.

---

39 진나라의 율령을 답습한 한나라 율령에 의하면 아무 이유 없이 3명 이상이 모여 술을 먹으면 4냥의 벌금을 물도록 했다. 이때부터는 여럿이 모여 음식을 먹을 수 있도록 허용한 것이다.

40 전설에 따르면 진나라가 주나라를 멸망시키고 9개의 정鼎을 함양으로 옮길 때 한 개의 정이 홀연히 날아가서 사수에 빠졌다. 진시황이 이를 건지고자 했으나 건지지 못했다. 이런 일이 진시황 28년인 기원전 219년에 일어났다고 한다.

徙淮南王喜復為城陽王，又分齊為六國. 丙寅，立齊悼惠王子在者六人楊虛侯將閭為齊王，安都侯志為濟北王，武成侯賢為菑川王，白石侯雄渠為膠東王，平昌侯卬為膠西王，扐侯辟光為濟南王. 淮南厲王子在者三人阜陵安為淮南王，安陽侯勃為衡山王，陽周侯賜為廬江王.

秋，九月，新垣平使人持玉杯上書闕下獻之. 平言上曰，“闕下有寶玉氣來者.” 已，視之，果有獻玉杯者，刻曰“人主延壽.” 平又言曰，“臣侯日再中.” 居頃之，日卻，復中. 於是始更以十七年為元年，令天下大酺. 平言曰，“周鼎亡在泗水中. 今河決，通於泗，臣望東北汾陰直有金寶氣，意周鼎其出乎! 兆見，不迎則不至.” 於是上使使治廟汾陰南，臨河，欲祠出周鼎.

한문제 후後원년(BC 163)

1) 겨울 10월, 어떤 사람이 서신을 올려 '신원평이 말한 것은 모두 거짓입니다'라고 간했다. 황제가 신원평을 형리에게 내려보내 다스리게 한 뒤 신원평을 죽였다. 이후 호아상은 역법이나 복색을 고치는 일에 게을러졌다. 위양渭陽과 장문長門에 있는 오제五帝에게는 사관祠官을 시켜 제사지내게 하고, 때에 맞춰 예를 다하도록 지시할 뿐 다시는 가지 않았다.

2) 봄 3월, 효혜황후孝惠皇后 장씨張氏가 홍거薨去했다.[41]

3) 황제가 조서를 내렸다.

"최근 몇 년 동안 풍년이 들지 않았다. 수재와 한재, 질병 같은 재앙이

---

41 원래 황후가 죽으면 '붕崩'이라고 해야 하나 여씨 일파였던 까닭에 한 등급 낮은 '홍薨'을 쓴 것이다. 당초 효혜황후는 장오의 딸로 여씨 일파로 있었던 까닭에 여씨들이 죽은 뒤 북궁으로 옮겨져 살아야만 했다.

있었으므로 짐은 이를 심히 걱정한다. 짐은 어리석어 그 이유를 알지 못해 허물이 무엇인지 알 수 없다. 생각하는 것은 짐이 정치를 하는 데 실수한 것이 있었는지, 행동하는 데 허물이 있었는지 하는 것이다. 그렇지 않으면 천도가 불순하고 지리地利에서 혹 적당함을 얻지 못했는가? 인사人事에서 화합을 잃고 귀신이 제사받기를 그만 둔 것인가? 무엇 때문에 여기에 이르렀단 말인가? 혹 백관들의 녹질이 너무 적거나 쓸데없는 일을 많이 했던가? 어찌하여 백성들이 먹을 것이 모자라는가? 농사짓는 땅이 더 적어진 것도 아니고, 백성 수가 더 많아진 것도 아니다. 인구수를 가지고 토지를 계산해 보면 오히려 옛날에 비해 더 여유가 있는데도 불구하고 먹는 것이 많이 부족하니 그 허물은 어디에 있는가? 백성들이 말업末業인 상업에 종사해 본업인 농업을 해치는 일이 많아지고, 술을 빚는데 곡식을 소비하는 일이 많고, 육축六畜을 먹어치우는 일이 왜 많은 것인가? 나는 적든 크든 정확한 그 이유를 찾지 못했으니, 승상과 열후와 2천석의 관원과 박사들은 이를 의논토록 하라. 백성들을 도와줄 수 있는 것이 있다면 의견을 모으고 멀리 생각하되 숨기는 바가 없도록 하라!"

* 太宗孝文皇帝後元年

冬, 十月, 人有上書告新垣平"所言誥詐也." 下吏治, 誅夷平. 是後, 上亦怠於改正·服·鬼神之事, 而渭陽·長門五帝, 使祠官領, 以時致禮, 不往焉.

春, 三月, 孝惠皇后張氏薨. 詔曰, "間者數年不登, 又有水旱·疾疫之災, 朕甚憂之. 愚而不明, 未達其咎意者朕之政有所失而行有過與? 乃天道有不順, 地利或不得, 人事多失和, 鬼神廢不享與? 何以致此? 將百官之奉養或廢, 無用之事或多與? 何其民食之寡乏也? 夫度田非益寡, 而計民未加益, 以口量地, 其於古猶有餘, 而食之甚不足者，其咎安在？無乃百姓之從事於末以害農者蕃，為酒醪以靡穀者多，六畜之食焉者衆與？細大之義，吾未得其中，其與丞相·列侯·吏二千石·博士議之．有可以佐百姓者，率意遠思，無有所隱！”

한문제 후2년(BC 162)

1) 여름, 황제가 옹雍 땅에 있는 역양궁棫陽宮섬서성 부봉현으로 갔다.

2) 6월, 대효왕代孝王 유참劉參이 죽었다.

3) 흉노가 해마다 변경을 침입해 인민과 가축을 죽이고 약탈해 가는 일이 많았다. 운중 땅과 요동지역이 가장 심해 그 피해가 군마다 1만여 명에 이르렀다. 이를 근심하던 황제는 이내 사신을 통해 흉노에게 서신을 보냈다. 선우도 예빈관에 해당하는 흉노의 관직인 당호當戶를 통해 사과하는 회보回報를 보내와 이내 흉노와 다시 화친하게 됐다.

4) 8월 2일, 승상인 장창이 면직됐다. 황제는 황후의 동생인 두광국竇廣國이 똑똑하고 행실도 좋다고 생각해 그를 승상으로 삼고 싶어 했으나 끝내 그러하지 못했다.

“천하 사람이 내가 개인적으로 두광국을 아낀다고 할까 걱정되어, 오랫동안 생각했으나 그리 할 수는 없다.”

그러나 고황제 시절부터 남아 있는 대신 가운데 승상을 시킬 만한 사람이 없었다. 양나라 출신의 어사대부 신도가申屠嘉는 옛날에 강궁强弓을 잘 다루는 능력을 지니고 고황제를 좇았다. 그는 작위만 있고 식읍이 없는 관내후關內侯로 있었다.

8월 4일, 신도가를 승상으로 삼고 고안후故安侯에 봉함으로써 작위 식읍을 갖게 됐다. 신도가는 사람됨이 청렴하고 곧아 자기 집에서는 사사로이 찾아오는 사람을 받아들이지 않을 정도였다. 당시 녹질 1,000석의 중급관원인 태중대부太中大夫 등통이 황제의 총애를 받았다. 상으로 하사

받은 상사賞賜만도 거만巨萬[42]에 달했다. 황제는 일찍이 등통의 집에서 연회를 열고 술을 마셨는데 비교할 수 없을 정도로 그를 총애했다. 하루는 신도가가 일찍 조회에 나갔다가 등통이 황제의 옆에 앉아 예의를 차리는 일을 게을리하는 것을 보았다.

일을 마친 뒤 신도가가 이 일에 대해했다.

"폐하가 군신들 가운데 어떤 사람을 총애하여 그 사람을 부귀하게 해줄 수는 있어도 조정에서의 예의는 정숙해야 합니다."

황제가 대답했다.

"그대는 말하지 마시오. 내가 사사로이 그에게 이야기 하겠소."

그러나 조회가 파하자 신도가는 승상부에 앉아 두 자 길이의 정식문서로 사용된 목서木書인 격檄을 보내 등통을 승상부로 나오라고 하면서 나오지 않을 경우 목을 자르라고 했다. 등통이 두려워하며 황제에게 말하자 황제가 일렀다.

"그대는 가기만 하시오. 내가 사람을 시켜 불러오도록 하겠소."

등통이 승상부로 나간 뒤 모자와 신발을 벗고 신도가에게 머리를 숙여 사죄했다. 신도가는 그대로 앉아 예의를 차리지 않은 채 나무랐다.

"무릇 조정이란 것은 고황제의 조정이다. 등통은 직위가 낮은 신하인데 전상殿上에서 희롱했으니 커다란 불경죄를 범했다. 마땅히 목을 베어야 하리라. 형리는 당장 그에게 참형을 시행하라."

등통이 거듭 머리를 조아려 이마에서 피가 나는데도 신도가는 노여움을 풀지 않았다. 황제는 등통이 이미 곤욕을 치렀을 것으로 판단했다. 곧 사자를 시켜 지절持節의 자격으로 등통을 불러들이게 한 뒤 승상에게 사

42 거만巨萬 내지 거만계巨萬計는 많은 액수의 금전을 가리키는 말로, 통상 1억 전 이상을 뜻한다.

과했다.

"그 사람은 나의 장난감 노릇이나 하는 신하이니 그대는 그를 석방해 주시오."

등통이 황제에게 울면서 말했다.

"승상이 신을 거의 죽이려고 했습니다."

* 太宗孝文皇帝後二年

夏, 上行幸雍棫陽宮.

六月, 代孝王參薨.

匈奴連歲入邊, 殺略人民·畜產甚多. 雲中·遼東最甚, 郡萬餘人. 上患之, 乃使使遺匈奴書. 單于亦使當戶報謝, 復與匈奴和親.

八月, 戊戌, 丞相張蒼免. 帝以皇后弟竇廣國賢, 有行, 欲相之, 曰, "恐天下以吾私廣國, 久念不可." 而高帝時大臣, 餘見無可者. 御史大夫梁國申屠嘉, 故以材官蹶張從高帝, 封關內侯. 庚午, 以嘉為丞相, 封故安侯. 嘉為人廉直, 門不受私謁. 是時, 太中大夫鄧通方愛幸, 賞賜累巨萬. 帝嘗燕飮通家, 其寵幸無比. 嘉嘗入朝, 而通居上旁, 有怠慢之禮, 嘉奏事畢, 因言曰, "陛下幸愛群臣, 則富貴之. 至於朝廷之禮, 不可以不肅." 上曰, "君勿言, 吾私之." 罷朝, 坐府中, 嘉為檄召通詣丞相府, 不來, 且斬通. 通恐, 入言上. 上曰, "汝第往, 吾今使人召若." 通詣丞相, 免冠·徒跣, 頓首謝嘉. 嘉坐自如, 弗為禮, 責曰, "夫朝廷者, 高帝之朝廷也. 通小臣, 戲殿上, 大不敬, 當斬. 吏! 今行斬之!" 通頓首, 首盡出血, 不解. 上度丞相已困通, 使使持節召通而謝丞相曰, "此吾弄臣, 君釋之!" 鄧通既至, 為上泣曰, "丞相幾殺臣!"

한문제 후3년(BC 161)

1) 봄 2월, 황제가 대代 땅으로 갔다.

2) 이 해에 흉노의 노상선우가 죽고 그의 아들인 군신선우軍臣單于가 계승했다.

＊ 太宗孝文皇帝後三年

春, 二月, 上行幸代.

是歲, 匈奴老上單于死, 子軍臣單于立.

한문제 후4년(BC 160)

1) 여름 4월 병인丙寅[43], 일식이 있었다.

2) 5월, 천하에 사면령을 내렸다.

3) 황제가 옹雍 땅으로 갔다.

＊ 太宗孝文皇帝後四年

夏, 四月, 丙寅晦, 日有食之. 五月, 赦天下.

上行幸雍.

한문제 후5년(BC 159)

1) 봄 정월, 황제가 농서로 갔다.

3월, 옹 땅으로 갔다.

가을 7월, 대 땅으로 갔다.

---

43 4월에는 병인일丙寅日이 없고, 정해일丁亥日이 삭일朔日이다. 병진丙辰의 오사誤寫로 보인다.

＊ 太宗孝文皇帝後五年

春正月, 上行幸隴西.

三月, 行幸雍.

秋七月, 行幸代.

한문제 후6년(BC 158)

1) 겨울, 흉노의 기병 3만 명이 상군上郡에 쳐들어왔다. 또 다른 기병 3만 병은 운중雲中으로 쳐들어와 많은 사람을 죽이고 노략했다. 봉화烽火가 감천甘泉섬서성 순화현과 장안에까지 계속 전달됐다.[44] 중대부인 영면令免을 거기장군車騎將軍[45]으로 삼아 비호飛狐하북성 내원현에 주둔시켰다. 옛날 초나라의 재상이었던 소의蘇意를 장군으로 삼아 구주句注산서성 대현에 주둔시켰다.

장군인 장무張武는 북지北地감숙성 영현에 주둔했고, 하내河內하남성 무척현 태수인 주아부周亞夫는 장군이 돼 세류細柳섬서성 함양현에 위치했고, 종정宗正인 유례劉禮는 장군이 돼 파상覇上섬서성 남전현에 자리를 잡았고, 축자후祝玆侯인 서려徐厲는 장군이 돼 장안성 북문인 극문棘門의 서쪽 첫 번째 문에 자리를 잡고 흉노에 대비했다.

---

44 '봉화'는 군사상 긴급한 일을 전하는 신호체계이다. 수도를 기점으로 방사선 모양으로 각 땅의 변방과 제후국까지 연결됐다. 10-15km마다 높은 망대를 만들어놓고 군사들이 24시간 살폈다. 여기에는 늘 나무와 이리의 똥을 비축해 놓고 있었다. 유사시 밤중이면 나무를 태워 연락했다. 이를 '봉화'라고 했다. 낮에는 이리의 똥을 태워 연락했다. 이를 '낭연狼烟'이라고 했다. 낭연은 연기의 응집력이 강해 연기가 곧바로 하늘로 올라가고 바람에 잘 흩어지지 않았다.

45 거기장군車騎將軍은 이때 처음 개설된 관직이다. 궁궐의 방위를 담당하는 금군을 지휘했다. 지위는 삼공과 같았다. 표기장군驃騎將軍 다음의 무관직으로 상설된 관직은 아니었다.

황제가 직접 군사를 위로하려고 파상과 극문에 있는 군영으로 곧장 말을 달려 들어갔다. 장군이 말에서 내려 영접하고 배웅했다. 이어 세류에 있는 군사들의 영채로 가자 군의 사졸들이 갑옷을 입고 예리한 무기를 갖고 있으면서 궁노弓弩를 잔뜩 당기고 있었다. 천자의 선발대가 이르렀으나 들여보내 주지 않았다. 선발대가 말했다.

"천자가 도착하실 것이다."

군문을 지키는 도위都尉가 이 말을 듣고 대답했다.

"장군령將軍令에 이르기를, 군중軍中에서는 장군의 명을 듣는 것이지 천자의 조서를 듣는 것이 아니라고 했습니다."

어쩌지 못하고 있는데 황제가 도착했다. 역시 들여보내 주지 않았다. 황제가 사자로 하여금 신표信標를 들고 가 장군에게 전하게 했다.

"내가 영내營內로 들어가 군사들을 위무하고자 한다."

주아부가 말을 전했다.

"영문營門을 열도록 하라." 이때 비로소 영루를 지키는 군사가 영문을 열었다. 그러나 영문을 지키던 병사가 황제를 모시는 수레와 기병들에게 말했다.

"장군이 말하기를, 군중에서는 말을 달릴 수 없다고 했습니다."

천자는 말고삐를 당겨 잡고 천천히 갔다. 군사들이 주둔한 영채에 이르니 장군인 주아부가 무기를 든 채 같은 직위에서 두 손을 마주잡고 상하로 움직이며 인사하는 예절인 읍揖을 했다.

"갑옷을 입고 있는 군사는 절을 하지 않는 것이니 청컨대 군례軍禮로써 알현하게 해주십시오."

감동을 받은 천자는 얼굴을 고치고 수레의 횡목橫木을 잡고 답례하며 사람을 시켜 미안하다는 뜻을 전하게 했다.

"황제가 장군을 경건하게 위로코자 하오."

이렇게 예를 마치고 돌아갔다.

군문을 나오자 군신들이 모두 놀란 모습이었다. 황제가 기쁜 얼굴로 말했다.

"아, 이 사람이야말로 진정한 장군이다. 방금 지나왔던 파상의 극문에 주둔하고 있던 부대는 아이들 장난 같다. 그곳의 장수들은 정말로 습격을 받으면 포로가 될 듯하다. 그러나 주아부가 있는 곳에 이른다면 감히 범접이나 할 수 있겠는가?"

이런 칭찬을 오래도록 했다. 이후 1달가량 지나 한나라 군사가 변경에 도착했다. 흉노가 요새에서 멀리 빠져 나가 버리자 한나라 군사들도 철수했다. 황제가 주아부를 중위中尉에 임명했다.

2) 여름 4월, 큰 가뭄이 들고 황충이 성했다. 제후들에게 명을 내려 공물을 들여오지 말라고 했다. 백성들에게 산이나 연못에 들어가지 말라는 금령을 해제했다. 여러 의복과 어가를 줄이도록 하고, 낭관과 이원 등 관원의 수도 줄였다. 창고를 열어 백성들을 구휼하고 백성들이 돈을 주고 작위를 살 수 있게 했다.

＊ 太宗孝文皇帝後六年

冬, 匈奴三萬騎入上郡, 三萬騎入雲中, 所殺略甚衆, 烽火通於甘泉·長安. 以中大夫令免為車騎將軍, 屯飛狐. 故楚相蘇意為將軍, 屯句注. 將軍張武屯北地. 河內太守周亞夫為將軍, 次細柳. 宗正劉禮為將軍, 次霸上, 祝茲侯徐厲為將軍, 次棘門. 以備胡.

上自勞軍, 至霸上及棘門軍, 直馳入, 將以下騎送迎. 已而之細柳軍, 軍士吏被甲, 銳兵刃, 彀弓弩持滿, 天子先驅至, 不得入. 先驅曰, "天子且至!" 軍門都尉曰. "將軍令曰, '軍中聞將軍令, 不聞天子之詔!' 居無何, 上至, 又不得入. 於是上乃使使持節詔將軍曰, "吾欲入營勞軍." 亞夫乃傳言"開壁門." 壁門士請車騎曰, "將軍約軍中不得驅馳." 於是天子乃按轡徐行. 至營, 將軍亞夫持兵揖曰, "介冑之士不拜, 請以軍禮見." 天子為動, 改容, 式車, 使人稱謝曰, "皇帝敬勞將軍." 成禮而去. 既出軍門, 群臣皆驚. 上曰, "嗟乎, 此真將軍矣! 曩者霸上·棘門軍若兒戲耳, 其將固可襲而虜也. 至於亞夫, 可得而犯耶!" 稱善者久之. 月餘, 漢後至邊, 匈奴亦遠塞, 漢兵亦罷. 乃拜周亞夫為中尉.

夏, 四月, 大旱, 蝗. 令諸侯無入貢. 弛山澤, 減諸服御, 損郎吏員. 發倉庾以振民. 民得賣爵.

한문제 후7년(BC 157)

1) 여름 6월 1일, 황제가 46세의 나이로 미앙궁에서 붕어崩御했다. 유언으로 남긴 조서에서 이같이 말했다.

"짐이 듣건대, '대개 천하의 만물이 싹이 터 자라면 죽지 않는 것이 없다'고 했다. 죽는다는 것은 천지의 이치이고 만물의 자연스러움이니 어찌 심히 슬퍼할 일인가? 지금 시대는 모두 사는 것만 좋아하고 죽기는 싫어하면서 장례를 후하게 치르느라 생업까지 중단하며 복상을 무겁게 하여 사람을 다치게 하고 있다. 나는 그리하지 않겠다. 또한 짐은 부덕하여 백성들에게 아무런 도움도 주지 못했다. 그런데 지금 죽고 난 이후까지 무거운 복상을 치르고 오래 곡을 하게 하여 추위와 더위의 고통을 여러 번 만나게 하고, 다른 부자父子를 슬프게 하고, 노인들의 뜻을 상하게 하고, 음식을 손해나게 하고, 귀신에게 지내는 제사를 끊어지게 한다면 나의 부덕함을 다시 드러내는 것이니, 천하 사람에게 무엇이라고 말할 것인가? 이 보잘 것 없는 짐이 종묘를 보호할 수 있게 돼 천하의 군왕들 위에 있은 지 20여년이 됐다. 하늘에 있는 신령들과 사직의 복에 의지해 바야흐로 안으로는 편안하여 전쟁이 없었다. 짐은 민첩하지 못해 늘 먼저 돌아가신 황제가 남겨놓은 덕을 부끄럽게 할까 두려워했다. 이런 세월이 오래 지나도록 끝나지 않을까 두려워했다. 지금 다행히 천수를 다하고 고묘高廟에 다시금 공양할 수 있게 됐으니 어찌 슬픈 생각을 가질 수 있겠는가? 지금 천하에 있는 관원들과 백성들에게 명을 내리니, 이 명이 도착하면 제사지내는 일은 사흘만 하고 모두 상복을 벗으라. 며느리 얻는 일, 딸을 시집보내는 일, 제사를 드리는 일, 술 마시는 일, 고기를 먹는 일을 금하지 말라. 상사에 참여해 복을 입고 곡하면서 제사를 드리는 사람은 모두 맨발로 있지 말라. 머리에 쓰는 질絰과 다리에 매는 대帶는 3치를 넘게 하지 말고, 수레와 병기에도 상포喪布를 늘어놓지 말라. 백성들을 징발해 궁전에와 곡하게 하지 말고, 궁전에서 곡하며 제사지내야 하는 사람은 언제나 조석으로 15인으로 곡소리를 내고 예를 마치라. 조석으로 곡하며 제사지낼 때가 아니고는 임의로 곡하면서 이곳에 오게 하지 말라. 하관을 한 뒤 대공大功은 15일, 소공小功은 14일, 시마緦麻는 7일만 상복을 입고 곧 벗도록 하라.[46] 기타 이 조령 가운데 없는 것은 모두 이 조령의 뜻에 비춰 일을 처리하라. 이를 천하에 널리 알려 짐의 뜻을 분명히 알게 하라. 파릉 소재의 산과 내는 원래대로 유지할 것이니 고치지 말라. 부인夫人 이하 소사小使에 이르기까지 집으로 돌려보내라.[47]"

6월 7일, 한문제를 파릉霸陵에 장사지냈다.

한문제는 즉위한 뒤 23년 동안 궁실과 원유苑囿, 거기車騎, 복어服御를

46 상례는 죽은 사람과의 관계에 따라 모두 5등급의 상복이 있었다. 이를 5복五服이라고 한다. 1급은 참최斬衰, 2급은 재최齊衰, 3급은 대공大功, 4급은 소공小功, 5급은 시마緦麻이다. 참최는 3년상, 5급은 3개월 동안 복상한다.

47 당시의 비빈제도는 황후 다음으로 1급 부인夫人, 2급 미인美人, 3급 양인良人, 4급 팔자八子, 5급 칠자七子, 6급 장사長使, 7급 소사小使가 있었다.

조금도 늘리지 않았다. 불편을 줄 만한 것이 있으면 바로 풀어버려 백성들을 이롭게 했다. 일찍이 노대露臺를 하나 만들려고 장인을 불러 견적을 내게 했다가 100금이 든다고 하자 황제가 말했다.

"백금이라면 보통 정도의 재산을 가진 사람의 열 집의 재산이다. 내가 먼저 돌아가신 황제의 궁실을 받들며 살면서도 늘 이를 황송하고 부끄럽게 생각했는데 어찌 노대를 만들겠는가?"

또한 늘 검은 색의 거친 옷감으로 된 옷을 입었고, 그가 마음으로 아끼던 신부인의 옷도 땅에 끌리지 않게 했다. 휘장에는 수를 놓는 일이 없었으니 질박한 모습을 천하 사람에게 먼저 보여주었다. 파릉을 만들 때도 모두 질그릇 제품으로만 하고, 금·은·동·주석으로 장식하지 않게 했다. 능묘는 그 산이 원래 생긴 모양대로 만들고 분묘를 더 크게 만들지 않았다. 오왕吳王이 거짓으로 병을 핑계 삼아 조회에 나오지 않자 지팡이를 하사했다.

군신들 가운데 원앙이 간하는 말은 유독 칼로 자르는 듯 심했으나 늘 받아들였다. 장무張武 등이 금전을 뇌물로 받았는데 발각이 되자 더욱 상을 내려주어 그 마음을 부끄럽게 하는 등 오직 덕으로써 백성들을 교화하기에 힘썼다.

천하가 안녕했고, 집안이 풍족하고, 집집마다 풍족하고 사람마다 만족해 후세에 그를 따라잡을 수 있는 사람이 드물었다.

2) 6월 9일, 태자 유계劉啓가 황제의 자리에 올랐다. 황태후인 박씨薄氏를 높여 태황태후라고 하고, 황후 두씨竇氏를 황태후라고 했다.

3) 9월, 패성이 서쪽에 나타났다.

4) 이 해에 장사왕 오저吳著가 죽었다. 아들이 없어 장사국長沙國을 없앴다.[105]

당초 고조는 장사문왕 오예吳芮를 똑똑하다고 생각해 어사로 삼는 조서를 내리며 이같이 말했다.

"장사왕은 충성스러우니 그에게는 이미 내린 명에 따라 왕위를 그대로 유지토록 한다."

효혜제와 고후 때에 이르러 오예의 두 서자를 열후로 삼았다. 수세대 만에 나라가 끊기고 말았다.

＊太宗孝文皇帝後七年

夏, 六月, 己亥, 帝崩於未央宮. 遺詔曰, "朕聞之蓋天下萬物之萌生, 靡有不死. 死者, 天地之理, 物之自然, 奚可甚哀! 當今之世, 咸嘉生而惡死, 厚葬以破業, 重服以傷生, 吾甚不取. 且朕既不德, 無在佐百姓. 今崩, 又使重服久臨以罹寒暑之數, 哀人父子, 傷長老之志, 損其飮食, 絶鬼神之祭祀, 以重吾不德, 謂天下何! 朕獲保宗廟, 以眇眇之身托於天下君王之上, 二十有餘年矣. 賴天之靈, 社稷之福, 方內安寧, 靡有兵革. 朕既不敏, 常畏過行以羞先帝之遺德, 惟年之久長, 懼於不終. 今乃幸以天年得復供養於高廟, 其奚哀念之有! 其令天下吏民令到, 出臨三日, 皆釋服. 毋禁取婦·嫁女·祠祀·飮酒·食肉, 自當給喪事服臨者, 皆無跣. 絰帶毋過三寸. 毋布車及兵器. 毋發民哭臨宮殿中. 殿中當臨者, 皆以旦夕各十五擧音, 禮畢罷. 非旦夕臨時, 禁毋得擅哭臨. 已下棺, 服大功十五日, 小功十四日, 纖七日, 釋服. 它不在令中者, 皆以此令比類從事. 布告天下, 使明知朕意. 霸陵山川因其故, 毋有所改. 歸夫以下至少使." 乙巳, 葬霸陵. 帝即位二十三年, 宮室·苑囿·車騎·服御, 無所增益. 有不便, 輒馳以

48 고황제가 오예를 장사왕으로 봉한 뒤 오나라는 성군인 오신, 공애왕인 오회, 공왕인 오우에게 차례로 전해지다가 오저에 이르러 대가 끊겨 사라지고 말았다.

利民. 嘗欲作露台, 召匠計之, 直百金. 上曰, "百金, 中人十家之產也. 吾奉先帝宮室, 常恐羞之, 何以台為!" 身衣弋綈. 所幸愼夫人, 衣不曳地. 帷帳無文繡. 以示敦樸, 為天下先. 治霸陵, 皆瓦器, 不得以金·銀·銅·錫為飾, 因其山, 不起墳. 吳王詐病不朝, 賜以幾杖. 群臣袁盎等諫說雖切, 常假借納用焉. 張武等受賂金錢, 覺, 更加賞賜以愧其心. 專務以德化民. 是以海內安寧, 家給人足, 後世鮮能及之. 丁未, 太子即皇帝位, 尊皇太后薄氏曰太皇太后, 皇后曰皇太后.

九月, 有星孛於西方.

是歲, 長沙王吳著薨, 無子, 國除.

初, 高祖賢文王芮, 制詔御史曰, "長沙王忠, 其令著令." 至孝惠·高後時, 封芮庶子二人為列侯, 傳國數世絕.

한경제漢景帝 전前원년(BC 156)

1) 겨울 10월, 승상 신도가 등이 상주문을 올렸다.

"공로에서는 고황제, 덕으로는 효문황제보다 컸던 분이 없습니다. 고황제의 사당은 마땅히 한나라 황제들의 태조太祖의 사당으로 해야 하고, 효문제의 사당은 태종의 사당으로 해야 합니다. 천자는 마땅히 대대로 조종祖宗의 사당에 제사를 드려야 하고, 군국의 제후들도 각기 효문황제를 위해 태종의 사당을 세워야 합니다."[49]

황제가 제制했다.

"좋다."

---

49 '묘廟'는 신주를 모시는 사당을 말한다. '종묘宗廟'는 모든 사당 가운데 가장 으뜸이라는 뜻이다. 황제의 시호를 정할 때 처음으로 천명을 받아 천하를 얻는 자는 조祖, 뒤를 이어 덕으로써 천하를 다스린 사람을 종宗이라고 한다. '종'은 '존尊'의 뜻이다.

2) 여름 4월 22일, 천하에 대사면령을 내렸다.

3) 5월, 다시금 민전民田에 정해진 조租의 반만 걷게 하여 30분의 1세를 내게 했다.[50]

4) 당초 문제가 육형을 없애라고 했는데 밖으로는 형벌을 가볍게 한다는 뜻이 있었으나 실제로는 사람을 더 많이 죽였다. 오른쪽 다리를 자르는 죄도 죽이도록 했고, 왼쪽 다리를 자르는 죄는 태장 500도를 치게 했고, 코를 베는 죄를 지은 자는 태장 300도를 치게 했으나 그렇게 맞고 나면 거의 가 다 죽었다. 이 해에 조서를 내렸다.

"태장을 치는 것과 중벌을 내리는 것과는 다를 바가 없다. 태장을 맞고 다행히 죽지 않는다고 해도 사람노릇을 할 수 없을 정도이니 법률을 이같이 정한다. 태장 500도는 300도로 하고, 태장 300도는 200도로 한다."

6) 의론을 담당하는 태중대부太中大夫 주인周仁을 궁정의 금위사령관인 낭중령郎中令, 장구張歐를 사법총책인 정위廷尉, 초원왕楚元王의 아들인 평륙후平陸侯 유례劉禮를 황실사무 총책인 종정宗正, 중대부中大夫인 조조鼂錯를 장안의 서부지역 총책인 좌내사左內史로 삼았다. 주인은 처음에 태자사인太子舍人이었는데 청렴하고 근신하여 총애를 받았다. 장구 역시 태자궁에서 황제가 태자였을 때 섬겼다. 그는 비록 형명학刑名學을 공부한 사람이지만 사람됨이 어른다웠다. 황제는 이런 이유 때문에 그를 중용해 구경으로 삼은 것이다. 장구는 형리가 됐을 때에도 일찍이 말만으로 사람을 가볍게 다루지 않았고 오로지 진실한 어른으로서 관직을 수행했다. 관속들도 어른으로 여겨 감히 크게 속이지를 않았다.

---

50 문제 12년인 기원전 168년에 민전의 조租 가운데 반을 감해주었다가 이듬해에 전의 조세를 전부 없앴다. 그러다가 이때 전조田租의 반을 다시 받도록 한 것이다.

＊ 孝景皇帝前元年

冬, 十月, 丞相嘉等奏, "功莫大於高皇帝, 德莫盛於孝文皇帝. 高皇帝廟, 宜為帝者太祖之廟. 孝文皇帝廟, 宜為帝者太宗之廟. 天子宜世世獻祖宗之廟, 郡國諸侯宜各為孝文皇帝立太宗之廟." 制, "可."

夏, 四月, 乙卯, 赦天下.

遣御史大夫青至代下與匈奴和親.

五月, 復收民田半租, 三十而稅一.

初, 文帝除肉刑, 外有輕刑之名, 內實殺人. 斬右止者又當死. 斬左止者笞五百, 當劓者笞三百, 率多死. 是歲, 下詔, "加笞·重罪無異. 幸而不死, 不可為人. 其定律:笞五百曰三百, 笞三百曰二百."

以太中大夫周仁為郎中令, 張歐為廷尉, 楚元王子平陸侯禮為宗正, 中大夫晁錯為左內史. 仁始為太子捨人, 以廉謹得幸. 張歐亦事帝於太子宮, 雖治刑名家, 為人長者, 帝由是重之, 用為九卿. 歐為吏未嘗言按人, 專以誠長者處官. 官屬以為長者, 亦不敢大欺.

한경제 진2년(BC 155)

1) 겨울 12월, 패성이 남쪽에서 나타났다.

2) 천하에 명을 내려 남자는 23세에서 3세를 내려 20세부터 부역에 동원하기 시작했다.

3) 봄 3월 27일, 황제의 아들인 유덕劉德을 하간왕河間王하북성 헌현, 유알劉閼을 임강왕臨江王호북성 강릉현, 유여劉餘를 회양왕淮陽王하남성 회양현, 유비劉非를 여남왕汝南王하남성 여남현, 유팽조劉彭祖를 광천왕廣川王하북성 조강현, 유발劉發을 장사왕長沙王호남성 장사시에 봉했다.

4) 여름 4월 25일, 태황태후인 박씨薄氏가 붕어했다.

5) 6월, 승상인 신도가가 죽었다. 이때 서쪽의 장안 시장인 내사內史 조조가 황제에게 수차례 일에 관한 말을 했다. 그때마다 황제가 그 말을 들어주었다. 황제가 그를 총애하는 것이 구경九卿을 넘어섰다. 그의 건의를 좇아 법령의 대부분을 고쳤다.[51] 승상인 신도가는 자신이 말한 것이 번번이 밀리고 채용되지 않자 조조를 질시했다. 조조가 내사였기 때문에 동쪽으로 나가기가 불편하자 문 하나를 내어 남쪽으로 출입했다.

남쪽으로 나가면 태상황의 사당이 있는 빈터의 담장이 있었다. 신도가는 조조가 종묘의 담장을 뚫었다는 말을 듣고 이 사실을 상주하여 조조를 죽이기를 청하려고 했다. 이 말을 조조에게 고자질한 자가 있었다. 조조는 두려워 밤에 얼른 궁으로 들어가 황제를 알현하면서 스스로 책임을 돌렸다.

아침이 돼 신도가가 내사인 조조를 죽일 것을 상주하자 황제가 말했다.

"조조가 뚫은 것은 진정한 종묘의 담장이 아니라 밖의 빈터에 있던 담장이고, 그곳은 용관冗官들이 살았던 곳이오. 또한 내가 시켜 그리 한 것

51 원래 구경九卿은 중앙의 각 부처 장관에 대한 존칭으로 사용된 말이다. 이들은 황제 개인의 가사家事와 국사國事가 명확히 구별되지 않았던 까닭에 정무政務와 궁정사무를 함께 다뤘다. 진한秦汉시대 구경의 특징이기도 하다. 첫째, 태상太常이다. 종묘 및 황제의 제사 등을 주관했다. 원래 봉상奉常으로 불렸으나 한경제 때 '태상'으로 개칭했다. 둘째, 광록훈光祿勳이다. 궁정 내 전각의 출입을 비롯해 궁중 내 제반 사무를 총괄했다. 속관인 알자謁者가 황제의 인견引见과 전달传达을 책임졌다. 셋째, 위위衛尉이다. 궁성 대문의 경위警卫를 전담했다. 한경제 때 중대부령中大夫令으로 개칭했다가 다시 '위위'로 환원했다. 넷째, 태복太僕이다. 진한秦漢 시대부터 9경의 일원이 되어 천자의 어가御駕와 어마御馬를 관장했다. 다섯째, 정위廷尉이다. 형벌과 수사를 주관했다. 여섯째, 대홍려大鴻臚이다. 제후왕과 열후 및 주변 이민족 군장의 입조와 조공 및 접대 등을 담당했다. 일곱째, 종정宗正이다. 종실과 외척에 대한 감시를 전담했다. 황족을 임명했다. 여덟째, 대사농大司農이다. 조정에 바치는 세금과 양곡 등을 관장했다. 아홉째, 소부少傅이다. 천자의 어의와 식사 등을 관장했다.

이니 조조에게는 죄가 없소."

승상인 신도가가 사과했다. 조회를 마친 후 신도가가 황제 비서관인 장사長史에게 말했다.

"먼저 조조의 목을 베고 나서 주청하지 않아 조조에게 우롱당한 것을 후회한다."

그러고는 거처로 와 피를 토하고 죽었다. 조조는 더욱 귀한 사람이 됐다.

6) 가을, 흉노와 화친했다.

7) 8월 정미丁未[52], 어사대부이며 개봉후開封侯인 도청陶靑이 승상이 됐다.

8월 2일, 내사인 조조를 어사대부로 삼았다.

8) 혜성彗星이 동북쪽에서 나타났다.

9) 가을, 형산衡山에 우박이 내렸다. 큰 것은 5치나 되고 깊이 파인 곳은 2자나 됐다.

10) 화성이 역행하여 북극성 근처로 가고, 달이 북극성 사이에서 나타났다. 목성이 역행해 천정좌天廷座태미성太微星로 들어갔다.[53]

11) 양효왕梁孝王하남성 상구시 유무는 두태후의 막내아들인지라 총애를 받아 40여 개의 성을 다스렸다. 그곳은 천하에 비옥한 땅이었다. 또한 상으로 내려준 것은 이루 다 말할 수 없을 정도여서 창고에는 금전이 100억이나 됐고, 구슬과 옥과 보기寶器가 경사京師보다 많았다. 동쪽에 정원을

---

52 정미일丁未日이 8월에는 존재하지 않는다. 다음에 나오는 정사일丁巳日이 8월 2일인 까닭에 이 사건은 7월 22일 일어난 것으로 보인다. 팔월八月은 '정미'가 아닌 '정사' 앞에 붙는 게 합당하다.

53 천문에서 태극성과 태미성좌는 지상의 군왕에 대응한다. 당시 이 성좌로 다른 별이 지나가거나 들어가면 황제를 범하는 난이 일어난다고 믿었다.

만들었는데 사방으로 300리였고, 수양성睢陽城을 70리로 넓혔고, 궁실을 크게 짓고 2층 도로를 만들었는데 궁에서부터 평대平臺에까지 이어져 30여 리나 됐다.

양왕 유무는 사방의 호쾌하고 준수한 사람들을 초청했는데 오나라 사람으로 매승枚乘, 엄기嚴忌, 제나라 사람으로 양승羊勝, 공손궤公孫詭, 추양鄒陽, 촉나라 사람으로 사마상여司馬相如 같은 무리들이 모두 그를 좇아 교유했다. 양왕이 입조入朝할 때마다 황제는 사신으로 하여금 지절持節을 들고 네 마리 말이 끄는 황제의 수레를 타고 가서 함곡관에서 영접하게 했다. 장안에 도착한 다음에는 총애를 받음이 비할 데가 없었다. 들어갈 때에는 황제와 같은 연輦을 탔고, 나갈 때에는 같은 수레를 탔고, 함께 상림上林에 가서 사냥을 했다. 이때 더 오래 머물러 있게 해달라고 상소를 올려 반년 동안이나 머물렀다. 양나라의 시중과 낭과 알자들은 궁정 출입자 명부에 올라 있어 천자의 궁정문을 출입하는 것이 한나라 환관들과 다름이 없었다.

* 孝景皇帝前二年

冬, 十二月, 有星孛於西南.

令天下男子年二十始傅.

春, 三月, 甲寅, 立皇子德為河間王, 閼為臨江王, 餘為淮陽王, 非為汝南王, 彭祖為廣川王, 發為長沙王.

夏, 四月, 壬午, 太皇太后薄氏崩.

六月, 丞相申屠嘉薨. 時內史晁錯數請間言事, 輒聽, 寵幸傾九卿, 法令多所更定. 丞相嘉自絀所言不用, 疾錯. 錯為內史, 東出不便, 更穿一門南出. 南出者, 太上皇廟堧垣也. 嘉聞錯穿宗廟垣, 為奏, 請誅錯. 客有語錯, 錯恐, 夜入宮上謁, 自歸上. 至朝, 嘉請誅內史錯. 上曰, "錯所穿非真廟垣, 乃外堧垣, 故冗官居其中. 且又我使為之, 錯無罪." 丞相嘉謝. 罷朝, 嘉謂長史曰, "吾悔不先斬錯乃請之, 為錯所賣." 至捨, 因歐血而死. 錯以此愈貴.

秋, 與匈奴和親.

八月, 丁未, 以御史大夫開封侯陶青為丞相. 丁巳, 以內史晁錯為御史大夫.

彗星出東北.

秋, 衡山雨雹, 大者五寸, 深者二尺.

熒惑逆行守北辰, 月出北辰間. 歲星逆行天廷中.

梁孝王以竇太后少子故, 有寵, 王四十餘城, 居天下膏腴地. 賞賜不可勝道, 府庫金錢且百巨萬, 珠玉寶器多於京師. 築東苑, 方三百餘里, 廣睢陽城七十里, 大治宮室, 為複道, 自宮連屬於平台三十餘里. 招延四方豪俊之士, 如吳人枚乘·嚴忌, 齊人羊勝·公孫詭·鄒陽, 蜀人司馬相如之屬皆從之游. 每入朝, 上使使持節以乘輿駟馬迎梁王於關下. 既至, 寵幸無比, 入則侍上同輦, 出則同車, 射獵上林中. 因上疏請留, 且半歲. 梁侍中·郎·謁者著籍引出入天子殿門, 與漢宦官無異.

권16-한기漢紀 8: 오초7국이 반기를 들다

한경제 전3년(BC 154)

1) 겨울 10월, 양왕 유무가 조회에 왔다. 이때 황제는 아직 태자를 두지 않았다. 양왕과 더불어 연회를 열고 술을 마시다가 조용히 말했다.

"내가 죽은 뒤 너에게 이 자리를 주겠다."

양왕이 사양했다. 그러나 비록 진정으로 한 말이 아니라는 것을 알았지만 내심 기뻐했고 두태후도 그러했다.

황후와 태자 집안의 집사인 첨사詹事 두영竇嬰이 술잔을 당겨 황제에게 올리며 말했다.

"천하는 고조의 천하입니다. 부친에서 아들로 전해지는 것이 한나라의 법도입니다. 황제가 어떻게 양왕에게 황위를 전할 수 있단 말입니까?"

두태후는 이 일로 인해 두영을 미워했다. 두영이 병이 들었다고 하여 면직됐고, 태후는 궁정문 출입을 증명하는 두영의 문적門籍을 없애 조근朝覲할 수 없게 했다. 양왕은 이로써 더욱 교만해졌다.

2) 봄 정월 22일, 사면령을 내렸다.

3) 혜성의 일종인 장성長星이 서쪽에서 나왔다.

4) 한고제 때 건축한 낙양의 궁전인 동궁東宮에 화재가 났다.

5) 한문제 때 오吳강소성 양주시나라 태자 유현劉賢이 장안에 들어와 황제를 뵙고 나서 황태자皇太子 유계劉啓를 모시고 술을 마시며 바둑을 두

었다. 도중에 오나라 태자 유현이 바둑에서 이기려 공손하지 못한 행동을 했다. 황태자가 바둑판으로 오나라 태자 유현을 때려죽인 뒤 그 시체를 장사지내도록 오나라로 돌려보내자 오왕 유비가 대로했다.

"같은 유씨 집안인데 장안에서 죽었으면 장안에다 묻을 일이지 왜 이리로 보내 장사를 지내라고 하는 것인가?"

그러고는 다시 시체를 장안으로 보내 장사지냈다. 번신으로서의 예를 차츰 잃은 오왕은 병을 핑계대고 조회에 참석하지 않았다. 경사京師에서는 그가 아들의 일로 그런 것임을 알고 오나라 사자를 잡아다가 다그쳤다. 두려워진 오왕은 비로소 반란을 일으킬 마음을 품게 됐다.

나중에도 사람을 시켜 제후의 가을철 알현인 추청秋請을 했다.[54] 문제가 다시 이에 대해 묻자 오나라 사자가 대답했다.

"사실 저희 왕은 병이 나지 않았습니다. 한나라에서 사자를 여러 번 잡아 다스리니 두려워하고 있고 병이 들었다고 하는 것입니다. 무릇 '연못의 물고기를 살펴보는 것은 상서롭지 않다'고 했습니다.[55] 황제가 전의 허물을 덮어주시고 저희 왕과 더불어 다시 시작하십시오."

문제는 오나라의 사자를 사해주고 돌려보내면서 오왕에게 탁자와 지팡이를 내려주며 늙었으므로 조회에 참석하지 않아도 된다고 했다.

그 죄를 면제받고서 오왕은 반란을 일으킬 생각을 품었다. 그러나 그가 사는 오나라에는 구리와 소금이 생산되는 까닭에 백성들에게 부세를 받지 않았다. 그리고 병졸로 징집된 사람에게는 그에 대한 비용을 지불해

---

54 당시 봉국의 군주는 매년 춘추로 장안에 와서 황제를 알현해야 했다. 봄의 알현을 '조朝', 가을의 알현을 '청請'이라고 했다. 이때 제후는 본인이 직접 장안까지 와야만 했다.

55 천자가 아랫사람의 사사로운 것을 들여다보면 아랫사람이 두려워하다가 마침내 반란을 꿈꾸게 되므로 상서롭지 못하다는 뜻이다.

주고, 매해 절기마다 무재茂才[56]들을 위문하고 향리鄕里에게도 상을 내려 주었다.[57] 또한 다른 군국郡國의 관원들이 오나라로 와서 자기 나라에서 도망쳐 온 사람을 체포하려고 하면 공공연히 못하게 했다. 그리하기를 40여 년 동안이나 했다.

조조가 수차례 서신을 올려 오왕의 허물을 말하며 오나라 땅을 삭감해야 한다고 주장했으나 문제는 관대하여 차마 벌을 주지 못했다. 오나라는 더욱 횡포해졌다.

지금 경제가 즉위하자 조조가 다시 황제에게 건의했다.

"옛날 고제가 천하를 처음으로 평정했을 때에는 형제가 적었고 여러 아들들도 약하여 같은 성씨를 가진 사람들을 왕으로 책봉했습니다. 제나라에는 70여 성을 주었고, 초나라에는 40여 성을 주었고, 오나라에도 50여 성을 주었습니다. 세 서자들을 왕으로 책봉하고 천하의 반을 나눠준 셈입니다. 그런데 지금 오왕은 예전에 황제가 태자일 때의 일로 인해 틈이 생겨 칭병하여 조회에 나오지 않았습니다. 이는 옛날 법도에 어긋난다면 마땅히 죽을죄를 지은 것입니다. 그러나 문제는 차마 그렇게 조치하지 못하고 오히려 탁자와 지팡이를 하사했습니다. 이토록 그 덕이 후했다면 오나라는 마땅히 허물을 고치고 스스로 새롭게 되어야 할 것입니다. 그런데 오히려 교만이 넘쳐흐를 뿐만 아니라 산에 가서 돈을 주조하고 바닷물을 끓여 소금을 만들어 천하 각지에서 도망쳐온 사람들을 유인해 난을 일으키려고 합니다. 지금은 그 땅을 삭감한다 해도 반란을 일으킬 것이고, 삭

---

56 무재茂才는 원래 수재秀才에서 나온 말이다. 수秀가 무茂로 바뀐 것은 후한의 건국조인 광무제 유수劉秀를 휘諱한 데서 비롯됐다.

57 동銅은 화폐를 주전하는 재료이고, 소금은 생활필수품으로 오나라는 경제적으로 여유가 있었다. 자국의 장정이 변방에 수졸로 나가는 경우 나라에서 그 사람 대신에 사람을 사서 보내거나 본인이 직접 갈 경우는 그에 해당하는 비용을 지불하거나 했다.

감하지 않을지라도 반란을 일으킬 것입니다. 그 땅을 삭감하면 반란이 일찍 일어날 것이나 그 화가 적을 것입니다. 그러나 만일 그 땅을 삭감하지 않는다면 반란은 늦어지겠지만 그리 되면 화는 더 커질 것입니다."

이 말을 듣고 황제가 공경들과 열후, 종실들로 하여금 이를 논의하게 했으나 감히 반대하기 어려웠다. 두영만이 홀로 반대했다. 두영은 조조와 틈이 생겼다. 당시 초왕인 유무劉戊가 조회에 왔다. 이때를 이용해 조조가 말했다.

"유무는 과거에 박태후가 붕어한 복상 기간 중에도 복상을 치르는 거실에서 간음했으니 청컨대 그를 죽여야 합니다."

그러나 경제는 그 죄를 사면해주고 동해군東海郡산동성 담성현을 봉국의 땅에서 삭제했다. 그 전 해에는 조왕趙王이 죄를 지어 상산군常山郡하북성 원씨현을 관할지에서 삭제했고, 교서왕膠西王산동성 고밀현인 유앙劉卬은 작위를 팔아 말썽을 일으킨 까닭에 관할지에서 6개 현을 삭제했다.

조정의 신하들이 바야흐로 오나라의 땅을 삭감하는 문제를 의논했다. 오나라 왕은 땅을 삭감당하는 일이 계속될까 두려워 다시 모의할 생각을 품게 됐다. 제후들 가운데 마땅히 함께 모의할 사람이 없었다. 교서왕이 용기가 있고 전쟁을 좋아해 제후들이 그를 두려워하고 꺼린다는 말을 듣고는 중대부인 응고應高를 시켜 구두로 그에게 유세하게 했다.

"오늘날 주상은 간사한 신하를 임용해 그가 참소하는 말만 듣고는 제후들의 땅을 야금야금 삭감해 진실하고 중후한 사람을 죽이고 벌주는 일이 날로 심해지고 있습니다. 속담에 이르기를, '개는 겨를 핥다가 쌀까지 먹게 된다'[58]고 했습니다. 우리 오나라와 교서국은 이름이 알려진 제후국

58 원문은 지강급미狧糠及米이다. 안사고는 『한서』「오왕비전吳王濞傳」에 대한 주에서 풀이키를 "지狧는 지舐의 고자古字이다. 혀로 음식을 핥아먹는 것을 형상한 글자로 대

이나 중앙에 있는 한나라가 한 번 살펴보기만 해도 편안할 수 없습니다. 오나라 왕은 몸에 병이 있어 봄가을에 있는 조회에 나가지 못한 것이 20여 년인데, 늘 의심을 받을까 걱정을 하지만 스스로 변명할 수도 없어 어깨와 발이 무겁게 짓눌려 있고, 이것을 벗어나지 못할까 걱정이었습니다. 가만히 듣자하니 대왕도 작위를 주는 일로 허물이 있다고 하던데 들리는 바에 의하면 제후들이 지은 죄가 이렇게 삭지할 정도는 아니었다고 합니다. 그런데도 이렇게 하는 것을 보면 아마도 땅만 삭감시키는 것으로 그치지 않을까 두렵습니다."

교서왕이 물었다.

"그런 일이 있었소. 그대는 장차 어떻게 하겠는가?"

응고가 대답했다.

"오나라 왕은 스스로 대왕과 같은 걱정을 하고 있다고 생각합니다. 때를 이용해 사리를 좇아서 몸을 버리고 천하의 근심거리를 없애려고 하는데 대왕도 옳다고 보십니까?"

교서왕이 눈을 크게 뜨며 다시 물었다.

"과인이 어찌 감히 그런 생각을 하겠소. 주상이 하는 일이 비록 급하게 다가오고는 있지만 그리하면 결과는 오직 죽음뿐인데 어찌 주상을 섬기지 않겠소?"

응고가 말했다.

"어사대부인 조조는 천자를 미혹시키면서 제후들의 땅을 침범하여 빼앗고 있습니다. 지금 제후들의 분노는 극에 달해 있고, 그들은 모두 배반할 뜻을 갖고 있습니다. 또한 혜성이 나타나고 황충이 일어났으니 이는 만세에 한 번 있을까 말까 하는 기회입니다. 또한 백성들이 근심하고 수고로

개 개를 비유할 때 사용했다."고 했다.

워하고 있으니 성인이 일어나야 할 이유입니다. 오나라 왕이 안으로는 조조를 죽인다는 것을 명분으로 삼고, 밖으로는 대왕의 뒤를 좇아 천하를 종횡하면 대군이 가는 곳마다 모두 항복할 것이고, 지적하는 곳마다 함락될 것이니 감히 복종하지 않을 자가 없을 것입니다. 대왕이 한 마디만 허락하면 오나라 왕은 초나라 왕을 인솔해 함곡관을 공략한 뒤 형양滎陽 하남성 형양현과 형양의 서북쪽의 곡식창고인 오창敖倉의 곡식을 지키면서 한나라 군사를 막고, 군영을 다스리면서 대왕이 나오기를 기다릴 것입니다. 대왕이 다행히 나오면 천하를 아우를 수 있고, 두 분이 나눠 갖는 것이 가능하지 않겠습니까?"

교서왕이 말했다.

"훌륭한 말이오."

응고가 돌아와 오나라 왕에게 그 경과를 보고했다. 그 결과가 제대로 나타나지 않을까 두려워한 오나라 왕은 몸소 사자가 돼 교서로 가서 교서왕을 면담하고 약속했다.

교서의 군신들 가운데 어떤 사람이 교서왕이 꾀하는 것을 듣고 간했다.

"제후들의 땅은 한나라의 10분의 2에도 미치지 않으니 빈역을 하여 모친인 태후를 근심시키는 것은 계책이 되지 못합니다. 지금 한 명의 황제를 모시는 것이 쉽지 않다고 말하면서 설사 이 반란이 성공한다 해도 두 명의 주인이 나눠 다툴 것인데 걱정거리는 더욱 많이 생길 것입니다."

그러나 교서왕은 이 말을 듣지 않고 마침내 사신을 보내 제齊, 치천菑川, 교동膠東, 제남濟南의 제후들과 약속하니 그들이 모두 허락했다.

당초 초나라의 원왕元王 유교는 독서를 좋아해 노나라의 신공申公과 목생穆生, 백생白生과 더불어 부구백浮丘伯에게서 『시경』을 배웠다. 이후 초나라의 왕이 되자 이 세 사람을 중대부로 삼았다. 목생이 술을 좋아하지 않아 원왕은 술을 마실 때마다 항상 목생을 위해 밀을 적게 하고 쌀을 많이 넣어 만든 감주인 예주醴酒를 마련했다. 이후 그 아들인 이왕夷王 유영과 손자인 유무도 즉위해 왕이 된 뒤 그리했으나 뒤에 가서는 이내 이렇게 마련해 두는 것을 잊어버렸다.

목생이 물러나면서 말했다.

"내가 떠날 때가 왔구나. 예주를 마련해놓지 않는 것을 보니. 왕의 뜻이 게을러진 것이다. 내가 떠나지 않으면 초나라 사람들이 나를 장차 저잣거리에 매달겠구나."

그러고는 병을 핑계로 누워 있었다. 신공과 백생이 억지로 그를 일으켜 세우고 말했다.

"그대는 먼저 돌아가신 왕의 은덕을 생각하지 않는단 말이오? 지금의 왕이 하루아침에 작은 예의를 잃었다고 하여 어찌 이리할 수 있단 말이오?"

목생이 대답했다.

"『주역』에 이르기를, '기미를 아는 것이 바로 신이다. 기미라는 것은 움직임이 아주 미미하지만 길흉을 미리 나타내 보인다. 군자는 기미를 보고 행동하는 것이지 종일토록 기다리지 않는다'고 했소. 먼저 돌아가신 왕이 우리 세 사람에게 예우한 것은 군신의 도가 이 나라에 있게 하기 위함이었소. 지금 이를 소홀히 하는 것은 그 도를 잊은 것이오. 도를 잊은 사람과 어찌 오래 머물러 있으면서 구구하게 예가 어떻다는 말을 하겠소."

그러고는 병을 핑계로 사직해 버렸다.

신공과 백생만이 남게 됐다. 초왕인 유무가 조금씩 음란하고 포악해지자 태부太傅인 위맹韋孟이 풍자하는 시를 지어 간했으나 듣지 않자 위맹 역시 떠나서 추鄒 땅에 가서 살고 있었다. 이런 상황인데 유무는 앞의 사건에 연루돼 한나라에 땅을 빼앗기자 오나라와 모의하기로 연락했다. 신공과 백생이 유무에게 간하니 유무는 이들을 무시했고, 이들에게 오히려 죄수의 붉은 옷을 입혀 저잣거리에서 절구질을 하게 했다.

초왕 유무의 부친인 초이왕의 동생인 휴후休侯 유부劉富가 사람을 시켜 조카인 초왕 유무에게 간했다. 초왕이 말했다.

"숙부가 나와 함께 하지 않는다면 내가 군사를 일으킬 때 숙부를 먼저 잡아들이겠소."

이 말을 듣고 휴후는 두려워하며 그의 모친인 태부인과 함께 경사京師로 달아났다.

드디어 오나라의 회계會稽강소성 소주시와 예장豫章강서성 남창시 두 군을 삭지한다는 한나라의 편지가 이르자 오나라 왕이 먼저 군사를 일으켜 한나라에서 파견한 2천석 이하의 관원을 다 죽였다. 그 소식을 듣고 교서와 교동, 치천, 제남, 초, 그리고 조나라도 모두 반란을 일으켰다.

초나라의 재상인 장상張尙과 태부인 조이오趙夷吾가 초왕 유무에게 간했다. 유무는 장상과 조이오를 죽였다. 조나라 재상인 건덕建德과 내사內史인 왕한王悍이 조왕 유수劉遂에게 간했으나 유수는 건덕과 왕한을 불태워 죽였다.

그러나 제왕 유장려劉將閭는 후회를 하며 약속을 어기고 자기 성을 지켰다. 제북濟北에서는 왕성王城이 파괴돼 아직 완전히 수리되지 못한 상태였다. 낭중령이 왕을 위협하며 성을 지키자 왕은 군사를 낼 수 없었다. 교서왕과 교동왕은 군사를 인솔하고 치천 및 제남과 함께 제나라를 공격해 임치臨菑산동성 수광현를 포위했다. 조왕 유수劉遂는 군사를 일으켜 서쪽 경계 땅에 머물며 오나라와 초나라가 함께 나오기를 기다리는 한편 북으로 사신을 보내 흉노와 연합작전을 펼치고자 했다.

오왕은 모든 사졸을 동원하고 나라 안에 명령을 내렸다.

"과인의 나이 62세이지만 몸소 대군을 거느릴 것이고, 어린 내 아들이

14세이지만 역시 사졸보다 앞서 나아갈 것이다. 백성들 가운데 위로는 과인과 같은 연령을 가진 사람에서 아래로는 나의 어린 아들과 같은 연령의 사람까지 모두 출동하라."

사졸이 무릇 20만 명이나 됐다. 또한 남쪽으로 사신을 파견하자 민월閩越복건성 복주시과 동월東越절강성 영가현에서도 군사를 동원해 좇게 했다. 오왕은 광릉廣陵강소성 양주시에서 군사를 일으켜 서쪽으로 회하를 건너고, 여기를 통해 초나라 군사와 합류했다. 사신을 파견해 제후들에게 서신을 보내 조조의 죄상을 지적하고 군사를 합해 그를 죽이고자 했다.

오나라와 초나라 군사가 함께 양나라를 공격해 극벽棘壁하남성 영릉현을 깨뜨리고 수만 명을 죽였다. 승세를 타고 앞으로 나아가는데 기상이 자못 날카로웠다. 양효왕 유무가 장군을 파견해 그들을 공격했으나 양나라의 2개 부대가 격파당하고 사졸들은 모두 도주하고 말았다. 양효왕은 수양성睢陽城하남성 상구현에 들어가 이를 굳게 지켰다.

당초 문제가 붕어할 때 태자에게 경계하여 이같이 말한 바 있다.

"천천히 해야 할 것과 급히 해야 할 일이 생겼을 때 주아부는 정말로 군사를 거느리는 일을 맡길 만한 사람이다."

7국이 반란을 일으켰다는 편지가 전해지자 황제는 중위인 주아부를 바로 태위로 임명해 36명의 장수를 이끌고 가 오·초를 치게 했다. 또한 광평국 소속의 곡주후曲周侯 역기酈寄를 파견해 조나라를 치게 하고 장군인 난포는 제나라를 치게 했다. 다시 두영을 불러 대장군에 임명하고 그로 하여금 형양에 주둔하며 제나라와 조나라의 군사를 감독하게 했다.

애초 조조가 고친 법률은 30장이다. 제후들이 시끄럽게 지껄였다. 조조의 부친이 이 소리를 듣고 영천潁川하남성 우현에서 와 조조에게 말했다.

"황제가 처음 즉위했을 때 공은 정치를 하면서 일을 임의로 처리했소. 그런데 지금 제후들의 토지를 빼앗아 땅을 삭감시키고 다른 황제집안의 골육이 서로 멀어지게 하여 원망하는 말들이 많이 나오고 있으니 공은 대체 무슨 일을 하고 있는 것이오?"

조조가 대답했다.

"군건하게 하는 것입니다. 아버님, 이와 같이 하지 않는다면 천자는 존중되지 않고 종묘는 불안해집니다."

부친이 다시 말했다.

"유씨 집안은 안정될지 몰라도 우리 조씨는 위태로워질 것이다. 나는 공公을 떠나 저승으로 돌아가겠다."

그러고는 약을 먹고 죽으면서 이같이 말했다.

"나는 차마 화가 내 몸에까지 닥치는 것을 볼 수가 없구나!"

이후 10여 일이 지나자 조조를 죽이라는 것을 명분으로 오·초 등 7국이 모두 반란을 일으켰다.

황제가 조조와 더불어 군사에 관한 일을 의논했다. 조조는 황제가 직접 군사를 이끌고 나아가라고 하고, 자신은 장안에 머물며 지키겠다고 했다. 그리고 이같이 덧붙였다.

"서성徐城안휘성 사현 동남쪽과 동성僮城안휘성 사현 동북쪽 옆에 있는 오나라가 아직 함락시키지 못한 땅은 오나라에 줄 수 있습니다.[59]"

조조는 평소 오나라의 재상인 원앙과 잘 지내지 못해 조조가 앉아 있는 곳이면 원앙이 번번이 피했고, 또한 원앙이 앉아 있는 곳이면 조조 역시 피하여 두 사람이 한 자리에서 말을 한 적이 없었다. 그런데 조조가 어사대부가 되자 형리를 시켜 원앙이 오나라 왕의 재물을 받은 것을 가지고 죄를 주려고 했다. 조서를 내려 죄는 사하여 주되 서인으로 만들었다.

---

59 조조는 당초 제후들의 땅을 강제로 삭지해 황실에 귀속시켰으나 7국이 반란을 일으키자 서성과 동성 근처의 땅을 오나라에 돌려주고자 한 것이다.

오·초가 반란을 일으키자 어사대부御史大夫 조조가 어사대부 바로 밑의 2천석의 녹질인 어사승御史丞과 어사승 밑의 시어사侍御史에게 말했다.

"원앙은 오왕에게 금전을 많이 받고 오직 오왕을 위해 사실을 숨겨주고, 그가 반란을 일으키지 않을 것이라고 말했다. 그런데 지금 결과적으로 오왕이 반란을 일으켰으니 원앙을 다스려서 그의 계획과 음모를 알아야겠다."

어사승과 시어사가 대답했다.

"사건이 발생하기 전에 그를 다스렸다면 반란이 일어나는 것을 중지시키겠지만 이미 반란이 일어나 군사들이 장안이 있는 서쪽을 향해 오고 있는데 그를 처리한다고 한들 무슨 이로움이 있겠습니까? 더구나 원앙이 음모를 꾀했다고는 보이지 않습니다."

조조가 결정을 내리지 못했다.

이때 어떤 사람이 원앙에게 이런 사실을 얘기해 주자 두려워진 원앙은 밤으로 두영을 찾아가 오나라가 반란을 일으킨 까닭을 말하고, 황제 앞에 나아가 직접 그 상황을 구두로 말하고 싶다고 했다. 두영이 들어가 황제에게 말하자 황제가 원앙을 불렀다. 원앙이 들어가 황제를 알현했다. 마침 황제는 조조와 더불어 군사들의 식량 조달에 관한 일을 의논하던 중이었다. 황제가 원앙에게 물었다.

"지금 오·초가 반란을 일으켰는데 공의 생각은 어떠한가?"

원앙이 대답했다.

"크게 걱정하지 않아도 됩니다."

황제가 다시 물었다.

"오왕은 산에 가서 돈을 주조하고, 바닷물을 끓여 소금을 만들어 천하의 호걸들을 유인했다. 또한 나이가 많아서 머리가 다 희어진 마당에 거사를 했는데 그의 계책이 완전하지 않다면 어찌 군사를 동원했겠는가? 어찌하여 그가 성공할 수 없을 것이라고 말하는 것인가?"

원앙이 대답했다.

"비록 오나라가 동과 소금의 이로움을 갖고 있지만 어찌 호걸들을 유인할 수 있겠습니까? 실로 오나라가 호걸들을 얻었다면 그들의 보필을 받아 적당한 조치를 취하고 반란을 일으키지 않았을 것입니다. 오나라에서 유인한 사람들은 모두 무뢰한들의 자제와 망명한 사람, 전을 주조하거나 하는 간사한 사람들입니다. 이들이 서로 유인하여 반란을 일으킨 것입니다."

옆에 있던 조조가 말했다.

"원앙의 판단이 훌륭합니다."

다시 황제가 물었다.

"그렇다면 어떤 대책을 세워야 하겠는가?"

원앙이 대답했다.

"원컨대 주위 사람들을 물리쳐주십시오."

황제가 주위 사람들을 다 물리쳤다. 조조는 그대로 남아 있었다. 원앙이 말했다.

"신이 말씀드리는 것은 신하가 알아서는 안 되는 것입니다."

그리하여 이내 조조도 물리쳤다. 조조가 종종걸음으로 동상東廂으로 나가 자리를 피하며 몹시 한스러워했다.

황제가 급히 원앙에게 그 계책을 물었다. 그가 대답했다.

"오·초가 서로 서신을 보내 말하기를, '고황제가 자제들을 왕으로 삼아 각각 땅을 나눠주었는데 지금 적신인 조조가 제후들을 임의로 처분하고 땅을 빼앗는지라 반란을 일으켜 서쪽으로 함께 가 조조를 죽이고 옛 땅을 회복한 뒤 그만두겠다'고 했습니다. 지금 조조의 목을 벤 뒤 사신을 보내 오나라와 초나라 등 7국을 용서해주시고 그 옛 땅을 회복시켜 준다면 군사들의 칼에 피를 묻히지 않고도 반란군들을 모두 철수시킬 수 있을 것입니다."

이 말을 들은 황제는 아무 말 없이 한참 있다가 말했다.

"생각해 보건대 그들의 속마음이 어떠한가? 진실이라면 나는 한 사람을 아끼면서 천하 사람에게 죄를 짓지는 않겠지만."

원앙이 말했다.

"제가 어리석은 계책을 내겠습니다. 이를 충분히 계산해 보십시오."

이내 원앙을 태상으로 삼아 비밀리에 행장을 꾸려 오나라로 가게 했다. 이후 10여 일이 지나 황제는 승상인 도청陶靑과 수도방위 사령관인 중위中尉 가嘉, 정위廷尉 장구張歐로 하여금 조조를 탄핵하는 상주문을 올리게 했다.

"주상의 덕과 신의에 부합되게 일을 처리하지 못했고, 많은 신하와 백성들을 황제에게서 멀어지게 했고, 또한 성읍을 오나라에 돌려주려 했고, 신하로서의 예의를 차리지 못했으니 대역무도합니다. 조조는 마땅히 목이 베어져야 하고, 그 부모와 처자와 형제는 어린아이에서부터 어른까지 다 목 베어 저자에 걸어야 합니다."

황제가 제制를 내렸다.

"좋다."

그러나 조조는 그 사실을 모르고 있었다.

1월 29일, 황제가 중위로 하여금 조조를 부르게 하여 거짓으로 함께 수레를 타고 저자를 순시하러 나가자고 했다. 동쪽 저자에서 조조는 조복을 입은 채로 목이 베어졌다. 연후에 황제는 원앙을 오왕의 자제이며 종정宗正 벼슬에 있는 고조의 소카 유광의 아들인 덕후德侯 유통劉通과 더불어 오나라에 사신으로 가게 했다. 궁정의례 총책인 알자복야謁者僕射

인 등공鄧公은 교위校尉로 있었다. 군사에 관한 의견을 편지로 올린 뒤 황제를 알현했다. 황제가 그에게 물었다.

"군사 땅에서 오는 길이니 조조가 죽었다는 말을 들었을 것인데 오·초가 군사들을 철수시켰는가?"

등공이 대답했다.

"오나라는 반란을 일으키려고 한 것이 수십 년이나 됩니다. 땅을 삭감당해 화가 났지만 조조를 죽이라는 것은 명목일 뿐이고 그 본래의 뜻은 조조를 제거하려는 데 있지 않습니다. 또한 신은 천하의 선비들이 입을 다물고 다시는 말하려고 하지 않을까 두렵습니다."

황제가 다시 물었다.

"어째서 그러한가?"

등공이 대답했다.

"무릇 조조는 제후들이 강대해져서 이를 통제할 수 없게 되지 않을까 근심했습니다. 그들의 땅을 잘라내자고 청했고, 경사京師를 존중하게 하여 만세의 이익이 되게 하려고 했습니다. 그러다가 조조의 계획이 막 시행될 마당에 졸지에 죽임을 당했습니다. 이는 안으로는 충신의 입을 막아버리고 밖으로는 제후들을 위해 보복을 한 셈이니 신이 폐하를 위해 가만히 말씀드리면 이는 해서는 안 될 일이었습니다."

황제가 한숨을 쉬고 탄식했다.

"공의 말이 옳다. 나도 이를 한스럽게 생각한다."

원앙과 유통이 오나라에 도착했다. 오·초의 군사들은 이미 양나라의 성벽을 공격하기 시작한 뒤였다. 종정인 유통은 친척인 까닭에 먼저 들어가서 오왕 유비를 만나 그에게 알아듣게 말하면서 황제의 조서를 받으라고 했다. 오왕 유비는 유통을 통해 원앙이 왔다는 소식을 듣고, 그가 무슨 말을 하고자 하는지도 다 듣고는 여유 있게 웃으며 응대했다.

"나는 이미 동제東帝가 됐는데 누구에게 절을 한단 말인가!"[60]

그러고는 원앙을 만나주지 않으며 그를 군중에 머물러 있게 했다. 이후 겁을 주며 원앙에게 오나라 장수가 되라고 했다. 원앙이 이를 수락하지 않자 사람을 시켜 포위하고 지키다가 그를 죽이려고 했다. 잠깐의 틈을 이용해 포위를 벗어난 원앙은 간신히 한나라로 도망쳐 와 이 사실을 황제에게 보고했다.

태위인 주아부가 황제에게 말했다.

"초나라 군사는 사납고 날래서 그들과 정면으로 교전하기는 어렵습니다. 그러나 양나라를 그들에게 넘겨주고 그들의 양도를 차단한다면 이내 제압할 수 있을 것입니다."

황제가 허락했다.

주아부가 형양에 가서 군사를 집합시킬 계획으로 역참의 수레 6대를 타고 파상覇上섬서성 남전현 북쪽에 도착했다. 조섭趙涉이 주아부를 가로막으며 말했다.

"오왕은 원래 부유하여 오래 전부터 죽기를 무릅쓰고 싸우려는 군사를 모아왔습니다. 이들이 장군이 가려는 길도 알고 있으니 효산殽山과 면지澠池하남성 면지현의 험하고 좁은 사잇길인 함곡관을 통과하는 길에 사람을 매복시켜 놓을 것입니다. 군사에 관한 일은 신비롭고 기밀을 지켜야 하는 것입니다. 장군은 어찌하여 여기서 오른쪽으로 돌아 남전藍田으로 달려간 뒤 무관武關섬서성 상남현의 경계를 나와 낙양에 이르려고 하지 않습니까? 두 길 사이의 차이는 하루 이틀에 불과합니다.[61] 낙양에서 바로 무고

---

60 이때 오왕 유비는 이미 한경제 유계와 서로 동제와 서제가 돼 제국의 땅을 동서로 나눠 갖기로 했다.

61 파상에서 왼쪽으로 효산과 면지를 거쳐 낙양에 이르는 길은 가깝고, 파상에서 오른쪽으로 남전을 거쳐 무관을 지나 낙양에 이르는 길은 굽어 있으므로 멀다. 그러나 조섭

武庫로 가서 전고戰鼓를 크게 울리십시오. 제후들이 이 소리를 들으면 장군이 하늘에서 내려온 것으로 알 것입니다."

태위가 그 계책대로 낙양에 이르러 기뻐했다.

"7국이 반란을 일으켰는데 나는 역참의 수레를 타고 여기까지 왔다. 나 자신도 이렇게 안전할 것이라고는 생각지 못했다. 지금 내가 형양에 근거를 잡았으니 형양의 동쪽 땅은 걱정할 것이 없다."

연후에 관원들에게 효산과 면지 사이를 수색하게 했다. 과연 오나라 복병을 잡을 수 있었다. 조섭을 호군護軍으로 삼았다.

태위는 군사를 이끌고 동북쪽으로 가서 창읍昌邑산동성 금향현으로 달려갔다. 오나라 군사가 양나라를 급히 공격하자 양나라에서는 누차 사신을 보내 조후條侯인 주아부에게 구원을 청했으나 조후는 허락지 않았다.[62] 결국 양나라는 사신을 보내 황제에게 조후에 대해 하소연했다. 황제가 주아부에게 양나라를 구원하라고 했다. 주아부는 황제의 명을 받들지 않은 채 여전히 성벽을 굳게 닫고 나오지를 않았다.

그러면서 흉노에서 귀부한 한왕 한신의 아들인 궁고후弓高侯하간국 영내 한퇴당 등을 시켜 날쌘 기병을 이끌고 사수 남쪽에서 회수로 들어가는 회사구淮泗口로 나아가 오·초의 군사 후방을 끊고 그들의 양도를 막게 했다. 양나라는 중대부인 한안국韓安國과 초나라 재상 장상張尙의 동생인 장우張羽를 장군으로 삼았다. 장우는 힘써 싸우고 한안국은 신중함을 유지해 이내 오나라 군사를 거의 패퇴시킬 수 있었다.

오나라 군사는 서쪽으로 가려고 했으나 양나라가 성을 굳게 지키고 있

은 주아부에게 그 원근은 불과 1~2일 차이에 불과하니 굽은 길을 택하라고 주장한 것이다.

62 당시 창읍에서 양의 도읍인 휴양까지는 직선거리로 불과 100km밖에 떨어져 있지 않았다.

어 감히 서쪽으로 갈 수가 없었다. 조후의 군사가 주둔한 곳으로 달려가게 됐다. 하읍下邑강소성 탕산현에서 양쪽 군사가 만났다. 오나라가 싸움을 걸었지만 조후는 성벽을 굳게 닫고 도무지 전투를 하려고 하지 않았다. 양도가 끊겨 사졸들이 주린 탓에 오나라 군사가 누차 도전했지만 조후는 끝내 나오지 않았다.

그러던 중 조후의 군중軍中에서 갑자기 놀랄 만한 사건이 벌어져 서로 공격해 소란해졌다. 이런 상태가 주아부가 있는 장막 바로 아래까지 이르렀다. 그러나 주아부는 누워서 일어나지 않았다. 얼마 후 다시 안정됐다. 오나라 군사는 주아부 진지의 동남쪽에서 성벽을 공격했다. 주아부는 오히려 서북 땅을 대비토록 했다. 얼마 안 있어 오나라의 정병이 과연 서북쪽으로 달려들었다. 그러나 그들은 끝내 성안으로 들어올 수 없었다.

오나라와 초나라의 사졸들이 대부분 굶어 죽거나 배반하고 달아나자 이내 그들은 군사를 이끌고 돌아갔다. 2월에 주아부가 정병을 내어 그들을 추격해 크게 격파했다. 오왕인 유비는 자기 군사를 버리고 장사 수천 명과 함께 밤을 틈타 도주했다. 초왕 유무는 자진했다.

오왕이 처음에 군사를 일으켰을 때 오왕의 신하인 전록백田祿伯을 대장군으로 삼았다. 전록백이 말했다.

"군사를 모아서 서쪽으로 진격하게 된다면 별다른 기이한 길이 없으니 공로를 세우기가 어렵습니다. 원컨대 신에게 5만 명을 내어 주신다면 별도로 장강長江과 회하淮河로 숨어 올라가 회남淮南안휘성 수현과 장사長沙를 수복하고, 무관武關으로 들어가 대왕을 만나겠습니다. 이것이 바로 기이한 방법입니다."

그러나 오나라 태자가 간했다.

"왕이 반란이라는 이름으로 군사를 일으키면 이런 군사는 다른 사람을 빌려 쓰기가 어렵습니다. 다른 사람이 왕을 배반한다면 어떻게 하시겠습니까? 또한 군사를 나누는 일에는 또 다른 이로움과 해로움이 있으니 스스로 손해가 될 뿐입니다."

오왕이 전록백의 청을 허락하지 않았다.

오나라의 젊은 장수인 환장군桓將軍이 왕에게 유세했다.

"오나라에는 보병이 많은데 보병은 험한 곳에서 전투하기에 유리합니다. 반면 한나라에는 전차와 기병이 많은데 전차와 기병은 평지에서 전투하기에 유리합니다. 대왕이 통과하는 곳의 성들을 공격하지 말고 곧바로 나아가 낙양의 무기창고를 점령하고 오창의 곡식을 군량으로 쓰면서 산과 황하의 험한 곳을 막으면서 제후들을 호령하면 비록 함곡관에 들어가지 못했을지라도 천하는 장악됩니다. 그러나 대왕이 천천히 나아가 성읍에 머물러 있다가 한나라 군사의 전차와 기병을 만나 양나라와 초나라의 들녘으로 들어가면 모든 일은 망쳐버릴 것입니다."

오왕이 이 의견에 대해 여러 늙은 장수들에게 물었다. 늙은 장수들이 대답했다.

"나이 어린 사람이야 칼과 몽둥이는 쓸 수 있겠지만 어찌 전체를 놓고 생각할 수 있겠습니까?"

왕은 환장군의 계책을 채용하지 않았다.

오왕은 단독으로 군사를 거느렸다. 군사들이 아직 회하淮河를 건너지 않았을 때 왕은 여러 빈객들을 모두 장군將軍이나 교위校尉, 또는 후侯나 사마司馬로 임명했다.[120] 그러나 주구周丘만은 등용하지 않았다. 주구는 하비下邳강소성 비현 출신으로 오나라에 망명한 사람이다. 술을 파는 등 행실이 좋지 않았다. 왕이 그를 가벼이 보고 그에게 일을 맡기지 않았던 것이다. 그런데 주구가 오나라 왕을 찾아와 유세했다.

---

63 군대의 계급이다. 이들 모두 부곡部曲을 갖고 있었다. '부'에는 교위, '곡'에는 군후와

"신은 아무 능력도 없는 까닭에 군대의 대열 사이에 끼일 것을 기대할 수는 없습니다. 신은 감히 군사를 거느리는 일을 시켜달라고 구하지는 못합니다. 왕이 한나라의 부절 하나를 주신다면 반드시 보답하겠습니다."

왕은 그에게 부절을 주었다. 부절을 얻은 주구는 밤으로 하비로 내려갔다. 하비에서는 그때 오나라가 반란을 일으켰다는 말을 듣고 모두 성을 지키고 있었다.

주구는 역참의 관사에 이르러 하비의 현령을 부른 뒤 죄를 물어 수행원들로 하여금 현령의 목을 베게 했다. 그의 형제들과 잘 알고 지내는 권세 있는 관원들을 불러 말했다.

"오나라가 반란을 일으켰다. 그 군사가 하비에 이르러 도륙하는 것은 밥 한 그릇 먹는 시간이면 될 것이다. 먼저 항복한다면 집안은 보존될 것이고, 유능한 사람은 후로 책봉될 것이다."

이들이 나가서 서로 이야기를 하더니 하비 사람들이 모두 항복했다.

하룻밤 사이 3만 명을 얻은 주구는 사람을 시켜 오왕에게 보고했다. 그러고는 그곳의 병사를 이끌고 북쪽으로 가서 성읍을 공략했다. 그가 양성陽城에 이르렀을 때에는 병사가 10여만 명이나 돼 양성 중위가 이끄는 군사를 격파했다.[64] 그러나 주구는 오왕이 패해 도주한다는 소식을 듣고 오왕과 함께 성공할 수 없음을 헤아렸다. 곧바로 군사를 이끌고 하비로 돌아오던 중 채 도착하지도 못하고 등창이 나 죽었다.

6) 1월 30일, 일식이 있었다.

7) 오왕이 군사를 버리고 도주하자 반란군이 마침내 궤멸돼 하나둘씩

군사마 등이 있었다.

64 '양성'이 『한서』에는 성양城陽으로 나온다. 성양국은 '거'에 도읍을 두었고, 남쪽으로 하비와 접해 있었다.

태위인 조후 주아부와 양나라 군영으로 항복해 왔다. 오왕은 회하를 건너 단도丹徒강소성 진강시로 도주해 동월東越절강성 영가현에 근거를 두고 스스로 보존하려고 했다. 이때 그를 따르는 군사가 1만여 명이었다. 여기에 도망쳐온 병졸이 모여들였다.

한나라에서는 동월에 사람을 파견해 좋은 말을 하면서 꾀었다. 동월에서는 거짓으로 위로하는 군대라며 병사들을 내보내 오왕을 창으로 찔러 죽이게 했다. 이후 그 머리를 그릇에 담아 역전驛傳을 통해 한나라에 전하며 보고했다.

오나라의 태자인 유구劉駒는 민월閩越로 달아났다. 이렇게 오·초의 반란은 3달 만에 모두 격파되고 말았다. 제장은 태위 주아부의 계책이 옳았다고 생각했다. 그러나 양왕은 주아부에게 원조를 요청했으나 주아부가 직접 원조하지 않은 것으로 인해 주아부와 틈이 벌어졌다.

반란을 일으킨 치천국·교서국·교동국 등 나머지 3국三國의 왕이 제나라 도성인 임치臨淄산동성 치박시를 포위하자 제나라 왕은 중대부 노路[65]를 시켜 천자에게 알렸다. 천자는 노 중대부에게 다시 돌아가 제왕에게 굳게 지키라는 말을 전하며 덧붙였다.

"한나라 군사가 지금 오·초를 격파했다."

노 중대부가 돌아와 보니 3국의 군사가 임치를 여러 겹으로 포위하고 있으나 성안으로 들어가지는 못하고 있었다. 3국의 장수는 노 중대부를 붙잡아 말했다.

"너는 천자가 말한 것과 반대로 '한나라는 이미 격파됐고, 제나라는 빨리 3국에 항복해야 한다. 그렇지 않으면 제나라도 도륙될 것이다'라고 말하라."

---

65 노路는 성씨로, 이름은 미상이다.

그같이 하기로 약속한 노 중대부는 성 아래에 이르러 제왕을 올려다보면서 말했다.

"한나라는 이미 태위 주아부가 이끄는 100만 대군을 출동시켜 오나라와 초나라를 격파시켰고 지금 군사를 이끌고 제나라를 구원하려고 올 것이니 제나라는 굳게 지키면서 항복하지 마십시오."

이 말을 들은 3국의 장수들은 그 자리에서 노 중대부를 죽였다.

제나라는 처음에 포위돼 상황이 급박해지자 항복하려고 3국과 몰래 모의하고 있었지만 아직 그런 약속을 확정하지 않은 상태여서 노 중대부가 한나라에서 왔으므로 대신들은 다시 왕에게 3국에 항복하지 말라고 권했다. 이때 한나라의 장수인 난포와 평양후平陽侯 등의 군사가 제나라에 이르러 3국의 군사를 격파했다.[66]

포위가 다 풀리고 나서 얼마 되지 않아 제나라가 처음에 세 나라와 몰래 모의한 일이 있었다는 말이 돌자 한나라는 제나라를 정벌하려고 했다. 제나라 효왕은 이를 두려워하다가 약을 먹고 자진했다.

교서膠西산동성 고밀현의 유앙과 교동膠東산동성 평도현의 유웅, 치천菑川산동성 수광현의 유현 등 3국의 왕들은 각기 군사를 이끌고 자기 나라로 돌아갔다. 교서왕은 죄를 지었다는 표시로 정강이를 내놓고 풀로 만든 자리에 앉아 물만 마시며 반란을 일으킨 것에 대해 태후에게 사죄했다. 교서왕의 태자인 유덕劉德이 말했다.

"한나라의 군사가 돌아갈 때 신이 그들을 보았는데 이미 피로해 보였습니다. 습격을 할 수 있을 것입니다. 원컨대 왕은 남은 군사를 수습해 가

66 '평양후'의 이름을 두고 『한서』「제왕전」은 조양曹襄이라고 했다. 그러나 『사기색은』에는 간후簡侯 조기曹奇로 돼 있다. 사마광이 이름을 쓰지 않은 것은 판단이 어려운데 따른 것으로 짐작된다.

지고 그들을 치십시오. 이기지 못한다면 그때 바다로 뛰어들어도 늦지 않을 것입니다."

왕이 대답했다.

"나의 사졸들도 모두 지칠대로 지쳐 써먹을 수가 없다."

궁고후弓高侯 한퇴당韓頹當이 교서왕에게 서신을 보내 말했다.

"황제의 조서를 받들건대, 불의한 사람은 죽이고 항복한 사람은 사면하여 모든 것을 옛날처럼 회복시킬 것이오. 그러나 항복하지 않는 사람은 없애버릴 것이다. 왕은 어떤 태도를 취하겠소. 왕의 태도에 따라 일을 처리하겠소."

이 말을 들은 교서왕은 한나라 군사가 있는 성벽으로 나아가 웃통을 벗고 머리를 조아리며 아뢰었다.

"신 유앙이 법을 받드는 일을 제대로 하지 못해 백성들을 놀라게 했습니다. 장군이 이 궁벽한 나라까지 먼 길을 고생스럽게 오게 했으니 감히 죽어 젓으로 담가지는 죄를 청합니다."

궁고후가 금고金鼓를 잡고 그를 내려다보며 말했다.

"왕이 군사를 일으키느라고 고생을 했는데 군사를 일으킨 상황을 듣고 싶소."

왕은 머리를 조아리고 무릎으로 기어가 대답했다.

"조조는 천자가 채용해 쓰는 신하인데 그가 고황제의 법령을 변경해 제후들의 땅을 침탈했습니다. 유앙 등이 그런 일은 옳지 못하다고 생각했고, 또한 그가 천하를 어지럽힐까 염려해 7국이 군사를 일으켜 조조를 죽이려고 했습니다. 그런데 듣자하니 조조가 이미 죽었다고 하여 유앙 등은 삼가 군사행동을 그치고 군사를 이미 본국으로 귀환시켰습니다."

장군이 말했다.

"조조가 옳지 못하다고 생각했다면 어찌하여 이 소식을 황제에게 보고하지 않았소? 그리고 또 하나 그렇다면 어찌하여 조서詔書와 호부虎符[67]를 얻기도 전에 임의로 군사를 동원해 한나라에 충성하는 제후국들을 공격했단 말이오? 이것으로 보건대 군사를 일으킨 뜻이 단지 조조를 죽이려고 하는 데 있지만은 않은 것 같소."

그러고는 이내 조서를 내어 왕에게 읽어준 뒤 이같이 말했다.

"왕은 스스로 할 일을 도모하시오."

왕이 말했다.

"저 유앙 같은 사람은 죽는다 해도 죄가 남을 것입니다."

그러고는 마침내 자진했다. 태후와 태자도 모두 죽었다. 동교왕東膠王과 치천왕, 제남왕이 모두 죽게 됐다.

곡주후 역기의 군사가 조나라에 이르렀다. 조왕이 군사를 이끌고 한단성邯鄲城을 둘러싸고 지켰다. 역기가 이를 7달이나 공격했으나 함락시킬 수가 없었다. 흉노 역시 오·초가 실패했다는 말을 듣고 변경으로 들어오려 하지 않았다. 난포가 제나라를 깨뜨린 뒤 돌아와 군사를 합해 물길을 끌어들여 조나라 성에 흐르게 하자 조나라 성이 파괴됐고 왕은 마침내 자진했다.

황제는 제나라가 처음에는 반란할 생각을 갖고 있지 않았고, 나중에 협박을 당해 그들이 모의했으므로 그 왕 자신의 죄라고 생각하지는 않았다. 제나라 효왕孝王의 태자인 유수劉壽를 불러 왕으로 세웠다. 이 사람이 제나라의 의왕懿王이다.

제북왕도 자진을 하여 그의 처자는 무사히 보호하려고 했다. 그런데 제나라 사람 공손확公孫獲이 제북왕에게 말했다.

---

67 호부虎符는 동판 위에 글자 또는 호랑이 그림을 그린 뒤 두 쪽을 내어 황궁과 지방정부에 비치한 신표를 말한다.

"신이 대왕을 위해 양왕을 설득해 천자의 의사를 알아보도록 하겠습니다. 설득이 받아들여지지 않은 다음에 죽어도 늦지는 않을 것입니다."

그러고는 양왕을 찾아가 말했다.

"무릇 제북국의 땅은 동쪽으로는 강한 제나라와 인접해 있고, 남쪽으로는 오나라와 월나라의 견제를 받고, 북쪽으로는 연나라와 조나라의 협박을 받고 있습니다. 이렇게 사분오열된 나라라서 권모술수를 쓴다 해도 스스로 지키기가 어렵고, 강하게 나간다 해도 침략을 막아내기에 부족합니다. 또한 신기하고 이상한 일을 하면서 어려움을 기다리지도 못할 처지입니다. 비록 오나라에 응답해 이 지경에 빠지고 말았으나 그것은 정상적인 계책에서 나온 것이 아닙니다. 만일 제북이 그들에게 속마음을 내보이고 그들을 좇지 않겠다는 실마리를 보였다면 오나라는 반드시 먼저 제나라를 거쳐 제북을 함락시킨 후 연나라와 조나라를 불러 이를 다스리게 했을 것입니다. 이렇게 했다면 산동 땅의 나라들이 그들을 좇아 결맹하는 데에는 아무런 틈도 없었을 것입니다. 지금 오나라는 제후들과 연합한 군사를 가지고 훈련도 돼 있지 않은 무리를 치고, 서쪽으로 가서 천자와 세력다툼을 하고 있었습니다. 그런데 제북만이 홀로 신하로서의 절개를 지키며 항복하지 않음으로써 오나라로 하여금 우군을 잃고 원조를 받지 못하게 하여 절뚝거리는 걸음걸이로 혼자 나아가다가 기와가 깨지고 흙이 무너지듯 깨어지고 패배하게 했고, 지금은 구원받지 못하게 됐습니다. 이는 분명 제북의 힘이었습니다. 작디작은 제북이 제후들과 세력을 다투는 것은 염소나 송아지 같은 약한 힘으로 호랑이나 이리 같은 적을 막은 것에 비유할 수 있습니다. 직분을 지키고 굽히지 아니한다는 것은 진실한 태도라고 말할 수 없습니다. 공로와 의로움이 이와 같은데도 지금은 황제의 의심을 받아 어깨를 움츠리고 머리를 떨어뜨리면서 옷깃만 어루만지게 됐습니다. 그때 스스로 앞에 나아가 모반에 참여할 마음을 내지 않은 것을 후회하게 된다면 이는 사직에 이로움이 되지 않습니다. 신은 번신으로서의 직책을 지킬 사람들이 이런 일을 가지고 의심할까 걱정입니다. 신은 가만히 생각했습니다. 산서와 산동을 가르는 효산과 화산인 서산西山을 지나 장락궁을 경유해 미앙궁에 이르기까지 팔을 걷어붙이고 올바르게 의논할 사람은 오직 대왕뿐입니다. 위로는 망할 나라를 온전하게 만든 공로를 세웠고, 아래로는 백성을 편안히 보살폈다는 명성을 갖고 있고, 덕은 골수에까지 사무쳤고, 은혜는 무궁토록 베풀었으니 원컨대 대왕은 이 사실을 유념해주시기 바랍니다."

이 말을 듣고 양효왕 유무가 크게 기뻐하며 사람을 시켜 말을 달려가 이 소식을 보고하게 했다. 제북왕은 연루되지 않고 치천국으로 옮겨서 책봉됐다.

8) 하간왕河間王하북성 헌현의 태부인 위관衛綰이 오·초를 공격하는 데 공을 세워 중위中尉에 임명됐다. 위관은 중랑장으로서 문제를 모셨다. 사람이 충후하고 삼갔고 다른 것은 없었다. 황제가 태자였을 때 부친 문제의 주위에 있는 신하들을 불러 연회를 베풀었다. 위관은 병이 들었다고 하면서 부름에 응하지 않은 일이 있었다. 그런데 문제는 붕어할 때 황제에게 부촉했다.

"위관은 어른스러운 사람이니 잘 대우하라."

이로 인해 황상도 역시 그를 총애하면서 일을 맡겼다.

9) 여름 6월 25일, 조서를 내렸다.

"관원이건 백성이건 오왕 유비 등이 도모한 일에 연루된 사람과 체포될 사람으로 도주한 자, 도망친 군사, 이들 모두를 사면한다."

황제는 오왕의 동생인 덕애후德哀侯 유광劉廣의 아들로 오왕을 잇게 했고, 초원왕의 아들인 유례劉禮로 초왕을 잇게 했다. 두태후가 말했다.

"오왕은 늙은 사람이니 마땅히 종실을 위해 순리대로 잘 처리해야 할 것이다. 그러나 7국을 앞에서 이끌며 천하를 어지럽혔는데 어떻게 그 후손에게 왕위를 이어준단 말인가?"

오나라의 복국復國은 허락하지 않고, 초나라의 복국만 허락했다. 을해일에 회양왕 유여劉餘를 옮겨 노왕魯王산동성 곡부현, 여남왕 유비劉非를 강도왕江都王강소성 양주시으로 삼아 옛날의 오吳 땅에서 왕 노릇을 하게 했다. 또한 종정宗正인 유례劉禮를 세워 초왕, 황제의 아들인 유단劉端을 교서왕, 유승劉勝을 중산왕中山王으로 삼았다.

** 漢紀八』起強圉大淵獻, 盡上章困敦, 凡十四年.

* 孝景皇帝前三年

冬, 十月, 梁王來朝. 時上未置太子, 與梁王宴飮, 從容言曰, "千秋萬歲後傳於王." 王辭謝, 雖知非至言, 然心內喜, 太后亦然. 詹事竇嬰引卮酒進上曰, "天下者, 高祖之天下, 父子相傳, 漢之約也, 上何以得傳梁王!" 太后由此憎嬰. 嬰因病免. 太後除嬰門籍, 不得朝請. 梁王以此益驕.

春, 正月, 乙巳, 赦.

長星出西方.

洛陽東宮災.

初, 孝文時, 吳太子入見, 得侍皇太子飮·博. 吳太子博爭道, 不恭. 皇太子引博局提吳太子, 殺之. 遣其喪歸葬, 至吳, 吳王慍曰, "天下同宗, 死長安即葬長安, 何必來葬為!" 復遣喪之長安葬. 吳王由此稍失藩臣之禮, 稱疾不朝. 京師知其以子故, 系治·驗問吳使者. 吳王恐, 始有反謀. 後使人為秋請, 文帝復問之, 使者對曰, "王實不病. 漢系治使者數輩, 吳王恐, 以故遂稱病. 夫察見淵中魚不祥, 唯上棄前過, 與之更始." 於是文帝乃赦吳使者, 歸之, 而賜吳王幾杖, 老,不朝. 吳得釋其罪, 謀亦益解. 然其居國, 以銅·鹽故, 百姓無賦. 卒踐更, 輒予平賈. 歲時存問茂材, 賞賜閭里. 他郡國吏欲來捕亡人者, 公共禁弗予. 如此者四十餘年.

晁錯數上書言吳過, 可削. 文帝寬, 不忍罰, 以此吳日益橫. 及帝即位, 錯說上曰, "昔高帝初定天下, 昆弟少, 諸子弱, 大封同姓, 齊七十餘城, 楚四十餘城, 吳五十餘城. 封三庶孽, 分天下半. 今吳王前有太子之郤, 詐稱病不朝, 於古法當誅. 文帝弗忍, 因賜幾杖, 德至厚, 當改過自新, 反益驕溢, 即山鑄錢, 煮海水為鹽, 誘天下亡人謀作亂. 今削之亦反, 不削亦反. 削之, 其反亟, 禍小. 不削, 反遲, 禍大." 上令公卿·列侯·宗室雜議, 莫敢難. 獨竇嬰爭之, 由此與錯有郤. 及楚王戊來朝, 錯因言曰, "戊往年為薄太后服, 私奸服捨, 請誅之." 詔赦, 削東海郡. 及前年, 趙王有罪, 削其常山郡. 膠西王卬以賣爵事有奸, 削其六縣.

廷臣方議削吳. 吳王恐削地無已, 因發謀舉事. 念諸侯無足與計者, 聞膠西王勇, 好兵, 諸侯皆畏憚之, 於是使中大夫應高口說膠西王曰, "今者主上任用邪臣, 聽信讒賊, 侵削諸侯, 誅罰良重, 日以益甚. 語有之曰, '狧糠及米' 吳與膠西, 知名諸侯也, 一時見察, 不得安肆矣. 吳王身有內疾, 不能朝請二十餘年, 常患見疑, 無以自白, 脅肩累足, 猶懼不見釋. 竊聞大王以爵事有過. 所聞諸侯削地, 罪不至此. 此恐不止削地而已." 王曰, "有之. 子將奈何?" 高曰, "吳王自以與大王同憂, 願因時循理, 棄軀以除患於天下, 意亦可乎?" 膠西王瞿然駭曰, "寡人何敢如是! 王上雖急, 固有死耳, 安得不事!" 高曰, "御史大夫晁錯, 營惑天子, 侵奪諸侯, 朝廷疾怨, 諸侯皆有背叛之意, 人事極矣. 彗星出, 蝗蟲起, 此萬世一時. 而愁勞, 聖人所以起也. 吳王內以晁錯為誅, 外從大王后車, 方洋天下, 所向者降, 所指者下, 莫敢不服. 大王誠幸而許之一言, 則吳王率楚王略函谷關, 守滎陽·敖倉之粟, 距漢兵, 治次捨, 須大王. 大王幸而臨之, 則天下可並, 兩主分割, 不亦可乎!" 王曰, "善!" 歸, 報吳王, 吳王猶恐其不果, 乃身自為使者, 至膠西面約之. 膠西群臣或聞王謀, 諫曰, "諸侯地不能當漢十二, 為叛逆以憂太后, 非計也. 今承一帝, 尚雲不易. 假令事成, 兩主分爭, 患乃益生." 王不聽, 遂發使約齊·菑川·膠東·濟南, 皆許諾.

初, 楚元王好書, 與魯申公·穆生·白生俱受『詩』於浮丘伯. 及王楚, 以三人為中大夫. 穆生不耆酒. 元王每置酒, 常為穆生設醴. 及子夷王·孫王戊即位, 常設, 後乃忘設焉. 穆生退, 曰, "可以逝矣! 醴酒不設, 王之意怠. 不去, 楚人將鉗我於市." 遂稱疾臥. 申公·白生強起之, 曰, "獨不念先王之德與! 今王一旦失小禮, 何足至此!" 穆生曰, "『易』稱, '知幾其神乎! 幾者, 動之微, 吉兇之先見者也. 君子見幾而作, 不俟終日' 先王之所以禮吾三人者, 為道存也. 今而忽之, 是忘道也. 忘道之人, 胡可與久處, 豈為區區之禮哉!" 遂謝病去. 申公·白生獨留. 王戊稍淫暴, 太傅韋孟作詩諷諫, 不聽, 亦去, 居於鄒. 戊因坐削地事, 遂與吳通謀. 申公·白生諫戊, 戊胥靡之, 衣之赭衣, 使雅舂於市. 休侯富使人諫王. 王曰, "季父不吾與, 我起, 先取季父矣!" 休侯懼, 乃與母太夫人奔京師.

及削吳會稽·豫章郡書至, 吳王遂先起兵, 誅漢吏二千石以下. 膠西·膠東·菑川·濟南·楚·趙亦皆反. 楚相張尚·太傅趙夷吾諫王戊, 戊殺尚·夷吾. 趙相建德·內史王悍諫王遂, 遂燒殺建德·悍. 齊王後悔, 背約城守. 濟北王城壞未完, 其郎中令劫守, 王不得發兵. 膠西王·膠東王為渠率, 與菑川·濟南共攻齊, 圍臨菑. 趙王遂發兵住其西界, 欲待吳·楚俱進, 北使匈奴與連兵.

吳王悉其士卒, 下令國中曰, "寡人年六十二, 身自將. 少子年十四, 亦為士卒先. 諸年上與寡人同, 下與少子等, 皆發." 凡二十餘萬人. 南使閩·東越, 閩·東越亦發兵從. 吳王起兵於廣陵, 西涉淮, 因並楚兵, 發使遺諸侯書, 罪狀晁錯, 欲合兵誅之. 吳·楚共攻梁, 破棘壁, 殺數萬人. 乘勝而前, 銳甚. 梁孝王遣將軍擊之, 又敗梁兩軍, 士卒皆還走. 梁王城守睢陽.

初, 文帝且崩, 戒太子曰, "即有緩急, 周亞夫真可任將兵." 及七國反書聞, 上乃拜中尉周亞夫為太尉, 將三十六將軍往擊吳·楚, 遣曲周侯酈寄擊趙, 將軍欒布擊齊. 復召竇嬰, 拜為大將軍, 使屯滎陽監齊·趙兵.

初, 晁錯所更令三十章, 諸侯讙嘩. 錯父聞之, 從潁川來, 謂錯曰, "上初即位, 公為政用事, 侵削諸侯, 疏人骨肉, 口語多怨, 公何為也?" 錯曰, "固也. 不如此, 天子不尊, 宗廟不安." 父曰, "劉氏安矣而晁氏危, 吾去公歸矣!" 遂飲藥死, 曰, "吾不忍見禍逮身!" 後十餘日, 吳·楚七國俱反, 以誅錯為名.

上與錯議出軍事, 錯欲令上自將兵而身居守. 又言曰, "徐·僮之旁吳所未下者, 可以予吳." 錯素與吳相袁盎不善, 錯所居坐, 盎輒避. 盎所居坐, 錯亦避. 兩人未嘗同堂語. 及錯為御史大夫, 使吏按盎受吳王財物, 抵罪. 詔赦以為庶人. 吳·楚反, 錯謂丞·史曰, "袁盎多受吳王金錢, 專為蔽匿, 言不反. 今果反, 欲請治盎, 宜知其計謀." 丞·史曰, "事未發, 治之有絕. 今兵西向, 治之何益! 且盎不宜有謀." 錯猶與未決. 人有告盎, 盎恐, 夜見竇嬰, 為言吳所以反, 願至前, 口對狀. 嬰入言, 上乃召盎. 盎入見, 上方與錯調兵食. 上問盎曰, "今吳·楚反, 於公意何如?" 對曰, "不足憂也!" 上曰, "吳王即山鑄錢, 煮海為鹽, 誘天豪傑. 白頭舉事·此其計不百全, 豈發乎! 何以言其無能為也?"

對曰, "吳銅鹽之利則有之, 安得豪傑而誘之! 誠令吳得豪傑, 亦且輔而為誼, 不反矣. 吳所誘皆亡賴子弟·亡命·鑄錢奸人, 故相誘以亂" 錯曰, "盎策之善." 上曰, "計安出?" 盎對曰, "願屏左右." 上屏人, 獨錯在. 盎曰, "臣所言, 人臣不得知." 乃屏錯. 錯趨避東廂, 甚恨. 上卒問盎, 對曰, "吳·楚相遺書, 言高皇帝王子弟各有分地, 今賊臣晁錯擅適諸侯, 削奪之地, 以故反, 欲西共誅錯, 復故地而罷. 方今計獨有斬錯, 發使赦吳·楚七國, 復其故地, 則兵可毋血刃而俱罷." 於是上默然良久, 曰, "顧誠何如? 吾不愛一人以謝天下." 盎曰, "愚計出此, 唯上孰計之!" 乃拜盎為太常, 密裝治行. 後十餘日, 上令丞相青·中尉嘉·廷

尉歐劾奏錯曰, "不稱主上德信, 欲疏群臣·百姓, 又欲以城邑予吳, 無臣子禮, 大逆無道. 錯當要斬, 父母·妻子·同產無少長皆棄市." 制曰, "可." 錯殊不知. 壬子, 上使中尉召錯, 紿載行市, 錯衣朝衣斬東市. 上乃使袁盎與吳王弟子宗正德侯通使吳.

謁者僕射鄧公為校尉, 上書言軍事, 見上, 上問曰, "道軍所來, 聞晁錯死, 吳·楚罷不?" 鄧公曰, "吳為反數十歲矣. 發怒削地, 以誅錯為名, 其意不在錯也. 且臣恐天下之士拑口不敢復言矣." 上曰, "何哉?" 鄧公曰, "夫晁錯患諸侯強大不可制, 故請削之以尊京師, 萬世之利也. 計畫始行, 卒受大戮. 內杜忠臣之口, 外為諸侯報仇, 臣竊為陛下不取也." 於是帝喟然長息曰, "公言善, 吾亦恨之!"

袁盎·劉通至吳, 吳·楚兵已攻梁壁矣. 宗正以親故, 先入見, 諭吳王, 令拜受詔. 吳王聞袁盎來, 知其欲說, 笑而應曰, "我已為東帝, 尚誰拜!" 不肯見盎, 而留軍中, 欲劫使將. 盎不肯, 使人圍守, 且殺之. 盎得間, 脫亡歸報.

太尉亞夫言於上曰, "楚兵剽輕, 難與爭鋒, 願以梁委之, 絕其食

道, 乃可制也." 上許之. 亞夫乘六乘傳, 將會兵滎陽. 發至霸上, 趙涉庶說亞夫曰, "吳王素富, 懷輯死士久矣. 此知將軍且行, 必置間人於殽·澠阸狹之間. 且兵事上神密, 將軍何不從此右去, 走藍田, 出武關, 抵洛陽! 間不過差一二日, 直入武庫, 擊鳴鼓. 諸侯聞之, 以為將軍從天而下也." 太尉如其計, 至洛陽, 喜曰, "七國反, 吾乘傳至此, 不自意全. 今吾據滎陽, 滎陽以東, 無足憂者." 使吏搜殽·澠間, 果得吳伏兵. 乃請趙涉為護軍.

太尉引兵東北走昌邑. 吳攻梁急, 梁數使使條侯求救, 條侯不許. 又使使訴條侯於上. 上使告條侯救梁, 亞夫不奉詔, 堅壁不出. 而使弓高侯等將輕騎兵出淮泗口, 絕吳·楚兵後, 塞其饟道. 梁使中大夫韓安國及楚相尚弟羽為將軍. 羽力戰, 安國持重, 乃得頗敗吳兵. 吳兵欲西, 梁城守, 不敢西. 即走條侯軍, 會下邑, 欲戰. 條侯堅壁不肯戰. 吳糧絕卒饑, 數挑戰, 終不出, 條侯軍中夜驚, 內相攻擊, 擾亂至帳下, 亞夫堅臥不起, 頃之, 復定. 吳奔壁東南陬, 亞夫使備西北. 已而其精兵果奔西北, 不得入. 吳·楚士卒多饑死叛散, 乃引而去. 二月, 亞夫出精兵追擊, 大破之. 吳王濞棄其軍, 與壯士數千人夜亡走. 楚王戊自殺.

吳王之初發也, 吳臣田祿伯為大將軍. 田祿伯曰, "兵屯聚而西, 無它奇道, 難以立功. 臣願得五萬人, 別循江·淮而上, 收淮南·長沙, 入武關, 與大王會, 此亦一奇也." 吳王太子諫曰, "王以反為名, 此兵難以借人, 人亦且反王, 奈何? 且擅兵而別, 多它利害, 徒自損耳!" 吳王即不許田祿伯.

吳少將桓將軍說王曰, "吳多步兵, 步兵利險. 漢多車騎, 車騎利平地, 願大王所過城不下, 直去, 疾西據洛陽武庫, 食敖倉粟, 阻山河之險以令諸侯, 雖無入關, 天下固已定矣. 大王徐行留下城邑, 漢軍車騎至, 馳入梁·楚之郊, 事敗矣." 吳王問諸老將, 老將曰, "此年少, 椎鋒可耳, 安知大慮!" 於是王不用桓將軍計.

王專並將兵. 兵未度淮, 諸賓客皆得為將·校尉·候·司馬, 獨周丘不用. 周丘者, 下邳人, 亡命吳, 酤酒無行. 王薄之, 不任. 周丘乃上謁, 說王曰, "臣以無能, 不得待罪行間. 臣非敢求有所將也, 願請王一漢節, 必有以報." 王乃予之. 周丘得節, 夜馳入下邳. 下邳時聞吳反, 皆城守. 至傳舍, 召令入戶, 使從者以罪斬令, 遂召昆弟所善豪吏告曰, "吳反, 兵且至, 屠下邳不過食頃. 今先下, 家室必完, 能者封侯矣." 出, 乃相告, 下邳皆下. 周丘一夜得三萬人, 使人報吳王, 遂將其兵北略城邑. 比至陽城, 兵十餘萬, 破陽城中尉軍. 聞吳王敗走, 自度無與共成功, 即引兵歸下邳, 未至, 疽發背死.

壬午晦, 日有食之.

吳王之棄軍亡也, 軍遂潰, 往往稍降太尉條侯及梁軍. 吳王渡淮, 走丹徒, 保東越, 兵可萬餘人, 收聚亡卒. 漢使人以利啖東越, 東越即紿吳王出勞軍, 使人鏦殺吳王, 盛其頭, 馳傳以聞. 吳太子駒亡走閩越. 吳·楚反, 凡三月, 皆破滅, 於是諸將乃以太尉謀為是. 然梁王由此與太尉有隙.

三王之圍臨菑也, 齊王使路中大夫告於天子. 天子復令路中大夫還報, 告齊王堅守曰, "漢兵今破吳楚矣." 路中大夫至, 三國兵圍臨菑數重, 無從入. 三國將與路中大夫盟曰, "若反言, '漢已破矣, 齊趣下三國, 不, 且見屠' 路中大夫既許, 至城下, 望見齊王曰, "漢已發兵百萬, 使太尉亞夫擊破吳·楚, 方引兵救齊, 齊必堅守無下!" 三國將誅路中大夫. 齊初圍急, 陰與三國通謀, 約未定. 會路中大夫從漢來, 其大臣乃復勸王無下三國. 會漢將欒布·平陽侯等兵至齊, 擊破三國兵. 解圍已, 後聞齊初與三國有謀, 將欲移兵伐齊. 齊孝王懼,飮藥自殺.

膠西·膠東·菑川王各引兵歸國. 膠西王徒跣·席蒿·飮水謝太后. 王太子德曰, "漢兵還, 臣觀之, 已罷, 可襲, 願收王餘兵擊之! 不勝而逃入海, 未晩也." 王曰, "吾士卒皆已壞, 不可用." 弓高侯韓頹當遺膠西王書曰, "奉詔誅不義, 降者赦除其罪, 復故. 不降者滅之. 王何處? 須以從事." 王肉袒叩頭, 詣漢軍壁謁曰, "臣卬奉法不謹, 驚駭百姓, 乃苦將軍遠道至於窮國, 敢請菹醢之罪!" 弓高侯執金鼓見之曰, "王苦軍事, 願聞王發兵狀." 王頓首膝行, 對曰, "今者晁錯天子用事臣, 變更高皇帝法令, 侵奪諸侯地. 卬等以為不義, 恐其敗亂天下, 七國發兵且誅錯. 今聞錯已誅, 卬等謹已罷兵歸." 將軍曰, "王苟以錯為不善, 何不以聞? 及未有詔·虎符, 擅發兵擊義國? 以此觀之, 意非徒欲誅錯也." 乃出詔書, 為王讀之, 曰, "王其自圖!" 王曰, "如卬等死有餘罪!" 遂自殺, 太后·太子皆死. 膠東王·菑川王·濟南王皆伏誅.

酈將軍兵至趙, 趙王引兵還邯鄲城守. 酈寄攻之, 七月不能下. 匈奴聞吳·楚敗, 亦不肯入邊. 欒布破齊還, 並兵引水灌趙城. 城壞, 王遂自殺.

帝以齊首善, 以迫劫有謀, 非其罪也, 召立齊孝王太子壽, 是為懿王.

濟北王亦欲自殺, 幸全其妻子. 齊人公孫玃謂濟北王曰, "臣請試為大王明說梁王, 通意天子. 說而不用, 死未晩也." 公孫玃遂見梁王曰, "夫濟北之地, 東接強齊, 南牽吳·越, 北脅燕·趙. 此四分五裂之國. 權不足以自守, 勁不足以捍寇, 又非有奇怪雲以待難也. 雖墜言於吳, 非其正計也. 鄉使濟北見情實, 示不從之端, 則吳必先歷齊, 畢濟北, 招燕·趙而總之, 如此, 則山東之從結而無隙矣. 今吳王連諸侯之兵, 驅白徒之眾, 西與天子急衡, 濟北獨底節不下. 使吳失與而無助, 跬步獨進, 瓦解土崩, 破敗而不救者, 未必非濟北之力也. 夫以區區之濟北而與諸侯爭強, 是以羔犢之弱而扞虎狼之敵也. 守職不橈, 可謂誠一矣. 功義如此, 尚見疑於上, 脅肩低首, 累足撫衿, 使有自悔不前之心, 非社稷之利也. 臣恐藩臣守職者疑之. 臣竊料之, 能歷西山, 徑長樂, 抵未央, 攘袂而正議者, 獨大王耳. 上有全亡之功, 下有安百姓之名, 德淪於骨髓, 恩加於無窮, 願大王留意詳惟之." 孝王大悅, 使人馳以聞. 濟北王得不坐, 徙封於菑川.

河間王太傅衛綰擊吳·楚有功, 拜為中尉. 綰以中郎將事文帝, 醇謹無它. 上為太子時, 召文帝左右飲, 而綰稱病不行. 文帝且崩, 屬上曰, "綰長者, 善遇之." 故上亦寵任焉.

夏, 六月, 乙亥, 詔曰, "吏民為吳王濞等所詿誤當坐及逋逃亡軍者, 皆赦之." 帝欲以吳王弟德哀侯廣之子續吳, 以楚元王子禮續楚. 竇太后曰, "吳王, 老人也, 宜為宗室順善. 今乃首率七國紛亂天下, 奈何續其後!" 不許吳, 許立楚後. 乙亥, 徙淮陽王餘為魯王. 南王非為江都王, 王故吳地. 立宗正禮為楚王. 立皇子端為膠西王, 勝為中山王.

한경제 전4년(BC 153)

1) 봄, 다시 관關을 설치하고, 전傳을 사용해 출입하게 했다.[68]

2) 여름 4월 23일, 아들 유영劉榮을 세워 황태자로 삼고, 유철劉徹은

68 문제 13년에 관문 출입 신표인 전傳을 가진 사람만을 관에 출입시키던 제도를 없애 자유롭게 출입케 한 바 있다. 오초7국의 난이 끝난 지 얼마 안 돼 다시 이 제도를 부활시킨 것이다.

교동왕膠東王으로 삼았다.

3) 6월, 천하에 대사면령을 내렸다.

4) 가을 7월, 임강왕 유알劉閼이 죽었다.

5) 겨울 10월 무술戊戌[69], 일식이 있었다.

당초 오·초 등 7국이 반란을 일으켰을 때 오나라 사자가 회남국에 이르자 회남왕이 군사를 동원해 호응하고자 했다. 그런데 그 승상이 말했다.

"왕이 기어이 오나라의 요구에 응하고자 한다면 원컨대 신을 장수로 삼아주기 바랍니다."

왕이 그에게 병권을 위촉했다. 그러나 승상은 군사를 거느리게 되자 성을 굳게 지키면서 회남왕의 말을 듣지 않고 한나라를 위했다. 한나라 또한 곡성후로 하여금 군사를 이끌고 가 회남을 구원하게 했다. 전화를 입지 않아 안전할 수 있었다.

한편 오나라의 사자가 여강국廬江國안휘성 서성현에 이르자 여강왕은 불응하며 월越에 사신을 보냈다. 형산국衡山國안휘성 육안현에 도착하자 형산왕은 굳게 지키면서 두 마음을 품지 않았다. 이후 오·초가 파멸되고 나자 형산왕이 조근朝覲했다. 황제는 그를 정절 있고 믿음직하다고 여겨 그의 노고를 치하했다.

"남쪽은 지대가 낮고 습기가 많다."

그러고는 그를 제북왕으로 옮기게 하는 것으로 포상했다. 여강왕은 월나라와 이웃해 있어 수차례 사신을 서로 교환했다. 그를 형산왕으로 옮겨

---

69 원문은 무술일戊戌日의 그믐을 뜻하는 무술회戊戌晦로 되어 있다. 한나라는 한경제 전前4년인 기원전 153년부터 중中4년인 기원전 146까지 겨울 10월을 세수歲首로 삼은 까닭에 그믐을 뜻하는 회晦는 착오이다. 이해 10월의 삭일朔日은 계유일癸酉日이다. 10월에는 무술일이 없었다.

강북에서 왕 노릇을 하게 했다.

＊ 孝景皇帝前四年

春, 復置關, 用傳出入.

夏, 四月, 己巳, 立子榮為皇太子, 徹為膠東王.

六月, 赦天下.

秋, 七月, 臨江王閼薨.

冬, 十月, 戊戌晦, 日有食之.

初, 吳·楚七國反, 吳使者至淮南, 淮南王欲發兵應之. 其相曰, "王必欲應吳, 臣願為將." 王乃屬之. 相已將兵, 因城守, 不聽王而為漢, 漢亦使曲城侯將兵救淮南, 以故得完.

吳使者至廬江, 廬江王不應, 而往來使越. 至衡山, 衡山王堅守無二心. 及吳·楚已破, 衡山王入朝. 上以為貞信, 勞苦之, 曰, "南方卑濕." 徙王王於濟北以褒之. 廬江王以邊越, 數使使相交, 徙為衡山王, 王江北.

한경제 전5년(BC 152)

1) 봄 정월, 양릉읍陽陵邑섬서성 함양현 동쪽을 설치했다. 여름 백성을 모집해 경제의 능묘를 양릉陽陵으로 옮기고 20만 전을 하사했다.

2) 공주를 흉노의 선우單于에게 시집을 보냈다.

3) 광천왕廣川王인 유팽조劉彭祖를 옮겨 조나라 왕으로 삼았다.

4) 제북정왕濟北貞王 유발劉勃이 죽었다.

＊ 孝景皇帝前五年

春, 正月, 作陽陵邑. 夏, 募民徙陽陵, 賜錢二十萬.

遣公主嫁匈奴單于.

徙廣川王彭祖為趙王.

濟北貞王勃薨.

한경제 전6년(BC 151)

1) 겨울 12월, 번개가 치고 임우霖雨[70]가 내렸다.

2) 당초 황제가 태자였을 때 박태후는 박씨 집안의 딸을 태자비로 삼았다. 태자가 즉위해 태자비도 황후가 됐으나 끝내 황후를 총애하지 않았다.

9월, 황후인 박씨를 폐했다.

3) 초문왕楚文王 유례劉禮가 죽었다.

4) 당초 연왕 장도에게는 장아臧兒라는 손녀가 있었다. 장아가 시집을 가 괴리槐里섬서성 흥평현에 사는 왕중王仲의 처가 됐다. 사내아이인 왕신王信과 두 딸을 낳았다. 왕중이 죽었다. 그녀는 다시 장릉長陵섬서성 함양현 동북쪽의 전씨田氏에게 시집을 가 전분田蚡과 전승田勝을 낳았다. 문제 때 장아의 장녀가 금왕손金王孫의 부인이 돼 금속金俗을 낳았다.

장아가 점을 쳐보자 점괘가 특이하게 나왔다.

"2녀二女[71]가 모두 귀하게 될 것이다."

그 말을 듣고 장아는 이미 금왕손의 며느리가 돼 있는 자신의 딸을 빼앗아 데려왔다. 금씨는 대로해 헤어지려고 하지 않았다. 그러나 장아는 그 딸을 태자궁에 들여보냈다. 그 딸이 태자의 아들 유철劉徹을 낳고 왕부

---

70 임우霖雨는 장맛비를 지칭한다. 여기의 임霖은 3일 이상 계속 내리는 비를 가리킨다.

71 2녀二女는 장아가 왕중과의 사이에서 출산한 왕지王娡와 왕식후王息姁를 지칭한다.

인王夫人이 됐다. 유철이 태중에 있을 때 왕부인은 해가 자기 품으로 들어오는 꿈을 꾸었다.

뒤에 태자가 즉위해 경제가 되자 장남인 유영劉榮이 태자가 됐다. 그 태자의 모친은 율희栗姬로 제나라 사람이다. 장공주長公主[72] 유표劉嫖는 딸을 태자에게 시집보내고자 했다. 율희는 여러 미인들이 모두 장공주에 의해 황제를 만나게 됐기 때문에 대로해 허락하지 않았다. 장공주는 왕부인의 아들인 유철에게 딸을 시집보내려고 했다. 왕부인이 이를 허락했다.

이로써 장공주는 매일 율희를 참소하고 왕부인의 아름다움을 칭찬했다. 황제 역시 유철을 똑똑하다고 여겼고 또한 꿈에 해를 품은 상서로운 징조가 있었으므로 율희 소생인 태자 유영을 폐하고, 왕부인 소생인 유철로 태자를 바꾸려는 생각을 갖고는 있었으나 확정짓지 못하고 있었다. 왕부인은 황제가 율희를 싫어하고 그로써 화를 풀지 못하는 것을 알고 사람을 은밀히 구의九儀의 예제를 관장해 제후를 접대하는 관원인 대행大行에게 보내 율희를 황후로 세우라고 청하게 했다. 황제가 몹시 화를 내며 말했다.

"그 말이 네가 해야 할 말인가!"

그러고는 대행을 죽였다.

* 孝景皇帝前六年

冬, 十二月, 雷, 霖雨.

初, 上為太子, 薄太后以薄氏女為妃. 及即位, 為皇后, 無寵. 秋, 九月, 皇后薄氏廢.

楚文王禮薨.

---

72 장공주長公主는 형제 가운데 가장 나이 많은 공주를 지칭한다.

初，燕王臧荼有孫女曰臧兒，嫁為槐里王仲妻，生男信與兩女而仲死．更嫁長陵田氏，生男蚡·勝．文帝時，臧兒長女為金王孫婦，生女俗．臧兒卜筮之，曰，“兩女皆當貴.” 臧兒乃奪金氏婦，金氏怒，不肯予決．內之太子宮，生男徹．徹方在身時，王夫人夢日入其懷．

及帝即位，長男榮為太子．其母栗姬，齊人也．長公主嫖欲以女嫁太子，栗姬以後宮諸美人皆因長公主見帝，故怒而不許．長公主欲與王夫人男徹，王夫人許之．由是長公主日讒栗姬而譽王夫人男之美．帝亦自賢之，又有曩者所夢日符，計未有所定．王夫人知帝嗛栗姬，因怒未解，陰使人趣大行請立栗姬為皇后．帝怒曰，“是而所宜言邪!” 遂按誅大行．

한경제 전7년(BC 150)

1) 겨울 11월 기유己酉[73], 태자인 유영을 폐하여 임강왕으로 삼았다. 태자의 태부인 두영이 힘써 싸웠으나 효과를 얻지 못하고 이내 병이 들었다고 하여 면직됐다. 화가 난 율희는 이를 한스러워하다가 죽었다.

2) 11월 경인庚寅[74], 일식이 있었다.

3) 2월, 승상인 도청이 면직됐다.

2월 16일, 태위인 주아부가 승상이 되고 태위라는 관직은 철폐됐다.

4) 여름 4월 17일, 왕씨王氏를 황후로 세웠다.

5) 4월 29일, 교동왕膠東王 유철劉徹을 황태자로 삼았다.

6) 이 해에 태복太僕인 유사劉舍[75]가 어사대부, 제남濟南 태수 질도郅

73 당시 11월에는 기유일己酉日이 없다.

74 11월의 삭일朔日은 병진일丙辰日이었다. 경인일庚寅日은 없었다.

75 유사劉舍는 한고제 유방의 공신인 도안후桃安侯 유양劉襄의 아들로, 원래 항씨項氏였으나 고조가 유씨를 사성賜姓했다.

都는 중위가 됐다.

당초 질도는 중랑장이었는데 감히 직간을 했다. 일찍이 황제를 좇아 상림원上林苑에 들어갔을 때 가희賈姬가 뒷간에 갔다. 멧돼지가 갑자기 달려오더니 뒷간으로 들어갔다. 황제가 눈으로 질도를 쳐다보았으나 질도는 움직이지 않았다. 황제는 스스로 무기를 잡고 가희를 구하려고 했다.

질도가 황상 앞에 엎드려 말했다.

"한 명의 희姬가 없어져 다시 한 명의 희를 들여온다 해도 천하에서 적어진 것은 가희일 뿐입니다. 그러나 폐하가 스스로 가벼이 여긴다면 종묘와 태후는 어떻게 하려는 것입니까?"

이 말에 황제가 돌아왔고, 돼지도 가버렸다.

태후가 이 말을 듣고 질도에게 황금 100근을 하사했다. 이때부터 질도를 중히 여겼다. 질도는 위인이 용감하며 사납고, 공정하며 청렴해 사사로이 서신을 보내는 일이 없었다. 또한 위문하거나 보내오는 물건을 받은 바 없고, 청탁하고 만나자는 것도 들어주는 일이 없었다. 중위가 되자 엄격함과 혹독함을 앞에 내세워 법을 시행했다. 귀척貴戚도 피하지 않았다. 열후와 종실의 사람들이 질도를 볼 때면 곁눈으로 살펴보면서 푸른 매의 뜻인 '창응蒼鷹'으로 부른 이유다.

* 孝景皇帝前七年

冬, 十一月, 己酉, 廢太子榮為臨江王. 太子太傅竇嬰力爭不能得, 乃謝病免. 栗姬恚恨而死.

庚寅晦, 日有食之.

二月, 丞相陶青免. 乙巳, 太尉周亞夫為丞相. 罷太尉官.

夏, 四月, 乙巳, 立皇后王氏.

丁巳, 立膠東王徹為皇太子.

是歲, 以太僕劉捨為御史大夫, 濟南太守郅都為中尉. 始, 都為中郎將, 敢直諫. 嘗從入上林, 賈姬如廁, 野彘卒來入廁. 上目都, 都不行. 上欲自持兵救賈姬. 都伏上前曰, "亡一姬, 復一姬進, 天下所少, 寧賈姬等乎! 陛下縱自輕, 奈宗廟·太后何!" 上乃還, 彘亦去. 太后聞之, 賜都金百斤, 由此重都. 都為人, 勇悍公廉, 不發私書, 問遺無所受, 請謁無所聽. 及為中尉, 先嚴酷, 行法不避貴戚. 列侯·宗室見都, 側目而視, 號曰"蒼鷹."

한경제 중中원년(BC 149)

1) 여름 4월 23일, 천하에 사면령을 내렸다.

2) 지진이 났다. 형산국의 원도原都안휘성 육안현에 우박이 내렸다. 큰 것은 1척 8촌이나 됐다.

＊ 孝景皇帝中元年

夏, 四月, 乙巳, 赦天下.

地震. 衡山原都雨雹, 大者尺八寸.

한경제 중2년(BC 148)

1) 봄 2월, 흉노가 연나라에 침입했다.

2) 3월, 태자로 있다가 폐위돼 임강왕臨江王에 봉해진 유영劉榮이 궁궐을 확장하다가 태종의 묘 담장을 침범했다. 이 일에 연루돼 중위부로 불려와 조사를 받으며 기록하는 사람과 마주했다. 임강왕은 종이 발명 이전의 죽간에 글을 새기는 필기구 칼인 도필刀筆을 얻어 황제에게 사과하는 서신을 쓰려고 했다. 중위인 질도가 관원들에게 명해 내주지 말도록 했다. 위기후魏其侯 두영이 틈을 보아 사람을 시켜 도필을 주었다. 임강왕이 황

제에게 사과하는 서신을 쓴 뒤 자진했다. 이 소식을 들은 두태후가 대로했다. 이후 결국 질도를 위중한 법으로 옭아맨 뒤 살해했다.

3) 여름 4월, 서북쪽에 패성孛星이 나타났다.

4) 황제의 아들인 유월劉越을 광천왕廣川王, 유기劉寄를 교동왕으로 삼았다.

5) 가을 9월 30일, 일식이 있었다.

6) 당초 양나라 효왕孝王이 황제의 친동생이자 공로를 세운 바 있어 천자는 그에게 정기旌旗를 하사했다. 그를 따르는 무리가 수레 1,000대와 기병 1만 명이었다. 출입할 때는 제왕이 지나는 길에 있는 사람을 쫓아내고 경계하는 의식인 필경蹕警을 했다. 효왕은 양승羊勝과 공손궤公孫詭를 아끼고 믿어 공손궤를 중위로 삼았다. 양승과 공손궤는 이상하고 사악한 계책을 많이 내어 효왕으로 하여금 한나라의 후사가 되라고 사주했다. 때마침 율희 소생인 율태자栗太子 유영이 폐출되자 태후는 내심 양나라 왕으로 후사를 삼고자 하여 술자리를 마련하고 황제에게 말했다.

"천자의 안거安車와 대가代駕는 양왕에게 기탁하시오."

황제가 무릎을 꿇고 말했다.

"예."

그러나 술자리를 끝내고 황제가 여러 대신들을 찾아 물어보았더니 대신인 원앙 등이 말했다.

"그렇게 할 수는 없습니다. 옛날 송선공宋宣公은 아들을 세우지 않고 동생을 세웠다가 화란이 일어나 5세 동안 분란이 끊이지 않았습니다.[76] 작

76 『춘추좌전』에 따르면 송선공은 아들인 여이與夷를 버리고 동생인 화和를 송목공宋穆公으로 세웠다. 이후 송목공은 그 보답으로 아들인 풍馮을 버리고 여이를 세웠다. 풍과 여이가 보위를 놓고 다투게 된 이유다.

은 일을 참아내지 못하면 대의를 그르치게 됩니다. 『춘추공양전春秋公羊傳』에 이르기를, '큰일은 올바르게 해야 한다'고 한 것입니다."[77]

태후도 의논을 중지하고 다시는 말을 꺼내지 않았다.

효왕이 일찍이 서신을 올려 말했다.

"원컨대 제게 수레가 다닐 수 있는 땅을 내려주어 지름길로 장락궁에 가게 해주십시오. 양나라 병사들로 하여금 군사통로인 용도甬道를 쌓게 하여 태후에게 아침인사를 드리겠습니다."

이 또한 원앙 등이 건의하기를 불가하다고 했다.

양왕은 원앙을 비롯해 이 문제를 의논했던 신하들을 모두 원망했다. 이내 양승 및 공손궤와 더불어 모의하여 몰래 사람을 시켜 원앙과 그 일을 의논했던 신하 10여 명을 모두 칼로 찔러 죽였다. 범인이 아직 잡히지 않았지만 천자는 양나라에 혐의를 두고 있었다. 범인을 쫓다보니 과연 양나라에서 한 짓이었다.

황제는 전숙田叔과 여계주呂季主를 양나라에 파견해 공손궤와 양승을 체포하게 했다. 공손궤와 양승이 양왕의 후궁에 숨어 있었다. 사자 10여 명이 양나라에 이르러 2천석二千石[78]의 녹질을 받는 관원에게 매우 급하게 책임을 추궁했다. 양나라 재상인 헌구표軒丘豹와 내사內史 한안국韓安國 이하 많은 사람들이 전국을 다 수색해 1달이 넘도록 찾았으나 끝내 못 찾았다.

결국 한안국은 공손궤와 양승이 양왕의 처소에 숨어 있다는 소문을

---

77 원문은 '대거정大居正'이다. 『춘추공양전』「노은공 3년」조에 따온 것이다. 대의에 따라 일을 주재해야 하고, 소인小仁이나 소애小愛로 동요해서는 안 된다는 의미이다.

78 한나라는 관원의 등급을 녹질의 다과多寡로 나눴다. 같은 2천석二千石에도 통상적인 '2천석' 이외에 중中2천석과 비比2천석이 있었다. 실제로 받는 월봉을 보면 '중2천석'은 180곡斛, '2천석'은 120곡, '비2천석'은 100곡이었다.

듣고 양왕을 찾아가 울면서 말했다.

"주인이 욕되게 되면 신하는 죽어야 합니다. 대왕에게 훌륭한 신하가 없었던 탓에 이런 일이 생겼습니다. 지금 양승과 공손궤가 잡히지 않았으니 청컨대 제게 죽음을 내려주십시오."

양왕이 말했다.

"어찌하여 이 지경에 이르렀는가?"

한안국이 눈물을 줄줄 흘리며 말했다.

"대왕은 스스로 헤아려 보십시오. 임강왕과 대왕을 비교하면 누가 황제와 더 친합니까?"

왕이 대답했다.

"내가 그만 못하지."

한안국이 다시 말했다.

"임강왕은 적장자인 태자였는데 폐위되어 임강왕이 되고 말았습니다. 그러다 호아궁의 담장을 침범한 일로 끝내는 중위부에서 자진했습니다. 무엇 때문입니까? 천하를 다스릴 때는 사사로움으로 공적인 것을 어지럽히는 일을 하지 않기 때문입니다. 지금 대왕은 제후의 열에 있으면서 사악한 신하의 허튼 이야기에 빠져 황제가 금지하는 법을 범하고, 부명한 법을 흔들어 놓았습니다. 천자는 태후 때문에 차마 대왕을 법대로 처리하지 못하고 있습니다. 태후는 밤낮으로 울면서 대왕이 스스로 고치기를 바라지만, 대왕은 끝내 깨닫지 못하고 있습니다. 만일 태후궁이 안가晏駕[79]를 하면 대왕은 누구를 의지하겠습니까?"

말을 다 마치기도 전에 왕은 눈물을 흘리고 한안국에게 사과했다.

---

79 안가晏駕는 편안한 수레의 뜻으로 제왕의 죽음에 관한 아어雅語이다. 여기서는 양왕의 모친인 태후의 붕어崩御를 상징한다.

"내가 지금 양승 및 공곤궤를 내놓겠소."

양왕은 이내 양승과 공손궤로 하여금 자진케 하고, 이들을 내놓았다. 황제가 양왕을 원망했다.

양왕은 두려운 나머지 추양鄒陽을 시켜 장안에 들어가 황후의 오라비인 왕신을 만나 말하게 했다.

"두장군竇長君의 여동생 왕부인이 황제에게 시집을 가서 후궁 가운데 따라올 사람이 없습니다. 그러나 두장군의 행실을 보면 도리에 맞지 않는 것이 많습니다. 원앙의 사건이 끝까지 가면 양왕은 잡혀 죽게 될 것입니다. 그리 되면 태후는 화를 낼만한 곳이 없어 이를 갈면서 귀한 신하들에게 곁눈질을 하게 될 터인데 족하가 걱정됩니다."

두장군이 물었다.

"이를 어찌하면 좋겠소?"

추양이 대답했다.

"두장군은 황제를 위해 정성을 다해 말씀을 드리되 양나라 사건은 더 이상 조사하지 않게 하십시오. 두장군이 실로 태후와 관계를 맺으면 두장군을 후덕하게 생각하는 태후의 마음이 골수에 박힐 것입니다. 그러면 두장군의 누이동생은 양쪽 궁, 황제와 태후에게 총애를 받을 것이니 그 입지는 금성탕지金城湯池처럼 굳을 것입니다. 옛날 순의 동생인 상象은 매일 순을 죽일 것을 일로 삼았는데 순이 천자가 되자 상을 유비劉卑호남성 영안현 땅에 책봉했습니다. 무릇 어진 사람은 형제간에 화가 나도 속에 간직해 두는 일이 없고, 묵혀두는 원망도 없고, 두텁고 친하게 아껴주기만 할 따름입니다. 후대에도 그를 칭찬하는 것입니다. 이런 말로 천자를 설득해 양나라 사건을 더 이상 거론하지 않게 하십시오."

두장군이 말했다.

"좋소."

이후 틈을 보아 말을 하자 황제의 노기가 점차 풀렸다.

당시 태후가 양나라 사건 때문에 걱정이 돼 밥을 먹지 못하고 밤낮으로 울음을 그치지 못하자 황제는 이를 근심했다. 양나라 사건을 처리하고 돌아와 패창구覇昌廐장안 동쪽 패양역에 이른 전숙田叔 등은 양나라의 옥사에 관한 기록을 다 태워버리고 빈손으로 와 황제를 알현했다. 황제가 물었다.

"양나라에 죄가 있던가?"

전숙이 대답했다.

"죽을죄입니다. 죄가 있습니다."

황제가 다시 물었다.

"그 사건에 대한 기록은 어디에 있는가?"

전숙이 대답했다.

"황제는 양나라 일에 대해 묻지 마십시오."

"어째서 그런가?"

전숙이 대답했다.

"지금 양나라 왕을 잡아 죽이지 않는다면 이는 한나라의 법이 시행되지 못함을 보이는 것입니다. 그러나 법대로 잡아 죽이면 태후가 식사를 해도 달게 잡수시지 못할 것이고, 누워도 편히 쉬지 못할 것입니다. 이런 근심거리가 폐하에게 있게 됩니다."

황제는 그 말이 옳다고 생각해 전숙 등에게 태후를 알현하라고 했다. 그들이 태후를 찾아가 말했다.

"양왕은 모르는 일입니다. 일이 그렇게 된 것은 다만 양왕이 양승과 공손궤의 무리를 총애했기 때문입니다. 그런데 그들은 이미 잡혀 죽었으므로 양왕에게는 아무 근심거리도 없습니다."

태후는 그 말을 듣자 당장 일어나 앉아 식사를 하며 평상적인 기분을 회복했다.

양왕이 서신을 올려 조근을 청했다. 그가 함곡관에 이르렀을 때 모란茅蘭이라는 자가 양왕에게 유세하기를, 보통의 포차를 타고 두 명의 기사만 따르게 하여 장공주의 집에 숨어들라고 했다. 한나라에서는 사자를 시켜 양왕을 영접케 했다. 양왕은 이미 함곡관으로 들어와 버렸으므로 수레와 기병은 밖에 있었으나 왕이 어디로 갔는지는 알 수 없었다. 태후가 울면서 말했다.

"황제가 결국 내 아들을 죽이고 말았다."

황제도 걱정스럽고 두려웠다. 양왕이 이때 비로소 도끼를 짊어지고 대궐 아래로 와서 사죄했다. 태후와 황제가 크게 기뻐하며 서로 눈물을 흘렸다. 다시 예전처럼 돼 양왕을 따라온 모든 관원들을 불러 함곡관을 들어오게 했다. 그러나 그때부터 황제는 양왕을 멀리하여 수레나 연을 함께 타지 않았다. 황제는 전숙을 똑똑하다고 생각해 발탁해 노나라 재상으로 삼았다.

＊ 孝景皇帝中二年

春, 二月, 匈奴入燕.

三月, 臨江王榮坐侵太宗廟壖垣爲宮, 征詣中尉府對簿. 臨江王欲得刀筆, 爲書謝上, 而中尉郅都禁吏不予. 魏其侯使人間與臨江王. 臨江王旣爲書謝上, 因自殺. 竇太後聞之, 怒, 後竟以危法中都而殺之.

夏, 四月, 有星孛於西北. 立皇子越爲廣川王, 寄爲膠東王.

秋, 九月, 甲戌晦, 日有食之.

初, 梁孝王以至親有功, 得賜天子旌旗. 從千乘萬騎, 出蹕入警. 王寵信羊勝·公孫詭, 以詭爲中尉. 勝·詭多奇邪計, 欲使王求爲漢嗣.

栗太子之廢也，太后意欲以梁王為嗣，嘗因置酒謂帝曰，"安車大駕，用梁王為寄." 帝跪席舉身曰，"諾." 罷酒，帝以訪諸大臣，大臣袁盎等曰，"不可. 昔宋宣公不立子而立弟，以生禍亂，五世不絕. 小不忍，害大義，故『春秋』大居正." 由是太后議格，遂不復言. 王又嘗上書. "願賜容車之地，逕至長樂宮，自梁國士眾築作甬道朝太后." 袁盎等皆建以為不可.

梁王由此怨袁盎及議臣，乃與羊勝·公孫詭謀，陰使人刺殺袁盎及他議臣十餘人. 賊未得也，於是天子意梁. 逐賊，果梁所為. 上遣田叔·呂季主往按梁事，捕公孫詭·羊勝. 詭·勝匿王后宮，使者十餘輩至梁，責二千石急. 梁相軒丘豹及內史韓安國以下舉國大索，月餘弗得. 安國聞詭·勝匿王所，乃入見王而泣曰，"主辱者臣死. 大王無良臣，故紛紛至此. 今勝·詭不得，請辭，賜死!" 王曰，"何至此!" 安國泣數行下，曰，"大王自度於皇帝，孰與臨江王親?" 王曰，"弗如也." 安國曰，"臨江王嫡長太子，以一言過，廢王臨江. 用宮垣事，卒自殺中尉府. 何者? 治天下終不用私亂公. 今大王列在諸侯，訹邪臣浮說，犯上禁，橈明法. 天子以太后故，不忍致法於大王. 太後日夜涕泣，幸大王自改，大王終不覺寤. 有如太后宮車即晏駕，大王尚誰攀乎?" 語未卒，王泣數行而下，謝安國曰，"吾今出勝·詭." 王乃令勝·詭皆自殺，出之. 上由此怨望梁王.

梁王恐，使鄒陽入長安，見皇后兄王信說曰，"長君弟得幸於上，後宮莫及. 而長君行跡多不循道理者. 今袁盎事即究竟，梁王伏誅，太后無所發怒，切齒側目於貴臣，竊為足下憂之." 長君曰，"為之奈何?" 陽曰，"長君誠能精為上言之，得毋竟梁事. 長君必固自結於太后，太后厚德長君入於骨髓，而長君之弟幸於兩宮，金城之固也. 昔者舜之弟象，日以殺舜為事，及舜立為天子，封之於有卑. 夫仁人之於兄弟, 無藏怒, 無宿怨, 厚親愛而已. 是以後世稱之. 以是說天子, 徼幸梁事不奏." 長君曰, "諾." 乘間入言之. 帝怒稍解.

是時, 太后憂梁事不食, 日夜泣不止, 帝亦患之. 會田叔等按梁事來還, 至霸昌廄, 取火悉燒梁之獄辭, 空手來見帝. 帝曰, "梁有之乎?" 叔對曰, "死罪. 有之." 上曰, "其事安在?" 田叔曰, "上毋以梁事為問也." 上曰, "何也?" 曰, "今梁王不伏誅, 是漢法不行也. 伏法而太后食不甘味, 臥不安席, 此憂在陛下也." 上大然之, 使叔等謁太后, 且曰, "梁王不知也. 造為之者, 獨在幸臣羊勝·公孫詭之屬為之耳, 謹已伏誅死, 梁王無恙也." 太后聞之, 立起坐餐, 氣平復.

梁王因上書請朝. 既至關, 茅蘭說王, 使乘布車, 從兩騎入, 匿於長公主園. 漢使使迎王, 王已入關, 車騎盡居外, 不知王處. 太后泣曰, "帝果殺吾子!" 帝憂恐. 於是梁王伏斧質於闕下謝罪. 太后·帝大喜, 相泣, 復如故, 悉召王從官入關. 然帝益疏王, 不與同車輦矣. 帝以田叔為賢, 擢為魯相.

한경제 중3년(BC 147)

1) 겨울 11월, 제후국에 있는 어사대부라는 관직을 없앴다.

2) 여름 4월, 지진이 났다.

3) 가뭄이 들어 술 판매를 금지시켰다.

4) 3월 1일, 황제의 아들인 유승劉乘을 세워 청하왕淸河王하북성 청하현으로 삼았다.

5) 가을 9월, 황충蝗蟲 떼가 나타났다.

6) 패성이 서북쪽에 나타났다.

7) 9월 30일, 일식이 있었다.

8) 당초 황제가 율태자를 폐위시킬 때 주아부는 강하게 말렸으나 아

무런 결과도 얻지 못했다. 그러나 황제는 이 일로 인해 그를 멀리하게 됐다. 양효왕은 경제 전3년에 주아부와 틈이 벌어진 탓에 조근할 때마다 늘 태후와 더불어 조후條侯 주아부의 단점을 말했다. 두태후가 말했다.

"황후의 오라버니인 왕신王信은 후작으로 삼을 만하오."

그러나 황제는 사양하면서 말했다.

"돌아가신 황제는 남피후南皮侯 두팽조와 장무후章武侯 두광국를 후작으로 삼지 않았습니다. 그러다가 제가 즉위하면서 이때 비로소 그분들을 후작으로 삼았습니다. 아직은 왕신을 책봉할 수 없습니다."

두태후가 말했다.

"사람이 사는 데에는 각기 때에 따라 실천해야 할 일이 있습니다. 두장군竇將軍이 살아 있을 때 끝내 후작 자리를 얻지 못했다가 죽은 다음에 그 아들 두팽조竇彭祖가 후작이 되니 나는 이를 아주 한스럽게 생각합니다. 황제는 서둘러 왕신을 후작으로 삼으시오."

"청컨대 승상과 이 문제를 의논하게 해주십시오."

황제가 승상과 의논하자 승상인 주아부가 말했다.

"고황제가 약속하기를, '유씨가 아니면 왕이 될 수 없고, 공을 세운 자가 아니면 후작이 될 수 없다'고 했습니다. 왕신은 비록 황후의 오라비이기는 하나 공을 세운 바가 없으니 그를 후작으로 삼으면 약조에 맞지 않습니다."

황제는 아무 말도 안 하고 있다가 그를 후작으로 삼는 것을 그만두었다.

이후 흉노의 왕인 서로徐盧 등 6명이 항복했다. 황제는 그들을 후작으로 삼아 훗날에도 그를 따르도록 권하고자 했다. 그러나 승상인 주아부는 이번에도 반대했다.

"저들은 주인을 배반하고 폐하에게 항복했습니다. 폐하가 그들을 후작으로 삼는다면 어떻게 수절하지 않는 신하를 나무랄 수 있겠습니까?"

황제가 말했다.

"승상의 의견은 채택할 수 없소."

그러고는 서로 등을 모두 열후에 봉했다.[80] 주아부는 칭병하고 사직했다.

9월 30일, 주아부가 면직되고 어사대부인 도후桃侯 유사劉舍가 승상이 됐다.

* 孝景皇帝中三年

冬, 十一月, 罷諸侯御史大夫官.

夏, 四月, 地震. 旱, 禁酤酒.

三月, 丁巳, 立皇子乘為清河王.

秋, 九月, 蝗.

有星孛於西北.

戊戌晦, 日有食之.

初, 上廢栗太子, 周亞夫固爭之, 不得. 上由此疏之. 而梁孝王每朝, 常與太后言條侯之短. 竇太后曰, "皇后兄王信可侯也." 帝讓曰, "始, 南皮·章武, 先帝不侯, 及臣即位乃侯之. 信未得封也." 竇太后曰, "人生各以時行耳. 自竇長君在時, 竟不得侯, 死後, 其子彭祖顧得侯, 吾甚恨之! 帝趣侯信也." 帝曰, "請得與丞相議之. 上與丞相議. 亞夫曰, "高皇帝約, '非劉氏不得王, 非有功不得侯' 今信雖皇后兄, 無功, 侯之, 非約也." 帝默然而止. 其後匈奴王徐盧等六人降,

80 이때 서로徐盧는 용성후容城侯, 사賜는 환후桓侯, 육강陸彊은 주후遒侯, 복달僕黚은 역후易侯, 범대范代는 범양후范阳侯, 한단邯鄲은 흡후翕侯에 봉해졌다.

帝欲侯之以勸後. 丞相亞夫曰, “彼背主降陛下, 陛下侯之, 則何以責人臣不守節者乎?” 帝曰, “丞相議不可用.” 乃悉封徐盧等為列侯. 亞夫因謝病. 九月, 戊戌, 亞夫免. 以御史大夫桃侯劉捨為丞相.

한경제 중4년(BC 146)

1) 여름, 황충蝗蟲이 나타났다.

2) 겨울 26일, 일식이 있었다.

* 孝景皇帝中四年

夏, 蝗.

冬, 十月, 戊午, 日有食之.

한경제 중5년(BC 145)

1) 여름, 황제의 아들인 유순劉舜을 상산왕常山王으로 삼았다.

2) 6월 29일, 천하에 사면령을 내렸다.

3) 큰 수재가 있었다.

4) 겨울 8월 22일, 미앙궁의 동쪽 대궐에 화재가 났다.

5) 9월, 조서를 내렸다.

“의문이 남아 있는 사건은 비록 법조문에 맞는다 해도 사람들이 마음으로 따르지 못하는 점이 있으니 이를 다시 평가하고 논의토록 하라.”

6) 지진이 났다.

* 孝景皇帝中五年

夏, 立皇子舜為常山王.

六月, 丁巳, 赦天下.

大水.

秋, 八月, 己酉, 未央宮東闕災. 九月, 詔曰, "諸獄疑, 若雖文致於法, 而於人心不厭者, 輒讞之."

地震.

경제 중6년(BC 144)

1) 겨울 10월, 양나라 왕이 조근해 왔다. 경사에 더 머물고자 소를 올렸으나 황제가 이를 허락하지 않았다. 양왕은 귀국했으나 속으로 즐겁지가 않았다.

2) 11월, 여러 정위廷尉와 장작將作 등의 관직 명칭을 고쳤다.[81]

3) 봄 2월 1일, 황제가 옹에 순행해 오치五畤에서 제사를 지냈다.[82]

4) 3월, 진눈깨비가 내렸다.

5) 여름 4월, 양나라 효왕이 죽었다. 이 소식을 들은 두태후는 지극히 슬프게 곡을 하면서 밥을 먹지 않았다. 그러고는 말했다.

"황제가 결국 내 아들을 죽였구나."

황제는 슬프고 두려워서 어찌할 바를 몰랐다. 장공주와 더불어 이에 관한 계책을 세운 뒤 이내 양나라를 5등분하고 효왕의 아들 5명을 모두

---

81 정위廷尉를 대리大理, 장작소부將作少府를 대장大匠, 봉상奉常을 태상太常, 전객典客을 대행령大行令, 장신첨사長信詹事를 장신소부長信少府, 장행將行을 대장추大長秋, 주작중위主爵中尉를 도위都尉로 개칭했다.

82 '오치'는 진나라 말기의 밀치와 상치, 하치, 휴치를 비롯해 한나라의 북치를 합쳐 말한 것이다. 진秦나라 선공은 위수의 남쪽에 밀치를 만들어 청제青帝에게 제사를 올렸고, 영공은 오양상치를 만들어 황제黃帝에게 제사를 올리면서 하치를 만들어 염제炎帝에게 제사를 올렸다. 헌공은 다시 휴치력양을 만들어 백제白帝에게 제사를 올렸다. 진시황이 천하를 통일했을 때 사당은 옹雍에만 4치가 있었다. 한고제가 다시 북치를 만들어 흑제黑帝를 제사지냈다. 이를 모두 합쳐 '오치'라고 한다.

왕으로 삼았다. 유매劉買를 양왕梁王, 유명劉明을 제천왕濟川王, 유팽리劉彭離를 제동왕濟東王, 유정劉定을 산양왕山陽王, 유불식劉不識을 제음왕濟陰王으로 했다.

또한 그의 5명의 딸에게 모두 탕목읍湯沐邑을 주었다. 이를 태후에게 아뢰자 태후가 이때 비로소 기뻐하며 황제를 위해 밥 한 그릇을 마련했다. 효왕은 살아 있을 때 재산이 아주 많았다. 그가 죽은 후에 보니 창고에 남은 황금이 40여만 근이나 되고, 다른 물건도 이와 비슷했다.

6) 황제는 이미 태형笞刑을 줄이는 법을 내렸으나, 태형을 받은 자는 여전히 온전치 못했다. 이내 다시 태장笞杖을 감해 300도度를 200도, 200도를 100도로 했다. 추령箠令을 정하여 채찍인 추箠의 길이를 5척으로 했다. 그것은 본래 크기가 1촌인 대나무로 만들었으나 그 끝에 가서는 반 촌寸으로 얇게 하고 마디를 모두 평평하게 깎아놓은 것이다. 태를 맞는 사람은 볼기를 맞게 했고, 한 가지 죄목에 대한 태형이 끝나야 태형하는 사람을 바꾸도록 했다.[83] 이로써 태형을 받아도 사람이 온전했다. 사형은 무거워졌으나 생형生刑은 더욱 가벼워졌다. 백성들이 쉽게 이를 범했다.

7) 6월, 흉노가 안문雁門산서성 우옥현에 들어와 무천武泉내몽골 무천현에까지 이르렀다. 또 상군上郡섬서성 수덕현에 들어와서는 전마戰馬를 기르는 원苑에 있는 말을 빼앗아 갔다.[84] 이때 관원이나 병사들 가운데 전사한 사람이 2천 명이나 됐다. 농서의 이광李廣이 상군 태수가 돼 일찍이 100여 명의 기병을 대동하고 나갔다. 흉노 수천 명의 기병을 만났다. 이들은 이

83 태장을 치는 사람도 임의로 바꾸고 매를 때릴 때 배를 때려 내장에 손상을 주는 경우도 있어 매를 맞는 사람에게 매우 불리했다.

84 문제 때 흉노에 대비하기 위해 전투용 말을 기르기 시작한 곳으로 원 36개소를 만들어 모두 30만 마리의 말을 길렀다.

광을 보자 기병들을 유인하는 것으로 여겨 모두 놀란 나머지 산에 있는 진지로 올라갔다. 이광이 이끄는 100여 명의 기병들도 수천의 흉노를 보고 크게 두려워하며 모두 달아나려고 했다. 이광이 말했다.

"우리와 적의 대군과의 거리는 수십 리이다. 지금 와서 100여 기騎를 가지고 도망친다면 오히려 흉노들이 쫓아와서 우리를 세워놓은 채로 고스란히 다 죽일 것이다. 그러나 우리가 여기 이대로 머문다면 흉노는 틀림없이 우리가 대군의 유인병인 줄 알고 감히 공격하지 못할 것이다."

그러고는 여러 기병들에게 소리쳤다.

"앞으로 전진!"

그렇게 명한 뒤 흉노의 진지에서 2리 정도 못 미친 지점에 이르러 행진을 멈춘 뒤 하령했다.

"모두 말에서 내려 안장을 풀도록 하라."

기병들이 물었다.

"적의 숫자는 많고 또 가까이 있는데 위급한 상황이 닥치면 어찌해야 합니까?"

이광이 대답했다.

"적들은 우리가 달아날 것으로 알았다. 그런데 우리 모두가 안장을 풀어놓고 도망가지 않는다는 표시를 하면 유인하려는 것이라 더욱 굳게 믿을 것이다."

역시 흉노의 기병들은 끝내 이광의 기병들을 감히 공격하지 못했다. 그러던 중 흰 말을 탄 장수 하나가 나와 그들의 병사를 감시했다. 이광은 말에 올라 10여 명의 기병과 함께 달려가 그 장수를 사살해 버리고 돌아왔다. 기병들이 있는 곳에 이르러 다시 안장을 풀고, 군사들로 하여금 모두 말을 풀어놓고 누워 있게 했다.

당시 저녁 무렵, 흉노의 병사들은 끝내 이를 이상하게 생각하고 감히 공격하지 못했다. 밤이 되자 흉노의 병사들은 한나라의 복병들이 부근에 있다가 자신들을 덮칠까 우려해 한밤중에 모든 군사를 이끌고 가버렸다.

다음날, 날이 밝자 이광이 이내 자신들의 대군이 있는 곳으로 돌아왔다.

8) 가을 7월 29일, 일식이 있었다.

9) 질도가 죽은 뒤부터 장안 부근에 사는 종실들은 대부분 잔폭殘暴해지고 법을 범하는 일이 많아졌다. 황제가 제남국 도위인 남양南陽 출신 영성寧成을 중위로 삼았다. 그는 질도와 같은 태도로 다스렸으나 청렴함에는 그만 못했다. 그러나 종실과 호걸들은 모두 그를 두려워했다.

10) 성양공왕城陽共王 유희劉喜가 홍거薨去했다.

* 孝景皇帝中六年

冬, 十月, 梁王來朝, 上疏欲留. 上弗許. 王歸國, 意忽忽不樂.

十二月, 改諸廷尉·將作等官名.

春, 二月, 乙卯, 上行幸雍, 郊五時.

三月, 雨雪.

夏, 四月, 梁孝王薨. 竇太后聞之, 哭極哀, 不食, 曰, "帝果殺吾子!" 帝哀懼, 不知所為. 與長公主計之, 乃分梁為五國, 盡立孝王男五人為王買為梁王, 明為濟川王, 彭離為濟東王, 定為山陽王, 不識為濟陰王. 女五人皆食湯沐邑. 奏之太后, 太后乃說, 為帝加一餐. 孝王未死時, 財以巨萬計, 及死, 藏府餘黃金尚四十餘萬斤. 他物稱是.

上既減笞法, 笞者猶不全. 乃更減笞三百曰二百, 笞二百曰一百. 又定棰令棰長五尺, 其本大一寸, 竹也. 末薄半寸, 皆平其節. 當笞得笞臀. 畢一罪, 乃更人. 自是笞者得全. 然死刑既重而生刑又輕, 民易犯之.

六月, 匈奴入雁門, 至武泉, 入上郡, 取苑馬. 吏卒戰死者二千人. 隴西李廣為上郡太守, 嘗從百騎出, 卒遇匈奴數千騎. 見廣, 以為誘騎, 皆驚, 上山陳. 廣之百騎皆大恐, 欲馳還走. 廣曰, “吾去大軍數十里, 今如此以百騎走, 匈奴追射我立盡. 今我留, 匈奴必以我為大軍之誘, 必不敢擊我.” 廣令諸騎曰, “前!” 未到匈奴陣二里所, 止, 令曰, “皆下馬解鞍!” 其騎曰, “虜多且近, 即有急, 奈何?” 廣曰, “彼虜以我為走. 今皆解鞍以示不走, 用堅其意.” 於是胡騎遂不敢擊. 有白馬將出, 護其兵. 李廣上馬, 與十餘騎奔, 射殺白馬將而復還, 至其騎中解鞍, 令士皆縱馬臥. 是時會暮, 胡兵終怪之, 不敢擊. 夜半時, 胡兵亦以為漢有伏軍於旁, 欲夜取之, 胡皆引兵而去. 平旦, 李廣乃歸其大軍.

秋, 七月, 辛亥晦, 日有食之.

自郅都之死, 長安左右宗室多暴犯法. 上乃召濟南都尉南陽寧成為中尉. 其治效郅都, 其廉弗如. 然宗室·豪桀皆人人惴恐.

城陽共王喜薨.

한경제 후後원년(BC 143)

1) 봄 정월, 조서를 내렸다.

“옥사는 중요한 일이다. 사람 가운데 똑똑한 사람과 어리석은 사람이 있고, 관원도 위아래가 있다. 옥사를 결정한 것에 대해 의심할 만한 것이 있으면 유사에게 판결하게 하고, 유사가 판결할 수 없는 것은 이를 정위에게 판결하게 하라. 거기서 내려진 판결이 마땅하지 않아도 판결한 사람이 잘못한 것으로 인정하지 않는다. 이는 옥사를 처리하는 사람에게 먼저 관용에 힘쓰게 하려는 것이다.”

2) 3월, 천하에 사면령을 내렸다.

3) 여름, 5일 동안 술을 마시는 대포大酺를 허용하고 민간에서 술을 팔게 했다.[85]

4) 5월 9일, 지진이 났다. 상용上庸호북성 죽산현에서 지진이 22일간이나 계속돼 성곽과 담장이 무너졌다.

5) 가을 7월 20일, 승상인 유사劉舍가 면직됐다.

6) 7월 29일, 일식이 있었다.

7) 8월 15일, 어사대부 위관衛綰이 승상, 위위衛尉인 남양南陽 출신 직불의直不疑가 어사대부가 됐다.

당초 직불의는 낭관郎官으로 있었다. 하루는 같은 숙소에 있던 사람이 고향에 돌아갈 일이 있다고 속이면서 그 숙소 낭관의 돈을 훔쳐갔다. 낭관은 돈이 없어진 것을 알자 직불의에게 혐의를 두었다. 직불의는 그런 일이 있었다고 사과하며 자신의 물건을 팔아 돈을 상환했다. 나중에 고향에 갔다 오겠다던 사람이 돌아와 사과하며 돈을 돌려주자 돈을 잃었던 낭관은 크게 부끄러워했다. 이로 인해 낭관은 직불의를 어른답다고 칭찬하고, 이후 직불위는 점차 자리를 옮겨 중대부에 이르게 됐다.

또 어떤 사람이 조정에서 직불의를 비난하기를, 그가 형수를 범했다고 했다. 소문을 들은 직불의가 말했다.

"나는 형이 없소."

그러나 끝내 스스로 변명하지는 않았다.

8) 황제가 금중禁中으로 주아부를 불러 식사를 하사했다. 커다란 산적을 놓아두고 고기는 잘라놓지도 않고 게다가 젓가락도 놓여 있지 않았다. 주아부는 마음이 편치 않아 연회 주관 관원인 상석尙席을 돌아보며 젓가

85 기원전 147년 당시 가뭄으로 인해 금주령을 내린 바 있다.

락을 달라고 했다. 황제가 이를 보고 웃으며 물었다.

"이것이 그대에게 부족한 것은 아닌가.[86]"

이 말을 들은 주아부는 모자를 벗으며 황제에게 사죄했다. 황제가 말했다.

"일어나시오."

주아부가 종종걸음으로 나갔다. 황제가 눈으로 그를 보내며 말했다.

"이렇게 성을 내며 즐거워하지 않으니 유주幼主의 신하가 될 사람이 아니다."

얼마 후 주아부의 아들이 자기 부친을 위해 공관工官에게 갑옷과 방패 500벌을 사들여 장례 치를 준비를 시켰다. 그런데 그가 이 일을 한 용인庸人들을 고생시켜 놓고도 돈을 주지 않자, 용인들은 그가 조정의 물건을 몰래 사들인 것임을 알고 있고 원망한 나머지 그 아들을 고발했다. 그 사건이 주아부에까지 연루됐다. 그 내용이 보고되자 황제는 형리에게 내려 보내 그 일을 처리토록 했다. 형리가 주아부를 불러들여 일일이 적어가며 문책했으나 주아부는 아무런 대답도 하지 않았다. 황제가 그를 욕했다.

"너의 말은 필요 없다."

그러고는 명을 다시 내려 정위에게 내려 보냈다. 정위가 문책했다.

"군후君侯는 어찌하여 반역을 하려 한 것이오?"

주아부가 반문했다.

"신이 사들인 물건은 장사지낼 때 쓸 물건인데 어찌 반역이라는 말을 하는 것이오?"

86　이를 두고 실수로 젓가락을 놓지 않았다는 해석과 황제가 고의로 놓지 못하게 했을 가능성이 있다는 해석이 엇갈리고 있다. 대략 어느 경우든 '그래도 그대에게 부족한 것이 있는가'라고 문책하는 뜻이 담겨 있는 것으로 보는 게 타당할 것이다.

형리가 말했다.

"설사 살아서 땅 위에서 반역하려 하지 않았을지라도 죽어서 땅 속에서라도 반역하려 했을 것이다."

그러고는 형리가 그를 다루는 것이 더욱 급해졌다. 처음에 형리가 주아부를 체포할 때 주아부는 자진하려고 했지만 부인이 심하게 말렸던 까닭에 죽을 수가 없었다. 그러나 마침내 정위에게 사건이 인계되자 5일 동안 먹지 않고 있다가 피를 토하고 죽었다.

9) 이 해에 제금국의 애왕인 유불식이 죽었다.

* 孝景皇帝後元年

春, 正月, 詔曰, "獄, 重事也. 人有智愚, 官有上下. 獄疑者讞有司. 有司所不能決, 移廷尉. 讞而後不當, 讞後不為失. 欲令治獄者務先寬."

三月, 赦天下.

夏, 大酺五日, 民得酤酒.

五月, 丙戌, 地震. 上庸地震二十二日. 壞城垣.

秋, 七月, 丙午, 丞相捨免.

乙巳晦, 日有食之.

八月, 壬辰, 以御史大夫衛綰為丞相, 衛尉南陽直不疑為御史大夫. 初, 不疑為郎, 同捨有告歸, 誤持其同捨郎金去. 已而同捨郎覺亡, 意不疑, 不疑謝有之, 買金償. 後告歸者至而歸金, 亡金郎大慚. 以此稱為長者, 稍遷至中大夫. 人或廷毀不疑, 以為盜嫂, 不疑聞, 曰, "我乃無兄." 然終不自明也. 帝居禁中, 召周亞夫賜食, 獨置大胾, 無切肉, 又不置箸. 亞夫心不平, 顧謂尚席取箸. 上視而笑曰, "此非不足君所乎!" 亞夫免冠謝上, 上曰, "起." 亞夫因趨出. 上目送之曰,

"此鞅鞅, 非少主臣也." 居無何, 亞夫子為父買工官尚方甲楯五百被, 可以葬者. 取庸苦之, 不與錢. 庸知其盜買縣官器, 怨而上變, 告子, 事連汚亞夫. 書既聞, 上下吏. 吏簿責亞夫. 亞夫不對. 上罵之曰, "吾不用也!" 召詣廷尉. 廷尉責問曰, "君侯欲反何?" 亞夫曰, "臣所買器, 乃葬器也, 何謂反乎?" 吏曰, "君縱不欲反地上, 即欲反地下耳!" 吏侵之益急. 初, 吏捕亞夫, 亞夫欲自殺, 其夫人止之, 以故不得死, 遂入廷尉, 因不食五日, 歐血而死.

是歲, 濟陰哀王不識薨.

한경제 후2년(BC 142)

1) 봄 정월, 땅이 하루에 3번이나 움직였다.

2) 3월, 흉노가 안문雁門에 들어왔다. 태수인 풍경馮敬이 이들과 싸우다 죽었다. 거기車騎 부대와 전차와 기병 등으로 구성된 재관材官 부대를 동원시켜 안문에 주둔시켰다.

3) 봄, 이 해에 수확이 좋지 않아 내지內地에 있는 군郡에서는 양식을 말에게 먹이는 일을 금했다. 위반하면 그 집의 말을 몰수했다.

4) 여름 4월, 조서를 내렸다.

"무늬를 조각하는 일은 농사를 해치는 것이고, 비단에 수를 놓는 일은 여자의 길쌈을 해치는 것이다. 농삿일을 상하게 하는 것은 배고픔의 원인이고, 여자의 길쌈이 해침을 당하는 것은 추위의 근원이다. 배고프고 추운 것이 함께 이르면 망하지 않는 사람은 아주 적다. 짐이 친히 밭을 갈 것이고, 황후는 직접 뽕을 따서 종묘의 제사에 제물을 마련하고 제복祭服을 마련하는 것으로 천하 사람보다 앞장설 것이다. 공물을 받지 않을 것이고, 태관太官을 줄이고, 요역과 부세도 줄여 천하 사람들로 하여금 농잠에 힘쓰게 하고, 평소에 축적해 재해에 대비하게 하고자 한다. 또한 강한 사람은 약한 사람을 물리치지 말고, 많은 사람들은 적은 사람들에게 포학하게 대하지 말라. 노인들은 천수를 마치도록 하여 어린 사람과 고아는 장성할 수 있게 하라. 금년에는 수확이 좋지 못해 백성들의 식량이 모자랄 것이다. 그 허물이 어디에 있는가? 혹시 속이고 거짓으로 일하는 사람이 관원이 돼 뇌물을 받는 일이 저자에서 행해질 정도가 되고, 백성에게 약탈하며 만민의 재산을 침탈하는 것이 아닌가? 현승縣丞은 장리長吏인데 법을 간사하게 해석하여 도둑과 더불어 훔치니 이는 아주 말도 안 되는 일이다. 2천석의 녹질을 받는 관원에게 명하니 저마다 자신의 직책을 잘 닦아서 관직을 잘 지키지 않고 분명하지 못하여 어지럽히는 사람은 승상에게 보고하고, 그 죄를 받게 청하라. 천하에 포고하니 짐의 뜻을 모두 알게 하라."

5) 5월, 조서를 내려 재산이 4만 전 이상인 사람은 관원이 될 수 없게 했다.

6) 가을, 한재旱災가 있었다.

* 孝景皇帝後二年

春, 正月, 地一日三動.

三月, 匈奴入雁門, 太守馮敬與戰, 死. 發車騎·材官屯雁門.

春, 以歲不登, 禁內郡食馬粟. 沒入之.

夏, 四月, 詔曰, "雕文刻鏤, 傷農事者也. 錦繡纂組, 害女工者也. 農事傷則饑之本, 女工害則寒之原也. 夫饑寒並至而能亡為非者寡矣. 朕親耕, 後親桑, 以奉宗廟粢盛·祭服, 為天下先. 不受獻, 減太官, 省繇賦, 欲天下務農蠶, 素有蓄積, 以備災害. 強毋攘弱, 衆毋暴寡. 老者以壽終, 幼孤得遂長. 今歲或不登, 民食頗寡, 其咎安在? 或詐偽為吏, 以貨賂為市, 漁奪百姓, 侵牟萬民. 縣丞, 長吏也. 奸法與盜盜, 甚無謂也! 其令二千石各修其職. 不事官職·秏亂者, 丞相以聞, 請其罪. 布告天下, 使明知朕意.” 五月, 詔貲算四得官.

秋, 大旱.

한경제 후3년(BC 141)

1) 겨울 10월, 일식과 월식이 있었다. 해와 달이 붉게 물든 것이 5일이나 이어졌다.

2) 12월 그믐, 천둥이 쳤다. 해는 자색紫色이 됐고, 오성五星은 역행하여 천자의 궁정에 비유되는 성좌인 태미太微로 들어갔다. 달은 천정天廷의 가운데를 관통했다.

3) 봄 정월, 조서를 내렸다.

“농사는 천하의 근본이다. 황금이나 구슬, 옥은 주렸을 때 먹을 수 없고 추울 때 입을 수 없으나 그것들이 화폐로 쓰인다고 생각해 이를 언제 사용해야 하고 언제 사용하지 말아야 할지 모르고 있다. 이 몇 년 동안 백성들의 수확이 좋지 못했는데 그것은 상업에 종사하는 사람이 많고, 농민이 적다는 것을 말하는 것이다. 군국郡國들로 하여금 힘써 농상農桑에 힘쓰도록 하고, 나무를 더욱 많이 심어 입고 먹을 물건을 얻을 수 있게 하라. 만일 관원으로서 민간에게 쓸 것을 취하거나, 황금과 구슬, 옥을 채집하는 사람이 있으면 이는 도적질한 죄로 다스릴 것이다. 2천석의 녹질을 받는 관직을 가진 사람 가운데 이런 일을 묵인해준 사람에게도 같은 죄를 줄 것이다.”

4) 1월 17일, 황태자의 관례를 치렀다.

5) 1월 27일, 황제가 미앙궁에서 나이 48세로 붕어했다. 태자가 황제에 올랐다. 나이는 16세였다. 황태후 두씨를 ‘태황태후’, 황후 왕씨를 ‘황태후’로 높였다.

6) 2월 6일, 효경황제를 양릉陽陵에 모셨다.

7) 3월, 황태후 왕씨의 동모이부同母異父 동생인 전분을 무안후武安侯로 삼고, 전승을 주양후周陽侯로 삼았다.

반고班固가 『한서』에서 찬贊했다.

"공자가 『논어』에서 말하기를, '백성을 부릴 때는 사사로움이 없어야 한다. 이는 백성들이 이미 하·은·주 3대三代에 바른 도를 행한 바가 있기 때문이다'[87]라고 했다. 이 말은 믿을 만하다. 주나라와 진나라의 폐단은 법망이 조밀하고 정령이 엄했으나, 그럼에도 간사한 일을 벌이는 사람이 헤아릴 수 없었던 것이다. 그러나 한나라가 일어나서 번거롭고 가혹한 것들을 소제해 백성들과 더불어 휴식했다. 효문제 시대에 이르러 더욱 공손하고 검소했다. 효경제 때도 이런 사업을 받들었다. 50-60년 사이 풍속이 편하게 바뀌었고, 백성들이 순박해졌다. 주나라 시대에는 성군成王과 강왕康王을 말한다면 한나라 때에는 문제와 경제가 훌륭하다고 말한다."

8) 한나라가 일어났을 때에는 진나라의 폐단을 이어받았으므로 할 일이 아주 많고 재물은 궁핍했다. 천자가 타는 수레를 끄는 말조차도 네 마리의 색깔이 같을 수 없었고, 장군이나 승상도 때로는 소가 끄는 수레를 탔다. 일반백성들은 덮을 것도 없었다. 천하가 평정되자 한고제가 상인들로 하여금 비단을 입거나 수레를 타지 못하게 했다. 또 조세를 무겁게 하여 그들을 곤란하게 하고 욕을 보였다.

효혜제와 고후 시절에 천하가 처음으로 안정되자 다시 상고商賈에 대

---

87 원문은 '사민야斯民也, 삼대지소이직도이행야三代之所以直道而行也'이다. 『논어』「위령공」에서 인용한 것이다. 공자가 말하기를, "내가 다른 사람을 대하면서 누구를 헐뜯고 누구를 높이겠는가? 만일 내가 높인 적이 있다면 이는 시험해 본 바가 있기 때문일 것이다. 백성을 부릴 때는 사사로움이 없어야 한다. 이는 백성들이 이미 하·은·주 3대에 바른 도를 행한 바가 있기 때문이다."라고 했다.

한 법률이 해이해졌다. 그러나 시정市井의 자손들은 역시 벼슬하는 관원이 될 수 없었다. 관원의 녹질을 헤아리고, 관청의 용도를 재어 백성들에게 세금을 부과했다. 그러나 산천山川, 원지園池, 시정市井에서 들어오는 수입은 위로는 천자에서부터 아래로 탕목읍을 가진 봉군封君에 이르기까지 모두 각자의 사사로움을 위해 쓰이는 것이었고, 천자가 있는 조정으로 들어가는 경비가 아니었다. 산동지역의 속粟이 조운漕運을 통해 경사에 있는 여러 관청에 전달되는 것은 1년에 수십만 석에 지나지 않았다. 이어 효문제와 효경제는 깨끗하고 검소하여 천하를 편안하게 돌보아 70여 년간 국가에 큰 일이 없었고, 수재와 한재를 만나지 않아 백성들은 집집마다 풍족했다. 도시건 시골이건 창고는 모두 꽉 차 있었고, 정부의 창고에도 재화가 넘쳤다. 경사에는 거만의 금이 쌓였으나 돈을 꿰는 끈이 낡아 다 헤아릴 수 없을 정도였다.

태창太倉의 곡식은 묵고 묵어 밖에다 노적露積할 정도로 넘쳤다. 미처 다 먹을 수 없어 부패했다. 평민들이 사는 크고 작은 골목에도 말들이 있었고, 전야田野 가운데 말들이 무리를 이루게 되자 암말을 타는 사람은 모임에 참가할 수도 없었다. 여염을 지키는 사람도 기름진 고기를 먹었고, 관원이 된 사람도 옮길 염려 없이 자손만 기르면 됐다. 관청에 있는 사람은 관명官名을 성姓으로 불렀다. 사람들마다 스스로 아끼고 법을 어기는 것을 무겁게 여겼다. 의를 먼저 행하고 굴욕 받을 짓은 뒤로 했다.

그러나 이 시대에는 백성들은 부유했고, 법망이 관대하여, 쓰고 넘친 재물로 교만함을 더해 때로 겸병兼併했고, 토호의 무리들이 향곡鄕曲을 무단武斷하기에 이르렀다. 종실에도 토지가 있었고, 공·경·대부 이하 모든 사람들이 다투듯 사치했다. 집과 수레, 복장들이 모두 제 임의로 윗사람의 수준을 뛰어넘어 한도가 없었다. 만물은 성하면 쇠퇴한다. 실로 모든 것은 변한다. 이후로 효무제는 안으로는 지극히 사치하여 돈을 허비하고 밖으로는 이적夷狄을 물리치는 전쟁을 일으켜 천하는 쓸쓸해지고 재력도 소모됐다.

＊ 孝景皇帝後三年

冬, 十月, 日月皆食, 赤五日.

十二月晦, 雷. 日如紫. 五星逆行守大微. 月貫天廷中.

春, 正月, 詔曰, "農, 天下之本也. 黃金·珠·玉, 饑不可食, 寒不可衣, 以為幣用, 不識其終始. 間歲或不登, 意為末者眾, 農民寡也. 其令郡國務勸農桑, 益種樹, 可得衣食物. 吏發民若取庸采黃金·珠·玉者, 坐贓為盜. 二千石聽者, 與同罪."

甲寅, 皇太子冠.

甲子, 帝崩於未央宮. 太子即皇帝位, 年十六. 尊皇太后為太皇太后, 皇后為皇太後.

二月, 癸酉, 葬孝景皇帝於陽陵. 三月, 封皇太后同母弟田蚡為武安侯, 勝為周陽侯.

班固贊曰, "孔子稱曰, '斯民也, 三代之所以直道而行也' 信哉! 周·秦之敝, 罔密文峻, 而奸軌不勝, 漢興, 掃除煩苛, 與民休息. 至於孝文, 加這以恭儉. 孝景遵業. 五六十載之間, 至於移風易俗, 黎民醇厚. 周雲成·康, 漢言文·景, 美矣!"

漢興, 接秦之弊, 作業劇而財匱, 自天子不能具鈞駟, 而將相或乘牛車, 齊民無藏蓋. 天下已平, 高祖乃令賈人不得衣絲·乘車, 重租稅以困辱之. 孝惠·高後時, 為天下初定, 復馳商賈之律. 然市井之子孫, 亦不得仕宦為吏. 量吏祿, 度官用, 以賦於民. 而山川·園池·市井租稅之入, 自天子以至於封君湯沐邑, 皆各為私奉養焉, 不領於天下之經費. 漕轉山東粟以給中都官, 歲不過數十萬石. 繼以孝文·孝景,清淨恭儉, 安養天下, 七十餘年之間, 國家無事, 非遇水旱之災, 民則人給家足. 都鄙廩庾皆滿, 而府庫餘貨財. 京師之錢累巨萬, 貫朽而不可校. 太倉之粟陳陳相因, 充溢露積於外, 至腐敗不可食. 眾庶街巷有馬, 而阡陌之間成群, 乘字牝者擯而不得聚會. 守閭閻者食粱肉, 為吏者長子孫, 居官者以為姓號. 故人人自愛而重犯法, 先行義而後絀辱焉. 當此之時, 罔疏而民富, 役財驕溢, 或至兼併. 豪黨之徒, 以武斷於鄉曲. 宗室有土, 公·卿·大夫以下, 爭於奢侈, 室廬·輿服僭於上, 無限度. 物盛而衰, 固其變也. 自是之後, 孝武內窮侈靡, 外攘夷狄, 天下蕭然, 財力耗矣!

권17-한기漢紀 9: 유학을 관학으로 삼다

한무제漢武帝 **건원**建元 **원년**(BC 140)[88]

1) 겨울 10월, 조서를 내려 현량하고 방정하며 직언하고 극간極諫하는 선비를 천거토록 하고, 옛날과 오늘날의 잘 다스리는 치도治道에 대해 황제가 친히 물었다. 대답한 사람이 100여 명이다. 그 가운데 광천廣川하북성 조강현 출신 동중서董仲舒가 대답했다.

"도라는 것은 국가를 다스리는 데 나아가야 할 길을 말합니다. 인·의·예·악은 모두 그런 것들을 갖췄습니다. 성군은 죽어도 자손들이 오래가고, 안녕함도 수백 세를 가는데, 이는 모두 예악으로 교화한 공로 때문입니다. 무릇 모든 군주는 편히 있기를 바라지만 정치가 혼란해지고 나라가 위태로워지는 경우가 실로 많습니다. 책임을 맡은 사람이 그 일에 적당한 사람이 아니고, 일에 종사하는 방법이 그에 적합한 도를 시행하지 않으니 이 때문에 정치가 날로 기울어져 멸망하는 것입니다. 무릇 주나라의 도는 주유왕周幽王과 주여왕周厲王 때 쇠퇴했습니다. 도가 없었던 것이 아니라 유왕과 여왕이 그 도를 좇지 않았던 것입니다. 그러다가 주선왕周宣王 때에 이르러서 돌아가신 왕들의 덕을 생각해 막힌 것을 일으키고 없어진 것

88 건원建元은 역사상 최초로 등장한 연호年號이다. 일본만 유일하게 21세기 현재까지 연호를 사용하고 있다.

을 보충해 문왕과 무왕의 공로와 업적을 밝혀 주나라의 도를 찬연하게 부흥시켰습니다. 이는 밤낮으로 쉬지 않고 선을 시행하여 이뤄진 것입니다. 공자가 『논어』「위령공」에서 이르기를, '사람은 도를 넓힐 수 있으나 도는 사람을 넓힐 수 없다'고 했습니다. 나라가 잘 다스려지느냐 어지러워지느냐, 쓰러지느냐 하는 것은 자신에게 달려 있습니다. 하늘에서 천명이 내려와 위반할 수도 없는 것은 아닙니다. 조정하는 행위가 그릇되면 통수권을 잃을 것입니다. 군주가 된 사람은 마음을 바르게 하여 조정을 올바르게 이끌어야 합니다. 조정이 올바르고 나서야 백관이 올바르게 되고, 백관이 올바르고 나서야 만백성이 올바르게 됩니다. 사방이 올바르게 되면 멀고 가까운 곳의 사람들이 감히 올바름으로 통일되지 않을 수 없고, 사악한 기운이 그 사이에서 간사하게 할 수 없습니다. 이로써 음양은 순조로워지고, 비와 바람이 때를 맞춰 내리고, 뭇 생명들과 만백성들이 자라고 여러 복된 물건들이 나타나는 상서로움이 멈추지 않으니 이것이 왕도의 끝입니다. 공자는 '봉조鳳鳥가 오지 않고, 황하에서 하도河圖가 나오지 않고 있으니 내가 이제 그만둘까 보다'라고 말한 바 있습니다.[89] 이 말은 자신이 쌓은 덕은 이런 징표가 되는 물건이 올 만하지만 자신이 비천하여 오지 않음을 슬퍼한 것입니다. 지금 폐하는 귀하시어 천자가 됐습니다. 부유하

---

89 원문은 '봉조부지鳳鳥不至, 하불출도河不出圖, 오이의부吾已矣夫'이다. 『논어』「헌문」의 구절을 인용한 것이다. 이는 『공자가어』 등에 나오는 일화로, 역사적 사실과 동떨어져 있다. 전설에 따르면 순임금 때 봉황이 조정에 날아오고, 주문왕 때 봉황이 기산岐山에서 크게 울고, 전설상의 삼황 가운데 한 사람인 복희씨 때는 황하에서 용마龍馬가 도서圖書를 짊어지고 출현했다고 한다. '봉조'와 '하도' 모두 성인의 출현을 예고하는 상서祥瑞이다. 당시 군왕의 성덕聖德을 상징하는 봉황과 용마의 출현은 길조로 여겨졌으나 공자는 이런 기적을 믿지 않았다. 이 장은 후세인의 의도적인 삽입으로 짐작된다. 봉조와 하도 모두 점술과 관련이 깊다. 공자가 다른 곳에서 이를 언급한 예가 전혀 없다. 20세기 초 고사변파古史辨派의 거두 고힐강顧頡剛은 『논어』 가운데 공자가 초자연적인 것을 언급한 것은 이 대목이 유일하다며 후세인에 의한 위문僞文일 공산이 크다고 지적했다.

기로 말하면 사해를 다 가졌고, 이런 상서로운 물건을 가질 수 있는 지위에 있습니다. 또한 상서로운 물건을 가질 수 있는 세력을 가졌고, 상서로운 물건을 오게 할 만한 자질을 가졌습니다. 행하는 일은 높고 은덕은 두텁고, 지혜는 밝고 가진 뜻은 아름답고, 백성을 사랑하고 선비를 좋아하는 것이 의로운 군주라고 할 만합니다. 그런데도 천지가 아직 감응하지 않고, 아름답고 상서로움이 아직 이르지 않은 것은 무엇 때문입니까? 아직 교화를 확립하지 않아 만백성이 바르지 않기 때문입니다. 무릇 만민들이 이로움만 좇는 것은 마치 물이 아래로 흘러내려가는 것과 같아 교화를 통해 이를 막지 않으면 이런 풍조를 중지시킬 수가 없습니다. 옛 군주들은 이것에 밝았습니다. 남쪽을 향해 앉아 천하를 다스리면서 교화시키는 것을 커다란 임무로 생각하지 않은 적이 없습니다. 나라에 태학太學을 세워 가르치고 읍에는 상서庠序를 만들어 교화시키니, 점차 백성들이 인仁에 물들었습니다.[90] 백성들을 마땅함으로 어루만지며 예로써 절도 있게 했습니다. 그 형벌이 매우 가벼웠는데도 법을 범하지 않았던 것은 교화가 시행돼 습속이 아름다워졌기 때문입니다. 성군은 어지러운 시대를 이어받았을 때에는 그 어지러운 흔적을 모두 없애고 다시금 교화하여 이를 높이 일으키는 것입니다. 교화하여 이미 밝게 됐고, 습속이 이미 완성되면 자손들도 이를 좇을 터이니 500-600년을 시행할지라도 실패하지 않을 것입니다. 그러나 진나라는 먼저 있었던 성인들의 도를 없애고 몹시 궁색한 통치를 행했습니다. 나라를 세운 지 14년 만에 망했고, 그것이 남겨놓은 독소의 매서움은 오늘날까지도 없어지지 않고 있습니다. 습속은 경

90 『맹자』에 따르면 옛날 집에는 숙塾이라는 사설 교육기관이 있었고, 500호 정도의 마을인 당黨에는 상庠, 5개현으로 이뤄진 수遂에는 서序, 국國에는 학學이 있었다고 한다.

박하고 악해졌고, 인민들은 시끄럽고 완고해졌고, 법을 어기고 교화를 거절하는 데 익숙해진 것이 이처럼 심해졌습니다. 비유를 하면 비파와 거문고의 소리가 조화를 이루지 못하면 심한 경우 악기의 끈을 풀어 다시 고쳐야 뜯을 수 있습니다. 국가가 잘 다스려지는 일이 시행되지 않으면 심한 경우에는 이를 다시 만들어야 이내 이치에 맞게 됩니다. 한나라가 천하를 얻은 이후 늘 잘 다스리려고 해왔으나 오늘날에 이르러서도 잘 다스려지지 않고 있는 것은 다시 교화해야 마땅한 것을 잃어버리고 다시 교화시키지 못했기 때문입니다. 신이 듣건대 성군이 천하를 다스릴 때에는 백성들로 하여금 젊어서는 이를 익혀 배우게 하고, 자라서는 그 재주로 여러 자리에 일하면서 작위와 녹질을 가지고 그 덕을 함양하게 하고, 악인에게는 형벌로써 위엄을 보여야 한다고 했습니다. 그리하면 백성들은 예禮와 의誼에 밝아지고, 윗사람을 범하는 것을 부끄럽게 생각합니다. 주무왕이 대의大誼를 시행해 잔적들을 평정하고, 주공이 예악을 만들어 그들을 빛나게 했습니다. 주성군과 주강왕이 다스려 융성할 때에는 죄인을 가두는 영어囹圄가 40여 년 동안이나 텅 비어 있었습니다. 이는 백성들을 교화해 인의仁誼가 점점 스며들어 흘러내리게 한 것이니, 그저 피부만 상하게 하는 형벌을 통해 나타난 효과가 아닙니다. 진나라 때에 이르러서는 그러하지 못했습니다. 신불해申不害와 상앙商鞅의 법을 스승으로 삼고, 한비자의 설대로 시행하고, 제왕의 도를 싫어하고, 욕심 많은 이리 같은 습속을 만들었습니다. 도한 명목상으로만 책임지면서 실제를 살피지 않으니 선을 행하는 사람이 반드시 면죄되지도 않고 악을 범하는 자가 반드시 형을 받지도 않았습니다. 많은 관원들이 헛된 말로 겉치장만 한 채 사실은 돌아보지 않고 겉으로는 군주를 섬기는 예제禮制를 갖고 있으되 속으로는 윗사람을 배신하는 마음을 갖고 있었습니다. 거짓을 만들고 속이고 이익을 좇으면서도 수치심이 없었습니다. 이리하여 형벌을 받는 자는 많아지고, 죽는 자도 줄을 이었고, 간사함이 끊이지를 않아 세속화됐습니다. 지금 폐하는 천하를 아울러 가졌으니 이끌어 복종하지 않는 사람이 없지만 공로를 백성들에게 베풀지 않는다면 아직 왕도를 그들에게 베풀지 않은 것입니다. 증자曾子는 말하기를, '들은 바를 존중하면 고명高明해지고, 아는 바를 실행하면 빛이 커진다. 고명하고 광대해지는 것은 다른 데 있지 않고, 여기에 뜻을 더해 주는 데 있을 뿐이다'라고 했습니다. 원컨대 폐하가 들은 바를 써 안으로 정성을 다해 이를 실행한다면 삼왕三王 하우, 상탕, 주문·무왕과 무엇이 다르겠습니까? 평소 선비를 기르지 않고 똑똑한 사람을 찾으려 한다면 이는 마치 옥을 다듬지 않고 그것이 광채를 갖기를 바라는 것이라고 할 수 있습니다. 선비를 기르는 방법 가운데 태학을 세우는 것보다 큰 것은 없습니다. 태학이란 똑똑한 선비들을 기르는 곳이고 교화를 시키는 근본입니다. 지금 군과 국에 조서를 내려 응하는 사람이 없다면 이는 왕도가 끊긴 것입니다. 부디 태학을 일으키고, 밝은 스승을 두어 천하의 선비를 기르고, 수차례 시험을 보고 물어보아 그들이 가진 재주를 다 발휘하게 하십시오. 그러면 뛰어난 사람들을 얻을 수 있을 것입니다. 오늘날의 군수와 현령은 백성들의 스승이니 이들로 하여금 이런 덕의 흐름을 이어받아 교화하게 하십시오. 가르치는 스승이 똑똑하지 못하면 주상의 덕이 전파되지 못하고, 은택도 흘러나오지 못합니다.

오늘날 관원들은 아랫사람들에게 이미 교훈을 줄 수 없게 됐고, 주상의 법을 이어받아 쓰지도 못하고, 포학하고 간사한 자들과 장사를 합니다. 가난하고 외롭고 약한 백성은 원통하게 고생하며 일자리를 잃고 있으니 폐하의 뜻에 크게 맞지 않습니다. 음양이 뒤섞이고 흉한 기운이 가득 차 있고, 많은 사람들이 끝까지 보살핌을 받지 못하고, 여민黎民은 다 구제되지 못하고 있습니다. 모두 고위 관원인 장리長吏들이 밝지 못하기 때문에 여기에 이르게 된 것입니다. 무릇 장리는 대부분 300석의 궁정 금위관인 낭중郎中과 600석의 궁정 금위관인 중랑中郎, 2천석의 녹질을 받은 태수 등의 고위관원 자제 가운데 선발하고, 낭리郎吏를 선발할 때는 재산을 갖고 뽑기 때문에 이들이 반드시 똑똑하지만은 않습니다. 옛날에 이른바 공로라고 하면 관원으로 임명돼 얼마나 직책을 잘 수행하느냐로 차이를 두었지 얼마나 오랫동안 했느냐를 말하지 않았습니다. 재주가 적은 사람은 비록 오래 있었다고 해도 낮은 관직을 떠나지 못했고, 똑똑한 재목의 사람은 비록 오래되지 않아도 황제를 보좌하는 데 방해되지 않았습니다. 그렇기 때문에 유사는 힘과 지혜를 다해 자신의 업무를 처리하고, 힘써 공로를 세웠습니다. 그러나 지금은 그렇지 않습니다. 날짜만 쌓이면 직책이 올라가고 직책을 오래 맡기만 하면 높은 관직에 이르니 염치는 없어지고 똑똑한 사람과 불초한 사람이 구별되지 않고, 진실을 가릴 수가 없습니다. 신은 어리석으나 여러 열후와 군수, 2천석의 녹질을 받는 관원으로 하여금 각기 그가 관할하는 곳에서 관원이나 백성 가운데 똑똑한 사람을 골라 1년에 2명씩 뽑아 올려 숙위토록 함으로써 대신들의 능력을 보십시오. 똑똑한 사람을 뽑아 올린 사람에게는 상을 내리고, 불초한 사람을 뽑아 올린 사람에게는 벌을 주십시오. 그러면 2천석의 녹질을 받는 관원들은 모두 마음을 다해 똑똑한 사람을 찾을 것이고, 천하의 선비들을 얻어 관원으로 일을 시킬 수가 있을 것입니다. 널리 천하의 똑똑한 사람을 얻는다면 삼왕 시대의 번성함도 쉽게 이룰 수 있고, 요순과 같은 명예도 얻을 수 있을 것입니다. 세월만 갖고 공로를 세웠다고 하지 말고, 실제로 현명하고 능력 있는지를 시험해보는 것을 제일로 삼으십시오. 또한 재주를 헤아려 관직을 주고 덕행을 기록해 자리를 정해주면 청렴한 사람과 수치스러운 일을 하는 사람이 다른 길을 가게 되고, 현명한 사람과 불초한 사람이 한 곳에 있지 않게 될 것입니다. 신이 듣건대, 적은 것이 모여 많은 것이 이룩되고, 작은 것이 쌓여 큰 것이 된다고 했습니다. 성인은 어두운 사람을 밝게 하고, 미세한 것을 드러나게 합니다. 요堯가 제후들 가운데 발탁되고, 순舜이 깊은 산 속에서 일어난 배경입니다. 이는 하루 만에 이뤄지는 게 아니라 조금씩 이르는 것입니다. 말은 자신에게서 나오는 것이라 막을 수가 없습니다. 행동도 몸에서 시작돼 가릴 수가 없습니다. 그러나 말과 행동은 다스려야 할 것 가운데 큰 것이니 이것이 군자가 천지를 움직이는 까닭입니다. 적은 일이 다하여 큰 것이 되고, 작은 것을 신중히 하여 드러나는 것입니다. 착한 일을 자기 몸에 쌓는 것은 마치 해가 조금씩 길어지지만 이를 사람들이 모르는 것과 같습니다. 또한 악한 일을 자기 몸에 쌓아가는 것은 마치 기름에 불을 붙여 태우는 것과 같습니다. 이것이 당요唐堯의 나라·우순虞舜의 나라가 아름다운 명예를 얻는 이유이고, 하나라의 걸桀과 은나라의 주紂를 보고는 사람들이 그리 될까 슬퍼하며 두려워하게 된 것입니다. 무릇 즐겁지만 음란하지 않고, 다시 한다 해도 싫지 않은 것이 도입니다. 도는 만세를 가도 폐단이 없습니다. 만일 폐단이 생겼다면 그것은 도를 잃었기 때문입니다. 선왕의 도가 한쪽으로 치우쳐 쓰이지 않는 곳이 있기 때문에 정치가 밝게 드러나지 못하고 시행되지 못한 것입니나. 그 치우친 것을 드러내어 폐단을 보충하면 됩니다. 삼왕의 도가 그 근원은 다르나 그것이 상반된 것은 아닙니다. 그것들은 모두 넘치는 것을 구하고 쇠약한 것을 부축하려는 것인데 다만 당면했던 것이 달라졌기 때문에 그렇게 보이는 것입니다. 공자가 이르기를, '어떠한 간섭도 하지 않음으로써 다스린 분이 순임금이다'라고 했습니다. 그는 정삭正朔을 고치고, 복색을 바꿔 천명을 좇았을 뿐입니다. 그 나머지는 모두 요임금의 도를 따랐지 무엇을 바꿨습니까? 왕이 된 사람은 제도의 명칭을 고쳐도 도의 알맹이를 변경시키지 말아야 합니다. 그러나 하나라가 충忠을 존중했고, 은나라가 경敬을 숭상했고, 주周 왕조가 문文을 숭상한 것은 계승한 것을 구제하기 위해 마땅히 이런 방법을 써야 했기 때문입니다. 공자가 이르기를, '은나라는 하나라 때의 예를 근본으로 삼아 덧붙이거나 뺐다는 것을 알 수 있다. 주나라는 은나라 때의 예를 근본으로 삼아 덧붙이거나 뺐다는 것을 알 수 있다. 혹 주나라를 계승하는 사람도 비록 100세가 지난다 해도 그 원리는 알 수 있다'고 했습니다. 이는 100명이나 되는 왕이 있다고 해도 이 3왕의 예를 근본으로 한다고 말한 것입니다. 하나라는 우왕 때의 정사를 근본으로 삼았지만 덜고 늘린 것을 말하지 않았으니 그 도는 하나이고, 윗대의 것과 같습니다. 도의 커다란 근원은 하늘에서 나온 것이고, 하늘이 변치 않으면 도도 변치 않습니다. 우는 순을 이어받고, 순은 요를 이어받았습니다. 이들 삼왕은 서로 받아들여 하나의 도를 지켰고, 고쳐야 할 폐단이 없는 정치를 했으므로 그것에서 손익을 말하지 않았습니다. 이로써 살펴보면 잘 다스려지던 시대를 이어받으면 그 도를 같이 하고, 어지러운 시대를 이어받으면 그 도를 바꾼 것입니다. 지금 우리 한나라는 크게 혼란한 시대의 뒤를 이어받았으므로 마땅히 주나라 시대의 문치文治를 조금 덜어내고 하나라 시대의 충忠의 정책을 채용해야 할 것입니다. 무릇 옛날의 천하도 오늘날의 천하이고, 다 같은 천하입니다. 그런데 옛 것을 기준으로 삼아 오늘날을 보면 어찌하여 서로의 차이가 이렇게 멀단 말입니까? 어찌하여 어그러지고 쇠락해가는 것이 이와 같습니까? 옛날의 도에서 잃어버린 것이 있다는 말입니까? 하늘의 이치에 어그러진 것이 있기 때문입니까? 무릇 하늘도 또한 나눠 준 것이 있습니다. 이빨을 준 것에게는 뿔을 주지 않고, 날개를 준 것에는 발 두 개만을 붙여주었으니 이는 크게 쓰일 것을 받았다면 적게 쓰일 것은 갖지 못하게 한 것입니다. 옛날에 준 녹祿이라는 것은 힘을 사용해 밥을 먹지 않게 하려 했던 것으로 다른 말업末業에 종사하지 말하는 것입니다. 이는 큰 것을 받은 사람은 작은 것을 얻을 수 없게 한 것으로 하늘의 뜻과 같습니다. 이미 큰 것을 받고도 작은 것까지 노리는 사람은 하늘도 못

마땅해 할 것인데 하물며 사람들이야 말할 것이 있겠습니까? 이것이 백성들이 길거리에서 원망하며 모든 것이 부족해 고생하게 된 이유가 됩니다. 몸은 군주의 총애를 받아 높은 자리에 앉아 있고, 집안은 따뜻하고, 후한 녹질을 받아먹는 사람이 부유함과 귀한 신분을 이용해 그 자금과 힘으로 백성과 더불어 아래에서 이익을 다툰다면 백성이 어떻게 그처럼 할 수 있겠습니까? 그리되면 백성들의 삶은 날로 깎이고 달로 움츠러들어 몹시 궁색해집니다. 부자는 사치가 넘쳐흐르게 되고 빈자는 더욱 궁색해져 급하고 근심스러운 고통을 당하게 됩니다. 백성들이 삶을 즐기지 못하니 어찌 죄짓는 일을 피할 수 있겠습니까? 이것이 바로 형벌이 많아지는 까닭이고, 간사한 사람이 헤아릴 수 없이 많아지는 까닭입니다. 천자와 대부가 된 사람은 백성들이 본받으려는 사람으로, 사방 먼 곳에서 바라보고 있습니다. 가까운 자는 직접 보고 그를 모방하고, 멀리 있는 자도 그를 본받으려 하는데 어찌하여 현인의 지위에 있으면서 서민의 행동을 하려는 것입니까? 급히 재물의 이익을 찾으며 늘 궁핍하게 될까 두려워하는 것은 서민들의 생각입니다. 급히 인의仁義를 찾아 늘 백성들을 교화시키지 못할까 두려워하는 것이 대부가 가져야 할 뜻입니다. 『주역』「해괘解卦」의 육삼六三 효사爻辭에 이르기를, '재물을 지고서 수레를 타면 도적이 온다'고 한 이유입니다. 수레를 타는 사람은 군자의 자리에 있는 사람입니다. 짐을 짊어지는 것은 소인이 해야 할 일입니다. 이는 군자의 자리에 있으면서 서민의 행동을 하는 자에게는 환란과 화가 반드시 닥쳐올 것이라는 말입니다. 만일 군자의 지위에 있으면서 군자의 행동을 한다면 공의휴公儀休가 노나라 재상이 돼 한 일 이외에 더 할 수 있는 일은 없을 것입니다.[91] 『춘추』의 대일통大一統 개념은 천지의 변하지 않는 진리로 옛날부터

91 노나라 재상이 된 공의휴가 집에서 비단을 짜고 있는 자기 부인을 보고 노하여 나

오늘날까지 통하는 이치입니다.[92] 그런데 지금 스승들은 서로 다른 도를 말하고, 사람들은 다른 이론을 말하고, 백가百家는 저마다 다른 방향에서 말하여 지향하는 뜻이 다릅니다. 위에서 일통一統을 유지할 수가 없어 법률과 제도가 수차례 바뀌고, 아랫사람들은 무엇을 지켜야 할지 모르는 지경에 이르렀습니다. 신은 어리석으나 육예六藝[93]의 과목과 공자의 학술에 들어 있지 않은 것은 모두 그 도를 끊어 아울러 나아가지 못하게 하여야 치우치거나 옳지 않은 학설이 없어진다고 생각합니다. 그런 후에야 통치기강이 하나가 될 수 있고, 법률과 제도가 밝아지고 백성들은 무엇을 좇을지 알게 될 것입니다."

천자가 이 대책을 마음에 들어 했다. 곧 동중서를 강도江都강소성 양주시의 재상으로 삼았다. 회계會稽강소성 소주시에 사는 장조莊助도 현량으로서 대책을 올렸다. 천자가 발탁해 중대부로 삼았다. 승상인 위관衛綰이 상주했다.

"각지에서 천거된 현량 가운데 혹 신불해나 한비자, 소진蘇秦, 장의張儀의 언론을 공부한 사람은 국정을 어지럽히는 사람이니 청컨대 모두 파직시키기 바랍니다."

왔다. 부인이 정원에 있는 채소로 밥을 먹는 것을 보고 화를 내며 채소를 다 뽑아버렸다. 이어 일갈하기를, '나는 이미 녹을 받아 밥을 먹고 있는데 정원에서 일할 사람의 일거리를 빼앗고 길쌈하는 여자의 이익을 빼앗았다'고 했다.

92 '대일통'의 개념은 『춘추공양전』에서 나온 것으로 봉건국들은 모두 중앙정부의 통제를 받아야 하고 독자적인 행동을 할 수 없다는 뜻이다. 동중서는 『춘추공양전』을 깊이 연구한 까닭에 늘 '대일통' 학설을 인용했다.

93 육예六藝는 크게 2가지 뜻이 있다. 첫째, 사인士人이 갖춰야 할 6가지 기능을 가리킨다. 『주례周禮』「보씨保氏」에 따르면 겸양할 줄 하는 예절인 예禮, 음악을 이해하는 악乐, 활을 쏘는 사射, 말을 모는 어御, 글을 쓰는 서书, 숫자를 세는 수数가 그것이다. 둘째, 유가의 6가지 경전을 말한다. 『시경詩經』과 『서경書經』, 『예기禮記』, 『역경易經』, 『춘추春秋』, 『악경樂經』이 그것이다. 여기서는 두 번째 의미로 사용된 것이다.

천자는 이 상주가 옳다고 여겼다.

원래 동중서는 젊어서 『춘추』를 공부해 경제 때 박사가 됐다. 그는 나아가고 물러서며, 받아들이고 그만 두는 것에서 예가 아니면 행하지 않아 학자들이 모두 그를 스승으로 삼고 존경했다. 그가 강도국의 재상이 되자 역왕易王[94]을 섬기게 됐다. 역왕은 황제의 형이라 평소 교만하며 혈기 있고 용감한 행동을 좋아했다. 동중서가 예를 가지고 바르게 고쳐주자 역왕도 그를 존경하고 중히 여겼다.

2) 봄 2월, 사면령을 내렸다.

3) 삼수전三銖錢을 통용시켰다.

4) 여름 6월, 승상인 위관이 면직됐다.

6월 7일, 위기후인 두영을 승상, 무안후인 전분을 태위太尉로 삼았다. 황제는 유가의 학술을 좋아했고, 두영과 전분 모두 유가의 학술을 좋아했다. 대군代郡하북성 울현의 조관趙綰을 추천해 어사대부御史大夫, 난릉蘭陵산동성 봉현의 왕장王藏을 궁정 금위 총책인 낭중령郎中令으로 삼았다.

조관은 황실 행사의 집회당인 명당明堂을 세워 제후들을 여기에서 조근하게 하라고 했다. 또한 그의 스승인 신공申公을 추천했다. 가을 천자가 사자로 하여금 속백束帛에 옥을 덧붙이고, 존경을 표하기 위해 4마리 말이 이끄는 안거安車를 이끌고 가 신공을 영접하게 했다. 이 사람이 도착해 천자를 알현하자 천자는 어떻게 하면 천하를 잘 다스릴 수 있고 또 어떻게 하면 혼란이 일어나는지 물었다. 신공은 나이가 80세였다. 그가 대답했다.

"백성을 다스리는 위치자為治者는 다언多言을 행하기보다는 어떻게 힘

94 강도국의 역왕易王은 한무제의 형인 유비劉非를 가리킨다. 늘 옛 것을 새롭게 바꾸는 것을 좋아해 역易이라는 시호가 붙었다.

써 실천하는 역행力行을 생각해야 합니다."

이때 천자는 화려한 말씨를 좋아했으므로 신공의 대답을 듣고 아무 말도 하지 않았다. 그러나 이미 초청을 했으므로 태중대부로 삼아 장안에 있는 노나라 초대소인 노저魯邸에 머물며 명당을 건립하는 일과 순수巡狩하는 일, 역서曆書 고치는 일, 복색에 관한 일을 의논케 했다.

5) 이 해에 내사內史인 영성甯成이 죄를 지어 머리털을 깎이고, 목에 쇠고랑을 찼다.

** 起重光赤奮若, 盡強圉協洽, 凡七年.

* 世宗孝武皇帝建元元年

冬, 十月, 詔舉賢良方正直言極諫之士, 上親策問以古今治道, 對者百餘人. 廣川董仲舒對曰, "道者, 所繇適於治之路也, 仁·義·禮·樂, 皆其具也. 故聖王已沒, 而子孫長久, 安寧數百歲, 此皆禮樂教化之功也. 夫人君莫不欲安存, 而政亂國危者甚眾. 所任者非其人而所繇者非其道, 是以政日以僕滅也. 夫周道衰於幽·厲, 非道亡也, 幽·厲不繇也. 至於宣王, 思昔先王之德, 興滯補敝, 明文·武之功業, 周道粲然復興, 此夙夜不懈行善之所致也. 孔子曰, '人能弘道, 非道弘人' 故治亂廢興在於己, 非天降命, 不可得反. 其所操持悖謬, 失其統也. 為人君者, 正心以正朝廷, 正朝廷以正百官, 正百官以正萬民, 正萬民以正四方. 四方正, 遠近莫敢不壹於正, 而亡有邪氣奸其間者, 是以陰陽調而風雨時, 群生和而萬民殖, 諸福之物, 可致之祥, 莫不畢至, 而王道終矣! 孔子曰, '鳳鳥不至, 河不出圖, 吾已矣夫!' 自悲可致此物, 而身卑賤不得致也. 今陛下貴為天子, 富有四海, 居得致之位, 操可致之勢, 又有能致之資. 行高而恩厚, 知明而意美, 愛民而好士, 可謂誼主矣. 然而天地未應而美祥莫至者, 何也? 凡以教化不立而萬民不正也. 夫萬民之從利也, 如水之走下, 不以教化堤防之, 不能止也. 古之王者明於此, 故南面而治天下, 莫不以教化為大務. 立太學以教於國, 設癢序以化於邑, 漸民以仁, 摩民以誼, 節民以禮, 故其刑罰甚輕而禁不犯者, 教化行而習俗美也. 聖王之繼亂世也, 掃除其跡而悉去之, 復修教化而崇起之. 教化已明, 習俗已成, 子孫循之, 行五六百歲尚示敗也. 秦滅先聖之道, 為苟且之治, 故立十四年而亡, 其遺毒餘烈至今未滅, 習俗薄惡, 人民嚚頑, 抵冒殊扞, 熟爛如此之甚者也. 竊譬之, 琴瑟不調, 甚者必解而更張之, 乃可鼓也. 為政而不行, 甚者必變而更化之, 乃可理也. 故漢得天下以來, 常欲治而至今. 不可善治者, 失之於當更化而不更化也.

臣聞聖王之治天下也, 少則習之學, 長則材諸位, 爵祿以養其德, 刑罰以威其惡, 故民曉於禮誼而恥犯其上. 武王行大誼, 平殘賊, 周公作禮樂以文之. 至於成·康之隆, 囹圄空虛四十餘年. 此亦教化之漸而仁誼之流, 非獨傷肌膚之效也. 至秦則不然, 師申·商之法, 行韓非之說, 憎帝王之道, 以貪狼為俗, 誅名而不察實, 為善者不必免而犯惡者未必刑也. 是以百官皆飾虛辭而不顧實, 外有事君之禮, 內有背上之心, 造偽飾詐, 趨利無恥, 是以刑者甚眾, 死者相望, 而奸不息, 俗化使然也. 今陛下並有天下, 莫不率服, 而功不加於百姓者, 殆王心未加焉. 『曾子』曰, '尊其所聞, 則高明矣. 行其所知, 則光大矣. 高明光大, 不在於它, 在乎加之意而已' 願陛下因用所聞, 設誠於內而致行之, 則三王何異哉! 夫不素養士而欲求賢, 譬猶不琢玉而求文采也. 故養士之大者, 莫大虖太學. 太學者, 賢士之所關也, 教化之本原也. 今以一郡·一國之眾對, 亡應書者, 是王道往往而絕也. 臣願陛下興太學, 置明師, 以養天下之士, 數考問以盡其材, 則英俊宜可得矣. 今之郡守·縣令, 民之師帥, 所使承流而宣化也. 故師帥不賢,則主德不宣, 恩澤不流. 今吏既亡教訓於下, 或不承用王上之法, 暴虐百姓, 與奸為市, 貧窮孤弱, 冤苦失職, 甚不稱陛下之意. 是以陰陽錯繆, 氛氣充塞, 群生寡遂, 黎民未濟, 皆長吏不明使至於此也! 夫長吏多出於郎中·中郎·吏二千石子弟, 選郎吏又以富訾, 未必賢也. 且古所謂功者, 以任官稱職為差, 非謂積日累久也. 故小材雖累日, 不離於小官, 賢材雖未久, 不害為輔佐, 是以有司竭力盡知, 務治其業而以赴功. 今則不然, 累日以取貴, 積久以致官, 是以廉恥貿亂, 賢不肖渾殽, 未得其真. 臣愚以為使諸列侯·郡守·二千石各擇其吏民之賢者, 歲貢各二人以給宿衛, 且以觀大臣之能. 所貢賢者有賞, 所貢不肖者有罰. 夫如是, 諸吏二千石皆盡心於求賢, 天下之士可得而官使也. 遍得天下之賢人, 則三王之盛易為, 而堯·舜之名可及也. 毋以日月為功, 實試賢能為上, 量材而授官, 錄德而定位, 則廉恥殊路, 賢不肖異處矣!

臣聞眾少成多, 積小致巨, 故聖人莫不以晻致明, 以微致顯. 是以堯發於諸侯, 舜興虖深山, 非一日而顯也, 蓋有漸以致之矣. 言出於己, 不可塞也. 行發於身, 不可掩也. 言行, 治之大者, 君子之所以動天地也. 故盡小者大, 慎微者著. 積善在身, 猶長日加益而人不知也. 積惡在身, 猶火銷膏而人不見也. 此唐·虞之所以得令名而桀·紂之可為悼懼者也. 夫樂而不亂, 復而不厭者, 謂之道. 道者, 萬世亡敝. 敝者, 道之失也. 先王之道, 必有偏而不起之處, 故政有眊而不行, 舉其偏者以補其敝而已矣. 三王之道, 所祖不同, 非其相反, 將以救溢扶衰, 所遭之變然也. 故孔子曰, '無為而治者其舜乎!' 改正朔, 易服色, 以順天命而已. 其餘盡循堯道, 何更為哉! 故王者有改制之名, 亡變道之實. 然夏上忠, 殷上敬, 周上文者, 所繼之救當用此也. 孔子曰, '殷因於夏禮, 所損益可知也. 周因於殷禮, 所損益可知也. 其或繼周者, 雖百世可知也’ 此言百王之用, 以此三者矣. 夏因於虞, 而獨不言所損益者, 其道一而所上同也. 道之大原出於天, 天不變, 道亦不變, 是以禹繼舜, 舜繼堯, 三聖相受而守一道, 亡救敝之政也, 故不言其所損益也. 由是觀之, 繼治世者其道同, 繼亂世者其道變. 今漢繼大亂之後, 若宜少損周之文, 致用夏之忠者. 夫古之天下, 亦今之天下, 共是天下, 以古准今, 壹何不相逮之遠也! 安所繆盭而陵夷若是? 意者有所失於古之道與, 有所詭於天之理與? 夫天亦有所分予予之齒者去其角, 傅其翼者兩其足, 是所受大者不得取小也. 古之所予祿者, 不食於力, 不動於末, 是亦受大者不得取小, 與天同意者也. 夫已受大, 又取小, 天不能足, 而況人虖! 此民之所以囂囂苦不足也. 身寵而載高位, 家溫而食厚祿, 因乘富貴之資力以與民爭利於下, 民安能如之哉! 民日削月朘, 浸以大窮. 富者奢侈羡溢, 貧者窮急愁苦. 民不樂生, 安能避罪! 此刑罰之所以蕃而奸邪不可勝者也. 天子大夫者, 下民之所視效, 遠方之所四面而內望也. 近者視而放之, 遠者望而效之, 豈可以居賢人之位而為庶人行哉! 夫皇皇求財利, 常恐乏匱者, 庶人之意也. 皇皇求仁義, 常恐不能化民者, 大夫之意也.『易』曰, ‘負且乘, 致寇至’ 乘車者, 君子之位也. 負擔者, 小人之事也. 此言居君子之位而為庶人之行者, 患禍必至也. 若居君子之位, 當君子之行, 則捨公儀休之相魯, 無可為者矣. “『春秋』大一統者, 天地之常經, 古今之通誼也. 今師異道, 人異論, 百家殊方, 指意不同, 是以上無以持一統, 法制數變, 下不知所守. 臣愚以為諸不在六藝之科·孔子之術者, 皆絕其道, 勿使並進, 邪辟之說滅息, 然後統紀可一而法度可明, 民知所從矣!”

天子善其對, 以仲舒為江都相. 會稽莊助亦以賢良對策, 天子擢為中大夫. 丞相衛綰奏曰, “所舉賢良, 或治申·韓·蘇·張之言亂國政者,請皆罷.” 奏可. 董仲舒少治『春秋』, 孝景時為博士, 進退容止, 非禮不行, 學者皆師尊之. 及為江都相, 事易王. 易王, 帝兄, 素驕, 好勇. 仲舒以禮匡正, 王敬重焉.

春, 二月, 赦.

行三銖錢.

夏, 六月, 丞相衛綰免. 丙寅, 以魏其侯竇嬰為丞相, 武安侯田蚡為太尉. 上雅向儒術, 嬰·蚡俱好儒, 推轂代趙綰為御史大夫, 蘭陵王臧為郎中令. 綰請立明堂以朝諸侯, 且薦其師申公. 秋, 天子使使束帛加璧·安車駟馬以迎申公. 既至, 見天子. 天子問治亂之事, 申公年八十餘. 對曰, “為治者不至多言, 顧力行何如耳.” 是時, 天子方好文詞, 見申公對, 默然, 然已招致, 則以為太中大夫, 捨魯邸, 議明堂·巡狩·改歷·服色事.

是歲, 內史寧成抵罪髡鉗.

한무제 건원 2년(BC 139)

1) 겨울 10월, 회남왕 유안劉安이 와서 조근했다. 황제는 유안이 숙부뻘인 데다 재주가 많아 그를 몹시 존중했다. 매번 연회가 있을 때마다 그와 더불어 얘기를 나누다가 저녁 늦게 파했다.

유안은 무안후인 전분을 좋아했다. 유안이 입조入朝할 때면 무안후는 그를 파상霸上섬서성 남전현에서 영접했다. 하루는 말했다.

“황제에게 태자가 없고, 왕은 고황제의 친손자이고 인의를 실천한다고 천하에 소문이 나 있습니다. 궁궐의 수레가 하루는 안가晏駕를 하는 날에 왕이 아니면 누구를 세운단 말입니까?”

유안이 크게 기뻐하며 전분에게 금전과 재물을 후하게 주었다.

2) 태황태후太皇太后 두씨는 황로黃老의 학설을 좋아하고, 유가의 학

술을 좋아하지 않았다. 조관은 황후가 거처하는 미앙궁 동쪽의 장락궁인 동궁東宮에 모든 일을 보고하지 말라고 청했다. 두태후가 대로했다.

"이 자가 다시 신원평新垣平 같은 놈이 되려고 하는구나!"

그러고는 몰래 뒷조사를 하여 조관과 왕장이 간사한 이익에 관여했다는 사실을 알아낸 뒤 황제를 나무랐다. 황제는 명당 세우는 일을 폐하고, 일으키던 여러 일들을 모두 폐했다. 조관과 왕장을 옥리에게 내려 보내자 이들은 모두 자진했다. 승상인 두영과 태위인 전분은 면직되고, 신공 역시 병으로 면직돼 고향으로 돌아갔다.

당초 경제 때 태자태부 석분石奮과 그의 네 아들은 모두 2천석의 녹질을 받는 직위에 있었다. 그 집 문중의 녹질을 다 합쳐 석분을 '만석군萬石君'이라고 불렀다. 만석군은 글을 배운 바는 없었으나 공손하고 조심하는 데에서는 그와 비교할 자가 없었다. 자손들은 소리小吏였으나 집에 돌아와 부자가 만날 때에도 만석군은 반드시 조복朝服을 입고 만났다. 그들의 이름을 부르지도 않았다.

자손에게 과실이 있으면 나무라는 대신 옆방에 앉아 밥상을 마주한 채 먹지를 않았다. 그런 다음 여러 아들들이 서로 잘못을 지적하게 하고, 그 제일 윗사람이 웃옷을 벗고 사죄한 뒤 이를 고치고 나서야 이내 밥을 먹었다. 자손 중에 관례를 치른 사람이 옆에 있으면 비록 한가하게 있는 때라 할지라도 반드시 관을 썼다.

또한 상례를 집행할 때에는 슬퍼하며 심히 애도를 했다. 자손들은 그의 가르침을 준행해 모두 효자로 군국에 두루 소문이 났다. 조관과 왕장이 글재주로 인해 죄를 얻은 데다 두태후가 유자儒者란 글재주는 많으나 질박함이 적다고 말하던 차에 지금 만석꾼 집안에서 말없이 몸소 실천하자 황제는 이내 그의 맏아들 석건石建을 낭중령, 작은 아들 석경石慶을 내사內史로 삼았다.

석건은 황제의 옆에 있을 때에도 말씀드릴 것이 있으면 사람들이 곁에 없을 때 간절하고 절실하게 말했다. 조정에 가서는 마치 말을 할 수 없는 사람처럼 굴었다. 황제가 그를 가까이 한 이유다. 석경이 태복이 돼 황제를 모시고 궁궐을 나가는데 황제가 수레를 끄는 말이 몇 마리냐고 물어보았다. 석경은 채찍으로 말의 수를 다 세고 나서 손을 들어 말했다.

"6마리입니다."

석경은 만석군의 여러 아들 중에서도 가장 간단히 말하는 사람이다.

두영과 전분은 면직돼 후의 신분으로 집에 머물러 있었다. 하지만 전분은 직임을 맡고 있지는 않았으나 왕태후의 동생이어서 황제가 친하게 생각했기 때문에 수차례 일에 관해 말하면 효과를 보았다. 사士와 이吏 가운데 이익을 좇는 사람들은 모두 두영을 떠나 전분에게로 가니 전분은 날로 횡포해졌다.

3) 봄 2월 1일, 일식이 있었다.

4) 3월 9일, 태상太常인 백지후柏至侯 허창許昌을 승상으로 삼았다.

5) 당초 당읍후堂邑侯인 진오陳午는 한경제 전7년 당시 황제의 고모인 관도공주館陶公主 유표劉嫖와 결혼했다. 황제가 태자가 되는 일에 관도공주가 힘이 돼 준 일이 있었다. 그런 연유로 황제는 진오의 딸을 태자비로 삼았다. 태자가 황제에 즉위하게 되자 그 태자비가 황후가 됐다. 두태주竇太主[95]는 그 공을 믿고 구하고 청해도 만족할 줄 몰라 황제는 이를 걱정했다.

게다가 황후는 교만하고 질투가 많았다. 총애를 혼자 다 받으면서도 아들을 두지 못했다. 황후는 의원에게 9천만 전을 주면서 아들을 잉태코

95 두패주竇太主는 두황후의 딸 유표를 말한다. 유표는 진오에게 시집을 가 낳은 딸을 한무제에게 시집보낸 까닭에 한무제의 장모이자 고모가 된다.

자 애썼으나 끝내 아들을 두지 못했다. 황후에 대한 총애가 식어갔다.

황태후가 황제에게 말했다.

"네가 새로 황제에 즉위했는데 대신들이 아직 다 복종하지 않고 있다. 게다가 저번에 명당을 세우는 일로 태황태후가 노한 바 있다. 지금 황후의 모친이며 고모인 장공주長公主까지 거스르면 반드시 무거운 죄를 얻게 될 것이다. 여자들의 성격이란 쉽게 즐거워하니 이를 고려해 신중하게 처신하라."

황제는 장공주와 황후에게 다시금 조금씩 은혜를 더해주었다.

황제가 파상에서 제사를 마치고 돌아오던 날 누이인 평양공주平陽公主의 집에 들르게 됐다. 황제는 그곳에서 노래를 부르는 위자부衛子夫를 보고 한눈에 좋아하게 됐다. 위자부의 모친인 위오衛媼[96]는 평양공주 집안의 비첩婢妾이다. 평양공주는 위자부를 궁궐로 보냈다. 황제가 그녀에게 은혜를 내려주고 총애하는 일이 날로 많아졌다. 진황후가 이 소식을 듣고는 대로해 거의 죽게 된 일이 수차례 있었다. 이 일로 인해 황상도 황후에게 더욱 정이 떨어졌다.

원래 위자부의 동생인 위청衛靑의 부친 정계鄭季는 평양현平陽縣의 하급관원이었는데 평양공주의 남편인 평양후 조수曹壽의 집에 급사로 있다가 위오와 사사로이 통정을 하여 위청을 낳았고, 성을 위씨로 했다.

위청은 자라서 이 평양후 집의 말 담당 노복이 됐다. 대장공주 유표가 위청을 잡아 가두고 그를 죽이고자 했다. 위청의 친구인 공손오公孫敖와 여러 장사들이 그를 탈취해 구해냈다. 이 소식을 들은 황제는 이내 위청

---

96 위오衛媼의 '오'를 흔히 '온'으로 읽고 있으나 이는 속음俗音이다. 현대 중국어 발음 역시 '아오ao'이다. 뜻은 우리말의 '아주머니'에 가깝다. '오'와 짝이 되는 것은 '아저씨'의 뜻에 가까운 옹翁이다. 여기서는 비첩 가운데 나이 많은 사람을 가리키는 말로 사용됐다.

을 불러 건장궁감建章宮監 겸 시중으로 삼고, 상으로 며칠 사이에 수천 금을 주었다. 그리고 다시 위자부를 황후 밑의 후궁인 부인夫人으로 삼고 위청을 태중대부로 삼았다.

6) 여름 4월, 해와 같은 별이 밤중에 나타났다.

7) 처음으로 무제의 능묘를 관할하는 무릉읍武陵邑섬서성 흥평현 동북쪽을 설치했다.

8) 이때 대신들 가운데 논의에 참여한 사람들 대부분 효경제 때 조조鼂錯가 죽은 것은 억울하다고 생각했다. 그들은 제후왕들을 꺾어 누르기에 힘써 수차례 제후들의 과실과 악행을 상주했다. 터럭을 불어 허물을 찾아내듯 제후의 신하들을 잡아다 태장을 때려 자기 군왕의 죄를 증명하게 했다. 제후왕들 가운데 슬퍼 원망하지 않는 자가 없었다.

* 世宗孝武皇帝建元二年

冬, 十月, 淮南王安來朝. 上以安屬為諸父而材高, 甚尊重之, 每宴見談語, 昏暮然後罷.

安雅善武安侯田蚡, 其入朝, 武安侯迎之霸上, 與語曰, "上無太子, 王親高皇帝孫, 行仁義, 天下莫不聞. 宮車一日晏駕, 非王尚誰立者!" 安大喜, 厚遺蚡金錢財物.

太皇竇太后好黃·老言, 不悅儒術. 趙綰請毋奏事東宮. 竇太后大怒曰, "此欲復為新垣平邪!" 陰求得趙綰·王臧奸利事, 以讓上. 上因廢明堂事, 諸所興為皆廢. 下綰·臧吏, 皆自殺. 丞相嬰·太尉蚡免, 申公亦以疾免歸.

初, 景帝以太子太傅石奮及四子皆二千石, 乃集其門, 號奮為"萬石君." 萬石君無文學, 而恭謹無與比. 子孫為小吏, 來歸謁, 萬石君必朝服見之, 不名. 子孫有過失, 不責讓, 為便坐, 對案不食. 然後諸子相責, 因長老肉袒謝罪, 改之, 乃許. 子孫勝冠者在側, 雖燕居必冠. 其執喪, 哀戚甚悼. 子孫遵教, 皆以孝謹聞乎郡國. 及趙綰·王臧以文學獲罪, 竇太后以為儒者文多質少, 今萬石君家不言而躬行, 乃以其長子建為郎中令, 少子慶為內史. 建在上側, 事有可言, 屛人恣言極切, 至廷見, 如不能言者. 上以是親之. 慶嘗為太僕, 御出, 上問車中幾馬, 慶以策數馬畢, 擧手曰, "六馬." 慶於諸子中最為簡易矣.

竇嬰·田蚡既免, 以侯家居. 蚡雖不任職, 以王太后故親幸, 數言事多效. 士吏趨勢利者, 皆去嬰而歸蚡, 蚡日益橫.

春, 二月, 丙戌朔, 日有食之.

三月, 乙未, 以太常柏至侯許昌為丞相.

初, 堂邑侯陳午尚帝姑館陶公主嫖, 帝之為太子, 公主有力焉, 以其女為太子妃, 及即位, 妃為皇后. 竇太主恃功, 求請無厭, 上患之. 皇后驕妒, 擅寵而無子, 與醫錢凡九千萬, 欲以求子, 然卒無之. 後寵浸衰. 皇太后謂上曰, "汝新即位, 大臣未服, 先為明堂, 太皇太后已怒. 今又忤長主, 必重得罪. 婦人性易悅耳, 宜深慎之!" 上乃於長主·皇后復稍加恩禮.

上祓霸上, 還, 過上姊平陽公主, 悅謳者衛子夫. 子夫母衛媼, 平陽公主家僮也. 主因奉送子夫入宮, 恩寵日隆. 陳皇后聞之, 恚, 幾死者數矣. 上愈怒.

子夫同母弟衛青, 其父鄭季, 本平陽縣吏, 給事侯家, 與衛媼私通而生青, 冒姓衛氏. 青長, 為侯家騎奴. 大長公主執囚青, 欲殺之. 其友騎郎公孫敖與壯士篡取之. 上聞, 乃召青為建章監·侍中, 賞賜數日間累千金. 既而以子夫為夫人, 青為太中大夫.

夏, 四月, 有星如日, 夜出.

初置茂陵邑.

時大臣議者多冤晁錯之策, 務摧抑諸侯王, 數奏暴其過惡, 吹毛求疵, 笞服其臣, 使證其君. 諸侯王莫不悲怨.

한무제 건원 3년(BC 138)

1) 겨울 10월, 대왕代王 유등劉登과 장사왕 유발劉發, 중산왕 유승劉勝, 제천왕 유명劉明이 와서 조근했다. 황제가 마련한 술자리에서 음악소리를 들은 유승이 눈물을 흘렸다. 황제가 그 연고를 묻자 그는 이렇게 대답했다.

"슬픔이 있는 사람은 비탄한 음악을 여러 번 들을 수 없고, 슬픔을 생각하는 사람은 탄식 소리를 더는 들을 수 없습니다. 지금 신의 마음에 맺혀 있는 것이 오래돼 신도 모르게 매번 아주 작은 소리만 들어도 눈물이 흘러내립니다. 신은 황제의 폐부 같은 은혜를 입어 동쪽의 번국을 맡게 됐고, 또한 형으로 불림을 받았습니다. 반면 군신들은 황상에게는 갈대 정도의 친함도 새의 깃털만큼도 친하거나 중하지 않은 사람들입니다. 그런데 그들이 당黨을 만들어 의논하고 서로 친구로 삼으면서 무릇 종실 사람들을 내치니 마치 골육 속에 얼음이 녹아드는 듯해 신의 마음이 아픕니다."

그러면서 관원들이 제후들을 침해한 일을 모두 보고했다. 그 말을 들은 황제가 제후에 대한 예를 매우 두텁게 하자 유사들이 제후들에 대한 일을 상주하는 일이 줄어들었고 친친親親의 은혜가 더해졌다.[97]

2) 황하의 물이 평원군平原郡산동성 평원현에서 범람했다.

---

97 '친친'은 인仁을 베풀 때 가까운 사람부터 시작해야 한다는 유가의 기본이론이다. 이런 수양의 외연을 확장하면 이내 사해四海까지 넓혀져 '인'이 궁극에 달하는 '사해동포四海同胞'가 이뤄질 수 있다고 보았다. 이는 『예기』「예운」에서 말하는 이른바 '대동大同'의 또 다른 표현이다.

3) 큰 기근이 들어 사람들이 서로 잡아먹었다.

4) 가을 7월, 서북쪽에 혜성인 패성孛星이 나타났다.

5) 양효왕의 아들인 제천왕濟川王하남성 진류현 유명劉明이 사부師傅 밑의 중부中傅를 살해한 죄에 연루돼 방릉房陵호북성 방현으로 축출됐다.

6) 7국의 난에서 패할 때 오왕의 아들 유구劉駒는 민월閩越로 도주했다. 그는 동구東甌절강성 영가현가 피난 온 자기 부친 오왕을 죽였다고 늘 원망하면서 민월에게 동구를 치라고 권했다. 민월이 그 말을 좇아 군사를 동원해 동구를 포위했다. 동구에서 급히 사람을 천자에게 보내 이를 보고했다.

천자가 이를 전분에게 묻자 전분이 대답했다.

"월 땅 사람들이 서로 공격하고 있는 것은 늘 있는 일입니다. 그런 일이 수차례 반복돼 진나라 때부터는 포기하고 신하의 나라로 귀속시키지 않았습니다. 중원에 있는 나라가 번거롭게 가서 구원해 줄 일은 아닌 듯합니다."

장조莊助가 말했다.

"다만 힘이 모자라 구원해줄 수 없을까 걱정할 일이고, 은덕으로 그들을 덮어주지 못할까 걱정할 뿐이지, 실로 할 수만 있다면 무슨 이유로 그들을 포기해야 한단 말입니까? 진나라로 말하면 그들의 수도인 함양咸陽조차 버리고 말았는데 어찌 월 땅만 그랬겠습니까? 지금 작은 나라가 곤란하고 급박한 사정이 돼 급하다고 보고했습니다. 천자가 구원하지 않는다면 앞으로 그들은 누구에게 하소연하겠습니까? 또한 황제가 어찌 만국을 아들로 삼을 수 있겠습니까?"

황제가 말했다.

"태위太尉[155]와는 더불어 계책을 세울 수가 없소. 내가 즉위한 지 얼마 되지 않았으나 호부虎符를 내어 여러 군이나 제후국들에게 군사를 징발하고 싶지는 않소."

이후 장조를 파견해 부절을 갖고 회계會稽강소성 소주시로 가 군사를 동원케 했다. 회계 태수가 법규에 어긋난다면 군사를 징발하지 않자 장조는 한 명의 사마를 목 벤 뒤 황제의 뜻을 전했다.[99] 이내 군사를 동원해 바다를 건너 동구를 구원하려고 했다. 구원군이 아직 이르지도 않았는데 민월은 이미 파병했던 군사를 철수했다. 동구에서 나라 전체를 안으로 옮겨 살게 해달라고 청하여 이내 그 무리들을 모두 장강과 회하 사이로 이사오게 했다.

7) 9월 30일, 일식이 있었다.

8) 황제는 즉위하면서 문학文學에 재주 있고 지혜가 있는 선비들을 선발해 순서를 가리지 않고 좋은 대우를 해주었다. 사방에서 선비들이 너도나도 서신을 올려 시비손익是非損益을 말했다. 스스로 자신의 뛰어남을 내세우는 사람이 수천 명이나 됐다. 황제는 그 가운데 준수하고 특이한 자들을 뽑아 그들을 채용해 총애했다.

장조莊助가 가장 먼저 뽑혔고, 그 뒤로는 오 땅 출신인 주매신朱買臣, 조 땅 출신인 오구수왕吾丘壽王, 촉 땅 출신인 사마상여司馬相如, 평원平原산동성 평원현 출신인 동방삭東方朔, 오 땅 출신인 매고枚皐, 제남濟南산동성 역성현 출신인 종군終軍 등을 찾아냈다.

이들은 모두 황제의 주위에서 매번 대신들과 변론을 했다. 내외에서 의리에 관한 글을 써 상응하자 대신들이 여러 번 굴복했다. 사마상여는 특히 사부辭賦를 갖고 총애를 받았다. 동방삭과 매고는 자신의 지론을 갖고

98 당시 전분은 아직 태위太尉의 자리에 오르지 못한 까닭에 '태위' 호칭은 잘못된 말이다.

99 지방군이나 제후국 군사 징발 시 반드시 호부를 사용했다. 이 경우 부절만 가지고 갔으므로 규정에 어긋난 것이다.

있지는 않았으나 해학을 좋아해 황제가 이들을 배우俳優로 길러주며 수차례 상을 내려주었다. 그럼에도 그들에게는 끝내 어떤 직책도 맡기지 않았다. 또한 동방삭은 황제의 얼굴빛을 보고 그때그때 직언으로 간하여 보탬이 됐다.

이 해에 황제는 처음으로 미행微行[100]을 시작했다. 북쪽으로는 지향池陽섬서성 경양현에 갔고, 서쪽으로는 황산黃山섬서성 흥평현에 갔고, 남쪽으로는 장양長楊섬서성 주지현에서 사냥을 했고, 동쪽으로는 의춘궁宜春宮섬서성 서안시에 가서 유람을 했다. 이어 좌우의 말 타며 활 잘 쏘는 시위侍衛들과 미복微服 차림으로 궁정의 문인 전문殿門에서 은밀히 만나기로 약속했다.[101] 늘 밤중에 사냥을 나가서는 자신을 자부姊夫인 평양후平陽侯 조수曹壽로 칭했다.

어느 때인가 날이 밝을 무렵 남산南山 아래에 이르렀다. 그곳에서 사슴과 돼지, 여우, 토끼 등을 사냥했다. 이때 농사짓는 땅으로 말을 달리자 백성들이 모두 큰소리로 꾸짖으며 욕을 했다. 호현鄠縣섬서성 호현과 두현杜縣섬서성 장안현의 수령이 이들을 잡으려고 했다. 황제 일행은 황제의 승여들을 보이고서야 이내 체포를 면할 수 있었다.

또 어느 때인가는 밤중에 백곡柏谷하남성 영보현에 이르러 여관에 투숙하게 됐다. 여관 주인에게 오래 끓인 좁쌀미음인 장수漿水를 달라고 하자 주인이 대답했다.

---

100 미행微行은 군주가 서민 복장인 미복微服을 하고 민정시찰에 나서는 것을 말한다. 당시 한무제는 19세였다.

101 원문은 여좌우능기사자기저전문與左右能騎射者期諸殿門이다. 황제와 수행하는 호위무사가 미행微行을 하기 위해 궁정의 문에서 은밀히 만나기로 약속했다는 뜻이다. 훗날 미복微服 차림으로 황제를 수행하는 사람을 두고 기문期門으로 칭하게 된 이유다. '기저전문期諸殿門'의 저諸는 지어之於의 준말로, '모두'를 가리키는 제諸의 뜻으로 새기면 안 된다.

"장수는 없고 내 오줌은 있다."

그는 황제를 간사한 도적쯤으로 의심해 은밀히 청년들을 불러 모아 공격코자 했다. 주인의 처가 황제의 면모를 보고 심상치 않게 여겨 남편을 말렸다.

"저 손님은 보통 사람이 아니에요. 방비도 하고 있으니 절대 해치지 마시오."

그러나 여관주인이 말을 듣지 않았다. 주인의 처는 남편에게 독한 술을 먹여 취하게 한 뒤 그를 결박했다. 청년들이 모두 흩어져 가버리고 나자 이내 여인은 손님에게 닭을 잡아 올리며 사과했다. 다음날 황제는 돌아온 뒤 여인에게 황금 1,000근을 하사하고 남편을 우림랑羽林郎으로 삼았다.

나중에 황제가 사사로이 옷을 갈아입을 수 있는 궁을 여러 곳에 설치했다. 선곡궁宣曲宮곤명지 서쪽 이남에 12곳이 있었다. 밤에는 장양궁長楊宮섬서성 주지현이나 오작궁五柞宮장양궁 동북쪽 등 여러 궁에 투숙했다.

황제가 이런 조치를 취했으나 그럼에도 길이 멀고 고생스럽고 또한 백성들의 걱정거리가 됐다. 이내 태중대부인 오구수왕을 시켜 아성阿城섬서성 서안시의 남부와 주질盩厔섬서성 주질현의 동부 땅, 의춘궁宜春宮의 서부에 있는 농지를 장부에 기재된 대로 그 값을 쳐주고 이를 상림원에 포함시켜 남산에 연결시켰다. 또한 중위中尉와 장안의 서부와 동부지역 총책인 좌우내사左右內史에게 조서를 내려 관할 땅 내에 있는 황폐한 전지를 조사한 뒤 호현과 두현의 백성들에게 보상토록 했다. 오구수왕이 처리한 내용을 보고하자 황제가 크게 기뻐하며 칭송했다.

동방삭이 옆에서 간했다.

"무릇 종남산終南山은 천하의 요새입니다. 한나라가 일어나 하내·하남·하동 등 삼하三河의 땅을 버리고 파수霸水와 산수滻水의 서쪽에 머물며 경수涇水와 위수渭水의 남쪽에 도읍을 정했습니다. 이곳은 큰 바다만큼 많은 물산이 나는 땅인 이른바 '육해지지陸海之地'입니다. 진나라도 이곳에 자리 잡았기 때문에 서융을 포로로 잡고, 산동 땅을 아우를 수 있었습니다. 그 산에서는 옥과 돌, 금, 은, 동, 철과 좋은 재목이 산출되고 있습니다. 수공업을 하는 수많은 사람들이 이런 것을 공급받고 있고, 많은 백성들이 이런 것들이 풍족하기를 바라고 있습니다. 또한 메벼인 갱秔을 비롯해 벼, 배, 밤, 뽕, 삼, 대나무가 풍요롭고, 땅은 생강과 토란을 심기에 적당하고, 물에는 개구리와 물고기가 많아 가난한 사람도 충분히 먹을 것을 얻을 수 있어 배고프고 추운 근심을 없애줍니다. 풍경酆京섬서성 호현과 주나라 도성이었던 호경鎬京섬서성 서안시 사이는 '기름진 땅'이라고 부르며 그 땅 값이 1무畝에 황금 1근이나 됩니다. 지금 구획을 그어 원苑으로 만들었습니다. 이는 연못과 물에서 나는 이로움을 끊어버리고 백성들의 기름진 땅을 빼앗은 것입니다. 위로는 국가에서 쓸 것이 부족해질 것이고, 아래로는 농업이나 잠업에 종사하는 사람들의 일터를 빼앗은 것입니다. 이것이 바로 그렇게 해서는 안 되는 첫 번째 이유입니다. 또한 가시덩굴을 무성하게 하여 여우와 토끼들이 사는 동산을 넓히고 큰 호랑이와 이리들의 터전이 되게 했으니 이로써 사람들의 무덤을 파헤치고 집을 허물어버리게 됐습니다. 어리고 약한 사람들은 옛날의 땅을 생각하고, 늙은 이들은 눈물 흘리며 슬퍼하게 한 것입니다. 이것이 그렇게 해서는 안 되는 두 번째 이유입니다. 다른 것을 다 쫓아낸 뒤 여기에 담을 쌓고 동산을 만들어 말을 타고 동서로 달리고, 수레를 타고 남북으로 치닫게 된다면 땅에 깊은 구덩이나 못을 파놓은 것과 같습니다. 무릇 하루의 즐거움을 찾다가 황제의 수레가 한없는 위험에 노출될 수도 있습니다.[102] 이것이 그렇

102 '하루의 즐거움'의 원문은 '일일지락一日之樂'이다. 곧 사냥을 의미한다. 황제의 수

게 해서는 안 되는 세 번째 이유입니다. 무릇 은나라 주왕紂王 때 궁 안에 장사를 하기 위해 꾸며 놓은 저잣거리인 구시九市를 만들자 제후들이 반란을 일으켰고, 초영왕楚靈王이 극히 호화로운 장화대章華臺호북성 감리현를 건조하자 초나라 백성들이 흩어졌습니다. 또한 진나라가 아방궁阿房宮을 짓자 천하가 혼란에 빠졌습니다. 이 분토糞土 같은 어리석은 신하가 큰 뜻을 거스르니 그 죄는 만 번 죽어도 마땅합니다."

황제가 이 말을 듣고는 동방삭을 태중대부 겸 급사중給事中에 임명하고 황금 100근을 하사했다. 그러나 끝내 상림원을 확장해 만드는 일은 애초에 오구수왕이 상주했던 것처럼 진행시켰다.

황제는 또한 곰이나 돼지를 공격하고, 말을 달려 들짐승 쫓기를 좋아했다. 사마상여가 상소를 올려 간했다.

"신이 듣건대, '만물은 같은 종류라 할지라도 서로 다른 능력을 갖고 있다'고 했습니다. 힘을 가지고 말하면 전국시대 진나라의 역사力士인 오획烏獲을 치고, 민첩하기로는 춘추시대 말기 오왕 요僚의 아들 경기慶忌를 치고, 용맹한 것으로는 전국시대의 역사인 맹분孟賁과 주나라 때의 역사인 하육夏育을 일컫습니다. 신의 어리석은 의견으로 가만히 보건대 사람뿐만 아니라 짐승 역시 그러하다고 생각됩니다. 지금 폐하는 험한 요새 땅을 오르고 맹수를 사냥하는 것을 좋아하는데 갑자기 아주 대단한 짐승과 우연히 맞닥뜨리게 되면 깜짝 놀라 안전을 기할 수 있는 땅을 확보할 수가 없을 것입니다. 혹여 폐하가 탄 수레를 범해 먼지를 일으킨다면 수레는 바퀴를 제대로 돌리지 못하게 되고, 사람들도 기교를 부릴 틈이 없습니다. 그러면 비록 오획이나 하나라 때의 전설적인 명궁名弓인 봉몽逢蒙의 기술을 갖고 있다 할지라도 써먹을 수가 없어 마치 고목이나 썩은 가

레가 위험에 처한다는 것은 동산을 달리다보면 전복될 수도 있음을 뜻한다.

지 넘어지듯 어려움에 빠지고 말 것입니다. 이리 되면 마치 북방의 호족이나 남방의 월족이 수레 아래에서 나타나고 이어 서쪽의 이적인 강족羌族과 북쪽의 호족胡族, 남쪽의 월족越族, 동쪽의 이족夷族 등이 수레 뒤 가로지른 나무 뒤에서 나타나는 것과 다를 바 없는데 어찌 위태롭지 않겠습니까? 비록 만전을 기해 걱정거리를 없앤다 해도 그런 곳은 본래 천자가 가까이 갈 곳이 못됩니다. 또한 길을 깨끗이 닦은 뒤 갈지라도 길에서 달리게 되면 도중에 때로는 말에 연결된 끈이 끊어지는 변고도 있을 수 있습니다. 하물며 풀이 무성한 구릉을 달리면서 앞에서 짐승을 잡는 즐거움만 생각하고 속으로 어떤 변고가 있을지도 모른다는 생각을 갖지 않으면 해로움이 닥치는 것은 어렵지가 않습니다. 무릇 만승의 몸이란 대단히 중한 것인데 이를 가벼이 생각하면 편안하고 즐겁지 않습니다. 외출했다가 만의 하나 위험한 일이 닥칠 수 있는데도 이를 오락으로 생각하면 신은 폐하를 위해 이런 일은 해서는 안 된다고 생각합니다. 대개 눈 밝은 사람은 싹이 나타나지 않을 때에 이미 먼 곳에서 보고, 지혜로운 사람은 위험이 아직 닥치지 않았을 때 그 위험을 피하는 법입니다. 화禍란 실로 대부분 미미한 곳에 숨겨져 있다가 사람들이 소홀한 틈을 타 나타납니다. 속담에 이르기를, '집 안에 천민 금을 쌓이 놓았다 해도 마루의 귀퉁이에는 앉지 않는다'고 했습니다. 이 말은 비록 작은 말이지만 큰 것에도 비유할 수 있는 것입니다."

황제가 이 말을 듣고 칭송했다.

＊ 世宗孝武皇帝建元三年

冬, 十月, 代王登·長沙王發·中山王勝·濟川王明來朝. 上置酒, 勝聞樂聲而泣. 上問其故, 對曰, "悲者不可為累欷, 思者不可為歎息. 今臣心結日久, 每聞幼眇之聲, 不知涕泣之橫集也. 臣得蒙肺附為東藩, 屬又稱兄. 今群臣非有葭莩之親·鴻毛 之重, 群居黨議, 朋友相為, 使夫宗室擯卻, 骨肉冰釋, 臣竊傷之!" 具以吏所侵聞. 於是上乃厚諸侯之禮, 省有司所奏諸侯事, 加親親之恩焉.

河水溢於平原.

大饑, 人相食. 秋, 七月, 有星孛於西北.

濟川王明坐殺中傅, 廢遷房陵.

七國之敗也, 吳王子駒亡走閩越, 怨東甌殺其父, 常勸閩越擊東甌. 閩粵從之, 發兵圍東甌, 東甌使人告急天子. 天子問田蚡, 蚡對曰, "越人相攻擊, 固其常. 又數反覆, 自秦時棄不屬, 不足以煩中國往救也." 莊助曰, "特患力不能救, 德不能覆. 誠能, 何故棄之! 且秦舉咸陽而棄之, 何但越也! 今小國以窮困來告急, 天子不救, 尚安所愬, 又何以子萬國乎!" 上曰, "太尉不足與計. 吾新即位, 不欲出虎符發兵郡國." 乃遣助以節發兵會稽. 會稽守欲距法不為發, 助乃斬一司馬, 諭意指, 遂發兵浮海救東甌. 未至, 閩越引兵罷. 東甌請舉國內徙, 乃悉舉其眾來, 處於江·淮之間.

九月, 丙子晦, 日有食之.

上自初即位, 招選天下文學材智之士, 待以不次之位. 四方士多上書言得失, 自衒鬻者以千數. 上簡拔其俊異者寵用之. 莊助最先進, 後又得吳人朱買臣·趙人吾丘壽王·蜀人司馬相如·平原東方朔·吳要枚皋·濟南終軍等, 並在左右, 每令與大臣辨論, 中外相應以義理之文, 大臣數屈焉. 然相如特以辭賦得幸. 朔·皋不根持論, 好詼諧, 上以俳優畜之, 雖數賞賜, 終不任以事也. 朔亦觀上顏色, 時時直諫, 有所補益.

是歲, 上始為微行, 北至池陽, 西至黃山, 南獵長楊, 東遊宜春, 與左右能騎射者期諸殿門. 常以夜出, 自稱平陽侯. 旦明, 入南山下, 射鹿·豕·狐·兔, 馳騖禾稼之地, 民皆號呼罵詈. 鄠·杜令欲執之, 示以乘輿物, 乃得免. 又嘗夜至伯谷, 投逆旅宿, 就逆旅主人求漿, 主人翁曰, "無漿, 正有溺耳!" 且疑上為奸盜, 聚少年欲攻之. 主人嫗睹上狀貌而異之, 止其翁曰, "客非常人也, 且又有備, 不可圖也." 翁不聽, 嫗飮翁以酒, 醉而縛之. 少年皆散走, 嫗乃殺雞為食以謝客. 明日, 上歸, 召嫗, 賜金千斤, 拜其夫為羽林郎. 後乃私置更衣, 從宣曲以南十二所, 夜投宿長楊·五柞等諸宮.

上以道遠勞苦, 又為百姓所患, 乃使太中大夫吾丘壽王舉籍阿城以南, 盩厔以東, 宜春以西, 提封頃畝, 及其賈直, 欲除以為上林苑, 屬之南山. 又詔中尉·左右內史表屬縣草田, 欲以償鄠·杜之民. 壽王奏事, 上大說稱善. 時東方朔在傍, 進諫曰, "夫南山, 天下之阻也. 漢興, 去三河之地, 止霸·滻以西, 都涇·渭之南, 此所謂天下陸海之地, 秦之所以虜西戎·兼山東者也. 其山出玉石·金·銀·銅·鐵·良材, 百工所取給, 萬民所卬足也. 又有粳·稻·梨·栗·桑·麻·竹箭之饒, 土宜姜·芋, 水多蛙·魚, 貧者得以人給家足, 無饑寒之憂. 故酆·鎬之間, 號為土膏, 其賈畝一金. 今規以為苑, 絕陂池水澤之利而取民膏腴之地, 上乏國家之用, 下奪農桑之業, 是其不可一也. 盛荊·棘之林, 廣狐·菟之苑, 大虎·狼之虛, 壞人塚墓, 發人室廬, 令幼弱懷土而思, 耆老泣涕而悲, 是其不可二也. 斥而營之, 垣而囿之, 騎馳東西, 車騖南北, 有深溝大渠. 夫一日之樂, 不足以危無堤之輿, 是其不可三也. 夫殷作九市之宮而諸侯畔, 靈王起章華之臺而楚民散, 秦興阿房之殿而天下亂. 糞土愚臣, 逆盛意, 罪當萬死!" 上乃拜朔為太中大夫·給事中, 賜黃金百斤. 然遂起上林苑, 如壽王所奏.

上又好自擊熊·豕, 馳逐野獸. 司馬相如上疏諫曰, "臣聞物有同類而殊能者, 故力稱烏獲, 捷言慶忌, 勇期賁·育, 臣之愚, 竊以為人誠有之, 獸亦宜然. 今陛下好陵阻險, 射猛獸, 卒然遇逸材之獸, 駭不存之地, 犯屬車之淸塵, 輿不及還轅, 人不暇施巧, 雖有烏獲·逢蒙之技, 不得用, 枯木朽株, 盡為難矣. 是胡·越起於轂下而羌·夷接軫也, 豈不殆哉! 雖萬全而無患, 然本非天子之所宜近也. 宜夫淸道而後行, 中路而馳, 猶時有銜橛之變, 況乎涉豐草, 騁丘虛, 前有利獸之樂, 而內無存變之意, 其為害也不難矣. 夫輕萬乘之重不以為安, 樂出萬有一危之塗以為娛, 臣竊為陛下不取. 蓋明者遠見於未萌, 而知者避危於無形, 禍固多藏於隱微而發於人之所忽者也. 故鄙諺曰, '家累千金, 坐不垂堂' 此言雖小, 可以諭大." 上善之.

한무제 건원 4년(BC 137)

1) 여름, 큰 바람이 일어 먼지가 일어났다. 그 붉기가 마치 피와 같았다.

2) 6월, 한재旱災가 있었다.

3) 가을 9월, 패성이 동북쪽에 나타났다.

4) 이 해에 남월왕 조타가 죽고, 손자인 문왕文王 조호趙胡가 뒤를 이었다.

* 世宗孝武皇帝建元四年

夏, 有風赤如血.

六月, 旱.

秋, 九月, 有星孛於東北.

是歲, 南越王佗死, 其孫文王胡立.

한무제 건원 5년(BC 136)

1) 봄, 삼수전三銖錢 사용을 폐지하고, 반량전半兩錢[103]을 사용하게 했다.

2) 『시경』과 『상서』, 『춘추공양전』, 『예기』, 『역경』 등 5경五經을 전문적으로 가르치는 오경박사五經博士를 두었다.

3) 여름 5월, 황충의 재해가 크게 있었다.

4) 가을 8월, 광천국廣川國의 혜왕惠王 유월劉越과 청하국淸河國의 애왕哀王 유승劉乘이 죽었다. 후손이 없어 나라를 없앴다.

* 世宗孝武皇帝建元五年

春, 罷三銖錢, 行半兩錢.

置五經博士.

夏, 五月, 大蝗.

秋, 八月, 廣川惠王越·淸河哀王乘皆薨, 無後, 國除.

한무제 건원 6년(BC 135)

1) 봄 2월 3일, 요동에 있는 고조의 사당인 고묘高廟에 화재가 났다.

2) 여름 4월 21일, 고조의 능원陵園인 고원高園의 편전便殿에 화재가 났다. 황제가 흰옷을 5일 동안 입었다.

3) 5월 26일, 문제의 황후인 태황태후 두씨가 붕어했다.

4) 6월 3일, 승상인 허창許昌이 면직되고, 무제의 외숙인 무안후 전분田蚡이 승상의 자리에 올랐다. 전분은 교만하고 사치해 집을 치장하는 데 여러 집들 가운데 가장 좋았고, 전원은 아주 기름졌다. 그가 군현의 물건

---

103 반량전半兩錢은 명목상 5수銖였으나 실제는 4수銖에 불과했다.

을 매입할 때 물건을 나르는 사람들이 길에 줄을 잇고, 사방에서 뇌물을 바치러온 사람들이 줄을 이었다. 그 집에는 금과 옥, 부녀婦女, 개와 말, 음악소리, 장남감들이 헤아릴 수 없을 정도로 많았다. 그는 어전에 들어가 사건을 아뢸 때마다 해가 질 때까지 말을 계속했다. 황제는 그의 말을 모두 들어주었다. 사람을 추천하면 등용된 후 바로 2천석의 지위에 이른 경우도 있어 마치 권력이 주상에게서 그에게로 옮겨진 듯했다. 황제가 그에게 말했다.

"그대는 관원 임명 작업을 다 끝냈소. 나도 관원을 좀 임명하고 싶소."

언젠가 그가 무기 제조공장인 고공考工의 토지를 청해 자기 집을 늘리고자 했다. 황제가 화를 냈다.

"그대는 어찌하여 무기고를 갖겠다고는 하지 않는 것이오?"

이후 그는 조금씩 물러났다.

5) 가을 8월, 패성이 동쪽 하늘에 나타났다. 그 꼬리가 하늘에 오래 남아 있었다.

6) 민월왕 유영이 군사를 일으켜 남월의 변경에 있는 읍을 쳤다. 남월왕은 천자와의 약속을 지키려고 임의로 군사를 일으키지 못한 채 사람을 시켜 천자에게 서신을 올려 알렸다. 천자는 남월왕이 대단히 의롭다고 여겨 그들을 위해 군사를 크게 동원했다. 번속에 대한 관리 총책인 대행大行 왕회王恢를 예장豫章강서성 남창시에서 출병시키고, 농업 관리 총책인 대농령大農令 한안국韓安國을 회계會稽에서 출병시켜 민월을 치게 했다.

회남왕 유안이 서신을 올려 간했다.

"폐하가 천하에 군림해 덕과 은혜를 베풀자 천하는 편안하고 사람들의 삶이 안정돼 죽을 때까지 직접 전쟁을 겪을 일이 없었습니다. 지금 듣건대, 일의 담당자가 군사를 들어 장차 월을 주륙하려고 한다니 신 유안은 이것은 폐하를 위해 곤란한 일이라고 생각합니다. 월나라는 본래 중국 땅이 아니고, 머리를 자르는 전발剪髮을 하거나 문신文身을 하는 백성들이라 그들에게 관대冠帶를 사용하는 나라의 법과 도리로 다스릴 수가 없습니다. 삼대三代라는 융성했던 시기부터 호족과 월족에게는 정삭正朔을 주지 않았습니다.[104] 그들은 강함을 가지고 복종시킬 수가 없거나 위엄을 가지고 통제할 수 없는 것은 아니었습니다. 우리 백성들이 살지 않는 땅이고, 우리가 다스리는 백성이 아니므로 중원에 있는 나라가 번거롭게 관심을 가질 정도가 안 된다고 생각했습니다. 한나라가 처음으로 안정된 지 72년이나 됐는데 월나라 사람들이 서로 공격한 일은 헤아릴 수 없지만 천자가 군사를 그들의 땅으로 보냈던 일은 아직 없었습니다. 신이 듣건대 월나라에는 성곽을 쌓아놓은 촌락이 없고 그들은 계곡 사이와 대나무 숲에서 산다고 합니다. 또한 수전水戰에 익숙하고 작은 배를 잘 사용하고, 땅은 깊고 어두우며, 물이 많고 험하다고 합니다. 중원에 있는 나라 사람들은 그 지세를 잘 몰라 그 땅에 들어가면 비록 100명이 흐를지라도 그들 1명을 감당하지 못한다고 합니다. 게다가 그 땅을 빼앗는다 할지라도 군현으로 만들 수 없고, 공격해도 재빠르게 빼앗을 수 없습니다. 지도를 가지고 그 산천의 요새를 살펴보면 서로 떨어진 거리가 한 치에 불과하지만 실제로 그 사이는 수백 리이고, 험한 요새와 무성한 수풀은 모두 다 그려져 있지 않습니다. 얼핏 살펴보면 쉬운 듯이 보이나 실제로 그곳으로 가기는 대단히 어렵습니다. 천하는 종묘의 신령에 의지해 안으로는 크게 편안하고 흰머리가 난 늙은이라도 전쟁을 본 일이 없습니다. 백성들은 부부가 서로 지켜주며 부자가 서로 보호하는데 이것이 모두 폐하의 은덕입니다.

---

104 '삭朔'은 매월 초하루를 뜻한다. 상고 때부터 청조 말까지 매년 연말에 중앙정부에서 다음 해의 일력을 반포했다. 매월의 일수와 매월 초하루의 관계 및 위치를 발표했다. 후에는 연호제도가 시작돼 정삭에 연호까지 포함하거나 때로는 연호만 가리키기도 했다.

월나라 사람들은 명칭은 비록 번신이라고 하나 공물 들어오는 것을 보면 궁정으로 옮길 것이 없고, 한 명의 병졸도 위로 올려 보낼 수가 없습니다. 저들끼리 싸우는데 폐하가 군사를 동원해 그를 구해준다면 중원에 있는 나라가 만이蠻夷의 땅에서 피로해질 뿐입니다. 또한 월나라 사람들은 어리석고 경박해 약속 어기기를 반복하니 그들이 천자의 법도를 사용하지 않는 것이 하루 이틀이 아닙니다. 한 번 조칙을 받들지 않았다고 해서 군사를 들어 그들을 주살한다면 신은 뒤에도 전쟁이 쉴 새 없이 일어날까 걱정입니다.

요사이 수년 동안 풍년이 들지 않아 백성들은 가지고 있는 작위나 처자를 팔아서 먹고 입을 것을 마련하고 있습니다. 폐하의 덕에 의지해 이들을 진휼해 구해준다면 도랑이나 골짜기에서 굴러다니며 죽지 않게 할 수 있습니다. 4년 동안 풍년이 들지 않았고, 5년째는 황충의 피해가 있어 백성들은 아직 회복되지 않았습니다. 지금 군사를 동원해 수천 리를 간다면 의복과 양식을 공급해야 합니다. 또한 월나라 땅에 들어가 수레와 가마를 만들어야 고개를 넘을 수 있고, 배를 끌어서 물에 들어가 수천 리를 가야 하는데 깊은 숲과 대나무 숲을 낀 물길을 따라가다 보면 아래위로 돌에 부딪히게 됩니다. 숲속에는 독 있는 뱀과 맹수가 많고, 더운 여름에는 구토와 설사 그리고 곽란 병이 이어져 창칼 한 번 써볼 사이도 없이 사상자가 많이 나타날 것입니다. 전에 남해왕이 고후 7년에 반란을 일으켰을 때 폐하의 먼저 죽은 신하 유장은 장군 간기間忌로 하여금 군사를 이끌고 이를 치게 했습니다. 그 군사가 투항하자 감수淦水 상류인 상감上淦 예장군 신감현에 이들을 두었습니다. 이후 다시 반란이 일어나자 더운 날씨에 큰 비를 만난 병졸들은 큰 배의 노를 저으며 싸워보지도 못하고 질병으로 죽은 사람이 반이 넘었습니다. 부모들이 눈물을 흘리고 고아가 된 아이들이 울며 부르짖는데 집안은 흩어지고 가업도 무너졌고, 시체를 천리 밖에서 맞이하니 해골이 보자기에 싸여 돌아왔습니다. 슬프고 애통해 하는 분위기가 몇 년이 지나도 식지를 않았으니 노인들은 오늘날까지 그 일을 기억하고 있습니다. 일찍이 그 땅으로 들어가지 않았는데도 그 화가 여기에 이르렀습니다. 폐하가 베푼 덕은 천지와 맞먹을 정도이고, 밝기로 말하면 해와 달과 같고, 은혜는 금수와 연못, 초목에까지 이르고 있습니다. 한 사람이라도 주리고 추워서 천수를 못 누리고 죽는다면 마음에 처절함이 있을 것입니다. 지금 바야흐로 안으로는 개가 짖을 만큼도 경계할 일이 없는데 폐하의 갑졸이 사망해 중원에 주검이 드러나고 피가 산골짜기를 적시고 있습니다. 변경의 백성들은 이런 일 때문에 일찍 문을 닫고 늦게 문을 열고, 아침에 살아 있던 사람이 저녁까지 가지 못하는 경우도 있게 한다면 신 유안은 폐하를 위해 이를 곤란하게 생각합니다. 남방의 지형에 익숙하지 않은 사람들은 대부분 월 지방에 사는 사람의 숫자가 많고 군사가 강하여 우리나라 변경에 있는 성을 어렵게 할 것이라고 생각합니다. 회남 전체가 한 개의 나라였을 때 많은 변경의 관원이 있었습니다. 그때 신이 들은 바로는 그들은 중원 땅에 사는 사람들과 다르다고 했습니다. 그곳과는 높은 산으로 경계를 삼고 있고, 인적도 끊어졌고, 차도도 통하지 않고 있습니다. 이는 천시가 중국과 백월을 안팎으로 나눠놓은 것입니다. 그들이 중원 땅에 있는 나라로 들어올 때면 반드시 영수領水공수贛水에서 닻을 내려야 합니다. 영수의 연안에 있는 산은 험준하여 표석漂石이 배를 깨뜨리니 큰 배에 식량을 실어 내릴 수가 없습니다. 월나라 사람들이 변란을 일으키고 싶으면 반드시 먼저 여간餘干강서성 여간현의 경계 안에다 밭을 만들어 식량을 쌓아두고 나서야 들어올 수 있고, 또 벌목을 해야 배를 만들 수 있습니다. 변경에 있는 성을 지키면서 망을 보는 일을 부지런히 하다가 월나라 사람이 들어와 벌목하면 즉각 체포하고 그것을 모아놓고 태워버리면 비록 백월이라 한들 변경에 있는 성을 어찌하겠습니까? 또한 월나라 사람들은 힘도 약하고 키도 작아 육지에서는 전투에 약하고 거기車騎와 궁노弓弩를 사용하는 일도 없습니다. 그래도 그곳에 들어갈 수 없는 것은 땅이 험하여 그들을 보호해주고 중원지역에 사는 사람들이 그들의 물과 토양을 견디지 못하기 때문입니다. 신이 듣건대 월나라의 갑졸이 수십만 명 이하는 아니라고 합니다. 그곳에 들어가기 위해서는 우리 군사가 적어도 5배 정도는 있어야 충분할 것입니다. 그 숫자에 수레를 끌거나 군량을 나르는 사람은 포함되지 않습니다. 남방은 덥고 습해 여름에는 황달병이 나타나고, 노천露天의 물 위에 살아야 합니다. 그리고 독 있는 뱀과 벌레들이 살고, 질병도 많이 나타나 무기에 적을 벤 피가 묻기도 전에 병들어 죽는 사람이 10명 가운데 2–3명일 것입니다. 비록 월나라 전체를 포로로 잡을지라도 죽은 사람들을 보상하기에 부족할 것입니다. 신이 길에서 들은 것을 말씀드리겠습니다. 민월왕은 그 동생인 낙갑駱甲이 시해했는데 결국 낙갑도 죽었고, 그 백성들은 아직 소속된 바가 없다고 합니다. 폐하가 만일 이들을 귀부시켜 중국으로 받아들이겠다면 중신重臣으로 하여금 가서 위문하고 덕을 베풀어 상을 내리며 부르게 하십시오. 그러면 그들은 어린 아이의 손을 잡고 노인을 부축하면서 성스런 은덕을 보고 귀부할 것입니다. 폐하가 이를 쓸데없는 일이라 생각한다면 그 나라의 세계世系가 끊어진 것을 이어주고, 그 망한 나라를 다시 일으켜 왕과 제수를 세우고 월나라로 길러주십시오. 그러면 그 나라는 인질을 보내 번신이 되고, 세세토록 공물을 바칠 것입니다. 폐하가 사방 한 치의 도장과 두 자짜리 인수를 가지고 변방 밖에 있는 나라를 진무鎭撫하면 1명의 병졸도 수고롭게 하지 않고 한 번의 창도 휘두르지 않고서도 위엄과 덕을 아울러 시행할 수 있습니다. 지금 군사를 가지고 그들의 땅으로 들어가면 그들은 반드시 놀라고 두려워 우리의 유사들이 그들을 다 죽이고 멸망시키려 한다고 생각해 틀림없이 꿩이나 토끼처럼 산림의 험준한 땅으로 도망칠 것입니다. 그리되어 돌아서서 나와 버리면 그들은 다시 모여 살 것입니다. 반대로 그곳에 머무르면서 그들을 지킨다면 여러 해를 거치는 사이에 사졸들은 피곤해지고 식량도 끊겨 백성들은 군사 일로 고통을 당하고 반드시 도적이 일어날 것입니다. 신이 장로들의 말을 들어보니 일찍이 진나라 때 도위인 도수屠睢로 하여금 월나라를 치게 했고, 또한 감군 어사인 록祿으로 하여금 하거河渠를 뚫어 길을 통하게 했다고 합니다. 그로 인해 월나라 사람들은 깊은 산 숲속으로 도망가 공격을 할 수 없다고 합니다. 군사들을 머물게 하고 빈터에 주둔시켰는데 거친 들판에서 오랫동안 있게 되자 사졸들이 피로해졌습니다. 그때 월나라 사람들이 나와 진나라 병사를 치니 크게 패할 수밖에 없었고 진나라에서는 이내 죄인들을 보내 수자리를 서게 하여 이들을 대비하게 했다고 합니다. 이때 안팎에서 소동을 벌여 모두 즐거운 삶을 누리지 못했고, 도망가는 사람이 줄을 이었고, 무리를 지어 도적이 됐습니다. 효산 동쪽에서 2세 황제 원년에 6국의 왕족 후예들이 비로소 변란을 일으키기 시작했다고 합니다. 군사를 일으키는 일은 흉사이기 때문에 한쪽에서 상황이 급해지면 사방이 모두 요동하게 됩니다. 신은 변고가 생겨 간사함이 일어나기 시작할까 두렵습니다. 신이 듣건내, 천자의 군사에게는 정벌하는 일은 있으나 전쟁하는 일은 없다고 했습니다. 이 말은 천자의 군사에 감히 비교할 만한 대상이 없다는 말입니다. 만일 월나라 사람들이 요행히 우리 군대 앞에서 나아가는 사람들의 앞길을 막고 대들기도 하여 우리나라의 부역하는 병졸 하나라도 잡아서 집으로 돌아오지 못하게 한다면 비록 월왕의 머리를 얻는다 해도 그것은 오히려 크고도 큰 한나라의 수치라고 생각합니다. 사해를 경계로 하여 그 안에 살고 있는 백성들은 모두 폐하의 신첩들입니다. 덕과 은혜를 베풀어 이들을 윤택하게 하고, 이들이 편히 살면서 즐겁게 자기 일에 종사하게 한다면 은택이 만세를 덮을 것입니다. 그리고 이것을 자손에게 전하여 무궁토록 베푼다면 천하가 편안한 것이 마치 태산처럼 사방에 이어질 것입니다. 이적의 땅이란 하루의 한가로운 여가를 즐길 가치가 있다고 해도 어찌 말에게 땀 흘리도록 수고롭게 할 만한 가치가 있겠습니까? 『시경』에 이르기를, '주선왕周宣王의 지모가 실로 빈틈없으니, 서徐나라가 항복해 왔으니!'[105]라고 했습니다. 이 말은 왕도는 아주 커서 멀리 사는 사람들이라도 품어준다는 뜻입니다. 신 유안이 가만히 생가해보건대 장군들이 10만의 군사를 이끌고 가는 이번 일은 1명의 사신이 맡을 수 있는 일이라고 생각됩니다."

당시 한나라 군사는 이미 출병해 있었지만 아직 선하령仙霞嶺복건성과 절강성 경계을 넘지는 못하고 있었다. 민월왕 낙영駱郢이 군사를 일으켜 요새에서 저항했다. 그 동생 낙여선駱餘善이 이내 재상 및 종족들과 꾀를 내어 말했다.

"우리의 왕은 임의로 군사를 동원해 남월을 공격하면서 한나라의 허락을 받지 않았기 때문에 천자의 군사가 와서 우리를 죽이려고 한다. 한나라 군사는 많기도 하고 강하기도 하다. 설령 우리가 요행히 그들을 이긴다 해도 그 다음에는 더 많이 몰려올 것이다. 끝내 우리나라를 멸망시키고 나서야 그칠 것이다. 그러나 지금 우리의 왕을 죽이고 천자에게 사죄하여 천자가 군사를 철수시키는 요구를 들어준다면 실로 우리나라는 완전할 것이다. 들어주지 않으면 그때 힘껏 싸우자. 이기지 못한다면 모두 바다로 도망치자."

---

105 원문은 '왕유윤색王猶允塞, 서방기래徐方既來'이다. 『시경』「대아, 상무常武」에서 인용한 것이다. 「상무」를 두고 대략 주선왕이 친정에 나서 회수 일대의 서徐나라를 평정한 것을 기린 노래로 보는 게 학계의 중론이다. 역사적으로 볼 때 주나라는 전 시기에 걸쳐 두 번의 무공武功을 세운 바 있다. 첫 번째는 주무왕이 은나라를 쳐 멸망시키고 주나라를 세운 것이고, 두 번째는 주선왕이 친정에 나서 서나라를 정벌함으로써 중흥을 이룬 것이다.

모두 입을 모아 대답했다.

"옳소."

그러고는 곧바로 짧은 창으로 자기네 왕을 죽이고, 사자를 시켜 그 머리를 대행령 왕회王恢에게 보냈다. 그것을 보고 대행령이 말했다.

"우리가 이렇게 온 것은 왕을 죽이려는 것이다. 왕의 머리가 도착했고 적들이 사죄를 했다. 싸우지 않고도 왕이 숨졌으니 그 이로움은 막대한 것이다."

이내 군사의 전진을 중지시키고 대농령의 부대에도 알린 뒤 사자로 하여금 왕의 머리를 받들어 말을 달려 천자에게 보고토록 했다.

황제는 두 장군이 이끄는 부대에게 조서를 내려 군사를 철수토록 하며 이같이 말했다.

"낙영은 가장 큰 죄를 지었지만 오직 무제無諸의 손자 요군繇君요는 읍명인 낙축騶丑만은 더불어 모의하지 않았다."

중랑장을 보내 낙축을 월요왕越繇王으로 세운 뒤 민월 조상들의 제사를 받들게 했다. 그러나 낙여선은 이미 낙영을 죽였으므로 그 위엄이 전국에 펴졌고 스스로 왕이 됐다. 국민은 대부분 그에게 소속돼 요왕이 이를 통제할 수 없었다. 황제는 이 소식을 들었으나 낙여선 때문에 다시 출병할 정도는 아니라고 생각했다.

"낙여선은 수차례 낙영과 더불어 난을 획책했다. 그러나 그 뒤에 낙영을 죽여 우리 군사들이 수고롭지 않게 했다."

결국 낙여선을 세워 동월왕東越王으로 삼고, 요왕과 함께 나라를 다스리게 했다. 황제가 장조를 남월에 사신으로 보내며 유시를 내렸다. 남월왕 조호趙胡가 머리를 조아리며 말했다.

"천자가 신을 위해 군사를 일으켜 민월을 토벌하니 죽는다 해도 보답할 길이 없습니다."

그리고 태자인 조영제趙嬰齊를 파견해 숙위하게 하면서 장조에게 말했다.

"우리나라가 방금 오랑캐의 침략을 받았으니 사자는 먼저 돌아가 계십시오. 저 조호는 밤낮으로 의상을 준비해 마련되면 올라가 천자를 알현하겠습니다."

장조가 돌아오다가 회남국 땅을 지나왔다. 이때 황제는 장조로 하여금 회남왕 유안에게 민월을 토벌한 일을 전하게 하고, 그가 상소한 내용이 훌륭했다고 칭찬하라 했다. 유안은 자신의 뜻이 충분히 천자의 뜻에 이르지 못했음을 사과했다. 장조가 남월을 떠난 뒤 남월의 대신들이 모두 그 왕에게 간했다.

"한나라가 군사를 일으켜 낙영을 죽이고 또한 남월을 놀라게 했습니다. 먼저 돌아가신 선왕이 예전에 이르기를, '천자를 섬길 때에는 실례되는 일을 해서는 안 된다'고 했습니다. 요컨대 사신이 한 말을 기뻐할 수만은 없다고 여겨집니다. 분명 한나라에 가서 천자를 알현한다면 돌아오실 수 없을 것이니 그리 되면 나라가 망할 형세입니다."

그 말을 들은 조호는 칭병하고 끝내 들어와 알현하지 않았다.

7) 이 해에 한안국韓安國이 어사대부가 됐다.

8) 동해東海산동성 담성현 태수인 복양濮陽하남성 복양현 출신 급암汲黯이 도성 장안의 경찰총책인 주작도위主爵徒尉가 됐다. 급암은 당초 알자였다. 아주 엄하게 일을 처리해 사람들이 모두 두려워했다. 동월東越이 서로 공격하자 황제가 급암으로 하여금 그곳을 시찰하게 했다. 급암은 그곳까지 가보지도 않고 오 땅까지만 갔다가 돌아와서는 이같이 보고했다.

"월나라 사람들은 서로 공격하는 게 본래 그들의 습속인지라 천자의 사자가 수고할 만한 가치도 없습니다."

또 한 번은 하내河內하남성 심양현에서 실화로 인해 1,000여 가구가 불타

버려 그때도 황제는 급암으로 하여금 그곳을 시찰케 했다. 그가 돌아와 보고했다.

"평민의 집이 실화했는데 지붕이 즐비하여 줄줄이 다 타버렸으나 걱정할 일은 아닙니다. 신이 하남河南하남성 낙양시 땅을 지나오다 보니 수재와 한재로 인해 하남의 가난한 사람들 1만여 가구가 상해 있었고, 부자가 서로 잡아먹는 일도 있었습니다. 신이 일단 부절을 갖고 하남의 창고에 있는 곡식을 내어 가난한 사람들을 진휼했습니다. 신이 부절을 돌려드리니 황제의 명을 고친 죄를 엎드려 청합니다."

황제가 그를 똑똑하다고 여겨 풀어주었다. 그는 동해에서 관원을 다스리거나 백성들을 다스릴 때 깨끗하고 조용한 것을 좋아해 군승郡丞과 실무를 담당하는 아전인 연사掾史를 골라서 일을 맡기고, 커다란 방향만을 챙기면서 지나치게 작은 일까지 챙기지는 않았다. 급암은 병이 많아 규각 안에 누워 잘 나오지 않았다. 그런데도 1년여 만에 동해 땅이 잘 다스려지고 있다는 소문이 자자해져 칭찬을 받았다.

황제가 그 소문을 듣고 그를 불러 주작도위를 삼고 구경九卿의 반열에 있게 한 것이다. 그의 일하는 태도를 보면 무위한 것에 힘쓰고 대체적인 것을 고려했지 문자로 기록된 법률에 구애받지는 않았다. 급암의 사람됨을 보면 성격은 오만하고 예의를 잘 차리지 않았다. 낯을 마주하고도 난감하게 만들고 다른 사람의 허물을 받아들이지 못했다. 당시 천자는 문학에 소양이 있는 유자들을 초빙하고 있었다. 황제가 말했다.

"나는 이러이러한 것을 바란다."

급암이 대답했다.

"폐하가 속으로 많은 것을 바라면서 밖으로는 인의仁義를 시행하려고 한다면 어떻게 크게 다스려진 요순시대를 본받을 수 있겠습니까?"

이 말에 화가 난 황제는 아무 말도 못하고 있다가 안색이 변해 조회를 파했다. 공경들은 모두 급암 때문에 두려워했다. 황제가 물러나면서 주위에 있는 사람들에게 말했다.

"너무 심하다, 급암의 우직함이!"

군신들 가운데 한 사람이 급암을 책망했다. 급암이 말했다.

"천자가 공경이라는 보필하는 신하를 둔 것이 어찌 천자의 뜻만 좇아 아부하고 군주를 옳지 못한 곳에 빠뜨리려는 의도였겠소? 이미 그런 자리에 있게 됐다면 어찌 자신의 몸을 아끼려고 조정을 욕 먹일 수 있겠소?"

급암은 병이 많았다. 병이 든 지 3달이 돼 황제는 병가를 수차례 연장해주었다. 그러나 끝내 쾌유치 못했다. 마지막으로 병이 나자 이번에는 장조가 그를 위해 병가를 청했다. 황제가 물었다.

"급암은 어떤 사람인가?"

장조가 대답했다.

"급암에게 직책을 맡겨 관직에 있게 한다면 다른 사람보다 특별히 나을 것은 없습니다. 그러나 어린 군왕을 보좌할 것 같으면 성곽을 지키는 일에 아주 철저해서 초청한다고 해도 오지 않고, 무마하려고 해도 가지 않아서 비록 스스로 맹분孟賁이나 하육夏育이라고 하는 사람도 그의 뜻을 빼앗지 못할 것입니다."

황제가 말했다.

"그렇소. 옛날에 사직을 지키는 신하가 있다고 하더니 급암 같은 사람이 그에 가까운 것이오."

9) 흉노가 와서 화친하기를 청하자 천자가 신하들에게 그것에 대해 의논케 했다. 대행령인 왕회는 연나라 사람으로 호인胡人의 사정에 익숙했다. 그가 상주했다.

"우리 한나라가 흉노와 화친한다고 해도 몇 해 지나지 않아 바로 다시 약속을 어기니 허락하지 말고 군사를 일으켜 그들을 치느니만 못합니다."

한안국이 말했다.

"흉노들은 옮겨 다니고 이사 다니는 것이 새들과 같아 잡아서 제압하기 어렵고, 상고 때부터 사람으로 생각지를 않았습니다. 지금 한나라가 수천 리를 나아가 그들과 이익을 다툰다면 사람이나 말이나 모두 피로해질 것입니다. 오랑캐들이 그 피로한 틈을 타 모두를 제어하려 한다면 이는 위험한 일입니다. 화친하느니만 못합니다."

군신들 대부분이 한안국의 의견에 따랐다. 황상도 화친을 허락했다.

＊ 世宗孝武皇帝建元六年

春, 二月, 乙未, 遼東高廟災.

夏, 四月, 壬子, 高園便殿火. 上素服五日.

五月, 丁亥, 太皇太后崩.

六月, 癸巳, 丞相昌免. 武安侯田蚡為丞相. 蚡驕侈, 治宅甲諸第, 田園極膏腴. 市買郡縣物, 相屬於道. 多受四方賂遺. 其家金玉·婦女, 狗馬·聲樂·玩好, 不可勝數. 每人奏事, 坐語移日, 所言皆聽. 薦人或起家至二千石, 權移主上. 上乃曰, "君除吏已盡未? 吾亦欲除吏." 嘗請考工地益宅, 上怒曰, "君何不遂取武庫!" 是後乃稍退.

秋, 八月, 有星孛於東方, 長竟天.

閩越王郢興兵擊南越邊邑, 南越王守天子約, 不敢擅興兵, 使人上書告天子. 於是天子多南越義, 大為發兵, 遣大行王恢出豫章, 大農令韓安國出會稽, 擊閩越.

淮南王安上書諫曰, "陛下臨天下, 布德施惠, 天下攝然, 人安其生, 自以沒身不見兵革. 今聞有司舉兵將以誅越, 臣安竊為陛下重之.

越, 方外之地, 剪髮文身之民也, 不可以冠帶之國法度理也. 自三代之盛, 胡·越不與受正朔, 非強勿強服, 威弗能制也, 以為不居之地, 不牧之民, 不足以煩中國也. 自漢初定已來七十二年, 越人相攻擊者不可勝數, 然天子未嘗舉兵而入其地也. 臣聞越非有城郭邑里也, 處谿谷之間, 篁竹之中, 習於水鬥, 便於用舟, 地深昧而多水險, 中國之人不知其勢阻而入其地, 雖百不當其一. 得其地, 不可郡縣也. 攻之, 不可暴取也. 以地圖察其山川要塞, 相去不過寸數, 而間獨數百千里, 險阻·林叢弗能盡著. 視之若易, 行之甚難. 天下賴宗廟之靈, 方內大寧, 戴白之老不見兵革, 民得夫婦相守, 父子相保, 陛下之德也. 越人名為籓臣, 貢酎之奉不輸大內, 一卒之用不給上事. 自相攻擊, 而陛下發兵救之, 是反以中國而勞蠻夷也. 且越人愚戆輕薄, 負約反覆, 其不用天子之法度, 非一日之積也. 壹不奉詔, 舉兵誅之, 臣恐後兵革無時得息也.

間者, 數年歲比不登, 民待賣爵·贅子以接衣食. 賴陛下德澤振救之, 得毋轉死溝壑. 四年不登, 五年復蝗, 民生未復. 今發兵行數千里, 資衣糧, 入越地, 輿轎而隃領, 拖舟而入水, 行數百千里, 夾以深林叢竹, 水道上下擊石, 林中多蝮蛇·猛獸, 夏月暑時, 歐洩霍亂之病相隨屬也. 曾未施兵接刃, 死傷者必眾矣. 前時南海王反, 陛下先臣使將軍間忌將兵擊之, 以其軍降, 處之上淦. 後復反, 會天暑多雨, 樓船卒水居擊棹, 未戰而疾死者過半. 親老涕泣, 孤子啼號, 破家散業, 迎屍千里之外, 裹骸骨而歸. 悲哀之氣, 數年不息, 長老至今以為記, 曾未入其地而禍已至此矣. 陛下德配天地, 明象日月, 恩至禽獸, 澤及草木, 一人有饑寒, 不終其天年而死者, 為之心悽愴於心. 今方內無狗吠之警, 而使陛下甲卒死亡, 暴露中原, 霑漬山谷, 邊境之民為之早閉晏開, 朝不及夕, 臣安竊為陛下重之.

不習南方地形者, 多以越為人眾兵強, 能難邊城. 淮南全國之時,多為邊吏, 臣竊聞之, 與中國異. 限以高山, 人跡絕, 車道不通, 天地所以隔外內也. 其入中國, 必下領水, 領水之山峭峻, 漂石破舟, 不可以大船載食糧下也. 越人欲為變, 必先田餘干界中, 積食糧, 乃入, 伐材治船. 邊城守候誠謹, 越人有入伐材者, 輒收捕, 焚其積聚, 雖百越, 奈邊城何! 且越人綿力薄材, 不能陸戰, 又無車騎·弓弩之用, 然而不可入者, 以保地險, 而中國之人不耐其水土也. 臣聞越甲卒不下數十萬, 所以入之, 五倍乃足, 輓車奉餉者不在其中. 南方暑濕, 近夏癉熱, 暴露水居, 蝮蛇蠚生, 疾疢多作, 兵未血刃而病死者什二三, 雖舉越國而虜之, 不足以償所亡.

"臣聞道路言閩越王弟甲弒而殺之, 甲以誅死, 其民未有所屬. 陛下若欲來, 內處之中國, 使重臣臨存, 施德垂賞以招致之, 此必攜幼扶老以歸聖德. 若陛下無所用之, 則繼其絕世, 存其亡國, 建其王侯, 以為畜越, 此必委質為藩臣, 世共貢職. 陛下以方寸之印, 丈二之組, 填撫方外, 不勞一卒, 不頓一戟, 而威德並行. 今以兵入其地, 此必震恐, 以有司為欲屠滅之也, 必雉兔逃, 入山林險阻. 背而去之, 則復相群聚. 留而守之, 歷歲經年, 則士卒罷倦, 食糧乏絕, 民苦兵事, 盜賊必起. 臣聞長老言秦之時, 嘗使尉屠睢擊越, 又使監祿鑿渠通道, 越人逃入深山林叢, 不可得攻. 留軍屯守空地, 曠日引久, 士卒勞倦. 越出擊之, 秦兵大破, 乃發謫戍以備之. 當此之時, 外內騷動, 皆不聊生, 亡逃相從, 群為盜賊, 於是山東之難始興. 兵者凶事, 一方有急, 四面皆聳. 臣恐變故之生, 奸邪之作, 由此始也.

"臣聞天子之兵有征而無戰, 言莫敢校也. 如使越人蒙徼幸以逆執事之顏行, 廝輿之卒有一不備而歸者, 雖得越王之首, 臣猶竊為大漢羞之. 陛下以四海為境, 生民之屬, 皆為臣妾. 垂德惠以覆露之, 使安生樂業, 則澤被萬世, 傳之子孫, 施之無窮. 天下之安, 猶泰山而四維之也, 夷狄之地, 何足以為一日之閒, 而煩汗馬之勞乎! 『詩』云, '王猶允塞, 徐方既來' 言王道甚大而遠方懷之也. 臣安竊恐將吏之以十萬之師為一使之任也."

是時, 漢兵遂出, 未逾領, 閩越王郢發兵距險. 其弟餘善乃與相·宗族謀曰, "王以擅發兵擊南越不請, 故天子兵來誅. 漢兵眾強, 即幸勝之, 兵來益多, 終滅國而止. 今殺王以謝天子, 天子聽, 罷兵, 固國完. 不聽, 乃力戰. 不勝, 即亡入海." 皆曰, "善!" 即鏦殺王, 使使奉其頭致大行. 大行曰, "所為來者, 誅王. 今王頭至, 謝罪. 不戰而殞, 利莫大焉." 乃以便宜案兵, 告大農軍, 而使使奉王頭馳報天子. 詔罷兩將兵, 曰, "郢等首惡, 獨無諸孫繇君丑不與謀焉." 乃使中郎將立丑為越繇王, 奉閩越先祭祀. 餘善已殺郢, 威地於國, 國民多屬, 竊自立為王, 繇王不能制. 上聞之, 為餘善不足復興師, 曰, "餘善數與郢謀亂, 而後首誅郢, 師得不勞." 因立餘善為東越王, 與繇王並處.

上使莊助諭意南粵. 南粵王胡頓首曰, "天子乃為臣興兵討閩越, 死無以報德!" 遣太子嬰齊入宿衛, 謂助曰, "國新被寇, 使者行矣, 胡方日夜裝, 入見天子." 助還, 過淮南, 上又使助諭淮南王安以討越事, 嘉答其意, 安謝不及. 助既去南越, 南越大臣皆諫其王曰, "漢興兵誅郢, 亦行以驚動南越. 且先王昔言, '事天子期無失禮' 要之, 不可以說好語入見, 則不得復歸, 亡國之勢也." 於是胡稱病, 竟不入見.

是歲, 韓安國為御史大夫.

東海太守濮陽汲黯為主爵都尉. 始, 黯為謁者, 以嚴見憚. 東越相攻, 上使黯往視之. 不至, 至吳而還, 報曰, "越人相攻, 固其俗然, 不足以辱天子之使." 河內失火, 延燒千餘家, 上使黯往視之. 還, 報曰, "家人失火, 屋比延燒, 不足憂也. 臣過河南, 河南貧人傷水旱萬餘家, 或父子相食, 臣謹以便宜, 持節發河南倉粟以振貧民. 臣請歸節, 伏矯制之罪." 上賢而釋之. 其在東海, 治官理民, 好清靜, 擇丞·史任之, 責大指而已, 不苛小. 黯多病, 臥閨閤內不出. 歲餘, 東海大治, 稱之. 上聞, 召為主爵都尉, 列於九卿. 其治務在無為, 引大體, 不拘文法.

黯為人, 性倨少禮, 面折, 不能容人之過. 時天子方招文學儒者, 上曰, "吾欲雲云." 黯對曰, "陛下內多欲而外施仁義, 奈何欲效唐·虞之治乎!" 上默然, 怒, 變色而罷朝, 公卿皆為黯懼. 上退, 謂左右曰, "甚矣汲黯之戇也!" 群臣或數黯, 黯曰, "天子置公卿輔弼之臣, 寧令從諛承意, 陷主於不義乎? 且已在其位, 縱愛身, 奈辱朝廷何!" 黯多病, 病且滿三月. 上常賜告者數, 終不愈. 最後病, 莊助為請告. 上曰, "汲黯何如人哉?" 助曰, "使黯任職居官, 無以逾人. 然至其輔少主, 守城深堅, 招之不來, 麾之不去, 雖自謂賁·育, 亦不能奪之矣." 上曰, "然, 古有社稷之臣, 至如黯, 近之矣."

匈奴來請和親, 天子下其議. 大行王恢, 燕人也, 習胡事, 議曰, "漢與匈奴和親, 率不過數歲, 即復倍約. 不如勿許, 興兵擊之." 韓安國曰, "匈奴遷徙鳥舉, 難得而制, 自上古不屬為人. 今漢行數千里與之爭利, 則人馬罷乏. 虜以全制其敝, 此危道也. 不如和親." 群臣議者多附安國. 於是上許和親.

한무제 원광元光 **원년(BC 134)**

1) 겨울 11월, 처음으로 군국郡國에서 부모를 잘 섬기거나 청렴한 사람인 효렴孝廉을 각 한 명씩 추천토록 명을 내렸다. 그것은 동중서의 말을 좇은 것이다.

2) 위위衛尉인 이광李廣이 효기장군驍騎將軍이 돼 운중雲中에 주둔했다. 중위인 정불식程不識이 거기장군車騎將軍이 돼 안문雁門산서성 우옥현에

주둔했다. 6월이 되자 철수했다. 이광과 정불식은 모두 변경 지역의 태수로, 군사를 잘 이끌어 매우 유명했다.

이광은 행군하면서 대오를 정비하거나 포진하는 일을 하지 않고 물과 풀을 잘 이용해 막사를 치고 쉬게 했으므로 사람들마다 편하게 생각했다. 또한 식사 때나 행진 때 흔들어 신호를 보내는 구리 방울 조두刁斗를 치지 않고 스스로 보위했고, 막부에서도 문서를 생략했다. 그러나 척후를 멀리까지 내보내도 아직 해로움을 만난 일이 없었다.

정불식은 부곡部曲[106]과 행오行伍, 숙영宿營을 올바로 하고, 조두를 치고 군사에 관한 문서를 처리하는 것도 아주 분명했다. 군사들은 휴식을 취할 수가 없었다. 그러나 역시 일찍이 피해를 만난 적이 없었다.

정불식이 말했다.

"이광의 군대는 모든 일을 간단하고 쉽게 처리하지만 오랑캐가 갑자기 그들을 침범해오면 이를 바로 막을 수가 없다. 그러나 그의 사졸들은 모두 자신들이 즐기는 것을 버리고 기꺼이 그를 위해 죽는다. 우리 군대는 비록 번거롭고 소란스럽지만 오랑캐가 우리를 침범할 수 없다."

흉노들은 이광의 전략을 두려워했다. 사졸들 역시 이광을 따르기를 기꺼워했고, 정불식의 방법은 고생스럽다고 생각했다.

신 사마광은 평한다.

"『주역』에서 말하기를, '군대가 나아갈 때에는 마땅히 규율을 지켜야 하고 그렇지 않으면 모두 흉하다'고 했다. 많은 사람을 다스리면서 법을

---

106 부곡部曲은 호족의 사병私兵을 가리키는 용어로 사용되기도 하나 원래는 군대의 편제를 지칭하는 말이다. 대장군의 군영에는 5개의 부部가 있었고, 1명의 교위校尉를 두었다. '부' 밑에 곡曲이 있었고, 1명의 군후軍候를 두었다. 왕망의 치세 말기에 도처에서 반란이 일어나자 지방 호족들이 종족의 빈객 및 자제 등을 입대시켜 일족을 보호했다. 이게 빈객을 부곡의 구성원으로 편제하는 역사적 배경이 됐다.

쓰지 않는다면 흉하지 않을 수 없다. 이광이 거느리는 방법은 사람들을 편하게 한다. 이광 같은 재주를 가진 사람이라면 그렇게 하는 것도 좋을 것이다. 그러나 본받기가 어렵다. 왜 그러한가? 후대 사람이 그 방법을 그대로 좇기는 어렵다. 하물며 그와 동시대에 장수가 된 사람이야 말할 게 있겠는가? 무릇 소인의 성정은 안일한 것을 즐겁게 생각하고, 가까이 닥친 화에 대해서는 어두운 법이다. 저들도 이미 정불식의 방법을 번거롭다 하고 이광의 방법을 기꺼워했다고 한다. 또한 장차는 그 윗사람을 원수로 생각하고 복종하지 않을 것이다. 간편하고 쉽게 하는 해로움은 비단 이광의 군대가 오랑캐의 갑작스러운 침범에 대항하지 못하는 것뿐만 아니다. 그러므로 이르기를 '군사적인 일은 엄하게 하는 것으로 끝을 맺는다'고 한 것이다. 장수된 사람은 엄해야 할 뿐이다. 정불식을 본받는다면 비록 공로를 세우지는 못할지라도 실패하지는 않을 것이다. 반면 이광을 본받다가는 패망하지 않을 수 없을 것이다."

3) 여름 4월, 천하에 사면령을 내렸다.

4) 5월, 현량賢良과 문학文學을 천거하라는 조서를 내리고, 황제가 이들에게 친히 대책을 물었다.

5) 가을 7월 29일, 일식이 있었다.

* 世宗孝武皇帝元光元年

冬, 十一月, 初令郡國擧孝廉各一人, 從董仲舒之言也.

衛尉李廣為驍騎將軍, 屯雲中. 中尉程不識為車騎將軍, 屯雁門. 六月, 罷. 廣與不識俱以邊太守將兵, 有名當時. 廣行無部伍·行陳, 就善水草捨止, 人人自便, 不擊刁斗以自衛, 莫府省約文書. 然亦遠斥候, 未嘗遇害. 程不識正部曲·行伍·營陳, 擊刁鬥, 士吏治軍簿至明, 軍不得休息. 然亦未嘗遇害. 不識曰, "李廣軍極簡易, 然虜卒犯之, 無以禁也. 而其士卒亦佚樂, 咸樂為之死. 我軍雖煩擾, 然虜亦不得犯我." 然匈奴畏李廣之略, 士卒亦多樂從李廣而苦程不識.

臣光曰, "『易』, '師出以律, 否臧兇' 言治眾而不用法, 無不兇也. 李廣之將, 使人人自便. 以廣之材, 如此焉可也. 然不可以為法. 何則? 其繼者難也, 況與之並時而為將乎! 夫小人之情, 樂於安肆而昧於近禍, 彼既以程不識為煩擾而樂於從廣, 且將仇其上而不服. 然則簡易之害, 非徒廣軍無以禁虜之倉卒而已也. 故曰'兵事以嚴終', 為將者, 亦嚴而已矣. 然則效程不識, 雖無功, 猶不敗. 效李廣, 鮮不覆亡哉!"

夏, 四月, 赦天下.

五月, 詔舉賢良·文學, 上親策之.

秋, 七月, 癸未, 日有食之.

권18-한기漢紀 10: 외척끼리 권력을 다투다

한무제 원광 2년(BC 133)

1) 겨울 10월, 황제가 옹雍섬서성 봉상현에 가서 오치五畤에서 제사를 지냈다.

2) 이소군李少君이 부엌 신에게 제사를 드리는 장생불로의 법술을 가지고 황제를 알현했다. 황제가 그를 존중했다. 이소군은 옛날 심택후深澤侯[107]의 사인舍人이다. 그는 나이와 성장과정을 숨긴 채 널리 제후들과 교유했다. 처자는 없었다.

사람들은 그가 귀신 형상의 물건인 귀물鬼物을 사용해 죽음에 이르지 않게 할 수 있다는 소문을 듣고 그에게 여러 가지 물건을 갖다 주었다. 그가 늘 돈과 입을 것, 먹을 것이 풍족했던 이유다. 사람들은 아무런 생업에도 종사하지 않는 그에게 그렇게 물건을 풍족하게 주고 그가 어디서 왔는지를 몰라 더욱 더 그를 믿었고, 다투어 그를 섬겼다.

이소군은 교묘하게 말을 하면서 일어날 일을 잘 맞추었다. 일찍이 무안후武安侯 전분의 연회에서 술을 마시는데 좌중에 90세 된 노인이 있었다. 이때 이소군은 그 노인의 할아버지와 사냥했던 곳을 말했다. 노인은 어렸

107 심택후深澤侯는 원래 고조의 공신인 조장석趙將夕의 작위이다. 이후 그의 손자인 조수趙修가 경제 3년에 습작襲爵했다가 경제 7년에 죄를 지어 작위를 박탈당했다.

을 때 할아버지를 따라다녀 그 장소를 알았기에 그 자리에 있던 사람들이 모두 놀랐다.

이소군이 황제에게 말했다.

"부엌 신에게 제사를 드리면 귀물을 부릴 수 있고, 그 귀물을 부리면 단사丹沙를 황금으로 변화시킬 수 있고, 수명도 연장시킬 수 있고, 신선이 산다는 전설적인 해중도海中島인 봉래산蓬萊山에 사는 신선도 볼 수 있습니다. 신선을 보고 나서 봉선封禪을 하면 죽지 않을 수 있습니다. 황제가 바로 이런 분입니다. 신은 일찍이 바다에서 유람하다가 동해 바닷가에서 약을 팔았다는 1,000세의 전설적인 신선인 안기생安期生을 만난 일이 있습니다. 그가 신에게 대추를 먹게 했습니다. 그 크기가 마치 수박과 같았습니다. 안기생은 신선이라 늘 봉래산에 갑니다. 그는 인연이 맞으면 사람에게 보이고 맞지 않으면 숨습니다."

그 말을 들은 천자는 이내 친히 부엌 신에게 제사를 올리고, 방사方士를 파견해 안기생 같은 사람을 찾아오게 했다. 그러고는 그에게 단사와 여러 약물을 변화시켜 황금으로 만드는 일에 종사하게 했다. 이렇게 오랫동안 살다가 이소군이 병들어 죽었다. 천자는 그가 죽은 것이 아니라 신선으로 변했다고 여겼다.

이후 연나라 땅과 제나라 땅에 사는 방사들이 장안에 와 귀신에 관한 얘기를 했다.

3) 박亳하남성 상구현 출신인 유기謬忌가 태일太一[108]에게 제사지낼 것을 주청했다. 그가 태일을 해석해 일렀다.

"천상에 있는 신 가운데 가장 귀한 분이 태일인데, 태일을 보좌하는 것

108 태일太一은 북극성을 지칭하는 말로, 도가에서는 이를 옥황상제玉皇上帝로 개칭했다. 태을太乙 또는 태을泰乙로 쓰기도 한다.

은 오제五帝입니다."

천자는 그 사당을 장안의 동남쪽 교외에 세웠다.

4) 안문雁門산서성 우옥현의 마읍馬邑산서성 삭현에 사는 호족 섭일聶壹이 대행령인 왕회王恢의 소개를 거쳐 말했다.

"처음에 흉노와 화친해 그들을 믿게 한 후 변방에 복병을 숨겨 두었다가 미끼로 유인해 습격하면 반드시 그들을 깨뜨릴 수 있을 것입니다."

황제가 공경들을 불러 그에 대해 물어보았다. 왕회가 말했다.

"신이 듣건대, 대代가 온전한 국가로 존재할 때 북쪽으로는 호족胡族이라는 강한 적이 있었고, 안으로는 중국의 군사와 맞대어 있었습니다. 그럼에도 노인들을 봉양하고 어린아이들을 기를 수 있었던 것은 때맞추어 씨 뿌리고 나무를 심고 창고를 늘 곡식으로 가득 채웠기에 흉노들이 가벼이 침략하지 못했던 것입니다. 지금 폐하는 위엄을 가지고 천하를 통일했습니다. 그러나 흉노의 침략이 끊이지 않는 것은 다른 것이 아니라 그들이 두려워하지 않아서입니다. 신이 가만히 생각해 보니 그들을 공격하는 것이 편할 것입니다."

한안국이 말했다.

"신이 듣건대, 고황제가 일찍이 평성平城에서 포위됐을 때 7일 동안 아무것도 먹지 못했다고 했습니다. 또한 포위가 풀려 돌아오고 나서도 아무런 분노의 마음을 갖지 않았다고 합니다. 이렇듯 성인이 천하를 제도할 때는 사사로운 분노를 가지고 공적인 일을 다치게 하지 않습니다. 유경劉敬으로 하여금 화친을 맺게 하고, 오늘에 이르기까지 5대를 내려오는 이익을 만든 배경입니다. 신이 가만히 생각하건대 공격하지 않는 것이 편하다고 생각합니다."

왕회가 반박했다.

"그렇지 않습니다. 고황제는 당신 스스로 갑옷을 입고 칼을 잡고서 몇

십 년을 지냈습니다. 평성의 원한을 보복하지 않으려던 것도 아니었고, 힘으로 할 수 없어서 그런 것도 아니었고, 다만 천하의 마음을 휴식하게 하려는 것이었습니다. 그런데 지금은 변경에서 수차례 경보가 울리고, 사졸들이 다치거나 죽고, 중국의 종군하다 죽은 자의 관을 끄는 수레인 혜거槥車가 꼬리를 잇고 있습니다. 이는 어진 사람이 측은하게 생각하는 바입니다. 이를 공격하는 것이 옳다고 말씀 올리는 바입니다."

한안국이 다시 반박했다.

"그렇지 않습니다. 신이 듣건대 군사를 쓰는 사람은 아군을 배부르게 해서 적이 배고프게 되기를 기다리는 것이고, 아군을 잘 다스려 적이 혼란스럽기를 기다리는 것이고, 우리 군영을 안정시킨 뒤 그들이 피로하게 되기를 기다리는 것이라고 했습니다. 그러므로 접전을 하면 많은 적을 패퇴시키고, 나라를 정벌하고 성을 허물 수 있습니다. 늘 앉아서 적을 굴복시키는 것이 성인의 군대입니다. 지금 갑옷을 입혀 가벼운 무장으로 적의 땅 깊이 들어가 진격하면 공을 세우기가 어렵습니다. 부대를 길게 늘어뜨려 들어가면 위협이 다가오고, 가로로 세워서 들어가면 행렬의 중간이 끊기게 됩니다. 또 빨리 가면 양식이 결핍되고, 천천히 가면 날카로움을 내세울 수 없어 1,000리를 가지 못해 사람과 말의 식량이 결핍됩니다. 이를 두고 병법은 '사람을 남겨두어 적에게 잡히도록 하는 짓'이라고 했습니다. 신은 이런 까닭에 공격하지 않는 것이 옳다고 말씀드리는 것입니다."

왕회가 말했다.

"그렇지 않습니다. 신이 지금 그들을 공격하라고 말씀드리는 것은 정말로 군사를 발동해 깊이 진격하라는 것이 아닙니다. 장차 선우의 욕심에 맞춰 그들을 유인한 뒤 변방으로 오게 하고 우리는 효기驍騎와 장수를 뽑아 몰래 매복시켜 놓은 뒤 그들을 대비했다가 요새 땅을 차단하고 경계를 하자는 것입니다. 우리의 형세가 안정된 뒤 그들을 왼쪽이나 오른쪽에서 경략하거나 앞에서 맞아들이거나 뒤를 끊는다 해도 선우를 사로잡을 수 있고, 100번을 싸워도 온전하게 쟁취할 것입니다."

황제는 결국 왕회의 의견을 좇았다.

여름 6월, 어사대부인 한안국을 호군護軍장군, 도성 경비사령관인 위위衛尉 이광李廣을 효기驍騎장군으로 삼았다. 또 태복인 공손하公孫賀를 경거輕車장군, 대행령인 왕회를 장둔將屯장군으로 삼았다. 다시 태중대부인 이식李植을 재관材官장군으로 삼아 거기와 전차 부대 30만 명을 마읍馬邑 옆에 있는 산골짜기에 숨겨두고 선우가 마읍에 들어오면 공격하기로 약속했다.

그리고 몰래 섭일로 하여금 간첩이 돼 흉노로 망명해 들어가게 했다. 섭일이 선우에게 가서 말했다.

"제가 마읍의 현령과 현승의 목을 베고 성을 항복시키겠습니다. 그리하면 재물도 다 얻을 수 있습니다."

선우가 그를 아끼고 믿어 이를 허락했다. 마읍으로 돌아온 섭일은 선우를 속이려고 죄수를 죽인 뒤 그 머리를 성 아래에 매달아 놓고서 선우의 사사에게 보여주어 믿게 하고는 말했다.

"마읍의 장리長吏들이 다 죽었으니 빨리 오십시오."

선우는 요새를 뚫고 10만 명의 기병과 함께 마읍 인근의 무주武州산서성 좌운현 요새까지 들어왔다. 마읍에서 100여 리쯤 못 미친 지점까지 와 보니 가축들은 들에 퍼져 있는데 목동이 없었다. 선우가 이를 이상히 여겼다.

이내 정亭을 공격해 안문의 위사尉史[109]를 잡아 죽이려고 하자 위사가

109 당시 요새 지역은 부근 100리마다 1명의 위衛를 두고 그 밑에 사사士史와 위사尉史를 각각 2명씩 두었다.

살려달라며 선우에게 한나라 군사들이 있는 곳을 말해 주었다. 선우가 크게 놀랐다.

"내가 본래 그들을 의심했다."

그러고는 군사를 거두어 돌아가면서 말했다.

"우리가 위사를 잡은 것은 하늘의 뜻이다."

선우는 위사를 천왕天王으로 삼았다. 요새 아래에서 선우가 이미 가버렸다는 말이 전해지자 한나라 군사들은 그 뒤를 쫓아가 요새에 이르렀으나 쫓아가지 못할 것임을 헤아리고 이내 모든 군사를 철수시켰다.

왕회는 따로 대代 땅에서 출발해 흉노의 치중輜重부대를 치기로 돼 있었다. 선우가 돌아온다는 소문을 들은 데다 흉노의 군사가 많음을 알고 감히 출격하지 못했다.

황제가 왕회에게 화를 내자 왕회가 말했다.

"처음에 그들이 마읍에 들어오면 군사가 선우와 접전하고, 신은 그들의 치중부대를 공격해 이익을 얻으려고 생각했습니다. 그런데 지금 선우가 마읍에 이르지도 않고 돌아가 버리니, 신이 3만 명을 가지고 어찌 대적할 수 있겠습니까? 대적하면 다만 욕을 볼 뿐입니다. 돌아온다면 마땅히 목이 베일 것임을 알았지만 폐하의 군사 3만 명은 온전합니다."

왕회를 정위에게 내려 보내 판결을 받도록 하자 정위가 판결을 내렸다.

"왕회는 적을 피하고 관망했으므로 참형에 처한다."

왕회는 1,000금을 승상인 전분에게 뇌물로 주었다. 전분은 감히 황상에게는 말하지 못하고 태후에게 말했다.

"왕회는 마읍 사건의 주모자입니다. 지금 그 일이 이뤄지지 않았다고 왕회를 죽이면 이는 흉노를 대신해 보복해주는 것과 같습니다."

황제가 아침에 태후를 문안하자 태후가 전분이 말한 것을 황제에게 이야기했다. 황제가 대답했다.

“당초 마읍의 일을 꾸민 사람이 왕회입니다. 그의 말을 좇아 천하의 군사 수십만 명을 내어 이런 일을 했습니다. 설령 선우를 잡지 못한다 할지라도 왕회가 그들의 치중이라도 공격했어야 사대부들의 마음을 위로할 수 있었을 것입니다. 지금 왕회를 죽이지 않으면 천하 사람에게 사죄할 길이 없습니다.”

소식을 들은 왕회가 이내 자진했다. 흉노가 화친을 거절한 채 요새를 공격했고, 횟수를 헤아릴 수 없이 한나라의 변경에 들어와 도적질을 했다. 그럼에도 흉노는 접경지대 시장인 관시關市를 탐하고 한나라의 재물을 좋아했다. 한나라 역시 관시를 열어 그들의 뜻에 맞는 일을 끊어버리지 않았다.

** 起著雍灘, 盡柔兆執徐, 凡九年.

* 世宗孝武皇帝元光二年

冬, 十月, 上行幸雍, 祠五時.

李少君以祠灶卻老方見上, 上尊之. 少君者, 故深澤侯捨人, 匿其年及其生長, 其游以方遍諸侯, 無妻子. 人聞其能使物及不死, 更饋遺之, 常餘金錢·衣食. 人皆以為不治生業而饒給, 又不知其何所人, 愈信, 爭事之. 少君善為巧發奇中. 嘗從武安侯飲, 坐中有九十餘老人, 少君乃言與其大父游射處. 老人為兒時從其大父, 識其處, 一坐盡驚. 少君言上曰, “祠灶則致物, 致物而丹沙可化為黃金, 壽可益, 蓬萊仙者可見. 見之, 以封禪則不死, 黃帝是也. 臣嘗游海上, 見安期生, 食臣棗, 大如瓜. 安期生仙者, 通蓬萊中, 合則見人, 不合則隱.” 於是天子始親祠灶, 遣方士入海求蓬萊安期生之屬, 而事化丹沙諸藥齊為黃金矣. 居久之, 李少君病死, 天子以為化去, 不死. 而海 上燕·齊怪迂之方士多更來言神事矣.

亳人謬忌奏祠太一. 方曰, "天神貴者太一, 太一佐曰五帝." 於是天子立其祠長安東南郊.

雁門馬邑豪聶壹, 因大行王恢言曰, "匈奴初和親, 親信邊, 可誘以利致之, 伏兵襲擊, 必破之道也." 上召問公卿. 王恢曰, "臣聞全代之時, 北有強胡之敵, 內連中國之兵, 然尚得養老·長幼, 種樹以時, 倉廩常實, 匈奴不輕侵也. 今以陛下之威, 海內為一, 然匈奴侵盜不已者, 無他, 以不恐之故耳. 臣竊以為擊之便." 韓安國曰, "臣聞高皇帝嘗圍於平城, 七日不食. 及解圍反位, 而無忿怒之心. 夫聖人以天下為度者也, 不以己私怒傷天下之功, 故遣劉敬結和親, 至今為五世利. 臣竊以為勿擊便." 恢曰, "不然. 高帝身被堅執銳, 行幾十年, 所以不報平城之怨者, 非力不能, 所以休天下之心也. 今邊境數驚, 士卒傷死, 中國槥車相望, 此仁人之所隱也. 故曰擊之便." 安國曰, "不然. 臣聞用兵者以飽待饑, 正治以待其亂, 定捨以待其勞. 故接兵覆眾, 伐國墮城, 常坐而役敵國, 此聖人之兵也. 今將卷甲輕舉, 深入長驅, 難以為功. 從行則迫脅, 衡行則中絕, 疾則糧乏, 徐則後利, 不至千里, 人馬乏食. 『兵法』曰, '遺人, 獲也', 臣故曰勿擊便." 恢曰, "不然. 臣今言擊之者, 固非發而深入也. 將順因單於之欲, 誘而致之邊, 吾選梟騎·壯士陰伏而處以為之備, 審遮險阻以為其戒. 吾勢已定, 或營其左, 或營其右, 或當其前, 或絕其後, 單于可禽, 百全必取." 上從恢議.

夏, 六月, 以御史大夫韓安國為護軍將軍, 衛尉李廣為驍騎將軍, 太僕公孫賀為輕車將軍, 大行王恢為將屯將軍, 太中大夫李息為材官將軍, 將車騎·材官三十餘萬匿馬邑旁谷中, 約單于入馬邑縱兵. 陰使聶壹為間, 亡入匈奴, 謂單于曰, "吾能斬馬邑令·丞, 以城降, 財物可盡得." 單于愛信, 以為然而許之. 聶壹乃詐斬死罪囚, 縣其頭馬邑城下, 示單于使者為信, 曰, "馬邑長吏已死, 可急來!" 於是單于穿塞, 將十萬騎入武州塞. 未至馬邑百餘里, 見畜布野而無人牧者, 怪之. 乃攻亭, 得雁門尉史, 欲殺之, 尉史乃告單于漢兵所居. 單于大驚曰, "吾固疑之." 乃引兵還, 出曰, "吾得尉史, 天也!" 以尉史為天王. 塞下傳言單于已去, 漢兵追至塞, 度弗及, 乃皆罷兵. 王恢主別從代出擊胡輜重, 聞單于還, 兵多, 亦不敢出.

上怒恢. 恢曰, "始, 約為入馬邑城, 兵與單于接, 而臣擊其輜重, 可得利. 今單於不至而還, 臣以三萬人眾不敵, 只取辱. 固知還而斬, 然完陛下士三萬人." 於是下恢廷尉. 廷尉當"恢逗橈, 當斬." 恢行千金丞相蚡, 蚡不敢言上, 而言於太后曰, "王恢首為馬邑事, 今不成而誅恢, 是為匈奴報仇也." 上朝太后, 太后以蚡言告上. 上曰, "首為馬邑事者恢, 故發天下兵數十萬, 從其言為此. 且縱單于不可得, 恢所部擊其輜重, 猶頗可得以慰士大夫心. 今不誅恢, 無以謝天下." 於是恢聞, 乃自殺. 自是之後, 匈奴絕和親, 攻當路塞, 往往入盜於漢邊, 不可勝數. 然尚貪樂關市, 嗜漢財物. 漢亦關市不絕, 以中其意.

한무제 원광 3년(BC 132)

1) 봄, 황하의 물길이 바뀌어 돈구頓丘하북성 청풍현에서 동남쪽으로 흘렀다.

여름 5월 3일, 황하의 제방이 복양호자濮陽瓠子하남성 복양현에서 다시금 터져 거야鉅野산동성 거야현로 물이 쏟아지고 회수와 사수를 지나자 물에 잠긴 군이 16개 군이나 됐다.

천자가 급암과 정당시로 하여금 병졸 10만 명을 내어 이를 막게 했다. 그러나 제방이 갑자기 다시 무너졌다. 이때 전분의 식읍은 유현鄃縣산동성 평원현에 있었다. 유현은 황하의 북쪽에 있고, 황하의 제방이 무너진 곳은 남쪽이었다. 유현은 수재를 당하지 않아 식읍의 수확도 많았다.

전분이 황제에게 말했다.

"장강이나 황하나 제방이 무너지는 것은 모두 하늘의 일인지라 사람의 힘으로 억지로 막기가 쉽지 않습니다. 이를 막으면 하늘의 뜻에 부응하지 않는 것입니다."

기를 살피고 수를 헤아리는 술수術數하는 사람들도 황제에게 그러하다고 말했다. 천자는 오랫동안 다시금 강을 막는 일을 하지 않았다.

2) 위기후인 두영이 효경제 시대에 대장군이었을 당시 무안후 전분은 제랑諸郞이었다. 연회에서는 전분이 술시중을 들었다. 무릎을 꿇었다가 일어나는 것이 마치 아들이나 조카가 하는 것과 같았다. 지금 전분은 황제의 총애를 받아 승상이 됐고, 위기후는 점차 세력을 잃어 빈객의 수도 많이 줄어들었다. 다만 옛날 연나라 재상이었던 영음穎陰 하남성 허창시 출신 관부灌夫만이 위기후의 곁을 떠나지 않았다.

두영은 관부를 후하게 대했고 서로 중하게 여겨주자 그들이 교유하는 것이 마치 부자와 같았다. 관부는 사람됨이 강직했으나 술만 마시면 근처에 있는 세력 있는 자를 능욕하는 버릇이 있었다. 수차례 술로 인해 승상을 모욕한 바 있었다.

승상이 이내 그것을 사건화시켰고, 그 사건을 황제에게 상주했다.

"관부의 집안사람들이 영천穎川에서 전횡하는 까닭에 백성들이 고통스러워합니다."

관부와 그 집안사람들을 모조리 붙잡아 들였다. 모두 기시죄棄市罪의 판결을 받았다.

위기후가 서신을 올려 관부를 구해주려고 하자 황제가 무안후와 함께 태후가 있는 동쪽 조정인 동조東朝 장락궁에서 이를 가려내도록 명했다. 위기후와 무안후가 서로 헐뜯었다. 황제가 조회에 참석한 신하들에게 물었다.

"두 사람 가운데 누가 옳소?"

급암만이 위기후가 옳다고 하고, 한안국은 두 사람이 다 옳다고 했다. 정당시는 위기후가 옳다고 하다가 나중에는 이를 굳게 지키지 못했다. 이 말을 듣던 황제가 정당시에게 화를 참지 못했다.

"내가 너의 무리들까지 목을 베어야겠다."

그러고서 조회를 끝냈다.

황제가 일어나 들어가서 태후에게 밥상을 올렸다.[110] 태후는 대로해 먹지도 않고 말했다.

"지금 내가 살아 있는데도 사람들이 모두 내 동생 전분을 모욕하니 내가 죽은 뒤에 가서는 모두들 그를 어육으로 만들겠구나."

황제가 할 수 없이 관부와 그 가족을 죽이고 유사로 하여금 위기후를 처리하게 했다. 그도 기시죄를 받았다.

* 世宗孝武皇帝元光三年

春, 河水徙, 從頓丘東南流. 夏, 五月, 丙子, 復決濮陽瓠子, 注巨野, 通淮·泗, 泛郡十六. 天子使汲黯·鄭當時發卒十萬塞之, 輒復壞. 是時, 田蚡奉邑食鄃, 鄃居河北, 河決而南, 則鄃無水災, 邑收多. 蚡言於上曰, "江·河之決皆天事, 未易以人力強塞, 塞之未必應天." 而望氣用數者亦以為然. 於是天子久之不復事塞也.

初, 孝景時, 魏其侯竇嬰為大將軍, 武安侯田蚡乃為諸郎, 侍酒跪起如子侄. 已而蚡日益貴幸, 為丞相. 魏其失勢, 賓客益衰, 獨故燕相穎陰灌夫不去. 嬰乃厚遇夫, 相為引重, 其游如父子然. 夫為人剛

110 당시 황실의 관습에 따르면 황제는 모친인 태후에게 식사를 올리도록 돼 있었다.

直，使酒，諸有勢在己之右者必陵之．數因酒忤丞相．丞相乃奏案曰，“灌夫家屬橫潁川，民苦之.” 收系夫及支屬，皆得棄市罪．魏其上書論救灌夫，上令與武安東朝廷辨之．魏其·武安因互相詆訐．上問朝臣曰，“兩人孰是?” 唯汲黯是魏其，韓安國兩以為是．鄭當時是魏其，後不敢堅．上怒當時曰，“吾並斬若屬矣.” 即罷．起，入．上食太后，太后怒不食，曰，“今我在也，而人皆藉吾弟．令我百歲後，皆魚肉之乎!” 上不得已，遂族灌夫．使有司案治魏其，得棄市罪.

한무제 원광 4년(BC 131)

1) 겨울 12월 30일, 위성渭城섬서성 함양시에서 위기후를 논죄하여 죽였다.[111]

봄 3월 17일, 무안후인 전분도 죽었다. 후에 회남왕 유안劉安이 모반했다가 실패하자 황제는 전분이 유안에게 금을 받고 황제에 대해 공손하지 못한 말을 했다는 사실을 알고 이같이 말했다.

"무안후가 살아 있었다면 멸족시켰을 것이다."

2) 여름 4월, 서리가 크게 내려 화초들이 죽었다.

3) 어사대부인 한안국이 승상의 직무를 대행했다. 어가를 인도하다가 수레에서 떨어져 절뚝발이가 됐다.

5월 20일, 평극후平棘侯 설택薛澤을 승상으로 삼았다. 한안국은 병으로 면직됐다.

4) 지진이 났다. 천하에 사면령을 내렸다.

5) 9월, 중위인 장구張歐를 어사대부로 삼았다. 한안국의 병이 다 나아

111 고대부터 중죄에 대한 형 집행은 한 겨울에 했다. 숙살肅殺의 기운이 겨울에 집중돼 있다고 판단한데 따른 것이다.

다시 중위가 됐다.

6) 경제의 아들로 무제의 형인 하간왕 유덕劉德은 공부를 하여 옛 것을 좋아하고 옳은 것과 진실한 것을 힘써 구했다. 금과 비단을 가지고 사방에서 좋다는 책을 다 구했다. 그렇게 구한 책이 한 왕조의 황실이 가진 것과 같을 정도로 많았다. 회남왕 유안도 책을 좋아했으나 그가 수집한 것들은 대부분 들떠 있는 말장난 같은 것들이다. 그러나 하간헌왕河間獻王이 구한 책들은 모두 진나라가 통일하기 이전의 고문古文으로 예악과 옛날에 일어난 사건들에 관한 것을 채집했고, 점차 이를 증보해 500여 편에 이르게 됐다. 또한 하간왕의 의복과 행동거지는 유자儒者의 표준에 합당해 산동 땅에 사는 여러 유자들이 그를 좇아 교유했다.

* 世宗孝武皇帝元光四年

冬, 十二月晦, 論殺魏其於渭城. 春, 三月, 乙卯, 武安侯蚡亦薨. 及淮南王安敗, 上聞蚡受安金, 有不順語, 曰, "使武安侯在者, 族矣!"

夏, 四月, 隕霜殺草.

御史大夫安國行丞相事, 引, 墮車, 蹇. 五月, 丁巳, 以平棘侯薛澤為丞相, 安國病免.

地震. 赦天下.

九月, 以中尉張歐為御史大夫. 韓安國疾愈, 復為中尉.

河間王德, 修學好古, 實事求是, 以金帛招求四方善書, 得書, 多與漢朝等. 是時, 淮南王安亦好書, 所招致率多浮辯. 獻王所得書, 皆古文先秦舊書, 採禮樂古事, 稍稍增輯至五百餘篇, 被服·造次必於儒者, 山東諸儒多從之游.

한무제 원광 5년(BC 130)

1) 겨울 10월, 하간왕이 조근하러 왔다가 아악雅樂을 바쳤다. 황제가 상옹궁三雍宮[112]과 조책詔策에 대해 그에게 30여 가지의 질문을 했다. 도술에 근거한 그의 대답은 사리에 맞았다. 문장도 간단하지만 분명하게 지적했다. 천자는 태악관太樂官에게 하간왕이 바친 아성雅聲을 배우라고 명해 기념일에 여러 번 연주했다. 그러나 황제가 늘 참석해 듣지는 않았다.

봄 정월, 하간왕이 죽었다. 중위인 상려常麗가 소식을 전했다.

"하간왕은 몸을 단정히 하고 이치에 맞게 행동했습니다. 온화하고 인자했으며 공손하고 절검했습니다. 윗사람은 두텁게 공경했고, 아랫사람은 아껴주었고, 많이 알고 깊이 살펴 홀아비와 과부에게 은혜를 베풀었습니다."

대행령도 상주했다.

"시호를 내리는 법에 이르기를, 총명하고 예지가 있을 때에는 헌獻을 내린다고 했습니다. 그의 시호를 헌왕이라고 부를 만합니다."

반고가 이같이 찬贊했다.

"옛날 노애공魯哀公이 말하기를, '과인은 깊은 궁중에서 살고 부인들의 손에서 자라나 아직도 걱정거리를 모르고 두려움도 모른다'고 했다. 이 말은 실로 믿을 만하다. 비록 위태롭거나 망하지 않기를 바란다 해도 그렇게 하기는 매우 어렵다. 이런 까닭에 옛 사람들은 안일하게 연회를 여는 것을 독약이라고 생각했고, 덕을 쌓음이 없이 부귀하면 불행이라고 말했다. 한나라가 일어나 효평제孝平帝 때에 이르러 제후왕들은 100명을 헤아

112 상옹궁三雍宮은 주나라 때의 대학인 벽옹辟雍과 대회당인 명당明堂, 천문대인 영대靈臺를 가리킨다.

리게 됐다. 대부분 교만하고 음란해 도를 잃었다. 어찌하여 그리 됐는가? 방자함에 빠져 그리 된 것이다. 보통 사람들도 그런 습속에 빠지게 돼 있는데 하물며 애공 같이 부귀한 사람이야 더 말해 무엇 하겠는가? '무릇 오직 크게 우아하고 탁월해 보통의 무리들과 함께하지 않는다'고 했다. 하간국의 헌왕이 그와 가까운 사람이다."

2) 당초 왕회가 동월을 토벌할 때 파양番陽 현령인 당몽唐蒙으로 하여금 남월에 가서 그곳의 사정을 알아오도록 했다. 이때 남월에서 당몽에게 촉 땅에서 나는 후추인 구장枸醬을 대접했다. 당몽이 그것을 어디서 얻었는지를 묻자 그들이 대답했다.

"서북쪽에 있는 장가강牂柯江에서 얻었습니다.[113] 장가강은 그 강폭이 몇 리에 이르고, 반우성番禺城광동성 광주시 아래를 벗어나서 끝납니다."

당몽이 장안에 도착한 뒤 촉 출신의 상인에게 관해 물어보았다. 상인이 대답했다.

"구장은 오직 촉 땅에서만 나는데 대부분 몰래 가져다가 야랑夜郎귀주성 동재현에서 팝니다. 야랑이라는 곳은 장가강에 닿아 있고, 강의 폭은 100여 보步이고, 충분히 배를 띄울 수 있습니다. 남월에서는 재물을 가지고 야랑국 사람들을 유인해 귀부시켜 서쪽으로는 동사桐師운남성 첨익현에까지 세력이 뻗어 있습니다. 그러나 그들은 신하로 부릴 수가 없습니다."

당몽은 이내 황제에게 서신을 올렸다.

"남월왕은 황색 어가의 왼쪽에 꽂는 대기大旗인 좌독左纛을 사용하고 있습니다. 땅은 동서로 1만여 리나 되고, 명목상으로는 한나라의 밖에 있

113 '장가강'은 귀주성에서 발원하는 강으로 상류지역은 북반강, 남반강과 합쳐진 후에는 '적수하'로 불린다. 더 내려가면 차례대로 검강, 심강, 서강, 북강으로 이름이 나뉜다. 마지막으로 동강과 합쳐지면 '주강'으로 불린다. 광동성 광주시에서 남중국해로 흘러들어간다.

는 신하이지만 실제로는 하나의 주州의 주인입니다. 지금 장사長沙호남성 장사시와 예장豫章강서성 남창시에서 간다면 물길은 많지만 끊겨 있어 가기가 곤란합니다. 소문을 들어보니 야랑국이 갖고 있는 정병精兵은 10여만 명이라고 합니다. 장가강에서 배를 띄워 그들이 예상치 않았을 때 나아간다면 그것이 월나라를 제압하는 하나의 기이한 계책이 될 수 있습니다. 한나라가 갖고 있는 강한 힘과 파촉이 갖고 있는 풍요로움을 가지고 야랑까지 가는 길을 통하게 하고 관원을 둔다면 아주 쉬울 것입니다."

황제가 허락했다.

당몽은 금위사령부 부사령관인 중랑장中郎將으로 임명돼 사졸 1,000명, 식량운송인 1만여 명을 이끌고 파촉의 관문인 작관筰關으로 들어가 마침내 야랑후夜郎侯 다동多同을 만났다. 당몽은 그에게 후하게 물건을 내려주면서 한나라의 위엄과 후덕함을 얘기했다. 이어 관원을 두기로 약속하고 그의 아들을 현령으로 삼았다. 야랑 근처에 있는 작은 읍에서는 모두 한나라의 비단과 포백을 탐냈지만 한나라까지 가는 길이 워낙 험해 자신들은 가져갈 수 없으리라 여기고 있었기 때문에 당몽의 약속을 들어준 것이다. 당몽이 돌아와 이를 보고하자 황제는 이 땅을 건위군犍爲郡이라고 했다. 이후 파촉 땅 사졸을 동원해 길을 닦았다. 북도僰道사천성 의빈현 서남쪽에서부터 장가강을 향해 갔다. 이 일에 동원된 사람이 수만 명이었다. 사졸들은 대부분 죽었고, 도망치는 자도 있었다.

군법을 써 그 인솔자를 죽이자 파촉의 백성들이 크게 놀라고 두려워했다. 이 소식을 들은 황제는 사마상여司馬相如로 하여금 당몽을 나무라게 하고, 파촉의 백성들에게 그것이 황제의 뜻이 아니었음을 널리 알리게 했다. 사마상여가 돌아와 보고했다.

이때 공邛사천성 서창시과 작筰사천성 한원현 땅의 군장君長들은 남이南夷가 한나라와 통교했고, 한나라가 상으로 내려준 것이 많다는 소식을 들었다.

이들 가운데 다수가 한나라의 신첩臣妾이 되고자 하여 남이와 비등하게 관원을 보내줄 것을 청했다.

천자가 이 문제를 사마상여에게 묻자 사마상여가 대답했다.

"공과 작, 염방冉駹사천성 무현이라는 나라는 촉 땅에서 가깝고, 길 또한 쉽게 통할 수 있습니다. 일찍이 진나라 시대에는 이들과 통교해 군현으로 삼았는데 한나라가 일어난 뒤에는 그만두었습니다. 지금 다시 통교하고 군현을 설치한다면 남이보다 좋을 것입니다."

천자는 옳은 말이라고 생각해 이내 사마상여를 중랑장으로 삼아 부절을 갖고 사신으로 가게 했다. 이때 부사副使인 왕연우王然于 등에게 역참 사이를 왕래하는 수레를 타고 가게 했다. 이는 파촉의 폐물을 서이西夷귀주성 북부에게 뇌물로 주려 했기 때문이었다. 공과 작, 염방, 사유斯楡운남성 대리현의 군장들은 모두 한나라의 신하가 되기를 청했다.

변방에 있는 관문을 제거하자 관문은 더욱 넓어져 서쪽으로는 매수沫水청의강青衣江와 약수若水아방강雅嚨江에까지 이르렀고, 남쪽으로는 장가강을 경계로 영관零關사천성 노산현 북쪽의 길을 개통했다. 또한 손수孫水안녕하安寧河에 다리를 놓아 공도邛都와도 통하게 하여 한 명의 도위와 10여 개의 현을 두고 이를 촉에 소속시키자 천자가 크게 기뻐했다.

3) 사졸 1만 명을 징발해 안문에 있는 험한 길을 다듬으라는 조서를 내렸다.

4) 가을 7월, 큰 바람이 불어 나무들이 뽑혀나갔다.

5) 여자 무당 초복楚服이 무제의 총애를 잃은 진황후에게 귀신에 대한 제사로 싫은 사람을 저주하는 방법과 부인이 남자를 꾀는 술수 등을 가르쳤다. 이 사건이 발각되자 황제는 어사인 장탕張湯으로 하여금 이를 추궁하여 처리하게 했다. 장탕이 그 무리들을 엄격히 조사해 이에 연관돼 죽음에 이른 사람이 300명이나 됐고 초복은 저자에 효수됐다.

7월 14일, 황후에게 책서를 내려 인새와 인수를 회수하고 내쫓은 뒤 유표의 장문원을 헌납 받아 만든 궁인 장문궁長門宮에 기거하게 했다. 두태주竇太主 유표가 부끄럽고 두려운 나머지 머리를 조아려 황제에게 사죄했다. 황제가 말했다.

"황후가 한 일은 대의에 맞지 않아 부득불 폐출시켰습니다. 태주는 마땅히 도를 믿고 스스로 위로해 망령된 말은 받아들이지 말고 혐의를 받거나 두려워할 일이 생기지 않도록 해 주십시오. 황후는 비록 폐출됐으나 공양하는 것은 법대로 할 것이고, 장문궁은 황후의 정궁인 상궁上宮과 차이가 없을 것입니다."

6) 당초 황제가 일찍이 두태주의 집에 술을 마련해두고 연회를 열었다. 이때 두태주는 자신이 가까이하던 구슬 등의 보배 중개상인 동언董偃[114]을 황제에게 소개했다. 황제가 그에게 의관을 내려준 뒤 이름을 직접 부르지 않고 높여서 '주인 영감'이라고 부르면서 그와 함께 술을 마셨다. 이때부터 동군董君은 황제의 총애를 입어 귀하게 됐다. 천하에 그 소문을 듣지 않은 자가 없었다.

그는 늘 황제를 따라 북궁北宮에서 유희를 했고, 말을 달려 미앙궁 북쪽의 화원인 평락관平樂觀으로 가서 닭싸움과 축국蹴鞠의 모임을 가졌다. 황제는 이를 몹시 즐겼다. 하루는 황제가 두태주를 위해 미앙궁 전전前殿의 정당正堂인 선실宣室에서 연회를 베풀면서 알자로 하여금 동군을 안으로 인도해 들어오게 했다. 이때 중랑장인 동방삭이 전殿 아래 계단에서 창을 잡고 있다가 창을 놓고 앞으로 나와 말했다.

"동언은 목이 베어져야 할 3가지 죄를 지었습니다. 그런데 어찌 안으로 들어오게 하십니까?"

---

114 동언董偃은 유표의 남편 진오가 요사한 까닭에 유표의 정부로 있었다.

황제가 물었다.

"무슨 말이오?"

동방삭이 말했다.

"동언은 신하로서 사사로이 공주인 두태주의 시중을 들었습니다. 그 죄가 첫 번째입니다. 남녀의 관계를 파괴하고 혼인의 예를 어지럽혔고, 왕제王制를 상하게 했습니다. 그 죄가 두 번째입니다. 또한 폐하는 춘추가 젊으므로 바야흐로 육경六經 속에서 생각을 해야 하는데 동언은 경經을 받들어 학문을 권하지도 않고, 오히려 화려하고 음란한 것만 내세우며 사치한 것에 힘썼습니다. 개나 말을 가지고 한껏 즐기고 귀와 눈의 욕심을 극도로 자극했으니 이는 국가의 큰 적이고 군주에게는 커다란 해충에 해당합니다. 그 죄가 세 번째입니다."

황제가 아무 대답도 하지 않다가 한참 후에야 말했다.

"내가 할 일이 무엇인지 이미 알았으니 연회를 마친 뒤 스스로 고치겠다."

동방삭이 말했다.

"무릇 선실宣室이라는 곳은 먼저 돌아가신 황제의 정실正室입니다. 법도에 맞지 않는 정사는 들여올 수 없습니다. 그리 되면 점차 음란함에 물들고, 그것이 변하면 찬탈이 일어납니다. 이리 하다가 춘추시대 중엽 교언영색으로 제환공의 총애를 입은 환관 수초豎貂가 음란해졌고 아들을 삶아 바쳐 제환공의 총애를 입은 숙수熟手 역아易牙가 환란을 만들었고, 서자 출신으로 부친인 노환공의 처인 애강과 통정한 뒤 난을 일으킨 경보慶父가 죽자 비로소 노나라가 온전해졌습니다."

황제가 말했다.

"훌륭한 말이다."

그러고는 조서를 내려 연회를 중지하고 다시 북궁에서 연회를 열게 했다. 이후 동군을 동사마문東司馬門으로 이끌고 들어오게 했다. 동방삭에게는 황금 30근을 내려주었다. 동군에 대한 총애는 이로부터 날로 줄어들어 미약해졌다. 그러나 이후로도 공주와 귀인들은 대부분 여전히 예에 어긋나는 일을 했다.

7) 황제가 장탕張湯을 태중대부로 삼아 조우趙禹와 함께 율령을 확정하게 했다. 세세한 것까지 문장에 쓰도록 했다. 관원들이 자신이 맡은 직책을 엄격하게 지키게 하고, 글 내용을 보면 해당 법조문을 알게 하여 관원들이 서로 감시할 수 있게 했다. 법을 시행하는 것이 더욱 각박해진 것은 여기서부터 시작됐다.

8) 8월, 명충螟蟲[115]이 극성을 부렸다.

9) 이 해에 이민吏民 가운데 당세當世의 사무에 능하고 선성先聖의 학술을 익힌 자들을 징소徵召했다. 이들이 지나는 각 현에 명해 차례로 음식을 공급하면서 회계를 맡은 사람과 함께 장안에 올라오도록 했다.

치천菑川산동성 수광현 출신 공손홍公孫弘이 대책을 제시했다.

"신이 듣건대, 상고 시대의 요순 때는 작위와 상을 주는 것을 귀하게 여기지 않았으나 백성들은 선善을 행하도록 권했고, 형벌을 중히 여기지 않았으나 백성들은 법을 범하지 않았습니다. 이는 윗사람이 몸소 올바름을 솔선했고, 백성들에게 믿음을 주었기 때문입니다. 말세에는 작위와 후한 상금을 귀히 여기지만 백성들은 선을 행하도록 권하지 않고, 형벌은 무겁게 내리지만 간사함이 그치지 않으니 이는 윗사람이 바르지 않아 백성들에게 믿음을 주지 못하기 때문입니다. 무릇 상을 후하게 내리고 형벌을 무겁게 하는 것만으로는 선한 일을 하도록 권고하고 잘못된 일을 금하게

115 명충螟蟲은 1년에 두 번 부화하는 유충이 벼 잎과 줄기를 갉아먹는 이화명충二化螟蟲을 가리킨다.

하기에 부족합니다. 반드시 믿음을 주어야 합니다. 능력에 따라 관직을 임명한다면 직책을 나눠 잘 다스릴 수 있을 것입니다. 쓸데없는 말을 하지 않는다면 사정을 잘 파악할 수 있을 것입니다. 쓸데없는 기구를 만들지 않는다면 부세 거둬들이는 것을 줄일 수 있을 것입니다. 백성들에게서 농사지을 시기를 빼앗지 않고 노동력을 방해하지 않는다면 백성들은 부유해질 것입니다. 덕을 가진 사람을 올려주고 덕이 없는 사람을 퇴출시키면 조정은 존경을 받습니다. 공로를 세운 사람을 위에 있게 하고 공로를 세우지 않은 사람을 아래에 있게 한다면 군신들 사이에 차례가 생깁니다. 죄에 해당하는 만큼 벌을 준다면 간사한 일이 그치게 되고, 똑똑한 만큼 상을 준다면 신하들은 선을 행하도록 권할 것입니다.

무릇 이 8가지는 다스림의 근본입니다. 백성들은 직업을 갖되 다투지 않을 것이고, 이치에 맞도록 처리하면 원망할 일이 없어지고, 예의를 갖추면 흉포한 일을 하지 않을 것이고, 그들을 아껴주면 윗사람을 친하게 생각할 것입니다. 이것이 천하를 다스리는 데에서 급히 해야 할 일입니다. 예의라는 것은 백성들이 복종하는 것이고 상을 주고 벌을 주는데 이를 좇는나면 백성들은 금지하는 법을 범하지 않을 것입니다. 신이 듣건대 기氣라는 것은 같으면 좇아가고, 소리라는 것은 비슷하면 응답한다고 했습니다. 지금 군주가 위에서 온화하고 덕스러우면 백성들은 아래에서 화합하게 됩니다. 마음이 고르면 기도 고르고, 기가 고르면 드러난 것도 고르게 되고, 드러난 형체가 고르면 소리도 고르고, 소리가 고르면 천지가 고르게 응답할 것입니다. 음양이 고르고 바람과 비가 때맞춰 내리고, 상서로운 이슬인 감로甘露가 내리니 오곡五穀은 풍년이 들고, 육축六畜은 번식해 상서로운 곡식인 가화嘉禾가 무성해집니다. 또한 상서로운 풀인 주초朱草가 생기고, 산은 민둥산이 되지 않고, 못은 마르지 않을 것이니 이렇게 되는 것이 고르게 되는 것의 최고 경지입니다."

그때 대책을 제출한 사람이 100여 명이었다. 제사 담당 총책으로 교육도 담당하는 태상령太常令이 공손홍의 글을 맨 아래에 놓아 황제에게 올렸다. 대책이 상주되자 천자는 공손홍의 대책을 발탁해 제일로 뽑아 박사로 삼고, 일직日直하는 환관의 휴식소인 금마문金馬門에서 황제가 문의하기를 기다리게 했다.[116]

제나라 사람 원고轅固는 나이가 90여 세였는데 역시 현량으로 징소徵召됐다. 공손홍은 두려움 등으로 인해 바로 보지 못하고 옆을 보는 측목仄目의 자세로 공손히 원고를 섬겼다. 원고가 말했다.

"공손자公孫子, 그대는 올바른 학문으로 말하는 정학이언正學以言의 자세를 보이도록 노력하시오. 구부러진 학문으로 세상 사람에게 아부하는 곡학이아세曲學以阿世의 모습을 보여서는 안 되오."

여러 유학자들이 원고를 헐뜯고 훼방하자, 원고는 늙었다는 이유로 사직하고 집으로 돌아가 버렸다.

이때 파촉에 있는 촉군·광한군·건위군·파군 등의 4군四郡에서는 산을 뚫어 서남이西南夷와 통교하려고 1,000여 리의 거리에서 수자리를 서면서 군량미 등의 군수품인 군향軍餉을 운반했다. 여러 해가 지나도 길이 통하지 않자 사졸들 가운데 피로에 지치고 배고픔과 더위, 습기로 인해 죽은 자가 아주 많아졌다. 게다가 서남이들이 수차례 반란을 일으켜 군사를 동원해 공격을 했다. 많은 비용을 들였음에도 아무런 공도 세우지 못한 이유다. 황제가 이를 걱정해 공손홍에게 조서를 내려 시찰하게 했다. 그가 다녀와 상주하기를, '서남이는 아무 쓸모도 없다'며 서남이 개척을 크게 훼방했으나 황제가 듣지 않았다. 공손홍은 조회 때마다 그 일의 실

116 '금마문'은 이로부터 30년 뒤인 기원전 102년에 대원大宛의 한마汗馬를 얻어 그 말을 동으로 만든 뒤 환관들의 관청인 노반문 밖에 세워 놓은 데서 나온 이름이다.

마리를 개진해 군주로 하여금 스스로 선택하도록 하면서 면대하여 조정에서 다투려고 하지는 않았다. 황제는 그의 행동이 신중하고 두려움을 알게 됐다. 또한 그는 변론하는 데에 여유가 있었고, 문장과 법률과 관원의 일까지 익히고 있었지만 이는 유가의 학술을 가지고 수식되어 있다고 보아 크게 기뻐했다. 1년도 안 돼 벼슬이 장안의 서부 총책인 좌내사左內史의 자리까지 올랐다.

공손홍은 일을 상주하면서 불가하다고 하면 조정에서는 변론을 하지는 않았다. 늘 급암과 더불어 단독으로 틈을 내어 달라고 청했는데 급암이 먼저 발언을 하면 공손홍이 그 뒤에 보충하니 천자가 늘 기뻐했고, 그가 말한 바를 모두 들어주었다. 그는 날로 천자의 총애를 받고 귀해졌다.

공손홍은 공경들과 미리 의논해 확정하기로 약정하고서도 막상 황상 앞에 나아가서는 그 약속을 모두 어기고 황제의 뜻에 순응했다. 급암이 조정에서 공손홍을 힐난했다.

"제나라 출신 공손홍은 대부분 간사하고 사실대로 말하는 일이 없습니다. 처음에 여러 신하들과 이 제의를 건의하기로 했는데 지금 그것을 전부 어기니 충성스럽지 않습니다."

황제가 공손홍에게 사실 여부를 물었다. 공손홍이 사죄하며 대답했다.

"무릇 신하가 어떠해야 하는지를 아는 사람은 신 공손홍을 충성스럽다고 할 것이고, 신하가 어떠해야 하는지를 모르는 사람은 신 공손송을 불충하다고 할 것입니다."

황제가 공손홍의 말이 옳다고 여겼다. 황제는 주위에서 총애를 받은 신하들로부터 매번 공손홍을 비난하는 말을 들었으나 오히려 그를 더욱 후하게 대우했다.

* 世宗孝武皇帝元光五年

冬, 十月, 河間王來朝, 獻雅樂, 對三雍宮及詔策所問三十餘事. 其對, 推道術而言, 得事之中, 文約指明. 天子下太樂官常存肄河間王所獻雅聲, 歲時以備數, 然不常御也. 春, 正月, 河間王薨, 中尉常麗以聞, 曰, "王身端行治, 溫仁恭儉, 篤敬愛下, 明知深察, 惠於鰥寡." 大行令奏曰, "諡法, '聰明睿知曰獻,' 諡曰獻王."

班固贊曰, 昔魯哀公有言曰, "寡人生於深宮之中, 長於婦人之手, 未嘗知憂, 未嘗知懼." 信哉斯言也, 雖欲不危亡, 不可得已! 是故古人以宴安為鴆毒, 無德而富貴謂之不幸. 漢興, 至於孝平, 諸侯王以百數, 率多驕淫失道. 何則? 沈溺放恣之中, 居勢使然也. 自凡人猶系於習俗, 而況哀公之倫乎! "夫唯大雅, 卓爾不群", 河間獻王近之矣.

初, 王恢之討東越也, 使番陽令唐蒙風曉南越. 南越食蒙以蜀枸醬, 蒙問所從來. 曰, "道西北牂柯江. 牂柯江廣數里, 出番禺城下." 蒙歸至長安, 問蜀賈人. 賈人曰, "獨蜀出枸醬, 多持竊出市夜郎. 夜郎者, 臨牂柯江, 江廣百餘步, 足以行船. 南越以財物役屬夜郎, 西至桐師, 然亦不能臣使也." 蒙乃上書說上曰, "南越王黃屋左纛, 地東西萬餘里, 名為外臣, 實一州主也. 今以長沙·豫章往, 水道多絕, 難行. 竊聞夜郎所有精兵可得十餘萬, 浮船牂柯江, 出其不意, 此制越一奇也. 誠以漢之強, 巴·蜀之饒, 通夜郎道為置吏, 甚易." 上許之.

乃拜蒙為中郎將, 將千人, 食重萬餘人, 從巴·蜀筰關入, 遂見夜郎侯多同. 蒙厚賜, 喻以威德, 約為置吏, 使其子為令. 夜郎旁小邑皆貪漢繒帛, 以為漢道險, 終不能有也, 乃且聽蒙約. 還報, 上以為犍為郡, 發巴·蜀卒治道, 自僰道指牂柯江, 作者數萬人, 士卒多物故, 有逃亡者. 用軍興法誅其渠率, 巴·蜀民大驚恐. 上聞之, 使司馬相如責唐蒙等, 因諭告巴·蜀民以非上意. 相如還報.

是時, 邛·筰之君長. 聞南夷與漢通, 得賞賜多, 多欲願為內臣妾, 請吏比南夷. 天子問相如, 相如曰, "邛·筰·冉駹者近蜀, 道亦易通. 秦時嘗通, 為郡縣, 至漢興而罷. 今誠復通, 為置郡縣, 愈於南夷." 天子以為然, 乃拜相如為中郎將, 建節往使, 及副使王然於等乘傳, 因巴·蜀吏幣物以賂西夷. 邛·筰·冉駹·斯榆之君. 皆請為內臣. 除邊關. 關益斥, 西至沫·若水, 南至牂柯為徼, 通零關道, 橋孫水以通邛都, 為置一都尉·十餘縣, 屬蜀. 天子大說.

詔發卒萬人治雁門阻險.

秋, 七月, 大風拔木.

女巫楚服等教陳皇后祠祭厭勝, 挾婦人媚道. 事覺, 上使御史張湯窮治之. 湯深竟黨與, 相連及誅者三百餘人, 楚服梟首於市. 乙巳, 賜皇后冊, 收其璽綬, 罷退, 居長門宮. 竇太主慚懼, 稽顙謝上. 上曰, "皇后所為不軌於大義, 不得不廢. 主當信道以自慰, 勿受妄言以生嫌懼. 後雖廢, 供奉如法, 長門無異上宮也." 初, 上嘗置酒竇太主家, 主見所幸賣珠兒董偃, 上賜之衣冠, 尊而不名, 稱為"主人翁", 使之侍飲. 由是董君貴寵, 天下莫不聞. 常從游戲北宮, 馳逐平樂觀雞·鞠之會, 角狗·馬之足, 上大歡樂之. 上為竇太主置酒宣室, 使謁者引內董君. 是時, 中郎東方朔陛戟殿下, 辟戟而前曰, "董偃有斬罪三, 安得入乎!" 上曰, "何謂也?" 朔曰, "偃以人臣私侍公主, 其罪一也. 敗男女之化, 而亂婚姻之禮, 傷王制, 其罪二也. 陛下富於春秋, 方積思於『六經』, 偃不遵經勸學, 反以靡麗為右, 奢侈為務, 盡狗馬之樂, 極耳目之欲, 是乃國家之大賊, 人主之大蜮, 其罪三也." 上默然不應, 良久曰, "吾業已設飲, 後而自改." 朔曰, "不可. 夫宣室者, 先帝之正處也, 非法度之政不得入焉. 故淫亂之漸, 其變為篡. 是以豎貂為淫而易牙作患, 慶父死而魯國全.” 上曰, “善!” 有詔止, 更置酒北宮, 引董君從東司馬門入. 賜朔黃金三十斤. 董君之寵由是日衰. 是後, 公主·

貴人多逾禮制矣.

上以張湯為太中大夫, 與趙禹共定諸律令, 務在深文. 拘守職之吏, 作見知法, 吏傳相監司. 用法益刻自此始.

八月, 螟.

是歲, 征吏民有明當世之務·習先聖之術者, 縣次續食, 令與計諧.

菑川人公孫弘對策曰, “臣聞上古堯·舜之時, 不貴爵賞而民勸善, 不重刑罰而民不犯, 躬率以正則遇民信也. 末世貴爵厚賞而民不勸, 深刑重罰而奸不止, 其上不正, 遇民不信也. 夫厚賞重刑, 未足以勸善而禁非, 必信而已矣. 是故因能任官, 則分職治. 去無用之言, 則事情得. 不作無用之器, 則賦斂省. 不奪民時, 不妨民力, 則百姓富. 有德者進, 無德者退, 則朝廷尊. 有功者上, 無功者下, 則群臣逡. 罰當罪, 則奸邪止. 賞當賢, 則臣下勸. 凡此八者, 治之本也. 故民者, 業之則不爭, 理得則不怨, 有禮則不暴, 愛之則親上, 此有天下之急者也. 禮義者, 民之所服也. 而賞罰順之, 則民不犯禁矣.

“臣聞之氣同則從, 聲比則應. 今人主和德於上, 百姓和合於下, 故心和則氣和, 和則形和, 形和則聲和, 聲和則天地之和應矣. 故陰陽和, 風雨時, 甘露降, 五穀登, 六畜蕃, 嘉禾興, 朱草生, 山不童, 澤不涸, 此和之至也.”

時對者百餘人, 太常奏弘第居下. 策奏, 天子擢弘對為第一, 拜為博士, 待詔金馬門.

齊人轅固, 年九十餘, 亦以賢良征. 公孫弘仄目而事固, 固曰, “公孫子, 務正學以言, 無曲學以阿世.” 諸儒多疾毁固者, 固遂以老罷歸.

是時, 巴·蜀四郡鑿山通西南夷道, 千餘里戍轉相餉. 數歲, 道不通, 士罷餓·離暑濕死者甚眾. 西南夷又數反, 發兵興擊, 費以巨萬計而無功. 上患之, 詔使公孫弘視焉. 還奏事, 盛毁西南夷無所用, 上不聽. 弘每朝會議, 開陳其端, 使人主自擇, 不肯面折廷爭. 於是上察其行慎厚, 辯論有餘, 習文法吏事, 緣飾以儒術, 大說之, 一歲中遷至左內史. 弘奏事, 有不可, 不廷辨. 常與汲黯請間, 黯先發之, 弘推其後, 天子常說, 所言皆聽, 以此日益親貴. 弘嘗與公卿約議, 至上前, 皆倍其約以順上旨. 汲黯廷詰弘曰, "齊人多詐而無情實. 始與臣等建此議, 今皆倍之, 不忠!" 上問弘. 弘謝曰, "夫知臣者, 以臣為忠. 不知臣者, 以臣為不忠." 上然弘言. 左右幸臣每毁弘, 上益厚遇之.

한무제 원광 6년(BC 129)

1) 겨울, 처음으로 상인들에게 수레와 배에 대한 세금을 계산해 받았다.

2) 대사농인 정당시가 말했다.

"위수에서 땅을 파 유하인 거渠를 만들어 황하에까지 이르게 하면 함곡관의 동쪽으로 곡식을 실어 나르기에 빠르고 쉬울 것입니다.[117] 또한 '거' 아래에 있는 민전民田 1만여 경頃에 물을 댈 수 있을 것입니다."

봄에 사졸 수만 명을 동원해 운하를 뚫었다. 정당시의 대책대로 하라고 조서를 내렸다. 이렇게 해서 3년 만에 개통되자 사람들이 편하다고 여겼다.

3) 흉노가 상곡上谷하북성 회래현에 침입해 관원과 백성들을 노략하고 죽

117 '거渠'는 장안에서 시작해 남산 옆을 지나 황하에 이르렀다. 길이는 300여 리였다.

였다. 거기장군 위청衛靑을 파견해 상곡에서부터 나아가게 하고, 기장군 공손오公孫敖를 대代에서부터 나아가게 했다. 거기장군 공손하를 운중雲中, 효기장군 이광李廣을 안문에서 출발하게 했다. 각기 1만 명의 기병을 이끌고 흉노의 관시가 있는 아래까지 공격했다.

위청은 용성龍城에 이르러 머리를 베거나 포로로 잡은 흉노의 수가 700명이나 됐다. 공손하는 아무런 소득도 못 가져왔고, 공손오는 흉노에게 패해 7천 명의 기병을 잃었다. 이광 또한 흉노에게 패한 꼴이 됐다. 흉노는 이광을 생포하여 말 두 마리 사이에 망을 쳐 그 위에 눕혀놓고 10여 리를 끌고 갔다. 이광은 죽은 척 하다가 잠깐 사이에 벌떡 일어나 흉노의 말 위에 올라타서는 활을 빼앗고 채찍으로 말을 때려 남쪽으로 도망쳐 왔다. 한나라에서는 공손오와 이광을 옥리에게 보내 참형으로 판결했다. 이들은 대속금代贖金을 내고 서인이 됐다. 오직 위청에게만 관내후의 작위를 내렸다.

위청은 원래 노복 출신이었으나 말을 잘 타고 활을 잘 쏘고 재주와 힘이 뛰어났다. 사대부를 만나면 예로써 대하고 사졸들에게는 은혜를 베풀었다. 많은 사람들이 그에게 발탁되는 것을 기꺼워했다. 장수의 자질을 갖고 있었다. 그가 매번 출격할 때마다 공을 세운 이유다. 천하에서는 황제가 사람을 볼 줄 안다고 감복했다.

4) 여름, 큰 가뭄인 대한大旱이 있었다. 메뚜기 재해인 황해蝗害가 있었다.

5) 6월, 황제가 옹雍 땅으로 행행行幸했다.

6) 가을, 흉노가 수차례 변경지대에 들어와 도적질을 했다. 어양漁陽북경시 밀운현 땅이 특히 심했다. 도성의 경비사령관인 위위衛尉 한안국을 재관材官장군으로 삼아 어양에 주둔하게 했다.

* 世宗孝武皇帝元光六年

冬, 初算商車.

大司農鄭當時言曰, "穿渭為渠, 下至河, 漕關東粟徑易, 又可以漑渠下民田萬餘頃." 春, 詔發卒數萬人穿渠, 如當時策. 三歲而通, 人以為便.

匈奴入上谷, 殺略吏民. 遣車騎將軍衛青出上谷, 騎將軍公孫敖出代, 輕車將軍公孫賀出雲中, 驍騎將軍李廣出雁門, 各萬騎, 擊胡關市下. 衛青至龍城, 得胡首虜七百人. 公孫賀無所得. 公孫敖為胡所敗, 亡七千騎. 李廣亦為胡所敗. 胡生得廣, 置兩馬間, 絡而盛臥, 行十餘里. 廣佯死, 暫騰而上胡兒馬上, 奪其弓, 鞭馬南馳, 遂得脫歸. 漢下敖·廣吏, 當斬, 贖為庶人. 唯青賜爵關內侯. 青雖出於奴虜, 然善騎射, 材力絕人. 遇士大夫以禮, 與士卒有恩, 眾樂為用, 有將帥材, 故每出輒有功. 天下由此服上之知人.

夏, 大旱, 蝗.

六月, 上行幸雍.

秋, 匈奴數盜邊, 漁陽尤甚. 以衛尉韓安國為材官將軍, 屯漁陽.

한무제 원삭元朔 원년(BC 128)

1) 겨울 11월, 조서를 내렸다.

"짐이 일을 맡은 사람에게 조서를 내려 염치와 효도를 시행하는 사람을 찾으라고 했다. 이는 좋은 풍속을 만들어서 성인이 남기신 뜻을 계속해 빛내고자 한 것이다. 무릇 열 집으로 이뤄진 읍에도 반드시 충성스럽고 믿을 만한 사람이 있고, 세 사람이 함께 길을 가면 그 가운데 나의 스승이 있는 법이다. 그런데 어떤 군에서는 한 사람도 추천하지 않았다. 이는 교화가 아직 아랫사람들에게 이르지 못했다는 뜻이다. 그렇지 않다면 많은 업적을 이룬 군자가 위에 알려지지 못하게 꽉 막혀 있는 것이다. 똑똑한 사람을 추천하면 높은 상을 받을 것이나 똑똑한 사람을 가리면 죽게 되는 것이 옛날의 법도이다. 2천석의 녹질을 받는 군현의 수장들 가운데 천거를 하지 않은 자를 죄 주는 것에 대해 논의토록 하라."

유사가 상주했다.

"효성스런 사람을 천거하지 않은 관원은 조서를 받들지 않은 것으로 여겨 황제에게 불경한 죄로 다스리고, 염치 있는 사람을 천거하지 않은 관원은 그 임무를 다하지 않은 것으로 여겨 면직시키는 것이 마땅합니다."

황제는 상주한 것이 옳다고 했다.

2) 12월, 한경제의 아들인 강도국江都國의 역왕易王 유비劉非가 죽었다.

3) 29세의 한무제가 처음으로 얻은 첫 아들 유거劉據가 태어났다. 위부인衛夫人 소생이다.

3월 13일, 위부인을 황후로 삼고 천하에 사면령을 내렸다.

4) 가을 흉노의 기병 2만 명이 한나라에 침입해 요서遼西하북성 노룡현의 태수를 죽이고 2천여 명을 포로로 잡아갔다. 한안국이 주둔한 성벽을 포위했다. 또한 어양과 안문에도 침입해 각각 1,000여 명을 죽이거나 포로로 잡아갔다. 한안국은 더 동쪽으로 옮겨 북평北平하북성 천현에 주둔했다. 몇 달 후 병사했다.

천자가 이광을 다시 불러 우북평右北平하북성 평천현의 태수로 임명했다. 흉노들이 그를 두고 '한나라의 비장군飛將軍'이라고 부르며 싸움을 피했다. 몇 년 동안 우북평에는 감히 침공하지 못했다.

5) 흉노를 치기 위해 거기장군 위청이 기병 3만 명을 이끌고 안문에서 출발했다. 장군 이식李息이 대 땅에서 출발했다. 위청이 목 베어 죽이거나

포로로 잡은 흉노의 수가 수천 명이었다.

6) 동이東夷의 예군濊君인 남려南閭 등 모두 28명이 항복해 창해군蒼海郡을 설치했다. 여기에 사용된 인력과 비용이 남이를 개척할 때와 비등해 연燕과 제齊 땅 사이에 소동이 일어났다.

7) 이 해에 경제의 아들인 노공왕魯共王 유여劉餘와 장사정왕長沙定王 유발劉發이 모두 죽었다.

8) 임치 출신 주부언主父偃과 엄안嚴安, 무종無終하북성 계현 출신 서락徐樂 등이 서신을 올려 정사를 말했다. 당초 주부언은 제와 연과 조나라 땅을 돌아다녔다. 모두 후한 대우를 받지 못했다. 여러 학자들이 서로 배척하면서 받아들이지를 않았다. 그는 집안이 가난해 돈을 빌리려 해도 빌릴 수가 없어 이내 서쪽으로 가서 함곡관으로 들어와 대궐 아래에서 서신을 올렸다. 아침에 상주했더니 저녁에 대궐에서 불러들였다. 그가 말한 것은 9가지였다. 8가지는 율령, 나머지 하나는 흉노 정벌에 관한 것이었다.

"병서『사마법司馬法』에 이르기를, '나라가 크다고 해도 전쟁을 좋아하면 망한다. 천하가 평화롭다 해도 전쟁을 잊으면 반드시 위험이 닥친다'[118]고 했습니다. 무릇 성을 내는 것은 덕스러움을 거역하는 것이고, 무기라는 것은 흉기입니다. 또 다툰다는 것은 곁가지의 일입니다. 무릇 전쟁에서는 누구나 승리하기에 힘쓰지만 끝까지 군사에 관한 일을 추구한다면 후회하지 않는 사람이 없습니다. 옛날 진시황이 6국을 병탄한 뒤 승리에만 힘쓰며 쉬지 않고 흉노를 공격하고자 했습니다. 이사李斯가 간하기를, '안 됩니다. 흉노는 성곽에 살지도 않고 곡식을 쌓아 놓고 지키는 일을 하지 않고, 옮겨 다니는 것이 새와 같아 잡아서 제압하기가 어렵습니다. 가볍게

118 『사마법司馬法』은 전국시대 초기 제경공의 전설적인 명장인 사마양저司馬穰苴가 지은 것으로 알려진 대표적인 병서이다.

무장을 하고 깊게 들어가면 반드시 양식이 떨어질 것이고, 양식을 갖고 가면 무거워 일을 볼 수가 없을 것입니다. 그들의 땅을 빼앗는다 해도 이로움이 될 정도는 아니고, 그 백성들을 잡아온다 해도 조화를 이루며 지켜 나갈 수가 없습니다. 이기면 반드시 그들을 죽여야 하는데 이는 백성의 부모가 돼 할 일이 아닙니다. 중국을 피폐케 하는 것은 흉노를 즐겁게 하는 것이니 이는 훌륭한 계책이 못 됩니다'라고 했습니다.

그러나 진시황은 이를 듣지 않고 몽념蒙恬으로 하여금 병졸을 이끌고 흉노를 공격하게 하여 1,000리의 땅을 개척한 뒤 황하를 경계로 했습니다. 그 땅은 본래 소택沼澤이고, 소금기가 있어 오곡이 나지를 않습니다. 이후 천하의 정남丁男을 징발해 북하北河를 지키게 하자 병사들이 10여 년이나 들판에 머물러 있었습니다. 그 동안 죽은 사람을 헤아릴 길이 없고, 끝내 황하를 넘어 북쪽으로 갈 수 없었습니다. 이것이 어찌 사람의 숫자가 부족하고 무기 및 장비가 갖춰지지 않아서 그런 것이겠습니까? 그 형세가 불가능했기 때문입니다.

또한 천하 사람으로 하여금 말의 꼴과 사람들의 양식을 나르게 하면 동수東腄산동성 문등현나 낭야琅邪산동성 제성현와 같이 배를 띄울 수 있는 군에서 시작해 북하北河까지 전운으로 수송할 수 있습니다. 대략 30종鍾1종은 6곡4두을 운반하면 모두 소비하고 결국 1석石만 목적지에 운반하게 됩니다. 남자는 바쁘게 농사를 지어도 양향糧餉을 대기에 부족하고, 여자는 쉬지 않고 방적紡績을 해도 휘장과 장막을 만들기에 부족했습니다. 백성들은 흩어지고 홀아비와 과부, 고아, 노약자인 환과고독鰥寡孤獨을 거두어 줄 수 없어 길에 죽은 사람이 즐비해지자 천하 사람은 비로소 진나라에 반란을 일으키게 됐습니다.

고황제 때에 이르러 천하를 안정시키고 변방을 경략했습니다. 흉노가 대곡代谷하북성 울현의 밖에 모여 있다는 소식을 듣고 황제가 이를 공격하고자 했습니다. 어사인 성진成進이 간하기를, '안 됩니다. 흉노의 성품은 짐승처럼 모였다가 새처럼 흩어지는데 이를 쫓는다는 것은 마치 그림자와 싸우는 것과 같습니다. 지금 폐하가 많은 덕을 쌓았는데 흉노를 공격한다면 이는 매우 위험한 일이라고 생각됩니다'라고 했습니다. 그러나 고황제는 듣지 않고 대곡에 갔다가 평성에서 포위를 당한 일이 있습니다. 고황제는 몹시 후회했고, 이내 유경을 보내 화친의 약조를 맺게 했습니다. 그 다음부터는 천하 사람이 전쟁을 잊어버렸습니다.

흉노를 잡아서 제압하기가 어려운 것은 한 세대의 일만이 아닙니다. 그들은 도적질과 침략하는 것이 직업이기 때문인데 천성이 본래 그러합니다. 위로는 요순과 하·은·주 시대에도 그들을 감독할 수 없었기에 금수로 생각했지 사람에 속한다고 생각하지 않았습니다. 무릇 위로 요순과 하·은·주 시대의 통치 방법을 보지 않고 아래로 근세에 실패했던 과정을 또다시 따르는 것은 신이 크게 걱정하는 바이고, 백성들이 아프고 고생스러워하는 바이기도 합니다."

엄안嚴安도 글을 올렸다.

"지금 천하의 인민들은 재물을 사치스럽게 쓰고 거마와 의복, 주택을 모두 경쟁하듯 장식하고 있습니다. 오성五聲을 조화롭게 하여 연주하고, 오색五色을 섞어 무늬를 만들고, 오미五味를 거듭해 앞에다 음식을 차려놓고 천하에 드러내 보이려 하고 있습니다. 백성들의 인정은 아름다운 것을 보면 이를 원하니 이는 백성들에게 사치스러운 것을 가르치는 것입니다. 사치를 하면 절도를 갖지 못하게 되고, 재물은 넉넉하지 못하게 되고 백성들은 농사를 떠나 장사에 종사하게 됩니다. 장사라고 하여도 그냥 얻을 수 있는 것은 아니니 신사紳士도 속이는 것을 꺼리지 않고, 칼을 든 사람은 경쟁적으로 사람을 죽여 속이고 빼앗게 되니 세상은 수치심을 모르게 되고 법을 범하는 사람이 많아집니다.

원컨대 백성들을 위해 제도로써 그들의 탐욕을 방지하고, 가난한 모습이나 부유한 모습이 서로 드러나지 않게 하여 그들의 마음을 화합시키십시오. 마음과 뜻이 안정되면 도적은 소멸되고 형벌도 적어져 음양이 고르게 되고 만물이 풍성해집니다. 옛날에 진나라 왕은 국토를 넓히는 데 뜻을 두고 안일함에 마음을 두며 해외에 위엄을 떨치고 싶어 몽념으로 하여금 북으로는 병사를 이끌고 흉노를 공격하게 했고, 도수屠睢로 하여금 누선樓船의 군사를 이끌고 월나라를 공격하게 했습니다. 이때 진나라의 화禍는 북쪽 흉노에게서 만들어져 남쪽 월나라에까지 걸치게 됐습니다. 군사를 쓸데없는 땅에다 잠재워 두어야 하니 한번 나아가면 물러설 수가 없었습니다. 이렇게 10여 년을 시행하니 정남丁男들은 갑옷을 걸치고, 정녀丁女들은 물건의 운반을 맡게 돼 고생스러울 뿐 즐겁게 살 수가 없었습니다. 스스로 길가 나무에 목을 매어 자진하는 사람이 줄줄이 이어졌습니다. 진시황이 붕어하자 천하 사람들이 크게 배반하여 후세로 계승되지도 않고 제사도 끊어졌습니다. 이는 끝까지 군사 활동만 하려고 한 데서 온 화란입니다. 주나라의 실패는 나약함에 있고, 진나라의 실패는 강함에 있으니 이는 변화할 줄 모르는 데서 온 환란입니다.

지금 서이西夷를 부리고, 야랑夜郞의 조공을 받고, 강이降夷와 북僰의 항복을 받고, 예주薉州를 경략해 성읍城邑을 세웠고, 흉노 땅에 깊이 들어가 그들의 용성龍城을 불태웠습니다. 이리 되자 의논하는 사람들은 이를 대단히 좋은 일이라고 했습니다. 그러나 이는 신하들의 이익은 될지언정 천하 사람의 이익이 되는 훌륭한 정책은 되지 못합니다."

서락徐樂도 서신을 올렸다.

"신이 듣건대 '천하의 걱정거리는 흙이 무너지는 토붕土崩과 같은 상황에 있지 기와가 깨어지는 와해瓦解와 같은 상황에 있지 않다'고 했습니다. 이 말은 예나 지금이나 마찬가지입니다. 무엇을 토붕이라고 합니까? 진나라 말기 상태가 그러했습니다. 진섭陳涉은 1,000승乘 제후 정도의 지위도 없었고 한 치의 땅도 갖고 있지 않았습니다. 또한 왕공王公이나 대인大人이나 명족名族의 후예도 아니었고, 향촌에서 명예를 갖고 있지도 않았습니다. 공자·증자·묵자와 같은 현명함이나 도주陶朱[119]나 전국시대의 염상鹽商 의돈猗頓 같은 부유함도 갖고 있지 않았습니다. 그러나 궁벽한 골목길에서 일어나 창을 잡고 분투하며 한쪽 어깨를 드러내며 큰소리로 호소하자 천하 사람이 그를 좇았습니다. 이리 된 이유는 무엇입니까? 백성들은 곤란한데 주상은 백성을 구휼하지 않았고, 아랫사람들은 원한에 가득 차 있었는데 위에서는 알지 못했고, 풍속은 이미 문란할 대로 문란했으나 정치는 제대로 수행되지 않은 데서 비롯된 것입니다. 이들 3가지 요소가 바로 진섭이 기의起義 배경으로 삼은 것들입니다. 이를 흙이 무너진다는 뜻의 '토붕'으로 표현했습니다. 천하에 걱정할 것은 '토붕'에 있다고 말하는 이유입니다.

무엇을 '와해'라고 합니까? 오·초·제·조나라의 군사행동 같은 것이 그것입니다. 7국이 크게 반역하기로 모의하고서 모두 만승의 군주라고 하며 갑옷을 입은 병사를 수십만 명이나 이끌고 있었습니다. 그 위엄은 경내를 엄히 다스릴 만했고, 재물도 병사와 백성을 격려할 만했습니다. 그런데 그들은 서쪽으로 와서는 한 치의 땅도 침략할 수 없었고 오히려 중원에서 잡혀버렸습니다. 그 원인이 무엇입니까? 그들의 권력이 필부인 진섭보다 가벼웠거나 그들의 군사가 진섭의 군사보다 약해서가 아니었습니까? 당시는 먼저 돌아가신 황제의 덕이 아직 다 쇠퇴하지 않았고, 흙에서 농사짓는 것을 편히 생각하며 현재의 풍속을 즐기는 백성들이 있었기 때

119 도주陶朱는 춘추시대 말기 월왕 구천을 떠나 거부가 된 월나라 대부 범리范蠡의 변성명變姓名이다.

문입니다. 제후들이 자기 나라 국경 밖에서는 도움을 받을 수 없었던 까닭에 이를 '와해'라고 한 것입니다. 천하의 근심거리는 '와해'에 있지 않다고 했습니다.

이 2가지는 안위安危의 분명한 요건인 까닭에 현군은 마땅히 깊이 살펴야 합니다. 근래 관동 땅에서 수차례 풍년이 들지 않았고, 이런 상태가 몇 년 동안 회복되지 않아 백성들은 대부분 궁핍한데 여기에다 변경의 일까지 겹치게 됐습니다. 이치에 따라 이를 추측컨대, 백성들은 의당 그들이 처한 상황에서 불안함을 갖고 있을 것입니다. 안정되지 못하기에 쉽게 움직입니다. 쉽게 움직이는 것은 토붕의 형세입니다. 현군은 오직 만 가지 변화하는 근원을 잘 관찰해 안전한지 위험한지 여부의 기틀만 잘 밝히면 됩니다. 그리고 이를 묘당廟堂에서 잘 닦아 아직 형체가 생기지 않은 근심거리를 없애기만 하면 됩니다. 그 요점은 오로지 천하에 토붕의 형세를 없애는 것입니다."

황제에게 올린 편지가 상주되자 천자가 3인을 불러 말했다.

"공들은 모두 그동안 어디에 있었소? 어찌하여 서로 만나보는 것이 이리 늦었단 말이오!"

그러고는 그들을 모두 궁정의 금위관인 낭중郎中으로 임명했다. 그 가운데 주부언은 더욱 총애를 받아 1년에 4번이나 벼슬이 올라 중대부中大夫가 됐다. 대신들은 그의 입을 두려워해 그에게 수천 금의 뇌물을 바쳤다. 어떤 사람이 주부언을 두고 '대단한 횡포를 부린다'고 하자 주부언이 말했다.

"내가 살아서 오정五鼎[120]의 음식을 먹지 못하면 죽어서 '오정'에 팽烹

---

120 오정五鼎은 5개의 세발솥에서 만든 음식으로 양·돼지·물고기·절육切肉·간육干肉을 말한다. 제후가 먹는 음식을 상징한다. 경대부의 음식은 삼정三鼎으로 표현한다.

을 당할 것이다."

＊世宗孝武皇帝元朔元年

冬, 十一月, 詔曰, "朕深詔執事, 興廉擧孝, 庶幾成風, 紹休聖緖. 夫十室之邑, 必有忠信. 三人並行, 厥有我師. 今或至闔郡而不薦一人, 是化不下究, 而積行之君子壅於上聞也. 且進賢受上賞, 蔽賢蒙顯戮, 古之道也. 其議二千石不擧者罪." 有司奏曰, "不擧孝, 不奉詔, 當以不敬論. 不察廉, 不勝任也, 當免." 奏可.

十二月, 江都易王非薨.

皇子據生, 衛夫人之子也. 三月, 甲子, 立衛夫人爲皇后, 赦天下.

秋, 匈奴二萬騎入漢, 殺遼西太守, 略二千餘人, 圍韓安國壁. 又入漁陽·雁門, 各殺略千餘人. 安國益東徙, 屯北平. 數月, 病死. 天子乃復召李廣, 拜爲右北平太守. 匈奴號曰"漢之飛將軍", 避之, 數歲不敢入右北平.

車騎將軍衛靑將三萬騎出雁門, 將軍李息出代. 靑斬首虜數千人.

東夷薉君南閭等共二十八萬人降, 爲蒼海郡. 人徒之費, 擬於南夷, 燕·齊之間, 靡然騷動.

是歲, 魯共王餘·長沙定王發皆薨.

臨菑人主父偃·嚴安, 無終人徐樂, 皆上書言事.

始, 偃游齊·燕·趙, 皆莫能厚遇, 諸生相與排擯不容. 家貧, 假貸無所得, 乃西入關上書闕下, 朝奏, 暮召入. 所言九事, 其八事爲律令. 一事諫伐匈奴, 其辭曰, "『司馬法』曰, '國雖大, 好戰必亡. 天下雖平, 忘戰必危' 夫怒者逆德也, 兵者兇器也, 爭者末節也. 夫務戰勝, 窮武事者, 未有不悔者也.

昔秦皇帝倂呑戰國, 務勝不休, 欲攻匈奴. 李斯諫曰, '不可. 夫匈奴, 無城郭之居, 委積之守, 遷徙鳥擧, 難得而制也. 輕兵深入, 糧食必絕. 踵糧以行, 重不及事. 得其地, 不足以為利也. 得其民, 不可調而守也. 勝必殺之, 非民父母也. 靡敝中國, 快心匈奴, 非長策也' 秦皇帝不聽, 遂使蒙恬將兵攻胡, 闢地千里, 以河為境. 地固沮澤·鹹鹵, 不生五穀. 然後發天下丁男以守北河, 暴兵露師十有餘年, 死者不可勝數, 終不能逾河而北, 是豈人眾不足, 兵革不備哉? 其勢不可也. 又使天下蜚芻·輓粟, 起於東陲·琅邪負海之郡, 轉輸北河, 率三十鐘而致一石. 男子疾耕, 不足於糧餉, 女子紡績, 不足於帷幕, 百姓靡敝, 孤寡老弱不能相養, 道路死者相望, 蓋天下始畔秦也.

及至高皇帝, 定天下, 略地於邊, 聞匈奴聚於代谷之外而欲擊之. 御史成進諫曰, '不可. 夫匈奴之性, 獸聚而鳥散, 從之如搏影. 今以陛下盛德攻匈奴, 臣竊危之' 高帝不聽, 遂北至於代谷, 果有平城之圍. 高皇帝蓋悔之甚, 乃使劉敬往結和親之約, 然後天下忘干戈之事.

"夫匈奴難得而制, 非一世也. 行盜侵驅, 所以為業也, 天性固然. 上及虞·夏·殷·周, 固弗程督, 禽獸畜之, 不屬為人. 夫上不觀虞·夏·殷·周之流, 而下循近世之失, 此臣之所大憂, 百姓之所疾苦也."

嚴安上書曰, "今天下人民, 用財侈靡, 車馬·衣裘·宮室, 皆競修飾, 調五聲使有節族, 雜五色使有文章, 重五味方丈於前, 以觀欲天下. 彼民之情, 見美則願之, 是教民以侈也. 侈而無節, 則不可贍, 民離本而徼末矣. 末不可徒得, 故縉紳者不憚為詐, 帶劍者誇殺人以矯奪, 而世不知愧, 是以犯法者眾. 臣願為民制度以防其淫, 使 貧富不相燿以和其心. 心志定, 則盜賊消, 刑罰少, 陰陽和, 萬物蕃也. 昔秦王意廣心逸, 欲威海外, 使蒙恬將兵以北攻胡, 又使尉屠睢將樓船之士以攻越. 當是時, 秦禍北構於胡, 南掛於越, 宿兵於無用之地, 進而不得退. 行十餘年, 丁男被甲, 丁女轉輸, 苦不聊生. 自經於道樹, 死者相望. 及秦皇帝崩, 天下大畔, 滅世絕祀, 窮兵之禍也. 故周失之弱, 秦失之強, 不變之患也. 今徇西夷, 朝夜郎, 降羌·僰, 略薉州, 建城邑, 深入匈奴, 燔其龍城, 議者美之. 此人臣之利, 非天下之長策也."

徐樂上書曰, "臣聞天下之患, 在於土崩, 不在瓦解, 古今一也.

何謂土崩? 秦之末世是也. 陳涉無千乘之尊·疆土之地, 身非王公·大人·名族之後, 鄕曲之譽, 非有孔·曾·墨子之賢, 陶朱·猗頓之富也. 然起窮巷, 奮棘矜, 偏袒大呼, 天下從風. 此其故何也? 由民困而主不恤, 下怨而上不知, 俗已亂而政不修. 此三者, 陳涉之所以為資也, 此之謂土崩. 故曰天下之患在乎土崩.

何謂瓦解? 吳·楚·齊·趙之兵是也. 七國謀為大逆, 號皆稱萬乘之君, 帶甲數十萬, 威足以嚴其境內, 財足以勸其士民. 然不能西攘尺寸之地, 而身為禽於中原者, 此其故何也? 非權輕於匹夫而兵弱於陳涉也. 當是之時, 先帝之德未衰而安土樂俗之民衆, 故諸侯無竟外之助, 此之謂瓦解. 故曰天下之患不在瓦解.

此二體者, 安危之明要, 賢主之所留意而深察也.

間者, 關東五穀數不登, 年歲未復, 民多窮困, 重之以邊境之事, 推數循理而觀之, 民宜有不安其處者矣. 不安, 故易動. 易動者, 土崩之勢也. 故賢主獨觀萬化之原, 明於安危之機, 修之廟堂之上而銷未形之患也, 其要期使天下無土崩之勢而已矣."

書奏, 天子召見三人, 謂曰, "公等皆安在, 何相見之晚也!" 皆拜為郎中.

主父偃尤親幸, 一歲中凡四遷, 為中大夫. 大臣畏其口, 賂遺累千金. 或謂偃曰, "太橫矣!" 偃曰, "吾生不五鼎食, 死即五鼎烹耳!"

한무제 원삭 2년(BC 127)

1) 겨울, 황제가 숙부인 회남왕 유안에게 안석案席과 지팡이인 궤장几杖을 하사하며 조현하지 말도록 했다.

2) 주부언이 황제에게 말했다.

"옛날 제후들의 봉토는 그 넓이가 100리에 불과해 힘의 형세로 보아 쉽게 통제할 수 있었습니다. 그러나 오늘날의 제후들은 어떤 사람은 수십 개나 이어진 성을 갖고 있어 그 땅의 넓이가 1,000리나 됩니다. 느슨하게 통제를 하면 교만하고 사치하여 쉽게 음란해지고, 급하게 통제를 하면 그 강한 힘을 가지고 통제에 대항하거나 서로 합종하여 경사京師에 거역합니다. 그렇다고 법을 가지고 그들을 나눠버리면 반역의 싹이 틀 것입니다. 옛날에 조조가 이런 상황에 부딪쳤습니다. 오늘날 제후들 가운데 어떤 이는 자제가 수십 명이지만 적자만 제후를 이어받고 나머지는 비록 골육이라 할지라도 한 자의 봉토도 없어, 인효仁孝의 도리가 선양되지 못하고 있습니다. 원컨대 폐하는 제후들로 하여금 은혜를 넓히게 하여 그들의 자제에게도 후작을 나눠주십시오. 그들의 땅을 나누게 하고 적자가 아닌 아들들도 후로 삼으면, 저들은 모두 바라는 바를 얻어 기뻐할 것입니다. 그러면 황제는 덕을 베푸는 것이고, 실제로는 그 나라를 나눈 것이니 그들은 점차 약해질 것입니다."

황제는 이 말을 좇아 봄 정월에 이런 조서를 내렸다.

"제후왕들 가운데 혹 사사로이 은혜를 넓혀 자제들에게 채읍을 나눠주고자 하는 이가 있으면 조서를 올리라. 짐이 그 이름을 정해줄 것이다."

번국들이 비로소 나눠지기 시작했고, 그 자제들은 모두 후가 됐다.

3) 흉노가 상곡上谷하남성 회래현과 어양에 침입해 관원과 백성 1,000여 명을 살해하고 노략했다. 황제는 위청과 이식으로 하여금 운중에서 출발해 서쪽의 농서隴西감숙성 임도현에 이른 뒤 흉노의 누번왕樓煩王과 백양왕

白羊王을 하남河南 땅에서 치게 했다. 포로로 잡은 흉노가 수천 명이었고, 소와 양 수백만 마리를 얻었고, 백양왕과 누번왕은 달아나 마침내 하남 땅의 땅을 빼앗았다. 위청을 장평후長平侯에 책봉한다는 조서를 내렸다. 위청과 교위인 소건蘇建, 장차공張次公이 모두 공로를 세웠으므로 소건을 평릉후平陵侯, 장차공을 안두후岸頭侯로 삼았다.

주부언이 말했다.

"하남 땅은 땅이 비옥하고 밖으로는 황하를 요새로 하고 있어 몽념이 이곳에 성을 쌓고 흉노를 쫓아냈습니다. 또 안으로는 군량을 운송하고 수자리를 서는 사람들을 운송하는 비용을 절약했습니다. 이곳은 중국의 판도를 넓히고 흉노를 없애는 근본이 되는 곳입니다."

황제가 공경들에게 이 문제를 의논토록 했다. 모두 불편하다며 반대했다. 그러나 황제는 결국 주부언의 계책을 채용해 그곳에 삭방朔方내몽골 이맹伊盟 서북쪽을 세우고 소건으로 하여금 10여만 명을 동원해 삭방성을 축조하게 했다. 다시 옛날 진나라 때 몽념이 만들었던 요새를 수리하자 황하는 곧은 요새가 됐다. 이리 되자 물건을 나르는 길이 아주 멀리 돌아가게 돼 효산의 동쪽에 사는 사람들이 그 수고로움을 부담하게 됐고, 비용이 거만의 금에 달해 관부의 창고도 아울러 텅 비게 됐다. 한나라도 상곡上谷 땅에서 한쪽으로 치우친 현인 조양造陽하북성 융화현 동북쪽 땅을 흉노에게 내주었다.

4) 3월 30일, 일식이 있었다.

5) 여름, 백성을 모집해 삭방朔方으로 10만 명을 이주시켰다.

6) 주부언이 황제에게 유세했다.

"황제의 수릉壽陵[121]인 무릉茂陵을 처음 세울 때는 천하의 호걸과 겸병

---

121 수릉壽陵을 두고 『후한서』「광무기」에 대한 이현李賢의 주注는 풀이키를, "처음에

을 한 집안 사람들, 무리를 어지럽힌 백성을 모두 무릉으로 옮길 수 있었습니다. 덕분에 안으로 경사京師를 튼튼히 하고, 밖으로 간교하고 교활한 사람들을 없앴습니다. 이것이 바로 주살하지 않고도 해로운 것을 없애는 이른바 부주해제不誅害除의 방략입니다."

황제가 이 말을 좇아 군국의 호걸과 재산이 300만 전 이상인 사람을 모두 무릉으로 이주시켰다.

지軹하남성 제원현 땅 출신 곽해郭解는 함곡관 동쪽 출신의 저명한 협객이다. 그 또한 사민徙民에 포함됐다. 장군 위청이 그를 위해 말했다.

"곽해의 집은 가난하니 그를 옮겨야 될 백성 속에 넣는 것은 맞지 않습니다."

황제가 반박했다.

"아무 벼슬도 없는 곽해가 장군으로 하여금 그를 위해 말하도록 할 만큼 권세가 있으니 이는 그 집안이 가난하지 않다는 것이 아니겠소?"

끝내 곽해의 집안도 사민에 포함됐다. 곽해는 평생 그에게 눈만 흘겨도 죽이기를 예사로 했다. 황제가 그 소문을 듣고 관원에게 명해 곽해를 체포케 했다. 그가 사람을 죽인 것은 모두 대사면령이 내리기 이전의 일이었다.

하루는 지 땅에 사는 한 유생이 사자使者를 모시고 앉아 있었다. 사자가 곽해를 칭송하자 유생이 말했다.

"곽해는 단지 공법公法을 간사하게 범하는 자인데 어찌 그를 현명하다고 하는 것입니까?"

그 말을 전해들은 곽해가 그 유생을 죽이고 혀를 잘라버렸다. 관원이

능을 조성할 때는 이름이 없다. 그래서 '수릉'이라고 부르는 것이다. 대략 해당 '수릉'에 묻힐 제왕이 오래도록 보위에 앉아 있기를 바라는 취지에서 붙여진 것이다."라고 했다.

이를 두고 곽해에게 범인을 밝힐 것을 추궁했다. 곽해가 실제로 그를 죽인 사람을 모른다고 잡아뗐다. 죽인 자가 누구인지 알 길이 없었다. 관원이 어쩔 수 없이 곽해에게 죄가 없다고 상주했다.

공손홍이 논의했다.

"곽해는 포의로 임협이 돼 권력을 행사하면서 자신에게 눈만 흘겨도 사람을 죽였습니다. 이렇게 범인을 모른다고 잡아떼는 죄는 곽해가 직접 그 자를 죽인 것보다 더한 죄이니 마땅히 대역무도한 죄에 해당합니다."

결국 곽해의 일족을 모두 주살하는 족주族誅를 가했다.

이를 두고 반고는『한서』에서 이같이 평했다.

"옛날 천자가 나라를 세우고 제후는 집안을 일으키고, 경대부에서 서인에 이르기까지 각기 차등이 있었다. 백성들은 윗사람을 섬기며 복종했고, 아랫사람이 넘보는 일이 없었다. 주나라 왕실이 쇠미해지자 예악과 정벌하는 일을 제후들이 결정했다. 춘추시대의 제환공齊桓公과 진문공晉文公 이후에는 대부가 대대로 권력 있는 신하가 됐고, 그들의 배신陪臣들이 왕명을 집행했다. 이렇게 윗사람을 능멸하고 무시하는 것이 전국시대에 이르러서는 합종과 연횡連衡의 형태가 됐다. 이에 연결된 자들은 열국의 공자들이었다. 위나라의 신릉군信陵君, 조나라의 평원군平原君, 제나라의 맹상군孟嘗君, 초나라의 춘신군春申君 등이 그들이다. 이들 모두 왕공들의 세력에 의지해 다투어 유협遊俠이 됐고, 닭 울음을 울고 개 짖는 소리를 내는 도둑의 행보인 계명구도雞鳴狗盜를 할지라도 빈객의 예로 모시지 않는 일이 없었다. 조나라 재상 우경虞卿은 자기 나라와 군주를 버리고 해쳐 자기가 잘 아는 위제魏齊라는 사람의 위험을 해결했고, 위나라의 신릉군 무기無忌는 호부虎符를 훔치고 왕명을 바꿔 장군을 죽이고 군사를 하나로 하여 조나라 평원군의 위급한 상황을 구하려고 달려갔다. 이런 일을 한 사람은 모두 제후들에게 중하게 여겨졌고, 또한 천하에 그 이름을 드러내게 됐다. 이렇게 흥분하여 팔을 휘젓고 돌아다니며 말질이나 하는 자들을 신릉군·평원군·맹상군·춘신군 등의 4걸四傑이라고 칭하며 그 우두머리로 생각했다. 여기서 공적인 것을 배반하고 사사로운 무리를 위해 죽는다는 논리가 만들어지고, 자신의 직책을 지키고 윗사람을 받든다는 의로운 일이 폐지됐다. 한나라가 일어나자 금지하는 법망을 느슨하게 했으나 올바르게 고치는 방법은 몰랐다. 한고제 초기 대 땅의 재상이던 진희陳豨에게는 따르는 수레가 1,000대나 됐고, 오왕 유비劉濞와 회남왕이 빈객을 초청했을 때는 그 숫자가 1,000명에 달했다. 외척으로 대신이 된 위기후와 무안후의 무리들은 경사에서 다투어 명예와 이익을 좇았다. 또한 아무런 벼슬도 없으면서 유협이라는 극맹劇孟과 곽해 같은 무리들은 보통 사람들이 사는 곳에서 말을 달려 사람들을 놀라게 했다. 그들의 권세는 한 주 정도의 땅에서 통용됐고, 힘은 공후들을 꺾을 정도였다. 많은 서민들이 그들의 이름과 행적을 영광된 것으로 알고 이를 흠모했다. 비록 그들이 형벌은 받았으나 그들 스스로는 죽어서도 이름을 남겼다고 여겼다. 공자의 제자 자로子路나 송나라 내분에서 반군에게 죽은 구목仇牧 같은 사람은 죽으면서도 후회하지 않았다. 증자는 '윗사람이 그 도리를 잃으면 백성들은 흩어지고, 그 상태는 오래도록 간다'고 했다. 현군이 위에서 사람들에게 좋고 나쁜 것을 보여주고 예법을 가지런히 해주지 않으면 백성들이 어떻게 금법禁法을 알아 올바른 곳으로 돌이키겠는가? 옛날의 정법正法에 이르기를, 오패五伯[122]는 하나라 우왕과 은나라 탕왕 및 주나라 문왕·무왕 등 삼왕三王의 죄인이라고 했고, 육국六國은 오패의 죄인이라고 했다. 무릇 이 네 명의 호걸이란 자들 또한 육국의 죄인이다. 하물며

122 오패五伯의 패伯는 통상 '백'으로 읽으나 패霸의 뜻으로 사용될 때는 '패'로 읽는다.

곽해 같은 자는 보잘 것 없는 필부이면서 살해하는 권한을 훔쳤으니 그 죄는 이미 죽었다고 해도 용서할 수가 없다. 보건대, 평소에는 따뜻하고 선량하여 널리 사랑을 베풀고, 가난한 사람을 진휼하며 급한 사람을 돌봐주고, 겸손하여 물러나고, 스스로 과장하지 않았던 점도 있었는데, 애석하구나, 그가 도덕에 맞게 행동하지 않고 말류에서 방종했으니! 자신의 몸을 죽이고 종족도 없앴으니 불행한 일이 아니겠는가?"

순열荀悅[123]도 이같이 평했다.

"세상에는 '유遊'자가 들어간 말이 3가지 있다. 이는 덕德의 도적이다. 첫째 유협遊俠, 둘째 유세遊說, 셋째 유행遊行이 그것이다. 기세를 세워 위엄을 만들거나 복을 만들어 사사로운 교제를 함으로써 세상에 강한 모습을 세우는 것을 '유협'이라고 한다. 변명하는 말로 수식하고 속이는 꾀를 만들어 천하를 돌아다니며 시세에 영합하는 것을 '유세'라고 한다. 얼굴에는 어진 모습을 띠고 시절에 맞추기를 좋아하고, 사사로운 무리들과 연결을 맺고 헛된 명예를 세워 그것으로 권리를 만드는 것을 '유행'이라고 한다. 이들 3가지는 환란을 불러일으킨다. 도와 덕을 상하게 하거나 해치고, 법도를 뭉그러트리고 세상을 현혹시킨다. 먼저 돌아가신 왕자王者들이 신중했던 이유다. 나라에는 사농공상의 사민四民이 있어 저마다 직업을 갖고 있었다. 사민이 갖는 직업에 종사하지 않는 것을 간민姦民이라고 한다. 이 간민이 생기지 않게 해야 왕도가 완성된다. 무릇 이 3가지 '유'에 해당하는 사람은 왕조 말기에 생기는데 주나라와 진나라 말기에 더욱 심했다. 위가 밝지 않으니 아래가 올바르지 못하고, 제도가 제대로 세워져

123 순열荀悅은 순자荀子의 후손으로 후한 헌제 때 비서감과 시중 등을 지낸 사가이다. 『신감申鑑』 5편을 비롯해 『한기漢紀』 30편 등을 저술했다. 편년제로 구성된 『한기』는 기전체로 된 반고의 『한서』와 대비되는 귀중한 사료에 해당한다.

있지 않으니 기강이 해이해지고 폐지됐다. 칭찬받으면 영광이고, 나무람을 받으면 모욕이라고 생각하고, 그 진실함을 고려하지 않았다. 사랑해주면 이롭고, 미워하면 해롭다고 여기고 그 사실을 논하지 않았다. 기쁨과 성냄으로 상을 주거나 벌을 내리고 그 이치를 살피지 못했다. 윗사람과 아랫사람이 서로 모순돼 만사가 어그러지니 이로써 논하는 사람은 박함과 후함만을 계산해 말을 토해낸다. 관원을 뽑는 데에도 가까운지 먼지 여부를 헤아려 붓을 들고, 선과 악은 많은 사람들의 말 속에서 어그러진다. 공로를 인정하는 것과 죄를 주는 것이 왕법 속에서 어지러워진다. 이로움을 의에 의해 얻을 수 없고, 해로움도 도를 가지고 피할 수 없다. 군자들은 예를 어기고, 소인은 법을 범하고, 분주하게 돌아다니면서 직책을 뛰어넘고 법도를 참칭해 화려하게 수식만 하고, 내실을 폐해 다투어 세속적인 이익만 좇는다. 부형에 대한 존경은 간단히 하면서도 빈객에 대한 예의는 숭상하고, 골육에 대해 은혜를 베푸는 것은 야박하게 하면서도 친구에 대한 사랑은 돈독히 한다. 수신하는 도는 잊고 많은 사람들로부터 칭찬받기만 구한다. 입고 먹는 일을 잘라내어 향연 베푸는 일에 공급하기를 좋아하고, 어육 같은 포저苞苴는 문 앞의 뜰에 가득 차고, 초빙하고 문안하는 일로 왕래하는 사람들이 도로에서 서로 엇갈릴 정도이다. 개인적인 서신을 쓰는 것이 공문보다 많고, 사사로운 업무가 관청의 일보다 많다. 이렇게 유속이 만들어지고 정도正道는 파괴된다. 성군이 위에 있으면 나라를 잘 경륜經綸하고 백성들에게 질서를 만들어주고, 그 제도를 올바르게 한다. 선과 악은 공로와 죄를 구별하는 데 중요한 기준이 되고, 명예를 훼손하는 말에 영향을 받지 않는다. 그 말을 잘 듣고, 그 일에 대한 책임을 묻고, 그 명칭을 들어 사실을 지적한다. 사실이 그 소리에 응하지 않으면 공허할 허虛, 정情이 그 모습을 덮지 못하면 거짓될 위僞, 명예를 훼손하면서 그 진실을 잃어버리면 무고할 무誣, 사건을 말하면서 그 비슷한 경우를 도외시하면 속일 망罔이라고 한다. 거짓으로 둘러싸인 행동은 할 수 없고, 무고하고 속이는 말은 통용될 수 없다. 죄를 지은 사람에게 요행이란 있을 수 없고, 죄와 허물이 없는 사람은 근심하거나 두려워할 일이 없다. 청탁을 하고자 하나 청탁할 길이 없고, 뇌물을 바치고자 하나 쓸 곳이 없으니 화려한 글은 자취를 감추고 붕 떠 있는 말은 사라진다. 거짓 변론은 금지되고, 음탕한 지혜는 끊긴다. 백가百家들의 분란을 버리고, 성인의 지극한 도로 통일되고, 이를 인혜仁惠로 양육하고 예악을 가지고 빛나게 하니 풍속은 안정되고 교화는 크게 이뤄진다."

7) 연왕燕王 유정국劉定國이 부친 강왕康王 유가의 첩과 간통을 했다. 동생의 처를 빼앗아 첩으로 삼았다. 또한 비여肥如하북성 노룡현의 현령縣令로 있던 영郢 땅 출신 영인郢人을 살해하니 영인의 형제들이 황제에게 서신을 올려 이를 알렸다. 주부언이 중간에서 그 일이 드러나게 했다. 공경들이 유정국을 죽이라고 청하자 황상도 이를 허락했다. 유정국은 자진을 했고, 황제는 연나라를 없애버렸다.

제나라의 여왕厲王인 유차창劉次昌도 기씨 성을 가진 자에게 시집을 간 누나 기옹주紀翁主와 정을 통했다. 주부언은 딸을 제나라 왕에게 시집보내려고 했으나 기옹주의 모친인 제나라의 기태후紀太后가 이를 허락하지 않았다. 주부언이 황제에게 고했다.

"제나라의 임치는 10만 호나 돼 저자에서 걷는 세금만 해도 1,000금이나 됩니다. 사람이 많고 부유하여 장안보다 크니 천자의 친동생이나 아끼는 아들이 아닌 사람은 여기서 왕 노릇을 할 수 없습니다. 그러나 지금 제나라 왕은 친속관계로 보면 점점 더 멀어지고 있습니다.[124] 또한 듣건대 제

124 제나라 1대왕인 유비는 유방의 아들로 2대는 유장려劉將閭, 3대는 유수劉壽이다. 4대 유차창劉次昌은 무제 유철과는 8촌간이다.

왕은 그의 누이와도 난잡한 행동을 한다고 합니다. 청컨대 이를 다스리기 바랍니다."

황제는 주부언을 제나라 재상으로 삼고, 그 나라의 정사를 바르게 하라고 했다. 주부언이 제나라에 이르러 왕의 후궁과 환관들을 징치하자 그들은 왕이 저지른 비행을 말하게 됐다. 왕은 두려워 약을 먹고 자진해버렸다. 주부언은 젊었을 때 제나라와 연나라, 조나라 일대를 여행한 적이 있었다. 귀하게 되자 연이어 연나라와 제나라를 파괴해 버렸다.

조나라 왕 유팽조劉彭祖는 두려운 마음에 황제에게 서신을 올려 주부언이 제후들의 뇌물을 받았고 이로 인해 제후들의 자제가 작위에 많이 책봉됐다고 했다. 그러던 차에 제나라 왕이 자진하자 황제는 그 소식을 듣고 대로했다. 주부언이 제왕에게 겁을 주어 자진하게 만들었다고 생각한 것이다. 이내 그를 관원에게 넘겨 징치하게 했다.

주부언은 제후들의 돈을 받아 착복하기는 했으나 왕에게 겁을 주어 자진하게 하지는 않았다. 황상도 그를 죽이려는 생각까지는 없었다. 공손홍이 말했다.

"제왕이 자진하고 또한 그 후사가 없는 까닭에 나라가 없어져 하나의 군이 돼 한나라에 편입됐습니다. 여기에는 주부언이 그 우두머리가 되는 죄수입니다. 폐하가 주부언을 죽이지 않으면 천하에 사죄할 수 없습니다."

이내 주부언을 족멸族滅했다.

8) 장구張歐가 면직됐다. 황제가 형산국의 속현인 요후蓼侯 출신 공장孔臧을 어사대부로 삼고자 했다. 공장이 사양했다.

"신은 대대로 경학經學을 연구하는 것을 업으로 해왔습니다. 청컨대 신에게 태상太常을 시켜 신의 가업에 관련된 업무를 관장토록 해주시면 사촌동생인 공안국孔安國과 더불어 옛날의 가르침을 정리해 영원히 이어내려가게 하겠습니다."

황제가 공장을 태상으로 삼고 그에 대한 예와 상으로 내려주는 것을 삼공과 같이 하도록 했다.

* 世宗孝武皇帝元朔二年

冬, 賜淮南王幾杖, 毋朝.

主父偃說上曰, "古者諸侯不過百里, 強弱之形易制. 今諸侯或連城數十, 地方千里, 緩則驕奢, 易為淫亂, 急則阻其強而合從以逆京師. 以法割削之, 則逆節萌起, 前日晁錯是也. 今諸侯子弟或十數, 而適嗣代立, 餘雖骨肉, 無尺地之封, 則仁孝之道不宣. 願陛下令諸侯得推恩分子弟, 以地侯之, 彼人人喜得所願. 上以德施, 實分其國, 不削而稍弱矣." 上從之. 春, 正月, 詔曰, "諸侯王或欲推私恩分子弟邑者, 令各條上, 朕且臨定其號名." 於是藩國始分, 而子畢侯矣.

匈奴入上谷·漁陽, 殺略吏民千餘人. 遣衛青·李息出雲中以西至隴西, 擊胡之樓煩·白羊王於河南, 得胡首虜數千, 牛羊百餘萬, 走白羊·樓煩王, 遂取河南地. 詔封青為長平侯, 青校尉蘇建·張次公皆有功, 封建為平陵侯, 次公為岸頭侯. 主父偃言曰, "河南地肥饒, 外阻河, 蒙恬城之以逐匈奴, 內省轉輸戍漕, 廣中國, 滅胡之本也." 上下公卿議, 皆言不便. 上竟用偃計, 立朔方郡, 使蘇建興十餘萬人築朔方城, 復繕故秦時蒙恬所為塞, 因河為固. 轉漕甚遠, 自山東咸被其勞, 費數十百巨萬, 府庫並虛. 漢亦棄上谷之斗辟縣造陽地以予胡.

三月, 乙亥晦, 日有食之.

夏, 募民徙朔方十萬口.

主父偃說上曰, "茂陵初立, 天下豪桀, 並兼之家, 亂眾之民, 皆可徙茂陵. 內實京師, 外銷奸猾, 此所謂不誅而害除." 上從之, 徙郡國豪傑及訾三百萬以上於茂陵. 軹人郭解, 關東大俠也, 亦在徙中. 衛將軍為言曰, “郭解家貧, 不中徙.” 上曰, “解, 布衣, 權至使將軍為言, 此其家不貧.” 卒徙解家. 解平生睚眥殺人甚眾, 上聞之, 下吏捕治解, 所殺皆在赦前. 軹有儒生侍使者坐, 客譽郭解, 生曰, “解專以奸犯公法, 何謂賢!” 解客聞, 殺此生, 斷其舌. 吏以此責解, 解實不知殺者, 殺者亦竟絕, 莫知為誰. 吏奏解無罪, 公孫弘議曰, “解, 布衣, 為任俠行權, 以睚眥殺人. 解雖弗知, 此罪甚於解殺之. 當大逆無道.” 遂族郭解.

班固曰, “古者天子建國, 諸侯立家, 自卿大夫以至於庶人, 各有等差, 是以民服事其上而下無覬覦. 周室既微, 禮樂·征伐自諸侯出. 桓·文之後, 大夫世權, 陪臣執命. 陵夷至於戰國, 合從連衡, 由是列國公子, 魏人信陵, 趙有平原, 齊有孟嘗, 楚有春申, 皆藉王公之勢, 競為游俠, 雞鳴狗盜, 無不賓禮. 而趙相虞卿, 棄國捐君, 以周窮交魏齊之厄. 信陵無忌, 竊符矯命, 戮將專師, 以赴平原之急. 皆以取重諸侯, 顯名天下, 扼腕而游談者, 以四豪為稱首. 於是背公死黨之議成, 守職奉上之義廢矣. 及至漢興, 禁網疏闊, 未知匡改也. 是故代相陳豨從車千乘, 而吳濞·淮南皆招客以千數. 外戚大臣魏其·武安之屬競逐於京師, 布衣游俠劇孟·郭解之徒馳騖於閭閻·權行州域. 力折公侯, 眾庶榮其名跡, 覬而慕之. 雖其陷於刑辟, 自與殺身成名, 若季路·仇牧, 死而不悔. 故曾子, ‘上失其道, 民散久矣’ 非明王在上, 示之以好惡, 齊之以禮法, 民曷由知禁而反正乎! 古之正法, 五伯, 三王之罪人也. 而六國, 五伯之罪人也. 夫四豪者, 又六國之罪人也. 況於郭解之倫, 以匹夫之細, 竊殺生之權, 其罪已不容於誅矣. 觀其溫良泛愛, 振窮周急, 謙退不伐, 亦皆有絕異之姿. 惜乎, 不入於道德, 苟放縱於末流, 殺身亡宗, 非不幸也.”

荀悅論曰, “世有三游, 德之賊也, 一曰游俠, 二曰游說, 三曰游行.

立氣勢, 作威福, 結私交以立強於世者, 謂之游俠. 飾辯辭, 設詐謀, 馳逐於天下以要時勢者, 謂之游說. 色取仁以合時好, 連黨類, 立虛譽以為權利者, 謂之游行. 此三者, 亂之所由生也. 傷道害德, 敗法惑世, 先王之所慎也. 國有四民, 各修其業. 不由四民之業者, 謂之奸民. 奸民不生, 王道乃成. 凡此三游之作, 生於季世, 周·秦之末尤甚焉. 上不明, 下不正, 制度不立, 綱紀馳廢. 以毀譽為榮辱, 不核其真. 以愛憎為利害, 不論其實. 以喜怒為賞罰, 不察其理. 上下相冒, 萬事乖錯, 是以言論者計薄厚而吐辭, 選舉者度親疏而舉筆, 善惡謬於眾聲, 功罪亂於王法. 然則利不可以義求, 害不可以道避也. 是以君子犯禮, 小人犯法, 奔走馳騁, 越職僭度, 飾華廢實, 競趣時利. 簡父兄之尊而崇賓客之禮, 薄骨肉之恩而篤朋友之愛, 忘修身之道而求眾人之譽, 割衣食之業以供饗宴之好, 苞苴盈於門庭, 聘問交於道路, 書記繁於公文, 私務眾於官事, 於是流俗成而正道壞矣. 是以聖王在上, 經國序民, 正其制度. 善惡要於功罪而不淫於毀譽, 聽其言而責其事, 舉其名而指其實. 故實不應其聲者謂之虛, 情不覆其貌者謂之偽, 毀譽失其真者謂之誣, 言事失其類者謂之罔. 虛偽之行不得設, 誣罔之辭不得行, 有罪惡者無僥倖, 無罪過者不憂懼, 請謁無所行, 貨賂無所用, 息華文, 去浮辭, 禁偽辯, 絕淫智, 放百家之紛亂, 壹聖人之至道, 養之以仁惠, 文之以禮樂, 則風俗定而大化成矣."

燕王定國與父康王姬奸, 奪弟妻為姬, 殺肥如令郢人. 郢人兄弟上書告之, 主父偃從中發其事. 公卿請誅定國, 上許之. 定國自殺, 國除.

齊厲王次昌亦與其姊紀翁主通. 主父偃欲納其女於齊王, 齊紀太后不許. 偃因言於上曰, "齊臨菑十萬戶, 市租千金, 人眾殷富, 巨於長安, 非天子親弟·愛子, 不得王此. 今齊王於親屬益疏, 又聞其姊亂, 請治之!" 於是帝拜偃為齊相, 且正其事. 偃至齊, 急治王后宮宦者, 辭及王. 王懼, 飲藥自殺. 偃少時游齊及燕·趙, 及貴, 連敗燕·齊. 趙王彭祖懼, 上書告主父偃受諸侯金, 以故諸侯子弟多以得封者. 及齊王自殺, 上聞, 大怒, 以為偃劫其王令自殺, 乃征下吏治. 偃服受諸侯金, 實不劫王令自殺. 上欲勿誅, 公孫弘曰, "齊王自殺, 無後, 國除為郡入漢, 主父偃本首惡. 陛下不誅偃, 無以謝天下." 乃遂族主父偃.

張歐免, 上欲以蓼侯孔臧為御史大夫. 臧辭曰, "臣世以經學為業, 乞為太常, 典臣家業, 與從弟侍中安國綱紀古訓, 使永垂來嗣." 上乃以臧為太常, 其禮賜如三公.

한무제 원삭 3년(BC 126)

1) 겨울, 흉노의 제4대 난제군신攣提軍臣[125] 선우가 죽고, 동생인 좌곡려왕左谷蠡王 난제이치사攣提伊稚斜가 자립해 선우가 된 뒤 난제군신 선우의 태자인 난제어단攣提於單을 격파했다. 난제어단이 한나라로 달아나 항복했다.

2) 공손홍을 어사대부로 삼았다. 이때 바야흐로 서남이西南夷에까지 통하게 됐다. 동쪽에 창해군蒼海郡, 북쪽에 삭방군朔方郡을 두었다. 공손홍은 이런 일들은 중국을 피폐하게 하고 쓸모없는 땅들을 경영토록 하는 것이라고 생각했다. 수차례 간해 이를 철회하라고 청한 이유다.

천자가 주매신朱買臣 등으로 하여금 삭방군을 설치함으로써 편리한

125 흉노 선우의 성은 난제攣提이다. 그 밖의 유력 성씨로 수복須卜, 호연呼衍, 입림立林, 난蘭 등이 있었다. 이들은 서로 결혼으로 이뤄져 커다란 영향력을 행사했다.

이유 10가지를 가지고 힐난케 하자 공손홍이 하나도 제대로 대답하지 못했다.

공손홍이 이내 사과했다.

"저는 산동 출신의 시골 사람이라 그것이 이처럼 편리한 것인 줄 알지 못했습니다. 원컨대 서남이와 창해군의 설치는 철폐하고 오로지 삭방군만을 경영토록 하십시오."

황제가 이내 이를 허락했다. 봄에 창해군을 철폐했다.

공손홍은 평소 포布로 된 이불을 덮고 자고, 먹을 때에도 두 종류의 고기를 먹지 않았다. 급암이 말했다.

"공손홍은 삼공의 자리에 있기 때문에 녹질이 아주 많습니다. 그런데도 포로 된 이불을 덮고 자니 이는 속이는 것입니다."

황제가 공손홍에게 이를 묻자 공손홍이 사과했다.

"그것은 사실입니다. 무릇 구경 가운데 급암보다 신과 더 친한 사람은 없을 것입니다. 그러나 급암이 오늘 조정에서 신 공손홍을 힐난했는데 실로 신 공손홍의 병통을 잘 맞췄습니다. 무릇 삼공으로서 하급관원처럼 포로 된 이불을 사용하는 것은 실로 분식扮飾을 하고 속여 이름을 낚기를 바라는 것이니 급암이 한 말과 같습니다. 또한 급암처럼 충성스러움이 없다면 폐하가 어찌 이런 말씀을 들었겠습니까?"

천자가 이를 겸양으로 받아들이고 그를 더욱 존중하게 됐다.

3) 3월, 천하에 사면령을 내렸다.

4) 여름 4월 7일, 흉노의 태자인 어단을 섭안후涉安侯로 삼았으나 몇 달 후 죽었다.

5) 당초 흉노에서 항복해 온 사람들이 말했다.

"월지국月氏國은 옛날 돈황燉煌감숙성 돈황현과 기련산祁連山 사이에 있으면서 강한 나라가 됐으나 흉노의 제2대 묵돌冒頓 선우가 이들을 공격해 깨뜨렸습니다. 제3대 노상老上 선우가 월지국의 왕을 죽여 그 머리뼈를 가지고 물바가지로 만들었습니다. 나머지 무리들이 멀리 달아나 흉노를 원수처럼 생각하면서 함께 흉노를 칠 나라가 없는 것을 한스럽게 여기고 있습니다."

황제가 월지국과 통교할 수 있는 사자로 갈 사람을 모집했다. 한중漢中섬서성 남정현의 하급 금위관인 낭郎으로 있던 장건張騫이 응모했다. 그는 농서隴西감숙성 임도현에서 출발해 흉노 땅으로 질러갔다. 선우가 그를 붙잡아 10여 년간을 억류했다.[126]

도중에 장건은 감시가 허술한 틈을 노려 간신히 빠져나와 월지국을 향해 서쪽으로 달아났다. 수십 일을 가다보니 대원大宛에 이르렀다. 대원에서는 한나라에 풍요로운 재물이 있다는 소문을 듣고 통교코자 했으나 방법이 없었다. 장건이 왔다는 소문을 듣고 기뻐하면서 안내자와 통역을 보내 강거康居소그디아나[127]에 도착했다가 대월지국大月氏國사마르칸드[128]까지 따라갔다.

당시 대월지국은 국왕이 일찍이 흉노에게 죽음을 당한 까닭에 태자를 세워 왕으로 삼고 있었다. 이들은 이미 대하大夏를 정복해 그 땅에 살고 있었다. 그곳은 땅이 비옥했고, 외부의 침략도 적었다. 흉노에 대해 보복할

---

126 『사기』「대원열전」은 노상 선우가 포로로 잡힌 장건에게 "월지는 우리의 북쪽에 있다. 한나라가 어찌 사자를 보낼 수 있겠는가? 내가 월나라로 사자를 보내고자 하면 한나라가 허락하겠는가?"라고 물었고, 장건은 10여 년 동안 억류돼 있으면서 그곳에서 결혼해 자식까지 낳았으나 한나라 사자로서의 절조는 잃지 않았다고 기록해 놓았다.

127 강거康居는 지금의 카자흐스탄 동쪽 발하시호와 우즈베키스탄과 접한 아랄해 사이에 있던 옛 서역 국가 이름이다. 동쪽으로 오손烏孫, 서쪽으로 엄채奄蔡, 남쪽으로 대월지大月氏, 동남쪽으로 대원大宛과 접해 있었다. 북부는 유목, 남부는 농업을 주로 했다. 남부에 성시城市가 매우 많아 5명의 소왕小王이 분치分治했다.

128 대월지국大月氏國은 서쪽으로 이주해 지금의 사마르칸트를 도성으로 정한 월지국을 말한다. 원래의 거주지에 잔류한 나라는 소월지국小月氏國이라고 했다.

마음이 완전히 사라진 이유다. 장건은 1년여 동안 머물며 설득했으나 결국 대월지국의 분명한 태도를 얻어내지 못하고 돌아와야만 했다.

오는 길에 남산南山을 옆으로 하여 강족羌族이 사는 땅을 통과코자 했으나 또 흉노에게 잡혀 다시 1년여 동안 억류됐다. 마침 난제이치사가 난제어단 선우를 내쫓는 사건이 일어났다. 흉노 내부가 혼란해진 틈을 타 장건은 마침내 당읍지堂邑氏강소성 육합현 출신 노비인 감보甘父와 함께 간신히 흉노 땅을 벗어나 도망쳐 귀국할 수 있었다.

황제는 장건을 태중대부太中大夫, 감보를 봉사군奉使君으로 삼았다. 장건이 처음 갈 때는 100여 명의 일행과 함께했다. 13년이 지나 오직 2명만 돌아왔다.

6) 흉노의 기병 수만 명이 요새 땅으로 들어와 이름이 공恭인 대군代郡하북성 울현 태수를 죽이고 백성 1,000여 명을 포로로 잡아갔다.

7) 6월 2일, 황제의 생모인 황태후 왕지王娡가 붕어했다.

8) 가을, 서이 땅을 관리한 기구를 철폐했다. 다만 남이와 야랑夜郎귀주성 재동현 2현二縣만 남겨두고, 1명의 도위가 관리토록 했다.[129] 점차 건위犍爲사천성 의빈시로 하여금 스스로 경계를 잘 보존케 하면서 힘을 다해 삭방에 성을 구축했다.

9) 흉노가 또 안문에 침입해 1,000여 명의 백성을 죽이거나 포로로 잡아갔다.

10) 이 해에 중대부인 장탕張湯이 정위가 됐다. 장탕은 남을 속이는 일이 많았고, 기지로 사람을 다루었다. 당시 황제는 바야흐로 유학인 문학

129 여기의 '2현'은 남이현과 야랑현을 두었다는 뜻으로 풀이되나 남이는 현이 될 수 없으므로 남이 땅 안에 야랑현과 또 다른 이름의 현 하나를 더 두어 두 현을 둔 것으로 보인다.

을 흠모했다. 장탕은 겉으로 유학을 흠모하는 척하며 동중서와 공손홍 등을 섬겼다. 천승千乘산동성 고원현 출신 예관兒寬[130]을 의문이 있고 어려운 사건을 판결해 황제에게 보고하는 주얼연奏讞掾으로 삼은 뒤 옛날 법령에 따라 의문 나는 사건을 결정케 했다.

그가 처리하는 것을 보면, 황제의 뜻이 죄를 주고 싶어 하는 경우에는 정위 밑에 있는 감監과 27명으로 구성된 옥관獄官인 사史에게 주문해 심한 처벌을 내리도록 했다. 반대로 황제가 풀어주고 싶어 하는 경우에는 감과 사로 하여금 가볍게 처리토록 조치했다. 황제가 그를 좋아하게 된 이유다.

장탕은 옛 친구의 자제를 돌보고 보호하는 일에 아주 후했다. 그는 여러 공들에게도 문안을 했다. 추울 때나 더울 때를 가리지 않았다. 장탕은 비록 판결문은 아주 지독했고, 마음에는 투기가 있었고, 공평하지만은 않았음에도 칭찬을 얻을 수 있었다.

당시 급암은 황상 앞에서 여러 차례에 걸쳐 장탕을 질책한 바 있다.

"공은 정경의 자리에 있으면서 위로는 돌아가신 여러 황제들의 공업을 포양褒揚하지 못하고, 아래로는 천하 사람의 사악한 마음을 억누르지 못하고 있소. 나라를 편안히 하고 백성을 부유하게 만들어 영어囹圄를 텅 비게 해야 하는데, 어찌하여 헛되이 고황제의 약속을 나누고 변경하려 드는 것이오? 공에게 후손이 없는 것도 이 때문이오!"

때때로 급암은 장탕과 논의를 했다. 장탕의 말은 늘 소소한 법조문을 깊이 다루어 가혹하게 취급하고자 했다. 그럴 때마다 급암은 강직하고 엄정하며 높은 기상을 지켰다. 굴복하지 않고 분노가 폭발하면 욕했다.

---

130 예관兒寬의 예兒는 원래 아동을 뜻하는 말로 사용되나 여기서는 예郳의 가차로 사용된 것이다.

"천하 사람이 말하기를, '아전인 도필리刀筆吏는 공경公卿이 되어서는 안 된다'고 했다. 과연 그렇다.[131] 장탕은 틀림없이 천하 사람들로 하여금 두려움으로 인해 두 손과 두 발을 공손히 모은 채 서 있는 중족이립重足而立과 감히 앞을 보지 못하고 곁눈질로 쳐다보는 측목이시側目而視[132] 모습을 보이도록 만들고야 말 것이다."

* 世宗孝武皇帝元朔三年

冬, 匈奴軍臣單于死, 其弟左谷蠡王伊稚斜自立為單于, 攻破軍臣單于太子於單, 於單亡降漢.

以公孫弘為御史大夫. 是時, 方通西南夷, 東置蒼海, 北築朔方之郡. 公孫弘數諫, 以為罷敝中國以奉無用之地, 願罷之. 天子使朱買臣等難以置朔方之便. 發十策, 弘不得一. 弘乃謝曰, "山東鄙人, 不知其便若是, 願罷西南夷·蒼海而專奉朔方." 上乃許之, 春, 罷蒼海郡.

弘為布被, 食不重肉. 汲黯曰, "弘位在三公, 奉祿甚多. 然為布被, 此詐也." 上問弘, 弘謝曰, "有之. 夫九卿臣善者無過黯, 然今日廷詰弘, 誠中弘之病. 夫以三公為布被, 與小吏無差, 誠飾詐, 欲以釣名, 如汲黯言. 且無汲黯忠, 陛下安得聞此言!" 天子以為謙讓, 愈益厚之.

三月, 赦天下.

---

131 '도필'은 종이 발견 이전의 죽간에 붓 대신 칼로 쓰고 깎는 도구를 말한다. '도필리'는 이를 다루는 관원으로 곧 법관 또는 아전衙前을 의미한다. 두 가지 뜻이 모두 내포돼 있다.

132 여기서 몹시 두려워하는 모습을 뜻하는 중족측목重足側目 성어가 나왔다. 두 손과 두 발을 공손히 모은 채 곁눈질을 하며 벌벌 떠는 모습을 상징한다.

夏, 四月, 丙子, 封匈奴太子於單為涉安侯, 數月而卒.

初, 匈奴降者言曰, "月氏故居敦煌·祁連間, 為強國, 匈奴冒頓攻破之. 老上單于殺月氏王, 以其頭為飮器. 餘衆遁逃遠去, 怨匈奴, 無與共擊之." 上募能通使月氏者, 漢中張騫以郎應募, 出隴西, 逕匈奴中. 單于得之, 留騫十餘歲. 騫得間亡, 鄕月氏西走, 數十日, 至大宛. 大宛聞漢之饒財, 欲通不得, 見騫, 喜, 為發導譯抵康居, 傳致大月氏. 大月氏太子為王, 既擊大夏, 分其地而居之, 地肥饒, 少寇, 殊無報胡之心. 騫留歲餘, 竟不能得月氏要領, 乃還. 並南山, 欲從羌中歸, 復為匈奴所得, 留歲餘. 會伊稚斜逐於單, 匈奴國內亂, 騫乃與堂邑氏奴甘父逃歸. 上拜騫為太中大夫, 甘父為奉使君. 騫初行時百餘人, 去十三歲, 唯二人得還.

匈奴數萬騎入塞, 殺代郡太守恭, 及略千餘人.

六月, 庚午, 皇太后崩.

秋, 罷西夷, 獨置南夷·夜郎兩縣·一都尉, 稍令犍為自葆就, 專力城朔方.

匈奴又入雁門, 殺略千餘人.

是歲, 中大夫張湯為廷尉. 湯為人多詐, 舞智以御人. 時上方鄕文學, 湯陽浮慕, 事董仲舒·公孫弘等. 以千乘兒寬為奏讞掾, 以古法義決疑獄. 所治, 即上意所欲罪, 與監·史深禍者. 即上意所欲釋, 與監·史輕平者. 上由是悅之. 湯於故人子弟調護之尤厚. 其造請諸公, 不避寒暑. 是以湯雖文深·意忌·不專平, 然得此聲譽. 汲黯數質責湯於上前曰, "公為正卿, 上不能褒先帝之功業, 下不能抑天下之邪心, 安國富民, 使囹圄空虛, 何空取高皇帝約束紛更之為? 而公以此無種矣!" 黯時與湯論議, 湯辯常在文深小苛. 黯伉厲守高, 不能屈, 忿發, 罵曰, "天下謂刀筆吏不可以為公卿, 果然! 必湯也, 令天下重足而立, 側目而視矣!”

한무제 원삭 4년(BC 125)

1) 겨울, 황제가 감천궁甘泉宮섬서성 순화현으로 행행했다.

2) 여름, 흉노가 대군代郡과 정양定襄, 상군上郡에 침입했다. 각기 3만 명의 기병들이 수천 명을 죽이거나 포로로 잡아갔다.

* 世宗孝武皇帝元朔四年

冬, 上行幸甘泉.

夏, 匈奴入代郡·定襄·上郡, 各三萬騎, 殺略數千人.

권19-한기漢紀 11: 한무제가 흉노를 치다

한무제 원삭 5년(BC 124)

1) 겨울 11월 5일, 승상 설택薛澤이 면직됐다. 공손홍을 승상으로 삼고 평진후平津侯발해 고성현 평진향에 봉했다. 승상을 후侯로 봉하는 것은 공손홍으로부터 시작됐다. 당시 황제는 공적을 쌓을 분위기를 만들어갔다. 공손홍은 동쪽으로 난 작은 문인 동합東閤을 개방해 현명한 사람을 들어오게 한 뒤 만나보고 좋은 방법을 논의하는 일에 참여하게 했다.[133] 이어 매번 조회를 열 때에는 하나의 사건에 관해 이야기하면서 국가에 이익이 되는 방향으로 말을 했기 때문에 황상 또한 주위에 있는 문학文學 수업을 받은 신하들로 하여금 더불어 변론하게 했다.

공손홍이 일찍이 상주문을 올려 말했다.

"열 명의 도적이 강한 활을 당기고 있다면 100명의 관원도 감히 앞으로 나아가지를 못합니다. 청컨대 백성들이 궁노弓弩를 갖고 다니는 것을 금하는 게 좋을 것입니다."

황제는 이 문제에 대해 논의하라고 명을 내렸다. 시중侍中 오구수왕吾丘壽王이 대답했다.

133 '합閤'은 작은 문을 말한다. 승상부의 동쪽으로 난 작은 문을 개방해 현인들을 맞아들인 것은 정문으로는 보통 관원이 출입하기 때문에 이와 구별하기 위한 것이다.

"신이 듣건대, 옛날에는 모矛·극戟·궁弓·검劍·과戈 등 5종의 무기를 만들었습니다. 이는 서로 해치라는 것이 아니라 포악하고 사악한 것을 금지하고 토벌하라는 것이었습니다. 진나라는 천하를 아우르고 나서 갑병甲兵을 다 녹여버리고 창칼을 다 꺾어버렸습니다. 이후 백성들은 호미나 채찍, 몽둥이를 들고 서로 공격했으니 범법자가 아주 많아지고 도덕은 헤아릴 수 없게 돼 이내 혼란으로 멸망했습니다. 성군이 교화하는 일에 힘쓸 뿐 어떤 행동은 하지 말라고 금지하는 조치를 줄였던 것은 그 조치들을 믿을 수 없다는 것을 알았기 때문입니다.『예기』에 이르기를, '사내아이를 낳으면 뽕나무로 활을 만들고 쑥대로 화살을 만들어 이를 들어서 쏜다'고 했습니다. 이는 해야 할 일을 분명히 보여준 것입니다. 대사례大射禮는 천자에서부터 서인에 이르기까지 치러야 할 삼대三代의 도리였습니다.[134]

어리석은 저는 성군이 사례射禮에 맞춰 분명히 가르쳤다는 말은 들었으나 활과 화살을 금지시켰다는 말은 들어보지 못했습니다. 이를 금지시키려는 까닭은 도적들이 이것을 가지고 양민들을 공격해 재물을 빼앗았기 때문입니다. 공격해 빼앗는 것은 죽을죄입니다. 그런데도 범죄가 그치지 않았던 것은 크게 간악한 사람은 두 번 죽인다고 해도 여전히 범죄를 피하려 하지 않기 때문입니다. 신은 다만 간사한 무리가 이 무기를 가지고 있는데 관원들이 이를 저지할 수 없을까 걱정입니다. 양민良民들이 스스로 대비할 수 있는 무기를 소지하는 것을 법으로 금지한다면 이는 오로지 도적의 위세만 세워주고 백성이 스스로 구할 길을 빼앗는 것입니다.

134 '대사례'에 따르면 천자는 표범가죽 과녁인 표후豹侯, 제후는 곰 가죽 과녁인 웅후熊侯, 경대부는 큰사슴가죽 과녁 미후麋侯, 사士는 사슴가죽 과녁 녹후鹿侯 또는 멧돼지 가죽 과녁 시후豕侯를 쏘았다.

신은 그것이 크게 불편할 것으로 생각합니다."

이 편지가 황제에게 올라가자 황제는 공손홍을 힐난했고, 공손홍은 굴복했다. 공손홍은 속으로 시기심이 있어 겉으로는 관대하지만 안으로는 깊이 원망하는 마음이 있었다. 가까운 사이든 먼 사이든 누구를 막론하고 일단 공손홍과 틈이 한 번 생기면 겉으로는 잘 지내는 것 같으나 뒤에 가서 끝내 그 허물에 대해 보복을 했다.

동중서는 사람됨이 청렴하고 강직했다. 공손홍을 아부에 능한 자로 생각했고, 공손홍은 그를 질시했다. 한문제의 아들 교서왕 유단劉端은 교만하고 방자하여 수차례 법을 어겼다. 그가 죽이거나 상해를 입힌 사람 중에는 2천석의 벼슬을 하는 사람도 아주 많았다. 공손홍이 동중서를 교서의 재상으로 추천했지만 동중서가 병이 들었다는 이유로 면직됐다. 또한 급암은 늘 유가儒家를 헐뜯었다. 그는 공손홍을 대면하여 그의 심기를 건드렸다.

공손홍은 이 일을 마음에 품고 있다가 그를 죽이고자 하여 이내 황제에게 말했다.

"장안 동부지역 총책인 우내사右內史가 다스리는 땅에는 지위가 높은 신하와 종실들이 많아 일을 처리하기가 어렵습니다. 중신이 아니면 이 일을 감당할 수 없으니 청컨대 급암을 우내사로 삼기 바랍니다."

황제가 이를 좇았다.

2) 봄, 대한大旱이 있었다.

3) 흉노의 우현왕右賢王이 수차례 삭방군朔方郡에 침입해 소란스럽게 했다. 천자는 거기장군 위청衛靑에게 명해 3만 명의 기병을 이끌고 고궐高闕내몽골 포도시에서 출발하게 하고, 위위衛尉인 소건蘇建을 유격장군, 좌내사인 이저李沮를 강노장군强弩將軍, 태복太僕 공손하를 기騎장군으로 삼았다. 또한 대국代國의 재상인 이채李蔡를 경거장군輕車將軍으로 삼은 뒤

모두 거기장군에 속하게 했다. 이어 함께 삭방군으로부터 나아가게 했다.

이어 번속藩屬 사무 총책인 대행大行 이식李息과 안두후岸頭侯 장차공張次公을 장군으로 삼아 함께 우북평을 출발하게 했다. 10여만 명의 흉노를 쳤다. 우현왕은 한나라의 군사가 멀리 떨어져 있어 그곳까지 올 수 없을 것으로 생각하고 술을 마시고 취해 있었다. 위청 등의 병사가 밤에 요새를 벗어나 600-700리를 가서 우현왕을 포위했다. 우현왕은 깜짝 놀라 밤중에 도주했다. 다만 힘이 센 기병 수백 명만 데리고 말을 달려 포위망을 뚫고 북쪽으로 달아났다. 전투 결과 한나라 건국 이래 최대의 전공을 세웠다. 우현왕의 소왕小王과 비장裨將 10여 명을 잡고, 무리들 1만 5천 명과 가축 수백만 두를 획득한 뒤 병사를 거두어 돌아온 배경이다.

요새에 이르자 천자가 사자로 하여금 대장군의 인새를 갖고 가게 하여 바로 군사 진영에서 위청을 대장군으로 임명하고 여러 장군을 그에게 소속시켰다.

여름 4월 8일, 다시 위청에게 식읍으로 8,700호를 더해 주었다. 위청의 세 아들인 위항衛伉과 위불의衛不疑, 위등衛登 등도 모두 열후列侯에 봉했다.[135] 위청이 진심으로 사양했다.

"신은 행군 도중에 대죄待罪했으나 다행히 폐하의 신령함에 힘입어 군사가 대첩을 거두었습니다. 이는 모두 여러 교위들이 힘써 싸운 공입니다. 폐하는 이미 신 위청에게 봉작을 더해 주었습니다. 그러나 신 위청의 아들들은 아직 강보襁褓에 있어 부지런히 수고한 바가 없습니다. 황제가 땅을 내어주고 세 명을 후로 봉하는 것은 신 위청이 행군하는 가운데 대죄하면서 병사들에게 힘써 싸우라고 권한 뜻이 아닙니다."

천자가 대답했다.

---

135 위항은 의춘후宜春侯, 위불의는 음안후陰安侯, 위등은 발간후發干侯에 봉해졌다.

"나는 여러 교위들의 공로도 잊지 않을 것이다."

이후 호군도위護軍都尉인 공손오를 합기후合騎侯발해 고성현, 도위都尉인 한열韓說을 용액후龍頟侯[136], 공손하를 남교후南窌侯, 이채를 낙안후樂安侯, 교위인 이삭李朔을 섭지후涉軹侯, 조불우趙不虞를 수성후隨成侯, 공손융노公孫戎奴를 종평후從平侯동군 낙창에 봉했다. 또한 이저와 이식을 비롯해 교위인 두여의豆如意에게도 모두 관내후關內侯의 작위를 주었다.

이후 위청은 존경과 총애를 받아 군신들 가운데 그만한 사람이 없었고, 공경 이하 모든 사람들이 그를 받들었다. 오직 급암만이 그에게 동등하게 예를 차렸다. 어떤 사람이 급암에게 말했다.

"천자가 군신들을 대장군 아래에 두고자 하여 대장군이 존중을 받고 있는데 그대는 그에게 절을 하지 않아도 되겠소?"

급암이 대답했다.

"무릇 대장군은 읍하는 것으로 예의를 차리는 손님인 읍객揖客인 까닭에 그다지 중요한 지위가 아니오."

그 소문을 들은 대장군은 더욱 급암을 현명하다고 생각하며 국가 조정의 일에 대해 의문 나는 점이 있으면 수차례 청하여 묻고, 급암을 만나면 평소보다 더 존중했다. 대장군 위청은 비록 귀하기는 하나 때로는 황제를 시위했는데 황제는 책상 옆에 앉아서도 가볍게 그를 만나보았다.

한편 승상인 공손홍이 황제를 뵐 때에는 황제가 따로 관을 쓰지 않을 때도 있었으나 급암이 와서 알현하려고 하면 황제는 관을 쓰지 않고는 만나지 않았다. 황제가 일찍이 무기를 둔 장막 안에 앉아 있었을 때 급암

136 일부 판본에는 용액후龍頟侯의 액頟이 액額으로 되어 있다. 호삼성胡三省은 액頟의 잘못이라며 '락'으로 읽어야 한다고 했다. 그러나 액頟과 액額은 원래 같은 글자이다. 현대 중국어도 어「é」로 읽는다. '용락후'가 아닌 '용액후'로 읽는 게 타당하다.

이 앞으로 나와 사건을 상주코자 했다. 황제는 관을 쓰지 않았으므로 급암을 멀리서 바라보고는 장막 안으로 피하며 사람을 시켜 상주한 일은 '좋다'라고 전하여 결재했다. 이것으로 황제가 급암을 얼마나 존중하고 예의를 차렸는지를 알 수 있다.

4) 여름 6월, 황제가 조서를 내렸다.

"듣건대 백성들을 이끄는 것은 예로써 하고 그들을 교화하는 것은 악樂으로써 한다고 한다. 그런데 지금은 예가 파괴되고 악도 붕괴됐으니 짐은 이를 심히 민망하게 생각한다. 예관에게 명하니, 배우기를 권하고 예를 부흥시키는 것을 천하에서 제일 먼저 해야 할 것으로 하라."

승상인 공손홍 등이 상주했다.

"청컨대 박사관博士官에게 제자 50명을 두게 하고, 그 신역身役을 면제해 주십시오. 그들을 학문의 높고 낮음에 따라 낭중이나 문학 및 장고掌故 등의 직책에 보임토록 하십시오. 또한 우수하고 재주가 남다른 사람은 곧바로 황제에게 그 이름을 보고하게 하십시오. 그들 가운데 배우는 일에 종사하지 않아 하급의 재목에 해당하는 사람은 바로 파직시키십시오. 또한 이吏 가운데 한 가지 이상의 분야에 통달한 사람은 모두 선발하여 더 높은 우직右職[137]에 보임하기를 청합니다."

황제가 그 말을 따랐다. 이때부터 공경, 대부, 사士, 이吏 가운데 문학적 소양이 뛰어난 선비들이 많아졌다.

5) 가을, 흉노의 기병 1만 명이 대국代國하북성 울현에 침입해 도위인 주영朱英을 살해하고 1,000여 명을 포로로 잡아갔다.

6) 당초 회남왕 유안은 독서와 문장 쓰기를 좋아하고 이름이 나거나 칭찬받기를 즐겨 빈객들과 방술方術하는 선비 수천 명을 불러 모았다. 그

137 우직右職은 중2천의 관직으로 사史나 졸卒을 가리킨다.

의 여러 신하와 빈객들은 대부분 장강과 회하 사이에 살던 경박한 선비들이었다. 그들은 늘 회남의 여왕厲王이 촉 땅으로 옮겨가다가 죽은 일을 가지고 유안을 자극했다. 건원 6년인 기원전 135년에 혜성이 나타나자 어떤 사람이 회남왕에게 말했다.

"문제 전6년 당시 오 땅에서 반란이 있었을 때 그 길이가 몇 척이나 되는 혜성이 출현했는데 피를 흘린 것이 1,000리에 달했습니다. 이번에는 혜성이 거의 하늘에 닿았으니 분명 천하의 군사들이 크게 일어날 것입니다."

회남왕도 마음속으로 그러할 것으로 여겨 공격할 무기를 많이 만들고 금전을 쌓아 두었다.

당시 낭중인 뇌피雷被가 회남국의 태자인 유천劉遷에게 죄를 지었다. 때마침 종군하고자 하는 사람은 장안으로 오라는 조서가 내려졌다. 뇌피는 당장 지원하여 흉노를 공격하고자 했다. 태자는 회남왕에게 뇌피를 헐뜯으며 그를 면직시키고 훗날에 사람들로 하여금 그런 짓을 못하게 하라고 했다.

이 해에 뇌피는 장안으로 도망쳐 사실을 알리는 서신을 직접 올렸다. 황제는 이 일을 정위에게 내려보내 처리하게 했다. 그 종적이 회남왕에게까지 이어져 있자 공경들이 회남왕을 체포하여 처리하기를 청했다. 회남국의 태자인 유천은 사람을 시켜 위사衛士의 옷을 입고 회남왕 옆에 창을 들고 서 있다가 한나라에서 온 사자가 시비라도 걸면 곧바로 찔러 죽이라 하고, 이를 신호로 군사를 일으키도록 모의했다. 그러나 천자의 사자인 중위 단홍段弘이 회남왕을 신문했으나 중위의 안색이 화평한 것을 보고 군사를 발동하지 않았다.

공경들이 상주했다.

"유안은 흉노를 치고자 하는 사람을 막은 사람이므로 분명히 조서에 저촉되는 일을 했습니다. 마땅히 목을 베어 저자에 내걸어야 합니다."

황제는 결국 조서를 내려 회남국에서 두 개의 현을 잘라내게 했다. 마음이 상한 유안이 말했다.

"나는 인의를 행했는데 오히려 땅이 잘려나가는 일을 당했다."

그러고는 이를 수치스럽게 여기고 반란을 일으키려는 생각을 더욱 굳혔다.

회남왕 유안과 유안의 동생인 형산왕 유사劉賜는 사이가 좋지 않아 서로 예의를 차리지도 않았다. 형산왕은 회남왕이 반란을 일으키려 모의를 했다는 소식을 듣고, 자기 나라가 그 속에 합병돼 버릴까 두려워했다. 빈객들과 관계를 맺으며 반란을 일으킬 도구를 만들면서 회남 땅의 서쪽을 마음에 두고 군사를 일으켜 장강과 회하 사이를 평정해 갖겠다고 생각했다.

형산왕의 왕후인 서래徐來는 태자인 유상劉爽을 헐뜯어 폐위시키고, 유상의 동생 유효劉孝를 세우고자 했다. 형산왕은 태자를 가두고 유효에게 왕의 인새를 차고 빈객들을 불러 모으도록 했다. 빈객으로 온 사람들은 회남왕과 형산왕이 역모할 계획이 있다는 것을 은연중에 알고 밤낮으로 그들을 종용하고 권고했다. 형산왕은 이내 유효의 빈객인 강도江都강소성 양주시 출신 매혁枚赫과 진희陳喜로 하여금 전차인 팽거輣車와 쇠 화살인 단시鍛矢를 만들고, 천자의 인새와 장군, 재상, 군리軍吏의 인새를 만들게 했다.

가을, 형산왕이 입조하느라 회남 일대를 지나게 됐다. 그때 회남왕과 이내 형제로서 말을 하고, 지난날의 서먹한 관계를 개선한 뒤 반란을 구체화하기로 약속했다. 이어 형산왕은 바로 서신을 올려 칭병했다. 황제가 서신을 내려 입조하지 않아도 된다고 했다.

** 起強圉大荒落, 盡玄黓閹茂, 凡六年.

* 世宗孝武皇帝元朔五年

冬, 十一月, 乙丑, 薛澤免. 以公孫弘為丞相, 封平津侯. 丞相封侯自弘始.

時上方興功業, 弘於是開東閣以延賢人, 與參謀議. 每朝覲奏事, 因言國家便宜, 上亦使左右文學之臣與之論難. 弘嘗奏言曰, "十賊廣弩, 百吏不敢前. 請禁民毋得挾弓弩, 便." 上下其議. 侍中吾丘壽王對曰, "臣聞古者作五兵, 非以相害, 以禁暴討邪也. 秦兼天下, 銷甲兵, 折鋒刃. 其後民以耰鉏·棰梃相撻擊, 犯法滋眾, 盜賊不勝, 卒以亂亡. 故聖王務教化而省禁防, 知其不足恃也. 禮曰, '男子生, 桑弧·蓬矢以舉之,' 明示有事也. 大射之禮, 自天子降及庶人. 三代之道也. 愚聞聖王合射以明教矣, 未聞弓矢之為禁也. 且所為禁者, 為盜賊之以攻奪也. 攻奪之罪死, 然而不止者, 大奸之於重誅, 固不避也. 臣恐邪人挾之而吏不能止, 良民以自備而抵法禁, 是擅賊威而奪民救也. 竊以為大不便." 書奏, 上以難弘, 弘詘服焉.

弘性意忌, 外寬內深. 諸嘗與弘有隙, 無近遠, 雖陽與善, 後竟報其過. 董仲舒為人廉直, 以弘為從諛, 弘嫉之. 膠西王端驕恣, 數犯法, 所殺傷二千石甚眾. 弘乃薦仲舒為膠西相. 仲舒以病免. 汲黯常毀儒, 面觸弘, 弘欲誅之以事, 乃言上曰, "右內史界部中多貴臣·宗室, 難治, 非素重臣不能任, 請徙黯為右內史." 上從之.

春, 大旱.

匈奴右賢王數侵擾朔方. 天子令車騎將軍青將三萬騎出高闕, 衛尉蘇建為游擊將軍, 左內史李沮為高弩將軍, 太僕公孫賀為騎將軍, 代相李蔡為輕車將軍, 皆領屬車騎將軍, 俱出朔方. 大行李息·岸頭侯張次公為將軍, 俱出右北平. 凡十餘萬人, 擊匈奴. 右賢王以為漢兵遠, 不能至, 飮酒, 醉. 衛青等兵出塞六七百里, 夜至, 圍右賢王. 右賢王驚, 夜逃, 獨與壯騎數百馳, 潰圍北去. 得右賢裨王十餘人, 衆男女萬五千餘人, 畜數十百萬, 於是引兵而還.

至塞, 天子使使者持大將軍印, 即軍中拜衛青為大將軍, 諸將皆屬焉. 夏, 四月, 乙未, 復益封青八千七百戶, 封青三子伉·不疑·登皆為列侯. 青固謝曰, "臣幸得待罪行間, 賴陛下神靈, 軍大捷, 皆諸校尉力戰之功也. 陛下幸已益封臣青. 臣青子在襁褓中, 未有勤勞, 上列地封為三侯, 非臣待罪行間所以勸士力戰之意也." 天子曰, "我非忘諸校尉功也." 乃封護軍都尉公孫敖為合騎侯, 都尉韓說為龍頟侯, 公孫賀為南窌侯, 李蔡為樂安侯, 校尉李朔為涉軹侯, 趙不虞為隨成侯, 公孫戎奴為從平侯, 李沮·李息及校尉豆如意皆賜爵關內侯.

於是青尊寵, 於群臣無二, 公卿以下皆卑奉之, 獨汲黯與亢禮. 人或說黯曰, "自天子欲群臣下大將軍, 大將軍尊重, 君不可以不拜." 黯曰, "夫以大將軍有揖客, 反不重邪!" 大將軍聞, 愈賢黯, 數請問國家朝廷所疑, 遇黯加於平日. 大將軍青雖貴, 有時侍中, 上踞廁而視之. 丞相弘燕見, 上或時不冠. 至如汲黯見, 上不冠不見也. 上嘗坐武帳中, 黯前奏事, 上不冠, 望見黯, 避帳中, 使人可其奏. 其見敬禮如此.

夏, 六月, 詔曰, "蓋聞導民以禮, 風之以樂. 今禮壞·樂崩, 朕甚閔焉. 其令禮官勸學興禮以為天下先!" 於是丞相弘等奏曰, "請為博士官置弟子五十人, 復其身. 第其高下, 以補郎中·文學·掌故. 即有秀才異等, 輒以名聞. 其不事學若下材, 輒罷之. 又, 吏通一藝以上者, 請皆選擇以補右職." 上從之. 自此公卿·大夫·士·吏彬彬多文學之士矣.

秋, 匈奴萬騎入代, 殺都尉朱英, 略千餘人.

初, 淮南王安, 好讀書屬文, 喜立名譽, 招致賓客方術之士數千人.

其群臣·賓客, 多江·淮間輕薄士, 常以厲王遷死感激安. 建元六年, 彗星見, 或說王曰, "先吳軍時, 彗星出, 長數尺, 然尚流血千里. 今彗星竟天, 天下兵當大起." 王心以為然, 乃益治攻戰具, 積金錢.

郎中雷被獲罪於太子遷, 時有詔, 欲從軍者輒詣長安, 被即願奮擊匈奴. 太子惡被於王, 斥免之, 欲以禁後. 是歲, 被亡之長安, 上書自明. 事下廷尉治, 蹤跡連王, 公卿請逮捕治王. 太子遷謀令人衣衛士衣, 持戟居王旁, 漢使有非是者, 即刺殺之, 因發兵反. 天子使中尉宏即訊王, 王視中尉顏色和, 遂不發. 公卿奏曰, "安壅閼奮擊匈奴者, 格明詔, 當棄市." 詔削二縣. 既而安自傷曰, "吾行仁義, 反見削地." 恥之, 於是為反謀益甚. 安與衡山王賜相責望, 禮節間不相能. 衡山王聞淮南王有反謀, 恐為所並, 亦結賓客為反具, 以為淮南已西, 欲發兵定江·淮之間而有之. 衡山王后徐來譖太子爽於王, 欲廢之而立其弟孝. 王囚太子而佩孝以王印, 令招致賓客. 賓客來者微知淮南·衡山有逆計, 日夜從容勸之. 王乃使孝客江都人枚赫·陳喜作輣車·鍛矢, 刻天子璽·將相軍吏印. 秋, 衡山王當入朝, 過淮南. 淮南王乃昆弟語, 除前隙, 約束反具. 衡山王即上書謝病, 上賜書不朝.

한무제 원삭 6년(BC 123)

1) 봄 2월, 대장군 위청이 정양定襄내몽골 화림격이현和林格爾縣에서 출병해 흉노를 공격했다. 이때 합기후 공손오를 중장군, 태복인 공손하를 좌장군, 흡후翕侯인 조신趙信을 전장군, 위위인 소건蘇建을 우장군, 낭중령 이광을 후장군, 좌내사 이저를 강노장군으로 삼아 모두 대장군에게 소속시켰다. 이어 수천 명의 목을 자른 뒤에 돌아와 병사와 말을 정양과 운중, 안문에서 쉬게 했다.

2) 천하에 사면령을 내렸다.

3) 여름 4월, 위청이 다시 여섯 명의 장군을 이끌고 정양에서 출정해 흉노를 공격했다. 이때 목을 베거나 포로로 잡은 흉노가 1만여 명이나 됐다. 우장군 소건과 전장군 조신도 합하여 3천여 명의 기병을 이끌고 나갔다. 이들은 홀로 선우의 군사를 만나 하루가 넘게 전투를 하다가 군사를 거의 다 소진시키고 말았다.

조신은 예전에 흉노의 소왕小王이었는데 한나라에 항복하자 한나라는 원광 4년(BC 131)에 그를 흡후로 책봉했다. 그러나 이 전투에서 패한데다 흉노에서 그를 유혹하자 그는 나머지 기병 800기를 이끌고 다시 흉노에게 가 항복하고 말았다. 소건은 그 군사가 모두 패하자 홀로 몸을 빼 대장군에게 돌아왔다.

금위관인 의랑議郞 주패周霸가 말했다.

"대장군은 출정하신 이후 아직까지 비장裨將의 목을 벤 적이 없습니다. 그러나 지금 소건이 군사를 버렸으니 목을 베어 장군의 위엄을 밝히는 것이 옳습니다."

군법 총책인 군정軍正 굉閎과 참모장인 장사長史 안安이 말했다.

"그렇지 않습니다. 병법에 이르기를, '적은 규모의 부대는 설령 굳세게 적에게 대항할지라도 큰 규모의 부대에게 사로잡힌다'고 했습니다. 지금 소건은 수천 명의 기병을 이끌고 선우의 수만 명 기병을 맞이해 하루를 넘게 힘써 싸우다가 병사가 다 소진됐는데도 감히 두 마음을 품지 않고 스스로 돌아왔습니다. 그런데 지금 그의 목을 벤다면 이후 그 누구도 돌아오려 하지 않을 것입니다. 목을 베는 것은 부당합니다."

대장군이 말했다.

"나 위청은 다행히도 황제와 폐부肺腑처럼 가까운 친척으로 있는 까닭에 대죄待罪하면서 업무를 수행하는 사이에도 나의 위엄이 없을까 근심한 일은 없다. 주패는 나에게 위엄을 밝히라고 했지만 이는 천자의 신하된 사람으로서 가져야 할 뜻이 아니다. 또한 신하의 직분을 가진 사람이 비록 목을 베어야 마땅한 경우라고 할지라도 신하로서의 존경과 총애를 가지고서 국경 밖에서 임의로 죽일 수는 없다. 이 사건을 천자에게 알려 천자가 스스로 재결토록 하여 신하된 자로서 감히 전권을 행사할 수 없음을 보이는 것이 또한 옳지 않겠는가?"

그 말에 군리들이 모두 말했다.

"훌륭하십니다."

결국 소건을 죄수 취급하여 군왕이 머무는 곳인 황제의 행재소行在所로 보냈다.

당초 평양현平陽縣산서성 임분현의 현리縣吏인 곽중유霍仲孺는 처음에는 평양후의 집안에서 급사 일을 보았다. 그러다가 위청의 누이인 위소아衛少兒와 사사로이 정을 통해 곽거병霍去病을 낳았다. 곽거병은 나이 18세에 시중이 됐다. 그는 말을 타면서 활쏘기를 잘했다. 대장군을 좇아 흉노를 공격해 표요교위票姚校尉가 됐다. 가벼운 무장을 한 용감한 기병 800명과 더불어 곧바로 대군을 떠나 수백 리를 나아가 승리하여 흉노의 목을 많이 베고 포로를 잡았다.

천자가 말했다.

"표요교위인 곽거병은 적병의 목을 베고 포로로 잡은 것이 2천여 급이고, 상국과 사령관인 당호當戶를 잡았고, 선우의 할아버지인 자약후산藉若侯産의 목을 베고, 그 작은 아버지인 나고羅姑를 생포했으니 으뜸가는 군사이다. 따라서 곽거병을 관군후冠軍侯에 봉한다. 또한 상곡 태수인 학현郝賢도 4번이나 대장군을 좇아나가 적병의 목을 베고 포로로 잡은 것이 2천여 급이었으니 학현을 중리후衆利侯에 봉한다."

이 해에 한나라는 두 명의 장군을 잃었고, 흡후의 군도 도망쳤으므로 세운 공로가 많지 않았다. 대장군에게는 봉작을 올려주지 않고 1,000금을 하사하는 것만으로 그쳤다. 우장군 소건이 이르자 천자는 그를 죽이지 않고 대속금을 내게 한 뒤 서인을 만들었다.

선우는 흡후인 조신을 얻자, 그를 자차왕自次王으로 삼고 그의 누이를 처로 삼았다. 그러고는 그와 더불어 한나라에 관한 모의를 했다. 조신은 선우에게 더욱 북쪽인 사막 쪽으로 한나라 군사를 유인해 한나라 군사를 피로하게 하자고 했다. 피곤이 극도에 달했을 때 그들을 잡고, 요새에는 가까이 가지 말라고 교사했다. 선우는 그 계책을 따랐다.

이때 한나라는 매년 10여만 명을 징발해 흉노를 공격했다. 적의 목을 베고 포로를 잡은 병사가 하사품으로 받은 황금이 20여만 근이나 됐다. 또한 한나라 군대의 병사와 말이 죽은 것도 10여만이나 됐다. 무기와 갑옷과 운반비용은 여기에 포함되지 않았다.

이리 되자 대사농大司農의 부고府庫가 고갈돼 전투하는 병사들에게 공급할 것이 부족해졌다. 6월에 조령을 내려 민民으로서 작위를 살 수 있게 하고 금고의 형은 돈을 내고 속죄 받아 장죄臧罪를 면하게 했다. 상으로 받은 관직이라는 뜻의 상관賞官을 두었다. 이를 무공작武功爵이라고 명명했다.

1급을 사는 데 동전으로 17만 전이니 모두 합하면 30여만 금이나 됐다. 무공작을 구매한 사람 가운데 무공작의 7급인 천부千夫에 이른 사람은 우선적으로 이吏에 임명될 수 있도록 했다.[138] '이'가 되는 길이 섞여 여러 갈래가 되자 관직이 혼란에 빠졌다.

---

138 '무공작'은 모두 11등급이다. 1급은 조사造士, 2급은 한여위閑輿衛, 3급은 양사良士, 4급은 원융사元戎士, 5급은 관수官首, 6급은 병탁秉鐸, 7급은 천부千夫, 8급은 낙경樂卿, 9급은 집융執戎, 10급은 정려서장政戾庶長, 11급은 군위軍衛이다.

＊ 世宗孝武皇帝元朔六年

春, 二月, 大將軍青出定襄, 擊匈奴. 以合騎侯公孫敖為中將軍, 太僕公孫賀為左將軍, 翕侯趙信為前將軍, 衛尉蘇建為右將軍, 郎中令李廣為後將軍, 左內史李沮為強弩將軍, 咸屬大將軍. 斬首數千級而還, 休士馬於定襄·雲中·雁門.

赦天下.

夏, 四月, 衛青復將六將軍出定襄, 擊匈奴, 斬首虜萬餘人. 右將軍建·前將軍信並軍三千餘騎獨逢單于兵, 與戰一日餘, 漢兵且盡. 信故胡小王, 降漢, 漢封為翕侯, 及敗, 匈奴誘之, 遂將其餘騎可八百降匈奴. 建盡亡其軍, 脫身亡, 自歸大將軍.

議郎周霸曰, "自大將軍出, 未嘗斬裨將. 今建棄軍, 可斬, 以明將軍之威." 軍正閎·長史安曰, "不然. 『兵法』, '小敵之堅, 大敵之禽也' 今建以數千當單于數萬, 力戰一日餘, 士盡, 不敢有二心, 自歸, 而斬之, 是示後無反意也, 不當斬." 大將軍曰, "青幸得以肺腑待罪行間, 不患無威, 而霸說我以明威, 甚失臣意. 且使臣職雖當斬將, 以臣之尊寵而不敢自擅誅於境外, 而具歸天子, 天子自裁之, 於以見為人臣不敢專權, 不亦可乎?" 軍吏皆曰, "善!" 遂囚建詣行在所.

初, 平陽縣吏霍仲孺給事平陽侯家, 與青姊衛少兒私通, 生霍去病. 去病年十八, 為侍中, 善騎射, 再從大將軍擊匈奴, 為票姚校尉, 與輕騎勇八百, 直棄大軍數百里赴利, 斬捕首虜過當. 於是天子曰, "票姚校尉去病, 斬首虜二千餘級, 得相國·當戶, 斬單于大父行藉若侯產, 生捕季父羅姑, 比再冠軍, 封去病為冠軍侯. 上谷太守郝賢四從大將軍, 捕斬首虜二千餘級, 封賢為眾利侯."

是歲, 失兩將軍, 亡翕侯, 軍功不多, 故大將軍不益封, 止賜千金. 右將軍建至, 天子不誅, 贖為庶人.

單于既得翕侯, 以為自次王, 用其姊妻之, 與謀漢. 信教單于益北絕幕, 以誘罷漢兵, 徼極而取之, 無近塞. 單于從其計.

是時, 漢比歲發十餘萬眾擊胡, 斬捕首虜之士受賜黃金二十餘萬斤, 而漢軍士馬死者十餘萬, 兵甲轉漕之費不與焉. 於是大司農經用竭, 不足以奉戰士. 六月, 詔令民得買爵及贖禁錮, 免臧罪. 置賞官, 名曰武功爵, 級十七萬, 凡直三十餘萬金. 諸買武功爵至千夫者, 得先除為吏. 吏道雜而多端, 官職耗廢矣.

한무제 원수元狩 원년(BC 122)

1) 겨울 10월, 황제가 옹현섬서성 봉상현에 행차해 오치五畤에 제사지낸 뒤 짐승을 하나 잡았다. 뿔이 하나이고, 발이 5개의 발굽으로 된 오제五蹄였다. 유사가 말했다.

"폐하가 엄숙하게 교외에서 제사를 드리자 상제上帝가 회보하여 뿔 하나인 짐승을 내려준 것입니다. 아마 기린麒麟일 것입니다."

이것을 오치에 천신薦新하여 바치고, 오치에 제사지낼 때에는 소 한 마리를 더 올리게 하여 이를 구워먹게 했다.

얼마 후 유사가 다시 말했다.

"기원紀元을 할 때에는 마땅히 하늘의 상서로운 명을 가지고 결정해야 하고, 1-2와 같은 수로 하는 것은 마땅치 않습니다. 첫 번째의 기원은 건建이라고 하고, 두 번째 기원은 장성長星이 출현했으므로 광光이라고 하고, 이번의 기원은 교외郊外에서 뿔 하나인 짐승을 얻었으니 수狩라고 하십시오."

이때에 제북왕濟北王 유호는 천자가 봉선을 행해야 한다고 생각해 서신을 올리면서 태산과 그 근처에 있는 읍을 황제에게 바쳤다. 천자는 다른 현으로 그에게 보상해 주었다.

2) 회남왕 유안은 빈객인 좌오左吳 등과 밤낮으로 반란을 일으킬 것을 모의했다. 지도를 살펴보며 각 부서의 군사와 행군해 들어갈 길을 살폈다. 그런데 장안에 갔다 온 여러 사자가 하는 말이 각기 달랐다.

"황제는 사내아이도 낳지 못했고, 한나라는 잘 다스려지지 않고 있습니다."

회남왕이 기뻐했다.

또 어떤 사람이 말했다.

"한나라의 조정은 잘 다스려지고 있고, 아들도 있습니다."

회남왕이 대로해 망언으로 여기며 믿지 않았다. 하루는 회남왕은 중랑中郞인 오피伍被를 불러 더불어 반란을 일으킬 것을 모의했다. 오피가 말했다.

"왕이시여, 어찌하여 이렇게 나라 망칠 말을 할 수 있는 것입니까? 신이 보건대 궁중에는 가시덩굴이 자라나고 있으며 이슬이 옷을 적시고 있습니다."

회남왕이 대로해 오피의 부모를 잡아 가두었다. 그는 이해 3월에 다시 그를 불러 물었다. 오피가 대답했다.

"옛날 진나라는 무도함과 사치와 포학이 극도에 이르자 백성들 가운데 반란이 일어나기를 바라는 사람이 10에 6-7이나 됐습니다. 그때 고황제는 군사를 일으킨 군웅들 가운데 우뚝 일어서 천자의 자리에 서게 됐습니다. 이는 상대가 실수를 범할 때를 노려 공격을 가하는 이른바 도하후간蹈瑕候間 계책을 구사한 덕분입니다. 진나라가 패망하는 상황에 처해 있었기에 군사를 동원할 수 있었던 것입니다. 지금 대왕이 보기에 고황제가 쉽게 천하를 얻은 것 같습니까? 다만 근세에 오·초가 반란을 일으켰던 일도 보지 않았습니까? 무릇 오나라 왕은 4개의 군에서 왕 노릇을 했습니다. 나라는 부유했고 백성은 많았고, 계획도 확정됐고 모의도 완성

돼 이내 군사를 일으켜 서쪽으로 진격했습니다. 그러나 대량大梁에서 대파됐고 동쪽으로 달아나다가 목숨까지 잃고 제사를 받는 것도 끊기게 된 것은 무엇 때문입니까? 천도를 어기고 때를 알지 못했던 것입니다. 바야흐로 지금 대왕의 군사는 그 규모로 말하면 오·초의 10분의 1도 될 수 없고, 천하가 안녕하기로 말하면 오·초가 반란을 일으켰을 때의 1만 배나 됩니다. 대왕이 신의 계책을 따르지 않으면 지금 대왕이 천승의 군주 자리도 버리고 목숨을 끊으라는 서신을 받아 여러 다른 신하들보다 먼저 동궁東宮에서 죽을 것입니다."

회남왕이 울면서 일어났다. 회남왕의 장자는 유불해劉不害였다. 그는 서자였다. 회남왕은 그를 사랑하지 않았고, 왕후와 태자도 모두 그를 아들이나 형으로 치지 않았다. 유불해에게는 아들 유건劉建이 있었다. 재주도 있고 기상도 있었다. 유불해는 늘 태자를 원망하다가 사람을 시켜 몰래 태자가 한나라의 중위를 죽이려고 했던 사건을 황제에게 보고했다. 황제가 이를 정위에게 처리토록 지시했다.

회남왕은 이를 걱정하다가 또 반란을 일으키려 했다. 다시 오피에게 물었다.

"공은 오나라가 군사를 일으켰던 것이 옳다고 보는가, 아니면 그르다고 보는가?"

오피가 대답했다.

"그릅니다. 신이 듣건대, 오왕은 후회가 막심했다고 합니다. 원컨대 왕 역시 오왕이 후회했던 일을 행하지 마십시오."

회남왕이 말했다.

"오왕이 어찌 반란을 알았겠소? 당시 하루에 성고城固하남성 범수현 호뢰관를 통과한 한나라의 장수가 40여 명이나 됐소. 지금은 내가 성고의 입구를 끊어놓고 삼천三川하남성 낙양시의 험한 땅을 근거로 삼아 산동의 군사를 초청할 것이오. 내가 거사를 이처럼 하면 좌오左吳·조현趙賢·주교여朱驕如 같은 사람들 모두 십중팔구는 성공할 것이라고 믿고 있소. 공만 홀로 화만 있고 복은 없다고 여기는 것은 무슨 까닭이오? 공의 말대로라면 어떤 요행도 있을 수 없다는 말이오?"

다시 오피가 대답했다.

"부득이 거사할 수밖에 없다면 저 오피에게 어리석은 계책이 있습니다. 오늘날 제후들 가운데 한나라에 대해 두 마음을 품은 사람이 없고, 백성들도 원망하는 기색이 없습니다. 승상과 어사가 황제에게 주청하는 서신을 거짓으로 만들어 '군국의 호걸들과 부자들을 삭방으로 옮기게 하고, 갑졸들을 징발하라'고 하면서 모이는 날을 급히 잡으십시오. 또한 감옥에 관한 조서를 위조하여 제후들의 태자와 총애하는 신하들을 체포한다고 하십시오. 하면 백성들은 원망하고 제후들은 두려워할 것입니다. 그때 즉시 변사를 제후들에게 보내 유세하십시오. 그러면 10분의 1 정도의 요행은 얻을 수 있을 것입니다."

회남왕이 말했다.

"이 정도면 충분하오. 비록 그렇다고는 하나 나는 이렇게 복잡하게 일을 처리하는 데까지 이르지는 않을 것이오."

회남왕은 이내 황제의 인새를 만들고, 승상·어사대부·장군·군리·중2천석과 근처에 있는 군의 태수·도위의 인장을 만든 뒤 한나라의 사자가 사용하는 부절도 만들었다. 이어 사람을 시켜 거짓으로 죄를 지은 척하고 서쪽으로 도망가 장안에 있는 대장군을 섬기게 했다. 일단 회남왕이 군사를 일으키면 바로 대장군을 칼로 찔러 죽이도록 한 뒤 이같이 말했다.

"한나라 조정의 대신들 가운데 오직 급암만이 직간을 좋아하고 절개를 지키며 의를 위해 죽을 사람이어서 잘못된 것을 가지고 유혹키가 어렵다. 그러나 승상인 공손홍 같은 사람은 흔들면 떨어지는 낙엽과 같을 것이다."

막상 회남의 군사를 발동하려고 했으나 회남왕은 회남국의 재상과 2천석의 녹질을 받은 관원들이 말을 듣지 않을까 두려워했다. 오피와 더불어 모의하기를, 먼저 재상과 2천석을 받는 관원들을 죽였다. 또 사람을 시켜 도적 잡은 사람들의 복장을 입게 한 뒤 급한 격문을 가지고 동쪽으로 오게 했다. 그 사람에게 '남월의 군사가 경계를 침범했다'고 소리치게 했다. 이를 계기로 군사를 일으키려고 한 것이다.

그때 마침 한나라에서 파견된 정위가 회남국의 태자를 체포하려고 왔다. 이 소식을 들은 회남왕은 태자와 모의하고 재상과 2천석의 녹질을 받는 관원들을 소집해 그들을 죽이고 군사를 일으키려고 했다. 재상은 부름을 받고 도착했으나 회남국의 비서장인 내사內史와 회남국의 도성경비 책임자인 중위中尉 들은 아무도 오지 않았다. 회남왕은 재상만 죽인들 아무 이익도 없을 것으로 판단해 곧바로 재상을 돌려보냈다. 회남왕은 미적거리면서 계획을 확정짓지 못했고, 태자는 스스로 목을 베어 죽으려 했으나 그리 하지 못했다.

오피는 스스로 한나라에서 파견된 관원을 찾아가 회남왕과 더불어 모반하려고 했던 종적들을 고해 바쳤다. 관원들은 왕궁을 포위하고 태자와 회남왕, 왕후를 체포했다. 이후 회남왕과 더불어 모반하기로 했던 빈객 가운데 회남국에 있던 사람들을 모두 붙잡았다. 반란을 일으키려고 했던 증거들을 모두 수색해 황제에게 올렸다. 황제는 반란을 일으키려 했던 무리들을 공경들에게 내려 보내 처리하게 하고, 종정宗正으로 하여금 부절을 가지고 회남왕을 처리하게 했다. 종정이 아직 도착하지도 않았는데도 회남왕 유안이 스스로 목을 베어 죽었다. 종정은 왕후인 도荼와 태자인 유천을 죽이고, 함께 모반하고자 했던 사람들을 모두 멸족시켰다.

원래 천자는 오피가 좋은 말을 하면서 한나라를 찬미했기 때문에 죽이지 않으려고 했다. 정위인 장탕이 말했다.

"오피는 회남왕을 위해 반란을 일으킬 계획을 세웠으니 그 죄를 용서할 수 없습니다."

이내 오피도 죽였다. 당초 시중侍中인 장조莊助는 회남왕과 깊게 사귀어 사사로이 논의를 하는 사이였다. 회남왕은 장조에게 후한 뇌물을 준 바 있다. 황제는 장조의 죄가 가볍다고 생각해 죽이지는 않으려고 했다. 장탕이 다투어 말했다.

"장조는 금문禁門을 출입하는, 황제에게 심복心腹과 같은 신하입니다. 그러나 밖으로 이런 제후와 사사로이 교제를 했으니 죽이지 않으면 뒤에 가서 다른 사람을 처리할 수 없습니다."

끝내 장조도 죽여 저자에 내거는 기시棄市를 했다.

형산왕이 서신을 올려 태자인 유상을 폐위하고 그 동생 유효를 태자로 세우겠다고 청했다. 유상이 이 소식을 듣고는 곧바로 그와 잘 지내는 사람인 백영白嬴을 장안으로 파견해 황제에게 서신을 올렸다.

"유효는 전차인 팽거輣車와 쇠 화살인 단시鍛矢를 만들고, 형산왕의 첩과 간통했습니다." 이는 유효를 낭패 보게 하려는 것이었다. 유사가 회남왕과 더불어 모반하려 했던 사람을 체포하는 가운데 형산왕의 아들인 유효의 집에서 진희陳喜를 붙잡자 형리는 유효가 진희를 숨겨두었다는 사실을 가지고 탄핵했다. 이 소식을 들은 유효는 '율律에는 스스로 먼저 고백하면 그 죄를 사면한다'는 조항이 있음을 생각하고, 곧바로 자기와 함께 모반하려고 했던 매혁枚赫과 진희 등을 고발했다.

공경들이 형산왕을 체포해 그를 처리하라고 청하자 형산왕은 목을 베어 자진하고 말았다. 왕후인 서래와 태자인 유상, 그리고 유효도 모두 죽어 저자에 내걸리게 되고, 함께 모반하려 했던 사람들이 모두 멸족됐다.

무릇 회남국과 형산국에 있었던 이 두 번에 걸친 옥사에 연루돼 죽은 열후와 2천석의 녹질을 받는 관원·호걸이 무려 수만 명에 달했다.

3) 여름 4월, 천하에 사면령을 내렸다.

4) 4월 21일, 황제의 아들 유거劉據를 세워 태자로 삼았다. 이때 태자의 나이 7세였다.

5) 5월 30일, 일식이 있었다.

6) 흉노 1만 명이 상곡에 침입해 수백 명을 죽였다.

7) 당초 장건이 월지국으로부터 돌아와 천자에게 서역에 있는 여러 나라의 풍속을 자세히 고했다.

"대원大宛은 한나라의 정서쪽에 있고, 거리는 약 1만 리가 됩니다. 그들은 정착생활을 하며 농사를 짓습니다. 좋은 말을 많이 갖고 있고, 이 말이 땀을 흘리면 땀에 젖은 털이 마치 피 같습니다. 또한 성곽과 가옥이 있는데 이는 마치 중국과 같습니다. 그 동북쪽으로는 오손烏孫신강성 이녕시이 있고, 동쪽에는 우전于窴신강성 화전현이 있습니다. 우전의 서쪽으로는 강이 있는데 모두 서쪽으로 흘러 서해西海로 들어가고, 그 동쪽에 있는 강은 동쪽으로 흘러 염택鹽澤신강성 나포박으로 들어갑니다. 염택의 물은 지하로 스며들어 흐르고 남쪽으로 가면 황하의 발원지가 나옵니다. 염택은 장안에서 5천리 정도 떨어져 있습니다. 흉노의 오른쪽은 염택의 동쪽까지이고, 그들은 농서隴西감숙성 임도현의 장성長城에 이르러서 남쪽으로 강족羌族이 사는 땅과 맞닿아 있어 한나라에서 서역 가는 길을 갈라놓고 있습니다. 오손과 강거康居, 엄채奄蔡카스피아해, 대월지는 모두 유목하는 나라여서 가축의 먹이를 따라다니며 목축을 합니다. 습속은 흉노와 같습니다. 대하大夏아프가니스탄 북부는 대원의 서남쪽에 있고, 대원과 풍속이 같습니다. 신이 대하에 있을 때 공邛 땅에서 난 대나무 지팡이와 촉蜀사천성 성도에서 난 포布를 보고 묻기를, '어떻게 이것을 얻었는가?'라고 했습니다. 대하국 사람이 대답하기를, '우리 상인들이 신독身毒인도에 가서 사왔다'고 했습니다. 신독은 대하의 동남쪽으로 수천 리 떨어져 있습니다. 그들은 정착생활을 하며 풍손은 대하와 같습니다. 신 장건이 이를 헤아려 보건대, 대하는 한나라에서 12,000리가량 되고, 한나라의 서남쪽에 있다고 여겨집니다. 신독은 또한 대하의 동남쪽 수천 리에 있는데 촉 땅의 물건이 있는 것을 보아 촉에서 그다지 멀지 않은 듯합니다. 지금 대하에 사자로 가려고 강족이 사는 땅을 통과하면 길이 험악하고 강족 사람들도 이를 싫어할 것입니다. 그곳에서 조금 북쪽으로 가려 한다면 바로 흉노에게 잡히고 맙니다. 촉 땅에서 출발하면 길도 지름길이고 도적도 없을 것입니다."

천자는 이미 대원과 대하, 그리고 안식安息이란 같은 나라들이 모두 큰 나라이면서 기이한 물건이 많고 토착민들이어서 거의 중국과 같은 직업을 갖고 있으나 군사력은 약하고 한나라의 재물을 귀하게 여긴다는 소식을 들은 바 있다. 또 그 북쪽에는 대월지와 강거 같은 나라들이 있는데, 이들은 군사력은 강하지만 뇌물을 주고 이로운 조건을 세워 입조하게 할 수 있을 것이다. 또한 실로 의를 가지고 그들을 귀속시킬 수만 있다면 땅을 1만 리나 더 넓히게 된다. 그리 되면 비록 9번 통역해야 의사소통이 되고 풍속도 서로 다르지만 한 왕조의 위엄과 은덕이 사해에 널리 퍼지게 될 것이다. 황제는 흔연히 장건의 이런 말을 듣고 그럴 것이라고 생각했다.

이내 장건에게 명해 촉과 건위犍爲사천성 의빈시에서 간격을 두고 출발하는데 왕연우王然于 등으로 하여금 네 길로 가게 했다. 방국駹國사천성 무현과 염국冉國사천성 무현, 사국徙國사천성 천전현, 공국邛國사천성 서창현·북국僰國사천성 의빈현에서 출발하되 모두 신독국을 향하게 했다.

이들이 각기 1천-2천리씩을 가되 북방으로 가는 길은 저氐감숙성 무도현와 작국筰國사천성 한원현에서 막히고, 남쪽 방향에서는 휴국巂國운남성 운룡현과 곤명昆明운남성 북부에서 막혔다. 곤명 같은 나라는 군장이 없었고, 노략을 잘했다. 문득 한나라 사자를 죽이니 끝내 그곳으로 통과할 수 없었다. 한나라는 신독으로 가는 길을 찾아 비로소 전국滇國운남성 진녕현으로 가게 됐다.

전왕滇王 당강當羌이 한나라 사자에게 물었다.

"한나라를 우리나라와 비교하면 어느 나라가 더 크오?"

야랑후夜郞侯귀주성 재동현도 역시 그같이 물었다. 길이 통해 있지 않았기 때문에 저마다 한 주州의 주인이라고 생각하며 한나라의 광대함을 알지 못했다.

사자가 돌아와 전국이 큰 나라임을 강조하며 귀부시킬 가치가 충분하다고 했다. 천자도 주목하게 돼 이내 서남이로 하여금 한나라를 섬기게 하려고 다시 경략하기 시작했다.

* 世宗孝武皇帝元狩元年

冬, 十月, 上行幸雍, 祠五畤, 獲獸, 一角而足有五蹄. 有司言曰, "陛下肅祗郊祀, 上帝報享, 錫一角獸, 蓋麟云." 於是以慶五畤, 畤加一牛, 以燎. 久之, 有司又言曰, "元宜以天瑞命, 不宜以一二數, 一元曰建, 二元以長星曰光, 今元以郊得一角獸曰狩云." 於是濟北王以為天子且封禪, 上書獻太山及其旁邑. 天子以他縣償之.

淮南王安與賓客左吳等日夜為反謀, 按輿地圖, 部署兵所從入. 諸使者道長安來, 為妄言, 言"上無男, 漢不治", 即喜. 即言"漢廷治, 有男", 王怒, 以為妄言, 非也.

王召中郎伍被與謀反事, 被曰, "王安得此亡國之言乎? 臣見宮中生荊棘, 露霑衣也." 王怒, 系伍被父母, 囚之. 三月, 復召問之, 被曰, "昔秦為無道, 窮奢極虐, 百姓思亂者十家而六七. 高皇帝起於行陳之中, 立為天子, 此所謂蹈瑕候間, 因秦之亡而動者也. 今大王見高皇帝得天下之易也, 獨不觀近世之吳·楚乎! 夫吳王王四郡, 國富民衆, 計定謀成, 擧兵而西. 然破於大梁, 奔走而東, 身死祀絕者何? 誠逆天道而不知時也. 方今大王之兵, 衆不能十分吳·楚之一, 天下安寧, 萬倍吳·楚之時, 大王不從臣之計, 今見大王棄千乘之君, 賜絕命之書, 為群臣先死於東宮也." 王涕泣而起.

王有孽子不害, 最長, 王弗愛, 王后·太子皆不以為子·兄數. 不害有子建, 材高有氣, 常怨望太子, 陰使人告太子謀殺漢中尉事, 下廷尉治.

王患之, 欲發, 復問伍被曰, "公以為吳興兵, 是邪? 非邪?" 被曰, "非也. 臣聞吳王悔之甚, 願王無為吳王之所悔." 王曰, "吳何知反! 漢將一日過成皋者四十餘人, 今我絕成皋之口, 據三川之險, 招山東之兵, 擧事如此, 左吳·趙賢·朱驕如皆以為什事九成, 公獨以為有禍無福, 何也? 必如公言, 不可徼幸邪?" 被曰, "必不得已, 被有愚計. 當今諸侯無異心, 百姓無怨氣, 可偽為丞相·御史請書, 徙郡國豪桀高貲於朔方, 益發甲卒, 急其會日. 又偽為詔獄書, 逮諸侯太子·幸臣. 如此, 則民怨, 諸侯懼, 即使辯士隨而說之, 儻可徼幸什得一乎!" 王曰, "此可也. 雖然, 吾不至若此."

於是王乃作皇帝璽, 丞相·御史大夫·將軍·軍吏·中二千石及旁近郡太守·都尉印, 漢使節. 欲使人偽得罪而西, 事大將軍, 一日發兵, 即刺殺大將軍. 且曰, "漢廷大臣, 獨汲黯好直諫, 守節死義, 難惑以非. 至如說丞相弘等, 如發蒙振落耳!"

王欲發國中兵, 恐其相·二千石不聽, 王乃與伍被謀先殺相·二千石. 又欲令人衣求盜衣, 持羽檄從東方來, 呼曰, "南越兵入界!" 欲因以發兵. 會廷尉逮捕淮南太子, 淮南王聞之, 與太子謀, 召相·二千石, 欲殺而發兵. 召相, 相至, 內史·中尉皆不至. 王念, 獨殺相無益也,即罷相. 王猶豫, 計未決. 太子即自剄, 不殊.

伍被自詣吏, 告與淮南王謀反蹤跡如此. 吏因捕太子·王后, 圍王宮, 盡求捕王所與謀反賓客在國中者, 索得反具, 以聞. 下公卿治其黨與, 使宗正以符節治王. 未至, 十一月, 淮南王安自剄. 殺王后荼·太子遷, 諸所與謀反者皆族.

天子以伍被雅辭多引漢之美, 欲勿誅. 廷尉湯曰, "被首為王畫反計, 罪不可赦." 乃誅被. 侍中莊助素與淮南王相結交, 私論議, 王厚賂遺助. 上薄其罪, 欲勿誅. 張湯爭, 以為曰, "助出入禁門, 腹心之臣, 而外與諸侯交私如此, 不誅, 後不可治." 助竟棄市.

衡山王上書, 請廢太子爽, 立其弟孝為太子. 爽聞, 即遣所善白嬴之長安上書, 言"孝作輣車·鍛矢, 與王御者奸", 欲以敗孝. 會有司捕所與淮南謀反者, 得陳喜於衡山王子孝家, 吏劾孝首匿喜. 孝聞"律先自告, 除其罪", 即先自告所與謀反者枚赫·陳喜等. 公卿請逮捕衡山王治之, 王自剄死. 王后徐來·太子爽及孝皆棄市, 所與謀反者皆族.

凡淮南·衡山二獄, 所連引列侯·二千石·豪桀等, 死者數萬人.

夏, 四月, 赦天下.

丁卯, 立皇子據為太子, 年七歲.

五月, 乙巳晦, 日有食之.

匈奴萬人入上谷, 殺數百人.

初, 張騫自月氏還, 具為天子言西域諸國風俗曰, "大宛在漢正西, 可萬里. 其俗土著, 耕田. 多善馬, 馬汗血. 有城郭·室屋, 如中國. 其東北則烏孫, 東則于窴. 于窴之西, 則水皆西流注西海, 其東, 水東流注鹽澤. 鹽澤潛行地下, 其南則河源出焉. 鹽澤去長安五千里. 匈奴右方居鹽澤以東, 至隴西長城, 南接羌, 鬲漢道焉. 烏孫·康居·奄蔡·大月氏, 皆行國, 隨畜牧, 與匈奴同俗. 大夏在大宛西南, 與大宛同俗. 臣在大夏時, 見邛竹杖·蜀布, 問曰, '安得此?' 大夏國人曰, '吾賈人往市之身毒' 身毒在大夏東南可數千里, 其俗土著, 與大夏同. 以騫度之, 大夏去漢萬二千里, 居漢西南. 今身毒國又居大夏東南數千里, 有蜀物, 此其去蜀不遠矣. 今使大夏, 從羌中, 險, 羌人惡之. 少北, 則為匈奴所得. 從蜀, 宜徑, 又無寇."

天子既聞大宛及大夏·安息之屬皆大國, 多奇物, 土著, 頗與中國同業, 而兵弱, 貴漢財物. 其北有大月氏·康居之屬, 兵強, 可以賂遺設利朝也. 誠得而以義屬之, 則廣地萬里, 重九譯, 致殊俗, 威德遍於四海, 欣然以騫言為然. 乃令騫因蜀·犍為發間使王然於等四道並出駹, 出冉, 出徙, 出邛·僰, 指求身毒國, 各行一二千里, 其北方閉氐·莋, 南方閉巂·昆明. 昆明之屬無君長, 善寇盜, 輒殺略漢使, 終莫得通. 於是漢以求身毒道, 始通滇國. 滇王當羌謂漢使者曰, "漢孰與我大?" 及夜郎侯亦然. 以道不通, 故各自以為一州主, 不知漢廣大. 使者還, 因盛言滇大國, 足事親附. 天子注意焉, 乃復事西南夷.

한무제 원수 2년(BC 121)

1) 겨울 10월, 황제가 옹현雍縣에 행차해 오치五畤에서 제사를 지냈다.

2) 3월 8일, 평진헌후平津獻侯 공손홍이 죽었다.

3월 22일, 어사대부인 낙안후樂安侯 이채李蔡가 승상이 되고, 정위인 장탕이 어사대부가 됐다.

3) 곽거병이 표기장군票騎將軍이 돼 1만여 명의 기병을 이끌고 농서를 출발해 흉노를 공격했다. 5개 왕국을 거쳐 6일 동안 돌아다니며 싸웠다. 언지산焉支山감숙성 산단현을 지난 뒤 1,000여 리를 나아갔다. 이때 흉노의 절란왕折蘭王을 죽이고, 노후왕盧侯王의 목을 베었다. 또 혼야왕渾邪王의

아들과 상국相國, 도위都尉를 포로로 잡았다. 이때 포로로 잡고 죽인 사람이 8,900여 급級이나 됐다. 흉노가 하늘에 제사를 지낼 때 만들어 놓은 금인金人인 휴도왕休屠王의 제천금인祭天金人을 걷어왔다. 곽거병에게 봉읍으로 2천 호를 덧붙여 주도록 조서를 내렸다.

여름 곽거병이 다시 합기후인 공손오와 함께 수만 명의 기병을 이끌고 북지北地감숙성 영현를 출발했다. 길을 달리하여 나아갔다. 황성경비 총책인 위위衛尉 장건과 궁정금위 총책인 낭중령郎中令 이광李廣도 함께 우북평右北平하북성 평천현을 출발했으나 길을 달리하여 나아갔다. 이광이 4천 명의 기병을 이끌고 수백 리를 헤아릴 만큼 먼저 나아갔고, 장건이 1만여 명의 기병을 이끌고 뒤를 따랐다.

흉노의 좌현왕左賢王이 4만 명의 기병을 이끌고 이광의 부대를 포위하자 이광의 군사들이 모두 두려워했다. 이광은 자기 아들 이감李敢에게 수십 명의 기병과 함께 말을 달려 흉노의 기병부대를 관통하라고 했다. 그 주위에서도 나아갔다 돌아와서는 이광에게 보고했다.

"호로胡虜들은 쉽게 상대할 수 있습니다."

이내 군사들이 안정됐다.

이광은 둥그렇게 군사를 벌려서 밖을 향하게 했다. 흉노가 급히게 그들을 공격하자 화살이 비 오듯 떨어졌고 한나라의 병사가 반이 넘게 죽었다. 한나라 군사의 화살은 거의 다 소진된 상태였다. 이광은 이내 병사들에게 활을 힘껏 당기되 쏘지는 말라고 명을 내렸다. 이어 스스로 황색의 대궁大弓인 대황大黃을 들어 흉노의 비장 몇 명을 쏘아죽이자 호로들이 흩어졌다.

날이 저물자 장군이나 병졸이나 모두 사색이 됐으나 이광의 의기만은 여전했다. 그러면서 더욱 더 군사를 다스리니 군중에서는 모두 그의 용감함에 탄복했다. 다음날도 다시 힘써 싸웠으나 죽은 사람이 또 반이 넘었고 죽인 것도 그보다 많았다. 그러던 중 박망후博望侯 장건의 군사가 도착했다. 지원군이 도착한 것을 보자 흉노의 군사들은 이내 포위를 풀고 달아났다. 한나라의 군사도 몹시 피로해 있었으므로 추격할 수가 없어 공격을 거두고 돌아왔다.

한나라의 법에 의하면 박망후는 머물고 지체하여 기약한 것보다 늦게 도착했으므로 마땅히 사형에 처해야 하나 재산을 납부하여 죄를 면죄 받고 서인이 되게 했다. 이광의 군공은 공로와 허물이 비슷해 상을 주지 않았다.

표기장군 곽거병은 깊숙이 2천여 리를 들어가 합기후 공손오의 군대와 떨어져 연락할 길이 없었다. 표기장군은 거연해居延海를 건너 소월지小月氏를 지나 기련산祁連山에 이르렀다가 흉노의 왕인 단환單桓과 추도왕酋涂王을 비롯해 그 상국과 도위를 잡았다. 항복한 사람이 2,500명, 목을 벤 것이 32,000급이었다. 비소왕裨小王 70여 명도 잡았다.

천자가 곽거병에게 봉읍으로 5천 호를 더해 주고, 그의 비장으로서 공로가 있는 응격사마鷹擊司馬 조파노趙破奴를 종표후從票侯, 교위 고불식高不識을 의관후宜冠侯, 교위 복다僕多한나라에 투항한 흉노인를 휘거후煇渠侯로 삼았다. 합기후 공손오는 행군이 늦어 표기장군과 만나지 못한 탓에 참형에 처해질 수밖에 없었다. 속죄금을 내고 서인이 됐다.

당시 여러 싸움에 익숙한 숙장宿將들이 거느린 병사와 말은 모두 표기장군의 것만 못했다. 표기장군이 거느린 병사와 말은 늘 가려 뽑은 것이었다. 그러나 그는 용감하게 깊숙이 적지에 들어갔다. 늘 건장한 기병과 더불어 대군大軍의 선봉에서 나아갔다. 표기장군의 군사는 다행히도 일찍이 곤란할 정도로 위험한 경우를 당한 일이 없었다. 그러나 다른 오래된 장수들은 늘 지체돼 흉노를 만나지 못해 공을 세우지 못했다. 표기장군은 날로 황제와 친해져 곽거병의 외숙인 대장군 위청衛青에 비교할 정도가 됐다.

흉노가 대代와 안문雁門에 침입해 수백 명을 노략하고 죽였다.

4) 강도왕江都王강소성 양주시 유건劉建이 부친인 역왕易王 유비劉非가 총애하던 뇨희淖姬 및 여동생 유징신劉徵臣과 간통했다. 유건은 뇌피雷陂양주시 북쪽에서 놀이를 하다가 하늘에서 큰바람이 일자 문득 낭관 2명에게 작은 배를 타고 호수 한가운데로 저어가도록 명했다. 배는 바람으로 인해 뒤집혔고, 2명의 낭관은 간신히 배에 기어오르는 듯했으나 이내 잠깐 보였다 물속으로 들어가는 모습을 보이다가 아주 사라져버렸다. 유건이 크게 웃으며 그들을 구해주지 말라고 명을 내려 모두 죽고 말았다. 그가 하는 짓이 이와 같았다. 무고하게 죽은 사람이 35명이나 됐고, 음란하고 잔학한 짓만 일삼았다. 그 자신도 많은 죄를 범한 것을 알고 있었다. 황제에게 죽게 될까 두려워한 이유다. 이내 왕후인 성광成光과 함께 월나라의 비녀婢女로 하여금 신神을 불러오게 하여 황제를 저주하는 기도를 했다. 그러다가 회남국과 형산국에서 음모가 있었다는 소식을 듣게 됐다. 곧 병기를 만들고 황제의 인새를 새기며 반란을 일으킬 차비를 차렸다. 그러는 와중에 그 일이 발각된 것이다. 유사가 체포해 죽이기를 청했다. 유건은 자진했고, 왕후인 성광 등도 모두 처형돼 지자에 내걸렸다. 강도국도 없어졌다.

5) 경제의 아들인 교동의 강왕康王 유기劉寄가 죽었다.

6) 가을, 흉노의 혼야왕이 항복했다. 이때 흉노의 선우는 혼야왕과 휴도왕이 서쪽의 하서주랑河西走廊감숙성 중부에 가 있을 때 한나라에게 수만 명이 죽임을 당하거나 포로로 잡힌 것에 대로해 그들을 불러 죽이려고 했다. 혼야왕과 휴도왕은 두려워 얼른 한나라에 항복하기로 모의하고, 먼저 사자를 보내 변경에서 한나라 사람들을 막고 천자에게 보고하게 했다.

번속 업무 총책인 대행大行 이식李息이 황하에서 성을 수축하려고 하다가 혼야왕의 사자를 만났다. 그는 말을 달려 황제에게 소식을 전했다. 천자가 이 소식을 듣고 그들이 거짓으로 항복하고서는 변경을 습격할까 염려해 이내 표기장군으로 하여금 병사를 이끌고 나아가 그들을 영접하게 했다. 그러던 중 휴도왕이 항복하려 했던 것을 후회하자 혼야왕은 그를 죽이고 그의 무리들도 함께 합쳐 항복하게 했다.

드디어 표기장군이 황하를 건너 혼야왕과 서로 마주보게 됐다. 혼야왕의 비장들은 한나라의 군사들을 보자 대부분 항복하기를 원치 않고 숨거나 도망쳤다. 표기장군은 말을 달려 들어가 혼야왕을 만나고 그들 가운데 도망치려는 자 8천 명의 목을 베고, 혼야왕을 단독으로 역참에 있는 전거에 태워 황제의 행재소로 보낸 뒤 그 무리들을 모두 이끌고 황하를 건너왔다. 항복한 사람이 4만여 명이었으나 10만 명이라고 이야기됐다. 장안에 돌아오자 천자가 상으로 내려준 것이 수십 거만에 달했다. 혼야왕은 1만 호를 봉읍으로 내리고 탑음후漯陰侯로 삼았다. 그의 비왕裨王인 호독니呼毒尼 등 4명도 모두 열후에 봉해졌다. 표기장군에게는 1,700호의 봉읍이 더해졌다.

혼야왕이 항복할 때 한나라에서는 수레 2만 대를 동원해 그들을 영접했다. 정부에 돈이 없어 민간으로부터 말을 세내려고 하자 민간에서는 말을 숨겼다. 말이 다 갖춰지지 않았다. 황제가 대로해 장안령의 목을 베고자 했다. 우내사右內史인 급암이 말했다.

"장안령은 죄가 없습니다. 그저 신 급암의 목을 벤다면 민간에서 말을 내어놓을 것입니다. 흉노는 자신들의 주군을 배반하고 한나라에 항복했으니 천천히 근처에 있는 현들이 차례대로 그들을 전거傳車로 보내게 하면 되지 어찌하여 천하 사람을 피로하게 하면서까지 이적을 받들려고 하는 것입니까?"

황제가 아무 말도 하지 못했다.

혼야왕이 이르자 상인이나 저자에 있던 사람으로 죽임을 당하게 된 사람이 500여 명이나 됐다.[139] 급암이 미앙궁의 고문전高門殿에서 황제에게 알현을 청했다.

"무릇 흉노들이 요새를 공격하고 화친하기를 거절했기 때문에 중국에서는 군사를 일으켜 그들을 죽였습니다. 그 과정에서 죽고 다친 중국 사람이 헤아릴 수 없이 많고 비용도 거만의 금이 들었습니다. 신의 어리석은 생각으로는 폐하가 흉노 사람들을 잡으면 모두 노비로 삼아 종군하다가 죽은 사람의 집에 내려주시고, 노획한 재물도 그들에게 주어 천하 사람이 고생한 것에 대해 사죄하고 백성들의 마음을 만족시켜 주었습니다. 지금 혼야왕이 수만 명을 인솔해 항복해오자 폐하는 정부의 창고를 다 비워가면서 상을 내리고, 양민을 징발해 마치 교만한 아들놈을 받드는 것처럼 그들을 봉양하게 하고 있습니다. 어리석은 민간이 장안에서 물건을 매매하면서 이 법을 다루는 관원이 해석하는 것처럼 변방의 관문에서 재물을 유출시킨 것이라는 사실을 어찌 알겠습니까? 폐하가 임의로 흉노에게서 얻은 재물을 천하의 사람들에게 나눠줄 수 없으면서 사소한 법조문을 가지고 무지한 자 500명을 죽이려 하니 이는 잎을 보호하다가 가지를 상하게 하는 이른바 비엽상지庇葉傷枝와 같습니다. 신은 다만 폐하를 위해 그런 조치를 취하지 않기를 바랄 뿐입니다."

황제는 아무 말 없이 있다가 그 뜻을 받아들였다. 그러고는 말했다.

"내가 오랫동안 급암의 말을 듣지 못했더니 지금 또다시 망발을 하는구나."

얼마 후 황제는 항복해온 자들을 농서·북지·상·삭방·운중 등 변방 5

139 한나라 법에 따르면 변방에서 무기를 외국인에게 팔거나 돈을 내고 관문을 나가는 것을 허락하지 않았다. 이때 상인들이 항복해 온 외국인인 흉노와 장사를 한 것이다.

군五郡인 옛날의 요새 땅 밖으로 나눠 이사를 시켰다. 모두 황하의 남쪽이다. 이들 5군을 그들의 옛 습속에 따라 5개의 속국屬國으로 만들었다. 금성하金城河감숙성 난주시에서 서쪽으로 하서河西감숙성 중부의 하서주랑河西走廊로 나아가 남산을 아울러 염택鹽澤에 이르기까지 텅 비어 있고 흉노들이 없었다. 흉노들이 때로 척후를 보내기는 했지만 이는 매우 드문 일이었다.

휴도왕의 태자인 일제日磾[140]와 그 모친인 알지, 동생 윤倫 모두 관청官廳에 노비가 되는 몰입沒入의 대상이 됐다. 일제는 황문黃門에 보내져 말을 길렀다. 오랜 시간이 지난 뒤 황제가 연회를 열었다가 말을 보려고 했다. 후궁들이 옆에 가득했다. 일제 등 수십 명이 말을 끌고 전殿 아래를 지나는데 몰래 후궁들을 훔쳐보지 않는 자가 없었다. 그러나 일제만은 눈을 돌리지 않았다.

일제는 키가 8척2촌이나 되고 용모도 아주 근엄했다. 그가 기른 말 역시 살지고 보기 좋았다. 황제는 그를 기이하게 여겨 그에 대해 물었고, 그는 사실대로 대답했다. 황제는 그날로 그에게 목욕을 하게 하고 의관을 차려입게 한 뒤 마감馬監을 시켰다. 이후 그는 시중侍中 부마도위駙馬都尉, 광록대부光祿大夫로 벼슬자리를 옮겨 차츰 황제와 아주 가까워졌다. 게다가 그는 한 번도 과실이 없어 황제는 그를 매우 믿고 아꼈다. 상으로 내려준 것이 1,000금에 이르렀다. 황제가 외출할 때는 참승驂乘했고, 궁궐에서는 늘 주위에서 입시했다. 황제의 친척들이 대부분 이를 원망하며 몰래 말했다.

"폐하가 망령되게 일개 호족胡族 아이를 얻고 오히려 귀중히 여기고 있

140 '금일제金日磾'의 '일日' 발음을 두고 우리말에서는 모두 '일'로 읽고 있으나 중국에서는 밀密의 발음으로 간주해 '미mì'로 읽고 있다. 흉노의 원래 음에 가깝게 읽은 결과다. 우리말에서는 일日을 '밀密'의 발음으로 읽는 경우가 없어 일단 '일'로 표기해 놓았다. 후한 말기의 학자 마일제馬日磾日 역시 '마밀제'로 읽는 게 옳은 독음讀音에 해당한다.

다.”

소식을 들은 황제가 일제를 더욱 후대했다. 휴도왕이 생전에 금인金人을 만들어 천신에게 제사를 지낸 까닭에 황제는 일제에게 금씨金氏 성을 내렸다.

＊ 世宗孝武皇帝元狩二年

冬, 十月, 上幸雍, 祠五畤.

三月, 戊寅, 平津獻侯公孫弘薨. 壬辰, 以御史大夫樂安侯李蔡為丞相, 廷尉張湯為御史大夫.

霍去病為票騎將軍, 將萬騎出隴西, 擊匈奴, 歷五王國, 轉戰六日, 過焉支山千餘里, 殺折蘭王, 斬盧侯王, 執渾邪王子及相國·都尉, 獲首虜八千九百餘級, 收休屠王祭天金人. 詔益封去病二千戶.

夏, 去病復與合騎侯公孫敖將數萬騎俱出北地, 異道. 衛尉張騫·郎中令李廣俱出右北平, 異道. 廣將四千騎先行, 可數百里, 騫將萬騎在後. 匈奴左賢王將四萬騎圍廣, 廣軍士皆恐. 廣乃使其子敢獨與數十騎馳貫胡騎, 出其左右而還, 告廣曰, “胡虜易與耳!” 軍士乃安. 廣為圜陳, 外向. 胡急擊之, 矢下如雨. 漢兵死者過半, 漢矢且盡. 廣乃令士持滿毋發, 而廣身自以大黃射其裨將, 殺數人, 胡虜益解. 會日暮, 吏士皆無人色, 而廣意氣自如, 益治軍, 軍中皆服其勇. 明日, 復力戰, 死者過半, 所殺亦過當. 會博望侯軍亦至, 匈奴軍乃解去. 漢軍罷, 弗能追, 罷歸. 漢法博望侯留遲後期, 當死, 贖為庶人. 廣軍功自如, 無賞. 而票騎將軍去病深入二千餘里, 與合騎侯失, 不相得. 票騎將軍逾居延, 過小月氏, 至祁連山, 得單桓·酋塗王, 及相國·都尉以眾降者二千五百人, 斬首虜三萬二百級, 獲裨小王七十餘人. 天子益封去病五千戶, 封其裨將有功者鷹擊司馬趙破奴為從票侯, 校尉高不識為宜冠侯, 校尉僕多為煇渠侯. 合騎侯敖坐行留不與票騎會, 當斬, 贖為庶人.

是時, 諸宿將所將士·馬·兵皆不如票騎, 票騎所將常選, 然亦敢深入, 常與壯騎先其大軍. 軍亦有天幸, 未嘗困絕也. 而諸宿將常留落不偶, 由此票騎日以親貴, 比大將軍矣.

匈奴入代·雁門, 殺略數百人.

江都王建與其父易王所幸淖姬等及女弟征臣奸. 建游雷陂, 天大風, 建使郎二人乘小船入陂中. 船覆, 兩郎溺, 攀船, 乍見乍沒. 建臨觀大笑, 令勿救, 皆死. 凡殺不辜三十五人, 専為淫虐. 自知罪多, 恐誅, 與其後成光共使越婢下神, 祝詛上. 又聞淮南·衡山陰謀, 建亦作兵器, 刻皇帝璽, 為反具. 事發覺, 有司請捕誅, 建自殺, 後成光等皆棄市, 國除.

膠東康王寄薨.

秋, 匈奴渾邪王降. 是時, 單于怒渾邪王·休屠王居西方為漢所殺虜數萬人, 欲召誅之. 渾邪王與休屠王恐, 謀降漢, 先遣使向邊境要遮漢人, 令報天子. 是時, 大行李息將城河上, 得渾邪王使, 馳傳以聞. 天子聞之, 恐其以詐降而襲邊, 乃令票騎將軍將兵往迎之. 休屠王後悔, 渾邪王殺之, 並其眾. 票騎既渡河, 與渾邪王眾相望. 渾邪王裨將見漢軍, 而多不欲降者, 頗遁去. 票騎乃馳入, 得與渾邪王相見, 斬其欲亡者八千人, 遂獨遣渾邪王乘傳先詣行在所, 盡將其眾渡河. 降者四萬餘人, 號稱十萬. 既至長

安, 天子所以賞賜者數十巨萬. 封渾邪王萬戶, 為漯陰侯, 封其裨王呼毒尼等四人皆為列侯. 益封票騎千七百戶.

渾邪之降也, 漢發車二萬乘以迎之, 縣官無錢, 從民貰馬, 民或匿馬, 馬不具. 上怒, 欲斬長安令, 右內史汲黯曰, "長安令無罪, 獨斬

臣黯, 民乃肯出馬. 且匈奴畔其主而降漢, 漢徐以縣次傳之, 何至令天下騷動, 罷敝中國而以事夷狄之人乎!" 上默然. 及渾邪至, 賈人與市者坐當死五百餘人, 黯請間見高門, 曰, "夫匈奴攻當路塞, 絶和親, 中國興兵誅之, 死傷者不可勝計, 而費以巨萬百數. 臣愚以為陛下得胡人, 皆以為奴婢, 以賜從軍死事者家, 所鹵獲, 因予之, 以謝天下之苦, 塞百姓之心. 今縱不能, 渾邪率數萬之眾來降, 虛府庫賞賜, 發良民侍養, 譬若奉驕子, 愚民安知市買長安中物, 而文吏繩以為闌出財物於邊關乎! 陛下縱不能得匈奴之資以謝天下, 又以微文殺無知者五百餘人, 是所謂庇其葉而傷其枝者也. 臣竊為陛下不取也." 上默然不許, 曰, "吾久不聞汲黯之言, 今又復妄發矣." 居頃之, 乃分徙降者邊五郡故塞外, 而皆在河南, 因其故俗為五屬國. 而金城河西, 西並南山至鹽澤, 空無匈奴, 匈奴時有候者到而希矣.

休屠王太子日磾與母閼氏·弟倫俱沒入官, 輸黃門養馬. 久之, 帝游宴, 見馬, 後宮滿側, 日磾等數十人牽馬過殿下, 莫不竊視, 至日磾獨不敢. 日磾長八尺二寸, 容貌甚嚴, 馬又肥好, 上異而問之, 具以本狀對. 對奇焉, 即日賜湯沐·衣冠, 拜為馬監, 遷侍中·駙馬都尉·光祿大夫. 日磾既親近, 未嘗有過失, 上甚信愛之, 賞賜累千金, 出則驂乘, 入侍左右. 貴戚多竊怨曰, "陛下妄得一胡兒, 反貴重之." 上聞, 愈厚焉. 以休屠作金人祭天主, 故賜日磾姓金氏.

한무제 원수 3년(BC 120)

1) 봄, 패성孛星이 동쪽에 나타났다.

2) 여름 5월, 천하에 사면령을 내렸다.

3) 회남왕이 모반할 때 교동국膠東國산동성 평도현의 강왕康王 유기劉寄는 그 일에 관해 조금 들었기 때문에 사사로이 작전을 짜고 수비를 한 바

있다. 형리가 회남왕 사건을 처리하는 과정에서 그에 관한 이야기가 나왔다. 유기의 모친인 왕부인王夫人은 바로 황태후의 여동생이어서 황상과는 아주 친했지만 왕부인은 이 사건에 연루된 것을 속상해하다가 아들이 병이 나서 죽었는데도 감히 후계자를 두지 못했다.

황제가 소식을 듣고 가련히 생각해 그의 장자인 유현劉賢을 세워 교동왕으로 삼았다. 또한 그가 사랑하던 어린 아들 유경劉慶을 육안왕六安王 안휘성 육안현으로 삼고 옛날의 형산왕衡山王이 다스리던 지역을 관할케 했다.

4) 가을, 흉노가 우북평과 정양定襄 내몽골 화림격이현에 침입했다. 침입한 군사는 각기 수만 명의 기병이었고, 1,000여 명을 죽이거나 잡아갔다.

5) 효산의 동쪽 땅에 큰 홍수가 나서 백성들이 많이 굶주렸다. 천자가 사자를 파견해 군국에 있는 창고를 다 비워 가난한 백성들을 진휼했으나 식량이 부족했다. 또한 부호와 관원들 가운데 가난한 백성들에게 돈을 빌려줄 사람을 모집해 이름을 적어 보고토록 했으나 다 구조해줄 수 없었다.

이내 가난한 백성들을 함곡관의 서쪽인 관서關西 관중關中로 이사시켜 삭방군朔方郡 남쪽인 신진중新秦中 내몽골 하투을 채웠다. 그 숫자가 70만 명이었다. 정부에서는 그들에게 먹고 입을 것을 모두 공급했다. 그들이 산업을 일으키는데 필요로 하는 자본을 몇 년 동안 빌려주었다. 사자들이 몇 개의 부部로 나누어서 그들을 보호했다. 파견된 사자들의 모자를 서로 볼 수 있을 정도로 많았다. 그 비용이 1억을 헤아리게 돼 계산을 할 수가 없었다.

6) 한나라가 이미 혼야왕의 땅을 확보했으므로 농서隴西 감숙성 임도현와 북지北地 감숙성 영현, 상군上郡 섬서성 수덕현에는 흉노의 침공이 더욱 줄어들었다. 이 3개 군의 수졸을 반으로 줄이고 천하의 요역도 관대하게 하라는

조서를 내렸다.

7) 황제는 장차 신독身毒 파견 사절을 끊임없이 해치는 곤명昆明운남성 북부을 토벌코자 했다. 그러나 곤명에는 사방 300리나 되는 전지滇池곤명호昆明湖가 있어 장안의 서남쪽에 곤명지昆明池를 만들어 수전水戰을 연습하게 했다.

이때 법은 더욱 엄격해져 관원들이 많이 면직됐다. 전쟁이 수차례 있게 되자 백성들 가운데 부역을 면제받는 특권이나 20개 관등官等의 12번째 등급인 오대부五大夫의 작위를 매입하는 자가 많아 징발할 수 있는 사람이 더욱 줄어들었다.[141] 천부千夫와 오대부를 이吏로 삼고, 출전을 원치 않는 사람은 말 한 필을 내게 했다.

옛날 관원으로 있던 사람과 법을 가지고 농간을 부렸던 사람은 모두 귀양살이를 하게 했다. 장안의 상림원으로 보내 가시나무를 벌채하거나 곤명지를 파게 했다.

8) 이 해에 악와수渥洼水감숙성 안서현에서 신마神馬를 얻었다.[142] 황제는 악부樂府를 설립하고 사마상여 등으로 하여금 시부詩賦를 만들게 했다. 환관인 이연년李延年을 협률도위協律都尉로 삼아 2천석의 녹질을 받는 관직의 인새를 패용하게 했다.

---

141 한나라 관등은 모두 20등급으로 진나라 제도를 그대로 답습한 것이다. 1급은 열후列侯, 2급은 관내후關內侯上將, 3급은 대서장大庶長, 4급은 사거서장駟車庶長, 5급은 대상조大上造, 6급은 소상조少上造小將, 7급은 우경右更, 8급은 중경中更, 9급은 좌경左更上校, 10급은 우서장右庶長, 11급은 좌서장左庶長中校, 12급은 오대부五大夫, 13급은 공승公乘, 14급은 공대부公大夫, 15급은 관대부官大夫, 16급은 대부大夫小校, 17급은 불경不更, 18급은 잠습簪褭, 19급은 상조上造, 20급은 공사公士衛官이다. 이들 가운데 12급인 오대부 이상은 차역差役에 충당되지 않았다.

142 당초 남양군 신야현 출신 폭리장暴利長은 범법하여 돈황으로 유배된 후 둔전하며 살았다. 그는 악와수 근처에서 늘 많은 말들을 보다가 아주 기이하게 생긴 말을 발견해 이를 포획해 황제에게 바치면서 이 말이 악와수에서 나왔다고 고한 것이다.

그는 처음으로 시를 지어 곡조를 차례대로 붙였다. 금金·석石·사絲·죽竹·포匏·토土·혁革·목木의 8가지 악기가 내는 8음八音에 들어맞도록 했다. 시부는 대부분 우아한 문장이어서 한 경전만 통달한 인사는 그 말을 알 수가 없었으므로 반드시 오경의 전문가를 모은 뒤 이를 강습해 읽고 나서야 이내 그 뜻을 알 수 있었다. 신마를 얻자 차례로 노래를 짓게 했다. 급암이 말했다.

"무릇 제왕이 된 사람이 음악을 짓는 것은 위로는 조종祖宗을 이어받고 아래로는 많은 백성을 교화하기 위함입니다. 그런데 지금 폐하가 좋은 말을 얻었다고 시를 짓고 곡조를 붙여 종묘에서 연주하게 한다면 먼저 돌아가신 황제나 백성들이 어떻게 그 음악을 알 수 있겠습니까?"

황제가 아무 말 하지 않았지만 기뻐하지는 않았다. 계속하여 사대부를 초빙했으나 늘 부족하다고 여겼다. 게다가 성품이 엄격하고 각박하여 평소 사랑하고 믿었던 신하라 할지라도 조금만 범법하거나 속이는 일이 있으면 즉각 그를 죽이고 너그럽게 용서하는 일이 없었다.

급암이 간했다.

"폐하는 현명한 사람을 구하는 일로 아주 많은 노고를 하지만 그들을 다 이용하지도 못하고 죽이십니다. 선비의 숫자는 유한한데 방자하다고 하여 끊임없이 죽이면 신은 천하의 현명한 인재들이 다 소진될까 걱정입니다. 그리 되면 폐하는 누구와 더불어 정치를 하려는 것입니까?"

급암이 말을 하면서 화를 냈지만 황제는 웃는 낯으로 대답했다.

"어느 시대인들 인재가 없겠는가? 다만 그것을 알아보지 못할까 근심할 뿐이다. 실로 이를 알 수만 있다면 어찌 사람 없음을 걱정하겠는가? 무릇 인재라는 것은 쓸모 있는 그릇과 같아 재주 있는 사람이 그 재주를 다 쓸 수 없다면 이는 재주가 없는 것과 다를 바 없으니 죽이지 않는다고 해도 무엇에 쓰겠는가?"

급암이 말했다.

"신은 말을 가지고 폐하를 설복할 수는 없습니다. 그러나 오히려 마음에서는 그런 것이 잘못이라고 여겨집니다. 원컨대 폐하는 지금부터 이를 고치시고 신이 어리석어 이치를 모른다고 하지 마십시오."

황제가 군신들을 돌아보며 말했다.

"급암은 스스로 아부를 잘하는 편벽便辟[143]의 인물이라고 했지만 이는 옳지 않은 말이다. 그러나 스스로 어리석다고 말한 것은 어찌 그리 믿지 않을 수 있겠는가?"

＊ 世宗孝武皇帝元狩三年

春, 有星孛於東方.

夏, 五月. 赦天下.

淮南王之謀反也, 膠東康王寄微聞其事, 私作戰守備. 及吏治淮南事, 辭出之. 寄母王夫人, 即皇太后之女弟也, 於上最親, 意自傷, 發病而死, 不敢置後. 上聞而憐之, 立其長子賢為膠東王. 又封其所愛少子慶為六安王, 王故衡山王地.

秋, 匈奴入右北平·定襄, 各數萬騎, 殺略千餘人.

山東大水, 民多饑乏. 天子遣使者虛郡國倉廥以振貧民, 猶不足, 又募豪富吏民能假貸貧民者以名聞, 尚不能相救. 乃徙貧民於關以西及充朔方以南新秦中七十餘萬口, 衣食皆仰給縣官, 數歲假予產業. 使者分部護之, 冠蓋相望. 其費以億計, 不可勝數.

漢既得渾邪王地, 隴西·北地·上郡益少胡寇, 詔減三郡戍卒之半,

---

143 편벽便辟은 아첨하며 비위를 맞추는 것을 가리키다. 『논어』「계씨」에 편벽된 자를 사귀는 우편벽友便辟 표현이 나온다. 편벽便僻과 같다.

以寬天下之繇.

上將討昆明, 以昆明有滇池方三百里, 乃作昆明池以習水戰. 是時法既益嚴, 吏多廢免. 兵革數動, 民多買復及五大夫, 征發之士益鮮. 於是除千夫·五大夫為吏, 不欲者出馬, 以故吏弄法, 皆謫令伐棘上林, 穿昆明池.

是歲, 得神馬於渥窪水中. 上方立樂府, 使司馬相如等造為詩賦, 以宦者李延年為協律都尉, 佩二千石印. 弦次初詩以合八音之調. 詩多『爾雅』之文, 通一經之士不能獨知其辭, 必集會『五經』家相與共講習讀之, 乃能通知其意. 及得神馬, 次以為歌. 汲黯曰, "凡王者作樂, 上以承祖宗, 下以化兆民. 今陛下得馬, 詩以為歌, 協於宗廟, 先帝百姓豈能知其音邪?" 上默然不說. 上招延士大夫, 常如不足. 然性嚴峻, 群臣雖素所愛信者, 或小有犯法, 或欺罔, 輒按誅之, 無所寬假. 汲黯諫曰, "陛下求賢甚勞, 未盡其用, 輒已殺之. 以有限之士恣無已之誅, 臣恐天下賢才將盡, 陛下誰與共為治乎!" 黯言之甚怒, 上笑而諭之曰, "何世無才, 患人不能識之耳, 苟能識之, 何患無人! 夫所謂才者, 猶有用之器也, 有才而不肯盡用, 與無才同, 不殺何施!" 黯曰, "臣雖不能以言屈陛下, 而心猶以為非. 願陛下自今改之, 無以臣為愚而不知理也."

上顧群臣曰, "黯自言為便辟則不可, 自言為愚, 豈不信然乎!"

한무제 원수 4년(BC 119)

1) 겨울, 유사가 말했다.

"정부에서는 창고가 비어 쓸 것이 없는데 부유하고 큰 상인들은 야금을 하고 주철을 하고, 소금을 만들어 재산을 만금을 쌓아놓고도 국가의 급한 일을 돕지 않고 있습니다. 청컨대 전폐錢幣를 바꾸어서 간사하고 겸병하는 무리들을 꺾으십시오."

이때 황실의 동산에 흰 사슴이 있었다. 황실 비품 공급부서인 소부少府에는 은과 주석이 많았다. 흰 사슴의 가죽을 사방으로 한 자씩 네모나게 잘라 주변에 수를 놓으니 이를 피폐皮幣라고 했다. 값은 40만 전으로 했다. 왕후와 종실에 속한 사람들이 조근하거나 상호 초빙하거나 제사에 참여할 때 반드시 피폐를 가지고 정중한 예물 봉헌인 천벽薦璧을 하고 그 후에 시행토록 했다.[144]

은과 주석으로는 3종의 백금 화폐를 만들었다. 그 가운데 큰 것은 둥글게 만들어 용무늬를 새겼다. 그 가치를 3천 전으로 했다 다음은 네모 모양에 말 무늬를 새겨 그 가치를 500전으로 했다. 또 작은 것은 타원 모양에 거북 무늬를 새겨 그 가치를 300전으로 했다.

정부는 건원 5년에 삼수전三銖錢을 폐지하고 반량전半兩錢을 만들게 했다가 이때에 이르러 다시 반량전을 녹여 삼수전을 만들게 했다. 이어 각종 화폐를 몰래 주조하는 자는 사형에 처했다. 그럼에도 백금을 몰래 주조하는 관원과 백성이 헤아릴 수도 없이 많았다.

또 동곽함양東郭咸陽과 공근孔僅을 대농령 밑의 부관인 대농승大農丞으로 삼고 염철鹽鐵에 관한 업무를 관상하게 했다.[145] 계산을 잘하는 상홍양桑弘羊에게도 중요한 일을 맡겼다. 동곽함양은 원래 제나라에서 규모

144 천벽薦璧은 공물이나 예물을 보낼 때 화려한 쟁반에 올려 갖고 가는 것을 말한다. 이는 황제가 이들에게 돈을 더 거두는 방안이기도 했다. 40만 전짜리 백록피를 쟁반 위에 깔고 그 위에 예물을 올려놓은 결과다. 통상적인 예물이나 공물을 바칠 때보다 40만 전이 더 드는 셈이다.

145 원문은 '영염철사領鹽鐵事'이다. 여기의 영領은 대신하거나 겸하여 관리하는 대관代管 내지 겸관兼管을 뜻한다. 겸하여 임직任職하는 정식 직책의 겸兼과 구별된다. 이밖에도 대리직 또는 임시직을 가리키는 서리署理의 뜻인 서署, 품계가 낮은 직책을 맡는 행行, 품계가 높은 직책을 맡는 수守, 임시로 떠맡은 권權 등의 구별이 있다.

가 큰 제염업 종사자였다. 공근은 남양南陽하남성 남양시의 큰 야철업 종사자여서 모두 1,000금을 쌓아두고 있었다. 상홍양은 낙양에 사는 한 상인의 아들로 암산에 탁월해 13세 때 이미 시중이 됐다. 이 3인은 이익에 관해 토론하면 조그만 것조차 다 분석했다.

황제는 조서를 내려 민간에서 사사로이 철기를 주조하거나 소금을 만드는 것을 금했다. 그런 사람은 왼쪽 발인 좌지左趾에 6근의 쇠고랑을 채우고, 물건들은 모두 몰수하게 했다. 공경들이 여러 상인이나 공장工匠들로 하여금 각기 그들이 갖고 있는 물건을 스스로 점검하게 하고, 민전緡錢 2천을 1산算으로 하도록 청했다.[146]

또한 말 1필이 끄는 작은 수레인 민간의 초거軺車나 5장丈 이상의 배도 모두 1산으로 쳤다. 의도적으로 재산을 숨기고 점검받지 않은 사람이나 점검을 받되 제대로 받지 않은 사람은 변방에서 1년간 수자리를 서게 하고 민전을 몰수했다. 또 세금에 대해 다른 사람을 고발한 자에게는 고발된 재산의 절반을 나눠주었다.

그 법은 대개 장탕張湯으로부터 나왔다. 장탕은 조회 때마다 매번 국사를 상주했고 국가가 써야 할 것을 말했다. 그것이 해가 기울 때까지 이어졌다. 천자가 밥 먹는 시간을 잊을 정도여서 승상이란 자리를 채우는 정도가 됐다. 천하의 일은 모두 장탕에게서 결정됐다. 백성들은 자신들의 삶이 불안한 것을 모두 장탕의 탓으로 돌리며 그를 원망했다.

2) 당초 하남河南 출신 복식卜式이 누차 재물을 조정에 출연出捐하여 변경을 돕겠다고 청했다. 천자가 사자를 시켜 복식에게 물었다.

146 민緡은 전錢을 묶는 끈을 뜻한다. 돈의 가운데에 구멍을 뚫고 이 구멍에 끈을 꿰어 꾸러미로 만들었다. 이 한 개의 꾸러미가 1,000전이다. 이를 1민 또는 1관貫이라고 했다. '산算'은 납세의 단위로 1산은 120전이다.

"관원이 되고 싶은가?"

복식이 대답했다.

"신은 어려서부터 밭 갈고 가축 기르는 일만 해왔을 뿐 벼슬하는 일은 익히지 못했으니 그런 것은 원치 않습니다."

사자가 또 물었다.

"집안에 어떤 억울한 일이 있어 그것을 말하려는 것인가?"

복식이 대답했다.

"신은 평생 다른 사람과 분쟁한 일이 없습니다. 읍에 사는 사람 가운데 가난한 사람이 있으면 그에게 재물을 빌려주었고, 착하지 않은 사람이 있으면 그를 알맞게 가르쳐서 사는 사람들이 모두 저 복식을 좇았습니다. 복식이 어떤 연고로 다른 사람에게 원망 살 일이 있었겠습니까? 말씀 드릴 것도 없습니다."

사자가 또 물었다.

"실로 그와 같다면 그대는 무엇을 바라서 그리 하려는 것인가?"

복식이 대답했다.

"어리석은 제 소견으로는 천자가 흉노를 죽이려 하는데 현명한 사람이라면 마땅히 변방에서 절개를 지키며 죽어야 하고, 재물을 가진 사람이라면 마땅히 재물을 내놓아야 한다고 생각합니다. 그러면 흉노는 소멸될 수 있을 것입니다."

황제는 그 때문에 그를 현명하다고 생각해 그를 높이 드러내어 백성들에게 이런 풍조가 일어나게 하고자 했다. 복식을 불러 중랑을 시키고, 좌서장左庶長의 직위와 더불어 전田 10경을 내려주며 천하에 이 사실을 분명히 알리게 했다. 또 얼마 후에는 복식을 발탁해 제나라의 태부로 삼았다.

3) 봄 패성이 동북쪽에 나타났다. 여름 장성長星이 서북쪽에 나타났다.

4) 황제가 여러 장수와 의논했다.

"흡후였던 조신趙信이 선우를 위해 계획을 세우고 있는 탓에 우리 한나라 군사들이 사막을 건너 가볍게 들어가 머물 수가 없었다고 생각되오. 지금 사졸들을 크게 발동해 그 형세가 원하는 바를 이룰 수 있게 되기를 바라오."

그러면서 알곡으로 키운 말 10만 필을 뽑아 대장군 위청과 표기장군 곽거병으로 하여금 각기 5만 명의 기병을 거느리게 했다. 또한 민간에서 기른 말을 다시 4만 필 내고, 보병으로 운송담당자들이 기병의 뒤를 좇게 하여 또다시 수십만 명을 동원했다. 이어 용감하게 싸우며 깊숙이 들어갈 병사는 모두 표기장군 밑에 소속시켰다.

당초 표기장군이 정양에서 출발해 선우를 공격하려 했다. 그런데 잡힌 포로가 말하기를, 선우가 동쪽으로 갔다고 했다. 다시 표기장군을 대군에서 출동시키고, 대장군을 정양에서 출발하게 했다. 그런데 낭중령郎中令인 이광이 스스로 수차례 전쟁에 나아가기를 청했다. 천자는 그가 이젠 늙었다고 허락하지 않다가 얼마 후 이내 허락하고 전장군前將軍선봉장으로 삼았다. 이어 태복인 공손하를 좌장군, 장안의 경찰 총책인 주작도위主爵都尉 조이기趙食其를 우장군, 평양후 조양曹襄을 후장군으로 삼아 모두 대장군에게 소속시켰다.

조신은 선우를 위해 꾀를 내어 말했다.

"한나라 군사들이 사막을 넘게 되면 사람과 말이 모두 피로할 것이니 흉노는 가만히 앉아 포로를 잡을 수 있을 것입니다."

이내 그들의 치중輜重을 모두 멀리 북쪽으로 옮기고, 정병을 사막의 북쪽에 두어 기다리게 했다.

대장군은 요새 땅을 나갔는데 포로가 선우가 있는 곳을 가르쳐주자 이내 직접 정병을 이끌고 달려갔다. 이어 전장군인 이광으로 하여금 우장군의 군사를 합쳐 동쪽 길로 나아가게 했다. 동쪽 길은 멀리 돌아야 되고 물과 풀이 적었다. 이광이 스스로 청했다.

"신의 임무는 원래 전장군입니다. 대장군이 임무를 바꿔 신으로 하여금 동쪽으로 나아가게 했습니다. 신이 머리를 묶어 어른이 되고 난 다음부터 흉노와 싸웠는데 지금 비로소 선우를 맞아 싸울 기회를 맞았습니다. 원컨대 신을 선봉에 서게 하여 먼저 선우를 죽이게 해 주십시오."

대장군 역시 황상으로부터 몰래 권계勸誡를 받은 바 있었다. 내심 이광은 늙고 운수가 나빠 선우를 감당하지 못하고, 바라던 바를 이루지 못할까 우려했다. 위청의 친구인 공손오가 전해인 원수 2년에 후작侯爵을 잃었다. 대장군 또한 공손오로 하여금 자신과 함께 선우를 맞이해 싸우게 할 생각으로 전장군 이광을 다른 곳으로 옮겼다. 이광이 이를 알고 대장군에게 강력히 말했지만 대장군은 끝내 들어주지 않았다. 이광은 예의도 갖추지 않은 채 일어나 나가면서 속으로 분노했다.

대장군이 요새를 벗어나 1,000여 리를 가서 사막을 넘자, 선우의 군사가 진을 치고 기다리는 것이 보였다. 대장군은 철갑 차인 무강거武剛車로 주위를 둘러싸 진영을 만든 뒤 5천 명의 기병을 내어 직접 나아가 흉노와 접전했다. 흉노도 기병 1만여 명을 내보냈다. 접전하는데 해가 저물 때쯤 큰 바람이 일어나 모래가 날려 얼굴을 때렸다. 양쪽 군사들이 서로 바라볼 수 없게 되자 이를 틈타 한나라 군사들이 좌우 날개에서 선우를 둘러쌌다.

선우는 한나라 병사가 많고 또한 병사와 말이 모두 힘이 세어 맞붙어 싸워도 흉노의 병사가 한나라 병사만 못할 것으로 생각했다. 이내 6마리 노새가 끄는 수레인 육루六騾에 올라타 건장한 기병 수백 명과 함께 곧바로 한나라의 포위망을 뚫고 서북쪽으로 달려가 버렸다. 때는 이미 어두워졌으나 한나라 군사와 흉노는 계속 격투를 벌여 살상이 이어졌고, 사상자의 수도 서로 엇비슷했다.

한나라의 좌교左校가 포로를 잡아서 말을 들어보고, 선우가 이미 어둡기 전에 도망쳤음을 알았다. 한나라 군사는 가벼운 차림을 한 기병을 내어 밤중에 그를 뒤쫓았다. 이어 대장군의 군사가 그 뒤를 쫓자 흉노의 병사들은 흩어져 도주했다. 날이 밝을 때까지 200여 리를 추격했지만 결국 선우를 잡지 못했다. 대신 붙잡아서 목을 벤 흉노의 숫자는 19,000급에 달했다. 이어 전안산寘顔山의 조신성趙信城몽골 울란바토르에 이르러서는 흉노들이 쌓아놓은 곡식을 발견해 군사들을 배불리 먹이고, 하루를 머물다가 그 성의 나머지 곡식을 다 태운 뒤 돌아왔다.[147]

전장군인 이광과 우장군 조이기의 군사는 길을 안내하는 사람이 없었다. 길을 잃고 대장군이 선우와 싸울 때 전투 장소에 당도하지 못한 이유다. 대장군이 군사를 돌려 돌아오는 길에 사막의 남쪽을 지날 때에야 비로소 이 두 장군을 만났다. 대장군이 장사長史를 시켜 이광과 조이기에게 길을 잃은 상황을 나무라면서 그 연유를 묻게 했다. 이어 이광의 막부에 있는 사람들을 신문케 하자 이광이 대답했다.

"여러 교위들에게는 죄가 없다. 내가 길을 잃은 것이니 내가 직접 대장군의 막부로 가 신문에 응하겠다."

그러고는 휘하 사람들에게 이같이 말했다.

"나 이광은 머리를 묶고 성년이 된 뒤 흉노와 크고 작은 전투를 70여 차례 치렀다. 지금 다행히 대장군을 따라 출전해 선우의 군사와 만났다. 대장군은 이 이광의 부대의 임무를 바꿔 먼 곳으로 돌아가게 했고, 거기에다 길까지 잃었으니 어찌 하늘의 뜻이 아니겠는가? 또한 이 이광의 나

147 '조신성'은 무제 원삭 6년에 흉노로부터 투항해 흡후가 됐던 조신이 다시 흉노로 돌아가자 흉노가 조신으로 하여금 이 성을 지키게 한 데서 유래한 이름이다.

이가 60여 세인데 지금 와서 붓이나 놀리며 재판이나 하려는 형리들을 만날 수 있겠는가?"

그러고는 칼을 꺼내 자진했다. 이광은 사람이 청렴해 상을 받은 것이 있으면 이를 휘하의 사람들에게 나눠주고, 먹고 마시는 것도 병사들과 함께 했다. 2천석의 녹질을 받는 벼슬을 40여 년간이나 했지만 집에 남은 재산이라곤 없었다. 팔은 원숭이처럼 민첩했고, 활을 잘 쏘았다. 맞추지 못할 것이라고 생각하면 쏘지 않았다. 병사들을 이끌고 가다가 물이나 음식이 부족하거나 끊기는 지경에 처했을 때 물을 발견하면 사졸들이 모두 마시지 않으면 이광은 물 근처에도 가지 않았고, 사졸들이 다 먹지 않으면 자신도 먹지도 않았다. 사병들 모두 그가 써주면 기꺼워한 이유다.

그가 죽자 모든 군사들이 곡을 했다. 백성들도 이 소식을 듣고 그를 알든 모르든 노인이든 장년이든 모두 눈물을 흘렸다. 우장군만 홀로 형리에게 보내져 판결을 받게 됐다. 마땅히 사형에 처해야 했지만 돈을 내고 속죄를 받아 서인이 되게 했다.

선우가 숨어서 도주하자 그 병사들은 왕왕 한나라 병사와 섞여 싸워가면서 선우를 좇았다. 그런 탓에 선우는 오래도록 그들의 무리와 만날 수 없었다. 우곡려왕右谷蠡王은 선우가 죽은 것으로 생각하고 스스로 선우가 됐다. 이후 10여일 만에 진짜 선우가 다시 그들의 무리를 만나자 우곡려왕은 다시 선우의 명칭을 버렸다.

표기장군의 기병은 병거兵車와 치중輜重이 대장군과 같았지만 비장이 없어 이광의 아들 이감李敢을 대교大校로 삼아 비장의 일을 하도록 했다. 대代와 우북평에서 출발해 2천여 리를 나아가 큰 사막을 지나자 바로 흉노 좌현왕의 군사인 좌방左方과 마주치게 됐다.[148] 둔두왕屯頭王과 한왕

148 흉노가 극성할 때 그 영토가 동쪽의 요하에서 서쪽의 감숙성에 이르러 한 사람이

韓王 등 3인과 장군, 상국, 당호當戶와 도위都尉 83명을 붙잡아다. 이후 낭거서산狼居胥山에서 하늘에 제사를 올리는 봉封을 하고, 고연姑衍에서 땅에 제사를 지내는 선禪을 한 뒤 해변에 있는 산으로 올라가 북해인 한해翰海를 바라보았다. 이후 70,443급을 더 노획했다.

천자는 5,800호의 봉읍을 표기장군에게 더해 주었다. 또 그에게 소속된 우북평 태수인 노박덕路博德 등 4명도 열후에 봉했다. 종표從票와 파노破奴 등 2명에게도 봉읍을 더해 주었다. 또한 교위인 이감은 관내후로 삼고 식읍을 주었다. 군리軍吏와 군졸은 관官으로 삼아 많은 상을 내려주었다. 그럼에도 대장군에게는 봉읍을 더하여 주지도 않았고, 그의 군리와 군졸들 가운데 후로 책봉된 사람은 아무도 없었다.

두 부대가 요새를 넘어서 진격한 뒤 요새에서 검열했다. 관마官馬와 사마私馬 모두 14만 필이었으나 요새로 돌아올 때는 3만 필이 안 됐다. 이내 황제는 대사마大司馬라는 직책을 하나 더 만들어 대장군과 표기장군을 모두 대사마로 삼고, 법령으로 정해 표기장군의 관계官階와 봉록을 대장군과 같게 했다. 이후 대장군 위청은 날로 퇴조하고 표기장군은 날로 귀해졌다. 대장군의 옛 친구와 문하에 있던 선비들은 대부분 떠나가 표기장군을 섬기고 관작을 얻기도 했다. 임안任安만은 그리 하지 않았다.

표기장군의 사람됨은 말이 적고 그러다 보니 말을 누설하는 일이 없었다. 기상이 있고 용감했다. 일찍이 천자가 그에게 손자孫子와 오기吳起의 병법을 배우라고 권하자 그가 이같이 대답했다.

"그들의 방략이 어떠했는가를 살펴보았을 뿐 고대의 병법을 배우는 데에는 아직 이르지 못했습니다."

다스리기가 어려웠다. 3부분으로 나눠 중앙은 선우, 동부지역은 좌현왕, 서부지역은 우현왕이 각각 나눠 다스렸다. 당시 곽거병은 좌현왕의 부대와 만난 것이다.

또 천자가 표기장군의 집을 짓게 한 후 그에게 그것을 보라고 했더니 대답했다.

"흉노가 아직 소멸되지 않았으니 아직 집을 가질 때가 아닙니다."

황제가 그를 더욱 아낀 이유다. 그러나 그는 젊어서부터 귀하게 돼 사졸들을 살피지 않았다. 그가 출정할 때에는 천자가 궁정의 주방 담당관인 태관太官을 파견해 수레 수십 승에 먹을 것을 실어 보냈다. 그런데 돌아올 때까지도 수레에는 남아서 버린 곡식과 고기가 있었다. 사졸들 가운데에는 주린 자가 있었다. 그가 요새 밖에 있을 때 사졸들은 식량이 모자라 스스로 사기를 진작시키지 못했다. 표기장군은 국을 만드는 집인 천역穿域에서 털을 집어넣어 만든 가죽공놀이인 답국蹋鞠을 했다. 하는 일이 대략 이와 같았다.

그러나 대장군 위청은 사람됨이 인자하고 선비를 좋아했다. 겸손하고 양보하여 늘 온화한 모습으로 황제에게 아첨했다. 이 두 사람의 생각과 행동은 이러했다.

당시 한나라 군사가 죽이고 포로로 잡은 흉노는 8–9만 명에 달했다. 한나라의 사졸로 물고기가 난 사람도 역시 수만 명이었다. 이후 흉노는 멀리 달아나 숨어버렸고, 사막 땅의 남쪽에는 흉노의 왕성王庭이 없어졌다.

한나라는 황하를 건너 삭방朔方에서부터 서쪽 영거令居감숙성 영등현에 이르기까지 운하를 파 물을 통하게 하고 농사 지도 관원인 전관田官을 두었다. 이졸 5–6만 명이 흉노의 땅을 잠식해 북쪽으로 올라갔다. 그러나 한나라 또한 말을 많이 잃어 다시는 대규모로 흉노를 공격하지 못했다.

흉노는 조신의 계책에 따라 사신을 한나라로 보내 좋은 말로써 화친을 청했다. 천자가 그것에 대해 논의하라고 명을 내리자 어떤 사람은 화친하자고 하고, 어떤 사람은 끝내 그들을 신하로서 복종시켜야 한다고 주장했다.

이때 승상부의 장사長史인 임창任敞이 말했다.

“흉노는 최근에 격파됐기 때문에 마땅히 외신外臣이 되게 하여 변경에서 천자에게 조근토록 해야 합니다.”

한나라에서는 임창을 선우에게 보냈다. 선우는 몹시 화를 내며 그를 잡아두고 돌려보내 주지도 않았다. 이때 박사博士인 적산狄山이 화친하는 것이 유리하다는 의견을 냈다. 황제가 장탕에게 묻자 장탕이 대답했다.

“이 어리석은 유가儒家 서생은 아무 것도 모릅니다.”

적산이 대꾸했다.

“신은 본래 어리석지만 어리석은 충성심은 있습니다. 어사대부인 장탕은 거짓 충성을 하고 있습니다.”

황제가 안색이 변해 물었다.

“내가 그대에게 한 개의 군郡을 맡긴다면 오랑캐가 침입해 들어와 도적질하지 못하게 할 수 있겠는가?”

적산이 대답했다.

“할 수 없습니다.”

황제가 다시 물었다.

“한 개의 현을 맡긴다면 가능하겠는가?”

“할 수 없습니다.”

황제가 또 물었다.

“한 개의 요새를 맡긴다면 가능하겠는가?”

적산은 스스로 헤아려보았다. 대답이 궁해지면 틀림없이 황제는 자신을 형리에게 내려 보내 재판에 회부할 것으로 생각해 이같이 대답했다.

“할 수 있습니다.”

황제는 적산에게 요새 하나를 맡겼다. 1달여 만에 흉노는 적산의 머리를 잘라가지고 돌아갔다. 이후로 군신들은 떨리고 겁이 나 감히 장탕에게 대들지 못했다.

5) 이 해에 급암이 법을 범해 면직됐다. 정양定襄 태수 의종義縱을 우내사로 하고, 하내河內하남성 무척현 태수 왕온서王溫舒를 중위中尉로 삼았다. 이보다 먼저 영성寗成이 함곡관 보안 책임자인 관도위關都尉가 됐다. 관을 출입하는 관원이나 백성들은 이같이 말했다.

"정녕丁寧[149] 새끼를 낳아 젖을 먹이는 어미 호랑이를 만날지언정 화가 나 있는 영성寗成은 만나지 않았으면 좋겠다!"

의종이 남양 태수가 돼 함곡관을 지나게 됐을 때 영성이 옆에서 그를 영접하고 환송했다. 그러나 의종이 남양군에 이른 다음에는 결국 영씨寗氏 문제를 다뤄 그 집안을 다 부숴버렸다. 남양의 관원과 백성들이 무서워하며 함부로 행동하지도 못하고 발자국 한 번 뗄 때마다 무겁게 움직인 이유다.

이후 의종은 정양태수로 자리를 옮겼다. 그는 정양에 도착하자마자 그곳 감옥에 있는 중죄인과 경범죄인 200명 모두를 조사했다. 이어 죄인들의 빈객과 형제로서 사사로이 감옥에 들어와 죄수를 면회했던 사람 200명을 한꺼번에 체포해 국문했다. 이어 말했다.

"죽을죄를 지은 사람에게 족쇄를 풀어 벗어나게 해주고 싶다.[150]"

그러고는 그날로 400여 명을 모조리 죽이고 나서 보고했다. 이후 그 군에 사는 사람들은 춥지도 않은데 벌벌 떨었다.

당시 조우趙禹, 장탕 같은 아주 각박한 이들이 구경의 자리에 있었다.

---

149 정녕丁寧은 '차라리'의 뜻이다. 그러나 여기서 말한 '정녕'의 '녕'은 영성寗成의 영寗 자를 암시한 것이다.

150 한나라 법에 따르면 질곡桎梏과 겸자鉗赭를 벗으면 1등급의 죄를 더 가산토록 돼 있었다.

그들은 그래도 법을 가지고 정치를 보좌했으나 의종은 오직 매가 새를 잡아채듯 정치를 했다.

왕온서王溫舒는 광평廣平하북성 홍택현 도위가 됐을 때 군 내에 있는 호쾌하고 용감하게 행동하는 자 10여 명을 선발해 관원으로 뽑았다. 이후 이들에게 자신의 손톱 및 이빨과 같은 무사의 역할을 하게 하려고 암암리에 그들의 중죄를 모두 파악해 가지고 그들을 장악한 뒤 도적을 잡아들이게 했다. 그가 원하는 바를 그들이 처리하여 유쾌하게 해주면 그가 아무리 100가지 죄를 지었다 할지라도 법으로 다스리지 않았다. 반대로 그가 요구하는 바를 온 힘을 다해 하지 않고 피하면 과거의 죄목을 들어 그와 그 가족까지 모두 죽였다.

제나라와 조나라 교외에 있던 도적들이 감히 광평 근처에는 얼씬도 하지 못했고, 광평 내에서는 길에 떨어져 있는 물건이라도 아무도 줍는 사람이 없었다.

그가 하내 태수로 자리를 옮겼다. 9월에 도착하자마자 군에서 말 50필을 마련해 역참을 만들도록 했다. 또 군 안에 있는 호방하고 교활한 사람을 모조리 체포하여 서로 연루시키자 1,000여 호나 걸려들었다. 그는 황제에게 서신을 올려 큰 죄를 지은 사람은 멸족시키고, 작은 죄를 지은 사람은 사형시키고, 그들의 가산은 전에 도둑질을 한 장물이라고 하여 모두 환수할 뜻을 밝혔다.

상주문을 올려 2~3일 만에 허가가 나와 사건을 처리하자 흐르는 피가 10여 리나 이어졌다. 하내에서는 그가 상주문을 보낸 것이 이상하리만큼 신속하다고 생각했다. 12월 말이 되자 군 안에서는 아무런 소리도 나지 않고 밤길을 걷는다는 것은 감히 생각도 못했고, 도적을 보고 짖는 개 소리조차 나지 않았다. 그는 달아난 범법자를 이웃 군국까지 쫓아가 잡아왔다. 이듬해 봄이 되자 입춘立春 후에는 형을 집행하지 않도록 돼 있는 까닭에 발을 구르며 탄식했다.

"아, 이번 겨울이 1달만 더 길었으면 내 임무를 충분히 수행할 수 있었을 것이다!"

이 소식을 듣고 그들이 모두 유능하다고 여긴 천자는 그들을 발탁해 중2천석의 녹질을 받는 관직을 주었다.

6) 제나라 출신 소옹少翁은 귀신을 부르는 재주를 가지고 황제를 알현했다. 황제는 총애하던 왕부인王夫人이 죽자, 소옹으로 하여금 밤에 귀신을 불러서 왕부인의 모습과 같게 하여 그것을 휘장 안에서 바라보았다.[151] 그러고는 소옹을 문성장군文成將軍에 봉하고, 상으로 많은 것을 내려주면서 손님의 예로 그를 대우했다.

문성장군은 또한 황제에게 감천궁甘泉宮을 짓게 했다. 중간에 높은 대臺와 실室을 만들고, 천天과 지地, 태일太一과 같은 여러 귀신을 그려놓고, 제사지내는 도구를 준비해 놓으면서 천신에게 제사를 지내라고 권하기도 했다. 그렇게 1년 남짓 살았다. 그의 방술이 점점 쇠미해져 신神이 나타나지를 않았다.

그는 비단에 글을 써서 소에게 먹인 뒤 모르는 척하고 거짓으로 말했다.

"이 소의 뱃속에 이상한 것이 있습니다."

그러고는 소를 죽여 소의 뱃속에서 글이 써진 비단을 찾아냈다. 그 글의 내용은 아주 괴이했고, 황제는 그 필체를 알아보았다. 그에게 소상히 묻자 과연 그것은 위조한 글이었다. 황제가 문성장군을 죽이고 그 사실을

151 '왕부인' 사건과 관련해 『한서』와 『사기』의 기록이 다르다. 『한서』「이부인전」에서는 이 사간을 이부인에 관한 사건으로 기록해 놓았다. 이부인이 죽었을 때 소옹은 이미 사망한 뒤였다. 『사기』는 이를 왕부인 사건으로 기록해 놓았다. 『자치통감』은 『사기』의 기록을 채택한 셈이다.

숨겼다.

＊ 世宗孝武皇帝元狩四年

冬, 有司言曰, "縣官用度太空, 而富商大賈冶鑄·煮鹽, 財或累萬金, 不佐國家之急. 請更錢造幣以贍用, 而摧浮淫並兼之徒." 是時, 禁苑有白鹿而少府多銀·錫, 乃以白鹿皮方尺, 緣以藻繢, 為皮幣, 直四十萬. 王侯·宗室朝覲聘享必以皮幣薦璧, 然後得行. 又造銀·錫為白金三品大者圜之, 其文龍, 直三千. 次方之, 其文馬, 直五百. 小者橢之, 其文龜, 直三百. 令縣官銷半兩錢, 更鑄三銖錢, 盜鑄諸金錢罪皆死. 而吏民之盜鑄白金者不可勝數.

於是以東郭咸陽·孔僅為大農丞, 領鹽鐵事. 桑弘羊以計算用事. 咸陽, 齊之大煮鹽. 僅, 南陽大冶, 皆致生累千金. 弘羊, 洛陽賈人之子, 以心計, 年十三侍中. 三人言利, 事析秋毫矣.

詔禁民敢私鑄鐵器·煮鹽者釱左趾, 沒入其器物. 公卿又請令諸賈人末作各以其物自占, 率緡錢二千而一算. 及民有軺車若船五丈以上者, 皆有算. 匿不自占, 占不悉, 戍邊一歲, 沒入緡錢. 有能告者, 以其半畀之. 其法大抵出張湯. 湯每朝奏事, 語國家用, 日晏, 天子忘食. 丞相充位, 天下事皆決於湯. 百姓騷動, 不安其生, 咸指怨湯.

初, 河南人卜式, 數請輸財縣官以助邊, 天子使使問式曰, "欲官乎?" 式曰, "臣少田牧, 不習仕宦, 不願也." 使者問曰, "家豈有冤, 欲言事乎?" 式曰, "臣生與人無分爭, 邑人貧者貸之, 不善者教之, 所居人皆從式, 式何故見冤於人! 無所欲言也." 使者曰, "苟如此, 子何欲而然?" 式曰, "天子誅匈奴, 愚以為賢者宜死節於邊, 有財者宜輸委, 如此而匈奴可滅也." 上由是賢之, 欲尊顯以風百姓, 乃召拜式為中郎, 爵左庶長, 賜田十頃, 布告下天, 使明知之. 未幾, 又擢式為齊太傅.

春, 有星孛於東北. 夏, 有長星出於西北.

上與諸將議曰, "翕侯趙信為單于畫計, 常以為漢兵不能度幕輕留, 今大發士卒, 其勢必得所欲." 乃粟馬十萬, 令大將軍青·票騎將軍去病各將五萬騎, 私負從馬復四萬匹, 步兵轉者踵軍後又數十萬人, 而敢力戰深入之士皆屬票騎. 票騎始為出定襄, 當單于, 捕虜言單于東, 乃更令票騎出代郡, 令大將軍出定襄. 郎中令李廣數自請行, 天子以為老, 弗許. 良久, 乃許之, 以為前將軍. 太僕公孫賀為左將軍, 主爵都尉趙食其為右將軍, 平陽侯曹襄為後將軍, 皆屬大將軍. 趙信為單于謀曰, "漢兵既度幕, 人馬罷, 匈奴可坐收虜耳." 乃悉遠北其輜重, 以精兵待漠北.

大將軍青既出塞, 捕虜知單于所居, 乃自以精兵走之, 而令前將軍廣並於右將軍軍, 出東道. 東道回遠而水草少, 廣自請曰, "臣部為前將軍, 今大將軍乃徙令臣出東道. 且臣結髮而與匈奴戰, 今乃一得當單于, 臣願居前, 先死單于." 大將軍亦陰受上誡, 以為"李廣老, 數奇, 毋令當單于, 恐不得所欲." 而公孫敖新失侯, 大將軍亦欲使敖與俱當單于, 故徙前將軍廣. 廣知之, 固自辭於大將軍. 大將軍不聽, 廣不謝而起行, 意甚慍怒.

大將軍出塞千餘里, 度幕, 見單于兵陳而待. 於是大將軍令武剛車自環為營, 而縱五千騎往當匈奴. 匈奴亦縱可萬騎. 會日且入, 大風起, 砂礫擊面, 兩軍不相見, 漢益縱左右翼繞單于. 單于視漢兵多而士馬尚強, 自度戰不能如漢兵, 單于遂乘六騾, 壯騎可數百, 直冒漢圍, 西北馳去. 時已昏, 漢匈奴相紛拏, 殺傷大當. 當軍左校捕虜言, 單于未昏而去, 漢軍發輕騎夜追之, 大將軍軍因隨其後, 匈奴兵亦散走. 遲明, 行二百餘里, 不得單于, 捕斬首虜萬九千級, 遂至窴顏山趙信城, 得匈奴積粟食軍, 留一日, 悉燒其城餘粟而歸.

前將軍廣與右將軍食其軍無導, 惑失道, 後大將軍, 不及單于戰. 大將軍引還, 過幕南, 乃遇二將軍. 大將軍使長史責問廣·食其失道狀, 急責廣之幕府對簿. 廣曰, "諸校尉無罪, 乃我自失道, 吾今自上簿至莫府." 廣謂其麾下曰, "廣結髮與匈奴大小七十餘戰, 今幸從大將軍出接單于兵, 而大將軍徙廣部行回遠, 而又迷失道, 豈非天哉! 且廣年六十餘矣, 終不能復對刀筆之吏!" 遂引刀自剄. 廣為人廉, 得賞賜輒分其麾下, 飲食與士共之, 為二千石四十餘年, 家無餘財. 猿臂, 善射, 度不中不發. 將兵, 乏絕之處見水, 士卒不盡飲, 廣不近水, 士卒不盡食, 廣不嘗食. 士以此愛樂為用. 及死, 一軍皆哭. 百姓聞之, 知與不知, 無老壯皆為垂涕. 而右將軍獨下吏, 當死, 贖為庶人.

單于之遁走, 其兵往往與漢兵相亂而隨單于, 單于久不與其大衆相得. 其右谷蠡王以為單于死, 乃自立為單于. 十餘日, 真單于復得其衆, 而右谷蠡王乃去其單于號.

票騎將軍騎兵車重與大將軍軍等, 而無裨將, 悉以李敢等為大校, 當裨將, 出代·右北平二千餘里, 絕大幕, 直左方兵, 獲屯頭王·韓王等三人, 將軍·相國·當戶·都尉八十三人, 封狼居胥山, 禪於姑衍, 登臨翰海, 鹵獲七萬四百四十三級. 天子以五千八百戶益封票騎將軍. 又封其所部右北平太守路博德等四人列侯, 從票侯破奴等二人益封, 校尉敢為關內侯, 食邑. 軍吏卒為官·賞賜甚多. 而大將軍不得益封, 軍吏卒皆無封侯者.

兩軍之出塞, 塞閱官及私馬凡十四萬匹, 而復入塞者不滿三萬匹.

乃益置大司馬位, 大將軍·票騎將軍皆為大司馬, 定令, 令票騎將軍秩祿與大將軍等. 自是之後, 大將軍青日退而票騎日益貴. 大將軍故人·門下士多去事票騎, 輒得官爵, 唯任安不肯.

票騎將軍為人, 少言不泄, 有氣敢往. 天子嘗欲教之孫·吳兵法, 對曰, "顧方略何如耳, 不至學古兵法." 天子為治第, 令票騎視之, 對曰, "匈奴未滅, 無以家為也!" 由此上益重愛之. 然少貴, 不省士, 其從軍, 天子為遣太官齎數十乘, 既還, 重車餘棄粱肉, 而士有饑者. 其在塞外, 卒乏糧或不能自振, 而票騎尚穿域蹋鞠, 事多此類. 大將軍為人仁, 喜士退讓, 以和柔自媚於上. 兩人志操如此.

是時, 漢所殺虜匈奴合八九萬, 而漢士卒物故變數萬. 是後匈奴遠遁, 而幕南無王庭. 漢渡河自朔方以西至令居, 往往通渠, 置田官, 吏卒五六萬人, 稍蠶食匈奴以北. 然亦以馬少, 不復大出擊匈奴矣.

匈奴用趙信計, 遣使於漢, 好辭請和親. 天子下其議, 或言和親, 或言遂臣之. 丞相長史任敞曰, "匈奴新破困, 宜可使為外臣, 朝請於邊." 漢使任敞於單于, 單于大怒, 留之不遣. 是時, 博士狄山議以為和親便, 上以問張湯, 湯曰, "此愚儒無知." 狄山曰, "臣固愚, 愚忠. 若御史大夫湯, 乃詐忠." 於是上作色曰, "吾使生居一郡, 能無使虜入盜乎?" 曰, "不能." 曰, "居一縣?" 對曰, "不能." 復曰, "居一障間?" 山自度辯窮且下吏, 曰, "能." 於是上遣山乘障, 至月餘, 匈奴斬山頭而去. 自是之後, 群臣震慴, 無敢忤湯者.

是歲, 汲黯坐法免, 以定襄太守義縱為右內史, 河內太守王溫舒為中尉.

先是, 寧成為關都尉, 吏民出入關者號曰, "寧見乳虎, 無值寧成之怒." 及義縱為南陽太守, 至關, 寧成側行送迎. 至郡, 遂按寧氏, 破碎其家. 南陽吏民重足一跡. 後徙定襄太守, 初至, 掩定襄獄中重罪輕系二百餘人, 及賓客·昆弟私入視亦二百餘人, 一捕, 鞫曰"為死罪解脫." 是日, 皆報殺四百餘人. 其後郡中不寒而慄. 是時, 趙禹·張湯以深刻為九卿. 然其治尚輔法而行. 縱專以鷹擊為治. 王溫舒始為廣平都尉, 擇郡中豪敢往吏十餘人, 以為爪牙, 皆把其陰重罪, 而縱使督盜賊. 快其意所欲得, 此人雖有百罪, 弗法. 即有避, 因其事夷之, 亦滅宗. 以其故, 齊·趙之郊盜賊不敢近廣平, 廣平聲為道不拾遺. 遷河內太守, 以九月至, 令郡具私馬五十匹為驛, 捕郡中豪猾, 相連坐千餘家. 上書請, 大者至族, 小者乃死, 家盡沒入償臧. 奏行不過二三日得可, 事論報, 至流血十餘里, 河內皆怪其奏, 以為神速. 盡十二月, 郡中毋聲, 毋敢夜行, 野無犬吠之盜. 其頗不得, 失之旁郡國, 追求. 會春, 溫舒頓足歎曰, "嗟乎! 令冬月益展一月, 足吾事矣!"

天子聞之, 皆以為能, 故擢為中二千石.

齊人少翁, 以鬼神方見上. 上有所幸王夫人卒, 少翁以方夜致鬼, 如王夫人之貌, 天子自帷中望見焉. 於是乃拜少翁為文成將軍, 賞賜甚多, 以客禮禮之. 文成又勸上作甘泉宮, 中為台室, 畫天·地·太一諸鬼神而置祭具, 以致天神. 居歲餘, 其方益衰, 神不至. 乃為帛書以飯牛, 佯不知, 言曰, "此牛腹中有奇." 殺視, 得書, 書言甚怪, 天子識其手書, 問其人, 果是偽書. 於是誅文成將軍而隱之.

** 권20-한기漢紀 12: 남월을 정복하다

한무제 원수 5년(BC 118)

1) 봄 3월 11일, 승상인 이채李蔡가 효경제孝景帝 능원 밖에 있는 빈터를 침범해 그 안에 자기 집안사람을 장사지낸 일에 연루돼 형리에게 내려보내지자 자진했다.

2) 원수 4년에 반량전을 없애고 만든 삼수전三銖錢을 폐지하고 다시 오수전五銖錢을 주조했다. 민간에서 많은 사람들이 몰래 주전을 했다. 초나라 땅에서 특히 심했다.

황제는 회양淮陽하남성 회양현이 초 땅의 요충지라고 여겼다. 급암을 불러 회양 태수로 삼고자 했다. 그러나 급암은 엎드려 사양하면서 인수를 받으려 하지 않았다. 누차 억지로 조칙을 내린 뒤에야 조서를 받들었다. 급암이 울면서 황제에게 말했다.

"신은 몸이 시궁창이나 산골짜기를 채워 다시는 폐하를 뵙지 못할 것으로 생각했습니다. 뜻하지 않게 폐하가 신을 다시 거둬 임용해 주셨습니다. 그런데 신은 늘 견마犬馬[152] 같은 병에 걸려 힘으로 군郡 태수의 일을 감당할 수가 없습니다. 원컨대 신을 600석의 중랑中郎으로 삼아 주시면

152 견마犬馬는 '개와 말'을 뜻하는 말로 신하가 군주에게 스스로를 낮춰 표현할 때 사용하는 겸칭謙稱이다.

궁궐인 금달禁闥에 출입하면서 허물을 보충하고, 소홀한 부분을 챙기겠습니다. 이것이 신의 소원입니다."

황제가 말했다.

"그대는 회양을 얕잡아 보는 것이오. 내가 지금 그대를 부른 것은 회양의 관원과 민간이 서로 잘 받아들이지 못하는 것을 고려했기 때문이오. 나는 다만 그대의 중후함을 빌리려는 것이니 침상에 누어서라도 그곳을 다스리도록 하시오."

급암이 천자와 작별하고 임지로 가는 도중 대행령大行令인 이식李息의 집을 지나다가 그를 만나 말했다.

"저 급암은 버림받고 쫓겨나 지금 군에 가서 살게 됐습니다. 지금은 조정에서 함께 논의할 수가 없습니다. 그런데 어사대부인 장탕이라는 사람은 다른 사람이 간하는 것을 거절할 만큼 지혜롭고, 잘못을 가릴 만큼 잘 속이고, 교묘하게 아부하는 말만 일삼습니다. 게다가 힘써 궤변을 늘어놓는 말 가운데 천하를 바르게 하는 말은 없고 오로지 주인에게 아부하는 말뿐입니다. 주인의 뜻이 원치 않는 듯이 보이면 그를 훼방하고, 주인이 원하는 것처럼 보이면 그를 칭찬합니다. 일 만들기를 좋아하고 법조문을 가지고 춤을 추면서 안으로는 속일 뜻을 품어 주인의 마음을 사로잡고, 밖으로는 도적 같은 관원들을 이끌며 위엄을 높이고 있습니다. 공은 구경의 반열에 있으니 일찍이 이를 말씀 드리지 않는다면 공 역시 그와 함께 죽임을 당할 것입니다."

그러나 이식은 장탕을 두려워해 끝내 말하지 못했다. 그러다가 3년 뒤에 장탕이 실패하자 황제는 이식에게까지 죄를 물었다. 이후 급암은 제후국 승상의 2천석 봉록을 받으며 회양에 살다가 그곳에서 10년 만에 죽었다.

3) 간사하고 교활한 민간이나 관원을 변경 땅으로 이사시키도록 조소

를 내렸다.

4) 여름 4월 2일, 태자소부太子少傅인 무강후武强侯 장청적莊靑翟이 승상이 됐다.

5) 천자가 정호궁鼎湖宮하남성 영보현에서 심하게 병이 들었다. 무의巫醫가 안 해본 것이 없는데도 쾌유되지 않았다. 유수발근遊水發根이 말했다.

"상군上郡섬서성 수덕현에 무격巫覡이 한 사람 살고 있는데 그는 병이 들었을 때 귀신을 불러 내 병을 고친다고 합니다."

황제가 그를 불러 감천궁에서 제사를 올리게 했다. 병이 들자 사람을 시켜 신이 내린 신군神君에게 묻게 했다. 신군이 말했다.

"천자에게 근심할만한 병은 없습니다. 병이 조금 나아지면 억지로라도 나와 감천궁에서 저와 만나게 해주십시오."

천자는 병이 나아지자 마침내 몸을 일으켜 감천궁으로 갔다. 병이 완전히 나아지자 장안에 있는 수궁壽宮에서 술자리를 베풀었다. 신군은 눈으로 볼 수는 없고 그가 말하는 것을 듣기만 할 수 있었다. 그 소리는 사람의 목소리와 같았다. 또한 때에 따라 가기도 하고 오기도 했다. 올 때면 바람이 숙연했고, 방 안의 휘장 속에 있었다. 신군이 말하는 것이 있으면 황제는 사람을 시켜 그것을 받아오게 했고, 그 말을 써놓고는 여기에 이름 붙이기를 '화법畵法'이라고 했다.

그가 한 말을 살펴보면 세속적으로도 다 아는 말이었다. 천자는 내심 홀로 기뻐했다. 이 일은 비밀이어서 세상에서는 알지 못했다. 하루는 황제가 갑자기 일어나 감천궁으로 행차했다가 장안의 동부 담당관인 우내사右內史 의종義縱이 다스리는 땅을 지나게 됐다. 도로가 잘 닦여 있지 않은 것을 보고 황제가 대로했다.

"의종은 내가 다시는 이 길을 가지 않을 것으로 생각했구나!"

그러고는 입을 다물었다.

** 起昭陽大淵獻, 盡重光協洽, 凡九年.

* 世孝武皇帝元狩五年

春, 三月, 甲午, 丞相李蔡坐盜孝景園, 堧地, 葬其中, 當下吏, 自殺.

罷三銖錢, 更鑄五銖錢. 於是民多盜鑄錢, 楚地尤甚.

上以為淮陽, 楚地之郊, 乃召拜汲黯為淮陽太守. 黯伏謝不受印, 詔數強予, 然後奉詔. 黯為上泣曰, "臣自以為填溝壑, 不復見陛下, 不意陛下復收用之. 臣常有狗馬病, 力不能任郡事. 臣願為中郎. 出入禁闥, 補過拾遺, 臣之願也." 上曰, "君薄淮陽邪? 吾今召君矣, 顧淮陽吏民不相得, 吾徒得君之重, 臥而治之."

黯既辭行, 過大行李息, 曰, "黯棄逐居郡, 不得與朝廷議矣. 御史大夫湯, 智足以拒諫, 詐足以飾非, 務巧佞之語, 辯數之辭, 非肯正為天下言, 專阿主意. 主意所不欲, 因而毀之. 主意所欲, 因而譽之. 好興事, 舞文法, 內懷詐以御主心, 外挾賊吏以為威重. 公列九卿, 不早言之, 公與之俱受其戮矣." 息畏湯, 終不敢言. 及湯敗, 上抵息罪. 使黯以諸侯相秩居淮陽, 十歲而卒.

詔徙奸猾吏民於邊.

夏, 四月, 乙卯, 以太子少傅武強侯莊青翟為丞相.

天子病鼎湖甚. 巫醫無所不致, 不愈. 游水髮根言上郡有巫, 病而鬼神下之. 上召置, 祠之甘泉, 及病, 使人問神君, 神君言曰, "天子無憂病. 病少愈, 強與我會甘泉." 於是病瘉, 遂起幸甘泉, 病良已, 置酒壽宮. 神君非可得見, 聞其言, 言與人音等, 時去時來, 來則風肅然, 居室帷中. 神君所言, 上使人受書其言, 命之曰"畫法." 其所語, 世俗之所知也, 無絕殊者, 而天子心獨喜. 其事秘, 世莫知也.

時上卒起, 幸甘泉, 過右內史界中, 道多不治, 上怒曰, "義縱以我為不復行此道乎!" 銜之.

한무제 원수 6년(BC 117)

1) 겨울 10월, 비가 내리고 얼음이 얼지를 않았다.

2) 황제가 민전령緡錢令을 내리고 복식卜式을 존중했으나 백성들은 끝내 재산을 나누어 조정을 도우려고 하지 않았다.[153] 양가楊可가 민전령을 위반한 사람을 많이 고발했다. 의종은 이러한 일이 민간을 혼란스럽게 한다고 여겨, 부리部吏로 하여금 양가가 부리는 사람들을 체포하게 했다. 그러나 천자는 의종이 내린 조서에 반대하고, 민전령 위반자를 고발하는 일을 막는다고 하여 의종의 목을 벤 뒤 저자에 내걸었다.

3) 흉노 토벌 때 늦게 도착한 이유로 문책 받고 자진한 이광의 아들인 낭중령 이감李敢은 대장군 위청이 그의 부친에게 한을 품게 했다는 것을 원망하여 이내 대장군을 공격해 상해를 입혔다. 대장군 위청은 이 사실을 숨기고 밝히기를 꺼렸다. 이 일이 있고 얼마 후 이감이 황제를 좇아 옹雍 땅에 올라갔다가 감천궁에 이르러 사냥을 했다. 이때 위청의 생질인 표기장군 곽거병霍去病이 이감을 사살했다. 곽거병은 당시 총애를 받고 있었으므로 황제는 이 사건이 밝혀지는 것을 꺼려 이감이 사슴뿔에 받혀 죽었다고 했다.

4) 여름 4월 29일, 태묘太廟에서 황제의 아들인 유굉劉閎을 제왕齊王, 유단劉旦을 연왕, 유서劉胥를 광릉국의 왕으로 삼았다. 이때 처음으로 왕을 책봉하는 일종의 임명장인 고책誥策을 만들었다.

---

153 '민전령'은 상인들에게 자기 재산을 스스로 평가하게 하면서 이를 거절하거나 부실하게 한 사람은 변방으로 보내 1년 동안 수자리를 서게 하고 재산을 몰수하는 매우 강력한 조치였다. 밀고자에게 몰수한 재산의 반을 상으로 내준 까닭에 밀고가 횡행했다.

5) 스스로 백금폐白金幣와 오수전을 만들게 한 다음부터 금전을 몰래 주조한 죄에 연루돼 죽은 관원과 백성이 수십만 명이나 됐다. 발각되지 않은 사람도 헤아릴 수 없었다. 천하 사람은 대체로 금전을 주조하려 했고, 범법한 사람이 많아 형리들이 다 죽일 수가 없을 정도였다.

6) 6월, 박사博士인 저대褚大와 서언徐偃 등 6명을 파견해 군국郡國을 나눠 돌게 했다. 조서를 내려 토지를 겸병한 무리와 군수를 포함해 제후국의 승상과 관원들 가운데 죄를 지은 자를 검거케 했다.

7) 가을 9월, 관군冠軍 경환후景桓侯인 곽거병이 죽었다. 그의 죽음을 애도한 천자가 무덤을 만들었다. 그 크기가 기련산祁連山과 비슷했다.

당초 곽중유霍衆孺는 이직吏職을 마치고 귀가한 뒤 부인을 얻어 아들인 곽광霍光을 얻었다.[154] 어른으로 자란 뒤 자신의 부친이 곽중유라는 것을 안 곽거병은 표기장군이 돼 흉노를 치러 가는 길에 하동河東산서성 하현을 지나다가 관원을 파견해 곽중유를 만나보게 하고, 전택田宅과 노비를 넉넉히 마련해주고 갔다. 그리고 돌아올 때 곽광을 서쪽에 있는 장안으로 데리고 와 낭관郞官의 직책을 맡겼다. 곽광은 이후 조금씩 승진해 봉거도위奉車都尉와 광록대부光祿大夫에 이르게 됐다.

8) 이 해에 대농령大農令 안이顔異가 사형을 당했다.

당초 안이는 청렴하고 강직하여 점차로 승진하면서 구경의 지위에 이르렀다. 그러던 하루는 황제가 장탕과 더불어 백록피白鹿皮로 된 화폐를 만들어가지고 안이에게 물었더니 안이가 말했다.

"오늘날 황후들은 벽옥碧玉을 가지고 조하朝賀하고 있습니다. 그 벽옥

154 곽중유는 원래 평양현의 소리小吏였다. 평양후의 집에서 근무할 때 그 비녀인 위청의 누이 위소아와 사통해 곽거병을 낳았다. 곽거병은 위청의 생질이고, 곽광은 곽거병의 이복동생이다.

의 가치가 수천 전에 지나지 않는데 이 '사슴가죽'은 그 값이 40만 전이나 됩니다. 벽옥을 가지고 조하할 때 사슴 가죽을 깔게 하는 것은 본말本末이 맞지 않습니다."

이 말을 듣고 천자가 기뻐하지 않았다.

장탕은 안이와 틈이 있었다. 어떤 사람이 다른 일을 가지고 안이를 고발하자 황제는 이 사건을 장탕에게 내려 보내 안이를 처리토록 했다. 안이가 어떤 손님과 얘기를 하는데 그 손님이 처음에 내린 조령에 불편한 것이 있다고 하자 안이는 대답하지 않고 보일 듯 말 듯하게 입술을 삐죽 내밀었다. 이 사실을 알아내고 장탕이 상주했다.

"안이는 구경의 자리에 있으면서 조령에 불편한 것을 들어와 말하지 않고 속으로 비방했으니 사형에 처해야 합니다."

이후 속으로 비방한다는 복비腹誹가 법에 저촉된다는 선례가 생겼다. 공경과 대부들이 대부분 아부만 하면서 보신의 방법을 취한 이유다.

* 世孝武皇帝元狩六年

冬, 十月, 雨水, 無冰.

上既下緡錢令而尊卜式, 百姓終莫分財佐縣官, 於是楊可告緡錢縱矣. 義縱以為此亂民, 部吏捕其為可使者. 天子以縱為廢格沮事, 棄縱市.

郎中令李敢, 怨大將軍之恨其父, 乃擊傷大將軍, 大將軍匿諱之. 居無何, 敢從上雍, 至甘泉宮獵, 票騎將軍去病射殺敢. 去病時方貴幸, 上為諱, 雲鹿觸殺之.

夏, 四月, 乙巳, 廟立皇子閎為齊王, 旦為燕王, 胥為廣陵王, 初作誥策.

自造白金·五銖錢後, 吏民之坐盜鑄金錢死者數十萬人, 其不發覺者不可勝計, 天下大抵無慮皆鑄金錢矣. 犯者衆, 吏不能盡誅.

六月, 詔遣博士褚大·徐偃等六人分循郡國, 擧兼倂之徒及守·相·為吏有罪者.

秋, 九月, 冠軍景桓侯霍去病薨. 天子甚悼之, 為塚, 像祁連山.

初, 霍仲孺吏畢歸家, 娶婦, 生子光. 去病既壯大, 乃自知父為霍仲孺. 會為票騎將軍, 擊匈奴, 道出河東, 遣吏迎仲孺而見之, 大為買田宅奴婢而去. 及還, 因將光西至長安, 任以為郎, 稍遷至奉車都尉·光祿大夫.

是歲, 大農令顔詸.

初, 異以廉直, 稍遷至九卿. 上與張湯既造白鹿皮幣, 問異, 異曰, "今王侯朝賀以蒼璧, 直數千, 而以皮薦反四十萬, 本末不相稱." 天子不說. 張湯又與異有郤, 及人有告異以它事, 下張湯治異. 異與客語初令下有不便者, 異不應, 微反脣. 湯 奏當曰, "異九卿, 見令不便, 不入言而腹誹, 論死." 自是之後, 有腹誹之法比, 而公卿大夫多諂諛取容矣.

한무제 원정 원년(BC 116)

1) 여름 5월, 천하에 사면령을 내렸다.

2) 양왕 유무의 아들인 제동왕濟東王 유팽리劉彭離는 교만하고 사나워, 저녁이 되면 그의 노복과 망명한 자 수십 명과 더불어 사람들을 겁탈하여 죽이고, 재물을 빼앗는 것을 즐겼다. 그가 죽인 것으로 발각된 사람이 100여 명이다. 그 봉국이 철폐되고 그는 상용上庸호북성 죽산현으로 쫓겨났다.

* 世孝武皇帝元鼎元年)

夏, 五月, 赦天下.

濟東王彭離驕悍, 昏暮, 與其奴·亡命少年數十人行剽殺人, 取財物以為好, 所殺發覺者百餘人, 從廢, 徙上庸.

한무제 원정 2년(BC 115)

1) 겨울 11월, 장탕이 죄를 짓고 자진했다.

당초 어사중승御史中丞인 이문李文은 장탕과 틈이 있었다. 장탕이 후대하는 소리小吏인 노알거魯謁居가 몰래 사람을 시켜 변란에 관한 사건을 올리고 이문이 간사한 일을 한다고 고해바쳤다. 이 사건을 장탕에게 내려보내 처리하게 하자 장탕은 이문을 사형에 처하도록 논죄했다. 장탕은 속으로 노알거가 이 일을 했다는 것을 알고 있었다.

황제가 물었다.

"변란을 일으키려 했다는 흔적이 어디에서 탄로가 난 것이오?"

장탕이 거짓으로 놀라는 척했다.

"이 일은 아마도 이문의 옛날 친구가 그에게 원한을 가져 알려진 듯합니다."

노알거가 병이 들자 장탕은 친히 그를 위해 발을 주물러주었다. 그러나 평소 장탕에게 원한을 가졌던 한무제의 형 조왕趙王이 황제에게 서신을 올려 보고했다.

"장탕은 대신인데 소리小吏의 발을 주물러주었다니 그가 큰 간신이 아닌지 의심이 갑니다."

황제는 이 일을 정위에게 내려 보냈다. 노알거는 병으로 죽었기에 이 사건은 그의 동생에게 이어졌다. 그의 동생은 소부少府 소속 도관導官에 구속돼 있었다. 장탕이 도관에 구속된 그를 처리하게 됐다. 장탕은 노알거의 동생을 보고는 몰래 그를 도와주려고 했으나 거짓으로 모르는 척했다.

노알거의 동생은 장탕의 이런 생각을 모르고 장탕을 원망해 사람을 시켜 서신을 올렸다. 그 서신을 통해 장탕과 노알거가 함께 모의해 이문이 변란죄를 지었다고 고발했다고 했다.

이 사건은 감선減宣에게 내려 보내 처리토록 했다. 감선은 일찍이 장탕과 틈이 있었다. 감선은 이 사건을 처리하게 되자 끝까지 조사는 하면서도 상주하지는 않았다. 그 무렵 누군가 효문제의 능에 묻은 돈을 도굴한 사건이 일어났다. 승상인 장청적은 조회에 출석해 장탕과 함께 사죄하기로 약속했다. 막상 황제 앞에 나아가자 장탕은 사죄를 하지 않았다.

황제는 어사인 장탕으로 하여금 승상 장청적의 사건을 처리토록 했다. 장탕이 그 보고서에 '승상은 알고 있었다'라고 쓰려고 하자 승상이 이를 근심했다. 승상부의 장사長史인 주매신朱買臣과 동부 장안의 시장인 왕조王朝, 제남국 승상인 변통邊通은 모두 옛날 구경이었고, 2천석의 봉록을 받았고, 벼슬도 장탕보다 먼저 시작했다.

장탕은 누차 승상의 일을 담당하기도 했는데 그때 이 3명의 장사가 평소 귀했음을 알고는 고의로 능멸하려고 승사丞史 정도로 이들을 대우했다. 이 3명의 장사들은 모두 원한을 품고 그를 죽이고자 했다. 이내 승상과 더불어 모의하여 소리小吏로 하여금 상인인 전신田信 등을 체포하게 했다. 이후 말했다.

"장탕이 어떤 일을 황제에게 주청하려고 하면, 전신이 이 내용을 먼저 알고 물건을 쌓아두었다가 돈을 모으고는 장탕과 그 이익을 나누었습니다.[155]"

이 사건에 대한 이야기가 천자의 귀에 들리자 황제가 장탕에게 물었다.

---

155 장탕이 경제정책을 세우기 전에 그 사실을 상인인 전신이 알고 매점매석했다가 폭리를 취하고 그 이익을 장탕과 나눴다는 뜻이다.

"내가 하려고 하는 일을 상인이 먼저 알고서 그 물건을 더 많이 쌓아 놓았다고 하오. 이런 일은 내가 꾀하고자 하는 것을 그들에게 알려준 사람이 있다는 게 아니겠소?"

장탕은 그래도 사죄하지 않고 거짓으로 놀라는 척하며 말했다.

"정말로 있을 법한 일입니다."

이때 감선이 노알거 등의 사건을 상주했다. 천자는 장탕이 간사한 마음을 품고서 마주 앉아서도 속이고 있다고 생각해 어사중승御史中丞 조우趙禹에게 상관인 어사대부 장탕을 엄히 문책하게 했다. 장탕이 이내 사죄하는 서신을 올렸다. 이어 말하였다.

"신을 모함하는 사람은 3명의 장사長史들입니다."

그러고는 마침내 자진했다.

장탕이 죽고 나니 그 집의 재산은 불과 500금이었다. 형제들과 여러 아들들이 장탕을 후장하려고 하자 장탕의 모친이 말했다.

"장탕은 천자의 대신이지만 더럽고 나쁜 말을 듣고 죽었는데 어찌 후장할 수 있겠는가?"

이후 소가 끄는 수레에 실어 장사지냈다. 관만 있었지 곽은 없었다. 천자가 이 소문을 듣고 3명의 장사를 모두 죽였다.

12월 25일, 승상인 장청적이 하옥되자 곧 자진했다.

2) 봄, 향백나무를 이용해 탑처럼 높이 쌓은 대인 백양대柏梁臺를 새로 지었다. 거기에 승로반承露盤을 만들었다. 높이가 20장丈이나 됐다. 크기는 7명이 둘러앉아야 할 만큼 컸다. 동으로 주조했다. 위에는 신선의 손바닥을 만들어 놓고 이것으로 이슬을 받아 옥가루와 함께 마시면 장생할 수 있다고 했다. 궁실을 짓는 것이 이로부터 날로 많아졌다.

3) 2월, 태자태부인 조주趙周가 승상이 됐다.

4) 3월 15일, 태자태부인 석경石慶이 어사대부가 됐다.

5) 큰 눈비가 내렸다.

6) 여름, 큰 홍수가 나 관동關東 땅에 굶어죽은 자가 수천 명이나 됐다.

7) 이 해에 공근孔僅이 대농령大農令, 상홍양桑弘羊이 대농중승大農中丞이 됐다. 차츰 균수법均輸法을 설치해 화물을 유통케 했다.[156]

8) 백금폐는 차츰 가치가 적어져 민간에서는 귀하게 사용하지 않았고, 끝내 이를 폐지했다. 군국에서는 모두 돈을 만들 수 없도록 금지하고, 오로지 상림원上林苑의 삼관三官만 돈을 만들게 했다.[157] 삼관에서 만든 돈이 아니면 사용할 수 없도록 천하에 명을 내렸다. 민간이 돈을 만드는 일은 더욱 적어졌다. 만드는 비용을 계산하면 돈의 가치에 상당하게 될 수 없었다. 진정한 기술이 있는 자와 크게 간사한 자들만 몰래 만든 이유다.

9) 혼야왕渾邪王이 이미 한나라에 항복한 덕에 한나라 군사가 막북漠北에서 흉노를 공격하며 추격했다. 염택鹽澤의 동쪽에 있는 빈터에는 흉노들이 없었고, 서역으로 가는 길이 개통됐다. 장건이 건의했다.

"오손왕烏孫王 곤막昆莫은 본래 흉노의 신하였는데 이후 군사가 점점 강해져 흉노에게 다시는 조근하며 섬기려고 하지 않았습니다. 흉노가 그를 공격했으나 이기지 못하고 다만 멀리 했습니다. 최근 선우가 한나라에게 어려움을 당했지만 옛날 혼야왕이 살던 땅의 곳이 비어 있고 사람도 없습니다. 그런데 만이蠻夷들이 습관적으로 옛 땅을 좋아하고, 또한 한나라의 재물을 탐하고 있으니 지금 이때를 이용해 오손烏孫에게 후한 폐물을 뇌물로 주어 초청하고 동부 땅으로 더 오게 하여 혼야왕 옛 땅에 살게

156 '균수법'은 거상들이 시장에서 폭리를 취하지 못하게 할 목적으로 여러 군이나 봉국에서 농민들의 잉여 물자를 구매했다가 이 물건이 비싸지면 내다 팔아 물가를 조절하는 법을 말한다.

157 상림원은 수형도위가 관장했다. 그 밑의 속관으로 물가조절 담당인 균수령均輸令과 화폐주조 담당인 종관령鍾官令, 광업 담당인 변동령辨銅令이 있었다. 이들을 '삼관三官'이라고 했다.

하십시오. 이후 한나라와 형제의 결맹을 맺고자 하면 형세로 보아 마땅히 이 말을 들을 것입니다. 이 말을 듣는다면 이는 흉노들의 오른쪽 어깨를 자르는 것이 됩니다. 이미 오손과 연결됐다면 그 서쪽인 대하大夏의 무리부터 모두 불러들여 외신外臣으로 삼을 수 있습니다."

천자는 그렇겠다고 생각하고 장건을 중랑장으로 삼아 300명을 거느리고 가게 했다. 한 사람이 말 두 필씩과 수만 마리의 소와 양을 비롯해 수천 거만의 황금과 화폐, 비단을 가지고 갔다. 그 위에 천자의 부절을 가진 부사副使를 여러 명 데리고 갔다. 가는 길에 편리한 대로 그들을 근처의 나라에 파견하게 했다.

장건이 오손에 도착하자 오손왕인 곤막이 장건을 만나보았다. 그는 아주 거만하게 예절을 차렸다. 장건이 황제의 뜻을 전했다.

"오손이 동쪽으로 본거지를 옮겨 옛 땅에 산다면 한나라에서는 공주를 파견해 부인이 되게 하고, 형제로 결맹해 함께 흉노에 대항해 흉노들이 그대들을 치지 못하게 할 것이오."

오손은 한나라는 먼 곳에 있다고 여겼고, 한나라가 얼마나 큰지도 몰랐다. 반면 흉노에게 오래 복속돼 있었고, 흉노와 거리가 가깝다고 생각했다. 뿐만 아니라 그 대신들이 모두 흉노를 두려워했으므로 이주하기를 바라지 않았다. 장건은 그곳에 오랫동안 머물러 있었으나 그들의 분명한 태도를 얻어낼 수 없자 부사를 나누어 대원大宛우즈베키스탄 일대[158], 강거康居바이칼 서북쪽, 대월지大月氏사마르칸트, 대하大夏박트리아, 안식安息이란, 신독身毒인도, 우전于闐신강성 화전현을 비롯해 근처에 있는 여러 나라에 파견했다.

---

158 대원大宛은 전한 때 서역의 통칭으로 사용됐다. 오늘날의 우즈베키스탄 페르가나 주州와 타지키스탄 레니나바드 주가 이 지역에 해당한다. 원래 원宛은 통상 지명으로 사용될 때도 '완'으로 읽는다. 완현宛縣이 대표적이다. 그러나 서역을 뜻하는 '대원'의 경우는 '원'으로 읽는다.

오손에서는 통역과 안내인을 내어 장건을 환송했다. 수십 명과 말 수십 필을 쫓아 내보내 답례하고 감사하게 했다. 이를 통해 한나라의 크기를 살피게 된 것이다. 이 해에 장건이 들어왔다. 도착하자 대행大行으로 임명됐다. 1년여 지난 뒤 장건이 파견했던 사신들이 대하 등과 통교를 하고 그 나라의 사람들과 함께 왔다. 서역 지방은 비로소 한나라와 통교하게 됐다.

서역에서는 무릇 36개국이 있었다.[159] 남북으로 큰 산이 있고, 중앙에 하천이 있다. 동서의 길이가 6천 리이고, 남북의 길이가 1,000여 리이고, 동쪽은 한나라의 옥문玉門과 양관陽關에 이어져 있고, 서쪽은 총령葱嶺신강성 소재으로 경계가 돼 있다. 하천은 두 개의 발원지를 갖고 있는데 하나는 총령에서 나오고, 다른 하나는 우전에서 나오다가 합류하여 염택으로 흘러들어간다. 염택은 옥문과 양관에서 300리가량 떨어져 있다. 옥문과 양관에서 서역으로 가는 길은 두 가지가 있다.

선선鄯善누란의 옆으로 남산의 북쪽에서 출발해 하천을 따라 서쪽으로 가다가 사차莎車에 이르는 남쪽 길이 있다. 이 남도南道에서 서쪽으로 총령을 넘으면 바로 대월지大月氏와 안식安息이 나온다. 차사전왕車師前王신강성 투르판의 왕정에서 북산北山을 좇아 하천의 서쪽으로 가면 소륵疏勒신

159 중국이 서역과 처음 통교할 때 36개국이 있었다. 이들은 후에 50여 개국으로 나뉘었다. 야강婼羌과 선선鄯善, 차말且末, 소완小宛, 정절精絶, 융로戎盧, 우미扜彌, 거륵渠勒, 피산皮山, 오타烏秅, 서야西夜, 포리蒲犁, 자합子合, 의내依耐, 무뢰無雷, 난두難兜, 계빈罽賓, 오익산리烏弋山離, 이건犁鞬, 조지條支, 안식安息, 대월지大月氏, 대하大夏, 강거康居, 엄채奄蔡, 대원大宛, 도괴桃槐, 휴순休循, 연독捐篤, 사차莎車, 소륵疏勒, 위두尉頭, 오손烏孫, 고묵姑墨, 온숙溫宿, 구자龜兹, 오루烏壘, 거리渠犁, 위리尉犁, 위수危須, 언기焉耆, 오탐자리烏貪訾離, 비육卑陸, 비육후국卑陸後國, 욱립사郁立師, 단환單桓, 포류蒲類, 포류후국蒲類後國, 서차미西且彌, 동차미東且彌, 겁국劫國, 산국山國, 호호狐胡, 차사전車師前, 후왕後王 등이 36국이다.

강성 소륵현에 이르는 것이 북도北道이다. 북도로 가서 서쪽으로 총령을 넘으면 대원大宛과 강거康居 및 엄채奄蔡카스피아해가 나온다.

옛날에는 모두 흉노에게 복속돼 있었고 흉노의 서쪽에는 일축왕日逐王이 있어 동복도위僮僕都尉를 두고 서역을 부리고, 늘 언기焉耆신강성 언기현와 위수危須언기현 부근, 위려尉黎신강성 위려현의 사이에 살면서 여러 나라에서 부세를 거두어 재부를 공급받았다.

오손왕이 동쪽으로 돌아가지 않기로 하자 한나라는 혼야왕의 옛 땅에 주천군酒泉郡감숙성 주천현을 설치하고 차츰 백성을 이주시키는 사민徙民 계책을 통해 그곳을 채우게 했다. 그 뒤에 나누어 무위군武威郡감숙성 무위현을 설치하고 흉노와 강족이 통하는 길을 끊었다.

대원에서 한혈마汗血馬를 얻은 천자는 이를 아끼면서 이름을 '천마天馬'라고 했다. 그리고 길에서 서로 만날 정도로 사자들을 수차례 보내 그런 말을 찾기를 바랐다. 여러 외국에 보내는 사절의 무리는 크게는 수백 명, 작게는 100여 명이었다. 이 사람들이 가지고 가는 재물의 규모는 박망후博望侯 장건의 시대를 모방했다. 이후 차츰 서역의 사정을 익히 알게 되자 그 규모는 점차 감소됐다. 한나라에서는 1년 중에 사신을 보내는 것이 많은 경우에는 10여 차례, 적은 경우에도 5-6차례였다. 먼 곳까지 다녀오는 데는 8-9년, 가까운 곳도 몇 년은 걸렸다.

*世孝武皇帝元鼎二年

冬, 十一月, 張湯有罪自殺.

初, 御史中丞李文, 與湯有郤. 湯所厚吏魯謁居陰使人上變告文奸事, 事下湯治, 論殺之. 湯心知謁居為之, 上問曰, "變事蹤跡安起?" 湯佯驚曰, "此殆文故人怨之." 謁居病, 湯親為之摩足. 趙王素怨湯, 上書告曰, "湯大臣, 乃與吏摩足, 疑與為大奸." 事下廷尉. 謁居病死, 事連其弟. 弟系導官, 湯亦治他囚導官, 見謁居弟, 欲陰為之, 而佯不省. 謁居弟弗知, 怨湯, 使人上書, 告湯與謁居謀共變告李文. 事下減宣, 宣嘗與湯有郤, 及得此事, 窮竟其事, 未奏也. 會人有盜發孝文園瘞錢, 丞相青翟朝, 與湯約俱謝, 至前, 湯獨不謝. 上使御史案丞相, 湯欲致其文"丞相見知", 丞相患之. 丞相長史朱買臣·王朝·邊通, 皆故九卿·二千石, 仕宦絕在湯前. 湯數行丞相事, 知三長史素貴, 故陵折, 丞史遇之, 三長史皆怨恨, 欲死之. 乃與丞相謀, 使吏捕案賈人田信等, 曰, "湯且欲奏請, 信輒先知之, 居物致富, 與湯分之." 事辭頗聞, 上問湯曰, "吾所為, 賈人輒先知之, 益居其物, 是類有以吾謀告之者." 湯不謝, 又佯驚曰, "固宜有." 減宣亦奏謁居等事. 天子以湯懷詐面欺, 使趙禹切責湯, 湯乃為書謝, 因曰, "陷臣者, 三長史也." 遂自殺. 湯既死, 家產直不過五百金. 昆弟諸子欲厚葬湯, 湯母曰, "湯為天子大臣, 被污惡言而死, 何厚葬乎!" 載以牛車, 有棺無槨. 天子聞之, 乃盡按誅三長史. 十二月, 壬辰, 丞相青翟下獄, 自殺.

春, 起柏梁台. 作承露盤, 高二十丈, 大七圍, 以銅為之. 上有仙人掌, 以承露, 和玉屑飲之, 雲可以長生. 宮室之修, 自此日盛.

二月, 以太子太傅趙周為丞相.

三月, 辛亥, 以太子太傅石慶為御史大夫.

大雨雪.

夏, 大水, 關東餓死者以千數.

是歲, 孔僅為大農令, 而桑弘羊為大農中丞, 稍置均輸, 以通貨物.

白金稍賤, 民不寶用, 竟廢之. 於是悉禁郡·國無鑄錢, 專令上林三官鑄錢, 令天下非三官錢不得行. 而民之鑄錢益少, 計其費不能相當. 惟真工·大奸乃盜為之. 渾邪王既降漢, 漢兵擊逐匈奴於漠北, 自鹽澤以東空無匈奴, 西域道可通. 於是張騫建言曰, "烏孫王昆莫本為匈奴臣, 後兵稍強, 不肯復朝事匈奴, 匈奴攻不勝而遠之. 今單于新困於漢, 而故渾邪地空無人, 蠻夷俗戀故地, 又貪漢財物, 今誠以此時厚幣賂烏孫, 招以益東, 居故渾邪之地, 與漢結昆弟, 其勢宜聽, 聽則是斷匈奴右臂也. 既連烏孫, 自其西大夏之屬皆可招來而為外臣." 天子以為然, 拜騫為中郎將, 將三百人, 馬各二匹, 牛羊以萬數, 齎金幣帛直數千巨萬. 多持節副使, 道可便, 遣之他旁國.

騫既至烏孫, 昆莫見騫, 禮節甚倨. 騫諭指曰, "烏孫能東居故地, 則漢遣公主為夫人, 結為兄弟, 共距匈奴, 匈奴不足破也." 烏孫自以遠漢, 未知其大小. 素服屬匈奴日久, 且又近之, 其大臣皆畏匈奴, 不欲移徙. 騫留久之, 不能得其要領, 因分遣副使使大宛·康居·大月氏·大夏·安息·身毒·於闐及諸旁國, 烏孫發譯道送騫還, 使數十人, 馬數十匹, 隨騫報謝, 因令窺漢大小. 是歲, 騫還, 到, 拜為大行. 後歲餘, 騫所遣使通大夏之屬者, 皆頗與其人俱來, 於是西域始通於漢矣.

西域凡三十六國, 南北有大山, 中央有河, 東西六千餘里, 南北千餘里, 東則接漢玉門·陽關, 西則限以蔥嶺. 河有兩源, 一出蔥嶺, 一出於闐, 合流東注鹽澤. 鹽澤去玉門·陽關三百餘里. 自玉門·陽關出西域有兩道從鄯善傍南山北, 循河西行至莎車, 為南道. 南道西逾蔥嶺, 則出大月氏·安息. 自車師前王廷隨北山循河西行至疏勒, 為北道. 北道西逾蔥嶺, 則出大宛·康居·奄蔡焉. 故皆役屬匈奴, 匈奴西邊日逐王, 置僮僕都尉, 使領西域, 常居焉耆·危須·尉黎間, 賦稅諸國, 取富給焉.

烏孫王既不肯東還, 漢乃於渾邪王故地置酒泉郡, 稍發徙民以充實之. 後又分置武威郡, 以絕匈奴與羌通之道.

天子得宛汗血馬, 愛之, 名曰"天馬." 使者相望於道以求之. 諸使外國, 一輩大者數百, 少者百餘人, 人所齎操大放博望侯時, 其後益習而衰少焉. 漢率一歲中使多者十餘, 少者五六輩. 遠者八九歲, 近者數歲而反.

한무제 원정 3년(BC 114)

1) 겨울, 함곡관을 신안新安하남성 신안현으로 옮겼다.[160]

2) 봄 정월 28일, 한경제의 능인 양릉원陽陵園에 화재가 났다.

3) 여름 4월, 우박이 떨어졌다.

4) 함곡관의 동쪽에 있는 여러 군과 봉국의 10여 곳에서 기근이 들어 사람들이 서로 잡아먹었다.

5) 한무제의 형인 상산국常山國하북성 원씨현의 헌왕憲王 유순劉舜이 죽고 그 아들인 유발劉勃이 뒤를 이었다. 그러나 유발은 헌왕이 병들었을 때 시중들지 않고, 상중에도 무례한 일을 저질러서 폐위돼 방릉房陵호북성 방현으로 쫓겨났다.[161]

이후 1달여 만에 천자는 다시 헌왕의 아들인 유평劉平을 책봉해 진정왕眞定王으로 삼고, 상산국을 군으로 만들었다. 이리 되자 오악五嶽[162]동쪽, 서쪽, 남쪽, 북쪽, 중앙이 모두 천자의 영역에 속하게 됐다.

6) 대왕代王인 유의劉義를 옮겨 청하왕淸河王산동성 청평현으로 삼았다.

---

160 원래 함곡관으로 불리던 곳은 홍농弘農하남성 영보현 땅이다. 이곳과 새로운 관문이 설치된 신안과의 거리는 100 km 가량 된다. 신안의 새로운 관문 설치로 전국시대부터 천하의 관문으로 알려졌던 홍농의 함곡관은 중요성을 상실하고 말았다.

161 진정왕眞定王은 진정과 고성, 비루, 면만 등 4개 군을 관할했다.

162 오악五嶽은 동쪽 태산泰山, 서쪽 화산華山, 남쪽 형산衡山, 북쪽 항산恒上, 중앙 숭산崇山을 말한다.

7) 이 해에 흉노의 제5대 이치사伊穉斜 선우單于가 죽고 그의 아들 오유烏維 선우가 뒤를 이었다.

＊ 世孝武皇帝元鼎三年

冬, 徙函谷關於新安.

春, 正月, 戊子, 陽陵園火.

夏, 四月, 雨雹.

關東郡·國四十餘饑, 人相食.

常山憲王舜薨, 子勃嗣, 坐憲王病不侍疾, 及居喪無禮廢, 徙房陵. 後月餘, 天子更封憲王子平為真定王, 以常山為郡, 於是五岳皆在天子之邦矣. 徙代王義為清河王.

是歲, 匈奴伊稚斜單于死, 子烏維單于立.

한무제 원정 4년(BC 113)

1) 겨울 11월, 황제가 옹雍 땅에 행차해 오치에 제사를 올렸다. 이어 조서를 내렸다.

"지금 상제上帝에게는 짐이 친히 교외에서 제사를 올렸으나 후토后土에게는 제사를 올리지 않았으니 이는 예에 맞지 않는다. 유사로 하여금 의논해 처리케 하라."

후토사后土祠를 연못 가운데에 있는 둥근 언덕에 세우도록 했다.

황제가 하양夏陽섬서성 한성현에서부터 동쪽으로 가서 분음汾陰산서성 영하현까지 행차했다. 이때부터 천자가 군과 봉국을 순수하기 시작했다. 하동河東 군수는 뜻하지 않게 황제의 행차가 이르자 제대로 일을 처리하지 못해 자진했다.[12]

11월 8일, 후토사를 분음의 언덕 위에 세우고, 황제가 친히 바라보면서 절을 했다. 상제에게 드리는 예와 같이 했다. 예를 마친 뒤 형양滎陽하남성 형양현에 순행했다가 돌아오는 길에 낙양에 이르러 주周왕조의 후예인 희가姬嘉를 옛 주나라의 자작인 주자周子 남군南君으로 삼았다.

2) 봄 2월, 경제의 아들인 중산정왕中山靖王 유승劉勝이 죽었다.

3) 악성후樂成侯인 정의丁義가 방사인 난대欒大를 추천하면서 그가 문성장군文成將軍과 같은 스승 아래에서 공부했다고 했다. 문성장군을 죽였던 것을 후회하고 있던 황제는 난대를 만나자 크게 기뻐했다.

난대는 먼저 무제의 동생인 교동국의 강왕康王 유기劉寄를 섬겼다. 다른 사람을 위해 아름다운 말을 잘 했다. 방략方略을 많이 알았고, 감히 큰 소리도 하고, 자신의 행위에 대해 의심하지도 않았다.

난대가 말했다.

"신이 바다 가운데를 왕래하면서 안기安期와 선문羨門의 무리들을 보았습니다. 그들이 신의 지위가 낮다고 하여 신을 믿지 않습니다. 또한 강왕은 제후일 뿐이기 때문에 비방을 내려줄 정도는 못 된다고 했습니다. 신의 스승은 '비방대로 하면 황금을 만들 수 있고, 황하가 갈라진 것을 막을 수 있고, 불사약도 얻을 수 있고, 신선도 불러 올 수 있다'고 했습니다. 그러나 신은 문성장군처럼 될까 두려워하고 있습니다. 방사들이 모두 입을 꼭 다물고 있는데 어찌 감히 비방을 말하겠습니까?"

황제가 말했다.

"문성장군은 말의 간을 먹어서 죽었다.[164] 그대가 실로 그 비방대로 물건을 만들어낼 수 있다면 내가 무엇을 아끼겠는가?"

---

163 황제의 행차 시 자신을 보호하고 권위를 세우기 위해 수천 명에서 수만 명에 달하는 많은 인마를 대동했다. 필요한 경비는 해당 군이나 봉국에서 충당했다.

164 전설에 따르면 간은 물에 사는 돼지의 간과 같아 맛은 좋으나 기가 갑자기 성해져 독이 만들어지는 까닭에 이를 먹으면 죽는 것으로 생각했다.

난대가 말했다.

"신의 스승은 사람을 찾는 일이 없지만 사람들이 그를 찾습니다. 폐하가 반드시 그를 불러오시려면 그의 사자를 귀하게 대하시어 친속이 되게 하시고 손님으로 그를 예우하십시오. 그리 되면 신인神人과 말을 통할 수 있을 것입니다."

황제는 작은 비방을 실험해 보게 했다. 난대가 깃발 싸움인 투기鬪旗를 하도록 하자 그 기들이 스스로 서로 부딪쳐서 공격했다. 이때 황제는 황하가 터졌으나 황금이 만들어지지 않는 것을 걱정하고 있었다.[165] 이내 난대를 오리장군五利將軍으로 삼았다. 또 천사장군天士將軍, 지사장군地士將軍, 대통장군大通將軍으로 삼았다.

여름 4월 22일, 난대를 악통후樂通侯로 삼았다. 식읍으로 2천 호를 내리고 좋은 저택을 내려주었다. 동복僮僕 1,000명을 내주었다. 뿐만 아니라 승여와 황제가 안 쓰는 거마車馬, 휘장揮帳, 기물器物로 그 집을 가득 채우고, 위장공주衛長公主를 처로 삼게 했다. 황금 10만 근을 보냈다.

천자가 친히 오리장군의 집에 가보니 사자들이 문안을 하고 필요한 물건을 공급하려고 오가는 사람들이 길에서 서로 부딪힐 정도로 많았다. 무제의 고모인 두태주에서부터 장군과 승상 이하까지 모두 그 집에서 연회를 열고, 그에게 바치는 선물을 남겼다. 천자가 옥에 '천도장군天道將軍'의 인장을 새겼다. 사자로 하여금 우의羽衣를 입게 하고, 밤에는 흰 풀인 백모白茅 위에 서 있게 했다. 오리장군도 우의를 입고 백모 위에 서서 인장을 받아 황제의 신하가 아님을 표시했다.

난대가 황제를 알현한 지 불과 몇 달 만에 6개의 인장을 패용하게 되

165 황하는 무제 원광 3년인 기원전 132년에 범람했다. 당시까지 근 20년 가까이 끊임없이 범람했다. 이를 막기 위해 황금이 만들어지기를 기다린 것이다.

자 존귀함이 천하를 진동시켰다. 연해沿海인 연나라와 제나라 땅 사이에 사는 사람들은 이런 사실에 고무돼 모두 자기 나름의 비법인 금방禁方이 있어 스스로 신선이 될 수 있다고 말했다.

4) 6월, 분음汾陰산서성 영하현에 사는 무당 금錦이 위수魏脽위나라의 분수汾水의 후토영后土營[166] 근방에서 큰 솥을 얻었다. 하동태수가 이 소식을 황제에게 보고했다. 천자가 이를 시험해보고 묻게 했다. 무당이 그 솥을 얻은 것에는 간사함이 없었다. 이내 예의禮儀와 제사용으로 쓰려고 솥을 영접해 감천사甘泉祠로 옮겼다. 이를 좇아 황제가 행차해 종묘와 상제에게 이를 바치고, 감천궁에 두었다. 군신들이 모두 황제에게 축하를 올렸다.

5) 가을 상산국 헌왕憲王의 아들인 유상劉商을 사수왕泗洙王으로 삼았다.

6) 당초 조후條侯인 주아부가 승상이 됐을 때 조우趙禹는 승상부 비서장인 승상사丞相史였다. 그때 승상부에서는 모두 그를 청렴하고 공평하다고 했으나 주아부는 그를 임용하지 않았다.

"조우가 해를 입히지 않을 사람인 것은 아주 잘 알겠으나 법조문을 각박하게 적용했기 때문에 대권을 가진 부서에는 있게 할 수가 없다."

이후 조우는 황실 비품 공급부서인 소부少府로 갔다. 당시 구경들이 처리하는 태도에 비해 혹독하고 급했다. 이후 만년에 이르렀을 때 소리小吏들도 일을 힘써 엄격하고 준엄하게 처리했으므로 조우는 오히려 관대하고 공평하다고 이름이 났다.

중위인 윤제尹齊는 평소 사람을 목 베어 죽이는 것으로 유명했다. 그가 중위가 될 무렵 하급관원과 백성들의 풍습은 더욱 나빠져 있었다. 이 해에 윤제는 책임을 다하지 못한다는 죄에 걸려들었다 황제는 다시 왕온

166 후토영后土營은 후토사后土祠의 사방 강계疆界인 조역兆域을 말한다.

서王溫舒를 중위로 삼고 조우를 정위로 삼았다. 4년 뒤 조우는 늙어 연나라 승상으로 좌천됐다.

당시 하급관원들은 업무를 처리할 때 모두 참혹하고 각박하게 하는 것을 숭상했지만 좌내사인 예관兒寬만은 농업을 권장하고 형벌을 느슨하게 하며 옥송獄訟을 이치대로 처리하고 인심을 얻는 데 힘썼다. 또한 어질고 후덕한 인사를 골라서 채용했고, 아랫사람들에게 인정을 베풀며 명성을 구하지 않자 하급관원과 백성들이 그를 크게 믿고 따랐다. 조세를 거둘 때에도 재량대로 완급을 조절했고, 민간인들에게 빌려주기도 했다. 조세가 많이 들어오지 않았다. 뒤에 가서 전쟁이 발생하자 좌내사는 조세를 제대로 거두지 못했으므로 고과 성적이 제일 밑바닥이었고, 마땅히 면직되어야 했다.

당연히 그가 면직될 것이라는 소식을 들은 백성들이 모두 그를 잃어버릴까 걱정하여 부잣집에서는 소와 수레로, 가난한 집에서는 등짐으로 조세를 날라 왔다. 그 모습이 새끼줄이 이어지는 것처럼 끊이지 않아 고과 성적이 제일 높아졌다. 황제는 이로 말미암아 예관을 기이하게 생각했다.

7) 당초 남월의 문왕文王 조호趙胡가 그의 아들인 조영제趙嬰濟를 숙위宿衛로 파견한 적이 있었다. 조영제가 장안에서 한단邯鄲 규씨樛氏의 딸을 취해 아들 조흥趙興을 낳았다. 문왕이 죽자 조영제가 즉위해 그 증조부인 무제武帝 조타趙佗의 인새를 감추고 서신을 올려 규씨의 딸을 왕후로 삼고 조흥을 후계자로 삼겠다고 청했다.

한나라에서 수차례 사자를 보내 조영제에게 입조할 것을 명했다. 그러나 조영제는 사람을 죽이는 등 제 임의로 행동하면서 들어와 알현하면 한나라 법으로 내국에 있는 제후들처럼 대우할까 두려워 칭병하고 입조해 알현하지 않았다.

조영제가 죽자 시호를 명왕明王이라고 했다. 그의 태자인 조흥이 즉위했고 그 모친이 태후가 됐다. 그러나 태후는 조영제와 혼인하기 전에 한문제의 능인 파릉霸陵 일대 출신인 안국소계安國少季와 통정한 바 있다. 이해에 황제가 안국소계를 보내 왕과 왕태후를 깨우쳐 입조하고 내국의 제후로 동등하게 하면서 변사인 간대부諫大夫 종군終軍 등으로 그 말을 선전하게 했다. 이어 용사인 위신魏臣 등이 그 결정을 보좌하게 했다. 위위인 노박덕路博德은 병사를 이끌고 계양에 주둔하다가 사자使者를 기다리게 했다.

남월왕은 나이가 어리고 태후는 중국인이다. 안국소계가 가서 다시 사사로이 통정하자 그 나라 사람들이 다 알게 돼 대부분 태후에게 귀부하지 않았다. 난이 일어날까 두려워진 태후는 한나라의 위엄에 의지하고자 하여 누차 왕과 군신들에게 한나라에 귀속토록 권했다. 그리고 바로 한나라의 사자를 통해 내국의 제후로 비정比定해줄 것과 3년에 한 번 입조할 것, 변방에 있는 관문關門을 제거해 줄 것을 청했다.

천자는 이를 허락하고 그 나라의 승상인 여가呂嘉에게 은으로 만든 인새와 내사, 중위, 태부의 인새를 하사했다. 나머지는 그들 스스로 만들도록 했다. 그 나라에 옛날부터 있었던 얼굴에 묵을 뜨는 경형黥刑과 코를 베는 의형劓刑을 없애고, 한나라의 법을 쓰게 하면서 내국의 제후와 동등하게 대우했다. 그곳에 파견했던 사자들은 모두 남아 있으면서 그들을 진압하며 위무하게 했다.

8) 황제가 옹 땅에 행차하고, 또한 교외에서 제사를 지냈다. 어떤 사람이 말했다.

"오제五帝는 태일泰一 신을 보좌하고 있으니, 마땅히 태일을 세워 황제가 친히 교외에서 제사지내야 합니다."

그러나 황제는 그 말에 의혹을 품고 결정을 내리지 못했다. 제나라 사람인 공손경公孫卿이 말했다.

"금년에 보배로운 솥을 얻었고, 올 겨울 초하루 신사일辛巳日의 아침은 동지로, 이 시각은 옛날 황제黃帝가 즉위한 시각과 같습니다."

공손경은 목간에 쓴 글인 찰서札書를 가지고 있었다. 거기에 이같이 씌어 있었다.

"황제黃帝가 보배로운 솥을 얻었다. 그해 겨울 11월 1일인 기유일己酉日은 동지였다. 무릇 380년 만에 황제는 신선이 돼 하늘로 올라갔다."

그는 이것을 무제가 총애하는 사람을 통해 상주했다. 황제가 대단히 기뻐하며 그를 불러 물었다. 공손경이 대답했다.

"이 글은 신공申公에게서 받았습니다. 신공이 말하기를, '한나라가 흥성한 때는 황제가 일어났던 시기와 딱 맞아떨어지는데 한나라의 성자聖者는 고조의 손자이거나 또는 증손이다. 또한 보배로운 솥이 나오면 신과 통하게 될 것이고, 황제가 만령萬靈을 명정明庭에서 만나게 된다. 명정은 감천甘泉섬서성 순화현이다. 황제는 수산首山산서성 포판현에서 구리를 캐 형산荊山섬서성 부평현 아래에서 솥을 만들고, 솥이 완성되자 용이 수염을 늘어뜨리고 내려와 황제를 영접했다. 그리고 황제는 군신들과 후궁 70여 명과 함께 용을 타고 하늘에 올라갔다'고 했습니다."

천자가 말했다.

"아, 정말로 황제와 같이 될 수 있다면 나는 처자를 짚신 벗어버리듯 할 것이다."

그런 뒤 공손경을 낭郞으로 임명하고 그에게 동쪽으로 가서 태실太室하남성 숭산현에서 신령을 기다리도록 했다.[167]

---

167 오악의 중악中岳에 해당하는 숭산에는 3개의 봉우리가 있다. 동쪽이 태실봉太室峰, 서쪽이 소실봉少室峰, 중간이 준극봉峻極峰이다.

＊ 世孝武皇帝元鼎四年

冬, 十月, 上行幸雍, 祠五時. 詔曰, "今上帝, 朕親郊, 而後土無祀, 則禮不答也, 其令有司議." 立後土祠於澤中圜丘. 上遂自夏陽東幸汾陰. 是時, 天子始巡郡·國. 河東守不意行至, 不辦, 自殺. 十一月, 甲子, 立後土祠於汾陰脽上, 上親望拜, 如上帝禮, 禮畢, 行幸滎陽, 還, 至洛陽, 封周後姬嘉為周子南君.

春, 二月, 中山靖王勝薨.

樂成侯丁義薦方士欒大, 雲與文成將軍同師. 上方悔誅文成, 得欒大, 大說. 大先事膠東康王, 為人長美言, 多方略, 而敢為大言, 處之不疑. 大言曰, "臣常往來海中, 見安期·羨門之屬, 顧以臣為賤, 不信臣. 又以為康王諸侯耳, 不足與方. 臣之師曰, '黃金可成而河決可塞, 不死之藥可得, 仙人可致也' 然臣恐效文成, 則方士皆掩口, 惡敢言方哉!" 上曰, "文成食馬肝死耳. 子誠能修其方, 我何愛乎!" 大曰, "臣師非有求人, 人者求之. 陛下必欲致之, 則貴其使者, 令為親屬, 以客禮待之, 乃可使通言於神人." 於是上使驗小方, 斗旗, 旗自相觸擊. 是時, 上方憂河決而黃金不就, 乃拜大為五利將軍, 又拜為天士將軍, 地士將軍, 大通將軍. 夏, 四月, 乙巳, 封大為樂通侯, 食邑二千戶, 賜甲第, 僮千人, 乘輿斥車馬·帷帳·器物以充其家, 又以衛長公主妻之, 齎金十萬斤, 天子親如五利之第, 使者存問共給, 相屬於道. 自太主·將·相以下, 皆置酒其家, 獻遺之. 天子又刻玉印曰"天道將軍", 使使衣羽衣, 夜立白茅上. 五利將軍亦衣羽衣, 立白茅上, 受印, 以示不臣. 大見數月, 佩六印, 貴震天下. 於是海上燕·齊之間, 莫不扼腕自言有禁方·能神仙矣.

六月, 汾陰巫錦得大鼎於魏脽後土營旁, 河東太守以聞. 天子使驗問, 巫得鼎無奸詐, 乃以禮祠, 迎鼎至甘泉, 從上行, 薦之宗廟及上帝, 藏於甘泉宮, 群臣皆上壽賀.

秋, 立常山憲王子商為泗水王.

初, 條侯周亞夫為丞相, 趙禹為丞相史, 府中皆稱其廉平, 然亞夫弗任, 曰, "極知禹無害, 然文深, 不可以居大府." 及禹為少府, 比九卿為酷急. 至晚節, 吏務為嚴峻, 而禹更名寬平.

中尉尹齊素以敢斬伐著名, 及為中尉, 吏民益雕敝. 是歲, 齊坐不勝任抵罪. 上乃復以王溫舒為中尉, 趙禹為廷尉. 後四年, 禹以老, 貶為燕相.

是時吏治以慘刻相尚, 獨左內史兒寬, 勸農業, 緩刑罰, 理獄訟, 務在得人心. 擇用仁厚士, 推情與下, 不求名聲, 吏民大信愛之. 收租稅時, 裁闊狹, 與民相假貸, 以故租多不入. 後有軍發, 左內史以負租課殿, 當免. 民聞當免, 皆恐失之, 大家牛車·小家擔負輸租, 繈屬不絕, 課更以最. 上由此愈奇寬.

初, 南越文王遣其子嬰齊入宿衛, 在長安取邯鄲樛氏女, 生子興. 文王薨, 嬰齊立, 乃藏其先武帝璽, 上書請立樛氏女為後, 興為嗣. 漢數使使者風諭嬰齊入朝. 嬰齊尚樂擅殺生自恣, 懼入見要, 用漢法比內諸侯, 固稱病, 遂不入見. 嬰齊薨, 謚曰明王. 太子興代立, 其母為太后.

太后自未為嬰齊姬時, 嘗與霸陵人安國少季通. 是歲, 上使安國少季往諭王·王太後以入朝, 比內諸侯, 令辯士諫大夫終軍等宣其辭, 勇士魏臣等輔其決, 衛尉路博德將兵屯桂陽待使者. 南越王年少, 太后中國人. 安國少季往, 復與私通, 國人頗知之, 多不附太后. 太后恐亂起, 亦欲倚漢威, 數勸王及群臣求內屬. 即因使者上書, 請比內諸侯, 三歲一朝, 除邊關. 於是天子許之, 賜其丞相呂嘉銀印及內史·中尉·太傅印, 餘得自置. 除其故黥·劓刑, 用漢法, 比內諸侯. 使者皆留, 塡撫之.

上行幸雍, 且郊, 或曰, "五帝, 泰一之佐也. 宜立泰一, 而上親郊." 上疑未定. 齊人公孫卿曰, "今年得寶鼎, 其冬辛巳朔旦冬至, 與黃帝時等." 卿有札書曰, "黃帝得寶鼎, 是歲己酉朔旦冬至, 凡三百八十年, 黃帝仙登於天." 因嬖人奏之. 上大悅, 召問, 卿對曰, "受此書申公, 申公曰, '漢興復當黃帝之時, 漢之聖者在高祖之孫且曾孫也. 寶鼎出而與神通, 黃帝接萬靈明庭, 明庭者甘泉也. 黃帝采首山銅, 鑄鼎於荊山下, 鼎旣成, 有龍垂胡髯下迎黃帝, 黃帝上騎龍, 與群臣後宮七十餘人俱登天' 於是天子曰, "嗟乎! 誠得如黃帝, 吾視去妻子如脫屣耳!" 拜卿爲郎, 使東候神於太室.

한무제 원정 5년(BC 112)

1) 겨울 10월, 황제가 옹雍섬서성 봉상현 땅에 가서 오치에 제사를 올리고 마침내 농산隴山섬서성 농현을 넘어 서쪽으로 가 공동산崆峒山감숙성 평량현에 올랐다. 농서 태수는 황제가 그곳에 갑자기 당도했기 때문에 천자를 좇는 관인들을 다 먹일 수가 없게 되자 두려워 자진하고 말았다. 황제는 다시 북쪽으로 가서 소관蕭關감숙성 고원현으로 나아가 따르는 기병들 수만 명을 데리고 신진중新秦中오르도스에서 사냥을 하고, 변경에서 군사적 시위를 하고 돌아왔다.

신진중을 둘러보니 1,000리나 떨어진 거리에도 정亭이나 순라를 두지 않고 있었다. 북지北地 태수 이하 관원들을 모두 죽였다. 황제는 또 감천궁에 행차해 태일사의 단壇을 세우고 그곳에 필요한 도구를 마련했다. 옹 땅에 만들어 놓은 여러 치 가운데 하나와 같게 하거나 오히려 그것보다 많게 했다. 오제단五帝壇은 태일사 아래에서 사방으로 둘러싸게 했고, 여러 신神을 수종隨從들며 북두北斗에게 술을 따르고 밥을 올려 제사지내는 철식餟食을 하게 한다고 말했다.

11월 1일, 동지였다. 해가 아직 뜨지 않은 새벽에 천자가 비로소 교외에서 태일신에게 절한 뒤 아침에 해를 보고, 저녁에 저녁달을 보고 읍했다. 그 사당의 단에 불을 가득 벌여 놓고 단 주변에는 제사 음식을 조리하는 취사도구를 두었다. 유사가 말했다.

"사당 위에 빛이 있다."

또 말했다.

"낮에는 노란 기운이 올라가 하늘에 이르렀다."

태사령인 사마담과 사관祠官인 관서寬舒가 천자에게 3년에 한 번씩 교외에서 제사를 지내라고 하자 천자는 조서를 내려서 이를 좇게 했다.

2) 남월왕과 왕태후가 행장을 갖추고 많은 예물을 준비해 입조할 준비를 했다. 남월의 재상인 여가呂嘉는 나이가 많은데다가 3군주의 재상노릇을 했다. 그의 종족으로 벼슬하는 사람 가운데 장리長吏가 70여 명이나 됐다. 또한 남자는 모두 왕의 딸을 아내로 삼았다. 여자들은 모두 왕의 자제나 종실에게 시집을 갔다. 창오蒼梧광서성 창오현의 진왕秦王 조광趙光도 깊은 연관을 가졌다. 그 나라에 사는 사람들이 그를 몹시 존중해 왕보다 더 많은 사람들의 마음을 사로잡고 있었다.

왕이 한나라에 서신을 올릴 때 여가가 수차례 간하여 왕을 막았지만 왕이 듣지 않았다. 반란을 일으킬 마음을 갖고 누차 칭병하여 한나라 사자를 만나지 않았다. 사자들은 모두 여가를 주의하여 보았으나 형세로 보아 아직 그를 죽일 수는 없었다. 왕과 왕태후는 또한 여가 등이 먼저 일을 일으킬까 두려워 한나라 사자들을 개입시켜 여가 등을 죽이려고 모의했다. 그러다가 이내 연회를 열어 사자를 청하고 대신들도 모두 배석시켜 함께 술을 마셨다.

여가의 동생은 장군이어서 병졸을 이끌고 궁궐 밖에 있었다. 술잔을 돌리고 있는데 태후가 여후에게 물었다.

"우리 남월이 한나라에 내속內屬하는 것이 우리나라에 이익입니다. 그런데 상군相君이 달갑지 않게 여기며 불편해 하는 것은 무슨 이유입니까?"

태후는 이 말로써 한나라 사자를 격노케 하려고 했던 것이다. 그러나 한나라 사자들은 여우처럼 의심하며 서로 관망하기만 할 뿐 감히 어떤 행동을 하지는 않았다. 좌석을 둘러본 여가는 분위기가 보통과 다른 것을 눈치 채고 즉시 일어나 나가버렸다.

화가 난 태후가 창으로 여가를 찌르려고 했으나 왕이 태후를 말렸다. 밖으로 나간 여가는 동생의 병졸의 호위를 받으며 집으로 돌아가 병이 들었다고 하고 이후 왕과 한나라 사자를 보려고 하지 않았다. 이어 몰래 대신들과 난을 일으키기로 모의했다. 왕은 평소 여가를 죽일 의사가 없었고, 여가도 그 사실을 알고 있었기 때문에 몇 달 동안 발동하지 않았다.

천자는 여가가 명을 듣지 않고 왕과 왕태후는 외롭고 약하여 통제를 못하고 한나라 사자들은 겁을 먹은 채 결단을 못 내리고 있다는 소식을 들었다. 왕과 태후는 이미 한나라에 귀부했고, 다만 여가가 난을 일으키려 하지만 군사까지 일으킬 정도는 아니라고 여겨 장참莊參으로 하여금 2천 명을 이끌고 사신으로 가도록 했다.

장참이 말했다.

"좋은 사이에서 가려고 한다면 그 정도 사람으로도 충분합니다. 그러나 무력을 가지고 가려 한다면 2천 명으로는 부족합니다."

장창이 불가하다고 말하자 천자는 그를 파면시켜 버렸다.

겹郟하남성 겹현의 장사이자 옛날 제북濟北의 재상이었던 한천추韓千秋가 분격했다.

"그 조그만 월나라에서 왕과 왕태후가 내응하고 있는데 다만 승상인 여가가 방해가 된다고 하니 용사 300명만 있으면 반드시 여가의 목을 베어 가지고 보고 드리겠습니다."

천자는 한천추와 왕태후의 동생인 규락樛樂을 파견했다. 2천 명을 이끌고 가게 했다.

이들이 월나라의 국경에 들어서자 여가 등이 이내 반란을 일으키고 전국에 명을 내렸다.

"왕은 나이가 어리고 태후는 중국인이다. 또한 한나라의 사자와 난잡한 짓을 하면서 오직 한나라에 내속되기만을 바라고, 먼저 돌아가신 왕의 보배 그릇을 모두 천자에게 헌납하며 아첨하고 있다. 이들은 수종하는 사람들을 많이 데리고 갈 것인데 장안에 이르기만 하면 포로로 팔아 동복僮僕으로 삼을 것이다. 이들은 일시적인 이익만 취하려고 하면서 조씨趙氏의 사직을 고려하거나 만세를 위해 염려하고 계획한 뜻을 갖고 있지 않다."

이내 그의 동생과 더불어 병졸을 이끌고 왕과 왕태후, 한나라 사자를 죽였다. 이후 사람을 파견해 창오蒼梧 진왕秦王을 비롯한 여러 군현에 알리고, 남월 문왕의 아들인 명왕明王 조영제의 장남과 월越 출신 처의 아들인 술양후術陽侯 조건덕趙建德을 왕으로 삼았다.

한천추의 군사가 월나라에 들어가 몇 개의 작은 읍을 깨뜨렸다. 이후 월나라 군사들은 군량을 원활하게 조달할 수 있게 곧은길을 열어놓은 뒤 한나라 군사를 유인하고는 이들이 남월의 도성인 반우番禺에서 40리 못 미친 지점에 이르자 월나라는 군사를 가지고 한천추 등을 공격해 이내 이들을 전멸시켰다. 이어 사람을 시켜 봉함한 편지와 한나라 사자의 부절을 변경의 요새에 놓아두고, 그럴 듯한 말이었지만 미친 소리로 사죄한다는 말을 하고서 군사를 동원해 중요한 요새이자 험준한 곳을 지켰다.

봄 3월 4일, 천자는 남월이 반란을 일으켰다는 소식을 듣고 이같이 말했다.

"한천추는 비록 아무런 공도 세우지 못했지만 제일 먼저 군의 선봉에 섰으므로 그 아들 한연년韓延年을 성안후成安侯에 봉한다. 그리고 규락의 누이는 왕태후가 돼 먼저 한나라에 소속되기를 원했으니 그의 아들 규광덕樛廣德을 용항후龍亢侯에 봉한다."

3) 여름 4월, 천하에 사면령을 내렸다.

4) 4월 30일, 일식이 있었다.

5) 가을 복파장군伏波將軍 노박덕路博德을 파견해 계양桂陽광동성 연현에서 출발시켜 황수湟水로 내려가게 했다. 누선장군樓船將軍 양복楊僕은 예장豫章강서성 남창현을 출발해 정수湞水로 내려갔다. 또한 귀의월우歸義越宇 엄嚴은 과선장군戈船將軍이 돼 영릉零陵광서성 전현을 출발해 이수離水로 내려갔고, 갑甲을 하뢰장군下瀨將軍으로 삼아 창오蒼梧로 내려가게 했다.

이어 장강과 회하 이남에 있는 누선樓船에 10만 명을 싣게 했다. 이들은 모두 죄인이다. 월越의 치의후馳義侯인 유遺는 따로 파촉의 죄인들을 이끌고 야랑夜郎귀주성 동재현의 군대를 징발한 뒤 장가강牂柯江을 내려가 반우에서 모두 모였다.

제나라의 재상인 복식卜式이 글을 올려 자기 부자父子와 제나라 땅에 사는 배에 익숙한 사람들이 남월에 가서 죽겠다고 청했다. 천자는 조서를 내려서 복식을 아름답다고 포상하고, 관내후의 작위를 하사했다. 이후 금 60근과 밭 10경을 주고 천하에 널리 알렸지만 천하 사람은 호응하지 않았다.

이때 열후의 수는 100을 넘었지만 누구 하나 남월을 공격하는데 종군하려 하지 않았다. 9월이 되어 새로 담근 술로 종묘에 제사를 지내게 됐다. 열후들에게 헌금을 내어 제사를 도우라고 명했다. 소부少府에서 열후들이 헌상한 금을 살펴보니 금 가운데 가벼운 것과 색깔이 나쁜 것이 있었다. 황제가 이를 불경스럽다고 탄핵하자 작위를 빼앗긴 자가 106명이나 됐다.

9월 6일, 승상인 조주趙周가 열후들의 주금酎金[168]이 가벼운 것을 알고 있었다는 혐의에 연루돼 하옥됐다가 자진하고 말았다.

6) 9월 26일, 어사대부인 석경石慶을 승상으로 삼고 목구후牧丘侯에 봉했다. 당시 국가에는 일이 많았다. 상홍양桑弘羊 등은 재정을 확보했고, 왕온서王溫舒의 무리들은 법을 가혹하게 시행했고, 예관兒寬 등은 문학文學인 유학을 넓혀 나갔다.

이들은 모두 구경으로서 일을 잘 처리해 나갔다. 일이 승상에게까지 연결돼 결정되지 않았기 때문에 승상인 석경은 중후하게 근신하며 있을 뿐이었다.

7) 오리장군 난대欒大가 행장을 갖추고 동쪽에 있는 해상海上으로 가서 그의 선생을 찾았다. 그러나 감히 바다로 들어가지는 못하고 태산사太山祠로 갔다. 황제가 사람을 시켜 조사하게 했다. 실제로 아무런 효험도 보인 바가 없었다. 오리장군은 그의 스승을 만나보았다고 망언했으나 그의 비방은 거의 대부분 아무런 효험도 없었다. 무망죄誣罔罪에 걸려 허리

168 주금酎金은 천자가 햇곡식으로 빚은 진한 술인 순주醇酒를 종묘에 바칠 때 제후가 그 순주를 마시고 천자에게 바치는 금을 말한다. 일종의 헌금을 강요한 것이다. 한무제는 제후왕 내지 열후가 바친 주금의 성분이나 양이 부족하면 작위를 취소하는 조치를 내렸다. 이를 주금율酎金律이라고 했다. 한무제 때 제후왕 내지 열후로 임명된 사람은 175명이고, 여러 죄목으로 폐위된 사람은 113명이었다. 주금율은 제후왕 사후 적장자 이외의 자식에게도 토지를 나눠주고 열후로 승격시켜 중앙정부의 관할 하의 군郡에 소속시키는 추은령推恩令과 함께 신권臣權 세력을 무너뜨리는 데 일조했다. 이를 계기로 막강한 황권皇權이 수립됐다. 사가들이 진시황 때 주나라의 봉건정封建政을 대신해 처음으로 수립한 제왕정帝王政이 한무제 때에 이르러 비로소 완성됐다고 평하는 이유다.

를 베이는 형벌을 받았다. 그를 천거했던 악성후樂成侯도 역시 기시棄市됐다.

8) 서강西羌의 10만 무리가 반란을 일으키고 흉노와 사신을 보내며 서로 통했다. 또한 고안故安감숙성 임도현을 공격하고 부한枹罕감숙성 임하현[169]을 포위했다. 흉노가 오원五原내몽골 포두시包頭市 서북쪽에 침입해 태수를 죽였다.

* 世孝武皇帝元鼎五年

冬, 十月, 上祠五時於雍, 遂逾隴, 西登崆峒. 隴西守以行往卒, 天子從官不得食, 惶恐, 自殺. 於是上北出蕭關, 從數萬騎獵新秦中, 以勒邊兵而歸. 新秦中或千里無亭徼, 於是誅北地太守以下. 上又幸甘泉, 立泰一祠壇, 所用祠具如雍一時而有加焉. 五帝壇環居其下四方地, 為餟食群神從者及北斗云.

十一月, 辛巳朔, 冬至, 昧爽, 天子始郊拜泰一, 朝朝日, 夕夕月則揖. 其祠, 列火滿壇, 壇旁亨炊具. 有司雲曰, "祠上有光." 又雲曰, "晝有黃氣上屬天." 太史令談·祠官寬舒等請三歲天子一郊見, 詔從之.

南越王·王太后飭治行裝, 重齎為入朝具. 其相呂嘉, 年長矣, 相三王, 宗族仕宦為長吏者七十餘人, 男盡尚王女, 女盡嫁王子弟·宗室, 及蒼梧秦王有連, 其居國中甚重, 得眾心愈於王. 王之上書, 數諫止王, 王弗聽. 有畔心, 數稱病, 不見漢使者. 使者皆注意嘉, 勢未能誅. 王·王太后亦恐嘉等先事發, 欲介漢使者權, 謀誅嘉等, 乃置酒

169 지명 부한枹罕의 '부枹'는 '포'가 아닌 '부'로 읽어야 한다. 현대중국어 음이 '푸한fú hǎn'인 게 그 증거다. 북채와 북을 뜻하는 부고枹鼓를 '포고'로 읽지 않는 것과 닮았다. 부枹는 북채의 의미로 사용될 때는 '부', 떡갈나무의 뜻으로 사용될 때는 '포'로 읽는다.

請使者, 大臣皆侍坐飮. 嘉弟為將, 將卒居宮外. 酒行, 太后謂嘉曰, “南越內屬, 國之利也. 而相君苦不便者, 何也?” 以激怒使者, 使者狐疑相杖, 遂莫敢發. 嘉見耳目非是, 即起而出. 太后怒, 欲鏦嘉以矛, 王止太后. 嘉遂出, 介其弟兵就舍, 稱病, 不肯見王及使者, 陰與大臣謀作亂. 王素無意誅嘉, 嘉知之, 以故數月不發.

天子聞嘉不聽命, 王·王太后孤弱不能制, 使者怯無決. 又以為王·王太后已附漢, 獨呂嘉為亂, 不足以興兵, 欲使莊參以二千人往使. 參曰, “以好往, 數人足矣. 以武往, 二千人無足以為也.” 辭不可, 天子罷參. 郟壯士故濟北相韓千秋奮曰, “以區區之越, 又有王·王太后應, 獨相呂嘉為害, 願得勇士三百人, 必斬嘉以報.” 於是天子遣千秋與王太后弟樛樂將二千人往, 入越境. 呂嘉等乃遂反, 下令國中曰, “王年少. 太后, 中國人也, 又與使者亂, 專欲內屬, 盡持先王寶器入獻天子以自媚. 多從人行, 至長安, 虜賣以為僮僕. 取自脫一時之利, 無顧趙氏社稷·為萬世慮計之意.” 乃與其弟將卒攻殺王·王太后及漢使者, 遣人告蒼梧秦王及其諸郡縣, 立明王長男越妻子術陽侯建德為王. 而韓千秋兵入, 破數小邑. 其後越開直道給食, 未至番禺四十里, 越以兵擊千秋等, 遂滅之. 使人函封漢使者節置塞上, 好為謾辭謝罪, 發兵守要害處.

春, 三月, 壬午, 天子聞南越反, 曰, “韓千秋雖無功, 亦軍鋒之冠, 封其子延年為成安侯. 樛樂姊為王太后, 首願屬漢, 封其子廣德為龍亢侯.”

夏, 四月, 赦天下.

丁丑晦, 日有食之.

秋, 遣伏波將軍路博德出桂陽, 下湟水. 樓船將軍楊僕出豫章, 下湞水. 歸義越侯嚴為戈船將軍, 出零陵, 下離水. 甲為下瀨將軍, 下蒼梧. 皆將罪人, 江·淮以財樓船十萬人. 越馳義侯遺別將巴·蜀罪人, 發夜郎兵, 下牂柯江, 咸會番禺.

齊相卜式上書, 請父子與齊習船者往死南越. 天子下詔褒美式, 賜爵關內侯, 金六十斤, 田十頃, 布告天下. 天下莫應. 是時列侯以百數, 皆莫求從軍擊越. 會九月嘗酎, 祭宗廟, 列侯以令獻金助祭. 少府省金, 金有輕及色惡者, 上皆令劾以不敬, 奪爵者百六人. 辛巳, 丞相趙周坐知列侯酎金輕, 下獄, 自殺.

丙申, 以御史大夫石慶為丞相, 封牧丘侯. 時國家多事, 桑弘羊等致利, 王溫舒之屬峻法, 而兒寬等推文學, 皆為九卿, 更進用事. 事不關決於丞相, 丞相慶醇謹而已.

五利將軍裝治行, 東入海求其師. 既而不敢入海, 之太山祠. 上使人隨驗, 實無所見. 五利妄言見其師, 其方盡多不售, 坐誣罔, 腰斬. 樂成侯亦棄市.

西羌眾十萬人反, 與匈奴通使, 攻故安, 圍枹罕. 匈奴入五原, 殺太守.

한무제 원정 6년(BC 111)

1) 겨울, 병졸 10만 명을 징발해 장군 이식李植과 낭중령 서자위徐自爲로 하여금 서강을 정벌케 하여 이를 평정했다.

2) 누선장군 양복楊僕이 남월 땅으로 들어가 심협尋陜광동성 곡강현을 먼저 함락시킴으로써 반우番禺광동성 광주시 서북쪽에 있는 석문石門을 깨뜨리려 했으나 남월의 예봉銳鋒에 좌절됐다. 수만 명을 데리고 복파장군 노박덕路博德이 도착하자 함께 진격했다. 누선장군이 앞서 남월의 도읍지인 반우에 이르렀다.

남월왕 조건덕과 승상인 여가는 성을 지켰다. 누선장군은 동남쪽에 있었고, 복파장군은 서북쪽에 있었다. 저녁이 되자 누선장군이 남월 사람들을 공격해 물리치고, 불을 질러 성을 불태웠다. 복파장군은 군영을 만든 뒤 사자를 파견해 항복할 사람들을 불러들였다. 이들에게 인수를 내려주고 다시 동료들을 불러오도록 했다. 누선장군이 힘껏 공격해 적을 불태우면서 몰아나가자 남월 사람들은 속속 복파장군 군영으로 투항해 들어왔다. 새벽이 돼 날이 밝자 성 안에 있던 사람들이 모두 항복했다.

조건덕과 여가는 이미 밤중에 도망쳐 바다로 가버렸고, 복파장군은 사람을 파견해 그들을 쫓았다. 교위사마校尉司馬인 소홍蘇弘이 조건덕을 잡았고, 남월의 낭장郎將인 도계都稽가 여가를 잡았다. 과선장군戈船將軍, 하뢰장군下瀨將軍과 치의후馳義侯가 징발했던 야랑夜郎의 병사들이 내려가기도 전에 남월은 이미 평정돼 있었다.

남월 땅을 다시 남해南海광동성 광주시, 창오蒼梧광서성 오주시, 울림鬱林광서성 귀현, 합포合浦광동성 해강현, 교지交趾베트남 하노이, 구진九眞베트남 의안현, 일남日南베트남 순화현, 주애珠厓광동성 해남도 산현, 담이儋耳광동성 해남도 담현 등 9개의 군으로 만들었다. 군대가 돌아오자 황제는 복파장군에게 봉작을 덧붙여주고, 누선장군은 장량후將梁侯, 소홍은 해상후海常侯, 도계는 임채후臨蔡侯로 삼았다. 남월의 항복한 장군들과 창오왕蒼梧王 조광趙光 등 4명은 모두 후로 삼았다.

3) 공손경이 하남에서 신을 기다리다가 구씨성緱氏城하남성 언사현 위에서 선인仙人의 흔적을 보았다고 말했다. 봄 천자가 친히 구씨성에 행차해 그 흔적을 보고 공손경에게 물었다.

"문성장군과 오리장군을 본받은 게 없는가?"

공손경이 대답했다.

"신선이 군주를 찾는 것이 아니라 군주가 그들을 찾는 것입니다. 그 도가 넓고 깨끗하지 않으면 신은 내려오지 않습니다. 신의 일을 말하는 것은 우탄迂誕한 것 같으나 세월을 더 기다려야 이내 모셔 올 수 있습니다."

황제가 이를 믿었다. 군과 봉국에서는 각기 길을 만들고 궁宮과 높은 망루인 관觀, 명산, 신사를 잘 정비하고서 신선이 행차하기를 바랐다.

4) 남월을 정벌한 일에 대해 제사지내고, 태일신과 후토신에게 제사를 지냈다. 처음으로 음악과 무용을 사용했다.

5) 치의후馳義侯는 남이南夷의 병사를 징발해 남월을 공격하고자 했다. 그러나 차란且蘭귀주성 평월현의 군주는 멀리 가게 되면 이웃 나라에서 그들의 노약자를 포로로 잡아갈 것을 두려워해 이내 그 무리들과 반란을 일으키고 한나라의 사자와 건위犍爲사천성 의빈시의 태수를 죽였다.

한나라는 파촉의 죄수들을 징발하고 남월을 공격했던 8명의 교위 가운데 중랑장인 곽창郭昌과 위광衛廣을 파견해 남이를 쳤다. 이내 차란과 공邛사천성 서창현의 군주와 작筰사천성 한원현의 후侯를 죽이고 남이를 평정한 뒤 그곳을 장가군牂柯郡귀주성 일대으로 삼았다.

야랑夜郎귀주성 동재현의 후는 처음에는 남월에 의지했다. 남월이 멸망하자 할 수 없이 입조했다. 황제는 늘 그대로 야랑왕으로 삼았다. 염방冉駹사천성 무현의 사람들도 모두 떨리고 놀라서 한나라의 신하가 됐고, 한나라의 관원을 두어달라고 청했다. 공도邛都사천성 서창현는 월휴군越巂郡, 작도筰都사천성 한원현는 침여군沈黎郡, 염방은 문산군汶山郡, 광한군廣漢郡의 서쪽에 있는 백마白馬감숙성 성현는 무도군武都郡사천성 서부으로 삼았다.

6) 당초 동월왕東越王복건성 복주시 낙여선騶餘善이 한나라에 서신을 올려 병졸 8천 명을 이끌고 누선장군을 좇아 여가를 치겠다고 청한 바 있었다.[170] 그러나 병사가 게양揭陽광동성 게양현에 이르렀을 때 바다에 풍파가 일

170 한나라는 한무제 건원 6년인 기원전 135년에 민월 땅에 2명의 왕을 봉했다. 월요왕 낙축騶丑과 동월왕 낙여선騶餘善이 그들이다.

었다. 더 나아가지 않고 양쪽과 모두 관계를 유지하면서 몰래 남월에 사자를 보냈다. 한나라 군사가 반우를 격파했는데도 동월왕의 병졸은 도착하지 않았다.

양복楊僕이 다시 서신을 올려 병졸을 이끌고 곧바로 동월을 공격할 것을 청했다. 황제는 사졸들이 피곤하다 하여 허락하지 않고, 여러 교위들에게는 예장豫章강서성 남창현과 매령梅嶺대유령大庾嶺에 주둔하면서 명을 기다리게 했다. 낙여선은 누선장군 양복이 그를 죽이겠다고 무제에게 청했다는 소문을 듣고 한나라 군사가 변경에 도착하자 이내 반란을 일으켜 한나라로 통하는 길을 막아버렸다. 그리고 장군인 추력騶力을 탄한장군呑漢將軍이라고 부르며 백사白沙강서성 파양현와 무림武林강서성 여간현, 매령으로 들어가 한나라 교위 3명을 죽였다.

이때 한나라 사자인 대농령大農令 장성張成과 옛날의 산주후山州侯인 유치劉齒는 주둔하려고 하다가 공격도 하지 않고 편한 곳으로 갔다. 모두 적을 두려워하며 나약한 모습을 보인 데 따른 죄목인 외나죄畏懦罪에 걸려 죽임을 당했다. 낙여선은 스스로 무제武帝를 칭했다.

황제가 양복에게 다시 군사를 거느리라고 했더니 그는 앞서 정벌했던 공을 내세웠다. 황제는 칙서를 내려 그를 나무라며 말했다.

"장군의 공은 다만 먼저 석문石門과 심협을 격파했다는 것뿐이지 실제로 적장의 목을 베거나 적기를 빼앗은 공은 없다. 그런데 그 정도를 가지고 어찌 그리 교만한 행동을 하는가? 앞서 반우를 격파할 때는 투항한 사람을 잡아 포로라 하고, 죽은 사람의 무덤을 파내어 목 베어 잡았다고 했다. 이게 그대의 첫 번째 허물이다. 또한 조건덕과 여가가 동월의 원조를 얻을 수 있게 했다. 이게 그대의 두 번째 허물이다. 또 장군으로서 사졸들이 계속 들판에서 지새고 있는 수고로움은 생각지 않고 요새에서부터 역을 연결하는 전거를 청해 귀가하는 데 사용했을 뿐만 아니라 은과 황금으로 된 3개의 인수를 늘어뜨린 채 향리들에게 과시했다. 이게 그대의 세 번째 과실이다. 또한 집안 일만 생각하다가 휴가 기한을 넘기고 집에서 부대로 돌아오는 길이 나쁘다는 말로써 해명하려 했다. 이게 그대의 네 번째 허물이다. 그대에게 촉 땅의 칼 값을 물으니 짐짓 모르는 척 거짓말로써 군주를 모범冒犯했다. 이게 그대의 다섯 번째 과실이다. 조서를 받을 때도 난지궁蘭池宮으로 오지 않고, 다음날로 해명을 하지 않았다. 가령 장군의 소리小吏가 물어도 대답을 하지 않고 명을 내렸는데도 따르지 않았다면 그 죄는 무엇이겠는가? 이런 마음을 갖고 밖에 있었으니 강해江海 사이에서 신용을 얻을 수 있겠는가? 지금 동월이 깊이 들어왔는데 장군은 많은 무리를 인솔하고 허물을 덮으려는 게 아닌가?"

양복이 황공해하며 대답했다.

"원컨대 죽어서 속죄하고 싶습니다."

황제는 횡해장군橫海將軍 한열韓說에게 동월을 치라고 명하고 구장句章절강성 자계현에서 출발해 바다로 가 동쪽에서 나아가게 했다. 또 누선장군 양복은 무림武林에서 출발하게 하고, 중위 왕온서는 매령에서 출발하게 했다. 월후越侯를 과선장군戈船將軍으로 삼아 약야若邪절강성 소흥현와 백사白沙에서 출발케 했다.

7) 박망후博望侯 장건이 서역과 통교하여 높고 귀하게 되자 다른 속리屬吏와 장사壯士들도 다투어 글을 올려 외국의 기괴한 것들의 이로움과 해로움을 설명하며 사절이 되기를 원했다. 천자는 서역이 너무 멀어 사람들이 즐겨 가려고 하지 않았으므로 그런 이들에게 부절을 주며 이민吏民을 모집했다. 이민을 모집하면서 어디서 왔는지 묻지 않고, 사람 숫자만 갖춰지면 파견해, 그곳에 가는 길을 넓혔다. 그들이 가고 오면서 폐물을 도둑질하는 일도 생겼고, 원래의 뜻을 잃기도 했다. 천자는 그 사실을 알고 크게 노해 그것을 중죄로 처리해 그들이 속죄하기 위해 다시 사신으

로 가기를 요구하게 만들었다. 사절로 가는 일은 끊임없이 이어지고 범법하는 것도 가벼이 여겼다.

그 이졸吏卒들 역시 외국에 있는 것들이 훌륭하다고 칭찬했는데 큰소리로 칭찬하는 사람은 부절을 주어 대사를 삼고, 큰소리를 치지 못하는 사람은 부사를 시켰다. 품행을 바르게 갖추지 못한 무리들도 모두 이런 행위를 본받았다. 이렇게 사절이 된 사람들은 모두 가난한 집안 자손들로서 조정의 재물을 사사로이 사용했고, 그것들을 값싸게 시장에 팔아 그 이익을 사사로이 취했다.

그들이 말하는 것에도 경중의 차이가 있자 외국에서도 한나라의 사자들에 대해 싫증을 냈다. 외국에서는 한나라의 군사들은 먼 곳에 있으니 그곳까지 이를 수 없을 것이라고 헤아리고 그들에게 먹을 것을 주지 않아 한나라의 사자들을 고생시켰다. 한나라 사자들에게 먹을 것이 끊기자 원망이 쌓였고, 서로 공격하기에 이르렀다. 누란국樓蘭國신강성 나포박과 차사국車師國신강성 투르판은 작은 나라이지만 교통의 요지에 있었다.[171] 한나라 사절 왕회王恢 등을 공격하고 겁주는 일이 아주 심했다. 흉노의 기습병들 또한 때로 이들의 길을 차단하고 공격했다.

사자들은 서역에는 어디를 가나 성읍城邑이 있지만 흉노와는 달리 군사가 약해 쉽게 칠 수 있다고 다투어 말했다. 천자는 부저장군浮沮將軍 공손하를 파견했다. 그는 15,000명의 기병을 이끌고 구원九原내몽골 포두시 서북쪽을 출발해 2천여 리를 가서 흉노지역의 우물인 부저정浮沮井에 이르렀다가 돌아왔다. 또 흉노장군 조파노도 1만여 명의 기병을 이끌고 영거令居감숙성 영등현를 출발해 수천 리를 갔다가 일종의 오아시스인 흉하수匈河水에서 돌아왔다. 흉노를 쫓아버려 한나라 사자들이 가는 길을 막지 못

171 당시 서역으로 가는 길은 남로와 북로가 있었다. 남로는 누란, 북로는 차사를 거쳐야 했다.

하게 하려고 했던 것인데 흉노를 한 명도 발견하지 못했던 것이다. 무위武威와 주천酒泉의 땅을 나누어 장액張掖과 돈황군燉煌郡을 설치하고 백성들을 그곳으로 옮겨 살게 해 그곳을 채웠다.

8) 이 해에 제나라의 재상인 복식을 어사대부로 삼았다. 복식이 어사대부로 있으면서 말했다.

"조정에서 만드는 소금은 맛이 쓰고 철기는 조악하고 값도 비싼데 민간들에게 억지로 그것을 사게 해 군국에서 대부분 불편해하고 있습니다. 또한 배에도 세금을 내게 하니 그것을 취급하는 상인이 줄어들어 물가가 오르고 있습니다."

황제는 복식을 좋아하지 않았다.

9) 당초 사마상여가 병들어 죽기 전에 유서를 남겼는데 그 유서에서 황제의 공덕을 칭송했다. 또한 부서符瑞를 말하면서 황제에게 태산에 봉선을 하라고 권했다. 황제가 그 말에 감동했다. 보배로운 솥을 얻을 수 있게 되자 이내 공경과 제생諸生들과 더불어 봉선에 관해 의논했다. 봉선 의식은 아주 드물게 사용되다 중단되었으므로 그 의식에 대해 제대로 아는 사람이 없었다.

여러 방사方士들이 말했다.

"봉선은 죽지 않는다는 뜻과 합치되는 말입니다. 황제 이전에 봉선을 할 때는 모두 괴물이 나타났고 신령과 통했습니다. 그런데 진나라 황제는 산에 올라가 봉선할 수 없었습니다. 폐하는 반드시 태산에 올라가려거든 조금씩 올라가고, 비나 바람이 없다면 끝까지 올라가 봉선을 하십시오."

황제는 여러 유생들에게 『상서尙書』와 『주관周官』, 『왕제王制』에 나오는 글을 골라 봉선하는 의식의 기초를 잡으라고 했다. 그러나 여러 해가 지나도 그것을 완성하지 못하자 황제는 좌내사인 예관兒寬에게 그 이유를 물었다. 예관이 대답했다.

"태산에서는 봉封을 하고, 양보梁父에서는 선禪을 합니다. 이는 황제의 성姓을 밝히고 상서로움을 기도하는 제왕의 성대한 예절입니다. 그러나 제사를 지내는 의미는 경經에 나타나 있지 않습니다. 신의 생각으로는 봉선에 관한 절차를 완성한다는 것은 천지의 신기神祇에 합치되어야 하니 오직 성주聖主에게 말미암은 것으로 제정하는 것이 마땅하고, 군신들이 능히 참여할 수 있는 것이 아니라고 여겨집니다. 지금 대사를 거행하려 하는데 여러 해를 지내면서 군신들로 하여금 저마다 최선을 다하게 했지만 결국 아직도 완성을 못했습니다. 오직 천자만이 중화中和의 극極을 세울 수 있을 뿐입니다. 여러 가닥을 관통토록 총합해 아우르고 금성金聲과 옥진玉振 같은 악기로써 조화를 이루어 하늘의 경사를 순조롭게 완성하여 만세의 기틀을 내려 주십시오."

이내 황제가 직접 의식을 만들었다. 유가儒家의 학술을 채택해 이를 화려하게 했다. 황제가 봉선사封禪祠의 제기를 만들어 여러 유학자들에게 보이자 어떤 이가 말했다.

"옛것과 같지 않습니다."

이리 되자 황제는 여러 유학자들을 파면하고 그들의 의견을 채용하지 않았다. 황제는 또한 옛것에 의거해 먼저 병징기를 떨치다가 중지하고 난 다음에 봉선을 하게 했다.

* 世孝武皇帝元鼎六年

冬, 發卒十萬人, 遣將軍李息·郎中令徐自為征西羌, 平之.

樓船將軍楊僕入越地, 先陷尋峽, 破石門, 挫越鋒, 以數萬人待伏波將軍路博德至俱進, 樓船居前, 至番禺. 南越王建德·相呂嘉城守. 樓船居東南面, 伏波居西北面. 會暮, 樓船攻敗越人, 縱火燒城. 伏波為營, 遣使者招降者, 賜印綬, 復縱令相招. 樓船力攻燒敵, 驅而入伏波營中. 黎旦, 城中皆降. 建德·嘉已夜亡入海, 伏波遣人追之. 校尉司馬蘇弘得建德, 越郎都稽得嘉. 戈船·下瀨將軍兵及馳義侯所發夜郎兵未下, 南越已平矣. 遂以其地為南海·蒼梧·鬱林·合浦·交趾·九真·日南·珠崖·儋耳九郡. 師還, 上益封伏波. 封樓船為將梁侯, 蘇弘為海常侯, 都稽為臨蔡侯, 及越降將蒼梧王趙光等四人皆為侯.

公孫卿候神河南, 言見仙人跡緱氏城上. 春, 天子親幸緱氏城視跡, 問卿曰, "得毋效文成·五利乎?" 卿曰, "仙者非有求人主, 人主者求之. 其道非寬假, 神不來. 言神事如迂誕, 積以歲月, 乃可致也." 上信之. 於是郡·國各除道, 繕治宮觀·名山·神祠以望幸焉.

賽南越, 祠泰一·後土, 始用樂舞.

馳義侯發南夷兵, 欲以擊南越. 且蘭君恐遠行旁國虜其老弱, 乃與其眾反, 殺使者及犍為太守. 漢乃發巴·蜀罪人當擊南越者八校尉, 遣中郎將郭昌·衛廣將而擊之, 誅且蘭及邛君·莋侯, 遂平南夷為牂柯郡. 夜郎侯始倚南越, 南越已滅, 夜郎遂入朝, 上以為朗王. 冉駹皆振恐, 清臣置吏, 乃以邛都為越巂郡, 莋都為沈黎郡, 冉駹為汶山郡, 廣漢西白馬為武都郡.

初, 東越王餘善上書, 請以卒八千人從樓船擊呂嘉. 兵至揭揚, 以海風波為解, 不行, 持兩端, 陰使南越. 及漢破番禺, 不至. 楊僕上書願便引兵擊東越. 上以士卒勞倦, 不許, 令諸校屯豫章·梅嶺以待命. 餘善聞樓船請誅之, 漢兵臨境, 乃遂反, 發兵距漢道, 號將軍騶力等為吞漢將軍, 入白沙·武林·梅嶺, 殺漢三校尉. 是時, 漢使大農張成·故山州侯齒將屯, 弗敢擊, 卻就便處, 皆坐畏懦誅. 餘善自稱武帝.

上欲復使楊僕將, 為其伐前勞, 以書敕責之曰, "將軍之功獨有先破石門·尋峽, 非有斬將搴旗之實也, 烏足以驕人哉! 前破番禺, 捕降者以為虜, 掘死人以為獲, 是一過也. 使建德·呂嘉得以東越為援, 是二過也. 士卒暴露連歲, 將軍不念其勤勞, 而請乘傳行塞, 因用歸家, 懷銀·黃, 垂三組, 誇鄉里, 是三過也. 失期內顧, 以道惡為解, 是四過也. 問君蜀刀價而陽不知, 挾偽干君, 是五過也. 受詔不至蘭池, 明日又不對. 假令將軍之吏, 問之不對, 令之不從, 其罪何如? 推此心在外, 江海之間可得信乎? 今東越深入, 將軍能率眾以掩過不?" 僕惶恐對曰, "願盡死贖罪!" 上乃遣橫海將軍韓說出句章, 浮海從東方往. 樓船將軍楊僕出武林, 中尉王溫舒出梅嶺, 以越侯為戈船·下瀨將軍, 出若邪·白沙, 以擊東越.

博望侯既以通西域尊貴, 其吏士爭上書言外國奇怪利害求使. 天子為其絕遠, 非人所樂施, 聽其言, 予節, 募吏民, 毋問所從來, 為具備人眾遣之, 以廣其道. 來還, 不能毋侵盜幣物及使失指, 天子為其習之, 輒覆按致重罪, 以激怒令贖, 復求使, 使端無窮, 而輕犯法. 其吏卒亦輒復盛推外國所有, 言大者予節, 言小者為副, 故妄言無行之徒皆爭效之. 其使皆貧人子, 私縣官齎物, 欲賤市以私其利. 外國亦厭漢使, 人人有言輕重, 度漢兵遠不能至, 而禁其食物以苦漢使. 漢使乏絕, 積怨至相攻擊. 而樓蘭·車師, 小國當空道, 攻漢使王恢等尤甚, 而匈奴奇兵又時遮擊之. 使者爭言西域皆有城邑, 兵弱易擊. 於是天子遣浮沮將軍公孫賀將萬五千騎, 出九原二千餘里, 至浮沮井而還. 匈河將軍趙破奴將萬餘騎出令居數千里, 至匈河水而還. 以斥逐匈奴, 不使遮漢使, 皆不見匈奴一人. 乃分武威·酒泉地置張掖·敦煌郡, 徙民以實之.

是歲, 齊相卜式為御史大夫. 式既在位, 乃言曰, "郡·國多不便縣官作鹽鐵器, 苦惡價貴, 或強令民買之. 而船有算, 商者少, 物貴." 上由是不悅卜式.

初, 司馬相如病且死, 有遺書, 頌功德, 言符瑞, 勸上封泰山. 上感其言, 會得寶鼎, 上乃與公卿諸生議封禪. 封禪用希曠絕, 莫知其儀, 而諸方士又言曰, "封禪者合不死之名也, 黃帝以上, 封禪皆致怪物, 與神通, 秦皇帝不得上封. 陛下必欲上, 稍上即無風雨, 遂上封矣." 上於是乃令諸儒采『尚書』·『周官』·『王制』之文, 草封禪儀, 數年不成. 上以問左內史兒寬, 寬曰, "封泰山, 禪梁父, 昭姓考瑞, 帝王之盛節也. 然享薦之義, 不著於經. 臣以為封禪告成, 合祛於天地神祇, 唯聖主所由, 制定其當, 非群臣之所能列. 今將舉大事, 優遊數年, 使群臣得人人自盡, 終莫能成. 唯天子建中和之極, 兼總條貫, 金聲而玉振之, 以順成天慶, 垂萬世之基." 上乃自制儀, 頗采儒術以文之. 上為封禪祠器, 以示群儒, 或曰"不與古同", 於是盡罷諸儒不用. 上又以古者先振兵釋旅, 然後封禪.

한무제 원봉元封 원년(BC 110)

1) 겨울 10월, 조서를 내렸다.

"남월과 동구는 모두 그들의 죄를 받았다.[172] 그러나 서만西蠻과 북이北夷는 아직도 무리와 화목하지 못하고 있다. 짐은 장차 변경을 순시할 것이고, 몸소 병부兵符를 장악하고 12부의 장군을 두어 친히 군사를 통솔하겠다."

순시를 하는데 운양雲陽섬서성 순화현에서부터 북쪽으로 가서 상군上郡섬서성 수덕현, 서하西河내몽골 이맹동승, 오원五原내몽골 포두시 서북쪽을 지났다. 다시 장성長城을 출발해 북쪽으로 가서 선우대單于臺내몽골 탁극탁현에 올랐다가 삭방朔方내몽골 이맹伊盟 서북쪽을 지나 황하의 북쪽 상류인 북하北河에까지

172 동해국이 중국을 침범한 일은 없었다. 한나라가 군사를 동원해 그들을 대신해 외환을 없앨 때 한나라에 잘못을 범한 것을 지칭한 것으로 풀이하는 게 옳다.

이르렀다.

이후 곽길郭吉을 사자로 파견해 선우에게 고하게 했다.

"남월왕의 머리는 이미 한나라의 북쪽 궁궐에 매달아 놓았다. 지금 선우가 싸울 수 있다면 천자는 직접 군사를 이끌고 변경에서 기다리겠다. 싸우지 못하겠거든 당장 남쪽으로 얼굴을 향하고 신하로서 복종하라. 왜 막북漠北으로 숨어들어가 춥고 고생스러움을 자청하고, 물도 풀도 없는 땅에 사는가? 그리 할 것 없다."

사자가 말을 마치자 몹시 화가가 난 선우는 그 자리에서 자신에게 사자를 알현시킨 자들을 목 베고 곽길을 억류해 북해北海바이칼에다 옮겨 두었다. 그러나 두려워 끝내 감히 싸우러 나오지 못했다.

황제가 돌아와 교산橋山섬서성 황릉현에서 황제黃帝의 무덤에 제사를 지내고 수여須如[173]에서 군사를 해산했다. 그러고는 물었다.

"황제黃帝는 죽지 않았다 들었는데 여기에 무덤이 있으니 어찌된 일인가?"

공손경이 대답했다.

"황제黃帝는 이미 신선이 돼 하늘에 있지만 군신들이 사모하여 그의 의관을 장사지냈습니다."

황제가 감탄했다.

"내가 나중에 승천하면 군신들이 나의 의관도 동릉東陵[174]에다 장사지내겠구나."

그러고는 감천궁으로 돌아와 태일단에 비슷한 제사를 지냈다.

---

173 수여須如가 『사기』에는 '수여'로 되어 있으나 『한서』에는 양여凉如로 나온다. 위치는 미상이다.

174 동릉東陵은 장안 동쪽에 위치한 한무제의 수릉壽陵인 무릉茂陵을 가리킨다.

2) 황제는 복식이 문장을 별로 익히지 못했다고 하여 태자태부로 강등시키고 예관兒寬을 어사대부 대리로 삼았다.

3) 한나라 군사가 동월의 국경을 넘어갔다. 동월은 평소 군사를 발동하여 험한 요충지마다 지키고 순북장군徇北將軍으로 하여금 무림武林강서성 여간현을 지키게 하고 있었다.

누선장군의 병졸인 전당錢塘절강성 항주시 출신 원종고轅終古가 순북장군을 참살했다. 또 옛날 월나라의 연후衍侯인 오양吳陽이 그의 식읍에 있는 700명을 이끌고 월나라 군사를 한양漢陽복건성 포성현에서 공격했다. 월나라의 건성후建成侯인 오敖와 월나라의 요왕繇王 낙축騶丑의 아들 낙거고騶居股가 낙여선을 죽인 뒤 그 무리들을 이끌고 항복했다.

황제는 원종고는 어아후御兒侯, 오양은 묘석후卯石侯, 낙거고는 동성후東成侯, 오는 개릉후開陵侯로 삼았다. 또 횡해장군橫海將軍 한열韓說은 안도후按道侯, 횡해교위橫海校尉 복福은 요앵후繚嫈侯, 동월에서 항복한 장수 다군多軍은 무석후無錫侯로 삼았다.

황제는 민閩 땅이 험하여 누차 배반이 되풀이 되자, 끝내 후세에 걱정거리가 될 것이라고 여겨 그곳 백성들을 모두 장강과 회하 땅으로 옮겨 살게 하고, 그 땅은 텅 비우라고 여러 장수에게 조서를 내렸다.

4) 봄 정월, 황제가 구씨현緱氏縣에 행차해 중악中嶽인 숭산의 태실에 제사를 올렸다. 뒤따라가던 관원들은 모두 산 아래에 있었다. '만세를 사십시오'라고 말하는 듯한 소리가 3번이나 나는 것을 들었다. 황제는 사당을 관장하는 관원에게 태실사를 확장토록 조서를 내리고, 그 산에서 초목을 베지 못하게 금령을 내렸다. 이어 산 아래에 사는 300호의 민간은 태실사를 받드는 읍으로 정했다.

황제가 동쪽으로 해상을 순시하면서 8신神에게 제사지내는 예를 치렀다. 제나라 사람이 상소하여 말하기를, '이곳에는 신처럼 괴이하고 기이한 방술을 하는 사람이 수만 명이나 됩니다'라고 했다. 더 많은 배를 출동해 신선을 자칭했던 사람들 수천 명에게 바다 가운데서 봉래蓬萊의 신인을 찾도록 했다.

공손경은 부절을 갖고 늘 황제보다 먼저 명산에서 신선을 기다렸다. 동래東萊에 이르러 말했다.

"밤중에 큰 사람을 보았는데 키가 여러 장丈이나 됐습니다. 가까이 가 보았으나 직접 보지는 못했고, 다만 그 흔적이 아주 커 금수와 비슷했습니다."

또 군신들 가운데 어떤 이가 말했다.

"어떤 한 노인이 개를 끌고 가는 것을 보았습니다. 그가 말하기를, '나는 거공鉅公인 천자를 보려고 한다'고 하더니 홀연히 사라졌습니다."

황제는 이미 커다란 흔적은 보았다고 생각했으나 아직 믿지는 않았다. 그러나 군신들이 또다시 그 노인에 관해 이야기하자 그 큰 사람이 선인일 것이라고 여기고 바닷가에 유숙했다. 이어 방사들에게 전거傳車를 주고 민간에 가서 신선을 찾아보게 했다. 그런 사람이 1,000명을 헤아렸다.

여름 4월, 천자가 돌아와 봉고奉高태산군 태안현에 이르자 양보梁父태안현 남쪽에서 지신地神에게 제사를 올렸다.

4월 15일, 시중인 유학자들에게 가죽 모자를 쓰고 홀笏을 허리에 차고, 실을 늘어뜨린 채 황제가 큰 의식을 행할 때 활로 소를 쏘는 사우射牛 행사에 참여케 했다. 태산 아래 동방에서 천신에게 제사지내기 위해 흙을 북돋아 단을 쌓는 의식인 봉封을 했다. 마치 태일太一에게 제사지내는 예식과 같이 했다.

봉은 넓이 2척에 높이가 9척이다. 그 아래에는 옥첩玉牒의 편지가 있었다. 써진 내용은 비밀이었다. 예식을 마치고 천자가 다만 시중과 봉거도위奉車都尉인 곽자후와 더불어 태산에 올라갔다. 그곳에서도 역시 봉을 만들었다. 이에 관한 일은 모두 밖으로 누설하는 것을 엄금했다. 다음날에 북쪽 그늘진 길로 내려오기로 했다.

4월 16일, 태산 아래 기슭의 동북쪽에 있는 숙연산肅然山 산동성 내우현에서 후토신에게 제사 드리는 예식처럼 제사를 드렸다. 천자가 친히 절했고, 황색 옷을 입고 음악을 사용했다.[175] 장강과 회하 땅에서 나는 세 마디로 된 모초茅草를 신에게 바쳤다. 오색의 흙을 봉封에 더 얹었다. 그리 하자 봉선사는 밤에는 마치 빛이 있는 듯했고, 낮에는 흰 구름이 봉 가운데서 나왔다. 천자가 봉선을 하고 돌아와 명당에 앉자 군신들이 돌아가며 축수하고 공덕을 칭송했다.

조서를 내렸다.

"짐은 작은 체구를 가지고 지극히 높은 자리에 있게 된 까닭에 오직 덕이 모자라고 얕을까, 예악에 밝지 못할까, 전전긍긍했다. 8신을 섬겼던 이유다. 천지신령의 은혜를 만나 경치와 사물이 드러나 보이고, 조용하면 드리는 것이 있는 듯했고, 이상한 증상이 나타나자 놀라서 중지시키려고 했으나 감히 그리하지 못했다. 마침내 태산에 봉封을 하고 양보에 도착한 뒤 숙연에서 땅을 깎아 터를 잡는 의식인 선禪을 했다. 이로써 스스로 새롭게 하며, 즐겁게 사대부들과 더불어 다시 시작하고자 한다. 10월을 원봉元封 원년으로 삼는다. 순행하여 이른 곳은 박博, 봉고奉高, 사구蛇丘, 역성歷城, 양보梁父인데 민전民田으로 받아내지 못한 조부租賦들은 모두 면제해주고, 금년에는 재산세도 받지 말라. 천하 사람들의 민작民爵은 1급씩 더 올리도록 하라."

또한 5년에 한 번씩 순수하게 하고 태산에서 봉선행사를 할 때 사용하

175 한나라는 이전까지 적색을 숭상했다가 이때를 계기로 황색을 숭상케 됐다. 이는 오행설에 따른 것으로 한나라의 덕이 화덕火德이 아닌 토덕土德으로 간주한 데 따른 것이다.

기 위해 제후들로 하여금 각기 태산 아래에 저택을 만들게 했다.

천자가 태산에서 봉선을 하는데 비바람이 치지 않았다. 방사들이 봉래산의 여러 신들을 볼 수 있을 것 같다고 말하자 황제는 거의 만난 것처럼 기뻐하면서 다시 동쪽 해상으로 가서 신선을 만나보기를 희망했다. 황제는 직접 배를 타고 바다에 나아가 봉래산을 찾으려고 했다. 군신들이 간했으나 막을 수가 없었다.

동방삭이 말했다.

"무릇 신선이라는 것은 자연스럽게 만날 수 있는 것이지 조급하게 찾으실 필요가 없습니다. 만일 그 도가 있다면 만나지 못할까 걱정할 것이 없고, 그 도가 없다면 비록 봉래산에 가서 선인을 본다 해도 이로움이 없을 것입니다. 부디 폐하는 환궁하여 조용한 곳에서 그를 기다리십시오. 그리하면 선인이 스스로 올 것입니다."

황제는 비로소 바다로 나가겠다는 생각을 버렸다.

봉거장군 곽자후郭子侯가 갑자기 병이 들어 하루 만에 죽었다. 곽자후는 곽거병의 아들이다. 황제가 크게 애도했다.

황제가 마침내 동해를 떠나 해상을 따라 북쪽으로 가서 갈석산碣石山 하북성 창여현에 이르렀다. 이후 요서遼西요녕성 의현에서부터 순수하여 북변北邊을 거쳐 구원九原내몽골 포두시 서북쪽에 이르렀다가 5월에 이내 감천궁에 당도했다. 이렇게 한 바퀴 돈 거리가 무려 1만8천여 리나 됐다.

이보다 먼저 상홍양桑弘羊이 치속도위治粟都尉가 돼 대농大農의 일을 관장하게 됐다. 천하의 염철鹽鐵을 모두 관장하게 되자 상홍양은 평준법平準法을 만들었다. 먼 지방의 관청으로 하여금 그곳에 나는 물건 값을 다른 시기에 상고商賈들이 판매하는 값과 같게 계산해 부賦를 내게 하고, 이것을 통해 물건이 서로 전해지고 운반되게 했다. 경사京師에는 평준관平準官을 설치해 천하의 수송사무를 위임하게 했다.

대농의 여러 관원들은 천하의 화물을 다 장악해 물건 값이 오르면 그 물건을 팔고, 떨어지면 그 물건을 매수해 부상富商이나 대고大賈들로 하여금 큰 이득을 취할 수 없게 하고, 만물의 값이 지나치게 오르지 않게 했다. 당시 천자가 군현을 순수하면서 지나가는 곳에서 상을 내려주는 데 백帛 100여 만 필을 사용했다. 전錢이나 금으로는 억만 전에 해당한다. 그러나 이 비용은 모두 대농에서 충분히 지급할 수 있었다.

상홍양은 또한 소리小吏는 곡식을 바쳐 관官으로 보임될 수 있게 하고, 죄인도 곡식을 바쳐 속죄할 수 있도록 하라고 청했다. 효산 동쪽에서 조운漕運되는 곡식은 1년에 600만 섬이 더 많아지고, 1년 동안 태창太倉과 감천의 창고가 가득 찼고, 변경지역에도 곡식이 남아돌았다. 여러 물건이 고루 유통되는 균수均輸 덕분에 백은 500만 필이 남아돌았고, 민간에게 부賦를 늘리지 않아도 천하가 넉넉했다. 상홍양에게 좌서장左庶長의 작위가 내려지고, 황금 100근이 하사됐다.

이때 조금 가물어서 황제가 관원들로 하여금 기우제를 지내게 했다. 복식이 말했다.

"조정에서는 마땅히 조세를 가지고 먹고 입어야 합니다. 그런데 지금 상홍양이 소리들로 하여금 저자에서 가게를 열어놓고 물건을 팔아 이익을 취하게 하고 있으니 상홍양을 팽형에 처해야 하늘이 비를 내릴 것입니다."

5) 가을, 패성이 동정성東井星 옆에 나타났다. 10여 일 뒤에는 삼태성三台星 옆에 나타났다. 천문기상을 잘 보는 왕삭王朔이 말했다.

"조금 있으면 토성이 홀로 나와 오이처럼 길쭉하게 보이다가 잠시 후 다시 들어가 버릴 것입니다."

유사들이 모두 말했다.

"폐하가 한나라를 봉선체제封禪體制로 세우니 하늘이 덕성德星으로 대답해준 것입니다."

6) 제나라의 회왕懷王 유굉劉閎이 죽었다. 아들이 없어 제나라를 없앴다.

* 世孝武皇帝元封元年

冬, 十月, 下詔曰, "南越·東甌, 咸伏其辜. 西蠻·北夷, 頗未輯睦. 朕將巡邊垂, 躬秉武節, 置十二部將軍, 親帥師焉." 乃行, 自雲陽北歷上郡·西河·五原, 出長城, 北登單于台, 至朔方, 臨北河, 勒兵十八萬騎, 旌旗徑千餘里, 以見武節, 威匈奴. 遣使者郭吉告單于曰, "南越王頭已縣於漢北闕. 今單于能戰, 天子自將待邊. 不能, 即南面而臣於漢, 何徒遠走亡匿於漠北寒苦無水草之地! 毋為也." 語卒而單于大怒, 立斬主客見者, 而留郭吉, 遷之北海上. 然匈奴亦讋, 終不敢出. 上乃還, 祭黃帝塚橋山, 釋兵須如. 上曰, "吾聞黃帝不死, 今有塚, 何也?" 公孫卿曰, "黃帝已仙上天, 群臣思慕, 葬其衣冠." 上歎曰, "吾後升天, 群臣亦當葬吾衣冠於東陵乎?" 乃還甘泉, 類祠太一.

上以卜式不習文章, 貶秩為太子太傅, 以兒寬代為御史大夫.

漢兵入東越境, 東越素發兵距險, 使徇北將軍守武林. 樓船將軍卒錢塘轅終古斬徇北將軍. 故越衍侯吳陽以其邑七百人反攻越軍於漢陽. 越建成侯敖與繇王居股殺餘善, 以其眾降. 上封終古為御兒侯, 陽為卯石侯, 居股為東成侯, 敖為開陵侯. 又封橫海將軍說為按道侯, 橫海校尉福為繚嫈侯, 東越降將多軍為無錫侯. 上以閩地險阻, 數反覆, 終為後世患, 乃詔諸將悉徙其民於江·淮之間, 遂虛其地.

春, 正月, 上行幸緱氏, 禮祭中岳太室, 從官在山下聞若有言"萬歲"

者三. 詔祠官加增太室祠, 禁無伐其草木, 以山下戶三百為之奉邑.

上遂東巡海上, 行禮祠八神. 齊人之上疏言神怪·奇方者以萬數, 乃益發船, 令言海中神山者數千人求蓬萊神人. 公孫卿持節常先行, 候名山, 至東萊, 言曰, "夜見大人, 長數丈, 就之則不見, 其跡甚大, 類禽獸云." 群臣有言曰, "見一老父牽狗, 言'吾欲見巨公', 已忽不見." 上既見大跡, 未信, 及群臣又言老父, 則大以為仙人也, 宿留海上. 與方士傳車及間使求神仙, 人以千數.

夏, 四月, 還, 至奉高, 禮祠地主於梁父. 乙卯, 令侍中儒者皮弁·搢紳, 射牛行事, 封泰山下東方, 如郊祠泰一之禮. 封廣丈二尺, 高九尺, 其下則有玉牒書, 書秘. 禮畢, 天子獨與侍中·奉車都尉霍子侯上泰山, 亦有封, 其事皆禁. 明日, 下陰道. 丙辰, 禪泰山下阯東北肅然山, 如祭後土禮, 天子皆親拜見, 衣上黃, 而盡用樂焉. 江·淮間茅三脊為神藉, 五色土益雜封. 其封禪祠, 夜若有光, 晝有白雲出封中. 天子從禪還, 坐明堂, 群臣更上壽頌功德. 詔曰, "朕以眇身承至尊, 兢兢焉惟德菲薄, 不明於禮樂, 故用事八神, 遭天地況施, 著見景象, 屑然如有聞, 震於怪物, 欲止不敢, 遂登封泰山, 至於梁父, 然後升壇肅然自新, 嘉與士大夫更始, 其以十月為元封元年. 行所巡至, 博·奉高·蛇丘·歷城·梁父, 民田租逋賦, 皆貸除之, 無出今年算. 賜天下民爵一級." 又以五載一巡狩, 用事泰山, 令諸侯各治邸泰山下.

天子既已封泰山, 無風雨, 而方士更言蓬萊諸神若將可得, 於是上欣然庶幾遇之, 復東至海上望焉. 上欲自浮海求蓬萊, 群臣諫, 莫能止. 東方朔曰, "夫仙者, 得之自然, 不必躁求. 若其有道, 不憂不得. 若其無道, 雖至蓬萊見仙人, 亦無益也. 臣願陛下第還宮靜處以須之, 仙人將自至." 上乃止. 會奉車霍子侯暴病, 一日死. 子侯, 去病子也, 上甚悼之. 乃遂去, 並海上, 北至碣石, 巡自遼西, 歷北邊, 至九原. 五月, 乃至甘泉. 凡周行萬八千里云.

先是, 桑弘羊為治粟都尉, 領大農, 儘管天下鹽鐵. 弘羊作平准之法, 令遠方各以其物如異時商賈所轉販者為賦而相灌輸. 置平准於京師, 都受天下委輸. 大農諸官, 盡籠天下之貨物, 貴即賣之, 賤則買之, 欲使富商大賈無所牟大利, 而萬物不得騰踊. 至是, 天子巡狩郡縣, 所過賞賜, 用帛百餘萬匹, 錢金以巨萬計, 皆取足大農. 弘羊又請令吏得入粟補官及罪人贖罪. 山東漕粟益歲六百萬石, 一歲之中, 太倉·甘泉倉滿, 邊餘穀, 諸物均輸, 帛五百萬匹, 民不益賦而天下用饒. 於是弘羊賜爵左庶長, 黃金再百斤焉.

是時小旱, 上令官求雨. 卜式言曰, "縣官當食租衣稅而已, 今弘羊令吏坐市列肆, 販物求利. 亨弘羊, 天乃雨."

秋, 有星孛於東井, 後十餘日, 有星孛於三台. 望氣王朔言曰, "候獨見填星出如瓜, 食頃, 復入." 有司皆曰, "陛下建漢家封禪, 天其報德星云."

齊懷王閎薨, 無子, 國除.

** 권21-한기漢紀 13: 대원의 한마를 얻다

한무제 원봉 2년(BC 109)

1) 겨울 10월, 황제가 옹에 행차해 오치에 제사를 올렸다. 돌아오는 길에 태일신太一神에게 제사 드리고 기도를 했다. 덕성德星에게도 절했다.

2) 봄 정월, 공손경이 말했다.

"동래산에서 신인神人을 보았는데 마치 천자를 알현하고 싶어하는 것 같았습니다."

천자는 공손경을 중대부로 삼아 구씨성緱氏城하남성 언사현에 행차했다. 동래에 이르러 그곳에 유숙하면서 며칠을 보냈으나 신인은 보지 못하고 대인大人의 흔적만 보았을 뿐이었다.

다시 방사를 파견해 신기하고 괴이한 것을 찾고, 영지약靈芝藥을 채취하게 했다. 그 숫자가 1,000명을 헤아렸다.

그 해에 한재旱災가 있었다. 천자가 나아갔지만 명목이 없어 만리사萬里沙[176]에서 기도한다고 했다.

여름 4월, 돌아오다가 태산을 지나면서 제사를 지냈다.

3) 당초 호자瓠子하남성 복양현에서 황하의 둑이 터진 뒤 20여 년 동안 이

---

176 만리사萬里沙는 지금의 산동성 액현에 있는 작은 사막으로 여기에 사신沙神을 제사지내는 사당이 있었다.

를 다시 막지 못해 특히 양나라와 초나라 땅에서 그 피해가 심했다. 이 해에 황제가 급인汲仁과 곽창郭昌 두 경卿으로 하여금 병졸 수만 명을 발동해 호자에서 터진 황하의 둑을 막게 했다.

천자가 태산에서 돌아오다가 친히 황하의 터진 곳까지 가서 백마白馬와 옥벽玉璧을 황하에 빠뜨리고 군신들과 수종관隨從官들은 장군 이하 모두 짐을 지게 하여 끝내는 황하의 둑을 막았다. 그 위에 궁을 지은 뒤 선방궁宣防宮으로 명명했다. 이어 황하를 북쪽으로 흐르도록 두 개의 운하를 만들어 우禹의 옛 흔적을 회복시켰다. 양나라와 초나라 땅이 다시 편해졌고, 수재가 없어졌다.

4) 황제가 장안으로 돌아왔다.

5) 당초 남월의 무사巫師로 하여금 상제上帝와 백귀百鬼에게 제사지내도록 했다. 이때 계복鷄卜의 방법을 사용하게 했다.[177]

6) 공손경이 선인들은 높은 누각에 사는 것을 좋아한다고 말했다. 황제가 장안에 비렴관蜚廉觀과 계관桂觀을 짓게 하고, 감천甘泉섬서성 순화현에는 익수관益壽觀과 연수관延壽觀을 짓게 했다.[178] 이후 공손경에게 천자의 부절을 가지고 여러 가지 필요한 그릇이나 물건을 갖춰 신인을 기다리게 했다. 또한 통천경대通天莖臺를 만들어 그 아래에 제사에 필요한 그릇이나 물건을 갖춰두게 했다.[179] 또 감천궁에 전전前殿을 만들고 여러 궁실

---

177 당시 월인越人들은 제사 지낼 때 닭과 개 한 마리씩을 가지고 축도한 뒤 이를 삶아 다시 제사를 지냈다. 이때 두 눈을 뽑아냈다. 그 모양이 사람과 유사하면 길하고 그렇지 않으면 흉한 것으로 생각했다.

178 '관觀'은 누樓와 유사한 것으로 삼보황도三寶黃圖를 보면 비렴관과 연수관의 높이는 대략 40장이다. 이는 대략 10층 정도의 높이에 해당한다.

179 한무고사에 따르면 '통천대는 땅에서 100여 장 정도의 높이로 구름과 비를 모두 아래쪽으로 내려다보고, 위에는 승로반承露盤이 있어 신선을 조각해 놓았다. 그 신선은 옥배를 들고 구름 가운데 이슬을 받는다'고 했다.

을 넓혔다.

7) 당초 연나라의 전성 시기에 진번眞番과 조선朝鮮을 경략해 복속시킨 뒤 관원을 두고 요새를 쌓은 바 있다. 이후 진나라가 연나라를 멸망시키자 이 땅은 요동의 외곽 땅에 속하게 됐다. 한나라가 일어나자 그곳은 멀고 또 지키기도 어려워 요동의 옛날 요새만을 다시 수리해 패수浿水를 경계로 연나라에 소속시켰다.[180]

연왕 노관盧綰이 반란을 일으켜 흉노로 들어갔다. 연나라 사람 위만衛滿은 망명해 무리 1,000여 명을 모아 상투를 틀고 만이蠻夷의 복장을 하고 동쪽으로 달아나 요새를 빠져나갔다. 그는 패수를 건너 진나라의 옛날 빈 땅에 요새를 만들었다. 이후 점차 진번과 조선에 사는 만이와 연나라에서 망명한 사람들을 부리고 복속시켜 왕 노릇을 하고, 왕검王儉[181]에 도읍을 정했다.

효혜제孝惠帝와 고후高后 때 천하가 처음으로 안정되자 요동의 태수가 즉각 위만과 약속을 하여 한나라의 외신外臣이 되고, 요새 밖에 사는 만이들을 보호해 변경을 침공치 않게 했다. 또한 여러 만이의 군장들이 들어와 천자를 알현하고자 하면 이를 금하지 않겠다고 했다. 이로 인해 위만은 군사적 위협과 재물을 가지고 그 주위의 작은 읍인 진번, 임둔臨屯

---

180 패수浿水의 위치를 둘러싸고 예로부터 많은 논란이 있었다. 반고의 『한서』「지리지」에는 "패수는 요동의 새외塞外에서 나와 서남쪽으로 흐르다가 낙랑현의 서쪽에 이르러 바다로 들어간다."고 돼 있다. 『수경지』는 "패수는 낙랑의 누방현을 나와 동남쪽으로 흐르다가 임패현을 지나 동쪽으로 가다가 바다로 들어간다."고 기록해 놓았다. 역도원酈道元은 주석키를, "위만이 패수에서 조선에 이르렀다고 했다. 만일 패수가 동쪽으로 흘렀다면 패수를 건널 이유가 없다. 내가 번藩을 방문하는 사절로 갔을 때 그곳에서 말하기를, '성城은 패수의 북쪽에 있고 그 물은 서쪽으로 흘러 낙랑군 조선현을 지난다'고 했다. 옛날 지리지에도 패수는 서쪽으로 흘러 중지현에 이르러 바다로 들어가는 것으로 돼 있다. 『수경지』의 설명은 잘못된 것이다."라고 했다.

181 왕검王儉은 요동의 험독현을 지칭한다. 물길이 험해 험독險瀆으로 표현했다.

을 침략해 항복하게 하자 모두 와서 복속했다. 그 국토는 사방으로 수천 리나 됐다.

그 왕위는 아들에게 전해지고 손자인 우거右渠 때에 이르러 그들이 유인한 한나라 사람들이 아주 많아지자 그들은 한나라에 들어와 알현하지도 않았다. 진국辰國이 천자를 만나려고 서신을 올렸으나 이 또한 가로막고 통행시켜 주지 않았다.

이 해에 한나라의 사신인 섭하涉何가 유인하는 유시를 했으나 우거는 끝내 조칙을 받들지 않았다. 섭하는 변경 경계선으로 돌아가다 패수에 이르러 사람을 시켜 섭하를 호송하는 조선의 비왕장裨王長을 찔러 죽인 뒤 즉각 강을 건너 말을 달려 한나라 요새로 들어와 천자에게 보고했다.

"조선의 장수를 죽였습니다."

황제는 그에게 잘했다고 말하고 다른 것은 아무 것도 묻지 않고 섭하를 요동 동부도위東部都尉에 임명했다. 섭하에게 원한을 품은 조선은 군사를 동원한 뒤 섭하를 기습해 죽였다.

8) 6월, 감천궁甘泉宮섬서성 순화현의 재방齋房에서 9개 줄기에서 나온 잎이 이어진 구경九莖을 지닌 영지초靈芝草가 생산됐다.[182] 황제는 이 때문에 천하에 사면령을 내렸다.

9) 황제가 가뭄으로 걱정을 하자 공손경이 말했다.

"황제 시대에 봉封이라는 제사를 드리니 가뭄이 들어, 건봉乾封 3년이라고 했습니다."[183]

---

182 『논형論衡』에는 '영지는 흙에서 나는 것으로 토기土氣가 고르면 지초芝草가 난다'고 기록해 놓았다. 『서명기瑞命記』에는 '왕자王者가 인자하면 지초가 난다'고 기록해 놓았다.

183 건봉乾封의 '건乾'은 하늘, '봉封'은 봉함封緘의 의미를 지니고 있다. '건봉'은 하늘의 수원水源을 막았다는 뜻이다. 그러나 천한天旱은 가물다는 뜻을 지니고 있고, 건乾은 천정天庭을 의미하고, 봉封은 봉쇄한다는 의미를 지니는 동시에 발음으로도 천한과 유사하다. 가뭄을

황제가 이내 조서를 내려서 말했다.

"천하에 가뭄이 들었으니 그 의미는 건봉이라는 것이다."

10) 가을, 문수汶水의 남쪽에 명당을 지었다.

11) 황제가 죽을죄를 지은 사람들을 병졸로 삼아 누선장군 양복楊僕을 파견해 제나라 땅에서 출발해 발해에 배를 띄우게 했다. 좌장군左將軍 순체荀彘로 하여금 요동을 출발해 조선을 토벌했다.

12) 당초 황제는 왕연우王然于로 하여금 남월을 격파하게 하고, 남이南夷를 도륙한 군사를 가지고 전왕滇王운남성 진령현을 위협한 뒤 유시하여 입조케 했다. 전왕은 그 무리가 수만 명이다. 이웃의 동북쪽으로는 노심勞深과 미막靡莫이 있는데 모두 같은 성姓으로 서로 의지하며 살고 있어 말을 들으려고 하지 않았다.

노심과 미막은 누차 한나라의 사자와 이졸吏卒을 침범했다. 황제는 장군인 곽창郭昌과 중랑장 위광衛廣을 파견해 파촉 땅의 군사를 발동해 노심과 미막을 쳐 없앤 뒤 전滇 가까이 주둔시켰다. 전왕은 항복하고 관원을 두어 입조하기를 청했다. 그곳을 익주군益州郡으로 삼고 전왕에게 왕인王印을 하사해 다시 그 백성의 군장이 되게 했다.

이때 한나라는 두 개의 월나라를 멸망시키고 서남이西南夷를 평정한 뒤 처음으로 17개 군郡을 설치했다.[184] 그곳은 그들의 옛날 습속에 따라

뜻하는 '천한'은 곧 하늘을 봉쇄했다는 의미인 '건봉'과 유사하다. 건봉의 '봉'은 봉선의 '봉'과 같은 글자이므로 봉선의 결과 건봉이 됐고, 건봉의 결과로 천한이 생겼다는 의미로 사용된 것이다.

184 17개 군의 설치 과정을 간략히 살펴보면 기원전 111년에 남월을 멸망시킨 뒤 남해南海, 욱림郁林, 창오蒼梧, 합포合浦, 구진九眞, 일남日南, 교지交趾, 주애珠崖, 담이儋耳 등 9개 군을 설치했다. 이어 서남이를 멸망시킨 뒤 무도武都, 장가牂柯, 월휴越巂, 침려沈黎, 문산汶山 등 5개 군을 설치했다. 이때 계양군桂陽郡을 나눠 영릉군零陵郡을 만들었다. 앞서 기원전 135년에는 야랑夜郎을 멸망시키고 건위군犍爲郡을 설치하고, 같은 해 전국滇國을 멸망시키고 익

다스리게 하며 부세를 거두지 않았다. 남양南陽하남성 남양시과 한중漢中섬서성 남정현에서 군으로 가는데 각기 그 땅이 멀고 가까운 차례대로 처음으로 군의 이졸에게 봉식奉食과 폐물幣物, 전거傳車, 마피구馬皮具를 공급했다.

처음으로 만든 군에서는 때로 조그만 반란이 일어나 하급 관원이 죽기도 했다. 한나라는 남방의 이졸을 발동해 반란을 일으킨 자들을 죽였다. 그 수가 1년에 만여 명이나 됐다. 비용은 모두 대농大農에서 공급했다. 대농에서는 균수均輸와 염철을 조절해 부세를 보조했기 때문에 이를 감당할 수 있었다. 그러나 군사들이 지나간 현에서는 현이 갖고 있는 재물만으로도 그들에게 필요한 것을 공급하는 데 부족함이 없었다. 감히 천부법擅賦法을 발동하겠다는 말을 꺼낼 필요도 없었던 이유다.[185]

13) 이 해에 어사중승御史中丞인 남양 사람 두주杜周가 정위가 됐다. 두주는 겉으로는 관대해 보였지만 속으로는 각박하기가 이를 데 없는 사람이었다. 그가 다스리는 방법은 대체로 장탕張湯을 모방하고 있었다. 이때 조서를 받아 처리하는 옥사가 더욱 많아져 2천석 봉록을 받는 벼슬을 하는 사람 가운데 옥사에 연계된 사람만도 새로 관련된 사람과 먼저 관련된 사람들이 줄을 이어 100명에서 줄어들지 않았다.

정위가 1년에 고발한 사건은 1,000여 건이나 됐다. 고발상에 언세된 사람은 큰 사건의 경우 수백 명, 작은 사건의 경우 수십 명에 이르렀다. 거리로 따져도 멀리는 수천 리 밖의 사람으로부터 가까이 있다 해도 수백 리 떨어져 있는 사람들이 옥사로 인해 만나야 했다.

정위와 경사의 여러 관청인 중도관中都官의 조서로 빚어진 옥사로 인

주군益州郡을 설치한 바 있다. 이들을 모두 합치면 17개 군이 된다.

185 무제는 처음에 흉노를 공격할 때 대사농에서 거둔 부세는 모두 전사를 위해 썼다. 천부법이 생겼는데 이 경우는 균수법과 염철 조절을 통해 국가가 재정을 확보했기 때문에 전쟁 비용을 위해 천부법을 사용하지 않았다.

해 체포된 사람이 6–7만 명에 달했다. 이를 처리할 하급관원이 죄수를 증가시킨 수가 10여만 명이나 됐다.

** 起玄黓涒灘, 盡玄黓敦牂, 凡十一年.

* 世宗孝武皇帝元封二年

冬, 十月, 上行幸雍, 祠五時. 還, 祝祠泰一, 以拜德星.

春, 正月, 公孫卿言曰, "見神人東萊山, 若雲欲見天子." 天子於是幸緱氏城, 拜卿為中大夫, 遂至東萊, 宿留之, 數日, 無所見, 見大人跡云. 復遣方士求神怪, 採芝藥, 以千數. 時歲旱, 天子既出無名, 乃禱萬里沙. 夏, 四月, 還, 過祠泰山.

初, 河決瓠子, 後二十餘歲不復塞, 梁·楚之地尤被其害. 是歲, 上使汲仁·郭昌二卿發卒數萬人塞瓠子河決. 天子自泰山還, 自臨決河, 沈白馬·玉璧於河, 令群臣·從官自將軍以下皆負薪, 卒填決河. 築宮其上, 名曰宣防宮. 導河北行二渠, 復禹舊跡, 而梁·楚之地復寧, 無水災.

上還長安.

初令越巫祠上帝·百鬼, 而用雞卜.

公孫卿言仙人好樓居, 於是上令長安作蜚廉·桂觀, 甘泉作益壽·延壽觀, 使卿持節設具而候神人. 又作通天莖台, 置祠具其下. 更置甘泉前殿, 益廣諸宮室.

初, 全燕之世, 嘗略屬直番·朝鮮, 為置吏, 築障塞. 秦滅燕, 屬遼東外徼. 漢興, 為其遠難守, 復修遼東故塞, 至水具水為界, 屬燕. 燕王盧綰反, 入匈奴. 燕人衛滿亡命, 聚黨千餘人, 椎髻·蠻夷服而東走出塞, 渡水具水, 居秦故空地上下障, 稍役屬真番·朝鮮蠻夷及燕亡命者王之, 都王險. 會孝惠·高後時, 天下初定, 遼東太守即約滿為外臣, 保塞外蠻夷, 無使盜邊. 諸蠻夷君欲入見天子, 勿得禁止. 以故滿得以兵威財物侵降其旁小邑, 眞番·臨屯皆來服屬, 方數千里. 傳子至孫右渠, 所誘漢亡人滋多, 又未嘗入見, 辰國欲上書見天子, 又雍閼不通. 是歲, 漢使涉何誘諭, 右渠終不肯奉詔. 何去至界上, 臨水貝水, 使御刺殺送何者朝鮮裨王長, 即渡, 馳入塞, 遂歸報天子曰, "殺朝鮮將." 上為其名美, 即不詰, 拜何為遼東東部都尉. 朝鮮怨何, 發兵襲攻殺何.

六月, 甘泉房中產芝九莖, 上為之赦天下.

上以旱為憂, 公孫卿曰, "黃帝時, 封則天旱, 乾封三年." 上乃下詔曰, "天旱, 意乾封乎!"

秋, 作明堂於汶上.

上募天下死罪為兵, 遣樓船將軍楊僕從齊浮渤海, 左將軍荀彘出遼東, 以討朝鮮.

初, 上使王然於以越破及誅南夷兵威喻滇王入朝. 滇王者, 其眾數萬人, 其旁東北有勞深·靡莫, 皆同姓相杖, 未肯聽. 勞深·靡莫數侵犯使者吏卒. 於是上遣將軍郭昌·中郎將衛廣發巴·蜀兵擊滅勞深·靡莫, 以兵臨滇. 滇王舉國降, 請置吏入朝, 於是以為益州郡, 賜滇王王印, 復長其民.

是時, 漢滅兩越, 平西南夷, 置初郡十七, 且以其故俗治, 毋賦稅. 南陽·漢中以往郡, 各以地比, 給初郡吏卒奉食·幣物·傳車·馬被具. 而初郡時時小反, 殺吏, 漢發南方吏卒往誅之, 間歲萬餘人, 費皆仰給大農. 大農以均輸·調鹽鐵助賦, 故能贍之. 然兵所過, 縣為以訾給毋乏而已, 不也言擅賦法矣.

是歲, 以御史中丞南陽杜周為廷尉. 周外寬, 內深次骨, 其治大放張湯. 時詔獄益多, 二千石系者, 新故相因, 不減百餘人. 廷尉一歲至千餘章，章大者連逮證案數百，小者數十人，遠者數千，近者數百里會獄。廷尉及中都官詔獄至六七萬人，吏所增加，十萬餘人。

한무제 원봉 3년(BC 108)

1) 겨울 12월, 천둥이 치고 우박이 내렸다. 큰 것은 말의 머리만 했다.

2) 황제가 장군 조파노趙破奴를 파견해 차사국車師國신강성 투르판을 공격했다. 조파노는 가볍게 무장한 기병 700여 명과 더불어 먼저 도착해 누란왕樓蘭王을 포로로 잡고, 마침내 차사국을 공격해 깨뜨렸다. 군사를 동원한 위엄을 가지고 오손과 대원의 무리들을 어렵게 했다.

봄 정월 27일, 조파노를 착야후浞野侯에 봉했다. 왕회王恢는 조파노를 보좌해 누란을 공격했다. 왕회를 호후浩侯에 봉했다. 주천酒泉감숙성 주천현에서부터 옥문玉門에 이르기까지 방어시설인 정亭과 장障이 늘어서 있게 됐다.

3) 처음으로 씨름놀이인 각저희角牴戲, 마술놀이인 어룡魚龍, 큰 짐승 놀이인 만연曼延 같은 것들이 만들어졌다.

4) 한나라 군사가 조선의 경계지역으로 들어가자 조선왕인 위우거衛右渠는 군사를 발동해 험준한 곳에서 항거했다. 누선장군이 제나라 병사 7천 명을 이끌고 먼저 왕검王儉에 도착했다. 성을 지키던 위우거衛右渠는 누선장군의 군사가 적은 것을 알고 바로 성을 나와 누선장군을 공격했다.

패한 누선장군의 군사가 흩어져 산 속으로 숨어 들어갔다. 10여 일이 지나 물러나자 흩어져 있던 병사들을 조금씩 찾아 다시 모았다. 좌장군이 조선의 패수 서쪽에 있던 군사를 공격했으나 깨뜨릴 수가 없었다. 두 장군으로는 이길 수 없을 것이라고 판단한 천자는 위산衛山으로 하여금 군사적인 위협을 가하면서 위우거에게 항복하기를 권하게 했다.

위우거는 사자에게 머리를 조아린 채 사죄했다.

"저도 항복을 원했습니다. 그러나 두 장군이 속이고 나를 죽일까 두려웠습니다. 지금 신부信符인 부절을 보았으니 청컨대 항복하고자 합니다."

이후 태자를 파견해 한나라에 들어가 사죄하게 하고, 말 5천 필을 헌납하고 군량을 공급했다.

태자를 호송하는 1만여 명의 무리들이 무기를 들고 패수浿水를 건너려고 할 때 사자와 좌장군은 그들이 변심할까 의심해 태자에게 말했다.

"이미 항복을 했으니 의당 사람들에게 무기를 지니지 못하게 하시오."

태자도 사자와 좌장군이 자신을 속이고 죽일 것으로 의심해 결국 패수를 건너지 못하고 다시 돌아갔다. 위산이 돌아가 그 사실을 천자에게 보고하자 천자가 위산을 죽였다.

좌장군이 패수에서 수비군을 격파하고 성 아래에 이르러 서북쪽을 포위했다. 누선장군도 역시 그곳으로 가서 성의 남쪽을 포위했다. 그러나 위우거가 굳게 성을 지키니 몇 달이 지나도 함락시킬 수가 없었다.

좌장군이 거느리는 연나라와 대나라 땅의 병사들은 대부분 강하고 사나웠지만 누선장군이 거느리는 제나라 땅의 병졸들은 일찍이 패망하여 곤욕을 치렀기 때문에 모두 두려워했고, 장교들도 마음에 창피함과 부끄러움이 있었다. 위우거를 포위하고도 늘 화의할 수 있는 부절을 갖고 있었다.

좌장군이 급히 공격하자 조선의 대신들은 몰래 사람을 시켜 사사로이 누선장군에게 항복하기로 약속했다. 이처럼 오락가락 했지만 이 언약은 아직 결정 나지 않았다. 그때 좌장군은 수차례 누선장군과 전투를 하기로 기약했으나 누선장군은 나름대로 조선과의 약속을 지키려고 좌장군의 뜻에 따르지 못했다.

좌장군 역시 몰래 사람을 시켜 조선에게 항복을 권했으나 조선은 따르지 않고, 마음으로 누선장군에게 귀부하고 있었다. 두 장수는 서로 용납

할 수가 없었다. 좌장군은 내심 누선장군이 전에 군사를 잃은 죄를 염두에 두고 있다고 생각했다. 그는 이번에는 누선장군이 조선과 사사로이 잘 지내면서 조선이 항복하지를 않으니 그가 반란을 일으킬 계획을 갖고 있으면서 아직 감히 발동하지 못하는 것으로 의심했다.

천자는 두 장군이 성을 포위하고 있으면서 서로 어긋나 있는 데다 군사 행동도 오래도록 결판이 나지 않자 제남濟南산동성 역성현의 태수 공손수公孫遂를 보내 이를 바로잡게 하면서 공손수에게 상황에 따라 편리한 대로 처리하라고 했다.

공손수가 도착하자 좌장군이 말했다.

"조선은 마땅히 벌써 함락됐어야 하는데 이토록 오랫동안 떨어뜨리지 못하는 것은 누선장군이 누차 약속을 어기고 전투에 나타나지 않기 때문입니다."

이어 평소에 갖고 있던 생각까지 모두 보고한 뒤 말했다.

"지금 이와 같으니 누선장군을 잡지 않으면 커다란 해가 될까 두렵습니다."

공손수도 그 말을 옳게 여겼다. 부절을 갖고 누선장군에게 좌장군의 진영에서 함께 일을 도모하자고 불렀다. 그가 도착하자 공손수는 즉시 좌장군 휘하에 있던 병사들을 시켜 누선장군을 체포한 뒤 그의 군사를 합병토록 명했다. 처리한 뒤 천자에게 보고하자 천자가 공손수를 죽였다.

좌장군은 이미 두 부대를 합병했으므로 즉시 급하게 조선을 공격했다. 조선의 재상인 노인路人과 다른 재상 한음韓陰, 니계尼谿의 재상 참參과 장군 왕겹王唊이 서로 모의했다.

"당초 누선장군에게 항복하려고 했는데 누선장군은 지금 잡혀 있고, 좌장군 홀로 모든 군사를 이끌고 있어 전투가 더욱 급해지니 그들과 더불어 싸울 수 없을까 걱정입니다. 그런데 우리의 왕은 항복하려고 하지를 않습니다."

한음과 왕겹, 노인은 모두 한나라에 망명해 항복했다. 노인은 도중에 죽었다.

여름, 니계의 재상 참이 사람을 시켜 조선왕 위우거를 죽이고 투항했다. 그러나 왕검성은 아직 함락되지 않았다. 옛날 위우거의 대신이었던 성기成已가 반란을 일으켜 다시 한나라의 하급관원을 공격했다. 좌장군은 위우거의 아들 위장衛長과 항복한 재상인 노인의 아들 노최路最로 하여금 그 백성들을 깨우치게 하여 성기를 죽였다.

드디어 조선을 평정한 뒤 낙랑樂浪과 임둔臨屯, 현도玄菟, 진번眞番의 4개 군을 만들었다. 이어 참을 홰청후澅淸侯, 위장衛長을 기후幾侯로 삼았다. 노최는 부친이 죽음으로써 공을 세운 덕분에 열양후涅陽侯에 봉해졌다.

좌장군은 소환돼 서로 공을 다투고 질투하여 계획을 그르쳤다는 죄목으로 목이 베어져 저자에 내걸렸다. 누선장군 역시 요동의 열수列水가 바다로 들어가는 열구列口에 도착하면 좌장군을 기다려야 하는데 임의로 먼저 행동해 많은 병사들을 잃게 했으므로 마땅히 죽여야 했다. 돈을 받고 속죄시켜 서인을 만들었다.

반고가『한서』에서 이같이 평했다.

"현도와 낙랑은 본래 기자箕子의 봉지이다. 옛날 기자는 조선에 있으면서 그 백성을 예의로 가르쳤고, 밭 갈고 누에 치고 길쌈을 하게 했다. 백성들을 위해 8조목의 금령을 두었다. 살인을 하면 즉시 죽이고, 남을 다치게 하면 곡식으로 배상하고, 도둑질을 하면 남자는 적몰하여 그 집의 가노가 되고 여자는 비婢로 삼았다. 스스로 속죄하기를 바라는 사람은 한 사람 당 50만 전으로 속죄하게 했다. 그러나 비록 면죄가 돼 다시 민民이 될지라도 풍속에서는 이를 수치로 생각했고, 시집가고 장가들지 못했다. 그 백성들은 도둑질을 하지 않아 문호門戶를 닫는 일이 없었고, 부인은 곧고 믿을 수 있어 음란하지 않았다. 그 전야에서는 음식을 변두籩豆에 담고, 도읍에서는 관원들의 방법을 본받았다. 왕왕 술잔 모양의 그릇에 밥을 담아 먹었다. 군에서는 처음에 요동에서 하급관원을 데려오자 이 하급 관원들은 백성들이 문을 닫지도 않고 물건을 감추지도 않는 것을 보았으나 상인으로 그곳에 간 사람들이 밤에 도둑질을 하게 돼 인심이 점차 야박해졌다. 지금은 법을 범하는 일이 많아져 금법도 60여 조목에 이르게 됐다. 귀하다고 할 것이니, 인연仁賢으로 교화된 것이여. 그러나 동이의 천성이 유순해 다른 세 방향에 사는 사람들과는 다르다. 공자도 도가 실행되지 않음을 애도하고, 바다에 뗏목을 띄워 구이九夷에 살고 싶다고 했다. 있을 법한 말이다."

5) 가을 7월, 한경제의 아들인 교서국膠西國의 우왕于王 유단劉端[186]이 죽었다.

6) 무도군武都郡에 사는 저족氐族이 반란을 일으켰다. 이들을 분산시켜 주천酒泉으로 이주시켰다.

* 世宗孝武皇帝元封三年

冬, 十二月, 雷. 雨雹, 大如馬頭. 上遣將軍趙破奴擊車師. 破奴與輕騎七百餘先至, 虜樓蘭王, 遂破車師, 因擧兵威以困烏孫·大宛之屬. 春, 正月, 甲申, 封破奴為浞野侯. 王恢佐破奴擊樓蘭, 封恢為浩侯. 於是酒泉列亭障至玉門矣.

初作角抵戲·魚龍曼延之屬.

186 유단劉端이 『사기』와 『한서』에는 단端으로 나오나 순열荀悅의 『한기』에는 서瑞로 돼 있다.

漢兵入朝鮮境，朝鮮王右渠發兵距險．樓船將軍將齊兵七千人先至王險．右渠城守，窺知樓船軍少，即出城擊樓船．樓船軍敗散，遁山中十餘日，稍求退散卒，復聚．左將軍擊朝鮮水具水西軍，未能破．天子為兩將未有利，乃使衛山因兵威往諭右渠．右渠見使者，頓首謝曰，"願降，恐兩將詐殺臣，今見信節，請復降．"遣太子入謝，獻馬五千匹，及饋軍糧．人眾萬餘，持兵方渡水具水．使者及左將軍疑其為變，謂太子曰，"已服降，宜令人毋持兵．"太子亦疑使者·左將軍詐殺之，遂不渡水具水，復引歸．山還報天子，天子誅山．

左將軍破水具水上軍，乃前至城下，圍其西北，樓船亦往會，居城南．右渠遂堅守城，數月未能下．左將軍所將燕·代卒多勁悍，樓船將齊卒已嘗敗亡困辱，卒皆恐，將心慚，共圍右渠，常持和節．左將軍急擊之．朝鮮大臣乃陰間使人私約降樓船，往來言尚未肯決．左將軍數與樓船期戰，樓船欲就其約，不會．左將軍亦使人求間隙降下朝鮮，朝鮮不肯，心附樓船，以故兩將不相能．左將軍心意樓船前有失軍罪，今與朝鮮私善，而又不降，疑其有反計，未敢發．

天子以兩將圍城乖異，兵久不決，使濟南太守公孫遂往正之，有便宜得以從事．遂至，左將軍曰，"朝鮮當下，久之不下者，樓船數期不會．"具以素所意告，曰，"今如此不取，恐為大害．"遂亦以為然，乃以節召樓船將軍入左將軍營計事，即命左將軍麾下執樓船將軍，並其軍．以報天子，天子誅遂．

左將軍已並兩軍，即急擊朝鮮．朝鮮相路人·相韓陰·尼谿相參·將軍王唊相與謀曰，"始欲降樓船，樓船今執，獨左將軍並將，戰益急，恐不能與戰．王又不肯降．"陰·唊·路人皆亡降漢，路人道死．夏，尼谿參使人殺朝鮮王右渠來降．王險城未下，故右渠之大臣成已又反，復攻吏．左將軍使右渠子長·降相路人之子最告諭其民．誅成已．以故遂定朝鮮, 為樂浪·臨屯·玄菟·真番四郡. 封參為澅清侯, 陰為荻苴侯, 唊為平州侯, 長為幾侯, 最以父死頗有功, 為涅陽侯. 左將軍征至, 坐爭功相嫉乖計, 棄

市. 樓船將軍亦坐兵至列口, 當待左將軍, 擅先縱, 失亡多, 當誅, 贖為庶人.

班固曰, "玄菟·樂浪, 本箕子所封. 昔箕子居朝鮮, 教其民以禮義, 田蠶織作, 為民設禁八條, 相殺, 以當時償殺. 相傷, 以穀償. 相盜者, 男沒入為其家奴, 女為婢. 欲自贖者人五十萬, 雖免為民, 俗猶羞之, 嫁娶無所售. 是以其民終不相盜, 無門戶之閉, 婦人貞信不淫辟. 其田野飲食以籩豆, 都邑頗放效吏, 往往以杯器食. 郡初取頖於遼東, 吏見民無閉臧, 及賈人往者, 夜則為盜, 俗稍益薄, 今於犯禁浸多, 至六十餘條. 可貴哉, 仁賢之化也! 然東夷天性柔順, 異於三方之外. 故孔子悼道不行, 設浮桴於海, 欲居九夷, 有以也夫!"

秋, 七月, 膠西於王端薨.

武都氐反, 分徙酒泉.

한무제 원봉 4년(BC 107)

1) 겨울 10월, 황제가 옹에 행차해 오치에 제사를 지냈다. 회중回中감숙성 고원현 일대로 가는 길을 개통해 마침내 북쪽으로 가서 동남쪽의 소관蕭關을 나가 독록산獨鹿山과 명택호鳴澤湖를 거쳐 대代하북성 울현에서 돌아와 하동河東산서성 하현에까지 행차했다.

봄 3월, 후토后土에 제사를 올리고 분음汾陰산서성 영하현과 하양夏陽섬서성 한성현, 중도中都산서성 평요현 땅에서 사형 이하의 죄를 범한 사람을 사면했다.

2) 여름, 크게 가물었다.

3) 흉노는 위청과 곽거병이 사막을 건넌 이후 다시는 노략하지 못하고 멀리 북쪽으로 옮겨 가 병사와 말을 기르면서 활쏘기와 사냥 연습을 했다. 이어 수차례 사자를 한나라에 보내 좋은 말과 달콤한 이야기로 화친을 청했다.

한나라는 북지北地감숙성 영현 출신 왕오王烏 등에게 흉노를 살피게 했다. 왕오가 그들의 풍속을 좇아 부절을 한편에 두고 그들의 장막에 들어가자 선우는 그를 아끼면서 거짓으로 달콤한 이야기를 하면서 태자를 한나라에 인질로 보내겠다고 했다.

한나라는 다시 양신楊信을 흉노에 보냈다. 이때 양신이 그들의 풍속을 좇지 않았더니 선우가 말했다.

"예전에는 한나라가 옹주를 파견하고 비단 솜과 먹을 것을 보내면서 화친하자고 했고, 흉노 또한 변방을 시끄럽게 하지 않는다고 피차 약속을 했소. 지금 옛 약속과는 달리 나의 태자를 인질로 보내라고 하니 그리 되면 흉노에게 이득 될 게 거의 아무것도 없지 않소."

양신이 돌아오고 나서 한나라는 또다시 왕오를 보냈다. 선우는 다시 달콤한 말로 아부했다. 한나라의 재물을 얻으려고 왕오를 속이면서 말했다.

"내가 한나라에 들어가 천자를 대면하고 서로 형제의 약속을 하고 싶소."

왕오가 돌아가서 한나라에 보고하자 한나라에서는 선우를 위해 장안에 저택을 지었다.

흉노가 말했다.

"한나라에서 귀한 사람이 사자로 오지 않으면 나는 더불어 진실된 말을 할 수 없다."

흉노는 그들의 귀한 사람 가운데 한 명을 한나라에 사자로 보냈으나 그가 병이 들었다. 한나라에서는 흉노의 사자에게 약을 주며 쾌유시키려 애썼으나 불행히도 그는 죽고 말았다.

한나라는 노충국路充國에게 2천석 녹질을 받는 관직의 인수를 패용하게 하고 사자로 보내면서 죽은 흉노 사자의 관을 호송시켰다. 뿐만 아니라 후하게 장사지내라고 수천 금을 덧붙여 보냈다. 그러면서 말했다.

"이 사람이 한나라의 귀한 사람이오."

선우는 한나라가 자기네 귀한 사자를 죽였다고 우기며 끝내 노충국을 그곳에 머물게 하고 돌려보내지 않았다.

그동안의 여러 가지 말은 선우가 빈말로 왕오를 속인 것이고, 선우가 한나라에 들어오거나 태자를 파견할 뜻은 전혀 없었던 것이다. 이후로도 흉노는 수차례 한나라 변경을 습격했다. 한나라는 곽창郭昌을 발호장군拔胡將軍으로 삼아, 착야후 조노파와 함께 삭방朔方의 동부 땅에 주둔하며 흉노에 대비케 했다.

* 世宗孝武皇帝元封四年

冬, 十月, 上行幸雍, 祠五時. 通回中道, 遂北出蕭關. 歷獨鹿·鳴澤, 自代而還, 幸河東. 春, 三月, 祠後土, 赦汾陰·夏陽·中都死罪以下.

夏, 大旱.

匈奴自衛·霍度幕以來, 希復為寇, 遠徙北方, 休養士馬, 習射獵, 數使使於漢, 好辭甘言求請和親. 漢使北地人王烏等窺匈奴, 烏從其俗, 去節入穹廬, 單于愛之, 佯許甘言, 為遣其太子入漢為質. 漢使楊信於匈奴, 信不肯從其俗, 單于曰, "故約漢嘗遣翁主, 給繒絮食物有品, 以和親, 而匈奴亦不擾邊. 今乃欲反古, 令吾太子為質, 無幾矣." 信既歸, 漢又使王烏往, 而單于復諂以甘言, 欲多得漢財物, 紿謂王烏曰, "吾欲入漢見天子, 面相約為兄弟." 王烏歸報漢, 漢為單于築邸於長安. 匈奴曰, "非得漢貴人使, 吾不與誠語." 匈奴使其貴人至漢, 病, 漢予藥, 欲愈之, 不幸而死. 漢使路充國佩二千石印綬往使, 因送其喪, 厚葬直數千金, 曰, "此漢貴人也." 單于以為漢殺吾貴使者, 乃留路充國不歸. 諸所言者, 單于特空紿王烏, 殊無意入漢及遣太子. 於是匈奴數使奇兵侵犯漢邊. 乃拜郭昌為拔胡將軍, 及浞野侯屯朔方以東, 備胡.

한무제 원봉 5년(BC 106)

1) 겨울, 황제가 남쪽으로 가서 순수했다. 성당盛唐안휘성 육안현에 이르러 구의산九疑山호남성 영원현 창오산에서 순임금이 묻힌 창오산을 바라보며 제사를 지냈다. 이후 첨현灊縣안휘성 곽한현에 있는 천주산天柱山에 올랐다가 심양尋陽호북성 황매현에 와서 장강長江에서 배를 타고 친히 다리가 넷 달린 물속의 괴물인 장강의 교蛟를 활로 쏘아 포획했다.

1,000리나 이어져 있던 무제의 선단船團은 종양樅陽안휘성 종양현에서 상륙했다. 다시 북쪽으로 향해 낭야琅邪산동성 제성현에 도착해 해안을 따라가다가 지나는 곳마다 명산과 대천에 제사를 지냈다.

봄 3월, 다시 태산에 이르렀고 제단을 쌓은 봉토를 높였다.

3월 21일, 처음으로 명당에서 상제에게 제사를 올리고, 고조를 배향했다. 이어 제후왕과 열후들의 조현을 받았다. 각 봉국과 군의 결산을 접수했다.

여름 4월, 천하에 사면령을 내렸다. 또 황제가 행차했던 현에는 금년의 조세를 내지 않도록 했다. 감천궁에 행차했다. 태치의 태일신에 제사를 지냈다.

2) 장평열후長平列侯인 위청이 죽었다. 무덤을 만들었는데 마치 흉노

의 접경지대인 여산廬山과 같은 모양이다.

3) 이미 흉노와 월을 물리치고 영토를 개척한 황제는 이내 교지交趾[187]와 삭방朔方이라는 주를 두었다. 기주冀州와 유주幽州, 병주幷州, 연주兗州, 서주徐州, 청주青州, 양주揚州, 형주荊州, 예주豫州, 익주益州, 양주凉州 등 13부部를 설치하고, 모든 주에 감독관인 부자사部刺史 즉 주자사州刺史를 두었다.

4) 황제는 이름난 문무관원들이 거의 다 없어질 지경이 되자 조서를 내렸다.

"보통을 뛰어넘는 사람만이 보통을 뛰어넘는 공을 세울 수 있다. 여러 말 가운데는 달리고 뛰어올라 다루기가 어렵지만 하루에 1,000리를 달리는 말도 있을 것이다. 사士 가운데 혹 속된 허물을 짊어지고는 있으나 공명을 세우는 사람이 있을 것이다.

수레를 뒤엎는 말이나 법도를 지키지 않는 인사라 할지라도 제대로 다루기만 하면 능히 쓸 수 있을 것이다. 각 주와 군에 명하니 이민吏民을 살펴 무재茂才와 특이한 사람이 있으면 장군이나 재상 또는 멀리 떨어져 있는 나라에 보낼 사자로 삼을 수 있도록 하라."

* 世宗孝武皇帝元封五年

冬, 上南巡狩, 至於盛唐, 望祀虞舜於九疑. 登灊天柱山, 自尋陽浮江, 親射蛟江中, 獲之. 舳艫千里, 薄樅陽而出, 遂北至琅邪, 並海, 所過禮祠其名山大川. 春, 三月, 還至太山, 增封. 甲子, 始祀上帝於明堂, 配以高祖, 因朝諸侯王·列侯, 受郡·國計. 夏, 四月, 赦天下, 所

187 본문에는 교지지주交趾之州로 나와 있으나 이는 교주交州를 가리키는 말이다. 지금의 광동성 및 광서성을 포함해 베트남의 북부지역을 아우르는 지역을 가리킨다.

幸縣毋出今年租賦. 還, 幸甘泉, 郊泰畤.

長平烈侯衛青薨. 起塚, 像廬山.

上既攘卻胡·越, 開地斥境, 乃置交趾·朔方之州, 及冀·幽·並·兗·徐·青·揚·荊·豫·益·涼等州, 凡十三部, 皆置刺史焉.

上以名臣文武欲盡, 乃下詔曰, "蓋有非常之功, 必待非常之人. 故馬或奔踶而致千里, 士或有負俗之累而立功名. 夫泛駕之馬, 跅弛之士, 亦在御之而已. 其令州·郡察吏·民有茂才·異等可為將·相及使絕國者."

한무제 원봉 6년(BC 105)

1) 겨울, 황제가 회중回中감숙성 고원현에 행차했다.

2) 봄, 수산궁首山宮산서성 영제현을 건축했다.

3) 3월, 하동河東으로 행차해 후토에 제사를 지내고 분음지역에서 사형 이하의 죄를 지은 자들을 사면했다.

4) 이미 서남이를 정복해 건위, 월휴, 심여, 문산, 익주 등 5개 군郡을 설치한 한나라는 길을 하나 만들어 대하大夏[188]로 통하게 했다. 이 길을 따라 1년에 10여 차례 사자를 파견했는데 새로 생긴 군에서 출발했다. 그러나 이들은 가다가 모두 곤명昆明에서 막혀 사자들은 죽고 폐물은 빼앗겼다.

천자는 경사京師에 사는 사람들 가운데 망명한 사람들을 사면해 종군하게 하고, 발호장군拔胡將軍 곽창郭昌을 파견해 그들을 쳐서 수십만 명이나 목을 베었다. 그 후에 다시 사자를 파견했으나 끝내 이 땅을 통과할

188 대하大夏는 지금의 아프가니스탄 북부로 『사기』「대원열전」은 남시성藍市城으로 표현해 놓았다.

수 없었다.

5) 가을, 크게 가뭄이 들었고 황충의 재앙도 있었다.

6) 오손의 사자가 한나라가 넓고 큰 것을 보고 자기 나라에 귀국해 이를 보고했다. 오손에서는 더욱 더 한나라를 중시했다. 흉노는 오손이 한나라와 통교한다는 소문을 듣고 대로해 오손을 공격하고자 했다. 그러나 그 옆의 대원과 월시의 무리들도 모두 한나라를 섬겼다.

이리 되자 두려워진 오손은 사자를 보내 한나라의 공주를 취하고 형제가 되기를 원했다. 천자가 군신들과 더불어 의논하고 이를 허락했다. 오손은 1,000필의 말을 가지고 와 한나라 공주를 데려갔다. 한나라는 강도왕江都王 유건劉建의 딸 유세군劉細君을 공주로 삼아 오손왕의 처가 되게 하고, 아주 많은 선물을 더불어 보냈다.

오손왕 곤막은 그 공주를 우부인右夫人으로 삼았다. 흉노 또한 선우의 딸을 곤막에게 보내 처로 삼게 하자 오손에서는 그를 좌부인左夫人으로 삼았다. 한나라 공주는 따로 궁실을 짓고 살면서 1년에 한두 번 곤막과 만나 연회를 베풀고 음식을 먹었다. 곤막은 나이가 많았고 언어도 통하지 않았으므로 공주는 슬퍼하면서 돌아오고 싶어 했다. 이 소식을 들은 천자는 공주를 가련히 여겨 격년으로 사자를 파견해 휘장揮帳과 금수錦繡를 보내주었다.

곤막이 말했다.

"나는 늙었다."

그러고는 자기 손자인 잠취岑娶로 하여금 공주를 취하게 하려고 했다. 공주는 이 말을 듣지 않고 무제에게 서장書狀을 올렸다. 천자가 회답했다.

"그 나라의 풍속을 좇도록 하라. 나는 오손국과 더불어 흉노를 멸망시키고 싶다."

공주는 잠취의 처가 됐다. 곤막이 죽자 잠취가 즉위해 곤미昆彌가 됐

다.[189]

이때 한나라 사자가 서쪽으로 가서 총령葱嶺을 넘어 안식국安息國이란에 도착했다. 안식국에서도 사자를 보내 타조 알과 여헌黎軒의 눈을 현혹시키는 재주를 가진 사람을 한나라에 바쳤다.[190] 또한 여러 작은 나라들인 환잠국驩潛國과 대익국大益國, 차사국車師國신강성 투르판, 우미국扜冞國신강성 우전현, 소해국蘇韰國강거국 부용국 등도 모두 한나라 사자를 좇아와 천자에게 물건을 바치고 알현했다. 천자가 크게 기뻐했다.

서역에 있는 여러 나라 사자들이 오고 갔다. 천자는 해상을 순수할 적마다 외국의 손님들을 데리고 갔다. 대도시나 사람이 많은 곳을 지날 때면 그들에게 재물과 금전을 상으로 내려주었고, 모든 것을 후하게 공급했다. 한나라가 부유하고 넉넉함을 보여주었다. 또한 대각저大角抵 놀이와 기이한 희극을 연출하고 기이한 물건을 전시하는 곳에서는 많은 관람자를 모았다.

또한 상을 내려주는 일을 시행하고, 주지육림의 연회를 열고, 외국 손님들에게 각 창고에 쌓아둔 물건을 두루 관람시켰다. 이로써 한나라가 크고 넓다는 것을 보여주어 그들을 놀라게 했다. 대원국 주변에서는 포도가 많이 생산돼 술을 만들 수가 있었다. 또한 목숙苜蓿이 많이 생산돼 대원국의 명마인 천마天馬가 이를 좋아했다. 한나라 사자들이 그 과실들을 따오자 천자는 그것을 이궁離宮의 별관別觀 옆에다 심어놓고 지극하게

189 오손국의 왕호는 곤막昆莫이다. 곤막의 원래 이름은 엽교미獵驕靡이나 후에 곤미昆靡로 바꿨다. '곤'은 곤막에서, '미'는 교미에서 따온 것이다. '彌'와 '靡'는 동음으로 '靡' 대신 '彌'를 쓴 것이다.

190 '여헌'은 '여간'이라고도 한다. 후한 때는 대진국, 당나라 때에는 불름국으로 불렀다. 이는 안식국과 오과국의 서쪽에 위치해 대해를 건너 있다. 안식국은 지금의 이란으로 서구를 지칭한 것이다. 대략 로마제국을 칭한 것으로 풀이되고 있다.

바라보았다. 서역은 흉노와 가까워 늘 그들을 두려워했다. 흉노 사자들에 대한 접대가 한나라 사자들에 대한 것보다 후했던 이유다.

7) 이 해에 흉노의 오유선우烏維單于가 죽고, 그의 아들 오사려烏師廬가 계승했다. 그의 나이가 어려 '아선우兒單于'라고 불렀다. 이후 선우는 더욱 서쪽으로 옮겨가 왼쪽으로는 운중雲中, 오른쪽으로는 주천酒泉과 돈황군敦煌郡에 군사를 주둔시켰다.[191]

＊ 世宗孝武皇帝元封六年

冬, 上行幸回中.

春, 作首山宮.

三月, 行幸河東, 祠後土, 赦汾陰殊死以下.

漢既通西南夷, 開五郡, 欲地接以前通大夏, 歲遣使十餘輩出此初郡, 皆閉昆明, 為所殺, 奪幣物. 於是天子赦京師亡命, 令從軍, 遣拔胡將軍郭昌將以擊之, 斬首數十萬. 後復遣使, 竟不得通.

秋, 大旱, 蝗.

烏孫使者見漢廣大, 歸報其國, 其國乃益重漢. 匈奴聞烏孫與漢通, 怒, 欲擊之. 又其旁大宛·月氏之屬皆事漢, 烏孫於是恐, 使使願得尚漢公主, 為昆弟. 天子與群臣議, 許之. 烏孫以千匹馬往聘漢女. 漢以江都王建女細君為公主, 往妻烏孫, 贈送甚盛. 烏孫王昆莫以為右夫人. 匈奴亦遣女妻昆莫, 以為左夫人. 公主自治宮室居, 歲時一再與昆莫會, 置酒飲食. 昆莫年老, 言語不通, 公主悲愁思歸, 天子聞而憐之, 間歲遣使者以帷帳錦繡給遺焉. 昆莫曰, "我老," 欲使其孫

191 흉노의 좌군은 본래 상곡 동쪽에 주둔하고, 우군은 상군에 주둔했다. 선우의 조정은 대代와 운중에 있었다. 이때 서쪽으로 옮겨가면서 좌우군左右軍도 옮겨가게 된 것이다.

岑娶尚公主. 公主不聽, 上書言狀. 天子報曰, "從其國俗, 欲與烏孫共滅胡." 岑娶遂妻公主. 昆莫死, 岑娶代立, 為昆彌.

是時, 漢使西逾蔥嶺, 抵安息. 安息發使, 以大鳥卵及黎軒善眩人獻於漢, 及諸小國驩潛·大益·車姑師·扜冞·蘇E之屬, 皆隨漢使獻見天子, 天子大悅. 西國使更來更去, 天子每巡狩海上, 悉從外國客, 大都·多人則過之, 散財帛以賞賜, 厚具以饒給之, 以覽示漢富厚焉. 大角抵, 出奇戲·諸怪物, 多聚觀者. 行賞賜, 酒池肉林, 令外國客遍觀名倉庫府藏之積, 見漢之廣大, 傾駭之. 大宛左右多蒲萄, 可以為酒. 多苜蓿, 天馬嗜之. 漢使采其實以來, 天子種之於離宮別觀旁, 極望. 然西域以近匈奴, 常畏匈奴使, 待之過於漢使焉.

是歲, 匈奴烏維單于死, 子烏師廬立, 年少, 號"兒單于." 自此之後, 單于益西北徙, 左方兵直雲中, 右方直酒泉·敦煌郡.

한무제 태초太初 원년(BC 104)

1) 겨울 10월, 황제가 태산에 행차했다.

11월 갑자甲子 아침, 동지에 명당에서 상제에게 제사를 올렸다. 동쪽 해변까지 가서 바다에 들어간 병사들이 신선을 찾았으나 아무런 효험도 없었다. 그러나 황제는 더 많은 사람을 보내 신선을 만날 수 있기를 바랐다.

2) 11월 22일, 백량대柏梁臺에서 재災[192]가 발생했다.

3) 12월 1일, 황제가 친히 태산 아래의 작은 산인 고리산高里山에 가서 터를 닦고 후토에게 제사를 올렸다. 이어 발해로 가서 봉래산을 바라보며 제사를 올리면서 신선들이 노니는 뜰에 갈 수 있기를 희망했다.

192 재災는 자연히 일어난 불을 말한다. 사람이 낸 불은 화火로 표현한다.

봄, 황제가 장안으로 돌아왔으나 백량대에 화재가 있었던 까닭에 제후들의 조근과 치적보고를 감천궁에서 받았다. 감천궁 내에 제후들이 장안에 왔을 때 머물 저택을 만들었다.

월나라 사람 용지勇之가 말했다.

"월나라 풍속에는 화재가 있고 나서 다시 집을 지을 때는 반드시 옛집보다 크게 지어 옛집을 이겨 복종시키도록 했습니다."

장안 서쪽에 건장궁建章宮을 지었다. 모두 헤아렸을 때 1,000개의 문과 1만 개의 창호가 되게 했다. 그 동쪽에는 봉궐鳳闕을 지었다.[193] 건물의 높이가 20여 장丈이나 됐다. 그 서쪽에는 당중대唐中臺가 있는데 그곳에 수십 리나 되는 호랑이 사육장이 있었다. 그 북쪽에는 큰 연못을 만들었다. 점대漸臺[194]의 높이가 20여 장이나 됐다. 명명키를 '태액지太液池'라고 했다.

그 연못 안에 신선이 산다는 전설상의 해중도海中島인 봉래산蓬萊山과 방장산方丈山, 영주산瀛州山, 호량산壺梁山 등을 만들었다. 마치 바다 가운데 있는 신선이 사는 산과 거북, 물고기 등이 사는 것처럼 꾸몄다. 그 남쪽에는 옥당玉堂과 벽문壁門, 대조大鳥 등을 만들어 놓았다. 이어 신명대神明臺와 정간루井幹樓를 세웠다.[195] 높이가 50장이나 되고, 군왕의 수레

---

193 '대臺' 위의 각루閣樓를 '궐闕'이라고 한다. 성문에 있는 망루가 바로 '궐'이다. 후대에는 제왕이 거처하는 곳으로만 쓰이게 됐다. 건장궁의 동쪽 문의 각루에 봉황을 동으로 만들어 달았으므로 봉궐이라고 했다.

194 여기의 점대漸臺는 사방이 물로 둘러싸인 대臺를 말하는 것으로 장안의 건장궁 안에 있는 것을 가리킨다. 전한 말기 신新나라를 세운 왕망은 건장궁 안의 '점대'가 아니라 미앙궁未央宮 안에 조성된 다른 '점대'에서 피살됐다.

195 옥당玉堂은 미앙궁의 前殿과 같은 높이로 지은 당으로 10개의 문이 있었다. 벽문壁門은 옥석으로 돼 있는 계단 위 연주椽柱의 머리에 벽옥璧玉을 붙인 문이다. 대조大鳥는 타조를 말한다. 신명대神明臺와 정간루井幹樓 모두 높이가 50장이다. 신명대 위에 있는 9개의 큰 방은 9천九天을 의미한다. 여기에 도사 100명이 살았다고 한다. 정간은 나무를 쌓아 만든 누각으로

가 지나는 길인 연도輦道가 서로 이어져 있었다.

4) 대중대부인 공손경과 호수壺遂, 태사령太史令 사마천 등이 말했다.

"역법이 혼란스러워졌으니 마땅히 정삭正朔을 고쳐야 합니다."

황제가 예관兒寬과 박사인 사賜 등에게 조서를 내려 함께 의논해 하대夏代의 정법正法을 사용케 했다.[196]

여름 5월, 공손경과 호수, 사마천 등에게 조서를 내려 함께 한나라의 태초력太初曆[197]을 만들게 했다. 정월을 한 해의 첫 달로 하고 색은 남방색인 홍색紅色을 중시한 한고제 때와 달리 황색黃色을 존중했다. 인장의 글자 수는 5자五字[198]를 쓰도록 했다. 또한 관직명을 확정하고 음률을 조율하고, 종묘와 백관의 여러 의식을 정해 전범典範으로 만들어 이를 후세에 전해주게 했다.

5) 흉노의 애기선우가 사람 죽이기를 좋아해 온 나라 사람들이 불안해했다. 또한 천재가 있어 가축들이 많이 죽었다. 좌대도위左大都尉가 한나라로 사람을 보내 말했다.

"선우를 죽이고 한나라에 항복하고 싶습니다. 비록 한나라가 멀리 있지만 즉각 군사를 동원해 나를 영접해 준다면 곧 발동하겠습니다."

황제는 인우장군因杅將軍인 공손오를 파견해 요새 밖인 새외塞外에 수항성受降城을 쌓고 그를 맞아들이게 했다.

6) 가을 8월, 황제가 안정安定감숙성 고원현에 행차했다.

마치 우물 위의 나무 난간과 같아 그 모양이 4각 또는 8각으로 이뤄져 있었다.

196 한나라는 초기에 진秦나라 역법을 사용해 해월亥月인 10월을 정월로 삼았다. 이때부터 지금과 같은 하력夏曆을 사용해 음력 1월을 정월로 삼았다.

197 태초력太初曆은 유평劉平이 만든 이른바 유평력劉平曆을 가리킨다.

198 5자五字의 '5五'를 중앙의 토덕土德에 부합하는 것으로 간주한 결과다. '승상지인장丞相之印章'처럼 억지로라도 5개 글자를 쓴 게 그렇다.

7) 한나라 사자로 서역에 갔다 온 이들이 말했다.

"대원국에 아주 좋은 말이 있습니다. 이사성貳師城에 감춰놓고 한나라 사자에게 주려고 하지 않습니다."

천자는 장사인 차령車令 등에게 천금의 돈과 금으로 된 말을 가지고 가서 그것을 달라고 요청케 했다. 대원국 왕이 신하들과 의논하고 말했다.

"한나라는 우리나라에서 멀리 떨어져 있고 염수鹽水가 중간에 있어 누차 교류하고자 했으나 실패한 바 있다. 북쪽에서 출발하면 흉노 도적인 호구胡寇가 있고, 남쪽에서 출발하면 물과 초목이 부족한 데다 사람이 사는 읍이 없어 먹을 것이 없는 경우가 많다. 한나라의 사자 수백 명이 온다 해도 늘 먹을 것이 부족해 죽은 자가 반이 넘었다. 어찌 대군이 올 수 있겠는가? 자기네들이 우리를 어쩌겠는가? 이사성에 있는 말은 대원국의 보물 같은 것이다."

결국 대원국 왕은 한나라 사자에게 말을 주지 않았다. 한나라 사자가 대로해 망언을 하고, 금으로 된 말을 철퇴로 부숴버리고 떠났다. 대원국의 귀인들이 화를 냈다.

"한나라 사자들이 우리를 가볍게 본다."

그들의 동쪽 변경에 있는 욱성왕郁成王에게 명해 돌아가는 한나라 사자를 공격해 죽이고 그들의 재물을 빼앗게 했다.

이리 되자 천자가 크게 노했다. 일찍이 대원국에 사자로 갔던 요정한姚定漢 등 여러 사람이 말했다.

"대원국의 군사들은 약해서 한나라 군사 3천 명만 있어도 강노强弩로 그들을 쏘면 모조리 포로로 잡을 수 있다."

일찍이 착야후浞野侯 조파노가 700명의 기병을 이끌고 가 누란왕을 포로로 잡은 일이 있었다. 천자는 요정한 등의 말을 믿었다.

자신이 총애하는 이씨李氏의 형제를 열후로 삼고자 했던 무제는 이부인의 오라비인 이광리李廣利를 이사장군貳師將軍에 제수하고 속국에 소속된 6천 명의 기병과 군국에서 품행이 나쁜 청년 수만 명을 발동해 대원국을 정벌케 했다. 그의 호를 이사장군이라고 한 것은 이사성에 이르러서는 좋은 말을 가져올 것을 기대한 결과다. 그 외 조시성趙始成을 군법의 총책인 군정軍正으로 삼고, 옛날 호후浩侯였던 왕회王恢에게 군사를 선도토록 했다. 이치李哆를 교위로 삼아 군사를 통제하게 했다.

신 사마광은 평한다.

"무제는 총애하는 이씨의 오라비 이광리를 열후로 삼으려고 그에게 군사를 이끌고 대원국을 정벌하게 했다. 그 뜻은 공을 세우지 않으면 열후로 삼지 않겠다는 것이고, 이는 고황제高帝의 약정을 어기지 않으려는 것이다. 그러나 무릇 군사적인 큰 행사는 나라의 안위와 백성들의 생사와 관계되는 일이다. 현우賢愚도 가리지 않고 그런 일을 맡기면 이는 요행으로 조그만 공이라도 세우기를 바라는 것이다. 이는 명분만을 가지고 아끼는 사람에게 사사로이 대하는 것이다. 오히려 공을 세우지 않을지라도 열후로 삼느니만 못하다. 그런즉 무제는 봉국에 대해서는 일정한 견해를 갖고 있지만 장수를 두는 데에는 일정한 견해를 갖고 있지 못했다고 볼 수 있다. 이를 두고 먼저 돌아가신 황제의 약정을 지키기는 했다고 말하겠지만 내가 보기에 그런 조치는 잘못된 것이라고 하겠다."

8) 중위인 왕온서가 간사하게 이익을 도모한 죄에 걸렸다. 그 죄가 족멸에 해당하자 자진했다. 두 동생 및 그들과 결혼한 집안들까지 저마다 다른 죄에 연루돼 결국 그의 일족이 모두 죽게 됐다.

광록훈光祿勳[199] 서자위徐自爲가 말했다.

---

199 광록훈光祿勳은 진나라 때 낭중령郎中令으로 불렸다. 한무제 때 '광록훈'으로 고쳤다. 궁중의 숙위宿衛와 시위侍衛를 통솔했다. 녹질은 중中2천석이었다.

"슬프다, 옛날에는 3족三族을 멸하는 형벌이 있었다는데. 왕온서는 동시에 5족五族[200]이 죽는 형벌을 받기에 이르렀구나."

9) 함곡관 동쪽인 관동關東지역에 황충蝗蟲 떼가 크게 일어났다. 서쪽으로 날아가 돈황敦煌감숙성 돈황현에까지 이르렀다.

＊ 世宗孝武皇帝太初元年

冬, 十月, 上行幸泰山. 十一月, 甲子朔旦, 冬至, 祠上帝於明堂. 東至海上, 考入海及方士求神者莫驗. 然益遣, 冀遇之. 乙酉, 柏梁台災.

十二月, 甲午朔, 上親禪高里, 祠後土, 臨勃海, 將以望祀蓬萊之屬, 冀至殊廷焉. 春, 上還, 以柏梁災, 故朝諸侯, 受計於甘泉. 甘泉作諸侯邸.

越人勇之曰, "越俗, 有火災復起屋, 必以大, 用勝服之." 於是作建章宮, 度為千門萬戶. 其東則鳳闕, 高二十餘丈. 其西則唐中, 數十里虎圈. 其北治大池, 漸台高二十餘丈, 命曰太液池, 中有蓬萊·方丈·瀛洲·壺梁, 像海中神山·龜魚之屬. 其南有玉堂·璧門·大鳥之屬. 立神明台·井幹樓, 度五十丈, 輦道相屬焉.

太中大夫公孫卿·壺遂·太史令司馬遷等言曰, "歷紀壞廢, 宜改正朔." 上詔兒寬與博士賜等共議, 以為宜用夏正. 夏, 五月, 詔卿·遂·遷等共造漢『太初歷』, 以正月為歲首, 色上黃, 數用五, 定官名, 協音律, 定宗廟百官之儀, 以為典常, 垂之後世云.

匈奴兒單于好殺伐, 國人不安. 又有天災, 畜多死. 左大都尉使人間告漢曰, "我欲殺單于降漢, 漢遠, 即兵來迎我, 我即發." 上乃遣

200 5족五族은 본인의 처족·친족·외족 등의 3족 외에 두 동생의 처족을 포함한 것이다.

因杅將軍公孫敖築塞外受降城以應之.

秋, 八月, 上行幸安定.

漢使入西域者言曰, "宛有善馬, 在貳師城, 匿不肯與漢使." 天子使壯士車令等持千金及金馬以請之. 宛王與其群臣謀曰, "漢去我遠, 而鹽水中數敗, 出其北有胡寇, 出其南乏水草, 又且往往而絕邑, 乏食者多, 漢使數百人為輩來, 而常乏食, 死者過半, 是安能致大軍乎! 無奈我何. 貳師馬, 宛寶馬也." 遂不肯予漢使. 漢使怒, 妄言, 椎金馬而去. 宛貴人怒曰, "漢使至輕我!" 遣漢使去, 令其東邊郁成王遮攻, 殺漢使, 取其財物.

於是天子大怒. 諸嘗使宛姚定漢等言曰, "宛兵弱, 誠以漢兵不過三千人, 強弩射之, 可盡虜矣." 天子嘗使浞野侯以七百騎虜樓蘭王, 以定漢等言為然. 而欲侯寵姬李氏, 乃拜李夫人兄廣利為貳師將軍, 發屬國六千騎及郡國惡少年數萬人, 以往伐宛. 期至貳師城取善馬, 故號貳師將軍. 趙始成為軍正, 故浩侯王恢使導軍, 而李哆為校尉, 制 軍事.

臣光曰, "武帝欲侯寵姬李氏, 而使廣利將兵伐宛, 其意以為非有功不侯, 不欲負高帝之約也. 夫軍旅大事, 國之安危·民之死生系焉. 苟為不擇賢愚而授之, 欲徼幸咫尺之功, 藉以為名而私其所愛, 不若無功而侯之為愈也. 然則武帝有見於封國, 無見於置將. 謂之能守先帝之約, 臣曰過矣. 中尉王溫舒坐為奸利, 罪當族, 自殺. 時兩弟及兩婚家亦各自坐佗罪而族. 光祿勳徐自為曰, "悲夫! 古有三族, 而王溫舒罪至同時而五族乎!"

關東蝗大起, 飛西至敦煌.

한무제 태초 2년(BC 103)

1) 봄 정월[201] 무신일戊申日, 목구념후牧丘恬侯인 석경石慶이 죽었다.

2) 윤정월 정축일丁丑日[202], 태복인 공손하를 승상으로 삼고, 갈역후葛繹侯에 봉했다. 당시 조정에 많은 일이 있었다. 대신들을 감독하며 책임지게 했다. 공손홍 이후로는 승상들이 수차례 사건에 연루돼 죽었다.[203]

석경도 비록 끝까지 근신했지만 누차 견책을 받았다. 공손하는 승상에 임명되자 인수를 받으려 하지 않고 머리를 조아린 채 눈물만 흘리며 일어나려 하지 않았다. 황제가 이내 일어나 조회에서 물러나려고 하자 어쩔 수 없이 절을 한 뒤 물러나와 말했다.

"나도 지금부터 위태롭게 됐다!"

3) 3월, 황제가 하동河東산서성 하현에 행차해 후토에 제사를 지냈다.

4) 여름 5월, 하급관원과 백성들의 말을 징발해 군사용 거기마로 보충했다.

5) 가을, 황충의 재해가 있었다.

6) 이사장군이 대원국을 정벌하려고 서쪽으로 가서 염수鹽水를 넘었다. 도중에 있는 작은 나라들이 저마다 성을 굳게 닫아 지키며 먹을 것을 주려고 하지 않아 그들을 공격했으나 함락시키지 못했다. 결국 공격해 함락시키면 먹을 것을 얻었고, 함락시키지 못하면 며칠 있다가 떠났다.

욱성郁城총령 서쪽에 이르렀을 즈음, 그곳까지 따라온 병사가 수천 명에 불과했고 그들도 모두 주리고 피로한 상태였다. 욱성을 공격했으나 오히

---

201 '봄 정월'부터 기록하기 시작한 것은 이때가 처음이다. 음력 1월을 정월로 삼는 태초력을 사용한 결과다.

202 윤정월閏正月은 잘못 기록된 듯하다. 당시 정월에는 무신일과 윤달이 없었다.

203 기원전 118년에 승상 이채李蔡가 자진하고, 기원전 115년에 승상 장청적莊靑翟이 자진하고, 기원전 112년에 승상 조주趙周가 옥중 자진한 것을 가리킨다.

려 욱성에서 크게 패하자 죽고 다친 병사가 매우 많았다. 이사장군과 이치李哆, 조시성趙始成 등이 계책을 논의했다.

"욱성조차도 항복받지 못했는데 하물며 그들의 왕이 도읍을 정한 곳에서야 어떠하겠는가?"

그러고는 병사를 이끌고 돌아왔다.

돈황에 도착하자 병사는 불과 처음의 10분의 1~2정도였다. 이사장군은 천자에게 사자를 보내 서신을 올렸다.

"길은 멀고 먹을 것도 부족했습니다. 사졸들은 싸우는 것보다 배고픈 것을 걱정하고 있습니다. 사람도 적어서 대원국을 정벌하기에는 모자랍니다. 원컨대 군사행동을 철수했다가 더 많은 군사를 발동해 다시 가게 해주십시오."

이 소식을 듣고 크게 화가 난 천자는 사자를 시켜 옥문관玉門關[204]을 차단하게 했다.

"군사 가운데 감히 옥문관을 들어오는 자기 있으면 즉시 목을 베어라!"

이사상군 이광리가 두려워하며 돈황에 머물렀다.

7) 황제는 수항성受降城이 흉노들이 있는 곳에서 멀리 떨어져 있는 까닭에 흉노의 좌대도위左大都尉를 지원키 위한 조치로 준계장군浚稽將軍 조파노를 파견했다. 그는 조파노가 2만여 명의 기병을 이끌고 삭방에서 출발해 서북쪽으로 2천여 리를 나아가 거연해 북쪽인 준계산浚稽山몽골 공특산까지 갔다가 돌아오기를 기대했다. 착야후가 기약한 곳에 이르렀으나 반란을 일으키려던 흉노의 좌대도위左大都尉는 이미 선우에게 발각돼 죽

204 옥문관玉門關은 지금의 감숙성 돈황에서 80km 떨어진 곳으로 장안으로 올 때 반드시 거쳐야 하는 관문에 해당했다.

임을 당했고, 선우는 좌방左方의 군사를 발동해 착야후를 공격했다.

착야후가 군사를 지휘해 흉노 수천 명을 포로로 잡아 돌아왔다. 수항성에서 400리가량 못 미친 지점에 이르렀을 때 흉노가 8만 명의 기병을 이끌고 와 그를 포위했다. 게다가 착야후가 밤에 직접 물을 찾으러 나갔다가 흉노의 정찰대에게 생포당하고 말았다. 흉노가 이 기회를 이용해 급히 공격하자 군리軍吏들은 장수를 잃어버린 죄로 죽게 될까 두려워 한나라로 귀환할 것을 권하는 사람이 없었다. 군사들은 흉노에게 몰살되고 말았다. 크게 기뻐한 애기선우는 군사를 기습적으로 파견해 수항성까지 공격했으나 함락시키지는 못하고 변경으로 들어와 노략한 뒤 돌아갔다.

8) 겨울 12월, 예관兒寬이 죽었다.

* 世宗孝武皇帝太初二年

春, 正月, 戊申, 牧丘恬侯石慶薨.

閏月, 丁丑, 以太僕公孫賀為丞相, 封葛繹侯. 時朝廷多事, 督責大臣, 自公孫弘後, 丞相比坐事死. 石慶雖以謹得終, 然數被譴. 賀引拜為丞相, 不受印綬, 屯首涕泣不肯起. 上乃起去, 賀不得已拜, 出曰, "我從是殆矣!"

三月, 上行幸河東, 祠後土.

夏, 五月, 籍吏民馬補車騎馬.

秋, 蝗.

貳師將軍之西也, 既過鹽水, 當道小國各城守, 不肯給食, 攻之不能下. 下者得食, 不下者數日則去. 比至郁成, 士至者不過數千, 皆饑罷. 攻郁成, 郁成大破之, 所殺傷甚眾. 貳師將軍與李哆·趙始成等計曰, "至郁成尚不能舉, 況至其王都乎!" 引兵而還. 至敦煌, 十不過什一二, 使使上書言曰, "道遠, 多乏食, 且士卒不患戰而患饑, 人少,不足以拔宛. 願且罷兵, 益發而復往.” 天子聞之, 大怒, 使使遮玉門曰, “軍有敢入者, 輒斬之!” 貳師恐, 因留敦煌.

上猶以受降城去匈奴遠, 遣浚稽將軍趙破奴將二萬餘騎出朔方西北二千餘里, 期至浚稽山而還. 浞野侯既至期, 左大都尉欲發而覺, 單于誅之, 發左方兵擊浞野侯. 浞野侯行捕首虜, 得數千人, 還, 未至受降城四百里, 匈奴兵八萬騎圍之. 浞野侯夜自出求水, 匈奴間捕生得浞野侯, 因急擊其軍, 軍吏畏亡將而誅, 莫相勸歸者, 軍遂沒於匈奴. 兒單于大喜, 因遣奇兵攻受降城, 不能下, 乃寇入邊而去.

冬, 十二月, 兒寬卒.

한무제 태초 3년(BC 102)

1) 봄 정월, 교동膠東산동성 평도현 태수 연광延廣이 어사대부가 됐다.[205]

2) 황제가 동쪽으로 가서 바다 근처를 순수하고 신선의 무리를 살펴보았으나 아무 소득도 없었다. 사관祠官에게 동태산東泰山산동성 임구현에서 예를 올리게 했다.

여름 4월, 돌아오다가 태산에서 봉하는 제사를 올리고, 태산의 남쪽인 석려石閭에서 선禪하는 제사를 올렸다.

3) 흉노의 애기선우가 죽었다. 그의 아들은 나이가 어렸으므로 애기선우의 계부季父이자 우현왕右賢王인 구려호呴犁湖를 흉노의 제8대 선우로 세웠다.

4) 황제는 궁정의 금위 사령관인 광록훈光祿勳 서자위徐自爲를 파견해 오원五原에 있는 요새를 출발해 수백 리, 멀리는 1,000여 리를 나아가 성

205 당시 교동국은 군郡을 설치한 일이 없는 까닭에 '태수太守'는 잘못이다. 순열은 '연광'을 교동국의 재상으로 보았다. 순열의 추정이 타당하다.

과 보루와 역정驛亭을 쌓게 했다. 서북쪽으로 여구廬朐까지 이르게 했다.[206] 유격장군遊擊將軍 한열韓說과 장평후長平侯 위항衛伉으로 하여금 그 근처에 주둔하게 했다. 또한 강노도위强弩都尉인 노박덕路博德을 시켜 거연택居延澤에 성을 쌓게 했다.

가을, 흉노가 정양定陽내몽골 화림격이현和林格爾縣과 운중雲中내몽골 탁극탁현에 많이 들어와 수천 명을 죽이거나 포로로 잡고, 2천석 녹질을 받는 고급 관원 여러 명을 격파하고 돌아갔다. 이어 광록훈이 쌓은 성과 역정, 보루도 모두 파괴했다. 우현왕이 주천酒泉감숙성 주천현과 장액張掖감숙성 장액현에 들어와 수천 명을 노략했다. 군정軍正인 임문任文이 이들을 공격하자 그들은 노략했던 것을 모두 그대로 두고 도주했다.

5) 수양후睢陽侯 장창張昌이 태상太常이었을 당시 제사를 드리지 않았던 것에 연루돼 그의 봉국이 철폐됐다.

당초 고조高祖가 공신들에게 작위를 주어 열후에 봉한 사람은 143명이었다. 당시는 전쟁이 끝난 후인지라 큰 성과 이름난 도시의 민간인들이 흩어지거나 죽어서, 찾아낼 수 있는 호구는 10분의 2–3으로 줄어 있었다. 커다란 후국侯國이라 할지라도 1만 호를 넘지 못했다. 작은 곳은 겨우 500–600호에 불과했다.

고조는 그들에게 작위를 주며 책봉할 때 맹서했다.

"황하가 변해 허리띠처럼 좁아지고, 태산이 변해 작은 돌멩이가 될지라도 책봉된 제후국은 영원히 존재하고, 그 후손인 묘예苗裔에게 전해질 것이다."

---

206 '여구廬朐'를 두고 안사고顔師古는 산 이름으로 추정했다. 이는 지금의 몽골 궁특산에 해당한다. 그러나 대청일통지大淸一統地는 하천 이름으로 보았다. 이는 지금의 몽골 궁특산 아래에 있는 극로륜하克魯倫河에 해당한다.

이를 분명히 하려고 붉은 글씨인 단서丹書로 신표信標를 썼다. 그 일의 중요성을 표시하기 위해 백마를 죽여 피를 가지고 제사지내며 맹서했다. 이어 고후高后 시대에 이르러 열후의 지위와 순위를 모두 차례대로 정하고 이를 종묘에 보존했다. 부본副本은 유사가 보존토록 했다.

이후 문제와 경제 때에 이르러 4–5세대가 지나는 사이 유민들이 많이 돌아오고, 호구도 증가해 열후국 가운데 큰 곳은 3만–4만 호 정도가 됐다. 작은 곳도 원래의 배 정도는 됐다. 부유함도 그에 비해 커졌다. 그 자손들이 교만과 안일에 빠져 많은 이가 법에 저촉돼 자신을 망치고 책봉받은 나라를 잃게 됐다. 지금에 이르러 남아 있는 봉국은 4개뿐이고 법망도 더욱 엄밀해졌다.[207]

6) 한나라에서는 착야후의 병사를 다 잃게 되자 공경들이 모여 의논한 결과 대원국을 치는 군사를 철수하여 오로지 흉노만 공격코자 했다.

그러나 천자는 이미 군사를 출동시켜 대원국을 주륙하려 했다가 대원국 같이 작은 나라도 함락시키지 못했으니 대하국大夏國의 무리들이 점차 한나라를 가볍게 볼 것이라고 생각했다. 대원국에 있는 좋은 말을 가져오지 못하는 것도 아쉬웠다. 게다가 오손국烏孫國신강성 이령시과 윤대국輪臺國신강성 윤대현도 쉽게 한나라의 사절들을 고생시킬 터이니 외국의 웃음거리만 될 뿐이라고 생각했다. 대원국을 정벌하는 것이 불편하다고 말한 등광鄧光 등을 처벌했다.

이후 죄수와 도형徒刑을 받은 사람을 사면하고 품행이 나쁜 청년들과 변방에 있는 기병을 징발해 돈황으로 내보낸 자가 1년에 6만 명이나 됐

207 4개의 봉국은 소하의 후손으로 찬후酇侯인 소수성蕭壽成, 역이기의 후손인 무후繆侯 역세종酈世宗, 늑강의 후예인 분양후汾陽侯 늑성봉勒石封, 장오의 후손인 수양후睢陽侯 장창張昌의 나라를 말한다. 당시 장창의 봉작은 이미 폐해진 까닭에 3개의 봉국만 남았다고 보는 게 타당하다.

다. 사사로이 짐을 지고 종군한 사람은 이 숫자에 포함되지 않았다. 거기에 소 10만 두, 말 3만 필, 노새와 낙타도 1만 마리를 헤아렸고, 군량과 무기도 갖추었다.

천하에서 한바탕 소동이 일어났다. 대원국을 정벌하려고 옮겨온 교위도 50여 명이었다. 당시 대원국의 성 안에는 우물이 없어 밖에서 흐르는 물을 성 안으로 끌어들이고 있었다. 수공水工을 파견해 그 성으로 흘러들어가는 물줄기를 옮기고 구멍을 뚫어 그 성의 우물을 텅 비게 만들어버렸다.

더욱이 수자리를 서는 갑졸 18만 명을 주천酒泉과 장액張掖의 이북 땅에서 징발한 뒤 거연居延과 휴도休屠감숙성 민근현에 병사를 주둔시켜 주천을 보위하게 했다. 하급관원으로 죄를 지은 자와 망명한 자, 데릴사위로 들어간 자, 상인, 옛날에 상인으로 등록됐던 자, 부모나 조부모가 상인으로 등록된 자 등 7종의 사람들을 병졸로 만들어 이사장군에게 식량을 보급하게 했다. 물자를 나르는 전거傳車와 사람이 계속 이어지게 했다. 또한 말에 대해 잘 아는 사람들을 각기 집마교위執馬校尉와 구마교위驅馬校尉로 제수했다. 이들에게 대원국을 깨뜨린 뒤 좋은 말을 골라 가져올 수 있도록 준비케 했다.

이사장군 이광리가 다시 서역정벌을 시작했다. 병사가 많았기 때문에 도중의 작은 나라들에서는 환영을 하지 않을 수 없었다. 이들은 먹을 것을 내어 군사들에게 제공했다. 윤대국에서 이들을 환영하지 않자 윤대국을 공격했고, 함락되지 않자 여러 날을 공격해 도륙했다. 이후 다시 서쪽으로 나아가 평탄하게 대원성大宛城에 이르렀다. 그곳까지 도착한 병졸은 3만 명이었다.

드디어 대원국의 병사들이 한나라 병사들을 맞아 공격하자 한나라 병사들이 활을 쏘아 그들을 패퇴시켰다. 대원국의 병사들은 성으로 도망쳐

들어가 성을 지켰다. 이사장군은 욱성성郁成城을 공격하고자 했으나 머뭇거리다가 대국이 속이는 계책을 내게 될까 걱정이 돼 먼저 대원국에 이르게 됐다. 한나라 군사들이 물줄기를 끌어 다른 곳으로 옮기자 대원국은 심각한 위기에 처하게 됐다. 이사장군은 그 성을 포위하고 40일 동안 공격했다.

대원국의 귀족들이 모여 논의했다.

"우리의 왕 무과毋寡[208]가 좋은 말을 감춰놓고, 한나라의 사절을 죽였다. 지금 왕을 죽이고 좋은 말만 내주면 한나라 병사들은 포위를 풀 것이다. 포위를 풀지 않으면 그때 가서 힘써 싸우다 죽는다 해도 늦지 않을 것이다."

대원국의 귀족들이 그렇게 생각하고 함께 자신들의 왕을 죽였다. 그때 밖에 있는 성벽이 파괴되고 대원국의 귀인貴人이며 용장勇將인 전미煎靡가 포로로 잡혔다. 대원국 병사들은 크게 두려워하며 성 안으로 달아났다. 이사장군 이광리에게 자신들의 왕 무과의 머리를 보이며 서약했다.

"한나라 군사가 우리를 공격하지 않으면 우리는 좋은 말을 모두 내놓겠습니다. 마음대로 가져가십시오. 한나라 군사에게 먹을 것도 공급하겠습니다. 그러나 우리의 말을 들어주지 않으면 우리는 즉각 좋은 말들을 모두 죽여 버릴 것이고, 강거국康居國의 구원병도 곧 도착할 것이니 우리는 안에서 싸우고 강거국의 구원병은 밖에서 한나라 군사와 싸울 것입니다. 잘 헤아려 보십시오. 어느 쪽을 택하시겠습니까?"

그러나 이때 강거국에서는 한나라 군사의 강성함을 보고 감히 나오지 못하고 있었다. 이사장군은 대원국의 성 안에 있던 한나라 사람들을 붙잡아 성 안에서 우물을 새로 팠다. 먹을 것이 아직 많다는 것을 알고, 계

208 일부 판본에는 무과毋寡의 '무'가 모母로 되어 있다.

책을 세워 말했다.

"그들은 제일가는 괴수인 무과를 죽여 보내 왔고, 무과의 머리가 이미 여기에 도착해 있다. 그런데도 그들의 말을 듣지 않는다면 그들은 성을 굳게 지킬 것이다. 또한 강거국이 한나라의 군사가 피로해지기를 기다렸다가 나와 대원국을 구원한다면 우리는 그들에게 반드시 격파되고 말 것이다."

그러고는 대원국의 약속을 받아들였다. 대원국에서 이내 그들의 말을 내주며 한나라에게 스스로 선택하게 하고, 음식도 많이 내주어 한나라 군사를 먹였다. 한나라 군사는 그 가운데 좋은 말 10여 필과 중급 이하의 말 암수 3천여 필을 가져왔다. 예전에 한나라와 잘 지내던 대원국의 귀인 매채昧蔡를 세워 대원왕으로 삼고, 그와 맹약을 맺고서야 군사 활동을 중지했다.

당초 이사장군 이광리는 돈황에서 출발해 서쪽으로 정벌을 떠날 때 군사를 나눠 여러 부대를 만든 뒤 남도南道와 북도北道를 좇아가게 했다. 교위인 왕신생王申生은 1,000여 명을 이끌고 별도로 욱성에 이르렀다. 욱성군이 이들을 공격해 격멸하자 그 가운데 몇 명만이 겨우 이사장군에게 도망쳐 왔다. 이사장군은 수속도위搜粟都尉 상관걸上官桀에게 욱성을 칠 것을 명했다. 욱성군이 강거국으로 달아났다.

상관걸이 그를 좇아 강거국에 이르렀다. 강거국에서는 한나라 군사가 이미 대원국을 격파했다는 소문을 듣고 욱성군을 상관걸에게 내주었다. 상관걸은 4명의 기사騎士로 하여금 그를 결박해 이사장군에게 넘기게 했다. 상규上邽감숙성 천수현 출신 기사인 조제趙弟는 욱성군을 잃어버릴까 걱정한 나머지 칼을 뽑아 그 머리를 벤 뒤 그들의 뒤를 쫓아 이사장군에게 갔다.

＊世宗孝武皇帝太初三年

春, 正月, 膠東太守延廣為御史大夫.

上東巡海上, 考神仙之屬皆無驗, 令祠官禮東泰山. 夏, 四月, 還, 修封泰山, 禪石閭.

匈奴兒單于死, 子年少, 匈奴立其季父右賢王呴犁湖為單于.

上遣光祿勳徐自為出五原塞數百里, 遠者千餘里, 築城·障·列亭, 西北至廬朐, 而使游擊將軍韓說·長平侯衛伉屯其旁. 使強弩都尉路博德築居延澤上. 秋, 匈奴大入定襄·雲中, 殺略數千人, 敗數二千石而去, 行破壞光祿所築城·列亭·障. 又使右賢王入酒泉·張掖, 略數千人. 會軍正任文擊救, 盡復失所得而去.

是歲, 睢陽侯張昌坐為太常乏祠, 國除.

初, 高祖封功臣為列侯百四十有三人. 時兵革之餘, 大城·名都民人散亡, 戶口可得而數, 裁什二三. 大侯不過萬家, 小者五六百戶. 其封爵之誓曰, "使黃河如帶, 泰山若厲, 國以永存, 爰及苗裔." 申以丹書之信, 重以白馬之盟. 及高後時, 盡差第列侯位次, 藏諸宗廟, 副在有司. 逮文·景, 四五世間, 流民既歸, 戶口亦息, 列侯大者至三四萬戶, 小國自倍, 富厚如之. 子孫驕逸, 多抵法禁, 隕身失國, 至是見侯裁四人, 罔亦少密焉.

漢既亡浞野之兵, 公卿議者皆願罷宛軍, 專力攻胡. 天子業出兵誅宛, 宛小國而不能下, 則大夏之屬漸輕漢, 而宛善馬絕不來, 烏孫·輪臺易苦漢使, 為外國笑, 乃案言伐宛尤不便者鄧光等. 赦囚徒, 發惡少年及邊騎, 歲餘而出敦煌者六萬人, 負私從者不與, 牛十萬, 馬三萬匹, 驢·橐駝以萬數, 齎糧·兵弩甚設. 天下騷動, 轉相奉伐宛五十餘校尉. 宛城中無井, 汲城外流水, 於是遣水工徙其城下水, 空以穴其城. 益發戍甲卒十八萬酒泉·張掖北, 置居延·休屠屯兵以衛酒泉,而發天下吏有罪者·亡命者及贅婿·賈人·故有市籍·父母大父母有市籍者凡七科, 適為兵. 及載糒給貳師, 轉車人徒相連屬. 而拜習馬者二人為執·驅馬校尉, 備破宛擇取其善馬云.

於是貳師後復行, 兵多, 所至小國莫不迎, 出食給軍. 至輪臺, 輪臺不下. 攻數日, 屠之. 自此而西, 平行至宛城, 兵到者三萬. 宛兵迎擊漢兵, 漢兵射敗之, 宛兵走入, 保其城. 貳師欲攻郁成城, 恐留行而令宛益生詐, 乃先至宛, 決其水原移之, 則宛固已憂困, 圍其城, 攻之四十餘日. 宛貴人謀曰, "王毋寡匿善馬, 殺漢使, 今殺王而善馬, 漢兵宜解. 即不解, 乃力戰而死, 未晚也." 宛貴人皆以為然, 共殺王. 其外城壞, 虜宛貴人勇將煎靡. 宛大恐, 走入城中, 持王毋寡頭, 遣人使貳師約曰, "漢無攻我, 我盡出善馬恣所取, 而給漢軍食. 即不聽我, 我盡殺善馬, 康居之救又且至, 至, 我居內, 康居居外, 與漢軍戰. 孰計之, 何從?" 是時, 康居候視漢兵尚盛, 不敢進. 貳師聞宛城中新得漢人, 知穿井, 而其內食尚多, 計以為"來誅首惡毋寡, 毋寡頭已至, 如此不許則堅守, 而康居候漢兵罷來救宛, 破漢兵必矣", 乃許宛之約. 宛乃出其馬, 令漢自擇之, 而多出食食漢軍. 漢軍取其善馬數十匹, 中馬以下牝牡三千餘匹, 而立宛貴人之故時遇漢善者名昧蔡為宛王, 與盟而罷兵.

初, 貳師起敦煌西, 分為數軍, 從南·北道. 校尉王申生將千餘人別至郁成, 郁成王擊滅之, 數人脫亡, 走貳師. 貳師令搜粟都尉上官桀往攻郁成, 郁成王亡走康居, 桀追至康居. 康居聞漢已破宛, 出郁成王與桀, 桀令四騎士縛守詣貳師. 上邽騎士趙弟恐失郁成王, 拔劍擊斬其首, 追及貳師.

한무제 태초 4년(BC 101)

1) 봄, 이사장군 이광리가 돌아와 경사에 이르렀다. 그가 지나는 곳에 있는 작은 나라들은 대원국이 격파됐다는 소문을 듣고 모두 그들의 자제로 하여금 이사장군을 따라 들어가 공물을 바치고 천자를 알현한 뒤 인질이 되게 했다.

군사가 돌아오고, 말 1,000여 필이 들어왔다. 나중에 갔을 때는 식량도 결핍되지 않았고, 전사자도 그리 많지 않았다. 그러나 장군과 하급관원들이 탐욕이 많아 병졸들을 아끼지 않고 그들을 침탈했다. 물고가 난 사람이 아주 많았다.

그러나 그들이 1만 리나 되는 곳을 정벌하고 왔기에 천자는 그들의 허물을 기록하지 않았다. 이어 조서를 내려 이광리를 해서후海西侯, 조제趙弟를 신치후新時侯에 봉했다. 상관걸은 소부少府로 삼았다. 군대의 관원 가운데 구경이 된 사람이 3명이다. 제후국의 승상과 군수, 2천석의 녹질을 받는 관원이 된 사람은 모두 100여 명이었다. 1,000석 이하를 받는 관원이 된 자는 모두 1,000여 명이나 됐다.

또한 분연히 원성에 참여한 사람은 그들이 희망하는 것보다 높은 관직을 받았고, 죄를 지어 원정에 나섰던 사람은 그 원죄를 사면해주었다. 사졸에게는 바로 4만 전에 해당하는 물건이 하사됐다.

흉노들은 이사장군이 대원국을 정벌한다는 소식을 듣고 길을 차단코자 했다. 그러나 이사장군의 군사가 많아 감당할 수 없었다. 바로 기병을 누란국에 파견해 그들로 하여금 한나라의 사신으로 뒤따르는 사람들을 기다렸다가 기습해 그 통행로를 끊어놓고자 했다.

이때 한나라 군정軍正 임문任文이 군사를 이끌고 옥문관에 주둔하고 있다가 산 사람을 포로로 잡아 그 상황을 알고 이를 천자에게 보고했다. 황제는 임문에게 조서를 내려 곧바로 병사를 이끌고 가 누란왕을 잡아오게 했다. 이후 그를 대궐에 데리고 와 문책했다.

누란왕이 대답했다.

"소국이 대국 사이에 끼어 있으면서 어느 쪽에도 소속되지 않으면 스스로 편할 수 없습니다. 원컨대 우리나라 사람들을 모두 옮겨 한나라 땅에 살게 해주십시오."

황제는 솔직한 말이라고 생각해 그를 귀국시키고 그에게 흉노의 움직임을 주시케 했다. 이후 흉노는 누란국을 아주 친하게 믿지는 않았다.

대원국이 격파된 뒤부터 서역의 나라들은 모두 두려워 떨게 됐다. 서역에 들어가는 한나라 사자는 더욱 자기 직책을 잘 수행할 수 있었다. 돈황의 서쪽에서부터 염택鹽澤감숙성 나포박에 이르기까지 곳곳에 정亭을 세우니 윤대輪臺와 거리渠犂에는 농사를 짓는 병졸이 수백 명이나 됐다. 사자와 둔전 책임관인 교위령호校尉領護를 두어 외국에 사자로 가는 사람에게 필요한 물자를 공급케 했다.

1년여 뒤 대원국의 귀인들은 매채가 한나라에 아부를 잘 해 대원국이 도륙을 당했다고 생각해 이내 매채를 죽이고 무과의 형제인 선봉蟬封을 대원왕으로 삼았다. 이후 선봉의 아들을 파견해 한나라에 인질로 보내자 한나라는 사자에게 상을 내리고 그들을 진압하면서 위무했다.[209] 선봉은 한나라와 약조해 1년에 천마天馬 2마리씩 바치기로 했다.

2) 가을, 장락궁의 북쪽에 명광궁明光宮을 짓기 시작했다.

3) 겨울, 황제가 회중回中감숙성 고원에 행차했다.

4) 흉노의 구리호선우呴犁湖單于가 죽자 흉노는 그의 동생 좌대도左大都 차제후且鞮侯를 제9대 선우로 내세웠다. 천자는 대원을 정벌한 위엄을

---

209 당시 인질의 파견은 화해를 의미했다. 인질을 파견하지 않으면 즉각 두 나라가 대립관계에 들어간 것으로 간주됐다.

가지고 흉노를 곤란하게 하려고 조서를 내려 말했다.

"고황제는 짐에게 흉노에게 포위되는 '평성平城산서성 대동현의 근심'을 남겨주었고, 고후 때에는 선우가 서신을 보내는 패역悖逆을 저질렀다. 옛날 제양공齊襄公은 9대조의 원수를 갚았는데 『춘추春秋』에서는 이런 일을 크게 취급했다.[210]"

난제차제후선우는 막 즉위한 까닭에 한나라가 그들을 습격할까 두려운 나머지 이같이 대답했다.

"나는 어린아이인데 어찌 감히 한나라 천자를 쳐다볼 수나 있겠습니까? 한나라 천자는 나의 어른입니다."

한나라 사자 가운데 흉노에 붙들려 있다가 그들에게 굽히지 않은 노충국路充國 등을 모두 돌려보내고, 사자를 통해 예물을 바쳤다.

* 世宗孝武皇帝太初四年

春, 貳師將軍來至京師. 貳師所過小國聞宛破, 皆使其子弟從入貢獻, 見天子, 因為質焉. 軍還, 入馬千餘匹. 後行, 軍非乏食, 戰死不甚多, 而將吏貪, 不愛卒, 侵牟之, 以此物故者眾. 天子為萬里而伐, 不錄其過, 乃下詔封李廣利為海西侯, 封趙弟為新畤侯, 以上官桀為少府, 軍官吏為九卿者三人, 諸侯相·郡守·二千石百餘人, 千石以下千餘人, 奮行者官過其望, 以謫過行, 皆黜其勞, 士卒賜直四萬錢.

匈奴聞貳師征大宛, 欲遮之, 貳師兵盛, 不敢當, 即遣騎因樓蘭候

210 기원전 913년 당시 주왕조의 7대 의왕懿王은 산동성 수광현인 기국紀國 군주의 무고로 제나라 5대 군주인 애공哀公에게 팽살을 가했다. 250년이 지난 기원전 690년에 제나라 14대 군주인 양공襄公이 기국을 멸망시켰다. 이를 두고 『춘추공양전』은 평하기를, '9대를 건너 복수할 수 있는가? 설령 100대를 지나도 마땅히 복수해야 한다'고 했다. 한무제는 철저한 복수를 상징하는 이 고사를 들어 흉노를 위협한 것이다.

漢使後過者, 欲絕勿通. 時漢軍正任文將兵屯玉門關, 捕得生口, 知狀以聞. 上詔文便道引兵捕樓蘭王, 將詣闕簿責. 王對曰, "小國在大國間, 不兩屬無以自安, 願徙國入居當地." 上直其言, 遣歸國, 亦因使候司匈奴, 匈奴自是不甚親信樓蘭.

自大宛破後, 西域震懼, 漢使入西域者益得職. 於是自敦煌西至鹽澤往往起亭, 而輪臺·渠犁皆有田卒數百人, 置使者·校尉領護, 以給使外國者. 後歲餘, 宛貴人以為昧蔡善諛, 使我國遇屠, 乃相與殺昧蔡, 立毋寡昆弟蟬封為宛王, 而遣其子入質於漢. 漢因使使賂賜, 以鎮撫之. 蟬封與漢約, 歲獻天馬二匹.

秋, 起明光宮.

冬, 上行幸回中.

匈奴呴犁湖單于死, 匈即將立其弟左大都尉且鞮侯為單于. 天子欲因伐宛之威遂困胡, 乃下詔曰, "高皇帝遺朕平城之憂, 高後時, 單于書絕悖逆. 昔齊襄公復九世之讎, 『春秋』大之." 且鞮侯單于初立, 恐漢襲之, 乃曰, "我兒子, 安敢望漢天子! 漢天子, 我丈人行也." 因盡歸漢使之不降者路充國等, 使使來獻.

한무제 천한天漢 원년(BC 100)

1) 봄 정월, 황제가 감천궁에 행차해 태치에서 제사를 올렸다.

3월, 하동에 행차해 후토에 제사를 올렸다.

2) 흉노의 선우가 의로운 행동을 한 것을 가상하게 생각한 황제는 중랑장인 소무蘇武에게 흉노의 사절로 한나라에 머물고 있는 사람들을 호송하게 했다. 이를 통해 선우에게 후하게 예물을 보내 그의 선의에 화답했다. 소무는 부중랑인 장승張勝과 수행 관원인 가리假吏 상혜常惠 등과 함께 흉노에 도착해 선우에게 폐물을 전달했다. 그 사이 교만해진 선우는

한나라에서 바라는 것처럼 해주지 않았다.

이때 구왕緱王과 파수의 지류인 장수長水섬서성 남전현 산수滻水의 투항한 흉노장군 우상虞常 등과 위률衛律이 거느렸다가 항복했던 사람들이 몰래 꾀를 내어 선우의 모친인 알지를 잡아 한나라로 돌아가려고 했다. 위률의 부친은 옛날 장수에 살았던 호인胡人이었다. 위률은 협률도위協律都尉인 이연년李延年과 가까이 지냈다.

위률이 흉노에 사절로 가도록 이연년이 추천했다. 사절로 갔다가 돌아오자 이연년의 집안이 몰수됐다는 소식을 듣고, 위률은 흉노에 항복했다. 선우는 그를 아껴 국가 대사를 논의했다. 그를 세워 정령왕丁靈王으로 삼았다. 그러던 중 한나라에 있을 때 평소 부중랑장인 장승과 서로 알고 지내던 우상이 사사로이 장승을 방문했다.

"한나라의 천자가 위률을 심히 원망한다는데 저 우상이 병사를 숨겨두었다가 한나라를 위해 궁노로 위률을 쏘아 죽이겠습니다. 제 모친과 동생이 한나라에 있으니 부디 상을 받게 해주십시오."

장승은 이를 허락하고 많은 물건을 우상에게 주었다. 1달여 지났을 때 선우는 사냥을 나가고 알지와 자제들만 남아 있었다. 이 기회를 틈타 우상 등 70여 명이 일을 시작하려고 했다. 그러나 그 가운데 한 사람이 밤중에 도주해 선우에게 이를 고했다. 선우의 자제가 군사를 발동해 구왕 등을 모두 죽이고 우상을 사로잡았다.

선우는 위률에게 이 사건을 처리하게 했다. 이 소식을 들은 장승이 앞에서 한 말이 드러날까 두려워 이 상황을 소무에게 말했다. 소무가 대답했다.

"일이 됐다면 화는 나에게도 미칠 것이다. 내게까지 이 사건의 영향이 미치면 죽을 것이다. 그러면 나라에 무거운 잘못을 저지르는 것이 된다."

그러고는 자진하려고 했으나 장승과 상혜가 함께 이를 말렸다. 우상은 과연 장승을 끌어들였다. 화가 난 선우는 여러 귀인들을 불러 의논해 한나라 사자를 죽이려고 했다. 좌이질자左伊秩訾가 말했다.

"선우를 죽이려고 모의를 했는데 무슨 형벌을 더 붙이겠습니까? 당연히 그들을 모두 항복시켜야 할 것입니다."

선우는 위률을 시켜 소무에게 그 말을 받아들이게 했다. 소무가 상혜 등에게 말했다.

"절개를 굽히고 황제의 명을 욕되게 했으니 비록 산다고 해도 무슨 면목으로 한나라로 돌아갈 것인가?"

그러고는 패도를 꺼내 자신을 찔렀다. 위률이 놀라 소무를 껴안고 말을 달려 의원을 찾았다. 땅을 파서 구덩이를 만들고 따듯한 불을 지펴 그 위에 소무를 엎어놓고 그의 배를 밟아 피가 나게 했다. 숨이 끊어졌던 소무가 반나절이 지나 다시 숨을 쉬며 회복됐다. 상해 등은 곡을 하면서 수레를 타고 영내로 돌아왔다. 선우는 그 절개가 장하다고 여겨 조석으로 사람을 보내 소무에게 문후하고 장승은 잡아 가두었다.

소무의 병이 좀 나아지자 선우는 사자들을 보내 소무를 설득해 항복시키고자 했다. 마침 우상에게 죄를 집행할 때가 되자 이 기회를 이용해 소무의 항복을 받고자 했다.

칼로 우상의 목을 베고 나서 위률이 장승에게 말했다.

"한나라 사자 장승은 선우의 가까운 신하를 죽이려 했으니 죽어 마땅하다. 그러나 선우는 항복하는 사람은 죄를 사면해주려고 한다."

그러고는 칼을 들어 그를 치려고 하자 장승이 항복하기를 청했다.

위률이 소무에게도 말했다.

"부중랑장이 죄를 지었으니 그대도 마땅히 연루되어야 할 것이오."

소무가 물었다.

"본래 나는 모의한 바도 없고 또한 친속도 아니오. 어찌하여 그 사람에게 연루된다고 말하는 것이오?"

다시 칼을 들어 소무를 내리치려고 했으나 소무는 전혀 움직임이 없었다. 위률이 말했다.

"소군蘇君, 저 위률은 전에 한나라를 배반하고 흉노에 귀부했는데 다행히 큰 은혜를 입어 왕이 된 뒤 현재 수만 명을 거느리고 있고, 말과 가축도 온 산에 가득하게 갖고 있소. 부귀가 이와 같소. 소군이 오늘 항복할 경우 내일이면 또한 그리 될 것이오. 헛되이 몸으로 초야를 기름지게 한들 누가 다시 그것을 알아주겠소?"

소무가 아무 대답도 하지 않자 위률이 다시 말했다.

"그대가 내 말을 듣고 항복을 한다면 나는 그대와 형제가 될 것이오. 그러나 나의 계책을 듣지 않는다면 비록 뒤에 가서 다시금 나를 보려고 해도 볼 수 있겠소?"

소무가 위률을 욕했다.

"너는 다른 사람의 신하가 돼 은혜와 의를 돌아보지 않고 주인을 배반했고, 친속을 배반해 만이에게 항복했으니 어찌 너를 보려고 하겠는가? 선우가 너를 믿고 사람의 삶과 죽음을 결정하게 했는데 공평한 마음과 올바른 태도를 가지지 않고 오히려 두 군주를 싸우게 하려고 하니 화를 당하고 실패할 것이다. 남월이 한나라의 사자를 죽였다가 도륙을 당하고 9개의 군으로 바뀌었다. 또한 대원왕이 한나라 사자를 죽였다가 그의 머리가 북쪽 대궐에 걸렸다. 조선이 한나라 사자를 죽였다가 곧바로 멸망했다. 오직 흉노만이 아직 그리 되지 않았는데 너는 내가 항복하지 않을 것을 분명히 알 것이다. 두 나라를 서로 공격하게 하려고 하면 흉노가 화를 당하는 것은 나로부터 시작될 것이다."

위률은 소무가 끝내 협박에 넘어가지 않을 것임을 알고 선우에게 고백했다. 선우는 더욱 그의 항복을 받고 싶어 했다.

이내 소무를 커다란 구덩이 속에 넣고 음식을 주지 않았다. 눈비가 내리는데 소무는 누워서 며칠 동안 눈과 양털을 씹어 삼키면서도 죽지 않았다. 흉노는 그를 신으로 생각해 이내 북해北海바이칼호의 사람이 없는 곳에 옮겨 놓고 숫양인 저羝를 기르게 했다.

"저유羝乳[211]하면 돌아갈 수 있을 것이다."

그러고는 관속인 상혜 등은 각기 다른 곳에 안치했다.

3) 하늘에서 흰 털이 비 오듯 내렸다.

4) 여름, 대한大旱이 있었다.

5) 5월, 천하에 사면령을 내렸다.

6) 죄 지은 사람들을 징발해 오원五原에 수자리를 서며 둔전을 하게 했다.

7) 착야후浞野侯 조파노趙破奴가 흉노에서 도망쳐 돌아왔다.

8) 이 해에 제남濟南산동성 역성현 태수 왕경王卿이 어사대부가 됐다.

* 世宗孝武皇帝天漢元年

春, 正月, 上行幸甘泉, 郊泰畤. 三月, 行幸河東, 祠後土.

上嘉匈奴單于之義, 遣中郎將蘇武送匈奴使留在漢者, 因厚賂單于, 答其善意. 武與副中郎將張勝與假吏常惠等俱. 既至匈奴, 置幣遣單于. 單于益驕, 非漢所望也.

會緱王與長水虞常等及衛律所將降者, 陰相與謀劫單于母閼氏歸漢. 衛律者, 父故長水胡人, 律善協律都尉李延年, 延年薦言律使於匈奴, 使還, 聞延年家收, 遂亡降匈奴. 單于愛之, 與謀國事, 立為丁靈王. 虞常在漢時素與副張勝相知, 私候勝曰, "聞漢天子甚怨衛

211 저유羝乳는 숫양이 새끼를 낳는다는 뜻으로 불가능을 의미한다.

律, 常能為漢伏弩射殺之. 吾母·弟在漢, 幸蒙其賞賜." 張勝許之, 以貨物與常. 後月餘, 單于出獵, 獨閼氏·子弟在, 虞常等七十餘人欲發, 其一人夜亡告之. 單于子弟發兵與戰, 緱王等皆死, 虞常生得.

單于使衛律治其事. 張勝聞之, 恐前語發, 以狀語武. 武曰, "事如此, 此必及我, 見犯乃死, 重負國." 欲自殺. 勝·惠共止之. 虞常果引張勝. 單于怒, 召諸貴人議, 欲殺漢使者. 左伊秩訾曰, "即謀單于, 何以復加! 宜皆降之." 單于使衛律召武受辭. 武謂惠等曰, "屈節辱命, 雖生, 何面目以歸漢!" 引佩刀自刺. 衛律驚, 自抱持武, 馳召醫, 鑿地為坎, 置熅火, 覆武其上, 蹈其背以出血. 武氣絕, 半日復息. 惠等哭, 輿歸營. 單于壯其節, 朝夕遣人候問武, 而收系張勝.

武益愈, 單于使使曉武, 欲降之, 會論虞常, 欲因此時降武. 劍斬虞常已, 律曰, "漢使張勝謀殺單于近臣, 當死, 單于募降者赦罪." 舉劍欲擊之, 勝請降. 律謂武曰, "副有罪, 當相坐." 武曰, "本無謀, 又非親屬, 何謂相坐!" 復舉劍擬之, 武不動. 律曰, "蘇君, 律前負漢歸匈奴, 幸蒙大恩賜號稱王, 擁眾數萬, 馬畜彌山, 富貴如此! 蘇君今日降, 明日復然. 空以身膏草野, 誰復知之!" 武不應. 律曰, "君因我降, 與君為兄弟. 今不聽吾計, 後雖欲復見我, 尚可得乎!" 武罵律曰, "汝為人臣子, 不顧恩義, 畔主背親, 為降虜於蠻夷, 何以汝為見! 且單于信汝, 使決人死生, 不平心持正, 反欲斗兩主, 觀禍敗. 南越殺漢使者, 屠為九郡. 宛王殺漢使者, 頭懸北闕. 朝鮮殺漢使者, 即時誅滅. 獨匈奴未耳. 若知我不降明, 欲令兩國相攻, 匈奴之禍從我始矣." 律知武終不可脅, 白單于, 單于愈益欲降之. 乃幽武置大窖中, 絕不飲食. 天雨雪, 武臥, 嚙雪與旃毛並咽之, 數日不死. 匈奴以為神, 乃徙武北海上無人處, 使牧羝, 曰, "羝乳乃得歸." 別其官屬常惠等, 各置他所.

天雨白氂.

夏, 大旱.

五月, 赦天下.

發謫戍屯五原.

浞野侯趙破奴自匈奴亡歸.

是歲, 濟南太守王卿為御史大夫.

한무제 천한 2년(BC 99)

1) 봄, 황제가 동해東海산동성 담성현에 행차했다. 돌아오던 중 회중回中감숙성 고원현에 들렀다.

2) 여름 5월, 이사장군 이광리에게 3만 명의 기병을 이끌고 주천酒泉을 출발해 천산天山에서 우현왕을 치게 했다. 흉노의 목을 베거나 포로로 잡은 자 1만여 급을 가지고 돌아왔다. 흉노가 이사장군을 포위했다. 한나라 군사들은 며칠이나 굶주려 있었다. 게다가 사상자도 많았다. 그러던 중 대리직인 가사마假司馬 농서隴西감숙성 임도현 출신 조충국趙充國이 장사 100여 명과 더불어 포위망을 깨뜨리고 흉노의 진지를 붕괴시켰다. 덕분에 이사장군이 병사들을 이끌고 겨우 포위망에서 벗어날 수 있었다.

한나라의 병사로서 죽은 사람이 10명 가운데 6–7명이었고, 조충국도 몸에 20여 군데의 상처를 입었다. 이사장군이 이 사실을 상주하자 천자는 조서를 내려 조충국을 행재소까지 오도록 했다. 이후 친히 만나 그 상처를 살펴보며 감탄을 하고 궁정 금위관인 중랑中郎에 제수했다.

한나라는 다시 인우장군因杅將軍인 공손오에게 서하西河내몽골 동승현를 출발해 강노도위强弩都尉인 노박덕路博德과 탁도산涿涂山몽골 오란정에서 회합하라고 했으나 아무 소득이 없었다.

이광李廣에게는 손자 이릉李陵이 있었다. 그는 시중이었다. 말타기와 활쏘기를 잘했고, 밑에 있는 병사들을 아껴주었다. 황제는 그에게 이광의 기풍이 있다고 여겨 기병 지휘관인 기도위騎都尉로 임명했다. 그에게 단양丹陽과 초 땅 사람 5천 명을 이끌게 하고, 주천酒泉과 장액張掖에서 활 쏘는 것을 가르치면서 흉노에 대비케 했다. 이사장군이 흉노를 칠 때 황제는 이릉을 불러 이사장군을 위해 치중輜重을 맡기고자 했다. 이릉이 머리를 조아리며 청했다.

"신이 이끌고 있는 변방 주둔 병사들은 모두 형荊과 초 땅의 용사들로 기이한 재주를 지닌 검객들입니다. 힘으로는 호랑이를 상대할 만하고, 활을 쏘면 명중시키니 원컨대 스스로 한 부대를 만들어 대항하고 싶습니다. 난우산蘭于山의 남쪽에서 선우의 병사를 나누게 하여 그들이 전적으로 이사장군 쪽으로만 향하지 않게 해주십시오."

황제가 대답했다.

"그대는 다른 사람에게 소속되기를 싫어하는가? 이미 군사를 많이 징발했기 때문에 너에게 줄 기병이 없다."

이릉이 말했다.

"기병은 필요 없습니다. 신은 적은 수로 많은 적을 공격하고자 합니다. 보병 5천 명으로 선우의 왕정을 짓밟아버리겠습니다."

황제는 장하다고 여기며 허락했다. 그러고는 복파장군 노박덕路博德에게 조서를 내려 병사를 이끌고 가 선우를 치고 돌아오는 길의 중간쯤에서 이릉의 군사를 영접케 했다.

새로 두각을 나타내기 시작한 이릉을 지원하는 부대가 되는 것을 수치로 생각한 노박덕이 상주했다.

"바야흐로 가을입니다. 흉노들의 말이 살이 쪄 있으니 아직 그들과 맞서 싸울 수가 없습니다. 원컨대 이릉을 봄까지 머물러 있게 하다가 함께 출전하게 해주십시오."

황제는 이릉이 전쟁터에 나가고 싶지 않아 노박덕을 시켜 서신을 올리게 한 것으로 의심해 대로했다. 노박덕에게 병사를 이끌고 서하에서 흉노를 치라고 조서를 내렸다. 이어 이릉에게는 9월에 군사를 동원해 거연해의 북쪽인 차로장遮虜障을 출발하라고 조서를 내렸다. 동준계산東浚稽山몽골 궁특산의 남쪽에 있는 용륵수龍勒水몽골 투라하에 이르러 배회하면서 적을 관망하다가 바로 보이는 것이 없으면 돌아와 수항성受降城에서 병사들을 쉬게 하라고 했다.

자신의 보병 5천 명을 이끌고 거연居延을 출발한 이릉은 북쪽으로 30일 동안 가서 준계산浚稽山에 이르러 하채下寨했다. 이후 지나온 산천의 지형을 그려 넣고 휘하에 있는 기병인 진보락陳步樂으로 하여금 돌아가서 이 소식을 황제에게 보고하게 했다. 진보락이 황제를 알현했는데 이릉이 병사들을 인솔해 사력을 다하고 있다고 하자 황제가 매우 기뻐하며 진보락을 낭郎으로 삼았다.

이릉은 준계산에 이르러 선우와 서로 대치했다. 흉노가 기병 3만 명으로 이릉의 군사를 포위하자 이릉은 군사를 두 산 사이에 있게 한 뒤 큰 수레를 가지고 영채營寨를 만들었다. 그러면서 병사들을 이끌고 영채 밖으로 나가 병사들을 벌려 놓았다. 앞에는 창과 방패를 든 병사들을 서게 하고, 뒤에는 궁노弓弩를 든 병사를 세웠다.

적병은 한나라의 군사가 적은 것을 보고 곧바로 영채로 달려왔다. 이릉은 격투를 하면서 그들을 공격했다. 1,000개의 노로 일제히 사격을 하자 적병은 화살에 맞아 넘어지면서 산꼭대기로 도주했다.

한나라 병사들이 그들을 추격해 수천 명을 죽였다. 크게 놀란 선우는 주변에 있는 8만여 명의 기병을 불러내 이릉을 공격했다. 이릉은 한편으로는 싸우고 한편으로는 병사를 이끌어 남쪽으로 며칠 가다가 마침내 산골짜기에 이르렀다. 사졸들은 계속 전투를 하여 화살에 맞아 다친 자가 많았다. 세 군데를 다친 사람은 연輦에 싣고, 두 군데를 다친 사람은 수레에 싣고, 한 군데만 다친 사람은 무기를 잡고 싸우게 했다. 다시 3,000여 급의 목을 베었다.

이후 다시 병사들을 이끌고 동남쪽으로 가다가 옛날 용성龍城으로 가는 길을 좇아 4–5일만에 대택大澤의 갈대밭 속으로 들어갔다. 적병들이 바람을 따라 갈대밭에 불을 지르자 이릉도 역시 맞불을 지르도록 군중에 명을 내려 자신을 구했다. 다시 남쪽으로 가다가 산 아래에 도착했다. 남쪽에 있는 산 위에서 선우는 자신의 아들에게 기병을 이끌고 이릉을 공격하게 했다. 이릉은 걸어가면서 수목 사이에서 싸워 다시 수천 명을 죽였고, 선우에게 노를 연달아 발사했다. 선우가 산 아래로 달아났다.

이날 적병을 포로로 잡자 포로가 말했다.

"우리 선우가 말하기를, '한나라 정병은 공격해도 떨어뜨릴 수 없다. 밤낮으로 우리를 유인해 남쪽 요새에 이르게 되면 거기 복병이 없을 수 있겠는가'라고 했습니다. 지휘관인 당호군장當戶君長들이 모두 말하기를, '선우가 직접 수만 명의 기병을 이끌고 한나라의 수천 명을 공격했는데도 궤멸시키지 못한다면 뒤에 가서 다시 변방의 신하들을 둘 수 없고, 한나라가 흉노를 더욱 가볍게 볼 것입니다. 산골짜기에서 한 번 더 힘써 싸우면서 40–50리만 가면 평지가 나타날 터이니 그때 격파하지 못하면 돌아오는 게 좋을 것입니다'라고 했습니다."

이릉의 군사 사정이 더욱 다급해졌다. 흉노의 기병은 아직 많았으나 하루에도 수십 번씩 전투를 하여 다시 적병을 2천 명이나 살상했다. 적병은 불리해지자 달아나려고 했다. 이때 이릉부대의 하급 군관인 군후軍候 관감管敢이 교위에게 모욕을 당하자 흉노에게 도망쳐 모든 상황을 얘기했다.

"이릉의 군사는 뒤에 구원군도 갖고 있지 않고, 화살도 다 소진됐고, 지금 남은 것은 장군의 휘하에 있는 병사와 교위인 성안후成安侯 한연년韓延年의 군사뿐입니다. 이들을 각기 800명씩 앞에서 가게 했는데 황색 깃발과 백색 깃발을 쓰고 있습니다. 정예의 기병을 보내 그들을 치면 바로 격파될 것입니다."

선우는 관감의 말을 듣고 크게 기뻐하며 기병으로 한나라 군사를 공격하게 하며 소리쳤다.

"이릉과 한연년은 빨리 항복하라."

드디어 길을 막고 급히 이릉을 공격했다. 이릉은 골짜기에 있었고, 적병은 산꼭대기에 있었다. 사방에서 활을 쏘자 화살이 비 오듯 떨어졌다. 남쪽으로 가던 한나라 군사는 제한산鞮汗山에도 아직 도착하지 못했다. 하루에 50만 개의 화살을 모두 소진해 수레를 버리고 갔다.

병사는 3천여 명이 있었으나 무기가 없어 수레를 부숴 무기 대용으로 가지고 있었다. 군리軍吏들도 작은 칼만을 갖고 산골짜기로 들어갔다. 선우가 그 퇴로를 차단하고 산모퉁이에서 골짜기로 돌을 굴려 내리자 이릉의 사졸들은 앞으로 나아갈 수도 없어 많이 죽었다. 밤이 되자 이릉은 편복으로 갈아 입고 홀로 걸어 영채를 나왔다.

좌우에 따르는 사람들을 물리치며 말했다.

"나를 따르지 마라. 대장부인 나 홀로 선우를 잡아오겠다."

한참 있다가 이릉이 돌아와 크게 탄식했다.

"전투에서 패했으니 죽음뿐이다."

그러고는 정기旌旗를 다 부숴버리고 진귀한 보배는 땅 속에 묻어버린 뒤 또 탄식했다.

"다시 수십 발의 화살만 있어도 충분히 벗어날 수 있을 터인데 더 이상 싸울 무기가 없으니 날이 밝으면 앉아서 포박을 당하겠다. 너희들은 각기 새나 짐승처럼 흩어져 이 포위를 벗어날 수 있다면 돌아가 천자에게 보고토록 하라."

그러고는 군사들에게 두 되의 마른 식량과 한 조각의 얼음 덩어리를 가져가게 하고는 혹 벗어날 수 있으면 차로장에서 서로 기다릴 것을 기약했다.

밤중에 북을 울려 병사들을 깨우려 했으나 북이 이미 찢어져 울리지 않았다. 이릉과 한연년이 함께 말에 올랐으나 이들을 좇는 장사는 10여 명이었다. 수천 명의 흉노 기병들이 그들을 쫓자 결국 한연년은 전사했다. 이릉이 말했다.

"폐하에게 보고드릴 면목이 없다."

그러고는 이내 항복했다. 군사들은 분산돼 포위를 벗어나 요새에 이른 사람이 400여 명이었다.

이릉이 패한 곳은 요새에서 100여 리 떨어진 곳이었다. 변경에 있는 요새여서 이 소식을 황제에게 전했다. 황제는 이릉이 전사하기를 바랐으나 항복했다는 소식이 들리자 대로해 진보락陳步樂에게 책임을 물었다. 진보락은 자진하고 말았다.

군신들은 하나같이 이릉에게 죄가 있다고 말했다. 황제가 태사령인 사마천에게 묻자 사마천이 긴 말로 이릉을 두둔했다.

"이릉은 부모를 효성으로 섬기고, 병사들과는 신의를 지켰습니다. 늘 자신의 몸을 돌보지 않고 분투해 국가의 위급을 구하기 위해 나가려고 했습니다. 이는 그가 평소에 마음속에 쌓아 놓았던 것이니 국가의 선비라는 기풍을 갖고 있었습니다. 다만 이번 거사에서 불행한 일이 있었으나 자신의 몸과 처자를 모두 온전하게 보존한 신하들이 그 죄를 부풀려 그의 단전을 비난하니 실로 슬픈 일입니다. 또한 이릉은 5천 명이 안 되는 보군을 이끌고 들어가 수만 명의 군사를 유린하고 억눌렀습니다. 적병은 죽은 자를 구하고, 다친 자를 부축하기에 겨를이 없었습니다. 활을 쏠 수 있는 백성을 다 동원해 그를 에워싸고 공격했는데도 싸우면서 1,000리를 돌아오다가 화살도 다 떨어지고 길까지 막혔습니다. 그러나 병사들은 번득이는 칼날을 무릅쓰고 빈 활만 당기면서도 북쪽으로 머리를 두고, 죽음을 무릅쓰면서 사력을 다해 싸웠으니 비록 옛날의 명장일지라도 그보다 더하지는 못할 것입니다. 몸은 비록 적에게 함락됐으나 그가 꺾어놓은 일은 족히 천하에 드러났습니다. 그가 죽지 않은 것은 마땅히 한나라에 보답을 하기 위한 것입니다."

황제는 사마천이 황제를 속이는 말로써 이사장군을 저해하고 이릉을 위해 유세했다고 하여 그를 거세하는 부형腐刑에 처했다. 그러나 오랜 시간이 지난 후 황제는 이릉을 구해내지 못한 것을 후회했다.

"이릉이 요새를 출발할 때 강노도위에게 조서를 내려서 이릉의 군사를 영접하게 했어야 했다. 내가 미리 조서를 내려 늙은 장수인 노박덕으로 하여금 간사한 짓을 하게 했다."

그러고는 이내 사자를 파견해 이릉의 병사들 가운데 포위망을 벗어난 병사들에게 상을 내려주고 위로했다.

3) 황제는 법률과 제도를 가지고 아랫사람을 통제했고 혹리酷吏를 높게 채용했기 때문에 군국에서 2천석 녹질을 받는 관원은 대부분 포학했고, 이민吏民들은 범법하는 것을 가벼이 생각했다.

그 무렵 동쪽 땅에서 도적이 수차례 일어났다. 큰 무리들은 수천 명에 이르러서 성읍을 공격하고 무기고를 탈취하고 죽을죄를 지은 자를 석방시켰다. 또한 군의 태수와 도위를 결박해 욕보이고, 2천석 녹질을 받는 관원들을 죽였다. 적의 무리들은 수백 명으로, 향리를 노략하는 것은 헤아릴 수 없었고, 도로로 사람들이 다닐 수 없을 정도였다.

황제는 어사중승御史中丞과 승상부의 장리長吏들을 독려했으나 도저히 도적들을 막을 수 없었다. 이내 광록대부光祿大夫 범곤范昆과 옛날 구경이었던 장덕張德 등으로 하여금 수를 놓은 옷을 입고 부절과 호부를 가지고 군사를 발동해 토벌케 했다.[212]

목을 벤 숫자가 큰 군에서는 1만여 명에 이르렀다. 비적과 왕래하거나 음식을 제공해 연루된 사람을 죽인 일이 여러 군에서 있었다. 그 수가 심한 경우는 수천 명까지 달했다. 몇 년 후 이내 그 인솔자를 잡았으나 흩어져 도주한 병졸들이 다시 모여 무리를 이뤘다. 산천을 가로막는 자가 왕왕 무리로 모여 살았기 때문에 도무지 어찌할 수가 없었다.

천자가 침명법沈命法[213]을 만들어 발포했다.

"도적의 무리가 일어났는데 이를 발각하지 못하거나 발각해도 모조리 잡지 못하면 2천석을 받는 관원들로부터 하급관원에 이르기까지 그 일을 주관한 사람을 모두 사형에 처하겠다."

이후 하급관원들은 죽임을 당할 것이 두려워 비록 도적이 있어도 아예 발각해 내지를 않았다. 발각하면 잡지 못해 그것이 부府에까지 연루될까 두려웠고, 부에서도 역시 말을 하지 않게 했다. 도적들은 더욱 많아졌으나 상하에서 서로 숨기며 공문서만 가지고 법망을 피해나갔다.

이때 폭승지暴勝之가 직지사자直指使者가 됐다. 그가 죽인 2천석 이하 녹질을 받는 사람들이 아주 많아 여러 주군을 위풍으로 놀라게 했다. 그가 발해에 이르렀을 때 그 군에 사는 준불의雋不疑가 똑똑하다는 소문을 듣고 청하여 만나보았다. 준불의는 용모가 장중하고 엄숙했다. 의관이 아주 화려했다. 그가 오자 폭승지는 신발도 신지 못한 채 일어나 그를 영접

212 당시 한무제는 '수의직지繡衣直指'라는 직책을 만들었다. 특별히 꽃을 수놓은 관복을 입게 하고 필요할 때 임시로 황제가 직접 임명해 어떤 직책을 맡게 했다. 대개 도적을 잡거나 옥송獄訟의 문제를 담당했다. 일이 끝나면 이 직책은 없어졌다. 직지는 사건을 직접 다룬다는 뜻으로, 관복에 꽃을 수놓게 한 것은 특별한 존귀함과 권력을 가진 것을 의미한다.

213 『사기』「혹리열전」에 따르면 침명법沈命法은 도적 소탕을 명하는 법을 지칭한다.

한 뒤 당堂에 올라 자리를 정하고 앉았다. 준불의는 두 손을 땅에 대고 말했다.

"해변에서 가만히 엎드려 폭공자의 소문을 오래 전부터 들었습니다. 그러다 이제야 얼굴을 대하고 말씀을 듣게 됐습니다. 무릇 관원이 돼 지나치게 강하면 부러지고, 지나치게 유하면 쓸 데가 없습니다. 위엄을 세우는데 은혜를 가지고 시행할 것이고, 그런 다음 공을 세우고 이름을 날리면 천록天祿을 끝까지 받을 것입니다."

폭승지는 그가 경계하는 것을 깊이 받아들였다. 그리고 돌아오자 준불의를 추천하는 표表를 올렸다. 황제는 준불의를 불러서 청주자사青州刺史로 삼았다.

또한 제남濟南산동성 역성현 출신 왕하王賀가 수의어사가 돼 위군魏郡하남성 임장현에 있는 여러 도적을 체포하는 일을 맡았다. 많은 사람을 놓아주어 직책을 제대로 수행하지 못했다고 하여 면직된 왕하가 한탄했다.

"내가 듣건대 1,000명을 살리면 자손에게 봉작이 있다고 했다. 내가 살린 사람은 1만 명이니 후손에서는 내 자손들이 흥할 것이다."

4) 이 해에 항복한 흉노인 개화왕介和王 성만成晩이 개릉후가 됐다. 그가 누란국의 병사를 이끌고 차사국車師國신강성 투르판을 쳤다. 흉노의 우현왕이 수만 명이 기병을 이끌고 그들을 구원했다. 한나라 군사들은 불리해지자 병사들을 이끌고 철수했다.

* 世宗孝武皇帝天漢二年

春, 上行幸東海. 還, 幸回中.

夏, 五月, 遣貳師將軍廣利以三萬騎出酒泉, 擊右賢王於天山, 得胡首虜萬餘級而還. 匈奴大圍貳師將軍, 漢軍乏食數日, 死傷者多. 假司馬隴西趙充國與士百餘人潰圍陷陳, 貳師引兵隨之, 遂得解. 漢兵物故什六七，充國身被二十餘創．貳師奏狀，詔征充國詣行在所，帝親見，視其創，嗟歎之，拜為中郎．

漢復使因酐杅將軍敖出西河，與強弩都尉路博德會涿塗山，無所得．

初，李廣有孫陵，為侍中，善騎射，愛人下士．帝以為有廣之風，拜騎都尉，使將丹楊·楚人五千人，教射酒泉·張掖以備胡．及貳師擊匈奴，上詔陵，欲使為貳師將輜重，陵叩頭自請曰，“臣所將屯邊者，皆荊楚勇士奇材劍客也，力扼虎，射命中，願得自當一隊，到蘭干山南以分單于兵，毋令專向貳師軍.”上曰，“將惡相屬邪！吾發軍多，無騎予女.”陵對曰，“無所事騎，臣願以少擊衆，步兵五千人涉單于庭.”上壯而許之．因詔路博德將兵半道迎陵軍．博德亦羞為陵後距，奏言曰，“方秋，匈奴馬肥，未可與戰，願留陵至春俱出.”上怒，疑陵悔不欲出而教博德上書，乃詔博德引兵擊匈奴於西河．詔陵以九月發，出遮虜障，至東浚稽山南龍勒水上，徘徊觀虜，即亡所見，還，抵受降城休士．陵於是將其步卒五千人，出居延，北行三十日，至浚稽山止營，舉圖所過山川地形，使麾下騎陳步樂還以聞．步樂召見，道陵將率得士死力，上甚悅，拜步樂為郎．

陵至浚稽山，與單于相值，騎可三萬圍陵軍，軍居兩山間，以大車為營．陵引士出營外為陳，前行持戟·盾，後行持弓·弩．虜見漢軍少，直前就營．陵搏戰攻之，千弩俱發，應弦而倒．虜還走上山，漢軍追擊殺數千人．單于大驚，召左·右地兵八萬餘騎攻陵．陵且戰且引南行，數日，抵山谷中，連戰，士卒中矢傷，三創者載輦．兩創者將車，一創者持兵戰，復斬首三千餘級．引兵東南，循故龍城道行四五日，抵大澤葭葦中，虜從上風縱火，陵亦令軍中縱火以自救．南行至山下，單于在南山上，使其子將騎擊陵．陵軍步斗樹木間，復殺數千人，因發連弩射單于, 單于下走. 是日捕得虜, 言"單于曰, '此漢精兵, 擊之不能下, 日夜引吾南近塞, 得無有伏兵乎?' 諸當戶君長皆言, '單於自將數萬騎擊漢數千人不能滅, 後無以復使邊臣, 令漢益輕匈奴. 復力戰山谷間, 尚四五十里, 得平地, 不能破, 乃還'

是時陵軍益急, 匈奴騎多, 戰一日數十合, 復傷殺虜二千餘人. 虜不利, 欲去, 會陵軍候管敢為校尉所辱, 亡降匈奴, 具言曰, "陵軍無後救, 射矢且盡, 獨將軍麾下及校尉成安侯韓延年各八百人為前行, 以黃與白為幟. 當使精騎射之, 即破矣." 單于得敢大喜, 使騎並攻漢軍, 疾呼曰, "李陵·韓延年趣降!" 遂遮道急攻陵. 陵居谷中, 虜在山上, 四面射, 矢如雨下. 漢軍南行, 未至鞮汗山, 一日五十萬矢皆盡, 即棄車去. 士尚三千餘人, 徒斬車輻而持之, 軍吏持尺刀, 抵山, 入狹谷, 單于遮其後, 乘隅下壘石, 士卒多死, 不得行. 昏後, 陵便衣獨步出營, 止左右曰, "毋隨, 丈夫一取單于耳!" 良久, 陵還, 太息曰, "兵敗, 死矣!" 於是盡斬旌旗, 及珍寶埋地中, 陵歎曰, "復得數十矢, 足以脫矣. 今無兵復戰, 天明, 坐受縛矣. 各鳥獸散, 猶有得脫歸報天子者." 令軍士人持二升糒, 一片冰, 期至遮障者相待. 夜半時, 擊鼓起士, 鼓不鳴. 陵與韓延年俱上馬, 壯士從者十餘人, 虜騎數千追之, 韓延年戰死. 陵曰, "無面目報陛下!" 遂降. 軍人分散, 脫至塞者四百餘人.

陵敗處去塞百餘里, 邊塞以聞. 上欲陵死戰. 後聞陵降, 上怒甚, 責問陳步樂, 步樂自殺. 群臣皆罪陵, 上以問太史令司馬遷, 遷盛言曰, "陵事親孝, 與士信, 常奮不顧身以徇國家之急, 其素所畜積也, 有國士之風. 今舉事一不幸, 全軀保妻子之臣隨而媒櫱其短, 誠可痛也! 且陵提步卒不滿五千, 深蹂戎馬之地, 抑數萬之師, 虜救死扶傷不暇, 悉舉引弓之民共攻圍之, 轉斗千里, 矢盡道窮, 士張空弮,冒白刃, 北首爭死敵, 得人之死力, 雖古名將不過也. 身雖陷敗, 然其所摧敗亦足暴於天下. 彼之不死, 宜欲得當以報漢也." 上以遷為誣罔, 欲沮貳師, 為陵游說, 下遷腐刑.

久之, 上悔陵無救, 曰, "陵當發出塞, 乃詔強弩都尉令迎軍. 坐預詔之, 得令老將生奸詐." 乃遣使勞賜陵餘軍得脫者.

上以法制御下, 好尊用酷吏, 而郡·國二千石為治者大抵多酷暴, 吏民益輕犯法. 東方盜賊滋起, 大群至數千人, 攻城邑, 取庫兵, 釋死罪, 縛辱郡太守·都尉, 殺二千石. 小群以百數掠鹵鄉里者, 不可勝數. 道路不通. 上始使御史中丞·丞相長史督之, 弗能禁. 乃使光祿大夫范昆及故九卿張德等衣繡衣, 持節·虎符, 發兵以興擊. 斬首大部或至萬餘級, 及以法誅通行·飲食當連坐者, 諸郡甚者數千人. 數歲, 乃頗得其渠率, 散卒失亡復聚黨阻山川者往往而群居, 無可奈何. 於是作『沈命法』, 曰, "群盜起, 不發覺, 發覺而捕弗滿品者, 二千石以下至小吏, 主者皆死." 其後小吏畏誅, 雖有盜不敢發, 恐不能得, 坐課累府, 府亦使其不言. 故盜賊多, 上下相為匿, 以文辭避法焉.

是時, 暴勝之為直指使者, 所誅殺二千石以下尤多, 威振州郡. 至勃海, 聞郡人雋不疑賢, 請與相見. 不疑容貌尊嚴, 衣冠甚偉, 勝之躧履起迎, 登堂坐定, 不疑據地曰, "竊伏海瀕, 聞暴公子舊矣, 今乃承顏接辭. 凡為吏, 太剛則折, 太柔則廢, 威行, 施之以恩, 然後樹功揚名, 永終天祿." 勝之深納其戒. 及還, 表薦不疑, 上召拜不疑為青州刺史. 濟南王賀亦為繡衣御史, 逐捕魏郡群盜, 多所縱捨, 以奉使不稱免, 歎曰, "吾聞活千人, 子孫有封, 吾所活者萬餘人, 後世其興乎!"

是歲, 以匈奴降者介和王成娩為開陵侯, 將樓蘭國兵擊車師. 匈奴遣右賢王將數萬騎救之, 漢兵不利, 引去.

** 권22-한기漢紀 14: 무고의 화가 빚어지다

한무제 천한 3년(BC 98)

1) 봄 2월, 왕경王卿이 죄가 있어 자진했다. 도성 경비사령관인 집금오執金吾 두주杜周를 어사대부로 삼았다.[214]

2) 처음으로 술의 전매를 실시했다.

3) 3월, 황제가 태산에 행차해 봉손封禪하는 단을 수리하고 명당에서 제사를 올리면서 그곳에서 각 관원들의 보고를 받았다. 돌아오다가 상산常山에서 제사를 올리고 검은색 옥을 땅에 묻었다. 방사方士들이 신인神人을 기다렸다. 사람들이 바다로 나아가 봉래산蓬萊山을 찾아보았으나 아무런 증험도 찾아내지 못했다. 그런데도 공손경은 한무제 원봉 원년 당시 보통보다 대단히 몸체가 컸을 사람의 흔적을 두고 신선의 흔적으로 간주했다.

천자는 방사들이 하는 괴이하고 교활한 말에 더욱 싫증을 느끼게 됐다. 그래도 그들과의 연계를 끊지 않으면서 진정한 신선이 나타나기만을 기다렸다. 이후 방사들 가운데 신선의 사당에 관해 말하는 사람이 많아

214 한나라는 무제 태초 원년인 기원전 104년에 중위中尉의 명칭을 집금오執金吾로 바꿨다. '금오金吾'는 화를 내쫓고 복을 불러온다는 전설적인 상서로운 새의 이름을 말한다. 황제가 밖에 나갈 때에는 앞에 가는 관원이 이 새의 조각상을 들고 황제의 행차를 이끌었다.

졌다. 그 효과를 목도할 수 있게 된 것이다.

4) 여름 4월, 대한大旱이 있었다. 천하에 사면령을 내렸다.

5) 가을, 흉노가 안문雁門에 침입했다. 태수가 적을 두려워했다고 하여 목이 베어져 저자에 내걸렸다.

** 起昭陽協洽, 盡閼逢敦牂, 凡十二年.

* 世宗孝武皇帝天漢三年

春, 二月, 王卿有罪自殺, 以執金吾杜周為御史大夫.

初榷酒酤.

三月, 上行幸泰山, 脩封, 祀明堂, 因受計. 還, 祠常山, 瘞玄玉. 方士之候祠神人·入海求蓬萊者終無有驗, 而公孫卿猶以大人跡為解. 天子益怠厭方士之怪迂語矣, 然猶羈縻不絕, 冀遇其真. 自此之後, 方士言神祠者彌眾, 然其效可睹矣.

夏, 四月, 大旱. 赦天下.

秋, 匈奴入雁門. 太守坐畏愞棄市.

한무제 천한 4년(BC 97)

1) 봄 정월, 감천궁에서 제후왕들의 조현을 받았다.

2) 천하에 있는 7종의 천민賤民과 용감한 병사를 징발했다.[215] 이사장군 이광리를 파견해 기병 6만 명과 보병 7만 명을 이끌고 삭방을 출발했다. 강노도위인 노박덕에게 1만여 명을 이끌고 이사장군과 만나도록 했다. 유격장군 한열에게는 보병 3만 명을 이끌고 오원五原 내몽골 포두시包頭市

215 7종의 천민은 죄를 범한 소리小吏와 도망친 죄수, 데릴사위, 상인, 상인의 적에 있었던 사람, 부모가 상인의 적에 있었던 사람, 조부모가 상인의 적에 있었던 사람을 지칭한다.

서북쪽을 출발하게 했다. 인우장군因杅將軍 공손오에게는 기병 1만 명과 보병 3만 명을 이끌고 안문을 출발하게 했다.

흉노가 이 소문을 듣고 그들의 가족과 재물을 모두 여오수余吾水의 북쪽으로 멀리 옮겨놓은 뒤 선우가 병사 10만 명을 이끌고 여오수의 남쪽에서 기다렸다가 이사장군과 접전했다. 선우와 거의 10일 동안 계속 전투를 하고 난 이사장군은 아무 소득이 없자 전투 상태를 해지한 뒤 군사를 이끌고 귀환했다. 유격장군도 아무 소득이 없었고, 좌현왕과 전투를 하던 인우장군도 불리하게 되자 군사를 이끌고 돌아왔다.

이때 황제는 공손오에게 흉노 땅으로 깊이 들어가 이릉李陵을 영접해 오라고 했다. 그러나 공손오는 아무 공도 없이 돌아온 뒤 이같이 말했다.

"산 사람을 체포하였는데 그가 말하기를, '이릉이 선우를 가르쳐 그 군사들로써 우리 한나라 군사를 대비한다'고 합니다. 신은 아무 소득도 없었습니다."

황제는 이릉의 집안사람들을 모두 죽였다. 이 일을 처리하고 있는데 얼마 후 소문을 들으니 그런 일을 한 사람은 한나라의 장수로 흉노에 항복한 이서李緖였고 이릉이 아니었다. 이릉은 사람을 시켜 이서를 칼로 찔러 죽였다. 선우의 정비인 대연지大閼氏는 이릉이 이서를 죽인 것에 대한 앙갚음으로 이릉을 죽이고자 했다. 그러나 선우는 그를 북방에 숨겨두었다가 대연지가 죽자 이내 돌아오게 했다. 선우는 그의 딸을 이릉에게 시집보내고, 이릉을 우교왕으로 삼아 위률衛律과 함께 존귀한 일을 하게 했다. 위률은 늘 선우 곁에 있었고, 이릉은 밖에 살다가 큰일이 있으면 바로 돌아와 의논했다.

3) 여름 4월, 아들 유박劉髆을 창읍왕昌邑王으로 삼았다.

* 世宗孝武皇帝天漢四年

春, 正月, 朝諸侯王於甘泉宮.

發天下七科讁及勇敢士, 遣貳師將軍李廣利將騎六萬·步兵七萬出朔方. 強弩都尉路博德將萬餘人與貳師會. 游擊將軍韓說將步兵三萬人出五原. 因杅將軍公孫敖將騎萬·步兵三萬人出雁門. 匈奴聞之, 悉遠其累重於余吾水北. 而單于以兵十萬待水南, 與貳師接戰. 貳師解而引歸, 與單于連鬥十餘日. 游擊無所得. 因杅與左賢王戰, 不利, 引歸.

時上遣敖深入匈奴迎李陵, 敖軍無功還, 因曰, "捕得生口, 言李陵教單于為兵以備漢軍, 故臣無所得." 上於是族陵家. 既而聞之, 乃漢將降匈奴者李緒, 非陵也. 陵使人刺殺緒. 大閼氏欲殺陵, 單于匿之北方. 大閼氏死, 乃還. 單于以女妻陵, 立為右校王, 與衛律皆貴用事. 衛律常在單于左右. 陵居外, 有大事乃入議.

夏, 四月, 立皇子髆為昌邑王.

태시太始 원년(BC 96)

1) 봄 정월, 인우장군 공손오가 그의 처의 무고巫蠱[216]의 죄에 연루돼 허리가 베이는 벌을 받았다.

2) 군국의 호걸들을 무제의 능묘인 무릉茂陵섬서성 흥평현으로 옮겼다.

3) 여름 6월, 천하에 사면령을 내렸다.

4) 이 해에 흉노인 제9대 차제후且鞮侯 선우가 죽었다. 그에게는 아들이 둘 있었다. 장자인 고록고孤鹿姑는 좌현왕, 차자는 좌대장左大將으로 있었다. 좌현왕이 아직 도착하지 않았을 때 귀인들은 그에게 병이 있다고

---

216 무고巫蠱는 기도나 제사 등으로 재앙을 내리게 하는 무술巫術을 말한다. 원래 여기의 무巫는 기도, 고蠱는 사람을 해치는 곤충을 가리킨다.

여기고 좌대장을 선우로 세웠다. 이 소식을 들은 좌현왕은 감히 앞으로 나오지 못했다. 그러나 좌대장이 좌현왕을 불러 선우의 자리를 양보했다. 이때 좌현왕이 칭병하여 사양했으나 좌대장은 그 말을 듣지 않고 말했다.

"불행히도 그대가 죽는다면 그때 가서 나에게 전해주십시오."

이때 비로소 좌현왕이 즉위를 허락하고, 마침내 고록고선우孤鹿姑單于가 됐다. 이어 좌대장을 좌현왕으로 삼았다. 몇 년 지나 병들어 죽었다. 그 아들 선현탄先賢撣이 대를 잇지 못하게 되자 일축왕日逐王으로 삼았다.[217] 선우는 자기 아들을 좌현왕으로 삼았다.

* 世宗孝武皇帝太始元年

春, 正月, 公孫敖坐妻為巫蠱要斬.

徙郡國豪傑於茂陵.

夏, 六月, 赦天下.

是歲, 匈奴且鞮侯單于死. 有兩子, 長為左賢王, 次為左大將. 左賢王未至, 貴人以為有病, 更立左大將為單于. 左賢王聞之, 不敢進. 左大將使人召左賢王而讓位焉. 左賢王辭以病, 左大將不聽, 謂曰, "即不幸死, 傳之於我." 左賢王許之, 遂立, 為狐鹿姑單于. 以左大將為左賢王, 數年, 病死. 其子先賢撣不得代, 更以為日逐王. 單於自以其子為左賢王.

217 차제후선우의 둘째 아들은 선우로 옹립됐다가 좌현왕이 됐으나 형인 고록고 선우의 후계자임에도 먼저 죽었기 때문에 그의 아들 선현탄은 좌현왕의 자리를 승계할 수 없었다. 선우는 선현탄을 흉노의 서부 땅 책임자인 일축왕에 임명한 것이다. 선현탄은 35년 뒤인 선제 신작 2년인 기원전 60년에 한나라에 귀부했다.

한무제 태시 2년(BC 95)

1) 봄 정월, 황제가 회중回中감숙성 고원현에 행차했다.

2) 두주杜周가 죽고 광록대부 폭승지暴勝之가 어사대부가 됐다.

3) 가을, 한재旱災가 있었다.

4) 조趙나라 중대부인 백공白公이 운하를 뚫어 경수涇水를 끌어들이자고 상주했다. 곡구谷口섬서성 예천에서 시작해 약양櫟陽섬서성 임동현으로 들어가 위중渭中까지 물을 대는 것이었다. 길이는 200리, 물을 댄 밭이 500여 경頃이었다. 운하의 이름은 백거白渠라고 했다. 백성들은 풍요로움을 얻게 됐다.

＊世宗孝武皇帝太始二年

春, 正月, 上行幸回中.

杜周卒, 光祿大夫暴勝之為御史大夫.

秋, 旱.

趙中大夫白公奏穿渠引涇水, 首起谷口, 尾入櫟陽, 注渭中, 袤二百里, 溉田四千五百餘頃, 因名曰白渠. 民得其饒.

한무제 태시 3년(BC 94)

1) 봄 정월, 황제가 감천궁까지 행차했다.

2월, 동해로 행차해 적안赤雁붉은 기러기을 잡았다. 다시 낭야琅邪산동성 제성현로 행차해 성산成山산동성 문등산文登山에서 제사를 올리고 지부산之罘山산동성 복산현에 올랐다가 대해大海에서 배를 타고 돌아왔다.

2) 이 해에 황제의 아들 유불릉劉弗陵이 출생했다. 유불릉의 모친은 하간河間하북성 헌현 출신 조첩여趙倢伃였다.[530] 직문의 남쪽에 있는 궁인 구과궁鉤弋宮에 머물 때 임신한 지 14개월 만에 이 아들을 낳았다.

황제가 말했다.

"내가 듣건대, 요堯는 14개월 만에 태어났다고 한다. 구과궁 또한 그러하다."

그러고는 그가 태어난 문을 '요모문堯母門'으로 명명했다.

신 사마광은 평한다.

"군주가 된 사람은 움직이는 것과 가만히 있는 것, 드는 것과 조치를 취하는 것에 모두 신중하지 않으면 안 된다. 마음속에서 싹이 터서 밖으로 형체가 드러나면 천하에는 이를 모르는 사람이 없다. 당시 황후와 태자에게는 아무런 걱정거리도 없었다. 이런 때 구과궁의 문을 요모문이라고 명명한 것은 명분에 맞지 않았다. 이리 되면 간사한 자들이 황제의 뜻을 탐지해 그 어린 아들을 특별히 아낀다는 것을 알아차리고 후계자로 삼고자 한다. 황후와 태자를 위해할 마음이 생겨 결국 '무고지화巫蠱之禍'를 만들어냈다. 슬픈 일이다."

3) 조나라 사람 강충江充이 수형도위水衡都尉가 됐다. 본래 강충은 한경제의 아들인 조나라 경숙왕敬肅王의 빈객이다. 조나라 태자 유단劉旦에게 죄를 지어 도주했다. 이후 대궐을 찾아가 조나라 태자가 몰래 벌인 일을 고해바쳐 태자를 폐위하게 했다.

황제는 강충을 불러들였다. 강충의 용모가 장중한데다가 입은 옷이 가볍고 화려했으므로 황제는 그를 기이하게 생각했다. 또한 그와 더불어 정치에 관한 일을 말해보고 크게 기뻐했다. 그는 황제의 총애를 받아 직지수의사자直指繡衣使者로 임명됐다. 황제의 친척들과 황제 가까이 있는 신

218 조첩여趙倢伃의 '첩여'는 재상에 준하는 비빈의 위호位號를 말한다. 한무제 때 부인夫人의 칭호가 없어졌다. '첩여'는 1급으로 재상 급에 해당했다. 2급은 경아輕娥, 3급은 용화容華, 4급은 충의充衣, 5급은 미인美人, 6급은 장사長史, 7급은 팔자八子, 8급은 칠자七子, 9급은 장사長使, 10급은 소사少使 등으로 불렸다.

하들 가운데 월권을 하거나 사치한 사람을 감독하고 살피게 됐다. 강충은 사람을 탄핵할 때 꺼리는 바가 없었으므로 황제는 그를 충직하다고 여겼다. 그가 말하는 것은 모두 황제의 뜻에 맞았다.

하루는 그가 황제를 좇아 감천궁에 가다가 태자의 집안사람들이 거마車馬를 타고 천자가 다니는 길인 치도馳道의 가운데로 달리는 것을 보았다. 강충은 이를 담당관에게 회부했다. 태자가 이 소식을 듣고 사람을 시켜 강충에게 사과하면서 말했다.

"내가 그 거마를 아끼지는 않지만 황제가 이 소식을 듣고 내가 평소 좌우에 있는 사람들을 제대로 가르치지 못했다고 여기지 않기를 바라오. 오직 강군江君이 이를 관대히 처리해 주시오."

그러나 강충은 이 말을 듣지 않고 황제에게 이 일을 상주했다. 황제가 말했다.

"신하된 사람은 마땅히 이와 같아야 한다."

그러고는 더욱 신용했다. 그 위엄이 경사京師를 놀라게 했다.

* 世宗孝武皇帝太始三年

春, 正月, 上行幸甘泉宮. 二月, 幸東海, 獲赤雁. 幸琅邪, 禮日成山, 登之罘, 浮大海而還.

是歲, 皇子弗陵生. 弗陵母曰河間趙婕妤, 居鉤弋宮, 任身十四月而生. 上曰, "聞昔堯十四月而生, 今鉤弋亦然." 乃命其所生門曰堯母門.

臣光曰, "為人君者, 動靜舉措不可不慎, 發於中必形於外, 天下無不知之. 當是時也, 皇后·太子皆無恙, 而命鉤弋之門曰堯母, 非名也. 是以奸臣逆探上意, 知其奇愛少子, 欲以為嗣, 遂有危皇后·太子之心, 卒成巫蠱之禍, 悲夫!"

趙人江充為水衡都尉. 初, 充為趙敬肅王客, 得罪於太子丹, 亡逃. 詣闕告趙太子陰事, 太子坐廢. 上召充入見. 充容貌魁岸, 被服輕靡, 上奇之. 與語政事, 大悅, 由是有寵, 拜為直指繡衣使者, 使督察貴戚·近臣逾侈者. 充舉劾無所避, 上以為忠直, 所言皆中意. 嘗從上甘泉, 逢太子家使乘車馬行馳道中, 充以屬吏. 太子聞之, 使人謝充曰, "非愛車馬, 誠不欲令上聞之, 以教敕亡素者, 唯江君寬之." 充不聽, 遂白奏, 上曰, "人臣當如是矣!" 大見信用, 威震京師.

한무제 태시 4년(BC 93)

1) 봄 3월, 황제가 태산에 행차했다.

3월 25일, 명당에서 고조에게 제사를 올렸다. 고조를 상제의 자리에 배치했다. 이때 모든 군국의 업적을 받아 보았다.

3월 26일, 명당에서 효경황제에게 제사를 올렸다.

3월 27일, 태산의 봉토를 수리했다.

3월 29일, 석려산石閭山산동성 태안현에서 선禪했다.

여름 4월, 불기不其산동성 즉묵현에 행차했다.

5월, 환궁한 뒤 건장궁建章宮으로 행차해 천하에 사면령을 내렸다.

2) 겨울 10월 29일, 일식이 있었다.

3) 12월, 황제가 옹雍 땅에 행차해 오치에 제사를 올렸다. 서쪽으로 가 안정군安定郡감숙성 고원현과 북지군北地郡감숙성 영현에 이르렀다.

* 世宗孝武皇帝太始四年

春, 三月, 上行幸泰山. 壬午, 祀高祖於明堂以配上帝, 因受計. 癸未, 祀孝景皇帝於明堂. 甲申, 修封. 丙戌, 禪石閭. 夏, 四月, 幸不其. 五月, 還, 幸建章宮, 赦天下.

冬, 十月, 甲寅晦, 日有食之.

十二月, 上行幸雍, 祠五畤. 西至安定·北地.

한무제 정화征和 **원년**(BC 92)

1) 봄 정월, 황제가 돌아와 건장궁에 행차했다.

2) 3월, 한경제의 아들인 조나라 경숙왕敬肅王인 유팽조劉彭祖가 죽었다. 유팽조는 형인 강도국江都國 역왕易王 유비劉非가 총애하는 요희淖姬를 취해 사내아이를 낳았다. 그 아이를 요자淖子라고 불렀다. 이때 요희의 오라비는 한나라 환관이었다. 황제가 그를 불러 물었다.

"요자는 어떠한가?"

그가 대답했다.

"사람됨을 보면 욕심이 많습니다."

황제가 말했다.

"욕심이 많은 사람은 나라의 군주가 돼 백성을 자녀로 삼기에 적합하지 않다."

이후 이번에는 유팽조의 아들인 무시후武始侯 유창劉昌에 관해 물었다. 그가 대답했다.

"허물이 없고 칭찬할 것도 없습니다."

황제가 말했다.

"그렇다면 됐다."

그러고는 사자를 보내 유창을 조왕趙王으로 삼았다.

3) 여름, 대한大旱이 있었다.

4) 황제가 건장궁에 있을 때 한 남자가 칼을 차고 중룡화문中龍華門으로 들어서는 것을 보고 수상히 여겨 잡아들이도록 명했다. 그 남자가 칼을 버리고 도주했다. 그를 쫓아갔으나 붙잡지 못했다. 황제가 대로해 600

석의 궁문 수위관守衛官인 문후門候의 목을 베었다.

겨울 11월, 삼보三輔에 있는 기병을 동원해 상림원을 크게 수색하고, 장안의 성문을 닫은 채 수색을 했다.[219] 그렇게 11일 동안 하다가 계엄을 풀었다. 이때부터 무고巫蠱가 시작됐다.

5) 승상인 공손하의 부인 위군유衛君孺는 위황후衛皇后의 언니였다. 공손하는 총애를 입었다. 공손하의 아들인 공손경성公孫敬聲은 부친을 대신해 태복太僕이 됐다. 교만하고 사치했으며 법을 받들지 않았다. 수도 장안의 경비부대인 북군北軍의 돈 1,900만 량도 임의로 써버렸다. 이 사건이 발각돼 하옥됐다.

이때 양릉陽陵섬서성 함양 동부의 대협大俠인 주안세朱安世를 급히 잡으라는 조서가 내려졌다. 공손하는 자신이 직접 주안세를 잡겠다고 하고서 그를 잡으면 아들인 공손경성의 죄를 대신 속죄해 달라고 청했다. 황제가 이를 허락했다. 그는 과연 주안세를 붙잡자 주안세가 웃으며 말했다.

"승상에게 닥칠 화는 모든 종족에게 미칠 것이오."

그러고는 옥중에서 서신을 올려 고했다.

"공손경성은 양석공주와 사사로이 정을 통했고, 황제가 감천궁에 갈 때 무술사巫術師로 하여금 치도馳道에 인형을 만들어 묻게 하고 황제를 저주하고, 악담을 했습니다."

* 世宗孝武皇帝征和元年

春, 正月, 上還, 幸建章宮.

---

219 당시에는 '삼보三輔'가 아직 만들어지지 않았고 장안의 동부 담당인 좌내사左內史와 서부 담당인 우내사右內史만 있었다. 이로부터 얼마 후 좌내사는 좌풍익左馮翊, 우내사는 우부풍右扶風으로 개칭되고, 별도로 수도시장에 해당하는 경조윤京兆尹이 설치됐다. 이들을 통칭해 '삼보'라고 했다.

三月, 趙敬肅王彭祖薨. 彭祖取江都易王所幸淖姬, 生男, 號淖子. 時淖姬兄為漢宦者, 上召問曰, "淖子何如?" 對曰, "為人多欲." 上曰, "多欲不宜君國子民." 問武始侯昌, 曰, "無咎無譽." 上曰, "如是可矣." 遣使者立昌為趙王.

夏, 大旱.

上居建章宮, 見一男子帶劍入中龍華門, 疑其異人, 命收之. 男子捐劍走, 逐之弗獲. 上怒, 斬門候. 冬, 十一月, 發三輔騎士大搜上林, 閉長安城門索. 十一日乃解. 巫蠱始起. 丞相公孫賀夫人君孺, 衛皇后姊也, 賀由是有寵. 賀子敬聲代父為太僕, 驕奢不奉法, 擅用北軍錢千九百萬. 發覺, 下獄. 是時詔捕陽陵大俠朱安世甚急, 賀自請逐捕安世以贖敬聲罪, 上許之. 後果得安世. 安世笑曰, "丞相禍及宗矣!" 遂從獄中上書, 曰, "敬聲與陽石公主私通. 上且上甘泉, 使巫當馳道埋偶人, 祝詛上, 有惡言."

한무제 정화 2년(BC 91)

1) 봄 정월, 공손하를 하옥시키고 사건을 조사했다. 결국 이들 부자는 옥중에서 죽었다. 전 가족이 모두 죽임을 당했다. 탁군涿郡하북성 탁현 태수 유굴리劉屈氂가 승상이 돼 팽후澎侯에 봉해졌다. 유굴리는 한경제의 아들인 중산국中山國 정왕靖王 유승劉勝의 아들이다.

2) 여름 4월, 큰 바람이 일어서 집이 무너지고 나뭇가지가 꺾였다.

3) 윤4월, 제읍諸邑산동성 낭야현의 공주와 양석공주, 위청의 아들로 황후의 조카인 장평후長平侯 위항衛伉이 모두 무고에 연루돼 죽었다.[220]

4) 황제가 감천궁에 행차했다.

220 무제는 이 일로 인해 중국 역사상 최초로 친딸을 죽인 황제가 됐다.

5) 황제는 나이 29세 때 비로소 태자인 유려劉戾를 낳아 그를 몹시 사랑했다. 유려는 자라서 인자하고 관용을 베풀며 온화하고 공손한 성품을 지녔지만 황제는 그가 특별한 재주가 없고 자신을 닮지 않았음을 꺼렸다. 그러나 황제가 총애하는 왕부인이 아들 유굉劉閎, 이희李姬는 아들 유단劉旦과 유서劉胥, 이부인李夫人은 아들 유박劉髆을 낳았다. 황후와 태자는 황제의 총애가 점차 쇠퇴해가자 늘 불안한 생각을 갖고 있었다.

황제는 이를 깨닫고 대장군 위청에게 말했다.

"한 왕조의 모든 일은 초창기에 만들어졌지만 사이四夷가 중국을 침략하고 능멸해 짐이 제도를 변경하지 않으면 후세에 본받을 것이 없게 될 것이오. 또한 군사를 동원해 정벌하지 않으면 천하의 사람들은 불안해 할 것이오. 부득불 민간을 수고롭게 했소. 그러나 만일 후세에도 짐이 한 것처럼 한다면 망해버린 진나라의 흔적을 잇게 될 것이오. 다행히 태자는 무겁고 조용한 것을 좋아해 천하 사람을 편안하게 할 것이니 짐은 근심하지 않소. 문치文治를 지켜나갈 군주를 구하고 싶다면 어찌 태자보다 더 똑똑한 사람이 있겠소. 듣자하니 황후와 태자가 불안한 생각을 갖고 있다고 하는데 어찌 그런 일이 있겠는가? 나의 뜻을 그들에게 밝혀주기 바라오."

대장군은 머리를 조아리며 감사했다. 이 소식을 들은 황후는 비녀를 풀고 벌을 내려달라고 청했다.

태자는 사이四夷를 정벌하려고 할 때마다 그만둘 것을 간했다. 그럴 때마다 황제는 웃으면서 말했다.

"내가 그 수고로움을 감당하고서 너에게 편안함만을 남겨준다면 그 또한 좋은 일이 아니겠는가?"

황제가 밖으로 행차를 떠날 때면 늘 그 뒷일을 태자에게 부탁하고, 궁내의 일은 황후에게 부탁했다. 황제가 밖에 있는 동안 황후나 태자가 결재할 일이 있으면 황제가 돌아왔을 때 그중 중요한 것만 말해도 황제는 아무런 이견을 달지 않았고, 때로는 살펴보지도 않았다.

황제는 법을 엄격히 시행해 대부분 아주 각박한 관원에게 맡겼다. 그러나 태자는 관후하여 대부분 평결한 것을 되돌리니 비록 백성들의 마음은 얻었으나 법을 집행하는 대신들은 모두 기뻐하지 않았다. 황후는 이런 일이 오래되면 태자가 죄를 얻을까 걱정해 매번 태자에게 황제의 뜻을 받들어 처리하고 임의로 죄인을 사해주지 말라고 했다. 이런 소문을 들은 황제는 태자가 옳고, 황후가 그르다고 했다.

군신들 가운데 관후하고 어른스런 사람은 모두 태자를 가까이하고, 혹독하게 법을 운용하는 사람들은 모두 그를 헐뜯었다. 그러나 사악한 신하는 그 무리가 많았다. 태자를 칭찬하는 사람은 적고 헐뜯는 사람은 많았다. 그런 가운데 위청이 죽자 신하들은 태자가 의지할 만한 외가가 없는 것을 알고 경쟁하듯 태자를 얽어매려고 했다.

차츰 황제와 여러 아들들이 멀어졌다. 황후도 황제를 만나 보는 일이 드물었다. 태자는 일찍 황후를 배알하고 오래 있다가 나왔다. 궐문 관장 관원인 황문黃門 소문蘇文이 황제에게 고했다.

"태자가 궁인들과 놀았습니다."

황제는 태자궁의 궁인을 200명으로 채워주었다. 태자는 후에 이 사실을 알고 소문에게 앙심을 품었다. 소문과 소황문小黃門인 상융常融과 왕필王弼 등은 늘 태자의 과실을 엿보고 그 사실을 과장해 보고하곤 했다.

황후는 이를 갈며 태자에게 소문 등을 죽이라고 말하라고 했다. 태자가 말했다.

"과실을 범하지 않으면 될 뿐 어찌 소문을 걱정하겠습니까? 황제는 총명하니 사악하고 망령된 말은 믿지 않을 것입니다. 걱정할 만한 게 못 됩니다."

일찍이 황제가 몸이 좀 불편하여 상융에게 태자를 불러 오게 했다. 상융이 말했다.

"태자가 희색喜色을 띠었습니다."

황제는 아무 말도 하지 않다가 태자가 도착하자 친히 태자의 모습을 유심히 관찰했다. 그 얼굴에 눈물을 흘린 적이 있는데 억지로 웃으며 말하기에 황제는 이를 괴이하게 생각했다. 이에 가만히 조사해보고는 그 사정을 알게 돼 이내 상융을 죽였다. 황후도 스스로 마음을 한가히 갖지 않고 혐의 받을 일을 피했다. 비록 오랫동안 총애를 받지 못했을지라도 예우를 받았다.

당시 방사와 여러 신무神巫들이 경사에 많이 모였다. 대부분 사도邪道를 갖고 많은 사람을 현혹했고, 변화무쌍한 환영을 가지고 못하는 일이 없었다. 여자 무사巫師들이 궁중을 왕래했고, 비빈들은 액을 헤아려 방마다 나무로 만든 인형을 묻어 두고 제사를 지냈다. 투기하고 욕지거리를 했고, 황제를 저주하고 대역부도를 꾀한다고 서로 고발했다.

황제가 대로해 죽인 후궁과 이런 일에 연루된 대신들이 수백 명이나 됐다. 그러나 황제의 마음속에는 이미 의심의 병이 생겨 있었다. 일찍이 낮잠을 잘 때 나무 인형 수천 개가 장대를 들고 자신을 공격하는 꿈을 꾸어 놀라 깨어난 적도 있었다. 몸이 불편해지더니 마침내 홀연히 잘 잊는 건망증이 심해졌다.

강충江充은 스스로 태자나 위씨 집안과 틈이 있다고 생각했다. 황제가 나이가 들어 늙은 것을 보고 황제가 죽은 뒤 태자가 자신을 죽일까 두려워했다. 간계를 꾸며 황제의 병이 무고로 인한 것이라고 했다. 황제는 강충을 사자로 하여 무고의 옥사를 처리케 했다.

흉노 출신의 무사를 거느린 강충은 땅을 파서 인형을 찾아내고, 무고한 사람, 밤에 제사를 지내는 사람과 귀신을 보았다는 사람을 체포했다.

또한 어떤 곳을 더럽게 해 놓고 문득 체포한 사람을 심문해 쇠붙이를 달궈 고문하면서 강제로 자복하게 만들었다. 민간에서 서로 '무고巫蠱'라고 하면서 죄 없이 고발하면 하급관원들은 갑자기 대역부도라고 탄핵했다. 이런 일은 경사에서부터 삼보三輔와 군국에까지 연결돼 여기에 연루돼 죽은 사람이 앞뒤로 수만 명이었다.

당시 황제는 나이 67세로 춘추가 많았다. 좌우에서는 모두 무고로 저주를 비는 것이 아닌지 의심했다. 무고를 한 사실이 있건 없건 잡힌 사람은 감히 그 억울함을 호소할 길도 없었다.

강충은 이미 황제의 뜻을 알고 있었다. 흉노 출신 무사巫師인 단하檀何가 말했다.

"궁중에 고蠱의 기운이 있습니다. 이를 제거하지 않으면 황제는 끝내 차도가 없을 것입니다."

황제가 이내 강충을 궁중 안으로 들어오게 했다. 성중省中에 이른 강충은 황제가 앉아 있는 어좌御座를 파괴하고 땅을 파서 고를 찾아냈다.

황제는 또한 안도후按道侯인 한열과 어사인 장한章贛, 황문인 소문에게 강충을 도울 것을 명했다. 강충은 먼저 황제가 잘 가지 않는 부인의 처소부터 시작해 황후와 태자궁까지 종횡으로 땅을 파서 태자와 황후의 처소에는 침상을 놓을 곳조차 없을 지경이 됐다.

강충이 말했다.

"태자궁에서 나무 인형을 아주 많이 찾아냈고, 또한 비단에 글씨를 쓴 것도 나왔다. 그 내용이 무도하니 마땅히 상주하여 보고를 올려야겠다."

태자가 두려워 소부少傅인 석덕石德에게 물었다. 석덕은 태자의 사부였으므로 함께 죽게 될까 두려워했다. 태자에게 말했다.

"전에도 승상 부자와 두 공주, 위씨들이 모두 이런 일에 연루된 바 있습니다. 지금 무사와 사자가 땅을 파 증거를 찾아냈다고 하니 무사들이 그

것을 묻어두었는지 실제로 그것이 있었는지를 스스로 밝혀 낼 길이 없습니다. 부절을 고쳐 강충 등을 체포해 옥에 가두고 그들의 간사함을 끝까지 다스려야 합니다. 황제는 감천궁에 병이 나 계신다고 하나 황후와 집안 일 보는 사람들이 황제에게 안부를 물어도 대답이 없습니다. 황제가 지금 살아 계신지 아닌지 알 수 없는 마당에 간신들이 이런 일을 하고 있습니다. 태자는 진秦나라 태자 부소扶蘇의 일을 생각지 않는 것입니까?"

태자가 말했다.

"내가 황제의 아들이 돼 어찌 임의로 사람을 죽일 수 있겠소? 황제를 알현하고 사죄를 하여 다행히 무죄가 되느니만 못하오."

태자가 감천궁으로 가려고 하자 강충이 급히 태자를 멈추게 했다. 태자는 어떤 계책을 내야 할지 알 수가 없어 마침내 석덕의 계책을 좇기로 했다.

가을 7월 7일, 태자가 자신의 빈객으로 하여금 황제의 사자라고 속이고 강충 등을 체포케 했다. 안도후인 한열이 사자를 의심하고 조서를 받지 않으려고 하자 그 빈객이 한열을 쳐 죽였다. 태자가 직접 가서 강충의 목을 베고 욕했다.

"이 조나라 후레자식아(조로趙虜)! 앞서 조나라 국왕 부자를 혼란에 빠뜨린 것도 부족하단 말인가? 지금은 다시 우리 부자마저 혼란하게 하는구나!"

흉노 출신의 무사도 상림원에서 불 태워 죽여 버렸다.

이후 태자는 사인舍人인 무차無且로 하여금 부절을 가지고 밤에 미앙궁의 장추문長秋門으로 들어가게 하여 여자 시위장侍衛長인 장어長御 의화倚華를 통해 사건 전모를 황후에게 고하게 했다. 그러고는 황실 마방의 수레인 중구차中廐車를 내어 활을 쏘는 병사를 싣고 가 무기고의 병기를 꺼내고 장락궁의 위졸을 동원했다.

장안이 소란해지고 태자가 반란을 일으켰다는 말이 돌았다. 소문은 무제가 머물고 있는 감천궁甘泉宮감숙성 순화현으로 뛰어 들어가 태자의 상태가 추측할 수 없다고 말했다. 황제가 말했다.

"태자는 틀림없이 두려웠을 것이다. 또한 강충 등에 대해 분노한 까닭에 이런 변란이 있게 됐을 것이다."

그러고는 사자를 시켜 태자를 소환하게 했다. 사자는 감히 나아가지 못하고 돌아와 보고했다.

"태자는 이미 반란을 일으켜 신의 목을 베려고 하여 신이 도망쳐 왔습니다."

황제가 대로했다.

승상인 유굴리는 변란의 소식을 듣고 도주하느라 인수도 잃어버려 장사長史로 하여금 급히 달려가 황제에게 보고하게 했다. 황제가 물었다.

"승상은 무엇을 하는가?"

그가 대답했다.

"승상은 이를 비밀에 부치려고 감히 군사를 동원하지 못했습니다."

황제가 대로했다.

"일이 이렇게 분분하게 됐는데 어찌 비밀에 부친다고 하는가? 승상에게는 주공周公의 기풍이 없다. 주공은 관숙管叔과 채숙蔡叔을 죽이지 않았던가."[221]

그러고는 승상 유굴리에게 중요 사안에 황제의 인새를 찍어 발동하는 명령서인 새서璽書를 내렸다.

---

221 주왕조 초기인 주성왕 때 그의 숙부인 주공 단旦이 섭정을 했다. 그의 동생인 관국管國의 희선姬鮮 관숙과 채국蔡國의 희도姬度 채숙이 반기를 들었다. 주공이 군사를 동원해 희선을 죽이고 희도를 귀양보냈다. 무제는 이 고사를 인용해 태자를 칠 뜻을 분명히 밝힌 셈이다.

"반란을 일으킨 사람을 목 베거나 체포하는 사람에게는 상벌이 있을 것이다. 우차牛車로 방패를 만들고, 짧은 무기로 접전해 많은 병사들을 살상시키지 말라. 성문을 굳게 닫아걸고 반란을 일으킨 사람을 나오지 못하게 하라."

태자도 백관들에게 포고했다.

"나는 황제가 병으로 곤욕을 치르고 있는 감천궁에 어떤 변고가 있는지 의심하고 있다. 간신들이 난을 일으키려고 한다."

황제는 감천궁에서 나와 장안성 서쪽에 있는 건장궁에 행차해 삼보의 병사와 가까운 현에 있는 병사를 동원하는 조서를 내렸다. 이어 부部 가운데 2천석 이상의 관원들은 승상이 모두 거느리도록 했다.

태자는 사자를 보내 황제의 명을 고쳐 장안의 관부에 갇혀 있는 죄수들을 모두 사면해 소부인 석덕과 빈객인 장광張光 등이 나눠 거느리도록 했다. 또한 장안의 죄수인 여후如侯에게 부절을 가지고 장수長水와 선곡宣曲에 주둔하고 있는 흉노의 기병을 동원해 무장을 하고 모이도록 했다.

이때 시랑侍郎 마통馬通이 장안에 사자로 왔다가 여후를 추격해 체포하고는 흉노들에게 말했다.

"부절은 가짜이니 말을 듣지 말라."

그러고는 여후의 목을 벤 뒤 기병을 이끌고 장안으로 들어왔다. 배를 부리는 병사를 동원해 대홍려大鴻臚 상구성商丘成에게 주었다. 본래 한나라 부절은 순수한 붉은색이었다. 태자도 붉은색의 부절을 갖고 있었으므로 그 위에 노란 깃털을 달아 서로 구별했다.

수레를 타고 북군에 있는 남쪽 문밖에 이른 태자는 북군 지휘관인 호북군사자護北軍使者 임안任安을 불러 부절을 주면서 병사를 동원토록 명했다. 임안은 절하고 부절을 받았다. 그러나 그러고는 들어가서 문을 닫아버리고 나오지 않았다.

태자는 할 수 없이 병사를 이끌고 떠나 장안성 내 사방의 9개 시市인 사시四市의 사람들 수만 명을 모아 장락궁의 서쪽 궁궐 아래에 이르렀다.[222] 여기서 승상의 군사와 만나 5일 동안 전투를 했다. 죽은 사람이 수만 명에 달했다. 피가 도랑으로 흘렀다. 민간에서 모두 말했다.

"태자가 반란을 일으켰다."

사람들은 태자에게 귀부하지 않았다. 승상에게 귀부하는 병사가 더욱 많아졌다.

7월 17일, 태자군의 병사들이 패해 남쪽으로 가서 복앙성문覆盎城門으로 달아났다. 부재상인 사직司直 전인田仁이 성문을 막고 있었다. 그는 황제와 부자 관계인 태자를 급한 지경에 이르게 하고 싶지 않았다. 태자는 무사히 도망칠 수 있었다.

승상은 전인의 목을 베려고 했다. 어사대부인 폭승지暴勝之가 승상에게 황급히 말했다.

"사직은 2천석의 봉록을 받은 관원인데 황제에게 먼저 주청을 해야지 어찌 임의로 그의 목을 베려고 하는 것입니까?"

승상이 할 수 없이 전인을 풀어주었다.

황제가 이 소문을 듣고 크게 화를 내며 어사대부를 형리에게 내려 보내 책임을 물었다.

"사직은 반란을 일으킨 사람을 놓아주었다. 따라서 승상이 이 사람의 목을 베려 한 것은 법의 실행이다. 어찌하여 어사대부가 이를 임의로 중지시켰는가?"

---

222 당시 장안성 내에는 모두 9개의 시가 있었다. 1개의 시는 사방 265보였다. 6개의 시는 길의 서쪽, 3개의 시는 길의 동쪽, 4리가 1개의 시였다는 기록이 있다. 여기의 4시는 동서남북으로 나눠 시라고 한 듯하다. 이를 동시東市·서시西市·직시直市·유시柳市로 보기도 한다.

폭승지는 두려워 자진했다.

종정宗正인 유장劉長과 집금오執金吾인 유감劉敢을 파견해 황후의 인수를 걷어오도록 조서를 내리니 황후는 자진했다.

황제는 임안이 관직에 오래 있던 관원으로서 군사를 일으킨 사건이 일어나는 것을 보고도 앉아서 성패를 기다렸다가 승자를 좇으려고 했으므로 두 마음을 갖고 있다고 생각했다. 임안은 전인과 더불어 허리를 베이는 형을 받고 죽었다.

황제는 마통馬通이 여후를 잡고, 장안에 사는 남자인 경건景建이 마통을 좇아가 석덕을 잡고, 상구성商丘成은 힘써 싸워 장광을 잡은 공을 높이 평가했다. 마통을 중합후重合侯, 경건은 덕후德侯, 상구성은 투후秺侯로 삼았다. 태자의 여러 빈객들은 일찍이 궁문을 출입했으므로 모두 연루돼 잡혀 죽었다. 그 가운데 태자를 좇아 병사로 참가했던 사람들은 반란을 일으킨 죄로 가족이 모두 죽었고, 하급관원과 병사들이 겁을 주어 잡혀가 반란에 가담한 사람은 모두 돈황군敦煌郡으로 이주시켰다. 태자가 장안의 밖에 있기 때문에 장안의 여러 성문에 주둔하는 군사를 두었다.

황제가 몹시 대로하자 아랫사람들 모두 어찌할 바를 몰랐다. 호관壺關 산서성 호관현의 삼로三老 영호무令狐茂가 글을 올렸다.

"신이 듣건대, '부친은 하늘과 같고, 모친은 땅과 같고, 자식은 만물과 같기 때문에 하늘이 고르고 땅이 편안해야 만물이 무성해진다'고 했습니다. 부친은 자비롭고, 모친은 자애로워야 자식이 효도하고 순종하게 됩니다. 황태자는 한나라의 적통이니 만세에 걸칠 대업을 이어받고 조종의 중함을 몸소 짊어져야 하는 사람이고 친하기로 하면 황제의 적장자입니다. 반면 강충은 포의를 입은 사람으로 여염집의 노예 같은 신하일 뿐입니다. 폐하가 그를 드러내 채용하자 그는 지존의 명을 가지고 황태자를 발길질하며 핍박했습니다. 간사함을 지니고 수식하여 많은 사악한 자들과 이리

저리 연결하고 친척 간에 통하는 길을 막았습니다. 태자가 나아가도 황제를 만날 수 없고, 물러나서는 난신들에게 곤욕을 당하니 혼자서 억울한 일이 생겨도 이를 아뢸 길이 없었습니다. 분하고 분한 마음을 참을 길이 없어 병사를 일으켜 강충을 죽이고 두려워 달아난 것뿐입니다. 아들이 부친의 병사를 훔친 것은 어려움을 스스로 극복해보고자 한 것일 뿐입니다. 신이 가만히 생각하건대, 태자에게는 아무런 사악한 마음도 없었습니다. 『시경』에 이르기를, '윙윙거리는 쉬파리가 울타리에 앉으니 인후한 우리 님이여, 남의 헐뜯는 말 믿지 마소! 무함하는 자 바르지 않으니 온 나라를 어지럽히는구나!'[223]라고 했습니다. 강충이 조나라 태자를 참언으로 죽인 것을 천하에 모르는 사람이 없습니다. 폐하가 이런 상황을 살피지 않고 지나치게 태자를 야단치고, 크게 노해 많은 병사를 들어 그를 잡으라고 하여 삼공三公이 그 군사를 거느리고 있습니다. 이런 상황을 아는 사람은 감히 말을 못하고, 변사도 감히 설명하지 못하고 있어 신의 가슴이 아픕니다. 오직 폐하가 넓게 마음을 갖고 뜻을 진정시켜 친인親人인 태자를 살피는 일을 조금만 시행하고, 태자의 비행을 걱정하지 말고, 갑병을 모두 철수시켜 태자로 하여금 오래 망명치 않게 하십시오. 신은 충심을 이기지 못해 하루아침에 쓰러질 것 같은 생명을 내어 건장궁 아래에서 대죄待罪[224]하며 기다리겠습니다."

이 글이 상주되자 천자는 비로소 사건의 진상에 대해 느끼고 깨달았다. 그러나 아직도 감히 태자를 사해주겠다는 말을 하지는 못했다.

---

223 원문은 '영영청승營營青蠅, 지어번止於藩. 개제군자愷悌君子, 무신참언無信讒言. 참언망극讒言罔極, 교란사국交亂四國'이다. 『시경』「소아, 청승青蠅」에 나오는 1절 전체와 2절의 후반부를 인용한 것이다 '참인망극, 교란사국'이 2절의 후반부이다.

224 대죄待罪는 원래 죄를 지어 형벌을 기다린다는 뜻이나 여기서는 건의사항이 윗사람의 뜻에 어긋날 수도 있다는 뜻으로 사용된 것이다. 건의建議에 대한 겸사謙辭에 해당한다.

도망친 태자는 동쪽으로 호현湖縣하남성 영보현에 이르러 천구리泉鳩里의 소읍小邑에 숨어들었다. 태자가 숨어 있게 된 집의 주인은 가난해 짚신을 팔아 태자에게 먹을 것을 주었다. 태자가 옛날에 알던 사람이 호현에 있었다. 그가 부유하다는 소문을 듣고 사람을 시켜 그를 부르다가 발각되고 말았다.

8월 8일, 관원들이 태자를 에워싸고 잡으려고 했다. 벗어날 수 없음을 헤아린 태자는 바로 방에 들어가 문틀에서 목을 매었다. 산양山陽하남성 수무현에 사는 남자인 장부창張富昌은 병졸을 발로 차서 문을 열었고, 신안新安하남성 신안현의 영사令史로 있는 소리小吏 이수李壽가 달려가 태자를 안아서 풀어놓았다. 집 주인은 격투를 하다가 죽었고, 황제의 손자 2명도 모두 해를 입었다. 태자가 죽자 황제는 이수를 우후邘侯에 봉하고, 장부창을 제후題侯로 삼았다.

당초 황제가 태자를 위해 박망원博望苑을 세워주었다. 빈객들과 통하게 하고 그가 좋은 것을 좇도록 했다. 빈객들 가운데 유자儒者가 아닌 이단異端으로 나아간 사람이 많았다.

신 사마광은 평한다.

"옛날 밝은 군주가 태자를 가르치고 기를 때에는 그를 위해 방정하고 돈독하고 훌륭한 선비를 가려 뽑아 보부保傅나 사우師友로 삼아 아침저녁으로 더불어 노닐게 했다. 전후좌우에 바르지 않은 사람이 없게 하고, 출입하고 기거하는 데에도 바른 도가 아닌 게 없게 했다. 그렇게 하여도 음란하고 방탕하며 나쁜 것에 치우쳐 실패하는 사람이 있었다. 지금 태자로 하여금 스스로 빈객들과 왕래를 하도록 하고, 그가 좋아하는 것을 좇도록 했다. 무릇 정직한 사람은 친하기 어렵고, 아부하는 사람은 쉽게 합쳐질 수 있는 법이다. 이는 실로 보통 사람들의 보통의 정리이다. 태자가 좋은 끝을 볼 수 없었던 것은 당연한 일이다."

6) 8월 20일, 지진이 났다.

7) 9월, 상구성商丘成이 어사대부가 됐다.

8) 조나라 경숙왕敬肅王이 어린 아들 유언劉偃을 평간왕平干王으로 삼았다.

9) 흉노가 상곡上谷하북성 회래현과 오원五原내몽골 포두시包頭市 서북쪽에 침입해 관원과 백성을 죽이고 잡아갔다.

* 世宗孝武皇帝征和二年

春, 正月, 下賀獄, 案驗. 父子死獄中, 家族. 以涿郡太守劉屈氂為左丞相, 封澎侯. 屈氂, 中山靖王子也.

夏, 四月, 大風, 發屋折木.

閏月, 諸邑公主·陽石公主及皇后弟子長平侯伉皆坐巫蠱誅.

上行幸甘泉.

初, 上年二十九乃生戾太子, 甚愛之. 及長, 性仁恕溫謹, 上嫌其材能少, 不類己. 而所幸王夫人生子閎, 李姬生子旦·胥, 李夫人生子髆, 皇后·太子寵浸衰, 常有不自安之意. 上覺之, 謂大將軍青曰, "漢家庶事草創, 加四夷侵陵中國, 朕不變更制度, 後世無法. 不出師征伐, 天下不安. 為此者不得不勞民. 若後世又如朕所為, 是襲亡秦之跡也. 太子敦重好靜, 必能安天下, 不使朕憂. 欲求守文之主, 安有賢於太子者乎! 聞皇后與太子有不安之意, 豈有之邪? 可以意曉之." 大將軍頓首謝. 皇后聞之, 脫簪請罪. 太子每諫證伐四夷, 上笑曰, "吾當其勞, 以逸遺汝, 不亦可乎!"

上每行幸, 常以後事付太子, 宮內付皇后. 有所平決, 還, 白其最, 上亦無異, 有時不省也. 上用法嚴, 多任深刻吏. 太子寬厚, 多所平反, 雖得百姓心, 而用法大臣皆不悅. 皇后恐久獲罪, 每戒太子, 宜留取上意, 不應擅有所縱捨. 上聞之, 是太子而非皇后. 群臣寬厚長者皆附太子, 而深酷用法者皆毀之. 邪臣多黨與, 故太子譽少而毁多. 衛青薨後, 臣下無復外家為據, 競欲構太子.

上與諸子疏, 皇后希得見. 太子嘗謁皇后, 移日乃出. 黃門蘇文告上曰, "太子與宮人戲." 上益太子宮人滿二百人. 太子後知之, 心銜文. 文與小黃門常融·王弼等常微伺太子過, 輒增加白之. 皇后切齒, 使太子白誅文等. 太子曰, "第勿為過, 何畏文等! 上聰明, 不信邪佞, 不足憂也" 上嘗小不平, 使常融召太子, 融言"太子有喜色", 上嘿然. 及太子至, 上察其貌, 有涕泣處, 而佯語笑, 上怪之. 更微問, 知其情, 乃誅融. 皇后亦善自防閑, 避嫌疑, 雖久無寵, 尚被禮遇.

是時, 方士及諸神巫多聚京師, 率皆左道惑衆, 變幻無所不為. 女巫往來宮中, 教美人度厄, 每屋輒埋木人祭祀之. 因妒忌恚詈, 更相告訐, 以為祝詛上, 無道. 上怒, 所殺後宮延及大臣, 死者數百人. 上心既以為疑, 嘗晝寢, 夢木人數千持杖欲擊上, 上驚寤, 因是體不平, 遂苦忽忽善忘. 江充自以與太子及衛氏有隙, 見上年老, 恐晏駕後為太子所誅, 因是為奸, 言上疾祟在巫蠱. 於是上以充為使者, 治巫蠱獄. 充將胡巫掘地求偶人, 捕蠱及夜祠·視鬼, 染污令有處, 輒收捕驗治, 燒鐵鉗灼, 強服之. 民轉相誣以巫蠱, 吏輒劾以為大逆無道. 自京師·三輔連及郡·國, 坐而死者前後數萬人.

是時, 上春秋高, 疑左右皆為蠱祝詛. 有與無, 莫敢訟其冤者. 充既知上意, 因胡巫檀何言曰, "宮中有蠱氣, 不除之, 上終不差." 上乃使充入宮, 至省中, 壞御座, 掘地求蠱. 又使按道侯韓說·御史章贛·黃門蘇文等助充. 充先治後宮希幸夫人, 以次及皇后·太子宮, 掘地縱橫, 太子·皇后無復施床處. 充雲曰, "於太子宮得木人尤多, 又有帛書, 所言不道. 當奏聞." 太子懼, 問少傅石德. 德懼為師傅並誅, 因謂太子曰,“前丞相父子·兩公主及衛氏皆坐此,今巫與使者掘地得征驗,不知巫置之邪,將實有也,無以自明.可矯以節收捕充等系獄,窮治其奸詐.且上疾在甘泉,皇后及家吏請問皆不報.上存亡未可知,而奸臣如此,太子將不念秦扶蘇事邪?”太子曰,“吾人子,安得擅誅!不如歸謝,幸得無罪.”太子將往之甘泉,而江充持太子甚急.太子計不知所出,遂從石德計.秋,七月,壬午,太子使客詐為使者,收捕充等.按道侯說疑使者有詐,不肯受詔,客格殺說.太子自臨斬充,罵曰,“趙虜!前亂乃國王父子不足邪!乃復亂吾父子也!”又炙胡巫上林中.

太子使捨人無且持節夜入未央宮殿長秋門,因長御倚華具白皇后,發中廄車載射士,出武庫兵,發長樂宮衛卒.長安擾亂,言太子反.蘇文迸走,得亡歸甘泉,說太子無狀.上曰,“太子必懼,又忿充等,故有此變.”乃使使召太子.使者不敢進,歸報雲曰,“太子反已成,欲斬臣,臣逃歸.”上大怒.丞相屈氂聞變,挺身逃,亡其印綬,使長史乘疾置以聞.上問曰,“丞相何為?”對曰,“丞相秘之,未敢發兵.”上怒曰,“事籍籍如此,何謂秘也!丞相無周公之風矣,周公不誅管·蔡乎!”乃賜丞相璽書曰,“捕斬反者,自有賞罰.以牛車為櫓,毋接短兵,多殺傷士眾!堅閉城門,毋令反者得出!”太子宣言告令百官雲曰,“帝在甘泉病困,疑有變.奸臣欲作亂.”上於是從甘泉來,幸城西建章宮,詔發三輔近縣兵,部中二千石以下,丞相兼將之.太子亦遣使者矯制赦長安中都官囚徒,命少傅石德及賓客張光等分將.使長安囚如侯持節發長水及宣曲胡騎,皆以裝會.侍郎馬通使長安,因追捕如侯,告胡人曰,“節有詐,勿聽也!”遂斬如侯,引騎入長安.又發楫棹士以予大鴻臚商丘成.初,漢節純赤,以太子持赤節,故更為黃旄加上以相別.

太子立車北軍南門外, 召護北軍使者任安, 與節, 令發兵. 安拜受節. 入, 閉門不出. 太子引兵去, 驅四市人凡數萬衆, 至長樂西闕下, 逢丞相軍, 合戰五日, 死者數萬人, 血流入溝中. 民間皆雲太子反, 以故衆不附太子, 丞相附兵浸多.

庚寅, 太子兵敗, 南奔覆盎城門. 司直田仁部閉城門, 以為太子父子之親, 不欲急之, 太子由是得出亡. 丞相欲斬仁, 御史大夫暴勝之謂丞相曰, "司直, 吏二千石, 當先請, 奈何擅斬之!" 丞相釋仁. 上聞而大怒, 下吏責問御史大夫曰, "司直縱反者, 丞相斬之, 法也. 大夫何以擅止之?" 勝之惶恐, 自殺. 詔遣宗正劉長·執金吾劉敢奉策收皇后璽綬, 後自殺. 上以為任安老吏, 見兵事起, 欲坐觀成敗, 見勝者合從之, 有兩心, 與田仁皆要斬. 上以馬通獲如侯, 長安男子景建從通獲石德, 商丘成力戰獲張光, 封通為重合侯, 建為德侯, 成為秺侯. 諸太子賓客嘗出入宮門, 皆坐誅. 其隨太子發兵, 以反法族, 吏士劫略者皆徙敦煌郡. 以太子在外, 始置屯兵長安諸城門.

上怒甚, 群下憂懼, 不知所出. 壺關三老茂上書曰, "臣聞父者猶天, 母者猶地, 子猶萬物也, 故天平, 地安, 物乃茂成. 父慈, 母愛, 子乃孝順. 今皇太子為漢適嗣, 承萬世之業, 體祖宗之重, 親則皇帝之宗子也. 江充, 布衣之人, 閭閻之隸臣耳. 陛下顯而用之, 銜至尊之命以迫蹴皇太子, 造飾奸詐, 群邪錯繆, 是以親戚之路鬲塞而不通. 太子進則不得見上, 退則困於亂臣, 獨冤結而無告, 不忍忿忿之心, 起而殺充, 恐懼逋逃, 子盜父兵, 以救難自免耳. 臣竊以為無邪心. 『詩』曰, '營營青蠅, 止於藩. 愷悌君子, 無信讒言. 讒言罔極, 交亂四國' 往者江充讒殺趙太子, 天下莫不聞. 陛下不省察, 深過太子, 發盛怒, 舉大兵而求之, 三公自將. 智者不敢言, 辯士不敢說, 臣竊痛之! 唯陛下寬心慰意, 少察所親, 毋患太子之非, 亟罷甲兵, 無令太子久亡! 臣不勝惓惓, 出一旦之命, 待罪建章宮下!" 書奏, 天子感寤, 然尚未顯言赦之也.

太子亡, 東至湖, 藏匿泉鳩里. 主人家貧, 常賣屨以給太子. 太子有故人在湖, 聞其富贍, 使人呼之而發覺. 八月, 辛亥. 吏圍捕太子. 太子自度不得脫, 即入室距戶自經. 山陽男子張富昌為卒, 足蹋開戶, 新安令史李壽趨抱解太子. 主人公遂格鬥死, 皇孫二人皆並遇害. 上既傷太子, 乃封李壽為邘侯, 張富昌為題侯.

初, 上為太子立博望苑, 使通賓客, 從其所好, 故賓客多以異端進者.

臣光曰, "古之明王教養太子, 為之擇方正敦良之士, 以為保傅·師友, 使朝夕與之游處. 左右前後無非正人, 出入起居無非正道, 然猶有淫放邪僻而陷於禍敗者焉, 今乃使太子自通賓客, 從其所好. 夫正直難親, 諂諛易合, 此固中人之常情, 宜太子之不終也!"

癸亥, 地震.

九月, 商丘成為御史大夫.

立趙敬肅王小子偃為平干王.

匈奴入上谷, 五原, 殺掠吏民.

한무제 정화 3년(BC 90)

1) 봄 정월, 황제가 옹 땅에 행차했다가 안정安定과 북지北地에 갔다.

2) 흉노가 오원과 주천酒泉에 침입해 2명의 도위를 살해했다.

3월, 이광리는 군사 7만 명을 이끌고 오원五原, 상구성은 군사 2만 명을 이끌고 서하西河, 마통은 4만 명의 기병을 이끌고 주천酒泉을 출발해 흉노를 치게 했다.

3) 여름 5월, 천하에 사면령을 내렸다.

4) 흉노의 선우는 한나라의 군사가 대거 출동했다는 소식을 듣고, 그들의 보급부대를 북쪽으로 옮겨 질거수郅居水몽골 올란바토르 북쪽에 이르렀다. 또한 좌현왕에게 그들의 인민과 함께 여오수余吾水를 건너 600–700리를 가서 두함산兜銜山에 살라고 했다. 이후 선우는 스스로 정예병을 이끌고 고차수姑且水를 건넜다.

상구성의 군사들이 도착해 비탈진 작은 지름길로 쫓아가 보았으나 적군이 보이지 않자 돌아왔다. 흉노는 대장과 이릉에게 3만여 명의 기병을 이끌고 한나라 군사를 쫓아가며 싸우게 했다. 이렇게 옮겨 다니기를 9일 동안 하여 포노수蒲奴水에 이르렀다가 그들에게 이롭지 않자 돌아갔다.

마통의 군사가 천산天山에 이르렀다. 흉노는 대장인 언거偃渠에게 2만여 명의 기병을 이끌고 한나라 군사를 교란하게 했다가 한나라 군사가 강한 것을 보고 군사를 이끌고 돌아갔다. 마통에게는 아무런 득실이 없었다.

이때 한나라에서는 차사국車師國이 마통의 군사가 가는 길을 차단할까 두려워해 개릉후開陵侯인 성만成晩에게 누란樓蘭과 위리尉犁, 위수危須 등 6개국의 군사를 이끌고 가 함께 차사국을 포위토록 했다. 그 나라의 왕과 민간인을 모두 잡아가지고 돌아왔다.

이사장군 이광리는 요새지대를 출발했고, 흉노는 우대도위와 위률장군衛律將軍으로 하여금 5천 명의 기병을 이끌고 부양구산夫羊句山의 골짜기에서 한나라 군사를 공격하게 했다. 이를 격파한 이사장군은 이긴 기세를 타서 북쪽으로 추격해 범부인성范夫人城에 이르렀다. 흉노는 바쁘게 달아나느라 감히 대적을 하지 못했다.

당초 이사장군이 출정할 때 승상인 유굴리가 환송하는 제사인 조도祖道[74]를 행하고 위교渭橋까지 배웅했다. 이때 이광리가 말했다.

"원컨대 군후君侯가 창읍왕昌邑王 유박을 태자로 삼으라고 청하십시오. 그가 나중에 황제가 되면 군후는 무슨 걱정이 있겠습니까?"

유굴리가 그리 하겠다고 했다.

창읍왕은 이사장군의 여동생인 이부인의 아들이었다. 또한 이사장군의 딸은 유굴리 아들의 처였다. 함께 그를 태자로 세우려고 했다. 이때 소부少府 소속의 내자령內者令 곽양郭穰이 이를 밀고했다.

"승상 부인이 황제를 저주하는 기도를 올리고, 이사장군과 함께 기도하고 제사를 드리면서 창읍왕을 황제로 추대하려고 했습니다."

조사를 해보니 그 죄가 대역부도에 이르렀다.

6월, 유굴리를 음식재료를 나르는 수레에 실어 시가지에서 조리를 돌리고 동쪽에 있는 저자에서 허리를 잘라 죽이는 형벌에 처했다. 그의 처자는 장안성 내 8개 거리 가운데 하나인 화양가華陽街에서 목을 베어 걸어두었다.

이사장군의 처자도 역시 체포됐다. 이 소식을 들은 이사장군은 걱정스럽고 두려웠다. 비서역의 하급관원인 연리掾吏 호아부胡亞夫는 죄를 지어 벌을 피하려고 군대에 나온 사람이라 이사장군을 설득했다.

"부인과 온 집안이 모두 형리들의 손에 있으니 만일 돌아가 황제의 뜻에 잘 맞지 않으면 함께 감옥에 갈 것입니다. 그렇다면 흉노의 땅인 질거수郅居水[226]의 북쪽 땅을 다시 볼 수 있겠습니까?"

이사장군은 여우처럼 의심을 품다가 흉노지역으로 깊이 들어가 공을 세워야겠다는 생각으로 마침내 북쪽으로 가 질거수 위까지 이르렀다.

---

225 조도祖道는 여행할 때 행로신行路神에게 제사를 올리는 것을 말한다. 황제黃帝의 아들인 누조累祖가 여행을 좋아한 나머지 여행 도중 죽었다는 전설로 인해 후대인이 그를 행로신으로 모시고 '조도'를 올렸다.

226 질거수郅居水가 여기서는 황제에게 붙잡힐 경우 흉노에게 항복하려 해도 할 수 없게 된다는 뜻으로 사용된 것이다.

그러나 흉노가 이미 떠나버려 이사장군은 호군을 파견해 2만 명의 기병을 이끌고 질거수를 건너게 했다. 좌현왕左賢王과 좌대장左大將이 2만 명의 기병을 이끌고 한나라 군사와 만나 하루 동안 싸웠다. 한나라 군사는 흉노의 좌대장을 죽였다. 흉노의 사상자도 매우 많았다.

이사장군 군사의 장사長史와 결휴도위決眭都尉인 휘거후輝渠侯 뇌전雷電이 모의했다.

"이사장군이 이미 두 마음을 품고 많은 사람을 위험에 빠뜨리면서 공을 세우고자 하니 패할까 걱정이다."

그러고는 함께 이사장군을 잡아두자고 모의했다. 소식을 들은 이사장군은 장사의 목을 벤 뒤 군사를 이끌고 연연산燕然山항애산杭愛山으로 돌아왔다.

선우는 한나라 군사가 피로해 있다는 것을 알고 직접 5만 명의 기병을 이끌고 이사장군의 군사를 막고 공격했다. 양쪽의 피해가 매우 컸다. 또한 선우가 밤에 한나라 군사들이 가는 앞길에 여러 척이나 되게 깊이 참호를 파고 뒤에서 급히 공격하자 한나라 군사들이 크게 혼란에 빠졌다. 이사장군은 이내 흉노에게 항복하고 말았다.

선우는 그가 한나라 대장이라는 것을 평소 알고 있었기 때문에 자신의 딸을 주어 처로 삼게 하고, 위률보다 높이 대우하며 아꼈다. 한나라에 있던 이사장군의 가족들은 모두 죽임을 당했다.

5) 가을, 황충의 재해가 있었다.

6) 9월, 성보城父안휘성 박주시 현령이었던 공손용公孫勇과 그의 빈객인 호천胡倩이 모반을 했다. 호천이 광록대부를 사칭하며 도적을 소탕하는 것을 감독한다고 했다. 회양淮陽하남성 회양현 태수 전광명田廣明이 이를 알아차리고 병사를 발동해 그를 잡아 목을 베었다. 또한 공손용이 수의繡衣를 입고 사마駟馬의 수레를 타고 어현圉縣하남성 기현에 이르렀다. 어현 수

위守尉인 위불해魏不害 등이 이를 잡아 죽였다. 위불해 등 4명을 후侯로 삼았다.

7) 관원과 백성들이 무고巫蠱를 서로 밀고했다. 사건들을 조사해보니 대부분 사실이 아니었다. 황제는 태자가 다른 뜻이 없었다는 것을 이미 알았다. 마침 한고제 유방 사당인 고묘高廟의 담당 관원인 침랑寢郎 전천추田千秋가 급히 상주문을 올려 태자의 억울함을 고했다.

"아들이 부친의 병사를 함부로 부렸다면 그 죄는 태笞에 해당합니다. 천자의 아들이 잘못해 사람을 죽였다면 어떤 죄로 다스려야 합니까? 신이 일찍이 꿈을 꾸었는데 머리가 흰 노인이 이 이야기를 황제에게 하라고 가르쳐주었습니다."

황제가 이내 크게 깨닫고 전천추를 불러 말했다.

"부자 사이를 다른 사람이 말하기는 어려운 법인데 공만이 홀로 그렇지 않음을 밝혔소. 이는 고묘高廟의 신령이 공으로 하여금 나를 가르치게 한 것이니 공은 나를 보좌해 주시오."

그러고는 즉각 전천추를 번속 사무 총책안 대홍려大鴻臚에 임명했다. 이후 강충 집안의 가족을 모조리 죽이고 소문을 횡교橫橋에서 불태워 죽였다. 천구리泉鳩里에서 처음 태자에게 창칼을 댄 사람을 북지태수로 삼았다가 뒤에는 그의 가족까지 다 죽였다. 태자가 무고無辜했음을 가련하게 생각한 황제는 이내 사자궁思子宮을 짓고 호현湖縣에 태자의 혼령이 돌아오기를 바라고 생각하는 누대의 뜻인 귀래망사지대歸來望思之臺를 만들었다. 천하 사람이 이를 듣고는 슬퍼했다.

＊ 世宗孝武皇帝征和三年

春，正月，上行幸雍，至安定·北地.

匈奴入五原·酒泉，殺兩都尉．三月，遣李廣利將七萬人出五原，商丘成將二萬人出西河, 馬通將四萬騎出酒泉, 擊匈奴.

夏, 五月, 赦天下.

匈奴單于聞漢兵大出, 悉徙其輜重北邸郅居水. 左賢王驅其人民度余吾水六七百里, 居兜銜山. 單于自將精兵渡姑且水. 商丘成軍至, 追邪徑, 無所見, 還. 匈奴使大將與李陵將三萬餘騎追漢軍, 轉戰九日, 至蒲奴水. 虜不利, 還去. 馬通軍至天山, 匈奴使大將偃渠將二萬餘騎要漢兵, 見漢兵強, 引去. 通無所得失. 是時, 漢恐車師兵遮馬通軍, 遣開陵侯成娩將樓蘭·尉犁·危須等六國兵共圍車師, 盡得其王民眾而還. 貳師將軍出塞, 匈奴使右大都尉與衛律將五千騎要擊漢軍於夫羊句山峽, 貳師擊破之, 乘勝追北至范夫人城. 匈奴奔走, 莫敢距敵.

初, 貳師之出也, 丞相劉屈氂為祖道, 送至渭橋. 廣利曰, "願君侯早請昌邑王為太子. 如立為帝, 君侯長何憂乎!" 屈氂許諾. 昌邑王者, 貳師將軍女弟李夫人子也. 貳師女為屈氂子妻, 故共欲立焉. 會內者令郭穰曰, "丞相夫人祝詛上及與貳師共禱祠, 欲令昌邑王為帝", 按驗, 罪至大逆不道. 六月, 詔載屈氂廚車以徇, 要斬東市, 妻子梟首華陽街. 貳師妻子亦收. 貳師聞之, 憂懼, 其掾胡亞夫亦避罪從軍, 說貳師曰, "夫人·室家皆在吏, 若還, 不稱意, 適與獄會, 郅居以北, 可復得見乎!" 貳師由是狐疑, 深入要功, 遂北至郅居水上. 虜已去, 貳師遣護軍將二萬騎度郅居之水, 逢左賢王·左大將將二萬騎, 與漢軍合戰一日, 漢軍殺左大將, 虜死傷甚眾. 軍長史與決眭都尉煇渠侯謀曰, "將軍懷異心, 欲危眾求功, 恐必敗." 謀共執貳師. 貳師聞之, 斬長史, 引兵還至燕然山. 單于知漢軍勞倦, 自將五萬騎遮擊貳師, 相殺傷甚眾. 夜, 塹漢軍前, 深數尺, 從後急擊之, 軍大亂敗. 貳師遂降. 單于素知其漢大將, 以女妻之, 尊寵在衛律上. 宗族行遂滅.

秋，蝗.

九月，故城父令公孫勇與客胡倩等謀反，倩詐稱光祿大夫，言使督盜賊. 淮陽太守田廣明覺知，發兵捕斬焉. 公孫勇衣繡衣·乘駟馬車至圉. 圉守尉魏不害等誅之. 封不害等四人為侯.

吏民以巫蠱相告言者，案驗多不實. 上頗知太子惶恐無它意，會高寢郎田千秋上急變，訟太子冤曰，“子弄父兵，罪當笞. 天子之子過誤殺人，當何罪哉! 臣嘗夢一白頭翁教臣言.” 上乃大感寤，召見千秋，謂曰，“父子之間，人所難言也，公獨明其不然. 此高廟神靈使公教我，公當遂為吾輔佐.” 立拜千秋為大鴻臚，而族滅江充家，焚蘇文於橫橋上，及泉鳩里加兵刃於太子者，初為北地太守，後族. 上憐太子無辜，乃作思子宮，為歸來望思之臺於湖，天下聞而悲之.

한무제 정화 4년(BC 89)

1) 봄 정월, 황제가 동래東萊산동성 액현에 행차했다가 바다에 배를 타고 나아가 신선을 찾아보고자 했다. 군신들이 말렸으나 황제는 듣지 않았다. 이때 큰 바람이 일어서 어두워지고 바다의 풍랑이 흉용洶湧했다. 황제는 그곳에서 10일 동안 머물렀으나 결국 누선을 타지 못하고 돌아왔다.

2) 2월 3일, 옹현에서 구름 한 점 없는데 우레 같은 소리가 3번이나 나더니 운석 2개가 떨어졌다. 그 돌의 검기가 마치 묵옥墨玉과 같았다.

3) 3월, 황제가 제齊 땅에 있는 거정鉅定산동성 광요현에서 밭을 갈았다. 돌아오다 태산에 행차해 봉선하는 봉토를 수리했다.

3월 16일, 명당에서 제사를 지냈다.

3월 29일, 석려산石閭山산동성 태안현에서 선禪을 행하고 군신들을 접견했다.

황제가 말했다.

"짐이 즉위한 이래로 한 일들은 광패狂悖하여 천하의 많은 사람들로 하여금 근심과 고통을 당하게 했다. 지금 후회하려 해도 돌이킬 수가 없다. 이후로는 백성들을 해치거나 다치게 하는 일과 천하의 재물을 써버리는 일들은 모두 그만둘 것이다."

전천추가 말했다.

"방사들 가운데 신선에 관해 말하는 이들은 아주 많으나 실제로 드러난 공적이 없으니 청컨대 그들을 모두 파면시켜 내보내십시오."

황제가 대답했다.

"대홍려의 말이 옳다."

신인을 기다리는 여러 방사들을 모두 파면해 내쫓았다. 황제는 이후 군신들을 대할 때마다 스스로 탄식했다.

"과거 내가 어리석어 방사들에게 속았다. 천하에 어찌 선인이 있겠는가? 모두 요망한 일일 뿐이다. 밥을 덜 먹고 약을 먹으면 질병을 좀 적게 할 수 있을 뿐이다."

여름 6월, 황제가 귀환해 감천궁으로 행차했다.

4) 6월 25일, 대홍려 전천추가 승상이 돼 부민후富民侯에 봉해졌다. 전천추는 별다른 재능도 없었고, 내세울만한 아무런 경력이나 공로도 없었다. 다만 한 마디 말로써 황제의 뜻을 깨우쳐 주었을 뿐이었다. 그런데도 몇 달 만에 재상이 되고 후로 봉해졌다. 이전 시대에는 없던 일이었다. 그러나 그는 사람됨이 돈후하고 지혜가 있어 그 자리에 걸맞게 행동해 그를 전후해 있었던 몇몇 재상보다 뛰어났다.

앞서 수속도위搜粟都尉인 상홍양桑弘羊이 승상 유굴리 및 어사와 함께 주청을 올린 적이 있었다.

"윤대輪臺신강성 유대현의 동쪽에 관개할 밭이 5천 경頃 이상 있으니 둔전屯田할 병사를 파견할 수 있습니다. 교위 3명을 두어 나눠 책임지게 하고 오곡을 더 많이 심게 하십시오. 그리고 장액張掖과 주천酒泉에서 기병인 가사마假司馬를 파견해 척후로 삼으십시오. 또한 민간에서 이사하고자 하는 건장한 사람들을 모집해 밭이 있는 곳에 보내십시오. 그들에게 밭을 더욱 개간하고 관개하게 하여 점차로 정亭을 열列로 쌓아 성을 잇고, 서쪽으로 나아가게 하면 서쪽에 있는 나라들에게 위엄을 보일 수 있고, 오손국烏孫國을 보조해 줄 수도 있습니다."

황제가 이내 조서를 내려 지난날 저지른 일에 대한 깊은 후회를 진술했다.

"전에 유사가 민간에서 부賦를 30전씩 더 걷어 변방 땅에 쓰고자 상주했으나 이는 늙고 약한 자와 고아와 홀아비를 더욱 어렵게 하는 일이다. 지금 또 다시 윤대에 병졸을 파견해 농사를 짓게 하자고 청하고 있다. 윤대는 차사국에서 서쪽으로 1,000여 리里나 떨어진 곳에 있다. 전에 흉노의 후예인 개릉후開陵侯 성만成晩이 차사국을 공격했을 때 비록 승리하여 그 왕을 항복시켰으나 먼 곳이어서 먹을 것이 모자라 길에서 죽은 사람이 수천 명이었다. 하물며 그보다 더 서쪽으로 보내란 말인가? 전에 짐이 밝히 일지 못해 전방 성남산인 군후軍侯 홍弘이 서신을 올려 흉노가 말의 앞발과 뒷발을 결박해 가지고 성 아래에다 놓고서 달려와 말하기를, 진秦나라 사람들아, 우리가 너희들에게 말을 보낸다고 한 것을 들었다. 흉노들이 한나라 사자를 오래 머물게 하면서 돌려보내주지 않았던 까닭에 이사장군을 파견해 사자가 위엄 있고 중함을 보이려고도 했다.

옛날에는 경과 대부들과 더불어 모의를 하고서는 산대나 거북으로 점을 쳐 불길하다면 시행하지 않았다. 말을 결박했다는 서신을 승상과 어사, 2천석 녹질을 받은 사람들과 여러 대부, 낭郎, 경서를 공부한 사람에서부터 군과 속국에 있는 도위 등에게 두루 보였다. 모두 말하기를, '흉노가 그들의 말을 스스로 결박했다는 것은 매우 상서롭지 못합니다'라고 했다. 또 어떤 이들은 말하기를, '강함을 보이려고 한 것으로 무릇 부족한 사람이 다른 사람에게 여유가 있는 것처럼 보이려는 것입니다'라고 했다. 제의 명을 기다리는 방사인 공거방사公車方士와 태사太史, 별자리를 보는 사람, 기상을 살피는 사람, 태상太常 휘하의 점복 담당관인 태복太卜의 거북점과 시초蓍草로 점을 치는 사람은 모두 말하기를, '길합니다. 흉노는 반드시 격파될 것이고, 이런 때는 다시는 얻을 수 없을 것입니다'라고 했다. 또한 말하기를, '북벌을 할 것이면 부산鬴山에서 싸우면 반드시 이길 것입니다. 괘사卦辭를 보면 여러 장수 가운데 이사장군이 가장 길합니다'라고도 했다.

짐은 친히 이사장군을 뽑아 부산에 내려가도록 하면서 그에게 조서를 내려 깊이 들어가지 말라고 했다. 그러나 지금에 와서 그때 꾀했던 것과 괘사에 보이는 징조를 계산해 보면 모두 잘못된 일이다.

중합후 마통이 흉노의 척후병을 잡았는데 그가 말하기를, '말을 결박한 것은 흉노가 군사를 저주하는 것이다'라고 했다. 또한 흉노들은 늘 말하기를, '한나라는 아주 큰 나라이지만 배고프고 목마른 것을 참지 못한다. 또 한 마리의 낭狼을 잃을까 걱정하여 1,000마리의 양을 달리게 한다'고 했다. 결국 이사장군은 패했고, 군사들은 죽거나 포로가 돼 흩어지게 됐으니 그 비통함이 늘 짐의 마음에 있다. 지금 윤대로 멀리 가서 둔전을 하며 정亭과 수隧일종의 지하통로를 만들라고 하니 이는 천하를 요란하고 수고롭게 하는 것으로 백성을 우대하는 것이 아니다. 짐은 차마 그런 말을 또 들을 수 없다.

대홍려 등은 또한 죄수들을 모집해 흉노의 사자를 보낸 뒤 그곳에 가서 흉노의 선우를 죽이면 후로 책봉하는 상을 주겠다고 하여 우리의 분함을 갚고자 했으나 이는 춘추시대의 오패五伯도 하지 않았던 일이다.[76] 흉노들은 한나라에서 항복한 사람들을 잡으면 늘 팔을 들게 하여 몸을 수색하고, 그들이 들은 바를 묻기고 하는데 어찌 그런 계책을 시행할 수 있겠는가?

마땅히 오늘에 힘써야 할 것은 가혹하고 포학한 일을 금지시키고 임의로 부賦를 받는 일을 중지하고, 힘써 농사일에 근본을 두고, 말을 기르기 위해 국가를 위해 말을 기르는 사람에 대한 부역 면제 특권인 부역면제령賦役免除令을 회복시켜 무비武備에서 모자라는 것을 보충하고 결핍되지 않게 하는 것뿐이다. 군국에 있는 2천석의 녹질을 받는 관원은 각기 말을 기를 방략과 변방을 보충할 수 있는 방안을 만들어 올리도록 하고, 업무보고를 할 때 함께 대답토록 하라."

이로부터 다시는 군사를 내보내지 않았다. 전천추를 부민후로 책봉한 것도 휴식하겠다는 뜻을 밝히고 민간을 부유하게 기르겠다는 생각을 표현한 것이었다. 또한 조과趙過를 식량 관리 총책인 수속도위搜粟都尉로 삼았다. 조과는 대전代田을 시행하게 했고, 밭을 갈고 김을 매는 도구를 모두 편리하고 정교하게 만들어 백성들에게 가르쳤다.[228] 힘을 덜 쓰고도 곡식을 많이 수확할 수 있어서 백성들이 모두 편하다고 했다.

신 사마광은 평한다.

"천하에 인재가 없었던 일은 일찍이 없었다고 믿는다. 무제가 사이四夷를 공격하는 공을 좋아할 때는 용감하고 날카로우며 죽음을 가벼이 생각하는 인재가 조정에 가득 찼다. 국토를 개척하고 땅을 넓히는데 마음먹은 대로 되지 않은 일이 없었다. 그러나 뒤에 가서는 백성을 휴식시키고

---

227 춘추오패에 관해서는 예로부터 여러 설이 있었으나 대략 제환공齊桓公 강소백姜小白과 진문공晉文公 희중이姬重耳, 초장왕楚莊王 미려芈侶, 오왕吳王 합려闔廬·부차夫差, 월왕越王 구천句踐으로 보는 게 타당하다.

228 당시는 땅이 척박하고 인구도 희소한 까닭에 전지田地는 1년을 경작하고 1년은 묵힐 수 있었다. 매해 경작하는 땅을 바꾸는 농사법을 대전법代田法이라고 했다.

농업을 중시했다. 조과 같은 무리들이 백성들에게 밭을 갈고 김매는 것을 가르쳤고 백성들도 그 이로움을 입었다. 한 명의 군주가 나아가는 바와 좋아하는 바를 달리하면 인재들은 바로 호응하는 것이다. 실로 무제가 삼왕三王의 도량을 겸하여 가지고 상나라나 주나라 시절처럼 잘 다스려지는 시대를 부흥시키려고 했다면 삼대三代에 있었던 신하처럼 황제를 보좌할 사람이 없었겠는가?"

5) 가을 8월 30일, 일식이 있었다.

6) 위률은 이사장군에 대한 선우의 총애를 시기해 해칠 생각을 갖고 있었다. 마침 흉노 선우의 모친인 알지가 병이 들자 위률이 흉노족 무사巫師를 시켜 말하게 했다.

"먼저 돌아가신 선우가 화를 내며 말하기를, '흉노는 옛날에 출병하면서 제사지낼 때는 늘 이사를 잡아서 제사를 지냈다고 했는데 어떤 연고로 그를 제물로 쓰지 않는가?'라고 했습니다."

그 말을 들은 선우는 이사장군을 잡아 가두었다. 이사장군이 욕을 했다.

"내가 죽더라도 반드시 흉노를 멸망시키고 말겠다."

결국 선우는 이사장군을 죽여서 제사지냈다.

* 世宗孝武皇帝征和四年

春, 正月, 上行幸東萊, 臨大海, 欲浮海求神山. 群臣諫, 上弗聽. 而大風晦冥, 海水沸湧. 上留十餘日, 不得御樓船, 乃還.

二月, 丁酉, 雍縣無雲如雷者三, 隕石二, 黑如鷖.

三月, 上耕於距定. 還, 幸泰山, 脩封. 庚寅, 祀於明堂. 癸已, 禪石閭, 見群臣, 上乃言曰, "朕即位以來, 所為狂悖, 使天下愁苦, 不可追悔. 自今事有傷害百姓, 糜費天下者, 悉罷之." 田千秋曰, "方士言神仙者甚眾, 而無顯功, 臣請皆罷斥遣之." 上曰, "大鴻臚言是也." 於是悉罷諸方士候神人者. 是後上每對群臣自歎曰, "向時愚惑, 為方士所欺. 天下豈有仙人, 盡妖妄耳! 節食服藥, 差可少病而已." 夏, 六月, 還, 幸甘泉.

丁巳, 以大鴻臚田千秋為丞相, 封富民侯. 千秋無它材能·術學, 又無伐閱功勞, 特以一言寤意, 數月取宰相, 封侯, 世未嘗有也. 然為人敦厚有智, 居位自稱, 踰於前後數公.

先是搜粟都尉桑弘羊與丞相·御史奏言曰, "輪臺東有溉田五千頃以上, 可遣屯田卒, 置校尉三人分護, 益種五穀. 張掖·酒泉遣騎假司馬為斥候. 募民壯健敢徙者詣田所, 益墾溉田, 稍築列亭, 連城而西, 以威西國, 輔烏孫." 上乃下詔, 深陳既往之悔曰, "前有司奏欲益民賦三十, 助邊用, 是重困老弱孤獨也. 而今又請遣卒田輪臺. 輪臺西於車師千餘里, 前開陵侯擊車師時, 雖勝, 降其王, 以遼遠乏食, 道死者尚數千人, 況益西乎! 曩者朕之不明, 以軍候弘上書, 言'匈奴縛馬前後足置城下, 馳言"秦人, 我丐若馬,"' 又, 漢使者久留不還, 故興遣貳師將軍, 欲以為使者威重也. 古者卿·大夫與謀, 參以蓍·龜, 不吉不行. 乃者以縛馬書遍視丞相·御史·二千石·諸大夫 郎·為文學者, 乃至郡·屬國都尉等, 皆以'虜自縛其馬, 不祥甚哉!' 或以為'欲以見強, 夫不足者視人有餘' 公車方士·太史·治星·望氣及太卜龜蓍皆以為'吉, 匈奴必破 , 時不可再得也' 又曰, '北伐行將, 於鬴山必克. 封, 諸將貳師最吉' 故朕親發貳師下鬴山, 詔之必毋深入. 今計謀·卦兆皆反繆. 重合侯得虜候者, 乃言'縛馬者匈奴詛軍事也' 匈奴常言'漢極大, 然不耐饑渴, 失一狼, 走千羊' 乃者貳師敗, 軍士

死略離散, 悲痛常在朕心. 今又請遠田輪臺, 欲起亭隧, 是擾勞天下, 非所以優民也, 朕不忍聞! 大鴻臚等又議欲募囚徒送匈奴使者,

明封侯之賞以報忿, 此五伯所弗為也. 且匈奴得漢降者常提掖搜索, 問以所聞, 豈得行其計乎! 當今務在禁苛暴, 止擅賦, 力本農, 修馬復令, 以補缺·毋乏武備而已. 郡國二千石各上進畜馬方略補邊狀, 與計對."

由是不復出軍, 而封田千秋為富民侯, 以明休息, 思富養民也. 又以趙過為搜粟都尉. 過能為代田, 其耕耘田器皆有便巧, 以教民, 用力少而得穀多, 民皆便之.

臣光曰, "天下信未嘗無士也! 武帝好四夷之功, 而勇銳輕死之士充滿朝廷, 闢土廣地, 無不如意. 及後息民重農, 而趙過之儔教民耕耘, 民亦被其利. 此一君之身趣好殊別, 而士輒應之, 誠使武帝兼三王之量以興商·周之治, 其無三代之臣乎!"

秋, 八月, 辛酉晦, 日有食之.

衛律害貳師之寵, 會匈奴單于母閼氏病, 律飭胡巫言曰, "先單于怒曰, '胡故時祠兵, 常言得貳師以社, 何故不用?' 於是收貳師. 貳師罵曰, "我死必滅匈奴!" 遂屠貳師以祠.

한무제 후원後元 원년(BC 88)

1) 봄 정월, 황제가 감천궁에 행차했다가 태치에서 제사를 올리고 안정까지 행차했다.

2) 창읍국의 애왕哀王인 유박劉髆이 죽었다.

3) 2월, 천하에 사면령을 내렸다.

4) 여름 6월, 상구성이 황제를 저주한 사건에 연루돼 자진했다.

5) 당초 시중복야侍中僕射 마하라馬何羅와 강충은 가까운 사이였다. 위태자衛太子가 군사를 일으키자 마하라와 그의 동생 마통이 힘껏 싸워 중합후에 봉해졌다. 이후 황제가 강충의 종족과 그 당파를 모두 죽이려고

하자 마하라 형제는 화가 미칠까 두려워 반역을 모의키로 했다.

시중侍中이자 부마도위駙馬都尉인 금일제金日磾는 그들의 뜻이 보통이 아니라고 생각해 마음속으로 그들을 의심하며 몰래 그들의 동정을 살피면서 그들과 함께 궁전을 오르내렸다. 마하라도 금일제의 뜻을 눈치 채고 오랫동안 군사를 동원하지 못했다.

이때 황제가 진나라 2세 황제 호해胡亥가 살던 임광궁林光宮에 행차했다. 마침 금일제는 사소한 질병으로 전殿에 있는 여막廬幕에 누워 있었다. 그날 마하라와 마통, 그들의 동생인 마안성馬安成이 황제의 명령서인 제制를 위조해 밤중에 나와 함께 사자를 죽이고 군사를 동원했다. 다음날 아침에 황제가 일어나기도 전에 마하라는 아무런 연고도 없이 밖에서 안으로 들어갔다. 측간을 가려다가 왠지 마음이 움직인 금일제는 즉각 황제의 침전이 있는 곳으로 들어가 안쪽 문 아래에 앉아 있었다. 잠시 후 마하라가 번득이는 칼을 들고 동상東廂에서 올라오더니 금일제를 보고 안색이 변했다. 그러고는 황제가 누워 있는 방으로 곧장 달려 들어가려고 했다. 가다가 보물악기인 보비寶琵를 건드려 넘어뜨렸다. 그 틈에 금일제가 마하라를 잡을 수 있었다. 이어 목소리가 널리 전해지도록 크게 부르는 전傳을 했다.

"마하라가 반역했다!"

황제가 놀라 일어났다. 좌우에서 황급히 칼을 빼들고 마하라를 치려고 하자 황제는 금일제도 함께 맞을까 두려워한 나머지 치지 못하게 했다. 금일제가 마하라를 전殿 아래로 던져 그를 짐승처럼 결박했다. 이후 끝까지 치죄를 하자 모두 유죄를 자복했다.

6) 가을 7월, 지진이 났다.

7) 연왕燕王 유단劉旦은 차례로 보면 자신이 의당 태자가 되어야 한다고 생각했다. 글을 올려 장안에 들어와 숙위하기를 청했다. 화가 난 황제

는 북궐에서 그 사자의 목을 베었다. 또한 연나라는 망명한 사람을 숨겨 둔 사건에 연루돼 양향良鄕북경시 방산현과 안차安次하북성 안차현, 문안文安하북성 문안현 등 3개의 현이 삭지削地당했다. 황제는 유단을 싫어하게 됐다. 유단은 말을 잘하고 박식했다. 그의 동생 광릉왕廣陵王 유서劉胥는 용기와 힘이 있었지만 둘 다 하는 일에 법도가 없고 과실이 많았던 까닭에 황제는 그들을 모두 태자로 세우지 않았다.

이때 구과부인鉤弋夫人의 아들 유불릉劉弗陵은 나이가 몇 살밖에 안 됐지만 기골이 장대하고 지혜가 많아 황제는 특별히 그 아들을 사랑해 마음속으로 태자로 삼고 싶어 했다. 그러나 그 아들의 나이가 아직 어리고 그의 모친은 젊어 아무래도 그 모친과 오래 있을 것 같지 않았다.

대신들로 하여금 그 아들을 보필하게 하고자 군신들을 살펴보았다. 오직 한 사람 봉거도위奉車都尉이자 곽거병의 이복동생인 광록대부光祿大夫 곽광霍光만이 충성스럽고 후덕하여 큰일을 맡길 만했다. 황제는 황제가 필요로 하는 물품 공급부서인 황문黃門에게 '주공이 성군을 업고 제후들을 조근하는 그림'을 그리게 하여 곽광에게 내려주었다.

며칠 뒤 황제는 구과부인을 견책했다. 구과부인이 비녀와 귀걸이를 풀고서 머리를 조아렸으나 황제가 말했다.

"끌어내어 죄 지은 궁인을 심문하는 액정掖庭의 감옥으로 보내라."

구과부인이 머리를 돌려 쳐다보자 황제가 말했다.

"빨리 가도록 하라, 너는 살 수가 없다."

끝내 구과부인에게 죽음이 내려졌다. 얼마 후 황제가 한가하게 있으면서 좌우에 있는 사람들에게 물었다.

"이 사건을 보고 밖에 있는 사람들이 뭐라고 말하던가?"

좌우에 있는 사람들이 대답했다.

"사람들이 말하기를, '그의 아들은 태자로 세우면서 어찌하여 그의 모친은 제거하는가?'라고 했습니다."

황제가 말했다.

"그럴 것이다. 이는 어린애 같이 어리석은 자들이 알 수 있는 게 아니다. 과거 국가가 어지럽게 된 까닭은 군주가 어리고 모친이 장년이었기 때문이다. 여자 주군이 교만하고 옹색하며 음란하여 스스로 임의로 한다면 이를 금할 수가 없다. 너희들은 여후의 사건을 못 들었는가? 그런 까닭에 부득불 어미를 먼저 제거한 것이다."

* 世宗孝武皇帝後元元年

春, 正月, 上行幸甘泉, 郊泰畤. 遂幸安定.

昌邑哀王髆薨.

二月, 赦天下.

夏, 六月, 商丘成坐祝詛自殺.

初, 侍中僕射馬何羅與江充相善. 及衛太子起兵, 何羅弟通以力戰封重合侯. 後上夷滅充宗族·黨與, 何羅兄弟懼及, 遂謀為逆. 侍中駙馬都尉金日磾視其志意有非常, 心疑之, 陰獨察其動靜, 與俱上下. 何羅亦覺日磾意, 以故久不得發. 是時上行幸林光宮, 日磾小疾臥廬, 何羅與通及小弟安成矯制夜出, 共殺使者, 發兵. 明旦, 上未起, 何羅無何從外入. 日磾奏廁, 心動, 立入, 坐內戶下. 須臾, 何羅袖白刃從東廂上, 見日磾, 色變. 走趨臥內, 欲入, 行觸寶瑟, 僵. 日磾得抱何羅, 因傳曰, "馬何羅反!" 上驚起. 左右拔刃欲格之, 上恐並中日磾, 上勿格. 日磾投何羅殿下, 得禽縛之. 窮治, 皆伏辜.

秋, 七月, 地震.

燕王旦自以次第當為太子, 上書求入宿衛. 上怒, 斬其使於北闕. 又坐藏匿亡命, 削良鄉·安次·文安三縣. 上由是惡旦. 旦辯慧博學,其弟廣陵王胥, 有勇力, 而皆動作無法度, 多過失, 故上皆不立.

時金句弋夫人之子弗陵, 年數歲, 形體壯大, 多知, 上奇愛之, 心欲立焉. 以其年稚, 母少, 猶與久之. 欲以大臣輔之, 察群臣, 唯奉車都尉·光祿大夫霍光, 忠厚可任大事, 上乃使黃門畫周公負成王朝諸侯以賜光. 後數日, 帝譴責金句弋夫人. 夫人脫簪珥, 叩頭. 帝曰, "引持去, 送掖庭獄!" 夫人還顧, 帝曰, "趣行, 汝不得活!" 卒賜死. 頃之, 帝閒居, 問左右曰, "外人言雲何?" 左右對曰, "人言'且立其子, 何去其母乎?' 帝曰, "然, 是非兒曹愚人之所知也. 往古國家所以亂, 由主少·母壯也. 女主獨居驕蹇, 淫亂自恣, 莫能禁也. 汝不聞呂后邪! 故不得不先去之也."

한무제 후원 2년(BC 87)

1) 봄 정월, 황제가 제후왕들을 감천궁에서 조근했다.

2월, 주질盩厔섬서성 주질현의 조작궁五柞宮에 행차했다.

2) 황제의 병이 위독해졌다. 곽광이 눈물을 흘리며 물었다.

"만일 꺼리지 않고 말하는 불휘不諱를 할 경우[229] 누가 마땅히 뒤를 이어야 합니까?"

황제가 대답했다.

"그대는 일전에 내가 그림을 그려 내려준 뜻을 아직도 모르는 것인가? 어린 아들을 세울 것이니 그대는 주공처럼 일을 처리하라."

곽광이 머리를 조아리며 사양했다.

"신은 금일제만 못합니다."

금일제가 말했다.

---

229 원문은 여유불휘如有不諱이다. 여기의 '불휘'는 황제의 죽음을 에둘러 표현한 것이다.

"신은 외국인입니다. 곽광만 못합니다. 그리 되면 흉노가 한나라를 가볍게 볼 것입니다."

2월 12일, 유불릉을 황태자로 삼는다는 조서를 내렸다. 그때 유불릉의 나이는 겨우 8세였다.

2월 13일, 곽광을 대사마 겸 대장군, 금일제를 거기장군, 태복인 상관걸上官桀을 좌장군左將軍으로 삼아 어린 군주를 보필하라는 유조遺詔를 내렸다. 수속도위인 상홍양桑弘羊을 어사대부로 삼았다.

이들은 모두 황제가 누워 있는 침상 밑에서 유언으로 남긴 조서를 받았다. 곽광은 궁정을 출입한 지 20여 년이 됐으나 황제가 나갈 때는 수레를 모시고, 안에 들어와서는 곁에서 입시入侍했다. 조심스럽고 근신하여 일찍이 허물될 일을 하지 않았다. 사람됨이 침착하고 냉정하며 자세히 살펴 궁전의 문을 출입하고 오르내릴 때에도 멈추고 나가는 것이 늘 일정했다. 금위관禁衛官인 낭郎과 환관의 총책인 복야僕射가 몰래 그를 살펴보았으나 한 치도 차이가 없었다.

금일제는 황제의 좌우에 있으면서 곁눈질 하는 일 없이 수십 년을 지냈다. 궁녀를 내려주어도 감히 접근하지를 않았다. 황제가 그의 딸을 후궁으로 받아들이려고 했으나 이를 받아들이지도 않았다. 그의 신중함이 이와 같아 황제는 그를 더욱 기이하게 여겼다. 금일제의 큰 아들은 황제의 놀이 친구였던 까닭에 황제가 심히 그를 아꼈다. 이후 놀이 친구였던 아들이 자라서 삼가 조심하지 않고 전殿 아래서 궁인과 음란한 놀이를 했다. 이를 본 금일제가 자기 아들을 죽여 버렸다.

황제가 이 사실을 알고 대로했다. 금일제가 머리를 조아리고 사죄하면서 그 놀이를 한 아들을 죽여야 했던 상황을 말했다. 황제가 심히 슬퍼하며 그를 위해 눈물을 흘렸다. 이후 마음으로 더욱 금일제를 존경했다.

당초 상관걸은 재주와 힘으로 황제의 관심을 얻어 미앙궁의 구령廏令

이 됐다. 황제가 일찍이 몸이 불편했다가 쾌유된 뒤 가서 말을 보니 대부분 말라 있었다. 황제가 대로했다.

"구령은 내가 다시는 말을 못 볼 것이라고 생각했는가?" 그러고는 형리에게 내려 보내려고 했다. 상관걸이 머리를 조아리며 말했다.

"신이 듣건대 성상의 옥체가 불편하다고 하여 밤낮으로 근심하고 걱정하느라 실로 생각이 말에 있지 못했습니다."

말을 다 마치지도 않았는데 눈물이 몇 줄 흘러 내렸다. 황제는 그가 자신을 사랑한다고 생각해 이로부터 가깝게 두었다. 이후 상관걸은 시중이 됐다가 조금씩 자리를 옮겨 태복까지 올랐다.

이들 3인 모두 황제가 평소 아끼고 믿었던 사람들이었다. 특별히 그들을 집어내어 뒷일을 맡긴 이유다.

2월 14일, 황제가 71세의 나이로 오작궁에서 붕어했다. 미앙궁의 전전前殿으로 옮겨 염했다.

황제는 총명했고 결단을 내릴 줄 알았고, 사람 쓰는 일을 잘 했다. 그러나 법을 시행하는 데에는 인정을 베풀지 않았다. 한무제의 여동생인 융려공주隆慮公主의 아들 소평군昭平君이 황제의 딸 이안공주夷安公主와 결혼했다. 융려공주는 병이 들자 황금 1,000근과 1,000만 전을 가지고 와 앞으로 혹 소평군이 죽을죄를 지으면 사해 달라고 미리 부탁을 했다. 황제가 이를 허락했다.

그러나 융려공주가 죽자 날로 교만해진 소평군은 결국 술에 취해 여성사부인 주부主傅를 죽여 감옥에 갇히게 됐다.[230] 사법 총책인 정위廷尉가

---

230 당시 장공주에게는 여성사부인 장공주부長公主傅 1명을 두었다. 여기의 '장공주부'가 과연 모친인 융려공주의 사부인지, 무제의 딸이며 소평군의 처인 이안공주의 사부인지 여부가 분명치 않다.

공주의 아들이라는 사실을 제기하면서도 처결을 청했다. 좌우에 있는 사람들도 모두 말했다.

"앞서 대속금을 낸 일도 있으니 폐하가 이를 허락해 주십시오."

황제가 말했다.

"내 동생 융려공주는 늙어서 아들 하나를 두었다. 죽을 때 그를 나에게 부탁했다."

이같이 말해 놓고 황제는 그를 위해 눈물을 흘리며 오랫동안 탄식한 뒤 말했다.

"그러나 법령이란 먼저 돌아가신 황제들이 만든 것인데 동생 때문에 먼저 돌아가신 황제의 법을 위반한다면 내가 무슨 면목으로 고조황제의 사당에 들어갈 수 있겠으며 또한 어떻게 만백성을 짊어질 수 있겠는가?"

이내 상주한 대로 처결토록 하고는 슬픔을 감추지 못했다. 좌우에 있던 사람들도 모두 비통해했다. 대조待詔인 동방삭이 황제 앞으로 나아가 축수했다.

"신이 듣건대 성군聖王이 정치를 할 때 상을 줄 때는 원수 여부를 가리지 않았고, 죽일 때에도 골육 여부를 가리지 않았다고 했습니다. 『상서尙書』에 이르기를, '불편부당不偏不黨하니 왕도탕탕王道蕩蕩하다'고 했습니다. 이 2가지는 오제五帝가 중히 생각한 것으로 삼왕三王도 이를 실천하기 어려웠던 것입니다. 그런데 폐하가 실천하니 천하 사람은 다행하기 이를 데 없습니다. 신 동방삭이 죽음을 무릅쓰고 다시금 황제에게 절하고 술잔을 받들어 만수萬壽를 빕니다."

황제는 동방삭에게 처음에는 화를 냈다가 얼마 지나서는 잘 대해 주었다. 나중에는 중랑中郎으로 삼았다.

반고班固가 이같이 찬양했다.

"한나라는 수많은 군왕들이 저질러놓은 폐단을 이어받았으나 고조가 어지러움을 다스리고 올바르게 돌이켰고, 문제文帝와 경제景帝 때에는 백성을 기르는데 힘을 썼다. 그러나 고대의 예교禮敎를 상고詳考하는 일에서는 오히려 많은 부분이 빠져 있다. 무제武帝가 처음에 즉위해 분명히 백가의 학설을 축출하고 유가儒家의 6경六經을 표창했다. 마침내 천하 사람이면 누구든 뛰어난 사람을 천거해 그들과 함께 공업功業을 세웠다. 태학太學을 일으키고 교외에서의 제사법을 정비하고, 정삭正朔을 고치고, 역법曆法을 정하고, 음률을 고르게 했다. 또한 시와 음악을 짓고 봉선封禪을 건립해 많은 신령들을 예경禮敬했다. 주나라의 후손에게도 봉작을 내렸고, 호령號令과 문장은 분명히 진술해 뒤를 이은 사람들이 널리 편 업적을 존중할 수 있게 하여 삼대의 유풍을 갖게 됐다. 이처럼 무제는 영웅적인 재능과 커다란 지략을 갖고 있으면서도 문제와 경제의 공손하고 절검하면서 백성들을 구제하는 일을 바꾸지 않았다. 비록 『시경』과 『서경』에 실려 있는 일이라 할지라도 무엇을 더 붙이겠는가?"

신 사마광은 평한다.

"효무제는 아주 사치하고 지극한 욕심을 갖고 있어 번거로운 형벌을 사용했고 세렴稅斂을 무겁게 거두었다. 안으로는 궁실을 사치스럽게 꾸몄고, 밖으로는 사방의 이적夷狄들을 정벌했고, 신神의 괴이함을 믿고 현혹돼 절도 없이 순유巡遊를 했다. 백성들을 피폐하게 하여 도적이 일어났으니 그런 것은 진시황과 거의 다를 바가 없었다. 그러나 진나라는 이런 일 때문에 망하고 한나라는 이런 일 때문에 흥했다. 효무제는 먼저 선왕의 도를 존중했고, 통제하고 지킬 바를 알았고, 충직한 사람의 말을 받아들이고, 다른 사람이 속이고 감추는 것을 싫어했고, 현명한 사람을 좋아하는데 게으르지 않았기 때문이다. 또한 죽이거나 상 주는 것을 엄정히 밝혔고, 만년에는 잘못을 고쳐 후사를 돌봐줄 사람을 찾아냈다. 이것이 바로 그가 망한 진나라와 같은 실수는 저질렀으나 망한 진나라와 같은 화는 면할 수 있었던 이유다."

3) 2월 15일, 태자가 황제로 즉위했다. 황제의 누이인 악읍공주鄂邑公主도 궁중에서 함께 자라났다. 곽광과 금일제와 상관걸이 함께 상서尙書의 일을 관장했다. 곽광이 어린 군주를 보필했으므로 자연히 정치는 그로부터 비롯됐다. 천하 사람은 그의 풍채가 어떠한지 알고 싶어 했다.

어느 날 밤, 전殿에서 군신들이 모두 놀라는 괴이한 일이 생겼다. 곽광이 상부새랑尙符璽郎을 불러 황제의 인새를 거둬들이고자 했다. 그 낭관이 인새를 주려고 하지 않자 곽광이 이를 억지로 빼앗으려고 했다. 낭관이 칼을 만지면서 말했다.

"신의 머리는 얻을 수 있겠으나 황제의 인새는 얻을 수 없을 것입니다."

곽광은 다음날 조서를 내려 이 낭관에게 2등급의 관질官秩을 올려주었다. 곽광을 중히 여기지 않는 사람이 없었다.

4) 3월 22일, 효무황제를 무릉茂陵에 장사지냈다.

5) 여름 6월, 천하에 사면령을 내렸다.

6) 가을 7월, 동쪽에 패성이 나타났다.

7) 제북왕濟北王 유관劉寬이 내부적으로 저지른 음란한 짓인 금수행禽獸行을 한 것에 연루돼 자진했다.[231]

8) 겨울, 흉노가 삭방朔方내몽골 이맹에 침입해 관원과 민간인을 살해하고 잡아갔다. 군사를 동원해 서하西河내몽골 준격이기에 주둔시켰다. 좌장군인 상관걸이 북변北邊을 순시했다.

231 당시 유관은 부친인 유호劉胡식왕의 왕후인 광光 및 희첩姬妾인 효아孝兒와 음란한 짓을 하고, 귀신에게 제사를 지내 황제를 저주했다.

＊世宗孝武皇帝後元二年

春, 正月, 上朝諸侯王於甘泉宮. 二月, 行幸盩厔五柞宮.

上病篤, 霍光涕泣問曰, "如有不諱, 誰當嗣者?" 上曰, "君未諭前畫意邪? 立少子, 君行周公之事." 光頓首讓曰, "臣不如金日磾" 日磾亦曰, "臣, 外國人, 不如光. 且使匈奴輕漢矣!" 乙丑, 詔立弗陵為皇太子, 時年八歲. 丙寅, 以光為大司馬·大將軍, 日磾為車騎將軍, 太僕上官桀為左將軍, 受遺詔輔少主, 又以搜粟都尉桑弘羊為御史大夫, 皆拜臥內床下. 光出入禁闥二十餘年, 出則奉車, 入侍左右, 小心謹慎, 未嘗有過. 為人沈靜詳審, 每出入·下殿門, 止進有常處, 郎·僕射竊識視之, 不失尺寸. 日磾在上左右, 目不忤視者數十年. 賜出宮女, 不敢近. 上欲內其女後宮, 不肯. 其篤慎如此, 上尤奇異之. 日磾長子為帝弄兒, 帝甚愛之, 其後弄兒壯大, 不謹, 自殿下與宮人戲. 日磾適見之, 惡其淫亂, 遂殺弄兒. 上聞之, 大怒, 日磾頓首謝, 具言所以殺弄兒狀. 上甚哀, 為之泣. 已而心敬日磾. 上官桀始以材力得幸, 為未央廄令. 上嘗體不安, 及愈, 見馬, 馬多瘦, 上大怒曰, "令以我不復見馬邪!" 欲下吏. 桀頓首曰, "臣聞聖體不安, 日夜憂懼, 意誠不在馬." 言未卒, 泣數行下. 上以為愛己, 由是親近, 為侍中, 稍遷至太僕. 三人皆上素所愛信者, 故特擧之, 授以後事. 丁卯, 帝崩於五柞宮. 入殯未央宮前殿.

帝聰明能斷, 善用人, 行法無所假貸. 隆慮公主子昭平君尚帝女夷安公主. 隆慮主病困, 以金千斤·錢千萬為昭平君豫贖死罪, 上許之. 隆慮主卒, 昭平君日驕, 醉殺主傅, 系獄. 廷尉以公主子上請. 左右人人為言曰, "前又入贖, 陛下許之." 上曰, "吾弟老有是一子, 死, 以屬我." 於是為之垂涕, 歎息良久, 曰, "法令者, 先帝所造也, 用弟故而誣先帝之法, 吾何面目入高廟乎! 又下負萬民." 乃可其奏, 哀不能自止, 左右盡悲, 待詔東方朔前上壽, 曰, "臣聞聖王為政, 賞不避仇讎, 誅不擇骨肉. 『書』曰, '不偏不黨, 王道蕩蕩' 此二者, 五帝所重, 三王所難也, 陛下行之, 天下幸甚! 臣朔奉觴昧死再拜上萬歲壽!" 上初怒朔, 既而善之, 以朔為中郎.

班固贊曰, 漢承百王之弊, 高祖撥亂反正, 文·景務在養民, 至於稽古禮文之事, 猶多闕焉. 孝武初立, 卓然罷黜百家, 表章『六經』, 遂疇咨海內, 舉其俊茂, 與之立功. 興太修學, 修郊祀, 改正朔, 定歷數, 協音律, 作詩樂, 建封禪, 禮百神, 紹周後, 號令文章, 煥焉可述, 後嗣得遵洪業而有三代之風. 如武帝之雄材大略, 不改文·景之恭儉以濟斯民, 雖『詩』·『書』所稱何有加焉!

臣光曰, "孝武窮奢極欲, 繁刑重斂, 內侈宮室, 外事四夷, 信惑神怪, 巡游無度, 使百姓疲敝, 起為盜賊, 其所以異於秦始皇者無幾矣. 然秦以之亡, 漢以之興者, 孝武能尊先王之道, 知所統守, 受忠直之言, 惡人欺蔽, 好賢不倦, 誅賞嚴明, 晚而改過, 顧托得人, 此其所以有亡秦之失而免亡秦之禍乎!"

戊辰, 太子即皇帝位. 帝姊鄂邑公主共養省中, 霍光·金日磾·上官桀共領尚書事. 光輔幼主, 政自己出, 天下想聞其風采. 殿中嘗有怪, 一夜, 群臣相驚, 光召尚符璽郎, 欲收取璽. 郎不肯授, 光欲奪之. 郎按劍曰, "臣頭可得, 璽不可得也!" 光甚誼之. 明日, 詔增此郎秩二等. 眾庶莫不多光.

三月, 甲辰, 葬孝武皇帝於茂陵.

夏, 六月, 赦天下.

秋, 七月, 有星孛於東方.

濟北王寬坐禽獸行自殺.

冬, 匈奴入朔方, 殺略吏民. 發軍屯西河, 左將軍桀行北邊.

**권23-한기漢紀 15: 곽광이 권력을 휘두르다

한소제漢昭帝 시원始元 원년(BC 86)

1) 여름, 익주益州운남성 진녕현의 이인夷人 24개 읍과 3만여 명이 모두 반기를 들었다. 수형도위水衡都尉 여파호呂辟胡를 보내 이민吏民을 모집하고, 건위犍爲사천성 의빈시와 촉군蜀郡사천성 성도시의 분명奔命[232]을 발동해 왕격往擊토록 했다. 그들을 대파했다.

2) 가을 7월, 천하에 사면령을 내렸다.

3) 큰비가 내려 10월까지 지속됐다. 위수渭水에 놓인 교량인 위교渭橋가 끊어졌다.

4) 무제가 붕어할 때 제후왕에게 황제의 옥새가 찍힌 조서인 새서璽書를 내렸다. 연왕燕王 유단劉旦이 새서를 받고 곡을 하려고 하지 않았다.

"새서의 봉투가 작으니 경사京師에 변란이 있는지 의심스럽다."

그러고는 총애하는 신하인 행신幸臣 수서장壽西長과 손종지孫縱之, 왕유王孺 등을 장안으로 보냈다. 상례의식喪禮儀式을 묻는다는 명목으로

232 분명奔命은 명령을 받고 분주히 달려간다는 뜻이다. 긴급 상황을 구하기 위한 군사 동원을 가리킨다. 당시 한나라는 통상적인 병력으로는 이족夷族의 반란을 진압할 길이 없어 '분명'을 한 것이다. 『춘추좌전』「노성공 7년」조에 기원전 584년 오나라가 초나라의 주래州來 땅을 쳤을 때 "초나라의 공자 영제嬰齊와 공자 측側이 1년에 무려 7번이나 초공왕의 명을 받고 '분명'을 했다."는 기록이 나온다.

은밀히 조정의 상황을 염탐하는 자후刺候를 하고자 한 것이다. 조서를 내려 유단에게 30만 전錢을 내리고, 1만3천 호의 식읍을 더해주었다. 유단이 화를 냈다.

"내가 의당 황제가 돼야 하는데 무슨 하사인가?"

마침내 종실인 중산애왕中山哀王 유창劉昌의 아들인 유장劉長과 제효왕齊孝王 유장려劉將閭의 손자인 유택劉澤 등과 함께 모의했다. 거짓으로 무제 때 이미 치민治民과 관원에게 직책을 주는 직사職事를 직접 행할 수 있는 예외를 허락받았다면서 무비武備를 정돈해 유사시를 대비했다.

낭중郎中 성진成軫이 유단에게 말했다.

"대왕은 실직失職했습니다. 단지 기의起義하면 구할 수 있으나 앉아서는 얻을 수 없습니다. 대왕이 한 번 기의하면 나라에서는 여인조차 모두 어개를 떨치는 분비奮臂를 하여 대왕을 좇을 것입니다."

유단이 유택과 함께 모의한 뒤 간사한 서신인 간서奸書를 썼다.

"어린 황제인 소제少帝는 무제의 아들이 아니다. 대신들이 공립共立을 한 것이니 천하가 의당 함께 그를 쳐야 한다!"

사람을 시켜 여러 군국에 전함으로써 백성들을 요동搖動케 했다. 유택은 돌아가서 임치臨菑에서 군사를 일으켜 청주자사靑州刺史 준불의雋不疑를 살해키로 모의했다. 유단은 군국의 간인奸人들을 초청해 동철銅鐵을 거둬 갑옷과 병기인 갑병甲兵을 만들었다. 이어 자주 그들의 거기車騎와 기계화 부대인 재관材官의 병사를 검열하고, 백성들을 동원해 큰 규모의 수렵인 대렵大獵을 열었다. 병사와 전마인 사마士馬를 훈련시키면서 거사일이 다가오기를 기다린 것이다.

낭중 한의韓義 등이 자주 유단에게 간하자 화가 난 유단이 한의 등 15명을 살해했다. 마침 치천정왕菑川靖王의 아들로 병후缾侯인 유성劉成이 유택 등의 모의를 알고 준불의에게 알렸다.

8월, 준불의가 유택 등을 수포收捕한 뒤 보고했다. 천자가 대홍려大鴻臚의 승丞을 파견해 이를 다스리게 하면서 연왕 유단을 연행해 왔다. 조서를 내려 연왕은 지친至親인 까닭에 처리하지 못하게 하고, 유택 등은 모두 형벌을 순순히 받아 죽게 만드는 복주伏誅를 했다. 공을 세운 준불의를 경조윤京兆尹으로 삼았다.

준불의가 경조윤이 되자 이민吏民들이 그의 위신威信을 존경했다. 매번 현縣을 다닐 때면 죄수와 형도인 수도囚徒를 얼마나 방환放還했는지 면밀히 살펴보았다. 그의 모친은 매번 준불의에게 이같이 물었다.

"잘못된 사안을 바르게 처리하는 평반平反을 했는가?[233] 몇 명이나 살려주었나?"

준불의가 '평반'을 많이 했다고 하면 모친은 다른 때보다 더 기뻐하며 웃는 희소喜笑를 했고, '평반'이 없었다고 하면 크게 노해 밥을 먹지 않았다. 준불의가 형리刑吏가 된 뒤 엄하기는 했으나 잔혹하지 않았던 이유다.

5) 9월 병자丙子, 시호가 경敬인 투경후秺敬侯 금일제金日磾가 죽었다.

당초 무제는 병이 들자 유조를 내려 금일제를 투후秺侯, 상관걸上官桀을 안양후安陽侯, 곽광霍光을 박륙후博陸侯로 삼았다. 모두 전에 반기를 들었던 마하라馬何羅를 체포한 공을 높이 사 제후로 봉한 것이다. 금일제는 황제가 어리다는 이유로 책봉을 받지 않았다. 곽광 등도 감히 받을 수 없었다. 금일제가 병이 들어 거동이 어렵게 되자 곽광이 책봉을 언급했다. 금일제는 누워서 인수를 받은 뒤 하루 만에 홍거薨去했다. 금일제의 두 아들인 금상金賞과 금건金建 모두 시중侍中으로 있었다. 황제와 같은

233 평반平反은 잘못 처리한 옥안獄案을 바르게 잡는 것을 뜻한다. 공정한 판결을 상징한다. 평平은 형벌을 공평하게 적용하고, 반反은 이전의 옥안을 뒤집는 것을 뜻한다. 『한서』「준불의전」에 '유소평반有所平反, 활기하인活幾何人' 구절이 있다.

나이여서 함께 자리에 눕고 일어나는 와기臥起를 했다. 금상은 봉거도위奉車都尉, 금건은 부마도위駙馬都尉였다. 금상은 제후의 작위를 이어받은 까닭에 2개의 인수를 찼다. 황제가 곽광 장군에게 말했다.

"금씨 형제 모두 2개의 인수를 차게 할 수는 없겠소?"

곽광이 대답했다.

"금상은 부친의 뒤를 이어 제후가 된 것일 뿐입니다."

황제가 웃으며 말했다.

"봉후封侯의 문제는 나와 장군에게 달려 있는 게 아니오?"

곽광이 대답했다.

"선제의 약속으로 인해 먼저 공을 세워야만 봉후의 대상이 될 수 있습니다."

마침내 그만두었다.

6)) 윤10월, 전에 정위廷尉로 있던 왕평王平 등 5인에게 명해 지절持節의 자격으로 각 군국郡國을 순회케 했다. 현량賢良을 천거하고, 백성들의 질고疾苦와 원통한 누명으로 억울해 하는 원억冤抑 및 직책을 제대로 수행치 못하는 실식失職 등을 탐문케 한 것이다.

겨울, 날씨가 따뜻해 얼음이 얼지 않았다.

** 起旃蒙協洽, 盡柔兆敦牂, 凡十二年.

孝昭皇帝始元元年

夏, 益州夷二十四邑·三萬餘人皆反. 遣水衡都尉呂辟胡募吏民及發犍為·蜀郡奔命往擊, 大破之.

秋, 七月, 赦天下.

大雨, 至於十月, 渭橋絕.

武帝初崩, 賜諸侯王璽書. 燕王旦得書不肯哭, 曰, "璽書封小, 京師疑有變." 遣幸臣壽西長·孫縱之·王孺等之長安, 以問禮儀為名, 陰刺候朝廷事. 及有詔褒賜旦錢三十萬, 益封萬三千戶, 旦怒曰, "我當為帝, 何賜也!" 遂與宗室中山哀王子長·齊孝王孫澤等結謀, 詐言以武帝時受詔, 得職吏事, 修武備, 備非常. 郎中成軫謂旦曰, "大王失職, 獨可起而索, 不可坐而得也. 大王壹起, 國中雖女子皆奮臂隨大王." 旦即與澤謀, 為奸書, 言曰, "少帝非武帝子, 大臣所共立. 天下宜共伐之!" 使人傳行郡國以搖動百姓. 澤謀歸發兵臨菑, 殺青州刺史雋不疑. 旦招來郡國奸人, 賦斂銅鐵作甲兵, 數閱其車騎·材官卒, 發民大獵以講士馬, 須期日. 郎中韓義等數諫旦, 旦殺義等凡十五人. 會缾侯成知澤等謀, 以告雋不疑. 八月, 不疑收捕澤等以聞. 天子遣大鴻臚丞治, 連引燕王. 有詔, 以燕王至親, 勿治. 而澤等皆伏誅. 遷雋不疑為京兆尹.

不疑為京兆尹, 吏民敬其威信. 每行縣·錄囚徒還, 其母輒問不疑曰, "有所平反? 活幾何人?" 即不疑多有所平反, 母喜笑異於他時. 或無所出, 母怒, 為不食. 故不疑為吏, 嚴而不殘.

九月, 丙子, 秺敬侯金日磾薨. 初, 武帝病, 有遺詔, 封金日磾為秺侯, 上官桀為安陽侯, 霍光為博陸侯. 皆以前捕反者馬何羅等功封. 日磾以帝少, 不受封, 光等亦不敢受. 及日磾病困, 光白封, 日磾臥受印綬. 一日薨. 日磾兩子賞·建俱侍中, 與帝略同年, 共臥起. 賞為奉車, 建駙馬都尉. 及賞嗣侯, 佩兩綬, 上謂霍將軍曰, "金氏兄弟兩人, 不可使俱兩綬邪?" 對曰, "賞自嗣父為侯耳." 上笑曰, "侯不在我與將軍乎?" 對曰, "先帝之約, 有功乃得封侯." 遂止.

閏月, 遣故廷尉王平等五人持節行郡國, 舉賢良, 問民疾苦·冤·失職者.

冬, 無冰.

한소제 시원 2년(BC 85)

1) 봄 정월, 대장군 곽광을 책봉해 박륙후博陸侯, 좌장군左將軍 상관걸을 안양후安陽侯로 삼았다.

2) 혹자가 곽광에게 건의했다.

"장군은 여후의 일족인 여러 여씨呂氏의 행보를 보지 못했습니까? 이윤伊尹과 주공周公의 자리에 있으면서 섭정攝政을 하며 권력을 멋대로 휘두르는 천권擅權을 하고, 종실을 배신하고, 함께 직책을 수행치 않는 게 그것입니다. 천하가 서로 불신하다가 끝내 멸망에 이르게 된 배경입니다. 지금 장군은 광대한 지위를 보유하고 황제 또한 춘추가 젊으니 의당 종실을 받아들이고, 많은 대신들과 더불어 일을 추진하는 등 여씨가 걸은 길과 반대로 가십시오. 그러면 환란을 면할 수 있을 것입니다."

곽광이 동의하며 마침내 종실 가운데 쓸 만한 자를 발탁했다. 초원왕楚元王의 손자인 유벽강劉辟彊과 종실인 유장락劉長樂을 모두 광록대부로 삼았다. 유벽강은 장락궁長樂宮의 경비책임자인 위위衛尉를 겸하게 했다.

3) 3월, 사자를 파견해 빈민貧民과 봄에 파종할 종자가 없는 무종자無種者, 먹을 것이 없는 무식자無食者를 대상으로 나라의 곡식을 꾸어 주는 진대振貸를 행하게 했다.

4) 가을 8월, 조서를 내렸다.

"지난해는 재해가 많았고, 올해는 누에치기와 보리농사가 손상을 입었다. 진대振貸해 준 종자와 식량을 거둬들이지 말고, 백성들로 하여금 올해의 전조田租도 내지 말게 하라."

당초 무제는 흉노를 정벌하면서 깊이 쳐들어가 추격하는 심입추궁深入窮追의 계책을 구사했다. 이런 식으로 20여 년이 지나자 흉노의 말과 가축이 거듭 낙태하는 타독墮殰을 하게 됐다. 피로가 극에 달해 고통스러운 나머지 늘 화친코자 하는 뜻을 지니고 있었으나 계기를 얻지 못했다. 흉노의 제10대 난제호록고欒提狐鹿姑 선우가 이모제異母弟를 좌대도위左大都尉로 삼았다. 크게 현명한 모습을 보이자 흉노 백성의 마음이 그를 향했다. 모친인 연지閼氏는 난제호록고 선우가 자식 대신 이모제인 좌대도위를 후사로 삼을까 두려운 나머지 이내 은밀히 사람을 시켜 그를 죽이게 했다. 좌대도위의 동모형同母兄이 원한을 품고 마침내 선우의 조정에서 만나려 하지 않았다. 이 해에 선우가 병들어 숨을 거두었다. 죽기 전 귀인貴人들에게 말했다.

"내 아들은 어려서 나라를 다스릴 수 없으니 동생인 우곡려왕右谷蠡王을 세우도록 하시오."

난제호록고 선우가 죽자 위률衛律 등은 선우의 정실인 전거연지顓渠閼氏와 모의해 그의 죽음을 감춘 채 선우의 명령을 고쳐 난제호록고 선우의 아들인 좌곡려왕左谷蠡王을 난제호연제欒提壺衍鞮 선우로 옹립했다. 좌현왕左賢王과 우곡려왕右谷蠡王이 이를 원망怨望한 나머지 무리를 이끌고 한나라에 귀의코자 했으나 내심 한나라에 이르지 못할까 우려했다. 이내 노도왕盧屠王을 협박해 함께 서쪽으로 가서 오손烏孫에게 투항코자 했다.

노도왕이 이를 선우에게 고했다. 곧 사람을 보내 검증하며 조사하는 험문驗問을 행했다. 우곡려왕이 불복不服하며 오히려 그 죄를 노도왕에게 뒤집어씌웠다. 국인들이 모두 이를 억울해 했다. 이후 두 왕은 각자 그들이 사는 곳으로 갔지만 다시는 용성龍城신강성 이녕시에 모이려 하지 않았다. 흉노가 점차 쇠퇴하기 시작한 이유다.

＊ 孝昭皇帝始元二年

春, 正月, 封大將軍光為博陸侯, 左將軍桀為安陽侯.

或說霍光曰, "將軍不見諸呂之事乎? 處伊尹·周公之位, 攝政擅權,而背宗室，不與共職，是以天下不信，卒至於滅亡．今將軍當盛位，帝春秋富，宜納宗室，又多與大臣共事，反諸呂道．如是，則可以免患.”光然之，乃擇宗室可用者，遂拜楚元王孫辟彊及宗室劉長樂皆為光祿大夫，辟彊守長樂衛尉.

三月，遣使者振貸貧民無種·食者.

秋，八月，詔曰，“往年災害多，今年蠶·麥傷，所振貸種·食勿收責，毋令民出今年田租.”

初，武帝征伐匈奴，深入窮追，二十餘年，匈奴馬畜孕重墮殰，罷極，苦之．常有欲和親意，未能得．狐鹿姑單于有異母弟為左大都尉，賢，國人鄉之，母閼氏恐單于不立子而立左大都尉也，乃私使殺之．左大都尉同母兄怨，遂不肯復會單于庭．是歲，單于病且死，謂諸貴人曰，“我子少，不能治國，立弟右谷蠡王.”及單于死，衛律等與顓渠閼氏謀，匿其喪，矯單于令，更立子左谷蠡王為壺衍鞮單于．左賢王·右谷蠡王怨望，率其眾欲南歸漢，恐不能自致，即脅盧屠王，欲與西降烏孫．盧屠王告之單于，使人驗問，右谷蠡王不服，反以其罪罪盧屠王，國人皆冤之．於是二王去居其所，不復肯會龍城，匈奴始衰.

한소제 시원 3년(BC 84)

1) 봄 2월, 서북쪽에서 혜성인 패성孛星이 나타났다.

2) 겨울 11월 1일, 일식이 있었다.

3) 당초 곽광은 상관걸과 친하게 지냈다. 관원이 10일마다 1번씩 쉬며 목욕을 하는 곽광의 휴목일休沐日마다 상관걸이 늘 곽광을 대신해 관부로 들어가 결사決事했다. 곽광의 딸은 상관걸의 아들인 상관안上官安의 처가 되어 딸을 낳았다. 딸이 5세가 되자 상관안은 곽광을 통해 입궁시키고자 했다. 곽광은 아직 나이가 어리다고 여겨 듣지 않았다.

개장공주蓋長公主[234]는 사적으로 아들의 빈객을 뜻하는 자객子客인 하간河間 출신 정외인丁外人과 가까웠다. 평소 정외인과 가깝게 지낸 상관안이 정외인에게 건의했다.

"저 상관안의 자식은 용모가 단정한 까닭에 실로 장공주를 통해 때맞춰 입궁해 후비后妃가 되면 조정에 있는 신의 부자는 초방椒房[235]의 지중한 위세까지 갖추게 됩니다. 이를 이루는 것은 족하에게 달려 있습니다. 한가漢家의 고사故事에 따르면 늘 열후列侯에게는 공주를 아내로 맞이해 사는 상주尙主를 하도록 했습니다. 족하에게 어찌 제후로 봉해지지 않을까 우려할 일이 생길 리 있겠습니까?"

정외인이 기뻐하며 이를 장공주에게 말했다. 장공주도 그럴듯하다고 여겼다. 이내 조서로 상관안의 딸을 불러 첩여婕妤[236], 상관안을 기도위騎都尉로 삼았다.

* 孝昭皇帝始元三年

春, 二月, 有星孛於西北.

冬, 十一月, 壬辰朔, 日有食之.

初, 霍光與上官桀相親善. 光每休沐出, 桀常代光入決事. 光女為桀子安妻, 生女, 年甫五歲, 安欲因光內之宮中. 光以為尚幼, 不聽. 蓋長公主私近子客河間丁外人, 安素與外人善, 說外人曰, "安子容貌

234 개장공주蓋長公主는 한무제의 외숙인 왕신의 아들 개후蓋侯 왕충王充에게 출가한 한무제의 딸 악읍공주鄂邑公主를 말한다. '장공주'는 황제의 고모나 누이 등을 가리킨다.

235 초방椒房은 황후가 거처하는 곳으로 미앙궁의 가운데에 위치해 있었다. 산초나무인 초椒와 진흙으로 벽을 바른 까닭에 방에 불을 지피면 산초나무의 향내가 나도록 했다. 이후 후비를 상징하는 용어로 사용됐다.

236 '첩여'는 재상에 준하는 비빈의 위호位號이다.

端正, 誠因長主時得入為後, 以臣父子在朝而有椒房之重, 成之在於足下. 漢家故事, 常以列侯尙主, 足下何憂不封侯乎!" 外人喜, 言於長主. 長主以為然, 詔召安女入為婕妤, 安為騎都尉.

한소제 시원 4년(BC 83)

1) 봄 3월 25일, 상관씨上官氏[237]를 황후로 세우고 천하에 사면령을 내렸다.

2) 서남이西南夷인 고증姑繒과 섭유葉榆 부락이 다시 반기를 들었다. 수형도위水衡都尉 여벽호呂辟胡에게 명해 익주益州운남성 진녕현의 병사를 이끌고 가 치게 했다. 여벽호가 진격하지 않자 만이蠻夷들이 마침내 익주 태수를 죽이고, 승세에 올라타 여백호와 싸웠다. 병사들 가운데 싸우다 물에 빠져 죽은 자가 4,000여 명이었다.

겨울, 대홍려 전광명田廣明이 이들을 쳤다.

3) 정위廷尉 이종李種이 고의로 사죄死罪를 지은 자를 놓아준 일에 연루돼 기시棄市됐다.

4) 이 해에 상관안이 거기장군이 됐다.

＊ 孝昭皇帝始元四年

春, 三月, 甲寅, 立皇后上官氏, 赦天下.

西南夷姑繒·葉榆復反, 遣水衡都尉呂辟胡將益州兵擊之. 辟胡不進, 蠻夷遂殺益州太守, 乘勝與辟胡戰, 士戰及溺死者四千餘人. 冬, 遣大鴻臚田廣明擊之.

---

237 상관걸의 손녀이자 상관안의 딸을 가리킨다. 곽광의 외손녀이기도 한 상관씨의 당시 나이는 16세, 황제인 한소제의 나이는 12세였다.

廷尉李種坐故縱死罪棄市.

是歲, 上官安為車騎將軍.

한소제 시원 5년(BC 82)

1) 봄 정월, 황제의 외조부인 조보趙父를 순성후順成侯로 추존追尊했다. 순성후에게 누이 조군후趙君姁가 있었다. 200만 전錢과 노비, 제택第宅을 내려 창고를 가득 채워주었다. 여러 형제들도 친소에 따라 상사賞賜를 받았다. 관직에 있던 자는 없었다.

2) 어떤 남자가 누런 송아지가 끄는 수레인 황독거黃犢車를 타고 북궐北闕로 와서 스스로 위태자衛太子 유거劉據를 칭했다. 황제에 대한 보고를 총괄하는 공거公車가 곧바로 이를 보고했다. 조서를 내려 공公, 경卿, 장군將軍, 중2천석中二千石[238]으로 하여금 함께 섞여 살펴보도록 했다.

장안의 이민吏民들이 대거 모여 이를 관람했다. 숫자가 수만 명에 달했다. 우장군右將軍은 병사를 지휘하며 대궐 아래서 비상사태에 대비했다. 승상과 어사御史, 중2천석中二千石의 자격으로 온 사람들 가운데 감히 발언하는 자가 없었다. 경조윤 준불의가 나중에 도착해 자신을 따라온 관원들을 질책해 곧바로 그를 포박케 했다. 혹자가 말했다.

"시비是非를 알 수 없으니 차분히 처리토록 하시오."

준불의가 말했다.

"제군諸君은 어찌하여 위태자에 대해 근심하는 것이오! 옛날 위영공衛靈公의 태자 괴외蒯聵가 법을 위반해 출분出奔하자 그의 아들蒯輒이 부친인 괴외의 입국을 거절하고 받아들이지 않았소. 『춘추』는 이를 옳다고 했

238 한나라의 녹질을 보면 정승 등 중앙조정의 1급 고관은 1만석, 태수 등 지방장관인 2급은 2천석이었다. 2천석 가운데 1계階는 중中2천석, 2계는 2천석, 3계는 비比2천석으로 세분됐다.

소. 위태자는 선제에게 죄를 지은 자요. 망명한 뒤 지금까지 죽지 않고 살아 있다가 이제 스스로 찾아왔다면 이는 죄인일 뿐이오!"

마침내 압송한 뒤 고위 관원에 대해 황제의 조서로 심문을 시작하는 조옥詔獄으로 처리했다. 천자와 대장군 곽광이 이 얘기를 듣고 가상히 여겼다.

"공경대신은 의당 경술經術이 있고 대의大誼에 밝은 자를 써야 한다."

이로 인해 준불의의 명성은 조정에서 더욱 중하게 됐고, 자리에 있는 자들 모두 자신들은 준불의에 미치지 못한다고 여겼다.

정위가 위태자를 자처한 자를 대상으로 그가 어떤 자인지 알기 위해 심문하며 다스리는 험치驗治를 했다. 결국 간사奸詐한 자를 포획한 셈이었다. 본래 하양夏陽하남성 영보현 출신으로 성은 성成, 이름은 방수方遂였다. 위태자가 거사에 실패한 뒤 달아났다가 죽은 호湖에 살면서 복서卜筮를 일로 삼았다. 위태자의 사인舍人이 일찍이 성방수를 좇아와 점을 치면서 이같이 말했다.

"그대의 모습이 위태자와 매우 닮았다."

성방수는 내심 그 말을 이롭게 생각했다. 곧 이를 기화로 부귀를 얻고자 했다. 결국 무망誣罔하고 부도不道한 죄에 연루돼 요참要斬을 당했다.

3) 여름 6월, 상관안을 상락후桑樂侯에 봉했다. 상관안이 날로 교음驕淫해진 나머지 전중殿中에서 하사를 받고, 빈객들에게 이같이 말했다.

"내 사위와 술을 마시니 매우 즐겁다!"

소제가 입은 복식을 보고는 곧바로 사람을 집으로 보내 자신의 물건을 태워버리려고 했다. 아들이 병사하자 하늘을 향해 욕을 했다. 그의 완패頑悖한 모습이 이와 같았다.

4) 담이군儋耳郡광동성 담현과 진번군真番郡을 철폐했다.

5) 가을, 대홍려 전광명田廣明과 군정軍正 왕평王平이 익주益州를 쳤다.

참수斬首하거나 포로로 잡은 자가 3만여 명이었다. 노획한 축산畜產만 해도 5만여 두頭에 달했다.

6) 간대부諫大夫 두연년杜延年은 국가國家 즉 황제인 소제가 사치와 전쟁인 사려師旅를 일삼은 무제의 뒤를 이어받은 사실에 주목해 자주 대장군 곽광에게 이같이 말했다.

"해마다 평년보다 수확이 적은 비부등比不登[239]의 상황이 지속되고, 유민流民은 아직 다 귀향하지 않고 있습니다. 의당 문제 때의 덕정을 펴 검약儉約하고 관화寬和한 모습을 보여주어야 합니다. 천심天心을 좇고 민의民意를 즐겁게 하면 해마다 그에 상응하는 효과가 나타날 것입니다."

곽광이 그 말을 받아들였다. 두연년은 전에 어사대부를 지낸 두주杜周의 아들이다.

* 孝昭皇帝始元五年

春, 正月, 追尊帝外祖趙父為順成侯. 順成侯有姊君姁, 賜錢二百萬·奴婢·第宅以充實焉. 諸昆弟各以親疏受賞賜, 無在位者.

有男子乘黃犢車詣北闕, 自謂衛太子. 公車以聞. 詔使公·卿·將軍·中二千石雜識視. 長安中吏民聚觀者數萬人. 右將軍勒兵闕下以備非常. 丞相·御史·中二千石至者幷莫敢發言. 京兆尹不疑後到, 叱從吏收縛. 或曰, "是非未可知, 且安之." 不疑曰, "諸君何患於衛太子! 昔蒯聵違命出奔, 輒距而不納, 『春秋』是之. 衛太子得罪先帝, 亡不即死, 今來自詣, 此罪人也!" 遂送詔獄. 天子與大將軍霍光聞而嘉之曰, "公卿大臣當用有經術·明於大誼者." 由是不疑名聲重於朝廷,

239 비부등比不登의 비比는 평년 대비의 뜻이다. 등登은 성숙 내지 완성의 의미로 부등不登은 곡물이 제대로 여물지 않은 황년荒年을 가리킨다.

在位者皆自以為不及也. 廷尉驗治何人, 竟得奸詐, 本夏陽人, 姓成, 名方遂, 居湖, 以卜筮為事. 有故太子舍人嘗從方遂卜, 謂曰, “子狀貌甚似衛太子.” 方遂心利其言, 冀得以富貴. 坐誣罔不道, 要斬.

夏, 六月, 封上官安為桑樂侯. 安日以驕淫, 受賜殿中, 對賓客言曰, “與我婿飲, 大樂! 見其服飾, 使人歸欲自燒物!” 子病死, 仰而罵天. 其頑悖如此.

罷儋耳·真番郡. 秋, 大鴻臚廣明·軍正王平擊益州, 斬首·捕虜三萬餘人, 獲畜産五萬餘頭.

諫大夫杜延年見國家承武帝奢侈·師旅之後, 數為大將軍光言曰, “年歲比不登, 流民未盡還, 宜修孝文時政, 示以儉約·寬和, 順天心, 說民意, 年歲宜應.” 光納其言. 延年, 故御史大夫周之子也.

한소제 시원 6년(BC 81)

1) 봄 2월, 유사에게 조서를 내려 군국에서 천거한 현량賢良과 유학을 공부하는 유생인 문학文學에게 백성의 질고疾苦와 교화敎化의 요점을 묻게 했다. 모두 이같이 대답했다.

“원컨대 소금과 쇠와 술인 염鹽·철鐵·주酒의 전매와 균수관均輸官 제도를 철폐해 천하와 쟁리爭利하지 않음으로써 검절儉節하는 모습을 보이십시오. 연후에 교화도 흥기할 수 있습니다.”

상홍양桑弘羊이 난색을 표하며 이같이 말했다.

“이는 국가의 대업大業으로 사이四夷를 제압하고 변방을 안정케 만드는 데 족히 써먹을 수 있는 근본 계책이다. 결코 폐지할 수 없다.”

소금과 철의 전매제도에 관한 찬반논의인 이른바 염철지의鹽鐵之議가 빚어지게 된 배경이다.

2) 당초 소무蘇武가 북해北海바이칼호로 옮기면서 제공하는 식량인 품

식稟食이 도착하지 않았다. 들쥐인 야서野鼠를 땅굴에서 파내거나 풀의 열매인 초실草實을 따서 먹은 이유다. 한나라의 부절을 잡은 채 양을 기르면서 눕거나 일어나 있거나 했다. 부절의 깃털이 모두 빠지고 말았다.

소무가 한나라에 있을 때 이릉李陵과 함께 시중侍中으로 있었다. 이릉은 흉노에게 항복하고도 감히 소무를 찾지 못했다. 한참 지난 뒤 선우가 이릉으로 하여금 해상海上북해으로 가게 했다. 이어 소무를 위해 주연을 마련한 뒤 음악을 연주케 했다. 이릉이 소무에게 말했다.

"선우는 저 이릉이 자경子卿소무과 평소 두터운 관계라는 것을 소문으로 들었소. 그런 까닭에 이곳으로 와서 족하에게 얘기를 하도록 한 것이오. 허심虛心한 자세로 상대相待코자 하오. 끝내 한나라로 돌아갈 수 없을 터인데 공연히 스스로 고생을 하고 있소. 사람도 없는 땅인 무인지지亡人之地에서 죽으면 신의信義를 어디서 보일 수 있겠소! 족하의 형제 두 사람은 앞서 모든 사건에 연루돼 자진을 했소.[240] 올 때 태부인太夫人[241]은 이미 불행하게 됐소. 그대의 부인도 나이가 젊어 이미 개가했다고 하오. 다만 두 여동생과 2명의 딸 및 1명의 아들이 있을 뿐인데 이후 다시 10년이 지났으니 존망存亡을 알 수가 없소. 인생은 조로朝露와 같소. 어찌하여 오래도록 이처럼 스스로 고생을 사서 하는 것이오! 저 이릉이 처음 항복했을 때 홀홀忽忽히 미칠 것 같았고, 스스로 한나라에 대한 책임으로 고통스러웠소. 더구나 노모老母는 소부 속관의 거실인 보궁保宮에 갇히게 됐소. 그대 자경도 항복하지 않으려고 하니 저 이릉보다 얼마나 더하겠소!

---

240 소무의 큰 동생 소가蘇嘉는 봉거도위로 무제를 수행하다가 황제의 수레가 훼손되는 바람에 자진했다. 작은 동생 소현蘇賢은 기도위로 황제를 수행하다가 황문부마黃門駙馬가 기마환관騎馬宦官과 싸우다 물에 빠져 죽자 이내 자진했다.

241 태부인太夫人은 원래 『한서』「평제기」에 따르면 열후列侯의 모친을 가리키는 말이다. 이후 관원과 호신豪紳의 모친을 모두 지칭하는 말로 전용됐다.

폐하의 춘추가 높고, 법령도 무상하오. 더구나 대신들 가운데 죄 없이 이멸夷滅된 자가 수십 호에 이르오. 일족의 안위조차 알 수 없는 상황에서 그대 자경은 오히려 다시 누구를 위하고자 이리 하는 것이오!"

소무가 말했다.

"저 소무 부자는 공덕이 없지만 모두 폐하가 성취시켜준 덕분에 지위는 장군의 반열에 오르고, 작위는 통후通侯에 이르고, 형제들도 친근하게 지내게 됐습니다. 늘 간肝과 뇌수腦髓가 땅에 널려 있을 정도로 나라를 위해 애를 쓰는 간뇌도지肝腦塗地를 행하고자 했습니다. 이제 제 몸을 죽여 스스로 효과를 볼 수 있으면 비록 부월斧鉞이나 끓는 솥인 탕확湯鑊일지라도 이를 실로 달게 즐기겠습니다. 신하가 군주를 섬기는 것은 마치 자식이 부모를 섬기는 것과 같습니다. 자식이 부모를 위해 죽으면 아무런 한도 없습니다. 원컨대 두 번 다시 그런 말씀을 하지 마십시오."

이릉과 소무는 며칠 동안 계속해 술을 마셨다. 이릉이 다시 말했다.

"그대 자경은 한 번만 이 이릉의 말을 들어주시오!"

소무가 말했다.

"스스로 이미 죽었다고 생각한지 오래됐습니다. 대왕이 반드시 이 소무를 투항케 만들고자 하면 청컨대 오늘의 이 즐거움을 마치고 곧바로 앞에서 죽음으로 보답하겠습니다."

이릉이 그의 지성을 보고 감탄했다.

"아, 의사義士로다! 이 이릉과 위률衛律의 죄는 하늘에 닿았을 것이다!"

그러고는 눈물을 흘려 옷소매를 적신 뒤 소무와 헤어져 돌아갔다. 소무에게 소와 양 수십 두를 내려 주었다.

후에 이릉이 다시 북해로 가서 소무에게 무제의 붕어 소식을 전했다. 소무가 남쪽을 향해 호곡號哭하며 피를 토하는 구혈歐血을 했다. 단석旦

夕으로 곡을 하는 게 몇 달 동안 계속됐다.

흉노의 제11대 난제호연제欒提壺衍鞮 선우가 들어섰을 때 모친인 연지閼氏가 부정을 해 국내가 크게 어긋나고 흩어지는 괴리乖離가 빚어졌다. 늘 한나라 군사가 습격할까 두려워한 이유다. 위률衛律이 선우를 위해 모의해 한나라와 화친키로 했다.

한나라 사자가 와서 소무 등을 찾았다. 흉노는 소무가 죽었다고 거짓으로 말했다. 이후 한나라 사자가 다시 흉노 땅에 이르렀다. 소무를 좇아 수행 관원으로 왔던 상혜常惠가 사적으로 한나라 사자를 보고서는 사자에게 선우에게 할 말을 가르쳤다.

"천자가 상림上林에서 사냥을 하다 기러기를 잡았습니다. 다리에 백서帛書가 묶여 있었습니다. 소무 등이 어느 택중澤中에 있었다는 내용이었습니다."

한나라 사자가 크게 기뻐했다. 상혜의 말을 그대로 좇아 하며 선우를 나무랐다. 선우가 좌우를 보며 크게 놀랐다. 곧 한나라 사자에게 사과했다.

"소무 등은 실재實在합니다."

이내 소무와 마굉馬宏 등을 돌아오게 했다.

마굉은 전에 광록대부光祿大夫 왕충王忠이 서국西國에 사자로 갈 때 부사副使로 갔다. 도중에 흉노에게 차단돼 왕충은 싸우다 죽었고, 마굉은 생포됐으나 투항하지 않았다. 흉노가 두 사람을 귀환시키면서 자신들의 선의善意를 드러내고자 한 이유다.

이릉이 술자리를 차리는 치주置酒를 한 뒤 소무에게 축하의 말을 전했다.

"이제 족하는 귀환하게 됐소. 흉노 땅에서 양명揚名하고, 한실漢室에서 공을 드러냈으니 비록 옛날 사람의 공이 죽백竹帛에 기록되고, 단청丹青

으로 그려졌다고 한들 어찌 자경을 넘어설 수 있겠소! 이 이릉은 비록 어리석고 겁이 많은 노겁駑怯의 인물이기는 하나 한나라가 이 이릉의 죄를 너그럽게 용서해 노모를 온전하게 해 주고 나로 하여금 대욕大辱을 당하며 쌓아 둔 의지 위에서 분연히 일어설 수 있게 했다면 거의 조가지맹曹柯之盟[242]을 이룰 수 있었을 것이오. 이는 이 이릉이 오래도록 잊지 않고 가슴에 품었던 생각이오. 지금 이 이릉의 집안은 재산이 몰수되고 족주族誅되는 등 이 세상에서 아주 큰 살육인 대륙大戮을 당했으니 이 이릉이 아직 무엇을 다시 생각할 수 있겠소! 모든 게 끝났소. 그대 자경으로 하여금 내 마음을 알게 하려고 한 말일 뿐이오!"

이릉이 눈물을 흘리고 몇 걸음 가다가 이내 소무와 작별했다.

선우가 소무에게 속해 있던 관속官屬을 불러 모았다. 전에 이미 항복했거나 사망하는 등의 물고物故의 당사자를 제외하자 무릇 소무를 좇아 귀환케 된 사람은 모두 9명이었다. 이들이 경사에 이르자 조서를 내려 소무에게 태뢰太牢의 예로 한무제의 원묘園廟를 배알토록 허용하고, 벼슬을 내려 속국을 관할하는 책임자인 전속국典屬國으로 임명했다. 녹질은 중中2천석이었다. 또 200만 전錢을 내려주고, 공전公田 2경頃과 주택 1구區를 하사했다. 소무가 흉노 땅에 머문 것은 모두 19년간이었다. 당초 강장強壯한 때 출발했으나 돌아올 때는 빈발鬢髮이 모두 희었다.

곽광과 상관걸은 이릉과 평소 잘 지냈다. 이릉의 옛 친구인 농서隴西 출신 임립정任立政 등 3명을 흉노 땅으로 보내 이릉을 초청케 했다. 이릉이 말했다.

242 조가지맹曹柯之盟은 기원전 681년 노나라 대장 조귀曹劌가 가柯 땅의 회맹 때 제환공을 겁박해 빼앗긴 노나라 땅을 되찾은 고사를 말한다. 이릉은 한나라가 너그럽게 용서해 주었으면 선우를 겁박해 마치 조귀가 거둔 것과 유사한 공을 세울 수 있었다는 취지에서 '조가지맹'을 언급한 것이다.

"귀환하기는 매우 쉬운 일일 뿐이오. 그러나 장부가 2번이나 욕辱을 당할 수는 없소!"

그러고는 마침내 흉노 땅에서 숨을 거뒀다.

3) 여름, 한재旱災가 있었다.

4) 가을 7월, 술을 전매하는 관청인 각고관榷酤官을 철폐함으로써 현량賢良과 문학文學하는 자들의 논의를 좇았다. 무제 말년에 해내海內의 자원이 텅 비고 소모된 허모虛耗의 상태가 됐다. 호구戶口가 절반으로 준 게 그렇다. 곽광은 시급히 해야 할 시무時務의 요체를 잘 알았다. 요역을 가볍게 하고 부렴賦斂을 줄여 백성에게 휴식을 준 게 그렇다. 이때에 이르러 흉노와 화친하자 백성들의 삶이 충실充實해졌다. 점차 한문제와 한경제 때의 업적이 회복된 이유다.

조서를 내려 구정후鉤町侯운남성 몽자현 무파毋波가 읍의 군장君長과 인민人民을 이끌고 반기를 든 자들을 공격해 공을 세운 것을 평가해 구정왕鉤町王으로 삼았다. 전광명田廣明에게 관내후關內侯의 작위를 내렸다.

* 孝昭皇帝始元六年

春, 二月, 詔有司問郡國所擧賢良·文學, 民所疾苦·教化之要, 皆對曰, "願罷鹽·鐵·酒榷·均輸官, 毋與天下爭利, 示以儉節, 然後教化可興." 桑弘羊難, 以為曰, "此國家大業, 所以制四夷, 安邊足用之本, 不可廢也." 於是鹽鐵之議起焉.

初, 蘇武既徙北海上, 禀食不至, 掘野鼠去草實而食之. 杖漢節牧羊, 臥起操持, 節旄盡落. 武在漢, 與李陵俱為侍中. 陵降匈奴, 不敢求武. 久之, 單于使陵至海上, 為武置酒設樂, 因謂武曰, "單于聞陵與子卿素厚, 故使來說足下, 虛心欲相待, 終不得歸漢, 空自苦. 亡人之地, 信義安所見乎! 足下兄弟二人, 前皆坐事自殺. 來時, 太夫人已不幸. 子卿婦年少, 聞已更嫁矣. 獨有女弟二人·兩女·一男, 今復十餘年, 存亡不可知. 人生如朝露, 何久自苦如此! 陵始降時, 忽忽如狂, 自痛負漢, 加以老母繫保宮. 子卿不欲降, 何以過陵! 且陛下春秋高, 法令無常, 大臣無罪夷滅者數十家. 安危不可知, 子卿尚復誰為乎!" 武曰, "武父子無功德, 皆為陛下所成就, 位列將, 爵通侯, 兄弟親近, 常願肝腦塗地. 今得殺身自效, 雖斧鉞·湯鑊, 誠甘樂之! 臣事君, 猶子事父也. 子為父死, 無所恨. 願勿復再言!" 陵與武飮數日, 復曰, "子卿壹聽陵言!" 武曰, "自分已死久矣, 王必欲降武, 請畢今日之歡, 效死於前!" 陵見其至誠, 喟然歎曰, "嗟乎, 義士! 陵與衛律之罪上通於天!" 因泣下沾衿, 與武決去. 賜武牛羊數十頭.

後陵復至北海上, 語武以武帝崩. 武南鄕號哭歐血, 旦夕臨, 數月. 及壺衍鞮單于立, 母閼氏不正, 國內乖離, 常恐漢兵襲之, 於是衛律為單于謀, 與漢和親. 漢使至, 求蘇武等, 匈奴詭言武死. 後漢使復至匈奴, 常惠私見漢使, 教使者謂單于, 言曰, "天子射上林中, 得雁, 足有繫帛書, 言武等在某澤中." 使者大喜, 如惠語以讓單于. 單于視左右而驚, 謝漢使曰, "武等實在." 乃歸武及馬宏等. 馬宏者, 前副光祿大夫王忠使西國, 為匈奴所遮. 忠戰死, 馬宏生得, 亦不肯降. 故匈奴歸此二人, 欲以通善意. 於是李陵置酒賀武曰, "今足下還歸, 揚名於匈奴, 功顯於漢室, 雖古竹帛所載, 丹青所畫, 何以過子卿! 陵雖駑怯, 令漢貫陵罪, 全其老母, 使得奮大辱之積志, 庶幾乎曹柯之盟, 此陵宿昔之所不忘也. 收族陵家, 為世大戮, 陵尚復何顧乎! 已矣, 令子卿知吾心耳!" 陵泣下數行, 因與武決.

單于召會武官屬, 前已降及物故, 凡隨武還者九人. 既至京師, 詔武奉一太牢謁武帝園廟, 拜為典屬國, 秩中二千石, 賜錢二百萬, 公田二頃, 宅一區. 武留匈奴凡十九歲, 始以強壯出, 及還, 鬚髮盡白.

霍光·上官桀與李陵素善, 遣陵故人隴西任立政等三人俱至匈奴招之. 陵曰, "歸易耳, 丈夫不能再辱!" 遂死於匈奴.

夏, 旱.

秋, 七月, 罷榷酤官, 從賢良·文學之議也. 武帝之末, 海內虛耗, 戶口減半, 霍光知時務之要, 輕徭薄賦, 與民休息. 至是匈奴和親, 百姓充實, 稍覆文·景之業焉.

詔以鉤町侯毋波率其邑君長·人民擊反者有功, 立以為鉤町王. 賜田廣明爵關內侯.

한소제 원봉元鳳 원년(BC 80)

1) 봄, 무도武都의 저족氐族이 반기를 들었다. 집금오執金吾 마적건馬適建과 용액후龍額侯 한증韓增, 대홍려 전광명을 파견했다. 모두 형을 면제시켜 주는 조건으로 삼보三輔와 태상太常의 형도刑徒들을 이끌고 가 이들을 치게 했다.

2) 여름 6월, 천하에 사면령을 내렸다.

3) 가을 7월 6일, 일식이 있었다. 개기일식皆既日蝕이었다.

4) 8월, 개원改元을 했다.

5) 상관걸과 상관안 부자는 존귀해지자 개장공주蓋長公主에게 크게 감격했다. 개장공주의 정부情夫인 정외인丁外人을 제후에 봉할 것을 요구한 이유다. 곽광이 허락지 않았다. 또 정외인을 위해 광록대부의 품계를 내릴 것을 요구했다. 수시로 불러서 소견召見코자 한 것이다. 곽광이 이 또한 불허했다. 장공주가 이로 인해 곽광을 크게 원망했다. 상관걸 부자 역시 자주 정외인을 위해 관작을 요구했다가 받아들여지지 않자 내심 크게 부끄러워했다.

상관걸의 장인이 아끼는 충국充國이 태의감太醫監으로 있었다. 멋대로 전중殿中으로 들어갔다가 하옥돼 사형 판결을 받았다. 사형을 집행하는 시기인 겨울이 다 지나간 까닭에 개장공주가 충국을 위해 말 24필을 납입하고 속죄했다. 마침내 사형에서 감형된 배경이다.

상관걸 부자는 곽광을 깊이 원망하면서 개장공주의 은덕을 중히 여겼다. 선제 때부터 상관걸은 이미 구경九卿으로 있었고, 지위는 곽광보다 위에 있었고, 부자가 함께 장군이 됐다. 상관안의 딸인 황후에게 곽광은 외조부에 불과했다. 상관걸 부자는 곽광이 조정의 일을 전제專制하는 모습을 돌아보고는 이내 곽광과 권력투쟁인 쟁권爭權을 하게 됐다.

연왕 유단劉旦은 내심 황제인 소제의 형인 까닭에 보위를 이어받을 수 없게 된 사실에 늘 원망하는 마음을 품고 있었다. 어사대부 상홍양은 주酒와 염철鹽鐵의 전매로 나라의 재정을 이롭게 한 점을 자랑스럽게 생각했다. 자제를 위해 관직을 얻어주려고 하다가 여의치 않자 곽광을 원망했다. 개장공주를 비롯해 상관걸과 상관안 부자, 상홍양 등이 모두 유단과 내통해 곽광 제거를 모의한 이유다.

유단은 먼저 손종지孫縱之 등 10여 명을 앞뒤로 파견했다. 금보金寶와 잘 달리는 말인 주마走馬 등을 갖고 가 개장공주와 상관걸 및 상홍양 등에게 뇌물로 주게 한 것이다. 상관걸 등은 또 거짓으로 사람을 시켜 연왕 유단을 위해 상서했다.

"곽광이 밖으로 나가 궁정의 금위관인 낭관과 우림羽林을 시험하며 연습시킬 때 마치 황제가 순행할 때처럼 경호를 위해 통행을 금하는 경필警蹕을 하고, 황제의 음식을 담당하는 태관太官을 미리 보내 음식을 차려놓게 했습니다."

또 이같이 인용했다.

"소무는 흉노에 사자로 갔다가 20년 동안 갇혀 있으면서도 항복을 하지 않은 덕분에 전속국典屬國이 됐습니다. 대장군의 장사長史 양창楊敞

은 공도 없는데 수속도위搜粟都尉가 됐고 또 멋대로 막부幕府의 교위校尉 숫자를 늘렸습니다. 곽광이 멋대로 전권專權을 하면서 스스로 방자하게 구니 장차 비상非常한 일이 있을까 의심됩니다. 신 유단은 원컨대 연왕의 부절과 인새인 부새符璽를 반납한 뒤 궁내로 들어가 숙위하며 간신의 변란을 세심히 살피고자 합니다."

곽광이 탕목일에 조정 밖으로 나가는 것을 기다렸다가 이를 상주했다. 상관걸은 해당 관원을 아래쪽으로 내려 보내 이 사안을 심리케 하려고 했다. 상홍양은 여러 대신들과 함께 곽광을 잡아 퇴출시키는 일을 담당했다. 서신이 상주됐으나 황제가 이를 해당 관서로 내려 보내려고 하지 않았다.

다음날 아침 곽광이 이 소식을 듣고 대신들이 황제를 알현키 위해 기다리는 화실畫室에 머물면서 들어가지 않았다. 황제가 물었다.

"대장군은 어디에 있는 것이오?"

좌장군 상관걸이 대답했다.

"연왕이 그의 죄를 고했습니다. 그가 감히 들어오지 못하는 이유입니다."

황제가 조서를 내렸다.

"대장군을 부르시오."

곽광이 들어와서 관을 벗고 머리를 조아리며 사죄했다. 황제인 소제가 말했다.

"장군은 관을 쓰시오! 짐은 이 서신이 거짓인 것을 알고 있소. 장군은 죄가 없소."

곽광이 물었다.

"폐하는 이를 어찌 안 것입니까?"

황제가 대답했다.

"장군이 동문 밖의 광명廣明으로 나가 금위군인 낭관을 검열한 것은 최근의 일일 뿐이고, 교위를 선발한 지 아직 10일이 지나지 않았소. 연왕이 어떻게 이를 알았겠소? 또 장군이 비행을 저지르고자 했다면 교위를 기다릴 필요도 없을 것이오."

당시 소제의 나이는 14세였다. 상서와 좌우의 사람들 모두 크게 놀랐다. 상서한 자가 과연 달아났으나 급히 체포됐다.

상관걸 등이 두려워한 나머지 황제에게 말했다.

"이는 소사小事에 지나지 않으니 계속 추적하기에는 적합지 않습니다."

황제가 듣지 않았다.

뒤에 상관걸의 당여黨與가 곽광 등에 대해 거짓으로 꾸며서 헐뜯는 참언譖言을 했다. 황제가 문득 화를 냈다.

"대장군은 충신이오. 선제가 짐을 보살피라고 위촉한 이유요. 감히 헐뜯는 자가 있으면 연루시키도록 하겠소!"

이후 상관걸 등은 감히 다시 말을 하지 못했다.

당나라 때의 유학자 이덕유李德裕[243]가 논했다.

"인군人君의 덕은 지극히 밝은 것보다 더한 게 없다. 밝혀 간사한 것을 비추면 온갖 사악한 백사百邪가 스스로 감출 길이 없게 된다. 한소제가 바로 그런 사람이다. 주성왕은 한소제에 비해 덕행 면에서 부끄러운 점이 있다. 한고제와 한문제, 한경제 모두 한소제만 못했다. 주성왕은 관숙管叔

243 이덕유李德裕는 당헌종 때 재상을 지낸 이길보李吉甫의 아들이다. 당목종 때 음사蔭仕로 출사해 한림학사翰林學士가 됐다. 이후 절서관찰사浙西觀察使, 서천절도사西川節度使, 병부상서兵部尚書, 좌복야左僕射, 재상宰相 등을 역임했다. 재상으로 있을 때 번진藩鎮 세력의 약화를 꾀하며 중앙조정의 권력을 강화했다. 당무종 때 이당李黨의 수령이 되어 우승유牛僧孺가 영수로 있던 우당牛黨과 대립하며 폐불廢佛을 단행했다. 당선종 때 우당의 공격으로 애주사호崖州司戶로 쫓겨났다가 그곳에서 죽었다. 사후에 위국공衛國公으로 추증됐다.

과 채숙蔡叔이 유포한 유언流言을 곧이들은 나머지 마침내 주공 단旦으로 하여금 진퇴양난의 낭발狼跋[244]의 상황에 처해 동정東征에 나서지 않을 수 없게 만들었다. 한고제는 진평陳平이 위魏나라를 떠난 뒤 다시 초楚나라를 배신한 전력이 있다는 참소를 듣고 복심腹心 같은 신하인 그를 버리려고 했다. 한문제는 계포季布가 술버릇으로 인해 가까이 두기 어렵다는 말에 현혹된 나머지 고굉股肱에 해당하는 그를 군郡으로 돌려보냈다. 또 가의賈誼가 권력을 멋대로 휘두르는 천권擅權을 하여 분란紛亂을 일으킨다고 생각해 현사賢士인 그를 다시 소홀히 대했다. 한경제는 조조晁錯만 주살하면 내란을 일으킨 7국의 난이 해소될 것이라는 얘기를 믿고 마침내 삼공을 살육했다. 이른바 '여우처럼 의심하는 마음인 호의지심狐疑之心을 지니면 참언을 일삼는 도적의 입인 참적지구讒賊之口가 온다'는 속언이 바로 이런 경우이다. 한소제로 하여금 이윤伊尹과 여상呂尙 같은 인물의 보필을 받게 했으면 주성왕이나 주강왕도 비교하기에 부족했을 것이다!"

6) 상관걸 등이 장공주로 하여금 치주置酒하여 곽광을 초청케 했다. 병사를 매복시켜 두었다가 그를 격살하고, 이어 황제를 폐위시킨 뒤 연왕 유단을 천자로 세우기로 모의한 것이다. 유단도 역참을 통한 긴급 보고문서인 역서驛書를 주고받으며 서로 상황을 보고했다. 그는 안으로 상관걸을 왕으로 삼기로 허락하고, 밖으로 군국의 호걸 수천 명과 연락했다.

이를 연나라 재상인 평平에게 말하자 평이 이같이 대답했다.

"대왕은 전에 유택劉澤과 결탁해 모의했다가 일이 이뤄지기도 전에 발각됐습니다. 유택이 평소 있는 사실을 과장하고, 침해하여 욕을 보이는

---

244 낭발狼跋은 늑대가 비틀거리는 모습을 상징한 말로 『시경』「빈풍豳風」에 나오는 시의 제목이기도 하다. 흔히 곤경에 처한 것을 비유할 때 사용한다.

침릉侵陵을 좋아했기 때문입니다. 저 평이 듣건대 좌장군 상관걸은 평소 행보가 가볍고, 거기장군 상관안은 젊고 교만하다고 합니다. 신은 그 일이 유백과 모의했을 때처럼 성공하지 못하고, 설령 성공할지라도 저들이 대왕을 배반할까 두렵습니다."

유단이 말했다.

"전에 한 남자가 대궐에 불쑥 나타나 스스로 옛날의 위태자라고 말하자 장안에 사는 백성들이 그를 보기 위해 대거 몰려와 시끄럽게 떠드는 바람에 제지할 길이 없었소. 지금 대장군 곽광은 두려운 나머지 병사를 내어 늘어놓고 스스로 대비하고 있을 뿐이오. 내가 황제보다 나이가 많은 선제의 자식이라는 것은 천하가 다 아는 일이오. 어찌하여 반대하는 자가 나타날까 걱정하는 것이오!"

그러고는 뒤에 군신들에게 말했다.

"개장공주가 보고하기를, 다만 대장군 곽광과 우장군 왕망王莽[245]만을 걱정한다고 했소. 지금 우장군이 물고物故인 상황에서 승상도 발병했소. 다행스럽게도 이번 일은 반드시 이뤄질 것이오. 그 징조는 오래지 않아 드러날 것이오."

이어 군신들에게 행장을 꾸리도록 명했다.

당시 상관안은 내심 연왕 유단을 유인해 장안으로 오게 한 뒤 주살하고, 이어 황제인 한소제를 폐위하고 부친인 상관걸을 새 왕조의 황제로 옹립코자 했다. 혹자가 말했다.

"황후는 어찌 되는 것입니까?"

상관안이 말했다.

245 여기의 우장군 왕망王莽은 전한 말기 신新나라를 세운 왕망王莽과 동명이인이다. 자는 치숙稚叔이고, 천수天水 출신이다.

"큰 사슴을 쫓는 사냥개가 어찌 토끼를 돌아볼 수 있는가?[246] 황후의 집안이라는 위치 덕분에 존중을 받게 됐지만 어느 날 아침 황제가 뜻을 바꿔 황후를 멀리하면 비록 서민이 되고자 해도 그리할 수 없을 것이다. 이는 백세百世에 1번 오는 절호의 시기이다."

마침 개장공주 사인舍人의 부친으로 전조田租를 거두는 도전사자稻田使者 연창燕倉이 모의의 내막을 알고 대사농 양창楊敞에게 알렸다. 양창은 평소 근신하는 인물로 사태가 너무 큰 까닭에 감히 말을 못했다. 마침내 병이 되어 눕게 되자 간대부諫大夫 두연년杜延年에게 보고했다.

9월, 승상부丞相部의 중2천석에게 조서를 내렸다. 손종지와 상관걸, 상관안, 상홍양, 정외인을 축포逐捕하고 종족을 모두 주살하라는 내용이었다. 개장공주도 자살했다.

연왕 유단이 이 소식을 듣고는 재상 평을 불러 말했다.

"일이 실패했으니 마침내 발병發兵해야 하오?"

재상 평이 말했다.

"좌장군은 이미 죽었고, 백성들 모두 이를 알고 있는 까닭에 발병할 수 없습니다."

유단이 걱정과 번민인 우만憂懣을 거듭한 끝에 치주置酒한 뒤 군신 및 비첩妃妾들과 결별했다. 마침 천자가 새서璽書로 책망하자 인수印綬로 목을 매 자진했다. 왕후와 부인들 가운데 유단을 좇아 자진한 자가 20여 명이나 됐다. 천자가 은혜를 베풀어 왕태자 유건劉建을 사면해 서인이 되게 했고, 유단에게 시호를 내려 자왕剌王이라고 했다. 왕후는 나이가 어리고,

---

246 현재의 황후가 비록 자신의 딸이기는 하나 희생시킬 수밖에 없다는 의미이다. 원문은 '축미지구逐麋之狗, 당고토야當顧兎邪'이다. 『회남자淮南子』「설림훈說林訓」에 커다란 이익인 사슴을 쫓는 사람의 눈에는 작은 이익인 토끼가 보이지 않는다는 취지의 축록자불고토逐鹿者不顧兎 구절이 나온다.

함께 모의하지 않았고, 곽광의 외손녀인 까닭에 폐위되지 않았다.

7) 7일, 우부풍右扶風 왕흔王訢이 어사대부가 됐다.

8) 겨울 10월, 두연년杜延年을 건평후建平侯, 연창燕倉을 의성후宜城侯로 삼았다. 옛날 승상부의 고문관인 승상징사丞相徵事 임궁任宮은 상관걸을 체포한 덕분에 익양후弋陽侯, 승상부의 직원인 승상소사丞相少史 왕산수王山壽는 상관안을 유인해 재상부로 끌고 들어간 덕분에 상리후商利侯가 됐다.

한참 후 문학文學인 제음濟陰산동성 정도현 출신 위상魏相이 대책對策을 통해 이같이 말했다.

"지난날 연왕이 무도해 한의韓義가 몸을 던져 강간強諫하다가 살해됐습니다. 한의는 비간比干처럼 친척 관계가 아닌데도 비간의 절의節義를 밟았으니 의당 그 자식을 드러내 상을 주는 현상顯賞을 하여 천하에 널리 보여주어야 합니다. 그래야 인신人臣의 의리를 밝힐 수 있습니다."

이내 한의의 아들 한연수韓延壽를 간대부諫大夫로 삼았다.

9) 대장군 곽광은 조정에 원로대신이 없었던 까닭에 금위사령관인 광록훈光祿勳 장안세張安世가 선제인 한무제 때 상서령尙書令으로 있으면서 지행志行이 순독純篤한 점에 주목했다. 이내 황제에게 주청해 장안세를 우장군 겸 광록훈으로 삼아 자신의 부직副職으로 삼았다. 장안세는 전에 어사대부를 지낸 장탕張湯의 아들이다.

곽광은 또 두연년의 충절을 평가해 태복太僕·우조右曹·급사중給事中[247]으로 삼았다. 두연년은 곽광이 형벌을 엄하게 유지한 것과 달리 늘

247 급사중給事中은 원래 본직에 덧붙여 주는 직함인 이른바 가관加官으로 진秦나라 때 출현했다. 전한 말기에 등장한 중상시中常侍와 더불어 대표적인 가관에 해당한다. 대개 황제 고문관의 역할을 수행했다. 여기의 중中은 궁중을 출입하는 자를 가리킨다. 대부大夫, 박사博士, 의랑議郎, 어사대부御史大夫, 삼공三公, 장군將軍, 구경九卿 등에게 '급사중'의 가관을 할 수

곽광을 보필하면서 너그럽게 처리했다. 이민吏民이 상서해 보다 나은 정책을 건의하는 이른바 편의便宜를 언급하면 먼저 두연년에게 내려 보내 시행 여부를 자세히 검토한 뒤 다시 상주케 했다.

관원시험에 합격한 시보試補는 지방 현령으로 내보내기도 하고, 혹은 승상부와 어사부로 보내 일정기간 시보 업무를 이행토록 했다. 1년 뒤 시보의 근무상황을 조정에 보고토록 했다. 직무를 제대로 이행치 못했을 경우 법에 따라 치죄治罪케 했다.

10) 이 해에 흉노가 좌부左部와 우부右部의 2만 기騎를 동원했다. 4개의 부대로 나눠 나란히 변경을 침공했다. 한나라 병사가 추격해 참수하거나 포로로 잡은 자가 9,000명이나 됐다. 구탈왕甌脫王까지 생포했다. 그럼에도 한나라 병사는 하나도 잃지 않았다. 흉노는 구탈왕이 한나라에 사로잡힌 것을 보고는 그를 앞세워 공격해 올까 두려운 나머지 곧바로 서북쪽으로 멀리 달아났다. 이후 감히 남쪽으로 수초水草를 찾지 않았다. 인민을 동원해 한나라와 흉노 사이의 무인지대인 구탈甌脫에서 둔전을 하게 된 이유다.

＊ 孝昭皇帝元鳳元年

春, 武都氐人反, 遣執金吾馬適建·龍頟侯韓增·大鴻臚田廣明將三輔·太常徒, 皆免刑, 擊之.

夏, 六月, 赦天下.

秋, 七月, 乙亥晦, 日有食之, 既.

있었다. '급사중'의 가관이 붙으면 매일 조회에 나와 황제를 알현할 수 있고, 황제의 자문에 응대하거나 정사政事의 처리를 담당케 된다. '급사중'은 서진西晉 때 정관正官이 됐고, 수당 때는 문하성의 속관屬官으로 변했다.

八月, 改元.

上官桀父子既尊, 盛德長公主, 欲為丁外人求封侯, 霍光不許. 又為外人求光祿大夫, 欲令得召見, 又不許. 長主大以是怨光, 而桀·安數為外人求官爵弗能得, 亦慚. 又桀妻父所幸充國為太醫監, 闌入殿中, 下獄當死. 冬月且盡, 蓋主為充國入馬二十四贖罪, 乃得減死論. 於是桀·安父子深怨光而重德蓋主. 自先帝時, 桀已為九卿, 位在光右, 及父子并為將軍, 皇后親安女, 光乃其外祖, 而顧專制朝事, 由是與光爭權. 燕王旦自以帝兄不得立, 常懷怨望. 及御史大夫桑弘羊建造酒榷·鹽·鐵, 為國興利, 伐其功, 欲為子弟得官, 亦怨恨光. 於是蓋主·桀·安·弘羊皆與旦通謀.

旦遣孫縱之等前後十餘輩, 多賫金寶·走馬賂遺蓋主·桀·弘羊等. 桀等又詐令人為燕王上書, 言曰, "光出都肄郎·羽林, 道上稱蹕, 太官先置." 又引"蘇武使匈奴二十年不降, 乃為典屬國. 大將軍長史敞無功, 為搜粟都尉. 又擅調益莫府校尉. 光專權自恣, 疑有非常. 臣旦願歸符璽, 入宿衛, 察奸臣變." 候司光出沐日奏之, 桀欲從中下其事, 弘羊當與諸大臣共執退光. 書奏, 帝不肯下. 明旦, 光聞之, 止畫室中不入. 上問曰, "大將軍安在?" 左將軍桀對曰, "以燕王告其罪, 故不敢入." 有詔曰, "召大將軍." 光入, 免冠·頓首謝. 上曰, "將軍冠! 朕知是書詐也, 將軍無罪." 光曰, "陛下何以知之?" 上曰, "將軍之廣明都郎, 近耳. 調校尉以來, 未能十日, 燕王何以得知之! 且將軍為非, 不須校尉." 是時帝年十四, 尚書·左右皆驚. 而上書者果亡, 捕之甚急. 桀等懼, 白上曰, "小事不足遂." 上不聽. 後桀黨與有譖光者, 上輒怒曰, "大將軍忠臣, 先帝所屬以輔朕身, 敢有毀者坐之!" 自是桀等不敢復言.

李德裕論曰, "人君之德, 莫大於至明, 明以照奸, 則百邪不能蔽矣.

漢昭帝是也. 周成王有慚德矣. 高祖·文·景俱不如也. 成王聞管·蔡流言, 遂使周公狼跋而東. 漢高聞陳平去魏背楚, 欲捨腹心臣. 漢文惑季布使酒難近, 罷歸股肱郡. 疑賈生擅權紛亂, 復疏賢士. 景帝信誅晁錯兵解, 遂戮三公. 所謂'執狐疑之心, 來讒賊之口.' 使昭帝得伊·呂之佐, 則成·康不足侔矣!"

桀等謀令長公主置酒請光, 伏兵格殺之, 因廢帝, 迎立燕王為天子. 旦置驛書往來相報, 許立桀為王, 外連郡國豪桀以千數. 旦以語相平, 平曰, "大王前與劉澤結謀, 事未成而發覺者, 以劉澤素誇, 好侵陵也. 平聞左將軍素輕易, 車騎將軍少而驕, 臣恐其如劉澤時不能成, 又恐既成反大王也." 旦曰, "前日一男子詣闕, 自謂故太子, 長安中民趣鄉之, 正言讙不可止. 大將軍恐, 出兵陳之, 以自備耳. 我, 帝長子, 天下所信, 何憂見反!" 後謂群臣曰, "蓋主報言, 獨患大將軍與右將軍王莽. 今右將軍物故, 丞相病, 幸事必成, 徵不久." 令群臣皆裝.

安又謀誘燕王至而誅之, 因廢帝而立桀. 或曰, "當如皇后何?" 安曰, "逐麋之狗, 當顧兎邪! 且用皇后為尊, 一旦人主意有所移, 雖欲為家人亦不可得. 此百世之一時也!" 會蓋主舍人父稻田使者燕倉知其謀, 以告大司農楊敞. 敞素謹, 畏事, 不敢言, 乃移病臥, 以告諫大夫杜延年. 延年以聞. 九月, 詔丞相部中二千石逐捕孫縱之及桀·安·弘羊·外人等, 幷宗族悉誅之. 蓋主自殺. 燕王旦聞之, 召相平曰, "事敗, 遂發兵乎?" 平曰, "左將軍已死, 百姓皆知之, 不可發也." 王憂懣, 置酒與群臣·妃妾別. 會天子以璽書讓旦, 旦以綬自絞死, 后·夫人隨旦自殺者二十餘人. 天子加恩, 赦王太子建為庶人, 賜諡曰刺王. 皇后以年少, 不與謀, 亦霍光外孫, 故得不廢.

庚午, 右扶風王訢為御史大夫.

冬, 十月, 封杜延年為建平侯. 燕倉為宜城侯. 故丞相徵事任宮捕得桀, 為弋陽侯. 丞相少史王山壽誘安入府, 為商利侯. 久之, 文學濟陰魏相對策, 以為曰, "日者燕王為無道, 韓義出身強諫, 為王所殺. 義無比干之親而蹈比干之節, 宜顯賞其子以示天下, 明為人臣之義." 乃擢義子延壽為諫大夫. 大將軍光以朝無舊臣, 光祿勳張安世自先帝時為尚書令, 志行純篤, 乃白用安世為右將軍兼光祿勳以自副焉. 安世, 故御史大夫湯之子也. 光又以杜延年有忠節, 擢為太僕·右曹·給事中. 光持刑罰嚴, 延年常輔之以寬. 吏民上書言便宜, 輒下延年平處復奏. 言可官試者, 至為縣令. 或丞相·御史除用, 滿歲, 以狀聞. 或抵其罪法.

是歲匈奴發左·右部二萬騎為四隊, 幷入邊為寇. 漢兵追之, 斬首·獲虜九千人, 生得甌脫王. 漢無所失亡. 匈奴見甌脫王在漢, 恐, 以為道擊之, 即西北遠去, 不敢南逐水草. 發人民屯甌脫.

한소제 원봉 2년(BC 79)

1) 여름 4월, 황제가 건장궁建章宮에서 미앙궁未央宮으로 이사했다.

2) 6월, 천하에 사면령을 내렸다.

3) 이 해에 흉노가 다시 9,000명의 기병을 보내 수항성受降城에 주둔하며 한나라를 대비케 했다. 또 북쪽으로 여오수余吾水에 교량을 설치해 달아날 일에 대비하면서 한나라와 화친코자 했다. 다만 한나라가 들어주지 않을까 우려해 먼저 말을 꺼내지 않은 채 늘 좌우의 사람들을 시켜 한나라 사자를 부추기도록 했다. 그들이 침략해 도둑질하는 일이 더욱 드물어졌다. 한나라 사자를 만나면 더욱 후하게 대우해 화친에 이르고자 했다. 한나라도 이에 부응해 이른바 기미羈縻[97]의 계책을 썼다.

* 孝昭皇帝元鳳二年

夏, 四月, 上自建章宮徙未央宮.

六月, 赦天下.

是歲, 匈奴復遣九千騎屯受降城以備漢, 北橋余吾水, 令可度, 以備奔走. 欲求和親, 而恐漢不聽, 故不肯先言, 常使左右風漢使者. 然其侵盜益希, 遇漢使愈厚, 欲以漸致和親. 漢亦羈縻之.

한소제 원봉 3년(BC 78)

1) 봄 정월, 태산泰山에서 큰 돌이 절로 일어섰다. 상림上林에서는 버드나무가 말라서 넘어졌다가 스스로 일어나 살아났다. 이때 벌레가 잎을 갉아먹어 공손公孫의 병病이 이미 끝나 벌떡 일어서게 됐다는 뜻의 '공손병이립公孫病已立'이라는 글이 만들어졌다. 부절령符節令인 노국魯國 출신 혜홍眭弘이 상서했다.

"큰 돌이 절로 일어서고, 넘어진 버드나무가 다시 일어났으니 의당 필부인 서민이 천자가 되는 일이 있을 것입니다. 마른 나무가 소생했으니 이는 옛날 폐출된 공손씨公孫氏가 의당 부흥한다는 조짐입니까? 한가漢家는 요임금의 뒤를 이었습니다. 나라를 후대에 전해주어야 할 운명을 지닌 이유입니다. 또 현인을 구해 황제의 자리를 선양한 뒤 물러나 스스로 100리 땅의 제후에 책봉돼 천명에 순응해야 합니다."

혜홍은 요언妖言으로 대중을 현혹시켰다는 죄목으로 복주伏誅됐다.

2) 흉노 선우가 이오왕犁汙王을 시켜 변경을 살피게 했다. 주천酒泉과

---

248 기미羈縻는 원래 소나 말의 고삐를 말한다. 고삐를 쥐고 상대의 행보를 통제하는 것을 가리킨다. 중국의 역대 왕조는 북방민족에 대해 시종 '기미책羈縻策'을 구사했다. 북방의 부족이 통합해 세력이 강해지면 화친을 추진해 다독이고, 분열해 약해지면 군사를 동원해 제압하는 강온强穩 양면책이 이에 해당한다.

장액張掖의 병사들이 더욱 약한 까닭에 병사를 출동시켜 시험적으로 공격하는 방안을 통해 그 땅의 탈환을 기대할 수 있다고 말했다. 당시 한나라는 먼저 투항한 자를 잡아 들여 그들의 계책을 들었다. 천자가 조서를 내려 변경 경비에 만전을 기하도록 했다.

이후 얼마 안 돼 우현왕右賢王과 이오왕犁汙王이 4,000기騎를 3개 부대로 나눠 일륵日勒감숙성 산단현과 인근 옥란屋蘭 및 번화番和감숙성 영창현로 쳐들어갔다. 장액태수와 속국도위屬國都尉가 발병해 공격에 나서 대파했다. 달아난 자는 수백 명이었다. 속국인 의거의 추장인 의거왕義渠王이 이오왕을 사살했다. 황금 200근과 말 200필을 하사하고, 그를 이오왕으로 삼았다. 이후 흉노가 감히 장액으로 들어오지 않았다.

3) 연왕과 개장공주로 인한 이른바 연개지란燕蓋之亂 당시 상홍양의 아들인 상천桑遷이 달아나 부친의 옛 부하였던 후사오侯史吳의 집을 지나갔다. 후에 상천은 체포돼 법에 의해 주살되는 복법伏法을 당했다. 마침 사면령이 내리자 후사오는 스스로 나와 감옥에 갇혔다. 정위 왕평王平과 소부少府 서인徐仁이 뒤섞여 반란사건을 다뤘다. 모두 이같이 생각했다.

"상천이 부친의 모반에 연루되자 후사오가 그를 숨겨주었다. 반란을 일으킨 자를 숨겨준 것은 아니고, 추종자를 숨겨준 것이다."

곧바로 사면령[249]으로 모반죄에 연루된 후사오의 죄를 면제시켜 주었다.

뒤에 시어사가 이를 다뤘다.

"상천桑遷은 경술經術을 잘 안다. 그의 부친이 모반코자 하는 것을 알

249 '사면령'의 원문은 사령赦令이다. 사면령은 거의 모든 죄를 사면하는 대사면령 즉 대사령大赦令과 다르다. 사면령에는 모반자 등에 대한 사면이 허용되지 않는다. 모반죄에 연루된 후사오를 사면령으로 사면한 것은 특이한 경우에 속한다.

고도 간쟁하지 않았으니 이는 반란을 일으킨 것과 차이가 없다. 후사오는 옛날 300석의 관원이었다. 우두머리가 되어 상천을 감춰준 까닭에 서민이 종범을 감춰준 것과 같이 논할 수는 없는 일이다. 후사오는 사면될 수 없다."

이를 토대로 사건을 다시 처리하는 복치覆治를 주청했다. 이어 정위와 소부가 반란한 자를 놓아 주었다고 탄핵했다.

소부 서인徐仁은 승상 차천추車千秋[250]의 사위였다. 차천추는 후사오를 위해 누차 말하고자 했으나 대장군 곽광이 안 들어줄 것을 우려했다. 이내 중中2천석 이하의 관원을 소집해 미앙궁의 북문인 공거문公車門에서 모이도록 한 뒤 후사오에게 적용할 죄목과 법률을 의논케 했다.

논의에 참여한 자들 모두 대장군 곽곽의 속셈을 익히 알고 있는 까닭에 입을 모아 후사오는 대역부도하다고 판단했다. 다음날 차천추는 여러 사람이 의론한 내용을 봉하여 올리는 봉상封上을 했다. 곽광은 차천추가 멋대로 중2천석 이하의 관원을 소집해 조정 안팎에서 이견이 나오게 만들었다고 생각했다. 마침내 정위 왕평과 소부 서인을 하옥시켰다. 조정의 관원 모두 승상이 이 일에 연루될까 우려했다. 태복 두연년이 곽광에게 서신으로 의사를 개진하는 주기奏記를 했다.

"관원이 죄인을 풀어줄 때는 일정한 법이 있습니다. 지금 후사오가 대역부도하다고 말하는 것은 법적용이 지나치게 가혹한 게 아닐까 걱정입니다. 다시 말하건대 승상은 어떤 정해진 견해를 갖고 있었던 게 아니고, 단지 아랫사람들에게 좋은 말을 해주려는 취지에서 그리한 것입니다. 이 모든 게 그의 소행素行입니다. 멋대로 중2천석의 관원을 소집한 것은 적

250 차천추車千秋는 전천추田千秋를 말한다. 한나라 조정은 전천추가 고령인 점을 감안해 작은 수레를 타고 궁 안으로 들어오는 것을 허락했다. 이후 '차천추'로 부르게 됐다.

확히 옳지 못합니다. 저 두연년이 생각건대 승상은 오래 전부터 그 자리에 있었고, 또한 선제가 임용한 사람인 까닭에 중대한 잘못이 아니면 쉽게 바꿀 수 없습니다. 근래 백성들은 관부의 형벌이 가혹하고, 형리들이 지나칠 정도로 엄혹하게 사안을 다룬다고 말합니다. 지금 승상이 토론케 한 것도 바로 형벌에 관한 일입니다. 만일 이 일이 승상에게 미치게 되면 중심衆心과 합치되지 않는 일이 빚어질까 우려됩니다. 장차 아랫사람들이 시끄럽게 떠들고, 서민들이 사사로이 의론하면 유언流言이 아내 사방으로 퍼지게 됩니다. 저 두연년은 내심 장군이 천하에 명성을 잃게 되는 일을 중하게 생각합니다."

곽광은 정위와 소부가 법을 농락해 경중輕重을 뒤바꿨다며 문득 하옥시켰다.

여름 4월, 서인이 자진했다. 왕평은 좌풍익左馮翊[251] 가승호賈勝胡와 함께 요참要斬됐다. 그러나 승상 차천추에게는 미치지 않았다. 덕분에 죽을 때까지 승상의 자리를 유지했다. 두연년은 논의할 때 공평을 유지했고, 조정을 화합시켜 조화롭게 만들었다. 모든 게 이와 유사했다.

겨울, 요동의 오환烏桓이 반기를 들었다. 당초 묵돌冒頓이 동호東胡를 격파했을 때 동호의 남은 무리가 흩어져 오환산烏桓山내몽골 대흥안령 남쪽과 선비산鮮卑山길림성 돌천현을 지키면서 2개의 부족을 이뤘고, 대대로 흉노에 복속됐다. 한무제가 흉노의 왼쪽을 격파하고, 이어 오환을 상곡上谷하북성 회래현, 어양漁陽북경시 밀운현, 우북평右北平하북성 평천현, 요동遼東요녕성 요양현의 요새 밖으로 이사시켰다. 한나라를 위해 흉노의 동정을 살피게 한 것이다.

251 좌풍익左馮翊은 장안의 동쪽을 관원을 말한다. 기원전 104년, 좌내사가 좌풍익左馮翊, 우내사가 경조윤京兆尹으로 명칭이 바뀌었다. 여기에 우부풍右扶風이 첨가돼 삼보三輔 명칭이 나타났다. 이는 통상 황제가 거주하는 장안 일대의 경기京畿 지역을 지칭하는 말로 사용됐다.

또 호오환교위護烏桓校尉를 두어 이들을 감독 관리하는 한편 흉노와 왕래하는 것을 금하게 했다. 그러나 이때에 이르러 부중部衆이 더욱 강해져 마침내 반기를 들기에 이른 것이다.

이보다 먼저 흉노의 3,000여 기병이 오원五原 내몽골 포두시 서북쪽에 침입해 수천 명을 살해했다. 이후에도 수만 명의 기병이 남하해 요새 근방에서 수렵하고 다니며 요새 밖에 있는 정亭과 장障을 공격하고 이민吏民을 약취略取했다. 당시 한나라 변경에 있는 군현의 봉화烽火 시설에서는 살피고 바라보는 후망候望이 매우 정명精明했다. 흉노가 변방의 요새를 침공할지라도 얻는 이득이 적었다. 요새를 침범하는 일이 드물어진 이유다. 한나라가 다시 흉노에서 투항한 자를 손에 넣게 됐다. 그는 말하기를, '오환이 일찍이 선우의 무덤을 먼저 파서 흉노가 이를 원통히 여겼다. 바야흐로 2만여 명의 기병을 동원해 오환을 공격하려고 한다'고 했다.

곽광이 병사를 동원해 이를 격파코자 했다. 호군도위護軍都尉 조충국趙充國에게 물었다. 조충국이 대답했다.

"오환은 지속적으로 변경을 침공해 왔는데 지금 흉노가 그들을 친다고 하니 우리 한나라에게는 유리한 일입니다. 흉노는 침공해 도적질을 하는 구도寇盜가 드문 까닭에 북방의 변경은 다행히도 무사할 것입니다. 또 만이蠻夷들이 스스로 서로를 공격하는 상황에서 군사를 발동해 요격하는 것은 저들의 침공을 초청하는 것과 같습니다. 좋은 계책이 아닙니다."

곽광이 다시 중랑장中郎將 범명우范明友에게 물었다. 범명우는 공격할 수 있다고 대답했다. 범명우를 제수해 도료장군度遼將軍으로 삼고, 2만 명의 기병을 이끌고 요동으로 출격케 했다. 흉노는 한나라 병사가 이르렀다는 소식을 듣고는 곧 군사를 이끌고 가버렸다.

당초 곽광은 범명우에게 이같이 경계했다.

"군사는 일단 출병하면 아무 소득도 없이 돌아와선 안 되오. 흉노를 치는 게 늦었다고 판단되면 오환을 격파토록 하시오."

오환은 방금 전에 흉노의 공격을 받아 피폐한 상황이었다. 범명우는 흉노를 치는 게 이미 늦었다고 판단해 오환의 피폐한 상황을 기화로 공격을 가했다. 참수한 수급이 6,000여 급이었다. 3명의 왕의 목을 얻었다. 흉노는 이를 계기로 크게 두려워하며 감히 다시는 출병하지 못했다.

＊ 孝昭皇帝元鳳三年

春, 正月, 泰山有大石自起立. 上林有柳樹枯僵自起生. 有蟲食其葉成文, 曰"公孫病已立." 符節令魯國眭弘上書, 言曰, "大石自立, 僵柳復起, 當有匹庶為天子者. 枯樹復生, 故廢之家公孫氏當復興乎? 漢家承堯之後, 有傳國之運, 當求賢人禪帝位, 退自封百里, 以順天命." 弘坐設妖言惑眾伏誅.

匈奴單于使犁汙王窺邊, 言酒泉·張掖兵益弱, 出兵試擊, 冀可復得其地. 時漢先得降者, 聞其計, 天子詔邊警備. 後無幾, 右賢王·犁汙王四千騎分三隊, 入日勒·屋蘭·番和. 張掖太守·屬國都尉發兵擊, 大破之, 得脫者數百人. 屬國義渠王射殺犁汙王, 賜黃金二百斤, 馬二百匹, 因封為犁汙王. 自是後, 匈奴不敢入張掖.

燕·蓋之亂, 桑弘羊子遷亡, 過父故吏侯史吳, 後遷捕得, 伏法. 會赦, 侯史吳自出繫獄. 廷尉王平與少府徐仁雜治反事, 皆以為"桑遷坐父謀反而侯史吳臧之, 非匿反者, 乃匿為隨者也", 即以赦令除吳罪. 後侍御史治實, 以"桑遷通經術, 知父謀反而不諫爭, 與反者身無異. 侯史吳故三百石吏, 首匿遷, 不與庶人匿隨從者等, 吳不得赦." 奏請覆治, 劾廷尉·少府縱反者. 少府徐仁, 即丞相車千秋女婿也, 故千秋數為侯史吳言. 恐大將軍光不聽, 千秋即召中二千石·博士會公車門, 議問吳法. 議者知大將軍指, 皆執吳為不道. 明日, 千秋封上衆議. 光於是以千秋擅召中二千石以下, 外內異言, 遂下廷尉平·少府仁獄. 朝廷皆恐丞相坐之. 太僕杜延年奏記光曰, "吏縱罪人, 有常法. 今更詆吳為不道, 恐於法深. 又, 丞相素無所守持而為好言於下, 盡其素行也. 至擅召中二千石, 甚無狀. 延年愚以為丞相久故及先帝用事, 非有大故, 不可棄也. 間者民頗言獄深, 吏為峻詆. 今丞相所議, 又獄事也, 如是以及丞相, 恐不合衆心, 群下讙嘩, 庶人私議, 流言四布. 延年竊重將軍失此名於天下也." 光以廷尉·少府弄法輕重, 卒下之獄. 夏, 四月, 仁自殺, 平與左馮翊賈勝胡皆要斬. 而不以及丞相, 終與相竟. 延年論議持平, 合和朝廷, 皆此類也.

冬, 遼東烏桓反. 初, 冒頓破東胡, 東胡餘衆散保烏桓及鮮卑山為二族, 世役屬匈奴. 武帝出破匈奴左地, 因徙烏桓於上谷·漁陽·右北平·遼東塞外, 為漢偵察匈奴動靜. 置護烏桓校尉監領之, 使不得與匈奴交通. 至是, 部衆漸強, 遂反. 先是, 匈奴三千餘騎入五原, 殺略數千人. 後數萬騎南旁塞獵, 行攻塞外亭障, 略取吏民去. 是時漢邊郡烽火候望精明, 匈奴為邊寇者少利, 希復犯塞. 漢復得匈奴降者, 言烏桓嘗發先單于塚, 匈奴怨之, 方發二萬騎擊烏桓. 霍光欲發兵邀擊之, 以問護軍都尉趙充國, 充國以為曰, "烏桓間數犯塞, 今匈奴擊之, 於漢便. 又匈奴希寇盜, 北邊幸無事, 蠻夷自相攻擊而發兵要之, 招寇生事, 非計也." 光更問中郎將范明友, 明友言可擊, 於是拜明友為度遼將軍, 將二萬騎出遼東. 匈奴聞漢兵至, 引去. 初, 光誡明友曰, "兵不空出. 即後匈奴, 遂擊烏桓." 烏桓時新中匈奴兵, 明友既後匈奴, 因乘烏桓敝, 擊之, 斬首六千餘級, 獲三王首. 匈奴由是恐, 不能復出兵.

한소제 원봉 4년(BC 77)

1) 봄 정월 2일, 황제가 원복元服[252]을 입었다.

2) 갑술일[253], 부민정후富民定侯 전천추田千秋가 훙거薨去했다. 당시의 정사政事는 일률적으로 대장군 곽광이 결정했다. 전천추는 승상의 자리에 있었지만 삼가고 후덕한 자세로 스스로를 지켰을 뿐이다.

3) 여름 5월 정축일[254], 한문제 사당의 정전正殿에 화재가 났다. 황제와 군신들 모두 소복을 입었다. 중2천석을 발동해 오교五校를 거느리고 수리하게 했다. 6일 만에 완성했다. 태상太常과 사당의 영승令丞, 낭郎, 소리小吏들이 모두 대불경大不敬으로 탄핵됐다. 마침 사면령이 있어 태상인 요양후轑陽侯 덕德은 죽음을 면해 서인이 됐다.

4) 6월, 천하에 사면령을 내렸다.

5) 당초 지금의 신강성 우전현에 있던 우미국扜冞國은 태자인 뇌단賴丹을 신강성 고차현에 있던 구자국龜玆國으로 보내 인질로 삼게 했다. 이사장군貳師將軍 이광리李廣利는 대원국大宛國을 공격하고 돌아오는 길에 뇌단을 데리고 경사京師인 장안으로 왔다. 곽광은 상홍양이 앞서 건의한 내용을 도대로 뇌단을 교위校尉로 삼은 뒤 군사를 이끌고 윤대輪臺신강성 윤대현로 가서 둔전을 하도록 했다.

구자국의 귀족인 고익姑翼이 구자국 왕에게 말했다.

"뇌단은 본래 우리나라에 신속臣屬한 자인데, 지금 한나라의 인수를

---

252 원복元服은 머리에 씌운다는 뜻으로 곧 관례冠禮를 의미한다. 원元은 머리, 원복元服은 머리에 쓰는 관冠을 가리킨다. 당시 한소제가 18세가 된 까닭에 성인식인 관례를 행한 것이다.

253 문맥상 정월 갑술일로 보아야 하나, 기원전 77년의 정월에는 갑술일이 없다. 2월이 누락된 것이면 이 날은 2월 20일이 된다.

254 5월에는 정축일이 없다. 6월의 잘못이라면 이 날은 6월 24일이 된다.

차고 와서 우리를 압박하며 둔전을 하고 있습니다. 틀림없이 해가 될 것입니다."

구자국 왕이 바로 뇌단을 살해하고, 서신을 올려 한나라에 사죄했다.

누란국 왕이 죽었을 때 흉노는 먼저 소식을 접하고 곧바로 그들이 인질로 있는 아들 안귀安歸를 돌려보내 왕으로 옹립했다. 한나라는 사자를 보내 새로 된 왕에게 입조를 명하는 조서를 전했다. 왕이 사절하고 오지 않았다.

누란국은 가장 동쪽 끝에 있었다. 한나라 조정에 의지했다. 중간에 물과 풀이 부족한 사막인 백룡퇴白龍堆가 가로놓여 있었다. 전에는 늘 사람을 보내 한나라 사자를 안내하고 송영하면서 물을 짊어지거나 양식을 나르는 부수담량負水擔糧을 책임졌다. 그러나 한나라 사자와 함께 온 이졸吏卒들에게 물건을 약탈당하자 경계심이 생겨나 한나라와 통교하는 것을 불편하게 여기게 됐다.

후에 다시 흉노의 반간계反間計로 인해 자주 한나라 사자들의 길을 막거나 살해하거나 했다. 누란국 왕 안귀의 동생인 위도기尉屠耆가 한나라에 투항해 구체적으로 당시 상황을 설명했다. 준마감駿馬監인 북지北地감숙성 영현 출신 부개자傅介子가 대원에 사자로 보내면서 조서를 내려 누란국과 구자국을 문책토록 명했다.

부개자가 누란국과 구자국에 이르러 그들의 왕을 문책하자 모두 사죄하며 복종했다. 부개자가 대원서 돌아오는 길에 구자국에 도착했다. 마침 오손烏孫신강성 이녕시에서 돌아가고 있던 흉노의 사자와 조우했다. 구자국에서 부개자가 휘하의 이졸을 이끌고 가 함께 흉노 사자의 목을 베었다. 돌아와서 이를 상주하자 조서를 내려 부개자를 중랑中郎에 임명하고, 상림원 내 평락관平樂觀의 책임자인 평락감平樂監으로 승진시켰다.

부개자가 대장군 곽광에게 말했다.

"누란국과 구자국은 자주 반복反覆을 하고 있습니다. 죽이지 않으면 징계하며 다스리는 징예懲艾를 할 길이 없습니다. 이 부개자는 구자국을 지날 때 그 왕이 사람들에게 매우 가까이 다가가는 까닭에 쉽게 잡을 수 있다는 사실을 알게 됐습니다. 원컨대 가서 그를 칼로 척살해 여러 나라에 위엄을 보이도록 하겠습니다."

대장군이 말했다.

"구자국까지는 길이 머니 먼저 누란국에서 시험해 보도록 하시오."

이에 곧바로 소제에게 품고稟告한 뒤 그를 파견했다. 부개자와 사졸들 모두 황금과 비단예물인 금폐金幣를 싸가지고 와서는 겉으로는 외국에 하사할 물건이라고 떠벌이며 누란에 이르렀다. 누란국 왕은 내심 부개자를 가까이하려고 하지 않았다. 부개자가 짐짓 무리를 이끌고 가 그 나라 서쪽 경계에 이른 뒤 통역하는 자를 시켜 이같이 말하게 했다.

"한나라 사자가 황금과 금수錦繡를 갖고 와서 여러 나라에 하사코자 합니다. 대왕이 와서 이를 받아가지 않으면 우리는 서역국으로 갖고 갈 것입니다."

그러고는 곧 금폐金幣를 통역하는 자에게 보여주었다. 통역하는 자가 돌아가 보고하자 누란국 왕이 한나라 물건에 탐을 낸 나머지 가서 한나라 사자를 만났다. 부개자가 더불어 앉아 술을 마시면서 물건을 진열해 놓고 보여주었다. 음주로 인해 모두 취했다. 부개자가 누란국 왕에게 말했다.

"천자가 저에게 사사로이 왕에게 보고토록 명했습니다."

누란국 왕이 일어나 부개자를 따라 장막 안으로 들어가면서 수종하는 자들을 뒤로 물렸다. 이때 장사 두 사람이 뒤에서 나와 그를 찔렀다. 칼날이 가슴에서 교차하자 그 자리서 바로 죽었다. 귀족들과 좌우 시신들 모두 사방으로 산주散走했다. 부개자는 누란국 왕이 한나라를 배반한 죄를 고유告諭했다.

"천자가 나를 보내 왕을 주살하고, 의당 한나라에 있는 왕의 동생 위도기로 바꿔 옹립토록 했다. 한나라 군사가 바야흐로 도착할 터이니 감히 움직여 스스로 멸국滅國에 이르는 일이 없게 하라."

부개자가 마침내 누란국 왕 안귀의 목을 벤 뒤 빠른 말로 내달리는 역전驛傳의 방법을 이용해 대궐로 보냈다. 수급을 북궐北闕인 미앙궁 아래에 걸어 놓았다.

이내 위도기를 새 왕으로 세우고자 했다. 국명도 선선鄯善으로 바꿨다. 인장을 새기고, 궁녀를 하사해 부인으로 삼게 했다. 거기車騎와 치중輜重도 갖추게 했다. 승상이 백관을 인솔해 장안성의 횡문橫門 밖까지 배웅하면서 평안한 여행을 위해 길에서 지내는 제사인 조도祖道를 행한 뒤 위도기를 보냈다. 위도기가 스스로 천자에게 이같이 청했다.

"저 자신이 이미 오랫동안 한나라에 머물러 있었습니다. 지금 혼자 약한 모습으로 귀국하면 전왕의 아들이 있는 까닭에 아마도 피살될까 두렵습니다. 나라에 이순성伊循城이 있습니다. 땅이 비미肥美합니다. 한나라에서 1명의 장수를 파견해 둔전을 하며 곡식을 쌓아두도록 해주십시오. 신은 그 위중威重에 기대고자 합니다."

한나라가 사마司馬 1인과 이사吏士 40인을 보냈다. 이순성에서 둔전하며 선선국 백성을 진무케 한 것이다.

가을 7월 23일, 범명우范明友를 책봉해 평릉후平陵侯, 부개자를 의양후義陽侯로 삼았다.

신 사마광은 평한다.

"왕자王者는 융적戎狄을 대할 때 반기를 들면 토벌하고, 복종하면 재차 추궁하지 않는다. 지금 누란국 왕이 이미 그의 죄를 자복自服했는데도 오히려 쫓아가 주살했다. 뒤에 반기를 드는 자가 있으면 귀부를 회유할 길이 없게 됐다. 반드시 죄가 있어 토벌코자 하면 의당 군사를 늘어놓고 출정 훈시를 하는 진사국려陳師鞠旅[255]를 하며 공개적으로 그 죄를 분명히 밝혀야 한다. 지금 마침내 사자를 파견해 금폐金幣로 유혹해 살해했으니 이후 여러 나라에 사자로 가는 자들이 다시 신임을 받을 수 있겠는가! 게다가 대한大漢의 강력强力을 지니고도 만이에게 도적의 꾀를 냈으니 이 또한 수치스런 일이 아닌가! 논자들 가운데 혹자는 부개자가 기이한 공을 세운 것을 미화하고 있으니 이는 아무래도 지나친 것이다!"

* 孝昭皇帝元鳳四年

春, 正月, 丁亥, 帝加元服.

甲戌, 富民定侯田千秋薨. 時政事壹決大將軍光. 千秋居丞相位, 謹厚自守而已.

夏, 五月, 丁丑, 孝文廟正殿火. 上及群臣皆素服, 發中二千石將五校作治, 六日, 成. 太常及廟令丞·郎·吏, 皆劾大不敬. 會赦, 太常轑陽侯德免為庶人.

六月, 赦天下.

初, 扜罙遣太子賴丹為質於龜茲. 貳師擊大宛還, 將賴丹入至京師. 霍光用桑弘羊前議, 以賴丹為校尉, 將軍田輪臺. 龜茲貴人姑翼謂其王曰, "賴丹本臣屬吾國, 今佩漢印綬來, 迫吾國而田, 必為害." 王即殺賴丹而上書謝漢.

樓蘭王死, 匈奴先聞之, 遣其質子安歸歸, 得立為王. 漢遣使詔新

---

255 진사국려陳師鞠旅는 출정하기 전에 군사를 모아 놓고 출정 훈시를 하는 것을 말한다. 진陳은 진렬陳列, 사師와 려旅는 사단과 여단으로 된 군대, 국鞠은 고할 고告의 뜻이다. 『시경』 「소아, 채기采芑」에 징을 치는 군사는 북을 치고, 진사국려를 행한다는 취지의 '정인벌고鉦人伐鼓, 진사국려陳師鞠旅' 구절이 나온다.

王令入朝, 王辭不至. 樓蘭國最在東垂, 近漢, 當白龍堆, 乏水草, 常主發導, 負水擔糧, 送迎漢使. 又數為官吏卒所寇, 懲艾, 不便與漢通. 後復為匈奴反間, 數遮殺漢使. 其弟尉屠耆降漢, 具言狀. 駿馬監北地傅介子使大宛, 詔因令責樓蘭·龜茲. 介子至樓蘭·龜茲, 責其王, 皆謝服. 介子從大宛還, 到龜茲, 會匈奴使從烏孫還, 在龜茲, 介子因率其吏士共誅斬匈奴使者. 還, 奏事, 詔拜介子為中郎, 遷平樂監. 介子謂大將軍霍光曰, "樓蘭·龜茲數反覆, 而不誅, 無所懲艾. 介子過龜茲時, 其王近就人, 易得也. 願往刺之以威示諸國." 大將軍曰, "龜茲道遠, 且驗之於樓蘭." 於是白遣之. 介子與士卒俱賫金幣, 揚言以賜外國為名, 至樓蘭. 樓蘭王意不親介子, 介子陽引去, 至其西界, 使譯謂曰, "漢使者持黃金·錦繡行賜諸國. 王不來受, 我去之西國矣." 即出金·幣以示譯. 譯還報王, 王貪漢物, 來見使者. 介子與坐飲, 陳物示之, 飲酒皆醉. 介子謂王曰, "天子使我私報王." 王起, 隨介子入帳中屏語, 壯士二人從後刺之, 刃交匈, 立死. 其貴人·左右皆散走. 介子告諭以王負漢罪曰, "天子遣我誅王, 當更立王弟尉屠耆在漢者. 漢兵方至, 毋敢動, 自令滅國矣!" 介子遂斬王安歸首, 馳傳詣闕, 縣首北闕下.

乃立尉屠耆為王, 更名其國為鄯善, 為刻印章. 賜以宮女為夫人, 備車騎·輜重. 丞相率百官送至橫門外, 祖而遣之. 王自請天子曰, "身在漢久, 今歸單弱, 而前王有子在, 恐為所殺. 國中有伊循城, 其地肥美, 願漢遣一將屯田積穀, 令臣得依其威重." 於是漢遣司馬一人·吏士四十人田伊循以填撫之.

秋, 七月, 乙巳, 封范明友為平陵侯, 傅介子為義陽侯.

臣光曰, "王者之於戎狄, 叛則討之, 服則捨之. 今樓蘭王既服其罪, 又從而誅之, 後有叛者, 不可得而懷矣. 必以為有罪而討之, 則宜陳師鞠旅, 明致其罰. 今乃遣使者誘以金幣而殺之, 後有奉使諸國者, 復可信乎! 且以大漢之強而為盜賊之謀於蠻夷, 不亦可羞哉! 論者或美介子以為奇功, 過矣!"

한소제 원봉 5년(BC 76)

1) 여름, 큰 가뭄인 대한大旱이 있었다.

2) 가을, 상군象郡[256]을 철폐해 울림鬱林광서성 귀현과 장가牂柯귀주성 평월현에 나눠 귀속시켰다.

3) 겨울 11월, 큰 우레인 대뢰大雷가 있었다.

4) 12월 6일, 의춘경후宜春敬侯 왕흔王訢이 훙거薨去했다.

* 孝昭皇帝元鳳五年

夏, 大旱.

秋, 罷象郡, 分屬郁林·牂柯.

冬, 十一月, 大雷.

十二月, 庚戌, 宜春敬侯王訢薨.

한소제 원봉 6년(BC 75)

1) 봄 정월, 여러 군과 제후국에 있는 죄수들을 모집해 요동遼東과 현도玄菟에 성을 쌓았다.

2) 여름, 천하에 사면령을 내렸다.

---

256 상군象郡은 진나라 때 설치된 군으로 한나라 때는 없었다. 원나라 초기에 나온 『문헌통고文獻通考』는 지금의 광동성 해강현인 합포군合蒲郡의 잘못이라고 했다.

3) 오환烏桓이 다시 요새를 침공했다. 도료장군度遼將軍[257] 범명우范明友를 파견해 이들을 쳤다.

4) 겨울 11월 27일, 양창楊敞을 승상, 소부少府인 하내河內하남성 무척현 출신 채의蔡義를 어사대부로 삼았다.

＊ 孝昭皇帝元鳳六年

春, 正月, 募郡國徒築遼東·玄菟城.

夏, 赦天下.

烏桓復犯塞, 遣度遼將軍范明友擊之.

冬, 十一月, 乙丑, 以楊敞為丞相, 少府河內蔡義為御史大夫.

257 도료장군度遼將軍의 '도료'는 요수遼水를 도수渡水해 적진을 함몰시킨다는 취지에서 나온 명칭이다. 도度와 도渡는 서로 통한다.

** 권24-한기漢紀 16: 창읍왕이 쫓겨나다

한소제 원평元平 원년(BC 74)

1) 봄 2월, 조서를 내려 인두세인 구부전口賦錢을 10분의 3 감해주었다.

2) 여름 4월 17일, 한소제 유불릉이 23세의 나이로 미앙궁에서 붕어했다. 후사가 없었다.

당시 한무제의 아들로는 오직 광릉왕廣陵王 유서劉胥가 있을 뿐이었다. 대장군 곽광과 군신들이 황제 옹립 문제를 논의했다. 모두 광릉왕을 지지했다. 광릉왕은 황실의 체통을 잃게 하는 실도失道[258]를 한 까닭에 선제인 한무제도 쓰지 않았다. 곽광이 내심 불편해한 이유다.

어떤 낭관이 상서했다.

"주태왕周太王 고공단보古公亶父는 장남인 태백太伯을 폐하고 왕계王季를 세웠고, 주문왕周文王은 장남인 백읍고伯邑考를 버리고 주무왕周武王을 세웠습니다. 오직 의당宜當함을 좇은 것이니 비록 장남을 폐하고 어린 자식을 세울지라도 가한 이유입니다. 광릉왕은 종사宗嗣를 이을 수 없습니다."

---

258 실도失道와 관련해 『한서』는 광릉왕이 음란했고, 정鼎을 들 정도로 힘이 좋아 맨 손으로 곰과 싸우다가 물려죽을 뻔 했다고 기록해 놓았다.

그 말이 곽광의 뜻과 부합했다. 곽광이 상서문을 승상인 양창 등에게 보여주고 그 낭관을 발탁해 구강태수九江太守로 삼았다.

그날로 황후의 조서를 받았다. 행대홍려사行大鴻臚事인 소부少府 사락성史樂成과 종정宗正 유덕劉德, 광록대부光祿大夫 병길丙吉, 중랑장中郞將 이한利漢을 파견해 창읍왕昌邑王 유하劉賀를 맞이하게 했다. 7필의 말이 이끄는 역참 수레인 칠승七乘의 전거傳車[259]를 타고 장안의 저택으로 오게 했다. 곽광은 또 황후에게 건의해 우장군右將軍 장안세張安世를 거기장군車騎將軍으로 삼았다.

유하는 한무제의 제5자인 창읍애왕昌邑哀王 유박劉髆의 아들이다. 창읍국에 있을 때 평소 미친 듯이 방종하고, 행동에 절도가 없었다. 한무제의 상喪에도 유렵游獵을 그치지 않았다. 일찍이 방여方與산동성 어대현로 유람을 간 적이 있다. 반나절도 안 되는 사이 말을 몰아 200리나 내달렸다. 중위中尉인 낭야琅邪산동성 제성현 출신 왕길王吉이 상소했다.

"대왕은 독서를 좋아하지 않고 일유逸游를 즐기며, 말을 타고 고삐를 말아 쥔 채 내달리는 치빙馳騁을 그치지 않고 있습니다. 입은 목이 쉬도록 질타叱咤하느라 피곤하고, 두 손은 고삐를 당기고 채찍질을 하는 추비棰轡로 인해 수고롭고, 몸은 수레인 거여車輿에 시달려 탄식이 절로 나옵니다. 아침에는 안개와 이슬을 무릅쓰고, 낮에는 먼지인 진애塵埃를 뒤집어쓰고, 여름에는 대서大暑에 노출돼 살이 구워질 듯하고, 겨울에는 바람과 추위가 뼛속까지 파고들어 쓰러질 듯합니다. 이처럼 누차 연약하고 무른 옥체에 근로勤勞의 번거로운 해독이 범하니 이는 결코 수명을 온전히

259 『한서』「고제기高帝紀 하」에 대한 안사고顔師古 주는 『삼국지』「위서」에 나오는 여순如淳의 말을 인용해 "전거傳車에는 4필의 고족高足이 이끄는 치전置傳, 4필의 중족中足이 이끄는 치전馳傳, 4필의 하족下足이 이끄는 승전乘傳이 있다."고 풀이했다.

하는 길도 아니고, 인의의 융성으로 나아가는 길 또한 아닙니다. 무릇 넓고 큰 건물에서 가는 실로 짠 방석인 세전細旃에 앉아 있으면 밝은 스승은 앞에 있고, 경전을 외우도록 하는 권고는 뒤에서 나옵니다. 위로 요순 시절을 논하기 시작해 아래로 은나라와 주나라의 성대한 시기까지 이르고, 어질고 성스런 기풍을 상고하고, 나라를 잘 다스리는 치국지도治國之道를 익히고, 기쁜 마음으로 분憤을 내어 먹는 것도 잊는 발분망식發憤忘食을 하고, 그날로 덕을 새롭게 하면 그 즐거움을 어찌 말 위에 올라타 내달리는 방식으로 얻을 수 있겠습니까? 쉴 때는 고개를 숙였다가 올려다보고 굽혔다가 펴는 면앙굴신俛仰屈伸으로 몸을 이롭게 하고, 나아가고 물러가면서 걸음을 재빠르게 하여 아래를 튼튼히 하고, 새로운 공기를 마시고 낡은 공기를 뱉어 내장을 단련하고, 뜻을 오로지하여 정수精髓의 기운을 쌓음으로써 정신을 조화롭게 하는 식으로 양생養生합니다. 이같이 하면 어찌 장수하지 못할 리 있겠습니까? 대왕이 실로 이런 것에 마음을 두면 마음은 요순의 뜻을 지니게 되고, 몸은 전설상의 신선인 백교伯喬와 적송자赤松子의 수명을 누리고, 마음다운 명성과 드넓은 칭송인 미성광예美聲廣譽가 마침내 조정에까지 알려져 복록이 모여들고, 사직은 안정을 누리게 됩니다. 황제가 인성仁聖한 까닭에 오늘에 이르기까지 선제인 한무제를 추모하는 일을 게을리 하지 않았습니다. 궁궐의 별관과 원지囿池에서 노닐거나 사냥을 하며 즐기는 일 등은 아예 하지 않았습니다. 대왕은 의당 아침저녁으로 이를 염두에 두고 성의聖意를 잇도록 하십시오. 제후들의 골육 관계로 볼 때 대왕만큼 가까운 종친은 없습니다. 대왕은 가족으로는 아들이고, 지위로는 신하이니 한 몸에 두 개의 임무를 수행해야할 책임이 있습니다. 은혜와 사랑을 베풀고 의를 행하도록 하십시오. 터럭만큼이라도 갖춰지지 않은 게 있어 황상에게 보고되는 일이 있게 되면 결코 나라에 복이 되지 않을 것입니다."

창읍왕이 이내 하령했다.

"과인의 조행造行에 게으름이 없을 수 없다. 중위中尉가 충성스러우니 자주 나에게 허물이 있을 때마다 간하여 보필토록 하라."

알자謁者인 천추千秋를 시켜 중위 왕길에게 우육牛肉 500근과 술 5석石, 포脯 5속束을 전하게 했다. 그러나 이후 다시 평소처럼 방탕한 방종자약放縱自若의 모습을 보였다.

낭중령郎中令 산양山陽산동성 금향현 출신 공수龔遂는 충후忠厚하고 강의剛毅한 인물이다. 대절大節이 있어 안으로는 왕에게 간쟁을 하고, 밖으로는 왕의 스승과 재상인 부상傅相을 책망했다. 경전의 뜻을 인용하며 화복을 늘어놓다가 눈물을 흘리는 지경에 이르기도 하고, 아부하지 않고 끊임없이 간하는 건건무이蹇蹇亡已[260]의 자세로 면전에서 왕의 허물을 지적했다. 창읍왕이 귀를 막고 일어나 달아나면서 말했다.

"낭중령은 즐겨 사람을 부끄럽게 만든다!"

창읍왕이 일찍이 오랫동안 시종하는 노복인 추노騶奴 및 주방에서 음식을 만드는 재인宰人과 유희를 하면서 마구 퍼마시며 먹었다. 상을 내리는 것이 절도가 없자 공수가 안으로 들어가 왕을 알현했다. 이때 눈물을 흘리고 무릎으로 기어가자 좌우의 시어侍御하는 자들이 모두 눈물을 흘렸다. 창읍왕이 물었다.

"낭중령은 왜 곡을 하는가?"

공수가 대답했다.

"신은 사직이 위태로워지는 것을 아파하고 있습니다. 원컨대 주위사람

---

260 건건무이蹇蹇亡已의 '건건'을 두고 『한서』「순리전循吏传, 공수龔遂」에 대한 안사고의 주는 아부하지 않는 불아순不阿顺으로 풀이했다. 절룩거릴 건蹇은 떠듬거릴 건謇과 통한다. 무이亡已는 태만하지 않다는 뜻으로 무이無已와 같다.

을 물리치는 청한淸閒을 내려 어리석은 얘기를 다할 수 있도록 허락해 주십시오!"

창읍왕이 좌우를 물리쳤다. 공수가 말했다.

"대왕은 오초7국의 난에 참가한 교서왕膠西王이 무도하여 패망한 이유를 아십니까?"

창읍왕이 말했다.

"모르오."

공수가 말했다.

"신이 듣건대 교서왕에게 아부를 잘하는 유신諛臣 후득侯得이 있었습니다. 교서왕이 하는 일은 걸桀·주紂와 비슷했으나 후득은 요순 같다고 생각했습니다. 교서왕은 그가 아첨하는 것을 기뻐했고, 늘 더불어 침실에 있었습니다. 오직 후득이 말하는 것으로 하다가 그런 지경에 이른 것입니다. 지금 대왕은 군소群小를 가까이 친하게 지내는 바람에 점차 사악함에 물든 나머지 존망의 관건인 존망지기存亡之機에 이르게 됐습니다. 신중하지 않을 수 없습니다. 청컨대 낭관 가운데 경전을 잘 알고 옳은 일을 행하는 자를 선발해 함께 기거토록 하십시오. 앉으면 『시경』과 『서경』을 외우고, 일어서서 예용禮容을 익히면 마땅히 유익한 바가 있을 것입니다."

창읍왕이 허락했다. 공수가 마침내 낭중 장안張安 등 10여 명을 선발해 왕을 모시게 했다. 그러나 며칠 후 창읍왕이 이들을 모두 내쫓았다.

창읍왕은 일찍이 커다란 백견白犬을 보았다. 목 아래쪽은 사람과 닮았고, 방산관方山冠[261]을 쓴 채 꼬리가 없었다. 이를 공수에게 묻자 이같이

261 방산관方山冠은 제사 때 제왕의 시종관원과 악사 등이 쓴 예모禮帽를 말한다. 교사관巧士冠으로 부르기도 했다. 5가지 색깔의 실로 만들었다. 당송 때에는 은사隱士들이 이와 유사한 모양의 모자를 대거 착용했다.

대답했다.

"이는 하늘이 경계한 것입니다. 옆에 있는 사람들 모두 관을 쓴 개인 관구冠狗의 모습입니다. 이들을 제거하면 남게 되지만 그리하지 못하면 패망하게 됩니다."

뒤에 또 어떤 사람이 '곰이다'라고 외치는 소리를 들었다. 과연 커다란 곰이 보였으나 좌우에 있는 사람들은 보지 못했다. 이를 공수에게 묻자 이같이 대답했다.

"곰은 산야山野의 짐승인데 궁실에 들어와 있고, 대왕이 홀로 이를 보았으니 이는 하늘이 대왕에게 경계한 것입니다. 궁실이 장차 텅 빌까 걱정입니다. 위망危亡의 상象입니다."

창읍왕이 앙천仰天하며 탄식했다.

"상서롭지 못한 것이 어찌 이처럼 자주 오는 것인가!"

공수가 마침내 고두叩頭하며 말했다.

"신은 감히 충심忠心을 감출 수 없어 누차 위망의 경계를 말씀드렸습니다만 대왕은 기뻐하지 않았습니다. 무릇 나라의 존망이 어찌 신의 말에 달려 있을 리 있겠습니까? 원컨대 대왕은 내심 스스로 헤아려 보십시오. 대왕은『시경』305편을 외우면 인사를 합당하게 하고, 왕도王道를 갖추게 됩니다. 대왕이 한 일이『시경』의 어느 한 편의 취지와 부합한 적이 있습니까? 대왕은 제후왕의 자리에 있으나 행동만큼은 서인보다 더러워 살아남기 힘듭니다. 쉽게 패망할 소지가 크니 의당 이를 심찰深察키 바랍니다!"

뒤에 또 피가 옥좌를 더럽혔다. 창읍왕이 공수에게 묻자 공수가 큰 소리를 지르며 말했다.

"궁실이 텅 빌 일이 멀지 않아 요사스런 징조가 자주 왔습니다. 피는 음침하고 근심스런 음우陰憂의 상징입니다. 의당 두렵고 신중한 자세로 자성自省해야 합니다!"

창읍왕이 끝내 절조를 고치지 않았다.

이내 창읍왕을 장안으로 부르는 조서가 도착했다. 밤의 물시계가 일각一刻을 다 채우지 않아 불을 밝혀 서신을 꺼내 보았다. 그날 중으로 창읍왕이 출발했다. 포시晡時[262]에 정도定陶산동성 정도현에 이르렀다. 135리를 간 셈이다. 연도에는 급히 달리느라 지쳐서 쓰러져 죽은 시종의 말들이 서로 바라다 볼 수 있을 정도로 많았다.

왕길王吉이 창읍왕에게 주서奏書하여 경계했다.

"신이 듣건대 은나라 고종高宗은 양암諒闇[263]하며 3년 동안 말을 하지 않았다고 합니다. 지금 대왕은 상사喪事로 인해 부른 것인데 마땅히 밤낮으로 곡하고 눈물을 흘리며 슬퍼해야만 합니다. 신중히 행보해 결코 호령을 발하는 일이 있어서는 안 될 것입니다. 대장군의 인애仁愛와 용지勇智, 충신忠信의 덕망을 천하에 듣지 못한 사람이 없습니다. 선제인 무제를 20여 년 동안 모시면서 허물이 있었다는 얘기를 아직 들은 적이 없습니다. 선제가 군신群臣을 버리고 붕어할 때 천하를 위촉하면서 어린 고아를 그에게 맡겼습니다. 대장군은 어린 주군을 강보에 품고 보호하면서 정교를 널리 펼치는 포정시교布政施教로 해내를 안연晏然케 만들었습니다. 비록 주공周公이나 이윤伊尹이라고 할지라도 이보다 더할 게 없습니다. 지금 황제가 붕어하고 후사가 없으니 대장군은 오직 종묘를 받들 수 있는 사람만 생각하다가 반원攀援한 끝에 대왕을 세우고자 하는 것입니다. 그 인후仁厚함에 어찌 제한된 량인 한량이 있을 리 있겠습니까? 신은 원컨대 대왕

---

262 포시晡時는 오후 3시에서 5시까지의 저녁 무렵을 가리킨다. 일포日晡, 또는 석식夕食 등으로 표현한다. 원숭이들은 '포시'에 우는 것을 매우 좋아한다고 한다.

263 양암諒闇은 거상居喪할 때 상주가 머무는 여막廬幕을 가리킨다. 양음諒陰과 같다. 『서경』「상서商書, 열명說命 상」에 따르면 은나라 고종은 '양암'을 할 때 3년 동안 전혀 말을 하지 않았다. 여기에는 양음亮陰으로 나온다.

이 그를 섬기고, 공경하며, 정사를 한 가지로 그에게서 듣기를 바랍니다. 대왕은 팔짱을 끼고 편히 천하에 임하는 수공남면垂拱南面만 하면 됩니다. 바라건대 이를 유의留意하고 늘 생각토록 하십시오!"

창읍왕이 제양濟陽산동성 난봉현에 이르러 값이 비싼 남방 닭인 장명계長鳴雞를 구하고, 길에서 대나무를 합쳐 만든 죽장竹杖을 샀다. 홍농弘農하남성 영보현을 지날 때 몸집이 큰 노복인 대노大奴 선善으로 하여금 옷을 싣고 가는 수레인 의거衣車에 여자를 싣게 했다. 홍농의 북쪽에 있는 호湖에 이르렀을 때 조정에서 온 사랑성史樂成 등의 사자가 이를 두고 창읍의 승상인 안락安樂을 꾸짖었다. 안락이 공수에게 고하자 공수가 들어가 창읍왕에게 물었다. 창읍왕이 대답했다.

"그런 일이 없다."

공수가 말했다.

"바로 그런 일이 없다면 어찌하여 1명의 노복인 선善을 아껴 의를 행하는 일을 훼손하겠습니까? 청컨대 그를 잡아 형리에게 맡김으로써 대왕의 몸을 깨끗이 씻어내는 전쇄湔灑를 하도록 하십시오."

노복 선의 머리채를 잡아 위사장衛士長에게 넘겨 법대로 시행케 했다.

창읍왕이 파상霸上섬서성 남전현에 도착하자 대홍려가 교외까지 나와 영접하고, 기사騎士가 승여차乘輿車로 모셨다. 창읍왕이 수성壽成으로 하여금 어거御車하게 하고, 낭중령 공수가 참승參乘했다. 장안성 동문의 하나인 광명문廣明門과 동도문東都門 즉 선평문宣平門에 이르자 공수가 말했다.

"예로는 분상奔喪할 때 도성을 바라보게 되면 소리 내어 우는 곡哭을 합니다. 이곳은 방어시설로 부설한 장안의 동곽문東郭門입니다."

창읍왕이 말했다.

"나는 목이 아파 곡을 할 수 없소."

성문에 이르러 공수가 다시 말하자 왕이 대답했다.

"성문城門과 곽문郭門은 같은 것일 뿐이오."

미앙궁의 동궐東闕에 이르러 공수가 말했다.

"창읍의 장막은 궐 밖의 치도馳道 북쪽에 있습니다. 장막이 있는 곳에 못 미친 지점에 남북으로 길이 나 있고, 말이 아직 몇 걸음 이르지 않았습니다. 대왕은 수레에서 내려 대궐의 서쪽을 향해 엎드려 곡을 하고, 슬픔을 다한 뒤 그치도록 하십시오."

창읍왕이 말했다.

"좋소."

도착해 의례대로 곡을 했다.

6월 1일, 창읍왕이 황제의 인새와 인수를 받고 존호를 이어받았다. 황후를 높여 황태후라고 했다.

3) 6월 7일, 한소제를 평릉平陵섬서성 흥평현 서북쪽에 장사지냈다.

4) 창읍왕은 보위에 오른 뒤에도 음희淫戲가 무도無度했다. 창읍의 관속 모두 징소돼 장안에 왔다. 왕왕 규정을 뛰어넘는 초탁超擢의 대상이 되어 관식을 받았다. 창읍의 승상 안락安樂은 장락궁長樂宮의 위위衛尉가 됐다. 공수가 안락을 보고 눈물을 흘리며 말했다.

"왕이 천자가 됐소. 날로 더욱 교만이 넘쳐 간해도 듣지 않고 있소. 지금 애통한 일이 미진未盡한데 매일 근신들과 음주작락飮酒作樂하고 있소. 호표虎豹가 싸우는 걸 관람하고, 피헌차구류皮軒車九旒[264]를 불러 사방으로 몰고 다니는 게 그렇소. 이는 모두 예제를 어지럽히는 패도誖道를

264 피헌차구류皮軒車九旒는 황제의 수레행렬인 대가大駕 내지 법가法駕의 맨 앞에 서서 길을 여는 수레를 말한다. 황제가 출타할 때 시위하는 의장대를 모두 갖춘 황제의 수레행렬을 대가, 이를 축소한 것을 법가라고 한다. 대가 또는 법가를 표시하기 위해 '피헌차구류'는 호피로 지붕을 덮었고, 수레 앞 9개의 술이 달린 구류九旒의 큰 깃발을 꽂았다.

행하는 것이오. 옛 제도는 관대해 대신들은 득지得志하지 못하면 이내 은퇴했소. 그러나 지금은 떠날 수조차 없소. 짐짓 미친 척을 하려고 해도 주변에서 이를 알까 두렵고, 죽은 뒤에도 세인들로부터 비난의 표적이 될까 두렵소. 이는 어찌해야만 하오? 그대는 폐하의 옛날 창읍국 승상이니 의당 극간極諫을 해야 하오."

창읍왕이 꿈에서 보니 청승青蠅의 똥이 서쪽 계단 동쪽에 쌓여 있고, 부피는 5~6석石 정도였다. 지붕을 덮은 기와로 이를 덮어 놓았다. 꿈을 깬 뒤 공수에게 이를 물어보자 공수가 대답했다.

"폐하, 『시경』「소아, 청승」에서 '윙윙거리는 쉬파리가 울타리에 앉으니 인후한 우리 님이여, 남의 헐뜯는 말 믿지 마소! 무함하는 자 바르지 않으니 온 나라를 어지럽히는구나!'라고 말하지 않았습니까? 폐하의 왼쪽 옆에는 아첨하는 자들이 아주 많습니다. 마치 이 청승의 똥과 같습니다. 의당 먼저 돌아가신 황제의 대신들의 자손과 가까이하던 사람을 선발해 좌우로 삼으십시오. 창읍의 옛 사람들을 차마 버리지 못한 채 참소하고 아첨하는 자를 쓰면 반드시 흉하고 허물될 일이 있을 것입니다. 원컨대 화禍를 책망하여 복福으로 바꾸는 궤화위복詭禍為福[265]을 행하여 모두 그들부터 방축放逐하십시오. 신은 의당 먼저 쫓겨나야만 합니다."

창읍왕이 듣지 않았다.

태복승太僕丞인 하동河東 출신 장창張敞이 상서했다.

"소제는 일찍 붕어해 후사가 없습니다. 대신들은 두려워하면서 현성賢聖한 자를 선발해 종묘를 잇게 하려고 했습니다. 동쪽으로 가서 영접하는 날 오직 위촉한 수레의 행차가 늦을까 걱정한 이유입니다. 지금 천자가 성

265 궤화위복詭禍為福은 화를 바꿔 복으로 만든다는 뜻의 전화위복轉禍爲福과 같은 말이다. 여기의 궤詭는 책임과 부담을 지우는 책성責成의 뜻이다.

년盛年으로 처음 즉위하자 천하사람 가운데 눈을 닦고 귀를 귀울이지 않은 자가 없습니다. 교화되는 것을 보고 풍문을 듣고자 한 것입니다. 국가를 보좌한 대신들은 아직 포상을 받지 못한 상황에서 창읍에 있던 소인들이 먼저 승진하고 있습니다. 이는 허물 가운데 큰 것입니다."

창읍왕이 듣지 않았다.

대장군 곽광이 걱정하고 고민하는 우만憂懣의 모습을 보였다. 홀로 친하게 지내는 옛 부하인 대사농 전연년田延年에게 물었다 전연년이 대답했다.

"장군은 나라의 주석柱石입니다. 이 사람을 살펴보니 불가합니다. 어찌하여 태후에게 다시 현명한 사람을 선발해 옹립하는 방안을 건의하지 않는 것입니까?"

곽광이 물었다.

"지금 그리하고 싶으나 옛날에 일찍이 그리한 일이 있었소?"

전연년이 대답했다.

"은나라의 건국공신인 이윤이 재상으로 있으면서 군주인 태갑太甲을 폐해 종묘를 안정시킨 적이 있습니다. 후대인이 그의 충성을 칭송했습니다. 장군이 이 일을 행하면 역시 한나라의 이윤 역할을 하는 셈이 됩니다."

곽광이 이내 전연년을 이끌어 급사중給事中으로 삼은 뒤 은밀히 거기장군車騎將軍 장안세張安世와 함께 황제의 폐립계책을 도모했다.

창읍왕이 출유出游코자 하자 광록대부인 노국魯國 출신 하후승夏侯勝이 승여 앞에서 간했다.

"하늘이 오랫동안 흐린 모습을 보이면서도 비를 내리지 않았습니다. 신하가 윗사람을 도모하는 일이 있을 것입니다. 폐하가 출유코자 하는데 어느 곳으로 가려는 것입니까?"

창읍왕이 노했다. 요언妖言을 했다는 이유로 포박케 한 뒤 형리에게 넘겼다. 형리가 곽광에게 보고하자 곽광이 해당 법을 거론치 않았다. 곽광은 장안세를 나무라며 말이 새어나간 것으로 여겼다. 장안세는 실로 아무 말도 하지 않았다. 이내 하후승을 불러 묻자 하후승이 이같이 대답했다.

"『홍범전鴻範傳』[266]에 이르기를, '황제가 올바르지 않으면 그 벌로 늘 구름이 끼게 된다. 아랫사람이 윗사람을 치는 일이 있을 것이라는 예시이다'라고 했다. 나는 명확히 언급치 않고자 한다. 단지 '신하들 사이에 역모가 있다'고만 말하는 이유다."

곽광과 장안세가 크게 놀라 경술經術하는 선비를 더욱 중시했다. 시중侍中 부가傅嘉가 자주 간했다. 창읍왕은 오히려 부가도 결박해 옥에 가뒀다. 곽광과 장안세가 의론해 입장을 확정한 뒤 마침내 전연년으로 하여금 승상 양창楊敞에게 보고토록 했다. 양창이 놀라며 두려워하는 경구驚懼의 모습을 보이면서 어찌 말해야 좋을지 몰랐다. 땀이 나 등을 적셨다. 다만 '예예'할 뿐이었다. 전연년이 일어나 측소厠所인 갱의실更衣室[267]로 갔다. 양창의 부인이 급히 동쪽의 행랑인 동상東廂에서 나와 양창에게 말했다.

"이는 국가의 대사입니다. 지금 대장군이 의론을 정한 뒤 구경九卿으로 하여금 군후君侯에게 보고토록 하고 있는 것입니다. 군후가 대장군과

266 홍범鴻範은 천하를 다스리는 대법大法을 말한다. 『사기』「송미자세가」에 "전에 곤鯀이 홍수를 막으면서 5행五行의 질서를 어지럽혔다. 하늘이 대로해 홍범洪範 9가지를 주지 않자 상도常道가 깨졌다."는 취지의 홍범구등鴻範九等 표현이 나온다. 홍범洪範과 같은 말이다.

267 당시 화장실을 갈 경우 옷을 갈아입어야 했던 까닭에 갱의更衣로 표현한 것이다. 『사기』「무제본기」에 한무제가 자리에서 일어나 갱의실更衣室로 가자 가희歌姬인 위자부衛子夫가 뒤따라가 시중을 들면서 그곳에서 총애를 입었다는 내용의 '무제기갱의武帝起更衣, 자부시상의헌중子夫侍尙衣軒中, 득행得幸' 구절이 나온다.

같은 마음이라고 속히 응답하지 않고, 오히려 아무런 결정도 내리지 않는 모습을 보이면 먼저 주살되고 말 것입니다."

전연년이 갱의실에서 돌아오자 양창의 부인이 전연년과 더불어 논의에 참여한 뒤 이같이 허락했다.

"청컨대 대장군의 교령敎令을 받들겠습니다!"

6월 28일, 곽광이 승상, 어사, 장군, 열후, 중2천석, 대부, 박사 등을 소집해 미앙궁에서 회의會議했다. 곽광이 말했다.

"창읍왕은 행동이 혼란昏亂하니 사직을 위태롭게 할까 두렵소. 어떻게 생각합니까?"

군신들이 모두 경악驚愕해 실색失色한 나머지 감히 발언치 않고, 다만 '유유唯唯'할 뿐이었다. 전연년이 앞으로 나가 자리를 뜨면서 칼을 어루만지는 안검按劍의 자세로 이같이 말했다.

"선제가 대장군에게 어린 고아를 위촉하면서 천하를 기탁하자 대장군의 충현忠賢으로 능히 유씨를 안정시킬 수 있었습니다. 지금 창읍왕을 좇아온 많은 군하群下가 들끓어 사직이 장차 기울게 됐습니다. 또 한나라 조정이 올리는 시호는 늘 '효孝' 자를 붙였습니다. 천하를 오래 보존해 종묘의 신령들로 하여금 혈식血食을 계속하도록 꾀한 것입니다. 만일 한나라 왕실의 제사가 끊기면 대장군은 무슨 면목으로 지하에서 선제를 알현할 것입니까? 오늘 의론은 말을 이어가며 질질 끄는 선종旋踵의 모습을 보일 수 없습니다. 군신群臣 가운데 나중에 응하는 자는 신이 청컨대 칼로 목을 치는 검참劍斬을 하겠습니다!"

곽광이 사의를 표했다.

"구경九卿이 저 곽광을 책망하는 것은 옳은 일니다! 천하가 흉흉하고 불안하니 저 곽광이 의당 비난을 받도록 하겠습니다."

의논하던 자들이 모두 고두叩頭하며 말했다.

"만백성의 운명이 장군에게 달려 있소. 오직 대장군이 명하도록 하십시오!"

곽광이 즉시 군신들과 함께 태후를 알현하여 보고했다. 창읍왕이 종묘사직을 이을 수 없는 정황을 진술한 것이다. 태후가 마침내 거가車駕로 미앙궁 승명전承明殿으로 행차한 뒤 여러 금문禁門에 조서를 내려 창읍의 군신들을 받아들이지 못하게 했다.

창읍왕이 입조해 태후를 알현하고 돌아갔다. 연輦에 올라 온실溫室로 돌아가고자 했다. 중황문中黃門의 환자宦者들이 각각 문선門扇을 지키고 있다가 창읍왕이 들어가자 문을 닫았다. 창읍의 군신들이 안으로 들어가지 못했다. 창읍왕이 말했다.

"무엇을 하는 것인가?"

대장군이 무릎을 꿇고 말했다.

"황태후의 조서가 있어 창읍의 군신들을 받아들이지 못하게 됐습니다."

창읍왕이 말했다.

"천천히 하시오. 어찌하여 마침내 사람을 이토록 놀라게 만드는 것이오!"

곽광이 창읍의 군신을 모두 내몰아 금마문金馬門 밖에 두었다. 거기장군 장안세張安世는 우림기羽林騎를 이끌고 200여 명을 잡아 결박한 뒤 정위廷尉가 조서를 받들어 다스리는 옥사獄事인 조옥詔獄으로 송치했다. 옛날 한소제의 시중侍中과 환관인 중관中臣들이 창읍왕을 지켰다. 곽광이 좌우에 명을 내렸다.

"삼가 숙위宿衛토록 하라! 문득 창읍왕이 물고物故가 나거나, 스스로 죽는 자재自裁를 하면 이는 나로 하여금 천하를 향해 군주를 죽였다는 오명을 쓰도록 만드는 것이다."

창읍왕은 아직 스스로 폐위될 상황에 처해 있다는 사실을 알지 못했다. 좌우에게 물었다.

"나의 옛 신하들이 관官으로부터 무슨 죄를 저질렀기에 대장군이 이들을 모두 잡아두는 것이오!"

얼마 후 태후가 조서를 내려 창읍왕을 불렀다. 창읍왕이 그 소식을 듣고 내심 두려워하며 이내 이같이 말했다.

"내가 무슨 죄를 지었기에 나를 부르는 것인가!"

태후가 주유珠襦[268]로 성복盛服을 한 채 장중帳中에 앉아 있었다. 수백 명의 시어侍御하는 자들 모두 무기를 들었다. 기문期門[269]의 무사들은 창을 들고 전하殿下에 진열陳列했다. 군신들도 차례로 전殿에 올라가 있었다. 창읍왕을 불러 앞에 엎드려 조서를 듣게 했다.

곽광과 군신들이 연명連名으로 창읍왕에 관한 상주문을 올렸다. 상서령이 상주문을 읽었다.

"승상 신 양창 등은 죽음을 무릅쓰고 황태후 폐하에게 진언코자 합니다. 효소황제孝昭皇帝가 일찍이 붕어하는 기천하棄天下를 하니 사자를 파견해 창읍왕을 불러 상례喪禮를 주관하고, 3년 상의 참최斬衰 상복을 입게 했습니다. 그러나 비애지심悲哀之心도 없이 마땅한 예의禮誼를 폐하고, 길에서 고기가 없는 음식인 소식素食도 하지 않고, 수종하는 관원으로 하여금 여인을 약취略取해 의거衣車에 싣게 한 뒤 역사를 오가는 관원의 휴식처인 전사傳舍에서 묵게 했습니다. 처음으로 알현을 하는 상황에 이

268 주유珠襦는 구슬로 장식한 옷으로 황제나 황후 등이 입는 단의短衣를 말한다. 황제를 비롯한 귀족들을 염할 때 입히는 염의殮衣를 가리키기도 한다.

269 기문期門은 광록훈 소속의 호위무사들을 가리킨다. 한무제가 호위무사들로 하여금 미행微行해 호위하면서 여러 문에서 기다리게 한데서 '기문'의 명칭이 나왔다. 한평제漢平帝 때 호분랑虎賁郎으로 명칭을 바꿨다.

르러 상주인 황태자로 삼았는데도 늘 사사로이 닭과 돼지를 사들여 먹었습니다. 또 아직 장사를 지내지 않은 군주의 영구인 대행代行 앞에서 황제의 신분을 상징하는 신새信璽와 조서를 발포할 때 사용하는 행새行璽를 받았습니다. 이어 숙소로 가서는 황제의 인새印璽를 열어본 뒤 잘 봉하여 잘 간수해야 하는데도 봉함조차 하지 않았습니다. 수종하는 관원들을 보내 황제의 부절을 손에 넣은 뒤 창읍에서 따라온 관원인 종관從官과 요리를 담당한 추재騶宰 및 관노官奴 200여 명을 끌어들여 받아들였습니다. 늘 궁궐인 금달禁闥 안에 살면서 오만하게도 잡희雜戱를 즐겼습니다. 일찍이 창읍왕 부중에 있던 시중에게 편지를 써 말하기를, '황제가 시중 군경君卿께 문후問候코자 하오. 특별히 중어부령中御府令 고창高昌으로 하여금 황금 1,000근을 받들어 보내고, 10명의 처를 취하도록 여인을 하사코자 하오'라고 했습니다. 대행이 전전前殿에 있었는데 악부樂府의 악기를 꺼내고, 창읍의 악인樂人을 끌어들여 북을 치고 노래를 부르게 하고, 배우들의 연희인 배창俳倡을 보았습니다. 또 태일泰壹의 사당과 종묘의 악인樂人을 불러 받아들인 뒤 모두 여러 음악을 연주케 했습니다. 법가法駕를 타고 북궁北宮과 계궁桂宮으로 내달리고, 돼지싸움 놀이인 농체弄彘와 호랑이싸움 놀이인 투호鬪虎를 했습니다. 황태후의 궁내 전용수레인 소마거小馬車를 불러 관노로 하여금 타게 하여 비빈들이 머무는 액정掖庭에서 놀게 했습니다. 효소황제의 궁인宮人인 몽蒙 등과 음란한 짓을 했고, 궁정사무 총책인 액정령掖庭令에게 조서를 내려 말하기를, '감히 누설하면 요참腰斬하겠다'고 했습니다."

태후가 말했다.

"그쳐라! 신하된 자로서 어찌 이토록 패란悖亂할 수 있단 말인가!"

창읍왕이 자리를 옮겨 엎드렸다. 사서령이 다시 읽었다.

"제후왕, 열후, 2천석 전후 관원의 인수印綬[119]를 빼앗아 나란히 창읍의 낭관들에게 수여했습니다. 심지어 노복의 신세를 면제해준 뒤 패용케 하기도 했습니다. 어부御府의 금전金錢과 도검刀劍, 옥기玉器, 채증采繒을 꺼내 함께 유희游戲를 한 자에게 상으로 내려주었습니다. 또 시종 관원 및 관노와 더불어 밤새 음주해 정신을 잃는 담면湛沔[271]의 상황에 빠졌습니다. 홀로 밤중에 온실溫室에 구빈九賓[272]을 마련한 뒤 자부姊夫인 창읍의 관내후關內侯를 접견했습니다. 조종의 사당에 제사지내는 것을 아직 거행치 않았는데도 새서璽書를 만들어 사자로 하여금 부절을 가지고 삼태뢰三太牢로 창읍애왕昌邑哀王의 원묘園廟에 제사를 지내면서 사자황제嗣子皇帝를 칭하게 했습니다. 인새를 받아 보위에 오른 지 27일 만에 사자를 사방으로 보냈습니다. 지절持節의 자격으로 여러 관서에 조령詔令을 내려 각종 사안을 처리하고, 1,127건에 달하는 공물을 징발했습니다. 황음미혹荒淫迷惑의 행보로 제왕의 체모를 잃고, 한나라 제도를 어지럽힌 것입니다. 신 양창 등이 자주 간언을 올렸으나 조금도 변경치 않고 날로 더욱 심해졌습니다. 사직을 위태롭게 하고, 천하를 불안케 만들까 걱정입니다. 신 양창 등이 삼가 박사들과 의론하자 모두 말하기를, '지금 폐하는 효소황세의 뒤를 이어 즉위한 뒤 음벽淫辟한 행동으로 불궤不軌를 행했습니

270 한나라 때는 인새印璽를 끈으로 매어 몸에 패용케 했다. 그게 인수印綬다. 친왕은 홍수紅綬, 후작은 자수紫綬, 2천석은 청수靑綬, 1,000석은 묵수墨綬, 400석 이하는 황수黃綬를 찼다.

271 담면湛沔은 어떤 일에 깊이 빠져 헤어나지 못하는 상황을 말한다. 담면湛湎 내지 침면沈湎으로도 쓴다. 담湛은 통상 크게 즐거워하거나 탐닉한다는 뜻으로 사용할 때는 '담', 빠질 침沈 내지 담글 침浸의 뜻으로 사용될 때는 '침', 맑을 징澄과 깊을 심深 내지 사람의 성씨 내지 이름으로 사용될 때는 '잠'으로 읽는다.

272 구빈九賓은 외교관을 대접키 위한 최고 등급의 예식인 구빈지례九賓之禮를 가리킨다. 공公, 후侯, 백伯, 자子, 남男, 고孤, 경卿, 대부大夫, 사士 등 모든 관원이 조정에 도열해 사자를 영접하고 인도하며 극진한 예를 베푸는 것을 말한다. '구빈'을 두고 『사기색은』은 『주례』에서 말하는 공후백자남公侯白子男 등의 구의九儀를 뜻한다고 했다.

다. 5형五刑인 5벽五辟에 속할지라도 불효보다 더 큰 죄는 없습니다. 주양왕周襄王은 모친을 제대로 섬기지 못한 까닭에 『춘추』는 천왕天王이 주나라에서 나와 정나라에서 머물렀다고 기록했습니다.[273] 불효를 행한 까닭에 내쫓은 것으로 천하가 그에게 절교한 것입니다. 종묘는 군주보다 중합니다. 지금 폐하는 이미 하늘의 질서인 천서天序를 이어받아 종묘를 받들어 제사를 지내고, 만백성을 자식으로 삼을 수 있는 자격이 없는 상황입니다. 의당 폐해야 합니다! 신이 청컨대 유사는 태뢰太牢로 고황제의 사당인 고묘高廟에 이를 고하기 바랍니다."

황태후가 조서를 내렸다.

"가하다."

곽광이 창읍왕으로 하여금 일어나 절하고 조서를 받게 했다. 창읍왕이 말했다.

"듣건대, '천자에게는 간쟁하는 신하인 쟁신爭臣이 7인이 있으면 비록 패망하는 치도인 망도亡道를 행할지라도 천하를 잃지는 않는다'고 했소."

곽광이 말했다.

"황태후가 폐위하는 조서를 내렸으니 어찌 천자를 칭할 수 있겠소!"

이내 창읍왕의 손을 잡고 인새를 묶은 인수인 새조璽組를 해탈解脫해 태후에게 바쳤다. 이어 창읍왕을 부축해 전 아래로 내려가 금마문을 나

---

273 『춘추좌전』「노희공 24년」조에 따르면 당초 주혜왕의 아들인 왕자 대帶는 모친인 혜후惠后로부터 커다란 총애를 받았다. 혜후는 그를 천자로 세우려고 했으나 뜻을 이루지 못하고 세상을 떠났다. 왕자 대는 제나라로 달아났다가 친형인 주양왕이 다시 불러들이자 적인狄人 군주의 딸인 왕후 외씨隗氏와 정을 통했다. 주양왕이 이 사실을 알고 외씨를 왕후의 자리에서 쫓아냈다. 기원전 636년 가을, 대부 퇴숙頹叔과 도자桃子가 왕자 대를 받들어 적인의 군사를 이끌고 낙읍으로 쳐들어가 왕실의 군사를 대파했다. 주양왕이 급히 낙읍을 빠져나와 정나라로 도망쳐 범氾 땅에 머물게 됐다. 『춘추좌전』「노희공 24년」조의 경문에 나오는 천왕출거어정天王出居於鄭 구절은 바로 이를 언급한 것이다.

가게 했다. 군신들이 뒤를 좇으며 배웅하는 수송隨送을 했다. 창읍왕이 서쪽 장안을 향해 절하며 말했다.

"어리석고 고집스런 나여(우당愚戇)[274], 한나라의 일을 맡는 게 아니었다."

일어나 승여乘輿의 부거副車에 탔다. 대장군 곽광이 호송해 창읍의 저택에 이르렀다. 곽광이 사죄했다.

"대왕은 스스로 천명을 끊은 것입니다. 신은 차라리 대왕께 죄를 지을지언정 감히 사직에는 죄를 지을 수 없습니다. 원컨대 대왕은 자애自愛토록 하십시오. 신은 더 이상 오래도록 좌우에 있을 수 없습니다."

그러고는 눈물을 흘리며 떠나갔다.

군신들이 상주했다.

"옛날 폐방廢放된 사람은 먼 곳에 울타리를 쳐서 정치에 관여치 못하게 했습니다. 청컨대 왕 유하劉賀를 한중漢中 방릉현房陵縣호북성 방현으로 옮기도록 하십시오."

그러나 태후는 조서를 내려 유하를 창읍으로 돌아가게 하고, 탕목읍湯沐邑 2,000호를 내렸다. 또 옛날 창읍왕가의 재물을 모두 유하에게 내주고, 유하의 부친인 창읍애왕의 딸 4명에게는 각각 탕목읍 1,000호씩 내렸다. 이어 창읍국을 없앤 뒤 산양군山陽郡으로 만들었다.

창읍의 군신들은 창읍국에 있을 때 유하의 죄과罪過를 거론해 상주하지 않고, 한나라 조정으로 하여금 소식을 들을 수 없게 하고, 또한 보필하여 인도하는 보도輔道를 하지 않아 유하를 대악大惡에 빠뜨린 혐의로 모두 하옥됐다. 주살된 자는 2,000명에 달했다. 오직 중위中尉 왕길王吉과

274 우당愚戇은 우매愚昧하며 고집스럽다는 의미로 자신에 대한 겸칭이기도 하다. 우공愚贛과 같은 뜻이다.

낭중령郎中令 공수龔遂만 충직하게 간한 공을 인정받아 사형에서 감형돼 머리를 깎는 곤형髡刑과 성을 쌓는 성단城旦의 노역에 처해졌다. 사부師王인 왕식王式이 옥에 갇혀 사형에 처해지게 됐다. 사건을 처리하는 사자가 책문責問했다.

"사부는 어찌하여 간하는 서신인 간서諫書가 없었던 것인가?"

왕식이 대답했다.

"신은 『시경』의 305편을 갖고 조석으로 왕을 가르쳤습니다. 충신과 효자에 관한 편篇에 이르면 미상불未嘗不 왕을 위해 반복해 읊지 않은 적이 없습니다. 위망危亡과 실도失道를 행한 군주에 이르면 미상불 눈물을 흘리며 왕을 위해 깊이 이를 설명하지 않은 적이 없습니다. 신은 『시경』 305편을 갖고 간한 까닭에 '간서'가 없었던 것입니다."

사자가 듣고 역시 사형을 감하도록 결론을 내렸다.

곽광은 군신들이 동궁東宮에 국사를 상주해 태후가 정사를 살피는 성정省政을 하게 된 까닭에 의당 경술經術을 알아야 한다고 생각했다. 이내 하후승夏侯勝으로 하여금 『상서』를 태후에게 가르치도록 했다. 하후승을 태후가 거주하는 장신궁長信宮의 소부少府로 승진시키고, 관내후의 작위를 내렸다.

5) 당초 위태자衛太子 유거劉據는 노국魯國 출신 사량제史良娣[275]를 맞아들여 아들 유진劉進을 낳았다. 유진을 사황손史皇孫이라고 불렀다. 황손이 탁군涿郡 출신 왕부인王夫人을 맞아들여 아들 유병이劉病已를 낳았다. 유병이를 황증손皇曾孫이라고 불렀다. 황증손이 태어나고 몇 달 뒤 무

275 태자의 정처는 태자비太子妃이다. 희첩 가운데 1급은 양제良娣, 2급은 유자孺子라고 했다. 남북조시대 남조 제나라는 태자비 밑에 양제와 보림寶林 및 재인才人을 두었고, 양나라는 양제와 보림만 두었다. 당나라 때는 태자의 첩으로 정3품의 양제를 2명 두도록 했다.

고巫蠱의 사건이 빚어졌다. 태자 유거의 세 아들과 1명의 딸을 비롯한 여러 처첩이 모두 해를 입었다. 오직 황증손만 남았으나 대홍려 소속의 감옥인 군저옥郡邸獄에 갇혔다.

전에 정위감廷尉監으로 있던 노국 출신 병길丙吉이 조명을 받고 무고의 옥사를 다뤘다. 그는 내심 태자가 그런 일을 한 적이 없다는 것을 알았다. 더구나 황증손 유병이의 무고無辜를 크게 애통해했다. 근후謹厚한 여자 죄수인 위성渭城섬서성 함양시 출신 호조胡組와 회양淮陽하남성 회양현 출신 곽징경郭徵卿을 택한 뒤 젖을 먹여 유병이를 양육하면서 한가하고 건조한 곳에 있도록 조치했다. 병길은 매일 2번씩 와서 살펴보았다.

무고의 사건에 대한 심리가 해를 이어 진행됐으나 결말이 나지 않았다. 마침 한무제가 병이 들어 장양궁長楊宮과 오작궁五柞宮을 왕래했다. 천기를 보는 망기자望氣者가 장안의 옥중에 천자의 기운이 있다고 말했다. 한무제가 사자를 파견하면서 장안의 각 관부에 옥중의 범인은 죄의 경중을 가리지 말고 모두 죽이라는 내용의 조명을 일일이 통보케 했다.

내알자령內謁者令 곽양郭穰이 저녁에 군저옥郡邸獄에 이르러 조명을 전하려고 하사 병길이 문을 닫고 사자를 거절하며 받아들이지 않은 채 이같이 말했다.

"황증손이 있다. 다른 사람이 무고하게 죽는 것도 오히려 불가한데 하물며 황증손의 경우이겠는가!"

날이 밝을 때까지 지켜 섰으나 들어갈 수 없었다. 곽양이 돌아가서 보고하면서 병길을 탄핵하는 상주문을 올렸다. 한무제도 깨달은 바가 있어 말했다.

"하늘이 그리한 것이다."

그러고는 천하에 사면령을 내렸다. 군저옥郡邸獄에 갇혀 있는 죄수들은 오직 병길 덕분에 살 수 있었다.

사태가 끝난 뒤 병길이 군저옥의 수승守丞 수여誰如에게 말했다.

"황손이 감옥에 있는 것은 부당不當하다."

수여로 하여금 경조윤京兆尹에게 서신을 쓰게 한 뒤 유병이를 호조胡組와 함께 경조윤으로 이송했다. 경조윤이 받아들이지 않고 다시 돌려보냈다. 이후 호조가 복역 날짜가 차서 출소케 되자 유병이가 호조를 사모思慕했다. 병길이 사전私錢을 들여 호조를 고용해 그대로 머물면서 곽징경郭徵卿과 함께 나란히 유병이를 양육케 했다. 몇 달 후 이내 호조를 밖으로 내보냈다. 후에 소내색부少內嗇夫[276]가 병길에게 고했다.

"황손을 먹이는 것에 대한 조령이 내려오지 않았습니다."

병길은 곧 자신이 받는 봉록에서 쌀과 고기를 일부 가져다가 매달 황증손 유병이에게 공급했다. 유병이가 몇 차례 중병에 걸린 적이 있었다. 병길이 누차 보양保養하는 유모를 재촉해 의약醫藥을 쓰게 했다. 돌보고 대우하는 시우視遇가 매우 은혜로웠다. 병길은 황증손의 모친인 사량제史良娣에게 어머니 정군貞君과 오라비인 사공史恭이 살아 있다는 소식을 들었다. 이내 황증손을 수레에 태워 보내며 양육을 부탁했다. 정군은 연로했으나 고아인 외손자를 보고는 매우 슬프게 생각해 스스로 정성스레 돌보았다.

이후 한무제가 액정掖庭에 조서를 내려 유병이를 양시養視토록 하고, 또 종정宗正에게 명해 황실의 호적인 종적宗籍에 올리도록 했다. 당시의 액정령 장하張賀는 일찍이 여태자戾太子 유거를 섬긴 적이 있었다. 구은舊恩을 사고思顧해 황증손의 처지를 애처롭게 생각했다. 봉양을 심히 성실

276 『사기』「효경본기」의 '대내大內에 소속된 좌우내관左右內官을 두었다'는 구절에 대해 당나라의 사마정은 『사기색은』에서 "천자의 사적인 재물을 담당한 부서가 소내少內이고, 소내는 대내에 소속돼 있었다."고 주석했다. 색부嗇夫는 각 부서의 실무담당 소리小吏를 지칭한다.

하게 한 이유다. 사전私錢으로 필요한 것을 공급하고, 독서를 가르친 게 그렇다. 유병이가 장성하자 장하는 손녀를 시집보내고자 했다.

당시 한소제가 처음으로 관례冠禮를 치렀다. 키가 8척 2촌이었다.

장하의 동생 장안세張安世는 우장군右將軍으로 보정輔政의 역할을 하고 있었다. 그는 장하가 황증손을 칭예稱譽하면서 손녀를 시집보내려 한다는 소식을 듣고는 화를 냈다.

"황증손은 위태자衛太子의 후예입니다. 서인庶人이 되어 의식衣食을 관청인 현관縣官에서 얻고 있으니 그것으로도 요행이라고 할 수 있습니다. 다시는 손녀를 주겠다는 얘기를 하지 마십시오!"

장하가 그 일을 그만두게 된 이유다. 당시 궁정 감옥인 폭실暴室의 색부嗇夫인 허광한許廣漢에게 딸이 있었다. 장하가 이내 술자리를 마련해 허광한을 초청한 뒤 술이 취하자 이같이 말했다.

"황증손은 황상의 근친이오. 앞으로 최소한 관내후는 될 것이오. 가히 딸을 시집보낼 만하오."

허광한이 허락했다. 다음날, 허광한의 부인(구嫗)이 그 얘기를 듣고는 크게 화를 냈다. 그러나 허광한은 장하의 계책을 매우 중시한 까닭에 마침내 딸을 황증손 유병이에게 시집보냈다. 장하가 집안의 재물을 일부 기울여 빙례聘禮를 무사히 치르게 했다.

황증손 유병이는 허광한 형제와 조모의 집안인 사씨史氏에 의지해 동해東海 산동성 담성현 출신 복중옹澓中翁으로부터 『시경』을 배웠다. 재주도 뛰어나고 호학好學이지만 역시 유협游俠을 좋아했다. 닭싸움인 투계鬪鷄와 개 경주인 주구走狗를 좋아한 게 그렇다. 덕분에 하층 서민의 간사奸邪와 일반 관원들의 득실에 관한 행보를 두루 꿰게 됐다.

자주 여러 능묘 사이를 오가며 삼보三輔 일대를 두루 다녔다. 그로 인해 일찍이 연작蓮勺 섬서성 위남현의 염전지대인 노중鹵中에서 곤욕을 치르기도 했다. 그는 즐겨 두현杜縣섬서성 서안시과 호현鄠縣섬서성 호현 사이를 오가며 늘 장안 남쪽의 하두下杜에 머물렀다. 조회 참석을 청하는 조청朝請을 받았을 때는 임시로 경조윤의 관할구역인 장안의 상관리尙冠里에서 묵었다.

마침내 창읍왕이 폐위되는 상황에 이르러 곽광은 장안세 및 여러 대신들과 황제 옹립 문제를 논의했으나 쉽게 결론을 내지 못했다. 병길이 곽광에게 상서했다.

"장군은 효무황제를 모실 때 강보의 어린아이를 부탁하는 유촉을 받아 천하를 다스리는 중임을 맡게 됐습니다. 이후 효소황제가 일찍 붕어하면서 후사가 없는 까닭에 해내가 우구憂懼하며 뒤를 이을 군주에 관한 소식을 속히 듣고자 했습니다. 발상發喪하는 날 대의大誼를 가지고 후사를 세웠으나 그는 적합한 후사가 아니었습니다. 다시 대의에 입각해 그를 폐위시키자 천하사람 가운데 복종치 않는 자가 없습니다. 바야흐로 지금 사직과 종묘 및 일반백성인 군생群生의 명운이 장군의 한 번 거동에 달려 있습니다. 가만히 엎드려 중서衆庶의 말을 듣고, 그들이 말하는 제후와 종실로서 열위列位에 있는 자들을 살펴보니 백성들 사이에 좋게 소문난 사람이 없었습니다. 그러나 유조遺詔에 의해 양육된 무제의 증손자 유병이劉病已가 지금 액정掖庭과 외가에 살고 있습니다. 저 병길은 전에 군저옥에서 일할 때 그의 어린 모습을 본 적이 있습니다. 현재 18-19세가 됐을 것입니다. 경술經術에 통달하고, 미재美材를 지니고 있고, 행동이 편안하고 절도가 있으며 온화합니다. 원컨대 장군은 대의를 상고詳考하고, 시초점과 거북점인 시구蓍龜를 통해 어찌 해야 좋을지 참조하고, 그를 드러나게 기리면서 먼저 입시入侍케 하십시오. 연후에 천하로 하여금 명확히 알게 한 뒤 대책大策을 결정하면 천하에 큰 복이 될 것입니다."

두연년도 황증손 유병이의 덕미德美를 알고 있는 까닭에 곽광과 장안세에게 그를 세우도록 권했다.

가을 7월, 곽광이 정중庭中에 앉아 승상 이하의 조정대신을 모아 황제 옹립 문제를 의논했다. 마침내 승상 양창 등과 함께 상주했다.

"효무황제의 증손 유병이는 나이가 18세이고, 스승으로부터 『시경』과 『논어』, 『효경』을 배웠습니다. 몸소 절검節儉의 행보를 보이며, 인자하고 어질며 사람을 사랑하는 자인애인慈仁愛人의 모습을 보입니다. 가히 효소황제의 뒤를 잇고, 조종의 종묘를 봉승奉承하고, 천하백성을 다스릴 만합니다. 신들은 죽음을 무릅쓰고 고합니다!"

황태후가 조서를 내렸다.

"가하다."

곽광은 종정 유덕劉德을 황증손인 유병이가 있는 상관리로 보내 세목洗沐을 시킨 뒤 어의御衣를 내리게 했고, 태복太僕에게 가볍고 빠른 수레인 영엽거軨獵車를 갖고 가 영접케 했다. 유병이가 종정부宗正府에 머물며 재계했다.

7월 25일, 미앙궁에 들어가 황태후를 알현한 뒤 양무후陽武侯에 봉해졌다. 세후에 봉해지자 이내 여러 신하들이 새수璽綬를 올렸다. 유병이가 황제의 자리에 올랐다. 고묘高廟를 배알하고, 황태후를 태황태후太皇太后로 높였다.

어사대부 휘하의 감찰관인 시어사侍御史 엄연년嚴延年이 곽광을 탄핵하는 상주문을 올렸다.

"대장군 곽광은 멋대로 군주를 폐립하니, 신하로서 무례無禮하고 부도不道합니다."

탄핵은 이내 잠잠해졌지만 조정 대신들은 숙연肅然히 곽광을 존경하면서도 꺼렸다.

6) 8월 5일, 안평경후安平敬侯 양창楊敞이 홍거薨去했다.

7) 9월, 천하에 대사령을 내렸다.

8) 9월 4일, 채의蔡義가 승상이 됐다.

9) 당초 허광한의 딸이 황증손 유병이에게 시집을 가 1년 뒤 아들 유석劉奭을 낳았다. 몇 달 뒤 유병이가 즉위하자 허씨는 첩여婕妤가 됐다. 당시 곽장군에게 작은 딸이 있었다. 더구나 황태후와 친했다. 공경들이 황후를 다시 세우기 위해 의논했다. 모두 마음으로는 곽광의 딸을 의정擬定했으나 말로 드러내지는 않았다.

황제인 한선제漢宣帝 유병이가 이내 미천했을 당시에 차고 다녔던 고검故劍을 구한다는 내용의 조서를 내렸다. 그 의미를 알아챈 대신들이 이내 허첩여를 황후로 세울 것을 건의했다.

11월 19일, 허씨를 황후로 세웠다. 곽광은 황후의 부친인 허광한은 형벌을 받은 적이 있어 군국君國으로 마땅치 않다며 이의를 제기했다. 1년여 뒤 마침내 그를 창성군昌成君에 봉했다.

10) 태황태후가 장락궁長樂宮으로 돌아갔다. 장락궁에 처음으로 둔위屯衛를 두었다.

** 起強圉協洽, 盡昭陽赤奮若, 凡七年.

孝昭皇帝元平元年

春, 二月, 詔減口賦錢什三.

夏, 四月, 癸來, 帝崩於未央宮. 無嗣. 時武帝子獨有廣陵王胥, 大將軍光與群臣議所立, 咸持廣陵王. 王本以行失道, 先帝所不用. 光內不自安. 朗有上書言曰, "周太王廢太伯立王季, 文王捨伯邑考立武王, 唯在所宜, 雖廢長立少可也. 廣陵王不可以承宗嗣." 言合光意. 光以其書示丞相敞等, 擢郎為九江太守. 即日承皇后詔, 遣行大鴻臚事少府樂成·宗正德·光祿大夫吉·中郎將利漢, 迎昌邑王賀, 乘七乘傳詣長安邸. 光又白皇后, 徒右將軍安世為車騎將軍.

賀, 昌邑哀王之子也, 在國素狂縱, 動作無節. 武帝之喪, 賀游獵不止. 嘗游方與, 不半日馳二百里. 中尉琅邪王吉上疏諫曰, "大王不好書術而樂逸游, 馮式撙銜, 馳騁不止, 口倦虖叱吒, 手苦於棰轡, 身勞虖車輿, 朝則冒霧露, 晝則被塵埃, 夏則為大暑之所暴炙, 冬則為風寒之所匽薄, 數以耎脆之玉體犯勤勞之煩毒, 非所以全壽命之宗也, 又非所以進仁義之隆也. 夫廣廈之下, 細旃之上, 明師居前, 勸誦在後, 上論唐·虞之際, 下及殷·周之盛, 考仁聖之風, 習治國之道, 欣欣焉發憤忘食, 日新厥德, 其樂豈銜橛之間哉! 休則俛仰屈伸以利形, 進退步趨以實下, 吸新吐故以練臧, 專意積精以適神, 於以養生, 豈不長哉! 大王誠留意如此, 則心有堯·舜之志, 體有喬·松之壽, 美聲廣譽, 登而上聞, 則福祿其臻而社稷安矣. 皇帝仁聖, 至今思慕未怠, 於宮館·囿池·弋獵之樂未有所幸, 大王宜夙夜念此以承聖意. 諸侯骨肉, 莫親大王, 大王於屬則子也, 於位則臣也, 一身而二任之責加焉. 恩愛行義, 纖介有不具者, 於以上聞, 非饗國之福也." 王乃下令曰, "寡人造行不能無惰, 中尉其忠, 數輔吾過." 使謁者千秋賜中尉牛肉五百斤, 酒五石, 脯五束. 其後復放縱自若.

郎中令山陽龔遂, 忠厚剛毅, 有大節, 內諫爭於王, 外責傅相, 引經義, 陳禍福, 至於涕泣, 蹇蹇亡已, 面刺王過. 王至掩耳起走, 曰, "郎中令善愧人!" 王嘗久與騶奴·宰人游戲飲食, 賞賜無度, 遂入見王, 涕泣膝行, 左右侍御皆出涕. 王曰, "郎中令何為哭?" 遂曰, "臣痛社稷危也! 願賜清閒, 竭愚!" 王辟左右. 遂曰, "大王知膠西王所以為無道亡乎?" 王曰, "不知也." 曰, "臣聞膠西王有諛臣侯得, 王所為似於桀·紂也, 得以為堯·舜也. 王說其諂諛, 常與寢處, 唯得所言, 以至於是. 今大王親近群小, 漸漬邪惡所習, 存亡之機, 不可不慎也

! 臣請選郎通經有行義者與王起成, 坐則誦『詩』·『書』, 立則習禮容, 宜有益.” 王許之. 遂乃選郎中張安等十人侍王. 居數日, 王皆逐去安等.

王嘗見大白犬, 頸以下似人, 冠方山冠而無尾, 以問龔遂, 遂曰, “此天戒, 言在側者盡冠狗也, 去之則存, 不去則亡矣.” 後又聞人聲曰, “熊!” 視而見大熊, 左右莫見, 以問遂, 遂曰, “熊, 山野之獸, 而來之宮室, 王獨見之, 此天戒大王, 恐宮室將空, 危亡象也.” 王仰天而歎曰, “不祥何為數來!” 遂叩頭曰, “臣不敢隱忠, 數言危亡之戒. 大王不說. 夫國之存亡, 豈在臣言哉! 願王內自揆度. 大王誦『詩』三百五篇, 人事浹, 王道備. 王之所行, 中『詩』一篇何等也? 大王位於諸侯王, 行污於庶人, 以存難, 以亡易, 宜深察之!” 後又血污王坐席, 王問遂. 遂叫然號曰, “宮空不久, 妖祥數至. 血者, 陰憂象也, 宜畏慎自省!” 王終不改節.

及征書至, 夜漏未盡一刻, 以火發書. 其日中, 王發. 晡時, 至定陶, 行百三十五里, 侍從者馬死相望於道. 王吉奏書戒王曰, “臣聞高宗諒闇, 三年不言. 今大王以喪事徵, 宜日夜哭泣悲哀而已, 慎毋有所發! 大將軍仁愛·勇智·忠信之德, 天下莫不聞. 事孝武皇帝二十餘年, 未嘗有過. 先帝棄群臣, 屬以天下, 寄幼孤焉. 大將軍抱持幼君襁褓之中, 布政施教, 海內晏然, 雖周公·伊尹無以加也. 今帝崩無嗣, 大將軍惟思可以奉宗廟者, 攀援而立大王, 其仁厚豈有量哉! 臣願大王事之, 敬之, 政事壹聽之, 大王垂拱南面而已. 願留意, 常以為念!”

王至濟陽, 求長鳴雞, 道買積竹杖. 過弘農, 使大奴善以衣車載女子. 至湖, 使者以讓相安樂. 安樂告龔遂, 遂入問王, 王曰, “無有.” 遂曰, “即無有, 何愛一善以毀行義! 請收屬吏, 以湔灑大王.” 即捽善屬衛士長行法.

王到霸上，大鴻臚郊迎，騶奉乘輿車．王使壽成御，郎中令遂參乘．且至廣明·東都門，遂曰，“禮，奔喪望見國都哭．此長安東郭門也.” 王曰，“我嗌痛，不能哭.” 至城門，遂復言，王曰，“城門與郭門等耳.” 且至未央宮東闕，遂曰，“昌邑帳在是闕外馳道北，未至帳所，有南北行道，馬足未至數步．大王宜下車，鄉闕西面伏哭，盡哀止.” 王曰，“諾.” 到，哭如儀．六月，丙寅，王受皇帝璽綬，襲尊號，尊皇后曰皇太后.

壬申，葬孝昭皇帝於平陵.

昌邑王既立，淫戲無度．昌邑官屬皆征至長安，往往超擢拜官．相安樂遷長樂衛尉．龔遂見安樂，流涕謂曰，“王立為天子，日益驕溢，諫之不復聽．今哀痛未盡，日與近臣飲酒作樂，鬪虎豹，召皮軒車九旒，驅馳東西，所為悖道．古制寬，大臣有隱退．今去不得，陽狂恐知，身死為世戮，奈何？君，陛下故相，宜極諫爭.”

王夢青蠅之矢積西階東，可五六石，以屋版瓦覆之，以問遂，遂曰，“陛下之『詩』不云乎，‘營營青蠅，止於藩．愷悌君子，毋信讒言’ 陛下左側讒人眾多，如是青蠅惡矣．宜進先帝大臣子孫，親近以為左右．如不忍昌邑故人，信用讒諛，必有凶咎．願詭禍為福，皆放逐之！臣當先逐矣.” 王不聽．太僕丞河東張敞上書諫，曰，“孝昭皇帝早崩無嗣，大臣猶懼，選賢聖承宗廟，東迎之日，唯恐屬車之行遲．今天子以盛年初即位，天下莫不拭目傾耳，觀化聽風．國輔大臣未褒，而昌邑小輩先遷，此過之大者也.” 王不聽.

太僕丞河東張敞上書諫，曰，“孝昭皇帝早崩無嗣，大臣憂懼，選賢聖承宗廟，東迎之日，唯恐屬車之行遲．今天子以盛年初即位，天下莫不拭目傾年，觀化聽風．國輔大臣未褒，而昌邑小輩先遷，此過之大者也.” 王不聽.

大將軍光憂懣，獨以問所親故吏大司農田延年．延年曰，“將軍為國柱石，審此人不可，何不建白太后，更選賢而立之!” 光曰，“今欲如是，於古嘗有此不?” 延年曰，“伊尹相殷，廢太甲以安宗廟，後世稱其忠．將軍若能行此，亦漢之伊尹也.” 光乃引延年給事中，陰與車騎將軍張安世圖計．

王出游，光祿大夫魯國夏侯勝當乘輿前諫曰，“天久陰而不雨，臣下有謀上者．陛下出，欲何之?” 王怒，謂勝為示夭言，縛以屬吏．吏白霍光，光不擧法．光讓安世，以為洩語．安世實不言．乃召問勝．勝對言曰，“在『鴻範傳』曰，‘皇之不極，厥罰常陰，時則有下人伐上者’惡察察言，故云‘臣下有謀’” 光·安世大驚，以此益重經術士．侍中傅嘉數進諫，王亦縛嘉繫獄．

光·安世既定議，乃使田延年報丞相楊敞．敞驚懼，不知所言，汗出洽背，徒唯唯而已．延年起，至更衣，敞夫人遽從東廂謂敞曰，“此國大事，今大將軍議已定，使九卿來報君侯，君侯不疾應，與大將軍同心，猶與無決，先事誅矣!” 延年從更衣還，敞夫人與延年參語許諾曰，“請奉大將軍教令!”

癸巳，光召丞相·御史·將軍·列侯·中二千石·大夫·博士會議未央宮．光曰，“昌邑王行昏亂，恐危社稷，如何?” 群臣皆驚鄂失色，莫敢發言，但唯唯而已．田延年前，離席按劍曰，“先帝屬將軍以幼孤，寄將軍以天下，以將軍忠賢，能安劉氏也．今群下鼎沸，社稷將傾．且漢之傳謚常為‘孝’者，以長有天下，令宗廟血食也．如漢家絕祀，將軍雖死，何面目見先帝於地下乎? 今日之議，不得旋踵，群臣後應者，臣請劍斬之!” 光謝曰，“九卿責光是也! 天下匈匈不安，光當受難.” 於是議者皆叩頭曰，“萬姓之命，在於將軍，唯大將軍令!”

光即與群臣俱見，白太后，具陳昌邑王不可以承宗廟狀．皇太后乃車駕幸未央承明殿，詔諸禁門毋內昌邑群臣．王入朝太后還，乘輦欲歸溫室．中黃門宦者各持門扇，王入，門閉，昌邑群臣不得入．王曰，“何為?”大將軍跪曰，“有皇太后詔，毋內昌邑群臣!”王曰，“徐之，何乃驚人如是!”光使盡驅出昌邑群臣，置金馬門外．車騎將軍安世將羽林騎，收縛二百餘人，皆送廷尉詔獄．令故昭帝侍中中臣侍守王．光敕左右曰，“謹宿衛！卒有物故自裁，令我負天下，有殺主名.”王尚未自知當廢，謂左右曰，“我故群臣從官安得罪，而大將軍盡繫之乎!”

頃之，有太后詔召王．王聞召，意恐，乃曰，“我安得罪而召我哉!”太后被珠襦，盛服坐武帳中，侍御數百人皆持兵，期門武士陛戟陳列殿下，群臣以次上殿，召昌邑王伏前聽詔．光與群臣連名奏王，尚書令讀奏曰，“丞相臣敞等昧死言皇太后陛下．孝昭皇帝早棄天下，遣使征昌邑王典喪，服斬衰，無悲哀之心，廢禮誼，居道上不素食，使從官略女子載衣車，內所居傳捨．始至謁見，立為皇太子，常私買雞豚以食．受皇帝信璽·行璽大行前，就次，發璽不封．從官更持節引內昌邑從官·騶宰·官奴二百餘人，常與居禁闥內敖戲．為書曰，‘皇帝問侍中君卿．使中御府令高昌奉黃金千斤，賜君卿取十妻’大行在前殿，發樂府樂器，引內昌邑樂人擊鼓，歌吹，作俳倡．召內泰壹 宗廟樂人，悉奏眾樂．駕法駕驅馳北宮·桂宮，弄彘，鬬虎．召皇太后御小馬車，使官奴騎乘，游戲掖庭中．與孝昭皇帝宮人蒙等淫亂，詔掖庭令，‘敢洩言，要斬’……”太后曰，“止！為人臣子，當悖亂如是邪!”王離席伏．

尚書令復讀曰，“……取諸侯王·列侯·二千石綬及墨綬·黃綬以并佩昌邑郎官者免奴．發御府金錢·刀劍·玉器·采繒，賞賜所與游戲者．與從官·官奴夜飲，湛沔於酒．獨夜設九賓溫室，延見姊夫昌邑關內侯．祖宗廟祠未舉，為璽書，使使者持節以三太牢祠昌邑哀王園廟，稱'嗣子皇帝' 受璽以來二十七日, 使者旁午, 持節詔諸官署徵發凡一千一百二十七事. 荒淫迷惑, 失帝王禮誼, 亂漢制度. 臣敞等數進諫, 不變更, 日以益甚. 恐危社稷, 天下不安. 臣敞等謹與博士議, 皆曰, '今陛下嗣孝昭皇帝後, 行淫辟不軌. 五辟之屬, 莫大不孝. 周襄王不能事母,『春秋』曰, 天王出居於鄭, 由不孝出之, 絕之於天下也. 宗廟重於君, 陛下不可以承天序, 奉祖宗廟, 子萬姓, 當廢' 臣請有司以一太牢具告祠高廟." 皇太后詔曰, "可." 光令王起, 拜受詔, 王曰, "聞'天下有爭臣七人, 雖亡道不失天下' 光曰, "皇太后詔廢, 安得稱天子!" 乃即持其手, 解脫其璽組, 奉上太后, 扶王下殿, 出金馬門, 群臣隨送. 王西面拜曰, "愚戇, 不任漢事!" 起, 就乘輿副車, 大將軍光送至昌邑邸. 光謝曰, "王行自絕於天, 臣寧負王, 不敢負社稷! 願王自愛, 臣長不復左右." 光涕泣而去.

群臣奏言曰, "古者廢放之人, 屏於遠方, 不及以政. 請徙王賀漢中房陵縣." 太后詔歸賀昌邑, 賜湯沐邑二千戶, 故王家財物皆與賀. 及哀王女四人, 各賜湯沐邑千戶. 國除, 為山陽郡.

昌邑群臣坐在國時不舉奏王罪過, 令漢朝不聞知, 又不能輔道, 陷王大惡, 皆下獄, 誅殺二百餘人. 唯中尉吉·郎中令遂以忠直數諫正, 得減死, 髡為城旦. 師王式繫獄當死, 治事使者責問曰, "師何以無諫書?" 式對曰, "臣以『詩』三百五篇朝夕授王, 至於忠臣·孝子之篇, 未嘗不為王反復誦之也. 至於危亡失道之君, 未嘗不流涕為王深陳之也. 臣以三百五篇諫, 是以無諫書." 使者以聞, 亦得減死論.

霍光以群臣奏事東宮, 太后省政, 宜知經術, 白令夏侯勝用『尚書』授太后, 遷勝長信少府, 賜爵關內侯.

初, 衛太子納魯國史良娣, 生子進, 號史皇孫. 皇孫納涿郡王夫人, 生子病已, 號皇曾孫. 皇曾孫生數月, 遭巫蠱事, 太子三男·一女及諸妻·妾皆遇害, 獨皇曾孫在, 亦坐收繫郡邸獄. 故廷尉監魯國丙吉受詔治巫蠱獄, 吉心知太子無事實, 重哀皇曾孫無辜, 擇謹厚女徒渭城胡組·淮陽郭徵卿, 令乳養曾孫, 置閒燥處. 吉日再省視.

巫蠱事連歲不決, 武帝疾, 來往長楊·五柞宮, 望氣者言長安獄中有天子氣, 於是武帝遣使者分條中都官, 詔獄繫者, 無輕重, 一切皆殺之. 內謁者令郭穰夜到郡邸獄, 吉閉門拒使者不納, 曰, "皇曾孫在. 他人無辜死者猶不可, 況親曾孫乎!" 相守至天明, 不得入. 穰還, 以聞, 因劾奏吉. 武帝亦寤, 曰, "天使之也." 因赦天下. 郡邸獄繫者, 獨賴吉得生.

既而吉謂守丞誰如曰, "皇孫不當在官." 使誰如移書京兆尹, 遣與胡組俱送. 京兆尹不受, 復還. 及組日滿當去, 皇孫思慕, 吉以私錢雇組令留, 與郭徵卿幷養, 養月, 乃遣組去. 後少內嗇夫白吉曰, "食皇孫無詔令." 時吉得食米·肉, 月月以給皇曾孫. 曾孫病, 幾不全者數焉, 吉數敕保養乳母加致醫藥, 視遇甚有恩惠. 吉聞史良娣有母貞君及兄恭, 乃載皇曾孫以付之. 貞君年老, 見孫孤, 甚哀之, 自養視焉.

後有詔掖庭養視, 上屬籍宗正. 時掖庭令張賀, 嘗事戾太子, 思顧舊恩, 哀曾孫, 奉養甚謹, 以私錢供給, 教書. 既壯, 賀欲以女孫妻之. 是時昭帝始冠, 長八尺二寸. 賀弟安世為右將軍, 輔政, 聞賀稱譽皇曾孫, 欲妻以女, 怒曰, "曾孫乃衛太子後也, 幸得以庶人衣食縣官足矣, 勿復言予女事!" 於是賀止. 時暴室嗇夫許廣漢有女, 賀乃置酒請廣漢, 酒酣, 為言曰, "曾孫體近, 下乃關內侯, 可妻也." 廣漢許諾. 明日, 嫗聞之, 怒. 廣漢重令人為介, 遂與曾孫. 賀以家財聘之. 曾孫因依倚廣漢兄弟及祖母家史氏, 受『詩』於東海澓中翁, 高材好學. 然亦喜游俠, 鬪鷄走狗, 以是俱知閭里奸邪, 吏治得失. 數上下諸陵, 周遍三輔, 嘗困於蓮勺鹵中. 尤樂杜·鄠之間, 率常在下杜. 時會朝請, 舍長安尚冠里.

及昌邑王廢, 霍光與張安世諸大臣議所立, 未定. 丙吉奏記光曰, "將軍事孝武皇帝, 受襁褓之屬, 任天下之寄. 孝昭皇帝早崩亡嗣, 海內憂懼, 欲亟聞嗣主. 發喪之日, 以大誼立後, 所立非其人, 復以大誼廢之. 天下莫不服焉. 方今社稷·宗廟·群生之命在將軍之壹舉, 竊伏聽於眾庶, 察其所言諸侯·宗室在列位者, 未有所聞於民間也. 而遺詔所養武帝曾孫名病已在掖庭·外家者, 吉前使居郡邸時, 見其幼少. 至今十八九矣, 通經術, 有美材, 行安而節和. 願將軍詳大義, 參以蓍龜豈宜, 褒顯先使入侍, 令天下昭然知之, 然後決定大策, 天下幸甚!" 杜延年亦知曾孫德美, 勸光·安世立焉.

秋, 七月, 光坐庭中, 會丞相以下議定所立, 遂復與丞相敞等上奏曰, "孝武皇帝曾孫病已, 年十八, 師受『詩』·『論語』·『孝經』, 躬行節儉, 慈仁愛人, 可以嗣孝昭皇帝後, 奉承祖宗廟, 子萬姓. 臣昧死以聞!" 皇太后詔曰, "可." 光遣宗正德至曾孫家尚冠里, 洗沐, 賜御衣. 太僕以軨獵車迎曾孫, 就齋宗正府. 庚申, 入未央宮, 見皇太后, 封為陽武侯. 已而群臣奏上璽綬, 即皇帝位, 謁高廟. 尊皇太后為太皇太后.

侍御史嚴延年劾奏"大將軍光擅廢立主, 無人臣禮, 不道." 奏雖寢, 然朝廷肅然敬憚之.

八月, 己巳, 安平敬侯楊敞薨.

九月, 大赦天下.

戊寅, 蔡義為丞相.

初, 許廣漢女適皇曾孫, 一歲, 生子奭. 數月, 曾孫立為帝, 許氏為婕妤. 是時霍將軍有小女與皇太后親, 公卿議更立皇后, 皆心擬霍將軍女, 亦未有言. 上乃詔求微時故劍. 大臣知指, 白立許婕妤為皇后. 十一月, 壬子, 立皇后許氏. 霍光以后父廣漢刑人, 不宜君國. 歲餘,乃封為昌成君.

太皇太后歸長樂宮. 長樂宮初置屯衛.

한선제漢宣帝 본시本始 원년(BC 73)

1) 봄, 유사에게 조서를 내려 종묘를 안정시킨 공을 논정論定케 했다. 대장군 곽광에게 17,000호의 식읍을 더해줘 이전 식읍을 포함해 2만 호가 되게 했다. 거기장군인 부평후富平侯 장안세 이하의 공신 가운데 식읍을 더해줘 받은 사람은 10명, 열후에 책봉된 사람은 5명, 관내후 작위를 받은 사람은 8명이었다.

2) 대장군 곽광이 머리를 조아리는 계수稽首를 하며 대정大政을 군주에게 돌려주는 귀정歸政을 얘기했다. 황제가 겸양하며 받지 않고, 모든 일은 먼저 곽광에게 보고하는 관백關白을 한 뒤 자신에게 보고토록 했다. 한소제 때부터 곽광의 아들인 곽우霍禹와 형의 손자인 곽운霍雲 모두 중랑장으로 있었다. 곽운의 동생인 곽산霍山은 봉거도위奉車都尉·시중侍中으로 호胡와 월越의 군사를 지휘했다. 곽광의 두 사위는 동서 궁궐의 위위衛尉였다. 형제와 여러 사위, 외손자들 모두 조정에 나와 황제에게 하례를 올리는 이른바 봉조청奉朝請[277]으로 있으면서 여러 중앙관서의 실무관직인 조曹를 비롯해 대부大夫와 기도위騎都尉, 급사중給事中 등의 직책을 맡았다. 그 무리와 친척이 한 몸처럼 연결돼 조정에 깊이 뿌리를 내리고 있었다. 창읍왕이 폐위되자 곽광의 권력은 더욱 무거워졌다. 그가 알현할 때면 황상인 한선제는 스스로를 비우며 용모를 단정히 하는 허기염용虛

277 봉조청奉朝請은 퇴관退官한 삼공, 외척, 종실, 제후 등에게 조회에 참석할 수 있는 권한을 부여한데서 나온 명칭이다. 원래 여기의 조朝는 춘계春季 조현朝見, 청請은 추계 조현을 뜻한다.

己斂容의 모습을 보였다. 스스로를 낮추는 자세가 이미 심했다.

3) 여름 4월 10일, 지진이 났다.

4) 5월, 봉황이 교동膠東산동성 평도현과 천승千乘산동성 고원현에 모였다. 천하에 사면령을 내리고, 토지세인 전조田租와 전부田賦를 거두지 못하게 했다.

5) 6월, 황제가 조서를 내렸다.

"옛날 황태자 유거를 호湖하남성 영보현 땅에 장사를 지냈다. 아직 시호도 없고, 세시歲時로 제사도 올리지 않았다. 시호를 의정議定하고, 능원인 원읍園邑을 설치토록 하라."

유사에서 주청했다.

"예를 보면 다른 사람의 뒤를 이은 사람은 그 사람의 아들이 된다고 했습니다. 친부모에 대한 예를 깎아 제사를 지내지 않는 이유입니다. 선조를 존중하는 취지에서 그런 것입니다. 폐하는 효소황제의 후사가 된 까닭에 조종의 제사를 잇게 된 것입니다. 저희들의 우견愚見으로는 친생 부친의 시호는 의당 도悼, 친생 모친은 도후悼后, 조부인 황태자는 여戾, 조모인 사량제史良娣는 여부인戾夫人으로 하는 게 좋을 듯합니다."

모두 이같이 고쳐 개장改葬했다.

6) 가을 7월, 조서를 내려 옛날 연자왕燕刺王 유단劉旦의 태자 유건劉建을 광양왕廣陽王, 광릉왕廣陵王 유서劉胥의 어린 아들 유홍劉弘을 고밀왕高密王으로 삼았다.

당초 상관걸과 곽광이 쟁권爭權할 때 곽광은 이미 상관걸을 죽인 뒤 마침내 한무제의 법도를 준수해 형벌로 군하群下를 아프게 묶어 두었다. 속리俗吏들이 엄혹嚴酷한 법집행을 능력으로 여기게 된 이유다. 하남河南하남성 낙양시 태수인 회양淮陽하남성 회양현 출신 황패黃霸는 홀로 관화寬和의 자세로 정사에 임해 명성을 얻었다. 황제는 민간에 있을 때 백성들이 관원들의 급한 법집행으로 크게 고생하는 것을 깊이 알게 됐다. 황패가 법집행을 공평히 한다는 소문을 듣고는 이내 불러 심판관에 해당하는 정위정廷尉正으로 삼은 뒤 의심나는 옥안을 판결케 했다. 조정 내에 공평하다는 칭송이 자자했다.

* 中宗孝宣皇帝本始元年

春, 詔有司論定策安宗廟功. 大將軍光益封萬七千戶, 與故所食凡二萬戶. 車騎將軍富平侯安世以下益封者十人, 封侯者五人, 賜爵關內侯者八人.

大將軍光稽首歸政, 上謙讓不受. 諸事皆先關白光, 然後奏御. 自昭帝時, 光子禹及兄孫雲皆為中郎將, 雲弟山奉車都尉·侍中·領胡·越兵, 光兩女婿為東·西宮衛尉, 昆弟·諸婿·外孫皆奉朝請, 為諸曹·大夫·騎都尉·給事中, 黨親連體, 根據於朝廷. 及昌邑王廢, 光權益重, 每朝見, 上虛己斂容, 禮下之已甚.

夏, 四月, 庚午, 地震.

五月, 鳳皇集膠東·千乘. 赦天下, 勿收田租賦.

六月, 詔曰, "故皇太子在湖, 未有號謚, 歲時祠. 其議謚, 置園邑." 有司奏請曰, "禮, 為人後者, 為之子也. 故降其父母, 不得祭, 尊祖之義也. 陛下為孝昭帝後, 承祖宗之祀, 愚以為親謚宜曰悼, 母曰悼后. 故皇太子謚曰戾, 史良娣曰戾夫人." 皆改葬焉.

秋, 七月, 詔立燕刺王太子建為廣陽王. 立廣陵王胥少子弘為高密王. 初, 上官桀與霍光爭權, 光既誅桀, 遂遵武帝法度, 以刑罰痛繩群下, 由是俗吏皆尚嚴酷以為能. 而河南太守丞淮陽黃霸獨用寬和為名. 上在民間時, 知百姓苦吏急也, 聞霸持法平, 乃召以為廷尉正. 數決疑獄, 庭中稱平.

한선세 본시 2년(BC 72)

1) 봄, 대사농 전연년田延年이 죄를 짓고 자살했다. 한소제 유불릉의 상사喪事 때 대사농이 능원을 만들기 위해 민간인의 수레를 빌려 썼다. 이때 임대료를 부풀려 계산해 3,000만 전을 도취盜取했다. 그에게 원한을 품은 민간인들이 고발했다. 대장군 곽광이 그를 불러 물으면서 살아날 방안을 만들어주고자 했다. 전연년이 거절했다.

"그런 일이 없었습니다."

곽광이 말했다.

"실로 그런 일이 없었다면 의당 끝까지 추궁해야 할 것이다!"

어사대부 전광명田廣明이 태복 두연년杜延年에게 말했다.

"『춘추』는 대의를 좇아 공로로 과실을 덮어주는 이공복과以功覆過를 언급했소.[278] 창읍왕을 폐위할 때 전자빈田子賓의 언급이 없었다면 대사가 이뤄지지 못했을 것이오. 이제 전자빈으로 하여금 조정인 현관縣官에서 그에게 3,000만 전을 하사토록 청원케 하는 게 어떻겠소? 원컨대 이 우언愚言을 대장군에게 전해 주시오."

두연년이 이를 대장군 곽광에게 전하자 곽광이 이같이 대답했다.

"그렇소. 그는 실로 뛰어난 용사요! 창읍왕 폐위를 둘러싼 대의大議 때

278 원문은 이공복과以功覆過이다. 『춘추공양전』「노희공 17년」조에 이를 뒷받침하는 구절이 나온다. "기원전 643년 여름, 항項나라를 멸망시켰다. 누가 멸망시켰나? 제나라가 멸망시켰다. 어째서 '제나라가 멸망시켰다'라고 기재하지 않았는가? 제환공을 위해 휘諱한 것이다. 『춘추』는 어질고 덕이 있는 사람을 위해 휘한다. 이번은 남의 나라를 멸망시킨 것인데, 어째서 그를 덕이 있다고 할 수 있는가? 군자가 악행을 저지르는 사람을 미워하는 것은 처음 악행을 저지르는 때뿐으로 죽을 때까지 미워하지는 않는다. 어진 사람을 칭찬하는 것은 처음부터 종신토록 끝까지 칭찬하는 것이다. 제환공은 일찍이 패망위기에 처한 제후국들에 대해 단절된 후사를 잇고 패망한 나라를 존속시키는 계절존망繼絶存亡의 공을 세웠다. 군자가 그를 위해 휘한 이유다."라고 기록돼 있다.

그는 조정을 진동震動시켰소."

그러고는 손을 들어 가슴을 쓸어내리며 말했다.

"그 일로 인해 지금 내 심장이 두근거리고 있소. 어사대부에게 사례하고, 대사농 전연년으로 하여금 감옥에 가도록 통지하고, 조정은 이 문제를 공정히 심의토록 하시오."

어사대부 전광명이 사람을 시켜 전연년에게 통지했다. 전연년이 말했다.

"다행히 조정이 나에게 관대히 대할 뿐이오. 그러나 무슨 면목으로 감옥으로 들어가 중인衆人들로 하여금 손가락질하며 비웃는 지소指笑를 하도록 만들고, 졸도卒徒들이 나의 등 뒤에서 침을 뱉도록 만들 수 있겠소?"

곧바로 문을 닫은 뒤 홀로 재사齋舍에 머물렀다. 한쪽 어깨를 드러내는 편단偏袒의 모습으로 칼을 든 채 동서東西를 걸었다. 며칠 후 사자가 전연년을 불러 정위廷尉로 가게 했다. 마침 북소리가 들리자 전연년이 스스로 목을 찔러 죽는 문사刎死를 했다.

2) 여름 5월, 조서를 내렸다.

"효무황제는 몸소 인의仁誼하고, 무위威武를 닦아 공덕이 무성茂盛했다. 특별한 업적을 세운 황제에게 사용하는 제사용 음악인 묘악廟樂이 아직 행해지지 않아 짐은 이를 매우 슬퍼한다. 이를 열후와 2천석 및 박사들과 함께 논의토록 하라."

군신들이 조정에서 논의하면서 모두 이같이 말했다.

"응당 조서와 같이 해야 할 것이다."

장신궁長信宮의 물품공급 책임자인 소부少府의 하후승夏侯勝이 홀로 말했다.

"무제는 비록 사이四夷를 물리치고 땅을 넓힌 공로가 있으나 사중士衆

을 많이 죽이고, 민간의 재력을 고갈시켰고, 사치가 심해 절도가 없었고, 천하의 재물을 허비하고, 백성들이 유리流離하다가 절반가량이 물고物故가 났고, 황충蝗蟲이 크게 일어나 붉게 황폐해진 적지赤地가 수천 리에 이르렀고, 혹 기아에 시달린 인민들이 서로를 잡아먹는 인민상식人民相食의 참극이 빚어졌다. 축적한 재산 등은 지금까지 회복되지 못하고, 백성들은 아무런 덕택도 받지 못한 상황이다. 묘악을 행하는 것은 아직 마땅치 않다."

공경들이 함께 하후승을 비난했다.

"이는 조서詔書이다."

하후승이 말했다.

"조서일지라도 채용될 수 없소. 신하의 의리는 의당 직언정론直言正論을 펴는 데 있소. 구차하게 주상의 뜻에 아부하거나 지시를 순순히 좇는 데 있지 않소. 의론이 이미 입에서 나왔으니 설령 죽을지라도 후회하지 않을 것이오!"

승상과 어사가 상주문을 올려 탄핵했다. 하후승이 황제의 조서를 비난하며 선제의 공업을 훼손하는 부도를 범했다는 내용이었다. 또 승상부丞相府 장사長史 황패黃霸가 하후승을 비호하고 아부하며 탄핵하지 않았다고 비난했다. 모두 하옥됐다.

유사가 마침내 무제의 사당을 세종묘世宗廟로 높이고, 「성덕무盛德舞」와 「문시오행지무文始五行之舞」의 무악舞樂을 연주할 것을 청했다. 한무제가 순수巡狩하면서 행차했던 군국郡國 모두 사당을 세우게 함으로써 한고제漢高帝 유방 및 태종太宗인 한문제漢文帝 유항과 같게 했다.

하후승과 황패가 이미 오랫동안 옥에 갇혀 있게 되자 황패가 하후승을 좇아 『상서尚書』를 배우고자 했다. 하후승이 죄를 지어 죽게 됐다며 사양했다. 황패가 말했다.

"공자는『논어』「이인」에서 아침에 도道를 들으면 저녁에 죽어도 가하다고 말했습니다."

하후승이 그 말을 현명하다고 여겨 마침내『상서』를 가르쳤다. 옥에 갇혀 2번의 겨울이 지나가도 강론이 전혀 태만하지 않았다.

3) 당초 오손烏孫의 왕에게 출가한 강도왕江都王 유건劉建의 딸 유세군劉細君이 죽자 한나라는 초왕 유무劉戊의 손녀인 유해우劉解憂를 공주로 삼아 오손의 국왕인 잠취岑娶에게 시집보냈다. 잠취의 호인胡人 처 소생인 니미泥靡는 아직 어렸다. 잠취는 죽기 직전 나라를 계부季父 대록大祿의 아들인 옹귀미翁歸靡에게 내주면서 이같이 말했다.

"니미가 크거든 나라를 돌려주도록 하라."

옹귀미는 오손 왕의 자리에 오른 후 비왕肥王으로 불렸다. 이때 그는 유무의 손녀인 유해우를 처로 삼아 3명의 아들과 2명의 딸을 낳았다. 장남은 원귀미元貴靡, 차남은 만년萬年, 삼남은 대락大樂이었다. 한소제 때 비왕의 부인인 유해우가 상서했다.

"흉노와 사사車師가 합세해 오손을 침략하고 있습니다. 오직 천자만이 다행히 이를 구원할 수 있습니다."

한나라 조정이 군사와 말을 기르면서 흉노 공격을 논의했다. 마침 한소제가 붕어했다. 이후 한선제가 광록대부 상혜常惠를 오손에 사자로 보냈다. 오손공주인 유해우와 곤미昆彌 즉 오손의 국왕인 옹귀미 모두 사자를 보내 이같이 상서했다.

"흉노가 다시 대병大兵을 연발連發해 오손을 침략하고 있습니다. 사자를 오손으로 보내 말하기를, '빨리 공주를 내놓으라'고 하면서 한나라와 단절시키려 하고 있습니다. 저 곤미는 원컨대 나라의 정병精兵 5만 명을 동원해 진력盡力으로 흉노를 치고자 합니다. 오직 천자가 출병해 공주와 저 곤미를 구해주시기 바랍니다!"

앞서 흉노가 자주 한나라 변경을 침공한 까닭에 한나라 조정 역시 토벌에 나설 생각이었다.

가을, 군사를 크게 동원했다. 어사대부 전광명田廣明이 기련장군祁連將軍이 되어 4만여 기병을 이끌고 서하西河, 도료장군度遼將軍 범명우范明友는 3만여 기병을 이끌고 장액張掖, 전장군前將軍 한증韓增은 3만 여 기병을 이끌고 운중雲中, 후장군後將軍 조충국趙充國은 포류장군蒲類將軍이 되어 3만여 기병을 이끌고 주천酒泉, 운중雲中 태수 전순田順은 호아장군虎牙將軍이 되어 3만여 기병을 이끌고 오원五原에서 출병했다. 이들 모두 각각 새외塞外 2천여 리까지 진격키로 약속했다. 이때 상혜常惠를 교위로 삼은 뒤 지절持節의 자격으로 오손의 군사를 감호監護하면서 흉노를 치게 했다.

＊ 孝宣皇帝本始二年

春, 大司農田延年有罪自殺. 昭帝之喪, 大司農僦民車, 延年詐增僦直, 盜取錢三千萬, 為怨家所告. 霍將軍召問延年, 欲為道地. 延年抵曰, "無有是事!" 光曰, "即無事, 當窮竟!" 御史大夫田廣明謂太僕杜延年曰, "『春秋』之義, 以功覆過. 當廢昌邑王時, 非田子賓之言, 大事不成. 今縣官出三千萬自乞之, 何哉? 願以愚言白大將軍." 延年言之大將軍, 大將軍曰, "誠然, 實勇士也! 當發大議時, 震動朝廷," 光因舉手自撫心曰, "使我至今病悸. 謝田大夫曉大司農, 通往就獄, 得公議之." 田大夫使人語延年. 延年曰, "幸縣官寬我耳, 何面目入牢獄, 使眾人指笑我, 卒徒唾吾背乎?" 即閉閤獨居齋舍, 偏袒, 持刀東西步. 數日, 使者召延年詣廷尉. 聞鼓聲, 自刎死.

夏, 五月, 詔曰, "孝武皇帝躬仁誼, 勵威武, 功德茂盛, 而廟樂未稱, 朕甚悼焉. 其與列侯·二千石·博士議." 於是群臣大議庭中, 皆曰,

“宜如詔書.” 長信少府夏侯勝獨曰, “武帝雖有攘四夷·廣土境之功, 然多殺士眾, 竭民財力, 奢泰無度, 天下虛耗, 百姓流離, 物故者半, 蝗蟲大起, 赤地數千里, 或人民相食, 畜積至今未復. 無德澤於民, 不宜為立廟樂.” 公卿共難勝曰, “此詔書也.” 勝曰, “詔書不可用也. 人臣之誼, 宜直言正論, 非苟阿意順指. 議已出口, 雖死不悔!” 於是丞相·御史劾奏勝非議詔書, 毀先帝, 不道. 及丞相長史黃霸阿縱勝, 不舉劾. 俱下獄. 有司遂請尊孝武帝廟為世宗廟, 奏『盛德』·『文始五行』之舞. 武帝巡狩所幸郡國皆立廟, 如高祖·太宗焉. 夏侯勝·黃霸既久繫, 霸欲從勝受『尚書』, 勝辭以罪死. 霸曰, “朝聞道, 夕死可矣.” 勝賢其言, 遂授之. 繫再更冬, 講論不怠.

初, 烏孫公主死, 漢復以楚王戊之孫解憂為公主, 妻岑娶. 岑娶胡婦子泥靡尚小, 岑娶且死, 以國與季父大祿子翁歸靡, 曰, “泥靡大, 以國歸之.” 翁歸靡既立, 號肥王, 復尚楚主, 生三男·兩女. 長男曰元貴靡, 次曰萬年, 次曰大樂. 昭帝時, 公主上書言曰, “匈奴與車師共侵烏孫, 唯天子幸救之.” 漢養士馬, 議擊匈奴. 會昭帝崩, 上遣光祿大夫常惠使烏孫. 烏孫公主及昆彌皆遣使上書, 言曰, “匈奴復連發大兵, 侵擊烏孫. 使使謂烏孫‘趣持公主來’ 欲隔絕漢. 昆彌願發國精兵五萬騎, 盡力擊匈奴. 唯天子出兵以救公主·昆彌!” 先是匈奴數侵漢邊, 漢亦欲討之. 秋, 大發兵, 遣御史大夫田廣明為祁連將軍, 四萬餘騎, 出西河. 度遼將軍范明友三萬餘騎, 出張掖. 前將軍韓增三萬餘騎, 出雲中. 後將軍趙充國為蒲類將軍, 三萬餘騎, 出酒泉. 雲中太守田順為虎牙將軍, 三萬餘騎, 出五原. 期以出塞各二千餘里. 以常惠為校尉, 持節護烏孫兵共擊匈奴.

한선제 본시 3년(BC 71)

1) 봄 정월 13일, 공애허황후恭哀許皇后가 붕어했다. 곽광의 부인 현顯은 작은 딸 곽성군霍成君을 황후로 만들고자 했으나 구실이 없었다. 마침 허황후가 임신을 했다가 병이 났다. 여의女醫 순우연淳于衍은 곽씨 집안과 가까운 인물로, 일찍이 궁에 들어가 허황후의 병을 돌본 적이 있었다. 순우연의 남편 상賞은 액정掖庭의 문지기인 호위戶衛로 있었다. 그가 부인 순우연에게 말했다.

"곽부인을 배견케 되면 나를 위해 소금 생산지 감독관인 안지감安池監 산서성 안읍현 남쪽 자리를 알아보도록 하시오."

순우연이 남편을 위해 곽부인 현에게 자리를 알아보자 현이 문득 한 가지 계책을 생각해 냈다. 곧 좌우를 물리친 뒤 자가 소부少夫인 순우연에게 이같이 말했다.

"소부少夫가 다행히 나에게 부탁할 일을 말하니 나 역시 소부에게 부탁할 일이 있는데 가하겠소?"

순우연이 말했다.

"부인의 말씀이면 그 무엇이든 불가할 리 있겠습니까?"

곽부인 현이 말했다.

"대장군은 평소 작은 딸 곽성군霍成君을 크게 아껴 장차 가장 존귀한 사람으로 만들고자 하오. 원컨대 이 문제로 소부에게 누를 끼치고자 하오."

순우연이 말했다.

"무슨 말씀입니까?"

곽부인 현이 말했다.

"부인에게 분만 즉 면유免乳[128]는 크게 위험한 일인 대고大故에 해당하오. 열에 하나만 사는 십사일생十死一生이라고 할 수 있소. 지금 황후는 출산 즉 면신免身을 할 것이오. 이를 이용해 독약을 집어넣어 제거할 수 있다면 곽성군은 바로 황후가 될 것이오. 소부의 도움에 힘입어 일이 성사되면 부귀는 소부와 함께 할 것이오."[279]

순우연이 말했다.

"약은 여러 의생醫生이 함께 짓고 반드시 먼저 맛을 보게 하는데 어떻게 그리할 수 있겠습니까?"

곽부인 현이 말했다.

"소부가 하기에 달렸을 뿐이오. 대장군이 천하를 통령統領하는데 그 누가 감히 말하겠소! 무슨 일이 생길지라도 대장군이 나서서 보호하는 완급상호緩急相護를 할 것이오. 단지 소부가 그리 할 뜻이 없을까 걱정이오."

순우연이 한참 있다가 말했다.

"원컨대 진력토록 하겠습니다."

그러고는 즉시 독성이 강한 부자附子를 빻은 뒤 이를 들고 장정궁長定宮으로 들어갔다. 허황후가 출산하자 순우연은 부자를 태의太醫가 조제한 대환大丸과 합쳐 허황후에게 마시게 했다. 얼마 후 허황후가 말했다.

"나의 머리가 어질어질한 잠잠岑岑의 상황이다. 약속에 독이 들어간 일이 있는가?"

순우연이 대답했다.

"없습니다."

마침내 더욱 번만煩懣하다가 붕어했다.

순우연이 밖으로 나와 곽부인 현을 배견하면서 서로 위문했으나 역시 곧바로 거듭 감사의 표시를 하지는 못했다. 후에 어떤 사람이 상서해 여

---

279 면유免乳는 출산하여 젖을 주는 것으로 곧 분만分娩 내지 생육生育을 뜻한다.

러 어의들을 고발했다. 황후에 대한 시질侍疾이 몸과 마음을 다하지 못한 결과라는 지적이었다. 이들 모두 조옥詔獄으로 넘겨져 신하로서 성의를 다하지 못한 부도不道의 죄목으로 탄핵됐다. 곽부인 현은 상황이 급박하게 돌아갈까 두려워한 나머지 곽광에게 모두 말한 뒤 이같이 부탁했다.

"이미 실계失計하여 이리 됐으니 형리에게 순우연을 혹독하게 다루지 않도록 조치하는 수밖에 없습니다."

곽광이 크게 놀라 자진해 발거發擧검거를 하려다가 차마 하지 못하고 유예하며 결행하지 못했다. 마침 허황후의 붕어 이후에 관한 논의를 주관하게 되자 곽광은 순우연의 죄를 더 이상 논하지 못하게 했다. 곽부인 현은 곧 기회를 타 곽광에게 딸을 입궁시키는 방안을 강구토록 권했다.

2) 정월 18일, 5명의 장군이 장안을 출발했다. 흉노는 한나라 병사들이 대거 출병했다는 소식을 듣고, 노약자들은 분주奔走하고, 가축을 몰아 멀리 둔도遁逃했다. 5명의 장군의 출병 소득이 적었던 이유다.

여름 5월, 한나라 군사가 철수했다. 도료장군度遼將軍 범명우范明友는 출새出塞하여 1,200여 리를 지나 포리후수蒲離候水에 이르렀다. 도중에 참수하거나 포로로 잡은 적병이 700여 급級이었다. 전장군前將軍 한증韓增은 출새하여 1,200여 리를 지나 오운烏員에 이르렀다. 도중에 참수하거나 포로로 잡은 적병이 100여 급이었다. 포류장군蒲類將軍 조충국趙充國은 출새하여 1,800여 리를 지나 서쪽 후산候山에 이르렀다. 도중에 참수하거나 포로로 잡은 적병이 많았다. 선우의 사자인 포음왕蒲陰王 이하 300여 급에 달했다. 이들 3명의 장군은 호로胡虜들이 이미 부중을 이끌고 달아났다는 소식이 들리자 모두 기약한 지점에 이르지 않고 환군還軍했다. 천자는 이들의 허물이 경미하다고 판단해 관대히 용서하며 죄를 묻지 않았다.

기련장군祁連將軍 전광명田廣明은 출새하여 1,600여 리를 지나 계질산雞秩山에 이르렀다. 도중에 참수하거나 포로로 잡은 적병이 19급이었다. 그는 도중에 한나라 사자로 흉노에 갔다가 돌아오는 염홍冉弘 등을 만났다. 염홍 등이 계질산 서쪽에 호로의 무리가 있다고 일러줬으나 기련장군은 즉각 염홍 등을 경계시키며 호로가 없다고 말하도록 했다. 환병還兵코자 한 것이다. 어사 소속의 관원 공손익수公孫益壽가 불가하다고 생각해 간했으나 기련장군은 이를 듣지 않고 마침내 병사를 이끌고 돌아왔다.

호아장군虎牙將軍 전순田順은 출새하여 800여 리를 지나 단여오수丹餘吾水에 이르렀다. 행군을 멈추고 더 이상 진군하지 않았다. 도중에 참수하거나 포로로 잡은 적병이 1,900여 급에 달하자 이내 병사들을 이끌고 돌아왔다. 황제는 호아장군이 기약한 지점에 이르지 않은 채 노획鹵獲을 속여서 부풀리고, 기련장군이 전방에 포진한 호로의 존재를 알고도 머뭇거리며 나아가지 않는 두류부진逗遛不進을 행한 것을 이유로 모두 형리에게 내려 보냈다. 이들 모두 자살했다. 공손익수를 발탁해 시어사侍御史로 삼았다.

오손의 왕인 곤미昆彌가 스스로 5만 명의 기병을 이끌고 교위 상혜常惠와 함께 서쪽에서 들어와 우곡려왕右谷蠡王의 왕정王庭에 이르렀다. 선우의 부친 항렬이 되는 사람들과 형수, 공주인 거차居次, 명왕名王, 이오도위犁汙都尉, 천장千長, 기장騎將 이하 4만 급級을 포함해 마馬·우牛·양羊·노새인 려驢·낙타인 탁타橐佗 등 70여만 두頭를 포획했다. 오손에서는 자신이 노획한 것을 모두 자신의 소유로 했다. 한선제는 5명의 장수 모두 아무런 공도 세우지 못한 상황에서 오직 상혜만이 사자로 가서 공을 세운 점을 높이 평가해 장라후長羅侯에 봉했다. 흉노의 백성들은 이때 큰 타격을 입었다. 다치거나 달아난 민중民衆과 원거리를 이동으로 폐사한 축산畜産이 수를 헤아릴 수 없을 정도로 많았다. 흉노가 마침내 쇠모衰耗해지면서 내심 오손을 원망케 됐다.

한선제가 다시 상혜를 오손에 파견했다. 금폐金幣를 갖고 가 오손의 귀족 가운데 공을 세운 자에게 하사토록 했다. 상혜는 구자국龜茲國이 일찍이 교위 뇌단賴丹을 죽였는데도 아직 복주伏誅하지 못하고 있으니 내친김에 구자국을 칠 것을 주청했다. 한선제가 허락지 않았다. 그러나 대장군 곽광은 상혜에게 편의便宜를 좇아 일을 처리토록 넌지시 암시했다. 상혜가 이사吏士 500명과 함께 오손에 이르렀다가 돌아오는 길에 구자국 서쪽의 나라들로부터 병사 2만 명을 동원했다. 또 부사副使를 시켜 구자국 동쪽의 나라들로부터 병사 2만 명과 오손의 병사 7천 명을 동원케 했다. 이들 병사들을 동원해 3면으로 구자국을 공격코자 한 것이다. 병사들이 3면으로 진공하기 전에 상혜는 먼저 구자국에 사자를 보내 전에 구자국 왕이 한나라 사자를 살해한 것을 책망케 했다. 구자국 왕이 사죄했다.

"그것은 선왕 때 귀인貴人 고익姑翼이 저지른 것이오. 내 죄가 아니오."

상혜가 말했다.

"사실이 그렇다면 고익을 결박해 오도록 하시오. 그러면 내가 왕을 놓아주겠소."

구자왕이 고익을 잡아 상혜 앞으로 끌고 왔다. 상혜가 그의 목을 베어 갖고 돌아왔다.

3) 대한大旱이 있었다.

4) 6월 11일, 양평절후陽平節侯 채의蔡義가 홍거했다.

5) 6월 26일, 장신궁長信宮 소부少府 위현韋賢이 승상이 됐다.

6) 대사농 위상魏相이 어사대부가 됐다.

7) 겨울, 흉노 선우가 스스로 수만 명의 기병을 이끌고 오손을 공격해 노약자를 대거 포획했다. 돌아가려고 할 때 마침 하늘에서 큰 우설雨雪이 내렸다. 하루에 깊이가 1장丈 남짓 되자 많은 인민과 축산畜産이 동사凍死했다. 돌아간 사람은 10의 1도 안 됐다. 정령丁令이 그 틈을 타 흉노의

북쪽을 치고, 오환이 동쪽으로 진공하고, 오손이 그 서쪽을 공격했다. 무릇 이들 3국이 죽인 숫자가 수만 급에 달했다. 말은 수만 필에 이르렀고, 소와 양도 매우 많았다. 또한 거듭해 기아가 덮치는 바람에 인민 가운데 죽은 자가 10의 3에 달했고, 가축은 10의 5가 폐사했다.

흉노가 크게 약해지자 기속羈屬돼 있던 여러 나라들이 이내 와해瓦解됐다. 공격하거나 도적질을 해도 이를 처리할 길이 없었다. 이후 한나라는 3,000여 명의 기병을 삼도三道로 나눠 나란히 흉노 땅으로 진입케 했다. 포로 수천 명을 잡아서 돌아왔으나 흉노는 끝내 감히 보복하지 못한 채 오히려 더욱 화친하기만 바랐다. 변경의 전사戰事가 적어진 이유다.

8) 이 해에 영천潁川하남성 우현 태수 조광한趙廣漢이 경조윤京兆尹이 됐다. 영천에는 호걸들이 서로 붕당朋黨을 만들어 양민을 괴롭히는 풍속이 있었다. 조광한은 항통缿筒[280]을 마련한 뒤 이민吏民들이 투서를 통해 서로 상대의 간사함을 고발케 했다. 이에 다시 서로 원망하며 허물을 꾸짖는 원구怨咎가 있었지만 간당奸黨이 흩어지고 떨어지는 산락散落이 이뤄짐으로써 도적들이 감히 발호하지 못했다. 한번은 한나라에 투항한 흉노가 흉노의 백성들 보두 조광한의 이름을 들은 바 있다고 전했다. 조광한이 경성으로 들어와 경조윤이 된 배경이다. 조광한은 하속下屬을 만나면 은근慇勤히 대비했고, 일을 추진해 잘한 공로가 있으면 아랫사람에게 돌리고, 일을 실행할 때면 지성至誠을 다했다. 관원들 모두 그에게 채용되기를 원했고, 위험한 일도 피하려 하지 않았던 배경이다.

조광한은 총명하여 해당 관원이 그들의 능력으로 의당 할 수 있는 일이었는지, 진력盡力을 했는지 여부를 모두 알았다. 혹여 속이려는 자가 있으면 곧바로 수포收捕한 까닭에 달아날 곳이 없었다. 사안을 심리할 때

280 항통缿筒는 일종의 수거함을 말한다. '항'은 와기瓦器, '통'은 죽기竹器이다.

죄목을 구체적으로 세우는 까닭에 즉시 잘못을 시인하며 굴복하는 복고伏辜를 했다. 더욱이 사건이 얽힌 배경을 잘 판단한 까닭에 골목에서 일어난 한 푼 두 푼의 간사한 일도 정확히 파악했다.

장안의 젊은이 몇 사람이 은벽隱僻한 동네의 빈집에서 함께 사람을 겁탈할 것을 모의했다. 앉아서 모의하는 것이 다 끝나기도 전에 조광한이 형리들을 보내 잡아서 처리하는 포치捕治를 하도록 하자 모두 자복自服했다. 그가 간사한 일을 적발하고 음모를 들춰내는 발간적복發奸擿伏이 귀신과 같았다. 경조의 정치가 깨끗한 모습을 보이자 이민들이 입으로 다 표현키 어려울 정도로 그를 칭송했다. 장로長老들은 한나라가 세워진 이래 경조를 다스린 사람 가운데 그와 비교될 자가 없다고 생각했다.

* 孝宣皇帝本始三年

春, 正月, 癸亥, 恭哀許皇后崩. 時霍光夫人顯欲貴其小女成君, 道無從. 會許后當娠, 病, 女醫淳于衍者, 霍氏所愛, 嘗入宮侍皇后疾. 衍夫賞為掖庭戶衛, 謂衍曰, "可過辭霍夫人, 行為我求安池監." 衍如言報顯, 顯因生心, 辟左右, 謂衍曰, "少夫幸報我以事, 我亦欲報少夫, 可乎?" 衍曰, "夫人所言, 何等不可者!" 顯曰, "將軍素愛小女成君, 欲奇貴之, 願以累少夫." 衍曰, "何謂邪?" 顯曰, "婦人免乳, 大故, 十死一生. 今皇后當免身, 可因投毒藥去也, 成君即為皇后矣. 如蒙力, 事成, 富貴與少夫共之." 衍曰, "藥雜治, 當先嘗, 安可?" 顯曰, "在少夫為之耳. 將軍領天下, 誰敢言者! 緩急相護, 但恐少夫無意耳." 衍良久曰, "願盡力!" 即搗附子, 齎入長定宮. 皇后免身後, 衍取附子併合太醫大丸以飲皇后, 有頃, 曰, "我頭岑岑也, 藥中得無有毒?" 對曰, "無有." 遂加煩懣, 崩. 衍出, 過見顯, 相勞問, 亦未敢重謝衍. 後人有上書告諸醫侍疾無狀者, 皆收繫詔獄, 劾不道. 顯恐急, 即以狀具語光, 因曰, "既失計為之, 無令吏急衎!" 光大驚, 欲自發舉, 不忍, 猶與. 會奏上, 光署衎勿論. 顯因勸光內其女入宮.

戊辰, 五將軍發長安. 匈奴聞漢兵大出, 老弱奔走, 驅畜產遠遁逃, 是以五將少所得. 夏, 五月, 軍罷. 度遼將軍出塞千二百餘里, 至蒲離候水, 斬首·捕虜七百餘級. 前將軍出塞千二百餘里, 至烏員, 斬首·捕虜百餘級. 蒲類將軍出塞千八百餘里, 西至候山, 斬首·捕虜, 得單于使者蒲陰王以下三百餘級. 聞虜已引去, 皆不至期還. 天子薄其過, 寬而不罪. 祁連將軍出塞千六百里, 至雞秩山, 斬首·捕虜十九級. 逢漢使匈奴還者冉弘等, 言雞秩山西有虜眾, 祁連即戒弘, 使言無虜, 欲還兵. 御史屬公孫益壽諫, 以為不可. 祁連不聽, 遂引兵還. 虎牙將軍出塞八百餘里, 至丹餘吾水上, 即止兵不進, 斬首·捕虜千九百餘級, 引兵還. 上以虎牙將軍不至期, 詐增鹵獲, 而祁連知虜在前, 逗遛不進, 皆下吏, 自殺. 擢公孫益壽為侍御史.

烏孫昆彌自將五萬騎與校尉常惠從西方入, 至右谷蠡王庭, 獲單于父行及嫂·居次·名王·犁汙都尉·千長·騎將以下四萬級, 馬·牛·羊·驢·橐佗七十餘萬頭. 烏孫皆自取所虜獲. 上以五將皆無功, 獨惠奉使克獲, 封惠為長羅侯. 然匈奴民眾傷而去者及畜產遠移死亡, 不可勝數. 於是匈奴遂衰耗, 怨烏孫.

上復遣常惠持金幣還賜烏孫貴人有功者. 惠因奏請龜茲國嘗殺校尉賴丹, 未伏誅, 請便道擊之. 帝不許. 大將軍霍光風惠以便宜從事. 惠與吏士五百人俱至烏孫, 還, 過, 發西國兵二萬人, 令副使發龜茲東國二萬人, 烏孫兵七千人, 從三面攻龜茲. 兵未合, 先遣人責其王以前殺漢使狀. 王謝曰, "乃我先王時為貴人姑翼所誤耳, 我無罪." 惠曰, "即如此, 縛姑翼來, 吾置王." 王執姑翼詣惠, 惠斬之而還.

大旱.

六月, 己丑, 陽平節侯蔡義薨.

甲辰, 長信少府韋賢為丞相.

大司農魏相為御史大夫.

冬, 匈奴單于自將數萬騎擊烏孫, 頗得老弱. 欲還, 會天大雨雪, 一日深丈餘, 人民·畜產凍死, 還者不能什一. 於是丁令乘弱攻其北, 烏桓入其東, 烏孫擊其西, 凡三國所殺數萬級, 馬數萬匹, 牛羊甚眾. 又重以餓死, 人民死者什三, 畜產什五. 匈奴大虛弱, 諸國羈屬者皆瓦解, 攻盜不能理. 其後漢出三千餘騎為三道, 并入匈奴, 捕虜得數千人還. 匈奴終不敢取當, 滋欲鄉和親, 而邊境少事矣.

是歲, 穎川太守趙廣漢為京兆尹. 穎川俗, 豪桀相朋黨. 廣漢為缿筒, 受吏民投書, 使相告訐, 於是更相怨咎, 奸黨散落, 盜賊不敢發. 匈奴降者言匈奴中皆聞廣漢名, 由是入為京兆尹. 廣漢遇吏, 殷勤甚備, 事推功善, 歸之於下, 行之發於至誠, 吏咸願為用, 僵僕無所避. 廣漢聰明, 皆知其能之所宜, 盡力與否. 其或負者. 輒收捕之, 無所逃. 案之, 罪立具, 即時伏辜. 尤善為金句距以得事情, 閭里銖兩之奸皆知之. 長安少年數人會窮里空捨, 謀共劫人. 坐語未訖, 廣漢使吏捕治, 具服. 其發奸擿伏如神. 京兆政清, 吏民稱之不容口. 長老傳以為自漢興, 治京兆者莫能及.

한선제 본시 4년(BC 70)

1) 봄 3월 11일, 곽광의 딸을 황후로 세우고, 천하에 사면령을 내렸다.

당초 허황후는 미천한 신분에서 일어나 지존의 자리까지 올랐으나 황후 생활이 일천日淺한 까닭에 시종하는 관원의 거복車服이 매우 절검했다. 곽황후가 들어서자 여輿와 가駕 및 시종侍從이 더욱 성대해졌다. 관속들에게 상을 내리는 것도 천만 전을 헤아렸다. 허황후 때와는 현격히 달랐다.

2) 여름 4월 29일, 군국郡國 49곳에서 같은 날 지진이 일어나 혹 산이 무너지거나 성곽 및 가옥이 파괴되거나 했다. 6,000여 명이 죽었다. 북해北海산동성 창락현와 낭야琅邪산동성 제성현에서는 태조 한고제와 태종 한문제의 사당이 무너졌다. 조서를 내려 승상과 어사, 열후, 중2천석 등은 경학에 밝은 선비인 경학지사經學之士에게 널리 자문해 재이災異에 대응케 했다. 많은 사람들이 의견을 개진할 때 꺼리는 바가 없게 했다. 또 삼보三輔와 태상太常, 장안 주변의 군국인 내군국內郡國으로 하여금 현량賢良과 방정方正 각 1명씩 천거케 했다. 천하에 대사령을 내렸다.

한선제가 소복을 입고 정전正殿에 나아가는 일을 5일 간 피했다. 하후승夏侯勝과 황패黃霸를 석방했다. 하후승을 간대부諫大夫·급사중給事中, 황패를 양주揚州 자사刺史로 삼았다. 하후승은 사람이 질박質樸하고 정도를 지켰다. 간이簡易하며 위의威儀를 부리지 않았다. 때론 황제를 군君으로 부르는가 하면, 황제의 면전에서 다른 사람의 자字를 언급키도 했다. 한선제는 오히려 그의 이런 질박한 모습을 좋아해 크게 친신親信했다.

일찍이 하후승이 한선제를 배알하고 출궁한 뒤 다른 사람에게 한선제의 얘기를 전했다. 한선제가 그 소식을 듣고 나무라자 하후승이 이같이 말했다.

"폐하가 한 말이 매우 좋았던 까닭에 신이 고의로 널리 알린 것입니다. 요임금의 말은 천하에 공포돼 오늘날까지 암송되고 있습니다. 신은 폐하의 말 역시 세상에 널리 전해질 만하다고 생각해 고의로 알린 것입니다."

조정에서 매번 토론이 있을 때마다 한선제는 하후승이 평소 곧다는 사실을 알기에 이같이 말했다.

"선생은 하고 싶은 말을 기탄없이 하도록 하시오. 전에 투옥된 일은 마음에 두지 마시오!"

하후승이 다시 장신궁의 소부少府가 됐다가 이후 태자태부太子太傅로 승진했다. 나이 90세에 졸卒했다. 태후가 200만 전을 하사하고, 하후승을 위해 소복을 5일간 입었다. 태자 사부의 은혜에 보답한 것이다. 유자들은 이를 영광으로 삼았다.

3) 5월, 봉황이 북해의 안구安丘산동성 안구현와 그 동북쪽의 순우淳于에 모여 들었다.

4) 광천왕廣川王하북성 조강현 유거劉去가 그의 스승과 희첩 10여 명을 죽인 사건에 연루됐다. 혹은 납이나 주석을 녹여 입에 붓거나, 사지를 절단하는 지해支解를 행한 뒤 독약을 넣고 끓여 시체를 없애버렸다. 폐위한 뒤 상용上庸호북성 죽산현으로 추방하자 자살했다.

* 孝宣皇帝本始四年

春, 三月, 乙卯, 立霍光女為皇后, 赦天下. 初, 許后起微賤, 登至尊日淺, 從官車服甚節儉. 及霍後立, 輿駕·侍從益盛, 賞賜官屬以千萬計, 與許后時縣絕矣.

夏, 四月, 壬寅, 郡國四十九同日地震, 或山崩, 壞城郭·室屋, 殺六千餘人. 北海·琅邪壞祖宗廟. 詔丞相·御史與列侯·中二千石傅問經學之士, 有以應變, 毋有所諱. 令三輔·太常·內郡國舉賢良方正各一人. 大赦天下. 上素服, 避正殿五日. 釋夏侯勝·黃霸, 以勝為諫大夫·給事中, 霸為揚州刺史.

勝為人, 質樸守正, 簡易無威儀, 或時謂上為君, 誤相字於前. 上亦以是親信之. 嘗見, 出道上語, 上聞而讓勝, 勝曰, "陛下所言善, 臣故揚之. 堯言佈於天下, 至今見誦. 臣以為可傳, 故傳耳." 朝廷每有大議, 上知勝素直, 謂曰, "先生建正言, 無懲前事!" 勝復為長信少府, 後遷太子太傅. 年九十卒, 太后賜錢二百萬, 為勝素服五日, 以報師傅之恩. 儒者以為榮.

五月, 鳳皇集北海安丘·淳于.

廣川王去坐殺其師及姬妾十餘人, 或銷鉛錫灌口中, 或支解, 幷毒藥煮之, 令糜盡, 廢徙上庸. 自殺.

한선제 지절地節 원년(BC 69)

1) 봄 정월, 서쪽에 패성孛星이 나타났다.

2) 초왕 유연수劉延壽는 광릉왕廣陵王 유서劉胥가 한무제의 아들인 까닭에 천하에 변고가 있으면 반드시 보위에 오를 것으로 여기고 은밀히 그에게 붙어 도움을 주었다. 계모인 후모後母의 동생 조하제趙何齊를 위해 광릉왕의 딸을 처로 삼게 하고, 이어 조하제로 하여금 광릉왕에게 이런 서신을 올리게 했다.

"원컨대 눈과 귀를 확장해 조정의 동향을 면밀히 살피는 장이목長耳目을 통해 후에 다른 사람이 천하를 거머쥐게 하는 일이 없도록 하십시오!"

조하제의 부친인 조장년趙長年이 서신을 올려 이를 고했다. 한선제가 사건을 유사에 내려 보내 조사케 했다. 이내 자복하는 말을 했다.

겨울 11월, 유연수가 자살했다. 유서는 다스리지 않았다.

3) 12월 30일, 일식이 있었다.

4) 이 해에 우정국于定國이 정위가 됐다. 우정국은 의혹 사건을 처리하는 데 고르게 법을 적용하고, 환과鰥寡를 애달프게 생각하는 데 힘썼다. 죄가 의심스러우면 가볍게 처리하고, 더욱 신중한 자세로 심리했다. 조정의 상하 관원이 칭송했다.

"장석지張釋之가 정위가 되자 천하에 원통해 하는 백성인 원민冤民이 없게 됐다. 우정국이 정위가 되자 백성들 스스로 원통해하지 않게 됐다."

＊ 孝宣皇帝地節元年

春, 正月, 有星孛於西方.

楚王延壽以廣陵王胥, 武帝子, 天下有變, 必得立, 陰附助之, 為其後母弟趙何齊取廣陵王女為妻, 因使何齊奉書遺廣陵王曰, "願長耳目, 毋後人有天下!" 何齊父長年上書告之, 事下有司考驗, 辭服. 冬, 十一月, 延壽自殺. 胥勿治.

十二月, 癸亥晦, 日有食之.

是歲, 于定國為廷尉. 定國決疑平法, 務在哀鰥寡, 罪疑從輕, 加審慎之心. 朝廷稱之曰, "張釋之為廷尉, 天下無冤民. 于定國為廷尉, 民自以不冤."

한선제 지절 2년(BC 68)

1) 봄, 곽광이 병으로 위독했다. 거가車駕가 스스로 임석해 문병했다. 한선제가 그를 위해 눈물을 흘렸다. 곽광이 서신을 올려 황은에 감사하면서, 국읍國邑 3,000호를 나눠 형의 손자인 봉거도위 곽산霍山에게 주어 열후로 봉함으로써 형 곽거병霍去病의 제사를 잇게 해줄 것을 바랐다. 황제가 그날 곽광의 아들 곽우霍禹를 우장군으로 삼았다.

3월 8일, 곽광이 죽었다. 황제와 황태후가 곽광의 상례에 친림親臨했다. 중2천석에게 묘를 만들게 하고, 재궁梓宮과 장례도구는 모두 황제가 사용하는 승여제도乘輿制度를 좇도록 하고, 시호를 선성후宣成侯로 정했다. 삼하三河의 병사를 동원해 구덩이를 파고 복토復土했다. 묘원을 관리하기 위한 원읍園邑 300호를 설치하고, 장長과 승丞으로 하여금 원읍을 봉수奉守케 했다. 조서를 내려 곽광의 후손들에게 부세를 면제케 한 뒤 곽광의 작읍爵邑을 세습함으로써 세세世世토록 부세를 감당하는 일이 없도록 조치했다.

어사대부 위상魏相이 봉사封事[281]를 올렸다.

"나라가 지금 대장군을 잃었으니 의당 밝은 공신을 드러내 번국藩國을 진무해야 합니다. 대위大位를 비워두지 말고 신하들의 쟁권爭權을 막으십시오. 의당 거기장군 장안세를 대장군으로 삼아 광록훈光祿勳에 관한 일을 관장치 못하게 하고, 그의 아들 장연수張延壽를 광록훈으로 삼으십시오."

한선제도 그리하고자 했다.

여름 4월 17일, 장안세를 대사마·거기장군으로 삼고, 상서尙書 업무의 총괄 역할을 겸하는 영상서사領尙書事로 임명했다.

2) 봉황이 노魯산동성 곡부현 땅에 모여들었다. 많은 새들이 그 뒤를 따랐다. 천하에 대사령을 내렸다.

3) 한선제가 대장군의 은덕에 보답코자 했다. 이내 곽광의 형의 손자인 곽산霍山을 책봉해 낙평후樂平侯로 삼고, 봉거도위·영상서사로 임명했다. 위상魏相이 죽은 허황후의 부친인 창성군昌成君 허광한許廣漢을 통해 봉사封事를 올렸다.

"『춘추』는 세습되는 경인 세경世卿을 비난한 바 있습니다.[282] 춘추시대 당시 송나라의 3대에 걸쳐 군주의 시대에 대부와 존비의 구별이 없어지고, 노나라에서 계손씨季孫氏가 권력을 멋대로 휘두르는 전권專權을 행사

281 봉사封事는 밀봉해 올리는 건의를 말한다. 황제에게 올리는 상주문은 통상 봉하지 않으나 비밀 누설이 우려될 경우 이를 막기 위해 밀봉을 한다. 그게 '봉사'이다.

282 원문은 기세경譏世卿이다. 『춘추공양전』「노은공 3년」조는 "기원전 720년 여름 4월 신묘일, 천자의 대부 윤씨尹氏가 졸卒했다. 윤씨는 누구인가? 천자의 대부이다. 어째서 윤씨라고 호칭했는가? 폄하한 것이다. 왜 폄하했는가? 부친이 죽으면 아들이 계승해 대대로 경대부의 지위를 세습했기 때문이다. 대대로 경대부 자리를 세습하는 것은 예에 맞지 않는다."고 기록해 놓았다.

해 나라를 위란危亂에 빠뜨린 것을 혐오한 게 그렇습니다.[283] 무제의 치세인 후원後元 이래 황실은 관원의 녹질을 제어하지 못하고, 정사는 직권이 가장 높은 신하인 총재冢宰에 의해 결정되고 있습니다. 지금 곽광이 죽자 그 아들이 다시 우장군이 되고, 형의 아들이 정권의 추기樞機를 장악하고, 곤제昆弟와 사위들이 권세에 의지해 병사를 관장하는 부서에 있습니다. 곽광의 부인 현顯과 여러 딸들은 모두 장신궁長信宮을 임의로 드나들 수 있는 통적通籍을 갖고 있어 혹 밤중에도 조문詔門을 출입하고 있습니다. 이들의 교사驕奢와 방종放縱을 제어하지 못할까 걱정입니다. 의당 그들의 권한을 덜어내고 빼앗아 미리 음모를 파산破散시켜야 합니다. 그래야 만세萬世의 기반을 확고히 다지고 공신의 후대를 보전할 수 있습니다."

당시의 관행에 따르면 상서上書가 올라오면 모두 2통 작성해 하나는 '부副' 자를 붙인 뒤 상서尙書를 관장하는 자가 먼저 부본副本을 열어 보고 말하는 내용이 좋지 않으면 뒤로 물리치고 상주하지 않았다. 위상은 다시 허백許伯 즉 허광한을 통해 부본을 없앰으로써 상서가 중간에서 걸러져 사라지는 폐해를 막도록 건의했다. 한선제가 매우 타당하다고 생각해 곧 위상에게 조서를 내려 급사중으로 삼은 뒤 그의 건의를 전적으로 좇았다.

4) 한선제는 여염의 가정에서 일어나 민사民事의 간난艱難을 깊이 이해했다. 곽광이 이미 죽자 비로소 친정親政을 시작했다. 힘쓰고 정성을 다하는 여정厲精의 자세로 정사에 임했고, 5일에 1번은 정사에 관해 들었다. 승상 이하 모든 기관이 봉직하고 주사奏事하는 과정에서 자신의 견해를

283 송나라의 3대에 걸친 군주는 송양공宋襄公과 송성공宋成公, 송소공宋昭公을 가리킨다. 전통적으로 제후국의 군주는 외국 군주의 딸을 부인으로 맞이했다. 그러나 이들 3대에 걸친 송나라 군주는 자국 대부의 딸을 취했다. 제후와 대부 사이의 존비구별이 사라지게 됐다고 지적한 것이다.

군주에게 피력하는 부주敷奏를 했다. 한선제는 그 건의를 정책으로 반영할 경우의 공능功能에 관해 검토하며 시험적으로 시행하는 고시考試를 했다.

시중과 상서 가운데 공이 있어 의당 승진시킬 사람과 특별히 잘한 사람에게는 후하게 상사賞賜해 그 자손에 이르게 하고, 끝내 고치지 못하게 했다. 기구를 관장하는 것이 용의주도하고 면밀한 추기주밀樞機周密의 모습을 보였고, 품격과 형식도 잘 구비具備돼 있었다. 상하가 서로 편안하고 구차한 뜻을 지닐 수 없었던 이유다. 자사와 태수 및 상相을 임명할 때는 매번 친히 견문見問해 그 배경을 살폈고, 물러나 일을 하면 그간 행한 일들을 가지고 고찰하며 그가 한 말의 뜻을 물었다. 명실名實이 상응하지 않으면 반드시 그리된 까닭을 알아냈다. 한선제는 늘 이같이 말했다.

"서민庶民이 그 전리田里에서 편히 살면서 탄식과 수한愁恨의 마음을 갖지 않게 하는 것은 정치가 고르고, 소송이 이치에 맞아야 가능한 일이다. 나와 더불어 그런 일을 할 사람은 오직 훌륭한 2천석의 지방 장관들뿐이다!"

한선제는 내심 태수는 이민吏民의 근본인 까닭에 자주 바뀌면 밑의 사람들이 불안해할 것으로 판단했다. 이어 백성들은 태수가 장차 오래 있을 것이라는 걸 알면 기망欺罔할 수 없고, 마침내 그의 교화에 복종하게 될 것으로 생각했다. 2천석 가운데 치적에서 효험이 있으면 번번이 새서璽書를 내려 면려勉厲하며 녹질을 올려주고, 금金을 하사했다. 혹은 작위를 주어 관내후로 삼기도 했다. 공경 가운데 결원이 생기면 표창을 받은 2천석의 지방장관 가운데 차례로 발탁해 임용했다. 한나라의 뛰어난 관원인 양리良吏는 바로 여기서 번성했고, 세인들 또한 한나라의 중흥이 이때 이뤄졌다고 칭송했다.

5) 흉노의 11대 난제호연제欒提壺衍鞮 선우가 죽고, 동생인 좌현왕左賢

王이 12대 난제허려권거欒提虛閭權渠 선우로 들어섰다. 우대장右大將의 딸을 선우의 정실인 대연지大閼氏로 삼은 뒤 이전의 난제호연제 선우가 총애하던 전거연지顓渠閼氏를 내쫓았다. 전거연지의 부친인 좌대저거左大且渠가 이를 원망怨望했다.

당시 한나라는 흉노들이 변경을 침공할 수 없었던 까닭에 요새 밖에 있는 수항성受降城 등의 제성諸城에서는 백성을 쉬게 했다. 선우가 이 소식을 듣고는 크게 기뻐하며 귀인들을 소집해 한나라와 화친하는 방안을 모의했다. 좌대저거가 내심 이를 방해하기 위해 이같이 말했다.

"전에 한나라 사자가 올 때 병사들이 그 뒤를 좇아왔습니다. 지금 역시 한나라가 군사를 동원한 전례를 흉내 내 먼저 사자를 들여보내고 그 뒤를 좇아 병사들을 들여보내십시오."

그러고는 이내 스스로 호로자왕呼盧訾王과 함께 각각 1만 명의 기병을 이끌고 남쪽 요새로 가서 사냥을 하다가 서로 만나 함께 한나라로 침공하는 방안을 허락해 줄 것을 청했다. 행군하여 아직 도착하기도 전에 3명의 기병이 달아나 한나라에 항복한 뒤 흉노의 침공 계책을 알렸다. 한선제가 조서를 내렸다. 변경지대의 기병을 동원해 요해처要害處에 주둔시키고, 대장군의 군감軍監인 치중治衆 등 4명으로 하여금 5,000명의 기병을 3대隊로 나눠 요새 밖의 수백 리까지 진격해 호로胡虜를 각각 수십 명씩 포획해 돌아오도록 했다.

당시 흉노는 3명의 기병이 한나라에 투항해 침공 계책을 고한 까닭에 감히 한나라 경계 안으로 들어오지 못하고 바로 군사를 이끌고 돌아갔다. 이 해에 홍노는 기근이 들어 인민과 축산 가운데 죽은 것이 10의 6–7에 달했다. 또 2곳의 둔병에서 각각 1만 명씩 동원해 한나라에 대비했다.

이해 가을, 흉노에게 패해 자신들 주거지의 왼쪽을 내주어 살게 했던 서욕西嗕 부락 백성 수천 명이 군장君長의 인솔 하에 모두 가축을 몰고 한나라 변경까지 와 흉노의 변경 수비군과 싸웠다. 살상된 사람이 매우 많았다. 드디어 남쪽으로 내려와 한나라에 항복했다.

＊ 孝昭皇帝地節二年

春, 霍光病篤. 車駕自臨問, 上為之涕泣. 光上書謝恩, 願分國邑三千戶以封兄孫奉車都尉山為列侯, 奉兄去病祀. 即日, 拜光子禹為右將軍. 三月, 庚午, 光薨. 上及皇太后親臨光喪, 中二千石治塚, 賜梓宮·葬具皆如乘輿制度, 謚曰宣成侯. 發三河卒穿復土, 置園邑三百家, 長·丞奉守. 下詔復其後世, 疇其爵邑, 世世無有所與.

御史大夫魏相上封事曰, "國家新失大將軍, 宜顯明功臣以填藩國, 毋空大位, 以塞爭權. 宜以車騎將軍安世為大將軍, 毋令領光祿勳事. 以其子延壽為光祿勳." 上亦欲用之. 夏, 四月, 戊申, 以安世為大司馬·車騎將軍, 領尚書事.

鳳皇集魯, 群鳥從之. 大赦天下.

上思報大將軍德, 乃封光兄孫山為樂平侯, 使以奉車都尉領尚書事. 魏相因昌成君許廣漢奏封事, 言曰, "『春秋』譏世卿, 惡宋三世為大夫及魯季孫之專權, 皆危亂國家. 自後元以來, 祿去王室, 政由塚宰. 今光死, 子復為右將軍, 兄子秉樞機, 昆弟·諸婿據權勢, 在兵官, 光夫人顯及諸女皆通籍長信宮, 或夜詔門出入, 驕奢放縱, 恐寖不制, 宜有以損奪其權, 破散陰謀, 以固萬世之基, 全功臣之世." 又故事. 諸上書者皆為二封, 署其一曰"副", 領尚書者先發副封, 所言不善, 屏去不奏. 相復因許伯白去副封以防壅蔽. 帝善之, 詔相給事中, 皆從其議.

帝興於閭閻, 知民事之艱難. 霍光既薨, 始親政事, 厲精為治, 五日一聽事. 自丞相以下各奉職奏事, 敷奏其言, 考試功能. 侍中·尚書功勞當遷及有異善, 厚加賞賜, 至於子孫, 終不改易. 樞機周密, 品式備具, 上下相安, 莫有苟且之意. 及拜刺史·守·相, 輒親見問, 觀其所由, 退而考察所行以質其言, 有名實不相應, 必知其所必然. 常稱曰, "庶民所以安其田里而亡歎息愁恨之心者, 政平訟理也. 與我共此者, 其唯良二千石乎!" 以為太守, 吏民之本, 數變易則下不安. 民知其將久, 不可欺罔, 乃服從其教化. 故二千石有治理效, 輒以璽書勉厲, 增秩, 賜金, 或爵至關內侯. 公卿缺, 則選諸所表, 以次用之. 是以漢世良吏, 於是為盛, 稱中興焉.

匈奴壺衍鞮單于死, 弟左賢王立為虛閭權渠單于, 以右大將女為大閼氏, 而黜前單于所幸顓渠閼氏. 顓渠閼氏父左大且渠怨望. 是時漢以匈奴不能為邊寇, 罷塞外諸城以休百姓. 單于聞之, 喜, 召貴人謀, 欲與漢和親. 左大且渠心害其事, 曰, "前漢使來, 兵隨其後. 今亦效漢發兵, 先使使者入." 乃自請與呼盧訾王各將萬騎, 南旁塞獵, 相逢俱入. 行未到, 會三騎亡降漢, 言匈奴欲為寇. 於是天子詔發邊騎屯要害處, 使大將軍軍監治眾等四人將五千騎, 分三隊, 出塞各數百里, 捕得虜各數十人而還. 時匈奴亡其三騎, 不敢入, 即引去. 是歲, 匈奴饑, 人民·畜產死者什六七, 又發兩屯各萬騎以備漢. 其秋, 匈奴前所得西嗕居左地者, 其君長以下數千人皆驅畜產行, 與甌脫戰, 所殺傷甚眾, 遂南降漢.

** 권25-한기漢紀 17: 곽씨 일족을 제거하다

한선제 지절 3년(BC 67)

1) 봄 3월, 한선제가 조서를 내렸다.

"대략 듣건대 공을 세우고도 상을 못 받고, 죄가 있는데도 주살되지 않으면 비록 요순일지라도 천하를 교화시킬 수 없다고 했다. 지금 교동膠東의 재상 왕성王成은 많은 수고를 하면서도 태만하지 않았다. 유민流民으로서 호적에 등록해 정착하는 자점自占을 실천한 사람이 8만여 명이나 되는 등 고을을 잘 다스려 특별한 효과를 낸 게 그렇다. 왕성에게 관내후의 작위를 내리고, 녹질은 중2천석으로 한다."

아직 불러 쓰지도 않았는데 마침 병이나 관官에서 죽었다. 이후 조서를 내려 승상과 어사로 하여금 1년간의 회계를 보고하는 군국의 상계上計 담당자인 장사長史와 태수 휘하의 관원인 수승守丞에게 정령의 득실을 묻게 했다.

어떤 사람이 말했다.

"전 교동국 승상인 왕성은 허위로 호적을 보고하며 멋대로 호구를 부풀림으로써 표창과 포상을 받았습니다."

이후 무능한 속리俗吏들이 허위 보고를 통해 명예를 얻는 일이 빚어졌다.

2) 여름 4월 22일, 한선제가 죽은 허황후 소생의 아들 유석劉奭을 황태자로 삼았다. 병길丙吉을 태부太傅, 태중대부太中大夫 소광疏廣을 소부

少傅로 삼았다. 태자의 외조부인 허광한을 평은후平恩侯, 곽광의 형의 손자인 중랑장 곽운霍雲을 관양후冠陽侯에 봉했다.

곽부인 현顯은 태자를 세웠다는 소식을 듣고 크게 화를 내는 노에怒恚를 하며 밥을 먹지 않았다. 이내 피를 토하는 구혈歐血을 하며 말했다.

"이 사람은 민간에 있을 때 태어난 아들이다. 어찌 태자로 세울 수 있단 말인가! 곽황후가 아들을 낳을지라도 오히려 왕이 되겠구나!"

다시 곽황후를 시켜 태자를 독살코자 했다. 곽황후가 자주 태자를 불러 식사를 내렸다. 보모保母와 유모인 아모阿母가 곧바로 먼저 맛을 보는 까닭에 독약을 품고도 사용할 길이 없었다.

3) 5월 29일, 승상 위현韋賢이 노병老病을 이유로 사직을 청하는 걸해골乞骸骨을 했다. 황금 100근과 안거安車, 사마駟馬를 하사하면서 집무를 그치고 집으로 돌아가게 했다. 승상이 나이를 이유로 사임하는 치사致仕를 행한 것은 위현으로부터 시작됐다.

4) 6월 7일, 위상魏相을 승상으로 삼았다

6월 16일, 병길을 어사대부, 소광疏廣을 태자대부, 소광의 형의 자식이 태자소부가 됐다.

태자의 외조부인 은평후 허백許伯은 태자가 어리다고 생각해 자신의 동생인 중랑장 허순許舜이 태자의 집을 감호監護하는 방안을 청했다. 한 선제가 소광에게 묻자 소광이 대답했다.

"태자는 황제의 맏아들인 국저國儲이고, 황제 다음의 군주인 부군副君입니다. 스승과 친구인 사우師友 모두 반드시 천하에서 가장 뛰어난 영준英俊이어야 합니다. 유독 외가인 허씨 집안과 친해서는 안 되는 이유입니다. 태자에게는 이미 태부와 소부가 있고, 관속도 이미 갖춰져 있습니다. 다시 허순으로 하여금 태자의 집을 감호토록 하는 것은 누추함을 보이는 것입니다. 이는 태자의 덕을 천하에 널리 펴는 방안이 아닙니다."

한선제가 그 말을 칭송하면서 승상인 위상에게 말했다. 위상이 관을 벗는 면관免冠을 하며 사죄했다.

"이는 신들이 미칠 수 있는 바가 아닙니다."

소광은 이로 인해 그릇이 큰 인물로 여겨지게 됐다.

5) 경사京師에 큰 우박雨雹이 내렸다. 번국에 대한 업무를 관장하는 대행승大行丞인 동해東海 산동성 담성현 출신 소망지蕭望之가 상소했다. 대신들이 정사에 임하면서 오직 한 가문이 권력을 오로지하는 지경에 이르게 된 것을 언급했다. 한선제가 평소 소망지의 명성을 들은 까닭에 알자謁者에 제수했다. 당시 한선제는 널리 현준賢俊을 초빙하고 있었다. 민간에서 많은 사람이 상서해 편리하고 마땅히 해야 할 사항인 편의便宜를 언급했다. 한선제가 번번이 소망지에게 내려 보내 타당성 여부를 심사해 처리케 했다. 소망지는 비교적 고명한 의견은 승상 및 어사에게 보내 시행케 하고, 그 다음 수준의 의견은 중2천석에게 보내 1년가량 시험해 본 뒤 결과를 보고토록 하고, 채택할 가치가 없는 의견은 소망지가 결과만 상주한 뒤 폐기했다. 모든 게 한선제의 뜻과 부합했다.

6) 겨울 10월, 조서를 내렸다.

"앞서 9월 19일에 지진이 일어나 짐은 대단히 두려워했다. 능히 짐의 과실에 대해 잠언箴言을 해줄 수 있는 사람을 비롯해 각 군국에서 천거한 현량賢良 및 방정方正과 짐에게 직언直言과 극간極諫을 해줄 수 있는 인재들은 짐의 과실을 보완코자 하는 경우는 물론 유사有司의 잘못에 대해서도 꺼리는 일이 없도록 하라! 짐은 이미 부덕하여 먼 곳에 있는 나라를 귀부시키지 못하고 있다. 변경에서 둔수屯戍하는 일이 그치지 않는 이유다. 지금 다시 군사를 정돈해 둔병을 무겁게 하면 오래도록 백성을 수고스럽게 하는 것으로 천하는 안정시키는 바가 아니다. 거기장군車騎將軍 장안세와 우장군右將軍 곽우의 둔병을 철폐토록 하라."

또 이런 조서를 내렸다.

"물고기를 놓아기르는 금원禁苑인 지어池籞 가운데 아직 황제가 가지 않은 곳은 빈민들에게 임시로 나눠주고, 군국의 궁관宮館은 다시 수리하는 일이 없도록 하라. 유민들 가운데 돌아온 사람에게는 공전公田을 빌려주고, 종자와 음식을 빌려주고, 부역을 부과치 않도록 하라."

7) 곽광의 부인인 태부인太夫人 현顯은 교만하고 사치한 교치驕侈와 멋대로 행동하는 종횡縱橫의 모습을 보였다. 자신의 집인 제실第室을 넓게 확장하면서 타고 다니는 승여乘輿와 연차輦車를 정교하게 만들었다. 그림을 그려 넣고, 손잡는 곳에 수를 놓은 뒤 황금으로 칠을 하고, 바퀴를 솜으로 싸고, 시비들이 오색의 실을 수레에 매어 끌도록 하면서 집에서 유희를 즐긴 게 그렇다. 또 감노監奴인 풍자도馮子都와 음란한 모습을 보였다.

곽우霍禹와 곽산霍山 역시 자신의 집을 정교하게 꾸미는 선치繕治를 하면서 말에 올라타 평락관平樂館으로 내달렸다. 곽운霍雲은 조회 참석 요청인 조청朝請이 있을 때면 자주 칭병稱病한 채 사사로이 외출해 대부분 빈객을 좇아 황제의 어원御苑인 황산원黃山苑에서 포위망을 설치한 뒤 사냥을 했다. 그럴 때면 푸른 두건을 쓴 노복인 창두노倉頭奴를 시켜 조회에 나아가 알현케 했다. 그럼에도 감히 견책하는 자가 없었다. 곽부인 현과 여러 딸들은 주야로 상관태후가 머무는 장신궁長信宮을 출입하면서 법도인 기도期度가 전혀 없었다.

한선제는 민간에 있을 때 곽씨들이 존귀하고 번성한 게 이미 오래 됐다는 얘기를 들은 바 있다. 내심 좋게 생각할 수 없었다. 몸소 친정을 하게 되자 어사대부 위상魏相을 황제의 고문관인 급사중給事中으로 삼았다. 곽부인 현이 곽우와 곽운 및 관산에게 이같이 경계했다.

"너희들은 대장군의 여업餘業을 잇는데 애쓰지 않는 바람에 이제 어사대부가 급사중이 됐다. 그가 한 번 너희들을 이간하면 너희들이 능히 스스로를 구할 수 있겠는가!"

이후 곽씨와 위씨 두 집안의 가노家奴들이 길을 먼저 점거하는 문제를 놓고 다투는 쟁도爭道를 했다. 곽씨의 가노들이 어사부御史府로 쳐들어가 어사대부 관저의 문을 발로 차려고 했다. 어사가 머리를 조아리며 사죄하자 이내 떠났다. 어떤 사람이 이를 곽씨 집안에 알리자 곽부인 현은 비로소 우환이 생긴 것을 알았다.

마침 위대부魏大夫 위상이 승상이 됐다. 자주 한가한 틈을 타 알현해 여러 일을 말했다. 평은후平恩侯 허광한과 시중 금안상金安上 등도 지름길로 궁중인 성중省中을 출입했다. 당시 곽산은 상서 업무의 총괄을 겸직하는 영상서사領尙書事로 있었다. 한선제가 조령을 내려 이민吏民도 밀봉 형식의 봉사封事를 올릴 수 있고, 반드시 상서를 거칠 필요도 없도록 조치했다. 또 군신들은 황제를 진현進見코자 할 경우 단독으로 왕래할 수 있게 됐다. 곽씨들은 이를 매우 싫어했다.

한선제는 곽씨들이 허황후를 독살했는데도 이를 제대로 살피지 못했다는 얘기를 은밀히 듣게 됐다. 이내 곽광의 사위인 도료장군度遼將軍·미앙궁未央宮 위위衛尉·평릉후平陵侯인 범명우范明友를 광록훈光祿勳, 곽광의 사위이자 제이諸吏·중랑장中郎將·우림감羽林監인 임승任勝을 안정安定감숙성 고원현 태수로 삼았다. 몇 달 뒤 다시 곽광의 매부 즉 자서姊婿이자 급사중給事中·광록대부光祿大夫로 있는 장삭張朔을 촉군蜀郡사천성 성도시 태수, 여러 곽광의 손녀사위 가운데 한 사람인 중랑장 왕한王漢을 무위武威감숙성 무위현 태수로 삼았다. 얼마 후 곽광의 큰 사위이자 장락궁 위위로 있는 등광한鄧廣漢을 소부少府로 삼았다.

10월 14일, 다시 장안세를 위장군衛將軍으로 삼은 뒤 미앙궁과 장락궁의 양궁兩宮의 위위衛尉를 비롯해 성문城門과 북군北軍의 병사들을 귀속시켰다. 곽우霍禹를 대사마로 삼은 뒤 폄하하기 위해 무변武弁의 큰 관 대신 작은 관인 소관小冠을 쓰게 하고, 인수印綬도 주지 않고, 휘하의 둔병과 관속을 철폐했다. 특별히 곽우로 하여금 곽광과 똑같은 대사마의 관직명을 사용케 했을 뿐이다.

또 도료장군 범명우의 인수를 거둔 뒤 단지 광록훈의 작위만 갖게 하고, 곽광의 중간 사위인 조평趙平은 산기散騎·기도위騎都尉·광록대부光祿大夫로서 둔병을 거느리고 있었으나 조평의 기도위 인수를 거두었다. 이어 여러 호胡와 월越의 기병과 우림군羽林軍 및 양궁兩宮의 위위 등 둔병을 거느리던 자들을 모두 바꿨다. 한선제가 가까이하며 믿는 허씨許氏와 사씨史氏의 자제들로 하여금 이들의 역할을 대신케 했다.

8) 당초 한무제 때는 징발하는 일이 번거롭기도 했지만 자주 이뤄졌다. 백성들이 가난해지고, 가난한 백성들이 법을 범하고 간궤奸軌[284]를 행하는 게 그 수를 헤아릴 수 없었던 이유다. 한무제가 장탕張湯과 조우趙禹 등으로 하여금 법령을 조목별로 세밀히 만들게 했다. 명확히 알고도 죄를 범하는 자와 알고도 고하지 않는 자를 비롯해 장관이 죄를 범했을 경우 해당부서의 사람들을 연루해 처벌하는 조항 등이 그렇다. 또 형벌을 지나치게 엄하게 부과하거나 죄를 꾸며서 뒤집어씌운 관원을 비롯해 사안을 느슨히 처리하거나 급히 풀어주어 내보낸 관원 등을 더욱 엄하게 처벌토록 했다. 그러자 이후 간활奸猾한 자들이 온갖 수단을 동원해 서로 인용하여 비유하자 법망이 더욱 엄밀해지고, 율령이 더욱 번잡해지고, 문서가 궤각几閣[134]에 가득 차 담당자가 두루 한 번 살펴보는 것도 어렵게 됐다. 각 군국이 인용하는 법률이 달라 혼란스러워졌고, 죄는 같은데 판결이 다

---

284 간궤奸軌는 법을 어기고 작란作亂하는 것을 말한다. 겁탈劫奪의 의미로 사용되기도 한다. 간사하고 바르지 않다는 뜻의 간귀姦宄와 통한다.

르게 되자 간리奸吏들이 인연을 맺고 뇌물을 받으며 장사를 하게 됐다. 살리고자 하면 살리는 법조문으로 의논하고, 함정에 빠뜨리고자 하면 반드시 죽음에 이르는 조문을 인용한 게 그렇다. 사람들 모두 이를 얘기하면서 원통寃痛하고 비상悲傷한 마음을 지니게 됐다.

정위사廷尉史인 거록鉅鹿하북성 평향현 출신 노온서路溫舒가 상서했다.

"신이 듣건대 춘추시대 중엽 제양공齊襄公이 사촌인 공손 무지無知의 난으로 변을 당하자 이후 제환공齊桓公으로 즉위한 이복동생 공자 소백小白이 제나라를 부흥시켰고, 진晉나라에서 진헌공의 후취인 여희驪姬의 변란이 일어났을 때 공자 중이重耳가 19년간에 걸친 망명생활 끝에 진문공晉文公으로 즉위해 천하의 패권을 장악했습니다. 근세에는 여태후 때 조왕趙王 유우劉友가 아사해 제명에 죽지 못하면서 이후 여씨呂氏들이 작란作亂을 했으나 오히려 태종太宗으로 추존된 문제가 업적을 쌓는 계기로 작용했습니다. 이로써 보건대 화란이 일어나는 것은 장차 성인이 일어나는 배경이 됩니다. 무릇 변란이 일어난 뒤에는 반드시 이전과 다른 변혁이 나타나게 마련입니다. 이는 현성賢聖이 천명을 밝히는 계기로 활용한 결과입니다. 전에 소제가 후사도 없이 세상을 떠나는 즉세即世를 하자 창읍왕이 뒤를 이었으나 음란했습니다. 이는 하늘인 황천皇天이 지성至聖의 명군이 등장하는 길을 열기 위한 것이었습니다.

신이 듣건대 『춘추』의 대의에 따르면 군왕은 즉위即位를 하여 대일통大一統[286]을 할 때 처음부터 신중히 시작해야 합니다. 폐하는 처음으로 지존

---

285 궤각几閣은 책꽂이 즉 서가書架를 말한다. 『한서』「형법지」에 문서영어궤각文书盈於几閣 표현이 나온다. 궤격几格과 같은 말이다.

286 대일통大一統은 『춘추공양전』「노은공 원년」조에 나오는 개념이다. 군왕이 천명을 받아 천하를 천자의 획일적인 지휘 하에 두는 것을 말한다. 지역적 통합인 '대통일大統一'과 달리 정치경제 및 사상문화 면에서도 하나로 통합된 양상을 가리킨다.

의 자리에 오른 뒤 하늘과 서로 부합하는 합부合符를 하여 의당 이전 시대에 잃은 것을 고치고, 수명受命의 계통을 바르게 시작하고, 번거로운 법조문인 번문煩文을 탕척蕩滌하고, 백성의 고질인 민질民疾을 제거함으로써 천의天意에 부응했습니다. 신은 전에 진秦나라가 10개의 잘못을 저질렀고, 그중 하나가 상존尙存하고 있다고 들었습니다. 옥사를 처리하는 관원이 바로 그것입니다. 무릇 감옥은 천하의 대명大命[287]입니다. 죽은 사람은 다시 살 수 없고, 절단된 것도 다시 이을 수 없습니다. 『서경』「우서虞書, 대우모大禹謨」에서 말하기를, '죄 없는 자인 불고不辜를 죽이느니 차라리 비일상적인 허물인 불경不經을 잃고 만다'고 했습니다.[288] 지금 옥리獄吏들은 그렇지 않습니다. 상하가 서로 몰아가기를 각박하게 하면 밝다고 하고, 형벌을 무겁게 할수록 공정하게 처리했다는 명성을 얻고, 법집행을 평화롭게 하면 후환이 무궁합니다. 옥사를 관리하는 관원들 모두 사람이 죽기를 바라지만 이는 사람을 증오하기 때문이 아니라, 스스로 편안해지는 길이 타인의 죽음에 있기 때문입니다. 죽은 사람의 피가 저잣거리에 유리流離하고, 형벌을 받은 무리가 어깨를 나란히 하며 서 있을 정도로 도처에 널려 있고, 사형인 대벽大辟을 받은 숫자가 1년에 1만 명을 헤아리는 이유입니다. 인성仁聖이 손상을 입고 태평太平이 미흡한 까닭이 여기에 있습니다.

무릇 인정人情은 편안하면 즐거이 살고자 하고, 고통스러우면 죽음을

287 원문은 천하지대명天下之大命이다. 여기의 '대명'은 목숨 내지 명맥命脈의 뜻이다. 전한 초기 가의賈誼의 「논적저소論積貯疏」에 '부적저자夫積貯者, 천하지대명야天下之大命也' 구절이 나온다.

288 원문은 '여기살불고與其殺不辜, 영실불경寧失不經'이다. '불고'는 허물이 없다는 뜻으로 무고無辜와 같다. '영실불경'은 차라리 법을 지키지 않는다는 비난을 받는다는 취지이다.

생각키 마련입니다. 채찍과 곤장으로 다스리는 추초棰楚 아래서 무슨 대답을 구한들 얻어내지 못할 리 있겠습니까? 수인囚人이 고통을 이기지 못해 굴복하면 그 내용을 보여주며 만족해하고, 형리는 수인의 진술인 공초供招에서 이익을 취하기 위해 원하는 쪽으로 지도指導하여 밝히고, 상주했다가 비판을 받을까 두려워 옥안獄案을 합리화하기 위해 온갖 이유를 단련鍛練하여 끼워 맞춥니다. 대략 이런 식으로 옥안을 완성해 상주하면 설령 순임금 때 형옥을 관장한 전설적인 법관인 고요皐陶가 들을지라도 오히려 죽여도 죄가 남을 것으로 여길 것입니다. 왜 그렇겠습니까? 온갖 이유를 끌어들여 죄의 성립을 단련해 완성시킨 것은 많고, 법조문에 해당하는 죄목은 분명하기 때문입니다. 속담에서 말하기를, '땅에 금을 그어 감옥이라고 하는 획지위옥畫地為獄이라 할지라도 들어가지 않는 일을 의론하고, 나무를 깎아 형리라고 하는 각목위리刻木為吏를 할지라도 반드시 마주치지 않도록 하라'고 했습니다. 모두 혹독한 형리인 질리疾吏를 풍자한 것으로 비통한 내용에 해당합니다. 오직 폐하가 법제를 줄이고, 형벌을 너그럽게 하면 태평한 기풍이 세상에 크게 흥기할 것입니다."

한선제가 그의 상서 내용을 칭송했다.

9) 12월, 한선제가 조서를 내렸다.

"최근 관원들이 조문을 멋대로 해석해 법을 농락하는 무문농법舞文弄法 현상이 갈수록 심해지는 모습을 보이고 있으니 이는 짐이 부덕한 탓이다. 무릇 옥사를 결정하는 것이 부당한 까닭에 죄 있는 자가 계속 법 밖에서 노닐고, 무고한 자는 죽임을 당해 부자父子가 비통하고 한스러운 비한悲恨의 모습을 보이니 짐은 이를 심히 아파한다! 지금 정위사廷尉史를 파견해 각 군의 옥사를 추궁하는 국옥鞠獄을 하도록 했으나 임무는 가볍고 봉록도 박하다. 정위평廷尉平을 설치해 녹실을 600석으로 하여 4명을 두도록 하라. 이를 공평히 하도록 힘써 짐의 뜻에 부합케 하라!"

매해 가을에 죄의 경중 평의를 청하는 청얼請讞을 할 때 한선제는 늘 미앙궁 안의 선실宣室로 나아가 재계하고 사건을 결재했다. 옥사와 형벌인 옥형獄刑이 공평했다는 평가를 받은 이유다.

탁군涿郡하북성 탁현 태수 정창鄭昌이 상소했다.

"지금 명주明主가 몸소 분명히 들으니 비록 정위평廷尉平을 두지 않아도 옥사는 장차 스스로 올라오게 될 것입니다. 다만 후대를 위하고자 하면 백성들에게 불편한 율령을 산정刪定하느니만 못합니다. 율령은 한 번 정해지면 우민愚民도 피해야 하는 것을 알고, 간리奸吏도 장난질 칠 곳이 없게 됩니다. 지금 근본을 바로하지 않은 채 정위평만 설치해 지엽적인 것을 처리하면 조정朝政이 쇠패衰敗하고, 청송聽訟이 나태懶怠해질 것입니다. 그리되면 정위평은 오히려 권력을 불러 모아 혼란의 괴수가 되고 말 것입니다."

10) 한소제 때 흉노가 4,000명의 기병을 파견해 차사車師신강성 투르판로 가 전렵田獵을 하게 했다. 한선제 본시 3년에 도료장군度遼將軍 범명우范明友와 기련장군祁連將軍 전광명田廣明 등 5명의 장군이 흉노를 치자 차사에서 수렵하던 자들이 크게 놀라서 달아났다. 차사가 다시 한나라와 통교한 이유다. 흉노가 화가 난 나머지 차사의 태자 군숙軍宿을 불러 인질로 삼고자 했다. 군숙은 언기焉耆신강성 언기현의 외손으로, 흉노에 인질이 되고 싶지 않은 까닭에 언기로 달아났다. 차사의 왕이 다시 아들 오귀烏貴를 태자로 세웠다. 오귀가 커서 보위에 오를 때가 되자 흉노와 혼인을 맺은 뒤 흉노를 시켜 한나라가 오손烏孫으로 통하는 길을 차단케 했다.

이 해에 시랑인 회계會稽 출신 정길鄭吉과 교위 사마희司馬喜가 형을 면제받은 사람들을 이끌고 거리渠犁신강성 윤대현에서 둔전해 곡식을 쌓아두었다. 성곽을 이루고 있는 여러 나라에서 병사 1만여 명을 징발하고, 거느리고 있는 둔전 병사 1,500명과 함께 차사를 공격해 격파했다. 차사왕이 항복을 청했다. 곧 흉노가 군사를 동원해 차사를 공격했다. 정길과 사마희도 군사를 이끌고 북쪽으로 나아가 영격에 나서자 흉노가 감히 전진하지 못했다. 정길과 사마희가 척후 1명과 병사 20명을 남겨 두어 차사국왕을 지키게 했다. 이어 정길 등이 군사를 이끌고 거리로 귀환했다.

차사왕은 흉노의 군사가 다시 이르면 죽임을 당할까 두려운 나머지 마침내 경무장한 말을 타고 오손으로 달아났다. 정길이 곧 차사왕의 처자를 영접한 뒤 전거傳車를 이용해 장안으로 보냈다. 흉노가 차사왕의 동생인 두막兜莫을 새 차사왕으로 삼은 뒤 차사의 남은 백성을 거둬 동쪽으로 이주시켜 감히 옛 땅에 살지 못하게 했다. 정길은 처음으로 이졸吏卒 300명을 차사로 보내 둔전토록 했다. 비어있는 땅을 충실하게 만든 것이다.

11) 한선제가 처음 즉위할 때 자주 사자를 파견해 외가 사람들을 찾았다. 그러나 시간이 구원久遠한 까닭에 사자들이 심방尋訪한 사람들이 대부분 비슷하기는 했으나 외가 쪽 사람들은 아니었다. 이 해에 마침내 외조모 왕오王媪[289]와 왕오의 아들인 무고無故와 무武를 찾아냈다. 한선제가 무고와 무에게 관내후의 작위를 내렸다. 10일에서 1달 사이인 순월旬月[290]에 상사賞賜한 물품이 거만巨萬을 헤아렸다.

** 起閼逢攝提格, 盡屠維協洽, 凡六年.

中宗孝宣皇帝地節三年

春, 三月, 詔曰, "蓋聞有功不賞, 有罪不誅, 雖唐·虞不能以化天下. 今膠東相王成, 勞來不怠, 流民自占八萬餘口, 治有異等之效. 其賜

289 왕오王媪의 '오'는 노인 부인에 대한 존칭으로 '왕씨 집 부인'에 해당한다.

290 순월旬月은 1달, 10달, 10일에서 1달 사이 등의 3가지 뜻이 있다. 문맥상 여기서는 10일에서 1달 사이의 의미로 사용된 것으로 보인다. 일부 판본에는 10일 사이인 순일旬日로 되어 있다.

成爵關內侯, 秩中二千石." 未及徵用, 會病卒官. 後詔使丞相·御史問郡·國上計長史·守丞以政令得失. 或對言曰, "前膠東相成僞自增加以蒙顯賞." 是後俗吏多為虛名云.

夏, 四月, 戊申, 立子奭為皇太子, 以丙吉為太傅, 太中大夫疏廣為少傅. 封太子外祖父許廣漢為平恩侯. 又封霍光兄孫中郎將雲為冠陽侯. 霍顯聞立太子, 怒恚不食, 歐血, 曰, "此乃民間時子, 安得立! 即後有子, 反為王邪!" 復教皇后令毒太子. 皇后數召太子賜食, 保·阿輒先嘗之, 後挾毒不得行.

五月, 甲申, 丞相賢以老病乞骸骨. 賜黃金百斤·安車·駟馬, 罷就第. 丞相致仕自賢始.

六月, 壬辰, 以魏相為丞相. 辛丑, 丙吉為御史大夫, 疏廣為太子太傅, 廣兄子受為少傅. 太子外祖父平恩侯許伯, 以為太子少, 白使其弟中郎將舜監護太子家. 上以問廣, 廣對曰, "太子, 國儲副君, 師友必於天下英俊, 不宜獨親外家許氏. 且太子自有太傅·少傅, 官屬已備, 今復使舜護太子家, 示陋, 非所以廣太子德於天下也." 上善其言, 以語魏相, 相免冠謝曰, "此非臣等所能及." 廣由是見器重.

京師大雨雹, 大行丞東海蕭望之上疏, 言大臣任政, 一姓專權之所致. 上素聞望之名, 拜為謁者. 時上博延賢俊, 民多上書言便宜, 輒下望之問狀. 高者請丞相·御史, 次者中二千石試事, 滿歲以狀聞. 下者報聞, 罷. 所白處奏皆可.

冬, 十月, 詔曰, "乃者九月壬申地震, 朕甚懼焉. 有能箴朕過失, 及賢良方正直言極諫之士, 以匡朕之不逮, 毋諱有司. 朕既不德, 不能附遠, 是以邊境屯戍未息. 今復飭兵重屯, 久勞百姓, 非所以綏天下也. 其罷車騎將軍·右將軍兵." 又詔曰, "池籞未御幸者, 假與貧民. 郡國宮館勿復修治. 流民還歸者, 假公田, 貸種食, 且勿算事."

霍氏驕侈縱橫. 太夫人顯, 廣治第室, 作乘輿輦, 加畫, 繡絪馮, 黃金塗. 韋絮薦輪, 侍婢以五采絲輓顯游戲第中. 與監奴馮子都亂. 而禹·山亦并繕治第宅, 走馬馳逐平樂館. 雲當朝請, 數稱病私出, 多從賓客, 張圍獵黃山苑中, 使倉頭奴上朝謁, 莫敢譴者. 顯及諸女晝夜出入長信宮殿中, 亡期度.

帝自在民間, 聞知霍氏尊盛日久, 內不能善. 既躬親朝政, 御史大夫魏相給事中. 顯謂禹·雲·山曰, "女曹不務奉大將軍餘業, 今大夫給事中, 他人壹間女, 能復自救邪!" 後兩家奴爭道, 霍氏奴入御史府, 欲蹋大夫門. 御史為叩頭謝, 乃去. 人以謂霍氏, 顯等始知憂.

會魏大夫為丞相, 數燕見言事. 平恩侯與侍中金安上等徑出入省中. 時霍山領尚書, 上令吏民得奏封事, 不關尚書, 群臣進見獨往來, 於是霍氏甚惡之. 上頗聞霍氏毒殺許后而未察, 乃徙光女婿度遼將軍·未央衛尉·平陵侯范明友為光祿勳, 出次婿諸吏·中郎將·羽林監任勝為安定太守. 數月, 復出光姊婿給事中·光祿大夫張朔為蜀郡太守, 群孫婿中郎將王漢為武威太守. 頃之, 復徙光長女婿長樂衛尉鄧廣漢為少府. 戊戌, 更以張安世為衛將軍, 兩宮衛尉·城門·北軍兵屬焉. 以霍禹為大司馬, 冠小冠, 亡印綬, 罷其屯兵官屬, 特使禹官名與光俱大司馬者. 又收范明友度遼將軍印綬, 但為光祿勳. 及光中女婿趙平為散騎·騎都尉·光祿大夫, 將屯兵, 又收平騎都尉印綬. 諸領胡·越騎·羽林及兩宮衛將屯兵, 悉易以所親信許·史子弟代之.

初, 孝武之世, 徵發煩數, 百姓貧耗, 究民犯法, 奸軌不勝, 於是使張湯·趙禹之屬, 條定法令, 作見知故縱·監臨部主之法, 緩深·故之罪, 急縱·出之誅. 其後奸猾巧法轉相比況, 禁罔浸密, 律令煩苛, 文書盈於几閣, 典者不能遍睹. 是以郡國承用者駁, 或罪同而論異, 奸吏因緣為市, 所欲活則傅生議, 所欲陷則予死比, 議者咸冤傷之.

廷尉史鉅鹿路溫舒上書曰, "臣聞齊有無知之禍而桓公以興, 晉有驪姬之難而文公用伯. 近世趙王不終, 諸呂作亂, 而孝文為太宗. 由是觀之, 禍亂之作, 將以開聖人也. 夫繼變亂之後, 必有異舊之恩, 此賢聖所以昭天命也. 往者昭帝即世無嗣, 昌邑淫亂, 乃皇天所以開至聖也. 臣聞『春秋』正即位·大一統而慎始也. 陛下初登至尊, 與天合符, 宜改前世之失, 正始受命之統, 滌煩文, 除民疾, 以應天意. 臣聞秦有十失, 其一尚存, 治獄之吏是也. 夫獄者, 天下之大命也, 死者不可復生, 絕者不可復屬. 『書』曰, '與其殺不辜, 寧失不經' 今治獄吏則不然, 上下相驅, 以刻為明, 深者獲公名, 平者多後患, 故治獄之吏皆欲人死, 非憎人也, 自安之道在人之死. 是以死人之血流離於市, 被刑之徒, 比肩而立, 大辟之計, 歲以萬數. 此仁聖之所以傷也, 太平之未洽, 凡以此也. 夫人情, 安則樂生, 痛則思死, 棰楚之下, 何求而不得! 故囚人不勝痛, 則飾辭以示之. 吏治者利其然, 則指導以明之. 上奏畏卻, 則鍛練而周內之. 蓋奏當之成, 雖皋陶聽之, 猶以為死有餘辜. 何則? 成練者眾, 文致之罪明也. 故俗語曰, '畫地為獄, 議不入. 刻木為吏, 期不對' 此皆疾吏之風, 悲痛之辭也. 唯陛下省法制, 寬刑罰, 則太平之風可興於世." 上善其言.

十二月, 詔曰, "間者吏用法巧文浸深, 是朕之不德也. 夫決獄不當, 使有罪興邪, 不辜蒙戮, 父子悲恨, 朕甚傷之! 今遣廷史與郡鞠獄, 任輕祿薄, 其為置廷尉平, 秩六百石, 員四人. 其務平之, 以稱朕意!" 於是每季秋後請讞時, 上常幸宣室, 齋居而決事, 獄刑號為平矣.

涿郡太守鄭昌上疏言曰, "今明主躬垂明聽, 雖不置廷平, 獄將自正. 若開後嗣, 不若刪定律令. 律令一定, 愚民知所避, 奸吏無所弄矣. 今不正其本, 而置廷平以理其末, 政衰聽怠, 則廷平將召權而為亂首矣."

昭帝時，匈奴使四千騎田車師．及五將軍擊匈奴，車師田者驚去，車師復通於漢．匈奴怒，召其太子軍宿，欲以為質．軍宿，焉耆外孫，不欲質匈奴，亡走焉耆，車師王更立子烏貴為太子．及烏貴立為王，與匈奴結婚姻，教匈奴遮漢道通烏孫者．

是歲，侍郎會稽鄭吉與校尉司馬憙，將免刑罪人田渠犂，積穀，發城郭諸國兵萬餘人與所將田士千五百人共擊車師，破之．車師王請降．匈奴發兵攻車師．吉·憙引兵北逢之，匈奴不敢前．吉·憙即留一候與卒二十人留守王，吉等引兵歸渠犂．車師王恐匈奴兵復至而見殺也，乃輕騎奔烏孫．吉即迎其妻子，傳送長安．匈奴更以車師王昆弟兜莫為車師王，收其餘民東徙，不敢居故地．而鄭吉始使吏卒三百人往田車師地以實之．

上自初即位，數遣使者求外家．久遠，多似類而非是．是歲，求得外祖母王媼及媼男無故·武．上賜無故·武爵關內侯．旬月間，賞賜以巨萬計．

한선제 지절 4년(BC 66)

1) 봄 2월, 외조모 왕오王媼에게 박평군博平君의 군호君號를 내리고, 외숙인 무고無故는 평창후平昌侯, 무武는 낙창후樂昌侯로 삼았다.

2) 여름 5월, 산양山陽산동성 금향현과 제음濟陰하남성 난봉현에 우박이 떨어졌다. 마치 달걀인 계자雞子만 했다. 파인 깊이가 2척5촌에 달했다. 20여 명이 죽고, 날던 새가 모두 죽었다.

3) 조서를 내렸다.

"이제부터 아들이 부모를 숨겨주고, 처가 남편을 숨겨주고, 손자가 조부모인 대부모大父母를 숨겨주는 것은 모두 다스리지 않는다."

4) 광천혜왕廣川惠王의 손자인 유문劉文을 세워 광천왕으로 삼았다.

5) 곽부인 현顯과 곽우霍禹, 곽산霍山, 곽운霍雲은 날마다 권력이 침삭侵削되는 것을 보고는 자주 서로 마주해 눈물을 흘리며 스스로를 원망했다. 곽산이 말했다.

"지금 승상이 집정執政 즉 용사用事를 하고 있소. 현관縣官인 황제가 그를 신임하고 있는 탓에 대장군 시절의 법령이 모두 변역變易된 것은 물론 대장군의 과실마저 발양發揚하고 있습니다. 또 여러 유생들은 대부분 빈천한 신분인 구인窶人의 자식들이거나 멀리서 온 원객遠客으로 기한饑寒에 허덕이고 있는 까닭에 즐겨 망령되고 미친 언행인 망설광언妄說狂言을 하고 있습니다. 기휘忌諱를 꺼리지 않기에 대장군을 늘 원수처럼 여기는 이유입니다. 지금 폐하는 이런 유생들과 얘기하기를 좋아합니다. 이들은 저마다 국사에 관해 상서하며 우리 집안을 분분히 비난하고 있습니다. 일찍이 우리 집안의 형제를 두고 교자驕恣하다고 말한 자가 있습니다. 그 언사가 절통絕痛했습니다. 상서령인 저 곽산은 이들에 가려져 상주조차 못하고 있습니다. 이후 상서하는 자들이 더욱 교활해져 모두 봉사封事로 상주하면서 번번이 중서령中書令을 시켜 나와서 가져가게 하고 있습니다. 상서尚書를 거치지 않는 까닭에 저는 더욱 신뢰를 얻지 못하고 있습니다. 또한 민간에서 곽씨가 허황후를 독살했다고 분분히 떠들고 있다는 얘기가 들립니다. 실로 이런 일이 있었습니까?"

곽부인 현은 두렵고 급한 나머지 즉시 곽우와 곽산, 곽운에게 이실직고했다. 곽우 등이 크게 놀라 이같이 말했다.

"그렇다면 어찌하여 일찍이 곽우 등에게 얘기하지 않은 것입니까? 황제가 여러 사위들을 이산시키고, 배척해 쫓아낸 것은 바로 이 때문입니다. 이는 대사大事입니다. 주벌誅罰이 작지 않을 터인데 어찌해야 좋겠습니까?"

곽씨 일족의 간사한 음모가 시작된 이유다. 당시 곽운의 장인인 이경李

竟에게 가깝게 지내는 친구인 장사張赦가 있었다. 장사는 곽운 집안사람들이 몹시 다급한 졸졸卒卒[291]의 모습을 보이자 이같이 말했다.

"지금 승상과 평은후平恩侯 허광한이 용사用事를 하고 있습니다. 태부인太夫人인 곽부인 현으로 하여금 대장군의 손녀딸인 상관태후에게 진언케 하십시오. 먼저 승상과 평은후를 주살하면 폐하를 좌지우지하거나 폐위하는 등의 이사移徙를 하는 것은 오직 태후의 손에 달려 있게 됩니다."

장안에 와서 곽씨 집안의 마구간에서 기숙하고 있던 장장張章이라는 사내가 마부들이 하는 소리를 듣고 이를 고변告變했다. 이 사건이 정위廷尉와 집금오執金吾에게 배당됐다. 곧바로 장사 등을 나포했다. 그러나 한 선제가 다시 조서를 내려 이들을 체포하지 못하게 했다. 곽산 등이 더욱 두려워하면서 서로 말했다.

"이는 황제가 태후를 어렵게 하는 것으로 여겨 끝까지 하지 않은 것입니다. 그러나 악惡의 실마리가 이미 보인 까닭에 오래되면 오히려 드러날 것이고, 드러나면 족주族誅를 당할 것입니다. 먼저 손을 쓰느니만 못합니다."

마침내 여러 곽씨 딸들로 하여금 각자 집으로 돌아가서 남편들에게 이를 보고토록 했다. 이들은 모두 탄식했다.

"어느 곳인들 능히 화난을 피할 곳이 될 수 있겠는가!"

마침 이경이 제후왕들과 교통한 일에 연루됐다. 변명을 하다가 곽씨까지 언급케 됐다. 조서가 내려졌다.

"곽운과 곽산이 숙위宿衛를 하는 것은 적의치 않다. 면직해 집으로 가게 하라."

291 졸졸卒卒은 몹시 급박한 모습을 가리킨다. 여기의 졸卒은 급작스런 졸猝과 통한다.

산양山陽산동성 금향현 태수 장창張敞이 봉사를 올렸다.

"신이 듣건대 춘추시대 중엽 노나라 공자公子 계우季友는 노장공 사후 보위 승계 문제로 어지럽게 된 노나라를 바로잡는 공을 세웠고, 진晉나라 대신 조최趙衰는 19년간에 걸쳐 망명생활을 한 중이重耳를 진문공으로 옹립하는 공을 세웠습니다. 진陳나라 공자 전완田完은 제나라로 망명한 뒤 공을 세웠습니다. 이들 모두 응분의 보답을 받았고 그 은혜가 후손에게까지 이어졌습니다. 결국 제나라에서는 전완의 후손인 전화田和가 강씨姜氏의 제나라를 찬탈하고, 조최의 후손은 진나라를 3분하여 조나라를 세웠고, 계우의 후손은 대대손손 노나라의 실권을 장악했습니다. 공자가 『춘추』를 편제해 성쇠盛衰의 자취를 쓰면서 오직 혈통에 의해 대대로 이어지는 고관인 세경世卿이 조정朝政을 오로지하는 것에 초점을 맞춰 비난한 것은 바로 이 때문입니다. 옛날 대장군은 대계大計를 결정했고, 종묘를 안정시켜 천하를 평정했으니 그 공이 작지 않습니다. 무릇 주나라 건국공신 주공周公의 주성왕 보필도 7년에 지나지 않으나 대장군은 무려 20년에 달합니다. 천하의 명운을 결단하는 게 그의 손에 의해 장악된 배경입니다. 바야흐로 그가 융성할 때는 천지天地를 경동驚動시켰고, 음양陰陽의 순환까지 침박侵迫했습니다. 조신朝臣들은 의당 밝게 건의하기를, '폐하는 옛날 대장군을 포상하고 총애하는 포총褒寵을 한 것만으로도 이미 충분히 그 공덕에 보답했습니다. 근래 보정輔政하는 신하가 멋대로 정사를 펼치는 전정顓政[292]을 하면서 귀척貴戚이 크게 번성하고, 군신 간의 구분이 분명치 않게 됐습니다. 청컨대 곽씨霍氏의 세 제후를 파직시켜 집

292 전정顓政의 전顓은 전專과 같다. 전顓은 다양한 의미로 사용된다. 전몽顓蒙은 우매무지愚昧無知, 전민顓民은 선량한 백성을 뜻한다. 전욱顓頊은 전설적인 제왕의 이름이기도 하다.

으로 돌려보내십시오. 또 위장군 장안세는 의당 궤장几杖을 하사해 귀휴歸休케 한 뒤 때로 물을 일이 있으면 소견召見하고, 열후列侯의 자격으로 천자의 스승이 되도록 하십시오'라고 해야 했습니다. 그런데도 황상은 조서를 내려 그들이 나라에 큰 공을 세웠기에 대신들의 주청을 받아들일 수 없다고 공개적으로 선언했습니다. 군신들이 의義로써 재삼 간쟁을 하는 고쟁固爭을 한 후에 겨우 동의했습니다. 이로 인해 천하 사람들은 폐하가 틀림없이 대신의 공덕을 잊지 않고, 조신朝臣들 또한 예를 안다고 인식케 됐습니다. 그러나 동시에 곽씨는 세세토록 아무런 환고患苦가 없을 것이라는 것도 알게 됐습니다. 지금 조정에는 직언의 간쟁인 직성直聲이 들리지 않고 있습니다. 황상은 스스로 친히 글을 써서 조서를 내렸으나 이는 올바른 계책을 취한 게 아닙니다. 지금 곽운과 곽산 등 두 제후를 이미 쫓아냈으나 백성들의 심정은 대략 같습니다. 신이 헤아려 보건대 대사마와 그 지속枝屬들은 틀림없이 외구지심畏懼之心을 갖고 있을 것입니다. 무릇 근신近臣으로 하여금 스스로 위기감을 느끼도록 하는 것은 만전지계萬全之計인 완계完計가 아닙니다. 신 장창은 바라건대 신의 의견을 먼저 조정에서 공개적으로 밝혀주셨으면 합니다. 신은 멀리 산양의 태수로 있는 까닭에 이를 실현시킬 도리가 없습니다. 오직 폐하의 성찰省察을 기대할 뿐입니다."

한선제가 그 계책을 크게 칭송했으나 부르지는 않았다.

곽우와 곽산 등의 집에 요괴妖怪의 일이 자주 일어나 온 집안이 우수憂愁에 빠졌다. 곽산이 말했다.

"승상이 멋대로 종묘 제사에 쓰는 작은 양과 토끼, 청개구리 수를 줄였다. 멋대로 종묘 문제를 거론하면 처벌한다는 이전의 조령을 토대로 그의 죄를 물을 수 있다."

그러고는 상관태후로 하여금 한선제의 외조모인 박평군博平君을 위한 술자리를 마련한 뒤 승상과 평은후平恩侯 허광한 이하의 사람들을 부르게 했다. 범명우范明友와 등광한鄧廣漢 등을 시켜 태후의 제制를 받들어 이들을 끌어다가 참수한 뒤 한선제를 폐하고 곽우를 세우기로 모의한 것이다. 약정約定했으나 아직 거사를 일으키기 직전에 곽운이 현도玄菟 태수, 태중대부太中大夫 임선任宣이 대군代郡하북성 울현 태수가 됐다. 이내 모의 사실이 발각됐다.

가을 7월, 곽운과 곽산, 범명우가 자살했다. 곽부인 현顯과 곽우, 등광한 등이 체포됐다. 곽우는 요참要斬, 곽부인 현과 여러 딸 및 형제들은 모두 기시棄市에 처해졌다. 곽씨 집안과 서로 연루돼 주살된 사람이 10여 호에 이르렀다. 태복太僕 두연년杜延年은 곽씨의 구인舊人인 까닭에 역시 연루돼 관직에서 면직됐다.

8월 1일, 황후 곽씨가 폐위돼 소대궁昭台宮에 살게 됐다.

8월 17일, 조서를 내려 곽씨의 모반을 고변한 장장張章을 비롯해 기문期門 동충董忠, 좌조左曹 양운楊惲, 시중侍中 금안상金安上 및 사고史高를 모두 열후로 삼았다. 양운은 승상 양창의 아들이고, 금안상은 거기장군 금일제의 동생의 아들이고, 사고는 사량제의 오라비의 아들이다.

당초 곽씨가 사치하자 무릉茂陵섬서성 흥평현 출신 서복徐福이 이같이 말했다.

"곽씨는 반드시 망할 것이다. 무릇 사치하면 불손하게 되고, 불손하면 주상을 모욕하게 된다. 주상을 모욕하는 것은 도를 거스르는 역도逆道이다. 더구나 다른 사람의 위에 있으니 중인衆人들이 그를 해칠 것이다. 곽씨가 권력을 쥔 병권秉權의 날이 오래된 까닭에 해치려는 자가 더욱 많다. 천하가 해치려고 하는 데다 행하는 것 또한 '역도'의 모습을 보이니 패망 말고 그 무엇을 기다릴 것인가!"

그러고는 이내 상소했다.

"곽씨가 매우 번성한데 폐하는 그들을 매우 두텁게 아끼고 있습니다. 의당 때에 따라 그들을 억제해 패망하는 지경에 이르지 않게 하십시오."

3번이나 상소했으나 번번이 그 소식을 이미 들었다고 회보했다. 이후 곽씨 일족이 주멸誅滅되고, 곽씨를 고발한 사람 모두 제후에 책봉되자 어떤 사람이 서복을 위해 상서했다.

"신이 듣건대 어떤 손님이 어느 집을 지날 때 아궁이와 곧게 뻗은 굴뚝인 직돌直突 옆에 땔감이 쌓여 있는 것을 보고는 주인에게 말하기를, '직돌을 굽은 굴뚝인 곡돌曲突로 바꾸고, 땔감을 멀리 옮겨 놓아야 하오. 그리하지 않으면 화환火患이 있을 것이오'라고 했습니다. 주인이 묵연嘿然히 응답치 않았습니다. 얼마 후 과연 그 집에서 문득 화재가 일어났으나 이웃들이 함께 진화에 나서 다행히 불을 껐습니다. 곧 소를 잡아 술상을 마련한 뒤 이웃 사람들에게 사례했습니다. 불을 끄다가 그을리고 데인 작란자灼爛者가 윗줄에 앉고, 나머지는 각각 공로에 따라 차례로 앉게 했습니다. 그러나 곡돌을 언급하며 주의를 준 손님은 초대받지 못했습니다. 어떤 사람이 주인에게 말하기를, '전에 손님의 충고를 들었으면 우주牛酒의 비용을 들일 필요도 없었고 끝내 화환火患도 없었을 것이오. 지금 논공論功하여 청빈請賓하면서 곡돌을 다시 만들고 땔감을 옮길 것을 충고한 사람에게는 아무런 은택도 없이 머리털을 태우고 이마가 그을린 자를 상객上客으로 삼을 수 있는 것이오'라고 했습니다. 주인이 이내 잘못을 깨닫고 손님을 청했습니다. 지금 무릉 출신 서복徐福이 자주 상서해 곽씨가 또 변고를 일으킬 터이니 의당 미리 막아 그 가능성을 끊어야 한다고 했습니다. 전에 서복이 건의한 것이 실행에 옮겨졌다면 나라에는 봉토를 위해 땅을 찢고 작위를 내주는 열토출작裂土出爵의 비용이 들지 않았을 것이고, 신하들에게는 역란을 일으켜 멸문지화를 당하는 역란주멸逆亂誅滅의 패망이 없었을 것입니다. 지난 일은 이미 끝났다고 하나 서복만 홀로 논공을 입지 못하고 있으니 오직 폐하가 이를 살펴주셔야 할 것입니다. 땔감을 옮기고 굴뚝을 굽게 만드는 사신곡돌徙薪曲突의 계책을 귀하게 여긴다면 머리털을 태우고 이마가 그을린 자 위에 앉히도록 하여야 할 것입니다."

한선제가 이내 서복에게 비단 10필匹을 내리고 뒤에 낭郎으로 삼았다.

한선제는 처음 즉위할 때 한고제 유방의 사당인 고묘高廟를 알현했다. 대장군 곽광이 한선제를 모시고 같은 수레에 타는 참승驂乘을 했다. 한선제는 내심 그를 몹시 꺼려하며 마치 등에 가시가 박힌 듯이 여겼다. 후에 거기장군 장안세張安世가 곽광을 대신해 참승했다. 한선제는 종용히 몸을 펴는 종용사체從容肆體의 자세로 몹시 편안하고 친근해하는 모습을 보였다. 곽광이 죽고 일족이 주살을 당하는 상황에 이르자 항간에는 곽씨 일족의 화가 참승에서 싹이 텄다는 말이 돌았다. 12년 뒤 곽황후도 다시 운림관雲林館으로 옮기게 되자 이내 자살했다.

반고班固가 『한서』에서 이같이 찬贊했다.

"곽광은 한무제로부터 강보에 싸여 있는 후사에 대한 부탁과 한나라 황실의 앞날에 대한 기탁을 받아 나라를 바르게 하고 사직을 안정시키고, 한소제를 옹립하고, 다시 한선제를 세웠다. 비록 주나라 건국공신 주공周公과 은나라 건국공신인 아형阿衡 이윤伊尹일지라도 어찌 이보다 더 할 수 있겠는가! 그러나 그는 배우지도 못하고, 술책도 없어 천하를 다스리는 이치인 대리大理에 어두웠다. 은밀히 부인이 사악한 음모를 꾸며 딸을 황후로 삼고, 가득차고 넘치는 욕심에 빠진 나머지 전복顚覆되는 화난을 더욱 깊게 함으로써 죽은 지 3년 만에 종족이 주이誅夷되고 말았다. 아, 슬픈 일이다!"

신 사마광은 평한다.

"곽광이 한실漢室을 보필한 것을 보면 가히 충성스러웠다고 말할 수 있다. 그러나 끝내 그 종족을 비호하지 못했다. 왜 그랬을까? 무릇 위복威

福은 인군人君의 그릇이다. 인신人臣이 이를 잡고 오래 있으면서 돌려주지 않으면 화가 미치지 않는 경우는 극히 드물다. 한소제는 명찰明察 덕분에 14세였는데도 상관걸의 속임수를 알아챘다. 실로 친정親政을 할 수 있었던 이유다. 하물며 한선제는 19세에 즉위한데다 총명聰明하고 강의剛毅했다. 더구나 백성의 질고疾苦를 모두 알았고, 곽광은 오랫동안 대병大柄을 오로지 한 까닭에 피해갈 줄을 몰랐다. 친당親黨을 많이 만들어 조정을 꽉 채운 게 그렇다. 이는 인주人主로 하여금 위에서 축분蓄憤케 만들고, 이민吏民들로 하여금 아래에서 적원積怨하여 마침내 이를 갈고 눈을 흘기는 절치측목切齒側目의 자세로 때가 오길 기다리다가 화를 폭발시키는 빌미를 제공했다. 당사자는 화를 면한 게 다행이겠으나 하물며 그 자손이 교치驕侈로 치달은 경우이겠는가! 비록 그러하나 한선제는 오로지 녹질祿秩로 상사賞賜하여 그 자손들을 부유하게 만들어 주었다. 대현大縣을 식읍으로 내리고, 정기적으로 조회에 참석하는 조청朝請을 받들게 한 게 그렇다. 이 또한 족히 곽광이 한실에 베푼 성덕盛德에 보답한 것이다. 그럼에도 한선제는 이내 그들에게 다시 조정朝政에 참여케 하면서 병권兵權까지 내주었다. 이후 사고가 마구 빚어져 원망이 날로 쌓이면서 다시 그들의 권한을 재탈裁奪했다. 그러자 마침내 원망하고 두려워하는 마음으로 모반의 간모姦謀를 꾸미게 됐다. 이 어찌 곽씨가 자초한 화란이 아니겠는가? 이 역시 한선제가 은근히 빚어서 담그는 온양醞釀의 방법으로 조성한 것이다. 옛날 춘추시대 중엽 초나라의 대신 투초鬪椒가 작란作亂했을 때 초장왕楚莊王은 투씨 종족을 다 죽이면서도 잠윤箴尹[293]으로 있던 투

---

293 잠윤箴尹은 초나라의 관명官命이다. 『여씨춘추』「물궁勿躬」에 대한 고유高诱의 주는 간언諫言을 행하는 관직으로 풀이했다. 침윤鍼尹으로도 표현했다. 잠箴과 침鍼 모두 대나무 또는 쇠로 만든 바늘을 뜻한다.

극황鬪克黃을 사면했다. 재상을 지낸 투자문鬪子文의 후사를 끊게 될 경우 백성들에게 어찌 권선勸善할 수 있을까 우려한 결과다.[294] 무릇 곽부인 현顯과 곽우, 곽운, 곽산의 죄는 의당 이멸夷滅에 해당하지만 곽광의 충훈忠勳에 대해서는 불가불 제사를 지낼 수 있도록 조치해야 했다. 마침내 곽씨 집안에 제사를 지내줄 활인活人인 초류噍類[295]마저 없앴으니 한선제의 다스림 역시 소은少恩에 해당한다!"

6) 9월, 조서를 내려 천하의 소금 값을 내리도록 했다. 또 군국들로 하여금 해마다 병사 내지 아사 등으로 옥사獄死를 하는 죄수인 유사자瘐死者를 보고토록 했다. 소속 현縣과 이름, 관작, 거주지 등을 적어 승상 및 어사의 면밀한 심사인 전최殿最[296]를 거친 뒤 위로 보고토록 한 것이다.

7) 12월, 청하왕淸河王하북성 청하현 유년劉年이 안으로 음란한 내란內亂[297]의 죄목에 연루돼 폐위된 뒤 방릉房陵호북성 방현으로 옮겨져 살게 됐다.

8) 이 해에 북해北海산동성 창락현 태수 여강廬江안휘성 여강현 출신 주읍朱邑이 실적을 평가하는 고과에서 1등이 된 덕분에 대사농大司農으로 발탁됐다. 발해勃海 태수 공수龔遂가 조정으로 들어와 수형도위水衡都尉가 됐

294 『춘추좌전』「노선공 4년」조에 따르면 기원전 605년 가을, 명재상인 투자문의 조카인 영윤令尹 투초가 모반을 일으켰다가 대패해 투씨 집안이 족멸됐다. 제나라에 사자로 갔다 온 투자문의 손자 투극황이 달아나지 않고 복명復命하자 초장왕은 "투자문의 후손이 끊어진다면 백성들에게 무엇으로 권선勸善하겠는가?"라고 반문하며 투극황의 원래 관직을 회복시켜 주고 그의 이름을 생生으로 고치게 했다.

295 초류噍類는 능히 음식을 먹을 수 있는 짐승을 뜻하는 말로 살아 있는 사람을 지칭한다.

296 전최殿最는 관원의 실적 내지 군공軍功을 평가하는 방식을 지칭하는 말로 고과考課에 해당한다. 하등은 '전', 상등은 '최'로 칭했다.

297 유년劉年은 태자로 있을 때 친누이동생인 유칙劉則과 간통해 아들을 낳았다는 내용의 고발로 인해 폐위됐다..

다. 이에 앞서 먼저 발해의 좌우에 있는 여러 군에 기근이 들어 도적이 병기幷起한 탓에 지방장관인 2천석이 이를 포획하거나 통제하는 금제禽制를 할 수 없었다. 한선제가 고을을 잘 다스릴 만한 관원을 선발하려고 하자 승상과 어사가 옛날 창읍昌邑산동성 금향현의 낭중령郎中令으로 있던 공수를 천거했다. 이내 발해 태수에 제수키 위해 소견召見하면서 물었다.

"어떻게 발해를 다스려 도적들을 잠재울 생각이오?"

공수가 대답했다.

"해빈海瀕은 먼 곳에 떨어져 있습니다. 성화聖化가 스며들지 않아 백성들은 기한饑寒에 곤경을 겪고, 관원들도 그들을 긍휼히 여기지 않습니다. 폐하의 선량한 자식인 적자赤子들로 하여금 부득불 진흙탕 연못인 황지潢池 안에서 무기를 휘두르며 반란을 일으키는 이른바 황지농병潢池弄兵을 부추기는 이유입니다. 폐하는 지금 신으로 하여금 그들을 평정케 하려는 것입니까? 아니면 안무安撫케 하려는 것입니까?"

한선제가 말했다.

"현량을 선용選用하는 것은 실로 그들을 안무하려는 것이오."

공수가 대답했다.

"신이 듣건대 난민亂民을 다스리는 것은 마치 엉킨 줄인 난승亂繩을 푸는 것과 같아 급히 할 수 없고, 오직 느슨하게 한 다음에야 잘 다스릴 수 있다고 했습니다. 신은 바라건대 승상과 어사가 법조문인 문법文法으로 신을 구속하지 않고, 일체一切를 신의 편의便宜대로 일할 수 있도록 허락해 주십시오."

한선제가 이를 허락한 뒤 황금을 더 내려주며 발해로 보냈다.

전거傳車를 타고 발해의 경계로 들어갈 때 발해군의 관원들이 새로운 태수가 온다는 소식을 듣고는 도적들의 겁탈을 막기 위해 군사를 동원해 영접했다. 공수는 이들을 모두 돌려보냈다. 이어 속현屬縣에 서신을 보냈다.

"도적을 축포逐捕하려는 관원은 모두 철수시키도록 하라. 여러 호미와 낫, 여타 농기구인 전기田器를 지닌 사람은 모두 양민이니 관원들은 고의로 그들을 곤경에 빠뜨릴 수 없다. 무기를 지닌 자만이 도적이다."

마침내 단거單車를 타고 홀로 군부郡府에 당도했다. 도적들은 공수의 교령敎令을 듣고는 즉시 해산해 무기와 쇠뇌인 노弩를 버린 채 낫과 호미 등을 들었다. 도적이 절로 사라지자 백성들이 편히 땅에 정착해 생업을 즐기는 안토낙업安土樂業을 하게 됐다. 공수는 마침내 창름倉廩을 열어 빈민에게 곡식을 빌려 주고, 양리良吏를 선발해 백성들을 다독이며 편히 목양牧養케 했다.

그는 또 제나라의 습속이 사치하고, 말업末業인 상업의 기술인 말기末技를 좋아해 본업인 농업을 멀리하는 것을 보고는 몸소 솔선해 검약儉約을 실천하며 백성들에게 농상農桑에 힘쓰도록 권했다. 각 집의 식구에 비례해 반드시 일정한 수의 나무를 심고 가축을 기르도록 했다.[298] 백성들 가운데 도검刀劍을 지닌 자는 검劍을 팔아 소를 사게 하고, 도刀를 팔아 송아지를 사게 하며 이같이 말했다.

"어찌 소를 허리에 차고 송아지를 몸에 지니는 대우패독帶牛佩犢을 할 수 있겠는가!"

수고를 마다하지 않고 순행循行하자 군에는 마을마다 축적한 게 많았고, 옥송獄訟도 이내 지식止息했다.

9) 오손의 국왕에게 시집을 간 한나라 공주인 이른바 오손공주 유해우

---

298 『한서』「공수전龔遂傳」에 따르면 당시 공수는 발해의 백성들에게 1인 당 1그루의 느릅나무인 유楡, 밭두둑인 1휴畦 한 무더기의 부추인 구韭를 심도록 했다. 또 집집마다 3마리의 암퇘지와 5마리의 닭을 키우게 했다.

劉解憂의 딸이 구자왕龜茲王신강성 고차현 강빈絳賓의 부인이 됐다. 강빈이 한선제에게 상서했다.

"한나라 황실의 외손녀를 얻게 돼 영광입니다. 원컨대 오손공주의 딸과 함께 입조入朝할 수 있게 해주십시오."

＊中宗孝宣皇帝地節四年

春, 二月, 賜外祖母號為博平君. 封舅無故為平昌侯, 武為樂昌侯.

夏, 五月, 山陽·濟陰雹如雞子, 深二尺五寸, 殺二十餘人, 飛鳥皆死.

詔曰, "自今子有匿父母·妻匿夫·孫匿大父母, 皆勿治."

立廣川惠王孫文為廣川王.

霍顯及禹·山·雲自見日侵削, 數相對啼泣自怨. 山曰, "今丞相用事, 縣官信之, 盡變易大將軍時法令, 發揚大將軍過失. 又, 諸儒生多窶人子, 遠客饑寒, 喜妄說狂言, 不避忌諱, 大將軍常讎之. 今陛下好與諸儒生語, 人人自書對事, 多言我家者. 嘗有上書言我家昆弟驕恣, 其言絕痛. 山屏不奏. 後上書者益黠, 盡奏封事, 輒使中書令出取之, 不關尚書, 益不信人. 又聞民間讙言'霍氏毒殺許皇后', 寧有是邪?" 顯恐急, 即具以實告禹·山·雲. 禹·山·雲驚曰, "如是, 何不早告禹等! 縣官離散·斥逐諸婿, 用是故也. 此大事, 誅罰不小, 奈何?" 於是始有邪謀矣.

雲舅李竟所善張赦, 見雲家卒卒, 謂竟曰, "今丞相與平恩侯用事, 可令太夫人言太后, 先誅此兩人. 移徙陛下, 在太后耳." 長安男子張章告之, 事下廷尉·執金吾, 捕張赦等. 後有詔, 止勿捕. 山等愈恐, 相謂曰, "此縣官重太后, 故不竟也. 然惡端已見, 久之猶發, 發即族矣, 不如先也." 遂令諸女各歸報其夫, 皆曰, "安所相避!"

會李竟坐與諸侯王交通, 辭語及霍氏, 有詔曰, "雲·山不宜宿衛, 免就第." 山陽太守張敞上封事曰, "臣聞公子季友有功於魯, 趙衰有功於晉, 田完有功於齊, 皆疇其庸, 延及子孫. 終後田氏簒齊, 趙氏分晉, 季氏顓魯. 故仲尼作『春秋』, 跡盛衰, 譏世卿最甚. 乃者大將軍決大計, 安宗廟, 定天下, 功亦不細矣. 夫周公七年耳, 而大將軍二十歲, 海內之命斷於掌握. 方其隆盛時, 感動天地, 侵迫陰陽. 朝臣宜有明言曰, '陛下褒寵故大將軍以報功德足矣. 間者輔臣顓政, 貴戚太盛, 君臣之分不明, 請罷霍氏三侯皆就第. 及衛將軍張安世, 宜賜几杖歸休, 歸存問召見, 以列侯為天子師' 明詔以恩不聽, 群臣以義固爭而後許之, 天下必以陛下為不忘功德而朝臣為知禮, 霍氏世世無所患苦. 今朝廷不聞直聲, 而令明詔自親其文, 非策之得者也. 今兩侯已出, 人情不相遠, 以臣心度之, 大司馬及其枝屬必有畏懼之心. 夫近臣自危, 非完計也. 臣敞願於廣朝白髮其端, 直守遠郡, 其路無由. 唯陛下省察." 上甚善其計, 然不召也.

禹·山等家數有妖怪, 舉家憂愁. 山曰, "丞相擅減宗廟羔·菟·蛙, 可以此罪也." 謀令太后為博平君置酒, 召丞相·平恩侯以下, 使范明友·鄧廣漢承太后制引斬之, 因廢天子而立禹. 約定, 未發, 雲拜為玄菟太守, 太中大夫任宣為代郡太守. 會事發覺, 秋, 七月, 雲·山·明友自殺, 顯·禹·廣漢等捕得. 禹要斬, 顯及諸女昆弟皆棄市. 與霍氏相連坐誅滅者數十家. 太僕杜延年以霍氏舊人, 亦坐免官. 八月, 己酉, 皇后霍氏廢, 處昭台宮, 乙丑, 詔封告霍氏反謀者男子張章·期門董忠·左曹楊惲·侍中金安上·史高皆為列侯. 惲, 丞相敞子. 安上, 車騎將軍日磾弟子. 高, 史良娣兄子也.

初, 霍氏奢侈, 茂陵徐生曰, "霍氏必亡. 夫奢則不遜, 不遜必侮上. 侮上者, 逆道也, 在人之右, 眾必害之. 霍氏秉權日久, 害之者多矣.

天下害之，而又行以逆道，不亡何待!” 乃上疏言曰，“霍氏泰盛，陛下即愛厚之，宜以時抑制，無使至亡.” 書三上，輒報聞. 其後霍氏誅滅，而告霍氏者皆封，人為徐生上書曰，“臣聞客有過主人者，見其竈直突，傍有積薪，客謂主人，‘更為曲突，遠徙其薪，不者且有火患’ 主人嘿然不應. 俄而家果失火，鄰里共救之，幸而得息. 於是殺牛置酒，謝其鄰人，灼爛者在於上行，餘各以功次坐，而不錄言曲突者. 人謂主人曰，‘鄉使聽客之言，不費牛酒，終亡火患. 今論功而請賓，曲突徙薪無恩澤，焦頭爛額為上客邪’ 主人乃寤而請之. 今茂陵徐福，數上書言霍氏且有變，宜防絕之. 鄉使福說得行，則國無裂土出爵之費，臣無逆亂誅滅之敗. 往事既已，而福獨不蒙其功，唯陛下察之，貴徙薪曲突之策，使居焦髮灼爛之右.” 上乃賜福帛十匹，後以為郎.

帝初立，謁見高廟，大將軍光驂乘，上內嚴憚之，若有芒刺在背. 後車騎將軍張安世代光驂乘，天子從容肆體，甚安近焉. 及光身死而宗族竟誅，故俗傳霍氏之禍萌於驂乘. 後十二歲，霍後復徙雲林館，乃自殺.

班固贊曰，“霍光受襁褓之托，任漢室之寄，匡國家，安社稷，擁昭，立宣，雖周公·阿衡何以加此! 然光不學亡術，闇於大理. 陰妻邪謀，立女為后，湛溺盈溢之欲，以增顛覆之禍，死財三年，宗族誅夷，哀哉!”

臣光曰，“霍光之輔漢室，可謂忠矣. 然卒不能庇其宗，何也? 夫威福者，人君之器也. 人臣執之，久而不歸，鮮不及矣. 以孝昭之明，十四而知上官桀之詐，固可以親政矣，況孝宣十九即位，聰明剛毅，知民疾苦，而光久專大柄，不知避去，多置親黨，充塞朝廷，使人主蓄憤於上，吏民積怨於下，切齒側目，待時而發，其得免於身幸矣，況子孫以驕侈趣之哉! 雖然，向使孝宣專以祿秩賞賜富其子孫，使之食大縣, 奉朝請, 亦足以報盛德矣. 乃復任之以政, 授之以兵, 及事叢釁積, 更加裁奪, 遂至怨懼以生邪謀, 豈徒霍氏之自禍哉? 亦孝宣醞釀以成之也. 昔椒作亂於楚, 莊王滅其族而赦箴尹克黃, 以為子文無後, 何以勸善. 夫以顯·禹·雲·山之罪, 雖應夷滅, 而光之忠勳不可不祀. 遂使家無噍類, 孝宣亦少恩哉!"

九月, 詔減天下鹽賈. 又令郡國歲上繫囚以掠笞若瘐死者, 所坐縣·名·爵·里, 丞相·御史課殿最以聞.

十二月, 清河王年坐內亂廢, 遷房陵.

是歲, 北海太守廬江朱邑以治行第一入為大司農, 勃海太守龔遂入為水衡都尉. 先是, 勃海左右郡歲饑, 盜賊并起, 二千石不能禽制. 上選能治者, 丞相·御史舉故昌邑郎中令龔遂, 上拜為勃海太守. 召見, 問曰, "何以治勃海, 息其盜賊?" 對曰, "海瀕遐遠, 不沾聖化, 其民困於饑寒而吏不恤, 故使陛下赤子盜弄陛下之兵於潢池中耳. 今欲使臣勝之邪, 將安之也?" 上曰, "選用賢良, 固欲安之也." 遂曰, "臣聞治亂民猶治亂繩, 不可急也. 唯緩之, 然後可治. 臣願丞相·御史且無拘臣以文法, 得一切便宜從事." 上許焉, 加賜黃金贈遣. 乘傳至勃海界, 郡聞新太守至, 發兵以迎. 遂皆遣還. 移書敕屬縣曰, "悉罷逐捕盜賊吏, 諸持鉏·鉤·田器者皆為良民, 吏毋得問. 持兵者乃為賊." 遂單車獨行至府. 盜賊聞遂教令, 即時解散, 棄其兵弩而持鉤·鉏, 於是悉平, 民安土樂業. 遂乃開倉廩假貧民, 選用良吏尉安牧養焉. 遂見齊俗奢侈, 好末技, 不田作, 乃躬率以儉約, 勸民務農桑, 各以口率種樹畜養. 民有帶持刀劍者, 使賣劍買牛, 賣刀買犢, 曰, "何為帶牛佩犢!" 勞來循行, 郡中皆有畜積, 獄訟止息.

烏孫公主女為龜茲王降賓夫人. 絳賓上書言曰, "得尚漢外孫, 願與公主女俱入朝."

한선제 원강元康 원년(BC 65)

1) 봄 정월, 구자왕龜茲王과 부인이 내조來朝했다. 모두에게 인수를 내렸다. 부인을 공주公主로 칭하고, 상으로 내려준 것이 매우 후했다.

2) 처음으로 한선제의 수릉壽陵인 두릉杜陵을 만들었다. 승상과 장군, 열후, 2천석의 관원, 100만 전錢 이상의 재산가를 두릉으로 이주시켰다.

3) 3월, 조서를 내려 봉황이 태산泰山과 진류陳留하남성 진류현에 모여들었다. 감로甘露가 미앙궁에 내렸다. 천하에 사면령을 내렸다.

4) 유사有司가 다시 한선제의 부친 유진劉進을[299] 황고皇考로 존칭해야 한다고 말했다.

여름 5월, 황고묘皇考廟를 세웠다.

5) 겨울, 건장궁建章宮에 위위衛尉를 두었다.

6) 경조윤京兆尹 조광한趙廣漢은 대대로 관원을 지낸 집안의 자손 가운데 갓 벼슬길에 나선 신진新進의 젊은이를 좋아했다. 그들 대부분은 강장強壯한 몸에 날카로운 기운인 봉기鋒氣를 지닌 채 일에 전념했다. 어떤 사안을 대하면 질풍 같은 자세로 임하고, 권귀를 회피하는 바도 없고, 과감히 결단하며 전혀 어려워하는 바가 없었다. 그러나 이로 인해 결국 패망하고 말았다. 조광한이 사사로운 원한으로 영축榮畜이라는 사내를 죽였다. 어떤 사람이 상서해 이를 얘기하자 이 사건을 승상과 어사에게 내려보내 조사케 했다. 조광한은 승상의 부인이 시비侍婢를 죽였다고 의심해 이 문제로 승상을 위협코자 했다. 승상이 이 사안을 더욱 급하게 다룬 이유다.

조광한은 마침내 이졸吏卒을 이끌고 승상부로 들어가 그 부인을 불러

299 '한선제의 부친'의 원문은 도원悼園이다. 한선제는 본기 원년인 기원전 73년에 부친 유진劉進의 시호를 도悼로 정했다. '도원'은 유진의 능묘이다.

서 마당에 꿇린 뒤 진술을 받았다. 노비 10여 명을 잡아가지고 갔다. 승상이 상서해 스스로 진술하자 한선제가 이 사건을 정위에 내려 보내 처리케 했다. 실상은 승상이 시비의 과실에 대해 나무라며 곤장을 치는 견태譴笞를 한 뒤 밖으로 내보낸 와중에 시비가 불행히도 숨을 거둔 사건이다. 조광한의 말과 같지 않았던 이유다. 한선제가 이를 혐오한 나머지 조광한을 정위廷尉가 관장하는 감옥에 내려 보냈다. 장안에 사는 수만 명의 이민吏民이 그 얘기를 듣고는 궁문 앞에 나와 크게 소리 내며 우는 호읍號泣을 했다. 이같이 말하는 자도 있었다.

"신은 살아도 현관縣官인 황상에게 이로움이 없습니다. 원컨대 경조윤 조광한을 대신해 죽고자 하니 그로 하여금 계속 소민小民을 목양牧養할 수 있도록 해주십시오!"

그러나 조광한은 결국 이 사건에 연루돼 요참腰斬을 당했다.

원래 조광한은 경조윤이 된 이래 청렴하고 밝은 염명廉明과 위엄으로 호강한 자를 제어하는 위제호강威制豪強의 모습을 보였다. 게다가 소민들로 하여금 직업을 갖도록 조치했다. 백성들이 그를 추모追思하며 노래를 지어 칭송한 이유다.

7) 이 해에 소부少府 송주宋疇가 '봉황이 팽성彭城강소성 서주시에 내려오고 경사京師에 오지 않은 것은 찬미하기에 부족하다'고 논의한 일에 연루돼 사수泗水강소성 숙천현 태부太傅로 좌천됐다.

8) 한선제가 박사와 간대부諫大夫 가운데 정사政事에 능통한 자를 선발해 군郡의 태수와 봉국의 승상인 수상守相[149]으로 보임했다. 소망지蕭望之를 평원平原산동성 평원현 태수로 삼았다. 소망지가 상소했다.

"폐하는 백성을 애달프고 불쌍히 여기는 애민哀愍을 하고 있습니다. 덕을 끝까지 베풀지 못할까 걱정해 각지에 간관諫官을 모두 내보내 군郡의 관원으로 보임한 게 그렇습니다. 그러나 이로 인해 조정에 간쟁하는 신하가 없게 되면 폐하는 허물을 알 길이 없게 됩니다. 이는 이른바 우말망본憂末忘本[150]에 해당합니다."

한선제가 소망지를 징소徵召해 조정으로 들어오게 한 뒤 소부少府에서 임용 전에 맡기는 임시 직책인 수직守職을 행하게 했다.

9) 동해東海 산동성 담성현 태수인 하동河東 출신 윤옹귀尹翁歸가 군郡을 다스린 점수가 높았다. 조정으로 들어오게 하여 우부풍右扶風으로 삼았다. 윤옹귀는 사람이 공렴명찰公廉明察했다. 군郡에 있는 이민吏民의 현불초賢不肖와 간사한 무리의 죄명을 모두 알았다. 각 현현縣縣에 대해 각각 기적記籍이 있고, 늘 친히 각 현의 정무를 처리했다. 하속들이 급하게 일을 처리한다는 말이 있으면 곧 명을 내려 조금 완화토록 조치하고, 이민들이 일을 태만하게 하는 모습을 보이면 곧바로 관련 기록을 들춰보며 독촉했다.

범인의 체포는 일을 신속히 처리하기 위해 반드시 가을과 겨울의 연말에 관원에 대한 직무평가인 과리대회課吏大會의 시기 또는 순시를 위해 현으로 출행出行을 나가는 시기를 이용했고, 일이 없을 때는 행하지 않았다. 이같이 한 취지는 일벌백계의 이일경백一警百에 있었다. 이민吏民들 모두 복종하고 두려워하며 행동을 고쳐 스스로 새롭게 된 이유다. 그는 우부풍이 되자 염평廉平한 자를 선발해 쓰면서 오히려 원수처럼 싫어하는 간리奸吏는 높은 자리에 앉혔다. 사람들을 접대接待할 때는 예를 갖추

300 수상守相은 통상 성을 지키는 장관을 지칭하나 여기서는 각 군郡의 태수와 봉국封國의 승상을 연칭連稱한 용어로 사용된 것이다. 원래 군은 조정이 직접 관할하고, 봉국은 제후를 임명한 뒤 조정에서 승상을 파견해 다스렸다. 군과 봉국은 규모와 위상이 서로 비슷했다.

301 우말망본憂末忘은 지엽을 걱정하다 근본을 잊는 것을 말한다. 명나라 말기의 학자 호응린胡應麟은 역대 시를 논한 『시수詩藪』「근체近體 중中」에서 '우말망본'을 '축말망본逐末忘本'으로 표현했다.

면서 호오好惡를 막론하고 동일하게 대했다. 명을 거부하면 반드시 벌을 가했다. 그러나 그는 늘 온량溫良하고 겸허히 뒤로 물러서는 겸퇴謙退의 자세로 남에게 교만한 모습을 보이지 않은 까닭에 조정에서 더 큰 명예名譽를 얻게 됐다.

10) 당초 오손공주의 어린 아들인 만년萬年이 사차왕莎車王신강성 사차현에게 총애를 입었다. 사차왕이 죽었을 때 아들이 없었다. 당시 만년은 한나라에 있었다. 사차국의 사람들이 계책을 냈다. 한나라에 의탁하면서 오손의 환심을 동시에 얻기 위해 상서를 통해 만년을 사차왕으로 삼는 계책이었다. 한나라가 이를 허락했다. 해충국奚充國을 사자로 삼아 만년을 호송케 했다. 만년이 처음 즉위했을 때 포악한 모습을 보이는 바람에 그 나라 사람들이 좋아하지 않았다.

한선제가 군신들로 하여금 서역에 사자로 갈 만한 사람을 천거케 했다. 전장군前將軍 한증韓增이 상당上黨산동성 장자현 출신 풍봉세馮奉世를 천거했다. 곧 황성경비 지휘관인 위후衛候로서 사지절使持節[302]의 자격을 지니고 대원大苑을 비롯한 여러 나라 빈객을 호송하며 이순성伊循城에 이르게 됐다. 마침 옛 사차왕의 동생인 호도징呼屠徵이 이웃 나라들과 합세해 만년을 비롯해 한나라 사자인 해충국 등을 죽이고 왕으로 자립했다. 당시 흉노 또한 병사를 동원해 차사성車師城을 공격했으나 함락을 시키지 못하자 물러갔다. 사차에서 사자를 보내 이같이 양언揚言했다.

"서역의 북로인 북도北道의 여러 나라들이 이미 흉노에 복속됐습니다."

그러고는 남도南道를 공격해 겁략하면서 더불어 삽혈歃血하고 맹서했

302 위진남북조 시대에 군사를 지휘하는 도독都督은 직권의 대소에 따라 3종류의 권한을 가지고 있었다. 사지절使持節은 2천석 이하의 관원을 죽일 수 있는 권한이 있었다. 지절持節은 평소에는 관직이 없는 사람만을 죽일 수 있으나 전쟁시에는 사지절과 똑같은 권한이 있었다. 가절假節은 전쟁시에 군령을 어긴 자만을 죽일 수 있는 권한이 있었다.

다. 한나라를 배신한 이유다. 이후 옛날의 누란국인 선선鄯善의 서북쪽부터 길이 모두 끊어져 통하지 않게 됐다.

당시 도호都護 정길鄭吉과 교위校尉 사마희司馬憙 모두 북도의 여러 나라 사이에 있었다. 풍봉세와 그의 부사副使 엄창嚴昌이 계책을 세웠다. 속히 공격하지 않으면 사차국이 날로 강성해져 그 형세를 제어하기 어려워지고, 반드시 서역을 위태롭게 하리라는 판단에 따른 것이었다. 마침내 부절을 갖고 가 여러 나라의 왕들에게 유고諭告했다. 이어 그들의 병사를 동원해 남도와 북도를 합쳐 15,000명이 되자 사차로 진격해 마침내 사차성을 공략했다. 사차왕이 자살하자 그의 수급을 장안으로 보냈다. 다시 그 형제의 아들을 세워 사차왕으로 삼았다. 서역의 여러 나라들이 모두 평정되자 서역에 위엄을 떨치게 됐다.

풍봉세는 드디어 사차에서 철군하며 이를 조정에 보고했다. 한선제가 한증韓增을 소견했다.

"장군이 천거한 인재가 눈에 띌만큼 출중한 공을 세웠으니 축하하오."

풍봉세가 마침내 서쪽 대원에 이르렀다. 대원은 그가 사차왕의 목을 베었다는 소문을 듣고 다른 사자들보다 특별히 공경했다. 그들의 명마인 '상룡象龍'을 얻어 귀국한 배경이다. 한선제가 크게 기뻐해 풍봉세 책봉을 의논케 했다. 승상과 장군들 모두 가하다고 여겼으나 유독 소부少府 소망지만 이같이 말했다.

"풍봉세는 사자의 일을 받들어 지정된 임무가 있었는데 황제의 명인 제制를 멋대로 고치고, 명을 위반해 여러 나라의 병사를 동원했습니다. 비록 공효功效가 있기는 하나 뒤에 이를 본받게 할 수는 없습니다. 곧바로 풍봉세를 책봉하면 이후 사자는 풍봉세처럼 하는 것이 이롭다고 하여 다퉈 병사를 동원해 1만리 밖에서 공을 세우고자 할 것입니다. 이는 국가로 하여금 이적들 사이에서 사단을 일으키도록 하는 것입니다. 이런 풍조가 점차 자라나게 할 수는 없습니다. 풍봉세의 책봉은 마땅치 않습니다."

한선제가 소망지의 논의를 칭송하면서 풍봉세를 광록대부光祿大夫로 삼았다.

* 中宗孝宣皇帝元康元年

春, 正月, 龜兹王及其夫人來朝. 皆賜印綬, 夫人號稱公主, 賞賜甚厚.

初作杜陵. 徙丞相·將軍·列侯·吏二千石·訾百萬者杜陵.

三月, 詔以鳳皇集泰山·陳留, 甘露降未央宮, 赦天下. 有司復言悼園宜稱尊號曰皇考. 夏, 五月, 立皇考廟.

冬, 置建章衛尉.

趙廣漢好用世吏子孫新進年少者, 專厲強壯鋒氣, 見事風生, 無所迴避, 率多果敢之計, 莫為持難, 終以此敗. 廣漢以私怨論殺男子榮畜, 人上書言之, 事下丞相·御史按驗. 廣漢疑丞相夫人殺侍婢, 欲以此脅丞相, 丞相按之愈急. 廣漢乃將吏卒入丞相府, 召其夫人跪庭下受辭, 收奴婢十餘人去. 丞相上書自陳, 事下廷尉治, 實丞相自以過譴笞傅婢, 出至外第乃死, 不如廣漢言. 帝惡之, 下廣漢廷尉獄. 吏民守闕號泣者數萬人, 或言曰, "臣生無益縣官, 願代趙京兆死, 使牧養小民!" 廣漢竟坐要斬. 廣漢為京兆尹, 廉明, 威制豪強, 小民得職, 百姓追思歌之.

是歲, 少府宋疇坐議"鳳皇下彭城, 未至京師, 不足美", 貶為泗水太傅.

上遷博士·諫大夫通政事者補郡國守相, 以蕭望之為平原太守. 望之上疏曰, "陛下哀愍百姓, 恐德之不究, 悉出諫官以補郡吏. 朝無爭臣, 則不知過, 所謂憂其末而忘其本者也." 上乃徵望之入守少府.

東海太守河東尹翁歸, 以治郡高第入為右扶風. 翁歸為人, 公廉明察, 郡中吏民賢·不肖及奸邪罪名盡知之. 縣縣各有記籍, 自聽其政. 有急名則少緩之. 吏民小解, 輒披籍. 取人必於秋冬課吏大會中及出行縣, 不以無事時. 其有所取也, 以一警百. 吏民皆服, 恐懼, 改行自新. 其為扶風, 選用廉平疾奸吏以為右職, 接待以禮, 好惡與同之. 其負翁歸, 罰亦必行. 然溫良謙退, 不以行能驕人, 故尤得名譽於朝廷.

初, 烏孫公主少子萬年有寵於莎車王. 莎車王死而無子, 時萬年在漢, 莎車國人計, 欲自托於漢, 又欲得烏孫心, 上書請萬年為莎車王. 漢許之, 遣使者奚充國送萬年. 萬年初立, 暴惡, 國人不說.

上令群臣舉可使西域者, 前將軍韓增舉上黨馮奉世以衛候使持節送大宛諸國客至伊循城. 會故莎車王弟呼屠徵與旁國共殺其王萬年及漢使者奚充國, 自立為王. 時匈奴又發兵攻車師城, 不能下而去. 莎車遣使揚言"北道諸國已屬匈奴矣", 於是攻劫南道, 與歃盟畔漢, 從鄯善以西皆絕不通. 都護鄭吉·校尉司馬憙皆在北道諸國間, 奉世與其副嚴昌計, 以為不亟擊之, 則莎車日強, 其勢難制, 必危西域, 遂以節諭告諸國王, 因發其兵, 南北道合萬五千人, 進擊莎車, 攻拔其城. 莎車王自殺, 傳其首詣長安, 更立它昆弟子為莎車王. 諸國悉平, 威振西域, 奉世乃罷兵以聞. 帝召見韓增曰, "賀將軍所舉得其人."

奉世遂西至大宛. 大宛聞其斬莎車王, 敬之異於它使, 得其名馬象龍而還. 上甚說, 議封奉世. 丞相·將軍皆以為可, 獨少府蕭望之以為曰, "奉世奉使有指, 而擅矯制違命, 發諸國兵, 雖有功效, 不可以為後法. 即封奉世, 開後奉使者利以奉世為比, 爭逐發兵, 要功萬里之外, 為國家生事於夷狄, 漸不可長. 奉世不宜受封." 上善望之議, 以奉世為光祿大夫.

한선제 원강 2년(BC 64)

1) 봄 정월, 천하에 사면령을 내렸다.

2) 한선제가 황후를 세우고자 했다. 당시 황제는 관도공주館陶公主의 모친인 화첩여華婕妤와 회양헌왕淮陽憲王 유흠劉欽의 모친인 장첩여張婕妤, 초효왕楚孝王 유효劉囂의 모친인 위첩여衛婕妤를 모두 애행愛幸했다. 내심 장첩여를 황후로 삼고자 했으나 한참 후 전황후 곽성군霍成君이 황태자를 해치려 한 것을 징계하며 다스리는 징예懲艾로 삼아 이내 후궁 가운데 아들이 없고 근신한 여인을 선발했다.

2월 16일, 장릉長陵섬서성 함양시 출신 왕첩여王婕妤[303]를 황후로 삼은 뒤 어머니가 되어 황태자를 양육토록 명했다. 황후의 부친인 왕봉광王奉光을 공성후邛成侯에 봉했다. 황후는 총애를 받지 못했고, 진현하는 일도 드물었다.

3) 5월, 조서를 내렸다.

"감옥은 만민의 생명이 관계된 곳이다. 생자生者로 하여금 원망하지 않게 하고, 사자死者로 하여금 원한을 품지 않게 하면 가히 법조문을 다루는 관원인 진정한 문리文吏라고 할 수 있다. 그러나 지금은 그렇지 않다. 법률을 적용하면서 혹여 교심巧心을 갖고 조문을 쪼개 2개의 단서를 만드는 석률이단析律貳端[304]의 수법을 동원해 무겁거나 가벼운 형벌로 사안을 불공평하게 꾸미는 경우가 있다. 상주하는 내용이 사실과 같지 않

303 첩여婕妤는 황제의 후비后妃 가운데 1급 비妃에 해당한다. 한무제 초기에는 부인夫人, 후기부터 원제 초기까지는 첩여婕妤, 원제 후기부터는 소의昭儀로 불렸다.

304 석률이단析律貳端은 법조문을 곡해曲解하여 부실한 단서端緖를 멋대로 만들어 내 사람에게 죄를 가중하는 것을 말한다. 『한서』「선제기」에 '석률이단' 표현이 나온다.

은 이유다. 황제 또한 이를 알 방법이 없으니 사방의 여민黎民은 장차 어디를 향해 호소해야 할 것인가! 2천석의 녹복을 받는 관원은 각각 관속들을 잘 살펴 이런 사람을 채용치 않도록 주의하라. 관원이 되어 혹여 멋대로 요역을 일으켜 빈관賓館인 주방廚房과 역참驛站인 전사傳舍를 꾸미고, 크게 주연을 베풀어 지나가는 사자와 손님을 접대하고, 직책과 법을 뛰어 넘는 월직유법越職逾法의 방법으로 명예를 추구하는 자가 있다. 비유컨대 박빙薄冰을 밟고 백일白日을 기다리는 것과 같다. 이 어찌 위태롭지 않겠는가! 지금 천하는 질역疾疫의 재해를 입고 있다. 짐은 이를 심히 불쌍히 여긴다. 군국 가운데 재해를 입은 것이 심한 곳으로 하여금 금년의 조부租賦를 내지 말도록 하라."

4) 한선제가 또 말했다.

"듣건대 옛날 천자의 이름은 민간인이 상용하지 않은 까닭에 쉽게 피휘避諱할 수 있었다고 한다. 짐은 오늘부로 이름을 유순劉詢[305]으로 고치도록 하겠다."

5) 흉노의 대신들이 모두 이같이 생각했다.

"차사車師의 땅은 비미肥美하고 흉노와 가깝다. 한나라로 하여금 이곳을 갖도록 하면 둔전을 많이 해 곡식을 쌓아둘 것이다. 그러면 반드시 우리나라를 해칠 것이다. 불가불 싸울 수밖에 없다."

흉노가 자주 병사를 파견해 차사의 둔전 지대를 공격한 이유다. 정길鄭吉이 거리渠犁신강성 윤대현에서 둔전 하는 병사 7,000여 명을 인솔해 차사의 둔전 지대를 구하다가 흉노에게 포위됐다. 이내 상서하여 보고했다.

305 한선제의 원래 이름은 유병이劉病已이다. 황제의 이름은 기휘忌諱 대상이다. 그러나 '병病'과 '이已' 모두 널리 쓰이는 글자인 까닭에 많은 불편을 초래케 된다. 잘 쓰지 않는 순詢으로 개명한 이유다. 정반대로 후한을 세운 광무제 유수劉秀는 '수秀'자가 널리 사용되는 글자인데도 불구하고 개명을 하지 않은 탓에 많은 불편을 초래했다.

"차사는 동쪽으로 거리에서 1,000여 리 떨어져 있고, 거리에 있는 한나라 군사는 적습니다. 형세로 보아 서로 구제해 줄 수 없으니 원컨대 둔전 하는 병사를 늘려주십시오."

한선제가 후장군 조충국趙充國 등과 이 문제를 논의했다. 흉노가 쇠약해질 때 출병해 그들의 오른쪽인 서부 지역을 공격함으로써 다시는 서역을 소란스럽게 만들지 못하도록 하고자 했다.

위상魏相이 상서해 간했다.

"신은 듣건대, '어지러움을 구하고 흉포한 것을 주벌하는 구란주폭救亂誅暴을 행하는 것을 의병義兵이라 하고, 병사가 의로우면 왕자王者가 된다. 적이 나에게 다가오면 부득이 기병하는 것을 응병應兵이라 하고, 병사가 부득이하여 일어나면 승자勝者가 된다. 원한을 품고 작은 이유를 대고 다투다가 분을 참지 못하는 것을 분병忿兵이라 하고, 병사가 분을 참지 못해 일어나면 패자敗者가 된다. 다른 사람의 토지와 화보貨寶를 이롭다고 여기는 것을 탐병貪兵이라 하고, 병사가 탐심을 가지면 적에게 이내 격파되는 파자破者가 된다. 나라가 큰 것만 믿고 민인民人이 많은 것만 자랑하며 적에게 위엄을 보이려는 것을 교병驕兵이라 하고, 병사가 교만하면 적에게 이내 멸망하는 멸자滅者가 된다. 이들 5가지 이치는 비단 인사人事에만 적용되는 게 아니라 바로 천도天道이기도 하다'라고 했습니다. 근래에 들어와 흉노는 일찍이 우리에게 선의善意를 보인 바 있습니다. 붙잡아 간 한나라 백성들을 곧바로 돌려보내고, 변경을 재침하지 않은 게 그렇습니다. 비록 차사에서 둔전 하는 병사들과 다툼이 있었다고는 하나 크게 신경을 쓰기에는 부족합니다. 이제 듣건대 여러 장군들이 군사를 일으켜 그들의 땅으로 들어간다고 하는데, 신은 어리석게도 그런 용병을 어떻게 불러야 할지 모르겠습니다! 지금 변경에 있는 군郡은 곤핍困乏한 나머지 부자父子가 견양犬羊의 가죽으로 만든 옷을 돌려가며 입고, 들에 나는 풀과 열매를 먹으면서 늘 스스로 살아갈 수 없을까 두려워하고 있습니다. 이런 상황에서 그들을 동원하는 것은 곤란합니다. '군사가 지나간 뒤에는 반드시 흉년이 온다'고 했습니다.[306] 백성들이 근심하고 고통 받는 기운인 수고지기愁苦之氣로 인해 음양의 조화를 상하게 하는 것을 지적한 것입니다. 출병하여 승리를 거둘지라도 오히려 후환이 걱정되는 상황입니다. 재해지변災害之變이 여기서 비롯될까 걱정입니다. 지금 군국郡國의 수상守相들 대부분이 부실하게 선발되고 있습니다. 풍속이 더욱 야박해지고, 수재와 한재인 수한水旱이 불시不時에 닥치고 있습니다. 살펴보건대 금년에 자제子弟가 부형父兄을 죽이고 처妻가 부夫를 죽인 자가 무릇 222명이나 됩니다. 신은 어리석으나 이를 작은 변고로 생각지 않습니다. 지금 좌우에 있는 사람들은 이를 걱정치 않고, 마침내 군사를 동원해 멀리 있는 이적들에게 실오라기나 겨자씨처럼 극히 하찮은 분노인 섬개지분纖介之忿을 갚으려 하고 있습니다. 대략 공자가 '계손씨季孫氏의 걱정은 전유顓臾에 있는 게 아니라 병풍처럼 친 담장인 소장蕭牆에 있다'[307]고 말한 것과 거의 같은 경우라고 하겠습니다."

한신제가 위상의 말을 좇아 파병하려는 생각을 그쳤다. 이어 장라후長

306 원문은 '군려지후軍旅之後, 필유흉년必有凶年'이다. 『도덕경』 제30장에 나오는 '대군지후大軍之後, 필유흉년必有凶年' 구절을 인용한 것이다.

307 원문은 『논어』「계씨」에 나오는 '오공계손지우부재전유吾恐季孫之憂不在顓臾, 이재소장지내야而在蕭牆之內也' 구절이다. 전유顓臾는 노나라의 부용국을 말한다. 소장蕭牆은 외부 사람이 안을 들여다보지 못하게 만든 작은 담장으로 화란禍亂이 집안에서 일어나는 것을 가리킨다. 이 구절은 계손씨를 망하게 하는 것은 외국이 아니라 내부에 있다는 취지에서 나온 것이다. 원래 계손씨가 전유를 정벌하려고 한 내용은 『춘추좌전』 및 『사기』를 비롯한 어떠한 사서에도 전혀 나오지 않고 있다. 어디까지가 사실史實인지 확인할 길이 없다. 전유에 대한 토벌이 실제로 이뤄졌는지는 확인키 어려우나 대략 공실의 권력을 회복시켜 국정을 바로잡고자 한 공자의 반대로 인해 이뤄지지 않은 것으로 보는 견해가 통설이다.

羅侯 상혜常惠를 파견해 장액張掖과 주천酒泉에 있는 기병을 이끌고 차사로 가서 정길과 그의 속관과 병사인 이사吏士를 영접해 거리渠犁로 돌아오게 했다. 옛날 차사의 태자였던 군숙軍宿이 언기焉耆에 있는 것을 불러다가 왕으로 삼고 차사의 백성을 모두 거리로 옮겨 살게 한 뒤 마침내 차사의 옛 땅을 흉노에게 주었다. 정길을 위사마衛司馬로 삼고, 원래의 누란국인 선선鄯善 서쪽의 남도南道를 보호하게 했다.

6) 승상 위상魏相은 한나라의 고사故事와 간편하고 좋은 내용의 편의便宜한 장주章奏를 보는 것을 좋아했다. 한나라가 들어선 이래 나라를 흥성하게 만든 편의한 행사行事와 현신으로 활약한 가의賈誼와 조조晁錯, 동중서董仲舒 등이 건의한 것을 주청해 시행토록 한 배경이다. 위상은 군국郡國의 일에 관여했거나 퇴직 후 고향에서 쉬고 있는 승상부의 속관인 연사掾史들을 승상부로 오게 하여 번번이 사방에서 일어났던 기이한 소문인 이문異聞을 말하게 했다. 혹여 역적이 있거나 풍우로 인한 재변이 있었는데도 군국에서 보고하지 않는 경우도 있었으나 결국은 위상에 의해 곧바로 조정에 보고됐다. 어사대부 병길丙吉과 동심同心으로 보정輔政하자 한선제가 크게 중시했다.

어사대부 병길은 사람이 심후深厚했고, 잘한 일을 자랑하는 벌선伐善을 하지 않았다. 한무제의 황증손인 한선제가 어려서 만난 이후 입을 다물고 전에 베푼 은혜를 전혀 말하지 않았다. 조정에서 그의 공을 전혀 밝혀내지 못한 이유다. 마침 액정掖庭의 궁비宮婢 칙則이 민간에 있는 남편으로 하여금 상서하고, 스스로 일찍이 한선제가 어렸을 때 돌보는 아보阿保의 공이 있었다고 진술했다. 한선제가 액정령掖庭令에게 명해 이를 자세히 조사케 하자 궁비 칙은 병길이 당시 상황을 잘 알 것이라고 말했다. 액정령이 궁비 칙을 데리고 어사부로 가 병길을 만나 보게 하자 병길이 알고 칙에게 말했다.

"네가 일찍이 황증손을 신중히 양육하지 못한 일로 연루돼 내가 너에게 태장을 때려 벌을 주었다. 네가 어찌 공이 있다고 말하는 것인가! 다만 위성渭城섬서성 함양시의 호조胡組와 회양淮陽하남성 회양현의 곽징경郭徵卿만이 황증손을 양육하는 은혜를 베풀었을 뿐이다."

그러고는 따로 호조 등이 공양共養했던 노고勞苦 상황을 상주했다. 한선제가 병길에게 조서를 내려 호조와 곽징경을 찾도록 했다. 그들은 이미 죽고 자손이 살아 있는 까닭에 모두 후상厚賞을 내렸다. 이어 조서를 내려 궁비 칙의 노비 신세를 면하게 해 서인으로 삼고, 10만 전을 하사했다. 한선제가 병길에게 친히 견문見問한 뒤 그가 자신에게 구은舊恩을 베풀었는데도 끝내 말하지 않은 것을 알고는 크게 현명하다고 여겼다.

7) 한선제는 소망지蕭望之가 경전에 밝고 진중한데다, 의론을 하면서도 여유가 있어, 재상의 재목이 될 만하다고 여겼다. 그가 베푸는 정사政事를 자세히 시험키 위해 다시 좌풍익左馮翊으로 삼았다. 원래 소부少府에 있던 소망지는 좌풍익으로 좌천되자 황제의 의중에 부합치 않은 일이 있었던 게 아닐까 두려워해 상서하여 병을 칭했다. 환선제가 이 소식을 듣고는 시중인 성도成都侯 금안상金安上으로 하여금 자신의 뜻을 넌지시 전하게 했다.

"그대를 쓰는 것은 모두 그대의 직책을 바꿔가며 치민治民 능력을 두루 시험하려는 취지에서 나온 것이다. 그대는 전에 평원平原산동성 평원현 태수로 있었으나 그 시기가 일천日淺했다. 그래서 다시 삼보三輔에서 시험코자 한 것이다. 어떤 과실을 들은 바가 있어 그리한 게 아니니다."

소망지가 즉시 일어나 사무를 보는 시사視事를 했다.

8) 당초 액정령 장하張賀는 자주 동생인 거기장군 장안세에게 황증손은 재능이 아름답고, 기이한 징조가 있다고 말했다. 장안세가 번번이 말을 끊으며 중지시켰다. 젊은 군주인 한소제가 재위하고 있는 상황에서 황

증손을 칭술稱述하는 게 타당치 않다고 판단한 결과다. 한선제가 즉위할 때 장하는 이미 죽었다. 황상이 장안세에게 말했다.

"액정령은 평생 나를 칭찬했고, 장군은 이를 중지시켰다고 하는데 이는 옳은 일이오."

그러고는 장하의 은혜를 추모해 은덕후恩德侯에 추봉追封하고, 무덤을 관리하는 수총守塚 200호를 두었다. 장하에게 아들이 있었으나 요절했다. 장안세의 작은 아들인 장팽조張彭祖를 아들로 삼게 했다. 장팽조 역시 어렸을 때 황상과 같은 자리에서 공부를 한 적이 있다. 그를 책봉하기 위해 먼저 식읍이 없는 관내후關內侯의 작위를 내렸다.

장안세는 장하에 대한 추봉을 깊이 사양하고, 수총의 호수戶數도 점차 줄여 30호로 해달라고 청했다. 한선제가 말했다.

"이는 내가 액정령을 위해 하는 것으로 장군을 위해 그러는 게 아니오."

장안세가 이내 청원을 중지하고 다시는 감히 말하지 않았다.

9) 한선제는 내심 과거 창읍왕昌邑王이었던 유하劉賀를 꺼렸다. 산양山陽산동성 금향현 태수 장창張敞에게 황제의 인새가 찍힌 서신인 새서璽書를 내려 삼가 도적을 대비하면서 왕래하는 과객過客을 살피도록 당부한 이유다. 이때 장창에게 새서를 내려 보낸 사실이 누설되지 않도록 당부했다. 장창은 창읍왕 유하가 폐위된 이후의 정황과 지금 거처하는 상황을 조목조목 밝혀 상주했다.

"옛날 창읍왕은 피부가 청흑색青黑色이고, 눈이 작고, 코끝이 날카로우며 낮고, 눈썹과 수염이 적고, 신체가 장대합니다. 도중에 중풍을 만나 행보가 불편합니다. 신 장창이 일찍이 그와 더불어 이야기를 하면서 그 뜻을 움직여 살펴보고자 했습니다. 악조惡鳥를 인용해 말하기를, '창읍에는 올빼미가 많다'고 했습니다. 창읍왕이 대답하기를, '그렇소. 전에 내가 서쪽 장안으로 갈 때는 올빼미가 전혀 없었소. 다시 와서 동쪽 제양濟陽하남성 난봉현에 이르렀을 때 이내 다시 올빼미 소리를 들을 수 있었소'라고 했습니다. 창읍왕의 의복과 언어, 앉았다 일어나는 궤기跪起 등을 살펴보니 백치를 닮은 청광清狂[308]의 모습을 보이며 덕행이 없었습니다. 신 장창이 앞으로 나아가서 말하기를, '부왕인 창읍애왕昌邑哀王 유박劉髆 때의 궁중 가무녀歌舞女인 장수張脩 등 10여 명은 자식이 없는 까닭에 계속 창읍애왕의 묘원 곁에 남아 지키고 있습니다. 청컨대 철수해 귀가토록 하십시오'라고 했습니다. 창읍왕이 이 얘기를 듣고 말하기를, '중인中人들이 묘원을 지키는 과정에서 병든 자가 나오면 의당 치료하지 말고, 서로 살상을 할지라도 의당 법으로 다스리지도 말도록 해 빨리 죽게 만들고 싶소. 태수는 어찌하여 그들을 철수시키려 하는 것이오'라고 했습니다. 그의 천자天資는 혼란이 일어나 패망하는 것을 좋아하니 끝내 인의仁義를 보지 못하는 게 이와 같습니다."

이내 한선제는 창읍왕 유하가 꺼리며 두려워할 만한 인물이 아닌 것을 알았다.

＊ 中宗孝宣皇帝元康二年

春, 正月, 赦天下. 上欲立皇后, 時館陶主母華婕妤及淮陽憲王母張婕妤·楚孝王母衛婕妤愛幸. 上欲立張婕妤為后. 久之, 懲艾霍氏欲害皇太子, 乃更選後宮無子而謹慎者. 二月, 乙丑, 立長陵王婕妤為皇后, 令母養太子. 封其父奉光為邛成侯. 后無寵, 希得進見.

五月, 詔曰, "獄者, 萬民之命. 能使生者不怨, 死者不恨, 則可謂文

308 청광清狂은 미치지는 않았으나 광인과 유사한 행보를 보이는 백치白痴의 상황을 말한다. 당나라 때 시인 이상은李商隱의 시 『무제無題』에 '청광' 표현이 나온다.

吏矣. 今則不然. 用法或持巧心, 析律貳端, 深淺不平, 奏不如實, 上亦亡由知, 四方黎民將何仰哉! 二千石各察官屬, 勿用此人. 吏或擅興徭役, 飾廚傳, 稱過使客, 越職逾法以取名譽, 譬如踐薄冰以待白日, 豈不殆哉! 今天下頗被疾疫之災, 朕甚愍之, 其令郡國被災甚者, 毋出今年租賦."

又曰, "聞古天子之名, 難知而易諱也. 其更諱詢."

匈奴大臣皆以為"車師地肥美, 近匈奴, 使漢得之, 多田積穀, 必害人國, 不可不爭", 由是數遣兵擊車師田者. 鄭吉將渠犁田卒七千餘人救之, 為匈奴所圍. 吉上言曰, "車師去渠犁千餘里, 漢兵在渠犁者少, 勢不能相救, 願益田卒." 上與後將軍趙充國等議, 欲因匈奴衰弱, 出兵擊其右地, 使不得復擾西域.

魏相上書諫曰, "臣聞之. 救亂誅暴, 謂之義兵, 兵義者王. 敵加於己, 不得已而起者, 謂之應兵, 兵應者勝. 爭恨小故, 不忍憤怒者, 謂之忿兵, 兵忿者敗. 利人土地·貨寶者, 謂之貪兵, 兵貪者破. 恃國家之大, 矜民人之眾, 欲見威於敵者, 謂之驕兵, 兵驕者滅. 此五者, 非但人事, 乃天道也. 間者匈奴嘗有善意, 所得漢民, 輒奉歸之, 未有犯於邊境. 雖爭屯田車師, 不足致意中. 今聞諸將軍欲興兵入其地, 臣愚不知此兵何名者也! 今邊郡困乏, 父子共犬羊之裘, 食草萊之實, 常恐不能自存, 難以動兵. '軍旅之後, 必有凶年' 言民以其愁苦之氣傷陰陽之和也. 出兵雖勝, 猶有後憂, 恐災害之變因此以生. 今郡國守相多不實選, 風俗尤薄, 水旱不時. 按今年計子弟殺父兄·妻殺夫者凡二百二十二人, 臣愚以為此非小變也. 今左右不憂此, 乃欲發兵報纖介之忿於遠夷, 殆孔子所謂'吾恐季孫之憂不在顓臾而在蕭牆之內也'" 上從相言, 止. 遣長羅侯常惠將張掖·酒泉騎往車師, 迎鄭吉及其吏士還渠犁. 召故車師太子軍宿在焉耆者, 立以為王. 盡徙車師國民令居渠犁, 遂以車師故地與匈奴. 以鄭吉為衛司馬, 使護鄯善以西南道.

魏相好觀漢故事及便宜章奏, 數條漢興已來國家便宜行事及賢臣賈誼·晁錯·董仲舒等所言, 奏請施行之. 相敕掾史按事郡國, 及休告, 從家還至府, 輒白四方異聞. 或有逆賊·風雨災變, 郡不上, 相輒奏言之. 與御史大夫丙吉同心輔政, 上皆重之.

丙吉為人深厚, 不伐善. 自曾孫遭遇, 吉絕口不道前恩, 故朝廷莫能明其功也. 會掖庭宮婢則令民夫上書, 自陳嘗有阿保之功, 章下掖庭令考問, 則辭引使者丙吉知狀. 掖庭令將則詣御史府以視吉, 吉識, 謂則曰, "汝嘗坐養皇曾孫不謹, 督笞汝, 汝安得有功! 獨渭城胡組·淮陽郭徵卿有恩耳." 分別奏組等共養勞苦狀. 詔吉求組·徵卿. 已死, 有子孫, 皆受厚賞. 詔免則為庶人, 賜錢十萬. 上親見問, 然後知吉有舊恩而終不言, 上大賢之.

帝以蕭望之經明持重, 議論有餘, 材任宰相, 欲詳試其政事, 復以為左馮翊. 望之從少府出為左遷, 恐有不合意, 即移病. 上聞之, 使侍中成都侯金安上諭意曰, "所用皆更治民以考功. 君前為平原太守日淺, 故復試之於三輔, 非有所聞也." 望之即起視事.

初, 掖庭令張賀數為弟車騎將軍安世稱皇曾孫之材美及徵怪, 安世輒絕止, 以為少主在上, 不宜稱述曾孫. 及帝即位而賀已死, 上謂安世曰, "掖庭令平生稱我, 將軍止之, 是也." 上追思賀恩, 欲封其冢為恩德侯, 置守冢二百家. 賀有子蚤死, 子安世小男彭祖. 彭祖又小與上同席研書指, 欲封之, 先賜爵關內侯. 安世深辭賀封. 又求損守冢戶數, 稍減至三十戶. 上曰, "吾自為掖庭令, 非為將軍也." 安世乃止, 不敢復言.

上心忌故昌邑王賀, 賜山陽太守張敞璽書, 令謹備盜賊, 察往來過客. 毋下所賜書. 敞於是條奏賀居處, 著其廢亡之效曰, "故昌邑王為人, 青黑色, 小目, 鼻末銳卑, 少鬚眉, 身體長大, 疾痿, 行步不便. 臣敞嘗與之言, 欲動觀其意, 即以惡鳥感之曰, '昌邑多梟' 故王應曰, '然. 前賀西至長安, 殊無梟. 復來, 東至濟陽, 乃復聞梟聲' 察故王衣服·言語·跪起, 清狂不惠. 臣敞前言, '哀王歌舞者張脩等十人無子, 留守哀王園, 請罷歸' 故王聞之曰, '中人守園, 疾者當勿治, 相殺傷者當勿法, 欲令亟死. 太守奈何而欲罷之' 其天資喜由亂亡, 終不見仁義如此." 上乃知賀不足忌也.

한선제 원강 3년(BC 63)

1) 봄 3월, 조서를 내려 옛 창읍왕 유하를 해혼후海昏侯에 봉했다.

2) 3월 2일, 조서를 내렸다.

"짐이 미천한 신분인 미묘微眇의 시기에 어사대부 병길丙吉을 비롯해 중랑장 사증史曾과 사현史玄, 장락궁長樂宮 위위衛尉 허순許舜, 시중侍中인 광록대부 허연수許延壽가 모두 짐에게 구은舊恩을 베푼 바 있다. 옛날의 액정령 장하張賀의 경우는 짐의 몸을 보도輔導해 문학과 경술經術을 닦게 했다. 그 은혜가 탁이卓異하고 공이 매우 많다.『시경』「대아, 억抑」은 보답하지 않을 덕은 없다는 취지의 무덕불보無德不報를 언급했다. 장하가 아들로 삼은 동생의 아들이자 시중인 중랑장 장팽조를 양도후陽都侯로 삼고, 장하를 양도애후陽都哀侯로 추시追謚한다. 또 병길을 박양후博陽侯, 사증史曾을 장릉후將陵侯, 사현史玄을 평대후平台侯, 허순許舜을 박망후博望侯, 허연수許延壽를 악성후樂成侯로 삼는다."

장하에게는 부친이 일찍 죽은 손자 장패張霸가 있었다. 나이가 7세였다. 그를 산기散騎·중랑장中郎將으로 삼고, 관내후의 작위를 내렸다. 옛날 한선제에게 도움을 준 사람들 가운데 종친부에 있는 감옥인 군저옥郡邸

獄으로 내려가 일찍이 어린아이를 양육하는 아보阿保의 공을 세운 사람 모두 관록官祿과 전택田宅 및 재물財物을 받았다. 각자 전에 베푼 은혜의 심천深淺에 따라 보답이 이뤄졌다. 병길은 봉작됐을 때 병이 났다. 한선제는 그가 일어나지 못할까 우려한 나머지 사람을 시켜 인장의 끈인 인불印紱을 갖고 가 책봉케 했다. 생전에 책봉코자 한 것이다. 태자태부太子太傅 하후승夏侯勝이 말했다.

"이 병은 그를 죽게 만들지 못할 것입니다. 신이 듣건대, '음덕陰德을 지닌 사람은 반드시 그 즐거움을 누리고, 그 자손에게도 이른다'고 했습니다. 지금 병길은 아직 보답을 받지 않았으니 죽을 병은 아닐 것입니다."

후에 병길은 과연 쾌유했다.

장안세는 스스로 부자父子가 제후에 봉해지고, 지위가 너무 왕성해졌다고 판단해 이내 녹질을 사양했다. 한선제가 조서를 내려 대사농 소속의 창고담당관인 도내령都內令으로 하여금 별도로 장씨의 무명전無名錢을 쌓아두게 했다. 100만여 전에 이르렀다. 장안세는 근신謹愼하는 것이 주밀周密했다. 매번 국가대사인 대정大政을 의논하는 일에 참여할 때마다 결정이 이뤄지면 아무도 모르게 곧바로 칭병하며 외출했다. 조령詔令이 반포된 후에는 크게 놀란 모습을 보이며 휘하 관원을 승상부로 보내 그 내용을 묻게 했다. 모두 조정대신들로 하여금 자신이 의논에 참여했는지 여부를 모르게 하려는 조치였다. 일찍이 어떤 사람을 천거하자 그 사람이 찾아와 사의謝意를 표했다. 장안세가 이를 몹시 한스럽게 여겼다.

"현자를 천거해 능력을 발휘케 하는 거현능달擧賢達能을 했을 뿐이다. 어찌 사사로이 사의를 표한단 말인가!"

그러고는 절대로 다시 내왕하지 않았다. 어떤 낭관郎官이 공로가 큰데도 승진하지 못하자 이를 스스로 장안세에게 말했다. 장안세가 이같이 응답했다.

"그대의 공이 높다는 것은 명주明主가 잘 알고 있을 것이오. 인신人臣이 집사執事를 하면서 어찌하여 그 장단長短을 스스로 말하는 것이오!"

그러고는 그의 요청을 받아들이지 않았다. 얼마 후 그는 한선제의 배려로 과연 승진했다. 장안세는 스스로 부자父子가 존현尊顯하게 된 것을 보고는 편안치 못한 상황에 처해 있다고 생각한 나머지 아들 장연수張延壽를 위해 외직으로 보임되기를 청했다. 한선제가 장연수를 북지北地감숙성 영현 태수로 삼았다. 1년여 만에 장안세가 연로한 것을 민망히 여겨 다시 불러 좌조左曹[309]·태복太僕으로 삼았다.

3) 여름 4월 14일, 한선제의 아들 유흠劉欽을 회양왕淮陽王으로 삼았다. 황태자 유석劉奭의 나이는 12세였다.『논어』와『효경孝經』에 능통했다. 태부太傅 소광疏廣이 형의 아들인 소부少傅 소수疏受에게 말했다.

"내가 듣건대, '만족할 줄 알면 욕된 일이 없고, 멈출 줄 알면 위태로워지지 않는다'고 했소. 이제 벼슬살이인 사환仕宦을 하여 2천석에 이르렀고, 관직도 높아지면서 명성도 이뤘소. 이와 같은데도 물러나지 않으면 후회할 일이 있을까 걱정이오."

그날로 소씨 숙질叔姪이 함께 병을 핑계로 상소하여 사직을 청하는 걸해골乞骸骨을 했다. 한선제가 이를 모두 허락하고, 황금 20근을 덧붙여 하사했다. 황태자도 50근을 증정했다. 공경公卿의 옛 친구들이 동도문東都門 밖에서 길거리 제사인 조도祖道를 행하고 함께 벌려 섰다. 환송하는

---

309 좌조左曹는 원래 6부部 24사司로 구성된 송나라 상서성尙書省의 하부 직제를 지칭하는 말이다. 이부吏部와 호부户部 및 예부禮部는 좌명조左名曹, 사봉司封과 사훈司勳, 고공考功, 탁지度支, 금부金部, 창부倉部, 사부祠部, 주객主客, 선부膳部 등은 좌조左曹에 속한다. 병부兵部와 형부刑部 및 공부工部는 우명조右名曹, 직방職方과 가부駕部, 고부庫部, 도관都官, 비부比部, 사문司門, 둔전屯田, 우부虞部, 수부水部 등은 우조右曹에 속한다.

수레가 수백 량에 이르렀다. 도로에서 이 모습을 본 사람들이 모두 말했다.

"현명하구나, 두 대부여!"

혹자는 탄식하면서 그들을 위해 눈물을 흘렸다.

소광과 소수는 향리로 돌아온 뒤 매일 집안사람들로 하여금 금을 팔아 음식을 장만케 한 뒤 친족과 옛날 친구인 고구故舊 및 빈객賓客을 초빙해 함께 즐겼다. 어떤 사람이 소광에게 자손을 위해 산업을 일으키는 데 그 황금을 사용할 것을 권하자 이같이 대답했다.

"내가 어찌 늙어서 어지럽다고 한들 자손을 생각지 않았겠는가! 우리 집은 본래 예전부터 있던 구전舊田과 여막廬幕이 있어 자손들로 하여금 근면히 경작케 하면 족히 의식衣食을 제공받을 수 있어 범인들과 비슷한 생활을 할 수 있소. 지금 다시 이를 증익增益해 남아도는 영여贏餘가 있다면 단지 자손을 나태하고 타락케 만들 뿐이오. 현명하고 다재多財이면 그들의 뜻을 손상케 되고, 우매하고 다재이면 그들의 허물을 더하게 할 것이오. 무릇 부富는 많은 사람의 원망의 대상이 되는 법이오. 나는 이미 자손을 잘 교화시키지 못한 상황에서 그 허물을 더욱 늘려 원망까지 생기게 만들고 싶지는 않소. 이 황금은 성주聖主가 이 늙은 신하에게 은혜롭게 무양撫養하기 위해 하사한 것이오. 즐겨 향당鄕黨 및 종족宗族들과 그 하사한 것을 공향共饗하면서 나의 여생을 보내고자 하오. 이 또한 가하지 않겠소!"

친족 되는 사람들이 기뻐하며 감복했다.

4) 영천潁川하남성 우현 태수 황패黃霸가 역참의 숙소를 관장하는 우정郵亭과 10개의 정亭으로 구성된 향鄕의 치소가 있는 향관鄕官으로 하여금 모두 닭과 개를 기르게 했다. 홀아비와 과부인 환과鰥寡와 빈궁貧窮한 자를 섬양贍養코자 한 것이다. 연후에 다시 제도를 정립해 부로父老와 사수

師帥 및 오장伍長 등을 둔 뒤 민간에서 이런 일을 나눠 시행코자 했다. 선한 일을 위해 간사함을 방지하고자 하는 취지로 권하고, 농경과 양잠인 경상耕桑·절용節用·재산의 증식인 식재殖財·나무심기인 종수種樹·가축 기르기인 축양畜養을 통해 부음浮淫한 비용을 없애는 데 힘쓰고자 했다. 그가 다스리는 것은 미염米鹽처럼 조밀해 처음에는 번쇄煩碎한 것 같았다. 그러나 황패는 정력적으로 이런 일을 추행推行했다. 이민吏民을 만나면 말의 맥을 잘 잡아내 그 속에 감춰진 생각을 물으면서 참고로 삼고, 총명한 머리로 사실을 잘 찾아냈다. 이민들은 그가 무슨 수로 그 내막을 찾아내는지 알 길이 없어 입을 모아 신명神明하다고 칭송하면서 감히 조금이라도 속일 생각을 하지 못했다. 간인奸人이 그곳을 떠나 다른 군郡으로 들어가자 도적이 날로 줄어들었다. 황패는 힘써 교화를 시행한 뒤 이를 받아들이지 않을 경우 비로소 주벌을 가했다. 장리長吏들로 하여금 일을 성취함으로써 안정을 도모케 하려는 취지였다. 허현許縣하남성 허창시의 현승縣丞은 늙고 병들고 귀머거리였다. 시찰관인 독우督郵가 위에 보고해 쫓아내고자 했다. 황패가 말했다.

"허현의 현승은 염리廉吏로서 비록 늙기는 했으나 여전히 진퇴와 응접 등의 배기영송拜起送迎을 행할 수 있소. 아무리 귀머거리라고 한들 무슨 손해될 게 있겠소! 그를 잘 도와주어 현명한 그 사람이 실망하는 일이 없도록 하시오."

어떤 사람이 그 연고를 묻자 장패가 대답했다.

"자주 장리長吏를 바꾸면 옛 사람을 보내고 새로운 사람을 맞이하는 송고영신送故迎新의 비용이 들게 되오. 또 간리奸吏가 인연을 맺게 돼 장부를 중간에서 끊어버리거나, 재물을 도적질하게 돼 공사公私 간에 소모되는 비용이 많게 되오. 이 모든 것은 백성에게서 나오는 것이오. 나아가 바뀐 새 관원 또한 반드시 현명한 것은 아닐 터이니 혹여 옛날 사람만 못할 경우 헛되이 혼란만 가중시키는 게 되오. 무릇 치도治道의 요체는 아주 심한 사람만 제거하는 데 있을 뿐이오."

황패는 겉으로 관대하면서도 속으로 상대의 속셈을 분명히 아는 외관내명外寬內明의 인물이었다. 이민吏民의 마음을 얻은 이유다. 호구戶口가 매년 증가하면서 치적治積이 천하제일이 된 덕분에 이내 징소되어 수경조윤守京兆尹이 됐다. 얼마 후 법에 연루돼 녹질이 깎였으나 조서를 내려 다시 영천潁川으로 보내 2,000석의 태수로 삼았다. 다만 실제 녹질은 벌로 800석만 받게 했다.

* 中宗孝宣皇帝元康三年

春, 三月, 詔封故昌邑王賀為海昏侯.

乙未, 詔曰, "朕微眇時, 御史大夫丙吉, 中郎將史曾·史玄, 長樂衛尉許舜, 侍中·光祿大夫許延壽, 皆與朕有舊恩, 及故掖庭令張賀, 輔導朕躬, 修文學經術, 恩惠卓異, 厥功茂焉. 『詩』不云乎, '無德不報', 封賀所子弟子侍中·中郎將彭祖為陽都侯, 追賜賀諡曰陽都哀侯, 吉為博陽侯, 曾為將陵侯, 玄為平台侯, 舜為博望侯, 延壽為樂成侯." 賀有孤孫霸, 年七歲, 拜為散騎·中郎將, 賜爵關內侯. 故人下至郡邸獄復作嘗有阿保之功者, 皆受官祿·田宅·財物, 各以恩深淺報之.

吉臨當封, 病. 上憂其不起, 將使人就加印紼而封之, 及其生存也. 太子太傅夏侯勝曰, "此未死也! 臣聞有陰德者必饗其樂, 以及子孫. 今吉未獲報而疾甚, 非其死疾也." 後病果愈.

張安世自以父子封侯, 在位太盛. 乃辭祿, 詔都內別藏張氏無名錢以百萬數. 安世謹慎周密, 每定大政, 已決, 輒移病出. 聞有詔令, 乃驚, 使吏之丞相府問焉. 自朝廷大臣, 莫知其與議也. 嘗有所薦, 其人來謝, 安世大恨, 以為"舉賢達能, 豈有私謝邪!" 絕弗復為通. 有郎功高不調，自言安世，安世應曰，“君之功高，明主所知，人臣執事，何長短而自言乎!” 絕不許. 已而郎果遷. 安世自見父子尊顯，懷不自安，為子延壽求出補吏，上以為北地太守. 歲餘，上閔安世年老，復征延壽為左曹·太僕.

夏，四月，丙子，立皇子欽為淮陽王. 皇太子年十二，通『論語』·『孝經』. 太傅疏廣謂少傅受曰，“吾聞‘知足不辱，知止不殆’ 今仕宦至二千石，官成名立，如此不去，懼有後悔.” 即日，父子俱移病，上疏乞骸骨. 上皆許之，加賜黃金二十斤，皇太子贈以五十斤. 公卿故人設祖道供張東都門外，送者車數百兩. 道路觀者皆曰，“賢哉二大夫!” 或歎息為之下泣.

廣·受歸鄉里，日令其家賣金共具，請族人·故舊·賓客，與相娛樂. 或勸廣以其金為子孫頗立產業者，廣曰，“吾豈老悖不念子孫哉! 顧自有舊田廬，令子孫勤力其中，足以共衣食，與凡人齊. 今復增益之以為贏餘，但教子孫怠墮耳. 賢而多財，則損其志. 愚而多財，則益其過. 且夫富者眾之怨也，吾既無以教化子孫，不欲益其過而生怨. 又此金者，聖主所以惠養老臣也，故樂與鄉黨·宗族共饗其賜，以盡吾餘日，不亦可乎!” 於是族人悅服.

穎川太守黃霸使郵亭·鄉官皆畜雞·豚，以贍鰥·寡·貧·窮者. 然後為條教，置父老·師帥·伍長，班行之於民間，勸以為善防奸之意，及務耕桑·節用·殖財·種樹·畜養，去浮淫之費. 其治，米鹽靡密，初若煩碎，然霸精力能推行之. 吏民見者，語次尋繹，問它陰伏以相參考，聰明識事，吏怕不知所出，咸稱神明，豪厘不敢有所欺. 奸人去入它郡，盜賊日少. 霸力行教化而後誅罰，務在成就全安長吏. 許丞老，病聾，督郵白欲逐之. 霸曰，“許丞廉吏，雖老，尚能拜起送迎，正頗重聽何傷! 且善助之，毋失賢者意!” 或問其故，霸曰，“數易長吏，送故迎新之費, 及奸吏因緣, 絕簿書, 盜財物, 公私費耗甚多, 皆當出於民. 所易新吏又未必賢, 或不如其故, 徒相益為亂. 凡治道, 去其泰甚者耳." 霸以外寬內明, 得吏民心, 戶口歲增, 治為天下第一, 徵守京兆尹. 頃之, 坐法, 連貶秩. 有詔復歸潁川為太守, 以八百石居.

한선제 원강 4년(BC 62)

1) 봄 정월, 조서를 내렸다.

"나이가 80세 이상인 사람은 무고誣告·살상殺傷의 죄가 아니면 다른 것은 모두 연루시키지 마라."

2) 우부풍右扶風 윤옹귀尹翁歸가 졸卒했다. 집에는 다른 재산이 없었다.

가을 8월, 조서를 내렸다.

"윤옹귀는 염평廉平한 사람으로 일처리가 공정해 치민治民이 매우 뛰어난 이등異等의 모습을 보였다. 윤옹귀의 아들에게 황금 100근을 하사해 제사에 쓰게 하라."

3) 한선제가 유사로 하여금 한고제 유방의 공신들 자손으로 제후의 작위를 잃은 사람을 찾아보게 했다. 괴리槐里섬서성 흥평현의 공승公乘인 주광한周廣漢 등 136명을 찾았다. 모두에게 황금 20근씩 하사했다. 그 집안의 요역徭役와 부세賦稅를 면제해 제사에 활용케 하고, 세세토록 끊어지지 않게 했다.

4) 8월 11일, 부평경후富平敬侯 장안세가 홍거薨去했다.

5) 당초 부양절후扶陽節侯 위현韋賢이 홍薨했을 때 장자인 동해 태수 위홍韋弘이 죄를 지어 감옥에 갇혀 있었다. 집안사람들이 위현의 명을 고쳐 차자인 대하大河산동성 동평현 도위都尉 위현성韋玄成을 후사로 삼았다. 위현성은 그것이 부친인 위현의 본래 뜻이 아니라는 것을 알고 곧바로 광

증狂症을 가장했다. 누워서 대소변인 변리便利를 하고, 망령되게 소어笑語를 하는 등 혼란昏亂한 모습을 보인 게 그렇다.

장례를 치르고 난 뒤 의당 습작襲爵을 해야 했으나 광증을 가장하며 부름에 응하지 않았다. 번국의 사무를 관장하는 대홍려大鴻臚가 이를 상주하자 한선제가 승상과 어사에게 내려 보내 사안을 조사케 했다. 이 사안을 조사한 승상사丞相史가 이내 위현성에게 서신을 보냈다.

"옛날에는 작위를 사양할 때 반드시 글을 지었고 그 문의文義에 볼 만한 게 있었소. 후대에 그 아름다움을 전할 수 있었던 이유요. 지금 그대는 단지 용모容貌를 무너뜨리고, 치욕恥辱을 당하면서 광증을 가장하고 있소. 광채는 어두워 드러나지 않으니 단지 미미한 명성을 얻을 뿐이오! 나는 평소 우루愚陋하여 승상부의 집사執事로 일하고 있으나 원컨대 그대에 관한 풍문을 적게 듣도록 해주시오. 그리하지 않으면 그대는 명성이 손상을 입으면서 지탄을 받고, 나 또한 이를 단속하는 소인이 될까 우려되오."

위현성의 친구이며 시랑侍郎인 장章이 상소했다.

"성왕聖王은 예겸禮讓으로 나라를 다스리면서 의당 위현성 같은 사람을 우대했습니다. 그의 의지를 꺾지 말고, 스스로 형문衡門[310] 아래 안빈낙도하며 편히 살도록 해 주십시오."

승상과 어사는 마침내 위현성이 실제로 광증이 없는 까닭에 탄핵할 것을 상주했다. 한선제가 조서를 내려 탄핵하지 말고, 인도하여 관작을 받아들이게 했다. 위현성이 부득이하여 작위를 받았다. 한선제가 그의 절개를 높이 평가해 하남河南하남성 낙양시 태수로 삼았다.

310 형문衡門은 위에 가로로 나무를 하나 얹어 놓은 초라한 문을 가리킨다. 빈자의 가옥을 상징한다.

6) 차사왕 오귀烏貴가 오손烏孫으로 달아났다. 오손은 그를 머물게 하면서 돌려보내지 않았다. 한나라에서 사자를 파견해 오손을 책망하자 오손이 오귀를 장안으로 송환했다.

7) 당초 한무제는 하서河西의 4군四郡[311]을 개척하면서 강족羌族과 흉노가 서로 통하는 길을 끊은 뒤 강족을 척축斥逐해 황중湟中청해성 동북부 유역에 살지 못하게 했다. 한선제가 즉위하자 광록대부인 의거안국義渠安國이 여러 강족들에게 사자로 갔다. 강족 부락의 일원인 선령先零의 수령이 호언했다.

"원컨대 통상 황수湟水 북쪽으로 건너가 백성들로 하여금 경작을 하지 않는 곳에서 축목畜牧을 하도록 허용코자 한다."

의거안국은 선령의 속셈을 모르고 이를 수용해 보고했다. 후장군後將軍 조충국趙充國이 의거안국이 사자로서 불경한 일을 저질렀다고 탄핵했다. 이후 강족 사람들은 의거안국이 앞서 동의한 것을 구실로 삼아 황수 도강을 무모하게 감행했다. 군현郡縣이 이를 금하지 못했다.

이후 선령과 여러 강족의 호족 200여 명이 서로 그간의 원한을 해소한다는 명목으로 인질을 교환하면서 맹약을 했다. 한선제가 이 소식을 듣고 조충국에게 묻자 이같이 대답했다.

"강인을 쉽게 제어할 수 있었던 것은 종족마다 각자 수령이 있어 누차에 걸쳐 서로 공격하며 힘을 하나로 통일시키지 못한 덕분입니다. 30여 년 전 서강西羌이 반기를 들었을 때도 저들이 먼저 그간의 원한을 해소한다는 명목으로 서로 약정을 하고 영거令居감숙성 번현를 공격한 뒤 한나라와 대치하기를 5-6년 동안 한 후에야 마침내 평정할 수 있었습니다. 흉노는 누차 강족을 유인해 함께 장액張掖과 주천酒泉의 땅을 공격한 뒤 그들

311 하서河西의 4군四郡은 주천酒泉, 장액張掖, 돈황敦煌, 무위武威를 가리킨다.

로 하여금 그곳에 살게 했습니다. 최근 흉노는 오손에게 공격을 당하는 등 서쪽에서 곤경을 겪게 되자 다시 사자를 강족이 사는 곳으로 보내 상결相結할까 의심됩니다. 신은 강족의 변란이 여기에 그치지 않고, 다시 다른 종족과 결련結聯을 맺는 쪽으로 진행될까 걱정입니다. 의당 미연未然에 대비해야 할 것입니다."

몇 달 뒤 강족 후작인 강후羌侯 낭하狼何가 과연 사자를 흉노로 보냈다. 병사를 빌려 선선鄯善과 돈황을 공격함으로써 한나라로 통하는 길을 끊고자 한 것이다. 조충국이 이같이 생각했다.

"낭하는 사세事勢에 비춰 단독으로 이런 계책을 만들 수 없다. 흉노의 사자가 강족이 사는 곳으로 가서 선령先零과 한罕 및 견幵 등과 그간의 원한을 해소키로 약속한 것으로 의심된다. 가을이 되어 말이 살찌는 마비馬肥의 시기가 되면 반드시 변란을 일으킬 것이다. 의당 사자를 보내 변방의 병사들을 둘러보고 미리 대비토록 칙령을 내리고, 여러 강족의 움직임을 주시하며 원한 해소의 명목으로 결속을 꾀하는 일을 발각發覺해 내야 한다."

승상부와 어사부의 양부兩府가 다시 한선제에게 의거안국을 사자로 보내 여러 강족의 움직임을 살핀 뒤 그 선악善惡을 분별해 미리 대처하는 방안을 건의했다.

8) 이때 해마다 풍성하게 수확하는 이른바 비년풍임比年豐稔의 상황이 빚어져 곡식이 1석石 당 5전錢에 지나지 않았다.

* 中宗孝宣皇帝元康四年

春, 正月, 詔曰, "年八十以上, 非誣告·殺傷人, 它皆勿坐."

右扶風尹翁歸卒, 家無餘財. 秋, 八月, 詔曰, "翁歸廉平鄉正, 治民異等. 其賜翁歸子黃金百斤, 以奉祭祀."

上令有司求高祖功臣子孫失侯者, 得槐里公乘周廣漢等百三十六人, 皆賜黃金二十斤, 復其家, 令奉祭祀, 世世勿絕.

丙寅, 富平敬侯張安世薨.

初, 扶陽節侯韋賢薨, 長子弘有罪繫獄, 家人矯賢令, 以次子大河都尉玄成為後. 玄成深知其非賢雅意, 即陽為病狂, 臥便利, 妄笑語, 昏亂. 既葬, 當襲爵, 以狂不應召. 大鴻臚奏狀, 章下丞相·御史案驗. 案事丞相史乃與玄成書曰, "古之辭讓, 必有文義可觀, 故能垂榮於後. 今子獨壞容貌, 蒙恥辱為狂癡, 光曜晻而不宣, 微哉子之所托名也! 僕素愚陋, 過為宰相執事, 願少聞風聲. 不然, 恐子傷高而僕為小人也." 玄成友人侍郎章亦上疏言曰, "聖王貴以禮讓為國, 宜優養玄成, 勿枉其志, 使得自安衡門之下." 而丞相·御史遂以玄成實不病, 劾奏之, 有詔勿劾, 引拜. 玄成不得已, 受爵. 帝高其節, 以玄成為河南太守.

車師王烏貴之走烏孫也, 烏孫留不遣. 漢遣使責烏孫, 烏孫送烏貴詣闕.

初, 武帝開河西四郡, 隔絕羌與匈奴相通之路, 斥逐諸羌. 不使居湟中地. 及帝即位, 光祿大夫義渠安國使行諸羌. 先零豪言曰, "願時度湟水北, 逐民所不田處畜牧." 安國以聞. 後將軍趙充國劾安國奉使不敬. 是後羌人旁緣前言, 抵冒度湟水, 郡縣不能禁.

既而先零與諸羌種豪二百餘人解仇·交質·盟詛. 上聞之, 以問趙充國, 對曰, "羌人所以易制者, 以其種自有豪, 數相攻擊, 勢不壹也. 往三十餘歲西羌反時, 亦先解仇合約攻令居, 與漢相距, 五六年乃定. 匈奴數誘羌人, 欲與之共擊張掖·酒泉地, 使羌居之. 間者匈奴困於西方, 疑其更遣使至羌中與相結. 臣恐羌變未止此, 且復結聯他種, 宜及未然為之備." 後月餘, 羌侯狼何果遣使至匈奴藉兵, 欲擊鄯善·敦煌以絕漢道. 充國以為"狼何勢不能獨造此計, 疑匈奴使已至羌中, 先零·罕·幵乃解仇作約. 到秋馬肥, 變必起矣. 宜遣使者行邊兵, 豫為備敕, 視諸羌毋令解仇, 以發覺其謀." 於是兩府復白遣義渠安國行視諸羌, 分別善惡. 是時, 比年豐稔, 穀石五錢.

** 권26-한기漢紀 18: 흉노 정책이 성공하다

한선제 신작神爵 원년(BC 61)

1) 봄 정월, 한선제가 처음으로 감천궁甘泉宮섬서성 순화현으로 행행行幸해 태치泰畤에서 천신에게 제사를 올리는 교제郊祭를 올렸다.

3월, 하동河東산서성 하현에 행행해 토지신인 후토后土에게 제사를 올렸다. 한선제는 자못 한무제가 신선이 되고자 한 고사故事에 큰 관심을 보였다. 삼가 재계하고, 제사 지내는 예를 행하고, 방사의 말을 좇아 신선의 사당을 늘려 지은 이유다. 얼마 후 익주益州운남성 진녕현에 있는 금마金馬와 벽계碧雞의 신을 성신星辰에게 지내는 제사인 초제醮祭를 통해 모셔올 수 있다는 얘기를 들었다. 이내 간대부諫大夫인 촉군蜀郡사천성 성도시 출신 왕포王褒를 파견해 사지절使持節의 자격으로 그것을 찾게 했다.

당초 한선제는 왕포에게 뛰어난 재주가 있다는 얘기를 듣고 이내 소견召見한 뒤 「성주득현신송聖主得賢臣頌」을 짓게 했다. 가사에는 이런 내용이 있다.

"무릇 현자는 국가에서 사용하는 도구이다. 임현任賢을 하면 나라의 거동인 추사趨捨를 줄이고, 널리 퍼지는 양호한 공효를 거둘 수 있다. 사용하는 도구가 날카로우면 쓰는 힘이 적어도 공효는 클 것이다. 공인工人이 무딘 도구인 둔기鈍器를 쓰면 근골을 수고롭게 하여 하루 내내 피곤한 종일골골終日矻矻의 모습을 보이게 된다. 전설적인 야장冶匠인 간장干將

으로 하여금 천하의 보검을 정교히 주조케 하고, 천리안인 이루離婁로 하여금 줄자로 측량하는 것을 감독케 하고, 전설적인 목공인 공수반公輸班으로 하여금 먹줄대로 깎게 하면 비록 높은 대臺의 높이가 5층에 달하고 넓이가 100장丈일지라도 어그러짐이 없을 것이다. 모두 공인工人과 용구用具가 서로 맞아떨어진 덕분이다. 어리석은 인물인 용인庸人이 노마駑馬를 몰면 재갈이 상하고 채찍이 해질지라도 앞으로 나아갈 수 없다. 그러나 천하의 명마인 설슬齧膝이 끄는 마차를 아침에 참승驂乘해 전설적인 마부인 왕량王良으로 하여금 고삐를 잡고, 어마술馭馬術을 발명한 한애韓哀로 하여금 말을 몰게 해 사면팔방의 8극八極을 주류周流하면 1만 리를 한숨에 달릴 수 있다. 무엇이 이런 차이를 만드는 것인가? 사람과 말이 서로 가장 적합한 상황을 만난 덕분이다. 성근 옷을 입어 시원해하는 사람은 무더운 여름의 답답한 더위인 울욱鬱燠에도 고생하지 않고, 초호貂狐로 만든 옷을 입어 따뜻해하는 사람은 지한至寒의 애달프게 처량한 처창悽愴에도 걱정하지 않는다. 그 이유는 무엇인가? 도구를 가진 사람은 미리 대비할 수 있기 때문이다. 현인賢人과 군자君子 역시 성왕이 해내를 쉽게 다스리는 도구이다. 옛날 주공周公은 몸소 토착지로吐捉之勞[312]를 보인 덕분에 감옥이 텅 비는 융성을 보게 됐다. 제환공齊桓公은 밤낮없이 인재를 맞아들이기 위해 뜰에 불을 밝혀두는 정료지례庭燎之禮를 행한 덕분에 단 1번에 천하를 바로잡으면서 9번에 걸쳐 천하의 제후들을 규합하는 광합지공匡合之功을 세웠다. 이로써 보건대 군주는 현자를 구하는 일에 부지런해야만 비로소 인재를 얻어 편안할 수 있는 것이다. 신하의 경

312 토착지로吐捉之勞는 주공이 밥을 먹다가 손님이 오면 먹던 밥을 3번 뱉고, 감던 머리를 감다가 중단한 채 3번 묶고 급히 뛰쳐나간 고사를 가리킨다. 통상 토포악발吐哺握發로 표현한다.

우도 마찬가지다. 옛날 현자는 아직 자신을 알아주는 군주를 만나지 못할 경우 일과 계책을 도모하는 도사규책圖事揆策을 할지라도 군주는 그것을 사용치 않고, 간절한 마음을 진술해 드러내는 진현곤성陳見悃誠을 할지라도 군주는 그것을 신용치 않고, 벼슬을 할지라도 그 효과를 볼 수 없고, 척축斥逐의 상황이 빚어져도 그것을 허물로 여기지 않는다. 은나라 건국공신인 이윤伊尹이 탕왕湯王을 만나기 위해 솥과 도마인 정조鼎俎를 들고 가 요리사를 자처하고, 강태공姜太公이 주문왕을 만날 때까지 일시 저잣거리에서 소를 잡는 칼인 고도鼓刀를 든 채 백정 일을 하고, 춘추시대 중엽 백리해百里奚가 진목공秦穆公에게 발탁될 때 5마리의 양가죽 값으로 팔려 나가고, 영척寧戚이 제환공을 만날 때까지 소를 먹이는 곤경을 겪은 이유가 여기에 있다. 그들은 명군明君과 성주聖主를 조우遭遇하면서 계책을 운용하는 운주運籌가 군주의 뜻에 부합했고, 간쟁諫諍이 곧바로 받아들여지고, 진퇴進退가 그의 충성심과 관련된 것으로 평가되고, 임직任職이 그의 정술政術을 행하는 것과 일치했다. 부절을 쪼개 받고 봉지와 작위를 하사받는 부부석양剖符錫壤을 통해 조상을 영광되게 만든 배경이다. 세상에는 반드시 뛰어난 지혜를 지닌 성지지군聖知之君이 존재한 연후에 비로소 현명지신賢明之臣이 있게 되는 것이다. 호랑이가 포효하면 바람이 이는 호소풍열虎嘯風冽과 용이 일어나면 구름이 몰려오는 용흥치운龍興致雲 현상이 빚어지고, 귀뚜라미인 실솔蟋蟀이 가을이 오길 기다려 울고, 하루살이인 부유蜉蝣가 음습한 곳에서 태어나는 이치도 이와 같다. 『주역』「건괘乾卦」의 효사爻辭는 용덕龍德을 지닌 자가 천위天位에 올라 덕정을 행하자 천하 사람이 편히 살게 되어 이롭게 됐다는 취지의 '비룡재천飛龍在天, 이현대인利見大人'을 언급했고, 『시경』「대아, 문왕」은 빛나는 많은 신하들이 이 나라에 태어났다는 취지의 '사황다사思皇多士, 생차왕국生此王國'을 언급했다. 세상이 평화롭고 군주가 성스러우면 준예

俊艾는 절로 찾아오고, 군주가 조정에서 밝은 정사를 펴기에 힘쓰면 신하들은 공근恭謹한 자세로 조정에 늘어서게 된다. 정精과 신神을 취회聚會하면 서로 만나 더욱 빛나게 된다. 비록 전설적인 연주가인 백아伯牙가 이름 난 거문고인 체종遞鐘을 타고, 명사수인 봉몽逢蒙이 신궁神宮인 오호烏號를 당길지라도 오히려 그 뜻을 다 비유하기에 부족할 것이다. 성주聖主가 반드시 현신賢臣을 기다려 공업功業을 넓히고, 준사俊士가 명주明主를 기다려 덕을 드러내는 이유가 여기에 있다. 상하가 함께 서로를 필요로 하여 환연歡然히 교흔交欣하니 1,000년 만에 1번 합치하는 모습을 닮았다. 논설論說하면 의심할 바가 없으니 마치 기러기의 깃털인 홍모鴻毛가 순풍을 만난 듯하고, 거어巨魚가 큰 골짜기인 대학大壑을 종횡하는 듯하다. 득의得意하는 것이 이와 같을진대 어찌 금령을 내리면 그치지 않고, 영을 내리면 행해지지 않을 리 있겠는가! 교화가 사방으로 넘쳐흘러 가로지르며 무궁히 뒤덮어나갈 것이다. 성왕은 널리 살피고 바라보지 않아도 밝게 보고, 귀를 기울여 듣지 않아도 총명하게 듣는다. 천하를 태평하게 만드는 책임을 다하니 우유優遊하게 살고자 하는 희망을 만족시키고, 아름다운 징조인 휴징休徵이 절로 오고, 수명인 수고壽考가 무강無疆하게 된다. 그러니 하필 우러르며 몸을 굽히는 등의 언앙굴신偃仰屈伸의 방법으로 800세를 산 팽조彭祖와 숨을 내쉬거나 들이마시는 등의 구허호흡呴嘘呼吸의 방법으로 장수를 한 왕교王僑와 적송자松松子를 흉내 내 보잘 것 없는 묘묘眇眇[313]의 모습으로 속세를 떠나고자 할 이유가 있겠는가!"

당시 한선제가 신선을 매우 좋아한 까닭에 왕포가 대책에서 이를 언급

313 묘묘眇眇는 크게 작고 미세한 미말微末, 의탁할 길이 없는 고단孤單, 크게 바라보는 고원高遠, 멀리 내다보는 원시遠視, 바람에 휘날리는 표동飄動 등 5가지 뜻이 있다. 여기서는 보잘 것 없는 '미말微末'의 뜻으로 새기는 게 문맥에 부합한다.

한 것이다.

경조윤京兆尹 장창張敞도 상소해 간했다.

"원컨대 명주明主는 때로 거마車馬에 대한 기호嗜好를 잊고, 방사方士의 허어虛語를 배척해 멀리하고, 마음으로 제왕지술帝王之術에서 노닐면 거의 태평성대를 일으킬 수 있습니다."

한선제가 불로장생의 약을 만드는 방사를 위해 만든 관직인 이른바 상방대조尚方待詔를 전부 내쫓은 이유다.

당초 조광한趙廣漢 사후 경조윤이 된 사람은 모두 제대로 직무를 수행치 못했다. 오직 장창만이 능히 조광한의 족적을 이을 수 있었다. 그의 방략方略과 이목耳目은 조광한에 미치지 못했으나 경술經術과 유가儒家의 문아文雅한 행보로 이를 보완할 만했다.

2) 한선제는 자못 수식修飾에 큰 관심을 기울여 궁실宮室과 거복車服에서 한소제 때보다 성대한 바가 있었다. 외척인 허씨許氏와 사씨史氏 및 왕씨王氏는 귀총貴寵을 받았다. 간대부諫大夫 왕길王吉이 상소했다.

"폐하는 성명한 자질로 만물을 총람總攬하고, 오직 세무世務만을 생각합니다. 덕분에 태평성대가 나타나 조서를 내릴 때마다 백성들이 흔연欣然히 다시 살아나는 듯합니다. 신이 엎드려 생각건대, 가히 지은至恩이라고 일컬을 만하나 아직은 근본적으로 정사를 잘 펼치는 데 애쓰는 본무本務라고 말할 수는 없습니다. 나라를 오래도록 안정되게 잘 다스리는 성주聖主는 좀처럼 세상에 나타나지 아니할 만큼 뛰어난 불세출不世出의 존재입니다. 지금 공경公卿 대신들은 다행히 그런 성주가 출현하는 시기를 만나 건의와 간언이 곧바로 채택되고 있습니다. 그러나 아직도 만세萬世의 장책長策을 세워 하·은·주 삼대三代의 융성에 버금하는 성군의 치국평천하를 이루지는 못하고 있습니다. 지금처럼 조회참석과 장부정리인 부서簿書, 옥사 판결인 단옥斷獄, 소송 심리인 청송聽訟 등에 힘쓰는 것은 태평성대의 기틀이 아닙니다. 신이 듣건대 백성은 약하지만 이길 수 없고, 어리석지만 속일 수 없는 '약불가승弱不可勝, 우불가기愚不可欺'의 존재라고 합니다. 성주는 심궁深宮에서 독행獨行을 합니다. 백성의 뜻을 얻으면 천하가 칭송하고, 잃으면 천하가 모두 그 잘못을 말합니다. 의당 삼가서 좌우를 선발하고, 시킬 바를 살펴서 택해야 하는 이유입니다. 좌우를 두는 것은 몸을 바르게 하는 정신正身, 부리는 것은 덕을 널리 펴는 선덕宣德을 위한 것입니다. 이것이 태평성대의 근본입니다. 공자는 『효경』「광요도廣要道」에서 윗사람을 편안하게 하고 백성을 잘 다스리는 안상치민安上治民의 방안으로 예禮보다 더 나은 것은 없다고 말했습니다. 이는 공언空言이 아닙니다. 왕자王者는 아직 제례制禮를 하지 않았을 때는 선왕의 예 가운데 오늘날에도 마땅한 것을 인용해 사용합니다. 신이 바라건대 폐하는 천심天心을 잇고, 대업大業을 발전시키면서 공경과 대신 및 유생儒生과 더불어 옛 현왕의 예제를 연구하십시오. 인의로 천하를 다스린 왕제王制를 밝히고, 전체 백성으로 하여금 평안하게 생활하며 장수하는 인수仁壽의 영역으로 오르게 하십시오. 그러면 나라의 풍속이 주성왕과 주강왕 때의 태평성대인 성강지치成康之治와 같지 않고, 장수長壽 또한 어찌 은나라 고종高宗과 같지 않겠습니까? 당세當世에 힘써 나아가야 할 바를 가만히 살펴 치도治道에 부합치 않는 것을 삼가 조목조목 상주토록 하겠습니다. 오직 폐하가 재정裁定해 선택해 주십시오."

당시 왕길은 이같이 말했다.

"세속에서는 처妻를 예빙禮聘하고 딸을 시집보내는 빙처송녀聘妻送女에 절도가 없으면 빈자가 이를 좇아서 행할 수 없는 까닭에 자식을 두려고 하지 않습니다. 또한 한나라의 열후가 황제의 딸을 부인으로 맞이할 때는 상尙, 제후국의 국인國人이 제후의 딸을 부인으로 맞이할 때는 승承으로 표현했습니다.[163] 이는 남자들로 하여금 여인을 섬기게 한 것으로 지

아비가 지어미에게 굴종하는 것입니다. 음양의 위치가 거꾸로 된 셈입니다. 많은 여인이 음란해진 이유입니다. 옛날의 의복衣服과 거마車馬에는 귀천에 따른 문장紋章의 차이가 있었습니다. 그러나 지금은 상하가 혼란스러운데다 조그마한 절도조차 없는 상황입니다. 사람들이 재물을 탐하고 이익을 추구하면서 죽는 것도 두려워하지 않는 것은 바로 이 때문입니다. 주나라가 형벌을 사용치 않고도 천하를 크게 다스릴 수 있었던 것은 맹아萌芽가 나오기 전에 사악邪惡을 금절禁絶했기 때문입니다."

그리고 또 말했다.

"순舜과 탕湯은 삼공三公과 구경九卿의 후세를 채용하지 않고, 고요皐陶와 이윤伊尹을 천거하고, 불인不仁한 자는 멀리했습니다. 그러나 지금은 속리俗吏들로 하여금 관계를 맺은 자들의 자제를 임명케 하고 있습니다. 이들 대부분 교오驕驁하고 고금의 일에 능통치 못해 백성에게 무익無益합니다. 의당 공개리에 인재를 선발하고, 관계를 맺은 자들의 자제를 천거하는 명령인 임자령任子令[315]을 폐지해야 합니다. 외가外家와 옛 친구인 고인故人은 재물로 후하게 해줄 수는 있으나 관직에 있도록 하는 것은 마땅치 않습니다. 힘내기 놀이인 각저角抵를 없애고, 악부樂府를 줄이고, 궁중의 물품창고인 상방尙方의 일을 절약해 천하에 절검하는 모습을 명시明示하십시오. 옛날 공장工匠들은 옥기玉器 위에 정교한 무늬인 전瑑을 새겨 넣지 않았고, 상인들은 사치품을 유통시키지 않았습니다. 이는 공장과

314 원문은 '한가열후상공주漢家列侯尚公主, 제후즉국인승옹주諸侯則國人承翁主'이다. 상尙은 황제의 딸을 부인으로 맞이하고, 승承은 제후의 딸을 부인으로 맞이하는 것을 뜻한다. 황제의 딸과 제후의 딸을 부인으로 맞이할 경우는 통상적인 경우에 사용하는 취娶 대신 모셔간다는 뜻의 '상'과 이어받는다는 뜻의 '승'으로 존칭했다.

315 임자령任子令은 2천석으로 3년 동안 재직한 관원의 경우 친형제나 자제 가운데 1명을 낭관으로 천거할 수 있도록 허용한 명령을 말한다.

상인만이 오직 현명했기 때문이 아니라 정교政教를 통해 그리하도록 했기 때문입니다."

황상은 그 말이 멀리 돌아가는 식으로 우활迂闊하다고 생각했다. 절실하다고 느끼지 않은 까닭에 왕길을 크게 중시하지 않았다. 왕길이 마침내 칭병하고 귀향했다.

3) 의거안국義渠安國이 강족의 땅으로 가 선령先零의 여러 부족 수령 30여 명을 소집했다. 그들 가운데 오만하게 순종치 않는 자를 모두 참수하고, 병사를 풀어 그 종족 1,000여 급級을 베었다. 투항했던 여러 강족과 귀의강후歸義羌侯 양옥楊玉 등이 원노怨怒한 나머지 한나라는 믿을 수 없다며 마침내 작은 부족들을 겁략劫略해 변새邊塞를 침공했다. 여러 성읍城邑을 공격하고 장리長吏들을 살해한 이유다.

의거안국은 기도위騎都尉로서 기병 3,000명을 이끌고 주둔하며 강족의 침공에 대비했다.[316] 호미浩亹청해성 낙도현에 이르렀다가 강족의 공격을 받았다. 수레 및 치중인 거중車重과 병기兵器의 손실이 매우 많았다. 의거안국은 기병을 이끌고 돌아오다가 영거令居감숙성 영등현 서쪽에 이르러 이 사실을 보고했다.

당시 조충국은 나이가 70여 세에 달해 있었다. 한선제는 그가 늙었다고 생각해 병길을 보내 누구를 후임 대장으로 삼는 게 좋을지 물어보게 했다. 조충국이 대답했다.

"노신老臣보다 나은 사람은 없을 것이오!"

황상이 사람을 보내 물었다.

"장군은 강족이 어찌 움직일 것으로 생각하시오? 의당 군사를 얼마나

316 원문은 '장기삼천둔비강將騎三千屯備羌'이다. 일부 판본은 삼천三千이 이천二千으로 되어 있다.

동원해야만 하오?"

조충국이 대답했다.

"백문불여일견百聞不如一見입니다. 병사 동원은 멀리서 헤아리기 어려운 까닭에 원컨대 급히 금성金城감숙성 난주현으로 달려가 지형을 그린 뒤 방략을 올리도록 하겠습니다. 강족은 소이小夷입니다. 하늘을 거슬러 배신하는 역천배반逆天背畔을 했으니 멸망할 날이 머지않았습니다. 원컨대 폐하가 노신에게 위촉만 하면 조금도 걱정할 일이 없도록 만들겠습니다!"

한선제가 웃으며 말했다.

"허락하오."

그러고는 이내 대군을 동원해 금성으로 가게 했다.

여름 4월, 조충국을 파견하면서 이들 군사를 이끌고 가 서강西羌을 치게 했다.

4) 6월, 패성孛星이 동쪽에 나타났다.

5) 조충국이 금성金城으로 간 뒤 1만여 명의 기병이 꽉 차기를 기다렸다가 황하를 도하코자 했다. 강족이 미리 차단할까 두려운 나머지 바로 밤에 3대隊의 군사로 하여금 입에 재갈을 물리는 함매銜枚를 한 채 먼저 건너게 했다. 황하를 건너 뒤 곧바로 군영을 만들게 했다. 날이 밝을 즈음 마침내 도하를 마쳤다. 강족 기병 수십 내지 수백 명이 군영 근처를 오갔다. 조충국이 말했다.

"우리는 지금 병마兵馬가 모두 피로에 지친 까닭에 달려가 쫓을 수도 없고, 저들 역시 모두 날랜 기병인 효기驍騎로 구성된 까닭에 제압키도 어렵고, 게다가 우리를 유인하는 유병誘兵이 아닐까 우려된다. 강족을 공격하는 것은 진멸殄滅을 목표로 삼은 것인 까닭에 작은 이익은 탐할 것이 못된다!"

그러고는 군사들로 하여금 함부로 공격치 못하게 했다. 기병을 파견해 사망협四望峽청해성 낙도현을 엿보게 했으나 강족이 보이지 않았다. 밤에 군사를 이끌고 사망협을 통과해 낙도산落都山청해성 서녕시에 이른 뒤 여러 군교軍校와 사마司馬를 소집해 이같이 말했다.

"나는 강족이 군사를 잘 부릴 수 없다는 것을 알았다! 저들이 수천 명의 군사만 동원해 사망협을 지키며 길을 두절했다면 한나라 병사들이 어찌 여기에 들어올 수 있었겠는가!"

그러고는 늘 척후병을 멀리까지 보내는 데 애쓰고, 행군하면 반드시 전투에 대비했고, 멈추면 반드시 군영과 성벽을 굳게 지켰고, 군무를 처리할 때는 신중을 기하는 지중持重의 모습을 보였고, 사졸士卒을 아꼈고, 먼저 작전을 세운 뒤 싸웠다. 마침내 서쪽으로 진격해 서부도위부西部都尉府에 이른 뒤 군사들에게 매일 향응을 베풀었다. 병사들 모두 쓰이기를 바란 이유다. 강족이 누차 도전했으나 조충국은 굳게 지키기만 했다. 도중에 생포한 강족 포로가 수령들이 서로를 자주 책망한다는 말을 전했다.

"너에게 반란을 일으키지 말라고 얘기했는데 지금 천자가 조충국 장군을 파견하는 상황이 빚어졌다. 그는 나이가 80-90세인데 용병을 매우 잘한다. 지금 우리는 목숨을 걸고 한 번 저들과 싸우고자 하는데 이번에 그게 가능하겠는가?"

당초 강족의 지파인 한罕과 견幵[317]의 수령 미당아靡當兒는 자신의 동생 조고雕庫를 보내 도위都尉에게 이같이 고했다.

"선령先零이 반란을 일으키려고 합니다."

며칠 후 과연 반기를 들었다. 조고의 족속들은 대거 선령의 부락에 살고 있었다. 도위가 조고를 군영에 머물게 하고는 이내 인질로 잡았다. 조충국은 그에게 죄가 없다고 생각해 이내 돌려보내면서 강족 수령들에게

317 한罕과 견幵 모두 강족의 지파이다. 한罕은 한罕과 같은 글자이다.

이같이 전하게 했다.

"대병大兵은 죄를 지은 자를 주살할 것이니 스스로를 그들과 구별해 함께 죽는 일이 없도록 하라. 천자가 여러 강족에게 고하기를, '범법자는 능히 서로 잡아서 목을 베면 죄를 면제해줄 것이고, 공의 대소에 따라 차별을 두고 전錢을 하사할 것이고, 포획된 자의 처자와 재물을 모두 그에게 하사할 것이다'라고 말했소."

조충국의 계책은 위엄과 신의를 지니고 한罕과 견幵의 수령을 비롯해 겁략한 자들을 초항招降해 강족의 모의를 해산解散한 뒤 그들이 극도로 피로해질 때를 기다려 일거에 치는 것이었다. 당시 한선제는 이미 내지內地에 있는 여러 군郡의 병사를 동원해 변방에 주둔시키고 있었다. 모두 6만여 명에 달했다. 주천酒泉 태수 신무현辛武賢이 상주했다.

"주천군의 병사들 모두 남산에서 둔비屯備하고 있는 까닭에 북쪽이 텅 비어 있습니다. 이는 형세 상 오래갈 수 없습니다. 만일 가을과 겨울이 되어 이내 진병하면 강족이 변경의 밖에 있는 계책이 될 것입니다. 지금 강족이 조석으로 침구侵寇하고 있어 땅은 한고寒苦하고, 전마戰馬는 월동키 어려운 상황입니다. 7월 상순에 30일 분의 군량을 싸 들고 군사를 나눠 장액張掖과 주천酒泉을 출발한 뒤 선수鮮水청해호에서 합세해 한罕과 견幵을 공격하느니만 못합니다. 비록 모두 주멸할 수는 없다 할지라도 그들의 축산畜産을 빼앗고 처자를 포로로 잡은 뒤 병사를 이끌고 돌아왔다가 겨울에 다시 공격하면 됩니다. 이때 대병大兵이 그대로 출격하면 강족은 반드시 크게 동요해 무너질 것입니다."

한선제가 상주문을 조충국에 내려 보내 검토하게 했다. 조충국이 이같이 상주했다.

"말 1필 당 30일분의 군량을 싣도록 하면 됩니다. 쌀로는 2곡斛 4두斗, 보리로는 8곡에 해당합니다. 또 의장衣裝과 병기兵器 소지로 인해 저들을 쫓아가 추격키는 어렵습니다. 저들은 반드시 우리 군사들의 진퇴를 헤아려 서서히 군사를 이끌고 갈 것입니다. 수초水草를 따라 추격하면 산림山林으로 들어가는 식입니다. 따라서 우리가 깊이 들어가면 저들은 앞으로는 험한 산을 점거하고 뒤로는 좁은 통로를 지키면서 우리의 양도를 끊을 것입니다. 그 경우 반드시 상하거나 위험에 빠질 우려가 있고, 이적夷狄의 웃음거리가 되어 1,000년 동안 회복할 수 없게 됩니다. 신무현은 그들의 축산을 빼앗고 처자를 포로로 잡을 수 있다고 하나 이는 거의 공언空言에 가까운 것으로 계책이 될 수 없습니다. 이번 사태는 선령先零이 가장 먼저 반역해 다른 종족을 겁략劫略한 데서 비롯됐습니다. 신의 우책愚冊으로는 먼저 한罕과 견幵의 어리석은 허물을 잠시 덮어 거론하지 않은 채 선령을 주멸해 진동震動시키는 게 좋을 듯합니다. 의당 그들로 하여금 자신들의 허물을 후회하며 선善으로 돌아오게 한 뒤 이를 토대로 그 죄를 사면하고, 이어 그들의 풍속을 잘 아는 관원을 선발해 순회하며 화집和輯케 해야 합니다. 이것이 군사를 온전히 유지하면서 승리를 보장하고, 변경을 편히 하는 계책입니다."

한선제가 조충국의 주장奏章을 내려 보내 군신들로 하여금 논의케 하자 대부분 이같이 말했다.

"선령의 병사는 강성한데다 한罕과 견幵의 원조까지 뒷받침되고 있어 한과 견을 먼저 격파하지 않으면 선령을 도모할 수 없습니다."

한선제가 이내 시중 허연수許延壽를 강노장군強弩將軍, 주천拜酒泉 태수 신무현을 파강장군破羌將軍으로 삼은 뒤 새서璽書를 하사하며 그의 계책을 가납嘉納했다. 이어 조충국에게 황제의 인새가 찍힌 문서를 내려 보내 그의 건의를 격려하면서도 이같이 나무랐다.

"지금 전운轉運과 수송을 함께 일으켜 백성들이 번요煩擾한 상황이오. 장군은 1만여 명의 병사를 이끌면서 조속히 가을 수초가 무성한 시기의 이로움을 이용해 저들의 가축과 식량을 빼앗지 않고, 겨울이 오면 출격코자 하고 있소. 그러면 저들은 모두 가축과 식량을 먹으면서 대부분 산속에 감춰두고, 험한 곳에 의지할 것이오. 장군의 병사들은 추위로 인해 손발이 얼어터져 동상에 걸리는 수족군촉手足皸瘃의 곤경에 처할 터인데 어찌 이로울 리 있겠소! 장군은 중원인 중국中國이 지불해야 할 막대한 군비를 생각지 않고 세월을 늦춰가며 승리를 거두려 하고 있소. 이러한 장군을 과연 누가 옳게 여기겠소! 지금 파강장군 신무현 등에게 조서를 내려 7월에 한강罕羌을 치라고 했으니 장군은 그 병사들을 이끌고 나란히 진격토록 하시오. 다시는 의심치 말도록 하시오!"

조충국이 상서했다.

"폐하가 전에 서신을 내릴 때 사람을 시켜 한강罕羌에게 유시하기를, '대군이 당도할지라도 한나라는 한강을 죽이지 않을 것이다'라고 했습니다. 강족이 연합해 한나라에 반기를 드는 것을 와해코자 한 것입니다. 신은 견幵의 수령인 조고雕庫를 보내 천자의 지극한 덕을 선전토록 했습니다. 한罕과 견幵의 족속 모두 천자의 밝은 조서 내용을 잘 알고 있습니다. 지금 선령先零 강족의 수령인 양옥楊玉이 산에 있는 바위와 나무에 의지해 스스로를 보호하면서 기회를 엿보아 침략하려고 합니다. 한罕의 강족이 아직 침범하지 않은 상황에서 죄를 범한 선령은 버려둔 채 먼저 한罕의 강족을 치면 죄 지은 자는 풀어주고, 무고無辜한 자를 죽이는 게 됩니다. 1번 곤란한 일을 일으키면 2가지 해로움이 생깁니다. 이는 실로 폐하의 원래 계획이 아닙니다. 신이 듣건대 『손자병법』은 힘이 동등할 경우 방어에 만전을 기하면 남음이 있으나 공격에 나서면 부족함이 있다는 취지로 '공부족자攻不足者, 수유여守有餘'를 언급했습니다.[167] 또 잘 싸우는 사람은 적을 유인할 뿐 유인되지 않는다는 취지로 '선전자치인善戰者致人, 불치어인不致於人'을 지적했습니다.[168] 지금 한강罕羌은 돈황과 주천을 침략하려고 하니 의당 병마를 모으고, 전사戰士를 훈련시키면서 저들이 쳐들어 오기를 기다려야 합니다. 이것이 바로 앉아서 적이 오기를 기다리는 좌득치적坐得致敵, 느긋이 기다리며 피로에 지친 적을 치는 이일격로以逸擊勞의 전술로, 바로 승리를 거두는 길이기도 합니다. 지금 두 군郡의 군사는 적은 까닭에 지키기도 부족합니다. 이곳의 군사를 동원해 공격을 행하면 강족을 이곳으로 유인하는 술책을 버리고 오히려 저들에게 유인을 당하는 게 됩니다. 신은 비록 어리석으나 이를 불편不便한 계책으로 생각합니다. 선령의 강족은 한나라를 배반할 생각으로 한罕 및 견幵과 원한을 풀고 맹약했으나 속으로는 한나라 군사가 도착하면 한罕과 견이 자신들을 배신하지나 않을까 하는 두려움이 없을 수 없습니다. 신은 비록 어리석으나 저들의 계책은 늘 먼저 한과 견이 한나라의 공격을 받아 급하게 됐을 때 구원에 나섬으로써 맹약을 더욱 굳히는 데 있다고 생각합니다. 먼저 한과 견을 치면 선령은 반드시 그들을 도울 것입니다. 지금은 강족의 말이 살이 찌고, 양식도 바야흐로 풍족한 때입니다. 저들을 쳐도 상해를 입힐 수 있을까 걱정스러운데다 오히려 선령으로 하여금 한강罕羌에게 덕

318 이 구절은 『손자병법』「군형軍形」에서 방어를 하는 것은 아직 내가 적을 이길 여건이 마련되지 않았기 때문이고, 공격을 하는 것은 이길 여건이 충족되고도 남기 때문이라는 취지로 언급한 '수즉부족守則不足, 공즉유여攻則有餘' 구절에서 따온 것이다. 이를 두고 삼국시대의 조조는 "여기서 말하는 '수족부족'은 기회가 올 때까지 아군의 실정이 드러나지 않도록 주의해야 한다는 취지이다. '공즉유여'는 적을 이길 수 있을 정도의 실력을 갖췄을 때 마침 적이 아군을 공격해 오면 그 자리에서 승리를 결정지을 수 있다는 뜻이다."라고 풀이했다. 은작산 출토의 죽간본竹簡本 『손자병법』에는 이 구절이 「군형」의 구절과 정반대로 본문처럼 '수즉유여守則有餘, 공즉부족攻則不足'으로 되어 있다. 이는 힘이 동등할 경우 방어에 만전을 기하면 남음이 있으나 공격에 나서면 부족함이 있다는 뜻으로 새기면 된다. 결국 「군형」의 구절과 같은 뜻이 된다.

319 『손자병법』「허실虛實」에 나오는 '선전자善戰者, 치인이불치어인致人而不致於人' 구절을 인용한 것이다. 치인致人의 치致는 조종을 한다는 뜻의 능동사, 불치不致의 치致는 조종을 당한다는 뜻의 피동사로 사용된 것이다.

을 베풀어 저들의 맹약을 더욱 굳게 하고 무리를 합치게 만드는 계기로 작용할 공산이 큽니다. 저들이 서로 왕래하며 맹약을 다지고 무리를 합치면 정병이 2만여 명에 달하게 되고, 여러 작은 종족을 협박할 경우 합세하는 자들이 더욱 많아져 강족 가운데 가장 소수 종족인 막수莫須의 무리조차 가볍게 떨어지게 할 수 없게 됩니다. 이리되면 강족의 병사들은 점점 많아져서 이들을 주륙하는 데 드는 힘은 그 이전보다 몇 배가 될 것입니다. 그 경우 신은 우려컨대, 황제인 국가國家에게 쌓이는 근심거리는 10년가량 연장돼 결코 2-3년에 그치지 않을 것입니다. 신이 판단컨대 먼저 선령을 주벌誅罰할 경우 한과 견의 무리는 번거롭게 군사를 동원하지 않을지라도 저절로 굴복할 것입니다. 선령이 이미 주벌을 당했는데도 한과 견의 무리가 굴복하지 않으면 새해 정월을 넘어 그들을 공격하는 게 이치에 맞고 또 적시適時에 해당합니다. 지금 진병하는 것은 실로 그 어떤 이로움도 보이지 않습니다."

6월 28일, 조충국이 상주했다.

7월 5일, 새서璽書를 보내 조충국의 계책을 좇았다.

조충국이 이내 병사를 이끌고 가 선령先零 강족이 있는 곳에 이르렀다. 저들은 오랫동안 주둔하여 모여 있었기에 대비가 해이해져 있었다. 이내 대군이 몰려오는 것을 망견望見하고는 수레와 치중을 버린 채 황수湟水를 건너 달아나고자 했다. 달아나는 길이 험하고 좁았다. 조충국이 서행徐行하며 저들을 몰아갔다. 혹자가 말했다.

"승리하기 위해 쫓아가면서 행군이 더딥니다."

조충국이 대답했다.

"저들은 궁지에 몰린 도적인 궁구窮寇이다. 병서에서 말했듯이 급하게 쫓아서는 안 된다. 천천히 추격하면 저들은 달아나면서 뒤도 돌아보지 않게 되지만 급하게 몰아가면 돌아서서 죽기로 싸우게 된다."

여러 교위들이 입을 모아 말했다.

"훌륭합니다."

강족 가운데 황수가 있는 곳으로 갔다가 익사한 자가 수백 명이고, 항복하거나 참수를 당한 자가 500여 명이었다. 노획한 말과 소, 양이 10만여 두였고, 수레는 4,000량輛이었다. 조충국은 병사들이 한罕 땅에 이르자 군사들로 하여금 취락聚落과 밭에 있는 목초를 태우지 못하게 했다. 한강罕羌이 이 얘기를 듣고는 기뻐했다.

"한나라 군사는 과연 우리를 공격하지 않는다!"

한강의 수령인 미망靡忘이 사람을 보내 이같이 전했다.

"원컨대 고지故地에 다시 돌아갈 수 있게 해주십시오."

조충국이 이를 조정에 보고했으나 아직 회답을 받지 못했을 때 미망이 찾아와 스스로 귀부했다. 음식을 내려주고 그 종족에게 유시諭示하고 돌려보냈다. 호군護軍 이하 모든 사람들이 이를 두고 다퉈 말했다.

"이들은 반기를 든 이적입니다. 돌려보낼 수 없습니다!"

조충국이 말했다.

"제군諸君이 이같이 생각하며 스스로 편한 대로 하고자 하는 것은 공가公家인 황실에 충성코자 하는 계책이 못 되오!"

말을 다 마치지 못했을 때 황제의 새서璽書가 도착했다. 미망이 속죄贖罪한 것으로 간주해 공을 논하라고 명하는 내용이었다. 이후 한강罕羌은 결국 군사를 동원하지 않고도 평정됐다.

한선제가 파강장군破羌將軍 신무현과 강노장군強弩將軍 허연수에게 조서를 내려 한나라 군사가 주둔하고 있는 선수鮮水로 가서 12월 경 조충국과 합류한 뒤 선령 강족이 있는 쪽으로 진격할 것을 명했다. 당시 항복한 강족은 1만여 명이었다. 조충국은 그들이 반드시 괴멸壞滅될 것으로 판단했다. 기병을 철수한 뒤 둔전하면서 적들이 피폐해지기를 기다린 이유다. 상주문을 작성해 놓고 아직 올리지 않았을 때 마침 군사를 진병進兵하도록 명하는 새서를 받게 된 것이다. 조충국의 아들인 중랑장 조앙趙卬은 두려운 나머지 휘하의 문객門客을 시켜 부친인 조충국에게 이같이 간하게 했다.

"실로 출병을 명했다가 군사가 격파되고 장수가 죽는 파군살장破軍殺將의 상황을 맞으면 나라가 기울어지게 됩니다. 장군은 굳게 지키며 출병하지 않는 게 가합니다. 그렇지만 지금 유리하고 불리한 이병利病을 따지는 게 무슨 도움이 되겠습니까? 일단 황상의 뜻을 거스르게 되면 황상이 수놓은 옷을 입은 어사인 수의어사繡衣御史를 파견해 장군을 문책할 것입니다. 그러면 장군은 자신의 몸을 스스로 보존할 수 없을 터인데 어찌 나라의 안전을 지켜낼 수 있겠습니까?"

조충국이 탄식했다.

"어찌 이토록 불충한 말을 할 수 있단 말인가! 본래 나의 건의를 채택했으면 강족이 이곳에 진출할 수 있었겠는가! 전에 강족에게 사자로 갈 수 있는 자를 천거토록 할 때 나는 신무현을 천거했다. 그러나 승상과 어사가 다시 의거안국義渠安國을 파견할 것을 건의하면서 끝내 강족을 막는 데 실패하고 말았다. 금성金城과 황중湟中의 곡식이 1곡斛에 8전錢을 하기에 내가 사농司農의 중승中丞으로 있는 경수창耿壽昌에게 말하기를, '300만 곡의 곡식을 사들여 저장해 두면 강족은 감히 준동하지 못할 것이다'라고 했다. 그러나 경수창은 겨우 100만 곡을 사들이자고 청해 마침내 40만 곡만 사들였을 뿐이다. 의거안국이 다시 사자로 가면서 곡식을 사들이는 비용은 그 절반이 되고 말았다. 이 2가지 계책을 잃은 바람에 강족이 감히 반역을 하기에 이른 것이다. 극히 작은 호리毫釐의 실수가 마침내 1,000리에 달하는 차이를 만들게 된다. 이번 일이 이미 그러한 경우다. 지금 전쟁이 오래 지속돼 결판이 나지 않으면 사이四夷가 졸지에 동요해 서로 잇달아 일어나게 된다. 비록 뛰어난 지자知者가 있을지라도 수습할 길이 없을 것이다. 그 경우 강족만이 어찌 홀로 우리의 근심 대상이 되겠는가? 내가 실로 사수死守를 주장한 이유다. 명주明主는 나의 충언忠言을 이해할 것이다."

그러고는 마침내 둔전의 허락을 청하는 상주문을 올렸다.

"신이 거느린 이사吏士 및 마우馬牛가 먹을 양곡糧穀과 초료草料인 교고茭稿가 매우 많고, 병사兵事도 오랫동안 제대로 해결되지 않고 있는데다 요역 역시 그치지 않고 있습니다. 다른 변란이 빚어져 명주明主의 걱정거리가 될까 우려되는 이유입니다. 이는 실로 원래 조정에서 미리 전략을 짜 승리를 거두는 묘승廟勝의 계책 대상이 아닙니다. 게다가 강족은 계책으로 깨뜨리는 것은 쉬우나 군사를 동원해 격파하기는 어렵습니다. 신의 어리석은 마음으로는 저들을 직접 공격하는 방안은 불편不便할 것으로 생각됩니다! 헤아려보건대 임강臨羌청해성 황원현의 동쪽을 넘어 호미浩亹청해성 낙도현 일대까지는 강족의 고전故田과 공전公田입니다. 백성들이 아직 개간하지 않은 땅이 2,000경頃 이상이고, 그 사이에 있는 우정郵亭은 크게 파괴됐습니다. 신은 전에 휘하 사졸을 시켜 입산入山해 벌목 6만여 그루의 나무를 황수湟水 강변에 두도록 조치한 바 있습니다. 원컨대 기병을 철수시키고, 보병을 10,281명 머물게 한 뒤 요해처要害處에 나눠 주둔시키고, 얼음이 녹으면 아래로 떠내려 보내 향정鄉亭을 고치고, 구거溝渠를 준설한 뒤 황협湟峽의 서쪽으로 길과 다리를 70여 곳 만들어 선수鮮水의 좌우에 이르게 하십시오. 내년 봄에 농사를 지으러 나가는 병사에게는 1인 당 30무畝씩 공급해 주십시오. 4월이 되어 초목이 자라나면 여러 군郡의 기병과 속국에 있는 귀부한 호족胡族 기병을 각 1,000명씩 차출한 뒤 초목이 무성한 곳으로 보내 둔전하는 병사를 위해 경비를 서는 유병遊兵을 하도록 조치하십시오. 수확한 곡식은 금성군金城郡으로 옮겨 더욱 적축積畜하면서 큰 비용을 절약토록 하십시오. 지금 대사농에서 전운轉運한 곡식은 1만 명의 병사가 1년 동안 먹기에 족합니다. 삼가 둔전하는 곳과 도구 및 사용할 장부를 정상呈上코자 합니다."

한선제가 회보했다.

"만일 장군의 계책대로 하면 반란을 일으킨 강족은 언제 복주伏誅하고, 전쟁은 언제 끝낼 수 있겠소? 가장 나은 방안을 숙계孰計한 뒤 다시 상주토록 하시오."

조충국이 상주했다.

"신이 듣건대 제왕의 용병은 완전한 승리를 꾀하는 까닭에 계모計謀를 귀하게 여기고 접전接戰을 천하게 여기는 귀모천전貴謀賤戰을 추구한다고 했습니다. 『손자병법』은 언급하기를, '백전백승百戰百勝은 최상의 계책이 될 수 없고, 먼저 적이 나를 이기지 못하도록 조치한 뒤 내가 적을 이길 수 있는 기회가 오기를 기다렸다'고 했습니다.[320] 만이蠻夷는 습속이 비록 예의지국禮義之國과 다르지만 해로운 것을 피해 이로운 쪽으로 나아가는 피해취리避害就利와 친척을 사랑하며 죽음을 두려워하는 애친외사愛親畏死를 좇는 것은 우리와 같습니다. 지금 강족은 그들의 좋은 땅과 풀이 무성한 초원인 미지천초美地薦草를 잃은 채 너부살이를 하고 있는 것을 근심하며 멀리 달아나 있습니다. 골육의 마음이 이반하고, 일부는

320 원문은 '백전이백승百戰而百勝, 비선지선자야非善之善者也, 고선위불가승故先為不可勝, 이대적지가승以待敵之可勝'이다. 앞의 두 구절은 「모공謀攻」, 뒤의 두 구절은 「군형軍形」에서 인용한 것이다. 「모공」의 해당 구절은 '백 번 싸워 백 번 이기는 백전백승은 결코 최상의 계책이 될 수 없고, 싸우지 않고도 굴복시키는 부전굴인不戰屈人이야말로 최상의 계책에 해당한다'고 되어 있다. 「군형」의 원래 구절 역시 '옛날 전쟁을 잘하는 자는 먼저 적이 나를 이기지 못하도록 조치한 뒤 내가 적을 이길 수 있는 기회가 오기를 기다렸다. 적이 나를 이기지 못하도록 조치하는 것은 나에게 달려 있다. 그러나 내가 적을 이기는 여건이 마련될지 여부는 적에게 달려 있다'고 되어 있다.

배반할 뜻을 지니고 있을 것입니다. 명주는 군사를 철수하면서 둔전을 위해 1만 명의 군사를 남겨두고, 천시天時에 순응하며 지리地利를 이용해 강족에게 이길 수 있는 기회가 오기를 기다리면 됩니다. 비록 즉시 평정은 하지 못할지라도 1달 내에 전쟁을 대략 끝낼 수 있을 것입니다. 강족이 와해되어 앞뒤로 항복한 자가 10,700여 명이고, 우리의 권고를 받아들여 돌아간 뒤 동족을 설득한 자가 모두 70명 무리나 됩니다. 이들 모두 앉아서 강족을 지해支解시킬 수 있는 도구에 해당합니다. 신이 삼가 출병하지 않고 머물러 둔병하는 것이 이로운 점 12가지를 조목 별로 말씀드리겠습니다. 9명의 보병 교위校尉와 이사吏士 1만여 명이 머물러 둔전을 하면서 무비武備 속에 밭을 갈아 곡식을 생산하면 위덕威德이 병행하게 됩니다. 이게 첫 번째입니다. 강족을 물리쳐 비요肥饒한 땅으로 돌아오지 못하게 하여 빈곤으로 인해 파산케 만들면 강족이 서로 점차 배반하는 형국이 이뤄집니다. 이게 두 번째입니다. 그곳에 사는 백성들이 나란히 농사를 짓게 하면 농업을 잃지 않게 됩니다. 이게 세 번째입니다. 군마軍馬가 1달 동안 먹는 곡식으로 농사를 짓는 병사에게 1년간 녹질을 지급할 수 있는 까닭에 기병을 철수해 커다란 비용을 줄일 수 있습니다. 이게 네 번째입니다. 봄이 되어 갑사와 졸병을 줄이고 황하와 황수湟水를 좇아 곡식을 조운해 임강臨羌에 이르면 됩니다. 그러면 강족에게 위무威武를 떨치는 것을 과시하며 무력 또는 담판으로 적을 제압하는 절충折衝의 기초로 삼을 수 있습니다. 이게 다섯 번째입니다. 농한기 때 먼저 벌목해 두었던 목재를 운송해 역참인 우정郵亭을 잘 수리함으로써 금성金城을 충실히 할 수 있습니다. 이게 여섯 번째입니다. 지금 출병하면 모험으로 승리를 거두는 요행을 바라게 되나, 둔병을 하며 잠시 출병치 않으면 반기를 든 강족들로 하여금 풍한風寒의 땅으로 달아나 숨고, 상로霜露와 질역疾疫 및 동상인 군촉皸瘃에 걸리는 우환에 빠지게 합니다. 덕분에 우리는 앉아서 필승을 거둘 수 있습니다. 이게 일곱 번째입니다. 험조險阻를 만나고 깊숙이 추격하다가 많은 사상자를 내는 재난을 피할 수 있습니다. 이게 여덟 번째입니다. 안으로 위무威武의 위중함이 손상을 입지 않고, 밖으로 강족들로 하여금 빈틈을 엿볼 형세를 내주지 않게 됩니다. 이게 아홉 번째입니다. 또 황하 남쪽의 대견大幵을 놀라게 함으로써 동요하여 다른 변란을 일으키도록 하는 일이 없게 됩니다. 이게 열 번째입니다. 황협湟峽에 길과 다리를 만들어 선수鮮水에 이르게 함으로써 서역을 제압할 수 있습니다. 1,000리에 걸쳐 위엄을 늘려나가 누워 있는 자리인 침석枕席에서 군사를 움직이는 게 됩니다. 이게 열한 번째입니다. 커다란 비용의 절약으로 요역을 쉴 수 있으니 예기치 못한 변고를 경계할 수 있습니다. 이게 열두 번째입니다. 머물러 둔전 하면 12가지의 편리함을 얻고, 지금 출병하면 12가지의 이익을 잃게 됩니다. 오직 밝은 조서를 채택采擇해 주시기 바랍니다!"

한선제가 회보를 내렸다.

"장군은 전투가 1달 내에 끝날 것이라고 했는데 이는 이번 겨울을 말하는 것이오? 아니면 또 다른 시기를 언급한 것이오? 장군은 홀로 강족이 한나라 기병의 철군 시 장치 장정을 소집할 것이라는 얘기를 들으면 이내 둔병과 연도沿道의 병사를 공격해 소란을 일으키고, 재차 인민을 죽이고 약탈하는 살략殺略을 행하리라는 것을 계산치 않은 듯하오. 장차 이를 어찌 중지시킬 것이오? 장군은 다시 숙계孰計해 상주토록 하시오!"

조충국이 다시 상주했다.

"신이 듣건대 용병은 계모計謀를 근본으로 삼는다고 했습니다. 다각도로 검토해 계책을 만드는 다산多算이 한쪽만 계산하는 소산少算을 이기는 이유입니다. 선령 강족의 정병은 이제 남은 것이 불과 7,000-8,000명에 불과합니다. 게다가 실지失地하여 멀리 객지로 가 분산돼 있어 기동饑

凍으로 인해 배반하고 돌아오는 자가 그치지 않고 있습니다. 신의 어리석은 생각으로는 강족의 파괴破壞는 날과 달을 손꼽으며 기다릴 정도로 가까워졌습니다. 아무리 늦어도 내년 봄을 넘지 않을 것입니다. 전쟁이 1달 정도면 끝날 것이라고 말한 이유입니다.

신이 가만히 보건대 북변北邊은 돈황敦煌에서 요동遼東까지 11,500여 리이고, 변새를 지키는 장졸은 수천 명입니다. 강족이 자주 큰 무리를 이끌고 침공했으나 해를 끼칠 수 없었습니다. 지금 설령 기병을 철수시킬지라도 강족에게는 둔전 하는 1만 명의 정병만이 눈에 띌 것입니다. 지금부터 3달이 지나면 강족의 말들이 삐쩍 마르게 됐을 때 틀림없이 처자를 다른 부족에게 맡길 수 없게 됩니다. 멀리 산하山河를 넘어와 침공치 못하는 이유입니다. 나아가 감히 그들의 처자를 이끌고 고지故地로 귀환하지도 못할 것입니다. 신의 우계愚計로는 강족은 반드시 와해될 것입니다. 이는 싸우지 않고도 저들을 스스로 파멸로 이끄는 계책이기도 합니다. 강족이 소규모로 구도寇盜를 하고 때로 인민을 살해하는 지경에 이르면 기본적으로 이를 근절시키기가 어렵습니다. 신이 듣건대 적과 싸워 필승必勝을 기할 수 없으면 굳이 칼날을 부딪치며 싸우는 접인接刃을 할 필요가 없고, 공격을 가해 필취必取를 기할 수 없으면 굳이 군사를 동원할 필요가 없다고 했습니다. 실로 출병코자 하면 설령 선령을 멸하지는 못할지언정 최소한 소규모의 도적질이라도 금절시킬 수 있어야만 합니다. 그래야 출병이 가능합니다. 지금처럼 저들의 도적질조차 금절시킬 수 없는 출병을 하면 능히 앉아서도 이길 수 있는 길을 스스로 포기하는 것이고, 오히려 위험한 형세에 올라타 실리도 챙기지 못한 채 공연히 크게 지치는 파폐罷敝의 상황을 자초하는 게 됩니다. 이는 나라의 위엄을 깎아내려 손해를 자초하는 폄중자손貶重自損의 행보로 결코 만이에게 보여서는 안 되는 것입니다. 또한 많은 군사들이 한번 출동하면 귀향할 생각 때문에 다시는 머무르며 둔전 하려 들지 않을 것입니다. 황중湟中 역시 아직은 비워둘 수 없습니다. 이같이 하면 요역을 다시 발동해야 합니다. 신의 우견으로는 이는 매우 불편不便한 계책입니다. 신이 가만히 생각건대, 출병의 조서를 받들게 되면 군사를 이끌고 출새出塞해 멀리 강족을 치러 가게 됩니다. 이때 공격 도중 천자의 정병을 궁지에 몰아넣고, 수레와 갑옷을 산야에 흩어놓은 채 달아나며 척촌지공尺寸之功도 세우지 못하는 패배를 당할 수 있습니다. 그럼에도 잘못된 출병에 관한 혐의를 피하면서 패배의 책임마저 지지 않을 경우 이는 신하에게 불충不忠의 이익을 안겨주는 것으로, 명주와 사직에는 결코 복이 될 수 없습니다!"

한선제는 조충국이 상주할 때마다 매번 상주문을 공경 대신에게 내려보내 의논케 했다. 처음에는 조충국의 계책에 10분의 3, 중간에는 10분의 5, 마지막에는 10분의 8이 찬동했다. 한선제가 조서를 내려 전에 불편不便하다고 말한 자를 힐난하자 모두 머리를 조아리며 복종했다. 승상인 위상魏相이 말했다.

"신은 어리석게도 병사兵事의 이해利害를 익히지 못했습니다. 후장군後將軍 조충국은 누차 군사계책을 세웠으니, 그 말이 모두 옳았습니다. 신은 그의 계책이 가히 실행할 만하다는 것을 보증합니다."

한선제가 조충국에게 가납嘉納 사실을 회보했다. 이때 파강장군破羌將軍 신무현과 강노장군強弩將軍 허연수가 누차 강족에 대한 공격에 속히 나설 것을 건의하자 이들의 계책도 채택했다. 결국 양쪽의 의견을 모두 받아들여 이내 조서를 내려 두 장군으로 하여금 중랑장 조앙趙卬과 함께 출격케 했다. 강노장군 허연수는 출격해 강족 4,000여 명을 항복시키고, 파강장군 신무현은 2,000여 급級을 참수했다. 중랑장 조앙은 참수하거나 항복을 받은 자가 2,000여 급에 달했다. 후장군 조충국은 5,000여 명을 항복시켰다. 한선제가 조서를 내려 파병罷兵을 명하면서 다만 조충국은 둔전하며 현지에 머물게 했다.

6) 대사농 주읍朱邑이 죽었다. 한선제가 그를 순리循吏라고 생각해 민망하고 애석해하는 민석閔惜의 뜻을 표했다. 이내 조서를 내려 그 아들에게 황금 100근을 하사하며 그의 제사를 받들게 했다.

7) 이 해에 전장군前將軍·용액후龍頟侯 한증韓增이 대사마大司馬·거기장군車騎將軍이 됐다.

8) 정령丁令바이칼호 북쪽이 계속 3년 동안 흉노에 대해 노략하며 훔치는 초도鈔盜를 행했다. 흉노가 1만여 기병을 보내 이들을 공격했으나 별 소득이 없었다.

** 起上章涒灘, 盡玄黓閹茂, 凡三年.

中宗孝宣皇帝神爵元年

春, 正月, 上始行幸城甘泉, 郊泰畤, 三月, 行幸河東, 祠后土. 上頗修武帝故事, 謹齋祀之禮, 以方士言增置神祠. 聞益州有金馬·碧雞之神, 可醮祭而致, 於是遣諫大夫蜀郡王褒使持節而求之.

初, 上聞褒有俊才, 召見, 使為「聖主得賢臣頌」. 其辭曰, "夫賢者, 國家之器用也. 所任賢, 則趨捨省而功施普. 器用利, 則用力少而就效眾. 故工人之用鈍器也, 勞筋苦骨, 終日矻矻. 及至巧冶鑄干將, 使離婁督繩, 公輸削墨, 雖崇臺五層·延袤百丈而不溷者, 工用相得也, 庸人之御駑馬, 亦傷吻·敝策而不進於行. 及至駕齧膝·驂乘旦, 王良執靶, 韓哀附輿, 周流八極, 萬里一息, 何其遼哉? 人馬相得也, 故且絺綌之涼者, 不苦盛暑之鬱燠. 襲貂狐之暖者, 不憂至寒之悽愴. 何則? 有其具者易其備. 賢人·君子, 亦聖王之所以易海內也. 昔周公躬吐捉之勞, 故有圄空之隆. 齊桓設庭燎之禮, 故有匡合之功. 由此觀之, 君人者勤於求賢而逸於得人.

人臣亦然. 昔賢者之未遭遇也, 圖事揆策, 則君不用其謀. 陳見悃誠, 則上不然其信. 進仕不得施效, 斥逐又非其愆. 是故伊尹勤於鼎俎, 太公困於鼓刀, 百里自鬻, 寧子飯牛, 離此患也. 及其遇明君·遭聖主也, 運籌合上意, 諫諍即見聽, 進退得關其忠, 任職得行其術, 剖符錫壤而光祖考. 故世必有聖知之君, 而後有賢明之臣. 故虎嘯而風冽, 龍興而致雲, 蟋蟀俟秋吟, 蜉蝣出以陰. 『易』曰, '飛龍在天, 利見大人' 『詩』曰, '思皇多士, 生此王國' 故世平主聖, 俊艾將自至. 明明在朝, 穆穆列布, 聚精會神, 相得益章, 雖伯牙操遞鐘, 逢門子彎烏號, 猶未足以喻其意也. 故聖主必待賢臣而弘功業, 俊士亦俟明主以顯其德. 上下俱欲, 歡然交欣, 千載壹合, 論說無疑, 翼乎如鴻毛遇順風, 沛乎如巨魚縱大壑. 其得意若此, 則胡禁不止, 曷令不行! 行溢四表, 橫被無窮. 是以聖王不遍窺望而視已明, 不殫傾耳而聽已聰, 太平之責塞, 優遊之望得, 休徵自至, 壽考無疆, 何必偃仰屈伸若彭祖, 呴噓呼吸如僑·松, 眇眇絕俗離世哉!" 是時上頗好神仙, 故褒對及之.

京兆尹張敞亦上疏諫曰, "願明主時忘車馬之好, 斥遠方士之虛語, 游心帝王之術, 太平庶幾可興也." 上由是悉罷尚方待詔. 初, 趙廣漢死後, 為京兆尹者皆不稱職, 唯敞能繼其跡. 其方略·耳目不及廣漢, 然頗以經術儒雅文之.

上頗修飾, 宮室·車服盛於昭帝時. 外戚許·史·王氏貴寵. 諫大夫王吉上疏曰, "陛下躬聖質, 總萬方, 惟思世務, 將興太平, 詔書每下, 民欣然若更生. 臣伏而思之, 可謂至恩, 未可謂本務也. 欲治之主不世出, 公卿幸得遭遇其時, 言聽諫從, 然未有建萬世之長策, 舉明主於三代之隆也. 其務在於期會·簿書·斷獄·聽訟而已, 此非太平之基也. 臣聞民者, 弱而不可勝, 愚而不可欺也. 聖主獨行於深宮, 得則天下稱誦之, 失則天下咸言之, 故宜謹選左右, 審擇所使. 左右所以正身, 所使所以宣德, 此其本也. 孔子曰, '安上治民, 莫善於禮' 非空言也. 王者未制禮之時, 引先王禮宜於今者而用之. 臣願陛下承天心, 發大業, 與公卿大臣延及儒生, 述舊禮, 明王制, 驅一世之民躋之仁壽之域, 則俗何以不若成·康, 壽何以不若高宗! 竊見當世趨務不合於道者, 謹條奏, 唯陛下財擇焉." 吉意以為曰, "世俗聘妻·送女無節, 則貧人不及, 故不舉子. 又, 漢家列侯尚公主, 諸侯則國人承翁主, 使男事女, 夫屈於婦, 逆陰陽之位, 故多女亂. 古者衣服·車馬, 貴賤有章. 今上下僭差, 人人自制, 是以貪財誅利, 不畏死亡. 周之所以能致治刑措而不用者, 以其禁邪於冥冥, 絕惡於未萌也." 又言曰, "舜·湯不用三公·九卿之世而舉皐陶·伊尹, 不仁者遠. 今使俗吏得任子弟, 率多驕驁, 不通古今, 無益於民, 宜明選求賢, 除任子之令. 外家及故人, 可厚以財, 不宜居位. 去角抵, 減樂府, 省尚方, 明示天下以儉. 古者工不造雕瑑, 商不通侈靡, 非工·商之獨賢, 政教使之然也." 上以其言為迂闊, 不甚寵異也. 吉遂謝病歸.

義渠安國至羌中, 召先零諸豪三十餘人, 以尤桀黠者皆斬之. 縱兵擊其種人, 斬首千餘級. 於是諸降羌及歸義羌侯楊玉等怨怒, 無所信鄉, 遂劫略小種, 背畔犯塞, 攻城邑, 殺長吏. 安國以騎都尉將騎三千屯備羌. 至浩亹, 為虜所擊, 失亡車重·兵器甚眾. 安國引還, 至令居, 以聞.

時趙充國年七十餘, 上老之, 使丙吉問誰可將者. 充國對曰, "無逾於老臣者矣!" 上遣問焉, 曰, "將軍度羌虜何如? 當用幾人?" 充國曰, "百聞不如一見. 兵難遙度, 臣願馳至金城, 圖上方略. 羌戎小夷, 逆天背畔, 滅亡不久, 願陛下以屬老臣, 勿以為憂!" 上笑曰, "諾." 乃大發兵詣金城. 夏, 四月, 遣充國將之, 以擊西羌.

六月, 有星孛於東方.

趙充國至金城, 須兵滿萬騎, 欲渡河, 恐為虜所遮, 即夜遣三校銜枚先渡, 渡, 輒營陳. 會明畢, 遂以次盡渡. 虜數十百騎來, 出入軍傍, 充國曰, "吾士馬新倦, 不可馳逐, 此皆驍騎難制, 又恐其為誘兵也. 擊虜以殄滅為期, 小利不足貪!" 令軍勿擊. 遣騎候四望峽中無虜, 夜, 引兵上至落都, 召諸校司馬謂曰, "吾知羌虜不能為兵矣! 使虜發數千人守杜四望峽中, 兵豈得入哉!"

充國常以遠斥候為務, 行必為戰備, 止必堅營壁, 尤能持重, 愛士卒, 先計而後戰. 遂西至西部都尉府, 日饗軍士, 士皆欲為用. 虜數挑戰, 充國堅守. 捕得生口, 言羌豪相數責曰, "語汝無反, 今天子遣趙將軍來, 年八九十矣, 善為兵. 今請欲壹鬪而死, 可得邪!" 初, 罕·幵豪靡當兒使弟雕庫來告都尉曰, "先零欲反." 後數日, 果反. 雕庫種人頗在先零中, 都尉即留雕庫為質. 充國以為無罪, 乃遣歸告種豪曰, "大兵誅有罪者, 明白自別, 毋取并滅. 天子告諸羌人. 犯法者能相捕斬, 除罪, 仍以功大小賜錢有差. 又以其所捕妻子·財物盡與之." 充國計欲以威信招降罕·幵及劫略者, 解散虜謀, 徼其疲劇, 乃擊之.

時上已發內郡兵屯邊者合六萬人矣. 酒泉太守辛武賢奏言曰, "郡兵皆屯備南山, 北邊空虛, 勢不可久. 若至秋冬乃進兵, 此虜在境外之冊. 今虜朝夕為寇, 土地寒苦, 漢馬不耐冬, 不如以七月上旬繼三十日糧, 分兵出張掖·酒泉, 合擊罕·幵在鮮水上者. 雖不能盡誅, 但奪其畜產, 虜其妻子, 復引兵還. 冬復擊之, 大兵仍出, 虜必震壞."

天子下其書充國, 令議之. 充國以為曰, "一馬自負三十日食, 為米二斛四斗, 麥八斛, 又有衣裝·兵器, 難以追逐. 虜必商軍進退, 稍引去, 逐水草, 入山林. 隨而深入, 虜即據前險, 守後厄, 以絕糧道, 必有傷危之憂, 為夷狄笑, 千載不可復. 而武賢以為可奪其畜產, 虜其妻子, 此殆空言, 非至計也. 先零首為畔逆, 它種劫略, 故臣愚冊, 欲捐罕·幵闇昧之過, 隱而勿章, 先行先零之誅以震動之, 宜悔過反善, 因赦其罪, 選擇良吏知其俗者, 拊循和輯. 此全師保勝安邊之冊." 天子下其書, 公卿議者咸以為"先零兵盛而負罕·幵之助. 不先破罕·幵, 先零未可圖也." 上乃拜侍中許壽為強弩將軍, 即拜酒泉太守武賢為破羌將軍, 賜璽書嘉納其冊. 以書敕讓充國曰, "今轉輸幷起, 百姓煩擾, 將軍將萬餘之眾, 不早及秋共水草之利, 爭其畜食, 欲至冬, 虜皆當畜食, 多臧匿山中, 依險阻, 將軍士寒, 手足皸瘃, 寧有利哉! 將軍不念中國之費, 欲以歲數而勝敵, 將軍誰不樂此者! 今詔破羌將軍武賢等將兵, 以七月擊罕羌. 將軍其引兵幷進, 勿復有疑!"

充國上書曰, "陛下前幸賜書, 欲使人諭罕, 以大軍當至, 漢不誅罕, 以解其謀. 臣故遣幵豪雕庫宣天子至德. 罕·幵之屬皆聞知明詔. 今先零羌楊玉阻石山木, 候便為寇, 罕羌未有所犯, 乃置先零, 先擊罕, 釋有罪, 誅無辜, 起壹難, 就兩害, 誠非陛下本計也. 臣聞兵法, '攻不足者守有餘' 又曰, '善戰者致人, 不致於人' 今罕羌欲為敦煌·酒泉寇, 宜飭兵馬, 練戰士, 以須其至. 坐得致敵之術, 以逸擊勞, 取勝之道也. 今恐二郡兵少, 不足以守, 而發之行攻, 釋致虜之術而從為虜所致之道, 臣愚以為不便. 先零羌欲為背畔, 故與罕·幵解仇結約, 然其私心不能無恐漢兵而罕·幵背之也. 臣愚以為其計常欲先赴罕·幵之急以堅其約. 先擊罕羌, 先零必助之. 今虜馬肥·糧食方饒, 擊之恐不能傷害, 適使先零得施德於罕羌, 堅其約, 合其黨. 虜交堅黨, 合精兵二萬餘人, 迫脅諸小種, 附著者稍眾, 莫須之屬不輕得離也. 如是, 虜兵浸多, 誅之用力數倍. 臣恐國家憂累, 由十年數, 不二三歲而已. 於臣之計, 先誅先零已, 則罕·幵之屬不煩兵而服矣. 先零已誅而罕·幵不服, 涉正月擊之, 得計之理, 又其時也. 以今進兵, 誠不見其利.” 戊申, 充國上奏. 秋, 七月, 甲寅, 璽書報, 從充國計焉.

充國乃引兵至先零在所. 虜久屯聚, 懈馳, 望見大軍, 棄車重, 欲渡湟水, 道厄狹. 充國徐行驅之. 或曰, “逐利行遲.” 充國曰, “此窮寇, 不可迫也. 緩之則走不顧, 急之則還致死.” 諸校皆曰, “善.” 虜赴水溺死者數百. 降及斬首五百餘人. 虜馬·牛·羊十萬餘頭, 車四千餘兩. 兵至罕地, 令軍毋燔聚落·芻牧田中. 罕羌聞之, 喜曰, “漢果不擊我矣!” 豪靡忘使人來言曰, “願得還復故地.” 充國以聞, 未報. 靡忘來自歸, 充國賜飲食, 遣還諭種人. 護軍以下皆爭之曰, “此反虜, 不可擅遣!” 充國曰, “諸君但欲便文自營, 非為公家忠計也!” 語未卒, 璽書報, 令靡忘以贖論. 後罕竟不煩兵而下.

上詔破羌·強弩將軍詣屯所, 以十二月與充國合, 進擊先零. 時羌降者萬餘人矣, 充國度其必壞, 欲罷騎兵, 屯田以待其敝. 作奏未上, 會得進兵璽書, 充國子中郎將卬懼, 使客諫充國曰, “誠令兵出, 破軍殺將, 以傾國家, 將軍守之可也. 即利與病, 又何足爭? 一旦不合上意, 遣繡衣來責將軍, 將軍之身不能自保, 何國家之安!” 充國嘆曰, “是何言之不忠也! 本用吾言, 羌虜得至是邪! 往者舉可先行羌者, 吾舉辛武賢, 丞相御史復白遣義渠安國, 竟沮敗羌. 金城·湟中穀斛八錢, 吾謂耿中丞, ‘糴三百萬斛穀, 羌人不敢動矣’ 耿中丞請糴百萬斛, 乃得四十萬斛耳. 義渠再使且費其半. 失此二冊, 羌人致敢為逆. 失之毫釐, 差以千里, 是既然矣. 今兵久不決, 四夷卒有動搖, 相因而起, 雖有知者不能善其後, 羌獨足憂邪? 吾固以死守之, 明主可為忠言.”

遂上屯田奏曰, “臣所將吏士·馬牛食所用糧穀·茭稿, 調度甚廣, 難久不解, 役不息, 恐生它變, 為明主憂, 誠非素定廟勝之冊. 且羌易以計破, 難用兵碎也, 故臣愚心以為擊之不便! 計度臨羌東至浩亹, 羌虜故田及公田, 民所未墾, 可二千頃以上, 其間郵亭多壞敗者. 臣前部士入山, 伐林木六萬餘枚, 在水次. 臣願罷騎兵, 留步兵萬二百八十一人, 分屯要害處, 冰解漕下, 繕鄕亭, 浚溝渠, 治湟峽以西道橋七十所, 令可至鮮水左右. 田事出, 賦人二十畝. 至四月草生, 發郡騎及屬國胡騎各千, 就草為田者遊兵, 以充入金城郡, 益積畜, 省大費. 今大司農所轉穀至者, 足支萬人一歲食, 謹上田處及器用簿."

上報曰, "即如將軍之計, 虜當何時伏誅? 兵當何時得決? 孰計其便, 復奏."

充國上狀曰, "臣聞帝王之兵, 以全取勝, 是以貴謀而賤戰. '百戰而百勝, 非善之善者也, 故先為不可勝以待敵之可勝' 蠻夷習俗雖殊於禮義之國, 然其欲避害就利, 愛親戚, 畏死亡, 一也. 今虜亡其美地薦草, 愁於寄托, 遠遁, 骨肉心離, 人有畔志. 而明主班師罷兵, 萬人留田, 順天時, 因地利, 以待可勝之虜, 雖未即伏辜, 兵決可期月而望, 羌虜瓦解, 前後降者萬七百餘人, 及受言去者凡七十輩, 此坐支解羌虜之具也. 臣謹條不出兵留田便宜十二事. 步兵九校·吏士萬人留屯, 以為武備, 因田致穀, 威德并行, 一也. 又因排折羌虜, 令不得歸肥饒之地, 貧破其眾, 以成羌虜相畔之漸, 二也. 居民得并田作, 不失農業, 三也. 軍馬一月之食, 度支田士一歲, 罷騎兵以省大費, 四也. 至春, 省甲士卒, 循河·湟漕穀至臨羌, 以示羌虜, 揚威武, 傳世折衝之具, 五也. 以閒暇時, 下先所伐材, 繕治郵亭, 充入金城, 六也. 兵出, 乘危徼幸, 不出, 令反畔之虜竄於風寒之地, 離霜露·疾疫·瘃墮之患, 坐得必勝之道, 七也. 無經阻·遠追·死傷之害, 八也. 內不損威武之重, 外不令虜得乘間之勢, 九也. 又亡驚動河南大幵使生它變之憂, 十也. 治隍峽中道橋, 令可至鮮水以制西域, 伸威千里, 從枕席上過師, 十一也. 大費既省, 繇役豫息, 以戒不虞, 十二也. 留屯田得十二便, 出兵失十二利, 唯明詔采擇!"

上復賜報曰, "兵決可期月而望者, 謂今冬邪, 謂何時也? 將軍獨不計虜聞兵頗罷, 且丁壯相聚, 攻擾田者及道上屯兵, 復殺略人民, 將何以止之? 將軍孰計復奏!"

充國復奏曰, "臣聞兵以計為本, 故多算勝少算. 先零羌精兵, 今餘不過七八千人, 失地遠客分散, 饑凍畔還者不絕. 臣愚以為虜破壞可日月冀, 遠在來春, 故曰兵決可期月而望. 竊見北邊自敦煌至遼東萬一千五百餘里, 乘塞列地有吏卒數千人, 虜數以大眾攻之而不能害. 今騎兵雖罷, 虜見屯田之士精兵萬人, 從今盡三月, 虜馬羸瘦, 必不敢捐其妻子於它種中, 遠涉山河而來為寇. 亦不敢將其累重, 還歸故地. 是臣之愚計所以度虜且必瓦解其處, 不戰而自破之冊也. 至於虜小寇盜, 時殺人民, 其原未可卒禁. 臣聞戰不必勝, 不苟接刃. 攻不必取, 不苟勞眾. 誠令兵出, 雖不能滅先零, 但能令虜絕不為小寇, 則出兵可也. 即今同是, 而釋坐勝之道, 從乘危之勢, 往終不見利, 空內自罷敝, 貶重以自損, 非所以示蠻夷也. 又大兵一出, 還不可復留, 湟中亦未可空, 如是, 徭役復更發也. 臣愚以為不便. 臣竊自惟念. 奉詔出塞, 引軍遠擊, 窮天子之精兵, 散車甲於山野, 雖亡尺寸之功. 偷得避嫌之便, 而亡後咎餘責, 此人臣不忠之利, 非明主社稷之福也!"

充國奏每上, 輒下公卿議臣. 初是充國計者什三. 中什五. 最後什八. 有詔詰前言不便者, 皆頓首服. 魏相曰, "臣愚不習兵事利害. 後將軍數畫軍冊, 其言常是, 臣任其計必可用也." 上於是報充國, 嘉納之. 亦以破羌·強弩將軍數言當擊, 以是兩從其計, 詔兩將軍與中郎將印出擊. 強弩出, 降四千餘人. 破羌斬首二千級. 中郎將印斬首降者亦二千餘級. 而充國所降復得五千餘人. 詔罷兵, 獨充國留屯田.

大司農朱邑卒. 上以其循吏, 閔惜之, 詔賜其子黃金百斤, 以奉其祭祀.

是歲, 前將軍·龍頟侯韓增為大司馬·車騎將軍.

丁令比三歲鈔盜匈奴, 殺略數千人. 匈奴遣萬餘騎往擊之, 無所得.

한선제 신작 2년(BC 60)

1) 봄 정월, 경사京師에 봉황이 모여들고 감로甘露가 내렸다. 천하에 사면령을 내렸다.

2) 여름 5월, 조충국이 상주했다.

"강족은 본래 군사가 5만 명가량인데 앞뒤로 참수한 자가 7,600급級, 항복한 자가 31,200명, 황하와 황수에 빠져 죽거나 굶어죽은 자가 5,000-6,000명입니다. 계산을 해보면 우두머리인 전공煎鞏 및 황저黃羝와 함께 달아난 자는 4,000명에 불과하게 됩니다. 이미 투항한 강족의 우두머리인 미망靡忘 등이 스스로 책임지고 반드시 이들을 포획하겠다고 합니다. 청컨대 둔병을 철수코자 합니다."

한선제가 동조했다. 조충국이 군사를 정돈하는 진려振旅를 하여 환군還軍했다.

당시 조충국과 잘 알고 지냈던 호성사浩星賜가 영접에 나서 이같이 권했다.

"중인衆人 모두 파강장군 신무현과 강노장군 허연수가 출격해 대거 참수하고 산 채로 항복시킨 덕분에 강족이 패망한 것으로 알고 있소. 그러나 식견이 있는 유식자有識者들은 강족의 형세가 궁곤窮困했던 까닭에 설령 한나라 병사가 출병치 않았을지라도 필히 자복自服할 수밖에 없었다고 생각하오. 장군은 황상을 알현할 때 의당 공로를 두 장군의 출격에 돌리고, 우신愚臣이 그들에게 미칠 바가 못 된다고 말하시오. 이같이 해도 장군에게는 아무런 손실이 없을 것이오."

조충국이 대답했다.

"나는 연로年老하고, 작위도 이미 극에 달했소. 어찌 일시적인 혐의嫌疑를 피하기 위해 황상을 속일 수 있겠소! 병세兵勢는 나라의 대사大事이니 의당 후세의 모범이 돼야 할 것이오. 노신老臣은 여명餘命을 아까워하지 않는 만큼 의당 폐하를 위해 군사상의 이해관계를 숨김없이 말해야 할 것이오. 마침내 내가 죽게 되면 누가 의당 다시 이것을 말해줄 수 있겠소!"

그러고는 끝내 자신의 뜻대로 대답했다. 한선제가 그의 계책에 찬동했다. 이내 신무현을 파직해 주천酒泉 태수로 돌려보내고, 조충국을 다시 후장군으로 삼았다.

가을, 강족인 약령若零, 이류離留, 저종且種, 아고兒庫 등과 함께 선령先零의 큰 우두머리인 유비猶非와 양옥楊玉의 머리를 베었다. 나머지 통상적인 우두머리인 제택弟澤과 양조陽雕, 양아良兒, 미망靡忘 등은 모두 전공煎鞏과 황저黃羝의 무리 4,000여 명을 이끌고 투항했다. 한선제는 약령若零과 제택弟澤 두 사람을 솔중왕帥衆王으로 책봉하고, 나머지는 모두 후侯 또는 군君으로 삼았다. 처음으로 금성속국金城屬國을 두고 항복한 강족들로 하여금 이곳에 머물게 했다.

조서를 내려 호강교위護羌校尉를 할 만한 자를 천거하게 했다. 당시 조충국이 병으로 자리에 누워 있었다. 승상과 어사대부 등 이른바 4부四府[321]에서 신무현의 어린 동생인 신탕辛湯을 천거했다. 조충국이 급히 일

321 4부四府는 전한 때 권력의 핵심으로 존재한 승상丞相과 어사대부御史大夫, 거기장군車騎將軍, 전장군前將軍를 가리키는 말이다. 호삼성은 후장군後將軍을 더하면 5부

어나 상주했다.

"신탕은 술로 인해 기분을 내는 사주使酒가 심한 까닭에 만이蠻夷를 관리할 수 없습니다. 신탕의 형인 신림중辛臨衆만 못합니다."

당시 신탕은 이미 호강교위의 관직을 배수拜受해 부절을 보유하고 있었던 상황이었다. 한선제가 조서를 내려 신임중으로 바꿔서 임용했다. 이후 신임중은 병으로 면직되자 5부五府에서 다시 신탕을 천거했다. 신탕이 부임 후 자주 강족에게 화를 내며 주정을 부리는 취후醉酗酌[322]를 하자 강족이 반란을 일으켰다. 마침내 조충국이 우려한 일이 빚어진 것이다. 신무현은 조충국에게 깊은 원한을 품고 있었다. 상서해 조충국의 아들인 중랑장 조앙趙卬이 궁중인 성중省中의 비밀을 누설했다고 고발했다. 형리에게 내려 보내자 조앙이 자살했다.

3) 사례교위司隸校尉인 위군魏郡하남성 임장현 출신 갑관요蓋寬饒는 강직剛直하고 공정하며 청렴한 공청公清의 인물이다. 자주 한선제의 뜻을 거스르는 간범干犯을 했다. 당시 한선제가 바야흐로 형법을 무겁게 적용하면서 환관인 중서관中書官에게 이를 맡기자 갑관요가 봉사封事를 올렸다.

"바야흐로 지금 성도聖道가 점차 쇠미해지고, 유술儒術이 행해지지 않아 궁형宮刑의 형을 받은 자가 주공周公 및 소공召公이 되고, 나아가 법률이 『시경』과 『서경』으로 통용되고 있습니다."

나아가 『역전易傳』을 인용해 이같이 말했다.

"오제五帝는 천하를 공유公有인 관官, 삼왕三王은 사유私有인 가家로

五府가 된다고 풀이했다. 후한 때는 대장군大将军과 태위太尉, 사도司徒, 사공司空府를 4부로 간주했다. 『후한서』에 대한 이현李贤의 주는 태부太傅와 태위太尉, 사도司徒, 사공司空으로 풀이했다.

322 취후醉酌는 크게 취해 화를 내며 주정을 부리는 것을 말한다. 후酌는 후酗와 같다.

생각했습니다. 가家는 자손, 관官은 현성賢聖에게 천하를 물려줍니다."

갑관요가 상주하자 한선제는 그가 원방怨謗한 것으로 생각해 상주문을 중2천석에게 내려 보냈다. 당시 집금오執金吾는 의논에서 이같이 말했다.

"갑관요의 취지는 선양禪讓을 요구하는 것으로, 대역부도大逆不道한 일입니다!"

간대부諫大夫 정창鄭昌은 갑관요가 충직忠直한 마음으로 우국憂國하는 심사를 국사 논의 과정에서 제대로 표현치 못해 법을 다루는 문리文吏에게 훼방 받아 좌절되는 저좌詆挫의 대상이 된 것을 동정했다. 이내 상서해 갑관요를 위해 변명했다.

"신은 듣건대, 산에는 맹수가 있기에 보잘 것 없는 나물인 여곽藜藿을 채취하지 못하고, 나라에는 충신이 있기에 간사한 자들이 일어나지 못한다고 했습니다. 사례교위 갑관요는 거처하면서 편안한 곳을 찾지 않는 거불구안居不求安, 먹으면서 배부르기를 구하지 않는 식불구포食不求飽의 행보를 보이고 있습니다. 또한 나아가서는 우국지심憂國之心, 물러나서는 죽음으로 절개를 지키는 의리인 사절지의死節之義를 보여줍니다. 위로는 황상의 처가인 허씨許氏와 황상의 외가인 사씨史氏와 같은 무리도 없고, 아래로는 금일제의 금씨金氏나 장안세의 장씨張氏처럼 의탁할 곳도 없습니다. 게다가 사찰司察의 업무인 사례교위의 직책을 맡아 직도直道로만 가는 까닭에 원수는 많고 당여黨與는 없는 다구소여多仇少與의 상황에 처해 있습니다. 그가 상서하여 국사國事를 진술하자 유사有司가 사형인 대벽大辟으로 탄핵했습니다. 신은 요행히도 여러 대부들의 뒤를 좇는 반열에 있으면서 간관의 직책을 맡고 있기에 감히 말씀을 올리지 않을 수 없게 됐습니다."

한선제가 듣지 않았다.

9월, 갑관요를 형리에게 내려 보냈다. 갑관요가 패도佩刀를 꺼내 북궐北闕 아래서 스스로 목을 찌르는 자경自剄을 했다. 그를 연석憐惜해 하지 않는 자가 없었다.

4) 흉노의 제12대 난제허려권거欒提虛閭權渠 선우가 10여만 기騎를 이끌고 요새 가까이에서 수렵을 하면서 변경으로 들어와 노략코자 했다. 아직 이르지 않았을 때 마침 흉노 백성인 제제거당題除渠堂이 한나라로 달아나 투항하면서 정황을 얘기했다. 한나라 조정이 그를 언병록해록로후言兵鹿奚鹿盧侯에 봉한 뒤 후장군 조충국을 파견했다. 4만여 기병을 이끌고 변경에 연해 있는 9개 군郡에 주둔하며 흉노의 침공에 대비케 한 것이다. 1달여 뒤 선우가 병으로 구혈歐血하며 감히 침입하지 못하고 돌아가자 곧바로 파병罷兵했다. 흉노가 이내 제왕題王 도리호차都犁胡次 등으로 하여금 한나라로 들어가 화친을 청하게 했다. 한나라 조정이 아직 회보하지 않았을 때 마침 선우가 죽었다.

당초 지절 2년인 기원전 68년, 난제허려권거 선우는 즉위 직후 부인인 전거연지顓渠閼氏를 축출했다. 전거연지는 우현왕右賢王 도기당屠耆堂과 사통하고 있었다. 우현왕이 용성龍城의 대회 참석을 준비할 때 전거연지는 선우의 병이 중한 사실을 알리며 멀리 가지 말 것을 당부했다. 며칠 후 선우가 죽고, 용사用事하는 귀인貴人 학숙왕郝宿王 형미앙刑未央이 사람을 시켜 제왕諸王을 소집했다. 제왕이 아직 이르지 않았을 때 전거연지가 동생인 좌대장左大將 저거도륭기且渠都隆奇와 모의한 뒤 우현왕 도기당을 세워 제13대 악연구제握衍朐鞮 선우로 삼았다. 악연구제 선우는 제6대 오유烏維 선우의 현손玄孫의 아들인 이손耳孫이다.

악연구제 선우인 도기당은 즉위 후 흉악凶惡한 모습을 보였다. 학숙왕인 형미앙 등을 죽이고, 도륭기都隆奇를 임용하고, 난제허려권거 선우의 자제와 가까운 친척을 모두 면직시킨 뒤 자신의 자제들이 그 자리를 대신토록 했다. 난제허려권거의 아들인 난제계후산欒提稽侯狦은 선우의 자리에 오를 길이 없게 되자 처의 부친이 다스리는 오선막烏禪幕으로 달아났다.

오선막은 원래 강거康居와 오손烏孫 사이에 있는 소국이다. 주변으로부터 자주 침폭侵暴을 받자 무리 수천 명을 이끌고 흉노에게 항복했다. 당시 제10대 난제호록고欒提狐鹿姑 선우는 조카인 일축왕日逐王 선현탄先賢撣의 누이를 그에게 시집보내 처로 삼게 한 뒤 이끌고 온 무리를 다스리며 흉노의 오른쪽 땅인 동부에 살게 했다. 일축왕 선현탄의 부친인 좌현왕左賢王은 원래 선우가 돼야 했으나 동생인 난제호록고에게 선우의 자리를 양보했다. 난제호록고는 그 보답으로 조카인 일축왕 선현탄을 다음 선우로 세울 것을 허락했다. 흉노의 국인國人들이 입을 모아 일축왕이 의당 다음 선우가 돼야 한다고 말한 이유다.

당시 일축왕은 평소 악연구제 선우와 틈이 있었다. 이내 무리를 이끌고 한나라에 투항할 생각으로 거리渠犁신강성 윤대현에 사자를 보내 기도위騎都尉 정길鄭吉과 서로 상의케 했다. 정길이 거리渠犁와 구자龜玆 등 여러 나라에서 5만 병의 병사를 동원해 일축왕의 무리 12,000명과 소왕장小王將[323] 12명을 영접했다. 이들은 정길을 좇아 하곡河曲청해성 동부에 이르렀다. 이때 달아난 자가 매우 많았다. 정길이 뒤를 쫓아가 이들의 목을 벤 뒤 나머지 무리를 이끌고 경사인 장안으로 갔다. 한나라 조정이 일축왕을 귀덕후歸德侯에 봉했다.

정길이 이미 파사車師를 격파한 데 이어 일축왕까지 항복시키자 그 위엄이 서역을 진동시켰다. 마침내 남도南道에 이어 차사 서쪽의 북도北道

---

323 소왕장小王將은 소왕小王을 돕는 장수를 말한다. 흉노의 좌우왕과 좌우곡려왕, 좌우대장 등 24명의 장수가 대왕장大王將이고, 나머지 장수는 소왕장에 해당한다.

까지 관할하게 됐다. 명칭을 도호都護라고 칭한 이유다. 도호의 설치는 정길로부터 시작됐다. 한선제는 정길을 안원후安遠侯에 봉했다. 정길은 서역의 중간쯤 되는 곳에 막부幕府를 세웠다. 오루성烏壘城신강성 윤대현 동쪽을 치소로 삼으니, 양관陽關까지의 거리가 2,700리였다.

이후 흉노는 더욱 약해져 감히 서역을 놓고 한나라와 다투지 못했다. 서역을 감시하던 흉노의 동복도위僮僕都尉가 이내 철수한 이유다. 한나라의 도호都護는 오손烏孫과 강거康居 등 36개국의 동정을 독찰督察했다. 변고가 있으면 곧바로 조정에 보고했다. 안무按撫할 수 있으면 안무하고, 불가능하면 주벌誅伐했다. 한나라의 호령이 서역에 널리 반포하여 시행되는 반행班行이 이뤄진 배경이다.

악연구제 선우는 종형인 난제박서당欒提薄胥堂을 일축왕으로 세웠다.

5) 곤미昆彌 즉 오손의 왕인 옹귀미翁歸靡가 장라후長羅侯 상혜常惠를 통해 상서했다.

"원컨대 한나라 황실의 외손자로 오손공주 유해우劉解憂의 장남인 원귀미元貴靡로 하여금 후사後嗣가 되어 다시 한나라 공주를 맞아들여 이중으로 혼인관계를 맺게 해주면 흉노를 배반하고 관계를 끊도록 하겠습니다."

한선제가 조서로 공경들에게 내려 보내 의논케 했다. 대홍려大鴻臚 소망지가 이같이 말했다.

"오손은 멀리 떨어진 지역인 절역絶域의 나라입니다. 변고變故를 보장하기 어려운 까닭에 허락할 수 없습니다."

한선제는 오손이 새롭게 대공大功을 세웠고, 또 오랫동안 흉노와 맺은 혼인관계를 끊은 것을 높이 평가했다. 이내 오손공주 유해우의 동생인 유상부劉相夫를 공주로 삼아 많은 혼수를 실어 파견하면서 장라후 상혜로 하여금 이들을 호송하여 돈황에 이르게 한 이유다. 이들은 아직 요새를 빠져나가지 않았을 때 옹귀미가 죽었다는 소식을 듣게 됐다. 오손의 귀족들은 당초의 협정을 좇아 잠취岑娶의 아들인 니미泥靡를 왕인 곤미昆彌로 삼고, 광왕狂王이라고 불렀다. 상혜가 상서했다.

"원컨대 어린 공주를 돈황에 머물게 해주십시오."

그러고는 이내 말을 달려 오손으로 가 원귀미를 곤미로 삼지 않은 것을 책양責讓했다. 이어 원귀미를 곤미로 삼지 않으면 어린 공주를 모시고 장안으로 돌아가겠다는 뜻을 밝혔다. 한선제가 공경대신에게 명해 이를 의논케 했다. 소망지가 이같이 말했다.

"오손이 가부可否의 양단兩端을 잡고 있는 까닭에 혼인 약속을 진행키가 어렵습니다. 지금 어린 공주는 원귀미가 세워지지 않은 탓에 돌아오게 했습니다. 이는 이적夷狄에게 신의를 잃기는커녕 오히려 중국에 복이 됩니다. 어린 공주가 돌아오지 않았으면 장차 요역繇役을 일으켜야만 했을 것입니다."

한선제가 이를 받아들였다. 어린 공주를 장안으로 다시 불러들이는 징환徵還을 한 이유다.

* 中宗孝宣皇帝神爵二年

春, 二月, 以鳳皇·甘露降集京師, 赦天下.

夏, 五月, 趙充國奏言曰, "羌本可五萬人軍, 凡斬首七千六百級, 降者三萬一千二百人, 溺河湟·飢餓者五六千人, 定計遺脫與煎鞏·黃羝俱亡者不過四千人. 羌靡忘等自詭必得, 請罷屯兵!" 奏可. 充國振旅而還.

所善浩星賜迎說充國曰, "眾人皆以破羌·強弩出擊, 多斬首·生降, 虜以破壞. 然有識者以為虜勢窮困, 兵雖不出, 必自服矣. 將軍即見, 宜歸功於二將軍出擊, 非愚臣所及. 如此, 將軍計未失也." 充國曰,

"吾年老矣, 爵位已極, 豈嫌伐一時事以欺明主哉! 兵勢, 國之大事, 當為後法. 老臣不以餘命壹為陛下明言兵之利害, 卒死, 誰當復言之者!" 卒以其意對. 上然其計, 罷遣辛武賢歸酒泉太守官, 充國復為後將軍.

秋, 羌若零·離留·且種·兒庫共斬先零大豪猶非·楊玉首, 及諸豪弟澤·陽雕·良兒·靡忘皆帥煎鞏·黃羝之屬四千餘人降. 漢封若零·弟澤二人為帥眾王, 餘皆為侯·為君. 初置金城屬國以處降羌. 詔舉可護羌校尉者. 時充國病, 四府舉辛武賢小弟湯. 充國遽起, 奏曰, "湯使酒, 不可典蠻夷. 不如湯兄臨眾." 時湯已拜受節, 有詔更用臨眾. 後臨眾病免, 五府復舉湯. 湯數醉酗羌人, 羌人反畔, 卒如充國之言. 辛武賢深恨充國, 上書告中郎將卬洩省中語, 下吏, 自殺.

司隸校尉魏郡蓋寬饒, 剛直公清, 數干犯上意. 時上方用刑法, 任中書官, 寬饒奏封事曰, "方今聖道浸微, 儒術不行, 以刑餘為周·召, 以法律為『詩』·『書』." 又引『易傳』言曰, "五帝官天下, 三王家天下. 家以傳子孫, 官以傳賢聖." 書奏, 上以為寬饒怨謗, 下其書中二千石. 時執金吾議, 以為"寬饒旨意欲求禪, 大逆不道!" 諫大夫鄭昌愍傷寬饒忠直憂國, 以言事不當意而為文吏所詆挫, 上書訟寬饒曰, "臣聞山有猛獸, 藜藿為之不採. 國有忠臣, 奸邪為之不起. 司隸校尉寬饒, 居不求安, 食不求飽. 進有憂國之心, 退有死節之義. 上無許·史之屬, 下無金·張之托. 職在司察, 直道而行, 多仇少與. 上書陳國事, 有司劾以大辟. 臣幸得從大夫之後, 官以諫為名, 不敢不言!" 上不聽. 九月, 下寬饒吏. 寬饒引佩刀自剄北闕下, 眾莫不憐之.

匈奴虛閭權渠單于將十餘萬騎旁塞獵, 欲入邊為寇. 未至, 會其民題除渠堂亡降漢言狀, 漢以為言兵鹿奚鹿盧侯, 而遣後將軍趙充國將兵四萬餘騎, 屯緣邊九郡備虜. 月餘, 單于病歐血, 因不敢入, 還去, 即罷兵. 乃使題王都犁胡次等入漢請和親, 未報. 會單于死. 虛閭權渠單于始立, 而黜顓渠閼氏. 顓渠閼氏即與右賢王屠耆堂私通, 右賢王會龍城而去. 顓渠閼氏語以單于病甚, 且勿遠. 後數日, 單于死, 用事貴人郝宿王刑未央使人號諸王, 未至, 顓渠閼氏與其弟左大將且渠都隆奇謀, 立右賢王為握衍朐鞮單于.

握衍朐鞮單于者, 烏維單于耳孫也. 握衍朐鞮單于立, 凶惡, 殺刑未央等而任用都隆奇, 又盡免虛閭權渠子弟近親而自以其子弟代之. 虛閭權渠單于子稽侯狦既不得立, 亡歸妻父烏禪幕. 烏禪幕者, 本康居·烏孫間小國, 數見侵暴, 率其眾數千人降匈奴, 狐鹿姑單于以其弟子日逐王姊妻之, 使長其眾, 居右地. 日逐王先賢撣, 其父左賢王當為單于, 讓狐鹿姑單于, 狐鹿姑單于許立之. 國人以故頗言日逐王當為單于. 日逐王素與握衍朐鞮單于有隙, 即率其眾欲降漢, 使人至渠犁, 與騎都尉鄭吉相聞. 吉發渠犁·龜茲諸國五萬人迎日逐王口萬二千人·小王將十二人, 隨吉至河曲, 頗有亡者, 吉追斬之, 遂將詣京師. 漢封日逐王為歸德侯.

吉既破車師, 降日逐, 威震西域, 遂并護車師以西北道, 故號都護. 都護之置, 自吉始焉. 上封吉為安遠侯. 吉於是中西域而立莫府, 治烏壘城, 去陽關二千七百餘里. 匈奴益弱, 不敢爭西域, 僮僕都尉由此罷. 都護督察烏孫·康居等三十六國動靜, 有變以聞, 可安輯, 安輯之, 不可者誅伐之, 漢之號令班西域矣.

握衍朐鞮單于更立其從兄薄胥堂為日逐王.

烏孫昆彌翁歸靡因長羅侯常惠上書曰, "願以漢外孫元貴靡為嗣, 得令復尚漢公主, 結婚重親, 畔絕匈奴." 詔下公卿議, 大鴻臚蕭望之以為曰, "烏孫絕域, 變故難保, 不可許." 上美烏孫新立大功, 又重絕故業, 乃以烏孫主解憂弟相夫為公主, 盛為資送而遣之, 使常惠送之至敦煌. 未出塞, 聞翁歸靡死, 烏孫貴人共從本約立岑娶子泥靡為昆彌, 號狂王. 常惠上書曰, "願留少主敦煌." 惠馳至烏孫, 責讓不立元貴靡為昆彌, 還迎少主. 事下公卿, 望之復以為"烏孫持兩端, 難約結. 今少主以元貴靡不立而還, 信無負於夷狄, 中國之福也. 少主不止, 繇役將興." 天子從之, 徵還少主.

한선제 신작 3년(BC 59)

1) 봄 3월 16일, 고평헌후高平憲侯인 승상 위상魏相이 홍거薨去했다.

여름 4월 29일, 병길丙吉이 승상이 됐다. 병길은 관대寬大한 행보를 우선으로 생각했고, 예양禮讓을 좇아했고, 작은 일은 크게 개의치 않았다. 당시 사람들은 그가 대체大體를 안다고 말했다.

2) 가을 7월 26일, 대홍려 소망지가 어사대부가 됐다.

3) 8월, 조서를 내렸다.

"관원이 염치와 공평함의 염평廉平이 없으면 치도治道가 쇠하게 된다. 지금 소리小吏는 모두 열심히 일을 하지만 봉록이 박한 탓에 벽성들의 이익을 침범해 낚시질하는 침어侵漁를 하지 않기를 바라기는 매우 어렵다. 이후 100석 이하의 관원에게는 봉록을 10분의 5만큼 더 주도록 하라."

4) 이 해에 동군東郡하남성 복양현 태수 한연수韓延壽가 좌풍익左馮翊이 됐다. 당초 한연수는 영천潁川하남성 우현 태수로 있었다. 영천은 전임 태수 조광한趙廣漢이 이민吏民들로 하여금 서로 고발하게 하는 구회構會를 실시한 곳이다. 풍속을 보면 그 영향을 받아 서로 원수를 맺는 일이 잦았다. 한연수는 이런 풍속을 뜯어고치는 개경改更을 실시해 예양禮讓을 가르쳤다. 고로故老를 불러 시집가고 장가가는 가취嫁娶와 상제喪祭의 의식과 예물을 함께 논의케 하면서 대략 고례古禮에 의거하되 너무 지나치지 않도록 조치했다. 백성들이 그의 가르침을 받들어 행한 이유다.

또 시중에서 거래되는 거마車馬 형태의 흙 인형인 우偶와 무덤 속의 부장물인 하리下里의 가짜 물건을 저자의 길거리에 내버리게 했다. 이후 황패黃霸가 한연수를 대신해 영천 태수가 됐다. 그는 한연수의 족적을 이어받아 영천을 잘 다스렸다. 한연수는 관원이 된 후 예의를 높이면서 옛날의 교화 방법을 좋아했다. 가는 곳마다 반드시 현사賢士를 초빙해 예로써 대하고, 폭넓게 모의謀議하며 간쟁諫爭을 받아들이고, 효제孝弟에서 행적이 있는 자를 표창하고, 학교인 학관學官의 교육을 잘 다듬어 춘추로 마을의 음주예절인 향사鄕射를 거행하고, 종고鐘鼓와 관현管弦을 성대하게 진설해 승강읍양升降揖讓의 예제를 배우고, 사냥을 통해 군사훈련을 하는 강무講武를 행하면서 부월斧鉞과 정기旌旗가 비치된 가운데 활을 쏘고 말을 타는 일을 익히게 했다. 이어 성곽을 수리하고 부세賦租를 거둘 때는 먼저 기일을 명백히 포고하면서 기한을 정할 사안은 대사大事에 한했다. 이민吏民이 경외敬畏하며 추종한 배경이다.

또 민간에 마을을 이끄는 향정鄕正과 이정里正 등의 정正과 오장五長의 자리를 두어 서로 이끌면서 효제孝弟를 행하게 하고, 간사한 자가 머무는 것을 금했다. 여리閭里의 도로인 천맥阡陌에 어떤 일이 빚어지면 관원이 즉각 보고를 통해 정황을 알게 했다. 간인奸人이 감히 경계 안으로 들어오지 못한 이유다. 이는 시작할 때는 번거로운 듯하나 나중에 보면 관원은 힘들여 쫓아가 잡는 추포追捕의 수고가 없고, 백성은 형장刑杖을 맞는 추초箠楚의 우려가 없는 까닭에 모두 편안便安하게 여겼다. 하리下吏를 접대하면서 은혜를 베푸는 게 매우 두터웠고, 약속하며 서약한 것은 분명히 했다. 혹여 속이는 기부欺負를 한 자가 있으면 그는 스스로를 심각히 책망했다.

"얼마나 그에게 무거운 짐을 지워 이 지경에 이르게 만들었는가!"

휘하 관원들이 이 소식을 들으면서 스스로 후회하게 만들었다. 속현의 현위縣尉는 스스로 자신을 찔러 죽이는 자사刺死를 하기도 했다. 한번은 속리屬吏인 문하연門下掾이 자경自剄을 하려고 할 때 어떤 사람이 구해줘 죽지 않은 적이 있었다. 소식을 들은 한연수가 체읍涕泣을 하면서 의원을 보내 치료케 하고, 그 집에 후사厚賜했다. 그가 동군東郡에서 3년간 재직할 때 무엇이든 명령하면 시행됐고, 금지하면 중지됐다. 덕분에 옥사를 처결하는 단옥斷獄이 크게 감소했다. 장안으로 올라가 좌풍익에 임명된 배경이다.

한번은 한연수가 현을 순시하다가 고릉高陵섬서성 고릉현에 이르게 됐다. 백성 가운데 한 형제가 서로 전지田地를 두고 다투면서 그의 면전에서 소송을 벌일 뜻을 밝혔다. 한연수가 크게 상심傷心했다.

"요행히 좌풍익의 자리에 앉게 되어 군郡의 모범인 표솔表率이 되고자 했다. 그러나 교화를 선명宣明하지 못해 민간 내에서 골육이 쟁송하는 지경에 이르렀다. 이미 풍속교화인 풍화風化에 상처를 입은 것이다. 게다가 현명한 현령 등의 장리長吏를 비롯해 민정 담당인 색부嗇夫와 교화 담당인 삼로三老 및 풍속 담당인 효제孝弟 등으로 하여금 그 치욕을 받게 했다. 그 허물은 좌풍익인 나에게 있다. 의당 먼저 물러나야 할 것이다."

그러고는 그날 칭병하며 휴가를 얻은 뒤 여행할 때 묵는 전사傳舍로 들어가 누우면서 문을 닫고 자신의 허물을 생각했다. 속현의 관원들이 모두 어찌할 바를 몰라 당황했다. 현령縣令과 현승縣丞, 색부嗇夫, 삼로三老 모두 스스로를 묶은 뒤 대죄待罪했다. 소송을 한 종족宗族이 서로를 책양責讓하고, 두 형제가 깊이 후회하며 스스로 머리를 깎고 육단肉袒하여 사죄한 뒤 서로 양보코자 하며 죽을 때까지 감히 다시는 쟁송치 않은 이유다. 덕분에 군郡의 백성들은 서로 화목한 흡연歙然의 모습을 보이면서 이 일을 스스로 경계하는 거울로 삼고, 감히 재범을 하지 않게 됐다. 그의 은덕과 신의가 24개 현縣에 두루 퍼지자 감히 송사를 스스로 말하는 자가 없었다. 그가 지성至誠으로 사람을 대하자 이민吏民들 또한 차마 그를 속일 수가 없었다.

5) 흉노의 13대 악연구제握衍朐鞮 선우인 난제도기당欒提屠耆堂이 다시 난제선현탄欒提先賢撣의 두 동생을 죽였다. 강거康居와 오손烏孫 사이의 소국인 오선막烏禪幕이 살려줄 것을 청했으나 듣지 않자 크게 화를 냈다. 얼마 후 좌오건왕左奧鞬王이 죽자 난제도기당 선우가 스스로 자신의 어린 아들을 오건왕奧鞬王으로 삼은 뒤 오건의 왕정王庭에 머물게 했다. 오건의 귀인貴人들이 이전 오건왕의 아들을 옹립한 뒤 함께 동쪽으로 이주했다. 난제도기당 선우가 1만여 기騎를 이끌고 가 공격했다. 그러나 수천 명의 병사만 실망失亡하고, 이기지 못했다.

* 中宗孝宣皇帝神爵三年

春, 三月, 丙辰, 高平憲侯魏相薨. 夏, 四月, 戊辰, 丙吉為丞相. 吉上寬大, 好禮讓, 不親小事, 時人以為知大體.

秋, 七月, 甲子, 大鴻臚蕭望之為御史大夫.

八月, 詔曰, "吏不廉平, 則治道衰. 今小吏皆勤事而俸祿薄, 欲無侵漁百姓, 難矣! 其益吏百石已下俸十五."

是歲, 東郡太守韓延壽為左馮翊. 始, 延壽為潁川太守, 潁川承趙廣漢構會吏民之後, 俗多怨讎. 延行改更, 教以禮讓. 召故老, 與議定嫁娶·喪祭儀品, 略依古禮, 不得過法. 百姓遵用其教. 賣偶車馬·下里僞物者, 棄之市道. 黃霸代延壽居潁川, 霸因其跡而大治. 延壽為吏, 上禮義, 好古教化, 所至必聘其賢士, 以禮待用, 廣謀議, 納諫爭. 表孝弟有行, 修治學官, 春秋鄉射, 陳鐘鼓·管弦, 盛升降·揖讓. 及都試講武, 設斧鉞·旌旗, 習射·御之事. 治城郭, 收賦租, 先明布告其日. 以期會為大事. 吏民敬畏, 趨鄉之. 又置正·五長, 相率以孝弟.

不得舍奸人, 閭里阡陌有非常, 吏輒聞知, 奸人莫敢入界. 其始若煩, 後吏無追捕之苦, 民無箠楚之憂, 皆便安之. 接待下吏, 恩施甚厚而約誓明. 或欺負之者, 延壽痛自刻責曰, "豈其負之, 何以至此!" 吏聞者自傷悔, 其縣尉至自刺死. 及門下掾自剄, 人救不殊, 延壽涕泣, 遣吏醫治視, 厚復其家. 在東郡三歲, 令行禁止, 斷獄大減, 由是入為馮翊.

延壽出行縣至高陵, 民有昆弟相與訟田, 自言. 延壽大傷之, 曰, "幸得備位, 為郡表率, 不能宣明教化, 至令民有骨肉爭訟, 既傷風化, 重使賢長吏·嗇夫·三老·孝弟受其恥, 咎在馮翊, 當先退." 是日, 移病不聽事, 因入臥傳舍, 閉閤思過. 一縣莫知所為, 令·丞·嗇夫·三老亦皆自繫待罪. 於是訟者宗族傳相責讓. 此兩昆弟深自悔, 皆自髡, 肉袒謝, 願以田相移, 終死不敢復爭. 郡中歙然, 莫不傳相敕厲, 不敢犯. 延壽恩信周遍二十四縣, 莫敢以辭訟自言者. 推其至誠, 吏民不忍欺紿.

匈奴單于又殺先賢撣兩弟. 烏禪幕請之, 不聽, 心恚. 其後左奥鞬王死, 單于自立其小子為奥鞬王, 留庭. 奥鞬貴人共立故奥鞬子為王, 與俱東徙. 單于右丞相將萬騎往擊之, 失亡數千人, 不勝.

** 권27-한기漢紀 19: 왕도와 패도를 병용하다

한선제 신작 4년(BC 58)

1) 봄 2월, 경사인 장안에 봉황이 모여들고, 감로가 내렸다. 천하에 사면령을 내렸다.

2) 영천潁川하남성 우현 태수 황패黃霸가 앞뒤로 8년 동안 군郡에 재직하는 사이 정사政事가 더욱 잘 다스려졌다. 이때 봉황과 신작神爵이 자주 군국郡國에 모여들었고, 영천에 특히 많았다.

여름 4월, 조서를 내렸다.

"영천 태수 황패는 조령詔令을 밝게 선포하는 선명宣明을 하여 백성을 향화鄕化[324]시켰다. 효자孝子와 우애 있는 동생인 제제弟弟, 정절 있는 부인인 정부貞婦, 순종하는 손자인 순손順孫이 날로 많아진 이유다. 또 농사짓는 사람은 전지田地의 경계를 양보하고, 길에 떨어진 물건을 줍지 않는 도불습유道不拾遺를 행하고, 홀아비와 과부인 환과鰥寡를 봉양하며 살피고, 빈궁한 자를 재정적으로 돕는 섬조贍助를 했고, 감옥에도 8년 동안 중죄重罪를 범한 죄수가 없었다. 그에게 관내후의 작위를 내리고, 황금 100근을 하사하고, 관질官秩은 중2천석으로 한다."

그러고는 영천에서 효孝·제弟·의義를 실천한 백성을 비롯해 삼로三老

---

324 향화鄕化는 속히 교화한다는 뜻이다. 향鄕은 향向과 통한다.

와 농사를 독려하는 아전인 역전力田에게 모두 차등 있게 작위와 비난을 내렸다. 몇 달 후 황패를 징소徵召해 태자태부太子太傅로 삼았다.

3) 5월, 흉노의 제13대 난제도기당欒提屠耆堂 선우가 동생인 호류약왕呼留若王 난제승지欒提勝之를 보내 내조來朝했다.

4) 겨울 10월, 봉황 11마리가 한선제의 수릉壽陵인 두릉杜陵에 모여들었다.

5) 하남河南하남성 낙양시 태수인 동해東海 출신 엄연년嚴延年이 정사를 펴면서 음흉하며 잔혹한 음지혹렬陰鷙酷烈의 모습을 보였다. 사람들이 의당 죽여야 한다고 말한 사람은 하루아침에 내보내고, 의당 살려줘야 한다고 말한 사람은 궤변으로 죽인 게 그렇다. 이민吏民들은 그 의도의 심천深淺을 헤아릴 길이 없어 전율戰慄하며 감히 금법禁法을 범하지 못했다.

겨울, 군에 속해 있는 속현屬縣의 죄수들을 군부郡府에 모아 판결한다고 전했다. 유혈流血이 몇 리에 달했다. 하남에서는 그를 사람백정 태수라는 취지의 도백屠伯으로 불렀다. 엄연년은 평소 황패의 사람됨을 경시했다. 두 사람이 이웃한 군의 태수가 된 뒤 황패에 대한 조정의 포상이 자신보다 크자 내심 불복했다. 하남의 경계 내에서 황충蝗蟲의 재해가 빚어지자 군부郡府의 승丞인 의義가 나가서 황충의 폐해를 둘러본 뒤 돌아와 엄연년을 만났다. 엄연년이 비유해 말했다.

"이들 황충은 어찌하여 이웃한 영천군에 모여드는 봉황의 먹이가 되려고 이곳에 나타난 것인가?"

의義는 연로한데다 심사가 어지러운 황패荒悖의 인물이었다. 게다가 평소 엄연년을 무서워한 까닭에 무함을 당하는 중상中傷의 대상이 될까 두려워했다. 사실 엄연년은 일찍이 의와 함께 승상사丞相史로 일한 적이 있었던 까닭에 의를 매우 친근히 후대하고, 보내는 물품이 매우 많았다.

의는 더욱 두려운 나머지 스스로 점을 쳐 사괘死卦를 얻게 됐다. 마음이 공허하여 기쁘지 않은 홀홀불락忽忽不樂의 상황에서 이내 휴가를 얻는 취고取告를 하여 장안에 이르렀다. 이어 엄연년의 죄명 10가지를 들어 상서했다. 상주한 뒤 이내 음독함으로써 조정을 속이려는 뜻이 전혀 없다는 취지를 밝혔다. 사건이 어사승御史丞에게 내려져 조사를 통해 사실을 밝히는 안험按驗의 대상이 됐다. 엄연년의 어언語言 중에 정사를 원망怨望하고 비방誹謗한 게 제법 많다는 사실이 드러났다.

11월, 엄연년이 대역부도의 죄에 걸려 기시棄市됐다.

당초 엄연년의 모친은 동해東海산동성 담성현에서 온 뒤 아들과 함께 희생을 바치며 조상을 제사지내는 납제臘祭를 행하고자 했다. 낙양에 도착한 뒤 바로 죄수를 처결하는 보수報囚를 보고는 크게 놀라 군현의 치소에 있는 숙소인 도정都亭에 머무르며 군부郡府에 들어가려고 하지 않았다. 엄연년이 나와 모친을 배알코자 했으나 모친은 문을 닫고 만나지 않았다. 이내 면관免冠하여 문 밖에서 머리를 조아렸다. 한참 후 모친이 이내 그를 보고는 몇 차례 책망했다.

"요행히 군의 태수가 되어 1,000리를 전적으로 다스리는 전치專治를 하고 있다. 네가 인애仁愛로 교화해 우민愚民을 안전安全게 만들었다는 소식은 들리지 않고 있다. 오히려 형벌을 이용해 많은 살인으로 위엄을 세우려 한다는 얘기만 들린다. 이 어찌 백성의 부모인 목민牧民이 되고자 하는 뜻일 수 있겠는가!"

엄연년이 복죄服罪하며 거듭 돈수頓首하여 사과했다. 이어 모친을 군부郡府의 숙소인 부사府舍로 모시고 갔다. 모친이 사냥한 짐승을 잡아 조상에게 제사를 올리는 정납正臘을 마친 뒤 엄연년에게 말했다.

"천도天道는 신명神明하다. 응보應報로 인해 사람을 죽인 자가 홀로 살아남는 독살獨殺이 존재하지 않는 이유다. 나는 늙은 나이에 장정인 아들이 형륙刑戮을 당하는 것을 보리라고는 생각지도 못했다! 나는 가겠다. 네 곁을 떠나 동해로 돌아간 뒤 묘지墓地 소제掃除나 할 생각이다!"

그러고는 마침내 떠났다. 동해군으로 돌아간 뒤 엄연년의 곤제昆弟와 종인宗人들을 만나 이를 다시 말했다. 이후 1년여 뒤 과연 엄연년이 패망하고 말았다. 동해에서는 그의 모친을 두고 현지賢智하다고 말하지 않는 자가 없었다.

6) 흉노의 13대 악연구제握衍朐鞮 선우인 난제도기당은 포학暴虐한 성정으로 즐겨 살벌殺伐한 모습을 보인 까닭에 국인國人들이 순복順服하지 않았다. 태자와 좌현왕左賢王이 자주 왼편 동부의 귀인貴人들을 무함하자 왼편 동부의 귀인들이 모두 원망했다. 마침 오환이 흉노 동부 변경의 고석왕姑夕王을 공격해 대거 인민들을 잡아가자 난제도기당 선우가 크게 노했다. 고석왕이 두려운 나머지 바로 오선막烏禪幕 및 왼편 귀인들과 함께 제14대 난제계후산欒提稽侯狦 선우를 옹립한 뒤 호한야呼韓邪 선우라고 불렀다. 이어 왼쪽 동부에서 4만–5만 명의 군사를 동원해 서쪽으로 나아간 뒤 악연구제 선우를 치기 위해 고차수姑且水의 북안에 이르게 됐다. 아직 본격적으로 접전을 하기도 전에 악연구제 선우의 병사들이 패주했다. 악연구제 선우가 사람을 보내 동생인 우현왕右賢王에게 이같이 청했다.

"흉노가 나를 포위해 공격하고 있다. 그대는 군사를 파견해 나를 도와줄 수 있는가?"

우현왕이 대답했다.

"그대는 사람을 사랑하지 않고, 형제와 여러 귀인들을 죽였소. 그대는 그대가 있는 곳에서 싸우다 죽으면 되오. 내가 있는 곳으로 와 더럽히지 마시오!"

악연구제 선우가 화가 나 자살했다. 좌대저거左大且渠 도륭기都隆奇는 우현왕이 있는 곳으로 달아났고, 백성들은 호한야 선우에게 항복했다. 호한야 선우는 왕정王庭으로 돌아갔다. 몇 달 후 철병하면서 각자 자신의 옛 땅으로 돌아가게 했다. 이어 그 형인 호도오사呼屠吾斯를 백성들 안에서 찾아낸 뒤 좌곡려왕左谷蠡王으로 세웠다. 또 사람을 시켜 우현왕의 귀인들에게 이를 알리게 했다. 우현왕을 죽이고자 한 것이다.

그해 겨울, 도륭기와 우현왕이 함께 일축왕日逐王 난제박서상欒提薄胥堂을 14대 도기屠耆 선우로 옹립한 뒤 병사 수만 명을 동원해 동쪽으로 진격하면서 호한야 선우를 습격했다. 호한야 선우의 병사들이 패주했다. 도기 선우가 돌아온 뒤 맏아들인 난제도도오서欒提都塗吾西를 좌곡려왕左谷蠡王, 작은 아들 난제고무루두欒提姑瞀樓頭를 우곡려왕右谷蠡王으로 삼았다. 이들 모두 선우의 왕정王庭에 머무르게 했다.

** 起昭陽太淵獻, 盡玄黓涒灘, 凡十年.

中宗孝宣皇帝神爵四年

春, 二月, 以鳳皇·甘露降集京師, 赦天下.

潁川太守黃霸在郡前後八年, 政事愈治. 是時鳳皇·神爵數集郡國, 潁川尤多. 夏, 四月, 詔曰, "潁川太守霸, 宣明詔令, 百姓鄕化, 孝子·弟弟·貞婦·順孫日以眾多, 田者讓畔, 道不拾遺, 養視鰥寡, 贍助貧窮, 獄或八年亡重罪囚, 其賜爵關內侯·黃金百斤·秩中二千石." 而潁川孝·弟·有行義民·三老·力田皆以差賜爵及帛. 後數月, 徵霸為太子太傅.

五月, 匈奴單于遣弟呼留若王勝之來朝.

冬, 十月, 鳳皇十一集杜陵.

河南太守東海嚴延年為治陰鷙酷烈, 眾人所謂當死者一朝出之, 所謂當生者詭殺之, 吏民莫能測其意深淺, 戰慄不敢犯禁. 冬月, 傳屬縣囚會論府上, 流血數里, 河南號曰"屠伯." 延年素輕黃霸為人, 及比郡為守, 褒賞反在己前, 心內不服. 河南界中又有蝗蟲, 府丞義出行蝗, 還, 見延年. 延年曰, "此蝗豈鳳皇食邪?" 義年老, 頗悖, 素畏延年, 恐見中傷. 延年本嘗與義俱為丞相史, 實親厚之, 饋遺之甚厚. 義愈益恐, 自筮, 得死卦, 忽忽不樂, 取告至長安, 上書言延年罪名十事. 已拜奏, 因飲藥自殺, 以明不欺. 事下御史丞按驗, 得其語言怨望·誹謗政治數事. 十一月, 延年坐不道, 棄市.

初, 延年母從東海來, 欲從延年臘. 到洛陽, 適見報囚, 母大驚, 便止都亭, 不肯入府. 延年出至都亭謁母, 母閉閣不見. 延年免冠頓首閣下, 良久, 母乃見之, 因數責延年曰, "幸得備郡守, 專治千里, 不聞仁愛教化, 有以全安愚民. 顧乘刑罰, 多刑殺人, 欲以立威, 豈為民父母意哉!" 延年服罪, 重頓首謝, 因自為母御歸府舍. 母畢正臘, 謂延年曰, "天道神明, 人不可獨殺. 我不意當老見壯子被刑戮也! 行矣, 去汝東歸, 掃除墓地耳!" 遂去, 歸郡, 見昆弟·宗人, 復為言之. 後歲餘, 果敗, 東海莫不賢智其母.

匈奴握衍朐鞮單于暴虐, 好殺伐, 國中不附. 及太子·左賢王數讒左地貴人, 左地貴人皆怨. 會烏桓擊匈奴東邊姑夕王, 頗得人民, 單于怒. 姑夕王恐, 即與烏禪幕及左地貴人共立稽侯狦為呼韓邪單于, 發左地兵四五萬人, 西擊握衍朐鞮單于, 至姑且水北. 未戰, 握衍朐鞮單于兵敗走, 使人報其弟右賢王曰, "匈奴共攻我, 若肯發兵助我乎?" 右賢王曰, "若不愛人, 殺昆弟·諸貴人. 各自死若處, 無來污我!" 握衍朐鞮單于恚, 自殺. 左大且渠都隆奇亡之右賢王所, 其民眾盡降呼韓邪單于. 呼韓邪單于歸庭. 數月, 罷兵, 使各歸故地, 乃收其兄呼屠吾斯在民間者, 立為左谷蠡王, 使人告右賢貴人, 欲令殺右賢王, 其冬, 都隆奇與右賢王共立日逐王薄胥堂為屠耆單于, 發兵數萬人東襲呼韓邪單于, 呼韓邪單于兵敗走. 屠耆單于還, 以其長子都塗吾西為左谷蠡王, 少子姑瞀樓頭為右谷蠡王, 留居單于庭.

한선제 오봉五鳳 원년(BC 57)

1) 봄 정월, 한선제가 감천궁甘泉宮으로 행행行幸해 태치泰畤에서 천신에게 제사를 올리는 교제郊祭를 올렸다.

2) 황태자 유석劉奭의 관례冠禮를 치렀다.

3) 가을, 흉노의 도기屠耆 선우가 선현탄先賢撣의 형인 우오건왕右奧鞬王으로 하여금 오자烏藉 도위와 함께 각각 2만 명의 기병을 이끌고 동쪽에 주둔하며 호한야 선우의 침공에 대비토록 했다. 이때 서방의 호게왕呼揭王이 유리당호唯犁當戶를 찾아와 함께 우현왕을 참소키로 모의했다. 우현왕이 자립해 선우가 되려 한다고 무함하자 도기 선우가 우현왕 부자를 죽였다. 이후 도기 선우는 그것이 누명으로 인한 억울한 죽음인 원왕冤枉의 사건인 것을 알고 다시 유리당호를 죽였다. 호게왕이 두려운 나머지 마침내 배반하고 달아난 뒤 호게呼揭 선우로 자립했다. 당시 우오건왕右奧鞬王도 이 얘기를 듣고 즉시 자립해 거리車犁 선우가 됐다. 오자烏藉 도위 역시 자립해 오자 선위가 됐다. 이로 인해 무릇 5명의 선우가 나오게 됐다.

도기 선우는 스스로 병사를 이끌고 동쪽으로 진격해 거리 선우를 쳤다. 이어 도륭기都隆奇로 하여금 오자 선우를 치게 했다. 오자 선우와 거리 선우가 모두 패해 서북쪽으로 달아난 뒤 호게 선우의 병사와 합세해 모두 4만 명의 군사를 모았다. 오자와 호게 모두 선우의 명칭을 버린 뒤 함께 힘을 다해 거리 선우를 받들며 곁에서 보필했다. 도기 선우가 이 얘기를 듣고는 좌대장左大將과 도위都尉로 하여금 4만 명의 기병을 이끌고가 동쪽에 나눠 주둔하면서 호한야 선우를 대비케 했다. 이어 자신은 4만 명의 기병을 이끌고 서쪽으로 진격해 거리 선우를 쳤다. 거리 선우가 패해 서북쪽으로 달아났다. 도기 선우가 곧바로 병사를 이끌고 서남쪽 탑돈闒敦[325]으로 가 주둔했다.

당시 한나라 조정에서 의논하던 자들이 대부분 이같이 말했다.

"흉노가 한나라에 해악이 된 지 오래 됐다. 그들의 괴란壞亂을 틈타 거병하여 멸망시킬 수 있다."

한선제가 조서를 내려 어사대부 소망지에게 물었다. 소망지가 대답했다.

"『춘추』에 따르면 진晉나라 대부 사개士匄는 군사를 이끌고 제齊나라를 침략하다가 제나라 군주가 죽었다는 소식을 듣고는 이내 군사를 이끌고 철수했습니다.[326] 군자는 상중喪中에 있는 적국을 정벌하지 않는 것을 칭송했습니다. 은恩이 효자를 감복시키기에 족하고, 의誼가 제후를 감동시키기에 족하다고 생각한 것입니다. 전에 흉노의 선우가 중국의 교화를 흠모한 나머지 한마음으로 선善을 향하며 칭제稱弟하며 사자를 파견해 화친을 청하자, 해내가 흔연히 좋아했습니다. 이적들 가운데 이 소식을 듣지 않은 자가 없었습니다. 지금 아직도 약조 이행이 끝나지도 않았는데 불행히 중국을 흠모하는 선우가 적신賊臣에게 피살되고 말았습니다. 지금

---

325 탑돈闒敦의 탑闒은 자리 잡고 안정됐다는 의미로 사용될 때는 '흡', 용열하다는 뜻일 때는 '탑'으로 읽는다. 안사고는 『한서』「지리지」에 대한 주석에서 한수漢水가 발원하는 산의 명칭을 탑곡闒谷으로 읽어야 한다고 풀이했다.

326 『춘추공양전』「노양공 19년」조의 다음 구절을 인용한 것이다. "기원전 554년, 진나라 대부 사개士匄가 군대를 이끌고 제나라를 침공했다. 곡穀 땅에 이르러 제나라 군주가 죽었다는 소식을 듣고는 이내 군대를 돌려 본국으로 돌아갔다. 환還은 무슨 뜻인가? 사개를 칭찬하는 뜻을 담은 표현이다. 어째서 사개를 칭찬했는가? 상을 당한 나라를 치지 않고 군대를 돌린 것을 칭찬한 것이다. 사개는 군주의 명을 받고 제나라 정벌에 나선 것인데 어째서 상을 당한 나라를 치지 않은 것을 칭찬한 것인가? 대부가 비록 임금의 명을 받아 출정했을지라도, 현장에서의 진퇴는 전적으로 대부의 재량에 달려 있기 때문이다."

저들을 정벌하면 혼란한 틈을 타고 저들의 재앙을 다행으로 여기는 게 됩니다. 저들은 반드시 바삐 달아나 멀리 가서 숨을 것입니다. 의義로써 동병動兵하지 않으면 수고롭기만 하고 공을 세우지 못하는 노이무공勞而無功이 될까 두렵습니다. 의당 사자를 보내 조문하고, 저들의 미약한 것을 도와주고, 그 재환災患을 구해주어야 합니다. 사이四夷가 이 소식을 들으면 모두 중국의 인의仁義를 귀하게 여길 것입니다. 만일 마침내 그 은혜를 입어 직위를 회복하면 반드시 칭신稱臣하며 복종할 것입니다. 이것이 바로 덕을 융성하게 하는 성덕盛德입니다."

한선제가 이를 좇았다.

4) 겨울 12월 1일, 일식이 있었다.

5) 한연수韓延壽가 소망지蕭望之를 대신해 좌풍익左馮翊이 됐다. 소망지는 한연수가 동군東郡 하남성 복양현 태수로 있을 때 멋대로 관전官錢 1,000여만 전을 궁민窮民을 위해 방산放散했다는 소식을 듣고 어사로 하여금 이를 조사케 했다. 한연수가 이 소식을 듣자 곧바로 자신의 휘하 관원인 부리部吏를 시켜 소망지가 좌풍익으로 있을 때 제사를 담당한 좌풍익 소속 관청인 늠희廩犧의 관전 100여만 전을 멋대로 방산했다는 소문을 조사케 했다. 소망지가 스스로 상주했다.

"저의 직책은 천하를 전체적으로 감찰하는 것입니다. 어떤 사안이 불거지면 그 내막을 감히 묻지 않을 수 없습니다. 지금 이로 인해 한연수로부터 외압에 의해 순종을 강요받는 구지拘持를 당하게 됐습니다."

한선제가 한연수를 정직하지 않다고 여겼다. 이내 유사로 하여금 두 사람을 끝까지 조사케 한 이유다. 소망지는 끝내 그런 사실이 없었다. 소망지가 어사를 파견해 동군을 조사케 했다. 이내 기사騎士 선발을 시험하는 날에 사치스런 모습을 보여 법규를 어겼고, 관부의 동기銅器를 이용해 월식月食이 오기를 기다렸다가 상방尚方이 도검을 만드는 것을 흉내 내

도검刀劍을 주조하고, 관전官錢을 이용해 사적으로 요역徭役을 고용하면서 거갑車甲을 치장하는 데 300만 전 이상을 사용한 사실 등이 드러났다. 그는 결국 교활狡猾하고 부도不道한 죄에 연루돼 기시棄市됐다.

이민吏民 수천 명이 한연수를 송별하며 위성渭城섬서성 함양시에 이르렀다. 노소老小를 막론하고 모두 수레바퀴를 붙들고 놓아주지 않으면서 다퉈 그에게 술과 구은 고기 안주인 주자酒炙를 건넸다. 한연수가 차마 이를 거역距逆하지 못하고 사람들이 건네는 술잔을 모두 마셨다. 이를 합하면 1석石이 넘었다. 소리인 연掾과 사史를 시켜 송별해준 이민에게 이같이 사례케 했다.

"멀리 오느라 고생한 이민吏民이여, 저 한연수는 죽어도 여한이 없소!"

백성들 가운데 눈물을 흘리지 않는 자가 없었다.

* 中宗孝宣皇帝五鳳元年

春, 正月, 上幸甘泉, 郊泰畤. 皇太子冠.

秋, 匈奴屠耆單于使先賢撣兄右奧鞬王, 與烏藉都尉各二萬騎屯東方, 以備呼韓邪單于. 是時西方呼揭王來與唯犁當戶謀, 共讒右賢王. 言欲自立為單于. 屠耆單于殺右賢王父子, 後知其冤, 復殺唯犁當戶. 於是呼揭王恐, 遂畔去, 自立為呼揭單于. 右奧鞬王聞之, 即自立為車犁單于. 烏藉都尉亦自立為烏藉單于. 凡五單于. 屠耆單于自將兵東擊車犁單于, 使都隆奇擊烏藉. 烏藉·車犁皆敗, 西北走, 與呼揭單于兵合為四萬人. 烏藉·呼揭皆去單于號, 共幷力尊輔車犁單于. 屠耆單于聞之, 使左大將·都尉將四萬騎分屯東方, 以備呼韓邪單于, 自將四萬騎西擊車犁單于. 車犁單于敗, 西北走. 屠耆單于即引兵西南留闟敦地.

漢議者多曰, "匈奴為害日久, 可因其壞亂, 舉兵滅之." 詔問御史大夫蕭望之, 對曰, "『春秋』, 晉士匄帥師侵齊, 聞齊侯卒, 引師而還, 君子大其不伐喪, 以為恩足以服孝子, 誼足以動諸侯. 前單于慕化鄉善, 稱弟, 遣使請求和親, 海內欣然, 夷狄莫不聞. 未終奉約, 不幸為賊臣所殺. 今而伐之, 是乘亂而幸災也, 彼必奔走遠遁. 不以義動兵, 恐勞而無功. 宜遣使者弔問, 輔其微弱, 救其災患. 四夷聞之, 咸貴中國之仁義. 如遂蒙恩得復其位, 必稱臣服從, 此德之盛之." 上從其議.

冬, 十有二月, 乙酉朔, 日有食之.

韓延壽代蕭望之為左馮翊. 望之聞延壽在東郡時放散官錢千餘萬, 使御史案之. 延壽聞知, 即部吏案校望之在馮翊時廩犧官錢放散百餘萬. 望之自奏曰, "職在總領天下, 聞事不敢不問, 而為延壽所拘持." 上由是不直延壽, 各令窮竟所考. 望之卒無事實. 而望之遣御史案東郡者, 得其試騎士日車服侍衛奢僭逾制. 又取官銅物, 候月食鑄刀, 效尚方事. 及取官錢私假徭使吏. 及治飾車甲三百萬以上. 延壽竟坐狡猾不道, 棄市. 吏民數千人送到渭城, 老小扶持車轂, 爭奏酒炙. 延壽不忍距逆, 人人為飲, 計飲酒石餘. 使掾·史分謝送者曰, "遠苦吏民, 延壽死無所恨!" 百姓莫不流涕.

한선제 오봉 2년(BC 56)

1) 봄 정월, 한선제가 감천궁으로 행행行幸해 태치泰畤에서 천신에게 제사를 올리는 교제郊祭를 올렸다.

2) 거기장군車騎將軍 한증韓增이 훙거薨去했다.

5월, 장군 허연수許延壽가 대사마大司馬·거기대장군車騎大將軍이 됐다.

3) 승상 병길丙吉이 연로했으나 한선제가 중히 여겼다. 어사대부 소망

지는 내심 늘 병길을 경시했다. 한선제가 기뻐하지 않은 이유다. 승상사직丞相司直이 상주해 소망지가 승상 병길을 만나 예절이 거만倨慢했고, 또 휘하 관원으로 하여금 매매를 통해 사적으로 대략 103,000전의 이익을 얻은 만큼 체포하여 다스릴 것을 청했다.

가을 8월 2일, 조서를 내려 소망지를 태자태부太子太傅로 좌천시켰다. 태자태부 황패黃霸를 어사대부로 삼았다.

4) 흉노의 호한야呼韓邪 선우가 동생인 우곡려왕右谷蠡王 등으로 하여금 서쪽으로 가서 도기屠耆 선우를 급습하고, 둔병屯兵하며 1만여 명을 죽이고 약탈하는 살략殺略을 행하게 했다. 도기 선우가 이 소식을 듣고는 즉시 스스로 6만 명의 기병을 이끌고 호한야 선우를 공격했다. 도기 선우는 병패兵敗하자 자살했다.

도륭기都隆奇는 이내 도기 선우의 어린 아들인 우곡려왕右谷蠡王 난제고무루두欒提姑瞀樓頭와 함께 달아나 한나라에 귀부했다. 거리車犁 선우는 동쪽으로 가서 호한야 선우에게 투항했다.

겨울 11월, 호한야 선우의 좌대장左大將인 오려굴烏厲屈과 호측루呼遬累의 벼슬을 살고 있는 부친 오려온돈烏厲溫敦 모두 흉노가 어지러운 것을 보고는 무리들을 이끌고 한나라에 항복했다. 한나라 조정이 오려굴을 신성후新城侯, 오려온돈을 의양후義陽侯에 책봉했다.

이때 이릉李陵의 아들이 다시 오자烏藉 도위를 옹립해 선우로 삼았다. 호한야 선우가 그를 포획해 목을 벤 뒤 마침내 다시 선우의 왕정에 도읍했다. 그러나 무리는 수만 명 단위로 줄어들었다. 도기 선우의 종제從弟 휴순왕休旬王이 윤진閏振 선우로 자립해 서쪽 변경, 호한야 선우의 형인 좌현왕左賢王 호도오사呼屠吾斯 역시 질지골도후郅支骨都侯[327] 선우로 자

327 질지골도후郅支骨都侯의 '골도후骨都侯'는 흉노의 部隊長에 해당하는 직책을 말

립해 동족 변경을 차지하면서 선우가 5명에서 3명으로 줄었다.

5) 광록훈光祿勳인 평통후平通侯 양운楊惲은 염결무사廉潔無私했다. 그러나 자신의 행위와 능력을 자랑하고, 성품이 각해刻害해 다른 사람의 숨겨진 사실을 즐겨 들춰냈다. 많은 사람이 조정에서 그를 원망한 이유다. 특히 태복太僕 대장락戴長樂과 잘 맞지 않았다. 어떤 사람이 상서해 대장락의 죄를 고발하자 대장락은 양운이 다른 사람을 시켜 고발한 것으로 의심했다. 그 또한 상서해 양운의 죄를 고발했다.

"전에 양운이 상서해 한연수를 변호하자 낭중郎中 구상丘常이 양운에게 묻기를, '듣건대 군후君侯는 한풍이韓馮翊를 변호했는데 능히 살릴 수 있겠습니까?'라고 했습니다. 양운이 대답하기를, '일이 어찌 쉬울 리 있겠소? 정직한 사람인 경경자脛脛者일지라도 반드시 안전할 수는 없소. 나는 자보自保할 수조차 없소. 실로 쥐가 굴에 들어가지 못하는 것은 머리에 쓰는 멍석인 구수窶數[328]를 물고 있기 때문이다'라고 했습니다. 또 양운은 일찍이 저 대장락에게 말하기를, '정월 이래 하늘에 구름이 끼었으나 비가 내리지 않고 있소. 이는 『춘추』에 기록돼 있는 하후군夏侯君[329]의 언급이기도 하오'라고 했습니다."

한선제가 이 사안을 정위廷尉에게 내려 보냈다. 정위 우정국于定國은 양운이 원망怨望하는 마음을 품고 요사스럽고 사악한 말을 퍼뜨린 탓에 대역부도大逆不道의 죄를 범했다고 상주했다. 한선제가 차마 죽이지 못하

한다.

328 구수窶數를 두고 『한서』「양운전楊惲傳」에 대한 안사고顔師古의 주는 머리에 이는 물건인 대기戴器로 풀이했다. 여기의 구窶는 원래 빈궁貧窮을 뜻하는 말이다. '구수'는 머리에 쓰기 위해 띠 풀로 만든 둥근 멍석을 가리킨다.

329 하후군夏侯君은 노국魯國 출신으로 태자태부를 지낸 하후승夏侯勝을 말한다. 그는 한소제 때 『홍범전鴻範傳』을 인용해 "'황제가 올바르지 않으면 그 벌로 늘 구름이 끼게 된다. 아랫사람이 윗사람을 치는 일이 있을 것이라는 예시이다'라고 언급한 바 있다.

고, 조서를 내려 양운과 대장락을 모두 서인으로 만들었다.

＊ 中宗孝宣皇帝五鳳二年

春, 正月, 上幸甘泉, 郊泰畤.

車騎將軍韓增薨. 五月, 將軍許延壽為大司馬·車騎大將軍.

丞相丙吉年老, 上重之. 蕭望之意常輕吉, 上由是不悅. 丞相司直奏望之遇丞相禮節倨慢, 又使吏買賣, 私所附益凡十萬三千, 請逮捕繫治. 秋, 八月, 壬午, 詔左遷望之為太子太傅. 以太子太傅黃霸為御史大夫. 匈奴呼韓邪單于遣其弟右谷蠡王等西襲屠耆單于屯兵, 殺略萬餘人. 屠耆單于聞之, 即自將六萬騎擊呼韓邪單于. 屠耆單于兵敗, 自殺. 都隆奇乃與屠耆少子右谷蠡王姑瞀樓頭亡歸漢. 車犁單于東降呼韓邪單于. 冬, 十一月, 呼韓邪單于左大將烏厲屈與父呼遬累烏厲溫敦皆見匈奴亂, 率其眾數萬人降漢. 封烏厲屈為新城侯, 烏厲溫敦為義陽侯. 是時李陵子復立烏藉都尉為單于, 呼韓邪單于捕斬之. 遂復都單于庭, 然眾裁數萬人. 屠耆單于從弟休旬王自立為閏振單于, 在西邊. 呼韓邪單于兄左賢王呼屠吾斯亦自立為郅支骨都侯單于, 在東邊.

光祿勳平通侯楊惲, 廉潔無私. 然伐其行能, 又性刻害, 好發人陰伏, 由是多怨於朝廷. 與太僕戴長樂相失. 人有上書告長樂罪, 長樂疑惲教人告之, 亦上書告惲罪曰, "惲上書訟韓延壽, 郎中丘常謂惲曰, '聞君侯訟韓馮翊, 當得活乎' 惲曰, '事何容易, 脛脛者未必全也! 我不能自保, 真人所謂"鼠不容穴, 銜窶數" 者也' 又語長樂曰, '正月以來, 天陰不雨, 此『春秋』所記, 夏侯君所言' 事下廷尉. 廷尉定國奏惲怨望, 為訞惡言, 大逆不道. 上不忍加誅, 有詔皆免惲·長樂為庶人.

한선제 오봉 3년(BC 55)

1) 봄 정월 26일, 박양정후博陽定侯 병길丙吉이 홍거薨去했다.

반고班固가『한서』에서 이같이 찬贊했다.

"고대에 사물의 명칭을 정할 때는 반드시 비슷한 사물에서 이름을 찾았다. 멀리는 여러 물건에서 취하고, 가까이는 몸에서 취했다. 경전에서 군주는 원수元首, 신하는 고굉股肱에 비유했다. 일체一體가 되어 상대相待함으로써 완성이 되는 것을 밝힌 것이다. 그게 바로 군신상배君臣相配이다. 이는 고금의 상도常道로 자연지세自然之勢이기도 하다. 가까운 한나라의 재상들을 보면 한고제 유방이 그 기틀을 열었다. 소하蕭何와 조참曹參이 으뜸이고, 한선제의 중흥中興으로 병길丙吉과 위상魏相이 명성을 얻었다. 그들이 재직할 때 승진과 좌천인 출척黜陟에 질서가 있었고, 여러 직책인 중직衆職은 알맞게 다스려지는 수리修理의 모습을 보였고, 공경은 대부분 그 자리에 걸맞게 일을 처리해 해내海內가 예양禮讓의 기풍을 흥기시켰다. 그들이 행한 것을 보면 어찌 헛된 것일 리 있겠는가!"

2) 2월 25일, 황패黃霸가 승상이 됐다. 황패의 장기는 치민治民에 있었다. 승상이 된 후 태수로 있을 때보다 공명功名이 못했다. 당시 경조윤京兆尹 장창張敞의 집안에서 키우던 갈작鶡雀이 승상부로 날아와 모였다. 황패가 이를 신작神雀으로 여겨 조정에 보고할 일을 논의하자 장창이 상주하여 황패를 탄핵했다.

"가만히 살펴보건대, 승상은 중2천석 및 박사들과 함께 군국에서 장부를 올린 장사長史 및 수승守丞에게 백성을 위해 행한 흥리제해興利除害와 크게 이뤄진 교화인 대화大化에 관해 이리저리 물은 뒤 그 대답을 일일이 정리했습니다. 농사짓는 자는 밭고랑을 양보하고, 남녀는 서로 다른 길로 다니고, 길에는 떨어진 물건을 줍지 않는 도불습유道不拾遺가 행해지고, 효자와 정부貞婦를 천거하며 그 숫자를 아는 자를 가장 먼저 상전

上殿케 하여 접견하면서 천거는 했으나 그 숫자를 모르는 사람은 그 다음으로 하고, 교화한 내용을 제대로 적시하지 못하는 자를 그 뒤에 서도록 했습니다. 승상에게 고두叩頭하여 청죄請罪를 할 때 승상은 비록 입으로는 말을 하지는 않았으나 내심 그들도 그같이 하기를 바랐습니다. 장사長史와 수승守丞이 대답할 당시 신 장창의 집에서 기르는 갈작鶡雀이 날아와 승상부의 옥상에 머물렀습니다. 승상 이하의 관원 가운데 이를 본 사람이 수백 명이었습니다. 변방에 근무하는 변리邊吏들은 대부분 그것이 강족들이 사는 곳에 서식하는 갈작이라는 사실을 알았으나 승상이 묻자 모두 모르는 척했습니다. 승상이 사람들과 상의하면서 장차 상주할 생각으로 말하기를, '신이 군국에서 장부를 올린 장사長史 및 수승守丞에게 교화를 일으킨 흥화興化에 대해 조목별로 물을 때 황천이 신작神爵을 내려 보내 폐하의 성덕盛德에 보답한 것이다'라고 했습니다. 그러나 이후 갈작이 신 장창의 집에서 온 것을 알고는 이내 중지했습니다. 군국의 관원들은 승상이 신후仁厚하고 지략知略을 지녔지만 기괴한 것을 경신輕信한다며 속으로 웃는 절소竊笑를 했습니다. 신 장창은 감히 승상을 훼손코자 하는 게 아닙니다. 실로 군신들이 드러내놓고 말을 하지 못하는 상황에서 장사와 수승들이 승상의 지적을 두려워한 나머지 각자 돌아가서 법령을 버린 채 사사로이 교령敎令을 만들어 백성에게 법규 사항 이외의 요구를 멋대로 늘리고, 순박한 것이 사라지는 요순산박澆淳散樸으로 인해 거짓이 횡행한 나머지 유명무실有名亡實이 만연하고, 기울어져 흔들리며 게을러지는 경요해태傾搖解怠 현상이 극심해져 심지어 요언妖言으로 백성들이 혹하게 되는 일이 빚어질까 두렵습니다. 가령 경사京師에서 백성에게 먼저 밭고랑을 상대에게 양보하고 남녀가 길을 갈 때 서로 다른 길을 걸으면서 도불습유道不拾遺를 행하게 할지라도 실제로는 청렴하거나 탐욕스런 염탐廉貪 및 정숙하거나 음란한 정음貞淫을 구분하는 데는 별

다른 도움이 되지 않고, 오히려 거짓을 겉으로 드러내도록 권장하게 됩니다. 이는 응당 행할 바가 아닙니다. 만일 제후들이 이를 먼저 실행하면 거짓된 소리가 경사를 휩쓸 터이니 결코 작은 일이 아닙니다. 한나라 황실인 한가漢家는 진秦나라의 각종 폐단을 이어받았으나 통변通變하여 각종 율령을 제정한 것은 선한 것을 권하고 간사한 것을 금하는 권선금간勸善禁奸을 실천코자 한 것입니다. 조목조목 관통해 자세히 갖춰져 있는 여기에 다시 덧붙일 것은 없습니다. 의당 귀신貴臣들로 하여금 장사와 수승들에게 다음 사항을 분명히 밝히게 하십시오. 돌아간 뒤 2천석에게 보고한 뒤 삼로三老와 효제孝弟, 역전力田, 효렴孝廉, 렴리廉吏를 천거할 때 그에 알맞은 사람을 찾는 데 힘쓰도록 하는 게 그것입니다. 나아가 군郡의 일은 모두 법령에 의거해 처리케 하고, 멋대로 조목별로 사사로이 교령敎令을 만들어 감히 사위詐僞의 방법으로 간사하게 명예를 얻고자 하는 자는 반드시 먼저 주륙誅戮함으로써 호오好惡을 바르게 밝혀야 합니다."

한선제가 장창의 건의를 가납嘉納했다. 1년간의 정무를 보고하기 위해 상경한 군국의 관원인 상계리上計吏를 부른 뒤 시중으로 하여금 장창이 지적한 뜻과 동일한 취지로 전하게 했다. 승상 황패가 심히 부끄러워했다.

한선제의 외조모 오라비인 사화史華의 장자인 낙릉후樂陵侯 사고史高는 외척으로서 과거에 한선제에게 은혜를 베푼 바 있다. 시중侍中으로 있으면서 크게 존귀해진 이유다. 승상 황패가 사고를 천거하자 한선제가 태위로 삼았다. 이어 상서로 하여금 황패를 불러 이같이 묻게 했다.

"태위의 관직은 철폐한 지 오래됐다. 무릇 교화를 선명宣明하고, 은거하며 출사하지 않은 유은幽隱을 천거해 상하를 통달通達케 만들고, 옥사에서 억울한 형벌인 원형冤刑이 없게 하고, 성읍에 도적盜賊이 없게 하는 것은 그대의 직책이다. 장상將相 등의 관직에 관한 임면任免은 짐이 맡은 것이다. 시중侍中인 낙릉후樂陵侯 사고는 유악帷幄 즉 짐의 근신近臣으로 짐이 스스로 가까이하는 사람이다. 그대는 어찌하여 직책을 뛰어넘어 그를 천거하는 것인가?"

상서령尙書令이 승상 황패의 대답을 받으려고 하자 황패가 관을 벗고 사죄했다. 며칠이 지나자 비로소 면죄免罪됐다. 이후 황패는 감히 다시는 관원의 임면과 관련해 청하는 일이 없었다. 그러나 한나라가 일어선 이래 민리民吏를 잘 다스린 자로는 황패가 으뜸이다.

3) 3월, 한선제가 하동河東산동성 하현에 행차해 후토后土에게 제사를 올렸다. 천하의 구전口錢[330]을 감해 주고, 사형 이하의 죄에 대해 천하에 사면령을 내렸다.

4) 6월 16일, 서하西河 태수 두연년杜延年을 어사대부로 삼았다.

5) 서하와 북지北地감숙성 영현에 속국屬國을 설치해 투항한 흉노들이 머물게 했다.

6) 광릉여왕廣陵厲王 유서劉胥가 무녀巫女 이여수李女須로 하여금 황상을 저주하는 기도를 하도록 하면서 스스로 천자가 되고자 했다. 사건이 발각되자 무녀와 궁인 20여 명에게 사약을 내려 입을 열지 못하게 했다. 공경들이 유서를 주살할 것을 청했다.

* 中宗孝宣皇帝五鳳三年

春, 正月, 癸卯, 博陽定侯丙吉薨.

班固贊曰, "古之制名, 必由象類, 遠取諸物, 近取諸身. 故『經』謂君為元首, 臣為股肱, 明其一體相待而成也. 是故君臣相配, 古今常

330 구전口錢은 7세에서 14세에 이르는 인민에 대한 인두세를 말한다. 매년 23전을 냈다가 한소제 원평 원년인 기원전 74년에 10분의 3이 감해져 16전을 내게 됐다. 이때에 이르러 다시 감경 조치를 내린 것이다.

道, 自然之勢也. 近觀漢相, 高祖開基, 蕭·曹為冠. 孝宣中興, 丙·魏有聲. 是時黜陟有序, 眾職修理, 公卿多稱其位, 海內興於禮讓. 覽其行事, 豈虛虖哉!"

二月, 壬辰, 黃霸為丞相. 霸材長於治民, 及為丞相, 功名損於治郡. 時京兆尹張敞舍鶡雀飛集丞相府, 霸以為神雀, 議欲以聞. 敞奏霸曰, "竊見丞相請與中二千石·博士雜問郡·國上計長史·守丞為民興利除害, 成大化, 條其對. 有耕者讓畔, 男女異路, 道不拾遺. 及舉孝子·貞婦者為一輩, 先上殿. 舉而不知其人數者, 次之. 不為條教者在後. 叩頭謝丞相, 雖口不言, 而心欲其為之也. 長史·守丞對時, 臣敞舍有鶡雀飛止丞相府屋上, 丞相以下見者數百人. 邊吏多知鶡雀者, 問之, 皆陽不知. 丞相圖議上奏曰, '臣問上計長史·守丞以興化條, 皇天報下神爵' 後知從臣敞舍來, 乃止. 郡國吏竊笑丞相仁厚有知略, 微信奇怪也. 臣敞非敢毀丞相也, 誠恐群臣莫白, 而長史·守丞畏丞相指, 歸舍法令, 各為私教, 務相增加, 澆淳散樸, 并行偽貌, 有名亡實, 傾搖解怠, 甚者為妖. 假令京師先行讓畔·異路·道不拾遺, 其實亡益廉貪·貞淫之行, 而以偽先天下, 固未可知也. 即諸侯先行之, 偽聲軼於京師, 非細事也. 漢家承敝通變, 造起律令, 所以勸善禁奸, 條貫詳備, 不可復加. 宜令貴臣明飭長史·守丞, 歸告二千石, 舉三老·孝弟·力田·孝廉·廉吏, 務得其人, 郡皆以法令檢式, 毋得擅為條教. 敢挾詐偽以奸名譽者, 必先受戮, 以正明好惡." 天子嘉納敞言, 召上計吏, 使侍中臨飭, 如敞指意. 霸甚慚.

又, 樂陵侯史高以外屬民侍中, 貴重, 霸薦高可太尉. 天子使尚書召問霸曰, "太尉官罷久矣. 夫宣明教化, 通達幽隱, 使獄無冤刑, 邑無盜賊, 君之職也. 將相之官, 朕之任焉. 侍中·樂陵侯高, 帷幄近臣, 朕之所自親, 君何越職而舉之?" 尚書令受丞相對, 霸免冠謝罪, 數日, 乃決. 自是後不敢復有所請. 然自漢興, 言治民吏, 以霸為首. 三月, 上幸河東, 祠后土. 減天下口錢. 赦殊死以下. 六月, 辛酉, 以西河太守杜延年為御史大夫. 置西河·北地屬國以處匈奴降者. 廣陵厲王胥使巫李女須祝詛上, 求為天子. 事覺, 藥殺巫及宮人二十餘人以絕口. 公卿請誅胥.

한선제 오봉 4년(BC 54)

1) 봄, 광릉여왕 유서가 자살했다.

2) 흉노의 선우가 칭신하며 동생인 우곡려왕右谷蠡王을 보내 입시入侍케 했다. 변방의 요새에 흉노의 침구侵寇가 없게 되자 수졸戍卒을 10분의 2로 줄였다.

3) 대사농중승大司農中丞 경수창이 상주했다.

"해마다 자주 곡식이 풍성하게 익는 풍양豐穰으로 인해 곡식 값이 싸지고 농민의 이익이 적어졌습니다. 고사故事에는 해마다 함곡관 동쪽의 곡식 400만 곡斛을 조운漕運으로 경사에 공급할 때 6만 명의 역졸役卒을 썼습니다. 의당 삼보三輔관중關中를 비롯해 홍농弘農하남성 영보현과 하동河東산동성 하현, 상당上黨산서성 장자현, 태원太原산서성 태원시 등의 곡식을 사들이면 족히 경사에 공급할 수 있고, 관동關東의 조졸漕卒도 반으로 줄일 수 있습니다."

한선제가 그 계책을 좇았다. 경수창이 또 말했다.

"변경의 군郡들로 하여금 모두 창고를 지은 뒤 곡식이 싸면 그 값을 올려서 사들이고, 곡식이 비싸면 그 값을 내려서 내다 팔도록 하여 명칭을 상평창常平倉이라고 하십시오."

백성들이 이를 편하게 생각했다. 한선제가 이내 조서를 내려 경수창에게 관내위의 작위를 하사했다.

4) 여름 4월 1일, 일식이 있었다.

5) 양운楊惲은 이미 작위를 잃어 버렸으나 집에 있을 때 산업產業을 경영해 재산을 불리며 스스로 즐겼다. 그의 친구로서 안정安定감숙성 고원현 태수인 서하西河 출신 손회종孫會宗이 양운에게 서신으로 이같이 간계諫戒했다.

"대신이 폐출돼 물러났으면 의당 문을 걸어 잠그는 합문闔門을 한 뒤 황구惶懼의 모습으로 가련可憐의 뜻을 보여야 할 것이오. 산업을 경영하며 빈객과 교통하고, 칭예稱譽를 얻는 것은 마땅치 않소."

양운은 재상이었던 양창의 아들로, 재능이 있어 어려서부터 조정에서 뛰어난 모습을 보였으나 하루아침에 엄매晻昧한 어언語言으로 이뤄진 무함을 당해 폐출되고 말았다. 속으로 불복하는 마음을 품고 있었던 까닭에 손회중에게 서신으로 이같이 회보했다.

"가만히 스스로 생각건대, 나의 허물이 이미 크고 나의 행동 또한 이미 어그러져 있소. 늘 농부로 살다가 세상을 떠날 생각으로 처자를 이끌고 힘을 다해 밭을 갈고 뽕나무를 기르는 경상耕桑을 했소. 뜻하지 않게 다시금 비난을 받게 된 이유요. 무릇 인정人情은 억제할 수 없는 것으로 성인도 금할 수 없소. 군부君父처럼 지존지친至尊至親의 사람일지라도 언젠가는 장례를 치러야만 하고, 그 또한 일정한 복상服喪 기간이 있소. 나는 황상에게 죄를 짓고 이미 3년이 됐소. 전가田家에서 고생스럽게 일을 하다가 세시歲時와 삼복三伏 또는 연말인 납월臘月에는 양을 삶고 염소를 굽는 팽양포고烹羊炰羔를 하고, 두주斗酒를 마시며 스스로를 위로하오. 음주로 인해 귀가 발갛게 될 정도로 술이 오르면 하늘을 우러러 질그릇을 두드리며 목청을 돋우는 호오오呼烏烏를 행하오.[331] 그 노래 가사에 이

331 호오오呼烏烏는 목청을 돋워 노래를 부른다는 뜻이다. 『사기』「이사열전」에서 인용

르기를, '저 남산에 경작하려니 잡초가 어지러울 정도로 많고, 1경頃에 콩이나 심었더니 콩깍지 우수수 떨어진다.[332] 인생은 행락行樂 뿐이니 어찌 부귀하게 될 때를 기다릴까?'라고 했습니다. 실로 음황무도淫荒無度한 까닭에 그것이 불가한 줄 모르는 것입니다."

또 양운의 형의 아들인 안평후安平侯 양담楊譚이 양운에게 말했다.

"후侯는 지은 죄는 엷고, 전에 공을 세운 바 있습니다. 다시 등용될 것입니다!"

양운이 말했다.

"공을 세운들 무슨 도움이 되겠는가! 이런 현관縣官 즉 황제는 신하들이 진력盡力해 충성키에 부족하다."

양담이 대답했다.

"지금 현관은 실로 그렇습니다. 사례교위司隸校尉 갑관요蓋寬饒와 좌풍익左馮翊 한연수韓延壽 모두 진력해 충성한 관원입니다. 그러나 그들 모두 사건에 연루돼 주살됐습니다."

마침 일식의 변고가 있자 말먹이를 주는 사람인 성成이 상서했다.

한 것이다. 여기에는 순자 밑에서 한비자와 동문수학한 이사가 여불위의 사인舍人으로 있다가 쫓겨나게 됐을 때 올린 「간축객서諫逐客書」가 실려 있다. 「간축객서」에 무릇 항아리를 두들기고, 질장구를 치고, 쟁箏을 타며 넓적다리를 치고, 목청을 돋워 노래를 부르며 귀를 즐겁게 만드는 것이 참다운 진나라의 음악이라는 취지의 '부격옹고부탄쟁박비夫擊甕叩缶彈箏搏髀, 이가호오오쾌이목자而歌呼嗚嗚快耳目者, 진진지성야眞秦之聲也' 구절이 나온다.

332 원문은 '전피남산田彼南山, 무예불치蕪穢不治. 종일경두種一頃豆, 낙이위기落而為萁'이다. 장안張晏은 『한서』「공손유전왕양채진정전公孫劉田王楊蔡陳鄭傳」에 대한 주석에서 풀이하기를, "남산南山은 인군人君의 상象, 무예불치蕪穢不治는 조정의 황란荒亂을 지적한 것이다. 일경一頃은 100무畝로 백관百官을 비유한 것이다. 두豆는 정실貞實한 물건이 창고에 쌓여 재야에서 영락零落했다는 뜻으로 방기放棄된 것을 비유한 것이다. 기萁는 아첨을 일삼는 조신朝臣을 가리킨다."고 했다.

“양운은 교사驕奢하여 잘못을 후회하지 않고 있습니다. 일식의 허물은 이 사람이 초치한 것입니다.”

상서문을 정위에게 내려 보내 조사케 하자 손회종에게 보낸 편지가 발각됐다. 한선제가 이를 보고 양운을 더욱 혐오했다. 정위가 양운을 대역무도의 죄로 판결해 요참要斬에 처했다. 양운의 처자는 주천군酒泉郡감숙성 주천현으로 유배됐다. 양담楊譚도 연루됐으나 면죄돼 서인이 됐고, 관원으로서 양운과 가까이 지냈던 미앙궁의 위위衛尉인 위현성韋玄成과 손회종 등은 모두 면관免官됐다.

신 사마광은 평한다.

“효선제孝宣帝가 영명해 위상魏相과 병길丙吉이 승상, 우정국于定國이 정위로 있었다. 그러나 조광한과 갑관요, 한연수, 양운의 죽음은 모두 민심과 부합치 않았다. 아쉽구나! 한선제의 선정善政에 큰 누를 끼쳤으니! 『주관周官』의 사구지법司寇之法에 따르면 먼저 현능賢能을 논의해야만 한다. 만일 조광한과 한연수가 백성을 잘 다스린 것을 보면 능히 재능이 없다고 말할 수 있겠는가! 갑관요와 양운의 강직한 서품을 보면 능히 현명치 않다고 말할 수 있겠는가! 그런즉 비록 사죄死罪가 있을지라도 오히려 그들은 용서해 주어야 했다. 하물며 그 죄가 사죄에 처할 만하지 못한 경우이겠는가! 전한 말기의 대유大儒 양웅揚雄은 좌풍익 한연수가 소망지를 참소한 것은 신하로서 스스로 허물을 자초한 것으로 보았다. 무릇 한연수가 윗사람을 범하는 범상犯上을 행한 것은 소망지가 핍박한 결과다. 황상이 이를 잘 살피지 않아 한연수 홀로 그 죄형罪刑을 뒤집어쓴 게 됐으니 이 또한 심한 일이 아닌가!”

6) 흉노의 윤진閏振 선우가 그 무리를 이끌고 동진하여 질지郅支 선우를 쳤다. 질지 선우가 맞서 싸워 윤진 선우를 죽이고, 그의 병사를 병합했다. 마침내 전진해 호한야 선우를 쳤다. 호한야 선우가 패주했다. 질지 선

우가 선우의 왕정王庭에 도읍했다.

* 中宗孝宣皇帝五鳳四年

春, 胥自殺.

匈奴單于稱臣, 遣弟谷蠡王入侍. 以邊塞亡寇, 減戍卒什二.

大司農中丞耿壽昌奏言曰, "歲數豐穰, 穀賤, 農人少利. 故事. 歲漕關東穀四百萬斛以給京師, 用卒六萬人. 宜糴三輔·弘農·河東·上黨·太原郡穀, 足供京師, 可以省關東漕卒過半." 上從其計. 壽昌又白曰, "令邊郡皆築倉, 以穀賤增其賈而糴, 以利農, 穀貴時減賈而糶, 名曰常平倉." 民便之. 上乃下詔賜壽昌爵關內侯.

夏, 四月, 辛丑朔, 日有食之.

楊惲既失爵位, 家居治產業, 以財自娛. 其友人安定太守西河孫會宗與惲書, 諫戒之, 為言"大臣廢退, 當闔門惶懼, 為可憐之意. 不當治產業, 通賓客, 有稱譽." 惲, 宰相子, 有材能, 少顯朝廷, 一朝以晻昧語言見廢, 內懷不服, 報會宗書曰, "竊自思念, 過已大矣, 行已虧矣, 常為農夫以沒世矣, 是故身率妻子, 戮力耕桑, 不意當復用此為譏議也! 夫人情所不能止者, 聖人弗禁, 故君父至尊親, 送其終也, 有時而既. 臣之得罪, 已三年矣, 田家作苦, 歲時伏臘, 烹羊炰羔, 斗酒自勞, 酒後耳熱, 仰天拊缶呼烏烏, 其詩曰, '田彼南山, 蕪穢不治. 種一頃豆, 落而為萁. 人生行樂耳, 須富貴何時' 誠淫荒無度, 不知其不可也." 又惲兄子安平侯譚謂惲曰, "侯罪薄, 又有功, 且復用!" 惲曰, "有功何益! 縣官不足為盡力." 譚曰, "縣官實然. 蓋司隸·韓馮翊皆盡力吏也, 俱坐事誅." 會有日食之變, 騶馬猥佐成上書曰, "惲驕奢, 不悔過. 日食之咎, 此人所致." 章下廷尉, 按驗, 得所予會宗書, 帝見而惡之. 廷尉當惲大逆無道, 要斬. 妻子徙酒泉郡. 譚坐免為庶人, 諸在位與惲厚善者, 未央衛尉韋玄成及孫會宗等, 皆免官.

臣光曰, "以孝宣之明, 魏相·丙吉為丞相, 于定國為廷尉, 而趙·蓋·韓·楊之死皆不厭眾心, 惜哉, 其為善政之累大矣! 『周官』司寇之法, 有議賢·議能. 若廣漢·延壽之治民, 可不謂能乎! 寬饒·惲之剛直, 可不謂賢乎! 然則雖有死罪, 猶將宥之, 況罪不足以死乎! 揚子以韓馮翊之愬蕭為臣之自失. 夫所以使延壽犯上者, 望之激之也. 上不之察, 而延壽獨蒙其辜, 不亦甚哉!"

匈奴閏振單于率其眾東擊郅支單于. 郅支與戰, 殺之, 幷其兵. 遂進攻呼韓邪. 呼韓邪兵敗走, 郅支都單于庭.

한선제 감로甘露 원년(BC 53)

1) 봄 정월, 한선제가 감천궁으로 행행行幸해 태치泰畤에서 천신에게 제사를 올리는 교제郊祭를 올렸다.

2) 양운이 주살될 때 공경들이 상주해 경조윤京兆尹 장창張敞은 양운의 당우黨友이니 의당 그 자리에 있어서는 안 된다고 지적했다. 한선제가 장창의 재주를 애석히 생각해 공경들의 상주를 묵살하는 독침獨寢을 한 채 아래로 내려 보내지 않았다. 장창이 아전인 연리掾吏 서순絮舜으로 하여금 어떤 사건을 재조사하게 했다. 서순이 사사로이 자신의 집으로 가서 이같이 말했다.

"장창은 탄핵을 받은 까닭에 잘해봐야 경조윤京兆尹 자리에 5일가량 앉아 있는 이른바 오일경조五日京兆 신세에 불과한데 어찌 다시 사건을 조사할 수 있단 말인가!"

장창이 그 말을 전해 듣고는 즉시 휘하 관원인 부리部吏를 시켜 서순을 잡아 옥에 가두고 주야로 조사케 했다. 결국 그가 죽을 일을 저질렀다는 사실을 알게 됐다. 서순이 의당 끌려나와 죽게 됐을 때 장창은 주부主

簿[333]로 하여금 서순에게 이런 내용의 쪽지를 전하게 했다.

"오일경조五日京兆가 결국 어떠했다는 것인가? 겨울도 다 지나갔는데 그대는 연명延命이 가능하다고 보는가?"

그러고는 이내 기시棄市했다.

입춘 때 억울한 옥살이가 있는지 확인하는 관직을 자신의 품계보다 낮춰 맡게 된 행원옥사자行冤獄使者가 외출하자 서순의 가속이 시체를 싣고 장창이 보낸 쪽지를 붙인 뒤 사자에게 억울함을 호소했다. 사자는 장창이 불고不辜한 자를 적살賊殺했다고 상주했다. 한선제는 장창으로 하여금 여러 죄 가운데 가벼운 죄를 받게 할 생각으로 전에 장창이 양운의 사건에 연루됐다는 상주문을 내려 보낸 뒤 면직시켜 서인庶人으로 삼았다.

장창이 대궐에 나아가 인수印綬를 올리고, 궐하闕下에서 곧바로 관원의 명적名籍에서 벗어난 뒤 황급히 달아나는 망명亡命을 했다. 몇 달 뒤 경사京師의 이민吏民이 해이해지자 경보警報 용 북인 부고枹鼓[334]가 여러 번 울렸다. 이내 기주冀州 내에서 대적大賊이 일어나자 한선제는 장창의 공효功效를 생각한 뒤 곧 사자로 하여금 바로 그의 집이 있는 곳으로 가서 불러내도록 했다. 당시 장창은 무거운 탄핵을 받은 몸이었다. 조정의 사자가 왔다는 얘기를 들은 처자妻子와 가실家室 모두 눈물을 흘리며 황구惶懼한 모습을 보였다. 오직 장창만이 홀로 웃으며 말했다.

"내 몸은 망명亡命하여 서민이 됐으니 의당 군리郡吏가 와서 체포해야

333 주부主簿는 각급 부서에서 문서를 관할하는 하급관원을 가리킨다. 위진魏晉 이전에는 각급 관서에 광범위하게 존속했으나, 수당 이후에는 일부 부서와 지방정부의 사무관으로 존재하면서 중요성이 점차 감소했다.

334 부고枹鼓의 부枹는 북채의 의미로 사용될 때는 '부', 떡갈나무의 뜻으로 사용될 때는 '포'로 읽는다. 지명으로 사용되는 부한枹罕 역시 '포'가 아닌 '부'로 읽어야 한다.

한다. 지금 조정에서 사자가 왔으니 이는 천자가 나를 기용하려는 것이다."

그러고는 행장을 꾸려 사자를 따라나섰다. 공거公車로 나아가면서 상서했다.

"신은 전에 다행히도 공경의 반열에 올라 경조윤으로 대죄待罪[335]케 됐으나 이내 연리掾吏 서순을 죽인 사건에 연루되고 말았습니다. 서순은 본래 신 장창이 평소에 후하게 대우한 관원으로, 전에 여러 차례에 걸쳐 그의 과실을 관대히 처리하는 은혜를 베푼 바 있습니다. 신이 탄핵을 받아 면직될 상황에 처했을 때 그는 사건을 조사해 기록하라는 신의 명령에도 불구하고 집으로 돌아가 드러눕고는 신을 '오일경조五日京兆'라고 불렀습니다. 은혜를 배반하고 의리를 잊는 배은망의背恩忘義는 풍속과 교화를 상박傷薄케 만드는 것입니다. 신이 가만히 보니 서순에게는 드러난 죄상이 없었습니다. 이내 법을 구부리는 왕법枉法을 통해 그를 주살한 이유입니다. 신 왕창은 무고無辜한 사람을 죽이면서 안건 심리인 국옥鞫獄이 곧지 못했으니 비록 명법明法 앞에 엎드려 죽을지라도 여한이 없습니다!"

한선제가 장창을 인견引見한 뒤 기주冀州 자사로 삼았다. 장창이 자사의 자리로 나아가자 도적들이 종적을 감췄다.

3) 황태자는 유인柔仁한 성품으로 유가를 좋아하는 호유好儒의 모습을 보였다. 그는 한선제가 발탁한 사람들 대다수가 법령에 밝은 문법리文法吏이고, 늘 형법을 이용해 백성을 얽어매는 현실을 목도하게 됐다. 이내 한선제와 함께 연회를 하는 자리를 이용해 종용從容히 건의했다.

---

335 경조윤으로 대죄待罪케 됐다는 구절의 원문은 대죄경조待罪京兆이다. 여기의 '대죄'는 원래 죄 받기를 기다린다는 뜻이나 여기서는 관직 담임擔任의 겸허한 표현으로 사용된 것이다.

"폐하는 형법에 기대는 것이 너무 깊습니다. 의당 유생儒生을 활용해야 할 것입니다."

한선제가 안색을 붉히며 화를 내는 작색作色을 했다.

"한가漢家는 예로부터 스스로 일정한 제도制度를 갖고 있었다. 본래 패도覇道와 왕도王道를 섞어 사용한 게 그렇다. 어찌 순수하게 도덕교화인 덕교德教의 왕도에만 의지해 주나라의 정사를 채용할 수 있겠는가? 게다가 속유俗儒는 시의時宜에 통달치 못한 까닭에 옛날은 옳고 지금은 그르다는 시고비금是古非今의 논리를 좋아한다. 저들이 사람들로 하여금 명분과 실리를 섞어 쓰는 이치인 명실지변名實之辨을 헷갈리게 만들고, 지켜야 할 바가 무엇인지 모르는 이유다. 어찌 저들에게 정사를 족히 위임委任할 수 있겠는가?"

그러고는 이내 이같이 탄식했다.

"우리 한가漢家를 어지럽힐 자는 태자이다!"

신 사마광은 평한다.

"왕도王道와 패도覇道는 서로 다른 치도治道가 아니다. 옛날 삼대三代가 융성할 때 예악禮樂과 정벌征伐 모두 천자로부터 나왔다. 이를 왕자王者라고 한다. 천자가 미약해 제후들을 잘 다스리지 못하자 제후들 가운데 동맹국인 여국與國을 이끌고 함께 왕실을 존중치 않는 자를 토벌한 자를 패자覇者라고 한다. 왕자와 패자가 왕도 내지 패도를 시행하는 것은 모두 인의仁義에 뿌리를 두고, 현능賢能한 자를 임용하고, 선악에 대해 상벌賞罰을 내리고, 포악을 금하며 혼란을 주벌하는 공통점을 지니고 있기 때문이다. 왕도와 패도는 명위名位 차원의 존비尊卑, 덕택德澤 차원의 심천深淺, 공업功業 차원의 거세鉅細, 정령政令 차원의 광협廣狹이란 차이만 있을 뿐이다. 이는 결코 백흑白黑과 감고甘苦처럼 상반相反된 게 아니다. 한나라가 삼대처럼 다스려지는 시대를 회복하지 못한 것은 인주人主가 그리하지 않은 탓이다. 결코 선왕先王의 도가 후대에 다시 시행할 수 없었기 때문이 아니다. 무릇 유자儒者에는 군자유君子儒도 있고, 소인유小人儒도 있다.[336] 한선제가 언급한 저들 속유俗儒는 실로 더불어 정사에 임하기에 부족한 자들이다. 한선제는 단지 진유真儒를 찾아내 임용하는 게 불가능하다고 말한 것인가? 후직后稷과 설契, 고요皐陶, 백익伯益, 이윤伊尹, 주공周公, 공자孔子 모두 대유大儒이다. 한나라로 하여금 이런 사람을 찾아내 임용케 했다면 뛰어난 공적인 공렬功烈이 어찌 이 정도에 그쳤겠는가! 한선제가 말하기를, '태자가 나약해 제대로 서지 못하고 정치의 실체를 이해하는 것도 어두운 까닭에 반드시 우리 한나라 황실을 어지럽히고 말 것이다'라고 했다. 이는 나름 옳은 말이다. 그러나 이내 '왕도는 시행할 수 없고, 유자는 써먹을 수 없다'고 덧붙인 것은 이 어찌 지나친 게 아니겠는가! 자손에게 훈시訓示하고, 후대인인 장래자將來者에게 모범을 보이는 수법垂法이 될 말은 아니다."

4) 회양헌왕淮陽憲王 유흠劉欽은 법률을 좋아했다. 총달聰達하고 재주도 있었다. 한선제가 회양헌왕의 모친인 장첩여張婕妤를 더욱 아낀 이유다. 이로 인해 태자를 멀리하고, 회양헌왕을 사랑했다. 자주 회양헌왕을 차탄하며 이같이 말했다.

"진정 나의 아들이다!"

한선제는 늘 속으로 회양헌왕을 후사로 세우고자 했다. 그러나 태자

---

336 『논어』「옹야」에 따르면 하루는 공자가 제자인 자하子夏에게 말하기를, "너는 군자와 같은 참된 유자인 군자유君子儒가 되어야지, 형식에 얽매인 유자인 소인유小人儒가 되어서는 안 된다."고 했다. 이를 두고 정이천은 풀이하기를, '군자유는 자신을 위해 공부하고, 소인유는 남을 위해 공부한다'고 했다. 공자가 『논어』「헌문」에서 옛날의 학자와 지금의 학자를 비교하며 위기爲己와 위인爲人의 차이를 언급한 사례를 정이천이 원용한 것이다. 여기의 유儒'는 공자의 시대에 들어와 처음으로 학자의 총칭으로 사용되기 시작했다.

유석劉奭은 자신이 미세微細한 시절 태어났고, 어렸을 때 유석의 모친인 허씨許氏 집안에 의지해 생활했고, 게다가 즉위 후 허황후가 독살을 당한 만큼 차마 그리하지 못했다. 한참 뒤에 한선제가 위현성韋玄成에게 벼슬을 주어 회양淮陽 중위中尉로 삼으려 할 때 위현성이 작위를 그의 형에게 양보코자 했다. 한선제는 이를 예로 들어 회양헌왕에게 양보를 권하고자 했다. 덕분에 태자 유석의 위치가 마침내 안정될 수 있었다.

5) 흉노의 호한야呼韓邪 선우가 패하면서 좌이질자左伊秩訾 왕이 호한야 선우를 위해 계책을 냈다. 칭신稱臣하고 입조入朝해 한나라를 섬기면서 원조를 구하면 흉노는 이내 안정될 수 있다는 내용이었다. 호한야 선우가 여러 대신에게 묻자 모두 이같이 말했다.

"불가합니다. 우리 흉노의 풍속에 따르면 본래 기력氣力을 숭상하고, 복역服役하는 것을 치욕으로 여깁니다. 말 위에서 전투하며 나라를 만든 까닭에 여러 만족蠻族 가운데 위명威名을 얻게 됐습니다. 전사戰死는 장사壯士만이 지닌 자랑입니다. 지금 형제간에 나라를 갖겠다고 서로 다투니 형이 죽지 않으면 동생이 죽을 것입니다. 설령 죽을지라도 오히려 위명을 지닐 수 있는 까닭에 그 자손은 늘 여러 만족의 수령이 될 것입니다. 한나라가 비록 강하다고는 하나 아직은 흉노를 겸병兼併할 수 없습니다. 어찌하여 선조의 옛 제도를 문란케 만들어 한나라에 칭신하여 섬김으로써 먼저 가신 선우에게 비루한 욕을 보이고, 제국諸國의 웃음거리가 되려는 것입니까? 비록 이같이 하여 평안을 취할지라도 어찌 다시 만족의 수장이 될 수 있겠습니까?"

좌이질자 왕이 말했다.

"그렇지 않소. 강약은 때가 있소. 지금 한나라는 바야흐로 융성한 까닭에 오손과 성곽을 가진 여러 나라 모두 한나라의 신첩臣妾이 됐소. 호한야 선우의 증조부인 난제저제후欒提且鞮侯 선우 이래 흉노의 세력은 날로 깎여 회복키 어렵게 됐소. 여기서 아무리 견강불굴堅强不屈의 모습을 보였지만 일찍이 하루조차 편하게 지낸 적이 없소. 이제 한나라를 섬기면 안존安存하고, 그렇지 않으면 위망危亡에 처할 것이오. 그 어떤 계책이 이보다 나을 수 있겠소!"

여러 대인大人들이 서로 오랫동안 쟁변爭辯했으나 호한야 선우가 그 계책을 좇았다. 무리를 이끌고 남쪽으로 와서 요새 가까이 이르렀다. 이내 아들인 우현왕右賢王 수루거당銖婁渠堂을 보내 입시入侍케 했다. 질지郅支 선우도 아들인 우대장右大將 구우리수駒于利受를 보내 입시케 했다.

6) 2월 21일, 악성경후樂成敬侯 허연수許延壽가 훙거薨去했다.

7) 여름 4월, 황룡黃龍이 신풍新豐섬서성 임동현에 나타났다.

8) 4월 1일, 태상황太上皇의 사당에 화재가 났다.

4월 9일, 한문제의 사당에 화재가 났다. 한선제가 소복素服을 5일 동안 입었다.

9) 오손의 광왕狂王 니미泥靡가 초왕 유무劉戊의 손녀인 오손공주 유해우劉解憂를 다시 모시고 살면서 1명의 아들인 치미鴟靡를 낳았다. 그러나 오손공주와 화합하지 못한데다 포악한 행보로 인해 중심衆心을 잃었다. 한나라는 사자인 위사마衛司馬 위화의魏和意와 부사副使인 위후衛侯 임창任昌으로 하여금 오손에 가게 했다. 오손공주 유해우가 말했다.

"광왕은 오손의 환고患苦인 까닭에 보위를 바꾸고 주살해야 하오."

그러고는 마침내 모의한 뒤 술자리를 마련했다. 무사로 하여금 칼을 뽑아 치게 했으나 칼이 옆을 내리치는 바람에 광왕은 상처만 입고 급히 말에 올라타 달아날 수 있었다. 그의 아들 세심유細沈瘦가 군사를 모아 위화의와 임창 및 오손공주를 적곡성赤谷城신강성 이녕시에서 포위했다. 몇 달 뒤 도호都護 정길鄭吉이 여러 나라의 병사를 동원해 이를 구했다. 이들은 이내 포위를 풀고 떠났다. 한나라가 중랑장中郎將 장준張遵을 파견해 의 약醫藥을 갖고 가 광왕을 치료케 한 뒤 금백金帛을 하사했다. 이어 위화의와 임창을 나포해 족쇄를 채우고 함거檻車에 실었다. 위리尉犁신강성 위리현에서 장안까지 압송한 뒤 이내 참수했다.

당초 흉노의 비왕肥王 옹귀미翁歸靡와 흉노족 처의 아들인 오취도烏就屠는 광왕이 상처를 입고 달아났을 때 크게 놀란 나머지 오손의 여러 영후翎侯[337]들과 함께 달아나 북쪽에 있는 산속에 머물렀다. 모친 집안이 있는 흉노의 병사들이 구원 차 온다고 떠벌인 덕분에 오손의 백성들이 모두 귀부했다. 이후 마침내 광왕을 습격해 죽이고 스스로 오손의 왕인 곤미昆彌가 됐다. 이 해에 한나라는 파강장군破羌將軍 신무현辛武賢을 시켜 군사 15,000명을 이끌고 돈환敦煌으로 가서 운하를 개통시킨 뒤 곡식을 쌓아두게 했다. 장차 오손을 토벌코자 한 것이다.

원래 오손공주 유해우의 시녀인 풍료馮嫽는 관원들의 문서에 능통한데다 한나라와 서역 여러 나라의 사무를 익혔다. 일찍이 한나라의 부절符節을 갖고 공주의 사자가 된 적이 있었다. 성곽城郭을 가진 서역의 여러 나라가 그녀를 존경하며 신뢰했다. 풍부인馮夫人의 호칭을 얻어 오손 우대장右大將의 부인이 된 이유다. 우대장과 오취도가 서로 좋아했다. 도호 정길이 풍부인으로 하여금 오취도에게 유세케 했다. 한나라가 바야흐로 출병하면 반드시 멸망케 되니 항복하느니만 못하다는 내용이었다. 오취도가 두려워하며 말했다.

"원컨대 저를 소왕小王으로 봉해 몸을 보전할 수 있게 해주십시오!"

한선제가 풍부인을 불러 들여 스스로 정황을 물었다. 알자謁者 축차竺次를 파견하면서 기문期門 감연수甘延壽를 부사副使로 삼아 풍부인을 호

337 영후翎侯는 오손烏孫과 대월지大月氏 및 강거康居 등의 관명官名이다. 각각 1개 성을 다스렸다. 대월지국에는 5명의 '영후'가 있었다. '영후'를 흡후翕侯로 표현키도 한다.

송케 했다. 풍부인이 비단으로 된 수레인 금거錦車를 타고 가 지절持節의 자격으로 오취도에게 명해 적곡성赤谷城으로 가 장라후長羅侯 상혜常惠를 만나게 했다. 이어 원귀미元貴靡를 세워 오손의 대곤미大昆彌, 오취도를 소곤미小昆彌로 삼은 뒤 모두에게 인수를 하사했다. 파강장군 신무현은 출새出塞하지도 않은 채 이내 철군했다. 이후 오취도가 오손의 영후翎侯에게 백성을 모두 귀속시키지 않는 모습을 보이자 한나라 조정이 다시 장라후 상혜를 파견해 3개 지대支隊를 이끌고 적곡성에 주둔케 했다. 이어 인민의 경계를 나눠 구별했다. 대곤미의 호구는 6만여 호, 소곤미는 4만여 호였다. 그러나 중심衆心은 모두 소곤미 쪽에 붙었다.

* 中宗孝宣皇帝甘露元年

春, 正月, 行幸甘泉, 郊泰畤. 楊惲之誅也, 公卿奏京兆尹張敞, 惲之黨友, 不宜處位. 上惜敞材, 獨寢其奏, 不下. 敞使掾絮舜有所案驗, 舜私歸其家曰, "五日京兆耳, 安能復案事!" 敞聞舜語, 即部吏收舜繫獄, 晝夜驗治, 竟致其死事. 舜當出死, 敞使主簿持教告舜曰, "五日京兆竟何如? 冬月已盡, 延命乎?" 乃棄舜市. 會立春, 行冤獄使者出, 舜家載屍幷編敞教, 自言使者. 使者奏敞賊殺不辜. 上欲令敞得自便, 即先下敞前坐楊惲奏, 免為庶人. 敞詣闕上印綬, 便從闕下亡命. 數月, 京師吏民解馳, 枹鼓數起, 而冀州部中有大賊, 天子思敞功效, 使使者即家在所召敞. 敞身被重劾, 及使者至, 妻子家室皆泣, 惶懼, 而敞獨笑曰, "吾身亡命為民, 郡吏當就捕. 今使者來, 此天子欲用我也." 裝隨使者, 詣在公車上書曰, "臣前幸得備位列卿, 待罪京兆, 坐殺掾絮舜. 舜本臣敞素所厚吏, 數蒙恩貸. 以臣有章劾當免, 受記考事, 便歸臥家, 謂臣五日京兆. 背恩忘義, 傷薄俗化. 臣竊以舜無狀, 枉法以誅之. 臣敞賊殺無辜, 鞠獄故不直, 雖伏明法,死無所恨!" 天子引見敞, 拜為冀州刺史. 敞到部, 盜賊屏跡.

皇太子柔仁好儒, 見上所用多文法吏, 以刑繩下, 嘗侍燕從容言曰, "陛下持刑太深, 宜用儒生." 帝作色曰, "漢家自有制度, 本以霸王道雜之. 奈何純任德教, 用周政乎! 且俗儒不達時宜, 好是古非今, 使人眩於名實, 不知所守, 何足委任!" 乃歎曰, "亂我家者, 太子也!"

臣光曰, "王霸無異道. 昔三代之隆, 禮樂·征伐自天子出, 則謂之王. 天子微弱不能治諸侯, 諸侯有能率其與國同討不庭以尊王室者, 則謂之霸. 其所以行之也, 皆本仁祖義, 任賢使能, 賞善罰惡, 禁暴誅亂. 顧名位有尊卑, 德澤有深淺, 功業有鉅細, 政令有廣狹耳, 非若白黑·甘苦之相反也. 漢之所以不能復三代之治者, 由人主之不為, 非先王之道不可復行於後世也. 夫儒有君子, 有小人. 彼俗儒者, 誠不足與為治也, 獨不可求真儒而用之乎? 稷·契·皋陶·伯益·伊尹·周公·孔子, 皆大儒也, 使漢得而用之, 功烈豈若是而止邪! 孝宣謂太子懦而不立, 闇於治體, 必亂我家, 則可矣. 乃曰王道不可行, 儒者不可用, 豈不過甚矣哉! 殆非所以訓示子孫, 垂法將來者也."

淮陽憲王好法律, 聰達有材. 王母張婕妤尤幸. 上由是疏太子而愛淮陽憲王, 數嗟歎憲王曰, "真我子也!" 常有意欲立憲王, 然用太子起於微細, 上少依倚許氏, 及即位而許后以殺死, 故弗忍也. 久之, 上拜韋玄成為淮陽中尉, 以玄成嘗讓爵于兄, 欲以感諭憲王. 由是太子遂安.

匈奴呼韓邪單于之敗也, 左伊秩訾王為呼韓邪計, 勸令稱臣入朝事漢, 從漢求助, 如此, 匈奴乃定. 呼韓邪問諸大臣, 皆曰, "不可. 匈奴之俗, 本上氣力而下服役, 以馬上戰鬪為國, 故有威名於百蠻. 戰死, 壯士所有也. 今兄弟爭國, 不在兄則在弟, 雖死猶有威名, 子孫常長諸國. 漢雖強, 猶不能兼併匈奴. 奈何亂先古之制, 臣事於漢,卑辱先單于, 為諸國所笑! 雖如是而安, 何以復長百蠻!" 左伊秩訾曰, "不然, 強弱有時. 今漢方盛, 烏孫城郭諸國皆為臣妾. 自且鞮侯單于以來, 匈奴日削, 不能取復, 雖屈強於此, 未嘗一日安也. 今事漢則安存, 不事則危亡, 計何以過此!" 諸大人相難久之, 呼韓邪從其計, 引眾南近塞, 遣子右賢王銖婁渠堂入侍. 郅支單于亦遣子右大將駒于利受入侍.

二月, 丁巳, 樂成敬侯許延壽薨.

夏, 四月, 黃龍見新豐.

丙申, 太上皇廟火. 甲辰, 孝文廟火. 上素服五日.

烏孫狂王復尚楚主解憂, 生一男鴟靡, 不與主和, 又暴惡失眾. 漢使衛司馬魏和意·副侯任昌至烏孫. 公主言曰, "狂王為烏孫所患苦, 易誅也." 遂謀置酒, 使士拔劍擊之. 劍旁下, 狂王傷, 上馬馳去. 其子細沈瘦會兵圍和意·昌及公主於赤谷城. 數月, 都護鄭吉發諸國兵救之, 乃解去. 漢遣中郎將張遵持醫藥治狂王, 賜金帛. 因收和意·昌繫瑣, 從尉犁檻車至長安, 斬之.

初, 肥王翁歸靡胡婦子烏就屠, 狂王傷時, 驚, 與諸翖侯俱去, 居北山中, 揚言母家匈奴兵來, 故眾歸之. 後遂襲殺狂王, 自立為昆彌. 是歲, 漢遣破羌將軍辛武賢將兵萬五千人至敦煌, 通渠積穀, 欲以討之.

初, 楚主侍者馮嫽, 能史書, 習事, 嘗持漢節為公主使, 城郭諸國敬信之, 號曰馮夫人, 為烏孫右大將妻. 右大將與烏就屠相愛, 都護鄭吉使馮夫人說烏就屠, 以漢兵方出, 必見滅, 不如降. 烏就屠恐, 曰, "願得小號以自處!" 帝徵馮夫人, 自問狀. 遣謁者竺次·期門甘延壽為副, 送馮夫人. 馮夫人錦車持節, 詔烏就屠詣長羅侯赤谷城, 立元貴靡為大昆彌, 烏就屠為小昆彌, 皆賜印綬. 破羌將軍不出塞, 還. 後烏就屠不盡歸諸翎侯民眾, 漢復遣長羅侯將三校屯赤谷, 因為分別其人民地界, 大昆彌戶六萬餘, 小昆彌戶四萬餘. 然眾心皆附小昆彌.

한선제 감로 2년(BC 52)

1) 봄 정월, 황자皇子 유효劉囂를 정도왕定陶王으로 삼았다.

2) 조서를 통해 천하에 사면령을 내렸다. 백성들의 부세賦稅를 30전 감해주었다.

3) 주해군珠崖郡해남도에서 반란이 일어났다.

여름 4월, 호군도위護軍都尉 장록張祿을 파견해 병사를 이끌고 가 격파케 했다.

4) 두연년杜延年이 노병老病으로 면직됐다.

5월 1일, 정위 우정국于定國이 어사대부가 됐다.

5) 가을 7월, 황자 유우劉宇를 동평왕東平王으로 삼았다.

6) 겨울 12월, 한선제가 부양궁萯陽宮섬서성 호현과 속옥관屬玉觀으로 행행行幸했다.

7) 이 해에 영평장무후營平壯武侯 조충국趙充國이 홍거薨去했다. 이에 앞서 조충국은 노쇠를 이유로 사직을 청하는 걸해골乞骸骨을 했다. 한선제가 안거安車와 사마駟馬 및 황금黃金을 하사하면서 직무를 마친 뒤 집에 가서 쉬게 했다. 조정에서 사이四夷에 관한 대의大議가 있을 때마다 늘 병모兵謀에 참여케 하고, 군사전략인 주책籌策을 물어보았다.

8) 흉노의 호한야 선우가 오원五原내몽골 포두시 서북쪽의 변새邊塞에 와서 그 나라의 진귀한 보물을 바치고 다음해인 감로 3년 정월에 한선제를 조현朝見코자 했다. 유사有司에 조서를 내려 의례를 논의케 하자 승상과 어사가 건의했다.

"성왕聖王의 제도를 보면 경사京師를 우선으로 하면서 여러 중원의 나라인 제하諸夏를 뒤로 하고, 제하를 우선으로 하고 이적夷狄을 뒤로 한다고 했습니다. 흉노 선우가 조하朝賀할 경우 그 의례는 의당 제후왕과 같이 하되 위차位次는 그 아래에 두어야 합니다."

태자 태수 소망지蕭望之가 말했다.

"선우는 정삭正朔을 내려 한나라의 예제를 받들게 하는 나라가 아닙니다. 대등한 관계의 나라인 적국敵國으로 부르는 이유입니다. 의당 신하가 아닌 예의인 불신지례不臣之禮로 대우해야 하고, 그 위치는 제후왕의 위에 두어야 합니다. 이적外夷이 머리를 숙이고 울타리를 자처하는 계수칭번稽首稱藩을 할지라도 중국에서는 이를 사양하며 신하로 대접하지 말아야 합니다. 이는 이적을 다스리는 중원의 전통적인 대외정책인 이른바 기미책羈縻策[338]의 기본 취지이고, 겸향謙享의 복이기도 합니다. 『상서』에 이르기를, '융적戎狄은 황복荒服이다'[339]라고 했습니다. 와서 순복順服하는 게 거칠고, 훌쩍 떠나는 게 무상無常한 점을 지적한 것입니다. 흉노의 후사後嗣들이 문득 새처럼 집을 만들고 쥐처럼 굴을 파서 숨는 조찬서복鳥竄鼠伏을 하여 한나라에 조현하지 않을지라도 반기를 들지 않는 신하로

---

338 기미책羈縻策은 주변국의 힘이 강할 때는 우호관계를 맺어 달래고, 약할 때는 힘으로 제압해 복속시키는 대외정책을 말한다. 기미羈縻를 두고 『사기색은史記索隱』을 쓴 당나라 때의 사마정司馬貞은 『사기』「사마상여열전司馬相如列傳」에 대한 주석에서 풀이하기를, "기羈는 말의 굴레인 마락두马络头, 미縻는 소의 고삐인 우인牛靷을 가리킨다."고 풀이했다. 농락籠絡하며 제어하는 것을 의미한다.

339 오복五服은 제후의 지경地境을 뜻하는 말로 전복甸服과 후복侯服, 수복綏服 내지 빈복賓服, 요복要服, 황복荒服을 가리킨다. 『서경』「하서夏書, 우공禹貢」에 따르면 도성으로부터 사방 500리 땅은 전복甸服, 그 다음 사방 500리 땅은 후복侯服, 그 다음 사방 500리의 땅은 수복綏服, 그 다음 사방 500리의 땅은 요복要服, 그 다음 사방 500리의 땅은 황복荒服이라고 했다. 황복의 경우 첫 번째 300리 안의 땅은 만이蠻夷가 살았고, 나머지 200리 안의 땅은 중죄인을 귀양 보내는 유형지流刑地로 삼았다.

만드는 것이 만세萬世의 장책長策입니다."

한선제가 이를 채택해 이같이 하조下詔했다.

"흉노의 선우가 북쪽의 번신藩臣을 칭하고 정월 초하루인 정삭正朔에 조현코자 한다. 짐이 부덕不德한 탓에 은덕을 널리 베풀어 감싸지 못했다. 손님을 맞이하는 객례客禮로 대우하고, 선우로 하여금 제후왕의 위에 있게 하고, 알현할 때 칭신稱臣만 하게 하고 이름을 부르지 말게 하라."

순열荀悅이 『한기漢紀』에서 이같이 평했다.

"『춘추』의 대의에 따르면 왕자王者는 안팎을 가리지 않고 천하를 하나로 다스린다. 융적은 오가는 거리인 도리道里가 요원遼遠하고, 인적人跡이 중간에 끊어지는 개절介絕의 땅에 산다. 천자가 반포하는 정삭正朔이 미치지 못하고, 예교禮教도 시행되지 못하는 이유다. 이는 그들을 존중하기 때문에 그런 게 아니라 형세形勢가 그러한 것이다. 『시경』에서 말하기를, '저 멀리 저氐와 강羌의 땅까지 감히 조공 바치지 않은 나라가 없네'라고 했다.[340] 요복要服과 황복荒服의 군주일지라도 반드시 와서 천자를 받들고 조공을 바쳐야 한다. 그리하지 않으면 먼저 저들의 무례를 나무라는 사양辭讓을 하며 무력으로 압박을 가하는 호령號令을 더해야 한다. 결코 대등한 관계인 적국敵國으로 부르지 않는다. 소망지가 선우에 대해 신하로 대하지 않는 불신지례不臣之禮로 대우하고, 왕공들의 위에 있게 한 것은 제도를 참월僭越하고, 질서를 상실喪失하고, 윤상倫常인 천상天常을 어지럽힌 것으로 비례非禮에 해당한다. 만일 임시변통 대책인 권시지의權時之宜로 말한 것이면 따로 논의해야 할 것이다."

9) 조서를 내려 거기도위車騎都尉 한창韓昌으로 하여금 선우를 영접케

---

340 『시경』「상송商頌, 은무殷武」에서 인용한 것이다. 『자치통감』 본문은 '막감불래왕莫敢不來王'으로 나오나 『시경』「원문」은 '막감불래향莫敢不來享'으로 되어 있다.

했다. 선우가 지나는 7개 군郡에 2,000명의 기병을 도열시켰다.

* 中宗孝宣皇帝甘露二年

春, 正月, 立皇子囂為定陶王.

詔赦天下, 減民算三十.

珠崖郡反. 夏, 四月, 遣護軍都尉張祿將兵擊之.

杜延年以老病免. 五月, 己丑, 廷尉于定國為御史大夫.

秋, 九月, 立皇子宇為東平王.

冬, 十二月, 上行幸萯陽宮·屬玉觀.

是歲, 營平壯武侯趙充國薨. 先是, 充國以老乞骸骨, 賜安車·駟馬·黃金, 罷就第. 朝廷每有四夷大議, 常與參兵謀·問籌策焉.

匈奴呼韓邪單于款五原塞, 原奉國珍, 朝三年正月. 詔有司議其儀. 丞相·御史曰, "聖王之制, 先京師而後諸夏, 先諸夏而後夷狄. 匈奴單于朝賀, 其禮儀宜如諸侯王, 位次在下." 太子太傅蕭望之以為曰, "單于非正朔所加, 故稱敵國, 宜待以不臣之禮, 位在諸侯王上. 外夷稽首稱藩, 中國讓而不臣, 此則羈縻之誼, 謙亨之福也. 『書』曰, '戎狄荒服' 言其來服荒忽亡常. 如使匈奴後嗣卒有鳥竄鼠伏, 闕於朝享, 不為畔臣, 萬世之長策也." 天子采之, 下詔曰, "匈奴單于稱北藩, 朝正朔. 朕之不德, 不能弘覆. 其以客禮待之, 令單于位在諸侯王上, 贊謁稱臣而不名."

荀悅論曰, "『春秋』之義, 王者無外, 欲一於天下也. 戎狄道里遼遠, 人跡介絕, 故正朔不及, 禮教不加, 非尊之也, 其勢然也. 『詩』云, '自彼氐·羌, 莫敢不來王' 故要·荒之君必奉王貢. 若不供職, 則有辭讓號令加焉, 非敵國之謂也. 望之欲待以不臣之禮, 加之王公之上, 僭度失序, 以亂天常, 非禮也! 若以權時之宜, 則異論矣."

詔遣車騎都尉韓昌迎單于, 發所過七郡二千騎為陳道上.

한선제 감로 3년(BC 51)

1) 봄 정월, 한선제가 감천궁으로 행행行幸해 태치泰畤에서 천신에게 제사를 올리는 교제郊祭를 올렸다.

2) 흉노의 호한야 선우가 내조來朝했다. 조현할 때 번신藩臣만 칭하고 이름은 칭하지 않게 했다. 관대冠帶와 의상衣裳, 황금새黃金璽, 녹색의 인끈인 여수盭綬, 옥구검玉具劍, 패도佩刀, 활 1장張, 화살 4발發, 의장용 창인 계극棨戟 10개, 안거安車 1승乘, 말안장인 안륵鞍勒 1구具, 말 15필匹, 황금 20근斤, 전錢 20만, 의복 77습襲, 금수錦繡, 수놓은 비단과 주단인 기곡綺縠 및 잡백雜帛 등 8,000필匹, 솜 6,000근을 하사했다.

예를 마친 뒤 사자로 하여금 선우를 안내해 먼저 장안에서 50리가량 떨어진 상원上原의 숙소인 장평관長平館에서 묵게 했다. 한선제는 감천궁甘泉宮에서 이궁인 지양궁池陽宮으로 가서 묵었다. 이어 장평판長平阪에 오른 뒤 조서를 내려 선우에게 배알하지 말게 했다. 선우 좌우의 흉노 관원인 당호當戶들이 모두 늘어서서 보고, 여러 만이蠻夷 군장君長과 왕王 및 후侯 수만 명이 모두 위수渭水에 놓인 다리인 위교渭橋 아래서 길을 끼고 늘어서서 영접했다. 한선제가 위교에 오르자 모두 만세를 불렀다. 선우는 이후 장안으로 가서 머물렀다. 선우를 위해 건장궁建章宮에서 연회를 베풀어 환대하는 향사饗賜를 하면서 진귀한 보물을 관람시켰다.

2월, 선우를 환송해 귀국케 했다. 선우가 자청自請했다.

"원컨대 사막 남쪽의 광록새光祿塞내몽골 포두시 아래에 유거留居하면서 급한 일이 발생하면 한나라의 수항성受降城으로 들어가 자보自保코자 합니다."

한나라 조정이 장락궁長樂宮 위위衛尉인 고창후高昌侯 동충董忠과 거기도위車騎都尉 한창韓昌을 파견해 기병 16,000명을 이끌고, 변방의 군郡에서 수천 필의 말을 징발해 선우를 삭방朔方의 계록새雞鹿塞를 빠져나갈 때까지 호송하게 했다. 이어 동충 등에게 조서를 내려 현지에 머물면서 선우를 보위하는 동시에 선우가 불복하는 자를 주살하는 일을 곁에서 돕게 했다. 또 변경에서 나오는 양곡과 말린 식량인 미비米糒를 전운해 앞뒤로 34,000곡斛을 식량으로 공급케 했다. 이에 앞서 오손의 서쪽에서 안식국安息國에 이르기까지 흉노와 가까운 나라들 모두 흉노를 두려워하며 한나라를 경시했다. 그러나 호한야 선우가 한나라를 조현한 뒤로는 모두 한나라를 존중했다.

한선제는 융적戎狄이 빈복賓服하자 고굉지신股肱之臣의 공덕을 상기했다. 이내 공신들의 모습을 기린각麒麟閣에 그리게 했다. 그들의 용모를 본뜨고, 관작官爵과 성명을 써넣었다. 오직 곽광霍光의 경우는 존경의 뜻을 표하기 위해 이름을 쓰지 않은 채 '대사마·대장군·박릉후博陸侯, 성姓 곽씨霍氏'로 기재케 했다. 그 다음으로는 장안세張安世와 한증韓增, 조충국趙充國, 위상魏相, 병길丙吉, 두연년杜延年, 유덕劉德, 양구하梁丘賀, 소망지蕭望之, 소무蘇武 등 총 11명이었다. 모두 공덕이 있고 당대에 이름이 알려진 인물들이다. 이들을 표창하면서 한나라 황실을 중흥케 한 보필의 공을 밝게 드러냈다. 주나라 때 중흥의 공을 세운 방숙方叔과 소호召虎 및 중산보仲山甫와 같은 반열에서 이름이 거론된 배경이다.

3) 봉황이 신채新蔡하남성 신채현에 모였다.

4) 3월 기사일己巳日[341], 건성안후建成安侯 황패黃霸가 훙거薨去했다.

5월 12일, 우정국于定國이 승상이 되어 서평후西平侯에 봉해졌다. 태복太僕인 패군沛郡안휘성 숙현 출신 진만년陳萬年이 어사대부가 됐다.

341 당시 3월의 '갑신甲申 삭朔'을 기준으로 할 경우 기사일己巳日은 존재하지 않는다.

5) 여러 유자인 제유諸儒에게 조서를 내려 오경五經의 동이同異를 강론케 했다. 소망지 등이 논의 내용을 공정하게 정리해 상주한 뒤 한선제의 최종 결재를 거쳤다. 이내 양구하梁丘賀의 『역경易經』과 하후승夏侯勝과 하후건夏侯建 등 대소 하후夏侯의 『상서尙書』, 곡량적穀梁赤의 『춘추곡량전春秋穀梁傳』을 표준으로 삼아 박사를 설치하게 됐다.

6) 오손의 대곤미大昆彌인 원귀미元貴靡와 치미鴟靡가 모두 병사했다. 오손공주가 상서했다.

"연로하여 고향을 생각게 됩니다. 원컨대 고향으로 돌아가는 귀해골歸骸骨을 통해 한나라 땅에 묻히고자 합니다!"

한선제가 이를 민망하게 생각해 영접했다. 오손공주가 경사京師에 이르자 종실의 딸임에도 불구하고 황제의 딸인 공주公主와 똑같이 대우했다. 2년 뒤 졸卒했다.

원귀미의 아들인 성미星靡가 대신 대곤미大昆彌가 됐으나 나이가 유소幼少했다. 풍부인馮夫人이 상서했다.

"원컨대 저는 오손에 사자로 가서 대곤미인 성미를 곁에서 보좌하는 진무鎭撫를 하고자 합니다."

한나라 조정이 그녀를 보냈다. 도호都護 한선韓宣이 상주하여 오손의 대리大吏인 대록大祿과 대감大監에게 모두 금인金印과 자수紫綬를 하사해 대곤미를 존중하며 보좌케 하는 방안을 제시했다. 한나라 조정이 이를 허락했다. 이후 단회종段會宗이 도호가 되어 이내 망명해 반기를 든 자들을 불러들여 안정시켰다. 성미가 죽자 그의 아들 자율미雌栗靡가 뒤를 이었다.

7) 황태자 유석이 총애하는 사마양제司馬良娣가 병이 든 뒤 이내 죽었다. 그녀는 죽기 직전 태자에게 이같이 말했다.

"첩이 죽는 것은 천명天命이 아닙니다. 1급 태자비인 여러 제첩娣妾과

2급 태자비인 양인良人들이 다시 저주하는 기도인 축저祝詛의 방법으로 저를 죽인 것입니다."

태자도 그같이 생각했다. 사마양제가 죽게 되자 크게 슬퍼한 나머지 병이 났다. 고민하며 즐거워하지 않는 홀홀불락忽忽不樂의 모습을 보인 이유다. 한선제가 이내 황후로 하여금 후궁 집안의 사람들 가운에 태자를 즐겁게 해줄 사람을 고르게 했다. 곧 원성元城하북성 대명현 출신 왕정군王政君을 찾아내 태자궁으로 보냈다. 왕정군은 전에 수의어사繡衣御史를 지낸 왕하王賀의 손녀이다. 태자가 태장궁에 딸린 병전丙殿에서 접견한 뒤 한번 총애하자 이내 잉태케 됐다. 이 해에 이후 한성제漢成帝로 즉위하는 유오劉驁를 갑관화당甲館畫堂에서 낳았다. 유오가 곧 적황손嫡皇孫이 됐다. 한선제가 크게 아껴 이름을 '오驁', 자를 '대손大孫'으로 지어준 뒤 늘 좌우에 두었다.

* 中宗孝宣皇帝甘露三年

春, 正月, 上行幸甘泉, 郊泰畤.

匈奴呼韓邪單于來朝, 贊謁稱藩臣而不名. 賜以冠帶·衣裳, 黃金璽·盭綬, 玉具劍·佩刀, 弓一張, 矢四發, 棨戟十, 安車一乘, 鞍勒一具, 馬十五匹, 黃金二十斤, 錢二十萬, 衣被七十七襲, 錦繡·綺穀·雜帛八千匹, 絮六千斤. 禮畢, 使使者道單于先行宿長平. 上自甘泉宿池陽宮. 上登長平阪, 詔單于毋謁, 其左右當戶群臣皆得列觀, 及諸蠻夷君長·王·侯數萬, 咸迎於渭橋下, 夾道陳. 上登渭橋, 咸稱萬歲. 單于就邸長安. 置酒建章宮, 饗賜單于, 觀以珍寶. 二月, 遣單于歸國. 單于自請"願留居幕南光祿塞下. 有急, 保漢受降城." 漢遣長樂衛尉·高昌侯董忠·車騎都尉韓昌將騎萬六千, 又發邊郡士馬以千數, 送單于出朔方雞鹿塞. 詔忠等留衛單于, 助誅不服, 又轉邊穀米糒, 前後三萬四千斛, 給贍其食. 先是, 自烏孫以西至安息諸國近匈奴者, 皆畏匈奴而輕漢, 及呼韓邪單于朝漢後, 咸尊漢矣.

上以戎狄賓服, 思股肱之美, 乃圖畫其人於麒麟閣, 法其容貌, 署其官爵·姓名. 唯霍光不名, 曰"大司馬·大將軍·博陸侯, 姓霍氏." 其次張安世·韓增·趙充國·魏相·丙吉·杜延年·劉德·梁丘賀·蕭望之·蘇武. 凡十一人, 皆有功德, 知名當世, 是以表而揚之, 明著中興輔佐, 列於方叔·召虎·仲山甫焉.

鳳皇集新蔡.

三月, 己巳·建成安侯黃霸薨. 五月, 甲午, 于定國為丞相, 封西平侯. 太僕沛郡陳萬年為御史大夫.

詔諸儒講五經同異, 蕭望之等平奏其議, 上帝稱制臨決焉. 乃立梁丘『易』·大·小夏侯『尚書』·『穀梁春秋』博士.

烏孫大昆彌元貴靡及鴟靡皆病死. 公主上書言曰, "年老土思, 願得歸骸骨, 葬漢地!" 天子閔而迎之. 冬, 至京師, 待之一如公主之制. 後二歲卒.

元貴靡子星靡代為大昆彌, 弱. 馮夫人上書曰, "願使烏孫, 鎮撫星靡." 漢遣之. 都護韓宣奏烏孫大吏大祿·大監皆可賜以金印紫綬, 以尊輔大昆彌. 漢許之. 其後段會宗為都護, 乃招還亡叛, 安定之. 星靡死, 子雌栗靡代立.

皇太子所幸司馬良娣病, 且死, 謂太子曰, "妾死非天命, 乃諸娣妾·良人更祝詛殺我." 太子以為然. 及死, 太子悲恚發病, 忽忽不樂. 帝乃令皇后擇後宮家人子可以娛侍太子者, 得元城王政君, 送太子宮. 政君, 故繡衣御史賀之孫女也, 見於丙殿. 壹幸, 有身. 是歲, 生成帝於甲館畫堂, 為世適皇孫. 帝愛之, 自名曰驁, 字大孫, 常置左右.

한선제 감로 4년(BC 50)

1) 여름, 광천왕廣川王 유해양劉海陽이 금수禽獸 같은 행보를 보이고, 불고不辜한 사람을 적살賊殺한 죄에 연루돼 폐위된 뒤 방릉房陵호북성 방현으로 이주케 됐다.

2) 겨울 10월 정묘일丁卯日, 미앙궁未央宮의 선실각宣室閣에서 화재가 났다.

3) 이 해에 정도왕定陶王 유효劉囂를 초왕楚王으로 개봉改封했다.

4) 흉노의 호한야呼韓邪 선우와 질지郅支 선우가 모두 사자를 파견해 조현하고 공물을 바쳤다. 한나라 조정이 호한야의 사자에게 예우를 더해 주었다.

* 中宗孝宣皇帝甘露四年

夏, 廣川王海陽坐禽獸行·賊殺不辜, 廢, 徙房陵.

冬, 十月, 丁卯, 未央宮宣室閣火.

是歲, 徙定陶王囂為楚王.

匈奴呼韓邪·郅支兩單于俱遣使朝獻, 漢待呼韓邪使有加焉.

한선제 황룡黃龍 원년(BC 49)

1) 봄 정월, 한선제가 감천궁으로 행행行幸해 태치泰畤에서 천신에게 제사를 올리는 교제郊祭를 올렸다.

2) 흉노 호한야 선우가 내조來朝한 뒤 2월에 귀국했다. 당초 질지郅支 선우는 호한야 선우의 군사가 약하다고 생각했다. 호한야 선우가 한나라 투항으로 다시는 돌아올 수 없게 되자 그는 자신의 무리를 이끌고 서쪽으로 진격해 오른쪽 땅인 서부를 평정코자 했다. 또 도기屠耆 선우의 어린 동생은 본래 호한야를 섬기다가 역시 서부로 달아난 뒤 거둬들인 두

형의 나머지 병사가 수천 명에 달하자 곧 이리목伊利目 선우로 자립했다. 그는 길에서 질지 선우를 만나 합전合戰했다. 질지가 도기를 죽이고 병사 5만여 명을 합병했다.

질지 선우는 한나라가 병사와 곡식을 내어 호한야 선우를 도우려한다는 소식을 듣고는 곧 서부에 머물게 됐다. 내심 힘으로는 흉노를 평정할 수 없다고 판단하고 이내 더욱 서진하여 오손에 가까이 간 뒤 힘을 합칠 생각으로 오손에 사자를 보내 소곤미小昆彌 오취도烏就屠를 만나보게 했다. 오취도가 그 사자를 죽인 뒤 8,000여 명의 기병을 이끌고 질지 선우를 맞아 싸우는 영격迎擊을 했다. 질지 선우도 그 계책을 알아채고는 병사를 몰아 오손의 군사를 만나서 싸우는 봉격逢擊을 하여 격파했다. 이어 여세를 몰아 북쪽으로 오게烏揭와 견곤堅昆, 정령丁令을 공격해 이들 3국을 병탄했다. 이후 자주 출병해 오손을 공격하면서 늘 승리를 거뒀다. 견곤은 흉노 선우의 왕정王庭에서 동쪽으로 7,000리, 남쪽으로 차사車師에서 5,000리 떨어져 있었다. 질지 선우가 이곳에 머물며 도읍으로 삼았다.

3) 패성孛星이 왕량王良과 각도閣道의 두 성좌 사이에 나타났다가 자미궁紫微宮으로 들어갔다.

4) 한선제가 누운 채 병에 시달리는 침질寢疾을 했다. 대신 가운데 위촉할 만한 사람을 선발했다. 외척이자 시중侍中인 낙릉후樂陵侯 사고史高를 비롯해 태자태부太子太傅 소망지蕭望之, 소부少傅 주감周堪을 금중禁中으로 불렀다. 사고를 대사大司馬·거기장군車騎將軍, 소망지를 전장군前將軍·광록훈光祿勳, 주감을 광록대부光祿大夫로 삼았다. 모두 유조受遺詔를 받은 뒤 보정輔政에 나서 상서尙書의 일을 관장했다.

겨울 12월 7일, 한선제가 미앙궁에서 붕어했다.

반고가 이같이 찬贊했다.

"한선제의 정사는 신상필벌信賞必罰에 기초해 있었다. 명분과 실리를 종합해 검토하는 종핵명실綜核名實를 행함으로써 정사지사政事之士와 문학지사文學之士 및 법리지사法理之士 모두 그 능력이 당대의 정영精英에 해당했다. 특히 기교技巧와 공장工匠 및 기계器械 분야의 경우는 한원제漢元帝와 한성제漢成 연간 이후부터는 따라서 만들 수 있는 사람이 극히 적었다. 이를 통해 당시 관원들이 충성을 다해 수직守職케 된 배경을 족히 알 수 있다. 백성들이 편안히 생업에 종사할 수 있었던 이유다. 이후 흉노가 괴란乖亂의 모습을 보이자 질지 선우를 패망으로 밀어 넣으면서 호한야 선우의 존립기반을 튼튼히 해주는 추망고존推亡固存을 통해 이적에게 위엄을 보였다. 선우가 의義를 사모하며 머리를 숙이고 번신藩臣을 칭한 이유다. 그 공로가 조종祖宗을 빛냈고, 그 업적이 후사後嗣의 모범이 됐다. 가히 한나라의 중흥中興이라고 이를 만하고, 그 공덕은 은나라의 고종高宗 및 주나라의 선왕宣王에 비길 만하다!"

5) 12월 26일, 태자 유석이 황제의 자리에 올랐다. 유방의 사당인 고묘高廟에 진알進謁한 뒤 황태후를 태황태후太皇太后, 황후를 황태후皇太后로 높여 불렀다.

* 中宗孝宣皇帝黃龍元年

春, 正月, 上行幸甘泉, 郊泰畤.

匈奴呼韓邪單于來朝. 二月, 歸國. 始, 郅支單于以為呼韓邪兵弱, 降漢, 不能復自還, 即引其衆西, 欲攻定右地. 又屠耆單于小弟本侍呼韓邪, 亦亡之右地, 收兩兄餘兵, 得數千人, 自立為伊利目單于. 道逢郅支, 合戰, 郅支殺之, 并其兵五萬餘人. 郅支聞漢出兵穀助呼韓邪, 即遂留居右地. 自度力不能定匈奴, 乃益西, 近烏孫, 欲與并力, 遣使見小昆彌烏就屠. 烏就屠殺其使, 發八千騎迎郅支. 郅支覺其謀, 勒兵逢擊烏孫, 破之. 因北擊烏揭·堅昆·丁令·并三國. 數遣兵擊烏孫, 常勝之. 堅昆東去單于庭七千里, 南去車師五千里, 郅支留都之.

三月, 有星孛於王良·閣道, 入紫微宮.

帝寢疾, 選大臣可屬者, 引外屬侍中樂陵侯史高·太子太傅蕭望之·少傅周堪至禁中, 拜高為大司馬·車騎將軍, 望之為前將軍·光祿勳, 堪為光祿大夫, 皆受遺詔輔政, 領尚書事. 冬, 十二月, 甲戌, 帝崩於未央宮.

班固贊曰, "孝宣之治, 信賞必罰, 綜核名實. 政事·文學·法理之士, 咸精其能. 至於技巧·工匠·器械, 自元·成間鮮能及之. 亦足以知吏稱其職, 民安其業也. 遭值匈奴乖亂, 推亡固存, 信威北夷, 單于慕義, 稽首稱藩. 功光祖宗, 業垂後嗣, 可謂中興, 侔德殷宗·周宣矣!"

癸巳, 太子即皇帝位, 謁高廟, 尊皇太后曰太皇太后, 皇后曰皇太后.

** 권28-한기漢紀 20: 우유부단하게 다스리다

한원제漢元帝 초원初元 원년(BC 48)

1) 봄 정월 4일, 한선제를 두릉杜陵섬서성 서안시 동남쪽에 장사지내고, 천하에 사면령을 내렸다.

2) 3월 10일, 왕후에 왕정군王政君을 세웠다. 왕후의 부친인 왕금王禁을 양평후陽平侯에 봉했다.

3) 삼보三輔와 태상太常 및 군국郡國의 공전公田과 원유苑囿에서 생산되는 곡물과 과실의 소비를 최대한 절약하고, 거기서 남는 것으로 빈민을 진휼振恤했다. 재산이 1,000전에 이르지 못하는 자에게는 파종용 종자와 양식을 빌려주는 부대賦貸를 했다.

4) 후사가 없이 죽은 외조부 평은대후平恩戴侯 허광한許廣漢의 친동생인 허연수許延壽의 아들인 중상시中常侍[342] 허가許嘉를 평은후로 삼았다.

5) 여름 6월, 백성들이 질역疾疫에 걸리자 태관太官에게 명해 음식을

342 중상시中常侍가 이때 처음 등장했다. 허가許嘉가 효시이다. 이들은 황제의 침실까지 출입할 수 있었다. 한성제漢成帝 때 역사가 반고班固의 백조부伯祖父인 반백班伯과 조부인 반치班稚가 중상시로 있었다. 정원이 없었다가 후한의 한명제漢明帝 때 4명으로 정해졌고, 한장제漢章帝와 한화제漢和帝 때 정중鄭衆과 채륜蔡倫 등 환관인 소황문小黃門이 중상시가 됐다. 어린 한안제漢安帝의 즉위로 화제의 등황후鄧皇后가 임조청정臨朝聽政을 하면서 중상시는 모두 환관으로 충원됐다. 이후 정원도 4명에서 10명으로 늘어나 후한 말기에 이르러 대권을 쥐고 천하를 휘두르는 일이 빚어졌다.

줄이고, 악부樂府의 인원을 감축하고, 어원御苑의 말을 줄이게 했다. 곤핍困乏한 백성을 진휼코자 한 것이다.

6) 가을 9월, 함곡관 동쪽에 있는 관동關東의 군국郡國 11곳에서 대수大水가 났다. 기근이 들어 간혹 사람들이 서로를 잡아먹는 인상식人相食의 참상이 빚어졌다. 이웃하는 군인 방군旁郡의 전곡錢穀을 운반해 가져다가 구휼했다.

7) 황상은 평소 낭야琅邪산동성 제성현 출신 왕길王吉과 공우貢禹 모두 경전에 밝고 깨끗한 행실을 지녔다는 얘기를 듣고는 사자를 보내 그들을 징소徵召했다. 도중에 왕길은 병졸病卒했다. 공우가 징소에 응하자 간대부諫大夫에 제수했다. 황상이 자주 자신을 비우고 정사에 관해 자문을 구했다. 공우가 상주했다.

"옛날 인군人君은 절검節儉하여 10분의 1로 세금을 받았고, 다른 부역賦役은 없었습니다. 집에 있는 식구들을 족히 부양할 수 있었던 이유입니다. 한고제漢高帝와 효문제孝文帝 및 효경제孝景帝는 궁녀가 10여 명에 지나지 않았고, 마구간에도 말이 100여 필匹이었습니다. 이후 다투듯 사치奢侈에 몰두해 그 정도가 더욱 심해졌습니다. 신하들 역시 조금씩 이를 본받고 있습니다. 태고 때처럼 하기는 어려울지라도 의당 옛날을 조금 본받아 스스로 절검해야 한다는 게 신의 어리석은 생각입니다. 바야흐로 지금 궁실에 관한 여러 제도가 이미 확정돼 있어 어찌할 수가 없습니다. 그러나 그 나머지는 모두 감손減損할 수 있습니다. 옛날 제齊나라의 삼복관三服官[343]은 보내는 물건이 10개 광주리에 지나지 않았습니다. 바야흐로 지금 제나라의 삼복관은 일을 하는 공인工人이 각각 수천 명이고, 1년

343 삼복관三服官은 황제를 위해 춘복春服과 하복夏服 및 동복冬服 등의 관복冠服을 만드는 곳을 말한다.

의 비용도 거만巨萬을 헤아립니다. 마구간의 말 가운데 곡식을 먹는 것만 1만 필匹에 달합니다. 무제 때는 또 사방으로 수천 명의 아름다운 호녀好女를 취해 후궁을 채웠습니다. 천하를 버리는 기천하棄天下의 제왕의 죽음에 이르러서는 금전金錢과 재물財物, 조수鳥獸와 어별魚鱉 등 무릇 190가지의 물건을 많이 저장했고, 또한 후궁의 여인들을 능묘園陵 곁으로 옮겨 지키도록 했습니다. 효선황제孝宣皇帝의 붕어에 이르러서는 폐하도 부황의 장례를 절검하여 치르는 것을 말하기 어려웠을 것입니다. 군신들 역시 옛날의 고사故事를 좇고 있으니 매우 통석痛惜한 일입니다! 천하로 하여금 이런 풍조를 이어받게 하니 여인을 취하는 일이 모두 크게 도를 넘었고, 제후들의 처첩妻妾은 혹여 수백 명에 이르게 됐고, 호부豪富와 이민吏民 가운데 가기歌妓를 수십 명씩 거느리는 경우까지 생겼습니다. 안으로는 자신의 처지를 원망하는 원녀怨女, 밖으로는 아내 없이 홀로 사는 사내인 광부曠夫가 수없이 많습니다. 수많은 서민들도 장매葬埋할 때 하나같이 지상의 재물을 쓸어 담아 지하의 부장품으로 채우고 있습니다. 이는 모두 위에서부터 비롯된 것입니다. 모두 대신들이 이전의 관례를 그대로 좇은 죄입니다. 오직 폐하는 고도古道를 심찰深察해 절검의 사례를 좇도록 하십시오. 승여乘輿와 복식服御, 기물器物을 크게 줄여 3분의 2로 없애고, 후궁 가운데 현명한 여인을 골라 20명만 머물게 하여 나머지 여인은 모두 돌려보내고, 선제의 여러 능묘를 지키는 여인들 가운데 자식이 없는 자 또한 의당 집으로 돌려보내야 하고, 마구간에서 키우는 말은 수십 필을 넘지 않게 하면서 다만 장안성의 남쪽 어원御苑을 남겨 두어 사냥하는 원유園囿로 삼으십시오. 바야흐로 지금 천하에 기근饑饉이 들었습니다. 어찌하여 스스로 크게 소비를 줄여 백성을 구함으로써 천의天意에 부합치 않는 것입니까? 하늘이 성인聖人을 낸 것은 대략 만민을 위한 것으로, 제왕만 스스로 오락娛樂케 만들려는 취지가 아닙니다."

천자가 그 말을 받아들였다. 곧 조서를 내려 여러 궁전 가운데 거의 어행御幸하지 않는 곳은 수리하지 못하게 하고, 말을 관장하는 태복太僕은 말에게 먹이는 곡식을 줄이도록 하고, 산림과 연못을 관리하는 수형水衡은 고기를 먹는 야수의 수를 줄이도록 했다.

신 사마광은 평한다.

"충신은 군주를 섬길 때 의당 군주가 행하기 어려운 것을 지적해야 한다. 그러면 군주가 행하기 쉬운 일은 수고를 하지 않고도 절로 바르게 된다. 또한 충신은 의당 군주에게 모자란 점을 보완해야 한다. 그러면 군주의 장점은 따로 권하지 않을지라도 절로 완수된다. 한원제는 즉위 즉 천위踐位 직후 허심虛心의 자세로 공우貢禹에게 치국평천하에 관한 자문을 구했다. 공우는 의당 가장 급히 해결해야 할 사안부터 거론하고, 서서히 행해야 할 사안은 뒤로 미루도록 조언해야 했다. 그러나 그는 우유부단優遊不斷했다. 참녕讒佞한 무리가 권력을 휘두르는 용권用權의 폐해가 당시 가장 큰 우환이었다. 공우는 이를 말하지 않고, 한원제가 평소 지향하는 공근절검恭謹節儉만 얘기했다. 그는 정성을 기울이는 자자孜孜의 모습으로 이를 언급한 것이다. 왜 그리한 것일까? 공우의 지혜가 이런 이치를 알지 못했다면 그를 어찌 현명하다고 말할 수 있고, 그가 이를 알고도 말하지 않았다면 그 죄는 더욱 클 것이다!"

8) 흉노의 호한야呼韓邪 선우가 다시 상서해 민중民衆의 곤핍困乏 상황을 얘기했다. 운중군雲中郡과 오원군五原郡에 조서를 내려 곡식 2만 곡斛을 공급케 했다.

9) 이 해에 처음으로 무기교위戊己校尉[344]를 두고, 차사車師의 고지故地

---

344 무기교위戊己校尉는 서역의 둔전屯田 업무를 관장한 관직이다. 『한서』「백관공직표百官公卿表 상上」에 대한 안사고의 주는 풀이하기를, "천간天干 가운데 갑을병정경신

에서 둔전을 하도록 했다.

** 起昭陽作噩, 盡屠維單閼, 凡七年.

孝元皇帝初元元年

春, 正月, 辛丑, 葬孝宣皇帝於杜陵. 赦天下.

三月, 丙午, 立皇后王氏, 封后父禁為陽平侯.

以三輔·太常·郡國公田及苑可省者振業貧民. 貲不滿千錢者, 賦貸種·食.

封外祖父平恩戴侯同產弟子中常侍許嘉為平恩侯.

夏, 六月, 以民疾疫, 令太官損膳, 減樂府員, 省苑馬, 以振困乏.

秋, 九月, 關東郡·國十一大水, 饑, 或人相食. 轉旁郡錢穀以相救.

上素聞琅邪王吉·貢禹皆明經潔行, 遣使者徵之. 吉道病卒. 禹至, 拜為諫大夫. 上數虛己問以政事, 禹奏言曰, "古者人君節儉, 什一而稅, 亡它賦役, 故家給人足. 高祖·孝文·孝景皇帝, 宮女不過十餘人, 廄馬百餘匹. 後世爭為奢侈, 轉轉益甚. 臣下亦相放效. 臣愚以為如太古難, 宜少放古以自節焉. 方今宮室已定, 無可奈何矣. 其餘盡可減損. 故時齊三服官, 輸物不過十笥. 方今齊三服官, 作工各數千人, 一歲費數巨萬, 廄馬食粟將萬匹. 武帝時, 又多取好女至數千人, 以填後宮. 及棄天下, 多藏金錢·財物, 鳥獸·魚鱉凡百九十物. 又皆以後宮女置於園陵. 至孝宣皇帝時, 陛下惡有所言, 群臣亦隨故事, 甚可

임계甲乙丙丁庚辛壬癸는 동남서북東南西北의 방향을 가리킨다. 오직 무기戊己만 그렇지 않다. 무기교위는 동남서북의 일정한 방향에 머물지 않은 까닭에 '무기'를 명칭으로 삼은 것이다. '무기'는 사방을 제압하는 중앙을 가리키는 까닭에 서역의 중간에 위치하며 서역 제국诸国을 진무鎭撫하려는 취지에서 이런 명칭이 나왔다고 보는 견해도 있다."고 했다.

痛也! 故使天下承化, 取女皆大過度, 諸侯妻妾或至數百人, 豪富吏民畜歌者至數十人, 是以內多怨女, 外多曠夫. 及衆庶葬埋, 皆虛地上以實地下. 其過自上生, 皆在大臣循故事之罪也. 唯陛下深察古道, 從其儉者. 大減損乘輿服御器物, 三分去二. 擇後宮賢者, 留二十人, 餘悉歸之, 及諸陵園女無子者, 宜悉遣. 廄馬可無過數十匹, 獨舍長安城南苑地, 以為田獵之囿. 方今天下饑饉, 可無大自損減以救之稱天意乎! 天生聖人, 蓋為萬民, 非獨使自娛樂而已也." 天子納善其言, 下詔, 令諸宮館希御幸者勿繕治. 太僕減穀食馬. 水衡省肉食獸.

臣光曰, "忠臣之事君也, 責其所難, 則其易者不勞而正. 補其所短, 則其長者不勸而遂. 孝元踐位之初, 虛心以問禹, 禹宜先其所急, 後其所緩. 然則優遊不斷, 讒佞用權, 當時之大患也, 而禹不以為言. 恭謹節儉, 孝元之素志也, 而禹孜孜而言之, 何哉? 使禹之智足不以知, 烏得為賢! 知而不言, 為罪愈大矣!"

匈奴呼韓邪單于復上書, 言民衆困乏. 詔雲中·五原郡轉穀二萬斛以給之.

是歲, 初置戊己校尉, 使屯田車師故地.

한원제 초원 2년(BC 47)

1) 봄 정월, 황상이 감천궁으로 행행行幸해 태치泰畤에서 천신에게 제사를 올리는 교제郊祭를 올렸다. 낙릉후樂陵侯 사고史高는 외척으로서 상서尙書의 일을 겸하는 영상서사領尙書事로 있었다. 전장군前將軍 소망지蕭望之와 광록대부光祿大夫 주감周堪이 그를 보좌하는 부이副貳가 됐다. 소망지는 명유名儒로서 주감과 함께 한원제의 사부師傅로 재임한 구은舊恩이 있다. 한원제가 이들을 크게 신임해 자주 연회에 불러 만났다. 이들은 치란治亂을 언급하면서 군왕의 업무인 왕사王事를 진술했다.

소망지는 종실 가운데 경전에 밝고 품행이 좋은 산기상시散騎常侍·간대부諫大夫 유경생劉更生을 급사중給事中으로 천거하면서 시중侍中 금창金敞과 함께 황제의 좌우에서 보필케 했다. 소망지와 주감, 유경생, 금창 등 4인이 한 마음으로 모의謀議하며 성인이 만든 고제古制에 입각해 치국평천하에 임할 것을 권했다. 이들 모두 그리해야만 여러 방면에서 한원제의 결실缺失을 바로잡을 수 있다고 판단한 것이다. 한원제가 이를 흔쾌히 받아들였다. 영상서사인 사고는 그저 자리만 채우는 신세가 됐다. 소망지와 틈이 생긴 이유다.

환관 출신 중서령中書令 홍공弘恭과 복야僕射 석현石顯은 한선제 때부터 오랫동안 중추적인 추기樞機의 역할을 담당해 각종 법조문인 문법文法을 훤히 익혔다. 한원제가 즉위한 뒤 질병이 많았던 탓에 석현이 오랫동안 일을 관장했다. 궁궐의 환관인 중인中人의 신분이어서 밖으로 당우黨友를 만들지 않고 일에 전념해 신임을 얻었다. 마침내 정사를 위임받게 되자 대소사를 막론하고 석현을 통해 상주 여부가 결정됐다. 한원제의 총애를 입자 조정이 경동傾動했다. 문무백관이 모두 석현을 존경하며 섬긴 이유다.

석현은 위인이 교활하며 총명해 일을 잘 익혔다. 인주人主의 속마음을 깊이 헤아렸다. 안으로 도적 같이 음험한 생각을 하면서 궤변詭辯으로 사람을 중상中傷하고, 눈을 흘기는 애자睚眥에 대해서도 원한을 품고 번번이 엄한 법으로 보복했다. 거기장군車騎將軍 사고와 표리表裏가 되어 서로 의론하면서 늘 고사故事를 인용해 소망지 등의 의견을 좇지 않았다.

소망지 등은 허씨許氏와 사씨史氏의 방종을 걱정하며 고통스럽게 생각했다. 또 홍공과 석현의 천권擅權을 통탄했다. 이내 건의해 말하는 건백建白을 했다.

“궁중 일을 처리하는 중서中書는 정사의 근본인 정본政本으로 나라의 추기樞機에 해당합니다. 의당 밝고 공정한 사람이 중서령中書令이 돼야 하는 이유입니다. 무제가 후원에서 연회를 베풀며 노는 유연游宴을 하면서 환자宦者를 쓰기 시작했습니다. 이는 고제古制가 아닙니다. 의당 중서의 환관을 파면시켜 형벌을 받은 형인刑人은 군주 곁에 두지 않는다는 고의古義에 부응해야 할 것입니다.[345]"

사고와 홍공 및 석현과 크게 저촉抵觸하는 관계가 된 이유다. 한원제가 처음 즉위했을 때 매우 겸양하며 제도와 관행의 개작改作을 어려워했다. 논의를 오래했음에도 구체적인 해결방안을 확정하지 못한 이유다. 이내 유경생劉更生을 내보내 종정宗正으로 삼았다.

소망지와 주감周堪은 자주 명유名儒와 무재茂材[346]를 천거해 간관諫官으로 나아가게 했다. 회계會稽강소성 소주시 출신 정붕鄭朋이 내심 소망지에 붙고자 했다. 이내 상서하여 거기장군 사고가 빈객을 군국에 파견해 간사하게 이익을 꾀했다고 고했다. 아울러 허씨와 사씨 집안 자제들의 죄과罪過를 언급했다. 한원제가 주장奏章을 주감에게 보여주자 주감이 말했다.

"정붕으로 하여금 금마문대조金馬門待詔[347]를 하게 하십시오."

---

345 『춘추공양전』「노양공 29년」조에 군자는 형인刑人을 가까이하지 않는다는 취지의 군자불근형인君子不近刑人 구절이 나온다. 『춘추곡량전春秋穀梁傳』에도 군자는 수치를 몰라서도 안 되고, 형인刑人을 가까이해도 안 되고, 적을 친근히 여겨도 안 되고, 주변의 원망을 사도 안 된다는 취지의 '군불사무치君不使無恥, 불근형인不近刑人, 불압적不狎敵, 불이원不邇怨' 구절이 나온다.

346 무재茂材의 원래 명칭은 수재秀才이다. 후한 광무제 유수劉秀의 이름을 피휘避諱키 위해 수秀를 같은 뜻의 무茂로 바꾼 결과다.

347 금마문대조金馬門待詔는 황제가 정식 관원으로 임명해 주는 조서를 내려주기를 기다린다는 뜻이다. 일종의 후보관원을 지칭한다. 여기의 '금마문'은 학사들이 조명詔命을 기다리던 궁문의 명칭이다. 한무제가 대원大宛의 말을 얻은 후 이를 기념하기 위해 말의 동상을 만든 뒤 노반문魯班門 밖에 세우게 했다. 여기서 '금마문' 명칭이 나오게 됐다. '대조'는 황제의 조령을 기다린다는 의미로 한나라 때는 관명官名으로 사용됐다. 황제의 징소徵召를 받는 사인士人을 가리킨다. '대조' 가운데 우수한 자들을 '금마문대조'가 됐다.

이때 정붕이 또 소망지에게 서신을 보냈다.

"지금 장군이 성취한 규모規模는 어떻습니까? 관중管仲과 안영晏嬰의 수준에 이르는 것으로 충분하다고 보는 것인지, 아니면 마침내 날이 저물도록 천하를 구하기 위해 애쓰다가 주공周公이나 소공召公의 경지에 이른 뒤 비로소 쉬려는 것인지요? 만일 관중과 안영처럼 행보하다 쉬려고 한다면 저는 곧바로 고향인 연릉延陵강소성 무진현의 수변水邊으로 내려가 조용히 살다가 숨을 거두는 몰치沒齒를 할 뿐입니다. 만일 장군이 주공과 소공의 유업遺業을 떨치고 친히 날이 저물도록 인재를 모으기 위해 애쓰는 겸청兼聽의 모습을 보이면 원컨대 저는 곧바로 장군을 수종하며 저의 구구區區한 미력微力을 다하여 한나라 황실을 받드는 일에 만분지일萬分之一이라도 기어코자 합니다!"

소망지가 처음으로 정붕을 만나면서 성의를 다해 접대했다. 그러나 이후 그가 부정직한 소인배라는 사실을 안 뒤에는 절교하고 왕래하지 않았다.

정붕은 초나라 땅 출신이다. 소망지가 자신을 좋아하지 않는 것을 보고는 내심 원한을 품었다. 이내 다시 허씨와 사씨와 연결될 요량으로 자신이 찾아낸 사씨와 허씨의 추문에 근거해 이같이 말했다.

"모두 주감과 유경생이 나에게 일러준 것이오. 나는 관동關東 출신인데 이를 어찌 알 수 있겠소!"

이에 시중侍中 허장許章이 한원제에게 상주해 정붕을 만나볼 것을 청했다. 정붕이 한원제를 알현한 뒤 밖으로 나와 이같이 떠벌였다.

"나는 알현할 때 전장군前將軍 소망지의 소과小過 5가지, 대죄大罪 1가지를 말씀드렸다."

대조待詔 화룡華龍은 행실이 오예汚穢했다. 주감 등의 무리에 들어가고자 했으나 받아들여지지 않자 역시 정붕과 서로 결탁하는 상결相結을 했다.

홍공과 석현은 정붕과 화룡으로 하여금 소망지 등이 모의해 거기장군을 파면하고 내쫓으려 하고, 허씨와 사씨를 멀리해 물리치려 한다는 말을 하도록 했다. 소망지가 10일 간 입직入直했다가 하루 휴가를 나가는 휴일休日을 택해 정붕과 화룡로 하여금 이를 황제에게 상주케 했다. 황제가 사안을 홍공에게 내려 보내 당시 상황을 조사케 했다. 소망지가 대답했다.

"외척 가운데 관직에 있는 자들 대부분이 음사奢淫한 까닭에 나라를 광정匡正코자 한 것입니다. 결코 사악한 논의를 한 게 아닙니다."

홍공과 석현이 상주했다.

"소망지와 주감, 유경지가 붕당을 만들어 서로 칭송하며 천거하고, 자주 대신들을 참소譖訴하고, 친척들을 헐뜯고 이간하는 훼리毁離를 하면서 권세를 마구 휘두르는 전천專擅을 하려고 합니다. 신하가 되어 불충不忠하고, 윗사람을 무함誣陷하는 것은 부도不道입니다. 청컨대 알자謁者로 하여금 불러서 정위廷尉에게 넘기도록 하십시오."

당시 황상은 갓 즉위한 까닭에 이들을 불러서 정위에게 넘기는 것이 곧 하옥下獄이라는 사실을 살피지 못했다. 이내 가하다고 허락한 이유다. 이후 주감과 유경생을 부르려고 하자 어떤 자가 황상에게 말했다.

"그들은 이미 감옥에 갇히는 계옥繫獄을 당했습니다."

황상이 대경大驚했다.

"정위廷尉에 보내 단지 한 번 물어보기만 한 게 아닌가!"

홍공과 석현을 나무라자 모두 고두叩頭하며 사죄했다. 황상이 말했다.

"출옥시켜 업무를 보는 시사視事를 하게 하라."

홍공과 석현이 곧 사고史高를 시켜 이같이 말하게 했다.

"황상이 새로 즉위했는데 아직 덕화德化가 천하에 널리 행해지지 않고 있습니다. 먼저 폐하의 태자 시절 사부師傅였던 소망지에게 시험해 보도록 하십시오. 이미 종정宗正인 유경생과 광록대부 주감을 옥에 내려 보낸 만큼 먼저 의당 면직시켜 서인으로 만들어야 합니다."

승상과 어사에게 하조했다.

"전장군 소망지는 짐이 태자로 있을 때 태자대부가 되어 8년 동안 짐을 가르쳤다. 다른 죄과罪過는 없지만 오늘의 일은 매우 오래됐고, 기억하기도 매우 어렵다. 소망지의 죄를 사하고, 전장군과 광록훈光祿勳의 인수를 거두도록 하라. 주감과 유갱생劉更生은 모두 면직시켜 서인으로 삼도록 하라."

2) 2월 27일, 황제의 동생 유경劉竟을 청하왕淸河王으로 세웠다.

3) 2월 28일, 농서隴西감숙성 임도현에 지진이 났다. 성곽과 가옥이 무너져 인중人衆을 압살壓殺했다.

4) 3월, 광릉여왕廣陵厲王 유서劉胥의 아들 유패劉霸를 왕으로 세웠다.

5) 조서를 내려 환관의 관서인 황문黃門의 승여乘輿와 구마狗馬를 내보낸 뒤 수리를 관장하는 수형水衡의 금유禁囿와 의춘하원宜春下苑섬서성 서안시, 소부少府의 차비외지佽飛外池, 엄어치전嚴籞池田假을 빈민에게 빌려주게 했다. 또 조서를 통해 천하에 사면령을 내리면서 무재茂材와 특이한 재주를 지닌 이등異等을 비롯해 직언으로 아부하지 않고 극렬히 간할 수 있는 극간지사直言極諫之士를 천거케 했다.

6) 여름 4월, 황제의 아들인 유오劉驁를 황태자로 삼았다. 대조待詔 정붕鄭朋이 태원太原 태수 장창張敞을 천거했다. 선제 때의 명신名臣인 까닭에 의당 황태자의 스승이 되어 보필하는 부보傅輔를 하는 게 옳았다. 황상이 이를 소망지에게 묻자 소망지는 장창이 능력 있는 관원으로서 번란煩亂한 사안을 잘 맡아 처리하나 인재가 경박해 사부의 그릇이 아니라고 생각했다. 천자가 사자로 하여금 장창을 징소케 하여 좌풍익으로 삼으려 했으나 도중에 장창이 병졸病卒했다.

7) 조서를 내려 소망지에게 관내후關內侯의 작위를 내리고 급사중給事中의 업무를 보게 했다. 매월 초하루와 보름날에 조회에 나오게 했다.

8) 함곡관 동쪽의 관동關東에 기근이 들었다. 제齊나라 땅 사람들이 서로를 잡아먹었다.

9) 가을 7월 27일, 지진이 다시 일어났다.

10) 황상이 다시 주감과 유경생을 징소하려고 했다. 홍공과 석현의 품고稟告로 인해 모두 중랑中郎으로 삼았다.

황상은 소망지를 그릇으로 소중히 여기기를 그치지 않았다. 의지하며 재상으로 삼고자 한 이유다. 홍공과 석현 및 허씨와 사씨 자제子弟들, 시중侍中, 여러 관부인 제조諸曹 모두 소망지 등에 대해 옆으로 흘겨보는 측목側目을 했다. 유경생이 이내 그 외친外親으로 하여금 변사變事를 상주케 했다.

"지진은 거의 홍공 등의 전횡에 따른 것으로, 소망지와 주감 및 유경생 등 세 독부獨夫들 때문에 그리된 게 아닙니다. 신의 어리석은 생각으로는 의당 홍공과 석현을 물리치면서, 그들이 선행을 가리는 폐선蔽善을 행한 데 따른 형벌을 선명히 드러내야 합니다. 이는 소망지 등을 임용해 현자들로 하여금 서로 소통할 수 있게 하는 길이기도 합니다. 이같이 하면 절로 태평지문太平之門이 열리고, 재이의 근원인 재이지원災異之原이 막힐 것입니다."

상서가 올라가자 홍공과 석현은 유경생의 소위所為로 생각해 황제에게 간사奸詐 여부를 조사할 것을 청했다. 조사 결과 유경생의 외친이 과연 자복自服했다. 마침내 유경생이 체포돼 감옥에 있다가 파면돼 서인이 됐다.

이때 마침 소망지의 아들인 산기상시散騎常侍·중랑中郎 소급蕭伋 역시 상서해 소망지가 전에 홍공과 석현으로 인해 정위의 감옥에 갇혀 있던 일을 소송하고 나섰다. 황제가 이를 유사에게 내려 보냈다. 유사가 상주하여 회답하는 복주復奏를 했다.

"소망지가 전에 연루된 사건은 이미 조사 결과가 분명한 까닭에 참소譖訴를 한 자가 없습니다. 소망지가 아들을 시켜 죄가 없다는 취지의 무고지시亡辜之詩[348]를 인용해 상주했으니 이는 대신의 체통을 잃고 불경不敬을 저지른 것입니다. 청컨대 체포를 허락해 주십시오."

홍공과 석현 등은 소망지가 평소 고절高節을 지닌 인물로 남에게 굴욕詘辱을 당하지 않은 것을 알고는 이같이 건백建白했다.

"소망지는 이전의 사건에 다행히 연루되지 않았고, 작위와 식읍이 회복됐는데도 자신의 허물을 후회하거나 죄를 자복하거나 하지 않고 오히려 깊이 원망하는 마음을 품었습니다. 아들을 시켜 상서하면서 잘못을 황상에게 돌리면서 스스로 황제의 사부로 있던 사실에 기대 끝까지 연루되지는 않을 것이라고 믿고 있습니다. 자못 그를 뇌옥牢獄에 가둬 앙앙심怏怏心을 막지 않으면 장차 성스러운 조정인 성조聖朝에서 은덕을 두텁게 내릴 길이 없습니다."

황상이 말했다.

"소태부蕭太傅는 원래 강의剛毅한 사람이오. 어떻게 옥리獄吏에게 보낼 수 있겠소!"

석현 등이 말했다.

"인명人命은 지중至重합니다. 소망지가 연루된 것은 가벼운 언어상의 잘못으로 인한 것입니다.[349] 틀림없이 우려할 일은 없을 것입니다."

---

348 무고지시亡辜之詩가 어떤 시를 인용한 것인지 자세히 알 길이 없다. 다만 『시경』 「소아, 시월지교十月之交」에 죄 없고 허물없어도 무함하는 소리 들끓는다는 취지의 '무죄무고無罪無辜, 참구효효讒口囂囂' 구절이 나온다.

349 원문은 '망지소좌望之所坐, 언어박죄語言薄罪'이다. '언어박죄'의 사안은 옥리에

황상이 마침내 이들의 상주에 동의했다

겨울 12월, 석현 등은 조서詔書를 봉한 뒤 알자에게 부탁해 칙령으로 소망지의 손에 직접 전해주게 했다. 이어 태상太常으로 하여금 급히 집금오執金吾의 거기車騎를 동원해 그의 집을 포위케 했다. 사자가 이르러 소망지를 불렀다. 소망지가 문하생門下生인 노국魯國 출신 주운朱雲에게 물었다. 주운은 절의를 중시하는 선비인 까닭에 소망지에게 자재自裁를 권했다. 소망지가 앙천仰天하며 탄식했다.

"나는 일찍이 장상將相의 자리에 있었고, 나이는 이미 60세를 넘었다. 늙어서 감옥에 들어가 구차하게 생활하는 것 또한 비루하지 않은가!"

자字가 유游인 주운을 불러 이같이 말했다.

"유游야, 속히 가서 독을 섞은 약을 갖고 오도록 해라. 시간을 늦출 것도 없이 곧바로 죽도록 하겠다!"

마침내 짐주鴆酒를 마시고 자살했다. 천자가 이 소식을 듣고는 크게 놀라 손바닥을 치는 부수拊手를 하며 말했다.

"전에 실로 나는 그가 감옥에 가는 굴욕을 당하지는 않을 것으로 의심했는데, 과연 나는 현명한 스승인 현부賢傅를 죽이고 말았다!"

이때 태관太官이 바야흐로 점심인 주식晝食을 올렸다. 황상이 이내 상을 물리는 각식卻食을 하며 그를 위해 눈물을 흘렸다. 그 모습이 좌우로 하여금 감동을 받아 슬퍼하는 애동哀動을 만들었다. 곧 석현 등을 불러 문책했다. 이들 모두 자세히 조사하지 못했다며 모자를 벗고 사죄했다. 한참 지난 뒤 문책하는 일이 그쳤다. 황상이 소망지를 추념불망追念不忘하여 세시歲時마다 사자를 파견해 소망지의 무덤에 제사를 올렸다. 이는 한원제의 치세 동안 계속됐다.

게 내려 보내지 않는 법이다. 한원제가 석현 등의 말에 넘어간 것이다.

신 사마광은 평한다.

"심하다, 효원제孝元帝가 군주로서 너무 쉽게 속고 너무 늦게 알아차린 것이! 무릇 홍공과 석현이 소망지를 참소譖訴할 때 그 사설邪說과 궤계詭計는 실로 잘 구별할 수 있는 게 아니었다. 그러나 당초 황상은 소망지가 감옥에 가는 굴욕을 당하지 않을 것이라는 것을 의심할 때는 이미 홍공과 석현이 틀림없이 우려할 일이 없을 것이라고 말했음에도 과연 자살한 뒤였다. 그렇다면 홍공과 석현의 기망欺罔은 분명하다. 중간 수준의 군주인 중지지군中智之君일지라도 어찌 동요하여 떨쳐 일어나는 감동분발感動奮發을 하여 이들 사신邪臣들을 처벌하지 않았겠는가! 그러나 효원제는 그리하지 않았다. 비록 눈물을 흘리고 불식不食하면서 소망지의 죽음을 아파했으나 끝내는 홍공과 석현을 주살하지 못했고, 겨우 모자를 벗고 사죄를 하도록 만들었을 뿐이다. 이같이 하면 간신들을 어떻게 징계懲戒할 수 있겠는가! 이는 홍공과 석현으로 하여금 그 사심邪心을 더욱 방사放肆케 해 다시는 기탄忌憚할 게 없도록 만든 것이다."

11) 이 해에 홍공이 병사하고, 석현이 중서령이 됐다.

12) 당초 한무제가 남월南越을 멸하고 주애군珠崖郡과 담이군儋耳郡을 설치해 바다 가운데 있는 섬에 두었다. 이졸吏卒 보두 중국인中國人이어서 현지 백성을 침릉侵陵하는 일이 많았다. 현지 백성 또한 포악暴惡해서 스스로 섬에 고립돼 대륙과 격절된 조절阻絕을 믿고 관부의 금령禁令을 범했다. 대략 몇 년에 1번씩 반란을 일으키고 관원을 살해한 까닭에 한나라 조정은 번번이 발병發兵하여 이들을 평정해야만 했다. 20여 년 사이 무릇 6번의 반란이 있었다. 한선제 때 다시 반란이 일어났다.

한원제가 즉위한 다음해에 주애군의 산남현山南縣이 반란을 일으켰다. 병사를 동원해 격파했다. 담이군이 주애군에 흡수된 이후 주애군의 여러 현이 다시 반기를 들자 몇 해 동안 평정하지 못했다. 황상이 군신들에게 대책을 널리 모의하는 박모博謀를 하도록 했다. 크게 군사를 일으켜 토벌코자 한 것이다. 대조待詔 가연지賈捐之가 말했다.

"신이 듣건대 요堯·순舜·우禹가 행한 성덕聖德의 범위는 사방으로 수천 리에 불과했습니다. 이후 서쪽으로 사막인 유사流沙, 동쪽으로 해변, 삭방朔方 남쪽에 이르기까지 모두 중국의 명성과 교화가 행해지게 됐습니다. 이어 성위聲威와 교화敎化인 성교聲敎를 통해 이르기를, '중국은 중국의 성교를 좇고자 하면 다스리고, 그렇지 않으면 결코 강압적으로 다스리지 않을 것이다'라고 했습니다. 덕분에 군신君臣은 공덕을 노래하고, 생명을 지닌 사물 모두 각각 있어야 할 자리를 차지했습니다. 은나라의 중흥 군주인 무정武丁과 주나라의 성왕成王은 은주殷周의 대인大仁입니다. 그러나 영토는 동쪽으로 강江하남성 식현과 황黃하남성 황천현, 서쪽으로 저족氐族과 강족羌族, 남쪽으로 만형蠻荊, 북으로 삭방朔方에 지나지 않았습니다. 그럼에도 칭송하는 소리가 아울러 일어나고, 시청視聽하는 것들 모두 그들의 삶을 즐겁게 하고, 남쪽의 월상씨越裳氏는 9번의 통역을 거치면서도 공물을 바쳤습니다. 이는 병혁兵革으로 이룰 수 있는 게 아닙니다. 진秦나라 때에 이르러 군사를 일으켜 먼 곳을 치는 흥병원공興兵遠攻과 밖으로 즐겨 원정하며 안으로 재물을 탕진하는 탐외허내貪外虛內로 인해 천하가 무너지며 반기를 드는 궤반潰畔이 빚어졌습니다. 효문황제孝文皇帝가 무력원정을 포기하고 글로 다스리는 언무행문偃武行文을 행한 이유입니다. 당시 옥송獄訟인 단옥斷獄은 수백 건에 불과했고, 부역賦役도 경간輕簡했습니다. 효무황제孝武皇帝는 병마를 단련시켜 사방의 이적을 물리쳤습니다. 그러나 천하의 단옥은 수만 건을 헤아렸고, 부역은 번중煩重했습니다. 나아가 구적寇賊이 병기幷起하고 군려軍旅가 누차 동원되면서 아비는 앞에서 싸우다 죽는 사이 자식은 뒤에서 싸우다 다치고, 전선을 지킬 사람이 없어 여인이 방어 시설인 정장亭障에 올라가고, 고아孤兒는 길에서 울부짖고, 노모老母와 과부寡婦는 눈물을 삼키며 골목에서 통곡하는 음읍항곡飮泣巷哭을 했습니다. 모두 영토인 곽지廓地가 너무 크고, 정벌征伐이 쉬지 않고 빚어진 탓입니다.

지금 관동關東의 백성은 오랫동안 곤경을 당해 길에서 유리流離돼 있습니다. 인정人情은 부모보다 더 친한 게 없고, 부부의 정보다 더 즐거운 게 없는 법입니다. 아내를 딴 곳에 시집보내면서 자식을 파는 가처매자嫁妻賣子의 상황이 됐는데도 법으로 금할 수 없고, 의義로 중지시킬 수 없는 지경에 이르렀습니다. 이는 사직의 우환입니다. 지금 폐하는 차마 한때의 노여움인 연연지분悁悁之忿을 참지 못하고, 사중士衆을 대해大海 한가운데로 몰아가려 하고 있습니다. 이는 유명幽冥의 보잘 것 없는 섬으로 들어가 마음을 통쾌하게 하는 것에 지나지 않고, 기근을 구제하고 일반백성인 원원元元을 보전하는 계책이 아닙니다. 『시경』「소아, 채기采芑」에 이르기를, '어리석은 남쪽 형만荊蠻이 대국을 원수 삼아 상대하네'라고 했습니다. 성인聖人이 일어나면 사방이 복종하고, 중국이 쇠하면 먼저 배반할 것이라는 말입니다. 예로부터 이를 걱정했는데 하물며 이내 다시 남쪽으로 1만 리나 떨어져 있는 만이蠻夷의 경우이겠습니까? 낙월駱越해남성 해남도의 사람들은 부자가 같은 개울에서 목욕을 하고, 관습적으로 코로 물을 마시는 등 금수와 차이가 없는 까닭에 본래 군현을 두기에 부족한 곳입니다. 큰 바다 한가운데 구구區區하게 외떨어진 전전독거顓顓獨居의 섬에 불과합니다. 안개와 이슬이 많아 공기가 습하고, 독초毒草와 충사蟲蛇를 비롯해 수토水土의 해로움이 많습니다. 적을 만나기도 전에 전사戰士가 먼저 죽은 이유입니다. 또 그곳 주애珠崖는 주珠·서犀·대모玳瑁만 산출되는 곳이 아닙니다. 이를 포기할지라도 크게 애석할 게 없고, 치지 않을지라도 국위國威를 손상할 일도 없습니다. 그곳 사람들은 비유하면 어별魚鱉과 같은데 어찌 족히 탐낼 만한 것이겠습니까?

신이 가만히 이전 선제 때 빚어진 강족羌族의 군사 반란을 예로 들겠습니다. 멀리 원정을 가 풍상우로風霜雨露 속에 병사들을 노출시키는 이른바 폭사暴師가 1년도 채 되지 않았을 당시 진격한 거리는 1,000리도 채 넘지 못했는데 전비는 무려 40여억 전에 달했습니다. 대사농大司農에 보관했던 금전은 모두 소진됐고, 마침내 천자의 물품을 조달하는 소부少府에 있는 궁전의 돈인 금전禁錢으로 전비를 조달했습니다. 무릇 한쪽 구석이 좋지 않을지라도 비용이 오히려 이와 같은데 하물며 군사를 수고롭게 하여 원정을 하는데도 병사들만 잃고 아무런 공도 이루지 못하는 망사무공亡士毋功의 경우이겠습니까? 이를 과거의 사례에서 찾으면 적합지 않고, 오늘날 이를 시행하는 것도 불편不便합니다. 신의 어리석은 생각으로는 문명국인 중원의 관대지국冠帶之國 범위가 아니고, 『서경』「우공禹貢」과 『춘추春秋』에서 과거 다스렸던 나라로 언급한 곳이 아니면 모두 잠시 상관할 대상이 아니라고 봅니다. 원컨대 마침내 과감히 주애珠崖를 버리고, 오직 관동關東의 기근에 집중해 그곳 백성들의 어려움을 긍휼히 여기도록 하십시오."

황상이 이 문제를 승상과 어사대부에게 물었다. 어사대부 진만년陳萬年은 의당 공격해야 한다고 생각했다. 그러나 승상 우정국于定國은 이같이 대답했다.

"전에 군사를 동원해 그들을 공격한 것이 해를 이어 지속됐고, 호군도위護軍都尉와 교위校尉 및 승丞이 모두 11명이었으나 돌아온 자는 2명뿐이었습니다. 졸사卒士를 비롯해 치중을 운송하다 죽은 자가 1만 명 이상이었고, 전비도 3억 전 이상이나 됐습니다. 그런데도 아직 다 항복시키지 못했습니다. 지금 관동이 곤핍困乏해 백성들이 크게 어려워하며 동요하고 있으니 가연지賈捐之의 의견이 타당합니다."

황상이 이를 좇았다. 가연지는 가의賈誼의 증손이다.

＊ 孝元皇帝初元二年

春, 正月, 上行幸甘泉, 郊泰畤. 樂陵侯史高以外屬領尙書事, 前將軍蕭望之·光祿大夫周堪爲之副. 望之名儒, 與堪皆以師傅舊恩, 天子任之, 數宴見, 言治亂, 陳王事. 望之選白宗室明經有行散騎·諫大夫劉更生給事中, 與侍中金敞幷拾遺左右. 四人同心謀議, 勸導上以古制, 多所欲匡正. 上甚鄕納之. 史高充位而已, 由此與望之有隙.

中書令弘恭·僕射石顯, 自宣帝時久典樞機, 明習文法. 帝即位多疾, 以顯久典事, 中人無外黨, 精專可信任, 遂委以政, 事無小大, 因顯白決, 貴幸傾朝, 百僚皆敬事顯. 顯爲人巧慧習事, 能深得人主微指, 內深賊, 持詭辯, 以中傷人, 忤恨睚眥, 輒被以危法. 亦與車騎將軍高爲表裏, 議論常獨持故事, 不從望之等.

望之等患苦許·史放縱, 又疾恭·顯擅權, 建白以爲曰, “中書政本, 國家樞機, 宜以通明公正處之. 武帝游宴後庭, 故用宦者, 非古制也. 宜罷中書宦官, 應古不近刑人之義.” 由是大與高·恭·顯忤. 上初即位, 謙讓, 重改作, 議久不定, 出劉更生爲宗正.

望之·堪數薦名儒·茂材以備諫官, 會稽鄭朋陰欲附望之, 上書言車騎將軍高遣客爲姦利郡國, 及言許·史弟子罪過. 章視周堪, 堪白曰, “令朋待詔金馬門.” 朋奏記望之曰, “今將軍規橅, 云若管·晏而休, 遂行日昃, 至周·召乃留乎? 若管·晏而休, 則下走將歸延陵之皐, 沒齒而已矣. 如將軍興周·召之遺業, 親日昊之兼聽, 則下走其庶幾願竭區區奉萬分之一!” 望之始見朋, 接待以意. 後知其傾邪, 絕不與通. 朋, 楚士, 怨恨, 更求入許·史, 推所言許·史事, 曰, “皆周堪·劉更生教我. 我關東人, 何以知此!” 於是侍中許章白見朋. 朋出, 揚言曰, “我見言前將軍小過五, 大罪一.” 待詔華龍行汚穢, 欲入堪等, 堪等不納, 亦與朋相結.

恭·顯令二人告望之等謀欲罷車騎將軍, 疏退許·史狀, 候望之出休日, 令朋·龍上之. 事下弘恭問狀, 望之對曰, "外戚在位多奢淫, 欲以匡正國家, 非為邪也." 恭·顯奏曰, "望之·堪·更生朋黨相稱擧, 數譖訴大臣, 毀離親戚, 欲以專擅權勢. 為臣不忠, 誣上不道, 請謁者召致廷尉." 時上初即位, 不省召致廷尉為下獄也, 可其奏. 後上召堪·更生, 曰, "繫獄." 上大驚曰, "非但廷尉問邪!" 以責恭·顯, 皆叩頭謝. 上曰, "令出視事." 恭·顯因使史高言曰, "上新即位, 未以德化聞於天下, 而先驗師傅. 即下九卿·大夫獄, 宜因決免." 於是制詔丞相·御史曰, "前將軍望之, 傅朕八年, 無它罪過. 今事久遠, 識忘難明, 其赦望之罪, 收前將軍·光祿勳印綬. 及堪·更生皆免為庶人."

二月, 丁巳, 立弟竟為清河王.

戊午, 隴西地震, 敗城郭·屋室, 壓殺人衆.

三月, 立廣陵厲王子霸為王.

詔罷黃門乘輿狗馬, 水衡禁囿·宜春下苑·少府佽飛外池·嚴籞池田假與貧民. 又詔赦天下, 擧茂材異等·直言極諫之士.

夏, 四月, 丁巳, 立子驁為皇太子. 待詔鄭朋薦太原太守張敞, 先帝名臣, 宜傅輔皇太子. 上以問蕭望之, 望之以為敞能吏, 任治煩亂, 材輕, 非師傅之器. 天子使使者徵敞, 欲以為左馮翊, 會病卒.

詔賜蕭望之爵關內侯, 給事中, 朝朔望.

關東饑, 齊地人相食.

秋, 七月, 己酉, 地復震.

上復徵周堪·劉更生, 欲以為諫大夫. 弘恭·石顯白, 皆以為中郎.

上器重蕭望之不已, 欲倚以為相. 恭·顯及許·史子弟·侍中·諸曹皆側目於望之等. 更生乃使其外親上變事, 言"地震殆為恭等, 不為三獨夫動. 臣愚以為宜退恭·顯以章蔽善之罰, 進望之等以通賢者之路.

如此, 則太平之門開, 災異之原塞矣." 書奏, 恭·顯疑其更生所為, 白請考奸詐, 辭果服. 遂逮更生繫獄, 免為庶人.

會望之子散騎·中郎伋亦上書訟望之前事, 事下有司, 復奏曰, "望之前所坐明白, 無譖訴者, 而教子上書, 稱引亡辜之詩, 失大臣體, 不敬, 請逮捕." 弘恭·石顯等知望之素高節, 不詘辱, 建白曰, "望之前幸得不坐, 復賜爵邑, 不悔過服罪, 深懷怨望, 教子上書, 歸非於上, 自以托師傅, 終必不坐, 非頗屈望之於牢獄, 塞其怏怏心, 則聖朝無以施恩厚." 上曰, "蕭太傅素剛, 安肯就吏!" 顯等曰, "人命至重, 望之所坐, 語言薄罪, 必無所憂." 上乃可其奏. 冬, 十二月, 顯等封詔以付謁者, 敕令召望之手付. 因令太常急發執金吾車騎馳圍其第. 使都至, 召望之. 望之以問門下生魯國朱雲, 雲者, 好節士, 勸望之自裁. 於是望之仰天歎曰, "吾嘗備位將相, 年逾六十矣, 老入牢獄, 苟求生活, 不亦鄙乎!" 字謂雲曰, "游, 趣和藥來, 無久留我死!" 竟飲鴆自殺. 天子聞之驚, 拊手曰, "曩固疑其不就牢獄, 果然殺吾賢傅!" 是時, 太官方上晝食, 上乃卻食, 為之涕泣, 哀動左右. 於是召顯等責問以議不詳, 皆免冠謝, 良久然後已. 上追念望之不忘, 每歲時遣使者祠祭望之冢, 終帝之世.

臣光曰, "甚矣孝元之為君, 易欺而難寤也! 夫恭·顯之譖訴望之, 其邪說詭計, 誠有所不能辨也. 至於始疑望之不肯就獄, 恭·顯以為必無憂. 已而果自殺, 則恭·顯之欺亦明矣. 在中智之君, 孰不感動奮發以底邪臣之罰! 孝元則不然. 雖涕泣不食以傷望之, 而終不能誅恭·顯, 才得其免冠謝而已. 如此, 則奸臣安所懲乎! 是使恭·顯得肆其邪心而無復忌憚者也."

是歲, 弘恭病死, 石顯為中書令.

初, 武帝灰南越, 開置珠崖·儋耳郡, 在海中洲上, 吏卒皆中國人,多侵陵之. 其民亦暴惡, 自以阻絕, 數犯吏禁, 率數年壹反, 殺吏. 漢輒發兵擊定之. 二十餘年間, 凡六反. 至宣帝時, 又再反. 上即位之明年, 珠崖山南縣反, 發兵擊之. 諸縣更叛, 連年不定. 上博謀於群臣, 欲大發軍. 待詔賈捐之曰, "臣聞堯·舜·禹之聖德, 地方不過數千里, 西被流沙, 東漸於海, 朔南暨聲教, 言欲與聲教則治之, 不欲與者不強治也. 故君臣歌德, 含氣之物各得其宜. 武丁·成王·殷·周之大仁也, 然地東不過江·黃, 西不過氐·羌, 南不過蠻荊, 北不過朔方, 是以頌聲并作, 視聽之類咸樂其生, 越裳氏重九譯而獻, 此非兵革之所能致也. 以至於秦, 興兵遠攻, 貪外虛內而天下潰畔. 孝文皇帝偃武行文, 當此之時, 斷獄數百, 賦役輕簡. 孝武皇帝厲兵馬以攘四夷, 天下斷獄萬數, 賦煩役重, 寇賊并起, 軍旅數發, 父戰死於前, 子鬪傷於後, 女子乘亭障, 孤兒號於道, 老母·寡婦飲泣巷哭, 是皆廓地泰大, 征伐不休之故也. 今關東民眾久困, 流離道路. 人情莫親父母, 莫樂夫婦. 至嫁妻賣子, 法不能禁, 義不能止, 此社稷之憂也. 今陛下不忍悁悁之忿, 欲驅士眾擠之大海之中, 快心幽冥之地, 非所以救助饑饉, 保全元元也. 詩云, '蠢爾蠻荊, 大邦為讎' 言聖人起則後服, 中國衰則先畔, 自古而患之, 何況乃復其南方萬里之蠻乎! 駱越之人, 父子同川而浴, 相習以鼻飲, 與禽獸無異, 本不足郡縣置也. 顓顓獨居一海之中, 霧露氣濕, 多毒草·蟲蛇·水土之害. 人未見虜, 戰士自死. 又非獨珠崖有珠·犀·玳瑁也. 棄之不足惜, 不擊不損威. 其民譬猶魚鱉, 何足貪也! 臣竊以往者羌軍言之, 暴師曾未一年, 兵出不逾千里, 費四十餘萬萬. 大司農錢盡, 乃以少府禁錢續之. 夫一隅為不善, 費尚如此, 況於勞師遠攻, 亡士毋功乎! 求之往古則不合, 施之當今又不便, 臣愚以為非冠帶之國, 『禹貢』所及, 『春秋』所治, 皆可且無以為. 願遂棄珠崖, 專用恤關東為憂." 上以問丞相·御史. 御史大夫陳萬年以為當擊, 丞相于定國以為曰, "前日興兵擊之連年, 護軍都尉·校尉及丞凡十一人, 還者二人, 卒士及轉輸死者萬人以上, 費用三萬萬餘, 尚未能盡降. 今關東困乏, 民難搖動, 捐之議是," 上從之. 捐之, 賈誼曾孫也.

한원제 초원 3년(BC 46)

1) 봄, 조서를 내렸다.

"주애珠崖의 만로蠻虜들이 이민吏民을 죽이고, 반기를 들어 반역을 저질렀다. 지금 조정에서 논의하는 사람들 가운데 혹자는 공격해야 하고, 혹자는 지켜야 하고, 혹자는 버려야 한다고 말하는 등 가리키는 바가 각각 다르다. 짐은 일야日夜로 오직 논의하는 자들의 말을 생각해 봤다. 위엄이 시행되지 않는 것을 부끄러워하면 그들을 모두 주살해야 한다. 또 여우처럼 거듭 의심하는 호의狐疑를 하며 난을 피하고자 하면 군사를 보내 둔전을 해야 한다. 나아가 시변時變에 임기응변코자 하면 만민萬民을 걱정스럽게 만든다. 무릇 만민이 기아에서 헤매는 것과 멀리 있는 만이를 토벌하지 않는 것 가운데 어느 쪽이 더 위험한가? 종묘에 제사지내는 것도 흉년이 들어 다 갖추지 못한 상황에서 하물며 크게 꺼릴 게 없는 변경의 작은 치욕이겠는가! 지금 관동이 대곤大困으로 인해 창고가 공허空虛하여 서로 구제할 수 없는 상황이다. 이때 군사를 동원하면 백성을 수고롭게 할 뿐만 아니라 흉년이 뒤따르게 된다. 주애군을 철폐하면서 그곳 백성들 가운데 의義를 흠모해 내속內屬코자 하는 자가 있으면 원하는 곳에 거주케 하고, 이주를 원치 않는 자는 강요치 말도록 하라."

2) 여름 4월 11일, 한무제의 능묘인 무릉茂陵의 백학관白鶴館에서 화재가 났다. 천하에 사면령을 내렸다.

3) 여름, 한재旱災가 있었다.

4) 장사양왕長沙煬王 유단劉旦의 동생 유종劉宗을 장사왕으로 삼았다.

5) 장신궁長信宮 소부少府 공우貢禹가 상언上言했다.

"여러 이궁離宮과 황태후가 있는 장락궁長樂宮의 궁위宮衛를 절반 이상 감원하면 백성들의 요역繇役 부담을 줄여줄 수 있습니다."

6월, 조서를 내렸다.

"짐은 백성인 증서烝庶가 기한饑寒에 떨며, 부모 및 처자와 멀리 떨어져 농사를 짓는 본업이 아닌 일에 수고하며 거주하지도 않는 궁궐을 호위하는 것은 음양陰陽의 도를 돕는 일이 아니라고 생각한다. 감천궁甘泉宮과 건장궁建章宮의 궁위를 철폐하고, 그들로 하여금 취농就農토록 하라. 백관은 각각 비용을 줄이도록 하라. 건의할 때 조목별로 상주하되, 기휘忌諱하는 바가 없게 하라."

6) 이 해에 황상이 주감周堪을 다시 발탁해 궁궐의 문호를 숙위宿衛하는 광록훈光祿勳으로 삼았다. 주감의 제자 장맹張猛이 광록대부光祿大夫·급사중給事中이 되어 황상으로부터 큰 신임을 받았다.

* 孝元皇帝初元三年

春, 詔曰, "珠崖虜殺吏民, 背畔為逆. 今廷議者或言可擊, 或言可守, 或欲棄之, 其指各殊. 朕日夜惟思議者之言, 羞威不行, 則欲誅之. 狐疑辟難, 則守屯田. 通於時變, 則憂萬民. 夫萬民之飢餓與遠蠻之不討, 危孰大焉? 且宗廟之祭, 凶年不備, 況乎辟不嫌之辱哉! 今關東大困, 倉庫空虛, 無以相贍, 又以動兵, 非特勞民, 凶年隨之. 其罷珠崖郡, 民有慕義欲內屬, 便處之. 不欲, 勿強."

夏, 四月, 乙未晦, 茂陵白鶴館災. 赦天下.

夏, 旱.

立長沙煬王弟宗為王.

長信少府貢禹上言曰, "諸離宮及長樂宮衛, 可減其太半以寬繇役." 六月, 詔曰, "朕惟烝庶之饑寒, 遠離父母妻子, 勞於非業之作, 衛於不居之宮, 恐非所以佐陰陽之道也. 其罷甘泉·建章宮衛, 令就農. 百宮各省費. 條奏, 毋有所諱."

是歲, 上復擢周堪為光祿勳, 堪弟子張猛為光祿大夫·給事中, 大見信任.

한원제 초원 4년(BC 45)

1) 봄 정월, 황상이 감천궁으로 행행行幸해 태치泰畤에서 천신에게 제사를 올리는 교제郊祭를 올렸다.

3월, 하동河東으로 행행해 토지신인 후토后土에게 제사를 올렸다. 분음汾陰 산서성 형하현에서 노역을 하는 형도刑徒를 사면했다.

* 孝元皇帝初元四年

春, 正月, 上行幸甘泉, 效泰畤. 三月, 行幸河東, 祠后土. 赦汾陰徒.

한원제 초원 5년(BC 44)

1) 봄 정월, 한무제 때 주자남군周子南君으로 책봉된 주나라의 후예인 희가姬嘉의 후손 희연姬延을 주승휴후周承休侯로 삼았다.

2) 황상이 옹雍 섬서성 봉상현 땅으로 행행해 오치五畤에서 제사를 올렸다.

3) 여름 4월, 혜성 즉 패성孛星이 병란의 조짐을 보이는 삼성參星 부근에 출현했다.

4) 황상이 유학자인 제유諸儒와 우공貢禹 등의 건의를 채택했다. 이내 황제의 조리 담당관인 태관太官에게 조서를 내려 매일 짐승을 죽이는 일을 금하고, 먹을 것을 반으로 줄이게 했다. 이어 어가御駕인 승여乘輿와 어마御馬인 말마秣馬도 제사와 수렵을 위한 정사正事를 이행하는 데 부족함이 없으면 된다고 했다. 각저角抵 놀이와 드물게 찾아가는 상림궁의 궁녀, 제齊나라 땅의 삼복관三服官, 북가北假내몽골 오르도스 북쪽 일대의 전관田官과 염철관鹽鐵官 및 상평창常平倉을 철폐케 했다. 한무제 때 50명, 한소제 때 100명, 한선제 때 200명으로 늘어난 박사제자博士弟子의 정원을 철폐하고, 학자들을 널리 퍼지게 했다. 백성들 가운데서도 하나의 경전에 능통한 자가 있으면 모두 부역賦役을 면제해 줬다. 또 형벌에 관한 70여 개 사항을 줄이게 했다.

5) 진만년陳萬年이 죽었다.

6월 20일, 장신궁의 소부少府 공우貢禹를 어사대부로 삼았다. 공우는 앞뒤로 득실得失에 관한 서신을 수십 차례 올렸다. 황상은 그가 질직質直한 것을 가상히 여겨 대부분 채용採用했다.

6) 흉노의 질지郅支 선우는 스스로 장안으로부터 멀리 떨어져 거주한다는 점을 믿고, 한나라가 호한야呼韓邪 선우를 옹호하며 자신을 돕지 않는다고 원망하며 한나라 사자 강내시江乃始 등을 곤욕스럽게 만든 바 있었다. 이후 사자를 파견해 공물을 바치는 봉헌奉獻을 하면서 한나라에 인질로 와 있는 아들 난제구우리수欒提駒于利受를 보내달라고 요구했다.

한나라 조정이 이를 논의한 뒤 위사마衛司馬 곡길谷吉을 파견해 호송케 했다. 어사대부 공우와 박사博士인 동해東海산동성 담성현 출신 광형匡衡[350]이 이같이 건의했다.

---

350 광형匡衡은 『한서』「광장공마전匡張孔馬傳」에 따르면 자가 치규稚圭로 대대로 농

"질지 선우는 교화가 아직 다 이뤄지지 않았고, 그가 머무는 곳은 절원絶遠한 곳입니다. 의당 사자로 하여금 질지 선우의 아들을 호송해 변경의 요새까지 갔다가 돌아오게 해야 합니다."

곡길이 상서했다.

"중국中國은 이적에 대해 기미책羈縻策을 구사하는 까닭에 끊어지지 않는 의리를 지니고 있습니다. 지금 이미 그의 아들을 10년간에 걸쳐 양육해 왔으니 베푼 덕택德澤이 심이 두텁습니다. 우리가 공연히 관계를 끊어 그의 아들을 호송하지 않고 가까운 변방 요새에서 돌아오면 그들을 버리고 길러주지 않겠다는 취지를 드러내는 게 됩니다. 이는 저들로 하여금 한나라에 귀화해 순종코자 하는 뜻을 버리게 만들고, 앞서 베푼 은혜인 전은前恩을 포기하며 나중의 원한인 후원後怨을 세우는 것으로 매우 불편不便합니다. 논의에 참여한 자들은 전에 강내시가 적에게 임기응변하여 대응하는 술수가 없고 지용智勇이 모두 궁색한 탓에 치욕을 당한 점을 고려했습니다. 이는 먼저 신을 대신해 우려한 것이기도 합니다. 신은 다행히도 건강建強한 한나라 사자의 부절符節을 지니고, 밝은 황제의 조서를 받들어 후덕한 은혜를 선유宣諭하는 까닭에 질지 선우가 감히 흉포한 짓을 하지는 못할 것입니다. 만일 금수와 같은 마음을 품고 신에게 무도한 짓을 하면 선우는 대죄大罪를 영구히 범하는 장영長嬰을 하는 게 됩니다. 반드시 도주해 먼 곳에 살면서 감히 변경 근처로 오지 못할 것입니다. 1명의 사자를 희생해 백성을 안정시킬 수 있다면 이는 나라의 계책이

사를 짓던 집안 출신이다. 광형 때 비로소 학업을 연마하기 시작했다. 광형은 각고면려刻苦勉하며 근학勤學했다. 전한 말기 유흠劉歆이 편찬한 『서경잡기西京雜記』에 따르면 집안이 가난해 촛불을 살 돈이 없었던 까닭에 벽을 뚫어 이웃집 촛불의 빛을 빌려 책을 읽었다고 한다. 여기서 벽을 뚫어 촛불의 불빛을 훔칠 정도로 열심히 공부한다는 뜻의 착벽투광鑿壁偷光 성어가 나왔다.

고, 신이 원하는 바이기도 합니다. 원컨대 질지 선우의 아들을 흉노의 조정까지 호송코자 합니다."

황상이 이를 허락했다. 곡길이 도착하자 질지 선우가 화를 내며 마침내 곡길 등을 살해했다. 그는 한나라의 은혜를 저버린 것을 안 데다, 호한야 선우가 더욱 강해졌다는 소문을 듣고는 습격을 당할까 두려운 나머지 더욱 멀리 달아나고자 했다. 마침 강거왕康居王이 자주 오손烏孫에게 곤욕을 당하고 있었다. 여러 강거국의 대신인 흡후翕侯들이 계책을 내어 말했다.

"흉노는 대국이고, 오손은 평소 그들에게 복속돼 있다. 지금 질지 선우가 밖에서 곤욕을 치르고 있다. 그를 우리의 동쪽 변경으로 영접해 함께 오손을 취한 뒤 오손 땅에 나라를 세우도록 하면 흉노에 대한 근심을 영구히 덜 수 있을 것이다."

곧 사자를 질지 선우의 도읍인 견곤堅昆신강성 승화현으로 파견해 질지 선우와 통어通語케 했다. 질지 선우는 평소 오손에 대해 두려움을 갖고 있는데다 원한을 품고 있었던 까닭에 강거왕의 계책을 듣고는 크게 기뻐했다. 마침내 서로 결맹한 뒤 군사를 이끌고 서진했다. 질지 선우가 이끄는 무리가 도중에 한파로 도사道死하자, 나머지 무리는 겨우 3,000명에 지나지 않았다. 강거국에 도착하자 강거왕이 딸을 질지에게 내주어 처로 삼게 했다. 질지 선우도 딸을 강거왕에게 내주었다. 강거국은 질지 선우를 존경하면서 그의 위엄에 기대 이웃한 나라를 위협코자 했다. 질지 선우가 자주 강거국의 군사를 빌려 오손을 쳤다. 깊이 쳐들어가 오손의 도읍인 적곡성赤谷城신강성 이녕시에 이르렀다. 백성들을 살략殺略하고, 축산畜產을 몰아가지고 갔다. 오손이 감히 추격하지 못했다. 서쪽 변경이 공허空虛해져 사람이 살지 않는 곳이 5,000여 리에 달했다.

7) 겨울 12월 9일, 우공貢禹이 죽었다.

12월 19일, 장신궁의 소부少府 설광덕薛廣德이 어사대부가 됐다.

＊ 孝元皇帝初元五年

春, 正月, 以周子南君為周承休侯. 三月, 上行幸雍, 祠五畤.

夏, 四月, 有星孛於參.

上用諸儒貢禹等之言, 詔太官毋日殺, 所具各減半. 乘輿秣馬, 無乏正事而已. 罷角抵·上林宮館希御幸者·齊三服官·北假田官·鹽鐵官·常平倉. 博士弟子毋置員, 以廣學者. 令民有能通一經者. 皆復. 省刑罰七十餘事.

陳萬年卒. 六月, 辛酉, 長信少府貢禹為御史大夫. 禹前後言得失書數十上, 上嘉其質直, 多採用之.

匈奴郅支單于自以道遠, 又怨漢擁護呼韓邪而不助己, 困辱漢使者江乃始等. 遣使奉獻, 因求侍子. 漢議遣衛司馬谷吉送之, 御史大夫貢禹·博士東海匡衡以為曰, "郅支單于鄉化未醇, 所在絕遠, 宜令使者送其子, 至塞而還." 吉上書言曰, "中國與夷狄有羈縻不絕之義, 今既養全其子十年, 德澤甚厚, 空絕而不送, 近從塞還, 示棄捐不畜, 使無鄉從之心, 棄前恩, 立後怨, 不便. 議者見前江乃始無應敵之數, 智勇俱困, 以致恥辱, 即豫為臣憂. 臣幸得建強漢之節, 承明聖之詔, 宣諭厚恩, 不宜敢桀. 若懷禽獸心, 加無道於臣, 則單于長嬰大罪, 必遁逃遠舍, 不敢近邊. 沒一使以安百姓, 國之計, 臣之願也. 願送到庭." 上許焉. 既到, 郅支單于怒, 竟殺吉等. 自知負漢, 又聞呼韓邪益強, 恐見襲擊, 欲遠去. 會康居王數為烏孫所困, 與諸翕侯計, 以為曰, "匈奴大國, 烏孫素服屬之. 今郅支單于困在外, 可迎置東邊, 使合兵取烏孫而立之, 長無匈憂矣." 即使使至堅昆, 通語郅支. 郅支素恐, 又怨烏孫, 聞康居計, 大說, 遂與相結, 引兵而西. 郅支人眾中寒道死, 餘財三千人. 到康居, 康居王以女妻郅支, 郅支亦以女予康居王, 康居甚尊敬郅支, 欲倚其威以脅諸國. 郅支數借兵擊烏孫, 深入至赤谷城, 殺略民人, 驅畜産去. 烏孫不敢追. 西邊空虛不居者五千里.

冬, 十二月, 丁未, 貢禹卒. 丁巳, 長信少府薛廣德為御史大夫.

한원제 영광永光 원년(BC 43)

1) 봄 정월, 황상이 감천궁으로 행행行幸해 태치泰畤에서 천신에게 제사를 올리는 교제郊祭를 올렸다. 교제를 마치고 나서 그곳에 남아 사렵射獵했다. 어사대부 설광덕薛廣德이 상서했다.

"가만히 보건대 관동關東 일대의 곤궁이 극에 달해 인민이 유리流離되고 있습니다. 폐하는 날마다 패망한 진秦나라의 종을 치고, 음란한 정鄭나라와 위衛나라의 음악을 들으며 망국의 전철을 밟고 있으니 신은 실로 이를 크게 애도哀悼합니다. 지금 폐하의 사졸士卒은 들판에서 폭로暴露의 상황에 처해 있고, 수종하는 관원들도 수고하며 피로에 지쳐 있습니다. 원컨대 폐하는 속히 환궁해 백성들과 우락憂樂을 함께 하는 방안을 강구하십시오. 그러면 천하가 아주 다행일 것입니다."

황상이 즉일即日 환궁했다.

2) 2월, 조서를 내렸다.

"승상과 어사대부는 질박質樸·돈후敦厚·겸손하고 양보하는 손양遜讓·덕행이 있는 유행有行의 인물을 천거하고, 광록훈光祿勳은 해마다 질박·돈후·손양·유행 등 4가지 과목을 기준으로 각 부서의 낭관郎官과 그 보좌관인 종관從官의 등급을 평가토록 하라."

3) 3월, 천하에 사면령을 내렸다.

4) 우설雨雪이 섞이고, 서리가 내리는 운상隕霜 현상으로 뽕나무가 죽었다.

5) 가을, 황상이 종묘에 제사를 올리기 위해 장안성 남성南城의 편문便門을 나서 누선樓船에 오르고자 했다. 어사대부 설광덕이 황상의 거가인 승여거乘輿車를 잡은 뒤 면관免冠하여 돈수頓首했다.

"의당 수레에 오른 뒤 다리를 건너가야 합니다."

황상이 하령했다.

"어사대부는 관을 쓰도록 하시오."

설광덕이 말했다.

"폐하가 신의 말을 듣지 않으면 신은 자경自刎한 뒤 피로 거륜車輪을 더럽혀 폐하가 입묘入廟하지 못하게 할 것입니다!"

황상이 기뻐하지 않았다.

어가 앞에서 길을 인도하는 선구先驅인 광록대부 장맹張猛이 앞으로 나아가서 말했다.

"신이 듣건대 군주가 성명聖明하면 신하는 자연히 정직正直하다고 했습니다. 배를 타는 것은 위험하니 다리로 편히 가도록 하십시오. 성주聖主는 위험한 배를 타지 않는 법입니다. 어사대부의 말을 들을 만합니다."

황상이 말했다.

"다른 사람을 깨우쳐 주려면 의당 이러해야 하지 않는가!"

이내 수레에 올라 다리를 통과해 갔다.

6) 9월, 서리가 내려 곡식을 얼어 죽였다. 천하에 커다란 기근이 들었다. 승상 우정국于定國과 대사마·거기장군인 사고史高, 어사대부 설광덕이 재이災異에 대한 책임을 지고 사직서를 내는 걸해골乞骸骨을 했다. 황상이 안거安車와 사마駟馬, 황금 60근을 하사하고 면직시켰다. 태자대부 위현성韋玄成이 어사대부가 됐다. 설광덕은 고향으로 돌아간 뒤 안거를 밖에 내걸고 자손들에게 전하여 보여주면서 영예로 삼았다.

7) 황제가 태자였을 때 태중대부太中大夫 공패孔霸에게 『상서』를 배웠

다. 즉위 후 공패에게 관내후의 작위를 내리고 포성군褒成君으로 호칭하면서 급사중給事中으로 삼았다. 황상이 패상을 재상으로 삼고자 했으나 공패가 겸퇴謙退하며 권세를 좋아하지 않았다. 늘 칭하기를, "작위가 너무 귀하면 무슨 덕으로 이를 감당할 수 있겠는가!"라고 했다. 어사대부 자리가 빌 때마다 황상이 공패를 임용코자 했으나 공패는 그때마다 자리를 양보하며 재삼 사퇴의 말을 했다. 황상이 그의 지성至誠을 깊이 이해하고 이내 등용치 않았다. 그를 존경하며 상사賞賜를 매우 후하게 한 이유다.

8) 9월 24일, 시중侍中·위위衛尉 왕접王接을 대사마·거기장군으로 삼았다.

9) 석현石顯이 주감周堪과 장맹張猛 등을 꺼린 나머지 자주 그들을 참훼譖毁했다. 유경생은 두 사람이 하루아침에 무함으로 경위傾危의 상황에 빠질 것을 우려해 이같이 상서했다.

"신이 듣건대 순임금은 9관九官[351]을 임명했습니다. 이들 모두 당당하게 서로 양보하는 제제상양濟濟相讓의 모습을 보여주었으니 화목의 극치에 해당합니다. 중신衆臣이 조정에서 화합하자 아래 백성들이 즐거이 생업에 종사하게 됐습니다. 퉁소로 악곡인 「소韶」를 9번 연주하자 봉황이 날아와 조배朝拜를 했습니다. 주유왕周幽王과 주여왕周厲王 때에 이르러 조정이 불화하고, 서로 돌아가며 비방하며 원망하는 전상비원轉相非怨을 하자 일식과 월식이 잇따르는 일월박식日月薄食, 물과 샘이 끓어 넘치는 수천비등水泉沸騰, 산과 골짜기가 뒤바뀌는 산곡역처山谷易處, 서리가 다른 계절

351 『한서』「유향전劉向傳」에 대한 안사고의 주는 풀이하기를, "구관九官은 『상서』「순전」에서 언급했듯이 순임금이 우禹를 사공司空, 기弃를 후직后稷, 설契을 사도司徒, 구요咎繇 즉 고요皐陶를 형벌 담당의 사士, 수垂를 공사工事 담당의 공공共工, 익益을 산천초목을 다스리는 우虞, 백이伯夷를 질종秩宗, 기夔를 전악典樂, 용龍을 납언納言으로 삼은 것을 가리킨다."고 했다.

에 내리는 상강실절霜降失節 현상이 빚어졌습니다. 이로써 보건대 화기和氣는 상서祥瑞, 괴기乖氣는 재이災異를 초치하게 됩니다. 상서가 많으면 나라가 안정되고, 재이가 많으면 나라가 위태롭게 됩니다. 천지天地 운행의 법칙은 고금古今을 하나로 꿰는 이치인 통의通義에 해당합니다. 지금 폐하는 삼대三代의 업적을 열어, 문학지사文學之士를 초빙해 우대하고 관용함으로써 현덕賢德한 인재가 모두 임용되도록 해야 합니다. 그러나 지금 현불초賢不肖가 뒤섞이고, 백흑白黑이 불분명하고, 사정邪正이 잡되게 뒤엉킨 잡유雜糅의 모습을 보이고, 충신과 간신인 충참忠讒이 함께 등용되고 있습니다. 장주문章奏文은 미앙궁 북문에 있는 공거公車에 모아집니다. 내용이 합당치 않은 상주문이 많으면 북군北軍에 끌려가 감옥을 가득 메우는 일이 빚어질까 우려됩니다. 조신朝臣들이 서로 저촉되는 천오舛午의 상황에서 어긋나며 배치되는 교려괴랄膠戾乖剌과 서로 헐뜯는 참소讒訴의 모습을 보이면 수많은 시비是非가 야기됩니다. 황상의 이목을 영혹營惑케 만들어 황상의 판단에 영향을 미치는 일은 일일이 기재할 수 없을 정도입니다. 각자 결당結黨하여 파벌을 만든 뒤 왕왕 무리들이 한마음으로 정신正臣을 모함키도 합니다. 정신이 앞으로 나아가는 것은 다스림의 표징表徵이고, 정신이 무함에 빠지는 것은 어지러움의 계기契機가 됩니다. 천하의 치란治亂이 교체할 때 정사正邪를 어떻게 변별해야 좋을지 잘 알지 못하나 재이가 자주 나타나고 있으니 신이 한심寒心하게 생각하는 이유입니다. 황상이 즉위한 직후인 초원初元 이래 6년이 지났습니다. 『춘추』의 기록을 살펴볼지라도 재위 6년 때 재이가 지금처럼 밀집해 일어난 적은 없습니다. 그 원인을 추궁해보면 이는 참사讒邪한 인물이 발탁된 탓입니다. 참사한 인물이 발탁된 것은 황상의 의심이 많기 때문입니다. 현자를 등용해 선정善政을 행하다가도 만일 누가 참소하면 현자는 곧바로 물러나고 선정은 중지됩니다. 무릇 여우처럼 시기하고 의심하는 호의지심狐

疑之心을 지니면 참소하며 해악을 끼치는 참적지구讒賊之口를 초래하고, 곧바로 결단하지 못하는 부단지의不斷之意를 지니면 많은 왜곡의 문을 열게 됩니다. 참사讒邪한 인물이 발탁되면 많은 현자가 이내 물러나고, 많은 왜곡이 성행하면 정직한 신하는 사라집니다. 『주역』에서는 상하가 막힌 비괘否卦와 상하가 화합한 태괘泰卦를 언급하고 있습니다. 소인의 도가 자라나고 군자의 도가 사라지면 정사는 날로 어지러워지고, 반대로 군자의 도가 자라나고 소인의 도가 사라지면 정사가 날로 잘 다스려진다는 취지입니다.

옛날 요임금 때 우왕禹王의 부친인 곤鯀과 공공共工 및 환두驩兜는 순임금 및 우왕과 더불어 조정에 섞여 있다가 추방됐습니다. 관숙與管 및 채숙蔡叔은 친형제인 주공周公과 함께 주나라 조정대신으로 있었습니다. 당시 이들은 서로 바꿔가며 서로 훼방하고 유언流言으로 비방했습니다. 어찌 이를 말로 다할 수 있겠습니까? 요임금과 주성왕周成王은 순임금과 우왕 및 주공을 현명하다고 생각해 공공과 관숙 및 채숙을 내쳤습니다. 대치大治를 이루고, 그 영화榮華가 지금까지 이르게 된 배경입니다. 이와 정반대로 공자孔子는 권신인 계손季孫 및 맹손孟孫 등과 함께 노나라, 이사李斯는 한나라의 건국공신인 숙손통叔孫通과 함께 진秦나라에서 벼슬을 살았습니다. 노정공魯定公과 진시황秦始皇은 계손과 맹손 및 이사를 현명하다고 생각해 공자와 숙손통을 내쳤습니다. 대란大亂이 빚어지고 그 오욕汚辱이 지금까지 이르게 된 배경입니다. 치란治亂과 영욕榮辱의 단서는 바로 현명한 신하를 신임信任하는 데 있습니다. 현능한 자를 신임했으면 그 신임이 견고堅固하고 바뀌지 않아야 합니다. 『시경』「패풍, 백주柏舟」에 이르기를, '내 마음은 돌이 아니어서 멋대로 굴릴 수 없다'고 했습니다. 선행을 하는 독실한 마음을 지키겠다는 취지입니다. 『주역』「환괘渙卦」의 구오九五 효사爻辭에 이르기를, '왕자王者는 환산渙散의 시기에 대호大號를 선포해 백성들의 환산을 막는다'고 했습니다. 호령을 내리면 마치 땀을 흘리는 것과 같고, 땀은 한번 흘러나오면 다시는 돌이킬 수 없다는 취지입니다. 지금 선령善令을 발하고도 한 계절을 넘기지 못하고 돌이키니 이는 흘린 땀을 되돌리는 것과 같습니다. 현능한 자를 채용하고도 1달인 3순三旬을 넘기지 못하고 물러나게 하니 이는 굴러가지 않는 돌과 같은 마음을 멋대로 굴리는 것과 같습니다. 공자는 『논어』「계씨」에 이르기를, '불선不善을 보면 마치 끓는 물을 만지는 듯이 멀리한다'고 했습니다.[352] 지금 승상과 어사대부의 2부二府에서 망령되고 아첨을 잘하는 자는 자리에 있어서는 안 된다고 상주했는데도 해가 지나도록 물러나지 않고 있습니다. 이는 호령을 발했다가 마치 흘린 땀을 돌이키는 것처럼 이내 거둬들이고, 현능한 자를 등용했다가 마치 돌을 억지로 굴리는 것처럼 이내 내치는 것과 같습니다. 간영奸佞한 자를 제거하는 것은 마치 큰 산을 뽑아내는 발산拔山과 같습니다. 이런 상황에서 음양의 조화를 바라는 것은 어려운 일이 아니겠습니까? 여러 소인배인 군소群小가 틈을 엿보면서 글 갖고 기교를 부리는가 하면 교언巧言으로 추악한 무함인 추저醜詆를 저지르고, 떠도는 말인 유언流言과 익명으로 돌아다니는 비문飛文이 백성들 사이에서 마구 나도는 배경이 여기에 있습니다.

『시경』「패풍, 백주」에 이르기를, '근심스런 마음 그지없으니, 소인배들 노여움을 산 까닭에'라고 했습니다. 소인배가 무리를 이루면 실로 그들의 노여움을 사기에 족하다는 취지입니다. 옛날 공자는 수제자인 안연顔淵 및 자공子貢과 더불어 서로 칭예稱譽를 했지만 붕당朋黨을 만들지는 않

352 『논어』「계씨」의 원문은 '견선여불급見善如不及, 견불선여탐탕見不善如探湯, 오견기인의吾見其人矣, 오문기어의吾聞其語矣'이다. 선을 보면 마치 미치지 못할 듯이 열심히 행하면서 불선을 보면 마치 끓는 물을 만지는 듯이 멀리 하는 사람을 나는 직접 보기도 했고 듣기도 했다는 의미이다.

았습니다. 우왕과 후직后稷은 고요皐陶와 더불어 서로 전하면서 이끌어 주는 급인汲引을 했지만 무리를 지어 감싸주는 비주比周를 하지는 않았습니다. 왜 그랬겠습니까? 충성은 나라를 위한 것으로 사심邪心이 없습니다. 지금 영사佞邪한 무리는 현신賢臣과 함께 조정에 근무하는 교극交戟의 상황에서 무리를 지어 음모를 꾸미는 합당공모合黨共謀를 행하고, 선한 자와 어긋나면서 악한 자에 의지하고, 입을 모아 남을 헐뜯는 흡흡자자歙歙訾訾의 모습을 보이고, 자주 위험한 말을 만들어 주상의 마음을 기울어지게 합니다. 황상이 이들의 말을 채택하며 경신輕信하면 이는 천지가 먼저 경고하고, 재이가 거듭 나타나는 배경이 됩니다. 자고로 명성明聖 가운데 사람을 주살誅殺하지 않고도 잘 다스린 사람은 없었습니다. 순임금은 사흉四凶[353]을 내쫓는 형벌을 내린 바 있고, 공자孔子도 노나라 궁전의 문인 양관兩觀에서 간신의 우두머리인 소정묘少正卯를 주살했습니다. 모두 악한 자를 주살한 뒤 비로소 성스러운 교화인 성화聖化를 달성해 시행할 수 있었습니다. 지금 폐하는 명지明知에 기대 실로 천지의 마음을 깊이 생각하고, 『주역』의 「비괘否卦」과 「태괘泰卦」 취지를 살피고, 주성왕과 요순이 현능한 자를 발탁한 것을 본받으면서 진秦나라와 노魯나라가 현능한 자를 배척한 것을 경계로 삼으십시오. 또 상서祥瑞가 호응하는 복과 재이災異가 초래하는 화禍를 상고해 당세當世의 변화를 헤아리고, 영사佞邪한 자들을 멀리 내쫓고, 음험하고 치우친 험피險詖의 무리를 괴산壞散시키고, 갖가지 굽은 수단으로 이익을 챙기는 군왕지문群枉之門을 틀어막으면서 여러 올바른 길을 널리 개방하고, 호의狐疑를 단호히 끊는

353 『서경』「순전」에 따르면 사흉四凶은 순임금이 내친 자들로 유주幽州로 유배된 공공共工, 숭산崇山으로 추방된 환두驩兜, 삼위三危로 쫓겨난 삼묘三苗, 우산羽山에서 참수된 우왕의 부친인 곤鯀을 말한다.

결단決斷을 행하면서 유예猶豫 대상을 분별함으로써 시비是非가 병연炳然히 드러나 사람들이 절로 알 수 있도록 조치하십시오. 그러면 온갖 재이인 백이百異가 절로 사라지고, 여러 상서로운 중상衆祥이 잇달아 이르게 될 것입니다. 태평성대의 기초인 태평지기太平之基와 만세에 걸친 이익인 만세지리萬世之利가 바로 여기에 있습니다."

석현이 상서를 보고는 허씨許氏 및 사씨史氏의 무리와 함께 유경생 등을 더욱 원망했다.

이 해의 여름은 날씨가 추웠고, 해는 푸른색을 띠며 빛이 없었다. 석현과 허씨 및 사씨들 모두 주감과 장맹이 용사用事한 탓이라고 헐뜯었다. 황상은 내심 주감을 중하게 생각했으나 석현 등이 끊임없이 헐뜯는 침윤浸潤을 우려한 나머지 크게 신임하는 바가 없었다. 그때 장안령長安令 양흥楊興이 뛰어난 재능으로 총애를 받았다. 늘 주감을 칭찬하자 황상이 그의 도움을 받을 요량으로 이내 그를 불러 물었다.

"조신朝臣들이 광록훈 주감은 불가하다는 식으로 다퉈 논쟁을 벌이는 은은齗齗을 하고 있으니 이는 어찌된 일이오?"

양흥은 심할 정도로 영리한 경교傾巧의 인물이었다. 그는 황상이 주감을 의심하는 것으로 오해했다. 이내 오해한 내용을 토대로 이삳이 발했나.

"주감은 조정에서 광록훈의 자리를 맡을 수 없을 뿐만 아니라 1개 주리州里[354]의 관원 자리도 불가합니다! 신이 보건대 많은 사람들이 주감과 유경생 등은 황상의 골육마저 이간하려 한다고 얘기하는 것을 들었습니다. 의당 주살해야 할 것으로 생각합니다. 신이 앞서 올린 서신에서 주상의 사부인 주감을 주상誅傷해서는 안 된다고 한 것은 나라에서 은덕을

354 주리州里는 마을의 편성 단위를 말한다. 5가家를 1린隣, 5린 즉 25가를 1리里, 20리 즉 500가를 1당黨, 5당 즉 2,500가를 1주州라고 했다.

베풀라는 취지에서 그리한 것입니다."

황상이 물었다.

"그러나 그를 무슨 죄로 주살하라는 것이오? 지금 어찌하는 게 좋소?"

양흥이 대답했다.

"신의 어리석은 생각으로는 관내후關內侯의 작위와 300호의 식읍을 내리면서 정사를 맡지 못하게 하는 게 좋을 듯합니다. 이같이 하면 명주明主로서 사부의 은혜를 잊지 않는 게 되니 이것이 가장 좋은 계책이 될 것입니다."

황상이 주감에 대해 의심하기 시작한 배경이다.

백관을 감독하며 삼보三輔의 각 군郡을 관장하는 사례교위司隷校尉로 있는 낭야琅邪산동성 제성시 출신 제갈풍諸葛豐은 당초 조정에서 특별히 강직하다는 명성이 나 자주 귀척貴戚을 침범侵犯했다. 고관들 대부분 그의 단점을 얘기했다. 이후 봄과 여름에 사람을 가둬 다스렸다는 사건에 연루돼 장안성의 12개 성문을 관장하는 성문교위城門校尉로 자리를 옮겼다.

제갈풍이 상서해 주감과 장맹의 죄를 고했다. 황상은 제갈풍의 상서가 타당치 않다고 판단해 어사대부에게 조서를 내렸다.

"성문교위 제갈풍은 전에 광록훈 주감과 광록대부 장맹과 함께 조정에 있을 때 자주 주감과 장맹의 미점美點을 칭찬했다. 그는 사례교위가 되어 사시四時에 순응해 법도法度를 닦지 않고, 멋대로 가혹한 폭력인 가폭苛暴으로 헛된 위엄인 허위虛威를 얻었다. 짐은 차마 그를 형리刑吏에게 보내지 못하고 성문교위로 삼았다. 그는 스스로 내성內省을 하기는커녕 오히려 주감과 장맹을 원망하면서 보복할 생각으로 증거가 없는 말에 의거해 고발을 하고, 증거를 잡기 어려운 죄를 마구 드러내고, 훼예毁譽를 자의恣意로 하고, 앞에 한 말을 돌아보지 않으니 실로 믿지 못할 바가 극에 달했다. 짐은 제갈풍이 기로耆老의 나이에 있는 점을 감안해 차마 형을 가하지 못하니 그를 면직시켜 서인으로 삼도록 하라."

그러고는 또 말했다.

"제갈풍은 주감과 장맹을 두고 충정忠貞과 신뢰가 없는 정신불립貞信不立의 인물이라고 했으나 짐은 민망한 나머지 이를 따지지 않았다. 또 그들의 재능이 아직 효험을 보지 못한 점을 애석히 여긴다. 주감을 좌천시켜 하동河東산서성 하현 태수, 장맹을 괴리槐里섬서성 흥평현 현령으로 삼도록 하라."

신 사마광은 평한다.

"제갈풍은 주감과 장맹에 대해 처음에는 칭송하고 나중에는 비난하는 전예후훼前譽後毁를 했다. 조정을 위해 선인을 천거하고 악인을 내치는 진선거간進善去奸이 아니라 황상 곁으로 다가가는 비주比周를 통해 승진을 구하는 구진求進에 뜻이 있었을 뿐이다. 그 역시 정붕鄭朋 및 양흥楊興과 같은 부류이니 어찌 강직한 인물일 수 있겠는가! 인군人君은 미악美惡을 살피고, 시비是非를 가려 상을 주며 권선勸善하고, 벌을 내려 징간懲奸을 해야 한다 모두 잘 다스리기 위한 것이다. 제갈풍의 말이 사실에 근거한 것이면 그를 내쳐서는 안 되고, 무고를 하여 속이는 무망誣罔에 근거한 것이면 주감과 장맹에게 무슨 허물이 있겠는가? 지금 양측을 모두 책망하는 것은 모두를 버리는 것이다. 미악美惡과 시비是非가 과연 어디에 있다는 것인가!"

10) 가연지賈捐之는 평소 양흥楊興과 잘 지냈다. 가연지는 자주 석현의 단점을 지적하는 바람에 관직을 얻지 못했다. 그는 황제를 진현進見할 기회가 매우 드물었던 탓에 알현을 통해 자신의 재능을 인정받고 총애를 입고자 했다. 하루는 자가 군란君蘭인 양흥에게 말했다.

"지금 경조윤京兆尹 자리가 결원缺員이오. 나를 알현케 해주면 군란을 천거해 곧바로 경조윤 자리를 얻을 수 있게 해주겠소."

양홍이 자가 군방君房인 가연지에게 말했다.

"군방은 하필下筆하면 곧 문장이 되니, 그 언어는 매우 정묘精妙하오. 군방으로 하여금 상서령尙書令의 자리를 맡게 하면 지금 상서령으로 있는 오록충종五鹿充宗보다 훨씬 뛰어날 것이오."

가연지가 말했다.

"나에게 오록충종을 대신토록 하고 군란을 경조윤으로 삼으면, 경조京兆는 군국郡國 가운데 으뜸이고 상서尙書는 백관百官 가운데 근본이 될 것이오. 천하는 실로 대치大治의 모습을 보이고, 뛰어난 선비들은 격절隔絶되는 일이 없을 것이오!"

가연지가 다시 석현의 단점을 지적하자 양홍이 말했다.

"석현은 바야흐로 귀하고, 황상도 그를 신용信用하고 있소. 지금 우리가 조정으로 진출코자 하면 나의 계책을 무조건 좇는 제종第從을 해야 하오. 나아가 함께 뜻을 합쳐야만 진출할 수 있소!"

가연지가 곧바로 양홍과 함께 석현을 천거하는 주문奏文을 올렸다. 그의 미덕을 칭예稱譽하면서 의당 그에게 관내후의 작위를 내리고, 그의 형제를 불러다가 여러 조曹의 관원으로 삼아야 한다는 내용이었다. 연후에 함께 상주하여 양홍의 능력이 비범하니 곧 수경조윤守京兆尹으로 삼아 장차 경조윤으로 발탁할지 여부를 시험할 필요가 있다고 건의했다. 석현이 이 소문을 들어서 알고는 곧 황상에게 보고했다. 황상이 이내 양홍과 가연지를 하옥시킨 뒤 석현으로 하여금 다스리게 했다. 석현이 심문한 결과를 상주했다.

"양홍과 가연지는 속이려는 마음인 사위詐僞를 품고, 더욱 서로를 천예薦譽하며 높은 자리를 얻고자 했습니다. 이는 황상을 속인 부도不道한 짓입니다!"

가연지는 기시棄市됐고, 장흥은 머리를 깎는 곤겸髡鉗과 더불어 성벽을 쌓는 성단城旦의 형벌에 처해졌다.

신 사마광은 평한다.

"군자는 정도正道로 사도邪道를 공격하는 이정공사以正攻邪를 행할 때 오히려 이기지 못할까 두려워한다. 하물며 가연지처럼 사도로 정도를 공격하는 이상공정以邪攻正을 행할 경우 어찌 중형을 면할 수 있겠는가!"

11) 청하왕淸河王 유경劉竟을 중산왕中山王으로 개봉改封했다.

12) 흉노의 호한야呼韓邪 선우 휘하의 민중民衆이 더욱 번성했다. 요새 아래에 금수禽獸가 거의 전멸할 정도였다. 호한야 선우도 족히 자위自衛할 수 있다고 판단해 질지郅支 선우를 두려워하지 않았다. 그의 대신들 가운데 대다수가 호한야 선우에게 북쪽으로 돌아갈 것을 권했다. 한참 후 호한야 선우가 끝내 북쪽에 있는 왕정王庭으로 돌아가자 민중들도 점차 그에게 귀부했다. 그 나라가 마침내 안정을 찾은 이유다.

* 孝元皇帝永光元年

春, 正月, 上行幸甘泉, 郊泰畤. 祀畢, 因留射獵. 薛廣德上書曰, "竊見關東困極, 人民流離. 陛下日撞亡秦之鐘, 聽鄭·衛之樂, 臣誠悼之. 今士卒暴露, 從官勞倦, 願陛下亟反宮, 思與百姓同憂樂, 天下幸甚!" 上即日還.

二月, 詔曰, "丞相·御史舉質樸·敦厚·遜讓·有行者, 光祿歲以此科第郎·從官."

三月, 赦天下.

雨雪·隕霜, 殺桑. 秋, 上酎祭宗廟, 出便門, 欲御樓船. 薛廣德當乘輿車, 免冠頓首曰, "宜從橋." 詔曰, "大夫冠." 廣德曰, "陛下不聽臣, 臣自刎, 以血污車輪, 陛下不得入廟矣!" 上不說. 先驅光祿大夫張猛進曰, "臣聞主聖臣直. 乘船危, 就橋安, 聖主不乘危. 御史大夫言可聽.” 上曰, “曉人不當如是邪!” 乃從橋.

九月, 隕霜殺稼, 天下大饑. 丞相于定國, 大司馬·車騎將軍史高, 御史大夫薛廣德, 俱以災異乞骸骨. 賜安車·駟馬·黃金六十斤, 罷. 太子太傅韋玄成為御史大夫. 廣德歸, 縣其安車, 以傳示子孫為榮.

帝之為太子也, 從太中大夫孔霸受『尚書』. 及即位, 賜霸爵關內侯, 號褒成君, 給事中. 上欲致霸相位, 霸為人謙退, 不好權勢, 常稱“爵位泰過, 何德以堪之!” 御史大夫屢缺, 上輒欲用霸. 霸讓位, 自陳至於再三. 上深知其至誠, 乃弗用. 以是敬之, 賞賜甚厚.

戊子, 侍中, 衛尉王接為大司馬·車騎將軍.

石顯憚周堪·張猛等, 數譖毁之. 劉更生懼其傾危, 上書曰, “臣聞舜命九官, 濟濟相讓, 和之至也. 衆臣和於朝則萬物和於野, 故簫『韶』九成, 鳳皇來儀. 至周幽, 厲之際, 朝廷不和, 轉相非怨, 則日月薄食, 水泉沸騰, 山谷易處, 霜降失節. 由此觀之, 和氣致祥, 乖氣致異, 祥多者其國安, 異衆者其國危. 天地之常經, 古今之通義也. 今陛下開三代之業, 招文學之士, 優遊寬容, 使得并進. 今賢不肖渾殽, 白黑不分, 邪正雜糅, 忠讒并進. 章交公車, 人滿北軍, 朝臣舛午, 膠戾乖剌, 更相讒訴, 轉相是非. 所以營惑耳目, 感移心意, 不可勝載, 分曹為黨, 往往群朋將同心以陷正臣. 正臣進者, 治之表也. 正臣陷者, 亂之機也. 乘治亂之機, 未知孰任, 而災異數見, 此臣所以寒心者也. 初元以來六年矣, 按『春秋』六年之中, 災異未有稠如今者也. 原其所以然者, 由讒邪并進也. 讒邪之所以并進者, 由上多疑心, 既已用賢人而行善政, 如或譖之, 則賢人退而善政還矣. 夫執狐疑之心者, 來讒賊之口. 持不斷之意者, 開群枉之門. 讒邪進則衆賢退, 群枉盛則正士消. 故『易』有『否』·『泰』, 小人道長, 君子道消, 則政日亂. 君子道長, 小人道消, 則政日治. 昔者鯀·共工·驩兜與舜·禹雜處堯朝, 周公與管·蔡幷居周位, 當是時, 迭進相毀, 流言相謗, 豈可勝道哉! 帝堯·成王能賢舜·禹·周公而消共工·管·蔡, 故以大治, 榮華至今. 孔子與季·孟偕仕於魯, 李斯與叔孫俱宦於秦, 定公·始皇賢季·孟·李斯而消孔子·叔孫, 故以大亂, 污辱至今. 故治亂榮辱之端, 在所信任. 信任既賢, 在於堅固而不移.『詩』云, '我心匪石, 不可轉也, 言守善篤也.『易』曰, '渙汗其大號', 言號令如汗, 汗出而不反者也. 今出善令未能踰時而反, 是反汗也. 用賢未能三旬而退, 是轉石也.『論語』曰, '見不善如探湯' 今二府奏佞諂不當在位, 歷年而不去. 故出令則如反汗, 用賢則如轉石, 去佞則如撥山, 如此, 望陰陽之調, 不亦難乎! 是以群小窺見間隙, 緣飾文字, 巧言醜詆, 流言·飛文嘩於民間. 故『詩』云, '憂心悄悄, 慍於群小' 小人成群, 誠足慍也. 昔孔子與顏淵·子貢更相稱譽, 不為朋黨. 禹·稷與皋陶傳相汲引, 不為比周, 何則? 忠於為國, 無邪心也. 今佞邪與賢臣幷交戟之內, 合黨共謀, 違善依惡, 歙歙訿訿, 數設危險之言, 欲以傾移主上, 如忽然用之, 此天地之所以先戒, 災異之所以重至者也. 自古明聖未有無誅而治者也, 故舜有四放之罰, 孔子有兩觀之誅, 然後聖化可得而行也. 今以陛下明知, 誠深思天地之心, 覽『否』·『泰』之卦, 歷周·唐之所進以為法, 原秦·魯之所消以為戒, 考祥應之福. 省災異之禍, 以揆當世之變, 放遠佞邪之黨, 壞散險詖之聚, 杜閉群枉之門, 方開眾正之路, 決斷狐疑, 分別猶豫, 便是非炳然可知, 則百異消滅而眾祥幷至, 太平之基, 萬世之利也." 顯見其書, 愈與許·史比而怨更生等.

是歲, 夏寒, 日青無光, 顯及許·史皆言堪·猛用事之咎. 上內重堪, 又患眾口之浸潤, 無所取信. 時長安令楊興以材能幸, 常稱譽堪, 上欲以為助, 乃見問興曰, "朝臣齗齗不可光祿勳, 何邪?" 興者, 傾巧士, 謂上疑堪, 因順指曰, "堪非獨不可於朝廷, 自州里亦不可也! 臣見衆人聞堪與劉更生等謀毁骨肉, 以為當誅. 故臣前書言堪不可誅傷, 為國養恩也." 上曰, "然此何罪而誅? 今宜奈何?" 興曰, "臣愚以為可賜爵關內侯, 食邑三百戶, 勿令典事. 明主不失師傅之恩, 此最策之得者也." 上於是疑之.

司隷校尉琅邪諸葛豐始以特立剛直著名於朝, 數侵犯貴戚, 在位多言其短. 後坐春夏繫治人, 徙城門校尉. 豐於是上書告堪·猛罪, 上不直豐, 乃制詔御史曰, "城門校尉豐, 前與光祿勳·光祿大夫猛在朝之時, 數稱言堪·猛之美. 豐前為司隷校尉, 不順四時, 修法度, 專作苛暴以獲虛威. 朕不忍下吏, 以為城門校尉. 不內省諸己, 而反怨堪·猛以求報舉, 告按無證之辭, 暴揚難驗之罪, 毁譽恣意, 不顧前言, 不信之大也. 朕憐豐之耆老, 不忍加刑, 其免為庶人!" 又曰, "豐言堪·猛貞信不立, 朕閔而不治, 又惜其材能未有所效, 其左遷堪為河東太守, 猛槐里令."

臣光曰, "諸葛豐之於堪·猛, 前譽而後毁, 其志非為朝廷進善而去奸也, 欲比周求進而已矣. 斯亦鄭朋·楊興之流, 烏在其為剛直哉! 人君者, 察美惡, 辨是非, 賞以勸善, 罰以懲奸, 所以為治也. 使豐言得實, 則豐不當絀. 若其誣罔, 則堪·猛何辜焉? 今兩責而俱棄之, 則美惡·是非果何在哉!"

賈捐之與楊興善. 捐之數短石顯, 以故不得官, 稀復進見. 興新以材能得幸. 捐之謂興曰, "京兆尹缺, 使我得見, 言君蘭, 京兆尹可立得." 興曰, "君房下筆, 言語妙天下. 使君房為尚書令, 勝五鹿充宗遠甚." 捐之曰, "令我得代充宗, 君蘭為京兆, 京兆, 郡國首, 尚書, 百官本, 天下真大治, 士則不隔矣!" 捐之復短石顯, 興曰, "顯方貴, 上信用之. 今欲進, 第從我計, 且與合意, 即得入矣!" 捐之即與興共為薦顯奏, 稱譽其美, 以為宜賜爵關內侯, 引其兄弟以為諸曹. 又共為薦興奏, 以為可試守京兆尹. 石顯聞知, 白之上, 乃下興·捐之獄, 令顯治之. 奏, "興, 捐之懷詐偽, 更相薦譽, 欲得大位, 罔上不道!" 捐之竟坐棄市, 興髡鉗為城旦.

臣光曰, "君子以正攻邪, 猶懼不克. 況捐之以邪攻邪, 其能免乎!"

徙清河王竟為中山王.

匈奴呼韓邪單于民眾益盛, 塞下禽獸盡, 單于足以自衛, 不畏郅支, 其大臣多勸單于北歸者. 久之, 單于竟北歸庭, 民眾稍稍歸之, 其國遂定.

한원제 영광 2년(BC 42)

1) 봄 2월, 천하에 사면령을 내렸다.

2) 2월 5일, 어사대부 위현성韋玄成이 승상, 우부풍右扶風 정홍鄭弘이 아사대부가 됐다.

3) 3월 1일, 일식이 있었다.

4) 여름 6월, 천하에 사면령을 내렸다.

5) 황상이 급사중 광형匡衡에게 지진과 일식의 변고에 대해 물었다. 광형이 상소했다.

"폐하는 몸소 성덕聖德을 베풀고 태평성대로 가는 길을 열면서, 어리석은 이민吏民들이 법금法禁에 저촉되는 것을 불쌍히 여겨 매년 크게 사면하고 있습니다. 백성들로 하여금 행동을 고쳐 스스로 새롭게 되는 개행자신改行自新을 하도록 유도한 것입니다. 천하가 아주 다행입니다. 신이 가만히 보건대 대사大赦 이후에도 간사奸邪한 일들이 쇠지衰止하기는커녕 오늘 대사령을 발하면 내일 범법을 하여 서로 좇아서 입옥入獄하는 모습이 나타나고 있습니다. 이는 거의 '개행자신'의 취지가 제대로 알려지지 못한 탓입니다. 지금 천하의 풍속은 재물을 탐하고 의를 천하게 여기는 탐재천의貪財賤義를 비롯해 음탕한 음악과 여색을 밝히는 호성색好聲色과 사치를 숭상하는 상치미上侈靡의 모습을 보이고 있습니다. 나아가 친척에게 베푸는 은혜가 엷어지고, 혼인을 맺은 무리가 융성해지면서 구차하게 요행으로 부당한 이득을 얻고 있습니다. 그 근원을 고치지 않으면 비록 해마다 사면을 할지라도 형벌은 오히려 사용치 않는 일이 거의 불가능하게 됩니다. 신의 어리석은 생각으로는 의당 한번 광연曠然히 풍속을 대변大變시켜야 할 듯합니다. 무릇 조정은 성벽을 쌓을 때 쓰는 목판과 기둥인 천하의 정간楨幹입니다. 조정에서 대신들이 얼굴을 붉히며 다투는 변색지언變色之言이 있으면 아래서는 서로 다투는 쟁투지환爭鬪之患이 있고, 위에 멋대로 권력을 농단하는 자전지사自專之士가 있으면 아래서는 서로 양보치 않고 저항하는 불양지인不讓之人이 있게 되고, 위에 매사를 이기도록 보좌하는 극승지좌克勝之佐가 있으면 아래서는 사람을 해치고자 하는 상해지심傷害之心이 있게 되고, 위에 이익을 밝히는 호리지신好利之臣이 있으면 아래서는 남의 물건을 훔치는 도절지민盜竊之民이 있게 됩니다. 이것이 천하 풍속의 기본입니다. 치천하治天下의 요체는 결국 백성들이 숭상하는 것을 살피는 데 있습니다. 교화의 시행은 집집마다 찾아가 일일이 사람을 설득하는 게 아닙니다. 현자賢者가 재위在位하고, 능력 있는 능자能者가 직책을 충실히 수행하는 포직布職을 하고, 조정이 숭례崇禮하고, 백료百僚가 경양敬讓하고, 도덕의 시행이 안에서 밖으로 퍼져 나가면서 가까운 곳부터 이뤄지면 됩니다. 연후에 백성들은 본받을 바를 알게 되고, 선행으로 옮기는 천선遷善의 행보가 자신도 모르는 사이 날로 진전됩니다. 『시경』에 이르기를, '상읍商邑의 날개를 달아 사방의 끝까지 가네'라고 했습니다.[355] 지금 장안은 천하의 도성으로 친히 성화聖化를

355 『시경』「상송商頌, 은무殷武」에 나오는 '상읍익익商邑翼翼, 사방지극四方之極'을

이어받은 곳입니다. 그러나 그 습속은 원방遠方과 다를 게 없습니다. 군국郡國에서 오는 자들도 법칙으로 삼을 게 없고, 혹자는 극히 사치한 것을 보고 오히려 흉내를 내는 방효放效를 하고 있습니다. 도성은 천하 교화의 원본原本, 풍속의 추기樞機에 해당합니다. 의당 먼저 단정해야만 하는 이유입니다. 신이 듣건대 하늘과 사람 사이에는 서로의 정기精氣가 격탕激蕩하는 까닭에 선악善惡이 서로 영향을 미치고, 사건이 아래서 만들어지면 그 증상이 위에서 움직여 나타나고, 음기陰氣가 변하면 고요한 것이 움직여 지진이 나고, 양기陽氣가 가려지면 밝은 것이 숨는 일식이 일어나게 됩니다. 수재水災와 한재旱災가 번갈아 일어나는 이유입니다. 폐하는 하늘의 경계인 천계天戒를 두려워하고, 일반백성인 원원元元을 가련히 생각해 의당 지나치게 화려한 사물인 미려靡麗를 줄이고, 제도를 살피고, 충정忠正한 사람을 가까이하고, 교묘하며 간사한 교녕巧佞의 인물을 멀리하고, 지인至仁을 숭상하고, 잃어버린 양속을 광정匡正해야 합니다. 이어 도덕을 경사京師에 널리 펴고, 아름다운 명성인 숙문淑問[356]을 강역 밖까지 선양하면 대대적인 교화인 대화大化가 이뤄질 수 있습니다. 예양禮讓의 기풍도 이때 일어날 수 있습니다."

황상이 그 말에 기뻐하며 광형을 승진시켜 광록대부光祿大夫로 삼았다.

순열荀悅이 『한기』에서 논했다.

"무릇 사면은 임시 조치인 권시지의權時之宜로 사용하는 것으로 비상

인용한 것이다. 은나라 도성의 예속이 날개를 단 듯이 정연하니 천하의 본보기가 된다는 뜻이다.

356 숙문淑問은 아름다운 명칭인 미명美名을 뜻한다. 『한서』「광형전匡衡傳」에 나오는 '숙문양호강외淑問揚乎疆外' 구절에 대한 안사고의 주는 '숙淑은 선善, 문問은 명名의 뜻이다'라고 풀이했다.

시의 법도이다. 한나라가 일어날 당시는 진秦나라 패망 이후의 어지러운 싸움을 이어받은 뒤였다. 진秦나라처럼 백성들이 크게 어리석은 시절인 대우지세大愚之世에는 거의 매 가옥인 비옥比屋마다 형벌을 받았다. 한고제 유방이 함양을 점령한 뒤 약법3장約法三章을 발표하고, 대사령大赦令을 선포하며 더러운 관행을 탕척蕩滌한 이유다. 덕분에 백성과 더불어 다시 시작하는 경시更始를 행할 수 있었다. 당시의 시세時勢가 그러했다. 그러나 후대에 이르러 여전히 진나라 제도를 이어받으면서도 개혁을 하지 않았다. 이는 시의時宜를 잃은 것이다. 한혜제와 한문제 때는 사면령을 발한 적이 없었다. 한경제 때 '오초7국의 난'이 빚어지면서 이심異心을 품은 자들이 나란히 일어났다. 간사奸詐의 무리가 백출百出했다. 한무제 말년에 이르러 부역賦役이 번거롭게 행해지면서 군도群盜가 나란히 일어났다. 게다가 태자를 살해하는 '무고지화巫蠱之禍'가 빚어지면서 천하가 분연紛然해졌고, 백성의 삶이 무료無聊해지면서 사람들은 기댈 곳이 없게 됐다. 광무제光武帝 때 비로소 반란을 평정하는 발란撥亂이 이뤄졌다. 이전 시대와 비교할 때 지진과 일식의 변고가 날 때 의당 사면을 하는 것이 가장 옳은 것으로 여겨지게 됐다."

6) 가을 7월, 농서隴西감숙성 임도현 강족羌族의 삼저彡姐 부락이 반기를 들었다. 조서로 승상 위현성韋玄成 등을 조정으로 불러들여 이를 논의케 했다. 이때 해마다 곡물수확이 좋지 않아 조정이 바야흐로 걱정을 하고 있던 차에 강족의 변란을 만난 것이다. 위현성 등은 막연漠然의 모습으로 어찌할 바를 몰랐다. 우장군右將軍 풍봉세馮奉世가 말했다.

"강족의 삼저 부락은 경내境內 가까이 살면서 반기를 들었습니다. 때맞춰 주살하지 않으면 위엄으로 멀리 떨어진 만이蠻夷를 제압할 길이 없게 됩니다. 신은 바라건대 군사를 이끌고 가 토벌코자 합니다!"

황상이 용병할 경우 얼마나 동원해야 좋을지 묻자 풍봉세가 대답했다.

"신이 듣건대 용병을 잘하는 자는 전역戰役을 두 번 다시 일으키지 않고, 군량은 3년분 넘게 준비하지 않는다고 했습니다. 군사를 오랫동안 야전으로 내모는 폭로暴露를 행하지 않고, 천자의 군사가 행하는 토벌인 천주天誅가 속히 이뤄져야 하는 이유입니다. 전에 한무제 때는 적정敵情을 제대로 헤아리지 않고 출정한 탓에 군사들이 절상折傷을 당하고, 재삼 군사를 동원하는 발조發調를 하게 됐습니다. 시일도 오래 걸렸을 뿐만 아니라 전비戰費 또한 막대했습니다. 한나라의 위무威武가 이지러진 이유입니다. 지금 반기를 든 자들이 3만 명이라고 하니 병법에 따를 경우 이들을 제압키 위해서는 6만 명이 필요합니다. 그러나 강족은 활과 창 등만 있을 뿐이고, 무기 또한 견고하고 날카로운 서리犀利의 모습을 보이지 않고 있습니다. 대략 4만 명에 1달 정도면 족히 평정할 수 있을 것입니다."

승상과 어사대부를 비롯해 거기장군 왕접王接과 좌장군 허가許嘉는 모두 이같이 말했다.

"백성들이 바야흐로 곡식을 거둬들이는 시기이니 많은 인원을 동원할 수는 없습니다. 1만 명가량 동원해 둔수屯守하면 충분합니다."

풍봉세가 말했다.

"불가합니다. 천하가 기근을 당해 병사와 말이 비쩍 마르고 숫자도 크게 줄어든 이모羸耗의 모습을 보이고 있습니다. 전투훈련과 무기 정비 등의 수전지비守戰之備가 오래전에 폐이廢弛해진 까닭에 이적들이 변경의 한나라 군사를 업신여기는 마음을 갖고 있는 상황에서 강족이 먼저 난을 일으키고 나섰습니다. 지금 군사 1만 명으로 여러 곳에 분둔分屯하면 강로羌虜는 틀림없이 우리 군사가 적은 것을 보고 두려워하지 않을 것입니다. 접전에 나서면 병사들을 좌절시키고 군사가 크게 상하는 좌병병사挫兵病師를 당하고, 수비에 힘쓰면 백성들이 우리 군사에 도움을 주지 못하는 상황에 처하게 됩니다. 이같이 하면 겁약怯弱한 모습만 내보이는 게 됩니다. 그러면 강족은 이로운 형편을 틈타 여러 종족과 연합해 서로를 부추기면서 반기를 들 것입니다. 신은 중국의 전역戰役이 오히려 4만 명에 그치지 않을까 우려됩니다. 이는 재폐財幣로 해결할 문제도 아닙니다. 군사를 적게 동원해 날짜를 허비하는 방안과 대거 동원해 속히 해결하는 방안의 이해利害를 비교하면 그 차이가 1만 배에 달할 것입니다."

풍봉세는 자신의 주장을 굳게 견지했지만 지지를 얻어내지 못했다. 황상이 조서를 내려 2,000명을 더 늘려 주었다.

풍봉세로 하여금 12,000명의 기병을 이끌고 출정하면서 토벌 대신 둔병屯兵을 명분으로 내세우게 했다. 대외업무를 총괄하는 전속국典屬國의 임립任立과 호군도위護軍都尉 한창韓昌을 편비偏裨로 삼았다. 농서隴西에 도착해 3곳에 분둔分屯했다.

한창은 먼저 2명의 교위校尉를 파견해 강족과 싸우게 했다. 강족이 성다盛多한 까닭에 모두 격파를 당하고 2명의 교위 모두 살해됐다. 풍봉세가 지형地形과 필요 병력을 헤아려 36,000명의 병력 증원을 청했다. 그 정도면 족히 평정할 수 있을 것으로 판단했다. 천자가 상주문을 보고는 6만여 명의 병사를 동원했다.

8월, 태상太常인 익양후弋陽侯 임천추任千秋를 분무장군奮武將軍으로 삼아 풍봉세를 돕게 했다.

겨울 10월, 병사들이 농서에 도착했다.

11월, 나란히 진격해 강족을 대파하고, 수천 급級을 참수했다. 나머지는 모두 달아나 요새를 빠져나갔다. 싸움이 아직 끝나기 전에 다시 군사 1만 명을 모집한 뒤 한무제 때의 한안국과 동명이인인 정양定襄산서성 흔주시 태수 한안국韓安國을 건위장군建威將軍으로 삼아 파견코자 했다. 이들은 목적지에 이르기 전에 강족이 격파됐다는 소식을 듣고 이내 돌아왔다. 조서를 내려 군리軍吏와 병사인 이사吏士를 해산시키고, 일부 병사는 현지에 그대로 남아 둔전하면서 요해처要害處를 지키게 했다.

* 孝元皇帝永光二年

春, 二月, 赦天下.

丁酉, 御史大夫韋玄成為丞相. 右扶風鄭弘為御史大夫.

三月, 壬戌朔, 日有食之.

夏, 六月, 赦天下.

上問給事中匡衡以地震日食之變, 衡上疏曰, "陛下躬聖德, 開太平之路, 閔愚吏民觸法抵禁, 比年大赦, 使百姓得改行自新, 天下幸甚! 臣竊見大赦之後, 奸邪不為衰止, 今日大赦, 明日犯法, 相隨入獄, 此殆導之未得其務也. 今天下俗, 貪財賤義, 好聲色, 上侈靡, 親戚之恩薄, 婚姻之黨隆, 苟合徼幸, 以身設利. 不改其原, 雖歲赦之, 刑猶難使錯而不用也, 臣愚以為宜壹曠然大變其俗. 夫朝廷者, 天下之楨幹也. 朝有變色之言, 則下有爭鬪之患. 上有自專之士, 則下有不讓之人. 上有克勝之佐, 則下有傷害之心. 上有好利之臣, 則下有盜竊之民. 此其本也. 治天下者, 審所上而已. 教化之流, 非家至而人說之也. 賢者在位, 能者布職, 朝廷崇禮, 百僚敬讓, 道德之行, 由內及外, 自近者始, 然後民知所法, 遷善日進而不自知也. 『詩』曰, '商邑翼翼, 四方之極' 今長安, 天子之都, 親承聖化, 然其習俗無以異於遠方, 郡國來者無所法則, 或見侈靡而放效之. 此教化之原本, 風俗之樞機, 宜先正者也. 臣聞天人之際, 精祲有以相蕩, 善惡有以相推, 事作乎下者象動乎上, 陰變則靜者動, 陽蔽則明者晻, 水旱之災隨類而至. 陛下祗畏天戒, 哀閔元元, 宜省靡麗, 考制度, 近忠正, 遠巧佞, 以崇至仁, 匡失俗, 道德弘於京師, 淑問揚乎疆外, 然後大化可成, 禮讓可興也." 上說其言, 遷衡為光祿大夫.

荀悅論曰, “夫赦者, 權時之宜, 非常典也. 漢興, 承秦兵革之後, 大愚之世, 比屋可刑, 故設三章之法, 大赦之令, 蕩滌穢流, 與民更始, 時勢然也. 後世承業, 襲而不革, 失時宜矣. 若惠·文之世, 無所赦之. 若孝景之時, 七國皆亂, 異心幷起, 奸詐非一. 及武帝末年, 賦役繁興, 群盜幷起, 加以太子之事, 巫蠱之禍, 天下紛然, 百姓無聊, 人不自安. 及光武之際, 撥亂之後. 如此之比, 宜為赦矣.”

秋, 七月, 隴西羌彡姐旁種反, 詔召丞相韋玄成等入議. 是時, 歲比不登, 朝廷方以為憂, 而遭羌變, 玄成等漠然, 莫有對者. 右將軍馮奉世曰, “羌虜近在竟內背畔, 不以時誅, 無以威制遠蠻, 臣願帥師討之!” 上問用兵之數, 對曰, “臣聞善用兵者, 役不再興, 糧不三載, 故師不久暴而天誅亟決. 往者數不料敵, 而師至於折傷, 再三發調, 則曠日煩費, 威武虧矣. 今反虜無慮三萬人, 法當倍, 用六萬人. 然羌戎, 弓矛之兵耳, 器不犀利, 可用四萬人. 一月足以決.” 丞相·御史·兩將軍皆以為曰, “民方收斂時未可多發, 發萬人屯守之, 且足.” 奉世曰, “不可. 天下被饑饉, 士馬羸耗, 守戰之備久廢不簡, 夷狄有輕邊吏之心, 而羌首難. 今以萬人分屯數處, 虜見兵少, 必不畏懼. 戰則挫兵病師, 守則百姓不救, 如此, 怯弱之形見. 羌人乘利, 諸種幷和, 相扇而起, 臣恐中國之役不得止於四萬, 非財幣所能解也. 故少發師而曠日, 與一舉而疾決, 利害相萬也.” 固爭之, 不能得. 有詔, 益二千人. 於是遣奉世將萬二千人騎, 以將屯為名, 典屬國任立·護軍都尉韓昌為偏裨, 到隴西, 分屯三處. 昌先遣兩校尉與羌戰, 羌虜盛多, 皆為所破, 殺兩校尉. 奉世具上地形部眾多少之計, 願益三萬六千人, 乃足以決事. 書奏, 天子大為發兵六萬餘人. 八月, 拜太常弋陽侯任千秋為奮武將軍以助之. 冬, 十月, 兵畢至隴西, 十一月, 幷進, 羌虜大破, 斬首數千級, 餘皆走出塞. 兵未決間, 漢復發募士萬人, 拜定襄太守韓安國為建威將軍, 未進, 聞羌破而還. 詔罷吏士, 頗留屯田, 備要害處.

자치통감 2

발행일 1쇄 2021년 4월 30일
지은이 사마광
역　주 신동준
펴낸이 여국동
펴낸곳 도서출판 인간사랑
출판등록 1983. 1. 26. 제일 - 3호
주소 경기도 고양시 일산동구 백석로 108번길 60 - 5 2층
물류센타 경기도 고양시 일산동구 문원길 13 - 34(문봉동)
전화 031)901 - 8144(대표) | 031)907 - 2003(영업부)
팩스 031)905 - 5815　**전자우편** igsr@naver.com
페이스북 http://www.facebook.com/igsrpub
블로그 http://blog.naver.com/igsr
인쇄 하정인쇄　**출력** 현대미디어　**종이** 세원지업사

ISBN 978-89-7418-843-6 04910
978-89-7418-841-2 (세트)

* 책값은 뒤표지에 있습니다.　* 잘못된 책은 바꿔드립니다.

20여 년에 걸친 고 신동준 작가의 동양 고전 번역 작업의 총결산

『관자』 상·하

중국의 역사문화는 모두 춘추전국시대의 제자백가 사상에서 비롯되었다. 제자백가의 효시가 바로 사상 최초의 정치경제학자인 관중이다. 지피지기 차원에서라도 위정자와 기업CEO는 물론 일반인 모두『관자』가 역설한 경세제민과 부국강병 이치를 통찰할 필요가 있다. 그래야 난세에 살아남을 수 있다. 민족의 염원인 한반도통일을 조속히 실현해 명실상부한 '동북아 허브시대'를 조기에 개막할 수 있는 비결도 여기에 있다.

『당시삼백수』 수정증보판

청조 건륭제 때 활약한 손수가 53세 때 직접 편찬한 당시선집이다. 당시 손수는 53세였다. 굳이 책의 제목에 '삼백수'를 단 것은『시경』을 흉내 낸 것이다. 건륭 28년인 1763년에 부인 서난영과 함께『당시삼백수』를 편찬했다. 그는 이 책을 편찬할 때 심덕잠의『당시별재』및 왕사정의『고시선』을 참고해 310수를 정선했다.

『고전으로 분석한 춘추전국의 제자백가』 상·하

『고전으로 분석한 춘추전국의 제자백가』 하권. 제4부 '무위자연의 자유를 즐겨라 – 도가道家', 제5부 '엄법으로 천하를 평정하라 – 법가法家', 제6부 '지피지기로 승리를 취하라 – 병가兵家', 제7부 '상대의 속마음을 공략하라 – 세가說家'로 구성되었다.

『시경』 수정증보판

『시경』은 황하를 중심으로 한 중원 일대 여러 나라의 노래가사를 모아 놓은 것이다. 노래가사의 주종이 서정시의 형식을 띠고 있기에 시집일 뿐이지 엄밀히 말하면 악보가 빠진 가요 및 가곡 선집에 해당한다. 그럼에도 『시경』은 '경經' 표현이 암시하듯이 수천 년 동안 『역경』 및 『서경』 등과 더불어 유가경전의 상징인 3경 내지 5경의 하나로 취급돼 왔다. 말할 것도 없이 공자가 『시경』을 편수編修했다는 믿음 때문이었다.

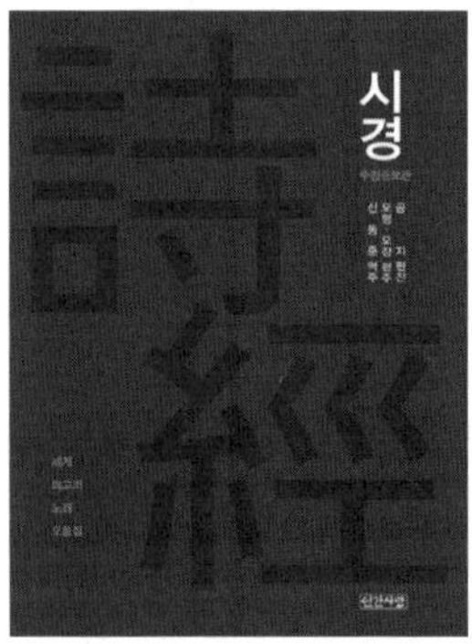

『한비자』 상·하

21세기의 관점에서 볼 때 『한비자』는 동서고금을 통틀어 난세 리더십의 압권에 해당한다. 실제로 진시황은 『한비자』를 읽고 500여 년에 달하는 춘추전국시대의 난세상황을 일거에 종식시켰다. 삼국시대 당시 천하의 재사 제갈량도 죽기 직전 후주 유선에게 올린 글에서 반드시 『한비자』를 숙독할 것을 권한 바 있다.

『십팔사략』 상·하

『십팔사략』에는 춘추전국시대에 활약한 수많은 영웅호걸은 물론 사상 최초로 천하를 통일한 진시황을 비롯해 초한지제의 주인공인 항우와 유방, 삼국지 영웅인 조조와 유비 및 손권, 『정관정요』의 당사자인 당태종과 유일무이한 여제인 측천무후, 사상 최대의 대제국을 건설한 칭기즈칸 등이 쉼 없이 등장한다.

『정관정요』을 통해 역사무대에 등장한 무수한 영웅호걸과 재자가인들의 지략과 대응, 행보 등을 자연스럽게 알 수 있다. 무엇보다도 치세와 난세의 차이에 따른 임기응변의 리더십을 터득할 수 있다.

『묵자』 수정증보판

묵자는 대략 공자가 세상을 떠난 지 10여 년 뒤 태어나, 맹자가 태어나기 10여 년 전 세상을 떠난 것으로 추정되고 있다. 예수보다 약 4백여 년 가량 앞서 인류가 서로 평화롭게 사는 비결을 전수한 셈이다. 그가 말한 '겸애'는 관념적인 사랑이 아니다. 타인을 이롭게 하는 것이 곧 자신을 이롭게 하는 길이라고 설파한 게 그렇다.

원래 『묵자』는 71편이었으나 현존하는 것은 53편이다. 진시황의 천하통일을 계기로 묵가가 감쪽같이 사라지면서 『묵자』 또한 훼손을 면치 못한 결과다. 현존 53편으로도 나름 묵가사상의 요체를 파악할 수 있다.

『춘추좌전』 상·하

동아시아 역사문화를 이해하는 열쇠 『춘추좌전』. 이번 전면개정판은 두예와 공영달의 주소를 기본으로 하면서 『춘추공양전』과 『춘추곡량전』은 물론 역대 제가의 학설을 모두 참조한 『춘추좌전』의 결정판이라고 할 수 있으며, 『춘추좌전』의 편제에 관한 한 가장 체계적인 책이라고 할 수 있다.

사상사적으로 볼 때 『춘추좌전』의 위대한 면모는 국가의 흥체 이치를 있는 그대로 기술한 사서라는 사실에서 찾을 수 있다. 또한 치세와 난세의 관점에서 볼 때 『춘추좌전』은 난세의 전형인 춘추전국시대의 핵심인 춘추시대 역사를 가장 체계적으로 정리해 놓았다. 『춘추좌전』에 대한 이해가 없으면 결국 춘추전국시대를 제대로 파악할 길이 없고, 춘추전국시대를 모르면 동아시아의 역사문화를 이해할 길이 없게 된다.

『국어』 전면개정판

춘추시대를 알려면 반드시 읽어야 할 필독서. 『국어』가 주로 춘추시대를 주도한 '춘추5패'와 이들을 뒷받침한 군신君臣들의 활약을 기술하고 있으며 당시의 상황을 생생히 그리고 있다.

『서경』

『서경』은 사서인 동시에 문학서적의 성격을 띠고 있다. 『시경』과 더불어 고대문학의 양대 기념비로 간주되고 있는 게 그렇다. 『서경』은 『시경』이 운문韻文 문학의 시원이라는 평가를 받고 있는 것처럼 산문散文의 효시라는 평가를 받고 있다. 현존 『서경』은 총 58편으로 구성되어 있으며, 크게 2가지 점에서 오늘날에도 고전의 역할을 충분히 수행하고 있다.

첫째, 이상향인 왕도王道 리더십 모델을 제시하고 있다. 비록 성사된 적도 없고, 앞으로 성사될 가능성이 거의 희박하지만 전 인류가 서로 협심해 추구해야 할 평화공동체의 이상향이 그것이다. 둘째, 정치의 존재이유인 위민爲民 리더십 모델을 제시하고 있다. 모든 방향으로 눈과 귀를 활짝 열어 민심의 향배를 파악하고, 통치의 기본목표를 신민 앞에 제시하며 장기적인 안목의 국가정책 비전을 제시코자 한 이유다.

『장자』

21세기는 풍부한 상상력을 바탕으로 한 소프트웨어의 콘텐츠가 국력을 좌우하는 시대이다. 『장자』는 그 보고에 해당한다. 『장자』의 보물창고는 그 종류가 매우 다양한데도 대부분 문예와 철학의 창고만 뒤지고 있다. 본서는 리더십 분야 창고의 문을 여는 첫 시도에 해당한다. 위정자와 기업 CEO 등의 리더십은 문예와 자연과학 분야 못지않게 창조적인 상상력이 절실히 요구되는 분야이다. 본서가 척박한 한국의 리더십 풍토에 천공을 자유로이 넘나드는 장자의 상상력이 적극 유입되는 계기로 작용했으면 하는 바람이다.

『전국책』

중국 전국 시대에 활약한 책사와 모사들의 문장을 모은 『전국책』의 완역본. 『전국책』은 전한 시대의 유향이 서주, 동주, 진, 제, 초, 조, 위, 한, 연, 송, 위, 중산의 12개 나라 역사를 33권으로 정리한 것이다. 『춘추』가 엄밀하고 정확한 역사서인 데 반하여 『전국책』은 그 시대 인물의 말과 행동을 좋은 표현으로 적은 일종의 일화집으로, 단순히 외교지략을 얻는 데 그치는 것이 아니라 이야기를 통해 치국의 병략을 터득할 수 있도록 도와준다. 『전국책』에는 주나라 원왕에서부터 진나라 시황이 여섯 나라를 멸하였던 시기까지 240여 년 간의 역사가 실려 있으며, 전국 시대를 주름잡은 세객들의 활약상을 함께 만나볼 수 있다.

풍몽룡의 동주열국지 1-5권

난세의 전형인 춘추전국시대를 수많은 일화를 곁들여 흥미진진하게 파헤친 고전『열국지』.『열국지』는 겉으로만 역사소설일 뿐 사실상 사서에 해당한다. 실제로『열국지』의 내용은 거의 모두『사기』와『춘추좌전』,『전국책』,『자치통감』 등의 정통 사서에서 취한 것이다.

나머지 내용도『오월춘추』 등에서 취한 것으로, 풍몽룡 자신이 문학적 상상력을 발휘해 쓴 내용은 거의 없다고 해도 과언이 아니다. 선인의 언행만 기술할 뿐 창작하지는 않겠다고 언명한 공자의 술이부작 원칙을 철저히 지킨 셈이다.

하지만『열국지』는 여타 사서처럼 마냥 딱딱하지 않고 이야기 구성이 탄탄하며 내용도 흥미진진하다. 그 이유는 역사소설 형식을 빌린 덕분이다. 따라서『열국지』 독자들은『춘추좌전』과『사기』,『자치통감』 등의 정통 사서의 내용을 박진감 넘치는 이야기체 형식으로 읽는 것이나 다름없다.